Christian BIET — Jean-Paul BRIGHELLI — Jean-Luc RISPAIL

Agrégés de Lettres Modernes

XVIIe-XVIIIe SIÈCLES

Collection Textes et Contextes

Éditions MAGNARD

PRÉFACE

ou entretien sur un recueil de textes, entre l'éditeur et un homme de lettres

A : N'en parlons plus.

B : Pourquoi ?

A : C'est l'ouvrage de votre ami.

B : Qu'importe ?

A : Beaucoup. A quoi bon vous mettre dans l'alternative de mépriser ou son talent, ou mon jugement ? ([1]) Quant au mérite que cet ouvrage peut avoir... ([2]) Il faudrait plus de philosophie qu'on ne pense à celui qui entreprendrait de déterminer exactement les précautions à prendre pour faire sur ce sujet de solides observations ([3]).

B : Les personnes de bon sens ne regardent point un ouvrage de cette nature comme un travail inutile ([4]). Il y a encore dans l'Etat des milliers d'ignorants ([5]) :

Mein Leid ertönt der unbekannten Menge ([6]).

On présente ce livre au lecteur comme un ouvrage où il aura toujours quelque chose à apprendre, et par quoi il recevra une certaine instruction s'il lui plaît d'en faire usage ([7]). Il n'est pas indifférent que le peuple soit éclairé ([8]).

A : Comptez-vous que le public le verra d'un autre œil ; et n'est-ce pas mon jugement que vous demandez ([9]) ?

B : Cet ouvrage, fruit d'un loisir qui interrompit quelque temps le cours d'une vie active et toute dévouée au service de l'Etat ([10]), cet ouvrage embelli en quantité d'endroits de réflexions également neuves et judicieuses ([11]), cet ouvrage n'a peut-être pas vingt pages qui ne marchent directement vers un but d'utilité première, de sagesse profonde ([12]). Je demande une grâce que je crains qu'on ne m'accorde pas : c'est d'approuver ou de condamner le livre entier, et non pas quelques phrases ([13]). Je veux un jugement positif.

A : Je n'ose ([14]).

B : Si, dans le nombre infini des choses qui sont dans ce livre, il y en avait quelqu'une qui pût offenser, il n'y en a pas du moins qui ait été mise avec mauvaise intention ([15]).

A : Je pourrais... Non, je vois le détour que prend votre curiosité ([16]).

B : C'est rendre, à mon avis, un service considérable au public que de l'instruire en l'amusant ([17])...

A : J'en conviens ([18]).

B : ...ne rien écrire qui pût blesser ou la pudeur ou la bienséance ([19])...

A : Fort bien ([20]).

B : On a toutefois pris tout le soin possible pour ne point susciter d'idées paillardes ([21]).

A : C'est cela même ([22]).

B : Ce qui demeure n'offensera point, espère-t-on, le lecteur le plus chaste ou l'auditeur le plus modeste ([23]).

A : Il n'y a aucun mot qui puisse blesser la modestie, mais on ne répond pas des idées qu'ils peuvent faire naître ([24]) !

B : La réponse est facile ([25]). Dans ce siècle de philosophie, où les lumières, répandues de toutes parts, ont rendu, comme chacun sait, tous les hommes si honnêtes et toutes les femmes si modestes et si réservées ([26]), ces interprétations partent de gens de peu d'esprit et de beaucoup de malignité ([27]). C'est le Vice qui, gémissant d'être dévoilé, crie au scandale aussitôt qu'on l'attaque ([28]). De là vient cependant que quelquefois un auteur est accusé de s'être déchaîné contre des personnes qu'il respecte ou qu'il ne connaît point, et qu'il passe pour dangereux, quand il n'y a que ses lecteurs qui le soient ([29]).

A : A merveille. Auteurs érotiques, venez à l'école : vous voilà tous justifiés (30). Voluptueux de tous les âges et de tous les sexes (31), femmes lubriques (32), jeunes filles trop longtemps contenues (33), aimables débauchés (34)...

B : Ce ne sont pas là nos seules richesses (34) : grands écrivains (35), livres de science (36), philosophie (37), beaux-arts unis avec les belles-lettres (38) — c'était, on en conviendra, une route peu frayée jusqu'à présent (39) —, voilà les biens que nous possédons. Quelle idée ne se formera-t-on pas de nos trésors littéraires (40) ! Votre jugement est sévère ; celui du public doit l'être encore plus (41) ?

A : J'aurais d'autres griefs à formuler à ce propos, mais je m'interdis de me donner cette peine (42)...

B : D'où naissent donc ces cris perçants (43) ? Un lecteur sévère s'offensera peut-être (44) de détails interdits à l'historien (45)... Mais ce n'est pas de cela qu'il s'agit (46). Commencez donc par mieux étudier vos élèves ; car très assurément vous ne les connaissez point ; or, si vous lisez ce livre dans cette vue, je ne le crois pas sans utilité pour vous (47).

A : Ils suceront les bords du vase, et ne boiront point la liqueur (48). Ce n'est point sans surprise et sans scandale qu'on remarque (49).

B : *La plus catin (c'est l'usage)*
Au feu te condamnera ;
Mais la plus sage
Rira (50).

A : Raillez. Moi, je persiste (51).

Avec, dans les deux rôles principaux : d'Alembert, Barthélémy, Beaumarchais, Crébillon fils, Defoë, Diderot, Duclos, Godard d'Aucourt, Gœthe, Laclos, Louvet, Montesquieu, Nerciat, Noël, Perrault, Prévost, Rousseau, Sade, Swift.

(1) *D. Diderot (1713-1784), début du* Paradoxe sur le comédien *(1773-1778).*
(2) *Ch. de Laclos (1741-1803),* les Liaisons dangereuses *(1782),* préface du Rédacteur.
(3) *J.J. Rousseau (1712-1778),* Discours sur l'origine et les fondements de l'inégalité *(1754),* Préface.
(4) *Abbé Prévost (1697-1763),* Manon Lescaut *(1731),* Avis de l'auteur.
(5) *Louvet de Couvray (1760-1797),* Faublas *(1787),* Préface *de 1789.*
(6) *J. Goethe (1749-1832),* Faust *(1806),* Dédicace : *Ma plainte résonne pour une foule inconnue, trad. H. Lichtenberger, éd. Montaigne, 1976.*
(7) *D. Defoë (1660-1731),* Moll Flanders *(1722),* Préface, trad. *M. Schwob et F. Ledoux, Gallimard, 1969.*
(8) *Montesquieu (1689-1755),* De l'esprit des lois *(1748),* Préface.
(9) *J.J. Rousseau,* la Nouvelle Héloïse *(1761),* Seconde préface.
(10) *F. Noël (1755-1841),* Dictionnaire de la Fable *(1801).*
(11) *Crébillon fils (1707-1777),* l'Ecumoire ou Tanzai et Néadarné *(1734),* Préface.
(12) *Louvet de Couvray,* op. cit.
(13) *Montesquieu,* op. cit.
(14) *J.J. Rousseau,* ibid.
(15) *Montesquieu,* op. cit.
(16) *J.J. Rousseau,* ibid.
(17) *Abbé Prévost,* op. cit.
(18) *J.J. Rousseau,* ibid.
(19) *Ch. Perrault (1628-1703),* Contes de ma mère l'Oye *(1698),* Préface.
(20) *J.J. Rousseau,* ibid.
(21) *D. Defoë,* op. cit.
(22) *J.J. Rousseau,* ibid.
(23) *D. Defoë,* op. cit.
(24) *Godard d'Aucourt (1716-1795),* Thémidore *(1745),* Préface.
(25) *J.J. Rousseau,* ibid.
(26) *Ch. de Laclos,* op. cit.
(27) *Duclos (1704-1772),* Confessions du comte de*** *(1741),* Préface.
(28) *D.A.F. de Sade (1740-1814),* Justine ou les malheurs de la vertu *(1791),* Préface.
(29) *Crébillon fils,* les Egarements du cœur et de l'esprit *(1736),* Préface.
(30) *J.J. Rousseau,* ibid.
(31) *à (34) D.A.F. de Sade,* la Philosophie dans le boudoir *(1795),* Préface.
(34) *à (38) D'Alembert (1717-1783),* Discours préliminaire de l'Encyclopédie *(1751).*
(39) *D.A.F. de Sade,* Justine, préface.
(40) *D'Alembert,* op. cit.
(41) *J.J. Rousseau,* ibid.
(42) *J. Swift (1667-1745),* les Voyages de Gulliver *(1726),* Préface *(1727),* trad. *A. Bay, Gallimard 1964.*
(43) *C. de Beaumarchais (1732-1799),* le Mariage de Figaro *(1784),* Préface.
(44) *Abbé Prévost,* op. cit.
(45) *J.J. Barthélémy (1716-1795),* Voyage du jeune Anacharsis *(1788),* Préface.
(46) *Beaumarchais,* op. cit.
(47) *J.J. Rousseau,* Emile ou de l'Education *(1762),* Préface.
(48) *J.J. Rousseau,* la Nouvelle Héloïse, seconde Préface.
(49) *J.J. Rousseau,* Discours sur l'origine et les fondements de l'inégalité, Préface.
(50) *A. de Nerciat (1739-1800),* Félicia ou mes fredaines *(1775),* Préface.
(51) *J.J. Rousseau,* la Nouvelle Héloïse, seconde Préface.

AVANT-PROPOS

Ce troisième volume de la collection « Textes et Contextes », couvre le XVIIe siècle, à partir de la prise de pouvoir personnel par Louis XIV, et le XVIIIe siècle jusqu'au Consulat. Que l'on nous permette de rappeler brièvement les options qui président à l'élaboration de ces ouvrages.

1. RICHESSE DU CORPUS

La nature des textes réunis dans les volumes de cette collection répond aux mutations profondes qu'a subies depuis quelques années l'enseignement de la langue et de la littérature.

Nous sommes partis d'un certain nombre de constats :

a) Beaucoup d'élèves du second cycle sont mal à l'aise face à un manuel de facture traditionnelle : d'une part, ils ne disposent plus des cadres historiques présupposés par la plupart des histoires littéraires ; d'autre part, un certain type d'énoncé dogmatique sur la beauté littéraire, ses canons « éternels », les pages « immortelles » dans lesquelles elle s'incarne, paraît de plus en plus irrecevable.

b) Face à ce nouveau public, les enseignants se débattent entre l'obligation de recourir quand même à un manuel, et celle de multiplier les autres sources d'information, les éclairages, susceptibles à la fois d'actualiser les textes et de les mettre en perspective. Concrètement, l'enrichissement du corpus trop sélectif d'un manuel de littérature traditionnel se traduit par le recours aux stencils et aux photocopies... Ce n'est pas toujours très commode.

c) De nouvelles habitudes de travail sont venues concurrencer l'affrontement individuel de l'élève au texte (travaux de groupes, travail autonome), et l'interdisciplinarité est ressentie par beaucoup d'enseignants comme une nécessité. Mais encore faut-il pouvoir disposer facilement des matériaux adéquats...

C'est pour répondre à cette situation que nous avons voulu regrouper ici un grand nombre de documents d'horizons très divers, organisés d'une manière originale. Faciliter le travail de l'enseignant de français en mettant à sa disposition un corpus riche et souple qu'il puisse adapter à chaque classe en particulier, favoriser l'interdisciplinarité, développer chez l'élève le goût de l'appropriation personnelle de la culture, tels ont été nos buts. Ils déterminent la structure de cet ouvrage.

2. UN ORDRE CHRONO-ALPHABÉTIQUE

a) Historiquement, ce volume embrasse donc l'ensemble de la production culturelle du « Grand Siècle » et celle du siècle des Lumières.

En réunissant sous une même couverture ces deux époques traditionnellement séparées par les manuels scolaires de type chronologique, nous avons voulu d'une part réagir contre l'absurdité qui consiste à couper en deux le règne de Louis XIV et d'autre part souligner la continuité du mouvement qui mène de l'absolutisme à la chute de la royauté.

A la fin du volume, un dossier Napoléon vient mettre un point (temporairement) final à la période révolutionnaire. Le rationalisme classique, revisité par les Lumières, troque un monarque absolu contre un Empereur, sauveur universel des peuples opprimés...

A l'intérieur de ces limites chronologiques, de la cage dorée de Versailles à la Cour Impériale, nous avons distingué **cinq époques :**

1661-1715 : le règne de Louis XIV
1715-1723 : la régence du Duc d'Orléans
1723-1774 : le règne de Louis XV
1774-1789 : le règne de Louis XVI jusqu'à la Révolution
1789-1800 : la période révolutionnaire.

b) A l'intérieur de chacune des périodes, nous avons regroupé **alphabétiquement,** *comme dans une anthologie, un certain nombre* **d'entrées** *numérotées très lisiblement (bandeau coloré en haut de page) :*

- *1661-1715 :* entrées 1 à 54
- *1715-1723 :* entrées 55 à 66
- *1723-1774 :* entrées 67 à 140
- *1774-1789 :* entrées 141 à 161
- *1789-1800 :* entrées 162 à 183
- *Napoléon :* entrée 184.

Pour chaque auteur classé alphabétiquement, l'ordre de présentation des textes est celui des dates de publication.

Au début de chaque période, un tableau synoptique met en relation les événements historiques et sociaux, la production écrite française, la production écrite étrangère, et la production artistique non-littéraire (musique, arts plastiques, architecture). Les œuvres citées dans le volume sont typographiquement **mises en relief.**

Le but de cette périodisation et des tableaux synoptiques est de permettre à l'élève de mieux enregistrer les repères chronologiques réels et de mieux situer le contexte culturel hors desquels une œuvre, un auteur, restent des abstractions dépourvues de vie.

3. UNE STRUCTURE « A GÉOMÉTRIE VARIABLE »

a) Chaque entrée numérotée est constituée par une ou plusieurs **doubles-pages** *:*

- *en page de gauche, un texte de l'époque, choisi pour sa valeur historique, idéologique, esthétique, est à considérer comme le «* **noyau** *» structurant l'entrée.*
- *en page de droite des* **textes d'éclairage** *d'horizons divers assurent la mise en perspective (thématique, critique) du texte-noyau. Destinés avant tout à faire découvrir ou redécouvrir le plaisir de lire ensemble, de confronter et de comprendre, ils peuvent également fournir matière à une véritable explication de texte.*

On ne s'étonnera pas de trouver, comme dans les autres volumes, des entrées consacrées à des peintres, des musiciens, de même que des **dossiers de synthèse** *sur tel ou tel phénomène culturel de l'époque, qui, pour déborder le cadre strict de la « littérature », n'en constitue pas moins un élément indispensable à la compréhension en profondeur du phénomène littéraire : ainsi l'Architecture de Versailles, la Bibliothèque bleue, les Chansons et fêtes révolutionnaires, l'Enseignement, les Orateurs révolutionnaires, etc.*

Ajoutons que pour la présentation des textes du **XVIIe** *et* **XVIIIe siècles,** *nous avons, à chaque fois que cela était possible, homogénéisé et modernisé l'orthographe (notamment les graphies « oi »).*

b) A la fin de l'ouvrage, figure une **batterie d'index** *qui permet tous les regroupements, toutes les confrontations possibles, selon les nécessités propres à chaque démarche pédagogique, à chaque situation de classe.*

- *Un* **index pédagogique** *rassemblant :*
  - *tout ce qui concerne l'acquisition des méthodes d'analyse et de la terminologie spécifique que l'élève doit savoir utiliser, tant à l'écrit qu'à l'oral.*
  - *un répertoire de tous les dossiers, enquêtes, débats, sujets de dissertation, classés alphabétiquement.*
- *Un index de tous les* **auteurs** *dont figure au moins un texte, ceux des XVIIe et XVIIIe siècles étant typographiquement mis en relief.*
- *Un index de toutes les* **œuvres** *citées, avec la même différenciation que ci-dessus.*
- *Un index très complet des* **thèmes, genres, mouvements littéraires,** *dont la richesse permet des approches multiples (historique, thématique, stylistique, comparative, psychanalytique, etc.) du corpus de texte fourni.*
- *Enfin, un* **lexique** *de tous les termes apparaissant, dans les encarts et les questionnaires pédagogiques, avec un* **astérisque.**

Symbolisant l'appel à la liberté et à la création personnelles que nous lançons, ces index donnent tout son sens à l'organisation chrono-alphabétique, donc relativement neutre, du corpus. En permettant à chacun, enseignant, élève, amateur de culture, de construire **son propre parcours d'intégration,** *ils invitent à un nouveau type de* **lecture active.**

Les Auteurs

STRUCTURE D'UNE ENTRÉE

BANDEAU VERT :	POÉSIE
BANDEAU BLEU :	ESSAIS, MÉMOIRES, DOCUMENTS
BANDEAU ROUGE :	ROMAN
BANDEAU VIOLET :	ARTS PLASTIQUES, MUSIQUE
BANDEAU ORANGE :	THÉÂTRE

Numérotation précise des dossiers en haut à gauche et à droite de chaque double-page

Variation de couleur des bandeaux suivant les genres traités

Nom de l'auteur

Dates de l'auteur

Iconographie

Dates de l'œuvre

Titre de l'œuvre

43 Jean RACINE (1639-1699) **Andromaque** (1667) **43**

Racine, Andromaque, costume de Pyrrhus. (F. Folliot).

Racine. Décor de 1892. (F. Folliot).

Oreste aimait Hermione, qui aimait Pyrrhus, qui aimait Andromaque, veuve d'Hector, tué par le père de Pyrrhus, Achille (se référer au n° 42 a). Hermione, pour se venger, a poussé Oreste à tuer Pyrrhus, puis se tue. Oreste devient fou, bouclant en quelque sorte, la vieille malédiction pesant sur la famille des Atrides (se référer au n° 55).

Oreste, marqué par le destin, succombe donc aux fantaisies du destin — ou, si l'on préfère, à la rage des dieux. De libre arbitre humain, plus de trace.

ORESTE

Grâce aux dieux ! mon malheur passe mon espérance !
Oui, je te loue, ô ciel, de ta persévérance !
Appliqué sans relâche au soin de me punir,
Au comble des douleurs tu m'as fait parvenir ;
Ta haine a pris plaisir à former ma misère ;
J'étais né pour servir d'exemple à ta colère,
Pour être du malheur un modèle accompli.
Hé bien ! je meurs content, et mon sort est [rempli.
Où sont ces deux amants ? Pour couronner ma [joie
Dans leur sang, dans le mien, il faut que je me [noie
L'un et l'autre en mourant je les veux regarder :
Réunissons trois cœurs qui n'ont pu s'accorder...
Mais quelle épaisse nuit tout à coup m'environne
De quel côté sortir ? D'où vient que je frissonne ?
Quelle horreur me saisit ? Grâce au ciel, j'entrevoi
Dieux ! quels ruisseaux de sang coulent autour de [moi !

PYLADE

Ah, seigneur !

ORESTE

Quoi ! Pyrrhus, je te rencontre encore
Trouverai-je partout un rival que j'abhorre ?
Percé de tant de coups, comment t'es-tu sauvé ?
Tiens, tiens, voilà le coup que je t'ai réservé.
Mais que vois-je ? A mes yeux Hermione [l'embrasse ?
Elle vient l'arracher au coup qui le menace !
Dieux ! quels affreux regards elle jette sur moi !
Quels démons ! quels serpents traîne-t-elle après [soi !
Hé bien ! filles d'enfer (1), vos mains sont-elles [prêtes ?
Pour qui sont ces serpents qui sifflent sur vos [têtes ?
A qui destinez-vous l'appareil (2) qui vous suit ?
Venez-vous m'enlever dans l'éternelle nuit ?
Venez, à vos fureurs Oreste s'abandonne.
Mais non, retirez-vous, laissez faire Hermione :
L'ingrate mieux que vous saura me déchirer ;
Et je lui porte enfin mon cœur à dévorer.

PYLADE

Il perd le sentiment. Amis, le temps nous presse ;
Ménageons les moments que ce transport nous [laisse
Sauvons-le. Nos efforts deviendraient impuissants
S'il reprenait ici sa rage avec ses sens.

Andromaque (1667), acte V, scène 5.

(1) Les Euménides (ou Erinyes), déesses de la Vengeance.
(2) Ce qui est avec.

Le héros de la pièce de Tristan est un philosophe fort érudit. Il devient «fou» à la suite d'une contrariété amoureuse, et se met à délirer, bâtissant en quelque sorte sa folie sur sa science, et offrant, conformément à l'esthétique baroque traditionnelle, l'image du désordre du Monde et de ses mutations et contradictions permanentes.

ROLAND BARTHES, 1963

L'émoi le plus spectaculaire, c'est-à-dire le mieux accordé à la tragédie, c'est celui qui atteint l'homme racinien dans son centre vital, dans son langage. L'interdiction de parole, dont certains auteurs ont suggéré la nature sexuelle, est très fréquente chez le héros racinien : elle exprime parfaitement la stérilité de la relation érotique, son immobilité : pour pouvoir rompre avec Bérénice, Titus se fait aphasique, c'est-à-dire que d'un même mouvement, il se dérobe et s'excuse : le *je vous aime trop* et le *je ne vous aime pas assez* trouvent ici, économiquement, un signe commun. Fuir la parole, c'est fuir la relation de force, c'est fuir la tragédie : seuls les héros extrêmes peuvent atteindre cette limite (Néron, Titus, Phèdre), d'où leur partenaire tragique les ramène aussi vite que possible, en les *contraignant* en quelque sorte à retrouver un langage (Agrippine, Bérénice, Œnone). Le mutisme a un correspondant gestuel, l'évanouissement, ou tout au moins sa version noble, l'affaissement. Il s'agit toujours d'une sorte d'acte bilingue : comme fuite, la paralysie tend à nier l'ordre tragique ; comme chantage, elle participe encore à la relation de force. Chaque fois qu'un héros racinien recourt au désordre corporel, c'est donc l'indice d'une mauvaise foi tragique : le héros *ruse* avec la tragédie.

Sur Racine, 1963.

TRISTAN L'HERMITE (1601-1655)

ARISTE

Qui je suis ? Je m'en vais te l'apprendre :
Un sujet merveilleux fait d'une âme et d'un corps,
Un pourceau par dedans, un singe par dehors,
Un chef-d'œuvre de terre, un miracle visible,
Un animal parlant, raisonnable et risible ;
Un petit univers en qui les éléments
Apportent mille maux et mille changements ;
Une belle, superbe et frêle architecture
Qui doit son ordonnance aux mains de la nature,
Où des os, tenant place et de pierre et de bois
Forment les fondements, le faîte et les parois.
Un mixte composé de lumière et de fange
Où s'attachent sans fin le blâme et la louange.
Un vaisseau (1) plein d'esprits (2) et plein de [mouvements,
Revêtu de tendons, de nerfs, de ligaments,
De cuir, de chair, de sang, de moelle et de graisse,
Qui se mine à toute heure et se détruit sans cesse,
Où l'âme se retire et fait ses fonctions,
S'imprime les vertus, ou trempe aux passions ;
A qui toujours les sens, ses messagers volages,
Des objets reconnus rapportent les images.

la Folie du Sage (1645), acte IV, scène I.

(1) Un vase.
(2) Corps volatils.

En marge de La Poétique *d'Aristote, Racine avait traduit, de sa main, un certain nombre de passages concernant la tragédie. La définition du genre, qui régit toute l'esthétique classique, est la suivante :*

La tragédie est l'imitation d'une action grave et complète, et qui a sa (juste) grandeur. (Cette imitation se fait) par un discours, (un style) composé pour le plaisir, de telle sorte que chacune des parties (qui le composent subsiste et) agisse séparément et distinctement.

(Elle ne se fait) point par un récit, mais par une représentation vive qui, excitant la pitié et la terreur, purge (et tempère) ces sortes de passions. (C'est-à-dire qu'en émouvant ces passions, elle leur ôte ce qu'elles ont d'excessif et de vicieux, et les ramène à un état modéré et conforme à la raison).

(Poétique, VI).

Les passages entre parenthèses correspondent à des ajouts de Racine sur le texte d'Aristote.

A partir de cette définition, et en fonction des deux extraits ci-dessus, on pourra répondre aux questions suivantes :

1 — Quel est le mécanisme exact de la purgation (catharsis) des passions ?*
Comment ce mécanisme se met-il en place dans l'extrait d'Andromaque, ci-contre ?

2 — Que faut-il entendre par «excitant la pitié et la terreur» ?
En quoi ces deux sentiments peuvent-ils purger l'homme de ses passions ?

3 — Tristan et Racine reproduisent un discours de la folie. En quoi ces deux discours sont-ils «fous» ? Que signifie ici ce terme ? La perte des facultés intellectuelles ? Une logique parallèle ? Une capacité particulière à voir au delà du réel ? Justifiez votre réponse.

4 — On peut parler, à propos d'Oreste, de «désordre corporel», pour reprendre le mot de Roland Barthes. Mais contrairement à l'avis du critique, ce désordre, ici, n'est-il pas le comble de la tragédie ? Justifiez votre réponse par des exemples précis empruntés à la «tirade» d'Oreste.

Notes ou introductions en italique

Numérotation des lignes

TEXTE MAJEUR de la double-page

Textes ou documents complémentaires (CONTEXTE)

Questions

Les INDEX.... Eléments essentiels, utiles & agréables....

CHRONOLOGIE

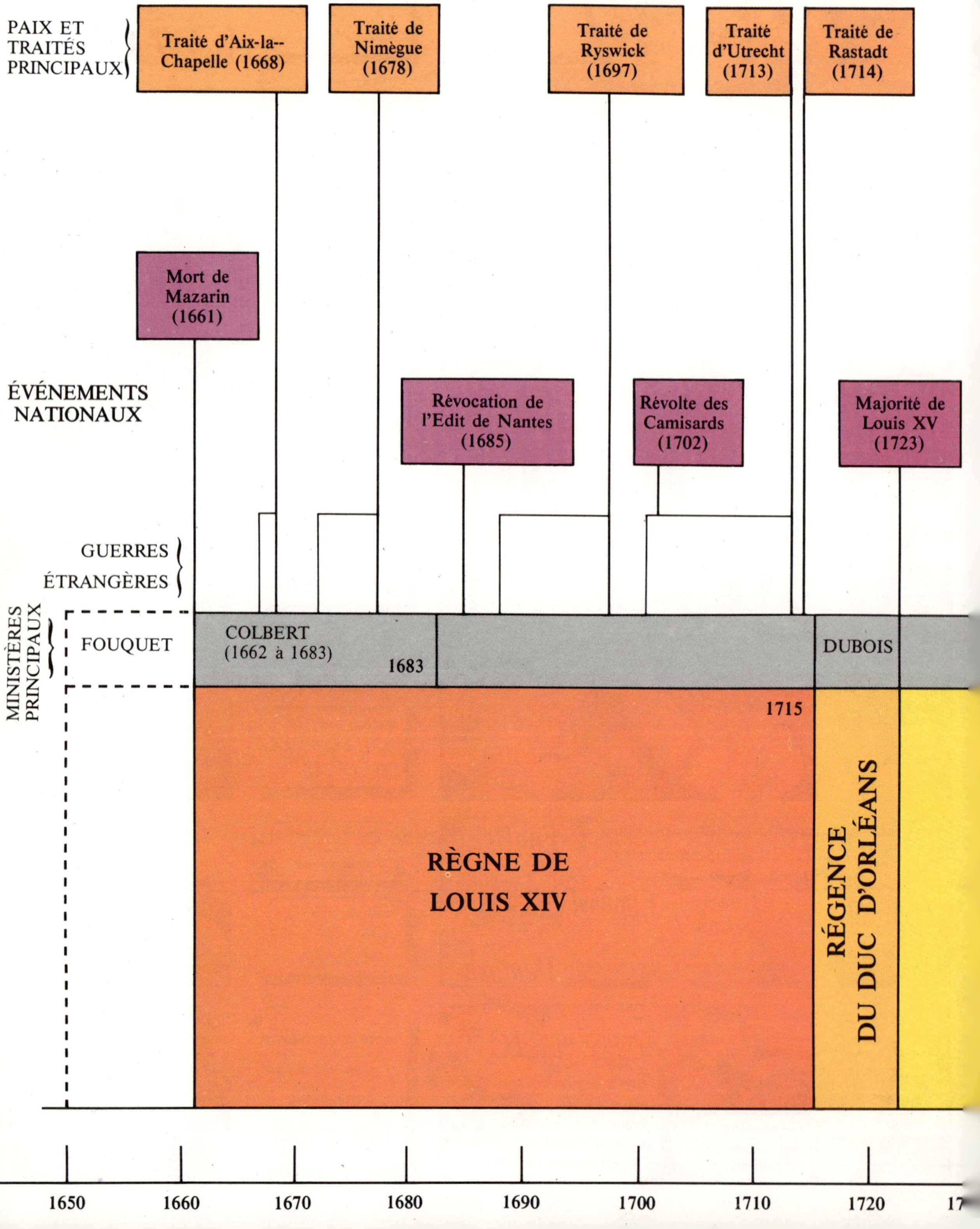

GÉNÉRALE

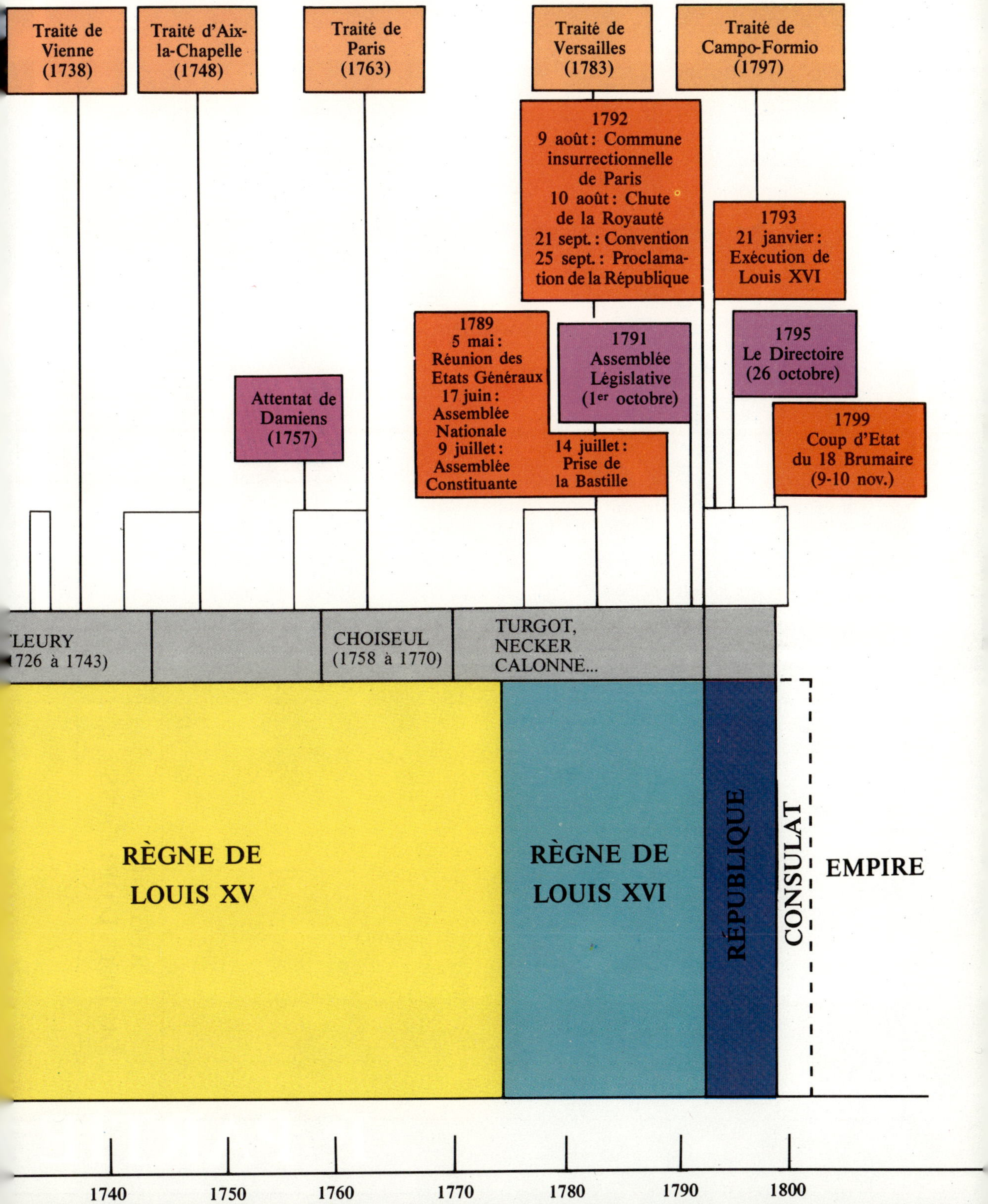

Traité de Vienne (1738)
Traité d'Aix-la-Chapelle (1748)
Traité de Paris (1763)
Traité de Versailles (1783)
Traité de Campo-Formio (1797)
1792
9 août : Commune insurrectionnelle de Paris
10 août : Chute de la Royauté
21 sept. : Convention
25 sept. : Proclamation de la République
1793
21 janvier : Exécution de Louis XVI
1789
5 mai : Réunion des Etats Généraux
17 juin : Assemblée Nationale
9 juillet : Assemblée Constituante
14 juillet : Prise de la Bastille
1791
Assemblée Législative (1er octobre)
1795
Le Directoire (26 octobre)
1799
Coup d'Etat du 18 Brumaire (9-10 nov.)
Attentat de Damiens (1757)
LEURY
726 à 1743)
CHOISEUL (1758 à 1770)
TURGOT, NECKER CALONNE...
RÈGNE DE LOUIS XV
RÈGNE DE LOUIS XVI
RÉPUBLIQUE
CONSULAT
EMPIRE
1740
1750
1760
1770
1780
1790
1800

Ie PARTIE

Page gauche : Sylvestre, *Louis XIV et Frédéric Auguste de Saxe*, (Bulloz).

Page droite : Poussin, *L'Hiver ou le déluge*, Louvre, (Agraci).

LE RÈGNE DE LOUIS XIV

	Evénements politiques économiques et sociaux	Production écrite française	Production écrite étrangère	Musique, architecture, arts plastiques
1661	Mort de Mazarin Début du règne personnel de Louis XIV. Réorganisation du gouvernement	**Bossuet : *Sermon sur la passion***		**Le Vau commence à construire le nouveau Versailles (1661-1670)** Rembrandt : *Les Syndics des drapiers*
1662	Procès de Fouquet Rachat de Dunkerque à l'Angleterre (traité de Londres)	Molière : *L'Ecole des Femmes* Madeleine de Scudéry : *Célinte, nouvelle première* Saint-Amant : *Œuvres poétiques* **Arnaud et Nicole : *La Logique et l'art de penser***		Lulli, maître de la musique royale. Le Vau continue Le Louvre.
1663	Fondation de l'Académie des Inscriptions et Belles-Lettres.	Corneille : *Sophonisbe* Molière : *Critique de l'Ecole des femmes ; Impromptu de Versailles.*		Le Nôtre dessine le parc de Versailles
1664	Condamnation de Fouquet. Colbert surintendant général. Création de la Compagnie des Indes Orientales. Expulsion des religieuses de Port-Royal.	**Molière : *Le Tartuffe*** joué à Versailles est interdit ; ***Premier placet au roi*** **La Rochefoucauld : *Maximes et réflexions diverses* (1664-1665).** Abbé Roulle : *le Roi glorieux du monde*		Manufacture des tapisseries de Beauvais. Franz Hals : *Les Régents de l'Hospice de Haarlem ; Les Plaisirs de l'Ile enchantée.*
1665	Colbert contrôleur des finances. Affaire du « formulaire ». Grande peste de Londres	La Fontaine : *Contes et Nouvelles* Brantôme : *Les Dames galantes* (posth.) Jacquette Guillaume : *Les Dames illustres* Molière : *Dom Juan* Bussy-Rabutin : *Histoire amoureuse des Gaules.* *Le Journal des Savants* (début de la publication). **Pascal : *Sommation des puissances numériques***	Hooke : *Micrographia* (observations au microscope)	Vermeer de Delft : *La Dentellière.*
1666	Fondation de l'Académie des Sciences de Paris	**Molière : *Le Misanthrope*** et *Le Médecin malgré lui.* Corneille : *Agésilas.* **Furetière : *Le Roman bourgeois.*** **Boileau : *Satires.***		Perrault commence la colonnade du Louvre

	Evénements politiques économiques et sociaux	Production écrite française	Production écrite étrangère	Musique, architecture, arts plastiques
1667	Guerre franco-espagnole dite de Dévolution ou des Droits de la Reine.	**Racine : *Andromaque.*** Interdiction du *Tartuffe.* Création du *Journal des Savants* **Corneille : *Attila***	Milton : *Le Paradis perdu*	
1668	Colbert secrétaire d'Etat à la Maison du roi, Louvois secrétaire d'Etat à la Guerre.	**Molière : *L'Avare*** **La Fontaine : *Fables*** 1er recueil **Molière : *Amphitryon*** **Racine : *Les Plaideurs***		Nanteuil : portraits de Louis XIV et de Colbert
1669	Colbert secrétaire d'Etat à la marine.	**Racine : *Britannicus.*** La Fontaine : *Psyché.* ***Lettres de la religieuse portugaise.*** **Bossuet : *Oraison funèbre d'Henriette de France***	Grimmelshausen : les *Aventures de Simplicius Simplicissimus*	Commencement du second Versailles. Perrin et Gambert : *La Pastorale.*
1670	Madame de Montespan officiellement favorite Traité franco-anglais de Douvres Création de la Compagnie du Levant **Mort de Madame**	**Bossuet : *Oraison funèbre d'Henriette d'Angleterre.*** **Molière :** *Les Amants magnifiques,* *Le Bourgeois gentilhomme.* Racine : *Bérénice.* Publication (partielle) des ***Pensées* de Pascal.**	**Spinoza : *Traité théologico-politique.***	Hardouin-Mansart premier architecte du roi. Ruysdael, Hobbema : apogée du paysage hollandais.
1671	L'enseignement du cartésianisme est interdit à Paris	**Premières lettres de Madame de Sévigné à sa fille, Mme de Grignan** Bossuet : *Exposition de la foi catholique.* Quesnel : *Réflexions morales.* Nicole : *Essais de Morale.* **Molière : *Psyché***		**Lebrun décore Versailles,** le château de Colbert à Sceaux et le Château de Saint-Germain.
1672	Louvois entre au Conseil Début de la guerre de Hollande Ouverture du premier café parisien	Fondation du ***Mercure français*** Le cardinal de Retz commence à rédiger ses ***Mémoires.*** Molière : *Les Femmes savantes.* Racine : *Bajazet.*	Pufendorf : *De jure naturae et gentium.*	Fondation de l'Académie d'Architecture et de l'Académie royale de Musique.
1673	Louis XIV réduit le droit de remontrance du Parlement	Molière : *Le Malade imaginaire*		*Cadmus et Hermione* de Quinault et Lulli (premier opéra français).
1674	Seconde conquête de la Franche-Comté Campagne d'Alsace	**Corneille : *Suréna*** **Boileau : *Art poétique*** Malebranche : *La Recherche de la vérité* **Racine : *Iphigénie***		Fêtes à la Cour pour célébrer la conquête de la Franche-Comté

	Evénements politiques économiques et sociaux	Production écrite française	Production écrite étrangère	Musique, architecture, arts plastiques
1675	Révolte dite du papier timbré : fin des grandes révoltes populaires du XVIIe siècle.		**Molinos : *Le Guide spirituel*** (condamné par Rome en 1687) : origine du quiétisme.	
1676	Vague de peste dans le bassin méditerranéen.	**Madame de Sévigné : *Lettres***		**Hardouin-Mansart poursuit les travaux de Versailles.** Achèvement de l'*Hôtel des Invalides.*
1677	Leeuwenhoek découvre au microscope les spermatozoïdes de l'homme.	**Racine : *Phèdre* ; Querelle de *Phèdre.* Boileau : *Epîtres* (1677-1793) La Fontaine : *Epîtres à De Niert***	**Spinoza : *L'Ethique* (posth.) (1671-1677)**	
1678	Alliance anglo-hollandaise Début du conflit avec le Pape sur la régale.	**Fontenelle : *Lettre d'un géomètre de Guyenne* Madame de Lafayette : *La Princesse de Clèves.* La Fontaine : *Fables,*** deuxième recueil. **Bussy-Rabutin : *Lettre à Mme de Sévigné***		**Troisième aménagement de Versailles** (terminé en 1710). Début des travaux de Marly (terminé en 1715).
1679	Paix de Nimègue (rattachement de la Franche-Comté) **Affaire des Poisons**			**Le Brun : *Galerie des glaces de Versailles*** (début de la décoration)
1680	Politique des « réunions » (annexions en pleine paix)	Malebranche : *Traité de la Nature et de la grâce* **Richelet : *Dictionnaire***	Huygens : *Traité de l'aimant*	Purcell : *Didon et Enée* (premier opéra anglais)
1681	Annexion de Strasbourg Réunion de l'Assemblée extraordinaire du Clergé	Mabillon : *De re diplomatica* **Fontenelle : *La Comète* Bayle : *Pensées diverses sur la comète***	Dryden : *Absalon et Architophel*	Lulli et Benserade : *Le Triomphe de l'Amour.*
1682	**Installation définitive de la Cour à Versailles**	Bossuet : *Sermon sur l'unité de l'Eglise*		Puget : *Milon de Crotone*
1683	Mort de Colbert Dragonnades	**Fontenelle : *Dialogues des morts modernes***		
1684	Louis XIV épouse secrètement Madame de Maintenon : Période dévote du règne Trêve de Ratisbonne	**Furetière : *Dictionnaire...***	Leibniz publie les principes du calcul différentiel et intégral (1684-1686).	

	Evénements politiques économiques et et sociaux	Production écrite française	Production écrite étrangère	Musique, architecture, arts plastiques
1685	Révocation de l'Edit de Nantes Emigration protestante Publication du ***Code Noir***			
1686	Ligue d'Augsbourg contre la France Ouverture du café Procope à Paris	**Fontenelle : *Entretiens sur la pluralité des mondes ; l'Histoire des oracles*** Jurieu : *Lettres pastorales aux fidèles qui gémissent sous la captivité de Babylone*		Lulli : *Armide* Coysevox : *Buste du Grand Condé*
1687	Affaire des Franchises	**Perrault : *Le Siècle de Louis le Grand*** **Bossuet : *Oraison funèbre du Prince de Condé***	**Newton : *Principes mathématiques de la philosophie naturelle***	Construction du Grand Trianon.
1688	La France intervient dans l'Electorat de Cologne	**La Bruyère : *Les Caractères* (1688-1696)** **Perrault : *Parallèle des Anciens et des Modernes* (1788-1797)**		
1689	Guerre de la Ligue d'Augsbourg Dévastation du Palatinat *Bill of Rights (Déclaration des Droits)* en Angleterre.	Jurieu : *Les Soupirs de la France esclave* Racine : *Esther*	**Locke : *Lettre sur la tolérance***	
1690		Fénelon : *Projet pour une poétique* (vers 1690)	**Locke : *Essai sur l'entendement humain.* (trad. fr. 1700) ;** *Du gouvernement civil* Huygens : *Traité de la lumière*	
1691		**Racine : *Athalie***		
1693	Victoire de Neerwinden Famine dans tout le royaume			
1694		**Saint-Simon : *Mémoires* (1694-1752)** **Académie française : *Dictionnaire*** Boileau : *Réflexions sur Longin* **La Fontaine : *Fables*, XIIe livre.**	Leibniz : *Système nouveau de la nature et de la communication des substances*	Chirriguera : *Rétable de San Esteban.*

	Evénements politiques économiques et et sociaux	Production écrite française	Production écrite étrangère	Musique, architecture, arts plastiques
1695	Etablissement de la Capitation Déclaration des 34 articles contre les erreurs de Mme Guyon.	**Bayle : début du *Dictionnaire historique et critique***		Construction de Schönbrunn.
1696	Traité de Paix entre la France et la Savoie	**Regnard : *Le Joueur***	Locke : *Le Christianisme raisonnable.*	
1697	Paix de Ryswick : les Territoires « réunis » doivent être rendus (excepté Strasbourg)	Malebranche : *Traité de l'Amour de Dieu* **Fénelon : *Explication des maximes des saints*** **Perrault : *Contes de ma mère l'Oye*** **Bossuet : *Instruction sur les états d'oraison*** **Regnard *Le Distrait***		Campra : l'*Europe galante, opéra-ballet.*
1698	Traité de La Haye (renouvelé en 1700)			Girardon : *Tombeau du Cardinal Mazarin*
1699	**Condamnation du quiétisme,** soumission de Fénelon. Salon de la Duchesse du Maine (1699-1753)	Racine : *Abrégé de l'histoire de Port-Royal* **Fénelon : *Les Aventures de Télémaque***		
1700	Mort de Charles II d'Espagne	**Chaulieu : *Apologie de l'inconstance***		
1701	Grande Alliance de la Haye contre la France et l'Espagne Mort de Monsieur	Boileau : *Lettre à Perrault* **Jésuites de Trévoux : *Mémoires pour servir à l'histoire des sciences et des arts* (1701-1767)**	Steele : *Les Funérailles, L'Amoureux menteur, Le Tendre mari.*	**Rigaud : *Portrait de Louis XIV en costume de Sacre.***
1702	Guerre de Succession d'Espagne **Révolte des Camisards**			***Richard de Lalande :*** *Symphonies pour les soupers du Roi.*
1704	Défaites françaises Prise de Gibraltar par les Anglais	**Jésuites de Trévoux : *Dictionnaire.*** **Galland : *Les Mille et une nuits* (1704-1717)**	Newton : *Opticks*	
1705	Bulle *Vineam domini* contre le jansénisme			

	Evénements politiques économiques et et sociaux	Production écrite française	Production écrite étrangère	Musique, architecture, arts plastiques
1706	Défaite de Ramillies		Swift : *Le Conte du tonneau*	Hardouin-Mansart : fin du *dôme des Invalides*
1707	Acte d'Union (Royaume-Uni-Ecosse) Philippe V remis sur le trône d'Espagne par Berwick	Vauban : *La Dîme royale.* **Lesage : *Le Diable boiteux* (1707-1726)** **Baltus : *Réponse à* l'Histoire des Oracles**		Scarlatti : *Mitridate Eupatore* à Naples
1708		**Crébillon (Père) : *Electre***		
1709	Défaite de Malplaquet Nouvelle grande famine Dispersion des religieuses de Port-Royal	**Lesage : *Turcaret***		Robert Le Cotte : achèvement de la *Chapelle de Versailles.*
1710	**Salon de Mme de Lambert (1710-1733)**	Fénelon : *Lettre au Père De Tellier*	**Leibniz : *Essais de Théodicée***	Création des premiers pianos par le Florentin Cristofori.
1711	Mort du Grand Dauphin			
1712	Mort de la Duchesse et du Duc de Bourgogne Victoire de Denain Destruction de Port-Royal des Champs	Fénelon : *Traité de l'existence de Dieu* **Marivaux : *Pharsamon* (1712-1737)**		**Watteau : *L'Embarquement pour Cythère* (1712-1717)**
1713	Traité d'Utrecht Bulle *Unigenitus* condamnant Quesnel	**Chasles : *Les Illustres françaises***	Berkeley : *Dialogues d'Hylas et de Philonoüs* Collins : *Discours sur la libre pensée.* Justus Van Effen : *Journal littéraire* de La Haye (1713-1723)	Vivaldi : *la Stravaganza*
1714	Traité de Rastadt Mort du Duc de Berry Testament du Roi	Abbé de Saint-Pierre : *Projet de paix perpétuelle* (1713-1717) Fénelon : *Lettre à l'Académie* **La Motte : *Discours sur Homère*** **« Traduction » de l'*Iliade***	Leibniz : *Monadologie* Pope : *La Boucle de cheveux enlevée* Pieter Langendijk : *L'Adultère réciproque*	Couperin : *Concerts royaux*
1715	1er septembre : mort de Louis XIV. **Régence de Philippe d'Orléans**			

Versailles, la Galerie des Glaces, (Bulloz).

JEAN STAROBINSKI, 1964

Construisant des palais pour y loger sa cour, ses ministres, ses maîtresses; des avenues pour y faire défiler ses carrosses ou ses gardes; des théâtres pour s'y divertir; des manufactures pour augmenter ses revenus; des églises pour s'y soumettre à son Dieu, le monarque du XVIIe et du XVIIIe siècle se comporte comme une personne aux besoins illimités. Les bâtiments édifiés «par ordre du roi» sont au premier chef des bâtiments «pour le roi». S'il élève une ville, comme Louis XIV à Versailles ou Pierre le Grand à Saint-Pétersbourg, c'est avant tout pour en faire sa capitale ou sa résidence. Le patron royal se comporte comme le premier destinataire des ouvrages qu'il a commandés; il les veut à la mesure de sa grandeur, il veut y lire l'image sensible de son pouvoir. De fait, tout lui renvoie son emblème, ses devises, les chiffres et les armes de sa race, l'image de ses volontés obéies. S'il a fait construire, s'il cède à la «bâtissomanie» dont parle Catherine II, c'est parfois pour se donner les moyens pratiques d'une nouvelle politique, c'est toujours pour être en mesure de rencontrer à tout instant les preuves visibles et constamment renouvelées de l'efficacité magique de son désir. Un monarque absolu ne peut guère demeurer dans le logis de ses ancêtres, sinon en y aménageant de nouveaux appartements, où s'actualisera sous ses yeux la marque personnelle de son règne. Mais ce rapport «narcissique» du prince et des ouvrages dont il s'entoure se transmue presque instantanément en acte public et en étalage de souveraineté. Les monarques du XVIIIe siècle, jusque dans les petites cours d'Allemagne, suivent en cela une

Martin, *Château de Versailles vu de la butte de Montboron,* (Snark).

CHAMFORT (1741-1794)

Un énergumène de Gentilhommerie, ayant observé que le contour du château de Versailles était empuanti d'urine, ordonna à ses domestiques et à ses vassaux de venir lâcher de l'eau autour de son château.

Caractères et anecdotes, posth. 1803.

Van Der Meulen, *Vue de Versailles sous Louis XIV,* (Bulloz)

tradition baroque d'ostentation fastueuse. Et le spectacle, du moins dans sa forme ancienne, est plus qu'un spectacle ; il n'admet pas que les spectateurs demeurent distants et libres, c'est une entreprise d'éblouissement qui captive et envoûte ses témoins, qui les fait participer à un rite de soumission : démonstration rayonnante d'une volonté irrésistible. Le faste n'est pas seulement le signe de la souveraineté : il est l'expression d'un pouvoir qui se matérialise sous des espèces sensibles, et qui est capable de renouveler sans cesse les dehors sous lesquels il se manifeste. L'image du prince, solennisée par ses atours et mirée par ses demeures, appelle un témoin universel. Le rapport personnel du monarque et de ses domaines a lieu à la face du monde : le mythe du pouvoir absolu voudrait que cette gloire expansive, sitôt perçue, conquière le spectateur, le transforme en sujet reconnaissant et l'englobe dans le cercle des possessions royales. Ainsi le rapport possessif du prince à la Cour et au Palais constitue l'image analogique de son rapport souhaité avec l'univers entier.

l'Invention de la liberté, Skira, 1964.

Martin, *Vue du Château de Versailles,* (Bulloz).

2 Pierre BAYLE (1647-1706)

En décembre 1680, une comète apparut dans le ciel de Paris. La population s'émut de cette apparition, trembla et pensa que sa dernière heure était arrivée. Bayle dans l'année qui suivit prit prétexte de cette fausse croyance pour en atteindre d'autres (en particulier les superstitions afin d'aborder le problème épineux de la religion). Fontenelle déjà intéressé par ce thème, suivit un chemin analogue lorsqu'il écrivit l'Histoire des oracles *(voir nº 15).*

PIERRE BAYLE, 1683.

Ayant rencontré à un de mes derniers voyages à Paris un ancien disciple qui s'était fait recevoir docteur en Sorbonne et ayant raisonné avec lui sur bien des choses, je lui promis de lui écrire une petite dissertation sur ce qu'on appelle ordinairement des *prodiges* et des *signes de l'avenir.* Il me dit que je lui ferais plaisir, mais qu'afin qu'il pût la montrer à ses amis, il me priait de parler en catholique, ne voulant pas paraître en commerce avec des hérétiques. Une comète ayant paru quelques mois après, je me servis de l'occasion et me mis à composer, mais étant passé de pensée en pensée jusqu'à des questions un peu singulières, je ne vis pas qu'il fût à propos de faire voir cela à personne...»

Œuvres diverses T. IV. «Lettres à Minutoli», 1683.

Bayle, La comète de Halley, (BN).

QUELLE EST LA VÉRITABLE CAUSE DE L'AUTORITÉ D'UNE OPINION

Les savants font quelquefois une aussi méchante caution[1] que le peuple, et une tradition fortifiée de leur témoignage n'est pas pour cela exempte de fausseté. Il ne faut donc pas que le nom et le titre de savant nous en imposent. Que savons-nous si ce grand docteur qui avance quelque doctrine a apporté plus de façon à s'en convaincre, qu'un ignorant qui l'a crue sans l'examiner? Si le docteur en a fait autant, sa voix n'a pas plus d'autorité que celle de l'autre, puisqu'il est certain que le témoignage d'un homme ne doit avoir de force, qu'à proportion du degré de certitude qu'il s'est acquis en s'instruisant pleinement du fait.

Je vous l'ai déjà dit, et je le répète encore : un sentiment ne peut devenir probable par la multitude de ceux qui le suivent, qu'autant qu'il a paru vrai à plusieurs indépendamment de toute prévention, et par la seule force d'un examen judicieux, accompagné d'exactitude, et d'une grande intelligence des choses : et comme on a fort bien dit qu'un témoin qui a vu est plus croyable que dix qui parlent par ouï-dire, on peut aussi assurer qu'un habile homme qui ne débite que ce qu'il a extrêmement médité, et qu'il a trouvé à l'épreuve de tous ses doutes, donne plus de poids à son sentiment, que cent mille esprits vulgaires qui se suivent comme des moutons, et se reposent de tout sur la bonne foi d'autrui. Et c'est à cause de cela sans doute que Themitius [2] et Cicéron ont déclaré si nettement, le premier qu'il croirait plutôt à ce que Platon lui ferait entendre d'un signe de tête, qu'à ce que tous les autres philosophes lui affirmeraient avec serment : et le dernier, que la seule autorité de Platon sans aucune preuve briserait toute l'incrédulité de son esprit.

QU'IL NE FAUT PAS JUGER EN PHILOSOPHIE PAR LA PLURALITÉ DES VOIX.

Je n'approuve pas ces manières, mais j'en reviens toujours là, qu'il ne faut pas compter les voix, qu'il faut les peser, et que la méthode de décider une controverse à la pluralité des voix, est sujette à tant d'injustices, qu'il n'y a que l'impossibilité de faire autrement qui la rende légitime en certains cas. Vous voyez assez d'où naît cette impossibilité, c'est qu'il n'y a personne sur la terre qui puisse déterminer au juste combien un suffrage vaut plus que l'autre, qui ait ni la juridiction ni les lumières nécessaires pour réduire les opinions des membres d'une compagnie, chacune à son juste prix, de sorte qu'il faut nécessairement tolérer que l'une vaille autant que l'autre dans certains cas. Mais puisque les controverses de philosophie ne sont pas de cette espèce, il nous est fort permis de compter pour rien les suffrages d'une infinité de gens crédules et superstitieux, et d'acquiescer plutôt aux raisons d'un petit nombre de philosophes. Ainsi, Monsieur, sans avoir égard à votre *vox populi, vox dei,* aphorisme qui autoriserait les pensées les plus ridicules, si on le suivait, je serais fort d'avis qu'on examinât premièrement s'il est vrai que les années qui ont suivi de près les comètes aient toujours été remarquables par des événements plus tragiques que ceux qu'on voit arriver dans d'autres temps. Si l'on trouvait que la chose fût ainsi, on pousserait les recherches plus loin, et l'on examinerait quelle peut être la cause de la liaison de ces événements tragiques avec les comètes. Si l'on trouvait que la chose fût autrement, on tâcherait de désabuser le monde de ses fausses imaginations sur ce point-là, et l'on ne ferait pas plus de cas de la fausseté, sous prétexte qu'elle serait répandue par tout le monde, que si elle n'était que la maladie de deux ou trois personnes. Aussi bien, comme le remarque Cicéron, n'y a-t-il point d'apparence de faire cas d'un jugement rendu par une multitude de personnes, dont chacune prise à part est si peu capable de connaître la chose, que son sentiment n'est d'aucune considération.

Pensées écrites à un docteur de Sorbonne à l'occasion de la comète qui parut au mois de décembre 1680, 1681.

(1) Mauvaise garantie.

(2) Thémistius (317-388 ap. J.C.). Philosophe et rhéteur grec, auteur de Paraphrases sur Aristote.

Fontenelle, lui aussi, se moque des superstitions dans sa comédie, La Comète. *Monsieur de la Forest veut épouser Florice, la fille d'un astrologue. A cause de la maudite comète, le père de la jeune fille s'oppose au mariage...*

FONTENELLE, 1681

M. DE LA FOREST : — Monsieur, expliquez-vous donc plus nettement, s'il vous plaît ; nous voilà tous alarmés sans savoir de quoi.

L'ASTROLOGUE : — Tout est perdu. Je viens de voir une affreuse comète qui passe sur nos têtes.

M. DE LA FOREST : — Hé bien, il faut la laisser passer.

L'ASTROLOGUE : — Comment ! la laisser passer. Oui, de par le diable, il faut la laisser passer ; mais elle ne passera pas sans nous le faire bien savoir. Que je te plains, pauvre genre humain !

FLORICE : — Hé ! mon père, de quoi est-il tant à plaindre ?

L'ASTROLOGUE : — Jamais le Ciel ne versa sur lui de si malignes influences. C'est mille fois pis que si Saturne et la Lune étaient conjoints, ou que Mars et Mercure fussent en aspect sextil (1). Ne songez pas à vous marier, Monsieur de la Forest, voici un temps trop funeste.

[...]

M. DE LA FOREST : — Hélas ! Monsieur, croyez-vous tout de bon que les astres s'inquiètent de notre mariage ? Vous leur donnez bien de la pratique, si vous voulez qu'ils se mêlent de tous les menus tracas qui occupent les hommes.

L'ASTROLOGUE : — Que voulez-vous dire ? Ce grand livre du Ciel, imprimé en caractères de feu, ne contient-il pas les destinées de tous les hommes ?

M. DE LA FOREST : — Permettez-moi de vous dire que ce grand livre n'est pas fort aisé à déchiffrer, et qu'avec toutes vos lunettes vous avez bien de la peine à en lire quelques mots.

L'ASTROLOGUE : — Non, ce n'est pas pour vous sans doute qu'il est écrit. Il n'appartient qu'à nous, descendants du fameux Nostradamus, de développer ces mystères. [...] A quoi serviraient, à votre avis, tous ces aspects des astres, sextil, trin et quadrat (1), A quoi serviraient ces conjonctions, ces oppositions, ces stations, ces directions, ces rétrogradations ?

MATURIN (2), *prenant ses tablettes* : — Mettons ceci sur nos tablettes. La peste que me voilà riche !

M. DE LA FOREST : — Tout cela sert à faire rouler les planètes dans le ciel, et à les faire aller et venir. Elles vont leur train, et nous laissent aller le nôtre.

L'ASTROLOGUE : — Il suffit de vous faire regarder une comète pour vous confondre, sa figure extraordinaire, sa lumière rougeâtre, cette queue, cette barbe, cette chevelure, tout cela ne vous inspire-t-il pas naturellement de la frayeur ?

M. DE LA FOREST : — A moi ? non. Je trouve cela fort beau ; c'est un nouvel astre dont le Ciel nous favorise. Et pourquoi ne veut-on pas croire qu'il nous annonce par là quelque bonheur ? N'y a-t-il pas présentement mille gens heureux qui ont autant de droit de remercier la Comète de leur félicité, que les malheureux ont droit de se prendre à elle de leur infortune ?

L'ASTROLOGUE : — Pour vous, Monsieur de la Forest, vous n'aurez pas de remerciement à lui faire, et vous ne vous moquerez pas d'elle entre les bras de ma fille.

M. DE LA FOREST : — Mais, Monsieur, écoutez-moi, je vous en conjure, et rendons-nous un peu de justice. Sommes-nous des gens si importants, que nous puissions nous imaginer que le Ciel fasse pour nous la dépense d'une comète ? Si elle avait à menacer quelqu'un, au lieu que je suis persuadé qu'elle ne menace personne, serait-ce vous et moi qu'elle menacerait ? Voilà un feu plus gros que toute la terre qui s'allume dans le Ciel ; et pourquoi cela ? pour empêcher le mariage de Mademoiselle Florice et de moi.

L'ASTROLOGUE : — Taisez-vous, petit esprit ; car je sens que ma bile s'échauffe ; et si jamais...

M. DE LA FOREST : — Je cède puisqu'il le faut ; mais enfin...

L'ASTROLOGUE : — Et dites-moi, a-t-on jamais vu de comète, sans qu'il soit arrivé de grands malheurs ?

M. DE LA FOREST : — Si vous voulez bien que je vous réponde, ne m'avouerez-vous pas qu'il est bien arrivé de grands malheurs sans comète, ou plutôt qu'ils sont presque tous arrivés sans comète ? Pourquoi les uns sont-ils annoncés, lorsque d'autres, et même plus considérables, ne le sont pas ? Quand il n'y a point de comète, il faut bien que l'on s'en passe, et que l'on croie que tout est arrivé selon l'ordre naturel ; mais dès que le hasard veut qu'il en paraisse une, c'est justement elle qu'on rend responsable de tout le mal.

la Comète, Scène 4, 1681.

(1) Termes d'astronomie. (Sextil : l'aspect de deux astres, quand ils sont éloignés de soixante degrés. Trin : cent vingt degrés - Quadrat : quatre vingt dix degrés).

(2) Maturin, valet de l'astrologue, compose des almanachs en s'inspirant des paroles de son maître.

1 — Multitude et raisonnement.

a) Dans le premier paragraphe du texte cité de Bayle, à quelle méthode l'auteur recourt-il pour s'opposer à la tradition ?

b) Dans le second paragraphe, de quelle méthode se nourrit-il (voir nos 119-120, **XVIe-XVIIe siècles***) ? Quels sont les termes qui s'y réfèrent explicitement ?*

c) Etudiez le rapport subtil, exprimé surtout dans la deuxième partie du texte de Bayle, de l'expérience et de la philosophie.

2 — Comète et prétexte.

a) Les croyances sur la comète sont-elles les seules visées ? Si le raisonnement de Bayle est retenu, quelles « vérités » sont de fait mises en cause ?

b) Pourquoi citer l'adage « Vox populi, vox dei » ?

c) De quelle manière Fontenelle attaque-t-il les mêmes objectifs ?

d) « L'argument du plus grand nombre ». Comment vous situez-vous, aux plans moral, politique, scientifique, voire esthétique, en face d'opinions partagées par une majorité de gens ? (Pour vous aider, évoquez des termes comme snobisme, élitisme, *et, en face,* démagogie, *etc.).*

3 Pierre BAYLE (1647-1706)

Le Dictionnaire historique et critique *est avant tout une œuvre de combat fondée sur une érudition et une réflexion profondes. Chaque «entrée» (on appelle ainsi un terme traité dans un ouvrage (le plus souvent un dictionnaire) et qui permet à celui qui le consulte d'y «entrer») correspond à un nom sur lequel une ou plusieurs erreurs ont été commises par les générations successives.*

La tradition philosophique est ainsi passée à travers le crible d'une méthode historique. L'examen scientifique des sources, c'est-à-dire de l'origine dans les textes des théories, croyances ou doctrines, permet une remise en cause des idées léguées par le passé. On assiste donc à une sorte de retour aux sources humaniste extrêmement dangereux pour l'idéologie en place. Par un système de notes renvoyant les unes aux autres Bayle va de plus en plus loin dans sa critique. L'abondance des annotations et des renvois, où la pensée de l'auteur se fragmente, décourage une censure qui cherche à débusquer une idée subversive sans fouiller dans les recoins. Or, l'apparence d'une page du Dictionnaire *est celle d'une surcharge permanente où le plus dangereux, et souvent le plus important, est le plus caché (voir la page du* Dictionnaire *reproduite ci-contre).*

Portrait de Bayle, (BN).

Environ le mois de décembre 1690, je formai le dessein de composer un dictionnaire critique, qui contiendrait un recueil des fautes qui ont été faites, tant par ceux qui ont fait des dictionnaires que par d'autres écrivains, et qui réduirait sous chaque nom d'homme ou de ville les fautes concernant cet homme ou cette ville.

Commentaire philosophique. *Première partie, I, 1, vers 1686.*

Il est visible qu'un auteur qui emploie l'autorité des Magistrats, pour la suppression des livres que l'on écrit contre lui, témoigne manifestement sa défaite, et son incapacité de répondre, et augmente la curiosité du public. D'où vient donc que tant d'auteurs, lorsque leur crédit peut arriver jusque-là, recourent à cette voie? Est-ce une chose bien agréable, que de déclarer à toute la terre qu'on n'a pas la force de résister à un autre auteur? L'amour propre trouve-t-il son compte à faire naître l'envie de lire des livres dont bien des gens ne se seraient pas informés, et qu'ils ne s'avisent d'acheter, que parce qu'ils entendent dire que les Magistrats les ont défendus? L'amour propre, dis-je, si chagrin du contenu de ces livres, si avide d'en étouffer la mémoire, trouve-t-il son compte à faire que le public s'instruise plus curieusement de tous les détails de ces écrits? Quel ragoût peut-on trouver à insérer quelquefois dans les gazettes la sentence de proscription contre quelques livres? N'est-ce pas le moyen d'apprendre par toute l'Europe la honteuse nécessité où l'on se trouve réduit, de demander aux magistrats le secours que l'on ne devrait emprunter que de sa plume? D'auteur à auteur les armes doivent être égales: chacun doit avoir recours à la seule plume. S'il dit j'aurai mon recours aux puissances, et à mon crédit auprès des Dieux de la terre, il ressemble à un champion qui s'armerait de toutes pièces contre un homme désarmé. Je crois pouvoir dire sur ces demandes, que les auteurs qui en usent de la sorte n'y trouvent pas dans le fond un grand ragoût: ce n'est qu'un pis-aller à quoi ils donnent le tour le plus consolant qu'il leur est possible. Ils veulent regagner, par l'idée de leur crédit, ce qu'ils perdent par la plume de leur adversaire: ils veulent retenir le peuple dans leurs intérêts; le peuple, dis-je, toujours porté à juger que le parti le plus fort est le meilleur: ils veulent prévenir les attaques de quelques autres adversaires; car combien y a-t-il de gens qui ne gardent le silence sur les injustices d'un homme, qu'à proportion qu'ils le voient en état de faire du bien et du mal par son crédit? Pour ne pas dire que l'on espère qu'un grand nombre de lecteurs simples concluront qu'un livre contenait des faussetés, puisque la vente en a été défendue. Il est vrai que bien des gens sont capables de ce pitoyable raisonnement: c'est qu'ils ne considèrent pas que les magistrats, lors même qu'ils font supprimer un livre par des raisons de prudence, et selon leurs règlements, ne prétendent pas faire un préjugé contre les faits qui sont contenus dans ce livre; car ils n'en prennent point connaissance, et ne s'en portent pas pour juges.

Note de l'article «Thomas», *Dictionnaire historique et critique,* 1697.

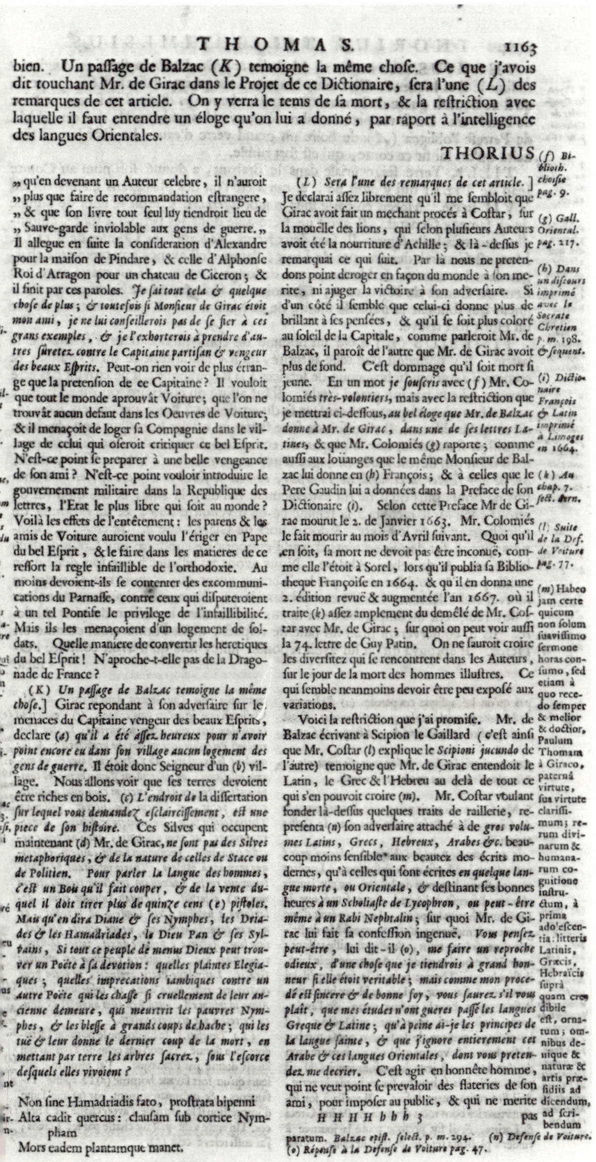

THOMAS. 1163

bien. Un paſſage de Balzac (*K*) temoigne la même choſe. Ce que j'avois dit touchant Mr. de Girac dans le Projet de ce Dictionaire, ſera l'une (*L*) des remarques de cet article. On y verra le tems de ſa mort, & la reſtriction avec laquelle il faut entendre un éloge qu'on lui a donné, par raport à l'intelligence des langues Orientales.

THORIUS

„ qu'en devenant un Auteur celebre, il n'auroit „ plus que faire de recommandation eſtrangere, „ & que ſon livre tout ſeul luy tiendroit lieu de „ Sauve-garde inviolable aux gens de guerre. „ Il allegue en ſuite la conſideration d'Alexandre pour la maiſon de Pindare, & celle d'Alphonſe Roi d'Arragon pour un chateau de Ciceron ; & il finit par ces paroles. *Je ſai tout cela & quelque choſe de plus ; & toutefois ſi Monſieur de Girac étoit mon ami, je ne lui conſeillerois pas de ſe fier à ces grans exemples, & je l'exborterois à prendre d'autres ſuretez contre le Capitaine partiſan & vengeur des beaux Eſprits.* Peut-on rien voir de plus étrange que la pretenſion de ce Capitaine ? Il vouloit que tout le monde aprouvât Voiture ; que l'on ne trouvât aucun defaut dans les Oeuvres de Voiture ; & il menaçoit de loger ſa Compagnie dans le village de celui qui oſeroit critiquer ce bel Eſprit. N'eſt-ce point ſe preparer à une belle vengeance de ſon ami ? N'eſt-ce point vouloir introduire le gouvernement militaire dans la Republique des lettres, l'Etat le plus libre qui ſoit au monde ? Voilà les effets de l'entêtement : les parens & les amis de Voiture auroient voulu l'ériger en Pape du bel Eſprit, & le faire dans les matieres de ce reſſort la regle infaillible de l'orthodoxie. Au moins devoient-ils ſe contenter des excommunications du Parnaſſe, contre ceux qui diſputeroient à un tel Pontife le privilege de l'infaillibilité. Mais ils les menaçoient d'un logement de ſoldats. Quelle maniere de convertir les heretiques du bel Eſprit ! N'aproche-t-elle pas de la Dragonade de France ?

(*K*) *Un paſſage de Balzac temoigne la même choſe.*] Girac repondant à ſon adverſaire ſur les menaces du Capitaine vengeur des beaux Eſprits, declare (*a*) *qu'il a été aſſez heureux pour n'avoir point encore eu dans ſon village aucun logement des gens de guerre.* Il étoit donc Seigneur d'un (*b*) village. Nous allons voir que ſes terres devoient être riches en bois. (*c*) *L'endroit de* la diſſertation *ſur lequel vous demandez eſclairciſſement, eſt une piece de ſon biſtoire.* Ces Silves qui occupent maintenant (*d*) Mr. de Girac, *ne ſont pas des Silves metaphoriques, & de la nature de celles de Stace ou de Politien. Pour parler la langue des bommes, c'eſt un Bois qu'il fait couper, & de la vente duquel il doit tirer plus de quinze cens* (*e*) *piſtoles. Mais qu'en dira Diane & ſes Nymphes, les Driades & les Hamadriades, le Dieu Pan & ſes Sylvains, Si tout ce peuple de menus Dieux peut trouver un Poëte à ſa devotion : quelles plaintes Elegiaques ; quelles imprecations iambiques contre un autre Poëte qui les chaſſe ſi cruellement de leur ancienne demeure, qui meurtrit les pauvres Nymphes, & les bleſſe à grands coups de hache ; qui les tuë & leur donne le dernier coup de la mort, en mettant par terre les arbres ſacrez, ſous l'eſcorce deſquels elles vivoient ?*

Non ſine Hamadriadis fato, proſtrata bipenni
Alta cadit quercus : clauſam ſub cortice Nympham
Mors eadem plantamque manet.

(*L*) *Sera l'une des remarques de cet article.*] Je declarai aſſez librement qu'il me ſembloit que Girac avoit fait un mechant procés à Coſtar, ſur la mouëlle des lions, qui ſelon pluſieurs Auteurs avoit été la nourriture d'Achille ; & là-deſſus je remarquai ce qui ſuit. Par là nous ne pretendons point deroger en façon du monde à ſon merite, ni ajuger la victoire à ſon adverſaire. Si d'un côté il ſemble que celui-ci donne plus de brillant à ſes penſées, & qu'il ſe ſoit plus coloré au ſoleil de la Capitale, comme parleroit Mr. de Balzac, il paroît de l'autre que Mr. de Girac avoit plus de fond. C'eſt dommage qu'il ſoit mort ſi jeune. En un mot *je ſouſcris* avec (*f*) Mr. Colomiés *très-volontiers*, mais avec la reſtriction que je mettrai ci-deſſous, *au bel éloge que Mr. de Balzac donne à Mr. de Girac, dans une de ſes lettres Latines*, & que Mr. Colomiés (*g*) raporte ; comme auſſi aux loüanges que le même Monſieur de Balzac lui donne en (*h*) François ; & à celles que le Pere Gaudin lui a données dans la Preface de ſon Dictionaire (*i*). Selon cette Preface Mr de Girac mourut le 2. de Janvier 1663. Mr. Colomiés le fait mourir au mois d'Avril ſuivant. Quoi qu'il en ſoit, ſa mort ne devoit pas être inconuë, comme elle l'étoit à Sorel, lors qu'il publia ſa Bibliotheque Françoiſe en 1664. & qu'il en donna une 2. édition revuë & augmentée l'an 1667. où il traite (*k*) aſſez amplement du demêlé de Mr. Coſtar avec Mr. de Girac ; ſur quoi on peut voir auſſi la 74. lettre de Guy Patin. On ne ſauroit croire les diverſitez qui ſe rencontrent dans les Auteurs, ſur le jour de la mort des hommes illuſtres. Ce qui ſemble neanmoins devoir être peu expoſé aux variations.

Voici la reſtriction que j'ai promiſe. Mr. de Balzac écrivant à Scipion le Gaillard (c'eſt ainſi que Mr. Coſtar (*l*) explique le *Scipioni jucundo* de l'autre) temoigne que Mr. de Girac entendoit le Latin, le Grec & l'Hebreu au delà de tout ce qui s'en pouvoit croire (*m*). Mr. Coſtar voulant fonder là-deſſus quelques traits de raillerie, repreſenta (*n*) ſon adverſaire attaché à de *gros volumes Latins, Grecs, Hebreux, Arabes &c.* beaucoup moins ſenſible* aux beautez des écrits modernes, qu'à celles qui ſont écrites *en quelque langue morte, ou Orientale, &* deſtinant ſes bonnes heures *à un Scholiaſte de Lycophron, ou peut-être même à un Rabi Nephtalin* ; ſur quoi Mr. de Girac lui fait ſa confeſſion ingenuë. *Vous penſez peut-être*, lui dit-il (*o*), *me faire un reproche odieux, d'une choſe que je tiendrois à grand honneur ſi elle étoit veritable ; mais comme mon procedé eſt ſincere & de bonne foy, vous ſaurez s'il vous plaît, que mes études n'ont gueres paſſé les langues Greque & Latine ; qu'à peine ai-je les principes de la langue ſainte, & que j'ignore entierement cet Arabe & ces langues Orientales, dont vous pretendez me decrier.* C'eſt agir en honnête homme, qui ne veut point ſe prevaloir des flateries de ſon ami, pour impoſer au public, & qui ne merite pas

HHHHbbb 3

(*f*) *Biblioth. choiſie pag.* 9.

(*g*) *Gall. Oriental. pag.* 217.

(*h*) *Dans un diſcours imprimé avec le Socrate Chretien p. m.* 198. *& ſequent.*

(*i*) *Dictionaire François & Latin imprimé à Limoges en* 1664.

(*k*) *Au chap.* 7. *ſect. tern.*

(*l*) *Suite de la Def. de Voiture pag.* 77.

(*m*) Habeo jam certe quicum non ſolum ſuaviſſimo ſermone horas conſumo, ſed etiam à quo recedo ſemper & melior & doctior, Paulum Thomam à Giraco, paternâ virtute, ſua virtute clariſſimum ; rerum divinarum & humanarum cognitione inſtructum, à prima adoleſcentia : litteris Latinis, Græcis, Hebraïcis ſuprà quam credibile eſt, ornatum ; omnibus denique & naturæ & artis præſidiis ad dicendum, ad ſcribendum paratum. *Balzac epiſt. ſelect. p. m.* 294. (*n*) *Defenſe de Voiture.* (*o*) *Réponſe à la Defenſe de Voiture pag.* 47.

Photo (BN) d'une page du *Dictionnaire historique et critique* où l'on peut constater l'ampleur des notes (en deux colonnes) et des notes sur les notes (placées sur les côtés de la page) comparée à celle du texte lui-même (en plus gros caractères, en haut de la page).

Bayle, article « Thomas », (BN).

PIERRE BAYLE, 1681.

Mes principes avoués de tout le monde, ou qui viennent d'être prouvés, sont :

1. Que la volonté de désobéir à Dieu est un péché.

2. Que la volonté de désobéir au jugement arrêté et déterminé de sa conscience est la même chose que vouloir transgresser la loi de Dieu.

3. Par conséquent, que tout ce qui est fait contre le *dictamen* (1) de la conscience est un péché.

4. Que la plus grande turpitude du péché, toutes choses étant égales d'ailleurs, vient de la plus grande connaissance que l'on a qu'on fait un péché.

5. Qu'une action, qui serait incontestablement très bonne (donner l'aumône, par exemple), si elle se faisait par la direction (2) de la conscience, devient plus mauvaise, quand elle se fait contre cette direction, que ne l'est un acte qui serait incontestablement très criminel (injurier un mendiant, par exemple), s'il ne se faisait pas selon cette direction.

6. Que se conformer à une conscience qui se trompe dans le fond, pour faire une chose que nous appelons mauvaise, rend l'action beaucoup moins mauvaise que ne l'est une action faite contre la direction d'une conscience conforme à la vérité, laquelle action est de celles que nous appelons très bonnes.

Je conclus légitimement de tous ces principes, que la première et la plus indispensable de toutes nos obligations, est celle de ne point agir contre l'inspiration de la conscience, et que toute action qui est faite contre les lumières de la conscience, est essentiellement mauvaise : de sorte que, comme la loi d'aimer Dieu ne souffre jamais de dispense, à cause que la haine de Dieu est un acte mauvais essentiellement ; ainsi la loi de ne pas choquer les lumières de la conscience est telle que Dieu ne peut jamais nous en dispenser ; vu que ce serait réellement nous permettre de le mépriser ou de le haïr ; acte criminel *intrinsèque* et par sa nature. Donc il y a une loi éternelle et immuable qui oblige l'homme, à peine du plus grand péché mortel qu'il puisse commettre, de ne rien faire au mépris et malgré le *dictamen* de sa conscience.

Pensées diverses sur la comète, 1681.

(1) L'injonction.
(2) L'ordre.

1 — Quels arguments Bayle emploie-t-il pour condamner les auteurs qui ont recours aux Magistrats ? Par quels mobiles ces auteurs sont-ils mus ? Quelles règles Bayle aimerait-il fixer ?

2 — Quelle position l'auteur a-t-il devant l'avis du plus grand nombre ? Comment la justifie-t-il ? Est-ce à proprement parler, de l'élitisme ?

*3 — Quel est l'intérêt pour l'auteur, de mettre un tel texte polémique * en note d'un article dont le sujet n'est pas la censure (« Thomas ») ?*

4 — Sur quelles valeurs fondamentales Bayle fait-il reposer sa démarche philosophique ? Tout est-il mis en doute par le philosophe ? A la lecture du passage ici cité des Pensées diverses sur la Comète, *l'entreprise de destruction des idées traditionnelles débouche-t-elle sur l'athéisme, le doute radical ? Bayle s'en défend-il ?*

4 a Nicolas BOILEAU-DESPREAUX (1636-1711)

Nombreux sont les auteurs qui, en vers comme en prose, énoncèrent les règles de la poésie. Le grec Aristote (384-322 av. J.-C.) le fit en philosophe, et le latin Horace (65-8 av. J.-C.), le modèle de Boileau et de la génération classique, consacra son Art poétique *à recenser en vers ses principes.*

Le cas de Boileau est un peu différent, puisqu'il compose ce «traité» en vers comme un bilan de la littérature de son temps (sur les règles de la tragédie, voir **XVIe-XVIIe siècles,** *n° 144).*

C'est en vain qu'au Parnasse (1) un téméraire auteur
Pense de l'art des vers atteindre la hauteur:
S'il ne sent point du ciel l'influence secrète,
Si son astre en naissant ne l'a formé poète,
Dans son génie (2) étroit il est toujours captif;
Pour lui Phébus (3) est sourd, et Pégase (4) est rétif.
O vous donc qui, brûlant d'une ardeur périlleuse,
Courez du bel esprit la carrière épineuse,
N'allez pas sur des vers sans fruit vous consumer,
Ni prendre pour génie un amour de rimer:
Craignez d'un vain plaisir les trompeuses amorces,
Et consultez longtemps votre esprit et vos forces.

(1) Séjour légendaire des Muses et d'Apollon. Le mont, dominant Delphes, devient le lieu de la poésie et des poètes.
(2) Dispositions natives.
(3) Dieu du soleil, Apollon, dieu de l'inspiration poétique.
(4) Cheval légendaire que monte Apollon.

Poussin, *l'Inspiration du Poète.*

Quelque sujet qu'on traite, ou plaisant, ou sublime,
Que toujours le bon sens s'accorde avec la rime:
L'un l'autre vainement ils semblent se haïr;
La rime est une esclave, et ne doit qu'obéir.
Lorsqu'à la bien chercher d'abord on s'évertue,
L'esprit à la trouver aisément s'habitue;
Au joug de la raison sans peine elle fléchit,
Et, loin de la gêner, la sert et l'enrichit.
Mais lorsqu'on la néglige, elle devient rebelle;
Et pour la rattraper le sens court après elle.
Aimez donc la raison: que toujours vos écrits
Empruntent d'elle seule et leur lustre et leur prix.

La plupart, emportés d'une fougue insensée,
Toujours loin du droit sens vont chercher leur pensée:
Ils croiraient s'abaisser, dans leurs vers monstrueux,
S'ils pensaient ce qu'un autre a pu penser comme eux.
Evitons ces excès: laissons à l'Italie
De tous ces faux brillants l'éclatante folie.
Tout doit tendre au bon sens: mais pour y parvenir
Le chemin est glissant et pénible à tenir;
Pour peu qu'on s'en écarte, aussitôt on se noie.
La raison pour marcher n'a souvent qu'une voie.

l'Art poétique I, 1669-1671.

1 — La rime et la raison.
Relevez (dans le dossier 4 a et 4 b) tous les emplois du mot raison *ou de ses équivalents. Consultez la définition de ce terme donnée en n° 16. Associez ce terme global, selon les développements de Boileau, aux composantes ci-dessous, données par ordre alphabétique:* Bon sens, clarté, correction, mesure, naturel, ordre, pertinence. *De toutes ces qualités, indépendamment de Boileau et de l'art classique, laquelle vous paraît caractériser le mieux le terme* raison *tel qu'il existe de nos jours?*

L'Art poétique (1669-1671) 4 a

ANDRÉ GIDE, 1924.

La perfection classique implique, non point certes une suppression de l'individu (peu s'en faut que je ne dise au contraire), mais la soumission de l'individu, sa subordination, et celle du mot dans la phrase, de la phrase dans la page, de la page dans l'œuvre. C'est la mise en évidence d'une hiérarchie.

Incidences, Gallimard, 1924.

Il est certains esprits dont les sombres pensées
Sont d'un nuage épais toujours embarrassées;
Le jour de la raison ne le saurait percer.
Avant donc que d'écrire apprenez à penser.
Selon que notre idée est plus ou moins obscure,
L'expression la suit, ou moins nette, ou plus pure.
Ce que l'on conçoit bien s'énonce clairement,
Et les mots pour le dire arrivent aisément.
Surtout qu'en vos écrits la langue révérée
Dans vos plus grands excès vous soit toujours sacrée;
En vain vous me frappez d'un son mélodieux,
Si le terme est impropre, ou le tour vicieux:
Mon esprit n'admet point un pompeux barbarisme,
Ni d'un vers ampoulé l'orgueilleux solécisme[1],
Sans la langue, en un mot, l'auteur le plus divin,
Est toujours, quoi qu'il fasse, un méchant[2] écrivain.
Travaillez à loisir, quelque ordre qui vous presse,
Et ne vous piquez point d'une folle vitesse [3]:
Un style si rapide, et qui court en rimant,
Marque moins trop d'esprit, que peu de jugement.
J'aime mieux un ruisseau qui, sur la molle arène [4],
Dans un pré plein de fleurs lentement se promène,
Qu'un torrent débordé qui, d'un cours orageux,
Roule, plein de gravier, sur un terrain fangeux.
Hâtez-vous lentement; et, sans perdre courage,
Vingt fois sur le métier remettez votre ouvrage:
Polissez-le sans cesse et le repolissez;
Ajoutez quelquefois, et souvent effacez.
C'est peu qu'en un ouvrage où les fautes [fourmillent,
Des traits d'esprit semés de temps en temps pétillent.
Il faut que chaque chose y soit mise en son lieu;
Que le début, la fin répondent au milieu;
Que d'un art délicat les pièces assorties
N'y forment qu'un seul tout de diverses parties;
Que jamais du sujet le discours s'écartant
N'aille chercher trop loin quelque mot éclatant.

l'Art poétique, I, 1669-1671.

(1) Barbarisme et solécisme sont des fautes de langue, le premier contre la forme des mots («borborisme» au lieu de barbarisme), le second contre la syntaxe («après qu'il ait compris» au lieu de: après qu'il a (ou eut) compris).
(2) Mauvais.
(3) Scudéry, disait toujours pour s'excuser de travailler si vite qu'il avait ordre de finir (note de Boileau).
(4) Sable (archaïsme poétique).

Mais moi, qu'un vain caprice, une bizarre humeur,
Pour mes péchés, je crois, fit devenir rimeur,
Dans ce rude métier où mon esprit se tue,
En vain, pour la[1] trouver, je travaille et je sue.
Souvent j'ai beau rêver du matin jusqu'au soir,
Quand je veux dire blanc, la quinteuse[2] dit noir.
Si je veux d'un galant dépeindre la figure,
Ma plume pour rimer trouve l'abbé de Pure[3];
Si je pense exprimer un auteur sans défaut,
La raison dit Virgile[4], et la rime Quinault[5].
Enfin, quoi que je fasse ou que je veuille faire,
La bizarre toujours vient m'offrir le contraire.
De rage, quelquefois, ne pouvant la trouver,
Triste, las et confus, je cesse d'y rêver;
Et, maudissant vingt fois le démon qui m'inspire,
Je fais mille serments de ne jamais écrire.
Mais, quand j'ai bien maudit et muses et Phébus,
Je la vois qui paraît quand je n'y pense plus;
Aussitôt, malgré moi, tout mon feu se rallume;
Je reprends sur-le-champ le papier et la plume;
Et de mes vains serments perdant le souvenir,
J'attends de vers en vers qu'elle daigne venir.
Encor si pour rimer, dans sa verve indiscrète,
Ma muse au moins souffrait une froide épithète,
Je ferais comme un autre; et, sans chercher si loin,
J'aurais toujours des mots pour les coudre au besoin.
Si je louais Philis[6] *en miracles féconde,*
Je trouverais bientôt: *à nulle autre seconde;*
Si je voulais vanter un objet *non pareil,*
Je mettrais à l'instant: *plus beau que le soleil;*
Enfin parlant toujours d'*astres* et de *merveilles,*
De *chefs-d'œuvre des cieux,* de *beautés sans pareilles,*
Avec tous ces beaux mots, souvent mis au hasard,
Je pourrais aisément, sans génie et sans art,
Et transportant cent fois et le nom et le verbe,
Dans mes vers recousus mettre en pièces Malherbe[7].
Mais mon esprit, tremblant sur le choix de ses mots,
N'en dira jamais un s'il ne tombe à propos,
Et ne saurait souffrir qu'une phrase insipide
Vienne à la fin d'un vers remplir la place vide:
Ainsi, recommençant un ouvrage vingt fois,
Si j'écris quatre mots, j'en effacerai trois.
Maudit soit le premier dont la verve insensée
Dans les bornes d'un vers renferma sa pensée,
Et, donnant à ses mots une étroite prison,
Voulut avec la rime enchaîner la raison!

Satires II, 1666.

(1) La rime.
(2) Capricieuse.
(3) Auteur contemporain, rimeur peu apprécié, connu de nos jours pour ses positions féministes et sa description de la préciosité (Voir **XVIe-XVIIe siècles** *no 158).*
*(4) Auteur latin (*l'Eneide, les Bucoliques, les Géorgiques*) et référence majeure aux XVIIe-XVIIIe siècles.*
(5) (1635-1688) il composa les livrets des opéras de Lulli et travailla avec Molière.
(6) Nom quasi générique de toutes les belles à qui l'on adresse un madrigal.
(7) Voir **XVIe-XVIIe siècles,** *nos 73 et 130.*

4 b Nicolas BOILEAU-DESPREAUX (1636-1711)

Portrait de Boileau, (BN).

BOILEAU, 1669-1671.

Durant les premiers ans du Parnasse françois,
Le caprice tout seul faisait toutes les lois.
La rime, au bout des mots assemblés sans mesure,
Tenait lieu d'ornements, de nombre et de césure* [1]
Villon sut le premier, dans ces siècles grossiers,
Débrouiller l'art confus de nos vieux romanciers.
Marot bientôt après fit fleurir les ballades*,
Tourna des triolets*, rima des mascarades*,
A des refrains réglés asservit les rondeaux*,
Et montra pour rimer des chemins tout nouveaux.
Ronsard, qui le suivit, par une autre méthode,
Réglant tout, brouilla tout, fit un art à sa mode,
Et toutefois longtemps eut un heureux destin.
Mais sa muse, en français parlant grec et latin,
Vit dans l'âge suivant, par un retour grotesque,
Tomber de ses grands mots le faste pédantesque.
Ce poète orgueilleux, trébuché de si haut,
Rendit plus retenus Desportes [2] et Bertaut [3].
Enfin Malherbe [4] vint, et, le premier en France,
Fit sentir dans les vers une juste cadence,
D'un mot mis en sa place enseigna le pouvoir,
Et réduisit la muse aux règles du devoir.
Par ce sage écrivain la langue réparée
N'offrit plus rien de rude à l'oreille épurée.
Les stances* avec grâce apprirent à tomber,
Et le vers sur le vers n'osa plus enjamber*.
Tout reconnut ses lois; et ce guide fidèle
Aux auteurs de ce temps sert encor de modèle.
Marchez donc sur ses pas; aimez sa pureté,
Et de son tour heureux imitez la clarté.
Si le sens de vos vers tarde à se faire entendre,
Mon esprit aussitôt commence à se détendre;
Et, de vos vains discours prompt à se détacher,
Ne suit point un auteur qu'il faut toujours chercher.

l'Art poétique I, 1669-1671.

(1) La plupart de nos anciens romans sont en vers confus et sans ordre, comme Le Roman de la Rose, *et plusieurs autres (note de Boileau).*
(2) Philippe Desportes (1546-1606) auteur de sonnets, élégies, chansons, psaumes en vers (voir **XVIe-XVIIe siècles** *nos 59a, 61).*
(3) Aumônier de Catherine de Médicis, catéchiste de Henri IV, auteur de sonnets, chansons, cantiques, etc.
(4) 1556-1628 (voir **XVIe-XVIIe siècles** *no 73, 130).*

JEAN-POL CAPUT, 1972.

Malherbe passe, à bon droit, dans une certaine mesure, pour le fondateur de la versification classique. [...]

Si Ronsard utilisait couramment rejet* et enjambement*, Malherbe les refuse: les strophes doivent se décomposer, du point de vue de leur structure, grâce à des pauses régulières conformes à celle-ci; l'hétérométrie* est déconseillée; l'idéal reste le sonnet*, pour les vers, l'heptasyllabe* est à éviter, de même que le décasyllabe*. Concernant la rime, les choses sont plus complexes; malgré un très grand intérêt chez Malherbe pour ce problème, la richesse et la variété des rimes ne le préoccupent pas au premier chef; leur suffisance*, en revanche, doit être irréprochable: il est interdit de faire rimer le simple et le composé (ex: *prendre/entreprendre*), une syllabe brève et une longue *(glace/masse),* diérèse* et synérèse*, les rimes «provinciales» *(endure/heure)** et «normandes» *(rebuter/Jupiter)** sont également proscrites. En revanche, il ne suffit pas de rimer pour l'oreille, il faut encore que l'œil soit satisfait: selon Racan [1], Malherbe n'aimait pas qu'un mot en *-ant* rimât avec un mot en *-ent.* Mieux encore: toujours selon Racan, il était interdit de «rimer les mots qui avaient quelque convenance [2], comme *montagne* et *campagne, défense* et *offense, père* et *mère, toi* et *moi*». Et il ajoute:

«Il ne voulait point encore qu'on rimât les noms propres les uns contre les autres, comme *Thessalie* et *Italie, Castille* et *Bastille, Alexandre* et *Lysandre;* et, sur la fin, il était devenu si rigide en ses rimes qu'il avait même peine à souffrir que l'on rimât les verbes de la terminaison en *er* qui avaient tant soit peu de convenance, comme *abandonner, ordonner* et *pardonner,* et disait qu'ils venaient tous trois de *donner.* La raison qu'il disait pourquoi il fallait plutôt rimer des mots éloignés que ceux qui avaient de la convenance, est que l'on trouvait de plus beaux vers en les rapprochant qu'en rimant ceux qui avaient presqu'une même signification; et s'étudiait fort à chercher des rimes rares et stériles, sur la créance [3] qu'il avait qu'elles lui faisaient produire quelque nouvelle pensée, outre que cela sentait son grand poète de tenter des rimes difficiles qui n'avaient point encore été rimées.»

la Langue française, Tome 1, Larousse, 1972.

(1) Racan (1589-1670) disciple de Malherbe (voir **XVIe-XVIIe siècles,** *No 132).*
(2) Rapport de sens.
(3) Croyance.

LA RIME ET LA RAISON

FÉNELON, vers 1690.

Notre versification perd plus, si je ne me trompe, qu'elle ne gagne par les rimes : elle perd beaucoup de variété, de facilité et d'harmonie. Souvent la rime, qu'un poète va chercher bien loin, le réduit à allonger et à faire languir son discours ; il lui faut deux ou trois vers postiches pour en amener un dont il a besoin. On est scrupuleux pour n'employer que des rimes riches, et on ne l'est ni sur le fond des pensées et des sentiments, ni sur la clarté des termes, ni sur les tours naturels, ni sur la clarté des expressions. La rime ne nous donne que l'uniformité des finales, qui est ennuyeuse, et qu'on évite dans la prose, tant elle est loin de flatter l'oreille. [...]

Je n'ai garde néanmoins de vouloir abolir les rimes. Sans elles notre versification tomberait. Nous n'avons point dans notre langue cette diversité de brèves et de longues, qui faisait dans le grec et dans le latin la règle des pieds, et la mesure des vers (1). Mais je croirais qu'il serait à propos de mettre nos poètes un peu au large sur les rimes, pour leur donner le moyen d'être plus exacts sur le sens et sur l'harmonie. En relâchant un peu sur la rime, on rendrait la raison plus parfaite ; on viserait avec plus de facilité au beau, au grand, au simple, au facile ; on épargnerait aux plus grands poètes des tours forcés, des épithètes cousues, des pensées qui ne se présentent pas d'abord assez clairement à l'esprit [...].

La sévérité de notre langue contre presque toutes les inversions de phrases augmente encore infiniment la difficulté de faire des vers français. On s'est mis à pure perte dans une espèce de torture pour faire un ouvrage. Nous serions tentés de croire qu'on a cherché le difficile, plutôt que le beau. Chez nous un poète a autant besoin de penser à l'arrangement d'une syllabe, qu'aux plus grands sentiments, qu'aux plus vives peintures, qu'aux traits les plus hardis. Au contraire, les anciens facilitaient par des inversions fréquentes les belles cadences, la variété, et les expressions passionnées. Les inversions se tournaient en grande figure, et tenaient l'esprit suspendu dans l'attente du merveilleux.

[...] J'avoue qu'il ne faut point introduire tout à coup dans notre langue un grand nombre de ces inversions ; on n'y est point accoutumé, elles paraîtraient dures et pleines d'obscurité. L'ode pindarique de M. Despréaux n'est pas exempte, ce me semble, de cette imperfection. Je le remarque avec d'autant plus de liberté, que j'admire d'ailleurs les ouvrages de ce grand poète. Il faudrait choisir de proche en proche les inversions les plus douces et les plus voisines de celles que notre langue permet déjà. Par exemple, toute notre nation a approuvé celles-ci :

> Là se perdent ces noms de maîtres de la terre,
> Et tombent avec eux d'une chute commune
> Tous ceux que leur fortune
> Faisait leurs serviteurs.

Ronsard avait trop entrepris tout à coup. Il avait forcé notre langue par des inversions trop hardies et obscures ; c'était un langage cru et uniforme. Il y ajoutait trop de mots composés, qui n'étaient point encore introduits dans le commerce de la nation. Il parlait français en grec, malgré les Français mêmes. Il n'avait pas tort, ce me semble, de tenter quelque nouvelle route, pour enrichir notre langue, pour enhardir notre poésie, et pour dénouer notre versification naissante. Mais, en fait de langue, on ne vient à bout de rien sans l'aveu des hommes pour lesquels on parle. On ne doit jamais faire deux pas à la fois, et il faut s'arrêter, dès qu'on ne se voit pas suivi de la multitude. La singularité est dangereuse en tout : elle ne peut être excusée dans les choses qui ne dépendent que de l'usage.

L'excès choquant de Ronsard nous a un peu jetés dans l'extrémité opposée. On a appauvri, desséché, et gêné notre langue. Elle n'ose jamais procéder que suivant la méthode la plus scrupuleuse et la plus uniforme de la grammaire : on voit toujours venir d'abord un nominatif substantif qui mène son adjectif comme par la main ; son verbe ne manque pas de marcher derrière, suivi d'un adverbe qui ne souffre rien entre eux, et le régime appelle aussitôt un accusatif, qui ne peut jamais se déplacer. C'est ce qui exclut toute suspension de l'esprit, toute attente, toute surprise, toute variété et souvent toute magnifique cadence.

Projet pour une poétique, vers 1690.

(1) *Voir* **XVIe-XVIIe siècles,** *No 52.*

2 — La satire.
Boileau loue les auteurs qui ont de la raison et s'enflamme contre les autres. De quelle qualité manquent le plus ceux qu'il dénigre, et notamment, comment expliquer que les auteurs du XVIe siècle (et même Malherbe dans une certaine mesure) trouvent si peu grâce aux yeux des classiques ? Comment expliquer l'éclipse de la préciosité et du baroque (voir index des mouvements **XVIe-XVIIe siècles***) à la lumière des vues critiques de l'époque ?*

3 — Débat - La rime.
Quels sont, selon Boileau et Fénelon, les «torts de la rime» (voir Verlaine, Art Poétique, **XIXe siècle,** *n° 156). (Voir aussi* **XVIe-XVIIe siècles,** *n° 52).*

Ces auteurs offrent-ils une quelconque solution de remplacement ? Comment proposent-ils de s'en accommoder ?

Donnez votre avis à ce sujet, à la lumière des poèmes non rimés que vous connaissez.

5 BOSSUET (1627-1704)

Rigaud, *Portrait de Bossuet,* (Giraudon).

Gravure satyrique de Cromwell, (Giraudon).

Quand Henriette de France, veuve du roi d'Angleterre, Charles Ier (mais aussi fille de Henri IV) meurt en 1669, Bossuet prononce, devant la cour rassemblée, une célèbre oraison funèbre dont le thème porte sur la toute-puissance de Dieu : ses décisions frappent tous *les hommes (et donc aussi les rois), et les «étonnent», c'est-à-dire les plongent dans la terreur. C'est pour le prédicateur l'occasion de faire le portrait d'Olivier Cromwell (1599-1658), chef de la révolution anglaise de 1644-1648* et Protecteur *de l'Angleterre jusqu'en 1658 (c'était le titre officiel de cet homme qui ne pouvait décemment se qualifier de dictateur, et qui n'osa pas ramasser pour lui-même une couronne qu'il avait fait rouler au bas d'un échafaud).*

Un homme s'est rencontré (1) d'une profondeur d'esprit incroyable, hypocrite raffiné autant qu'habile politique, capable de tout entreprendre et de tout cacher, également actif et infatigable dans la paix et dans la guerre, qui ne laissait rien à la fortune de ce qu'il pouvait lui ôter par conseil et par prévoyance ; mais au reste si vigilant et si prêt à tout, qu'il n'a jamais manqué les occasions qu'elle lui a présentées ; enfin, un de ces esprits remuants et audacieux qui semblent être nés pour changer le monde. Que le sort de tels esprits est hasardeux, et qu'il en paraît dans l'histoire à qui leur audace a été funeste ! Mais aussi que ne font-ils pas, quand il plaît à Dieu de s'en servir ? Il fut donné à celui-ci de tromper les peuples, et de prévaloir contre les rois. Car, comme il eut aperçu que dans ce mélange infini de sectes, qui n'avaient plus de règles certaines, le plaisir de dogmatiser (2) sans être repris ni contraint par aucune autorité ecclésiastique ni séculière était le charme (3) qui possédait les esprits, il sut si bien les concilier par là qu'il fit un corps redoutable de cet assemblage monstrueux. Quand une fois on a trouvé le moyen de prendre la multitude par l'appât de la liberté, elle suit en aveugle, pourvu qu'elle en entende seulement le nom. Ceux-ci, occupés du premier objet qui les avait transportés, allaient toujours, sans regarder qu'ils allaient à la servitude, et leur subtil conducteur qui, en combattant, en dogmatisant, en mêlant mille personnages divers, en faisant le docteur et le prophète, aussi bien que le soldat et le capitaine, vit qu'il avait tellement enchanté le monde qu'il était regardé de toute l'armée comme un chef envoyé de Dieu pour la protection de l'indépendance, commença à s'apercevoir qu'il pouvait encore les pousser plus loin. Je ne vous raconterai pas la suite trop fortunée de ses entreprises, ni ses fameuses victoires dont la vertu était indignée, ni cette longue tranquillité qui a étonné l'univers (4). C'était le conseil de Dieu d'instruire les rois à ne point quitter son Église. Il voulait découvrir par un grand exemple tout ce que peut l'hérésie, combien elle est naturellement indocile et indépendante, combien fatale à la royauté et à toute autorité légitime. Au reste, quand ce grand Dieu a choisi quelqu'un pour être l'instrument de ses desseins, rien n'en arrête le cours ; ou il enchaîne, ou il aveugle, ou il dompte tout ce qui est capable de résistance. *Je suis le Seigneur,* dit-il par la bouche de Jérémie (5), *c'est moi qui ai fait la terre avec les hommes et les animaux et je la mets entre les mains de qui il me plaît. Et maintenant j'ai voulu soumettre ces terres à Nabuchodonosor, roi de Babylone, mon serviteur.* Il l'appelle son serviteur, quoiqu'infidèle, à cause qu'il l'a nommé pour exécuter ses décrets. *Et j'ordonne,* poursuit-il, *que tout lui soit soumis, jusqu'aux animaux :* tant il est vrai que tout ploie et que tout est souple quand Dieu le commande ! Mais écoutez la suite de la prophétie : *Je veux que ces peuples lui obéissent, et qu'ils obéissent encore à son fils, jusqu'à ce que le temps des uns et des autres vienne.* Voyez, Chrétiens, comme les temps sont marqués, comme les générations sont comptées : Dieu détermine jusques à quand doit durer l'assoupissement, et quand aussi se doit réveiller le monde.

Oraison funèbre d'Henriette de France, 1669.

(1) Cromwell (voir encart ci-dessus).
(2) Définir le dogme (article de foi).
(3) Opération magique. Voir plus bas : enchanté.
(4) Cromwell tint le pouvoir plus de dix ans, et ce n'est qu'après sa mort que Charles II se rétablit, grâce au général Monck, sur le trône de son père.
(5) Prophète des temps de la captivité des Juifs à Babylone (VIe siècle av. J.-C.)

Henriette de France, (Lauros Giraudon).

Quand j'envisage de près les infortunes inouïes d'une si grande reine, je ne trouve plus de paroles, et mon esprit, rebuté de tant d'indignes traitements qu'on a faits à la majesté et à la vertu, ne se résoudrait jamais à se jeter parmi tant d'horreurs si la constance admirable avec laquelle cette princesse a soutenu ses calamités ne surpassait de bien loin les crimes qui les ont causées. Mais en même temps, Chrétiens, un autre soin me travaille. Ce n'est pas un ouvrage humain que je médite. Je ne suis pas ici un historien qui doive vous développer le secret des cabinets, ni l'ordre des batailles, ni les intérêts des partis : il faut que je m'élève au-dessus de l'homme, pour faire trembler toute créature sous les jugements de Dieu. *J'entrerai* avec David *dans les puissances du Seigneur,* et j'ai à vous faire voir les merveilles de sa main et de ses conseils, conseils de juste vengeance sur l'Angleterre, conseils de miséricorde pour le salut de la reine, mais conseils marqués par le doigt de Dieu, dont l'empreinte est si vive et si manifeste dans les événements que j'ai à traiter qu'on ne peut résister à cette lumière.[...]

La source de tout le mal est que ceux qui n'ont pas craint de tenter au siècle passé la réformation (1) par le schisme, ne trouvant point de plus fort rempart contre toutes leurs nouveautés que la sainte autorité de l'Église, ils ont été obligés de la renverser. Ainsi les décrets des conciles, la doctrine des Pères, et leur sainte unanimité, l'ancienne tradition du Saint-Siège et de l'Église catholique n'ont plus été comme autrefois des lois sacrées et inviolables. Chacun s'est fait à soi-même un tribunal où il s'est rendu l'arbitre de sa croyance ; et, encore qu'il semble que les novateurs aient voulu retenir les esprits en les renfermant dans les limites de l'Écriture sainte, comme ce n'a été qu'à condition que chaque fidèle en deviendrait l'interprète et croirait que le Saint-Esprit lui en dicte l'explication, il n'y a point de particulier qui ne se voie autorisé par cette doctrine à adorer ses inventions, à consacrer ses erreurs, à appeler Dieu tout ce qu'il pense. Dès lors on a bien prévu que, la licence n'ayant plus de frein, les sectes se multiplieraient jusqu'à l'infini ; que l'opiniâtreté serait invincible ; et que, tandis que les uns ne cesseraient de disputer, ou donneraient leurs rêveries pour inspirations, les autres, fatigués de tant de folles visions, et ne pouvant plus reconnaître la majesté de la religion déchirée par tant de sectes, iraient enfin chercher un repos funeste, et une entière indépendance, dans l'indifférence des religions, ou dans l'athéisme.

Oraison funèbre d'Henriette de France, 1669.

(1) La Réforme de Luther (se référer au **XVIe-XVIIe siècles**, *même collection).*

POLITIQUE DES ÉCRITURES

1 — A quels moments sont, dans les deux textes de Bossuet, mises en rapport la politique humaine et les décisions divines ? Pour Bossuet, quel est le rôle de Dieu dans les affaires humaines ?

2 — Comment les volontés divines sont-elles perçues par les hommes ? Relevez tous les termes appartenant au domaine : a) des réactions émotives ; b) de la sorcellerie ; par quel raisonnement Bossuet montre-t-il l'insuffisance de ces deux réactions humaines ?

3 — Ce recours de l'orateur à la volonté divine pour expliquer le cours des choses humaines vous paraît-il, à cette époque, un approfondissement ou une simplification des problèmes politiques ? Justifiez votre réponse.

4 — Cromwell était naturellement haï par les aristocrates légitimistes. Quels sont les arguments de Bossuet pour tenter de dépasser la simple réaction viscérale devant un régicide ?

Un an après sa mère, «Madame», Henriette d'Angleterre, fille de Charles Ier, épouse de Philippe d'Orléans, frère de Louis XIV, meurt brutalement à vingt-six ans. La rapidité de cette mort frappa l'imagination, et Bossuet saisit l'occasion pour parler devant la cour des décrets de la Providence.

Considérez, MESSIEURS, ces grandes puissances que nous regardons de si bas. Pendant que nous tremblons sous leur main, Dieu les frappe pour nous avertir. Leur élévation en est la cause; et il les épargne si peu qu'il ne craint pas de les sacrifier à l'instruction du reste des hommes. CHRÉTIENS, ne murmurez pas si MADAME a été choisie pour nous donner une telle instruction. Il n'y a rien ici de rude pour elle, puisque, comme vous le verrez dans la suite, Dieu la sauve par le même coup qui nous instruit. Nous devrions être assez convaincus de notre néant; mais s'il faut des coups de surprise à nos cœurs enchantés de l'amour du monde, celui-ci est assez grand et assez terrible. O nuit désastreuse! ô nuit effroyable, où retentit tout à coup, comme un éclat de tonnerre, cette étonnante nouvelle: MADAME se meurt, MADAME est morte! Qui de nous ne se sentit frappé à ce coup, comme si quelque tragique accident avait désolé sa famille? Au premier bruit d'un mal si étrange, on accourut à Saint-Cloud de toutes parts; on trouve tout consterné, excepté le cœur de cette princesse. Partout on entend des cris, partout on voit la douleur et le désespoir, et l'image de la mort. Le roi, la reine, Monsieur, toute la cour, tout le peuple, tout est abattu, tout est désespéré, et il me semble que je vois l'accomplissement de cette parole du prophète: *Le roi pleurera, le prince sera désolé, et les mains tomberont au peuple, de douleur et d'étonnement.*

Mais et les princes et les peuples gémissaient en vain. En vain Monsieur, en vain le roi même tenait MADAME serrée par de si étroits embrassements. Alors ils pouvaient dire l'un et l'autre, avec saint Ambroise: *Stringebam brachia, sed jam amiseram quam tenebam;* je serrais les bras, mais j'avais déjà perdu ce que je tenais. La princesse leur échappait parmi des embrassements si tendres, et la mort plus puissante nous l'enlevait entre ces royales mains. Quoi donc, elle devait périr si tôt! Dans la plupart des hommes, les changements se font peu à peu, et la mort les prépare ordinairement à son dernier coup. MADAME cependant a passé du matin au soir, ainsi que l'herbe des champs.

Oraison funèbre d'Henriette d'Angleterre, 1670.

Rembrandt, *Christ en Croix,* (Bulloz).
Rigaud, *Portrait de Bossuet,* (Réun. Mus. Nat.).

Vanité des vanités, et tout est vanité (1). C'est la seule parole qui me reste ; c'est la seule réflexion que me permet, dans une accident si étrange, une si juste et si sensible douleur. Aussi n'ai-je point parcouru les livres sacrés pour y trouver quelque texte que je pusse appliquer à cette princesse. J'ai pris sans étude et sans choix les premières paroles que me présente l'Ecclésiaste, où quoique la vanité ait été si souvent nommée, elle ne l'est pas encore assez à mon gré pour le dessein que je me propose. Je veux dans un seul malheur déplorer toutes les calamités du genre humain, et dans une seule mort faire voir la mort et le néant de toutes les grandeurs humaines.

Oraison funèbre d'Henriette d'Angleterre, 1670.

(1) Maxime tirée de l'Ecclésiaste, *(1, 2) l'un des livres de la Bible.*

Nous mourons tous, disait cette femme dont l'Écriture a loué la prudence au second livre des Rois, *et nous allons sans cesse au tombeau, ainsi que des eaux qui se perdent sans retour.* En effet, nous ressemblons tous à des eaux courantes. De quelque superbe distinction que se flattent les hommes, ils ont tous une même origine ; et cette origine est petite. Leurs années se poussent successivement comme des flots ; ils ne cessent de s'écouler ; tant qu'enfin, après avoir fait un peu plus de bruit et traversé un peu plus de pays les uns que les autres, ils vont tous ensemble se confondre dans un abîme où l'on ne reconnaît plus ni princes, ni rois, ni toutes ces autres qualités superbes qui distinguent les hommes ; de même que ces fleuves tant vantés demeurent sans nom et sans gloire, mêlés dans l'Océan avec les rivières les plus inconnues.

Oraison funèbre d'Henriette d'Angleterre, 1670.

Mignard, *Henriette d'Angleterre,* (Bulloz).

1 — Comment se combinent ici périodes oratoires et phrases courtes ? En vue de quels effets ?

2 — Le sermon est un genre essentiellement oral. Quels artifices d'écriture rappellent cette origine ?

3 — Les passages en italique de ces textes sont des citations de la Bible. *Leur fonction est-elle poétique (création de figures du discours, aspect métaphysique) ou didactique (aspect édifiant des textes) ? Comment, éventuellement, se combinent ces deux registres* ?*

CARDINAL DE RETZ, (1613-1679)

Monsieur le Prince est né capitaine, ce qui n'est jamais arrivé qu'à lui, à César et à Spinola (1). Il a égalé le premier ; il a passé le second. L'intrépidité est l'un des moindres traits de son caractère. La nature lui avait fait l'esprit aussi grand que le cœur. La fortune, en le donnant à un siècle de guerre, a laissé au second toute son étendue ; la naissance, ou plutôt l'éducation, dans une maison attachée et soumise au cabinet, a donné des bornes trop étroites au premier. L'on ne lui pas inspiré d'assez bonne heure les grandes et générales maximes, qui sont celles qui font et qui forment ce que l'on appelle l'esprit de suite. Il n'a pas eu le temps de les prendre par lui-même, parce qu'il a été prévenu, dès sa jeunesse, par la chute imprévue des grandes affaires et par l'habitude au bonheur. Ce défaut a fait qu'avec l'âme du monde la moins méchante, il a fait des injustices ; qu'avec le cœur d'Alexandre, il n'a pas été exempt, non plus que lui, de faiblesse ; qu'avec un esprit merveilleux, il est tombé dans des imprudences ; qu'ayant toutes les qualités de François de Guise (2), il n'a pas servi l'État, en de certaines occasions, aussi bien qu'il le devait ; et qu'ayant toutes celles de Henri du même nom, il n'a pas poussé la faction où il le pouvait. Il n'a pu remplir son mérite, c'est un défaut ; mais il est rare, mais il est beau.

Mémoires, (posth. 1717).

(1) Général génois (1569-1630) au service de l'Espagne.
(2) François et Henri de Guise, animateurs de la Ligue.

C'est ainsi que Retz (voir **XVIe-XVIIe siècles)** *décrit son ancien allié de la Fronde. Ce portrait est le contrepoint de celui que tracera Bossuet du prince de Condé : effaçant délibérément les huit années de la Fronde, où Condé alla jusqu'à combattre les troupes royales à la tête des armées espagnoles, il préfère évoquer cette époque bien antérieure où « Monsieur le Prince » écrasait ces mêmes Espagnols à la tête des troupes françaises.*

Laissez-le croître, ce roi (1) chéri du ciel ; tout cédera à ses exploits : supérieur aux siens comme aux ennemis, il saura, tantôt se servir, tantôt se passer de ses plus fameux capitaines ; et seul sous la main de Dieu qui sera continuellement à son secours, on le verra l'assuré rempart de ses États. Mais Dieu avait choisi le duc d'Enghien pour le défendre dans son enfance. Aussi, vers les premiers jours de son règne, à l'âge de vingt-deux ans, le duc conçut un dessein où les vieillards expérimentés ne purent atteindre ; mais la victoire le justifia devant Rocroi (2).

L'armée ennemie est plus forte, il est vrai ; elle est composée de ces vieilles bandes wallonnes, italiennes et espagnoles qu'on n'avait pu rompre jusqu'alors. Mais pour combien fallait-il compter le courage qu'inspirait à nos troupes le besoin pressant de l'Etat, les avantages passés, et un jeune prince du sang qui portait la victoire dans ses yeux ? Don Francisco de Mellos (3) l'attend de pied ferme ; et, sans pouvoir reculer, les deux généraux et les deux armées semblent avoir voulu se renfermer dans des bois et dans des marais pour décider leur querelle, comme deux braves en champ clos (4). Alors, que ne vit-on pas ? Le jeune prince parut un autre homme. Touchée d'un si digne objet, sa grande âme se déclara tout entière : son courage croissait avec les périls, et ses lumières avec son ardeur. A la nuit qu'il fallut passer en présence des ennemis, comme un vigilant capitaine il reposa le dernier ; mais jamais il ne reposa plus paisiblement. A la veille d'un si grand jour, et dès la première bataille, il est tranquille, tant il se trouve dans son naturel ; et on sait que le lendemain, à l'heure marquée, il fallut réveiller d'un profond sommeil cet autre Alexandre. Le voyez-vous comme il vole ou à la victoire ou à la mort ? Aussitôt qu'il eut porté de rang en rang l'ardeur dont il était animé, on le vit presque en même temps pousser l'aile droite des ennemis, soutenir la nôtre ébranlée, rallier le Français à demi vaincu, mettre en fuite l'Espagnol victorieux, porter partout la terreur, et étonner de ses regards étincelants ceux qui échappaient à ses coups. Restait cette redoutable infanterie de l'armée d'Espagne, dont les gros bataillons serrés, semblables à autant de tours, mais à des tours qui sauraient réparer leurs brèches, demeuraient inébranlables au milieu de tout le reste en déroute, et lançaient des feux de toutes parts. Trois fois le jeune vainqueur s'efforça de rompre ces intrépides combattants ; trois fois il fut repoussé par le valeureux comte de Fontaines, qu'on voyait porté dans sa chaise et, malgré ses infirmités, montrer qu'une âme guerrière est maîtresse du corps qu'elle anime. Mais enfin il faut céder. C'est en vain qu'à travers des bois, avec sa cavalerie toute fraîche, Beck précipite sa marche pour tomber sur nos soldats épuisés ; le prince l'a prévenu, les bataillons enfoncés demandent quartier ; mais la victoire va devenir plus terrible pour le duc d'Enghien que le combat. Pendant qu'avec un air assuré il s'avance pour recevoir la parole de ces braves gens, ceux-ci, toujours en garde, craignent la surprise de quelque nouvelle attaque : leur effroyable décharge met les nôtres en furie ; on ne voit plus que carnage ; le sang enivre le soldat, jusqu'à ce que le grand prince, qui ne put voir égorger ces lions comme de timides brebis, calma les courages émus, et joignit au plaisir de vaincre celui de pardonner. [...] C'en serait assez pour illustrer une autre vie que la sienne ; mais, pour lui, c'est le premier pas de sa course.

Oraison funèbre du Prince de Condé, 1687.

(1) Louis XIV.
(2) Mai 1643.
(3) Général espagnol.
(4) Allusion aux joutes de chevalerie.

LA BRUYERE (1645-1696)

Sous le nom d'Aemile, La Bruyère fait un portrait de Condé tout aussi laudatif (et donc, auto-censuré) que celui de Bossuet.

Æmile était né ce que les plus grands hommes ne deviennent qu'à force de règles, de méditation et d'exercice; il n'a eu dans ses premières années qu'à remplir des talents qui étaient naturels, et qu'à se livrer à son génie; il a fait, il a agi avant que de savoir, ou plutôt il a su ce qu'il n'avait jamais appris, dirai-je que les jeux de son enfance ont été plusieurs victoires: une vie accompagnée d'un extrême bonheur joint à une longue expérience serait illustre par les seules actions qu'il avait achevées dès sa jeunesse: toutes les occasions de vaincre qui se sont depuis offertes, il les a embrassées, et celles qui n'étaient pas, sa vertu et son étoile les ont fait naître; admirable même et par les choses qu'il a faites, et par celles qu'il aurait pu faire. On l'a regardé comme un homme incapable de céder à l'ennemi, de plier sous le nombre ou sous les obstacles; comme une âme du premier ordre, pleine de ressources et de lumières, et qui voyait encore où personne ne voyait plus; comme celui qui à la tête des légions était pour elles un présage de la victoire, et qui valait seul plusieurs légions; qui était grand dans la prospérité, plus grand quand la fortune lui a été contraire; la levée d'un siège, une retraite l'ont plus annobli que ses triomphes (1); l'on ne met qu'après, les batailles gagnées et les villes prises; qui était rempli de gloire et de modestie; on lui a entendu dire, *je fuyais,* avec la même grâce qu'il disait «*Nous les battîmes*»; un homme dévoué à l'Etat, à sa famille, au chef de sa famille; sincère pour Dieu et pour les hommes, autant admirateur du mérite que s'il lui eût été moins propre et moins familier; un homme vrai, simple, magnanime, à qui il n'a manqué que les moindres vertus.

les Caractères (1688-1696) II: Du mérite personnel (1692).

(1) Condé dut lever le siège devant Lérida, en 1647.

A. RÉCIT DE BATAILLE

Par quels procédés Bossuet rend-il l'impression de la bataille?
Vous analyserez en particulier:
a) les systèmes temporels
b) la construction des phrases
*c) les procédés d'exagération et d'hyperbole**

B. PORTRAITS

1 — Dégagez un portrait de Condé du récit de la bataille de Rocroi. Quel est le procédé rhétorique le plus utilisé pour désigner le héros?

2 — Quelle est la composition de la dernière (et très longue) phrase du portrait d'Aemile? Dans cette composition, quel est l'effet créé par la dernière proposition? Que signifie-t-elle, en soi et par rapport à ce qui précède?

3 — Dans le portrait de Condé par Retz, comment sont répartis critiques et éloges? Quelles oppositions le mémorialiste ménage-t-il entre l'inné (la nature, le cœur) *et l'acquis* (la fortune, l'éducation)*?*

Coysevox, *Buste du Grand Condé,* (Bulloz).

R. Lalauze, *Rocroi, 19 mai 1643,* (Giraudon).

8 CAMISARDS (GUERRE DES)

Jean Cavalier, chef des Camisards, (Mus. du Désert).

En 1685, Louis XIV révoque l'Edit de Nantes (**voir XVIe - XVIIe siècles**) *qui accordait aux protestants la liberté de célébrer leur culte. Dans les Cévennes, pays à forte majorité protestante, va se dérouler (entre 1702 et 1705 essentiellement) la dernière guerre de religion, qui oppose les «Camisards» (*[1]*) aux troupes royales.*
Voici le récit, par les protestants d'un côté, par les catholiques de l'autre, de l'événement qui donne le signal de la révolte générale : l'assassinat en 1702 de l'abbé du Chaila, Inspecteur des Missions pour l'évêque de Mende, dont l'ardeur à la répression avait suscité la haine des «convertis forcés».
La réaction du pouvoir fit certainement plus de douze mille morts.

(1) Appelés ainsi soit parce qu'ils donnaient souvent la «camisade» (attaque de nuit), soit parce qu'ils se battaient ordinairement en chemise, ou «camisoles».

J'avais eu ordre, par mon inspiration ([1]), de me tenir sur le pont de la rivière du Tar qui passe derrière la maison de l'abbé, lequel voyant la maison en feu, lui et cinq ou six autres personnes qui étaient avec lui — comptant le vicaire qui y était monté — descendirent par les fenêtres qui regardaient la rivière, par le moyen de quelques draps qu'ils avaient attachés aux colonnes des fenêtres. Ce qu'ayant aperçu, je fis venir de nos gens qui leur tirèrent dessus à mesure qu'ils paraissaient. Les flammes les poussaient si fort au-dedans qu'ils se jetaient à corps perdu hors les fenêtres malgré nos mousquetades et le danger de la chute. Pendant ce temps-là, notre pauvre vieillard, que nous n'avions pas eu le temps de faire sortir ([2]), criait de la prison «au secours» de toute sa force. Il n'y avait pas moyen d'entrer dans la maison, car le feu avait gagné partout, de sorte qu'on fut obligé de rompre la muraille, par où l'on sortit le bonhomme qui se croyait à demi-grillé, si grande avait été la peur qu'il avait eue des flammes qui avaient déjà embrasé toute la maison, ce seul endroit de sa prison excepté, ce qui nous parut remarquable.

J'ai dit que je me tenais sur le pont, pour voir de là, ce qu'il y avait à faire pour l'entière exécution de nos ordres. J'envoyai quelques-uns de nos frères dans le jardin de la maison qui brûlait, où il me semblait voir quelqu'un en chemise qui s'y était caché. Ce jardin n'ayant qu'une méchante haie, on y fut bientôt entré. L'objet que j'avais vu, se trouva être l'abbé du Chaila en chemise, qui n'avait pu passer outre, à cause qu'il s'était froissé en descendant ou plutôt en sautant la fenêtre. On l'amena sur le pont où [...] ([3]) soit qu'il ne put pas se soutenir à cause de la fatigue, ou pour être en posture de suppliant devant ceux qu'il avait toujours traités avec tant de hauteur et ceux que, une heure auparavant, il détenait dans ses ceps ou prisonniers, pour les faire pendre, rouer, ou envoyer aux galères. Dans cette posture, il nous disait, comme l'on peut juger, d'une voix fort plaintive : «Vous savez messieurs que Dieu défend le meurtre.» Jean Couderc sans attendre qu'il en dît davantage, lui dit : «Malheureux que tu es : c'est par ceux que tu as fait pendre, rouer, envoyer aux galères, dans l'exil, et fait périr de misères et dans les souffrances, que nous te sommes envoyés pour te rendre selon tes œuvres ; car c'est ici le moment de ta rétribution. — Oh, messieurs, continua l'abbé, je vous suivrai partout ; ou, si vous me laissez aller, je vous jure que je ne persécuterai plus, et que je me retirerai dans mon château, pour ne plus me mêler d'affaires de religion.» Quelque autre lui répliqua en ces termes : «Vous perdez votre temps, monsieur l'abbé, vous feriez mieux de l'employer en prières, demandant pardon à Dieu de vos péchés, et des cruautés que vous avez exercées contre ses enfants, et qu'il lui plaise de faire miséricorde à votre âme.» Mais voyant qu'il ne voulait point prier Dieu et qu'il criait toujours pour la vie, Pierre Sequier tira son sabre, duquel il frappa sur la tête de toute sa force. Cette partie du sabre qui avait pénétré dans la tête de l'abbé jusqu'à la pointe, sauta en l'air. Nicolas Joini l'ayant frappé d'un coup semblable, son sabre eut aussi le même sort. On le perça ensuite de plusieurs coups. Ainsi finit la vie malheureuse de ce cruel persécuteur qui fut le signal et le commencement de la guerre des Cévennes qui a tant fait de bruit dans le monde.

Document cité par Charles Bost,
Les Prédicants protestants des Cévennes et du Bas-Languedoc, 1684-1700,
Paris, 1912.

(1) Certains Camisards étaient persuadés d'agir sous l'inspiration divine.
(2) Les Camisards sont venus délivrer des prisonniers.
(3) Lacune dans le manuscrit, sans doute, il tomba à genoux.

1 — *Vous comparerez les deux récits de l'affrontement, en vous attachant notamment aux points suivants :*
- *Formule du récit (narrateur-acteur, narrateur non-acteur).*
- *Enchaînement des événements (est-il exactement le même dans les deux cas ?).*
- *Description et qualification des personnages.*
- *Paroles prêtées aux personnages.*
- *Importance du commentaire du narrateur* par rapport aux événements. Dressez ainsi un tableau dans lequel vous opposerez terme à terme les éléments qui différencient les deux textes. Que peut-on en déduire concernant le public et la fonction visés dans chaque cas ?*

2 — *Racontez vous-même cet épisode, en vous efforçant à la* neutralité *maximale.*

3 — *EXPOSÉ : La guerre des camisards, dans* les Fous de Dieu, *de J.P. Chabrol.*

Une troupe de ces scélérats, d'environ deux cents, dont il n'y avait que le tiers d'armé, entra dans le Pont-de-Montvert, sur les dix heures du soir ; elle était conduite par le nommé Laporte, originaire d'Alais, âgé de quarante-six ans. Il avait été marchand de fer. Son négoce n'ayant pas réussi, il fit banqueroute, après quoi il devint vendeur de cochons ; en dernier lieu il devint forgeron d'un martinet près du Collet de Dèze. Ce métier ne lui donnant pas de quoi vivre, il se mit à la tête des rebelles avec son neveu Roland, qui devint fameux dans les suites par ses crimes. Il choisit pour son principal prophète le nommé Esprit Séguier. C'était un cardeur, âgé de cinquante ans, de la paroisse de Cassagnas, il avait le visage noir, maigre et long et les yeux hagards, ce qui lui rendait la mine affreuse. Dans sa jeunesse, il fut condamné aux galères pour divers larcins, et quelques années après on le condamna par défaut à être pendu pour avoir violé une jeune fille. Dans le temps qu'il fut appelé par Laporte pour lui servir de prophète, il entretenait une fille abandonnée nommée Catherine Doux, qui le suivait partout.

Cette troupe de bandits entra dans le Pont-de-Montvert en chantant des psaumes et tira plusieurs coups de fusil pour épouvanter les habitants qui n'étaient pas de leur intelligence. Ils bordèrent le devant de la maison de M. l'abbé du Chaila, qui crut d'abord qu'ils ne voulaient enlever que six jeunes hommes qui s'étaient trouvés à diverses assemblées avec des armes. [...].

M. l'abbé du Chaila étant prévenu qu'on ne voulait qu'enlever les prisonniers les fit remettre en liberté. On ouvrit les portes de la rue pour les faire sortir ; les fanatiques s'y jetèrent en foule. En entrant, ils blessèrent à mort le sieur Raoul, ecclésiastique, régent de l'école ; après quoi ils coururent vers l'escalier, en faisant des hurlements effroyables. Alors l'abbé du Chaila, qui se vit perdu, se prépara à la mort ; il donna l'absolution à ses domestiques et les exhorta en peu de mots à mourir en bons catholiques. Ses valets se mirent sur le haut de l'escalier, d'où ils tirèrent deux coups qui tuèrent un de ces scélérats, et en blessèrent un autre dangereusement. [...]

Engelmann, *Dragon missionnaire,* (BN).

Laporte, qui ne s'attendait pas à la résistance qu'il trouva à l'entrée des degrés, et qui ne voulut pas perdre un plus grand nombre de ses gens, leur cria : « Enfants de Dieu, cessez votre attaque qui nous arrêterait trop longtemps ; il faut brûler la maison et tous ceux qui y sont enfermés ». On fit d'abord, au milieu de la salle basse, un monceau de tous les meubles de bois qu'on put ramasser, et pour que le feu y prît plus promptement, on y jeta les paillasses sur lesquelles les soldats couchaient. Dans un moment, la maison fut en feu. L'abbé du Chaila ayant une épaule à demi brûlée, avec le secours d'un de ses domestiques, attacha les draps de son lit à la fenêtre et descendit dans le jardin. Il se cassa une cuisse en tombant ; néanmoins, avec l'aide d'un valet qui était descendu après lui, il se traîna dans une haie de buissons qui fermait en partie le jardin. [...]

L'abbé du Chaila ayant été aperçu à la clarté du feu, ils y coururent en criant : « Allons garotter ce persécuteur des enfants de Dieu ! » Ils lui dirent : « Tu expieras aujourd'hui les violences que tu as exercées pendant si longtemps contre nos parents et nos amis ». Le prophète leur imposa silence et dit d'un ton grave : « Dieu ne veut pas la mort du pécheur, mais qu'il vive et se convertisse ; accordons-lui la vie, à condition de faire parmi nous les fonctions de ministre de l'Eternel. — Plutôt mourir mille fois, s'écria l'abbé du Chaila. — Tu mourras donc, répliqua le faux prophète : ton péché est contre toi. » Ils le traînèrent sur le pont où ils le percèrent de cinquante-quatre coups de poignard, qu'ils lui donnaient lentement et à diverses reprises, pour le faire souffrir plus longtemps. [...]

Qu'il me soit permis en cet endroit, de faire par avance une réflexion que je tire de toute l'histoire des Camisards. Pendant le cours de cette révolte, ils ont tenté d'ébranler la constance et la fermeté d'une infinité d'anciens catholiques de tout âge et de tout sexe, par des supplices non seulement cruels et affreux, mais inouïs la plupart jusqu'alors, sans que leur barbarie ait pu faire chanceler dans la foi aucun catholique ; la grâce toute-puissante du Seigneur les a visiblement soutenus pendant cette rude persécution.

La Baume, *Relation historique de la révolte des fanatiques ou des Camisards,* éd. par l'abbé Goiffon, Nîmes, 1874.

A. de Lamotty, *les Camisards,* (BN).

9 Robert CHASLES (1659-1721)

Les Illustres Françaises *(1713) est un recueil de nouvelles (ou plutôt, selon l'auteur, d'«histoires véritables») où les personnages ne sont ni des chevaliers, ni des bergers, ni de nobles héros historiques, ni même des comédiens masqués, mais d'honnêtes gens d'épée, de robe ou de plume se retrouvant pour se raconter leurs drames «vécus». Avant Marivaux (dossiers n°s 29 et 108), Robert Chasles a mis en scène des personnages communs (ou presque, la plupart appartiennent à la petite noblesse) conversant en langue commune. Ces conversations sont rapportées par un narrateur*(la véritable invention de Marivaux sera de transformer ce narrateur en narratrice dans* la Vie de Marianne *— n° 108 —) et chaque histoire se trouve être solidaire des autres puisque tous les personnages racontent leur vie lors même qu'ils se connaissent. Ainsi, on pourra trouver dans une nouvelle la présentation ou le dénouement d'une autre nouvelle qui la précède ou qui la suit.*

«L'Histoire de Monsieur Des Frans et de Silvie» *est la sixième nouvelle du recueil. Des Frans, gentilhomme d'épée, épouse secrètement, après avoir douté d'elle une première fois, Silvie, jeune fille noble de naissance mais ayant déjà connu les cruelles vicissitudes de la vie. Galloüin, une relation de Des Frans, croyant que Silvie n'est attachée à personne, semble la courtiser avec assiduité. Un soir, revenant plus tôt que prévu d'un voyage en province, des Frans voit Galloüin dans le lit de Silvie ; au lieu de se venger, il fuit en emportant le collier de l'infidèle sans s'être lui-même découvert. Le lendemain, il manque de tuer Galloüin dans un duel provoqué sans raison apparente puis décide de se venger de Silvie : il la fait alors venir dans un manoir poitevin (texte cité). Sans se justifier autrement qu'en accusant un charme magique, Silvie admet cette vengeance et se retire dans un couvent pour y mourir. Dans la nouvelle suivante (*«L'Histoire de Monsieur Dupuis et de Madame de Loudé»*) on apprendra que Galloüin avait utilisé un subterfuge magique (un collier où le fil de soie avait été touché par le sang de Galloüin et de Silvie) pour acquérir son amour. Folle de lui, elle l'avait pressé de rester la nuit, alors que la fidèle servante s'était endormie pour toujours, grâce à une drogue de Galloüin... Le lendemain, le collier avait disparu et Silvie n'aimait plus Galloüin : elle ne le revit plus. Galloüin mourut lui aussi, repentant.*

Mon valet me l'amena dans la maison où je l'attendais, qui était un reste de la mienne que le feu avait épargné, et que j'avais fait raccommoder pour servir à mon dessein. Je la fis monter sans qu'elle vît qui que ce fût que moi. Cette chambre avait pour tout meuble un méchant lit de camp, et une paillasse sans linceuls [1] ni couverture, une selle de bois à trois pieds comme elles sont en province, sans tapisserie, sans foyer, ni cheminée, ni fenêtre, ne recevant le jour que par un œil-de-bœuf, que j'avais fait laisser en haut, et qui était condamné par une grille de fer. Quoique le soleil fût couché, il y avait assez de jour encore pour discerner les objets.

Quel est cet endroit-ci, Monsieur, me dit-elle, ce n'est qu'un cachot ? C'est votre appartement, Madame, lui répondis-je, c'est l'endroit qui vous est destiné pour pleurer jusqu'à votre mort votre crime, et ma honte. Jamais sentence de mort prononcée contre un criminel ne fit sur lui un effet pareil à celui que ces terribles paroles firent sur elle. Elle n'eut pas la force d'y répondre. Elle tomba à mes pieds sans voix et sans mouvement ; mais comme il y avait longtemps que j'avais pris ma résolution, je m'étais fait insensiblement une dureté de cœur inflexible. C'était là le premier plaisir de ma vengeance. L'état où je m'étais mis pour elle me fit regarder celui où elle était avec dédain. L'horreur que j'avais pour elle redoubla ; je ne fus point ému de pitié ; je n'en sentis pas même la moindre atteinte. Je la fouillai, je lui pris tout ce qu'elle avait sur elle. Je ne lui laissai rien qui eût pu lui servir à attenter sur sa vie. Je la traitai comme un criminel condamné, dont on conserve la vie uniquement pour faire un exemple public de sa mort.

Elle ne revint point à elle par les violentes secousses que je lui donnai. Je me faisais un plaisir cruel de repaître mes yeux d'un spectacle si barbare et si touchant. Quel changement ! Je me suis mille fois demandé à moi-même où j'avais pu trouver tant de cruauté pour une femme que j'avais idolâtrée, et que j'idolâtrais encore. Je la laissai dans le même état ; et de peur que quelque instant de pitié ne me prît, je ne voulus pas rester chez moi. J'allais souper et coucher chez un gentilhomme à trois lieues de là : je n'en revins que le lendemain assez tard. [...] Je n'avais pour lors d'autre dessein que de la faire mourir inconnue dans une prison éternelle.

J'y montai, je la trouvai encore à terre tout de son long, elle était revenue de son évanouissement, mais son étonnement ne l'avait pas quittée, et elle avait été assurément plus de seize heures dans la même situation. Je ne puis vous exprimer l'état où elle était : il passe l'imagination. Elle me regarda, mais bien loin de trouver dans moi un amant soumis, ou un époux pitoyable, elle n'y trouva qu'un juge et qu'un maître inexorable. Tenez, perfide, lui dis-je en lui montrant son collier, êtes-vous convaincue ? On a retiré votre amant de mes mains ; mais vous ne m'échapperez pas, et vous me paierez tous deux ce que je dois à ma vengeance. Elle ne me répondit qu'en se jetant à mes pieds et qu'en versant un torrent de larmes. J'en étais revenu, je ne la payai que d'un sourire dédaigneux. Je lui jetai un paquet de hardes qui pouvait servir à la dernière des paysannes. Je la fis déshabiller, je l'obligeai à se couper elle-même ses cheveux que je brûlai en sa présence à une chandelle. Je les regrette encore : je n'en ai vu de ma vie de plus beaux, ni de plus longs, ni en plus grande quantité. J'emportai tout ce qu'elle avait apporté sur son corps, je l'obligeai de se couvrir des hardes que je venais de lui donner, et ne lui laissai ni bas ni souliers. Ce fut ainsi que je la mis pour le corps ; et pour la nourriture, je lui laissai du pain noir et de l'eau, et n'allai plus lui en porter que tous les trois jours.

les Illustres françaises, «L'Histoire de Monsieur des Frans et de Silvie», 1713.

(1) Draps.

Silvie, *tragédie de Landois (1742) calque un moment de l'histoire de Des Frans. Toutefois, cette tragédie s'oriente vers le drame bourgeois (voir n°s 79, 96, 127). Diderot lui-même a vanté la pièce.*

Silvie *commence au moment où des Frans a trouvé sa vengeance. Mais ici, l'héroïne s'explique, les menaces de meurtre et de suicide fusent, c'est la scène V... Galloüin, comme dans le roman, mourra, alors que Silvie sera pardonnée grâce à l'intervention d'un ami de Des Frans, des Ronais.*

LANDOIS, 1742

Le théâtre représente l'intérieur d'une chambre où l'on ne voit que les murs ; une table sur laquelle est une lumière, un pot à l'eau et un pain ; un habit d'homme et une mauvaise robe de femme.

SILVIE. — *(Appuyée sur le bras d'un laquais).* Je suis encore si assoupie, que je me soutiens à peine. D'où vient qu'on ne voit pas clair ici ? *(Elle aperçoit Des Frans).* Pourquoi donc, puisque vous êtes arrivé, ne me l'avez-vous pas fait dire ?

DES FRANS. — J'ai craint... Laissez. (Elle veut l'embrasser, et il la repousse).

SILVIE. — Vous avez craint ! Hélas ! qu'avez-vous pu craindre ? Mais qu'avez-vous ?

DES FRANS. — Je ne sais.

SILVIE. — Vous m'inquiétez ; je ne vous vois point comme vous avez coutume d'être.

DES FRANS. — Cela est vrai, je vous dis, j'ai quelque sujet de chagrin.

SILVIE. — Ce ne sera pas un secret pour ta femme, à moins que ce ne fût contre elle : car tu ne l'aimes point, n'est-ce pas ?

DES FRANS. — Pardonnez-moi.

SILVIE. — Hélas ! avec quelle froideur vous faites cette réponse, je le répète, vous m'inquiétez à un point que je ne puis vous l'exprimer. Comptez que quelque soit votre chagrin, il ne peut égaler celui que je ressens, si vous continuez à m'en cacher la cause.

DES FRANS. — Je ne vous la cache point ; mais ce sont de ces choses...

SILVIE. — Quelles qu'elles soient, mon désir n'est point indiscret, (elle veut lui prendre la main, il la repousse) n'ai-je plus ta confiance...

DES FRANS. — Ah Ciel !

SILVIE. — D'où vient donc cette horreur ? Mais vous me surprenez à chaque instant ! D'où vient cette altération ? Quels regards vous jetez sur moi ! Hé mais, dans quel lieu me vois-je, Monsieur, faites cesser mon embarras.

DES FRANS. — Donnez-moi votre bague.

SILVIE. — Laquelle, mon anneau ?

DES FRANS. — Toutes les deux.

SILVIE. — Les voilà.

DES FRANS. — Je voudrais vos boucles.

SILVIE. — Mes boucles ?

DES FRANS. — Oui.

SILVIE. — Mais pourquoi ?

DES FRANS. — J'ai mes raisons. Je vous prie.

SILVIE. — Je les tiens de vous, et les voilà.

DES FRANS. — Vous n'avez pas votre collier.

SILVIE. — Je crois l'avoir. (Elle porte la main à son cou). Ah ! Se serait-il défait... ou bien...

DES FRANS. — L'aviez-vous hier quand vous vous couchâtes ?

SILVIE. — Je crois que oui. A moins que je ne l'aie laissé...

DES FRANS. — Enfin vous ne savez ce qu'il est devenu ?

SILVIE. — Non.

DES FRANS. — Cela est bien sûr.

SILVIE. — Comment ! Mais je ne sais que penser. Quelles sont les questions que vous me faites ?

DES FRANS. — Il est entre mes mains, n'en soyez point en peine. Arrivant cette nuit de la campagne, je suis allé à votre appartement, et je n'ai pas cru devoir troubler le repos dont vous jouissiez. Je vous ai cependant ôté votre collier, que j'ai emporté, comme un témoin de mes empressements, qui ne peut vous laisser soupçonner ma tendresse ; le voilà... ne reproche-t-il rien... à la vôtre ?

SILVIE. — Que voudriez-vous qu'il lui reprochât ? Mais, de quel ton ce mot de tendresse sort-il de votre bouche ?... Ah ! Cessez d'alarmer la mienne. Instruisez-moi de ce qui peut causer...

DES FRANS. — Perfide, crains que je ne le fasse. Ecoute. Ce lieu sera désormais ton asile. Voilà ta nourriture, tu mettras cet habit (il lui montre une mauvaise robe de chambre), ces bijoux ne sont plus faits pour toi. Tu couperas tes cheveux. Qu'il ne te reste rien de ce qui fut mes délices, que la vie, que je te laisse pour te la voir détester.

SILVIE. — Ah Ciel ! quel traitement.

DES FRANS. — Je n'en connais point d'autre pour tes pareilles. (il sort).

SILVIE. — Ah ! Monsieur, ah ! Des Frans, ah ! (Elle tombe évanouie).

Silvie, tragédie en prose et en un acte, 1742, (scène 5).

1 — *Qu'apporte d'un point de vue émotif la transposition théâtrale ?*

2 — *Les mêmes traits psychologiques font-ils l'objet de l'attention des deux auteurs ? Des Frans est-il plus cruel dans le roman ou dans la pièce ? Pour quelles raisons ?*

3 — *Quelle nouvelle valeur prend le collier de Galloüin dans* Silvie ? *Peut-on dès lors parler de mélodrame pour la pièce et de sentimentalité pour le roman ?*

4 — *Comment chacune des deux versions s'approche-t-elle du tableau de genre (voir n°s 79 et 96) ? Avec quels moyens spécifiques (A-t-on recours à certaines postures ? Certains effets de pantomime ? Certains silences, etc. ?)*

Lebrun, *P. Corneille*, (Bulloz).

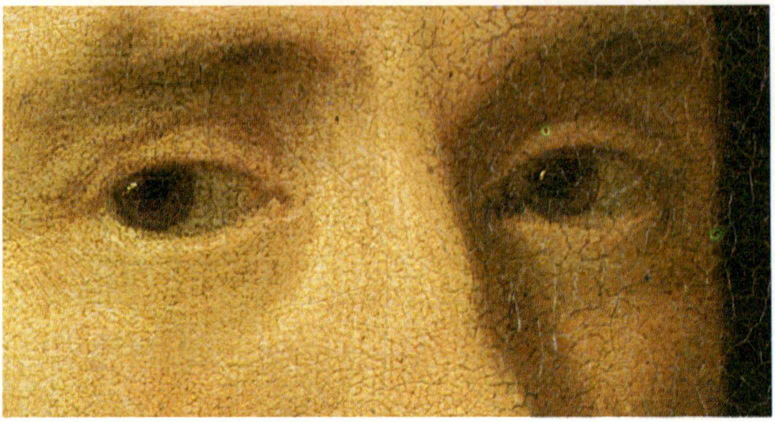

Très exceptionnellement, Corneille, en écrivant Attila, *ne va pas chercher son sujet chez les historiens grecs ou latins, mais dans les chroniques de l'Histoire de France. Ce premier point mérite d'être mis en relief : Attila, roi « barbare », sera dans la pièce le représentant du despotisme absolu – c'est-à-dire de l'absolutisme royal. Il est très sensible que derrière Attila se profilent, pour le vieux frondeur qu'est toujours Corneille, Louis XIV et sa cour.*
Attila meurt, symboliquement, à la fin de la pièce, de lui-même. *Il restitue à la terre ce sang qu'il a fait couler, et le pouvoir reste vacant, entre les mains d'un roi Franc dont toute la pièce démontre la noblesse et l'incapacité. Cette conclusion doublement privée de dignité tragique a nui au succès (très limité) de la pièce en 1667. Ni le Roi ni sa cour, encore tout chatouillés de la gloire acquise pendant la récente campagne de Hollande, ne pouvaient ni ne voulaient voir ce que signifiait la pièce – la mort, absurde par excès, du héros tragique.* Attila *marque tout à la fois les derniers feux du baroque, et leur extinction.*

VALAMIR

Écoutez
Comme enfin l'ont puni ses propres cruautés,
Et comme heureusement le ciel vient de souscrire
A ce que nos malheurs vous ont fait lui prédire.
A peine sortions-nous, pleins de trouble et d'horreur,
Qu'Attila recommence à saigner de fureur,
Mais avec abondance ; et le sang qui bouillonne
Forme un si gros torrent, que lui-même il s'étonne.
Tout surpris qu'il en est : « S'il ne veut s'arrêter,
Dit-il, on me paiera ce qu'il m'en va coûter. »
Il demeure à ces mots sans parole, sans force ;
Tous ses sens d'avec lui font un soudain divorce.
Sa gorge enfle, et du sang dont le cours s'épaissit
Le passage se ferme, ou du moins s'étrécit.
De ce sang renfermé la vapeur en furie
Semble avoir étouffé sa colère et sa vie ;
Et déjà de son front la funeste pâleur
N'opposait à la mort qu'un reste de chaleur,
Lorsqu'une illusion lui présente son frère,
Et lui rend tout d'un coup la vie et la colère :
Il croit le voir suivi des ombres de six rois,
Qu'il se veut immoler une seconde fois ;
Mais ce retour si prompt de sa plus noire audace
N'est qu'un dernier effort de la nature lasse,
Qui prête à succomber sous la mort qui l'atteint,
Jette un plus vif éclat, et tout d'un coup s'éteint.
C'est en vain qu'il fulmine à cette affreuse vue :
Sa rage qui renaît en même temps le tue.
L'impétueuse ardeur de ces transports nouveaux
A son sang prisonnier ouvre tous les canaux ;
Son élancement perce ou rompt toutes les veines,
Et ces canaux ouverts sont autant de fontaines
Par où l'âme et le sang se pressent de sortir,
Pour terminer sa rage et nous en garantir.
Sa vie à longs ruisseaux se répand sur le sable ;
Chaque instant l'affaiblit, et chaque effort l'accable ;
Chaque pas rend justice au sang qu'il a versé,
Et fait grâce à celui qu'il avait menacé.
Ce n'est plus qu'en sanglots qu'il dit ce qu'il croit dire ;
Il frissonne, il chancelle, il trébuche, il expire ;
Et sa fureur dernière, épuisant tant d'horreurs,
Venge enfin l'univers de toutes ses fureurs.

Attila, acte V, scène 4, 1667.

SERGE DOUBROVSKY, 1963

Le ciel peut, à la rigueur, tirer les individus d'affaire ; il ne suffit pas à changer le cours de l'histoire. [...] *Attila* progresse dans la Descente aux Enfers monarchique. « ...Le fils dégénère/Qui survit un moment à l'honneur de son père » s'écriait le Comte dans *le Cid* (II, 2, 441-42). Nous assistons ici, pour la première fois, et dans toute son horreur, à la *dégénérescence du fils :*

Mais nous ne sommes plus au temps de Théodose...
Ses deux fils n'ont rempli les trônes des deux Romes
Que d'idoles pompeux, que d'ombres au lieu d'hommes...
(I, 2, 190, 193-94.)

Devant la détérioration de la « race » et le trou béant laissé par la disparition de la nature héroïque, la filiation, sur laquelle misait don Diègue (1), ne peut plus assurer la permanence. Seule demeure *l'institution :* au temps d'Auguste, c'était l'empereur qui faisait l'empire ; désormais, l'empire fait l'empereur :

Et comme dans sa race il ne revit pas bien,
L'empire est quelque chose et l'Empereur n'est rien.
(Ibid., 191-92.)

Solitaire, toutefois, le Trône attend en vain son stylite. Car il n'est pas un seul personnage de la pièce qui puisse prétendre s'y hisser. A cet égard, le fameux « portrait » de Louis XIV sous les traits du frère d'Ildione et roi des Francs, Mérouée, est révélateur :

Je l'ai vu dans la paix, je l'ai vu dans la guerre
Porter partout un front de maître de la terre.
J'ai vu plus d'une fois de fières nations
Désarmer son courroux par leurs soumissions.
J'ai vu tous les plaisirs de son âme héroïque
N'avoir rien que d'auguste et que de magnifique...
(II, 5, 557-62).

Emporté par son zèle, Octar a contemplé, en ces temps mérovingiens, d'étranges spectacles :

Je l'ai vu, tout couvert de poudre et de fumée,
Donner le grand exemple à toute son armée,
Semer par ses périls l'effroi de toutes parts,
Bouleverser les murs d'un seul de ses regards...
(Ibid., 569-72.)

Quant au jeune dauphin :

... Dans son premier lustre il est déjà soldat...
D'un gros de cavaliers il se met à la tête...
(Ibid., 580, 582).

L'allusion est, bien sûr, plus qu'évidente, — elle est gênante. L'important, cependant, n'est pas que Corneille, au cours de sa carrière, n'en soit pas à une flatterie près. Ce qui est plus intéressant, c'est que, pour flatter, il se souvient instinctivement des expressions mêmes qui servaient, dans *le Cid,* à décrire la vaillance du Comte ou le combat de Rodrigue. Mais l'exaltation lyrique, qui, dans *le Cid,* jaillissait du mouvement propre de la scène, n'est ici qu'une pièce rapportée. Le morceau épique, entièrement *surajouté* et venu de l'extérieur, souligne davantage, si besoin était, la carence interne de l'héroïsme, réduit à importer ses héros du dehors. Le seul vrai monarque est, en fait, *celui qui n'existe pas.* Impossible, en effet, de faire jouer à Louis XIV le rôle du monarque introuvable d'*Attila,* et de faire déboucher le pessimisme *théâtral* sur un optimisme *réel.* Loin que le recours à la réalité extérieure puisse jamais contribuer à fortifier la réalité théâtrale, c'est l'inverse qui se produit : c'est le réel, qui en devenant soudain « théâtral », est frappé d'irréalité. Personne ne croit un instant au dénouement de *Tartuffe.* En voulant faire jouer à Louis XIV le rôle de Rodrigue, Corneille souligne lui-même la supercherie. L'allégorie devient une mystification qui, d'ailleurs, ne trompe personne, Les solutions vraies, au théâtre, sont celles qui existent sur la scène. C'est donc en pure perte que Valamir s'écrie :

Un grand destin commence, un grand destin s'achève ;
L'empire est prêt à choir, et la France s'élève...
(I, 2, 141-42.)

Le mouvement dramatique ne nous montre ici qu'une immense chute. Lorsque, sauvé malgré lui, Ardaric déclare, au terme d'un dénouement providentiel :

Allons donner tous deux les ordres nécessaires,
Remplir ce trône vide...
(V, 7, 1782-83.)

le Trône, comme toute institution sans les hommes, *reste vide.*

Corneille et la Dialectique du héros, NRF, 1963.

(1) Voir **XVIe-XVIIe siècles,** *n° 116.*

CORNEILLE, 1636

CHIMÈNE

Sire, mon père est mort ; mes yeux ont vu son sang
Couler à gros bouillons de son généreux flanc ;
Ce sang qui tant de fois garantit vos murailles,
Ce sang qui tant de fois vous gagna des batailles,
Ce sang qui tout sorti fume encor de courroux
De se voir répandu pour d'autres que pour vous,
Qu'au milieu des hasards n'osait verser la guerre,
Rodrigue en votre cour vient d'en couvrir la terre. [...]
Son flanc était ouvert ; et, pour mieux m'émouvoir,
Son sang sur la poussière écrivait mon devoir ;
Ou plutôt sa valeur en cet état réduite
Me parlait par sa plaie, et hâtait ma poursuite ;
Et pour se faire entendre au plus juste des rois,
Par cette triste bouche elle empruntait ma voix.

le Cid, acte II, scène 8, 1636.

THÉÂTRES DE SANG

1 — Quels sont, au XVIIe siècle, les sens les plus usités du mot sang*? Celui qui coule ici est bien concret (et conforme à la légende d'Attila). Mais de quelle valeur symbolique, si l'on pense au sens abstrait du terme, pourrait-il être chargé?*

2 — Dans le Cid*, le « sang » de Don Gormas revivait dans Chimène, comme le « sang » de Don Diègue en Rodrigue. Quelle est, par opposition la valeur ici de :* « Sa vie à longs ruisseaux se répand sur le sable » ?

3 — Quel sens a cette insistance, toute baroque, sur l'aspect le plus matériel du sang, à un moment (1667) où l'on n'est déjà plus habitué à ces épanchements? Comment expliquez-vous que Corneille choisisse de choquer les bienséances?

11 Pierre CORNEILLE (1606-1684)

Cossin, *Pierre Corneille*, (BN).

Situation (amoureuse et politique) de départ :

Suréna (*général d'Orode*) — *Orode* (*roi des Parthes*) — *Pacorus* (*fils du roi*)

Eurydice (*princesse d'Arménie*) — *Mandane* (*fille d'Orode*) — *Palmis* (*sœur de Suréna*)

Légende : ⟷ *exprime les projets de mariage ;*
⟺ *exprime les visées amoureuses.*

Pacorus, fou de jalousie, fait assassiner Suréna, pourtant le seul soutien du trône, et Eurydice, qui représente la seconde légitimité, meurt de douleur.

*La conclusion est semblable à celle d'*Attila : *le véritable héros quitte la scène, et cela seul suffit à détruire la royauté : désormais sans garant aristocratique, le trône va rester vacant-vide.*

SURÉNA

Quoi ? vous vous figurez que l'heureux nom de gendre,
Si ma perte est jurée, a de quoi m'en défendre,
Quand malgré la nature, en dépit de ses lois,
Le parricide a fait la moitié de nos rois,
Qu'un frère pour régner se baigne au sang d'un frère,
Qu'un fils impatient prévient la mort d'un père ?
Notre Orode lui-même, où serait-il sans moi ?
Mithradate pour lui montrait-il plus de foi ?
Croyez-vous Pacorus bien plus sûr de Phradate ?
J'en connais mal le cœur, si bientôt il n'éclate,
Et si de ce haut rang, que j'ai vu l'éblouir,
Son père et son aîné peuvent longtemps jouir.
Je n'aurai plus de bras alors pour leur défense ;
Car enfin mes refus ne font pas mon offense ;
Mon vrai crime est ma gloire, et non pas mon amour :
Je l'ai dit, avec elle il croîtra chaque jour ;
Plus je les servirai, plus je serai coupable ;
Et s'ils veulent ma mort, elle est inévitable.
Chaque instant que l'hymen pourrait la reculer
Ne les attacherait qu'à mieux dissimuler ;
Qu'à rendre, sous l'appas d'une amitié tranquille,
L'attentat plus secret, plus noir et plus facile.
Ainsi dans ce grand nœud chercher ma sûreté,
C'est inutilement faire une lâcheté,
Souiller en vain mon nom et vouloir qu'on m'impute
D'avoir enseveli ma gloire sous ma chute.
Mais, Dieux ! se pourrait-il qu'ayant si bien servi,
Par l'ordre de mon roi le jour me fut ravi ?
Non, non : c'est d'un bon œil qu'Orode me regarde ;
Vous le voyez, ma sœur, je n'ai pas même un garde ;
Je suis libre.

PALMIS

Et j'en crains d'autant plus son courroux :
S'il vous faisait garder, il répondrait de vous.
Mais pouvez-vous, Seigneur, rejoindre votre suite ?
Êtes-vous libre assez pour choisir une fuite ?
Garde-t-on chaque porte à moins d'un grand dessein ?
Pour en rompre l'effet, il ne faut qu'une main.
Par toute l'amitié que le sang doit attendre,
Par tout ce que l'amour a pour vous de plus tendre...

SURÉNA

La tendresse n'est point de l'amour d'un héros :
Il est honteux pour lui d'écouter des sanglots ;
Et parmi la douceur des plus illustres flammes,
Un peu de dureté sied bien aux grandes âmes.

PALMIS

Quoi ? vous pourriez...

SURÉNA

Adieu : le trouble où je vous voi
Me fait vous craindre plus que je ne crains le Roi.

PALMIS

Il court à son trépas, et vous en serez cause,
A moins que votre amour à son départ s'oppose.
J'ai perdu mes soupirs, et j'y perdrais mes pas ;
Mais il vous en croira, vous ne les perdrez pas.
Ne lui refusez point un mot qui le retienne,
Madame.

EURYDICE

S'il périt, ma mort suivra la sienne.

PALMIS

Je puis en dire autant ; mais ce n'est pas assez.
Vous avez tant d'amour, Madame, et balancez !

EURYDICE

Est-ce le mal aimer que de le vouloir suivre?

PALMIS

C'est un excès d'amour qui ne fait point revivre.
De quoi lui servira notre mortel ennui(1)?
De quoi nous servira de mourir après lui?

EURYDICE

Vous vous alarmez trop: le Roi dans sa colère
Ne parle...

PALMIS

Vous dit-il tout ce qu'il prétend faire?
D'un trône où ce héros a su le replacer,
S'il en veut à ses jours, l'ose-t-il prononcer?
Le pourrait-il sans honte? et pourrez-vous attendre
A prendre soin de lui qu'il soit trop tard d'en prendre?
N'y perdez aucun temps, partez: que tardez-vous?
Peut-être en ce moment on le perce de coups;
Peut-être...

EURYDICE

Que d'horreurs vous me jetez dans l'âme!

PALMIS

Quoi? vous n'y courez pas!

EURYDICE

Et le puis-je, Madame?
Donner ce qu'on adore à ce qu'on veut haïr,
Quel amour jusque-là put jamais se trahir?
Savez-vous qu'à Mandane envoyer ce que j'aime,
C'est de ma propre main m'assassiner moi-même?

PALMIS

Savez-vous qu'il le faut, ou que vous le perdez?

EURYDICE

Je n'y résiste plus, vous me le défendez.
Ormène vient à nous, et lui peut aller dire
Qu'il épouse... Achevez tandis que je soupire

PALMIS

Elle vient tout en pleurs.

ORMÈNE

Qu'il vous en va coûter!
Et que pour Suréna...

PALMIS

L'a-t-on fait arrêter?

ORMÈNE

A peine du palais il sortait dans la rue,

Gravelot, Radigues, *Frontispice de Surena*, (BN).

Qu'une flèche a parti d'une main inconnue;
Deux autres l'ont suivie; et j'ai vu ce vainqueur,
Comme si toutes trois l'avaient atteint au cœur,
Dans un ruisseau de sang tomber mort sur la place.

EURYDICE

Hélas!

ORMÈNE

Songez à vous, la suite vous menace;
Et je pense avoir même entendu quelque voix
Nous crier qu'on apprît à dédaigner les rois.

PALMIS

Prince ingrat! lâche roi! Que fais-tu du tonnerre,
Ciel, si tu daignes voir ce qu'on fait sur la terre?
Et pour qui gardes-tu tes carreaux embrasés,
Si de pareils tyrans n'en sont point écrasés?
Et vous, Madame, et vous dont l'amour inutile,
Dont l'intrépide orgueil paraît encor tranquille,
Vous qui brûlant pour lui, sans vous déterminer,
Ne l'avez tant aimé que pour l'assassiner,
Allez d'un tel amour, allez voir tout l'ouvrage,
En recueillir le fruit, en goûter l'avantage.
Quoi? vous causez sa perte, et n'avez point de pleurs!

EURYCIDE

Non, je ne pleure point, Madame, mais je meurs.

Suréna, général des Parthes, acte V, scènes 3-4-5, 1674.

(1) Chagrin très violent.

FIN DE PIÈCE, FIN DE SIÈCLE

1 — Lorsque Suréna affirme hautement sa liberté (vers 31), qui au juste veut-il convaincre? A quelques instants d'être assassiné, que signifie ce terme?

2 — Dans les rapports d'Orode et de Suréna, tels que ce dernier les résume (vers 1 à 30), comment se situent, l'un par rapport à l'autre, le héros *et* le roi*?*

3 — La fatalité tragique. Corneille a souvent développé le thème, dans sa carrière littéraire, d'un héros conduit malgré lui à accomplir des actes qui l'engagent totalement (voir **XVIe-XVIIe siècles,** *n° 116, 117 a, 118 et 148). A quel fléchissement de cette maxime héroïque assiste-t-on ici? Analysez dans cette perspective: a) pourquoi Suréna va s'exposer délibérément à une mort certaine; b) de quoi meurt Eurydice?*

4 — La mort du héros a été maintes fois, pour Corneille (et aussi pour Racine, n° 47) l'occasion de belles tirades. Que signifie, a contrario, *ce récit en cinq vers de la mort anonyme de Suréna? Quel est le théâtre qui meurt avec lui?*

12 F. de Salignac de la Mothe FENELON (1651-1715)

Madame Guyon, l'âme amante de son Dieu, (BN).

La querelle du Quiétisme *n'entraîna ni une guerre civile (comme le calvinisme) ni un déchaînement de passions (comme le jansénisme). En cette fin du XVII*e *siècle, le débat entre Fénelon et Bossuet passionna cependant l'opinion publique, et cette polémique fut le signe d'une renaissance religieuse.*
A l'origine de l'affaire, on trouve la publication, en 1675, d'un ouvrage intitulé Le Guide spirituel, *dû au jésuite espagnol Molinos (1628-1696). Madame Guyon (1648-1717) introduisit en France cette doctrine mystique, qui prône l'«immobilité de l'âme», position de quiétude absolue par laquelle seule l'homme s'abandonne à Dieu, sans souci même de son propre salut.*
La doctrine, qui séduisait les milieux aristocratiques, fut condamnée par le Saint-Siège en 1687.
En 1697, Fénelon publia, pour défendre le mysticisme (1), *son* Explication des Maximes des Saints. *Bossuet voyant dans cette attitude une menace pour l'autorité de l'Eglise, répondit par une* Instruction sur les états d'oraison *et la* Relation sur le Quiétisme. *S'ensuivit une série de réponses aux réponses, à laquelle le roi et le pape mirent fin, l'un en exilant Fénelon à Cambrai, l'autre en condamnant son ouvrage (1699).*

(1) Il faut noter que ce courant connaîtra un certain prolongement dans le déisme *du XVIII*e *siècle.*

Cet état passif dont tous les saints mystiques ont tant parlé, n'est passif que comme la Contemplation est passive, c'est-à-dire qu'il exclut, non les actes paisibles et désintéressés, mais seulement l'activité, ou les actes inquiets et empressés pour notre intérêt propre. L'état passif est celui où une âme n'aimant plus Dieu d'un amour mélangé fait d'ordinaire tous ses actes délibérés d'une volonté pleine et efficace, mais tranquille et désintéressée. Tantôt elle fait les actes simples et indistincts qu'on nomme Quiétude ou Contemplation, tantôt elle fait les actes distincts des vertus convenables à son état. Mais elle fait les uns et les autres d'une manière également passive, c'est-à-dire paisible et désintéressée. Cet état est habituel, mais il n'est pas entièrement invariable. Car outre que l'âme en peut déchoir absolument, de plus elle y commet des fautes vénielles. Si elle y commet des fautes vénielles, à plus forte raison elle y est encore libre de rentrer dans les actes qui ont un motif intéressé. A parler en toute rigueur, ces actes intéressés faits de temps en temps ne détruisent pas l'état habituel de l'amour désintéressé, parce qu'ils ne forment point d'habitude contraire. C'est ainsi que la Vénérable Mère de Chantal a fait de temps en temps de tels actes par tendresse de conscience quoique sa grâce reconnue par Saint-François-de-Sales la portât au désintéressement habituel de l'amour. Cet état passif ne suppose aucune inspiration extraordinaire. Il ne renferme qu'une paix et une souplesse infinie de l'âme pour se laisser mouvoir à toutes les impressions de la grâce. Une plume bien sèche et bien légère, comme dit Cassien, est emportée sans résistance par le moindre souffle de vent, et ce souffle la pousse en tous sens avec promptitude ; au lieu que si elle était mouillée et appesantie, son propre poids la rendrait moins mobile et moins facile à enlever. L'âme dans l'amour intéressé qui est le moins parfait, a encore un reste de crainte intéressée qui la rend moins légère, moins souple et moins mobile, quand le souffle de l'esprit intérieur la pousse. L'eau qui est agitée ne peut être claire ni recevoir l'image des objets voisins : mais une eau tranquille devient comme la glace pure d'un miroir. Elle reçoit sans altération toutes les images des divers objets, et elle n'en garde aucune. L'âme pure et paisible est de même. Dieu y imprime son image et celle de tous les objets qu'il veut y imprimer. Tout s'imprime, tout s'efface. Cette âme n'a aucune forme propre, et elle a également toutes celles que la grâce lui donne. Elle est, dit Richard de Saint-Victor, comme un métal fondu par le feu de l'amour. Elle prend et elle quitte toutes les formes qu'il plaît à l'ouvrier. Elle coule de tous côtés au gré de celui qui l'a fondue. L'homme de ce degré peut dire : Je suis fait tout à tous. Il veut être anathème pour ses frères. Il ne reste rien à cette âme, et tout s'efface en elle comme dans l'eau dès que Dieu veut y faire des impressions nouvelles. Il n'y a que le pur amour qui donne cette paix et cette docilité parfaite.

Explication des maximes des saints, 1697
publ. par A. Chérel, chez Bloud et Gay, 1911.

MOLINOS, 1675

Lorsque vous aurez commis quelque faute, sans perdre de temps à vous désoler, dissipez cette crainte, votre inquiétude et votre trouble, tournez-vous vers le Seigneur avec une confiance pleine d'amour en reconnaissant humblement votre misère. Alors, vous mettant en la présence de votre Maître, demandez-lui pardon de tout votre cœur, sans paroles et sans bruit; puis, sans vous préoccuper de savoir si Dieu vous a pardonné, reprenez vos exercices spirituels et rentrez dans le recueillement intérieur comme si rien ne vous avait fait tomber dans le mal.

Comment jugeriez-vous un homme, qui, disputant une course et venant à tomber au milieu de la carrière, demeurerait couché par terre à se lamenter sur sa chute? «Levez-vous, mon ami, lui diriez-vous, et sans perdre de temps reprenez votre course. Qui se relève promptement est égal à celui qui n'est pas tombé». [...]

C'est par les petites chutes que le Seigneur nous assure que c'est Sa bonté seule qui nous évite les grandes, et nous sommes ainsi rendus humbles et vigilants, ce dont nos âmes fières et paresseuses ont besoin, en vérité! Quoiqu'il faille toujours que vous soyez sur vos gardes au sujet de vos imperfections, quand bien même vous y succomberiez mille fois, servez-vous donc du remède que je vous ai indiqué, qui est une confiance pleine d'amour en la miséricorde divine! Voilà les armes avec lesquelles vous devez combattre la paresse spirituelle et les pensées inutiles. C'est le moyen que vous devez employer pour ne pas perdre de temps en regrets superflus, et pour faire des progrès dans la perfection. Ce sont là les riches ornements dont il faut parer votre âme, pour la conduire sur la cime sublime de la perfection, de la sérénité et de la paix intérieure.

le Guide spirituel, Livre II, ch. XVIII, 1675, éd. Fayard 1970.

BOSSUET, 1697

XIV. Comment ils abusent de cette demande: *Votre volonté soit faite.*

Nos nouveaux docteurs posent encore un autre fondement, et celui-ci est le principal, qu'il n'y a rien à vouloir ni à désirer que la volonté de Dieu, et qu'ainsi toute autre demande est superflue. Nous avons déjà répondu que Jésus-Christ savait bien la force de cette demande: *Votre volonté soit faite.* Il devait donc supprimer les autres demandes; et s'il les juge nécessaires, il ne faut pas être plus sage que lui.

C'en serait assez pour convaincre l'erreur; mais pour en connaître toute l'étendue, il faut développer un peu davantage ce qu'on entend dans le quiétisme par se conformer à la *volonté de Dieu:* c'est, en un mot, être indifférent à être sauvé ou damné; ce qui emporte une entière indifférence à être en grâce ou n'y être pas, agréable à Dieu ou haï de lui, avoir pour lui de l'amour, ou en être privé dans le temps et dans l'éternité par une entière soustraction de ses dons.

Ces sentiments font horreur, et ceux qui ne sauront pas les prétentions des mystiques d'aujourd'hui, auront de la peine à croire qu'ils aillent jusqu'à ces excès; mais il n'y a rien pourtant de si véritable.

Instruction sur les états d'oraison, 1er Traité, Livre III, 14.

BOSSUET, 1697

Pour maintenant entrer en matière, disons que l'abrégé des erreurs du quiétisme, est de mettre la sublimité et la perfection dans des choses qui ne sont pas, ou en tout cas qui ne sont pas de cette vie; ce qui les oblige à supprimer dans certains états, et dans ceux qu'on nomme parfaits contemplatifs, beaucoup d'actes essentiels à la piété et expressément commandés de Dieu, par exemple, les actes de foi explicite contenus dans le Symbole des apôtres, toutes les demandes et même celles de l'Oraison dominicale, les réflexions, les actions de grâces; et les autres actes de cette nature qu'on trouve commandés et pratiqués dans toutes les pages de l'Ecriture, et dans tous les ouvrages des saints. Ces sentiments en général prennent leur naissance de l'orgueil naturel à l'esprit humain, qui affecte toujours de se distinguer: et qui pour cette raison mêle partout, si l'on n'y prend garde, et même dans l'oraison, c'est-à-dire, dans le centre de la religion, de superbes singularités. Mais pour en venir maintenant aux principes et aux conclusions particulières; les voici:

Un des principes du quiétisme, et peut-être le premier de tous, est proposé en ces termes par le Père Jean Falconi, dans une lettre qu'on a imprimée à la fin du livret intitulé, *Moyen court,* etc. «Je voudrais, dit-il, que tous vos soins, tous vos mois, toutes vos années et votre vie toute entière fût employée dans un acte continuel de contemplation. En cette disposition, continue-t-il, il n'est pas nécessaire que vous vous donniez à Dieu de nouveau, parce que vous l'avez déjà fait: où il apporte la comparaison d'un diamant, qu'on aurait donné à un ami: à qui après l'avoir mis entre les mains, il ne faudrait plus répéter tous les jours que vous lui donnez cette bague: il ne faudrait que la laisser entre ses mains sans la reprendre, parce que pendant que vous ne la lui ôtez pas, et que vous n'en avez pas même le désir, il est toujours vrai de dire que vous lui avez fait ce présent, et que vous ne le révoquez pas». Ainsi en est-il, conclut cet auteur, du don que vous avez fait à Dieu de vous-même par un amoureux abandon.

La comparaison a paru si belle à nos nouveaux mystiques, qu'ils ne cessent de la répéter, et Molinos, qui l'a prise du Père Falconi, se la rend propre. Par une semblable similitude, Malaval représente aussi qu'une épouse ne répète pas à chaque moment, Je suis à vous [...].

Selon ces principes, il reprend ceux qui croient «que les exercices de la vie humaine interrompent cet acte d'amour continu». Parmi ces exercices de la vie humaine, il comprend les occupations les plus distrayantes. En effet, c'est une maxime dans le quiétisme, que nulles distractions n'interrompent l'acte d'amour, et qu'encore que dans l'oraison on soit distrait jusqu'au point de ne plus du tout songer à Dieu, c'est faiblesse, c'est inquiétude de renouveler l'acte d'amour, parce que la distraction n'étant pas la révocation de cet acte, il a toujours subsisté pendant qu'on était ainsi distrait.

Instruction sur les états d'oraison, 1er Traité, Livre I, 13-15, in Œuvres de Bossuet, Tome XXVII, éd. J.A. Lebel, 1817.

Cernel, *Fénelon*, (B.N.).

La suite du quatrième livre de l'Odyssée d'Homère, ou les Aventures de Télémaque, *est une œuvre de circonstance, écrite par Fénelon pour l'instruction du duc de Bourgogne, dont il était le précepteur. Enrichissant la mythologie grecque d'épisodes inattendus, l'auteur donne en même temps au futur souverain des leçons de morale politique... ce qui ne fut pas apprécié du roi Louis XIV, qui vit dans maint épisode une satire de son gouvernement. Fénelon, déjà compromis dans l'affaire du* quiétisme *(voir n° 12), fut désormais en disgrâce.*
*Dans cet épisode, Télémaque, au retour d'une expédition, visite Salente, le pays du roi Idoménée, sous la conduite de Mentor (en fait la déesse Minerve). Celui-ci, en conseillant sagement le roi, a réussi à faire de Salente un royaume idéal. Les philosophes du XVIII*e *siècle trouveront dans cette description un modèle de «monarchie éclairée».*

FÉNELON, 1710

Télémaque est une variation fabuleuse, en forme de poème héroïque comme ceux d'Homère et de Virgile, où j'ai mis les principales instructions qui conviennent à un prince que sa naissance destine à régner.

Lettre au P. Le Tellier, 1710.

Souvenez-vous, ô Télémaque, qu'il y a deux choses pernicieuses, dans le gouvernement des peuples, auxquelles on n'apporte presque jamais aucun remède: la première est une autorité injuste et trop violente dans les rois; la seconde est le luxe, qui corrompt les mœurs.

Quand les rois s'accoutument à ne connaître plus d'autres lois que leurs volontés absolues, et qu'ils ne mettent plus de freins à leurs passions, ils peuvent tout: mais, à force de tout pouvoir, ils sapent les fondements de leur puissance; ils n'ont plus de règle certaine, ni de maximes de gouvernement; chacun à l'envi les flatte; ils n'ont plus de peuple; il ne leur reste que des esclaves, dont le nombre diminue chaque jour. Qui leur dira la vérité? Qui donnera des bornes à ce torrent? Tout cède; les sages s'enfuient, se cachent, et gémissent. Il n'y a qu'une révolution soudaine et violente qui puisse ramener dans son cours naturel cette puissance débordée: souvent même le coup qui pourrait la modérer l'abat sans ressource. Rien ne menace tant d'une chute funeste, qu'une autorité qu'on pousse trop loin: elle est semblable à un arc trop tendu, qui se rompt enfin tout à coup si on ne le relâche: mais qui est-ce qui osera le relâcher? Idoménée était gâté jusqu'au fond du cœur par cette autorité si flatteuse: il avait été renversé de son trône; mais il n'avait pas été détrompé. Il a fallu que les dieux nous aient envoyés ici, pour le désabuser de cette puissance aveugle et outrée qui ne convient point à des hommes; encore a-t-il fallu des espèces de miracles pour lui ouvrir les yeux.

L'autre mal, presque incurable, est le luxe. Comme la trop grande autorité empoisonne les rois, le luxe empoisonne toute une nation. On dit que ce luxe sert à nourrir les pauvres aux dépens des riches; comme si les pauvres ne pouvaient pas gagner leur vie plus utilement, en multipliant les fruits de la terre, sans amollir les riches par des raffinements de volupté. Toute une nation s'accoutume à regarder comme les nécessités de la vie les choses les plus superflues: ce sont tous les jours de nouvelles nécessités qu'on invente, et on ne peut plus se passer des choses qu'on ne connaissait point trente ans auparavant. Ce luxe s'appelle bon goût, perfection des arts, et politesse de la nation. Ce vice, qui en attire tant d'autres, est loué comme une vertu; il répand sa contagion depuis le Roi jusqu'aux derniers de la lie du peuple. Les proches parents du Roi veulent imiter sa magnificence; les grands, celle des parents du Roi; les gens médiocres veulent égaler les grands, car qui est-ce qui se fait justice? Les petits veulent passer pour médiocres: tout le monde fait plus qu'il ne peut; les uns par faste, et pour se prévaloir de leurs richesses; les autres par mauvaise honte, et pour cacher leur pauvreté. Ceux mêmes qui sont assez sages pour condamner un si grand désordre, ne le sont pas assez pour oser lever la tête les premiers, et pour donner des exemples contraires. Toute une nation se ruine, toutes les conditions se confondent. La passion d'acquérir du bien pour soutenir une vaine dépense corrompt les âmes les plus pures: il n'est plus question que d'être riche; la pauvreté est une infâmie. Soyez savant, habile, vertueux; instruisez les hommes; gagnez des batailles; sauvez la patrie; sacrifiez tous vos intérêts; vous êtes méprisé si vos talents ne sont relevés par le faste. Ceux mêmes qui n'ont pas de bien veulent paraître en avoir; ils en dépensent comme s'ils en avaient: on emprunte, on trompe, on use de mille artifices indignes pour parvenir. Mais qui remédiera à ces maux? Il faut changer le goût et les habitudes de toute une nation; il faut lui donner de nouvelles lois. Qui le pourra entreprendre, si ce n'est un roi philosophe, qui sache, par l'exemple de sa propre modération, faire honte à tous ceux qui aiment une dépense fastueuse, et encourager les sages, qui seront bien aises d'être autorisés dans une honnête frugalité!

les Aventures de Télémaque, livre XVII, 1699.

Dans ce récit, Louis Aragon reprend l'histoire contée par Fénelon pour la détourner : les mots ne sont pas sûrs, le bon sens, la logique, la liberté, sous leur allure transparente ne sont rien auprès du texte poétique qui peut en un instant écraser les notions et les dieux sous la pierre du langage...

LOUIS ARAGON, 1922

— Mentor, vous baissez. Vous ferez bien de regagner Ithaque où le climat insalubre portera le dernier coup à votre santé. Bonne chance.

— Quelle ironie fine, Télémaque, quelle saveur dans vos propos ! C'est avec une jubilation extraordinaire, croyez-le bien, que je constate ici votre bêtise.

— Votre sagesse se retourne en moi contre vous.

— Oui, vous êtes bien le fruit de ma sagesse : gentil paroxysme raté. Il faut vous résigner à n'avoir été qu'une expérience. Une preuve aussi. La preuve par l'absurde. Il vous importe peu de quoi. Je connais mal mon domaine. Les Télémaques m'aident à mettre les choses au point.

— Pauvre imposteur, vous pensez, vous sentant usé, me donner le change en jouant les grands hommes. Regardez d'abord les plis de la peau de votre ventre. Lamentable Mentor !

— La pitié, maintenant. Oh ! le réjouissant fantoche ! Mon petit Télémaque, croyez-m'en : vous n'êtes qu'une erreur sentimentale.

— Je suis Télémaque, un homme : libre mouvement lâché sur la terre, pouvoir d'aller et venir.

— On jugerait entendre une boule de billard.

— Laissez-moi rire avec vos calculs d'ardoise et vos prétendues expériences. Je vous demande un peu quelle prise vous avez jamais eue sur moi. Au monde, depuis moi, je me promène maître. Je fais la nuit en fermant les yeux. Je fais la vie à mes pas. Je fais le vide par mon absence. La lumière m'appartient. Que je vous oublie et vous voilà mort. [...]

— Mentor, je vous regarde avec commisération, car j'ai un moyen sûr, sûr comme deux et deux font quatre, de couper là vos plaisanteries, à l'instant même.

— Je serais curieux d'éprouver l'efficacité de votre petit secret.

— Vous y tenez, Mentor ?

— J'y tiens.

— Vous y tenez... Vous y tenez. Eh bien puisque vous y tenez, Mentor, tenez».

Télémaque se dressa sur le bord de la falaise ; son vêtement tomba, et le corps nu, jeune et bien portant se précipita subitement dans le vide, tournoya, bolide oiseau mortel, tournoya pour s'abattre, sac d'os fracassés sur les rochers, devant les vagues qui ne sanglotèrent même pas. Mentor s'avança vers la cassure du sol et cria plus fort que la mer :

«Télémaque, fils d'Ulysse, est mort dérisoirement pour se montrer libre et sa mort déterminée par les sarcasmes et la pesanteur est la négative de ce hasard même qu'il voulut consacrer au prix de sa vie. Avec Télémaque, le hasard a péri. Voici le règne de la sagesse».

Comme il achevait ces mots un rocher branlant se détacha du haut de la côte et vint écraser, comme un simple mortel, la déessse Minerve qui, par jeu, avait pris la forme d'un vieillard et dut à cette fantaisie de perdre à la fois son existence humaine et son existence divine. Des oiseaux ricaneurs passèrent au-dessus des cadavres en sifflant des airs à danser. Les vents se levèrent de joie et se peignèrent aux dents des montagnes. Les forêts enfin délivrées coulèrent jusqu'aux demeures des hommes et les mangèrent. Les pierres éclatèrent. Les plantes volèrent nonchalamment comme si elles n'avaient fait que cela toute leur vie. Les volcans réveillés se regardèrent par-dessus les océans, s'avancèrent les uns vers les autres et s'unirent en des amours de lave sous les baisers des cratères bienfaisants comme la pluie. Les eaux ne furent plus réunies et cohérentes mais dissipées par l'univers. Le ciel, étoffe délire, se déchira pour montrer l'indécente nudité des planètes.

les Aventures de Télémaque, Livre VII, Gallimard, 1922.

Blain de Fontenay, *Vase de fleurs et buste de Louis XIV,* Louvre (Mus. Nat.).

1 — Les Aventures de Télémaque, texte de Fénelon.

a) Relevez les comparaisons qui illustrent le pouvoir despotique. Quelles autres comparaisons l'orateur aurait-il pu utiliser ?*

b) Relevez les éléments du discours qui sont destinés à emporter la conviction de l'auditeur (ou du lecteur) : rythmes, oppositions, interrogations rhétoriques, gradations, antithèses*, etc.*

c) Après avoir établi un plan précis de ce discours, résumez-le au 1/4 (pour la technique du résumé, voir **XIXe siècle,** *n° 70).*

2 — Comment Mentor pense-t-il se servir de Télémaque, dans le récit d'Aragon ? Sur quoi s'opposent-ils ? Que Télémaque veut-il prouver en se jetant du haut de la falaise ? Pourquoi entraîne-t-il une situation cataclysmique ?

14 a FONTENELLE (1657-1757)

Imitant le procédé de Lucien de Samosate (125?-192? av. J.-C.) Fontenelle compose à son tour des Dialogues des morts, *en ajoutant simplement* modernes *au titre de Lucien; le genre a fait école puisque Fénelon, précepteur du dauphin, composera en 1712 d'autres* Dialogues des morts *à l'usage de son royal élève.*

Les interlocuteurs, dans l'œuvre de Fontenelle (1683), s'appellent Socrate, Sénèque, Raphaël, Montaigne, Marguerite d'Autriche, ou encore, comme ici, Cortez (ou Cortès) et Montezuma II (le nom du roi de Mexico lors de la conquête espagnole est ici francisé en Montézume) qui s'affrontèrent lors de la conquête du Mexique (commencée en 1519).

FERNAND CORTEZ, MONTÉZUME

FERNAND CORTEZ. — Avouez la vérité. Vous étiez bien grossiers, vous autres Américains, quand vous preniez les Espagnols pour des hommes descendus de la sphère du feu, parce qu'ils avaient du canon, et quand leurs navires vous paraissaient de grands oiseaux qui volaient sur la mer.

MONTÉZUME. — J'en tombe d'accord. Mais je veux vous demander si c'était un peuple poli que les Athéniens.

FERNAND CORTEZ. — Comment! Ce sont eux qui ont enseigné la politesse au reste des hommes.

MONTÉZUME. — Et que dites-vous de la manière dont se servit le tyran Pisistrate (1) pour rentrer dans la citadelle d'Athènes, d'où il avait été chassé? N'habilla-t-il pas une femme en Minerve (car on dit que Minerve était la déesse qui protégeait Athènes)? Ne monta-t-il pas sur un chariot avec cette déesse de sa façon, qui traversa toute la ville avec lui, en le tenant par la main et en criant aux Athéniens: « Voici Pisistrate que je vous amène et que je vous ordonne de recevoir »? Et ce peuple, si habile et si spirituel, ne se soumit-il pas à ce tyran, pour plaire à Minerve qui s'en était expliquée de sa propre bouche?

FERNAND CORTEZ. — Qui vous en a tant appris sur le chapitre des Athéniens?

MONTÉZUME. — Depuis que je suis ici (2), je me suis mis à étudier l'histoire par les conversations que j'ai eues avec différents morts. Mais enfin, vous conviendrez que les Athéniens étaient un peu plus dupes que nous. Nous n'avions jamais vu de navires ni de canons, mais ils avaient vu des femmes; et quand Pisistrate entreprit de les réduire sous son obéissance par le moyen de sa déesse, il leur marqua assurément moins d'estime que vous ne nous en marquâtes en nous subjuguant avec votre artillerie. [...] Enfin, vous ne sauriez me reprocher une sottise de nos peuples d'Amérique que je vous en fournisse une plus grande de vos contrées; et même je m'engage à ne vous mettre en ligne de compte que des sottises grecques ou romaines.

FERNAND CORTEZ. — Avec ces sottises-là cependant, les Grecs et les Romains ont inventé tous les arts et toutes les sciences, dont vous n'aviez pas la moindre idée.

MONTÉZUME. — Nous étions bien heureux d'ignorer qu'il y eût des sciences au monde; nous n'eussions peut-être pas eu assez de raison pour nous empêcher d'être savants. On n'est pas toujours capable de suivre l'exemple de ceux d'entre les Grecs qui apportèrent tant de soins à se préserver de la contagion des sciences de leurs voisins. Pour les arts, l'Amérique avait trouvé des moyens de s'en passer, plus admirables peut-être que les arts mêmes de l'Europe. Il est aisé de faire des histoires quand on sait écrire; mais nous ne savions point écrire et nous faisions des histoires. On peut faire des ponts quand on sait bâtir dans l'eau; mais la difficulté est de n'y savoir point bâtir et de faire des ponts. Vous devez vous souvenir que les Espagnols ont trouvé dans nos terres des énigmes où ils n'ont rien entendu; je veux dire, par exemple, des pierres prodigieuses qu'ils ne concevaient pas qu'on eût pu élever sans machines aussi haut qu'elles étaient élevées. Que dites-vous à tout cela? Il me semble que jusqu'à présent vous ne m'avez pas trop bien prouvé les avantages de l'Europe sur l'Amérique.

FERNAND CORTEZ. — Ils sont assez prouvés par tout ce qui peut distinguer les peuples polis d'avec les peuples barbares. La civilité règne parmi nous; la force et la violence n'y ont point de lieu; toutes les puissances y sont modérées par la justice; toutes les guerres y sont fondées sur des causes légitimes; et même, voyez à quel point nous sommes scrupuleux, nous n'allâmes porter la guerre dans votre pays qu'après que nous eûmes examiné fort rigoureusement s'il nous appartenait et décidé cette question pour nous.

(1) Tyran d'Athènes en 561 av. J.C.. il fut chassé par Lycurgue et Mégaclès. Il revint en 542 pour gouverner, cette fois, avec modération.
(2) Aux enfers.
(3) Voir n° 24, **XVI-XVIIe siècles.**

MONTÉZUME. — Sans doute, c'était traiter des barbares avec plus d'égard qu'ils ne méritaient; mais je crois que vous êtes civils et justes les uns avec les autres, comme vous étiez scrupuleux avec nous. Qui ôterait à l'Europe ses formalités la rendrait bien semblable à l'Amérique. La civilité mesure tous vos pas, dicte toutes vos paroles, embarrasse tous vos discours et gêne toutes vos actions; mais elle ne va point jusqu'à vos sentiments; et toute la justice qui devrait se trouver dans vos desseins ne se trouve que dans vos prétextes. [...] Ah! que n'avions-nous des vaisseaux pour aller découvrir vos terres, et que ne nous avisions-nous de décider qu'elles nous appartenaient! Nous eussions eu autant de droit de les conquérir que vous en eûtes de conquérir les nôtres (3).

Dialogues des morts modernes, deuxième partie, ch. VI, 1683.

BERNAL DIAZ DEL CASTILLO, 1547.

Bernal Diaz del Castillo a suivi Cortès dans sa conquête du Mexique. Avec moins de complaisance que son chef, il relate minutieusement l'histoire de ce moment important de l'histoire mondiale. Dans le chapitre XC, l'auteur raconte — trente ans plus tard, de sa retraite de Santiago du Guatemala — la première entrevue de Cortès et de Montezuma. D'emblée, le général espagnol se lance dans une profession de foi.

Cortès, aidé de ses interprètes dona Marina et Aguilar, rappelle à Montezuma ce que les Espagnols ont déjà dit aux émissaires du roi mexicain.

Nous avions dit que nous sommes chrétiens et adorons un seul Dieu véritable, appelé Jésus-Christ, qui souffrit mort et passion pour nous sauver; et que, quand ces messagers nous avaient demandé pourquoi nous adorions la croix, nous leur avions répondu que c'était en représentation d'une autre semblable, sur laquelle Notre Seigneur fut crucifié pour notre rédemption; que, cette mort et cette passion, Dieu les voulut pour les faire servir à sauver tout le genre humain, jusqu'alors condamné; que ce Dieu ressuscita le troisième jour et qu'il est maintenant dans les cieux; que c'est lui-même qui fit le ciel, la terre, les mers et créa tout ce qui est dans le monde; que ni les pluies ni la rosée, que rien enfin ne se fait sans l'intervention de sa volonté, que c'est en lui que nous croyons, lui que nous adorons; que ces choses qu'eux, Indiens, tenaient pour des divinités ne l'étaient nullement, mais bien des démons, c'est-à-dire de mauvaises créatures dont les actes sont encore plus horribles que leurs figures; qu'ils voulussent bien considérer que ces dieux étaient si mauvais et de si peu de valeur que, partout où nous placions des croix — les messagers l'avaient vu —, ils étaient saisis de frayeur et n'en osaient pas soutenir la présence, ainsi que le temps le ferait encore mieux voir.

Cortès ajouta que ce qu'il demandait en grâce, c'était que le prince daignât écouter encore ses paroles. Et alors il lui dit, en termes très compréhensibles, nos croyances sur la création du monde; comme quoi nous sommes tous frères, fils du même père et de la même mère appelés Adam et Eve; et c'est en cette qualité de frères que notre grand Empereur, affligé de la perte de tant d'âmes que leurs idoles emportent en enfer où elles brûlent au milieu de vives flammes, nous a envoyés pour qu'on remédie à ce triste état de choses, qu'on n'adore plus ces idoles et que des Indiens ne leur soient plus sacrifiés; et, puisque nous sommes tous frères, qu'on n'autorise plus les actes crapuleux et les vols; que, dans des temps prochains, notre Seigneur et Roi enverra des hommes meilleurs que nous, qui vivent saintement dans nos pays, pour qu'ils leur expliquent ces vérités et les leur fassent comprendre; que, quant à nous, nous venons seulement en donner la nouvelle. Cortés ajouta enfin qu'il demandait en grâce qu'on accomplît ce qu'il venait de dire. Comme il parut que Montezuma voulait répondre, Cortés cessa de parler, se retournant pour nous dire, à nous qui étions avec lui, que pour une première fois cela devait suffire à l'accomplissement de notre devoir.

Montezuma répondit: « Seigneur Malinche, j'étais au courant de vos conversations et de vos discours antérieurs adressés à mes serviteurs sur la plage de sable, relativement à votre Dieu. Nous ne vous avons rien dit ni sur la croix ni sur ce que vous avez prêché dans tous les villages où vous êtes passés; nous n'avons fait de réponse à aucune de ces choses parce que, depuis le commencement du monde, nous adorons nos dieux et nous les croyons bons; les vôtres le sont sans doute aussi, mais ne prenez plus le soin de nous parler d'eux. Pour ce qui est de la création du monde, nous le croyons de même depuis les temps les plus reculés. La foi qui accompagne nos croyances nous fait d'ailleurs accepter comme certain que vous êtes ces mêmes hommes dont nos aïeux ont dit qu'ils viendraient d'où le soleil se lève. Quant à votre grand Roi, je suis son serviteur et je me tiens prêt à lui faire part de ce que je possède. Il y a deux ans, j'ai reçu la nouvelle que d'autres capitaines étaient venus avec des vaisseaux par la route que vous avez suivie, et ils se prétendaient les sujets de ce grand Roi que vous dites. Je voudrais savoir si vous êtes tous les mêmes. »

Histoire véridique de la conquête de la Nouvelle-Espagne, ch. XC, 1547.
(trad. D. Jourdanet, Maspéro, 1980).

Codex Azcatitlan, *Arrivée de Cortès au Mexique suivi de son serviteur noir et précédé de la Malinche,* (Snark).

14 b FONTENELLE (1657-1757)

Dans les Entretiens sur la pluralité des mondes *(1686), Fontenelle revient, à la faveur d'une leçon d'astronomie vulgarisée, sur la conquête du Mexique. Son interlocutrice, la marquise de G. a bien du mal à envisager la conquête des étoiles...*

FONTENELLE, 1686

J'ai une pensée très ridicule, qui a un air de vraisemblance qui me surprend ; je ne sais où elle peut l'avoir pris, étant aussi impertinente qu'elle est. Je gage que je vais vous réduire à avouer, contre toute raison, qu'il pourra y avoir un jour du commerce entre la terre et la lune. Remettez-vous dans l'esprit l'état où était l'Amérique avant qu'elle eût été découverte par Christophe Colomb. Ses habitants vivaient dans une ignorance extrême. Loin de connaître les sciences ils ne connaissaient pas les arts les plus simples et les plus nécessaires. Ils allaient nus, ils n'avaient point d'autres armes que l'arc ; ils n'avaient jamais conçu que des hommes pussent être portés par des animaux ; ils regardaient la mer comme un grand espace défendu aux hommes, qui se joignait au ciel, et au delà duquel il n'y avait rien. Il est vrai qu'après avoir passé des années entières à creuser le tronc d'un gros arbre avec des pierres tranchantes ils se mettaient sur la mer dans ce tronc et allaient terre à terre portés par le vent et par les flots. Mais comme ce vaisseau était sujet à être souvent renversé, il fallait qu'ils se missent aussitôt à la nage pour le rattraper, et à proprement parler, ils nageaient toujours, hormis le temps qu'ils s'y délassaient. Qui leur eût dit qu'il y avait une sorte de navigation incomparablement plus parfaite, qu'on pouvait traverser cette étendue infinie d'eaux de tel côté et de tel sens qu'on voulait, qu'on s'y pouvait arrêter sans mouvement au milieu des flots émus, qu'on était maître de la vitesse avec laquelle on allait ; qu'enfin cette mer, quelque vaste qu'elle fût, n'était point un obstacle à la communication des peuples, pourvu seulement qu'il y eût des peuples au delà : vous pouvez compter qu'ils ne l'eussent jamais cru. Cependant voilà un beau jour le spectacle du monde le plus étrange et le moins attendu qui se présente à eux. De grands corps énormes qui paraissent avoir des ailes blanches, qui volent sur la mer, qui vomissent du feu de toutes parts, et qui viennent jeter sur le rivage des gens inconnus, tout écaillés de fer, disposant comme ils veulent de monstres qui courent sous eux, et tenant en leur main des foudres dont ils terrassent tout ce qui leur résiste. D'où sont-ils venus ? Qui a pu les amener par-dessus les mers ? Qui a mis le feu en leur disposition ? Sont-ce les enfants du soleil ? car assurément ce ne sont pas des hommes. Je ne sais, Madame, si vous entrez comme moi dans la surprise des Américains ; mais jamais il ne peut y en avoir eu une pareille dans le monde. Après cela, je ne veux plus jurer qu'il ne puisse y avoir commerce quelque jour entre la lune et la terre. Les Américains eussent-ils cru qu'il eût dû y en avoir entre l'Amérique et l'Europe, qu'ils ne connaissaient seulement pas ? Il est vrai qu'il faudra traverser ce grand espace d'air et de ciel qui est entre la terre et la lune. Mais ces grandes mers paraissaient-elles aux Américains plus propres à être traversées ?

— En vérité, dit la marquise en me regardant, vous êtes fou.

— Qui vous dit le contraire ? répondis-je.

— Mais je veux vous le prouver, reprit-elle ; je ne me contente pas de l'aveu que vous en faites. Les Américains étaient si ignorants qu'ils n'avaient garde de soupçonner qu'on pût se faire des chemins au travers de mers si vastes ; mais nous qui avons tant de connaissances, nous nous figurerions bien qu'on pût aller par les airs, si l'on pouvait effectivement y aller.

— On fait plus que se figurer la chose possible, répliquai-je, on commence déjà à voler un peu (1) ; plusieurs personnes différentes ont trouvé le secret de s'ajuster des ailes qui les soutinssent en l'air, de leur donner du mouvement, et de passer par-dessus des rivières. A la vérité, ce n'a pas été un vol d'aigle, et il en a quelquefois coûté à ces nouveaux oiseaux un bras ou une jambe ; mais enfin, cela ne représente encore que les premières planches que l'on a mises sur l'eau, et qui ont été le commencement de la navigation. De ces planches-là, il y avait bien loin jusqu'à de gros navires qui pussent faire le tour du monde. Cependant peu à peu sont venus les gros navires. L'art de voler ne fait encore que de naître ; il se perfectionnera, et quelque jour on ira jusqu'à la lune. Prétendons-nous avoir découvert toutes choses, ou les avoir mises à un point qu'on n'y puisse rien ajouter ? Eh ! de grâce, consentons qu'il y ait encore quelque chose à faire pour les siècles à venir.

— Je ne consentirai point, dit-elle, qu'on vole jamais que d'une manière à se rompre aussitôt le cou.

— Eh bien, lui répondis-je, si vous voulez qu'on vole toujours si mal ici, on volera mieux dans la lune ; ses habitants seront plus propres que nous à ce métier ; car il n'importe que nous allions là, ou qu'ils viennent ici ; et nous serons comme les Américains qui ne se figuraient pas qu'on pût naviguer, quoiqu'à l'autre bout du monde, on naviguât fort bien.

— Les gens de la lune seraient donc déjà venus ? reprit-elle, presque en colère.

— Les Européens n'ont été en Amérique qu'au bout de six mille ans (2), répliquai-je en éclatant de rire ; il leur fallut ce temps-là pour perfectionner la navigation jusqu'au point de pouvoir traverser l'océan. Les gens le la lune savent peut-être déjà faire de petits voyages dans l'air ; à l'heure qu'il est, ils s'exercent ; quand ils seront plus habiles et plus expérimentés, nous les verrons, et Dieu sait quelle surprise !

Entretiens sur la pluralité des mondes, deuxième soir, 1686.

(1) En 1678, eurent lieu des tentatives pour faire voler l'homme.
(2) Chronologie biblique.

OCTAVIO PAZ, 1950

L'auteur mexicain Octavio Paz, dans Le Labyrinthe de la solitude, *trace l'itinéraire de la spécificité mexicaine. Dans l'histoire de son pays, la mort de la civilisation aztèque, figurée par la chute de Montezuma devant Cortès, occupe, évidemment, une place clef.*

Pourquoi Moctezuma a-t-il cédé ? Pourquoi s'est-il senti étrangement fasciné par ces Espagnols, comme pris par un vertige qu'il n'est pas exagéré de dire sacré — ce vertige lucide du suicide au bord de l'abîme ? C'est parce que les dieux l'ont abandonné. La grande trahison par quoi commence l'histoire du Mexique, n'est ni celle des Tlaxcaltèques, ni celle de Moctezuma et de ses partisans, mais celle des dieux. Aucun peuple ne s'est senti aussi totalement abandonné que la nation aztèque devant les avertissements, les prophéties et les signes qui annonçaient sa chute. On risque de ne pas saisir le sens que ces signes et prophéties avaient pour les Indiens si l'on oublie leur conception cyclique du temps. Comme on le trouve dans maintes autres civilisations, le temps, pour les Aztèques, n'était pas une mesure abstraite et vide de contenu, mais quelque chose de concret, une force, une substance, un fluide qui se détruit et se consume. De là venait la nécessité des rites et des sacrifices destinés à redonner force à l'année ou au siècle. Mais le temps — ou plus exactement les temps — était une sorte de retour éternel. Un temps s'achevait, un autre revenait. L'arrivée des Espagnols fut interprétée par Moctezuma — au début du moins — non pas tant comme un danger extérieur que comme l'achèvement interne d'une ère cosmique et le début d'une autre. Les dieux s'en vont, parce que le temps est fini, et c'est le retour d'un autre temps, d'autres dieux, d'une autre ère.

Cette désertion divine paraît encore plus pathétique quand on pense à la jeunesse et à la vigueur de l'État naissant. Tous les vieux Empires, comme Rome ou Byzance, ressentirent la séduction de la mort à la fin de leur histoire. Les citoyens haussaient les épaules quand l'étranger assénait le coup final. Il y a une lassitude impériale, et la servitude paraît légère à qui est fatigué du pouvoir. Les Aztèques connurent le frisson de la mort en pleine jeunesse, alors qu'ils marchaient vers leur maturité. [...]

Il est facile de se moquer des prétentions extra-terrestres de la société coloniale. Et plus facile encore de la dénoncer comme une forme vide, destinée à recouvrir les abus des conquérants ou à les justifier pour eux-mêmes et pour leurs victimes. Cela est vrai sans doute, mais il est tout aussi vrai que cette aspiration extra-terrestre n'était pas un simple artifice, mais une foi vivante et qui soutenait, comme la racine l'arbre, fatale et nécessaire, les autres formes culturelles et économiques. Le catholicisme est au centre de la société coloniale parce qu'il est véritablement la source de vie qui nourrit les activités, les passions, les vertus et jusqu'aux péchés des serfs et des seigneurs, des fonctionnaires et des prêtres, des commerçants et des militaires. Grâce à la religion, l'ordre colonial n'est pas une simple superposition de formes historiques nouvelles, mais un organisme vivant. Avec la clef du baptême, le catholicisme ouvre les portes de la société et la transforme en ordre universel, destiné à tous. En parlant d'Église catholique, je n'entends pas me référer à l'œuvre apostolique des missionnaires, mais au corps entier, avec ses saints, ses prélats rapaces, ses ecclésiastiques pédants, ses juristes passionnés, ses œuvres de charité et sa monstrueuse thésaurisation des richesses.

Il est certain que si les Espagnols ne massacrèrent pas les Indiens, c'est qu'ils avaient besoin de la main-d'œuvre native pour exploiter les énormes domaines féodaux et les mines. Les Indiens étaient des biens qu'il convenait de ne pas dilapider. Il est difficile d'imaginer qu'à ces considérations s'en soient mêlées d'autres, de caractère humanitaire. Une telle hypothèse ferait sourire tous ceux qui connaissent la conduite des colons envers les indigènes. Mais sans l'Église, le destin des Indiens aurait été tout autre. Et je ne pense pas seulement à la lutte entreprise pour adoucir les conditions de vie et pour les organiser de façon plus juste et plus chrétienne ; il y avait aussi la possibilité offerte par le baptême, de participer, grâce à ce sacrement, à un ordre et à une Église.

le Labyrinthe de la solitude, V, 1950,
(trad. Jean-Clarence Lambert, Gallimard, 1972).

Diego Rivera, *1951, Cortès reçoit la taxe due par un marchand anglais au roi de Castille,* Palacio Nacional, Mexico, (Snark).

1 — *Quelles sont les références de Montezuma dans le* Dialogue des morts? *Comparez avec le discours du roi dans le texte de Del Castillo. Dans quelle mesure ces références, surprenantes chez un homme du Nouveau-Monde, sont-elles dictées par le genre ?*

2 — *Par quels arguments puis par quel renversement, le discours de Montezuma permet-il une critique de l'œuvre de Cortès ?*

3 — *Que pense Montezuma de la science occidentale ? Son opinion vous paraît-elle fondée ? Qu'en dit le Fontenelle des* Entretiens sur la pluralité des mondes ?

4 — *Comment, dans ses dernières conclusions, le raisonnement de Fontenelle dans les* Entretiens *s'attaque-t-il à l'idée de l'homme occidental — centre du monde ?*

15 FONTENELLE (1657-1757)

En 1683, Van Dale, un médecin hollandais, publie deux dissertations latines sur les oracles. Le journal de Bayle, Les Nouvelles de la République des Lettres *en fait largement état et Fontenelle en prend connaissance.* L'Histoire des oracles *de Fontenelle reprend de façon vivante et polémique* les thèmes de Van Dale.*

Le texte de Fontenelle, en 1687, est attaqué par les religieux qui pensent que l'entreprise est trop hardie, voire scandaleuse. Mais c'est lors de sa réimpression, en 1707, que la querelle renaît avec beaucoup de vigueur : le Père Baltus, jésuite, puis le Journal de Trévoux *— organe des jésuites français — contre-attaquent. Baltus, dans sa* Réponse à l'Histoire des oracles *reprend toutes les idées dangereuses sous un dehors au demeurant fort courtois. Fontenelle se tait : il fait bien, car ses ennemis le guettent pour le convaincre d'impiété, d'athéisme* même, et le faire enfermer à la Bastille. Le Lieutenant de police d'Argenson lui-même intervient pour sauver l'auteur impie...*

Pourquoi donc le peuple avait-il été trompé à la première institution[1] des dieux et des oracles ? En voici, je crois, la raison. Pour ce qui regarde les dieux, le paganisme n'en a eu que de deux sortes principales, ou des dieux que l'on supposait être essentiellement de nature divine, ou des dieux qui ne l'étaient devenus qu'après avoir été de nature humaine. Les premiers avaient été annoncés par les Sages ou par les législateurs avec beaucoup de mystères, et le peuple, ni ne les voyait, ni ne les avait vus. Les seconds, quoiqu'ils eussent été hommes aux yeux de tout le monde, avaient été érigés en dieux par un mouvement naturel des peuples touchés de leurs bienfaits. On se formait une idée très relevée des uns parce qu'on ne les voyait point, et des autres parce qu'on les aimait ; mais on n'en pouvait pas faire autant pour un Empereur romain qui était Dieu par Ordre de la Cour, et non pas par l'amour du peuple, et qui outre cela, venait d'être homme fort publiquement.

Quant aux oracles, leur premier établissement n'est pas non plus fort difficile à expliquer. Donnez-moi une demi-douzaine de personnes, à qui je puisse persuader que ce n'est pas le soleil qui fait le jour, je ne désespérerai pas que des nations entières n'embrassent cette opinion. Quelque ridicule que soit une pensée, il ne faut que trouver moyen de la maintenir pendant quelque temps, la voilà qui devient ancienne, et elle est suffisamment prouvée. Il y avait sur le Parnasse[2] un trou d'où il sortait une exhalaison qui faisait danser les chèvres, et qui montait à la tête. Peut-être quelqu'un qui en fut entêté se mit à parler sans savoir ce qu'il disait, et dit quelque vérité. Aussitôt il faut qu'il y ait quelque chose de divin dans cette exhalaison, elle contient la science de l'avenir, on commence à ne s'approcher plus de ce trou qu'avec respect, les cérémonies se forment peu à peu. Ainsi naquit apparemment l'oracle de Delphes, et comme il devait son origine à une exhalaison qui entêtait, il fallait absolument que la Pythie entrât en fureur pour prophétiser. Dans la plupart des autres oracles, la fureur n'était pas nécessaire. Qu'il y en ait une fois un d'établi, vous jugerez bien qu'il va s'en établir mille. Si les dieux parlent bien là, pourquoi ne parleront-ils point ici ? Les peuples frappés du merveilleux de la chose, et avides de l'utilité qu'ils en espèrent, ne demandent qu'à voir naître des oracles en tous lieux, et puis l'ancienneté survient à tous ces oracles, qui leur fait tous les biens du monde. Les nouveaux n'avaient garde de réussir tant, c'étaient les princes qui les établissaient, les peuples croient bien mieux à ce qu'ils ont fait eux-mêmes.

Ajoutez à tout cela, que dans le temps de la première institution et des dieux et des oracles, l'ignorance était beaucoup plus grande qu'elle ne fut dans la suite. La philosophie n'était point encore née, et les superstitions les plus extravagantes n'avaient aucune contradiction à essuyer de sa part. Il est vrai que ce que l'on appelle le peuple, n'est jamais fort éclairé ; cependant la grossièreté dont il est toujours, reçoit encore quelques différences selon les siècles ; du moins il y en a où tout le monde est peuple, et ceux-là sont sans comparaison les plus favorables à l'établissement des erreurs.

Histoire des oracles, Première dissertation, chap. XI, 1686.

(1) A la première fois que furent institués les dieux...
(2) Le Mont Parnasse, dominant Delphes, où la Pythie donnait ses oracles.

1 — Dans le texte du chapitre XI, définissez les trois catégories de dieux des païens (premier paragraphe). Trouvez l'équivalent dans la mentalité contemporaine de Fontenelle. Existait-il, à proprement parler, une cour à Rome ? A quelle réalité ce mot s'adapte-t-il ? A partir de ces observations, relevez les critiques contenues dans ce paragraphe.

2 — Comment Fontenelle explique-t-il que le temps légitime une fausse croyance ? Quels exemples prend-il ? Pourquoi le Père Baltus et les jésuites de Trévoux s'en indignent-ils ?

3 — Les tenants d'une vérité révélée une fois pour toutes ont longtemps dénié toute valeur à l'Histoire, donc au temps. Quel usage Fontenelle fait-il du temps, dans son argumentation ? Qu'introduit, en philosophie, cette nouvelle manière de penser le temps et le « devenir » ?

*4 — Établissez, en suivant l'*introduction *de Fontenelle, le plan, le projet et la méthode du philosophe. Que permet, suivant l'auteur, le recours à la philosophie ?*

Mon dessein n'est pas de traiter directement l'histoire des oracles; je ne me propose que de combattre l'opinion commune qui les attribue aux démons, et les fait cesser à la venue de Jésus-Christ; mais en la combattant, il faudra nécessairement que je fasse toute l'histoire des oracles, et que j'explique leur origine, leur progrès, les différentes manières dont ils se rendaient, et enfin leur décadence, avec la même exactitude que si je suivais dans ces matières l'ordre naturel et historique.

Il n'est pas surprenant que les effets de la nature donnent bien de la peine aux philosophes. Les principes en sont si bien cachés, que la raison humaine ne peut presque sans témérité songer à les découvrir; mais quand il n'est question que de savoir si les oracles ont pu être un jeu et un artifice des prêtres païens, où peut être la difficulté? Nous qui sommes hommes ne savons-nous pas bien jusqu'à quel point d'autres hommes ont pu être imposteurs, ou dupes? Surtout, quand il n'est question que de savoir en quels temps les oracles ont cessé, d'où peut naître le moindre sujet de douter? Tous les livres sont pleins d'oracles. Voyons en quel temps ont été rendus les derniers dont nous ayons connaissance.

Mais nous n'avons garde de permettre que la décision des choses soit si facile; nous y faisons entrer des préjugés, qui y font entrer des embarras bien plus grands que ceux qui s'y fussent trouvés naturellement, et ces difficultés, qui ne viennent que de notre part, sont celles dont nous avons nous-mêmes le plus de peine à nous démêler.

L'affaire des oracles n'en aurait pas, à ce que je crois, de bien considérables, si nous ne les y avions mises. Elle était de sa nature une affaire de religion chez les païens, elle en est devenue une sans nécessité chez les chrétiens, et de toutes parts on l'a chargée de préjugés, qui ont obscurci des vérités fort claires.

J'avoue que les préjugés ne sont pas communs d'eux-mêmes à la vraie et aux fausses religions. Ils règnent nécessairement dans les fausses religions, qui ne sont l'ouvrage que de l'esprit humain, mais dans la vraie, qui est un ouvrage de Dieu seul, il ne s'y en trouverait aucun, si ce même esprit humain pouvait s'empêcher d'y toucher, et d'y mêler quelque chose du sien. Tout ce qu'il y ajoute de nouveau, que serait-ce que des préjugés sans fondement? Il n'est pas capable d'ajouter rien de réel et de solide à l'ouvrage de Dieu.

Cependant ces préjugés qui entrent dans la vraie religion, trouvent, pour ainsi dire, le moyen de se faire confondre avec elle, et de s'attirer un respect qui n'est dû qu'à elle seule. On n'ose les attaquer, de peur d'attaquer en même temps quelque chose de sacré. Je ne reproche point cet excès de religion à ceux qui en sont capables, au contraire je les en loue, mais enfin quelque louable que soit cet excès, on ne peut disconvenir que le juste milieu ne vaille encore mieux, et qu'il ne soit plus raisonnable de démêler l'erreur d'avec la vérité, que de respecter l'erreur mêlée avec la vérité.

Le christianisme a toujours été par lui-même en état de se passer de fausses preuves, mais il y est encore présentement plus que jamais, par les soins que de grands hommes de ce siècle ont pris de l'établir sur ses véritables fondements, avec plus de force que les Anciens n'avaient jamais fait. Nous devons être remplis sur notre religion d'une juste confiance, qui nous fasse rejeter de faux avantages, qu'un autre parti que le nôtre pourrait ne pas négliger.

Sur ce pied-là, j'avance hardiment que les oracles, de quelque nature qu'ils aient été, n'ont point été rendus par les démons, et qu'ils n'ont point cessé à la venue de Jésus-Christ. Chacun de ces deux points mérite bien une dissertation.

Histoire des oracles, Introduction, 1686.

Rigaud, *Portrait de Fontenelle,* Montpellier, (Bulloz).

LE P. BALTUS, 1707

«Je ne sais pas trop Monsieur, ce que vous prétendez par là, ni si c'est aux Oracles seuls que vous en voulez. Ce qui est de vrai, c'est que je connais une personne très-habile et très-éclairée, qui ayant vu cet endroit de votre livre, y a trouvé je ne sais quel venin caché qui lui a déplu infiniment. Mais sans m'arrêter à vouloir pénétrer vos intentions, je vous prie de me dire, si vous avez vu dans l'histoire quelque exemple d'une erreur semblable, et qui se soit établie de la manière que vous dites. Assurément vous comptez beaucoup sur la stupidité des hommes. Il me semble néanmoins qu'ils ne se rendent pas si facilement à tout ce que l'on veut leur persuader, particulièrement si ce sont des choses contraires à leurs sens et à leur expérience. Pour peu qu'ils aient d'esprit et d'intelligence, ils demandent des preuves et des raisons. Ce n'est pas tout, ils veulent encore dans ces occasions, des prodiges et des miracles, ou vrais, ou au moins qui leur paraissent tels. Ce serait en vérité une chose fort curieuse, de voir comment vous vous y prendriez, pour persuader à cinq ou six personnes, que ce n'est pas le soleil qui fait le jour. Et quand vous en seriez venu à bout, ce serait encore une chose plus curieuse à voir, comment ces cinq ou six personnes s'y prendraient, pour persuader la même erreur à des nations entières. Il faudrait pour cet effet qu'elles fussent en même temps infiniment stupides et infiniment habiles: infiniment stupides pour donner dans une erreur si grossière et si palpable; infiniment habiles pour la persuader à des nations entières».

Réponse à l'Histoire des oracles de M. de Fontenelle, 1707.

Le Journal de Trévoux, 1707.

L'auteur de la proposition (*Donnez-moi une demi-douzaine...*), homme au-dessus de pareils soupçons, parle d'une opinion spéculative, qui n'intéresse en rien la cupidité, et dont l'expérience ne puisse juger. Les faits que les Apôtres ont crus et qu'ils ont persuadé, sont d'une autre nature: il était également difficile que les Apôtres les crussent sans évidence, et qu'ils les persuadassent sans miracle. Une croyance qui doit coûter le repos et la vie, qui humilie l'esprit, qui gêne toutes les passions, est toujours difficile à recevoir.

le Journal de Trévoux, août 1707.

16 ANTOINE FURETIERE (1620-1688)

Furetière, (B.N.).

Antoine Furetière, par ailleurs auteur du Roman bourgeois *(1666) (voir n° 29), participe à la rédaction du* Dictionnaire de l'Académie françaises *(voir* **XVIe-XVIIe siècles,** *n° 171) dès sa nomination. En 1684, jugeant incomplet le travail de ses confrères, il fait paraître son propre dictionnaire,* Essai d'un dictionnaire universel. *Accusé d'avoir pillé les résultats des débats, il intente un procès à l'Académie et est exclu d'entre les Immortels. Furetière se défend par des libelles*, et le* Premier Dictionnaire de l'Académie *paraît en 1680. L'édition définitive du* Dictionnaire universel *fut posthume (1690), publiée en Hollande et préfacée par Pierre Bayle (voir nos 2 et 3).*

RAISON, s.f. Entendement, première puissance de l'âme qui discerne le bien du mal, le vrai d'avec le faux. Entre les corps sublunaires il n'y a que l'homme qui soit doué de *raison.* La *raison* est souvent un guide trompeur. On appelle fous ceux qui n'ont point de *raison,* ou de qui la *raison* est perdue et égarée. La droite *raison,* c'est la lumière naturelle. Un enfant au-dessous de sept ans ne pèche point, parce qu'il n'a pas l'âge de *raison.* Il n'y a point de *raison* de s'amuser à lui. C'est un homme de bien, qui vit selon Dieu et *raison.*

Raison se dit quelquefois de la seule faculté imaginative. Les chimères sont des êtres de *raison,* qui ne subsistent que dans notre imagination.

Raison signifie aussi cause, motif, fondement de quelque chose. Les Philosophes ignorent la *raison,* la cause de la plupart des effets de la nature. Ce Prince a eu des *raisons* secrètes, de bons motifs pour faire une telle entreprise. Quand on veut croire une chose, il faut voir s'il y a de la *raison,* du fondement, de l'apparence.

Raison signifie aussi argumentation, preuve. Les mystères de la foi ne se peuvent prouver par *raison,* ils sont au-dessus de la *raison,* et non pas contre la *raison.* Il faut captiver sa *raison,* déférer plus à l'autorité qu'à la *raison.* Les *raisons* des Géomètres sont démonstratives, convaincantes ; celles des autres sciences sont seulement probables, vraisemblables. En jurisprudence, quand on pose l'espèce d'une loi, on ajoute la *raison* de douter et de décider.

Raison se dit proverbialement en ces phrases : c'est la *raison* que chacun soit maître en sa maison. On dit ironiquement, la bête a *raison,* quand on se rend au jugement d'une personne qu'on témoigne mépriser. On dit aussi d'un coq-à-l'âne, d'un galimatias, qu'il n'a ni rime ni *raison.*

Dictionnaire universel contenant généralement tous les mots français tant vieux que modernes et les termes des sciences et des arts, article « Raison », 1684-1690.

Allégorie de la raison et de la tolérance, (Période révolutionnaire), (BN).

DICTIONNAIRE DE L'ACADÉMIE, 1694

RAISON. S.F. Puissance de l'âme, par laquelle l'homme discourt, et est distingué des bêtes. *Dieu a donné la raison à l'homme. De tous les animaux, l'homme seul est capable de raison.* [...]

RAISON, se prend aussi quelquefois pour Le bon sens, le droit usage de la raison. Ainsi on dit qu'*un homme n'a point de raison,* qu'*il n'y a pas de raison à ce qu'il fait, à ce qu'il dit,* pour dire qu'il n'y a point de bon sens à ce qu'il fait, à ce qu'il dit, qu'il ne fait pas un droit usage de la raison.

On dit aussi dans le même sens qu'un *homme a perdu la raison,* qu'*il n'a point de raison à lui.* [...]

On dit prov. et fig. d'un raisonnement, d'un discours de travers, d'un ouvrage d'esprit mal fait, d'un ouvrage de l'art mal entendu, etc. qu'*il n'y a ni rime ni raison, il n'y a ni rime ni raison à tout ce qu'il dit.* [...]

On appelle en termes de Logique *être de raison* un être qui n'est point réel et qui ne subsiste que dans l'imagination. *Les universels sont des êtres de raison.*

RAISON signifie aussi, preuve par discours, par argument. *Grande, forte, puissante raison, raison probable, raison démonstrative, décisive* [...]. On dit *point tant de raisons,* et c'est une façon de parler dont un supérieur se sert envers un inférieur pour lui marquer que ses objections, ses répliques, ne lui plaisent pas.

RAISON signifie aussi, sujet, cause, motif. *Juste raison, grande raison, bonne raison.* [...]

On appelle *raison d'État, raison de famille* les considérations d'intérêt par lesquelles on se conduit dans un État, dans une famille. [...]

RAISON se prend aussi quelquefois pour tout ce qui est de devoir, de droit, d'équité, de justice. *Se rendre à la raison.* [...]

On dit prov. *Où force domine, raison n'a point de lieu.*

On dit aussi prov. *Comme de raison,* pour dire comme il est juste qu'on fasse. Et on dit encore prov. et dans le même sens, *selon Dieu et raison.* Et dans le style pratique on dit *Pour valoir ce que de raison,* pour dire ce qui sera de justice, d'équité. [...]

RAISON signifie encore satisfaction, contentement sur quelque chose qu'on demande, qu'on prétend. [...]

Dictionnaire de l'Académie française dédié au Roi,
article «Raison», t. II, 1694.

ENCYCLOPÉDIE, 1765

HUMANITÉ *(morale),* c'est un sentiment de bienveillance pour tous les hommes, qui ne s'enflamme guère que dans une âme grande et sensible. Ce noble et sublime enthousiasme se tourmente des peines des autres et du besoin de les soulager; il voudrait parcourir l'univers pour abolir l'esclavage, la superstition, le vice et le malheur.

Il nous cache les fautes de nos semblables ou nous empêche de les sentir; mais il nous rend sévères pour les crimes. Il arrache des mains du scélérat l'arme qui serait funeste à l'homme de bien; il ne nous porte pas à nous dégager des chaînes particulières, il nous rend au contraire meilleurs amis, meilleurs citoyens, meilleurs époux; il se plaît à s'épancher par la bienfaisance sur les êtres que la nature a placés près de nous. J'ai vu cette vertu, source de tant d'autres, dans beaucoup de têtes et dans fort peu de cœurs.

Encyclopédie ou Dictionnaire raisonné des sciences, des arts et des métiers...
article «Humanité», 1765.

FURETIÈRE, 1684-1690

Humanité s.f. La nature humaine. Jésus-Christ a pris notre *humanité* pour nous sauver. Les Théologiens font plusieurs dissertations sur la sacrée *Humanité* de Notre Seigneur: tous les miracles qu'il a faits sont au-dessus de l'*humanité.*

Humanité signifie en morale douceur, bonté, honnêteté, tendresse, telle qu'il convient avoir pour son semblable. L'humilité, l'affabilité, la courtoisie et l'urbanité sont des espèces d'*humanité.* Les sauvages, les tyrans semblent avoir renoncé à toute *humanité.* Les Français reçoivent les étrangers avec grande *humanité.* Cette dame commence à avoir de l'*humanité,* quelque tendresse pour son amant.

Dictionnaire universel...,
article «Humanité», 1684-1690.

1 — *Les définitions du mot* Raison *recouvrent-elles tout ou une partie du sens que lui attribue Boileau dans* l'Art poétique *(voir n° 4)? Relevez les concordances et les différences.*

2 — Le Dictionnaire universel *et l'*Encyclopédie *ont-ils les mêmes méthodes? Les mêmes objectifs? Les mêmes présupposés face à l'idée d'*Humanité*? Ces oppositions sont-elles imputables à la différence des genres (dictionnaire de langue/encyclopédie) ou aux présupposés des auteurs?*

3 — *DOSSIER*
Y a-t-il des éléments communs aux deux définitions du mot « Raison »? A quels moments Furetière se sépare-t-il de la définition de l'Académie? Les méthodes diffèrent-elles? Vous chercherez les définitions de ce mot dans les dictionnaires modernes (Littré, Larousse, Robert, etc.) et vous chercherez à établir l'évolution du concept mais aussi l'évolution des techniques de définition du concept (rôles des exemples, de la langue parlée, de la définition abstraite, etc.). Peut-on parler à un quelconque moment de méthode « scientifique » (voir **XIXe siècle,** *n° 93)?*

17 Antoine FURETIERE (1620-1688)

La liberté armée du sceptre de la raison foudroie l'ignorance et le fanatisme, (période révolutionnaire), (BN).

FURETIÈRE, 1684-1690

TOLÉRANCE s.f. Patience par laquelle on souffre, on dissimule quelque chose. La *tolérance* d'une servitude ne donne jamais de droit, il faut avoir un titre. La *tolérance* qu'on a pour les vices est souvent cause de leur augmentation.

TOLÉRER v. act. Souffrir quelque chose, ne s'en pas plaindre, n'en pas faire la punition. Il faut *tolérer* les défauts de ceux avec qui nous avons à vivre. On *tolère* à Rome les lieux de débauche, mais on ne les approuve pas. Il faut *tolérer* les abus, quand on ne peut pas les retrancher tout à fait ; *tolérer* les crimes qu'on ne peut pas punir.

Dictionnaire universel contenant généralement tous les mots français tant vieux que modernes et les termes de sciences et des arts, article « Tolérance », 1684-1690.

De 1704 à 1771, le Dictionnaire de Trévoux *(Trévoux est une petite ville des Dombes dans laquelle les jésuites éditaient leur dictionnaire et les* Mémoires de Trévoux, *journal littéraire de grande influence) eut dix éditions. Si l'édition de 1704 est une sorte de démarquage du « Furetière », la dernière édition révèle une sorte d'érudition vulgarisée dans laquelle les idées des Pères de la Compagnie de Jésus sont loin d'être oubliées.*

En 1764, Voltaire publie son Dictionnaire philosophique, *encore très proche du* Dictionnaire historique et critique *de Bayle (1697). Comme lui, il se réfère à la raison, à la tolérance, à la justice et il passe au crible de la critique philosophique chacun des mots qu'il recense. Bayle s'attaquait aux erreurs commises à partir des noms célèbres (voir n° 3), Voltaire s'adresse d'emblée aux notions. L'*Encyclopédie *suit le même chemin.*

La tolérance est en général la vertu de tout être faible destiné à vivre avec des êtres qui lui ressemblent. L'homme, si grand par son intelligence, est en même temps si borné par ses erreurs et par ses passions qu'on ne saurait trop lui inspirer pour les autres cette *tolérance* et ce support dont il a tant besoin pour lui-même et sans lesquels on ne verrait sur la terre que troubles et dissensions. [...]

L'intolérance universellement établie armerait tous les hommes les uns contre les autres et ferait naître sans fin les guerres avec les opinions ; car en supposant que les infidèles ne fussent point persécuteurs par des principes de religion, ils le seraient du moins par politique et par intérêt ; les chrétiens ne pouvant tolérer ceux qui n'adoptent pas leurs idées, on verrait avec raison tous les peuples se liguer contre eux et conjurer la ruine de ces ennemis du genre humain qui, sous le voile de la religion, ne verraient rien d'illégitime pour le tourmenter et pour l'asservir. En effet, je le demande, qu'aurions-nous à reprocher à un prince de l'Asie ou du Nouveau Monde qui ferait pendre le premier missionnaire que nous lui enverrions pour le convertir ? Le devoir le plus essentiel d'un souverain n'est-ce pas d'affirmer la paix et la tranquillité dans ses Etats et d'en proscrire avec soin ces hommes dangereux qui, couvrant d'abord leur faiblesse d'une hypocrite douceur, ne cherchent, dès qu'ils en ont le pouvoir, qu'à répandre des dogmes barbares et séditieux ? Que les chrétiens ne s'en prennent donc qu'à eux-mêmes si les autres peuples instruits de leurs maximes ne veulent point les souffrir, s'ils ne voient en eux que les assassins de l'Amérique ou les perturbateurs des Indes, et si leur sainte religion destinée à s'étendre et à fructifier sur la terre en est avec raison bannie par leurs excès et par leurs fureurs.

Au reste, il nous paraît inutile d'opposer aux intolérants les principes de l'Évangile, qui ne fait qu'étendre et développer ceux de l'équité naturelle, de leur rappeler les leçons et l'exemple de leur auguste maître qui ne respira jamais que douceur et charité, et de retracer à leurs yeux la conduite de ces premiers chrétiens qui ne savaient que bénir et prier pour leurs persécuteurs. [...]

A l'égard de ceux qui, sous le prétexte de la religion, ne cherchent qu'à troubler la société, qu'à fomenter des séditions, à secouer le joug des lois, réprimez-les avec sévérité ; nous ne sommes point leurs apologistes ; mais ne confondez point avec ces coupables ceux qui ne nous demandent que la liberté de penser, de professer la croyance qu'ils jugent la meilleure et qui vivent d'ailleurs en fidèles sujets de l'Etat.

Mais, direz-vous encore, le prince est le défenseur de la foi ; il doit la maintenir dans toute sa pureté et s'opposer avec vigueur à tous ceux qui lui portent atteinte ; si les raisonnements, les exhortations ne suffisent pas, ce n'est pas en vain qu'il porte l'épée ; c'est pour punir celui qui fait mal, pour forcer les rebelles à rentrer dans le sein de l'Eglise. Que veux-tu donc, barbare ? égorger ton frère pour le sauver ? mais Dieu t'a-t-il chargé de cet horrible emploi, a-t-il remis entre tes mains le soin de sa vengeance ? D'où sais-tu qu'il veuille être honoré comme les démons ? Va, malheureux, le Dieu de paix désavoue tes affreux sacrifices ; ils ne sont dignes que de toi.

Encyclopédie ou Dictionnaire raisonnée des arts, des sciences et des métiers, article « Tolérance », 1765.

DICTIONNAIRE DE TRÉVOUX, 1771

TOLÉRANCE s.f. Condescendance qui fait qu'on n'empêche pas certaines choses, qu'on les connaisse et qu'on ait le pouvoir en main. *Toleratio. La tolérance* d'une servitude ne donne jamais le droit; il faut avoir un titre. Vous ne jouissez que par *tolérance.* On est quelquefois obligé d'avoir de la tolérance pour certains maux, dans la crainte qu'il n'en arrive de plus grands.

En matière de religion, on entend par *tolérance* la condescendance qu'on a les uns pour les autres touchant certains points qui n'intéressent pas essentiellement la religion. Les Théologiens catholiques doivent avoir une tolérance mutuelle touchant les matières controversées dans les écoles, sur lesquelles l'Eglise ne s'est point expliquée. L'Eglise latine a toujours usé de tolérance pour l'Eglise grecque, à l'égard du mariage des prêtres.

On appelle encore *tolérance* une condescendance politique qui fait qu'un souverain n'empêche pas dans ses Etats l'exercice d'une autre religion que celle qui est établie par les lois-mêmes de l'Etat. Ce mot devient fort en usage, à mesure que le nombre des tolérants augmente. Les Protestants eux-mêmes ont beaucoup disputé entre eux pour savoir jusqu'où l'on devait tolérer, ou ne pas tolérer les hérétiques. Ceux qui ont raisonné conséquemment aux principes de la prétendue réforme de Luther, de Calvin, et autres hérétiques, ont été pour la *tolérance* et ont bien vu qu'ils n'avaient pas droit d'obliger personne à suivre leur propre sentiment; la difficulté était de donner des bornes à la *tolérance,* et c'est sur quoi il est difficile que les protestants soient jamais d'accord: les conséquences font horreur à tout chrétien, quand on les pousse jusqu'où elles doivent aller naturellement. Les raisons de politique et d'intérêt particulier ont fait déclarer quelques prédicants et quelques ministres pour l'*intolérance.* [Certains auteurs] ont distingué la *tolérance civile,* de la *tolérance ecclésiastique.* Ils prétendent que cette dernière a à souffrir dans l'Eglise des sentiments différents et opposés; et l'autre à les supporter seulement dans la société civile. Ils n'entendent autre chose par la tolérance civile, que l'impunité et la sûreté dans l'Etat pour toute secte qui n'enseigne aucun dogme contraire au bien et au repos de l'Etat. *La tolérance civile,* ou politique, emporte le droit de jouir du bénéfice des lois, et de tous les privilèges de la société, sans rapport à la différence de religion. La *tolérance* ecclésiastique est, selon eux, un support pour quelques dogmes, qui n'étant point fondamentaux n'empêchent point que ceux qui les professent, ne soient censés membres de l'Eglise. Mais ils ne s'accorderont point sur le nombre, ni sur la qualité des points fondamentaux; et on peut s'assurer qu'ils ne s'accorderont jamais là-dessus, tant qu'ils tiendront les principes de la réforme. Ce sont d'ordinaire les plus faibles qui prêchent la *tolérance*; mais les plus forts trouvent la voix d'autorité légitime.

Dictionnaire universel français et latin, vulgairement appelé Dictionnaire de Trévoux..., article «Tolérance», 1771.

VOLTAIRE, 1764.

De toutes les religions, la chrétienne est sans doute celle qui doit inspirer le plus de tolérance, quoique jusqu'ici les chrétiens aient été les plus intolérants de tous les hommes. [...] La discorde est le grand mal du genre humain, et la tolérance en est le seul remède.

Il n'y a personne qui ne convienne de cette vérité, soit qu'il médite de sang-froid dans son cabinet, soit qu'il examine paisiblement la vérité avec ses amis. Pourquoi donc les mêmes hommes qui admettent en particulier l'indulgence, la bienfaisance, la justice, s'élèvent-ils en public avec tant de fureur contre ces vertus? Pourquoi? c'est que leur intérêt est leur dieu, c'est qu'ils sacrifient tout à ce monstre qu'ils adorent.

Je possède une dignité et une puissance que l'ignorance et la crédulité ont fondée; je marche sur les têtes des hommes prosternés à mes pieds: s'ils se relèvent et me regardent en face, je suis perdu; il faut donc les tenir attachés à la terre avec des chaînes de fer.

Ainsi ont raisonné des hommes que des siècles de fanatisme ont rendus puissants. Ils ont d'autres puissants sous eux, et ceux-ci en ont d'autres encore, qui tous s'enrichissent des dépouilles du pauvre, s'engraissent de son sang, et rient de son imbécillité. Ils détestent tous la tolérance, comme des partisans enrichis aux dépens du public craignent de rendre leurs comptes, et comme des tyrans redoutent le mot de liberté. Pour comble, enfin, ils soudoient des fanatiques qui crient à haute voix: «Respectez les absurdités de mon maître, tremblez, payez, et taisez-vous».

C'est ainsi qu'on en usa longtemps dans une grande partie de la terre; mais aujourd'hui que tant de sectes se balancent par leur pouvoir, quel parti prendre avec elles? Toute secte, comme on sait, est un titre d'erreur; il n'y a point de secte de géomètres, d'algébristes, d'arithméticiens, parce que toutes les propositions de géométrie, d'algèbre, d'arithmétique sont vraies. Dans toutes les autres sciences on peut se tromper. Quel théologien thomiste ou scotiste oserait dire sérieusement qu'il est sûr de son fait?

Dictionnaire philosophique, article «Tolérance II», 1764.

1 — *Comment chaque auteur en vient-il à parler de religion? De quelle manière certains la mettent-ils en cause?*

2 — *Quels sont les arguments les plus critiques adressés à la religion catholique? Le style employé est-il polémique,* * *agressif, neutre? Justifiez votre réponse et commentez la portée du style choisi sur le lecteur.*

3 — *Définissez les oppositions méthodologiques de ces quatre textes. Quels sont ceux qui se donnent le plus de liberté? En ce cas, le nom de «l'entrée» n'est-il qu'un simple prétexte? Dans quelle mesure peut-on parler de définition?*

4 — *DISSERTATION: Faire un dictionnaire ou une encyclopédie, est-ce mener un combat?*

18 Antoine GALLAND (1646-1715)

Les Mille et une nuits *sont un recueil (anonyme) de contes orientaux qui combinent trois sources : un fond indo-persan à coloration hellénistique (IIIe-VIIe siècles), un fond arabe de l'époque des Abassides, khalifes de Bagdad (IXe siècle) et un fond populaire égyptien des XIIe et XIIIe siècle. La traduction de Galland est la première en Occident : conformément à l'usage classique, le traducteur rechercha plus l'élégance et la conformité au goût du temps que l'exactitude en face de l'original, réalisant ainsi ce qu'on appelait de* belles *(traductions)* infidèles *(à l'original).*

Cette traduction circula non seulement en Occident, mais aussi en Orient, enrichissant même la tradition orale (et écrite : quatre éditions divergentes du texte au XIXe siècle) des contes orientaux. D'où la diversité des traductions — jusqu'au XXe siècle, où le docteur Mardrus s'essaya à une traduction (issue de sources diverses) qui privilégiait, parfois de façon exagérée, au gré des orientalistes puristes, l'aspect sensuel du texte. En particulier, Mardrus a traduit et intégré au texte les très nombreux poèmes que Galland avait supprimés pour mieux privilégier l'anecdote du récit.

La traduction de Galland contribua puissamment à accentuer la mode de l'orientalisme et des « turqueries » (se référer aux n° 60 à 62), en introduisant en Occident le pittoresque oriental.

Il y a un autre moyen de nous satisfaire l'un et l'autre : c'est d'apporter ta princesse et de la mettre à côté de mon prince, sur son lit. De la sorte, il nous sera aisé, à moi et à toi, de les comparer ensemble et de vider notre procès. »

Danhasch consentit à ce que la fée souhaitait, et il voulait retourner à la Chine sur-le-champ. Maimoune l'arrêta : « Attends, lui dit-elle ; viens que je te montre auparavant la tour où tu dois apporter ta princesse. » Ils volèrent ensemble jusqu'à la tour, et quand Maimoune l'eut montrée à Danhasch : « Va prendre ta princesse, lui dit-elle, et fais vite, tu me trouveras ici. Mais écoute : j'entends au moins que tu me payeras une gageure si mon prince se trouve plus beau que ta princesse ; et je veux bien aussi t'en payer une si ta princesse est plus belle. »

Danhasch s'éloigna de la fée, se rendit à la Chine et revint avec une diligence incroyable, chargé de la belle princesse endormie. Maimoune la reçut et l'introduisit dans la chambre du prince Camaralzaman, où ils la posèrent ensemble sur le lit, à côté de lui.

Quand le prince et la princesse furent ainsi à côté l'un de l'autre, il y eut une grande contestation sur la préférence de leur beauté entre la fée et le génie. Ils furent quelque temps à les admirer et à les comparer ensemble sans parler. Danhasch rompit le silence : « Vous le voyez, dit-il à Maimoune, et je vous l'avais bien dit que ma princesse était plus belle que votre prince. En doutez-vous présentement ?

— Comment ! si j'en doute ? reprit Maimoune. Oui vraiment, j'en doute. Il faut que tu sois aveugle, pour ne pas voir que mon prince l'emporte de beaucoup sur ta princesse. Ta princesse est belle, je ne le désavoue pas ; mais ne te presse pas, et compare-les bien l'un avec l'autre sans prévention : tu verras que la chose est comme je le dis.

— Quand je mettrais plus de temps à les comparer davantage, reprit Danhasch, je n'en penserais pas autrement que je n'en pense. J'ai vu ce que je vois du premier coup d'œil, et le temps ne me ferait pas voir autre chose que ce que je vois. Cela n'empêchera pas néanmoins, charmante Maimoune, que je ne vous cède, si vous le souhaitez. — Cela ne sera pas ainsi, reprit Maimoune : je ne veux pas qu'un mauvais génie comme toi me fasse de grâce. Je remets la chose à un arbitre ; et, si tu n'y consens, je prends gain de cause sur ton refus. »

Danhasch, qui était prêt à avoir toute autre complaisance pour Maimoune, n'eut pas plus tôt donné son consentement que Maimoune frappa la terre de son pied. La terre s'entr'ouvrit, et aussitôt il en sortit un génie hideux, bossu, borgne et boiteux, avec six cornes à la tête, et les mains et les pieds crochus. Dès qu'il fut dehors, que la terre se fut rejointe et qu'il eut aperçu Maimoune, il se jeta à ses pieds ; et, en demeurant un genou en terre, il lui demanda ce qu'elle souhaitait de son très humble service.

« Levez-vous, Caschcasch, lui dit-elle (c'était le nom du génie), je vous fais venir ici pour être juge d'une dispute que j'ai avec ce maudit Danhasch. Jetez les yeux sur ce lit et dites-nous, sans partialité, qui vous paraît le plus beau du jeune homme ou de la jeune dame. »

Caschcasch regarda le prince et la princesse avec des marques d'une surprise et d'une admiration extraordinaires. Après qu'il les eut bien considérés sans pouvoir se déterminer : « Madame, dit-il à Maimoune, je vous avoue que je vous tromperais et que je me trahirais moi-même, si je vous disais que je trouve l'un plus beau que l'autre. Plus je les examine, et plus il me semble que chacun possède au souverain degré la beauté qu'ils ont en partage, autant que je puis m'y connaître, et l'un n'a pas le moindre défaut par où l'on puisse dire qu'il cède à l'autre. Si l'un ou l'autre en a quelqu'un, il n'y a, selon mon avis, qu'un moyen pour en être éclairci : c'est de les éveiller l'un après l'autre, et que vous conveniez que celui qui témoignera plus d'amour par son ardeur, par son empressement et même par son emportement pour l'autre aura moins de beauté en quelque chose. »

les Mille et Une Nuits, 1704-1717.
« Histoire de Camaralzaman et de Badoure, princesse de la Chine ».

MARDRUS, (1848-1949), **1898-1904.**

Or, lorsque le sol se fut refermé, l'éfrit (1) Kaschkasch aperçut Maïmouna, et aussitôt il embrassa la terre entre ses mains, se tint devant elle humblement, les bras croisés, et lui demanda : « O ma maîtresse Maïmouna, fille de notre roi Domriatt, je suis l'esclave qui attend tes ordres ! » Elle dit : « Je veux, Kaschkasch, que tu sois juge dans la dispute survenue entre moi et ce maudit Dahnasch. Il y a *telle* et *telle* chose. A toi donc d'être impartial et, après avoir jeté les yeux sur ce lit, de nous dire qui te paraît plus beau de mon ami ou de cette jeune fille ! »

Alors Kaschkasch se tourna du côté du lit où les deux jeunes gens dormaient tranquilles et nus, et à leur vue il fut dans une émotion telle qu'il saisit de la main gauche son outil qui se raidissait au-dessus de sa tête et se mit à danser en tenant sa queue à trois branches de la main droite. Après quoi il dit à Maïmouna et à Dahnasch : « Par Allah ! à les bien considérer, je vois qu'ils sont égaux en beauté, et qu'ils diffèrent par le sexe seulement. Mais tout de même je connais un moyen, le seul qui puisse trancher le différend ! » Ils dirent : « Hâte-toi de nous l'indiquer ! » Il répondit : « Laissez-moi d'abord chanter quelque chose en l'honneur de cette adolescente qui m'émeut à l'extrême ! » Maïmouna dit : « Il n'y a guère le temps ! A moins que tu ne veuilles nous dire quelques vers sur ce bel adolescent ! » Et Kaschkasch dit : « Ce sera peut-être un peu extraordinaire ! » Elle répondit : « Chante tout de même, pourvu que les vers soient justes et courts ! » Alors Kaschkasch chanta ces vers obscurs et compliqués :

« Adolescent, tu me rappelles qu'à se vouer à l'amour unique les soins et les soucis étoufferaient la ferveur ! Sois prudent, ô mon cœur !

« Aime le sucre des baisers sur la lèvre virginale ; mais pour te rendre propice l'avenir, ne laisse point se rouiller la porte de sortie : le goût de sel est délicieux sur les lèvres moins faciles ! »

Alors Maïmouna dit : « Je ne veux point chercher à comprendre. Mais dis-nous vite le moyen de savoir qui a la vérité de son côté ! » Et l'éfrit Kaschkasch dit : « Mon avis est que l'unique moyen à employer, c'est de les réveiller l'un après l'autre, pendant que nous trois nous resterons invisibles ; et vous conviendrez que celui des deux qui témoignera un amour plus ardent à l'autre et manifestera plus de passion dans ses gestes et dans son attitude sera certainement le moins doué de beauté, puisqu'il se sera ainsi lui-même reconnu subjugué par les charmes de son compagnon ! ».

les Mille nuits et une nuit, 1898-1904.
« Histoire de Kamaralzaman avec la princesse Boudour,
la plus belle lune d'entre toutes les lunes ».

(1) Créature merveilleuse, génie.

Morel, d'après Rigaud, *A. Galland,* (BN).

Scheherazade, miniature persane, (Agraci).

TRADUTTORE, TRADITORE

1 — *Antoine Galland a fait subir au texte original, dont la traduction de Mardrus donne une assez bonne idée, un certain nombre de transformations. Lesquelles ? Correspondent-elles à une occidentalisation, ou à une simple francisation ?*

2 — *Quels éléments ont été jugés par Galland trop pittoresques ? Pourquoi ?*

3 — *Dans quelle mesure les éléments typiquement orientaux que Galland a conservés pouvaient-ils être rapportés à des coutumes ou des traditions (littéraires, etc.) européennes ?*

19 LA BRUYÈRE (1645-1696)

La Bruyère, Portrait, (B.N.).

L'on parle d'une région où les vieillards sont galants, polis et civils ; les jeunes gens au contraire, durs, féroces, sans mœurs ni politesse : ils se trouvent affranchis de la passion des femmes dans un âge où l'on commence ailleurs à la sentir ; ils leur préfèrent des repas, des viandes, et des amours ridicules. Celui-là chez eux (1) est sobre et modéré, qui ne s'enivre que de vin : l'usage trop fréquent qu'ils en ont fait le leur a rendu insipide ; ils cherchent à réveiller leur goût déjà éteint par des eaux-de-vie, et par toutes les liqueurs les plus violentes ; il ne manque à leur débauche que de boire de l'eau-forte (2). Les femmes du pays précipitent le déclin de leur beauté par des artifices qu'elles croient servir à les rendre belles : leur coutume est de peindre leurs lèvres, leurs joues, leurs sourcils et leurs épaules, qu'elles étalent avec leur gorge, leurs bras et leurs oreilles, comme si elles craignaient de cacher l'endroit par où elles pourraient plaire, ou de ne pas se montrer assez. Ceux qui habitent cette contrée ont une physionomie qui n'est pas nette, mais confuse, embarrassée dans une épaisseur de cheveux étrangers, qu'ils préfèrent aux naturels et dont ils font un long tissu pour couvrir leur tête : il descend à la moitié du corps, change les traits, empêche qu'on ne connaisse (3) les hommes à leur visage. Ces peuples d'ailleurs ont leur Dieu et leur roi : les grands de la nation s'assemblent tous les jours, à une certaine heure, dans un temple qu'ils nomment église ; il y a au fond de ce temple un autel consacré à leur Dieu, où un prêtre célèbre des mystères qu'ils appellent saints, sacrés et redoutables ; les grands forment un vaste cercle au pied de cet autel, et paraissent (4) debout, le dos tourné directement aux prêtres et aux saints mystères, et les faces élevées vers leur roi, que l'on voit à genoux sur une tribune, et à qui ils semblent avoir tout l'esprit et tout le cœur appliqué. On ne laisse pas de voir dans cet usage une espèce de subordination ; car ce peuple paraît adorer le prince, et le prince adorer Dieu. Les gens du pays le nomment *** ; il est à quelque quarante-huit degrés d'élévation du pôle, et à plus d'onze cents lieues de mer des Iroquois et des Hurons.

les Caractères, « De la Cour », § 74 (1ère édition).

(1) Pour eux.
(2) De l'acide.
(3) Reconnaisse.
(4) Se montrent.

N'espérez plus de candeur, de franchise, d'équité, de bons offices, de services, de bienveillance, de générosité, de fermeté dans un homme qui s'est depuis quelque temps livré à la cour, et qui secrètement veut sa fortune. Le reconnaissez-vous à son visage, à ses entretiens ? Il ne nomme plus chaque chose par son nom ; il n'y a plus pour lui de fripons, de fourbes, de sots et d'impertinents : celui dont il lui échapperait de dire ce qu'il en pense, est celui-là même qui, venant à le savoir, l'empêcherait de *cheminer ;* pensant mal de tout le monde, il n'en dit de personne ; ne voulant du bien qu'à lui seul, il veut persuader qu'il en veut à tous, afin que tous lui en fassent, ou que nul du moins lui soit contraire. Non content de n'être pas sincère, il ne souffre pas que personne le soit ; la vérité blesse son oreille : il est froid et indifférent sur les observations que l'on fait sur la cour et sur le courtisan ; et parce qu'il les a entendues, il s'en croit complice et responsable. Tyran de la société et martyr de son ambition, il a une triste circonspection dans sa conduite et dans ses discours, une raillerie innocente, mais froide et contrainte, un ris forcé, des caresses contrefaites, une conversation interrompue et des distractions fréquentes. Il a une profusion, le dirai-je ? des torrents de louanges pour ce qu'a fait ou ce qu'a dit un homme placé et qui est en faveur, et pour tout autre une sécheresse de pulmonique ; il a des formules de compliments différents pour l'entrée et pour la sortie à l'égard de ceux qu'il visite ou dont il est visité ; et il n'y a personne de ceux qui se payent de mines et de façons de parler qui ne sorte d'avec lui fort satisfait. Il vise également à se faire des patrons et des créatures ; il est médiateur, confident, entremetteur : il veut gouverner. Il a une ferveur de novice pour toutes les petites pratiques de cour ; il sait où il faut se placer pour être vu ; il sait vous embrasser, prendre part à votre joie, vous faire coup sur coup des questions empressées sur votre santé, sur vos affaires ; et pendant que vous lui répondez, il perd le fil de sa curiosité, vous interrrompt, entame un autre sujet ; ou s'il survient quelqu'un à qui il doive un discours tout différent, il sait, en achevant de vous congratuler, lui faire un compliment de condoléance : il pleure d'un œil, et il rit de l'autre. Se formant quelquefois sur les ministres ou sur le favori, il parle en public de choses frivoles, du vent, de la gelée ; il se tait au contraire, et fait le mystérieux sur ce qu'il sait de plus important, et plus volontiers encore sur ce qu'il ne sait point.

les Caractères, « De la Cour », § 62 (8e édition).

Dans la première édition, en 1688, les* Caractères *de La Bruyère se présentaient comme un complément peu important à la traduction que donnait l'auteur de ceux de Théophraste (écrivain grec, IVe-IIIe siècles av. J.-C.). Le succès fut immédiat : l'ouvrage connut deux réimpressions la même année. Chacun cherchait quels grands ou petits personnages de la Cour se cachaient sous les portraits de La Bruyère. Le texte grec fut dès lors éclipsé par la deuxième partie de l'ouvrage, que l'auteur enrichit, au fil des rééditions, de nombreux ajouts.

En 1693, La Bruyère est reçu à l'Académie Française. Le Mercure galant *commente ainsi l'ouvrage qui lui a valu cette cette consécration:*

M. de La Bruyère a fait une traduction des *Caractères* de Théophraste, et il a joint un recueil de portraits satiriques, dont la plupart sont faux, et les autres tellement outrés qu'il a été aisé de connaître qu'il a voulu faire réussir son livre à force de dire du mal de son prochain. Cette voie est, en effet, plus sûre que celle de la modération et des louanges pour le débit d'un ouvrage [...]. L'ouvrage de M. de La Bruyère ne peut être appelé livre que parce qu'il a une couverture et qu'il est relié comme les autres livres. Ce n'est qu'un amas de pièces détachées, qui ne peut faire connaître si celui qui les a faites aurait assez de génie et de lumières pour bien conduire un ouvrage qui serait suivi. Rien n'est plus aisé que de faire trois ou quatre pages d'un portrait, qui ne demande point d'ordre, et il n'y a point de génie si borné qui ne soit capable de coudre ensemble quelques médisances de son prochain, et d'ajouter ce qui lui paraît capable de faire rire.

le Mercure galant, juin 1693.

LOUIS VAN DELFT, 1971

Pour ce critique contemporain, le propos général des Caractères *marque l'épuisement d'une certaine vision optimiste de l'homme développée par le XVII*e *siècle.*

Une des fonctions de la littérature a toujours été de présenter aux générations successives un modèle mi-fictif et mi-réel, qui décrit un état de la sensibilité déjà existant, et qui réponde en même temps aux aspirations les plus hautes d'une époque ou d'une classe. C'est ainsi que Descartes propose son généreux ou Corneille son héros. De même, l'homme prudent de Gracian correspondra à la fois à une mentalité attestée par l'Histoire et à un type idéal auquel la sensibilité d'une génération a pu tendre : de tous temps, semble-t-il, on a demandé à la littérature et de témoigner et d'exalter. Il serait passionnant d'écrire une histoire de la littérature européenne à partir de ces figures qui incarnèrent des attitudes successives. Ainsi se constituerait une galerie dans laquelle le héros «engagé» de notre temps trouverait sa place, au même titre que le philosophe de l'âge des lumières ou l'honnête homme ou le parfait courtisan. Castiglione fournirait aisément la matière d'un chapitre. Représentatif d'une certaine réalité historique, il a proposé en même temps un modèle de vie aux hommes de sa classe. Comme l'auteur du *Cid,* comme celui de l'*Oraculo,* il a forgé une figure idéale. La particularité de La Bruyère, lorsqu'on replace son œuvre dans une perspective assez large, c'est de ne plus pouvoir se détacher d'une âpre réalité. Il n'est pas seulement l'homme du «tout est dit». Il semble que plus rien ne mérite, à ses yeux, de créer l'enthousiasme, de soulever les cœurs et d'exciter les passions. Il est le premier à suggérer que tout est vu, que tout a été essayé, que tout est voué à l'échec. Il n'a pas créé d'anti-héros, sans doute. Mais tout son livre est anti-héroïque et, si l'on peut dire, anti-idéaliste. (Lui-même d'ailleurs se désigne volontiers sous les noms d'*Antisthius,* d'*Antisthène*). Assurément, il cite en modèle l'homme de bien. Mais c'est là une figure parfaitement conventionnelle : la vertu était aussi bien le propre du héros, de l'honnête homme, du chrétien ou du bon courtisan. Elle entre dans la constitution de chaque figure exemplaire. C'est une valeur noble, à coup sûr, mais à l'époque classique, nul ne se peut dire moraliste s'il ne la prône pas. Ainsi La Bruyère n'est plus un écrivain de la plénitude, comme avait pu l'être même encore Pascal. Venant à la fin du siècle, il semble dresser le bilan de toutes les expériences précédentes. Ce qui domine en lui est bien plutôt la lassitude. Castiglione avait donné, pour tout le XVIIe siècle encore, dont la vocation mondaine est si manifeste, une émulation et un élan. Les *Caractères* marquent le moment où rien ne subsiste de cette vigueur primitive, de cette confiance; où, pour la première fois, l'homme fait le tour des choses et ne trouve rien qui soit capable de le guider ou de le soutenir.

La Bruyère moraliste, Droz, 1971

Frontispice de l'Ecole des Maris, (B.N.).

1 — EXTRAIT 1.

a) Relevez des exemples précis de l'attitude adoptée ici par l'auteur. Quelle est son efficacité?

b) Quelle est la signification de l'ordre adopté dans cette description?

c) Résumez en quelques mots les critiques essentielles adressées par La Bruyère aux courtisans. Quelle est la plus importante?

2 — EXTRAIT 2.

a) Quel est ici le trait essentiel du courtisan, développé par l'auteur? Quelles «valeurs» transgresse-t-il?

b) Dans quelle mesure peut-on dire que ce portrait constitue un développement de la première phrase du texte?

c) L'implication plus directe de l'auteur dans son propos, et même celle du lecteur (relevez-en les marques) vous semble-t-elle plus ou moins efficace que la feinte naïveté du premier extrait?

La Bruyère, (BN).

Ménalque descend son escalier, ouvre sa porte pour sortir, il la referme : il s'aperçoit qu'il est en bonnet de nuit ; et venant à mieux s'examiner, il se trouve rasé à moitié, il voit que son épée est mise du côté droit, que ses bas sont rabattus sur ses talons, et que sa chemise est par-dessus ses chausses. S'il marche dans les places, il se sent tout d'un coup rudement frappé à l'estomac ou au visage ; il ne soupçonne point ce que ce peut être, jusqu'à ce qu'ouvrant les yeux et se réveillant, il se trouve ou devant un limon (1) de charrette, ou derrière un long ais (2) de menuiserie que porte un ouvrier sur ses épaules. On l'a vu une fois heurter du front contre celui d'un aveugle, s'embarrasser dans ses jambes, et tomber avec lui chacun de son côté à la renverse. Il lui est arrivé plusieurs fois de se trouver tête pour tête à la rencontre d'un prince et sur son passage, se reconnaître à peine, et n'avoir que le loisir de se coller à un mur pour lui faire place. Il cherche, il brouille, il crie, il s'échauffe, il appelle ses valets l'un après l'autre : *on lui perd tout, on lui égare tout ;* il demande ses gants, qu'il a dans ses mains, semblable à cette femme qui prenait le temps de demander son masque lorsqu'elle l'avait sur son visage. Il entre à l'appartement, et passe sous un lustre où sa perruque s'accroche et demeure suspendue : tous les courtisans regardent et rient ; Ménalque regarde aussi et rit plus haut que les autres, il cherche des yeux dans toute l'assemblée où est celui qui montre ses oreilles, et à qui il manque une perruque. S'il va par la ville, après avoir fait quelque chemin, il se croit égaré, il s'émeut, et il demande où il est à des passants, qui lui disent précisément le nom de sa rue ; il entre ensuite dans sa maison, d'où il sort précipitamment, croyant qu'il s'est trompé. Il descend du Palais, et trouvant au bas du grand degré (3) un carrosse qu'il prend pour le sien, il se met dedans : le cocher touche (4) et croit ramener son maître dans sa maison ; Ménalque se jette hors de la portière, traverse la cour, monte l'escalier, parcourt l'antichambre, la chambre, le cabinet ; tout lui est familier, rien ne lui est nouveau ; il s'assit, il se repose, il est chez soi. Le maître arrive ; celui-ci se lève pour le recevoir ; il le traite fort civilement, le prie de s'asseoir, et croit faire les honneurs de sa chambre ; il parle, il rêve, il reprend la parole : le maître de la maison s'ennuie, et demeure étonné ; Ménalque ne l'est pas moins, et ne dit pas ce qu'il en pense : il a affaire à un fâcheux, à un homme oisif, qui se retirera à la fin, il l'espère, et il prend patience : la nuit arrive qu'il est à peine détrompé. Une autre fois il rend visite à une femme, et se persuadant bientôt que c'est lui qui la reçoit, il s'établit dans son fauteuil, et ne songe nullement à l'abandonner : il trouve ensuite que cette dame fait ses visites longues, il attend à tous les moments qu'elle se lève et le laisse en liberté ; mais comme cela tire en longueur, qu'il a faim, et que la nuit est déjà avancée, il la prie à souper : elle rit, et si haut, qu'elle le réveille. Lui-même se marie le matin, l'oublie le soir, et découche la nuit de ses noces ; et quelques années après il perd sa femme, elle meurt entre ses bras, il assiste à ses obsèques, et le lendemain, quand on lui vient dire qu'on a servi, il demande si sa femme est prête et si elle est avertie. C'est lui encore qui entre dans une église, et prenant l'aveugle qui est collé à la porte pour un pilier, et sa tasse pour le bénitier, y plonge la main, la porte à son front, lorsqu'il entend tout d'un coup le pilier qui parle, et qui lui offre des oraisons. Il s'avance dans la nef, il croit voir un prie-Dieu, il se jette lourdement dessus : la machine plie, s'enfonce, et fait des efforts pour crier ; Ménalque est surpris de se voir à genoux sur les jambes d'un fort petit homme, appuyé sur son dos, les deux bras passés sur ses épaules, et ses deux mains jointes et étendues qui lui prennent le nez et lui ferment la bouche ; il se retire confus et va s'agenouiller ailleurs. Il tire un livre pour faire sa prière, et c'est sa pantoufle qu'il a prise pour ses Heures, et qu'il a mise dans sa poche avant que de sortir ; il n'est pas hors de l'église qu'un homme de livrée court après lui, le joint, lui demande en riant s'il n'a point la pantoufle de Monseigneur ; Ménalque lui montre la sienne, et lui dit : *Voilà toutes les pantoufles que j'ai sur moi ;* il se fouille néanmoins et tire celle de l'évêque de ** qu'il vient de quitter, qu'il a trouvé malade auprès de son feu, et dont, avant de prendre congé de lui, il a ramassé la pantoufle, comme l'un de ses gants qui était à terre : ainsi Ménalque s'en retourne chez soi avec une pantoufle de moins [...]

les Caractères, «De l'homme», 1688.

(1) Brancard.
(2) Planche.
(3) Marche.
(4) Fouette son attelage.

G. Metsu, (1629-1667) *L'Ecrivain*, (Bulloz).

E.M. CIORAN, 1979

Les mystiques, en faisant la distinction entre l'homme intérieur et l'homme extérieur, optaient nécessairement pour le premier, être réel par excellence ; le second, pantin funèbre ou risible, revenait de droit aux moralistes, ses accusateurs et pourtant ses complices, rebutés et attirés par sa nullité, incapables de surmonter l'équivoque sinon par l'amertume, cette tristesse dégradée à laquelle seul un Pascal résiste parce qu'il est toujours supérieur à ses dégoûts. Et c'est bien à cause de cette supériorité qu'il ne devait pas marquer les mémorialistes, alors que l'acrimonie contagieuse d'un La Rochefoucauld se trouve à l'arrière-plan de tous leurs portraits et de tous leurs récits.

Comme il ne hausse jamais la voix ni ne brusque le ton, le moraliste est naturellement bien élevé, et il le prouve en exécrant ses semblables avec élégance et, détail plus important, en écrivant peu... Est-il meilleur signe de «civilisation» que le laconisme ? S'appesantir, s'expliquer, démontrer, — autant de formes de vulgarité. Qui prétend à un minimum de tenue, loin de craindre la stérilité, doit s'y appliquer au contraire, saboter les mots au nom du Mot, pactiser avec le silence, ne s'en départir que par instants et pour mieux y retomber. La maxime, qui relève d'un genre discutable, n'en constitue pas moins un exercice de pudeur, puisqu'elle permet que l'on s'arrache à l'inconvenance de la pléthore verbale. Moins exigeant, car moins ramassé, le portrait est le plus souvent une maxime, délayée chez certains, étoffée chez d'autres, cependant il peut, à titre exceptionnel, prendre l'allure d'une maxime *éclatée*, évoquer l'infini par l'accumulation des traits et la volonté d'être exhaustif [...]

Ecartèlement, Gall. 1979.

REGNARD, 1697

Dans Le Distrait, *Regnard (1655-1709) met en scène un personnage qui doit beaucoup au Ménalque de La Bruyère.*

CARLIN. (1)

Il m'en fait bien d'autres tous les jours.
Hier encore, en mangeant un œuf sur son assiette,
Il prit, sans y songer, son doigt pour sa mouillette,
Et se mordit, morbleu, jusques au sang.

LISETTE. (2)

Je crois
Qu'il n'y retourna pas une seconde fois.

CARLIN.

Sortant d'une maison, l'autre jour, par bévue,
Pour son carrosse il prit celui qui dans la rue
Se trouva le premier. Le cocher touche et croit
Qu'il mène son vrai maître à son logis tout droit.
Léandre arrive, il monte, il va, rien ne l'arrête ;
Il entre en une chambre où la toilette est prête,
Où la dame du lieu, qui ne s'endormait pas,
Attendait son époux couchée entre deux draps.
Il croit être en sa chambre, et, d'un air de franchise,
Assez diligemment il se met en chemise,
Prend la robe de chambre et le bonnet de nuit ;
Et bientôt il allait se mettre dans le lit,
Lorsque l'époux arrive. Il tempête, il s'emporte,
Le veut faire sortir, mais non pas par la porte ;
Quand mon maître, étonné, se sauva de ce lieu
Tout en robe de chambre, ainsi qu'il plut à Dieu.
Mais un moment plus tard, pour t'achever mon conte,
Le maître du logis en avait pour son compte. [...]

C'est un homme étonnant et rare en son espèce :
Il rêve fort à rien, il s'égare sans cesse ;
Il cherche, il trouve, il brouille, il regarde sans voir ;
Quand on lui parle blanc, soudain il répond noir ;
Il vous dit non pour oui, pour oui non ; il appelle
Une femme, monsieur ; et moi, mademoiselle ;
Prend souvent l'un pour l'autre ; il va sans savoir où.
On dit qu'il est distrait ; mais moi, je le tiens fou :
D'ailleurs fort honnête homme, à ses devoirs austère,
Exact et bon ami, généreux, doux, sincère,
Aimant, comme j'ai dit, sa maîtresse en héros :
Il est et sage et fou ; voilà l'homme en deux mots.

le Distrait, Acte II, sc. 1, 1697.

(1) Valet de Léandre, le distrait.
(2) Servante d'Isabelle, promise à Léandre.

1 — Relevez dans le texte de La Bruyère les verbes qui soulignent l'attitude de Ménalque dans la vie. Caractérisez-la en quelques mots.

2 — Comment survient la sanction de la réalité ? Quel est le mécanisme comique utilisé ici ?

3 — Quelle est l'intention critique qui double la visée comique ? A quels impératifs de la vie sociale Ménalque contrevient-il ?

4 — Faites à votre tour le portrait-charge d'un distrait du XXe siècle, ou d'un tout autre caractère de votre choix.

L'Art de plaire dans la conversation, (B.N.).

«Le noble est l'araignée et le paysan la mouche», (B.N.).

Giton a le teint frais, le visage plein et les joues pendantes, l'œil fixe et assuré, les épaules larges, l'estomac haut, la démarche ferme et délibérée. Il parle avec confiance; il fait répéter celui qui l'entretient, et il ne goûte que médiocrement tout ce qu'il lui dit. Il déploie un ample mouchoir, et se mouche avec grand bruit; il crache fort loin, et il éternue fort haut. Il dort le jour, il dort la nuit, et profondément; il ronfle en compagnie. Il occupe à table et à la promenade plus de place qu'un autre. Il tient le milieu en se promenant avec ses égaux; il s'arrête, et l'on s'arrête; il continue de marcher, et l'on marche: tous se règlent sur lui. Il interrompt, il redresse ceux qui ont la parole: on ne l'interrompt pas, on l'écoute aussi longtemps qu'il veut parler; on est de son avis, on croit les nouvelles qu'il débite. S'il s'assied, vous le voyez s'enfoncer dans un fauteuil, croiser les jambes l'une sur l'autre, froncer le sourcil, abaisser son chapeau sur ses yeux pour ne voir personne, ou le relever ensuite, et découvrir son front par fierté et par audace. Il est enjoué, grand rieur, impatient, présomptueux, colère, libertin, politique, mystérieux sur les affaires du temps; il se croit des talents et de l'esprit. Il est riche.

Phédon a les yeux creux, le teint échauffé, le corps sec et le visage maigre; il dort peu, et d'un sommeil fort léger; il est abstrait, rêveur, et il a avec de l'esprit l'air d'un stupide: il oublie de dire ce qu'il sait, ou de parler d'événements qui lui sont connus; et s'il le fait quelquefois, il s'en tire mal, il croit peser à ceux à qui il parle, il conte brièvement, mais froidement; il ne se fait pas écouter, il ne fait point rire. Il applaudit, il sourit à ce que les autres lui disent, il est de leur avis; il court, il vole pour leur rendre de petits services. Il est complaisant, flatteur, empressé; il est mystérieux sur ses affaires, quelquefois menteur; il est superstitieux, scrupuleux, timide. Il marche doucement et légèrement, il semble craindre de fouler la terre; il marche les yeux baissés, et il n'ose les lever sur ceux qui passent. Il n'est jamais du nombre de ceux qui forment un cercle pour discourir; il se met derrière celui qui parle, recueille furtivement ce qui se dit, et il se retire si on le regarde. Il n'occupe point de lieu, il ne tient point de place; il va les épaules serrées, le chapeau abaissé sur ses yeux pour n'être point vu; il se replie et se renferme dans son manteau; il n'y a point de rues ni de galeries si embarrassées et si remplies de monde, où il ne trouve moyen de passer sans effort, et de se couler sans être aperçu. Si on le prie de s'asseoir, il se met à peine sur le bord d'un siège; il parle bas dans la conversation, et il articule mal; libre néanmoins sur les affaires publiques, chagrin contre le siècle, médiocrement prévenu des ministres et du ministère. Il n'ouvre la bouche que pour répondre; il tousse, il se mouche sous son chapeau, il crache presque sur soi, et il attend qu'il soit seul pour éternuer, ou, si cela lui arrive, c'est à l'insu de la compagnie: il n'en coûte à personne ni salut ni compliment. Il est pauvre.

les Caractères, «Des biens de fortune», 83 (6e édition).

L'ART DE PLAIRE DANS LA CONVERSATION

Deux sortes de gens fleurissent dans les cours, et y dominent dans divers temps, les libertins et les hypocrites : ceux-là gaiement, ouvertement, sans art et sans dissimulation ; ceux-ci finement, par des artifices, par la cabale. Cent fois plus épris de la fortune que les premiers, ils en sont jaloux jusqu'à l'excès ; ils veulent la gouverner, la posséder seuls, la partager entre eux et en exclure tout autre ; dignités, charges, postes, bénéfices, pensions, honneurs, tout leur convient et ne convient qu'à eux ; le reste des hommes en est indigne ; ils ne comprennent point que sans leur attache on ait l'impudence de les espérer. Une troupe de masques entre dans un bal : ont-ils la main, ils dansent, ils se font danser les uns les autres, ils dansent encore, ils dansent toujours ; ils ne rendent la main à personne de l'assemblée, quelque digne qu'elle soit de leur attention : on languit, on sèche de les voir danser et de ne danser point : quelques-uns murmurent ; les plus sages prennent leur parti et s'en vont.

les Caractères, «Des esprits forts», 26 (8e édition).

ROLAND BARTHES, 1964

Il est vrai qu'aujourd'hui, aucun écrivain sans doute ne revendiquerait le nom de «moraliste». Pour ce critique contemporain, la saisie d'ensemble que tentait La Bruyère dans ses Caractères *porte la marque d'une vision, à la fois de l'homme, du savoir et de la littérature, que les «sciences humaines», apparues au XIXe siècle, ont rendue caduque.*

On a dit de Leibniz, à peu près contemporain de La Bruyère, qu'il avait été le dernier homme à pouvoir connaître de toutes choses ; La Bruyère a peut-être été lui aussi le dernier moraliste à pouvoir parler de *tout* l'homme, enclore toutes les *régions* du monde humain dans un livre ; il y faudra, moins d'un siècle plus tard, les 33 volumes de l'Encyclopédie ; aujourd'hui, il n'est plus un écrivain au monde qui puisse traiter par régions de l'homme en société : toutes les sciences humaines réunies n'y arrivent même pas. Se servant d'une image empruntée à la théorie de l'information on pourrait dire que du siècle classique au nôtre, le *niveau de perception* a changé : nous voyons l'homme à une autre échelle et le sens même de ce que nous voyons en est bouleversé, comme celui d'une substance usuelle soumise au microscope ; les chapitres des *Caractères* sont autant de coups d'arrêt imposés naturellement à la vision de l'homme ; aujourd'hui, on ne peut plus arrêter l'homme nulle part ; tout partage que nous lui imposons le renvoie à une science particulière, sa totalité nous échappe ; si je parle, *mutatis mutandis,* de la ville et de la cour, je suis un écrivain social ; si je parle de la monarchie, je suis un théoricien politique ; de la littérature, un critique ; des usages, un essayiste ; du cœur, un psychanalyste, etc. ; bien plus, la moitié au moins des classes d'objets auxquelles se réfère La Bruyère n'ont plus qu'une existence vétuste ; personne aujourd'hui ne ferait plus un chapitre sur les femmes, sur le mérite ou sur la conversation ; bien que l'on continue à se marier, à «arriver» ou à parler, ces comportements ont passé à un autre niveau de perception ; un *dispatching* nouveau les envoie vers des régions humaines inconnues de La Bruyère : la dynamique sociale, l'inter-psychologie, la sexualité, sans que ces domaines puissent être jamais réunis sous une seule écriture : étroit, clair, «centré», fini, obsédant, l'homme de La Bruyère est toujours *là* ; le nôtre est toujours ailleurs ; s'il nous vient de penser au *caractère* de quelqu'un, c'est pour en ressentir ou l'universalité insignifiante (le désir de promotion sociale, par exemple), ou la complexité insaisissable (de qui oserions-nous dire tout uniment qu'il est un *fat* ?) En somme, ce qui a changé, du monde de La Bruyère au nôtre, c'est le *notable* : nous ne *notons* plus le monde comme La Bruyère ; notre parole est différente, non parce que le vocabulaire a évolué, mais parce que parler, c'est fragmenter le réel d'une façon toujours engagée et que notre découpe renvoie à un réel si large que la *réflexion* ne peut suffire à le prendre en charge et que de nouvelles sciences, que l'on appelle humaines (et dont le statut n'est pas d'ailleurs très bien défini) doivent s'en mêler.

Essais critiques, «La Bruyère», Seuil, 1964.

1 — *Vous analyserez point par point la symétrie de ces deux portraits : formule narrative, traits de comportement et situations, conclusion.*

2 — *Dans quelle mesure peut-on dire que Phédon est l'anti-courtisan ? Est-il cependant porteur de valeurs positives ?*

3 — *De la critique de mœurs à la critique sociale : quelle est l'ambiguïté de la conclusion de chacun des deux portraits ? Vous semble-t-elle présentée comme la* cause *ou la* conséquence *de la description qu'elle clot ?*

4 — *Vous ferez un commentaire composé (voir index pédagogique) du portrait de Phédon, en développant les trois points suivants : a) description physique et description morale ; b) un anti-courtisan à la cour ; c) le thème du regard et la place de l'écrivain (La Bruyère voit celui dont l'ambition est de «n'être point vu»).*

5 — *Résumez au 1/4 le texte de R. Barthes.*

« Il parut alors une beauté à la Cour qui attira les yeux de tout le monde » : *c'est ainsi que Mme de La Fayette présente son héroïne. La princesse est, toute jeune, mariée au prince de Clèves, très largement son aîné. Elle l'estime, mais aime le beau duc de Nemours — à qui pourtant elle ne cèdera pas : par passion du devoir, par fierté, et peut-être par cruauté. Et c'est pour les mêmes raisons sans doute qu'elle avoue cet amour à son mari — pendant que Nemours, caché, écoute la conversation.*

— Ne me contraignez point, lui dit-elle, à vous avouer une chose que je n'ai pas la force de vous avouer, quoique j'en aie eu plusieurs fois le dessein. Songez seulement que la prudence ne veut pas qu'une femme de mon âge, et maîtresse de sa conduite, demeure exposée au milieu de la cour.

— Que me faites-vous envisager, Madame, s'écria M. de Clèves. Je n'oserais vous le dire de peur de vous offenser.

Mme de Clèves ne répondit point ; et son silence achevant de confirmer son mari dans ce qu'il avait pensé :

— Vous ne me dites rien, reprit-il, et c'est me dire que je ne me trompe pas.

— Eh bien, Monsieur, lui répondit-elle en se jetant à ses genoux, je vais vous faire un aveu que l'on n'a jamais fait à son mari ; mais l'innocence de ma conduite et de mes intentions m'en donne la force. Il est vrai que j'ai des raisons de m'éloigner de la cour et que je veux éviter les périls où se trouvent quelquefois les personnes de mon âge. Je n'ai jamais donné nulle marque de faiblesse et je ne craindrais pas d'en laisser paraître si vous me laissiez la liberté de me retirer de la cour ou si j'avais encore Mme de Chartres pour aider à me conduire. Quelque dangereux que soit le parti que je prends, je le prends avec joie pour me conserver digne d'être à vous. Je vous demande mille pardons, si j'ai des sentiments qui vous déplaisent, du moins je ne vous déplairai jamais par mes actions. Songez que pour faire ce que je fais, il faut avoir plus d'amitié et plus d'estime pour un mari que l'on en a jamais eu ; conduisez-moi, ayez pitié de moi, et aimez-moi encore, si vous pouvez.

M. de Clèves était demeuré, pendant tout ce discours, la tête appuyée sur ses mains, hors de lui-même, et il n'avait pas songé à faire relever sa femme. Quand elle eut cessé de parler, qu'il jeta les yeux sur elle, qu'il la vit à ses genoux le visage couvert de larmes et d'une beauté si admirable, il pensa mourir de douleur, et l'embrassant en la relevant :

— Ayez pitié de moi vous-même, Madame, lui dit-il, j'en suis digne ; et pardonnez si, dans les premiers moments d'une affliction aussi violente qu'est la mienne, je ne réponds pas, comme je dois, à un procédé comme le vôtre. Vous me paraissez plus digne d'estime et d'admiration que tout ce qu'il y a jamais eu de femmes au monde ; mais aussi je me trouve le plus malheureux homme qui ait jamais été. Vous m'avez donné de la passion dès le premier moment que je vous ai vue ; vos rigueurs et votre possession n'ont pu l'éteindre : elle dure encore ; je n'ai jamais pu vous donner de l'amour, et je vois que vous craignez d'en avoir pour un autre. Et qui est-il, Madame, cet homme heureux qui vous donne cette crainte ? Depuis quand vous plaît-il ? Qu'a-t-il fait pour vous plaire ? Quel chemin a-t-il trouvé pour aller à votre cœur ? Je m'étais consolé en quelque sorte de ne l'avoir pas touché par la pensée qu'il était incapable de l'être. Cependant un autre fait ce que je n'ai pu faire. J'ai tout ensemble la jalousie d'un mari et celle d'un amant ; mais il est impossible d'avoir celle d'un mari après un procédé comme le vôtre. Il est trop noble pour ne me pas donner une sûreté entière ; il me console même comme votre amant. La confiance et la sincérité que vous avez pour moi sont d'un prix infini : vous m'estimez assez pour croire que je n'abuserai pas de cet aveu. Vous avez raison, Madame, je n'en abuserai pas et je ne vous en aimerai pas moins. Vous me rendez malheureux par la plus grande marque de fidélité que jamais une femme ait donnée à son mari. Mais, Madame, achevez et apprenez-moi qui est celui que vous voulez éviter.

— Je vous supplie de ne me le point demander, répondit-elle ; je suis résolue de ne vous le pas dire et je crois que la prudence ne veut pas que je vous le nomme.

— Ne craignez point, Madame, reprit M. de Clèves, je connais trop le monde pour ignorer que la considération d'un mari n'empêche pas que l'on ne soit amoureux de sa femme. On doit haïr ceux qui le sont et non pas s'en plaindre ; et encore une fois, Madame, je vous conjure de m'apprendre ce que j'ai envie de savoir.

— Vous m'en presseriez inutilement, répliqua-t-elle ; j'ai de la force pour taire ce que je crois ne pas devoir dire. L'aveu que je vous ai fait n'a pas été par faiblesse, et il faut plus de courage pour avouer cette vérité que pour entreprendre de la cacher.

M. de Nemours ne perdait pas une parole de cette conversation ; et ce que venait de dire Mme de Clèves ne lui donnait guère moins de jalousie qu'à son mari. Il était si éperdument amoureux d'elle qu'il croyait que tout le monde avait les mêmes sentiments. Il était véritable aussi qu'il avait plusieurs rivaux ; mais il s'en imaginait encore davantage, et son esprit s'égarait à chercher celui dont Mme de Clèves voulait parler. Il avait cru bien des fois qu'il ne lui était pas désagréable et il avait fait ce jugement sur des choses qui lui parurent si légères dans ce moment qu'il ne put s'imaginer qu'il eût donné une passion qui devait être bien violente pour avoir recours à un remède si extraordinaire. Il était si transporté qu'il ne savait quasi ce qu'il voyait, et il ne pouvait pardonner à M. de Clèves de ne pas presser sa femme de lui dire ce nom qu'elle lui cachait.

la Princesse de Clèves, IIIe partie, 1678.

La Princesse de Clèves (1678) 22

Cette « scène de l'aveu » fut l'objet de bien des commentaires. Le journal littéraire de la bonne société, le Mercure galant, *demanda l'avis de ses lecteurs. Un siècle plus tard, on discutait encore du bien-fondé de cet aveu (cf. Stendhal,* De l'amour, *18, 22, Chap. XXIX :* « La princesse de Clèves devait ne rien dire à son mari, et se donner à M. de Nemours ».)

BUSSY RABUTIN (1618-1693), 1678.

L'aveu de Mme de Clèves à son mari est extravagant, et ne se peut dire que dans une histoire véritable ; mais quand on en fait une à plaisir, il est ridicule de donner à son héroïne un sentiment si extraordinaire. L'auteur, en le faisant, a plus songé à ne pas ressembler aux autres romans qu'à suivre le bon sens. Une femme dit rarement à son mari qu'on est amoureux d'elle, mais jamais qu'elle ait de l'amour pour un autre que lui ; et d'autant moins qu'en se jetant à ses genoux, comme fait la princesse, elle peut faire croire à son mari qu'elle n'a gardé aucune borne dans l'outrage qu'elle lui a fait. D'ailleurs il n'est pas vraisemblable qu'une passion d'amour soit longtemps, dans un cœur, de même force que la vertu. Depuis qu'à la cour, en quinze jours, trois semaines ou un mois, une femme attaquée n'a pas pris le parti de la rigueur, elle ne songe plus qu'à disputer le terrain pour se faire valoir. Et si, contre toute apparence et contre l'usage, ce combat de l'amour et de la vertu durait dans son cœur jusqu'à la mort de son mari, alors elle serait ravie de les pouvoir accorder ensemble, en épousant un homme de sa qualité, le mieux fait, et le plus joli cavalier de son temps.

Lettre, *Du comte Bussy-Rabutin à Mme de Sévigné, 22 mars 1678.*

FONTENELLE, 1678

Nous voici à ce trait si nouveau et si singulier, qui est l'aveu que Madame de Clèves fait à son mari de l'amour qu'elle a pour le duc de Nemours. Qu'on raisonne tant qu'on voudra là-dessus, je trouve le trait admirable et très bien préparé : c'est la plus vertueuse femme du monde, qui croit avoir sujet de se défier d'elle-même, parce qu'elle sent son cœur prévenu malgré elle en la faveur d'un autre que de son mari. Elle se fait un crime de ce penchant, tout involontaire et tout innocent qu'il soit ; elle cherche du secours pour le vaincre. Elle doute qu'elle eût la force d'en venir à bout si elle s'en fiait à elle seule ; et, pour s'imposer encore une conduite plus austère que celle que sa propre vertu lui imposerait, elle fait à son mari la confidence de ce qu'elle sent pour un autre. Je ne vois rien à cela que de beau et d'héroïque.

Lettre d'un Géomètre de Guyenne, publiée au «Mercure galant», (Mai 1678).

LA ROCHEFOUCAULD, (1664-1680)
— DE L'INCERTITUDE DE LA JALOUSIE

Plus on parle de sa jalousie, et plus les endroits qui ont déplu paraissent de différents côtés ; les moindres circonstances les changent, et font toujours découvrir quelque chose de nouveau. Ces nouveautés font revoir, sous d'autres apparences, ce qu'on croyait avoir assez vu et assez pesé ; on cherche à s'attacher à une opinion, et on ne s'attache à rien ; tout ce qui est de plus opposé et de plus effacé se présente en même temps ; on veut haïr et on veut aimer, mais on aime encore quand on hait, et on hait encore quand on aime. On croit tout, et on doute de tout ; on a de la honte et du dépit d'avoir cru et d'avoir douté ; on se travaille incessamment pour arrêter son opinion, et on ne la conduit jamais à un lieu fixe.

Les poètes devraient comparer cette opinion à la peine de Sisyphe, puisqu'on roule aussi inutilement que lui un rocher, par un chemin pénible et périlleux ; on voit le sommet de la montagne, on s'efforce d'y arriver ; on l'espère quelquefois, mais on n'y arrive jamais. On n'est pas assez heureux pour oser croire ce que l'on souhaite, ni même assez heureux aussi pour être assuré de ce qu'on craint le plus ; on est assujetti à une incertitude éternelle, qui nous présente successivement des biens et des maux qui nous échappent toujours.

Réflexions diverses (V. 1664-1680).

La Princesse de Clèves, Marina Vlady et Jean Marais, (Féd. Française des Ciné-clubs).

« N'AVOUEZ JAMAIS »

1 — *Pourquoi cette scène a-t-elle choqué ? Quels sentiments (ou quels usages des bienséances) a-t-elle heurtés ? Relevez les arguments pour et contre dans les documents ci-dessus.*

2 — *Qu'apporte à la scène le fait que Nemours, caché, écoute ? Pourquoi avoir introduit, dans cette scène de couple, le troisième élément du « triangle » amoureux (le mari, la femme, l'amant) ?*

3 — *Dégagez le sens du mot* estime. *Ce terme appartient-il à une morale collective (mais quelle collectivité) ou personnelle (mais dans quel contexte ?).*

De cet aveu (voir pages précédentes), M. de Clèves mourra — de chagrin, et sans doute parce qu'il n'a pas cru sa femme. Du point de vue romanesque, cette mort sert, paradoxalement, non à débloquer, mais à «sur-bloquer» au contraire la situation entre la Princesse et le duc de Nemours.

Mme de Clèves demeura seule dans sa chambre ; il lui parut qu'au lieu de se reposer, il avait beaucoup d'inquiétude. Elle s'approcha et se vint mettre à genoux devant son lit, le visage tout couvert de larmes. [...]

— Vous versez bien des pleurs, Madame, lui dit-il, pour une mort que vous causez et qui ne vous peut donner la douleur que vous faites paraître. Je ne suis plus en état de vous faire des reproches, continua-t-il avec une voix affaiblie par la maladie et par la douleur ; mais je meurs du cruel déplaisir que vous m'avez donné. Fallait-il qu'une action aussi extraordinaire que celle que vous aviez faite de me parler à Coulommiers eût si peu de suite ? Pourquoi m'éclairer sur la passion que vous aviez pour M. de Nemours, si votre vertu n'avait pas plus d'étendue pour y résister ? Je vous aimais jusqu'à être bien aise d'être trompé, je l'avoue à ma honte ; j'ai regretté ce faux repos dont vous m'avez tiré. Que ne me laissiez-vous dans cet aveuglement tranquille dont jouissent tant de maris ? J'eusse, peut-être, ignoré toute ma vie que vous aimiez M. de Nemours. Je mourrai, ajouta-t-il ; mais sachez que vous me rendez la mort agréable, et qu'après m'avoir ôté l'estime et la tendresse que j'avais pour vous, la vie me ferait horreur. Que ferais-je de la vie, reprit-il, pour la passer avec une personne que j'ai tant aimée, et dont j'ai été si cruellement trompé, ou pour vivre séparé de cette même personne, et en venir à un éclat et à des violences si opposées à mon humeur et à la passion que j'avais pour vous ? Elle a été au-delà de ce que vous en avez vu, Madame ; je vous en ai caché la plus grande partie, par la crainte de vous importuner, ou de perdre quelque chose de votre estime, par des manières qui ne convenaient pas à un mari. Enfin je méritais votre cœur ; encore une fois, je meurs sans regret, puisque je n'ai pu l'avoir, et que je ne puis plus le désirer. Adieu, Madame, vous regretterez quelque jour un homme qui vous aimait d'une passion véritable et légitime. Vous sentirez le chagrin que trouvent les personnes raisonnables dans ces engagements, et vous connaîtrez la différence d'être aimée, comme je vous aimais, à l'être par des gens qui, en vous témoignant de l'amour, ne cherchent que l'honneur de vous séduire. Mais ma mort vous laissera en liberté, ajouta-t-il, et vous pourrez rendre M. de Nemours heureux, sans qu'il vous en coûte des crimes. Qu'importe, reprit-il, ce qui arrivera quand je ne serai plus, et faut-il que j'aie la faiblesse d'y jeter les yeux !

Mme de Clèves était si éloignée de s'imaginer que son mari pût avoir des soupçons contre elle qu'elle écouta toutes ces paroles sans les comprendre, et sans avoir d'autre idée, sinon qu'il lui reprochait son inclination pour M. de Nemours ; enfin, sortant tout d'un coup de son aveuglement :

— Moi, des crimes ! s'écria-t-elle ; la pensée même m'en est inconnue. La vertu la plus austère ne peut inspirer d'autre conduite que celle que j'ai eue ; et je n'ai jamais fait d'action dont je n'eusse souhaité que vous eussiez été témoin.

— Eussiez-vous souhaité, répliqua M. de Clèves, en la regardant avec dédain, que je l'eusse été des nuits que vous avez passées avec M. de Nemours ? Ah ! Madame, est-ce de vous dont je parle, quand je parle d'une femme qui a passé des nuits avec un homme ?

— Non, Monsieur, reprit-elle ; non, ce n'est pas de moi dont vous parlez. Je n'ai jamais passé ni de nuits ni de moments avec M. de Nemours. Il ne m'a jamais vue en particulier ; je ne l'ai jamais souffert, ni écouté et j'en ferais tous les serments...

— N'en dites pas davantage, interrompit M. de Clèves ; de faux serments ou un aveu me feraient peut-être une égale peine.

Mme de Clèves ne pouvait répondre ; ses larmes et sa douleur lui ôtaient la parole ; enfin, faisant un effort :

— Regardez-moi du moins ; écoutez-moi, lui dit-elle. S'il n'y allait que de mon intérêt, je souffrirais ces reproches ; mais il y va de votre vie. Écoutez-moi, pour l'amour de vous-même ; il est impossible qu'avec tant de vérité, je ne vous persuade mon innocence.

— Plût à Dieu que vous me la puissiez persuader ! s'écria-t-il ; mais que me pouvez-vous dire ? M. de Nemours n'a-t-il pas été à Coulommiers avec sa sœur ? Et n'avait-il pas passé les deux nuits précédentes avec vous dans le jardin de la forêt ?

— Si c'est là mon crime, répliqua-t-elle, il m'est aisé de me justifier. Je ne vous demande point de me croire ; mais croyez tous vos domestiques, et sachez si j'allai dans le jardin de la forêt la veille que M. de Nemours vint à Coulommiers, et si je n'en sortis pas le soir d'auparavant deux heures plus tôt que je n'avais accoutumé.

Elle lui conta ensuite comme elle avait cru voir quelqu'un dans ce jardin. Elle lui avoua qu'elle avait cru que c'était M. de Nemours. Elle lui parla avec tant d'assurance, et la vérité se persuade si aisément lors même qu'elle n'est pas vraisemblable, que M. de Clèves fut presque convaincu de son innocence.

— Je ne sais, lui dit-il, si je me dois laisser aller à vous croire. Je me sens si proche de la mort que je ne veux rien voir de ce qui me pourrait faire regretter la vie. Vous m'avez éclairci trop tard ; mais ce me sera toujours un soulagement d'emporter la pensée que vous êtes digne de l'estime que j'ai eue pour vous. Je vous prie que je puisse encore avoir la consolation de croire que ma mémoire vous sera chère et que, s'il eût dépendu de vous, vous eussiez eu pour moi les sentiments que vous avez pour un autre.

Il voulut continuer ; mais une faiblesse lui ôta la parole. Mme de Clèves fit venir les médecins ; ils le trouvèrent presque sans vie. Il languit néanmoins encore quelques jours et mourut enfin avec une constance admirable.

la Princesse de Clèves, IVe partie, 1678.

De 1945 à 1961, Jean Cocteau écrivit un scénario à partir du roman de Mme de La Fayette. Le film fut un demi-succès, malgré la splendeur de la mise en scène et des décors : peut-être parce que la Princesse de Clèves *a essentiellement le langage, et les discours, et non les faits, comme éléments principaux de l'intrigue. Pour Mme de La Fayette, la mort n'est pas l'agonie, mais l'extinction de la parole.*

JEAN COCTEAU (1889-1963), **1961**

Le Prince émerge lentement de sa torpeur ; il tourne à demi la tête vers sa femme, mais sans ouvrir les yeux. Dégageant doucement sa main, il passe ses doigts sur le visage en larmes de la Princesse.

CLÈVES, *d'une voix lointaine.* Vous versez bien des pleurs, Madame, pour une mort dont vous êtes la cause et qui ne peut vous donner la douleur que vous faites paraître.

Clèves tourne complètement la tête vers elle, ouvre les yeux, la regarde avec une infinie tristesse.

CLÈVES. ...Fallait-il qu'une action, aussi extraordinaire que la vôtre, sombre dans le mensonge ?

LA PRINCESSE. Comment, dans des minutes aussi graves, osez-vous m'accuser de mensonge ?

Le Prince referme les yeux et détourne la tête.

CLÈVES. Vous ne deviez jamais revoir Monsieur de Nemours. Je vous ai crue et vous m'avez trompé ensuite. Je mourrai. Mais sachez qu'après m'avoir ôté l'estime et l'amour que j'avais pour vous, la vie me ferait horreur. Vous me rendez la mort agréable.

LA PRINCESSE. Mais vous délirez, ou je deviens folle... Dites-moi que demain...

CLÈVES, *il la coupe.* Demain ?... Demain, vous pourrez rendre Monsieur de Nemours heureux, sans qu'il vous en coûte un crime !

LA PRINCESSE. Moi ! Un crime ! Monsieur, je n'ai jamais rien fait dont vous n'eussiez pu être témoin. Il me semble que je rêve et que je vous entends parler d'une autre. De qui donc me parlez-vous ?

CLÈVES. Je parle de ma femme qui a passé une nuit avec un autre...

LA PRINCESSE. Non, Monsieur, ce n'est pas de moi dont vous parlez. Je n'ai jamais passé la nuit avec Monsieur de Nemours. Je n'ai jamais souffert qu'il me touche et je vous le jure...

Il laisse retomber ses mains le long de son corps et semble s'abandonner à son sort. Ses forces le trahissent.

CLÈVES. N'en dites pas davantage. Aveu ou faux serments me viennent trop tard.

Il ouvre grands les yeux et fixe le plafond. La caméra s'élève doucement plongeant peu à peu sur lui.

CLÈVES, *il s'abandonne.* Je me sens si proche de la mort que je ne veux rien voir de ce qui pourrait me faire regretter la vie.

Clèves ferme les yeux. Des larmes glissent de ses paupières. La Princesse s'approche de son visage, tenant la main de son mari dans la sienne.

LA PRINCESSE. Ecoutez-moi ! Regardez-moi !... Ce n'est pas mon intérêt que je défends. Il y va de votre vie. Il est impossible que mes yeux ne vous persuadent pas. Monsieur de Nemours est venu à Coulommiers. C'est exact.

La Princesse de Clèves, Marina Vlady, (Féd. Française des Ciné-clubs).

J'ai cru voir quelqu'un dans le parc. J'ai même cru que c'était Monsieur de Nemours. Mais, dès qu'il est entré par cette fenêtre...

Il semble que Monsieur de Clèves se détourne. Sa tête s'affaisse sur le côté et reste fixe.

LA PRINCESSE, *se reprenant.* ...Je veux dire : dès qu'il a tenté d'escalader cette fenêtre...

Elle n'achève pas sa phrase, prise d'une appréhension soudaine, et, comme elle a gardé la main du Prince dans la sienne, elle regarde cette main devenue inerte et la laisse retomber.

(La musique reprend en soulignant cette chute.)

La Princesse s'écarte vivement du lit, recule et se sauve.

LA PRINCESSE. Mon Dieu !

la Princesse de Clèves, 1961 - in l'Avant-Scène, N° 3.

PROBLÈMES DE L'ADAPTATION CINÉMATOGRAPHIQUE :

1 — *Qu'est-ce que Cocteau a gardé du texte de Madame de La Fayette ?*

2 — *Comment a-t-il redécoupé le texte ? Pourquoi ? (Analysez en particulier le sort de la première tirade de M. de Clèves).*

3 — *Pourquoi les gestes, les mimiques, etc. qui envahissent (logiquement) le scénario sont-ils presque absents du roman ? Quelle valeur particulière en acquièrent les quelques rares mouvements notés ? Ces gestes sont-ils simplement des gestes ?*

4 — *Langue et style : quelles modifications Cocteau a-t-il fait subir au texte premier (longueur des phrases, structure rhétorique*, temps verbaux, etc) ? Quelles étaient ses raisons et ses intentions ?*

5 — *Quel public lisait le roman ? Quel public est allé voir le film ? Quelles incidences ces deux faits ont-ils eues sur l'élaboration du scénario ?*

24 Jean de LA FONTAINE (1621-1695)

Brévière, *la Jeune Veuve,* (B.N.).

G. Doré, *la Jeune Veuve,* (B.N.).

Le thème de la veuve inconstante n'est pas nouveau, il est ici traité par La Fontaine à la manière d'une saynète comique, après avoir été utilisé plus «librement» dans les* Contes *de 1665 (voir* **XVI-XVIIe siècles,** *n° 151).*

LA JEUNE VEUVE

La perte d'un époux ne va point sans soupirs.
On fait beaucoup de bruit, et puis on se console.
Sur les ailes du Temps la tristesse s'envole;
    Le Temps ramène les plaisirs.
    Entre la veuve d'une année
    Et la veuve d'une journée
La différence est grande: on ne croirait jamais
    Que ce fût la même personne.
L'une fait fuir les gens, et l'autre a mille attraits.
Aux soupirs vrais ou faux celle-là s'abandonne;
C'est toujours même note et pareil entretien:
    On dit qu'on est inconsolable;
    On le dit, mais il n'en est rien,
    Comme on verra par cette fable,
    Ou plutôt par la vérité.
    L'époux d'une jeune beauté
Partait pour l'autre monde. A ses côtés sa femme
Lui criait: «Attends-moi, je te suis; et mon âme,
Aussi bien que la tienne, est prête à s'envoler.»
    Le mari fait seul le voyage.
La belle avait un père, homme prudent et sage:
    Il laissa le torrent couler.
    A la fin, pour la consoler:
«Ma fille, lui dit-il, c'est trop verser de larmes:
Qu'a besoin le défunt que vous noyiez vos charmes?
Puisqu'il est des vivants, ne songez plus aux morts.
    Je ne dis pas que tout à l'heure (1)
    Une condition meilleure
    Change en des noces ces transports;
Mais après certain temps souffrez qu'on vous propose
Un époux beau, bien fait, jeune, et tout autre chose
Que le défunt. — Ah! dit-elle aussitôt,
    Un cloître est l'époux qu'il me faut».
Le père lui laissa digérer sa disgrâce.
    Un mois de la sorte se passe.
L'autre mois on l'emploie à changer tous les jours
Quelque chose à l'habit, au linge, à la coiffure.
    Le deuil enfin sert de parure,
    En attendant d'autres atours.
    Toute la bande des amours
Revient au colombier; les jeux, les ris, la danse,
    Ont aussi leur tour à la fin.
    On se plonge soir et matin
    Dans la fontaine de Jouvence.
Le père ne craint plus ce défunt tant chéri;
Mais, comme il ne parlait de rien à notre belle:
    «Où donc est le jeune mari
    Que vous m'avez promis?» dit-elle.

Fables VI, 21, 1668.

(1) Sur l'heure.

VOLTAIRE, 1748

Voltaire, dans Zadig (1748) reprend d'assez loin l'histoire de la Matrone d'Ephèse *du* Satyricon *de Pétrone (Ier siècle ap. J.C.), célèbre emblème, à l'époque, de l'inconstance féminine. Dans les notes de Voltaire, on trouve aussi comme source un conte traduit vers 1735 : «L'histoire de la Matrone d'Ephèse se trouve dans un vieux livre chinois» (*Sottisier *de Voltaire).*

Un jour Azora revint d'une promenade tout en colère et faisant de grandes exclamations. «Qu'avez-vous, lui dit-il, ma chère épouse? qui vous peut mettre ainsi hors de vous-même? — Hélas! dit-elle, vous seriez comme moi si vous aviez vu le spectacle dont je viens d'être témoin. J'ai été consoler la jeune veuve Cosrou, qui vient d'élever depuis deux jours un tombeau à son jeune époux auprès du ruisseau qui borde cette prairie. Elle a promis aux dieux, dans sa douleur, de demeurer auprès de ce tombeau tant que l'eau de ce ruisseau coulerait auprès. — Eh bien! dit Zadig, voilà une femme estimable, qui aimait véritablement son mari! — Ah! reprit Azora, si vous saviez à quoi elle s'occupait quand je lui ai rendu visite! — A quoi donc, belle Azora? — Elle faisait détourner le ruisseau». Azora se répandit en des invectives si longues, éclata en reproches si violents contre la jeune veuve, que ce faste de vertu ne plut pas à Zadig.

Il avait un ami, nommé Cador, qui était un de ces jeunes gens à qui sa femme trouvait plus de probité et de mérite qu'aux autres : il le mit dans sa confidence et s'assura, autant qu'il le pouvait, de sa fidélité par un présent considérable. Azora, ayant passé deux jours chez une de ses amies à la campagne, revint le troisième jour à la maison. Des domestiques en pleurs lui annoncèrent que son mari était mort subitement la nuit même, qu'on n'avait pas osé lui porter cette funeste nouvelle, et qu'on venait d'ensevelir Zadig dans le tombeau de ses pères, au bout du jardin. Elle pleura, s'arracha les cheveux et jura de mourir. Le soir, Cador lui demanda la permission de lui parler, et ils pleurèrent tous deux. Le lendemain, ils pleurèrent moins et dînèrent ensemble. Cador lui confia que son ami lui avait laissé la plus grande partie de son bien, et lui fit entendre qu'il mettrait son bonheur à partager sa fortune avec elle. La dame pleura, se fâcha, s'adoucit ; le souper fut plus long que le dîner ; on se parla avec plus de confiance : Azora fit l'éloge du défunt ; mais elle avoua qu'il avait des défauts dont Cador était exempt.

Au milieu du souper, Cador se plaignit d'un mal de rate violent ; la dame, inquiète et empressée, fit apporter toutes les essences dont elle se parfumait, pour essayer s'il n'y en avait pas quelqu'une qui fût bonne pour le mal de rate ; elle regretta beaucoup que le grand Hermès ne fût pas encore à Babylone ; elle daigna même toucher le côté où Cador sentait de si vives douleurs. «Êtes-vous sujet à cette cruelle maladie? lui dit-elle avec compassion. — Elle me met quelquefois au bord du tombeau, lui répondit Cador, et il n'y a qu'un seul remède qui puisse me soulager ; c'est de m'appliquer sur le côté le nez d'un homme qui soit mort la veille. — Voilà un étrange remède, dit Azora. — Pas plus étrange, répondit-il, que les sachets du sieur Arnou (1) contre l'apoplexie.» Cette raison, jointe à l'extrême mérite du jeune homme, détermina enfin la dame. «Après tout, dit-elle, quand mon mari passera du monde d'hier dans le monde du lendemain sur le pont Tchinavar, l'ange Asraël lui accordera-t-il moins le passage, parce que son nez sera un peu moins long dans la seconde vie que dans la première?» Elle prit donc un rasoir ; elle alla au tombeau de son époux, l'arrosa de ses larmes, et s'approcha pour couper le nez à Zadig, qu'elle trouva tout étendu dans la tombe. Zadig se relève en tenant son nez d'une main et arrêtant le rasoir de l'autre. «Madame, lui dit-il, ne criez plus tant contre la jeune Cosrou ; le projet de me couper le nez vaut bien celui de détourner un ruisseau».

Nonnet, Zadig, «*le Nez*», (B.N.).

Zadig, «Le Nez», 1748.

(1) Il y avait dans ce temps un Babylonien, nommé Arnou, qui guérissait et prévenait toutes les apoplexies, dans les gazettes, avec un sachet pendu au cou (Note de Voltaire). (Arnoult est le nom d'un apothicaire connu à l'époque pour ses multiples potions.)

1 — *Quels sont ici les rapports de la vérité et de la fable selon La Fontaine? Comment, par le style choisi, renforce-t-il la vraisemblance?*

2 — *Relevez, dans les commentaires et interventions de l'auteur de la fable, les traits critiques, les oppositions satiriques, la distance face à l'anecdote. Voltaire utilise-t-il les mêmes procédés? Dans quelle mesure peut-on parler de procédés* farcesques, *pour l'un ou l'autre texte?*

3 — *Comparez chez La Fontaine et chez Voltaire, la place du père et celle du mari.*

4 — *DOSSIER :*
De Pétrone à la Veuve Joyeuse. *Quand ce thème a-t-il été traité dans la littérature, le cinéma, les arts plastiques? Pourquoi à votre avis, a-t-il eu tant de succès? En quoi ce thème peut-il être l'envers d'une méditation sur la mort?*

25 Jean de LA FONTAINE (1621-1695)

Grandville, *les Animaux malades de la peste,* (B.N.).

Grandville, *le Lion, le Singe, et les Deux Anes,* (BN).

LES ANIMAUX MALADES DE LA PESTE

Un mal qui répand la terreur,
Mal que le Ciel en sa fureur
Inventa pour punir les crimes de la terre,
La Peste (puisqu'il faut l'appeler par son nom),
Capable d'enrichir en un jour l'Achéron (1),
Faisait aux Animaux la guerre.
Ils ne mouraient pas tous, mais tous étaient
[frappés :
On n'en voyait point d'occupés
A chercher le soutien d'une mourante vie ;
Nul mets n'excitait leur envie ;
Ni loups ni renards n'épiaient
La douce et l'innocente proie ;
Les tourterelles se fuyaient :
Plus d'amour, partant (2) plus de joie.
Le Lion tint conseil, et dit : «Mes chers amis,
Je crois que le Ciel a permis
Pour nos péchés cette infortune.
Que le plus coupable de nous
Se sacrifie aux traits du céleste courroux ;
Peut-être il obtiendra la guérison commune.
L'histoire nous apprend qu'en de tels accidents (3),
On fait de pareils dévouements (4).
Ne nous flattons donc point ; voyons sans
[indulgence
L'état de notre conscience.
Pour moi, satisfaisant mes appétits gloutons,
J'ai dévoré force moutons.
Que m'avaient-ils fait ? Nulle offense ;
Même il m'est arrivé quelquefois de manger
Le berger.
Je me dévouerai donc, s'il le faut : mais je pense
Qu'il est bon que chacun s'accuse ainsi que moi :
Car on doit souhaiter, selon toute justice,
Que le plus coupable périsse.
— Sire, dit le Renard, vous êtes trop bon roi ;
Vos scrupules font voir trop de délicatesse.
Eh bien ! manger moutons, canaille, sotte espèce,
Est-ce un péché ? Non, non. Vous leur fîtes,
[Seigneur,
En les croquant, beaucoup d'honneur ;
Et quant au berger, l'on peut dire
Qu'il était digne de tous maux,
Etant de ces gens-là qui sur les animaux
Se font un chimérique empire.»
Ainsi dit le Renard ; et flatteurs d'applaudir.
On n'osa trop approfondir
Du Tigre, ni de l'Ours, ni des autres puissances,
Les moins pardonnables offenses.
Tous les gens querelleurs, jusqu'aux simples
[mâtins (5),
Au dire de chacun, étaient de petits saints.
L'Ane vint à son tour, et dit : «J'ai souvenance
Qu'en un pré de moines passant,
La faim, l'occasion, l'herbe tendre, et, je pense,
Quelque diable aussi me poussant,
Je tondis de ce pré la largeur de ma langue.
Je n'en avais nul droit puisqu'il faut parler net.»
A ces mots, on cria haro (6) sur le Baudet.
Un Loup, quelque peu clerc (7), prouva par sa
[harangue
Qu'il fallait dévouer (8) ce maudit animal,
Ce pelé, ce galeux, d'où venait tout leur mal.
Sa peccadille fut jugée un cas pendable.
Manger l'herbe d'autrui ! quel crime abominable !
Rien que (9) la mort n'était capable
D'expier son forfait : on le lui fit bien voir.
Selon que vous serez puissant ou misérable,
Les jugements de cour vous rendront blanc ou
[noir.

Fables, VII, 1 - 1678.

(1) Fleuve des enfers, puis synonyme ici des enfers eux-mêmes.
(2) Par suite.
(3) Hasards (malencontreux).
(4) Sacrifices volontaires (donner sa vie ici).
(5) Gros chiens de garde.
(6) Terme juridique. En Normandie, celui sur lequel on criait «haro» était jugé aussitôt.
(7) Lettré.
(8) Faire en sorte qu'il soit le volontaire du sacrifice.
(9) Sinon.

LE LION, LE SINGE, ET LES DEUX ANES

Le lion, pour bien gouverner,
Voulant apprendre la morale,
Se fit un beau jour amener
Le singe, maître ès arts chez la gent animale.
La première leçon que donna le régent
Fut celle-ci: «Grand roi, pour régner sagement,
Il faut que tout prince préfère
Le zèle de l'Etat à certain mouvement
Qu'on appelle communément
Amour-propre: car c'est le père,
C'est l'auteur de tous les défauts
Que l'on remarque aux animaux.
Vouloir que de tout point ce sentiment vous [quitte,
Ce n'est pas chose si petite
Qu'on en vienne à bout en un jour:
C'est beaucoup de pouvoir modérer cet amour.
Par là votre personne auguste
N'admettra jamais rien en soi
De ridicule ni d'injuste.
— Donne-moi, repartit le roi,
Des exemples de l'un et l'autre.
— Toute espèce, dit le docteur,
(Et je commence par la nôtre),
Toute profession s'estime dans son cœur,
Traite les autres d'ignorantes,
Les qualifie impertinentes,
Et semblables discours qui ne nous coûtent rien.
L'amour-propre, au rebours, fait qu'au degré [suprême
On porte ses pareils; car c'est un bon moyen
De s'élever aussi soi-même.
De tout ce que dessus j'argumente très bien
Qu'ici-bas maint talent n'est que pure grimace,
Cabale, et certain art de se faire valoir,
Mieux su des ignorants que des gens de savoir.
L'autre jour suivant à la trace
Deux ânes qui, prenant tour à tour l'encensoir
Se louaient tour à tour, comme c'est la manière,
J'ouïs que l'un des deux disait à son confrère:
«Seigneur, trouvez-vous pas bien injuste et bien [sot
«L'homme cet animal si parfait? Il profane
«Notre auguste nom, traitant d'âne
«Quiconque est ignorant, d'esprit lourd, idiot;
«Il abuse encore d'un mot,
«Et traite notre rire et nos discours de braire.
«Les humains sont plaisants de prétendre exceller
«Par-dessus nous! Non, non; c'est à vous de [parler,
«A leurs orateurs de se taire.
Voici les vrais braillards; mais laissons là ces [gens;
«Vous m'entendez, je vous entends:
«Il suffit; et quant aux merveilles
«Dont votre divin chant vient frapper les oreilles,
«Philomèle(1) est au prix novice dans cet art:
«Vous surpassez Lambert(2).» L'autre baudet [repart:
«Seigneur, j'admire en vous des qualités pareilles.»
Ces ânes, non contents de s'être ainsi grattés,
S'en allèrent dans les cités
L'un l'autre se prôner. Chacun d'eux croyait faire
En prisant ses pareils une fort bonne affaire,
Prétendant que l'honneur en reviendrait sur lui.
J'en connais beaucoup aujourd'hui,
Non parmi les baudets, mais parmi les puissances
Que le Ciel voulut mettre en de plus hauts [degrés,
Qui changeraient entre eux les simples Excellences,
S'ils osaient, en des Majestés.
J'en dis peut-être plus qu'il ne faut, et suppose
Que Votre Majesté gardera le secret.
Elle avait souhaité d'apprendre quelque trait
Qui lui fît voir, entre autre chose,
L'amour propre donnant du ridicule aux gens.
L'injuste aura son tour: il y faut plus de temps.»
Ainsi parla ce singe. On ne m'a pas su dire
S'il traita l'autre point; car il est délicat;
Et notre maître ès arts qui n'était pas un fat(3)
Regardait ce lion comme un terrible sire.

Fables, XI, 5, 1678-79.

(1) Le Rossignol.
(2) Michel Lambert, chanteur et musicien (1610-1696).
(3) Sot.

1 — *A la lecture de ces fables et à la vue des illustrations, étudiez les personnages du lion et de l'âne. Qui représentent-ils? Quel est leur caractère? Quelles leçons donnent-ils? (Voir aussi* **XVIe-XVIIe siècles,** *n° 34).*

2 — *Les fables sont-elles, selon vous, plutôt orientées vers une morale personnelle ou vers une leçon politique? Quelle latitude peut avoir La Fontaine lors d'une critique sociale, alors qu'à la Cour, on connaît son passé et son amitié pour Fouquet (voir* **XVIe-XVIIe siècles,** n° *143)?*

3 — *En utilisant ces animaux, La Fontaine cherche-t-il à plaire? à instruire? à lutter contre un pouvoir?*

4 — *Examinez le parti-pris des illustrateurs de La Fontaine cités dans ces dossiers (n° 24-25-26).*

5 — *DISSERTATION :*

Commentez cette assertion d'Houdar de la Motte (voir n° 58) selon laquelle la fable est une somme d'«instructions déguisées sous l'allégorie d'une action».

*(*Discours sur la Fable, *1719)*

6 — *DOSSIER*

De nos jours, la fable telle qu'elle est ici représentée, n'est plus pratiquée — même si elle est répétée ou apprise par cœur —. Quels genres l'ont remplacée? Où trouve-t-on encore des «morales» jointes à des sortes de récits? L'histoire drôle peut-elle parfois emprunter le discours moral de l'ancienne fable, par exemple?...

26 Jean de la FONTAINE (1621-1695)

G. Doré, *Les Deux Pigeons,* (BN).

LES DEUX PIGEONS

Deux pigeons s'aimaient d'amour tendre.
L'un d'eux, s'ennuyant au logis,
Fut assez fou pour entreprendre
Un voyage en lointain pays.
L'autre lui dit: «Qu'allez-vous faire?
Voulez-vous quitter votre frère?
L'absence est le plus grand des maux:
Non pas pour vous, cruel! Au moins, que les [travaux,
Les dangers, les soins du voyage,
Changent un peu votre courage.
Encor si la saison s'avançait davantage!
Attendez les zéphyrs [1]. Qui vous presse? Un [corbeau
Tout à l'heure annonçait malheur à quelque oiseau.
Je ne songerai plus que rencontre funeste,
Que faucons, que réseaux [2]» «Hélas! dirai-je, [il pleut:
«Mon frère a-t-il tout ce qu'il veut,
«Bon soupé, bon gîte, et le reste?»
Ce discours ébranla le cœur
De notre imprudent voyageur,
Mais le désir de voir et l'humeur inquiète
L'emportèrent enfin. Il dit: «Ne pleurez-point:
Trois jours au plus rendront mon âme satisfaite;
Je reviendrai dans peu conter de point en point
Mes aventures à mon frère.
Je le désennuirai: quiconque ne voit guère
N'a guère à dire aussi [3]. Mon voyage dépeint
Vous sera d'un plaisir extrême.
Je dirai: «J'étais là; telle chose m'advint.»
Vous y croirez être vous même.»
A ces mots, en pleurant ils se dirent adieu.
Le voyageur s'éloigne; et voilà qu'un nuage
L'oblige de chercher retraite en quelque lieu.
Un seul arbre s'offrit, tel encor que l'orage
Maltraita le pigeon en dépit du feuillage.
L'air devenu serein, il part tout morfondu,
Sèche du mieux qu'il peut son corps chargé de [pluie,
Dans un champ à l'écart voit du blé répandu,
Voit un pigeon auprès: cela lui donne envie.
Il y vole, il est pris: ce blé couvrait d'un las [4]
Les menteurs et traîtres appas.
Le las était usé; si bien que de son aile,
De ses pieds, de son bec, l'oiseau le rompt enfin.
Quelque plume y périt; et le pis du destin
Fut qu'un certain vautour, à la serre cruelle,
Vit notre malheureux qui, traînant la ficelle
Et les morceaux du las qui l'avait attrapé,
Semblait un forçat échappé.
Le vautour s'en allait le lier [5], quand des nues
Fond à son tour un aigle aux ailes étendues.
Le pigeon profita du conflit des voleurs,
S'envola, s'abattit auprès d'une masure,
Crut, pour ce coup, que ses malheurs
Finiraient par cette aventure;
Mais un fripon d'enfant (cet âge est sans pitié)
Prit sa fronde et, du coup, tua plus d'à moitié
La volatile malheureuse,
Qui, maudissant sa curiosité,
Traînant l'aile et tirant le pié [6],
Demi-morte et demi-boiteuse,
Droit au logis s'en retourna:
Que bien, que mal [7] elle arriva
Sans autre aventure fâcheuse.
Voilà nos gens rejoints; et je laisse à juger
De combien de plaisirs ils payèrent leurs peines.

Amants, heureux amants, voulez-vous voyager?
Que ce soit aux rives prochaines;
Soyez-vous l'un à l'autre un monde toujours beau,
Toujours divers, toujours nouveau;
Tenez-vous lieu de tout, comptez pour rien le [reste.

(1) Vents doux du printemps.
(2) Filets pour attraper les oiseaux.
(3) Couramment utilisé pour «non plus».
(4) Nœud coulant servant à prendre les oiseaux.
(5) Terme de fauconnerie: se dit lorsque le faucon enlève sa proie en la liant dans ses serres.
(6) Orthographe pour la rime.
(7) Tant bien que mal.
(8) Au sens (archaïque) de une fois entre autres.
(9) L'Amour, fils de Vénus, déesse de Cythère.

J'ai quelquefois (8) aimé : je n'aurais pas alors
Contre le Louvre et ses trésors,
Contre le firmament et sa voûte céleste,
Changé les bois, changé les lieux
Honorés par les pas, éclairés par les yeux
De l'aimable et jeune bergère
Pour qui sous le fils de Cythère (9)
Je servis engagé par mes premiers serments.
Hélas ! quand reviendront de semblables moments ?
Faut-il que tant d'objets si doux et si charmants
Me laissent vivre au gré de mon âme inquiète ?
Ah si mon cœur osait encor se renflammer !
Ne sentirai-je plus le charme qui m'arrête ?
Ai-je passé le temps d'aimer ?

Fables, IX, 2 (1678-1679).

PROPOSITIONS POUR UN COMMENTAIRE COMPOSÉ DE LA FIN DES « DEUX PIGEONS ». (VERS 65-83)

Observations préliminaires : *c'est cette « morale » que Gustave Doré illustre (voir ci-contre); on est passé des animaux aux humains. Mais à l'intérieur de cette morale, on glisse, fait plus inhabituel, de la généralité au cas particulier de l'auteur, du style de la maxime à celui de l'autobiographie : et donc d'une a-temporalité, caractéristique du proverbe, à une temporalité personnalisée et précise.*

Un commentaire composé de ce passage pourra donc développer trois registres, qui tâcheront de rendre compte de ce mouvement, du général au particulier, du lyrisme moralisateur au lyrisme personnel : temporalité, espace et protagonistes*.*

I - Temporalité

Les impératifs des cinq premiers vers (Que ce soit... soyez-vous... tenez-vous... comptez...) *ont une valeur temporelle diffuse : leur aspect de* conseils *leur confère un caractère éternel.*

En opposition, les passés utilisés par La Fontaine (J'ai aimé... je servis... etc.) *pour évoquer son cas personnel introduisent, dans ce discours général, une histoire, une chronologie diffuse* (quelquefois) *mais réelle* (alors).

Les impératifs expriment une potentialité future (soyez-vous, tenez-vous), *les futurs, par contre* (reviendront, sentirai-je) *sous une forme interrogative, expriment une impossibilité, un blocage du temps.*

II - Espace

La Fable des Deux Pigeons *oppose un espace trop petit* (le logis) *à un espace trop grand, décrit d'ailleurs par des restrictions successives des dimensions* (l'air, un champ, une masure). *A ce conflit la morale substitue un monde unique et intériorisé* (tenez-vous lieu de tout).

Aux dimensions surhumaines (le Louvre et ses trésors) *ou même cosmiques* (le firmament et sa voûte céleste), *le poète préfère le microcosme* de son amour* (les bois, les lieux honorés par les pas de l'aimable et jeune bergère...). *Mais cet espace amoureux s'est restreint* (Hélas !) *à la dimension imparfaite de la solitude individuelle* (au gré de mon âme inquiète).

III - Protagonistes

Dans ses deux illustrations, G. Doré a représenté les deux initiales de la fable et de sa morale (deux pigeons, amants). *L'espace du bonheur est donc celui du couple, le voyage parfait n'est pas même avec l'autre, mais en l'autre. A ce couple s'oppose la solitude du* Je *(huit occurrences* de la 1ere personne en quatorze vers :* je *obsédant et inévitable). L'autre (l'objet aimé) n'est plus là que sous la forme d'un souvenir dont l'expression littéraire (*la bergère *renvoie à la tradition des Bergeries, vivace durant tout le XVIIe siècle; se référer au* **XVIe-XVIIe siècles,** *même collection, n° 132) camoufle à peine le caractère impersonnel.*

Conclusion : *au-delà cependant des oppositions dégagées ci-dessus, on peut toutefois remarquer que cette « morale » s'ouvre et se clot sur une interrogation : à la première* (Voulez-vous voyager ?), *La Fontaine propose une réponse. A la seconde* (Ai-je passé le temps d'aimer ?) *il est, lui-même, la réponse, et l'interrogation est une fausse interrogation ; mais ce faisant, le poète devient exemple ; le* je *se généralise implicitement, et le caractère consacré de généralité de la « morale » reprend, par sous-entendu, ses droits.*

G. Doré, *Les Deux Pigeons*, (BN).

Dès la parution de l'ouvrage, le succès fut très important car on crut naturellement à l'authenticité des textes si bien qu'on imagina des Réponses *et des* Suites*; on pensa même retrouver l'amant, un nommé Chamilly (qui finira maréchal de France), et on supposa que la jeune femme s'appelait Mariana Alcoforado (on voulut même le prouver, au XIXᵉ siècle). Cependant dès le XVIIIᵉ siècle, beaucoup doutèrent de cette authenticité. Rousseau lui-même ne pouvait croire que ce texte fût écrit par une femme...*

« Les femmes en général, n'aiment aucun art, ne se connaissent à aucun, et n'ont aucun génie, ce feu céleste qui échauffe et embrase l'âme, ce génie qui consume et dévore, cette brûlante éloquence, ces transports sublimes qui portent leurs ravissements jusqu'au fond des cœurs, manqueront toujours aux écrits des femmes : ils sont tous froids et jolis comme elles [...] Je parierais tout au monde que les *Lettres portugaises* ont été écrites par un homme ».

Lettre à d'Alembert sur les spectacles, 1758.

La querelle d'attribution est toujours vivace aujourd'hui. Les arguments des deux camps ne sont pas incompatibles et l'écrivain sans génie (Guilleragues) auquel on attribue l'ouvrage peut fort bien avoir recopié, adapté ou traduit un texte relatant une aventure réelle ou même avoir utilisé, pour rédiger son texte, une histoire vraie qu'on lui avait racontée et dont il pouvait modifier les détails...

Au-delà des querelles d'attribution, ce texte est dans la lignée des héroïdes dans lesquelles les narratrices s'adressent à leurs amants éloignés (voir nᵒˢ 76, 123, 150).*

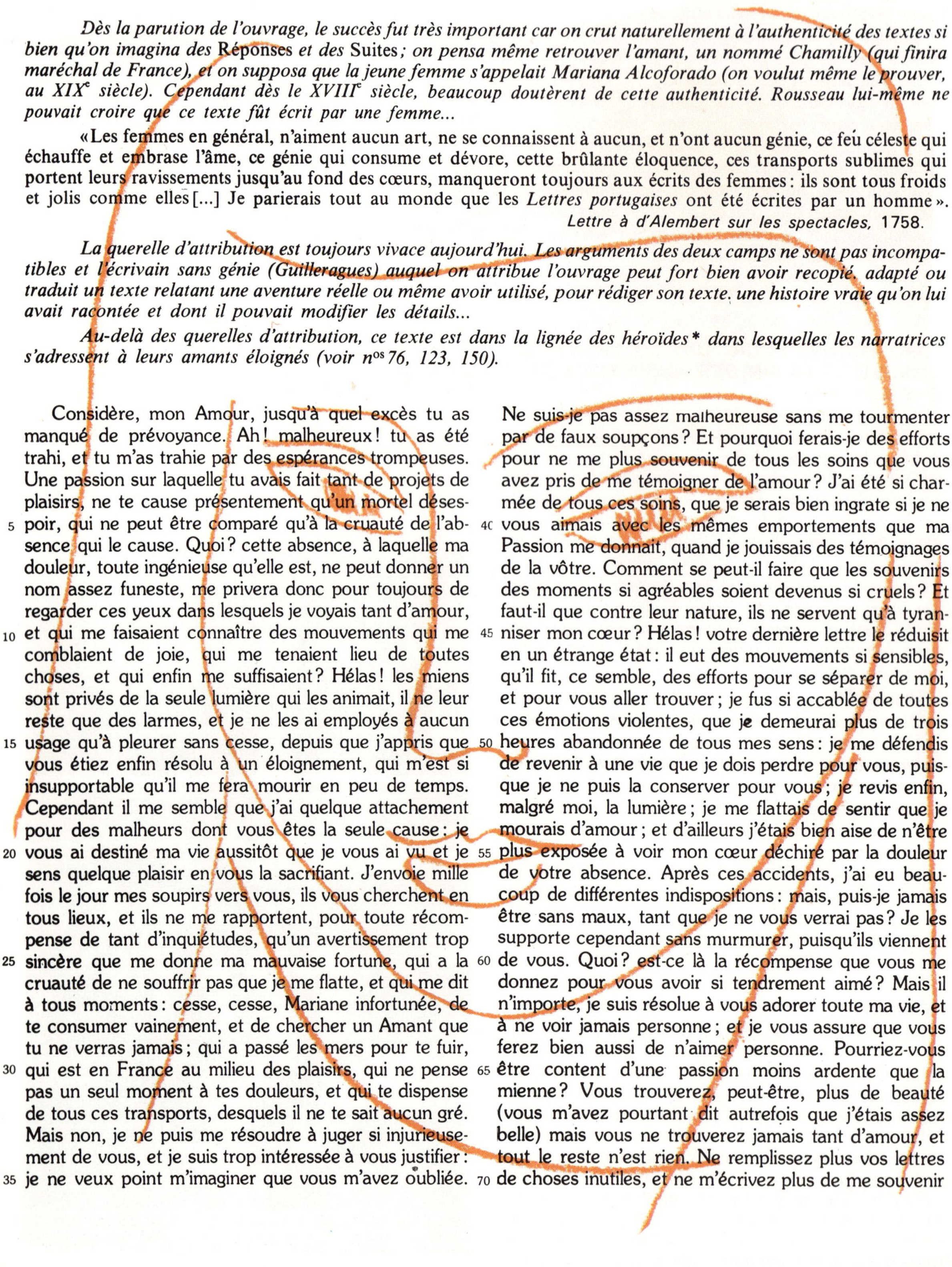

Considère, mon Amour, jusqu'à quel excès tu as manqué de prévoyance. Ah! malheureux! tu as été trahi, et tu m'as trahie par des espérances trompeuses. Une passion sur laquelle tu avais fait tant de projets de plaisirs, ne te cause présentement qu'un mortel désespoir, qui ne peut être comparé qu'à la cruauté de l'absence qui le cause. Quoi? cette absence, à laquelle ma douleur, toute ingénieuse qu'elle est, ne peut donner un nom assez funeste, me privera donc pour toujours de regarder ces yeux dans lesquels je voyais tant d'amour, et qui me faisaient connaître des mouvements qui me comblaient de joie, qui me tenaient lieu de toutes choses, et qui enfin me suffisaient? Hélas! les miens sont privés de la seule lumière qui les animait, il ne leur reste que des larmes, et je ne les ai employés à aucun usage qu'à pleurer sans cesse, depuis que j'appris que vous étiez enfin résolu à un éloignement, qui m'est si insupportable qu'il me fera mourir en peu de temps. Cependant il me semble que j'ai quelque attachement pour des malheurs dont vous êtes la seule cause : je vous ai destiné ma vie aussitôt que je vous ai vu et je sens quelque plaisir en vous la sacrifiant. J'envoie mille fois le jour mes soupirs vers vous, ils vous cherchent en tous lieux, et ils ne me rapportent, pour toute récompense de tant d'inquiétudes, qu'un avertissement trop sincère que me donne ma mauvaise fortune, qui a la cruauté de ne souffrir pas que je me flatte, et qui me dit à tous moments : cesse, cesse, Mariane infortunée, de te consumer vainement, et de chercher un Amant que tu ne verras jamais ; qui a passé les mers pour te fuir, qui est en France au milieu des plaisirs, qui ne pense pas un seul moment à tes douleurs, et qui te dispense de tous ces transports, desquels il ne te sait aucun gré. Mais non, je ne puis me résoudre à juger si injurieusement de vous, et je suis trop intéressée à vous justifier : je ne veux point m'imaginer que vous m'avez oubliée. Ne suis-je pas assez malheureuse sans me tourmenter par de faux soupçons? Et pourquoi ferais-je des efforts pour ne me plus souvenir de tous les soins que vous avez pris de me témoigner de l'amour? J'ai été si charmée de tous ces soins, que je serais bien ingrate si je ne vous aimais avec les mêmes emportements que ma Passion me donnait, quand je jouissais des témoignages de la vôtre. Comment se peut-il faire que les souvenirs des moments si agréables soient devenus si cruels? Et faut-il que contre leur nature, ils ne servent qu'à tyranniser mon cœur? Hélas! votre dernière lettre le réduisit en un étrange état : il eut des mouvements si sensibles, qu'il fit, ce semble, des efforts pour se séparer de moi, et pour vous aller trouver ; je fus si accablée de toutes ces émotions violentes, que je demeurai plus de trois heures abandonnée de tous mes sens : je me défendis de revenir à une vie que je dois perdre pour vous, puisque je ne puis la conserver pour vous ; je revis enfin, malgré moi, la lumière ; je me flattais de sentir que je mourais d'amour ; et d'ailleurs j'étais bien aise de n'être plus exposée à voir mon cœur déchiré par la douleur de votre absence. Après ces accidents, j'ai eu beaucoup de différentes indispositions : mais, puis-je jamais être sans maux, tant que je ne vous verrai pas? Je les supporte cependant sans murmurer, puisqu'ils viennent de vous. Quoi? est-ce là la récompense que vous me donnez pour vous avoir si tendrement aimé? Mais il n'importe, je suis résolue à vous adorer toute ma vie, et à ne voir jamais personne ; et je vous assure que vous ferez bien aussi de n'aimer personne. Pourriez-vous être content d'une passion moins ardente que la mienne? Vous trouverez, peut-être, plus de beauté (vous m'avez pourtant dit autrefois que j'étais assez belle) mais vous ne trouverez jamais tant d'amour, et tout le reste n'est rien. Ne remplissez plus vos lettres de choses inutiles, et ne m'écrivez plus de me souvenir

Lettres de la Religieuse Portugaise, illust. Matisse, (BN).

Lettres de la Religieuse Portugaise,
Frontispice, 1682, (BN).

de vous. Je ne puis vous oublier, et je n'oublie pas aussi que vous m'avez fait espérer que vous viendriez passer quelque temps avec moi. Hélas! pourquoi n'y voulez-vous pas passer toute votre vie? S'il m'était possible de sortir de ce malheureux cloître, je n'attendrais pas en Portugal l'effet de vos promesses: j'irais, sans garder aucune mesure, vous chercher, vous suivre, et vous aimer par tout le monde. Je n'ose me flatter que cela puisse être, je ne veux point nourrir une espérance qui me donnerait assurément quelque plaisir, et je ne veux plus être sensible qu'aux douleurs. J'avoue cependant que l'occasion que mon frère (1) m'a donnée de vous écrire a surpris en moi quelques mouvements de joie, et qu'elle a suspendu pour un moment le désespoir où je suis. Je vous conjure de me dire pourquoi vous vous êtes attaché à m'enchanter (2) comme vous avez fait, puisque vous saviez bien que vous deviez m'abandonner? Et pourquoi avez-vous été si acharné à me rendre malheureuse? que ne me laissiez-vous en repos dans mon cloître? vous avais-je fait quelque injure? Mais je vous demande pardon: je ne vous impute rien; je ne suis pas en état de penser à ma vengeance, et j'accuse seulement la rigueur de mon Destin. Il me semble qu'en nous séparant, il nous a fait tout le mal que nous pouvions craindre; il ne saurait séparer nos cœurs; l'amour qui est plus puissant que lui, les a unis pour toute notre vie. Si vous prenez quelque intérêt à la mienne, écrivez-moi souvent. Je mérite bien que vous preniez quelque soin de m'apprendre l'état de votre cœur, et de votre fortune (3), surtout venez me voir. Adieu, je ne puis quitter ce papier, il tombera entre vos mains, je voudrais bien avoir le même bonheur. Hélas! insensée que je suis, je m'aperçois bien que cela n'est pas possible. Adieu, je n'en puis plus. Adieu, aimez-moi toujours; et faites-moi souffrir encore plus de maux.

Lettres de la religieuse portugaise,
première lettre, 1669.

(1) Mariane était la sœur d'un compagnon d'armes du destinataire de ces Lettres, *et c'est par lui qu'elle l'avait connu.*
(2) M'ensorceler.
(3) Sort.

HENRI COULET, 1967

Qu'on relise les premières lignes de la *Première lettre:* la parole naît dans le silence et l'obscurité de l'âme; Mariane s'adresse à son amour — c'est-à-dire à son sentiment personnifié — comme si elle avait peur de parler d'elle-même et de regarder en face son malheur; c'est son amour qui a été imprévoyant, qui est malheureux, qui a été trahi; c'est à son amour qu'elle reproche de l'avoir elle aussi trahie; c'est son amour qui est désespéré, et l'on remarquera la bizarrerie tourmentée et bien peu classique du langage: l'amour avait fondé des projets de plaisir sur la passion... L'absence, si terrible, n'est nommée qu'au bout d'une lourde série de subordonnées; le mot arrache à Mariane un cri de douleur, désormais elle ne peut plus parler d'elle-même sous le masque de son amour. La première personne passe donc au premier plan, mais l'amant n'interviendra que plus loin encore [...], dans une subordonnée déclarative dépendant d'une subordonnée temporelle et suivie d'une relative et d'une consécutive; au bout de cette phrase étonnante, «sans mesure» en effet et qui descend de subordonnée en subordonnée, la conscience de Mariane a reconnu l'abandon et sa seule issue possible, une mort désespérée. Mais elle ne saurait s'y résigner déjà; au fond du désespoir, elle trouve le départ d'un mouvement inverse: «Cependant il me semble...», qui sera bientôt suivi d'un retour heurté au désespoir; et la lettre continue avec ces renversements et ces palpitations. *le Roman jusqu'à la Révolution*
Armand Colin, 1967.

1 — LE CRI TRAGIQUE.

a) Le texte cité est l'exact début de l'ouvrage. Quelle importance peut-on accorder au premier mot Considère? *Pourquoi la femme déçue se présente-t-elle ainsi en une position «dédoublée», et quelle peut bien être l'autre partie d'elle-même qui s'adresse ainsi à l'amour?*

b) Cherchez dans le texte d'autres exemples d'«analyse», (d'une psychologie où la première personne s'adresse à la première personne). Que devient alors le véritable destinataire des lettres, l'amant lointain et perdu?

c) Relevez des sentiments qui paraissent contradictoires et dites s'ils sont pour vous le témoignage d'une sorte d'impasse où domine le désordre du cœur, ou si au contraire ils obéissent à une logique de la demande suppliante. Retrouvez dans le texte l'articulation des renversements et les différentes charnières de cette dialectique.*

2 — LE TEXTE CLASSIQUE.

a) En quoi cette Lettre *ressemble-t-elle davantage à du théâtre?*

b) Y a-t-il beaucoup d'adjectifs dans le texte? Comptez-les: pourquoi toutes les notations descriptives sont-elles plus volontiers laissées à des noms, généralement abstraits, qu'à des adjectifs, dont la fonction est souvent emphatique?*

28 John LOCKE (1632-1704)

Kneller, *J. Locke, portrait,* (B.N.).

La Lettre sur la tolérance *de l'Anglais John Locke fut publiée originellement en latin, en 1689, sans nom d'auteur. Traduit en français en 1710, cet écrit fut le point de départ, pour le XVIIIe siècle, de la réflexion sur les institutions, le rôle de l'Eglise et des magistrats, que menèrent les Encyclopédistes.*

Lorsqu'il s'agit des affaires et des richesses domestiques, ou de la santé du corps, chacun a pleinement le droit de décider ce qui est de son intérêt, et il lui est permis de suivre le parti qui lui semble, selon son propre jugement, le meilleur; personne ne se plaint, si la famille du voisin gère mal son bien; personne ne se met en colère, s'il commet des erreurs en ensemençant son champ, ou en mariant sa fille; personne ne corrige celui qui se ruine au cabaret: qu'il détruise ou qu'il édifie, qu'il dépense à sa guise, personne ne dit mot, tout est permis; mais s'il ne fréquente pas le temple public; s'il ne s'y incline pas selon les rites reçus; s'il ne fait point initier ses enfants aux mystères de telle ou telle église, il se fait un murmure, une clameur, une accusation, chacun est prêt à se faire le vengeur d'un si grand crime et les fanatiques tempèrent difficilement leur désir de violence et de pillage, tandis que le coupable est traduit en justice et, selon la sentence du juge, jeté en prison, ou mis à mort ou condamné à voir ses biens vendus à l'encan. Que les prédicateurs ecclésiastiques de chaque secte réfutent et combattent les erreurs des autres autant qu'ils le peuvent par la force de leurs arguments, mais qu'ils épargnent les personnes. Que si le poids des arguments leur fait défaut, qu'ils ne recourent pas à des instruments discordants qui ne sont pas de leur ressort et qui ne doivent pas être employés par des ecclésiastiques; qu'ils craignent d'appuyer leur éloquence ou leur doctrine sur les faisceaux et les haches du magistrat, de peur que, à force de brandir devant eux l'amour de la vérité, leur zèle trop ardent à user du fer et du feu, ne découvre leur appétit du pouvoir. On persuadera difficilement à des hommes de cœur, que l'on désire avec ardeur et sincérité que leur frère soit tenu à l'abri du feu et de la torture pour l'éternité, si, les yeux secs et l'âme contente, on le livre ici-bas tout vif au bourreau, pour qu'il le brûle. [...]

Que si, moi, je me dirige de toutes mes forces vers Jérusalem par ce qui est la voie directe, selon la géographie sacrée, pourquoi me maltraite-t-on sous prétexte que je n'ai pas de souliers, ou que mes cheveux ne sont pas taillés d'une certaine façon, ou que je n'ai pas fait certaines ablutions? Sous prétexte aussi que, le long du chemin, je me suis nourri de viande, ou de victuailles adaptées à mon estomac et à ma santé? Sous prétexte encore que, ici et là, j'évite des détours qui me semblent conduire à des précipices ou à des fourrés? ou qu'entre plusieurs tracés d'une même route, et qui conduisent au même endroit, je choisis le moins sinueux et le moins bourbeux? ou que ceux-ci m'ont paru moins modestes ou ceux-là plus moroses que ceux dont je voudrais volontiers avoir la compagnie? ou parce que j'ai, ou parce que je n'ai pas, pour guide un homme paré d'une mître ou d'une robe blanche? Car, à coup sûr, si l'on y regarde de près, ce sont, pour la plupart, des choses d'aussi peu de poids que celles-là qui opposent si âprement les frères chrétiens qui ont sur l'essentiel de la religion les mêmes justes opinions. Pourvu que la superstition ou l'hypocrisie ne s'en mêlent pas, on pourrait les observer ou les négliger sans péril pour la religion ou pour le salut des âmes.

Mais accordons aux fanatiques et à tous ceux qui condamnent ce qui n'est pas fait selon leur mode que, dans ces circonstances, et pour aller vers des buts divers, il se forme des chemins divers; mais qu'y gagnerons-nous? Un seul d'entre ces chemins est la voie véritable du salut? Mais sur les mille chemins que les hommes prennent, il s'agit de savoir quel est le bon: ni le soin de l'Etat, ni le droit de faire des lois ne permettent au magistrat de découvrir le chemin qui mène au ciel plus sûrement que ne le font la réflexion et l'étude à un particulier.

Lettre sur la tolérance, 1689, PUF 1965.

LOCKE, 1690

Locke, dans l'Essai philosophique sur l'entendement humain *qu'il publie en 1690, développe une critique de la connaissance fondée sur un examen des rapports entre la réalité et le langage. Les querelles humaines, demande-t-il, ne sont-elles souvent pas uniquement des querelles de mots ? La tolérance apparaît ainsi comme nécessitée par l'incapacité de l'homme à saisir la vérité par le langage.*

Je dois avouer que, lorsque j'ai, tout d'abord, commencé d'écrire cet exposé sur l'entendement, et même longtemps après, je n'ai pas eu la moindre pensée qu'aucune considération sur les mots y était nécessaire en aucune manière. Mais lorsque, après avoir dépassé l'origine et la composition de nos idées, je commençais à examiner l'étendue et la certitude de notre connaissance, je trouvais que cette question était en liaison si étroite avec les mots qu'à moins de bien observer d'abord leur force et leur manière de signifier, l'on ne pouvait parler qu'avec très peu de clarté et de pertinence sur la connaissance ; celle-ci, qui traite de la vérité, a constamment à faire avec les propositions. Bien qu'elle porte en définitive sur les choses, elle le fait pourtant si entièrement par l'intervention des mots que ceux-ci paraissent à peine séparables de notre connaissance générale. Du moins ils s'interposent si bien entre nos entendements et la vérité qu'on voudrait contempler et saisir que, semblables à un milieu à travers lequel passent les objets visibles, l'obscurité et le désordre jettent souvent un brouillard devant nos yeux et en imposent à nos entendements. Si nous considérons quelle part importante revient aux mots dans les croyances fallacieuses que les hommes proposent, à eux-mêmes et aux autres, et à leurs sens incertains ou erronés, nous aurons raison de penser que ce n'est pas un faible obstacle sur le chemin de la connaissance et j'en conclus que nous devons être très soigneusement avertis, parce qu'on a si peu pris soin jusqu'ici de nous faire noter cet inconvénient, que l'art de le corriger a été proposé à l'étude des hommes et qu'il a obtenu réputation de science et de subtilité. Mais je suis porté à penser que s'il n'y avait ces imperfections du langage comme instrument de connaissance, un grand nombre des controverses qui font tant de bruit dans le monde seraient plus parfaitement soupesées, et cesseraient d'elles-mêmes ; et le chemin vers la connaissance, et peut-être la paix également, s'ouvrirait plus largement qu'il ne le fait.

Essai philosophique sur l'entendement humain, Livre III, ch. IX, § 21, 1690.

La Henriade, Allégorie sur le fanatisme, (BN).

VOLTAIRE, 1734

Dans la treizième Lettre philosophique *(voir n° 134 a), consacrée à John Locke, Voltaire répond à ceux qui accusèrent le philosophe anglais de détruire l'ordre social en revendiquant la liberté religieuse. Cette apologie s'étend à la philosophie dans son ensemble.*

Il ne faut jamais craindre qu'aucun sentiment philosophique puisse nuire à la religion d'un pays. Nos mystères ont beau être contraires à nos démonstrations, ils n'en sont pas moins révérés par les philosophes chrétiens qui savent que les objets de la raison et de la foi sont de différentes natures ; jamais les philosophes ne feront une secte de religion. Pourquoi ? C'est qu'ils n'écrivent point pour le peuple, et qu'ils sont sans enthousiasme.

Divisez le genre humain en vingt parts. Il y en a dix-neuf composées de ceux qui travaillent de leurs mains, et qui ne sauront jamais s'il y a eu un Locke au monde ; dans la vingtième partie qui reste, combien trouve-t-on peu d'hommes qui lisent ! et parmi ceux qui lisent, il y en a vingt qui lisent des romans contre un qui étudie la philosophie ; le nombre de ceux qui pensent est excessivement petit, et ceux-là ne s'avisent pas de troubler le monde.

Ce n'est ni Montaigne, ni Locke, ni Bayle, ni Spinoza, ni Hobbes, ni milord Shaftesbury, ni M. Collins, ni M. Toland, etc., qui ont porté le flambeau de la discorde dans leur patrie ; ce sont pour la plupart des théologiens, qui ayant eu d'abord l'ambition d'être chefs de secte, ont eu bientôt celle d'être chefs de parti. Que dis-je, tous les livres des philosophes modernes mis ensemble ne feront jamais dans le monde autant de bruit seulement qu'en a fait autrefois la dispute des cordeliers sur la forme de leur manche et de leur capuchon.

Lettres philosophiques, XIII, «Sur monsieur Locke», 1734.

1 — LETTRE SUR LA TOLÉRANCE.

a) Résumez les arguments de Locke en faveur de la tolérance.
b) Sur quoi reposent, selon lui, les agissements des «fanatiques»?
c) Analysez la métaphore du «chemin» et précisez sa fonction. Quelle conclusion amène-t-elle?*

2 — ESSAI PHILOSOPHIQUE SUR L'ENTENDEMENT HUMAIN.

a) Relevez les termes et les expressions qui décrivent le langage comme un obstacle *à la connaissance. Vous paraît-il légitime d'opposer ainsi les* idées *et les* mots*?*
b) En quoi le propos de ce texte permet-il de lire l'extrait de la Lettre sur la tolérance *comme une application particulière d'un principe général?*
c) Montrez que pour Locke, c'est le scepticisme qui fonde la tolérance.

Van Loo, *Marivaux,* Versailles, (Bulloz).

L'extravagance de Pharsamon est beaucoup plus condamnable que la folie de Don Quichotte, parce qu'elle est le résultat monstrueux de sa vanité. Si Don Quichotte le fou commettait une erreur émouvante, Pharsamon se livre à un vice grotesque : la simulation. Au lieu d'aller sincèrement à la découverte de leur être ou de le sublimer, les Pharsamon et les Cidalise s'extasient devant une image d'eux-mêmes qui les fausse ; plus d'une fois, leur mimique ne recouvre rien, ils n'éprouvent, à la place des sentiments qu'ils simulent, que la satisfaction de leur immense vanité. Ils sont bien les singes, et non les émules, des grands héros romanesques. La « profession » à laquelle Don Quichotte vouait réellement sa vie est devenue un « métier », une technique des apparences et des attitudes. Il s'agit de « faire noblement son personnage », de réussir « une imitation de haut style », de « faire usage de ses lectures », de « ne rien oublier pour entrer dans la manière de ces fameux chevaliers », d'être un « scrupuleux copiste », etc. Ces personnages mettent tout leur effort à se donner un « air ».

Henri Coulet, *Marivaux romancier,* A. Colin, 1975.

C'est ainsi qu'un universitaire contemporain présente le héros de l'une des premières œuvres de Marivaux : comme le note l'auteur lui-même dans le passage ci-contre extrait du tout début du roman, Pharsamon est hanté par les aventures des héros de ses lectures, moins par « folie », malgré le sous-titre de l'ouvrage, que par narcissisme.*

Il tâchait, tous les jours, d'inspirer à ce neveu ce qu'un reste d'humeur guerrière et de penchant pour le beau sexe lui inspirait à lui-même. Les anciens romans, les Amadis de Gaule, l'Arioste, et tant d'autres livres, lui paraissaient les leçons les plus propres et les plus capables de donner à son neveu cette noble idée qu'il devait concevoir et du bel amour et de la gloire. Par malheur pour le neveu, il était né très susceptible d'impression ; ces hauts faits des héros qu'il lisait, cette tendresse si touchante, dont il les voyait agités, étaient comme autant d'étincelles de feu, qui tantôt redoublaient sa disposition à la valeur, et tantôt excitaient son penchant à l'amour. L'application avec laquelle l'oncle voyait lire son neveu, lui faisait préjuger qu'un jour ce neveu servirait de modèle à tous les honnêtes gens ; il lui faisait souvent répéter ce qu'il avait lu : et ce neveu pénétré, plein d'un enthousiasme de plaisir, remarquait, avec cet oncle, les endroits les plus tendres et les plus merveilleux ; il semblait qu'en cas de besoin même, ce neveu, à force de sentiment, aurait renchéri sur l'imagination des plus extravagants romanciers. L'admiration de l'oncle augmentait à chaque moment, et l'égarement de l'autre croissait à chaque moment aussi. [...] Il n'avait que dix-huit ans, qu'on avait déjà parlé de le marier. Son oncle l'avait présenté aux plus belles filles du voisinage ; sa figure leur plaisait ; toutes avaient tâché de l'engager : il avait soupiré auprès de quelques-unes, et déployé devant elles cette éloquence amoureuse dont il était imbu : les situations les plus tendres ne lui coûtaient rien ; il les cherchait ; il se plaignait sans sujet ; il rêvait de même ; et, quoique bien venu, il était toujours occupé d'inquiétude ; et, répétant sans cesse les mots de rigueur, de martyre, il se tuait à exprimer des malheurs dont ses maîtresses ne l'accablaient pas : elles se tuaient, à leur tour, à lui dire qu'elles ne le haïssaient pas. Leur tendresse, trop aisée à gagner, leur facilité à se laisser rendre visite, leur gaieté continuelle : tout cela le rebutait. Il ne voyait point matière à imiter ses héros ; il voulait l'être à quelque prix que ce fût ; il aurait cru dégénérer de la noblesse de ses sentiments, s'il avait continué à poursuivre des cœurs qui se rendaient sans lui faire éprouver des tourments. Quelquefois il venait de lire l'aventure d'un amant qui, dans le chagrin de n'être point aimé, remplissait les forêts de ses plaintes, et qui, de désespoir, allait se tuer, si son écuyer ne l'en avait pas empêché. L'état de cet amant le pénétrait ; ses tendres lamentations lui donnaient de l'émotion, son sort lui paraissait malheureux ; la grandeur de son infortune lui faisait envie ; il y trouvait un merveilleux qu'il brûlait d'exprimer par lui-même : mais le moyen ? Dans le moment, sa maîtresse accourait, avec de grands éclats de rire, lui raconter une puérilité, dont elle exigeait qu'il rît comme elle ; il fallait qu'il étouffât toutes les belles choses qu'il aurait dites ; il mourait d'une réplétion de beaux sentiments. Quelle mortification pour lui !

Pharsamon ou les Folies romanesques, 1712, livre 1, pub. 1735.

Bien avant Marivaux, Furetière s'était moqué non des héros « romanesques », mais des tics du style « sublime » des ouvrages précieux de son siècle. Il ne met en scène ni des princes, ni des bergers travestis, mais des « bourgeois », c'est-à-dire des gens sans naissance, et aux occupations triviales. Comme il le précise au début de son roman : « Je ne sais pas la musique ».

FURETIÈRE (1619-1688), 1666

Je chante les amours et les aventures de plusieurs bourgeois de Paris, de l'un et de l'autre sexe ; et ce qui est de plus merveilleux, c'est que je les chante, et si (1) je ne sais pas la musique. Mais puisqu'un roman n'est rien qu'une poésie en prose, je croirais mal débuter si je ne suivais l'exemple de mes maîtres, et si je faisais un autre exorde : car, depuis que feu Virgile a chanté Enée et ses armes et que le Tasse, de poétique mémoire, a distingué son ouvrage par chants, leurs successeurs, qui n'étaient pas meilleurs musiciens que moi, ont tous répété la même chanson, et ont commencé d'entonner sur la même note. Cependant je ne pousserai pas bien loin mon imitation ; car je ne ferai point d'abord une invocation des Muses, comme font tous les poètes au commencement de leurs ouvrages, ce qu'ils tiennent si nécessaire, qu'ils n'osent entreprendre le moindre poème sans leur faire une prière, qui n'est guère souvent exaucée. Je ne veux point faire aussi de fictions poétiques, ni écorcher l'anguille par la queue, c'est-à-dire commencer mon histoire par la fin, comme font tous ces messieurs, qui croient avoir bien raffiné pour trouver le merveilleux et le surprenant quand ils font de cette sorte le récit de quelque aventure. C'est ce qui leur fait faire le plus souvent un long galimatias, qui dure jusqu'à ce que quelque charitable écuyer ou confidente vienne éclaircir le lecteur des choses précédentes qu'il faut qu'il sache, ou qu'il suppose, pour l'intelligence de l'histoire.

Au lieu de vous tromper par ces vaines subtilités, je vous raconterai sincèrement et avec fidélité plusieurs historiettes ou galanteries arrivées entre des personnes qui ne seront ni héros ni héroïnes, qui ne dresseront point d'armées, ni ne renverseront de royaumes, mais qui seront de ces bonnes gens de médiocre condition, qui vont tout doucement leur grand chemin, dont les uns seront beaux et les autres laids, les uns sages et les autres sots ; et ceux-ci ont bien la mine de composer le plus grand nombre. Cela n'empêchera pas que quelques gens de la plus haute volée ne s'y puissent reconnaître, et ne profitent de l'exemple de plusieurs ridicules dont ils pensent être fort éloignés. Pour éviter encore davantage le chemin battu des autres, je veux que la scène de mon roman soit mobile, c'est-à-dire tantôt en un quartier et tantôt en un autre de la ville ; et je commencerai par celui qui est le plus bourgeois, qu'on appelle communément la place Maubert. [...]

Une belle fille qui devait y quêter ce jour-là y avait encore attiré force monde, et tous les polis qui voulaient avoir quelque part en ses bonnes grâces y étaient accourus exprès pour lui donner quelque grosse pièce dans sa tasse : car c'était une pierre de touche pour connaître la beauté d'une fille ou l'amour d'un homme que cette quête. Celui qui donnait la plus grosse pièce était estimé le plus amoureux, et la demoiselle qui avait fait la plus grosse somme était estimée la plus belle. De sorte que, comme autrefois, pour soutenir la beauté d'une maîtresse, la preuve cavalière était de se présenter la lance à la main en un tournoi contre tous venants, de même la preuve bourgeoise était en ces derniers temps de faire présenter sa maîtresse la tasse à la main en une quête, contre tous les galants.

Certainement la quêteuse était belle, et si elle eût été née hors de la bourgeoisie, je veux dire si elle eût été élevée parmi le beau monde, elle pouvait donner beaucoup d'amour à un honnête homme. N'attendez pas pourtant que je vous la décrive ici, comme on a coutume de faire en ces occasions ; car, quand je vous aurais dit qu'elle était de la riche taille, qu'elle avait les yeux bleus et bien fendus, les cheveux blonds et bien frisés, et plusieurs autres particularités de sa personne, vous ne la reconnaîtriez pas pour cela, et ce ne serait pas à dire qu'elle fût entièrement belle ; car elle pourrait avoir des taches de rousseur ou des marques de petite vérole. Témoin plusieurs héros et héroïnes, qui sont beaux et blancs en papier et sous le masque de roman, qui sont bien laids et bien basanés en chair et en os et à découvert. J'aurais bien plutôt fait de vous la faire peindre au devant du livre, si le libraire en voulait faire la dépense. Cela serait bien aussi nécessaire que tant de figures, tant de combats, de temples et de navires, qui ne servent de rien qu'à faire acheter plus cher les livres. Ce n'est pas que je veuille blâmer les images, car on dirait que je voudrais reprendre les plus beaux endroits de nos ouvrages modernes.

le Roman bourgeois, 1666.

(1) Cependant.

ROMAN/« ANTI-ROMAN »

1 — *Quelles sont, dans ces deux textes, les caractéristiques d'un « début de roman » ? Comment les personnages sont-ils présentés ? Comment l'action est-elle introduite ?*

2 — *En particulier, dans le texte de Furetière, comment l'auteur glisse-t-il du présent (temps de l'écriture) au passé (temps du récit) ?*

3 — *Quelles sont, dans ces deux textes, les références littéraires, directes ou non ? Quel genre de bibliothèque est ainsi constitué ?* Pharsamon *et* le Roman bourgeois *pourraient-ils faire partie de cette bibliothèque ? Pourquoi ?*

4 — *Quels autres personnages romanesques très connus sont, comme Pharsamon, hantés par leurs lectures (se référer aux* **XVIe-XVIIe siècles,** *n° 110-112, et* **XIXe siècle,** *n° 76-77) ? En quoi se différencient-ils cependant les uns des autres ?*

5 — *Dissertation : quelle est la signification de cette critique de la littérature dans les œuvres littéraires ?*

30 a MOLIÈRE (1622-1673)

Tartuffe, *joué pour la première fois devant le roi en 1664 (dans une version qui ne comportait que trois actes), mènera longtemps une vie clandestine. En effet les dévots — vrais ou faux — de la cour réussirent à faire interdire la pièce pendant cinq ans. En croyant dénoncer les seuls hypocrites, Molière avait atteint un public beaucoup plus large que celui qu'il visait... Dans un sermon de l'époque, Bourdaloue résume ainsi les craintes qui agitèrent même les chrétiens sincères:* Comme la fausse piété et la vraie ont je ne sais combien d'actions qui leur sont communes; comme les dehors de l'une et de l'autre sont presque tous semblables, il est non seulement aisé, mais d'une suite presque nécessaire que la même raillerie qui attaque l'une intéresse l'autre et que les traits dont on peint celle-ci défigurent celle-là. («Sur l'hypocrisie»)

Il est vrai que Molière, se disant disciple de Gassendi, était réputé «libertin» (voir **XVIe-XVIIe siècles,** *n° 122-123). Il dut faire une profession publique de sa foi religieuse; le roi leva enfin l'interdiction, et Tartuffe fut représenté triomphalement en 1669.*

Acte IV, scène 1: Tartuffe, par les signes extérieurs de sa dévotion, a conquis l'amitié d'Orgon. Ce qui ne l'empêche pas de faire des déclarations à Elmire, la femme de celui-ci (voir n° 30 b). Orgon, averti par son fils Damis, ne l'a pas cru, et a même chassé celui-ci pour avoir calomnié Tartuffe. Cléante essaie de fléchir ce dernier, pour qu'il plaide auprès d'Orgon la cause de Damis.

CLÉANTE

[...] N'est-il pas d'un chrétien de pardonner l'offense,
Et d'éteindre en son cœur tout désir de vengeance?
Et devez-vous souffrir, pour votre démêlé,
Que du logis d'un père un fils soit exilé?
Je vous le dis encore, et parle avec franchise,
Il n'est petit ni grand qui ne s'en scandalise;
Et, si vous m'en croyez, vous pacifierez tout,
Et ne pousserez point les affaires à bout.
Sacrifiez à Dieu toute votre colère,
Et remettez le fils en grâce avec le père.

TARTUFFE

Hélas! je le voudrais, quant à moi, de bon cœur;
Je ne garde pour lui, monsieur, aucune aigreur;
Je lui pardonne tout; de rien je ne le blâme,
Et voudrais le servir du meilleur de mon âme:
Mais l'intérêt du ciel n'y saurait consentir;
Et, s'il rentre céans, c'est à moi d'en sortir.
Après son action, qui n'eut jamais d'égale,
Le commerce entre nous porterait du scandale:
Dieu sait ce que d'abord tout le monde en croirait!
A pure politique on me l'imputerait:
Et l'on dirait partout que, me sentant coupable,
Je feins pour qui m'accuse un zèle charitable;
Que mon cœur l'appréhende, et veut le ménager
Pour le pouvoir, sous main, au silence engager.

CLÉANTE

Vous nous payez ici d'excuses colorées;
Et toutes vos raisons, monsieur, sont trop tirées.
Des intérêts du ciel pourquoi vous chargez-vous?
Pour punir le coupable a-t-il besoin de nous?
Laissez-lui, laissez-lui le soin de ses vengeances:
Ne songez qu'au pardon qu'il prescrit des offenses,
Et ne regardez point aux jugements humains,
Quand vous suivez du ciel les ordres souverains.
Quoi! le faible intérêt de ce qu'on pourra croire
D'une bonne action empêchera la gloire!
Non, non; faisons toujours ce que le ciel prescrit,
Et d'aucun autre soin ne nous brouillons l'esprit.

TARTUFFE

Je vous ai déjà dit que mon cœur lui pardonne;
Et c'est faire, monsieur, ce que le ciel ordonne:
Mais, après le scandale et l'affront d'aujourd'hui,
Le ciel n'ordonne pas que je vive avec lui.

CLÉANTE

Et vous ordonne-t-il, monsieur, d'ouvrir l'oreille
A ce qu'un pur caprice à son père conseille,
Et d'accepter le don qui vous est fait d'un bien
Où le droit vous oblige à ne prétendre rien?

TARTUFFE

Ceux qui me connaîtront n'auront pas la pensée
Que ce soit un effet d'une âme intéressée.
Tous les biens de ce monde ont pour moi peu d'appas;
De leur éclat trompeur je ne m'éblouis pas:
Et si je me résous à recevoir du père
Cette donation qu'il a voulu me faire,
Ce n'est, à dire vrai, que parce que je crains
Que tout ce bien ne tombe en de méchantes mains;
Qu'il ne trouve des gens qui, l'ayant en partage,
En fassent dans le monde un criminel usage,
Et ne s'en servent pas, ainsi que j'ai dessein,
Pour la gloire du ciel et le bien du prochain.

CLÉANTE

Hé! monsieur, n'ayez point ces délicates craintes,
Qui d'un juste héritier peuvent causer les plaintes.
Souffrez, sans vous vouloir embarrasser de rien,
Qu'il soit, à ses périls, possesseur de son bien;
Et songez qu'il vaut mieux encor qu'il en mésuse,
Que si de l'en frustrer il faut qu'on vous accuse.
J'admire seulement que sans confusion
Vous en ayez souffert la proposition.
Car enfin le vrai zèle a-t-il quelque maxime
Qui montre à dépouiller l'héritier légitime?
Et, s'il faut que le ciel dans votre cœur ait mis
Un invincible obstacle à vivre avec Damis,
Ne vaudrait-il pas mieux qu'en personne discrète
Vous fissiez de céans une honnête retraite,
Que de souffrir ainsi, contre toute raison,
Qu'on en chasse pour vous le fils de la maison?
Croyez-moi, c'est donner de votre prud'homie,
Monsieur...

TARTUFFE

Il est, monsieur, trois heures et demie:
Certain devoir pieux me demande là-haut,
Et vous m'excuserez de vous quitter si tôt.

Tartuffe, Acte IV, sc. 1, 1669.

PIERRE ROULLE, 1664

L'abbé Roulle, docteur en Sorbonne, publia ce pamphlet vengeur, pour tenter de forcer la main du roi.*

Un homme, ou plutôt un démon vêtu de chair et habillé en homme, et le plus signalé impie et libertin qui fut jamais dans les siècles passés, avait eu assez d'impiété et d'abomination pour faire sortir de son esprit diabolique une pièce toute prête d'être rendue publique, en la faisant monter sur le théâtre, à la dérision de toute l'Eglise, et au mépris du caractère le plus sacré et de la fonction la plus divine, et au mépris de ce qu'il y a de plus saint dans l'Eglise, ordonné du Sauveur pour la sanctification des âmes, à dessein d'en rendre l'usage ridicule, contemptible, odieux. Il méritait par cet attentat sacrilège et impie un dernier supplice exemplaire et public et le feu même avant-coureur de celui de l'enfer, pour expier un crime si grief de lèse-majesté divine, qui va à ruiner la religion catholique en blâmant et jouant sa plus religieuse et sainte pratique, qui est la conduite et direction des âmes et des familles par de sages guides et conducteurs pieux. Mais Sa Majesté, après lui avoir fait un sévère reproche, animé d'une juste colère, par un trait de sa clémence ordinaire, en laquelle il imite la douceur essentielle à Dieu, lui a, par abolition, remis son insolence et pardonné sa hardiesse démoniaque, pour lui donner le temps d'en faire pénitence publique et solennelle toute sa vie. Et, afin d'arrêter avec succès la vue et le débit de sa production impie et irréligieuse et de sa poésie licencieuse et libertine, elle lui a ordonné, sur peine de la vie, d'en supprimer et déchirer, étouffer et brûler tout ce qui en était fait, et de ne plus rien faire à l'avenir de si indigne et infamant, ni rien produire au jour de si injurieux à Dieu, et outrageant l'Eglise, la religion, les sacrements et les officiers les plus nécessaires au salut, lui déclarant publiquement et à toute la terre qu'on ne saurait rien faire ni dire qui lui soit plus désagréable et odieux, et qui le touche le plus au cœur que ce qui fait atteinte à l'honneur de Dieu, au respect de l'Eglise, au bien de la religion, à la révérence due aux sacrements.

Le Roi glorieux au monde,
ou Louis XIV le plus glorieux de tous les rois du monde, 1664.

Frontispice des œuvres de Molière avec l'auteur dans le rôle de Sganarelle, (BN).

MOLIÈRE, 1664

L'auteur plaida sa cause dans un Placet au roi, *qui ne suffit cependant pas à faire lever l'interdiction.*

Sire,

Le devoir de la comédie étant de corriger les hommes en les divertissant, j'ai cru que, dans l'emploi où je me trouve, je n'avais rien de mieux à faire que d'attaquer par des peintures ridicules les vices de mon siècle ; et comme l'hypocrisie sans doute en est un des plus en usage, des plus incommodes et des plus dangereux, j'avais eu, Sire, la pensée que je ne rendrais pas un petit service à tous les honnêtes gens de votre royaume, si je faisais une comédie qui décriât les hypocrites, et mît en vue comme il faut toutes les grimaces étudiées de ces gens de bien à outrance, toutes les friponneries couvertes de ces faux-monnayeurs en dévotion, qui veulent attraper les hommes avec un zèle contrefait et une charité sophistiquée.

Je l'ai faite, Sire, cette comédie, avec tout le soin, comme je crois, et toutes les circonspections que pouvait demander la délicatesse de la matière ; et pour mieux conserver l'estime et le respect qu'on doit aux vrais dévots, j'en ai distingué le plus que j'ai pu le caractère que j'avais à toucher. Je n'ai point laissé d'équivoque, j'ai ôté ce qui pouvait confondre le bien avec le mal, et ne me suis servi, dans cette peinture, que des couleurs expresses et des traits essentiels qui font reconnaître d'abord un véritable et franc hypocrite.

Cependant toutes mes précautions ont été inutiles.

On a profité, Sire, de la délicatesse de votre âme sur les matières de religion, et l'on a su vous prendre par l'endroit seul que vous êtes prenable, je veux dire par le respect des choses saintes.

Les Tartuffes, sous main, ont eu l'adresse de trouver grâce auprès de Votre Majesté, et les originaux enfin ont fait supprimer la copie, quelque innocente qu'elle fût, et quelque ressemblante qu'on la trouvât.

Premier Placet au Roi, 1664.

1 — *Structure du dialogue : marquez les arguments de Cléante, les réponses de Tartuffe, leur enchaînement, et expliquez la conclusion de la scène.*

2 — *Quel est le mot qui revient dans toutes les réponses de Tartuffe, comme un gage de dévotion ? Quel est l'effet de ces répétitions ? En quoi consiste le décalage entre les arguments de Tartuffe et ses actes ?*

3 — *Le portrait d'*Onuphre, *dans les* Caractères *de La Bruyère* (De la mode, *24), est manifestement inspiré de Tartuffe, mais constitue aussi une critique de la façon dont Molière a campé son personnage. Vous tenterez une comparaison des deux caractères.*

4 — *Le pamphlet* de l'abbé Roulle. Quels rapprochements peut-on faire entre les arguments de Tartuffe dans cette scène et le discours tenu par le distingué défenseur de l'Eglise ? (Relevez notamment la définition du rôle des directeurs de conscience).*

30 b MOLIERE (1622-1673)

Deuxième scène de déclaration. Mais cette fois-ci Orgon, à qui Elmire veut prouver la fausseté de Tartuffe, est caché sous la table. Celui-ci se fait de plus en plus pressant...

ELMIRE,

après avoir toussé pour avertir son mari.

Quoi ! vous voulez aller avec cette vitesse,
Et d'un cœur tout d'abord épuiser la tendresse ?
On se tue à vous faire un aveu des plus doux ;
Cependant ce n'est pas encore assez pour vous ?
Et l'on ne peut aller jusqu'à vous satisfaire,
Qu'aux dernières faveurs on ne pousse l'affaire ?

TARTUFFE

Moins on mérite un bien, moins on l'ose espérer.
Nos vœux sur des discours ont peine à s'assurer.
On soupçonne aisément un sort tout plein de gloire,
Et l'on veut en jouir avant que de le croire.
Pour moi, qui crois si peu mériter vos bontés,
Je doute du bonheur de mes témérités ;
Et je ne croirai rien, que vous n'ayez, madame,
Par des réalités, su convaincre ma flamme.

ELMIRE

Mon Dieu ! que votre amour en vrai tyran agit !
Et qu'en un trouble étrange il me jette l'esprit !
Que sur les cœurs il prend un furieux empire !
Et qu'avec violence il veut ce qu'il désire !
Quoi ! de votre poursuite on ne peut se parer,
Et vous ne donnez pas le temps de respirer ?
Sied-il bien de tenir une rigueur si grande,
De vouloir sans quartier les choses qu'on demande.
Et d'abuser ainsi, par vos efforts pressants,
Du faible que pour vous vous voyez qu'ont les gens ?

TARTUFFE

Mais si d'un œil bénin vous voyez mes hommages,
Pourquoi m'en refuser d'assurés témoignages ?

ELMIRE

Mais comment consentir à ce que vous voulez,
Sans offenser le ciel dont toujours vous parlez ?

TARTUFFE

Si ce n'est que le ciel qu'à mes vœux on oppose,
Lever un tel obstacle est à moi peu de chose ;
Et cela ne doit pas retenir votre cœur.

ELMIRE

Mais des arrêts du ciel on nous fait tant de peur !

TARTUFFE

Je puis vous dissiper ces craintes ridicules,
Madame, et je sais l'art de lever les scrupules,
Le ciel défend, de vrai, certains contentements,
Mais on trouve avec lui des accommodements.
Selon divers besoins, il est une science
D'étendre les liens de notre conscience,
Et de rectifier le mal de l'action
Avec la pureté de notre intention. [1]
De ces secrets, madame, on saura vous instruire ;
Vous n'avez seulement qu'à vous laisser conduire.
Contentez mon désir, et n'ayez point d'effroi ;
Je vous réponds de tout, et prends le mal sur moi.

Elmire tousse plus fort.

Vous toussez fort, madame.

ELMIRE

Oui, je suis au supplice.

TARTUFFE

Vous plaît-il un morceau de ce jus de réglisse ?

ELMIRE

C'est un rhume obstiné, sans doute ; et je vois bien
Que tous les jus du monde ici ne feront rien.

TARTUFFE

Cela, certes, est fâcheux.

ELMIRE

Oui, plus qu'on ne peut dire.

TARTUFFE

Enfin votre scrupule est facile à détruire.
Vous êtes assurée ici d'un plein secret,
Et le mal n'est jamais que dans l'éclat qu'on fait.
Le scandale du monde est ce qui fait l'offense,
Et ce n'est pas pécher que pécher en silence.

ELMIRE,

après avoir encore toussé et frappé sur la table.

Enfin je vois qu'il faut se résoudre à céder ;
Qu'il faut que je consente à vous tout accorder ;
Et qu'à moins de cela je ne dois point prétendre
Qu'on puisse être content, et qu'on veuille se rendre.
Sans doute il est fâcheux d'en venir jusque-là,
Et c'est bien malgré moi que je franchis cela ;
Mais, puisque l'on s'obstine à m'y vouloir réduire,
Puisqu'on ne veut point croire à tout ce qu'on peut [dire,
Et qu'on veut des témoins qui soient plus convaincants,
Il faut bien s'y résoudre et contenter les gens.
Si ce consentement porte en soi quelque offense,
Tant pis pour qui me force à cette violence :
La faute assurément n'en doit point être à moi.

TARTUFFE

Oui, madame, on s'en charge ; et la chose de soi...

ELMIRE

Ouvrez un peu la porte, et voyez, je vous prie,
Si mon mari n'est point dans cette galerie.

TARTUFFE

Qu'est-il besoin pour lui du soin que vous prenez ?
C'est un homme, entre nous, à mener par le nez.
De tous nos entretiens il est pour faire gloire,
Et je l'ai mis au point de voir tout sans rien croire.

ELMIRE

Il n'importe. Sortez, je vous prie, un moment ;
Et partout là dehors voyez exactement.

Tartuffe, Acte IV, sc. 5, 1669.

(1) Voir **XVIe-XVIIe siècles**, *n° 162.*

M. BOULGAKOV, 1962

L'écrivain russe Boulgakov (1871-1944), séduit par la lutte de Molière contre les hypocrites de son époque, met en scène, dans La Cabale des dévots, *les tribulations de l'auteur pour obtenir l'autorisation de jouer sa pièce.*

Dans le passage qui précède, frère Barthélémy, un prédicateur errant délégué par le parti dévot, a commis la lourde erreur d'«exiger» du roi que Molière soit brûlé en place publique. Cette atteinte au «bon plaisir» du roi suffit à retourner celui-ci en faveur de l'auteur de Tartuffe.

LOUIS — Monsieur de Molière, je dîne. Vous n'y voyez pas d'inconvénient, je pense ?

MOLIÈRE — Oh, Sire !

LOUIS — Mettez-vous à cette table. *(A la cantonade.)* Que l'on apporte une chaise et un couvert !

MOLIÈRE — *(Blêmissant).* Sire, je ne saurais accepter. Que Votre Majesté me dispense d'un honneur dont je suis tout à fait indigne. Je suis le très humble et très fidèle sujet de Votre Majesté.

LOUIS — Aimez-vous le poulet, monsieur de Molière ?

MOLIÈRE — C'est mon plat préféré, Sire. *(D'un ton implorant).* Que Votre Majesté me permette de demeurer debout.

LOUIS — Mangez, je vous prie. Comment va mon filleul ?

MOLIÈRE — A ma grande peine, il est mort, Sire.

LOUIS — Que me dites-vous là ? Et le deuxième ?

MOLIÈRE — La mort prend mes enfants, Sire.

LOUIS — Il ne faut pas désespérer.

MOLIÈRE — Sire, il est sans précédent qu'un simple sujet dîne à la table du Roi de France. Vous m'en voyez fort tourmenté.

LOUIS — La France, monsieur de Molière, est devant vous dans ce fauteuil. Elle mange du poulet et garde son calme.

MOLIÈRE — O Sire, il n'y a que Votre Majesté qui puisse parler ainsi.

LOUIS — Dites-moi, je vous prie, quel cadeau fera au Roi, dans un proche avenir, votre excellente plume ?

MOLIÈRE — Sire... Dans la mesure de mes forces... si je peux... servir... *(Il est ému).*

LOUIS — Il y a une grande hardiesse dans ce que vous écrivez. Mais il est bon de savoir qu'il est des sujets où la prudence s'impose. Et dans votre «*Tartuffe*» vous avez été, avouez-le, assez imprudent. Il convient de respecter les gens d'Eglise. J'espère que mon poète ne saurait en aucune façon faire montre d'impiété ?

MOLIÈRE — *(Effrayé).* Sire... Je demande pardon à Votre Majesté...

LOUIS — Fermement persuadé que, à l'avenir, vos œuvres se conformeront à d'aussi justes exigences, je vous autorise à jouer au Palais-Royal votre comédie du «Tartuffe».

MOLIÈRE — *(Dans un état second).* Je t'aime, ô mon Roi ! *(Emu).* Où est Monseigneur l'Archevêque Charron ? Vous entendez, monsieur, vous entendez ? *(Louis se lève. Une voix : «Le Roi a dîné !»)*

LOUIS — *(A Molière).* Ce soir, c'est vous qui apprêterez mon lit, monsieur de Molière. *(Molière saisit un candélabre sur la table et passe le premier. A sa suite, vient Louis et, comme sous le souffle du vent, tout se courbe et s'écarte devant lui).*

MOLIÈRE — *(Il annonce d'une voix monotone).* Messieurs, le Roi ! Messieurs, le Roi ! *(Il s'engage dans l'escalier et crie sans se retourner).* Monseigneur l'Archevêque, vous n'arriverez à rien contre moi, soyez-en assuré ! Messieurs, le Roi !... *(Sonnerie de trompettes à l'étage).* «Tartuffe» est autorisé ! *(Il disparaît avec Louis. Tous les courtisans se retirent. Restent seuls en scène, Charron et Frère Fidélité, tous deux de noir vêtus).*

CHARRON — *(Au pied de l'escalier).* Non, le Roi ne t'amendera pas ! Dieu tout-puissant, arme-toi et guide-moi sur les traces de l'impie, qu'il me soit donné de l'atteindre et de le confondre ! *(Un temps).* Et il tombera des hauteurs de cet escalier ! *(Un temps).* Approchez, frère Fidélité. *(Frère Fidélité s'avance).* Frère Fidélité, quelle mouche vous a piqué ? Confier à un dément une telle ambassade ! Et moi qui vous croyais quand vous assuriez qu'il ferait impression sur le Roi !

FRÈRE FIDÉLITÉ — Qui pouvait deviner qu'il lui échapperait ce malencontreux «exiger» ?

CHARRON — Vraiment ! Exiger !

FRÈRE FIDÉLITÉ — Exiger ! *(Silence).*

la Cabale des dévots, pub. en 1962,
trad. fr. 1972, éd. Laffont.

1 — Quel est, pour le spectateur, l'élément déterminant qui fait tout l'intérêt de cette scène ? Relevez, dans les paroles d'Elmire, celles dont le sens ne peut être compris que du seul spectateur.

2 — Sous quel jour se dévoile ici le personnage de Tartuffe ? Comparez les arguments qu'il utilise ici à ceux qu'il opposait à Cléante (n° 30 a), et notamment les contextes dans lesquels apparaît le mot «ciel».

3 — Pourquoi, à la fin de la scène, Elmire demande-t-elle à Tartuffe de sortir ? Dans quelle mesure a-t-elle atteint son but ?

4 — Donnez pour ce passage des indications de mise en scène et de jeu d'acteurs complémentaires de celles de Molière.

5 — EXPOSÉ : La cabale des dévots d'après Boulgakov (reportez-vous à Monsieur de Molière *et à* La Cabale des dévots, *trad. par Paul Kalinine, éd. Robert Laffont, 1972).*

31 MOLIÈRE (1622-1673)

Mignard, *Portrait de Molière,* (Bulloz).

Acte I, sc. 1 : Alceste, le misanthrope, reproche à son ami Philinte de satisfaire à certaines nécessités de la société de son temps, où lui-même ne voit qu'hypocrisie.

A la fin de la pièce, le personnage principal consomme le divorce, et s'en va

« ...chercher sur la terre un endroit écarté
Où d'être homme d'honneur on ait la liberté. »

Héros comique à l'origine, Alceste, au cours du temps, sera de plus en plus ressenti comme un personnage tragique. Rousseau, dans la Lettre à d'Alembert sur les spectacles, *reprochera même à Molière de faire rire le spectateur aux dépens de celui qui, à ses yeux, représente le véritable homme libre, seul vertueux contre la société corrompue. Parallèlement, Philinte, porte-parole chez Molière de la morale du juste milieu et des valeurs de l'« honnête homme », deviendra (dans la pièce de Fabre d'Eglantine par exemple,* Le Philinte de Molière ou la Suite du Misanthrope, *1790), pour les lecteurs de l'époque révolutionnaire et par la suite pour les romantiques, l'image du courtisan égoïste et hypocrite, incapable de sincérité et d'amitié.*

PHILINTE

Mais, sérieusement, que voulez-vous qu'on fasse ?

ALCESTE

Je veux qu'on soit sincère, et qu'en homme d'honneur
On ne lâche aucun mot qui ne parte du cœur.

PHILINTE

Lorsqu'un homme vous vient embrasser avec joie,
Il faut bien le payer de la même monnoie,
Répondre comme on peut à ses empressements,
Et rendre offre pour offre, et serments pour serments.

ALCESTE

Non, je ne puis souffrir cette lâche méthode
Qu'affectent la plupart de vos gens à la mode ;
Et je ne hais rien tant que les contorsions
De tous ces grands faiseurs de protestations,
Ces affables donneurs d'embrassades frivoles,
Ces obligeants diseurs d'inutiles paroles,
Qui de civilités avec tous font combat,
Et traitent du même air l'honnête homme et le fat.
Quel avantage a-t-on qu'un homme vous caresse,
Vous jure amitié, foi, zèle, estime, tendresse,
Et vous fasse de vous un éloge éclatant,
Lorsqu'au premier faquin il court en faire autant ?
Non, non, il n'est point d'âme un peu bien située
Qui veuille d'une estime ainsi prostituée ;
Et la plus glorieuse a des régals peu chers,
Dès qu'on voit qu'on nous mêle avec tout l'univers :
Sur quelque préférence une estime se fonde,
Et c'est n'estimer rien qu'estimer tout le monde.
Puisque vous y donnez, dans ces vices du temps,
Morbleu ! vous n'êtes pas pour être de mes gens ;
Je refuse d'un cœur la vaste complaisance
Qui ne fait de mérite aucune différence ;
Je veux qu'on me distingue ; et, pour le trancher net,
L'ami du genre humain n'est point du tout mon fait.

PHILINTE

Mais, quand on est du monde, il faut bien que l'on [rende
Quelques dehors civils que l'usage demande.

ALCESTE

Non, vous dis-je ; on devrait châtier sans pitié
Ce commerce honteux de semblants d'amitié.
Je veux que l'on soit homme, et qu'en toute rencontre
Le fond de notre cœur dans nos discours se montre,
Que ce soit lui qui parle, et que nos sentiments
Ne se masquent jamais sous de vains compliments.

PHILINTE

Il est bien des endroits où la pleine franchise
Deviendrait ridicule, et serait peu permise ;
Et parfois, n'en déplaise à votre austère honneur,
Il est bon de cacher ce qu'on a dans le cœur.
Serait-il à propos, et de la bienséance,
De dire à mille gens tout ce que d'eux l'on pense ?
Et, quand on a quelqu'un qu'on hait ou qui déplait,
Lui doit-on déclarer la chose comme elle est ?

ALCESTE

Oui.

PHILINTE

Quoi ! vous iriez dire à la vieille Emilie
Qu'à son âge il sied mal de faire la jolie,
Et que le blanc qu'elle a scandalise chacun ?

ALCESTE

Sans doute.

PHILINTE

A Dorilas, qu'il est trop importun ;
Et qu'il n'est, à la cour, oreille qu'il ne lasse
A conter sa bravoure et l'éclat de sa race ?

ALCESTE

Fort bien.

PHILINTE

Vous vous moquez.

ALCESTE

Je ne me moque point,
Et je vais n'épargner personne sur ce point.
Mes yeux sont trop blessés, et la cour et la ville
Ne m'offrent rien qu'objets à m'échauffer la bile ;
J'entre en une humeur noire, en un chagrin profond,
Quand je vois vivre entre eux les hommes comme ils [font ;
Je ne trouve partout que lâche flatterie,
Qu'injustice, intérêt, trahison, fourberie ;
Je n'y puis plus tenir, j'enrage ; et mon dessein
Est de rompre en visière à tout le genre humain.

le Misanthrope, Acte I, sc. 1, 1667.

J.J. ROUSSEAU, 1758

Qu'est-ce donc que le Misanthrope de Molière ? Un homme de bien qui déteste les mœurs de son siècle et la méchanceté de ses contemporains, qui, précisément parce qu'il aime ses semblables, hait en eux les maux qu'ils se font réciproquement et les vices dont ces maux sont l'ouvrage...

Ce n'est donc pas des hommes qu'il est l'ennemi, mais de la méchanceté des uns et du support que cette méchanceté trouve dans les autres. S'il n'y avait ni fripons, ni flatteurs, il aimerait tout le genre humain. Il n'y a pas un homme de bien qui ne soit misanthrope en ce sens, ou plutôt les vrais misanthropes sont ceux qui ne pensent pas ainsi ; car, au fond, je ne connais point de plus grand ennemi des hommes que l'ami de tout le monde, qui, toujours charmé de tout, encourage incessamment les méchants et flatte, par sa coupable complaisance, les vices d'où naissent tous les désordres de la société.

Ce Philinte est le sage de la pièce : un de ces honnêtes gens du grand monde dont les maximes ressemblent beaucoup à celles des fripons ; de ces gens si doux, si modérés, qui trouvent toujours que tout va bien, parce qu'ils ont intérêt que rien n'aille mieux ; qui sont toujours contents de tout le monde, parce qu'ils ne se soucient de personne ; qui, autour d'une bonne table, soutiennent qu'il n'est pas vrai que le peuple ait faim ; qui, le gousset bien garni, trouvent fort mauvais qu'on déclame en faveur des pauvres ; qui, de leur maison bien fermée, verraient voler, piller, égorger, massacrer tout le genre humain, sans se plaindre, attendu que Dieu les a doués d'une douceur très méritoire à supporter les malheurs d'autrui.

Lettre à d'Alembert sur les spectacles, 1758.

FABRE D'EGLANTINE, 1790

Alceste a demandé à Philinte d'intervenir pour quelqu'un qui se trouve dans une situation difficile. Mais l'homme de cour n'est pas disposé à gaspiller son crédit...

PHILINTE

[...] Je le vois, votre esprit indocile
Feint de ne pas sentir ma solide raison,
Et l'intérêt commun de toute ma maison.
Cette feinte est sans doute une nouvelle adresse
Pour me contrarier et vous rendre maîtresse.
Eh bien, madame, eh bien ! puisqu'il faut m'expliquer,
Sachez donc que tout homme est funeste à choquer,
Et le fourbe intrigant encore plus qu'un autre.
De quoi nous mêlons-nous ? Est-elle donc la nôtre,
Cette piteuse affaire où, par cent ennemis,
Je verrais mon repos peut-être compromis ?
Du dangereux faussaire et de sa vile agence,
Ne puis-je pas enfin exciter la vengeance ?
Je le dis à regret, mais, malgré ses penchants,
Si l'on blesse les bons, épargnons les méchants :
Leur courroux clandestin dure toute la vie.
Mais une autre raison forte, et qui me convie
Plus que toute autre encore à de fermes refus,
C'est que de sa faveur il faut craindre l'abus.
Quand on a du crédit, c'est pour nous, pour les nôtres,
Qu'il faut le conserver, sans le passer à d'autres.
On n'en a jamais trop, pour que, de toute part,
On aille l'employer et l'user au hasard ;
Son affaiblissement n'arrive que trop vite.
Vous voulez le rebours de tout ce qu'on évite.
Comme si la coutume en effet n'était pas,
Au lieu de porter ceux qu'on jette sur vos bras,
Pour si peu de crédit qui vous tombe en partage,
D'être prompt au contraire à prendre de l'ombrage
De toute créature et de tout protégé
Par qui l'on pourrait voir ce crédit partagé,
Soit pour les détourner, ou pour les mettre en fuite !
Voilà sur quels motifs je règle ma conduite.
Je pense et vois le monde, et dis, de vous à moi,
Qu'il faut, pour vivre heureux, se replier sur soi.

ÉLIANTE

Pouvez-vous...?

PHILINTE, *sèchement*

Il suffit. Que notre ami s'emporte,
C'est en vain ; ma prudence est ici la plus forte :
De son prix, je le sais, il peut disconvenir :
J'agis au gré du monde, et je veux m'y tenir.

(Il sort).

le Philinte de Molière, Acte III, sc. 1, 1790.

1 — A partir d'un relevé des formules verbales et personnelles employées respectivement par Alceste et Philinte, montrez l'opposition des deux caractères qui s'affrontent.

2 — Quels sont les mots qui, dans les propos d'Alceste, expriment un idéal moral inflexible ?

3 — Quelles sont les nécessités qui, selon Philinte, régissent la vie en société ? Que faut-il avant tout éviter ?

4 — La critique des mœurs dans la tirade d'Alceste (vers 8-31). Relevez les mots qui expriment les reproches essentiels qu'Alceste adresse aux « gens à la mode ». Quelle est la phrase qui, à la fin, donne un éclairage nouveau, à la fois sur le personnage d'Alceste, et sur les motifs de son emportement ?

5 — Relevez les convergences entre l'analyse par Rousseau du personnage de Philinte et les traits qui se dégagent du personnage de Fabre d'Eglantine.

Joseph Werner, *Louis XIV en Apollon*, Versailles, (Giraudon).

Le thème d'Amphitryon, d'Homère à Sophocle, de Plaute (251-184 av. J.C.) aux auteurs de la Renaissance, a inspiré plus d'un ouvrage, comédie ou récit. En 1636, Rotrou (voir **XVIe, XVIIe siècle***) a réactualisé la légende du général thébain et de sa mésaventure conjugale* (les Deux Sosies). *Depuis, la pièce n'a cessé d'être reprise, transformée en pièce à machines (1650,* la Naissance d'Hercule*). Molière alla jusqu'à jouer en 1653 un rôle dans un ballet de carnaval:* le Ballet de la nuit *dont l'une des parties dérivait du thème d'Amphitryon «La Comédie muette d'Amphitryon».*

Jean- Giraudoux, en 1939, comptera trente-sept Amphitryon *précédant sa propre pièce...*

Jean-Baptiste Poquelin reprend le mythe d'Alcmène et utilise au début et à la fin de l'intrigue, les artifices de la pièce à machines. Dans la dernière scène de l'acte III (et de la pièce), Jupiter se dévoile: Amphitryon, dont il avait pris les traits pour passer la nuit avec Alcmène, sa femme, ne peut que se flatter de l'intervention divine...

JUPITER, *dans une nue* (1)

Regarde, Amphitryon, quel est ton imposteur,
Et sous tes propres traits vois Jupiter paraître:
A ces marques tu peux aisément le connaître;
Et c'est assez, je crois, pour remettre ton cœur
Dans l'état auquel il doit être,
Et rétablir chez toi la paix et la douceur.
Mon nom, qu'incessamment toute la terre adore,
Etouffe ici les bruits qui pouvaient éclater.
Un partage avec Jupiter (2)
N'a rien du tout qui déshonore;
Et sans doute (3) il ne peut être que glorieux
De se voir le rival du souverain des dieux.
Je n'y vois pour ta flamme aucun lieu de murmure:
Et c'est moi, dans cette aventure,
Qui, tout dieu que je suis, dois être le jaloux.
Alcmène est toute à toi, quelque soin qu'on emploie;
Et ce doit à tes feux être un objet bien doux
De voir que pour lui plaire il n'est point d'autre voie
Que de paraître son époux:
Que Jupiter, orné de sa gloire immortelle,
Par lui-même n'a pu triompher de sa foi,
Et que ce qu'il a reçu d'elle
N'a par son cœur ardent été donné qu'à toi.

SOSIE (4)

Le seigneur Jupiter sait dorer la pilule.

JUPITER

Sors donc des noirs chagrins que ton cœur a soufferts,
Et rends le calme entier à l'ardeur qui te brûle:
Chez toi doit naître un fils qui, sous le nom d'Hercule,
Remplira de ses faits tout le vaste univers.
L'éclat d'une fortune en mille biens féconde
Fera connaître à tous que je suis ton support,
Et je mettrai tout le monde
Au point d'envier ton sort.
Tu peux hardiment te flatter
De ces espérances données.
C'est un crime que d'en douter:
Les paroles de Jupiter
Sont des arrêts des destinées.

(Il se perd dans les nues.)

NAUCRATÈS

Certes, je suis ravi de ces marques brillantes...

SOSIE

Messieurs, voulez-vous bien suivre mon sentiment?
Ne vous embarquez nullement
Dans ces douceurs congratulantes:
C'est un mauvais embarquement,
Et d'une et d'autre part, pour un tel compliment,
Les phrases sont embarrassantes.
Le grand dieu Jupiter nous fait beaucoup d'honneur,
Et sa bonté sans doute est pour nous sans seconde;
Il nous promet l'infaillible bonheur
D'une fortune en mille biens féconde,
Et chez nous il doit naître un fils d'un très grand-cœur:
Tout cela va le mieux du monde:
Mais enfin coupons aux discours,
Et que chacun chez soi doucement se retire.
Sur telles affaires, toujours
Le meilleur est de ne rien dire.

Amphitryon, acte III, scène 10 et dernière, 1668.

(1) «Sur un aigle, armé de son foudre, au bruit du tonnerre et des éclairs» (édit. de 1682).
*(2) Rime normande.**
(3) Sans aucun doute.
(4) Valet d'Amphitryon.

LE DUR MÉTIER D'HOMME...

JEAN GIRAUDOUX, 1939

Dans la pièce de Giraudoux, Jupiter apprend à être un homme, guidé par Mercure, son fidèle valet.

MERCURE

Resserrez un peu votre sac humain, vous y flottez !

JUPITER

C'est que cela me gêne... Voilà que je sens mon cœur battre, mes artères se gonfler, mes veines s'affaisser... Je me sens devenir un filtre, un sablier de sang... L'heure humaine bat en moi à me meurtrir. J'espère que mes pauvres hommes ne souffrent pas cela...

MERCURE

Le jour de leur naissance et le jour de leur mort.

JUPITER

Très désagréable de se sentir naître et mourir à la fois.

MERCURE

Ce ne l'est pas moins, par opération séparée.

JUPITER

As-tu maintenant l'impression d'être devant un homme ?

MERCURE

Pas encore. Ce que je constate surtout, devant un homme, devant un corps vivant d'homme, c'est qu'il change à chaque seconde, qu'incessamment il vieillit. Jusque dans ses yeux, je vois la lumière vieillir.

JUPITER

Essayons. Et pour m'y habituer, je me répète : je vais mourir, je vais mourir...

MERCURE

Oh ! Oh ! Un peu vite ! Je vois vos cheveux pousser, vos ongles s'allonger, vos rides se creuser... Là, là, plus lentement, ménagez vos ventricules. Vous vivez en ce moment la vie d'un chien ou d'un chat.

JUPITER

Comme cela ?

MERCURE

Les battements trop espacés maintenant. C'est le rythme des poissons... Là... là... Voilà ce galop moyen, cet amble, auquel Amphitryon reconnaît ses chevaux et Alcmène le cœur de son mari...

JUPITER

Tes dernières recommandations ?

MERCURE

Et votre cerveau ?

JUPITER

Mon cerveau ?

MERCURE

Oui, votre cerveau... Il convient d'y remplacer d'urgence les notions divines par les humaines... Que pensez-vous ? Que croyez-vous ? Quelles sont vos vues de l'univers, maintenant que vous êtes homme ?

JUPITER

Mes vues de l'univers ? Je crois que cette terre plate est toute plate, que l'eau est simplement de l'eau, que l'air est simplement de l'air, la nature la nature, et l'esprit l'esprit... C'est tout ?

MERCURE

Avez-vous le désir de séparer vos cheveux par une raie et de les maintenir par un fixatif ?

JUPITER

En effet, je l'ai.

MERCURE

Avez-vous l'idée que vous seul existez, que vous n'êtes sûr que de votre propre existence ?

JUPITER

Oui. C'est même très curieux d'être ainsi emprisonné en soi-même.

MERCURE

Avez-vous l'idée que vous pourrez mourir un jour ?

JUPITER

Non. Que mes amis mourront, pauvres amis, hélas oui ! Mais pas moi.

MERCURE

Avez-vous oublié toutes celles que vous avez déjà aimées ?

JUPITER

Moi ? Aimer ? Je n'ai jamais aimé personne ! Je n'ai jamais aimé qu'Alcmène.

MERCURE

Très bien ! Et le ciel, qu'en pensez-vous ?

JUPITER

Ce ciel, je pense qu'il est à moi, et beaucoup plus depuis que je suis mortel que lorsque j'étais Jupiter ! Et ce système solaire, je pense qu'il est bien petit, et la terre immense, et je me sens soudain plus beau qu'Apollon, plus brave et plus capable d'exploits amoureux que Mars, et pour la première fois, je me crois, je me vois, je me sens vraiment maître des dieux.

MERCURE

Alors vous voilà vraiment homme !... Allez-y !

Mercure disparaît.

Amphitryon 38, acte I, scène 5, Grasset, 1939.

1 — En quoi les arguments du dieu sont-ils aussi ceux d'un roi ? L'épisode mythologique en devient-il pour autant une simple histoire privée ?

2 — Comparez les attitudes humaines du Jupiter de 1668 à celles que préconise Mercure et qu'adopte Jupiter en 1939.

3 — Quelle est la morale de l'histoire selon Sosie, dans la pièce et hors de la scène ?

Dorante, gentilhomme sans fortune, aime Dorimène, belle marquise, qui est aimée de Monsieur Jourdain, bourgeois fort riche et de peu de culture, aux « belles manières » tout fraîchement acquises. N'osant se déclarer lui-même, Jourdain utilise Dorante pour faire sa cour à Dorimène. Dorante, sans l'ombre d'un scrupule, offre à la marquise, en son nom propre, les cadeaux (une riche bague) offerts par Jourdain, et l'invite à souper chez ce bourgeois ridicule et touchant, manipulé, dans son désir d'acquérir le bon air de la Cour, par ces aristocrates sans scrupules. Vu à la Cour, le Bourgeois *ne pouvait que faire rire. Mais à la ville, il devait faire grincer bien des dents. Cette dualité était d'ailleurs implicite dans le titre, qui réunit deux mots — a priori incompatibles — la pièce étant, en fait, le récit et la démonstration de cette impossible réunion.*

DORIMÈNE

Enfin j'en reviens toujours là: les dépenses que je vous vois faire pour moi m'inquiètent par deux raisons : l'une qu'elles m'engagent plus que je ne voudrais ; et l'autre, que je suis sûre, sans vous déplaire, que vous ne les faites point que vous ne vous incommodiez ; et je ne veux point cela.

DORANTE

Ah ! Madame, ce sont des bagatelles ; et ce n'est pas par là...

DORIMÈNE

Je sais ce que je dis ; et, entre autres, le diamant que vous m'avez forcée à prendre est d'un prix...

DORANTE

Eh ! Madame, de grâce, ne faites point tant valoir une chose que mon amour trouve indigne de vous ; et souffrez... Voici le maître du logis.

MONSIEUR JOURDAIN, *après avoir fait deux révérences, se trouvant trop près de Dorimène.*

Un peu plus loin, Madame.

DORIMÈNE

Comment ?

MONSIEUR JOURDAIN

Un pas, s'il vous plaît.

DORIMÈNE

Quoi donc ?

MONSIEUR JOURDAIN

Reculez un peu, pour la troisième.

DORANTE

Madame, Monsieur Jourdain sait son monde.

MONSIEUR JOURDAIN

Madame, ce m'est une gloire bien grande de me voir assez fortuné pour être si heureux que d'avoir le bonheur que vous ayez eu la bonté de m'accorder la grâce de me faire l'honneur de m'honorer de la faveur de votre présence ; et si j'avais aussi le mérite pour mériter un mérite comme le vôtre, et que le Ciel... envieux de mon bien... m'eût accordé... l'avantage de me voir digne... des...

DORANTE

Monsieur Jourdain, en voilà assez : Madame n'aime pas les grands compliments, et elle sait que vous êtes homme d'esprit. *(Bas, à Dorimène.)* C'est un bon bourgeois assez ridicule, comme vous voyez, dans toutes ses manières.

DORIMÈNE

Il n'est pas malaisé de s'en apercevoir.

DORANTE

Madame, voilà le meilleur de mes amis.

MONSIEUR JOURDAIN

C'est trop d'honneur que vous me faites.

DORANTE

Galant homme tout à fait.

DORIMÈNE

J'ai beaucoup d'estime pour lui.

MONSIEUR JOURDAIN

Je n'ai rien fait encore, Madame, pour mériter cette grâce.

DORANTE, *bas, à M. Jourdain.*

Prenez bien garde au moins à ne lui point parler du diamant que vous lui avez donné.

MONSIEUR JOURDAIN

Ne pourrais-je pas seulement lui demander comment elle le trouve ?

DORANTE

Comment ? gardez-vous-en-bien : cela serait vilain à vous : et pour agir en galant homme, il faut que vous fassiez comme si ce n'était pas vous qui lui eussiez fait ce présent. Monsieur Jourdain, Madame, dit qu'il est ravi de vous voir chez lui.

DORIMÈNE

Il m'honore beaucoup.

MONSIEUR JOURDAIN

Que je vous suis obligé, Monsieur, de lui parler ainsi pour moi !

DORANTE

J'ai eu une peine effroyable à la faire venir ici.

MONSIEUR JOURDAIN

Je ne sais quelles grâces vous en rendre.

DORANTE

Il dit, Madame, qu'il vous trouve la plus belle personne du monde.

DORIMÈNE

C'est bien de la grâce qu'il me fait.

MONSIEUR JOURDAIN

Madame, c'est vous qui faites les grâces ; et...

DORANTE

Songeons à manger.

LAQUAIS

Tout est prêt, Monsieur.

DORANTE

Allons donc nous mettre à table, et qu'on fasse venir les musiciens.

(Six cuisiniers, qui ont préparé le festin, dansent ensemble, et font le troisième intermède ; après quoi, ils apportent une table couverte de plusieurs mets.)

le Bourgeois Gentilhomme
acte III, scènes 15 - 16
1670

Bien avant Louis XIV (se référer au **XVI - XVIIe siècles,** *n° 146) s'était ouvert le règne des* traitants, *financiers souvent véreux, chargés, par traités, de lever des impôts pour le compte du Roi (non sans prendre au passage un fort pourcentage sur les sommes ainsi récoltées). Turcaret est l'un d'eux : financier habile, mais en proie au mal d'amour, il couvre de cadeaux la baronne qu'il aime, qui reverse ces sommes entre les mains d'un chevalier sans fortune, grand joueur (se référer au n° 49), qu'elle préfère bien sûr à Turcaret, et qui exploite tout le monde.*

Le rire de Molière, pour cruel qu'il fût, n'était pas dépourvu de gaieté. Celui de Lesage n'est empreint que de cruauté : c'est que, pour la première fois, les finances étaient au cœur de l'action.

LESAGE (1668-1747), **1709**

FLAMAND ([1]), *à la baronne, en lui présentant un petit coffre.*

Monsieur Turcaret, madame, vous prie d'agréer ce petit présent... *(à Marine.)* Serviteur, Marine. ([2])

MARINE.

Tu sois le bien-venu, Flamand. J'aime mieux te voir que ce vilain Frontin. ([3])

LA BARONNE, *à Marine, en lui montrant le coffre.*

Considère, Marine ; admire le travail de ce petit coffre : as-tu rien vu de plus délicat ?

MARINE.

Ouvrez, ouvrez, je réserve mon admiration pour le dedans. Le cœur me dit que nous en serons plus charmées que du dehors.

LA BARONNE, *ouvrant le coffret.*

Que vois-je ? un billet au porteur ! L'affaire est sérieuse.

MARINE.

De combien, madame ?

LA BARONNE, *examinant le billet.*

De dix mille écus.

MARINE, *bas.*

Bon ! voilà la faute du diamant réparée.

LA BARONNE, *regardant dans le coffret.*

Je vois un autre billet.

MARINE.

Encore au porteur ?

LA BARONNE, *examinant le second billet.*

Non ; ce sont des vers que M. Turcaret m'adresse.

MARINE.

Des vers de M. Turcaret !

LA BARONNE, *lisant.*

A Philis... Quatrain... *(interrompant sa lecture.)* Je suis la Philis, et il me prie en vers de recevoir son billet en prose.

MARINE.

Je suis fort curieuse d'entendre des vers d'un auteur qui envoye de si bonne prose.

LA BARONNE.

Les voici ; écoute. *(Elle lit.)*

« Recevez ce billet, charmante Philis,
« Et soyez assurée que mon ame
« Conservera toujours une éternelle flamme,
« Comme il est certain que trois et trois font six ».

MARINE.

Que cela est finement pensé !

LA BARONNE.

Et noblement exprimé ! Les auteurs se peignent dans leurs ouvrages... Allez porter ce coffre dans mon cabinet, Marine.

Turcaret, 1709
acte I, scène 8.

(1) Serviteur de Turcaret.
(2) Suivante de la baronne.
(3) Valet du chevalier.

FRONTIN.

Un billet de dix mille écus ! La bonne aubaine, et la bonne femme ! Il faut être aussi heureux que vous l'êtes pour en rencontrer de pareilles : savez-vous que je la trouve un peu trop crédule pour une coquette ? [...]

LE CHEVALIER.

Si je le lui rendrai ?

FRONTIN.

Quoi ! tout entier, sans quelque nouvel article de dépense ?

LE CHEVALIER.

Assurément, je me garderai bien d'y manquer.

FRONTIN.

Vous avez des moments d'équité... Je ne m'y attendais pas.

LE CHEVALIER.

Je serais un grand malheureux de m'exposer à rompre avec elle à si bon marché !

FRONTIN.

Ah ! je vous demande pardon, j'ai fait un jugement téméraire ; je croyais que vous vouliez faire les choses à demi.

LE CHEVALIER.

Oh ! non. Si jamais je me brouille, ce ne sera qu'après la ruine totale de M. Turcaret.

FRONTIN.

Qu'après sa destruction, là, son anéantissement ?

LE CHEVALIER.

Je ne rends des soins à la coquette que pour l'aider à ruiner le traitant.

FRONTIN.

Fort bien ! A ces sentiments généreux je reconnais mon maître.

Turcaret, 1709
acte I, scène 9.

---

1 — *Le projet de Molière semble être de ridiculiser le bourgeois. Mais quelles critiques sociales sont implicites dans la composition des autres personnages ?*

2 — *Y a-t-il un seul personnage positif dans les deux extraits de Turcaret, ci-dessus ? Quelle est la morale implicite de tels rapports humains ?*

3 — *Qui sont les dupes, dans ces deux extraits ? Et qui sont les dupeurs ? A quelles classes sociales appartiennent-ils, les uns et les autres ? Qu'en concluez-vous ?*

4 — *Dans la pièce de Lesage, quelle est la fonction (théâtrale) des servantes et valets ? A quelle classe sociale appartiennent-ils ? Comment entrent-ils dans les conflits entre bourgeoisie (Turcaret) et noblesse ?*

34 a — MOLIÈRE (1622-1673)

Leclerc, *Un ballet donné à la cour de Louis XIV*, (BN).

En 1671, Molière produit la comédie-ballet Psyché, *qui est en fait une œuvre collective : nombre de scènes sont dues à Corneille, les parties chantées à Thomas Quinault, et la musique est de Lulli.*
Ce spectacle constitue un élément de transition dans l'évolution complexe qui, à partir du ballet de cour, aboutira à la création de l'opéra français. La structure elle-même est déjà celle d'un opéra en cinq actes, avec intermèdes, divertissement servant de conclusion et portant la marque de l'influence italienne.
L'œuvre fut jouée d'abord dans la grande salle des Tuileries, qui pouvait contenir sept mille personnes, construite par Le Vau et aménagée par le machiniste italien Vigarini. Elle utilisait un décor célèbre représentant l'enfer, qui avait été créé en 1662 pour un opéra italien de Buti, Ercole amante. *Le succès fut retentissant (quatre-vingt deux représentations entre 1671 et 1673).*
En 1678, Lulli n'eut aucun mal à redonner Psyché *sous le nom d'opéra, en faisant simplement transformer par Thomas Corneille les alexandrins en vers libres, en conservant les intermèdes de 1671 et en composant une musique dans le style «récitatif» (voir* **XVIe-XVIIe siècles**, *n° 85).*

Psyché, jalousée par Vénus pour sa beauté, a conquis l'amour de Cupidon. Mais celui-ci n'a pas le droit de lui révéler sa véritable identité... Or le dieu de l'amour vient de promettre à Psyché d'exaucer sa moindre volonté...

L'AMOUR
Le voulez-vous ?
PSYCHE
Souffrez que je vous en conjure.
L'AMOUR
Si vous saviez, Psyché, la cruelle aventure
Que par là vous vous attirez...
PSYCHE
Seigneur, vous me désespérez.
L'AMOUR
Pensez-y bien ; je puis encor me taire.
PSYCHE
Faites-vous des serments pour n'y point satisfaire ?
L'AMOUR
Hé bien ! je suis le dieu le plus puissant des dieux,
Absolu sur la terre, absolu dans les cieux ;
Dans les eaux, dans les airs, mon pouvoir est suprême :
En un mot, je suis l'Amour même,
Qui de mes propres traits m'étais blessé pour vous ;
Et, sans la violence, hélas ! que vous me faites,
Et qui vient de changer mon amour en courroux,
Vous m'alliez avoir pour époux.
Vos volontés sont satisfaites,
Vous avez su qui vous aimiez ;
Vous connaissez l'amant que vous charmiez,
Psyché, voyez où vous en êtes :
Vous me forcez vous-même à vous quitter ;
Vous me forcez vous-même à vous ôter
Tout l'effet de votre victoire.
Peut-être vos beaux yeux ne me reverront plus.
Ce palais, ces jardins, avec moi disparus,
Vont faire évanouir votre naissante gloire.
Vous n'avez pas voulu m'en croire ;
Et pour tout fruit de ce doute éclairci,
Le Destin, sous qui le ciel tremble,
Plus fort que mon amour, que tous les dieux ensemble,
Vous va montrer sa haine, et me chasse d'ici.

L'Amour disparaît ; et dans l'instant qu'il s'envole, le superbe jardin s'évanouit. Psyché demeure seule au milieu d'une vaste campagne, et sur le bord sauvage d'un grand fleuve où elle se veut précipiter. Le dieu du fleuve paraît assis sur un amas de joncs et de roseaux, et appuyé sur une grande urne, d'où sort une grosse source d'eau.

Psyché, Acte IV, sc. 3, 1671.

SAINT-MAURICE (1) 1671

21 janvier 1671. J'envoie à Madame Royale, de la part de M. le Comte de Saint-Aignan, un des livrets du ballet que l'on danse ici : *Psyché ;* elle le verra en attendant que je puisse lui en envoyer un autre ; nous y fûmes conviés avant-hier et nous y demeurâmes cinq heures ; j'avoue à Votre Altesse Royale que je n'ai encore rien vu ici de mieux exécuté ni de plus magnifique et ce sont des choses qui ne se peuvent pas faire ailleurs à cause de la quantité de maîtres à danser, y en ayant soixante-dix qui dansent ensemble en la dernière entrée. Ce qui est aussi merveilleux est la quantité des violons, des joueurs d'instrument et des musiciens, qui sont plus de trois cents, tous magnifiquement habillés. La salle est superbe, faite exprès ; le théâtre spacieux, merveilleusement bien décoré ; les machines et changements de scène magnifiques et qui ont bien joué, Vigarini s'étant fait honneur en cette rencontre ; mais pour la dernière scène, c'est bien la chose la plus étonnante qui se puisse voir, car l'on voit tout en un instant paraître plus de trois cents personnes suspendues ou dans les nuages ou dans une gloire, et cela fait la plus belle symphonie du monde en violons, théorbes, luths, clavecins, hautbois, flûtes, trompettes et cymbales. L'on voit bien qu'il a fallu qu'ils se soient réduits maintenant à suivre en ces sortes de choses les sentiments des Italiens.

Lettres sur la Cour de Louis XIV, 1912, II, 14-15.

(1) Envoyé de la cour de Savoie à Paris.

PSYCHE
Tragi-comédie et ballet
DANSE DEVANT SA MAJESTE
au mois de janvier 1671

DESCRIPTION DE LA SALLE

Le lieu destiné pour la représentation, et pour les spectateurs de cet assemblage de tant de magnifiques divertissements, est une salle faite exprès pour les plus grandes fêtes et qui seule peut passer pour un très superbe spectacle. Sa longueur est de quarante toises ; elle est partagée en deux parties : l'une est pour le théâtre et l'autre pour l'assemblée. Cette dernière partie est celle que l'on voit la première ; elle a des beautés qui amusent agréablement les regards jusques au moment où la scène doit s'ouvrir. La face du théâtre, ainsi que les deux retours, est un grand ordre corinthien, qui comprend toute la hauteur de l'édifice. On entre dans le parterre par deux portes différentes, à droite et à gauche. Ces entrées ont, des deux côtés, des colonnes sur des piédestaux, et des pilastres quarrés élevés à la hauteur du théâtre. On monte ensuite sur un haut-d'ais, réservé pour les places des personnes royales et de ce qu'il y a de plus considérable à la cour. Cet espace est bordé d'une balustrade par devant, et de degrés en amphithéâtre tout à l'entour ; des colonnes posées sur le haut de ces degrés soutiennent des galeries, sous lesquelles, entre les colonnes, on a placé des balcons, qui sont ornés, ainsi que le plafond, et tout ce qui paraît dans la salle, de ce que l'architecture, la sculpture, la peinture et la dorure ont de plus beau, de plus riche, et de plus éclatant.

Livret de Psyché, lors de la première représentation, 1671.

Au XVIIIe siècle, **le président De Brosses** *(1709-1777), admirateur critique de la musique italienne, se livre à une comparaison entre le goût français et celui que révèlent les opéras auxquels il assiste à Venise.*

Venons à la différence qui se trouve entre la construction de leurs poèmes et celle des nôtres.

Les poèmes français sont faits comme ils paraissent devoir l'être pour ce genre dramatique, anormal et singulier, qui n'a rien que d'extravagant, si on le considère selon les règles ; mais où l'on est convenu de sacrifier la vraisemblance et le naturel à la réunion d'un grand nombre d'amusements divers, et à la perpétuelle illusion des sens. Pour cela nous avons fort bien choisi la fable, les enchantements, la magie, qui prêtent au merveilleux, aux machines, à l'entremise des divinités, à la variété des fêtes, des danses et du spectacle ; où le ciel, la terre et les enfers peuvent paraître successivement ; où la non vraisemblance, étant de l'essence même du sujet, ne peut plus être choquante.

Nous avons un autre genre moins grand et moins noble, mais plus approchant du naturel ; ce sont nos pastorales et nos ballets, où chaque acte, formant en soi une action particulière et complète, se réunit sous une même idée générale, à laquelle ils se rapportent tous. Nous entremêlons fréquemment au simple récit des duos, des trios, de grands chœurs, des danses variées, qui produisent la magnificence et la diversité recherchées dans ce genre de spectacle.

Ici, ce n'est rien de tout cela ; leurs opéras sont de purs sujets d'histoire. On dirait presque que les Italiens n'ont regardé ce drame que comme une manière de rendre, au moyen du chant, l'action plus forte et plus intéressante qu'elle ne le serait par la simple récitation. Cette idée serait bonne si elle était juste ; mais elle n'a qu'une première apparence de vérité. En effet, dans les mouvements violents de l'âme, le chant, qui est une espèce de voix outrée, devient comme naturel, et il est très réel qu'un sentiment fort passionné remuera plus fortement l'auditeur, s'il est joint à la musique, que par la simple déclamation ; mais hors de ces grands mouvements, le chant devient ridicule dans la tragédie. Il semble d'abord qu'il faudrait chanter ou parler selon la situation, ainsi que les Anglais écrivent en vers les endroits forts de leurs tragédies, et le remplissage en prose ; mais on sent assez que cette bigarrure de chant et de déclamation ne serait pas supportable.

Les opéras italiens sont donc de vraies tragédies, tout à fait tragiques.

Lettres familières d'Italie, à M. de Maleteste, 1739, éd. Boissard 1971.

LULLI ET LA NAISSANCE DE L'OPÉRA FRANÇAIS

Si Lulli a pu être considéré comme le créateur de l'opéra français, c'est pour deux raisons bien différentes : d'une part, il a effectivement su fondre en une synthèse adaptée au goût du temps la tradition nationale et l'influence italienne. Par ailleurs, en homme d'affaires avisé, il avait réussi à obtenir du roi des lettres patentes lui garantissant le privilège de la musique d'opéra... ce qui lui permit de régner sans rivaux.

L'opéra de Lulli dura jusqu'à Rameau et se prolongea même jusqu'à Gluck, malgré la Querelle des Bouffons (voir n° 120) et les attaques des Encyclopédistes. Au reste, Rameau déclarait prendre Lulli pour modèle, et Gluck lui-même louait chez le musicien florentin «une noble simplicité, un chant rapproché de la nature et des intentions dramatiques».

De cet engouement témoignent les correspondances et les écrits de l'époque, comme l'Epître à de Niert *de La Fontaine ou les* Mémoires *de Charles Perrault.*

LA FONTAINE, 1677

Lorsque Isis, *l'opéra de Lulli, échoue en 1677, La Fontaine exulte, et prend résolument parti contre la confusion des genres.*

Quand j'entends le sifflet, je ne trouve jamais
Le changement si prompt que je me le promets :
Souvent au plus beau char le contre-poids résiste ;
Un dieu pend à la corde, et crie au machiniste ;
Un reste de forêt demeure dans la mer,
Ou la moitié du ciel au milieu de l'enfer.
« Quand le théâtre seul ne réussirait guère,
La comédie au moins, me diras-tu, doit plaire :
Les ballets, les concerts, se peut-il rien de mieux
Pour contenter l'esprit et réveiller les yeux ? »
Ces beautés, néanmoins, toutes trois séparées,
Si tu veux l'avouer, seraient mieux savourées.
Des genres si divers le magnifique appas
Aux règles de chaque art ne s'accommode pas.
Il ne faut point, suivant les préceptes d'Horace,
Qu'un grand nombre d'acteurs le théâtre embarrasse ;
Qu'en sa machine un dieu vienne tout ajuster.
Le ballet fut toujours une action muette.
La voix veut le téorbe, et non pas la trompette ;
Et la viole, propre aux plus tendres amours,
N'a jamais jusqu'ici pu se joindre aux tambours.
Que l'on n'y trouve point de machines nouvelles,
Que les vers soient mauvais, que les voix soient [cruelles
(De Baptiste épuisé les compositions
Ne sont, si vous voulez, que répétitions) :
Le Français, pour lui seul contraignant sa nature,
N'a que pour l'opéra de passion qui dure.
Les jours de l'opéra, de l'un à l'autre bout,
Saint-Honoré, rempli de carrosses partout,
Voit, malgré la misère à tous états commune,
Que l'opéra tout seul fait leur bonne fortune.
Il a l'or de l'abbé, du brave, du commis ;
La coquette s'y fait mener par ses amis ;
L'officier, le marchand, tout son rôti retranche
Pour y pouvoir porter tout son gain le dimanche
On ne va plus au bal, on ne va plus au Cours :
Hiver, été, printemps, bref, opéra toujours ;
Et quiconque n'en chante, ou bien plutôt n'en gronde
Quelque récitatif, n'a pas l'air du beau monde.
Mais que l'heureux Lulli ne s'imagine pas
Que son mérite seul fasse tout ce fracas :
Si Louis l'abandonne à ce rare mérite,
Il verra si la ville et la cour ne le quitte.
Ce grand prince a voulu tout écouter, tout voir ;
Mais il sait de nos sens jusqu'où va le pouvoir,
Et que, si notre esprit a trop peu de portée,
Leur puissance est encor beaucoup plus limitée ;
Que lorsqu'à quelque objet l'un d'eux est attaché,
Aucun autre de rien ne peut être touché :
Si les yeux sont charmés, l'oreille n'entend guères ;
Et tel, quoiqu'en effet il ouvre les paupières,
Suit attentivement un discours sérieux,
Qui ne discerne pas ce qui frappe ses yeux.
Mais ne vaut-il pas mieux, dis-moi ce qu'il t'en semble,
Qu'on ne puisse sentir tous les plaisirs ensemble,
Et que, pour en goûter les douceurs purement,
Il faille les avoir chacun séparément ?
La musique en sera d'autant mieux concertée ;
La grave tragédie, à son point remontée,
Aura les beaux sujets, les nobles sentiments,
Les vers majestueux, les heureux dénoûments ;
Les ballets reprendront leurs pas et leurs machines,
Et le bal éclatant de cent nymphes divines,
Qui de tout temps des cours a fait la majesté,
Reprendra de nos jours sa première beauté.

Epître à M. de Niert sur l'opéra, 1677.

Anonyme, *Lulli,* (Bulloz).

LIONEL DE LA LAURENCIE, 1911

Lulli rencontre déjà dans le sujet qu'il traite un gage d'immortalité. Sa musique chante deux choses qui tiennent à cœur au souverain, la majesté et le plaisir, et par là, elle s'emboîte on ne peut mieux dans l'art du siècle. A la musique individualiste, finement aristocratique, du temps d'Henri IV et de Louis XIII, Lulli substitue un art solide, un art de masses, doué de caractères dynastiques autant que de caractères nationaux. D'aucuns ont pu blâmer le Florentin d'avoir imposé une manière d'uniforme à la musique française ; on a pu regretter la douce intimité de l'air de cour, la subtilité savante des pièces de luth, la variété rythmique des airs de danse, les tendres et graves effusions des motets. Mais c'est là un point de vue spéculatif dont l'historien ne doit pas connaître. Bien plutôt, convient-il de rattacher l'art lulliste au mouvement politique et social qui centralise, à la discipline cartésienne qui, sèchement, raisonne, à la mégalomanie qui surgit du sentiment universel de la force et de la puissance. L'orgueil ne se traduit pas seulement par des constructions colossales, aux murailles couvertes de soleils, de foudres symboliques, d'allégories tapageuses, aux frontons altiers où des chevaux se cabrent ; il se fait encore musique et musique de Lulli, dont les chœurs massifs, les trompettes stridentes et impérieuses, les symphonies solennelles sont l'équivalent de la pompe boursouflée du décor visuel. L'Opéra devient ainsi l'image musicale du siècle, car il reflète moins la personnalité artistique de son auteur que le milieu dans lequel celui-ci a vécu. Héraut de la gloire militaire, metteur en scène d'une magnificence ordonnée et superbe, Lulli est encore le chantre d'une galanterie savante, un peu désenchantée pourtant, et qui n'ignore pas l'envers mélancolique de l'amour. Il y a chez lui beaucoup de gravité, beaucoup de tendresse, et, à côté d'élans joyeux, une sorte de tristesse contenue. Mais il ne crée rien, à proprement parler ; ingénieusement, il simplifie et utilise toute la musique contemporaine, et on peut lui appliquer la définition que Villemain trace de l'homme de génie : celui qui sait donner une forme définitive à une idée banale.

J.B. Lulli, 1911.

CHARLES PERRAULT (1628-1703)

L'abbé Perrin (1620-1675) et le musicien Cambert (1628-1677) avaient composé une « pastorale en musique » *qui obtint un énorme succès. Lulli ne laissa pas passer l'occasion...*

Lulli, qui s'était moqué jusque là de leur musique, voyant le grand gain qu'ils faisaient, demanda au Roi qu'il lui fît don du droit de faire seul des opéras et d'en avoir tout le profit. Perrin et Cambert s'y opposèrent, et M. Colbert lui-même, qui ne trouvait pas qu'il y eût de justice à déposséder les inventeurs ou du moins les instaurateurs de ce divertissement à Paris, n'en était point d'accord, trouvant d'ailleurs plus à propos pour perfectionner les Français dans l'étude de la musique, de laisser à tout le monde la faculté de composer des opéras tant pour les paroles que pour la musique, de même qu'il se pratique pour les comédies et tragédies que chacun fait telles qu'il lui plaît et les présente aux comédiens pour être représentées. Lulli alla au Roi lui demander ce don avec tant de force et tant d'importunité que le Roi, craignant que de dépit il ne quittât tout, dit à M. Colbert qu'il ne pouvait se passer de cet homme-là dans ses divertissements, il fallait lui accorder ce qu'il demandait, ce qui fut fait dès le lendemain, au grand étonnement de bien des gens et de moi particulièrement, qui savais que M. Colbert était d'un sentiment tout opposé. Deux ou trois jours après, je lui entendis dire que les courtisans blâmaient ce don qu'on avait fait à Lulli, disant que cet homme allait gagner des sommes immenses, qu'il aurait mieux valu se laisser partager entre plusieurs musiciens, que cela aurait engagés par émulation à se surpasser les uns les autres, et à porter ainsi la musique à sa dernière perfection. « Je voudrais, disait M. Colbert, que Lulli gagnât un million à faire des opéras, afin que l'exemple d'un homme qui aurait fait une telle fortune à composer de la musique engageât tous les autres musiciens à faire tous les efforts pour parvenir au même point que lui. » Tant il est vrai que les ministres savent toujours faire valoir les desseins et les résolutions de leur maître.

Mémoires de ma vie, éd. par Paul Bonnefon, 1909.

35 Isaac NEWTON (1642-1727)

Le mathématicien anglais Newton partage avec Locke (voir n°28) l'honneur d'avoir fait pénétrer sur le continent les thèses de l'empirisme anglais, établissant la nécessité de* l'expérience *face au rationalisme cartésien.*
La théorie de l'attraction va devenir, au XVIIIe siècle, le modèle d'intelligibilité de tout phénomène réel (il perdure jusque chez Fourier, voir **XIXe siècle,** *n° 32-33), et de ce point de vue, l'on peut parler d'un âge newtonien des sciences. Mais le plus important sans doute, pour l'histoire des mentalités, est que l'homme des Lumières trouve chez Newton l'idée qu'il faut travailler à la constitution des sciences, et de la connaissance en général, sans se préoccuper de ses fondements métaphysiques. Pour Newton, Dieu existe, certes, mais la nature qui le manifeste n'en est pas pour autant un mystère impénétrable : l'homme doit s'attacher à établir ses mécanismes, les relations qui lient ses différents éléments, à partir de lois mathématiques et physiques universelles, grâce aux procédures de la méthode expérimentale. Connaître les* **lois** *sans se préoccuper des* **causes** *suffit à l'homme pour agir : telle est la leçon essentielle que les philosophes du XVIIIe siècle, et en particulier les Encyclopédistes, retiendront du mathématicien anglais.*

La géométrie appartient en quelque chose à la mécanique ; car c'est de cette dernière que dépend la description des lignes droites et des cercles sur lesquels elle est fondée. Il est effectivement nécessaire que celui qui veut s'instruire dans la géométrie sache décrire ces lignes avant de prendre les premières leçons de cette science : après quoi on lui apprend comment les problèmes se résolvent par le moyen de ces opérations. On emprunte donc de la mécanique leur solution : la géométrie enseigne leur usage, et se glorifie du magnifique édifice qu'elle élève en leur empruntant si peu d'ailleurs. La géométrie est donc fondée sur une pratique mécanique, et elle n'est autre chose qu'une branche de la mécanique universelle qui traite et qui démontre l'art de mesurer. [...]

Nous qui avons pour objet [...] l'avancement de la philosophie [...], nous traitons principalement de la pesanteur, la légèreté, la force électrique, la résistance des fluides et les autres forces de cette espèce, soit attractives, soit répulsives : c'est pourquoi nous proposons ce que nous donnons ici comme les principes mathématiques de la philosophie naturelle. En effet toute la difficulté de la philosophie paraît consister à trouver les forces qu'emploie la nature, par les phénomènes du mouvement que nous connaissons, et à démontrer ensuite, par là, les autres phénomènes. C'est l'objet qu'on a eu en vue dans les propositions générales du premier et deuxième livre, et on en donne un exemple dans le troisième en expliquant le système de l'univers : car on y détermine par les propositions mathématiques démontrées dans les deux premiers livres, les forces avec lesquelles les corps tendent vers le soleil et les planètes ; après quoi, à l'aide des mêmes propositions mathématiques, on déduit de ces forces les mouvements des planètes, des comètes, de la lune et de la mer. Il serait à désirer que les autres phénomènes que nous présente la nature, pussent se dériver aussi heureusement des principes mécaniques : car plusieurs raisons me portent à soupçonner qu'ils dépendent tous de quelques forces dont les causes sont inconnues, et par lesquelles les particules des corps sont poussées les unes vers les autres, et s'unissent en figures régulières, ou sont repoussées et se fuient mutuellement ; et c'est l'ignorance où l'on a été jusqu'ici de ces forces, qui a empêché les philosophes de tenter l'explication de la nature avec succès. J'espère que les principes que j'ai posés dans cet ouvrage pourront être de quelque utilité à cette manière de philosopher, ou à quelque autre plus véritable, si je n'ai pas touché au but.

Préface aux *Principes mathématiques de la philosophie naturelle,* 1687, Ed. Blanchard, 1966.

PRINCIPES MATHÉMATIQUES DE LA PHILOSOPHIE NATURELLE

Un projectile ne retomberait point vers la terre, s'il n'était point animé par la force de la gravité, mais il s'en irait en ligne droite dans les cieux avec un mouvement uniforme, si la résistance de l'air était nulle. C'est donc par sa gravité qu'il est retiré de la ligne droite, et qu'il s'infléchit sans cesse vers la terre ; et il s'infléchit plus ou moins, selon sa gravité et la vitesse de son mouvement. Moins la gravité du projectile sera grande par rapport à sa quantité de matière, plus il aura de vitesse ; moins il s'éloignera de la ligne droite, et plus il ira loin avant de retomber sur la terre.

Ainsi, si un boulet de canon était tiré horizontalement du haut d'une montagne, avec une vitesse capable de lui faire parcourir un espace de deux lieues avant de retomber sur la terre : avec une vitesse double, il n'y retomberait qu'après avoir parcouru à peu près quatre lieues, et avec une vitesse décuplée, il irait dix fois plus loin, (pourvu qu'on n'ait point d'égard à la résistance de l'air) ; et en augmentant la vitesse de ce corps, on augmenterait à volonté le chemin qu'il parcourrait avant de retomber sur la terre, et on diminuerait la courbure de la ligne qu'il décrirait ; en sorte qu'il pourrait ne retomber sur la terre qu'à la distance de dix, de trente, ou de quatre-vingt dix degrés ; ou qu'enfin il pourrait circuler autour, sans y retomber jamais, et même s'en aller en ligne droite à l'infini dans le ciel.

Or, par la même raison qu'un projectile pourrait tourner autour de la terre par la force de la gravité, il se peut faire que la lune par la force de sa gravité (supposé qu'elle gravite) ou par quelque autre force qui la porte vers la terre, soit détournée à

tout moment de la ligne droite pour s'approcher de la terre, et qu'elle soit contrainte à circuler dans une courbe, et sans une telle force, la lune ne pourrait être retenue dans son orbite.

Si cette force était moindre qu'il ne convient, elle ne retirerait pas assez la lune de la ligne droite ; et si elle était plus grande, elle l'en retirerait trop, et elle la tirerait de de son orbe vers la terre. La quantité de cette force doit donc être donnée ; et c'est aux mathématiciens à trouver la force centripète nécessaire pour faire circuler un corps dans une orbite donnée, et à déterminer réciproquement la courbe dans laquelle un corps doit circuler par une force centripète donnée, en partant d'un lieu quelconque donné, avec une vitesse donnée.

Principes mathématiques de la philosophie naturelle, Définition 5, 1687, Ed. Blanchard 1966.

WERNER HEISENBERG, 1961.

Newton commence ses *Principia* par un groupe de définitions et d'axiomes liés entre eux de telle manière qu'ils forment ce qu'on pourrait appeler un «système fermé»; chaque concept peut être représenté par un symbole mathématique et les rapports entre les différents concepts sont alors représentés par des équations mathématiques exprimées par des symboles; l'image mathématique de ce système assure qu'aucune contradiction interne ne puisse s'y produire. Ainsi les mouvements possibles des corps sous l'influence des forces qui s'exercent sont représentés par les solutions possibles des équations. Le système de définitions et d'axiomes pouvant se traduire par un ensemble d'équations mathématiques est considéré comme décrivant une structure éternelle de la Nature, structure indépendante des valeurs particulières de l'espace ou du temps. Les différents concepts sont si étroitement liés à l'intérieur du système qu'en général l'on ne pourrait changer aucun d'entre eux sans détruire le système entier. C'est pour cette raison que, pendant longtemps, le système newtonien fut considéré comme définitif et que la tâche posée aux scientifiques de l'époque semblait n'être que d'étendre la mécanique newtonienne à des domaines expérimentaux de plus en plus vastes.

Physique et philosophie, Albin Michel, 1961.

DAVID HUME, 1748.

Est-il possible, comme le tente ce philosophe anglais, d'«introduire la méthode expérimentale de raisonnement dans les sujets moraux»? L'extension du modèle newtonien aux sciences de l'homme est ici manifeste.

Les astronomes se sont longtemps contentés de prouver, à partir des phénomènes, les véritables mouvements, l'ordre et la grandeur des corps célestes ; jusqu'au moment où, enfin, un philosophe parut qui, semble-t-il, par le plus heureux raisonnement, a aussi déterminé les lois et les forces qui gouvernent et dirigent les révolutions des planètes. Il y a eu de semblables réalisations pour d'autres parties de la nature. Il n'y a pas de raison de désespérer d'obtenir un égal succès dans nos enquêtes sur les pouvoirs et l'économie de l'esprit, si on les poursuit avec une égale capacité et une égale prudence. Il est probable qu'une opération et qu'un principe de l'esprit dépendent d'une autre opération et d'un autre principe, et ceux-ci à leur tour peuvent se résoudre en une opération et un principe plus généraux et plus universels.

Enquête sur l'entendement humain, Section I, 1748.

*Pour Hume, il existe dans l'esprit un analogue de l'attraction newtonienne dans la nature : c'est l'*association des idées.

Tels sont donc les principes d'union ou de cohésion entre nos idées simples, ceux qui, dans l'imagination, tiennent lieu de cette connexion indissoluble par où elles sont unies dans la mémoire. Voilà une sorte d'*attraction* qui, comme on verra, produit dans le monde mental d'aussi extraordinaires effets que dans le naturel et se manifeste sous des formes aussi nombreuses et aussi variées.

Traité de la nature humaine, 1re partie, ch. IV, 1739.

Gotlib, *Rubrique à brac,* t. 2.

1 — *PREMIER EXTRAIT*

Quels sont pour Newton, les liens qui doivent s'établir entre la physique, la mathématique et la philosophie? Quelle doit être la démarche de l'esprit en quête de savoir?

2 — *DEUXIÈME EXTRAIT*

Repérez dans ce texte les éléments qui marquent les étapes de la réflexion de Newton. Quelles sont ici les parts respectives de l'expérience et de la théorie?

3 — *Lisez, dans les* Lettres philosophiques *de Voltaire (1734), celles qui sont consacrées à Newton. Quelle dette intellectuelle reconnaît le philosophe envers le mathématicien anglais?*

Champaigne, *portrait de Pascal,* (Bulloz).

A la mort de Pascal, on recueillit un «amas de pensées détachées» (plus d'un millier), qui furent publiées en 1669 par les soins de Port-Royal (voir **XVIe - XVIIe siècles,** *n° 161). Ces notes, classées pour la plupart par Pascal en vingt-sept liasses portant chacune un titre, devaient fournir la matière d'une* Apologie de la religion chrétienne. *Elles furent presque toutes rédigées entre 1656 (au moment où Pascal écrit* les Provinciales, *voir* **XVIe-XVIIe siècles,** *nos 161, 162, 163) et 1659. Les érudits se sont essayés à reconstruire l'ordre définitif dans lequel les* Pensées *seraient venues s'intégrer. L'édition Brunschvicg (1897) fit longtemps autorité, jusqu'à celle de Lafuma (1951), que nous utilisons ici.*

Que l'homme contemple donc la nature entière dans sa haute et pleine majesté, qu'il éloigne sa vue des objets bas qui l'environnent. Qu'il regarde cette éclatante lumière mise comme une lampe éternelle pour éclairer l'univers, que la terre lui paraisse comme un point au prix du vaste tour que cet astre décrit, et qu'il s'étonne de ce que ce vaste tour lui-même n'est qu'une pointe très délicate à l'égard de celui que ces astres, qui roulent dans le firmament, embrassent. Mais si notre vue s'arrête là que l'imagination passe outre, elle se lassera plutôt de concevoir que la nature de fournir. Tout le monde visible n'est qu'un trait imperceptible dans l'ample sein de la nature. Nulle idée n'en approche, nous avons beau enfler nos conceptions au-delà des espaces imaginables, nous n'enfantons que des atomes au prix de la réalité des choses. C'est une sphère infinie dont le centre est partout, la circonférence nulle part. Enfin c'est le plus grand caractère sensible de la toute-puissance de Dieu que notre imagination se perde dans cette pensée.

Que l'homme étant revenu à soi considère ce qu'il est au prix de ce qui est, qu'il se regarde comme égaré, et que de ce petit cachot où il se trouve logé, j'entends l'univers, il apprenne à estimer la terre, les royaumes, les villes, les maisons et soi-même, son juste prix.

Qu'est-ce qu'un homme, dans l'infini?

Mais pour lui présenter un autre prodige aussi étonnant, qu'il recherche dans ce qu'il connaît les choses les plus délicates, qu'un ciron (1) lui offre dans la petitesse de son corps des parties incomparablement plus petites, des jambes avec des jointures, des veines dans ses jambes, du sang dans ses veines, des humeurs dans ce sang, des gouttes dans ces humeurs, des vapeurs dans ces gouttes, que divisant encore ces dernières choses il épuise ses forces en ces conceptions et que le dernier objet où il peut arriver soit maintenant celui de notre discours. Il pensera peut-être que c'est là l'extrême petitesse de la nature.

Je veux lui faire voir là-dedans un abîme nouveau. Je lui veux peindre non seulement l'univers visible, mais l'immensité qu'on peut concevoir de la nature dans l'enceinte de ce raccourci d'atome, qu'il y voie une infinité d'univers, dont chacun a son firmament, ses planètes, sa terre, en la même proportion que le monde visible, dans cette terre des animaux, et enfin des cirons dans lesquels il retrouvera ce que les premiers ont donné, et trouvant encore dans les autres la même chose sans fin et sans repos, qu'il se perdra dans ces merveilles aussi étonnantes dans leur petitesse, que les autres par leur étendue, car qui n'admirera que notre corps, qui tantôt n'était pas perceptible dans l'univers imperceptible lui-même dans le sein du tout, soit à présent un colosse, un monde ou plutôt un tout à l'égard du néant où l'on ne peut arriver. Qui se considérera de la sorte s'effraiera de soi-même, et, se considérant soutenu dans la masse que la nature lui a donnée entre ces deux abîmes de l'infini et du néant, il tremblera dans la vue de ces merveilles et je crois que sa curiosité se changeant en admiration, il sera plus disposé à les contempler en silence qu'à les rechercher avec présomption.

Car enfin qu'est-ce que l'homme dans la nature? Un néant à l'égard de l'infini, un tout à l'égard du néant, un milieu entre rien et tout, infiniment éloigné de comprendre les extrêmes; la fin des choses et leurs principes sont pour lui invinciblement cachés dans un secret impénétrable.

Egalement incapable de voir le néant d'où il est tiré et l'infini où il est englouti.

Que fera-t-il donc sinon d'apercevoir quelque apparence du milieu des choses dans un désespoir éternel de connaître ni leur principe ni leur fin? Toutes choses sont sorties du néant et portées jusqu'à l'infini. Qui suivra ces étonnantes démarches? L'auteur de ces merveilles les comprend. Tout autre ne le peut faire.

Pensées, Laf. 199, Br. 72, 1669.

(1) Insecte considéré alors comme le plus petit animal visible.

1 — Relevez et classez, dans le texte de Pascal, les éléments rhétoriques essentiels: antithèses*, images et formules frappantes, balancements, gradations*, fausses interrogations, etc.*

2 — Relevez les termes et les formules qui montrent que Pascal tente d'imposer *au lecteur l'impression que doit susciter en lui ce tableau.*

3 — Comparez la construction générale de l'argumentation pascalienne et celle d'Arnauld et Nicole. Le but visé par les auteurs est-il le même?

LE CLASSEMENT PASCALIEN DES VINGT-SEPT LIASSES (Les titres sont de Pascal lui-même)

1 - Ordre. Disposer d'abord le croyant à accepter la foi comme seul bien véritable, puis établir la vérité du christianisme.

2 - Vanité. L'homme ne peut atteindre la vérité, car il est égaré par les «puissances trompeuses» : coutumes, imagination, amour-propre.

3 - Misère. L'homme ne peut atteindre le bien.

4 - Ennui. L'homme oscille perpétuellement entre le repos et l'ennui.

5 - Raison des effets. Distinction entre les naïfs , les demi-habiles (les sceptiques), les habiles, qui seuls dépassent l'apparente absurdité du monde.

6 - Grandeur. La grandeur de l'homme réside dans la conscience qu'il a de sa misère.

7 - Contrariétés. L'homme est contradictoire, seul le christianisme explique ses contradictions.

8 - Divertissement. L'homme cherche le bonheur dans l'illusion.

9 - Philosophes. Les philosophes se contredisent entre eux, n'approchant chacun qu'une part de la vérité.

10 - Le Souverain Bien. Tous les hommes ont la nostalgie d'un bonheur perdu.

11 - A.P.R. (titre d'une conférence sans doute prononcée à Port-Royal en 1658). Seul le christianisme à la fois explique l'homme et nous donne l'absolu.

12 - Commencement. Impuissance de la raison, nécessité de parier pour Dieu.

13 - Soumission et usage de la raison. Le christianisme dépasse la raison.

14 - Excellence de cette manière de prouver Dieu. Dieu s'est révélé à l'homme par des signes ; arriver à Dieu par Jésus-Christ.

15 - Transition de la connaissance de l'homme à Dieu. L'homme, créature finie, est sans proportion avec l'infini, qui se communique pourtant à lui.

16 - Fausseté des autres religions. Elles sont incapables de rendre compte des contradictions de l'homme.

17 - Rendre la religion aimable.

18 - Fondement de la religion et réponse aux objections. Dieu est caché. Le salut est une recherche.

19 - Que la loi était figurative. Dans la Bible, réside un sens caché, spirituel.

20 - Rabbinage.
21 - Perpétuité.
} La religion judéo-chrétienne remonte aux origines du monde. L'Ancien Testament annonce le Nouveau.

22 - Preuves de Moïse.

23 - Preuves de Jésus-Christ. Distinction de trois ordres: chair, esprit, charité.

24 - Prophéties.
25 - Figures particulières.
} J.-C. et l'Eglise ont été annoncés par les Prophètes.

ARNAULD ET NICOLE, 1662

Dans la Logique ou l'Art de penser, *publiée en 1662 par Arnauld et Nicole, deux jansénistes* de Port-Royal, figure une démonstration dont le thème, sinon la formulation, semble tout pascalien.*

Qu'y a-t-il de plus incompréhensible que l'éternité et qu'y a-t-il en même temps de plus certain ? En sorte que ceux qui par un aveuglement horrible ont détruit dans leur esprit la connaissance de Dieu, sont obligés de l'attribuer au plus vil et au plus méprisable de tous les êtres, qui est la matière.

Quel moyen de comprendre que le plus petit grain de matière soit divisible à l'infini, et que l'on puisse jamais arriver à une partie si petite, que non seulement elle n'en enferme plusieurs autres, mais qu'elle n'en enferme une infinité ; que le plus petit grain de blé enferme en soi autant de parties, quoiqu'à proportion plus petites, que le monde entier, que toutes les figures imaginables s'y trouvent actuellement, et qu'il contienne en soi un petit monde avec toutes ses parties, un soleil, un ciel, des étoiles, des planètes, une terre dans une justesse admirable de proportions ; et qu'il n'y ait aucune des parties de ce grain, qui ne contienne encore un monde proportionnel. Quelle peut être la partie dans ce petit monde, qui répond à la grosseur d'un grain de blé, et quelle effroyable différence doit-il y avoir afin qu'on puisse dire véritablement que ce qu'est un grain de blé à l'égard du monde entier, cette partie l'est à l'égard d'un grain de blé ? Néanmoins cette partie dont la petitesse nous est déjà incompréhensible, contient encore un autre monde proportionnel, et ainsi à l'infini, sans qu'on en puisse trouver aucune qui n'ait autant de parties proportionnelles que tout le monde, quelque étendue qu'on lui donne.

Toutes ces choses sont inconcevables ; néanmoins il faut nécessairement qu'elles soient, puisque l'on démontre la divisibilité de la matière à l'infini, et que la Géométrie nous en fournit des preuves aussi claires que d'aucune des vérités qu'elle nous découvre.

Car cette science nous fait voir qu'il y a de certaines lignes qui n'ont nulle mesure commune, et qu'elle appelle pour cette raison incommensurables, comme la diagonale d'un carré et les côtés. Or si cette diagonale et ces côtés étaient composés d'un certain nombre de parties indivisibles, une de ces parties indivisibles ferait la mesure commune de ces deux lignes, et par conséquent il est impossible que ces deux lignes soient composées d'un certain nombre de parties indivisibles.

la Logique ou l'Art de penser, 4e partie, ch. I, «De la Méthode», 1662.

26 - Morale chrétienne. Le converti ne doit s'attacher qu'à Dieu, éviter aussi bien le désespoir que la présomption.

27 - Conclusion. Nécessité de l'humilité et de l'amour.

4 — *Commentez la vision de l'homme qui se dégage de ces deux textes, et confrontez-la à la réponse de Voltaire dans les* Lettres philosophiques *(1734, Vingt-cinquième lettre, voir n° 38 b), ou à la conception développée dans* Micromégas *(1752).*

37 Blaise PASCAL (1623-1662)

Ils (1) ont un instinct secret qui les porte à chercher le divertissement et l'occupation au-dehors, qui vient du ressentiment de leurs misères continuelles. Et ils ont un autre instinct secret qui reste de la grandeur de notre première nature, qui leur fait connaître que le bonheur n'est en effet que dans le repos et non pas dans le tumulte. Et de ces deux instincts contraires il se forme en eux un projet confus qui se cache à leur vue dans le fond de leur âme, qui les porte à tendre au repos par l'agitation et à se figurer toujours que la satisfaction qu'ils n'ont point leur arrivera si en surmontant quelques difficultés qu'ils envisagent ils peuvent s'ouvrir par là la porte au repos.

Ainsi s'écoule toute la vie ; on cherche le repos en combattant quelques obstacles et si on les a surmontés le repos devient insupportable par l'ennui qu'il engendre. Il en faut sortir et mendier le tumulte.

Allégorie sur le Jansénisme, (Giraudon).

Car ou l'on pense aux misères qu'on a ou à celles qui nous menacent. Et quand on se verrait même assez à l'abri de toutes parts, l'ennui de son autorité privée (2) ne laisserait pas de sortir du fond du cœur où il a des racines naturelles et de remplir l'esprit de son venin.

Ainsi l'homme est si malheureux qu'il s'ennuierait même sans aucune cause d'ennui par l'état propre de sa complexion. Et il est si vain qu'étant plein de mille causes essentielles d'ennui, la moindre chose comme un billard et une balle qu'il pousse, suffisent pour le divertir.

Mais, direz-vous, quel objet a-t-il en tout cela ? celui de se vanter demain entre ses amis de ce qu'il a mieux joué qu'un autre. Ainsi les autres suent dans leur cabinet pour montrer aux savants qu'ils ont résolu une question d'algèbre qu'on n'aurait pu trouver jusqu'ici, et tant d'autres s'exposent aux derniers périls pour se vanter ensuite d'une place qu'ils auront prise aussi sottement à mon gré. Et enfin les autres se tuent pour remarquer toutes ces choses, non pas pour en devenir plus sages, mais seulement pour montrer qu'ils les savent, et ceux-là sont les plus sots de la bande puisqu'ils le sont avec connaissance, au lieu qu'on peut penser des autres qu'ils ne le seraient plus, s'ils avaient cette connaissance.

Tel homme passe sa vie sans ennui en jouant tous les jours peu de chose. Donnez-lui tous les matins l'argent qu'il peut gagner chaque jour, à la charge qu'il ne joue point, vous le rendez malheureux. On dira peut-être que c'est qu'il recherche l'amusement du jeu et non pas le gain. Faites-le donc jouer pour rien, il ne s'y échauffera pas et s'y ennuiera. Ce n'est donc pas l'amusement seul qu'il recherche. Un amusement languissant et sans passion l'ennuiera. Il faut qu'il s'y échauffe, et qu'il se pipe lui-même en s'imaginant qu'il serait heureux de gagner ce qu'il ne voudrait pas qu'on lui donnât à condition de ne point jouer, afin qu'il se forme un sujet de passion et qu'il excite sur cela son désir, sa colère, sa crainte pour cet objet qu'il s'est formé comme les enfants qui s'effraient du visage qu'ils ont barbouillé.

D'où vient que cet homme qui a perdu depuis peu de mois son fils unique et qui, accablé de procès et de querelles était ce matin si troublé, n'y pense plus maintenant ? ne vous en étonnez pas, il est tout occupé à voir par où passera ce sanglier que ses chiens poursuivent avec tant d'ardeur depuis six heures. Il n'en faut pas davantage. L'homme, quelque plein de tristesse qu'il soit, si on peut gagner sur lui de le faire entrer en quelque divertissement, le voilà heureux pendant ce temps-là, et l'homme quelque heureux qu'il soit, s'il n'est diverti et occupé par quelque passion ou quelque amusement, qui empêche l'ennui de se répandre, sera bientôt chagrin et malheureux. Sans divertissement il n'y a point de joie ; avec le divertissement, il n'y a point de tristesse. Et c'est aussi ce qui forme le bonheur des personnes de grande condition, qu'ils ont un nombre de personnes qui les divertissent et qu'ils ont le pouvoir de se maintenir en cet état.

Prenez-y garde, qu'est-ce autre chose d'être surintendant, chancelier, premier président sinon d'être en une condition où l'on a le matin un grand nombre de gens qui viennent de tous côtés pour ne leur laisser pas une heure en la journée où ils puissent penser à eux-mêmes ; et quand ils sont dans la disgrâce, et qu'on les renvoie à leurs maisons des champs où ils ne manquent ni de biens ni de domestiques pour les assister dans leur besoin, ils ne laissent pas d'être misérables et abandonnés parce que personne ne les empêche de songer à eux.

Pensées, Laf. 136, Br. 139, 1669.

(1) Les hommes.
(2) Sans causes extérieures.

SENANCOUR, 1804

Oberman, le héros romantique de Senancour, (voir **XIXe siècle,** *n° 13) exprime dans cette lettre le sentiment de vide et d'inutilité que lui donne la vie. L'indépassable dialectique entre le repos et l'action n'est pas sans rappeler, jusque dans sa formulation, la description par Pascal de la condition humaine.*

L'on dirait que le sort s'attache à ramener l'homme sous la chaîne qu'il a voulu secouer malgré le sort. Que m'a-t-il servi de tout quitter pour chercher une vie plus libre ? Si j'avais vu des choses selon ma nature, ce ne fut qu'en passant, sans en jouir, et comme pour redoubler en moi l'impatience de les posséder.

Je ne suis point l'esclave des passions, je suis plus malheureux, leur vanité ne me trompera point : mais enfin ne faut-il pas que la vie soit remplie par quelque chose ? Quand l'existence est vide, peut-elle satisfaire ? Si la vie du cœur n'est qu'un néant agité, ne vaut-il pas mieux la laisser pour un néant plus tranquille ? Il me semble que l'intelligence cherche un résultat : je voudrais que l'on me dît quel est celui de ma vie. Je veux quelque chose qui voile et entraîne mes heures ; car je ne saurais toujours les sentir rouler si pesamment sur moi, seules et lentes, sans désirs, sans illusions, sans but. Si je ne puis connaître de la vie que ses misères, est-ce un bien de l'avoir reçue ? Est-ce une sagesse de la conserver ?

Vous ne pensez pas que trop faible contre les maux de l'humanité, je n'ose même en soutenir la crainte : vous me connaissez mieux. Ce n'est point dans le malheur que je songerais à rejeter la vie : la résistance éveille l'âme et lui donne une attitude plus fière ; l'on se retrouve enfin, quand il faut lutter contre de grandes douleurs ; on peut se plaire dans son énergie, on a du moins quelque chose à faire. Mais ce sont les embarras, les ennuis, les contraintes, l'insipidité de la vie qui me fatiguent et me rebutent. L'homme passionné peut se résoudre à souffrir, puisqu'il prétend jouir un jour ; mais quelle considération peut soutenir l'homme qui n'attend rien. Je suis las de mener une vie si vaine. Il est vrai que je pourrais prendre patience encore ; mais ma vie passe sans que je ne fasse rien d'utile, et sans que je jouisse, sans espoir, comme sans paix. Pensez-vous qu'avec une âme indomptable, tout cela puisse durer de longues années ?

Je crois qu'il y a aussi une raison des choses physiques ; et que la nécessité elle-même a une marche suivie, une sorte de fin que l'intelligence peut pressentir. Je me demande quelquefois où me conduira cette contrainte qui m'enchaîne à l'ennui, cette apathie d'où je ne puis sortir ; cet ordre de choses nul et insipide dont je ne saurais me débarrasser, où tout manque, diffère, s'éloigne ; où toute probabilité s'évanouit ; où l'effort est détourné ; où tout changement avorte ; où l'attente est toujours trompée, même celle d'un malheur du moins énergique ; où l'on dirait qu'une volonté ennemie s'attache à me retenir dans un état de suspension et d'entraves, à me leurrer par des choses vagues et des espérances évasives, afin de consumer ma durée entière sans qu'elle ait rien atteint, rien produit, rien possédé. Je revois le triste souvenir des longues années perdues. J'observe comment cet avenir qui séduit toujours, change et s'amoindrit en s'approchant. Frappé d'un souffle de mort à la lueur funèbre du présent, il se décolore dès l'instant où l'on veut jouir ; et laissant derrière lui les séductions qui le masquaient et le prestige déjà vieilli, il passe seul, abandonné, traînant avec pesanteur son spectre épuisé et hideux, comme s'il insultait à la fatigue que donne le glissement sinistre de sa chaîne éternelle : lorsque je pressens cet espace désenchanté où vont se traîner les restes de ma jeunesse et de ma vie ; et que ma pensée cherche à suivre d'avance la pente uniforme où tout coule et se perd ; que trouvez-vous que je puisse attendre à son terme, et qui pourrait me cacher l'abîme où tout cela va finir ? Ne faudrait-il pas bien que, las et rebuté, quand je suis assuré de ne pouvoir rien, je cherche au moins du repos ? Et quand une force inévitable pèse sur moi sans relâche, comment reposerai-je, si ce n'est en me précipitant moi-même ?

Oberman, Lettre XLI, 1804.

1 — Quel est pour Pascal le fondement du malheur humain ? Et quels en sont les effets ?

2 — Précisez le sens que Pascal donne au mot «divertissement».

3 — En résumant les divers exemples pris par Pascal, précisez l'image de l'homme qui s'en dégage. Y a-t-il pour lui une différence fondamentale entre l'homme de science et les autres ? Dans quelle mesure peut-on voir ici une auto-critique (voir **XVIe-XVIIe siècles,** *n° 160) ?*

OBERMAN

4 — Dans le texte de Senancour, relevez et commentez les passages qui illustrent la contradiction entre le «repos» et le «tumulte» mise en lumière par Pascal.

5 — Quel est le sens de la question lancinante qui clôt chaque paragraphe ? En quoi l'aboutissement de cette réflexion peut-il représenter une conséquence extrême de la vision de l'homme développée par Pascal ?

6 — EXPOSÉ : ennui pascalien et ennui romantique (voir **XIXe siècle,** *entrée «mal du siècle»).*

38 a Blaise PASCAL (1623-1662)

Que l'homme sans la foi ne peut connaître le vrai bien, ni la justice.

Tous les hommes recherchent d'être heureux. Cela est sans exception, quelques différents moyens qu'ils y emploient. Ils tendent tous à ce but. Ce qui fait que les uns vont à la guerre et que les autres n'y vont pas, est ce même désir qui est dans tous les deux accompagné de différentes vues. La volonté ne fait jamais la moindre démarche que vers cet objet. C'est le motif de toutes les actions de tous les hommes, jusqu'à ceux qui vont se pendre.

Et cependant depuis un si grand nombre d'années jamais personne, sans la foi, n'est arrivé à ce point où tous visent continuellement. Tous se plaignent, princes, sujets, nobles, roturiers, vieux, jeunes, forts, faibles, savants, ignorants, sains, malades de tous pays, de tous les temps, de tous âges, et de toutes conditions.

Une épreuve si longue, si continuelle et si uniforme devrait bien nous convaincre de notre impuissance d'arriver au bien par nos efforts. Mais l'exemple nous instruit peu. Il n'est jamais si parfaitement semblable qu'il n'y ait quelque délicate différence et c'est de là que nous attendons que notre attente ne sera pas déçue en cette occasion comme en l'autre, et ainsi le présent ne nous satisfaisant jamais, l'expérience nous pipe (1), et de malheur en malheur nous mène jusqu'à la mort qui en est un comble éternel.

Qu'est-ce donc que nous crie cette avidité et cette impuissance sinon qu'il y a eu autrefois dans l'homme un véritable bonheur, dont il ne lui reste maintenant que la marque et la trace toute vide et qu'il essaye inutilement de remplir de tout ce qui l'environne, recherchant des choses absentes le secours qu'il n'obtient pas des présentes, mais qui en sont toutes incapables parce que ce gouffre infini ne peut être rempli que par un objet infini et immuable, c'est-à-dire que par Dieu même.

Lui seul est son véritable bien. Et depuis qu'il l'a quitté, c'est une chose étrange qu'il n'y a rien dans la nature qui n'ait été capable de lui en tenir la place, astres, ciel, terre, éléments, plantes, choux, poireaux, animaux, insectes, veaux, serpents, fièvre, peste, guerre, famine, vices, adultère, inceste. Et depuis qu'il a perdu le vrai bien, tout également peut lui paraître tel jusqu'à sa destruction propre, quoique si contraire à Dieu, à la raison et à la nature tout ensemble.

Les uns le cherchent dans l'autorité, les autres dans les curiosités et dans les sciences, les autres dans les voluptés.

D'autres qui en ont en effet plus approché ont considéré qu'il est nécessaire que ce bien universel que tous les hommes désirent ne soit dans aucune des choses particulières qui ne peuvent être possédées que par un seul et qui étant partagées affligent plus leurs possesseurs par le manque de la partie qu'ils n'ont pas, qu'elles ne les contentent par la jouissance de celle qui lui appartient. Ils ont compris que le vrai bien devait être tel que tous pussent le posséder à la fois sans diminution et sans envie, et que personne ne le pût perdre contre son gré, et leur raison est que ce désir étant naturel à l'homme puisqu'il est nécessairement dans tous et qu'il ne peut pas ne le pas avoir, ils en concluent...(2).

Pensées, Laf. 148, Br. 425.

Le but de Pascal, en peignant les contradictions de l'homme, était de l'amener insensiblement à demander à la foi de les résoudre. La nécessité de se tourner vers Dieu est ici démontrée au libertin auquel est suggérée la vraie nature de son désir.

(1) Trompe.
(2) Phrase inachevée.

N'attendez point, dit-elle, ô hommes, ni vérité, ni consolation des hommes. Je suis celle qui vous ai formés et qui puis seule vous apprendre qui vous êtes.

Mais, vous n'êtes plus maintenant en l'état où je vous ai formés. J'ai créé l'homme saint, innocent, parfait, je l'ai rempli de lumière et d'intelligence, je lui ai communiqué ma gloire et mes merveilles. L'œil de l'homme voyait alors la majesté de Dieu. Il n'était pas alors dans les ténèbres qui l'aveuglent, ni dans la mortalité et dans les misères qui l'affligent.

Mais il n'a pu soutenir tant de gloire sans tomber dans la présomption. Il a voulu se rendre centre de lui-même et indépendant de mon secours. Il s'est soustrait de ma domination, et, s'égalant à moi par le désir de trouver sa félicité en lui-même, je l'ai abandonné à lui, et révoltant les créatures qui lui étaient soumises, je les lui ai rendues ennemies, en sorte qu'aujourd'hui l'homme est devenu semblable aux bêtes, et dans un tel éloignement de moi qu'à peine lui reste(-t-)il une lumière confuse de son auteur tant toutes ces connaissances ont été éteintes ou troublées. Les sens indépendants de la raison et souvent maîtres de la raison l'ont emporté à la

Dans le fragment intitulé A.P.R. (peut-être noté pour une conférence que Pascal aurait prononcée à Port-Royal en 1658), l'auteur de l'Apologie, recherche des plaisirs. Toutes les créatures ou l'affligent ou le tentent et dominent sur lui ou en le soumettant par leur force ou en le charmant par leur douceur, ce qui est une domination plus terrible et plus injurieuse.

pour expliquer le mystère de la condition humaine, laisse la parole à la «Sagesse de Dieu» (c'est, dans la Bible, la première personnification du Verbe).

Voilà l'état où les hommes sont aujourd'hui. Il leur reste quelque instinct impuissant du bonheur de leur première nature, et ils sont plongés dans les misères de leur aveuglement et de leur concupiscence qui est devenue leur seconde nature.

De ce principe que je vous ouvre vous pouvez reconnaître la cause de tant de contrariétés [1] qui ont étonné tous les hommes et qui les ont partagés en de si divers sentiments. Observez maintenant tous les mouvements de grandeur et de gloire que l'épreuve de tant de misères ne peut étouffer et voyez s'il ne faut pas que la cause en soit en une autre nature.

Pensées, Laf. 149.

(1) Contradictions.

CAMUS, 1942

Le rapprochement entre certains thèmes du courant de pensée existentialiste et la description de la condition humaine par Pascal a souvent été fait. Il est certain par exemple que la notion de l'«absurde» fonde la réflexion de Camus. Mais elle ne débouche, contrairement à l'argumentation pascalienne, sur aucune perspective théologique. Le symbole de l'homme absurde est ici Sisyphe, condamné par les dieux à rouler éternellement un rocher qui retombe sans cesse.

C'est pendant ce retour, cette pause, que Sisyphe m'intéresse. Un visage qui peine si près des pierres est déjà pierre lui-même ! Je vois cet homme redescendre d'un pas lourd mais égal vers le tourment dont il ne connaîtra pas la fin. Cette heure qui est comme une respiration et qui revient aussi sûrement que son malheur, cette heure est celle de la conscience. A chacun de ces instants, où il quitte les sommets et s'enfonce peu à peu vers les tanières des dieux, il est supérieur à son destin. Il est plus fort que son rocher.

Si ce mythe est tragique, c'est que son héros est conscient. Où serait en effet sa peine, si à chaque pas l'espoir de réussir le soutenait ? L'ouvrier d'aujourd'hui travaille, tous les jours de sa vie, aux mêmes tâches et ce destin n'est pas moins absurde. Mais il n'est tragique qu'aux rares moments où il devient conscient. Sisyphe, prolétaire des dieux, impuissant et révolté, connaît toute l'étendue de sa misérable condition : c'est à elle qu'il pense pendant sa descente. La clairvoyance qui devait faire son tourment consomme du même coup sa victoire. Il n'est pas de destin qui ne se surmonte par le mépris. [...]

Toute la joie silencieuse de Sisyphe est là. Son destin lui appartient. Son rocher est sa chose. De même, l'homme absurde, quand il contemple son tourment, fait taire toutes les idoles. Dans l'univers soudain rendu à son silence, les mille petites voix émerveillées de la terre s'élèvent. Appels inconscients et secrets, invitations de tous les visages, ils sont l'envers nécessaire et le prix de la victoire. Il n'y a pas de soleil sans ombre, et il faut connaître la nuit. L'homme absurde dit oui et son effort n'aura plus de cesse. S'il y a un destin personnel, il n'y a point de destinée supérieure ou du moins il n'en est qu'une dont il juge qu'elle est fatale et méprisable. Pour le reste, il se sait le maître de ses jours. A cet instant subtil où l'homme se retourne sur sa vie, Sisyphe, revenant vers son rocher, contemple cette suite d'actions sans lien qui devient son destin, créé par lui, uni sous le regard de sa mémoire et bientôt scellé par sa mort. Ainsi, persuadé de l'origine tout humaine de tout ce qui est humain, aveugle qui désire voir et qui sait que la nuit n'a pas de fin, il est toujours en marche. Le rocher roule encore.

Je laisse Sisyphe au bas de la montagne ! On retrouve toujours son fardeau. Mais Sisyphe enseigne la fidélité supérieure qui nie les dieux et soulève les rochers. Lui aussi juge que tout est bien. Cet univers désormais sans maître ne lui paraît ni stérile ni futile. Chacun des grains de cette pierre, chaque éclat minéral de cette montagne pleine de nuit, à lui seul forme un monde. La lutte elle-même vers les sommets suffit à remplir un cœur d'homme. Il faut imaginer Sisyphe heureux.

le Mythe de Sisyphe, 1942.

1er EXTRAIT.

1 — En résumant chaque paragraphe par une phrase, vous soulignerez les étapes de la démonstration de Pascal.

2 — Faites l'analyse stylistique (voir n° 45) du troisième paragraphe (*«Une épreuve si longue... un comble éternel»*: architecture, rythmes, sonorités).*

3 — Expliquez, au quatrième paragraphe, «cette avidité et cette impuissance». Cette contradiction humaine est-elle un fait d'expérience ou un postulat que Pascal pose pour les besoins de sa démonstration ?

2e EXTRAIT.

4 — Analysez le développement de la métaphore de la «vision» (relevez tous les termes relevant des champs lexicaux* du regard, de l'ombre et de la lumière) et précisez sa fonction.*

5 — Qu'y a-t-il de paradoxal dans le fait de donner la parole à Dieu pour lui permettre de prouver son existence ?

LE MYTHE DE SISYPHE.

6 — Quelle est pour Camus la grandeur de Sisyphe ? Peut-on retrouver dans ce texte, mais aboutissant à une tout autre conclusion, un certain nombre de thèmes, ou même de formulations, «pascaliens» ?

38 b Blaise PASCAL (1623-1662)

LE DIALOGUE PASCAL-VOLTAIRE

Les Remarques *de Voltaire sur les* Pensées *de Pascal furent écrites pour la plupart en 1728, et jointes en 1734 aux* Lettres philosophiques. *En introduction, Voltaire explique, tout en reconnaissant le génie de l'auteur :*

« Il me paraît qu'en général l'esprit dans lequel M. Pascal écrivit ces pensées était de montrer l'homme dans un jour odieux. Il s'acharne à nous peindre tous méchants et malheureux ; il écrit contre la nature humaine à peu près comme il écrivait contre les jésuites ; il impute à l'essence de notre nature ce qui n'appartient qu'à certains hommes : il dit éloquemment des injures au genre humain. J'ose prendre le parti de l'humanité contre ce misanthrope sublime ; j'ose assurer que nous ne sommes ni si méchants ni si malheureux qu'il le dit ; je suis de plus très persuadé que s'il avait suivi dans le livre qu'il méditait le dessein qui paraît dans ses pensées, il aurait fait un livre plein de paralogismes éloquents, et de faussetés admirablement déduites ».

I

Les grandeurs et les misères de l'homme sont tellement visibles qu'il faut nécessairement que la véritable religion nous enseigne qu'il y a en lui quelque grand principe de grandeur, et en même temps, quelque grand principe de misère. Car il faut que la véritable religion connaisse à fond notre nature, c'est-à-dire qu'elle connaisse tout ce qu'elle a de grand, et tout ce qu'elle a de misérable, et la raison de l'un et de l'autre. Il faut encore qu'elle nous rende raison des étonnantes contrariétés qui s'y rencontrent.

Cette manière de raisonner paraît fausse et dangereuse ; car la fable de Prométhée et de Pandore, les Androgynes de Platon et les dogmes des Siamois rendaient aussi bien raison de ces contrariétés apparentes. La religion chrétienne n'en demeurera pas moins vraie, quand même on n'en tirerait pas ces conclusions ingénieuses, qui ne peuvent servir qu'à faire briller l'esprit.

Le christianisme n'enseigne que la simplicité, l'humanité, la charité : vouloir le réduire à la métaphysique, c'est vouloir en faire une source d'erreurs.

III

Et cependant sans ce mystère le plus incompréhensible de tous, nous sommes incompréhensibles à nous-mêmes. Le nœud de notre condition prend ses retours et ses plis dans l'abîme du péché originel ; de sorte que l'homme est plus inconcevable sans ce mystère, que ce mystère n'est inconcevable à l'homme.

Est-ce raisonner que de dire : *L'homme est inconcevable sans ce mystère inconcevable ?* Pourquoi vouloir aller plus loin que l'Ecriture ? N'y a-t-il pas de la témérité à croire qu'elle a besoin d'appui, et que ces idées philosophiques peuvent lui en donner ?

Qu'aurait répondu M. Pascal à un homme qui lui aurait dit : « Je sais que le mystère du péché originel est l'objet de ma foi et non de ma raison. Je conçois fort bien sans mystère ce que c'est que l'homme. Je vois qu'il vient au monde comme les autres animaux, que l'accouchement des mères est plus douloureux à mesure qu'elles sont plus délicates, que quelquefois des femmes et des animaux femelles meurent dans l'enfantement ; qu'il y a quelquefois des enfants mal organisés qui vivent privés d'un ou deux sens, et de la faculté du raisonnement ; que ceux qui sont le mieux organisés sont ceux qui ont les passions les plus vives, que l'amour de soi-même est égal chez tous les hommes, et qu'il leur est aussi nécessaire que les cinq sens ; que cet amour-propre nous est donné de Dieu pour la conservation de notre être, et qu'il nous a donné la religion pour régler cet amour-propre ; que nos idées sont justes ou inconséquentes, obscures ou lumineuses, selon que nos organes sont plus ou moins solides, plus ou moins déliés, et selon que nous sommes plus ou moins passionnés ; que nous dépendons en tout de l'air qui nous environne, des aliments que nous prenons, et que dans tout cela il n'y a rien de contradictoire. L'homme n'est point une énigme comme vous vous le figurez, pour avoir le plaisir de la deviner. L'homme paraît être à sa place dans la nature, supérieur aux animaux, auxquels il est semblable par les organes, inférieur à d'autres êtres, auxquels il ressemble probablement par la pensée. Il est comme tout ce que nous voyons, mêlé de mal et de bien, de plaisir et de peine. Il est pourvu de passions pour agir, et de raison pour gouverner ses actions. Si l'homme était parfait, il serait Dieu, et ces prétendues contrariétés que vous appelez contradictions sont les ingrédients nécessaires qui entrent dans le composé de l'homme, qui est ce qu'il doit être ».

X

S'il y a un Dieu, il ne faut aimer que lui, et non les créatures.

Il faut aimer et très tendrement les créatures ; il faut aimer sa patrie, sa femme, son père, ses enfants, et il faut si bien les aimer que Dieu nous les fait aimer malgré nous. Les principes contraires ne sont propres qu'à faire de barbares raisonneurs.

XI

Nous naissons injustes ; car chacun tend à soi. Cela est contre tout ordre. Il faut tendre au général. Et la pente vers soi est le commencement de tout désordre en guerre, en police, en économie, etc.

Cela est selon tout ordre. Il est aussi impossible qu'une société puisse se former et subsister sans amour-propre, qu'il serait impossible de faire des enfants sans concupiscence, de songer à se nourrir sans appétit, etc. C'est l'amour de nous-même qui assiste l'amour des autres ; c'est par nos besoins mutuels que nous sommes utiles au genre humain ; c'est le fondement de tout commerce ; c'est l'éternel lien des hommes. Sans lui il n'y aurait pas eu un art inventé, ni une société de dix personnes formée ; c'est cet amour-propre que chaque animal a reçu de la nature qui nous avertit de respecter celui des autres.

La loi dirige cet amour-propre et la religion le perfectionne. Il est bien vrai que Dieu aurait pu faire des créatures uniquement attentives au bien d'autrui. Dans ce cas les marchands auraient été aux Indes par charité, et le maçon eût scié de la pierre pour faire plaisir à son prochain. Mais Dieu a établi les choses autrement. N'accusons point l'instinct qu'il nous donne, et faisons-en l'usage qu'il commande.

XXII

Que chacun examine sa pensée, il la trouvera toujours occupée au passé et à l'avenir. Nous ne pensons presque point au présent ; et si nous y pensons, ce n'est que pour en prendre la lumière pour disposer l'avenir. Le présent n'est jamais notre but. Le passé et le présent sont nos moyens, le seul avenir est notre objet.

Il faut, bien loin de se plaindre, remercier l'auteur de la nature, de ce qu'il nous donne cet instinct qui nous emporte sans cesse vers l'avenir. Le trésor le plus précieux de l'homme est cette espérance qui nous adoucit nos chagrins, et qui nous peint des plaisirs futurs dans la possession des plaisirs présents. Si les hommes étaient assez malheureux pour ne s'occuper que du présent, on ne sèmerait point, on ne bâtirait point, on ne planterait point, on ne pourvoirait à rien ; on manquerait de tout au milieu de cette fausse jouissance. Un esprit comme M. Pascal pouvait-il donner dans un lieu commun aussi faux que celui-là ? La nature a établi que chaque homme jouirait du présent en se nourrissant, en faisant des enfants, en écoutant des sons agréables, en occupant sa faculté de penser et de sentir, et qu'en sortant de ces états, souvent au milieu de ces états mêmes, il penserait au lendemain, sans quoi il périrait de misère aujourd'hui.

XXIII

Mais quand j'y ai regardé de plus près, j'ai trouvé que cet éloignement que les hommes ont du repos, et de demeurer avec eux-mêmes, vient d'une cause bien effective, c'est-à-dire du malheur naturel de notre condition faible et mortelle, et si misérable, que rien ne nous peut consoler, lorsque rien ne nous empêche d'y penser, et que nous ne voyons que nous.

Ce mot, ne voir que nous, ne forme aucun sens.

Qu'est-ce qu'un homme qui n'agirait point, et qui est supposé se contempler ? Non seulement je dis que cet homme serait un imbécile, inutile à la société, mais je dis que cet homme ne peut exister : car que contemplerait-il ? Son corps, ses pieds, ses mains, ses cinq sens ? Ou il serait un idiot, ou bien il ferait usage de tout cela : resterait-il à contempler sa faculté de penser ? Mais il ne peut contempler cette faculté qu'en l'exerçant. Ou il ne pensera à rien, ou bien il pensera aux idées qui lui sont déjà venues, ou il en composera de nouvelles : or il ne peut avoir d'idées que du dehors. Le voilà donc nécessairement occupé ou de ses sens ou de ses idées, le voilà donc hors de soi, ou imbécile.

Encore une fois, il est impossible à la nature humaine de rester dans cet engourdissement imaginaire ; il est absurde de le penser, il est insensé d'y prétendre. L'homme est né pour l'action, comme le feu tend en haut et la pierre en bas. N'être point occupé et n'exister pas est la même chose pour l'homme. Toute la différence consiste dans les occupations douces ou tumultueuses, dangereuses ou utiles.

XXVI

On doit donc reconnaître que l'homme est si malheureux qu'il s'ennuierait même sans aucune cause étrangère d'ennui, par le propre état de sa condition.

Au contraire l'homme est si heureux en ce point, et nous avons tant d'obligation à l'auteur de la nature, qu'il a attaché l'ennui à l'inaction, afin de nous forcer par là à être utiles au prochain et à nous-même.

XXVIII

Qu'on s'imagine un nombre d'hommes dans les chaînes et tous condamnés à la mort, dont les uns étant chaque jour égorgés à la vue des autres, ceux qui restent voient leur propre condition dans celle de leurs semblables, et se regardant les uns les autres avec douleur et sans espérance, attendent leur tour. C'est l'image de la condition des hommes.

Cette comparaison assurément n'est pas juste : des malheureux enchaînés qu'on égorge l'un après l'autre, sont malheureux, non seulement parce qu'ils souffrent, mais encore parce qu'ils éprouvent ce que les autres hommes ne souffrent pas. Le sort naturel d'un homme n'est ni d'être enchaîné ni d'être égorgé ; mais tous les hommes sont faits comme les animaux et les plantes, pour croître, pour vivre un certain temps, pour produire leur semblable et pour mourir. On peut dans une satire montrer l'homme tant qu'on voudra du mauvais côté ; mais pour peu qu'on se serve de sa raison, on avouera que de tous les animaux, l'homme est le plus parfait, le plus heureux, et celui qui vit le plus longtemps. Au lieu donc de nous étonner et de nous plaindre du malheur et de la brièveté de la vie, nous devons nous étonner et nous féliciter de notre bonheur et de sa durée. A ne raisonner qu'en philosophe, j'ose dire qu'il y a bien de l'orgueil et de la témérité à prétendre que par notre nature nous devons être mieux que nous ne sommes.

XXXV

Ce n'est pas être heureux que de pouvoir être réjoui par le divertissement ; car il vient d'ailleurs, et de dehors ; et ainsi il est dépendant, et par conséquent sujet à être troublé par mille accidents qui font les afflictions inévitables.

Celui-là est actuellement heureux qui a du plaisir, et ce plaisir ne peut venir que de dehors. Nous ne pouvons avoir de sensations ni d'idées que par les objets extérieurs, comme nous ne pouvons nourrir notre corps qu'en y faisant entrer des substances étrangères qui se changent en la nôtre.

Lettres philosophiques, Vingt-cinquième lettre, 1734.

39 Blaise PASCAL (1623-1662)

Les religieuses chassées de Port-Royal, (BN).

Si cette religion se vantait d'avoir une vue claire de Dieu, et de le posséder à découvert et sans voile, ce serait la combattre que de dire qu'on ne voit rien dans le monde qui le montre avec cette évidence. Mais puisqu'elle dit, au contraire, que les hommes sont dans les ténèbres et dans l'éloignement de Dieu, qu'il s'est caché à leur connaissance, que c'est même le nom qu'il se donne dans les Écritures, *Deus absconditus* (1) ; et enfin, si elle travaille également à établir ces deux choses : que Dieu a établi des marques sensibles dans l'Eglise pour se faire reconnaître à ceux qui le chercheraient sincèrement, et qu'il les a couvertes néanmoins de telle sorte qu'il ne sera aperçu que de ceux qui le cherchent de tout leur cœur, quel avantage peuvent-ils tirer, lorsque dans la négligence où ils font profession d'être de chercher la vérité, ils crient que rien ne la leur montre, puisque cette obscurité où ils sont, et qu'ils objectent à l'Eglise, ne fait qu'établir une des choses qu'elle soutient, sans toucher à l'autre, et établit sa doctrine, bien loin de la ruiner ?

Pensées, Laf. 427, Br. 194.

La distance infinie des corps aux esprits figure la distance infiniment plus infinie des esprits à la charité, car elle est surnaturelle.

Tout l'éclat des grandeurs n'a point de lustre pour les gens qui sont dans les recherches de l'esprit.

La grandeur des gens d'esprit est invisible aux rois, aux riches, aux capitaines, à tous ces grands de chair.

La grandeur de la sagesse, qui n'est nulle sinon de Dieu (1), est invisible aux charnels et aux gens d'esprit. Ce sont trois ordres différents de genre.

Les grands génies ont leur empire, leur éclat, leur grandeur, leur victoire, leur lustre et n'ont nul besoin de grandeurs charnelles, elles n'ont pas de rapport. Ils sont vus non des yeux, mais des esprits, c'est assez.

Les saints ont leur empire, leur éclat, leur victoire, leur lustre, et n'ont nul besoin des grandeurs charnelles ou spirituelles, où elles n'ont nul rapport, car elles n'y ajoutent ni ôtent. Ils sont vus de Dieu et des anges, et non des corps ni des esprits curieux : Dieu leur suffit.

Archimède (2), sans éclat, serait en même vénération. Il n'a pas donné des batailles pour les yeux, mais il a fourni à tous les esprits ses inventions. Oh ! qu'il a éclaté aux esprits !

Jésus-Christ, sans biens et sans aucune production au dehors de science, est dans son ordre de sainteté. Il n'a point donné d'invention, il n'a point régné ; mais il a été humble, patient, saint, saint, saint à Dieu, terrible aux démons, sans aucun péché ; oh ! qu'il est venu en grande pompe et en une prodigieuse magnificence, aux yeux du cœur, qui voient la sagesse !

Il eût été inutile à Archimède de faire le prince dans ses livres de géométrie, quoiqu'il le fût.

Il eût été inutile à Notre-Seigneur Jésus-Christ, pour éclater dans son règne de sainteté, de venir en roi ; mais il y est bien venu avec l'éclat de son ordre !

Il est bien ridicule de se scandaliser de la bassesse de Jésus-Christ, comme si cette bassesse était du même ordre, duquel est la grandeur qu'il venait faire paraître. Qu'on considère cette grandeur-là dans sa vie, dans sa passion, dans son obscurité, dans sa mort, dans l'élection des siens (3), dans leur abandonnement, dans sa secrète résurrection, et dans le reste, on la verra si grande, qu'on n'aura pas sujet de se scandaliser d'une bassesse qui n'y est pas.

Mais il y en a qui ne peuvent admirer que les grandeurs charnelles, comme s'il n'y en avait pas de spirituelles ; et d'autres qui n'admirent que les spirituelles, comme s'il n'y en avait pas d'infiniment plus hautes dans la sagesse.

Tous les corps, le firmament, les étoiles, la terre et ses royaumes, ne valent pas le moindre des esprits ; car il connaît tout cela, et soi ; et les corps, rien.

Tous les corps ensemble, et tous les esprits ensemble, et toutes leurs productions, ne valent pas le moindre mouvement de charité. Cela est d'un ordre infiniment plus élevé.

De tous les corps ensemble, on ne saurait en faire réussir une petite pensée : cela est impossible, et d'un autre ordre. De tous les corps et esprits, on n'en saurait tirer un mouvement de vraie charité, cela est impossible, et d'un autre ordre, surnaturel.

Pensées, Laf. 308, Br. 793.

(1) Isaïe, 45 : «Vere, tu es deus absconditus» (véritablement tu es un Dieu caché).

Pour Pascal, Dieu a voilé partout sa présence : dans l'univers physique, dans la personne du Christ, dans l'Eucharistie, dans la Bible. Ainsi, ce n'est pas par le savoir que l'on arrive à lui, mais en accédant à un ordre supérieur à celui de la connaissance, l'ordre du cœur ou de la charité. *Le premier extrait expose la célèbre conception du* Dieu caché *(deus absconditus); le second légitime les desseins secrets de Dieu, qui ne s'est dérobé aux yeux des hommes que pour mieux signifier sa transcendance *. Cette argumentation s'intègre, bien entendu, aux preuves diverses que Pascal entend donner de la vérité de la seule religion chrétienne.*

(1) Si elle ne vient de Dieu.
(2) Géomètre grec (287-212 av. J.C.)
(3) Le choix des apôtres.

Vers 1650, Pascal avait écrit un traité scientifique, intitulé Sommation des puissances numériques, *dans lequel il se livrait à différentes démonstrations concernant les rapports entre les nombres, leurs carrés et leurs cubes. La conclusion de ce traité préfigure l'argumentation de l'extrait des* Pensées *sur «les trois ordres».*

RÈGLE GÉNÉRALE RELATIVE A LA PROGRESSION NATURELLE QUI COMMENCE PAR L'UNITÉ.

La somme des mêmes puissances d'un certain nombre de lignes est à la puissance de degré immédiatement supérieur de la plus grande d'entre elles, comme l'unité est à l'exposant de cette même puissance.

Je ne m'arrêterai pas aux autres cas, parce que ce n'est pas ici le lieu de les étudier. Il me suffira d'avoir énoncé en passant les règles qui précèdent. On découvrira les autres sans difficulté en s'appuyant sur ce principe qu'on *n'augmente pas une grandeur continue lorsqu'on lui ajoute, en tel nombre que l'on voudra, des grandeurs d'un ordre d'infinitude inférieur.* Ainsi les points n'ajoutent rien aux lignes, les lignes aux surfaces, les surfaces aux solides; ou — pour parler en nombres comme il convient dans un traité arithmétique, — les racines ne comptent pas par rapport aux carrés, les carrés par rapport aux cubes et les cubes par rapport aux carro-carrés. En sorte qu'on doit négliger, comme nulles, les quantités d'ordre inférieur.

Sommation des puissances numériques, pub. 1665.

LUCIEN GOLDMANN, 1959

*C'est parce que les décrets divins sont inconnaissables que la condition de l'homme est misérable. Cette conception est celle de l'*Ancien Testament *(voir ci-contre) qui parle de «Dieu caché», celle de Saint-Augustin, et aussi celle des jansénistes, soucieux de montrer que le salut de l'âme se fait à notre insu. Pour Lucien Goldmann, qui s'appuie sur l'importance que Port-Royal eut sur Racine (voir n°48) et sur Pascal, il ne faut pas chercher ailleurs la définition de la «conscience tragique» qui est au cœur des* Pensées *et fonde la tragédie racinienne: celle d'une divinité inaccessible, maîtresse du destin des mortels et opérant, pour ainsi dire, en coulisse...*

Tandis que le rationalisme [...] trouve la raison individuelle *suffisante* pour atteindre des valeurs authentiques et définitives, ne serait-ce que celle de la *vérité mathématique,* et qu'en ce sens il est véritablement areligieux, la pensée tragique éprouve *l'insuffisance radicale* de cette société humaine et de cet espace physique, dans lequel *aucune valeur humaine authentique* n'a plus de fondement *nécessaire* et où par contre toutes les *non-valeurs* restent possibles et même probables. [...]

Devant cet espace sans qualités dont l'infinité même était pour les rationalistes un signe de la grandeur de Dieu, puisqu'il nous montre l'existence d'un infini que nous ne pouvons comprendre, Pascal, prévoyant en même temps les possibilités et les dangers qu'il recélait et niant la possibilité de toute analogie entre l'existence de l'espace et celle de la divinité, s'écriera dans une formule aussi admirable que précise «Le silence éternel de ces espaces infinis m'effraye» (fr. 206). [...]

La voix de Dieu ne parle plus d'une manière immédiate à l'homme. Voilà un des points fondamentaux de la pensée tragique. «Vere tu es Deus absconditus», écrira Pascal. Le Dieu caché.

Le Dieu de la tragédie est un Dieu *toujours présent et toujours absent.* Or, sa présence dévalorise sans doute le monde et lui enlève *toute* réalité, mais son absence non moins radicale et non moins permanente fait au contraire du monde la *seule réalité* en face de laquelle se trouve l'homme et à laquelle il peut et doit opposer son exigence de réalisation des valeurs substantielles et absolues.

De nombreuses formes de conscience religieuse et révolutionnaire ont opposé Dieu et le monde, les valeurs et la réalité; mais la plupart d'entre elles trouvaient néanmoins en face de cette alternative une solution possible, ne serait-ce que celle de la lutte intramondaine pour réaliser les valeurs ou bien celle de l'abandon du monde pour se réfugier dans l'univers intelligible ou transcendant des valeurs ou de la divinité. La tragédie radicale refuse cependant l'une et l'autre de ces solutions, elle les trouve entachées de faiblesse et d'illusion, des formes — conscientes ou non conscientes — de compromis.

Car elle ne croit ni à la possibilité de transformer le monde et d'y réaliser des valeurs authentiques, ni à celle de le fuir et de se réfugier dans la cité de Dieu. C'est pourquoi il ne s'agit pour elle ni de remplir «bien» les charges dans le monde ou d'utiliser «bien» les richesses, ni de les ignorer et de les abandonner. Ici comme partout, la tragédie ne connaît qu'une forme de pensée et d'attitude valables, le *oui et non,* le paradoxe: *Y vivre sans y prendre de part et de goût.* [...]

C'est l'attitude *cohérente et paradoxale* — plus encore *cohérente parce que paradoxale* — de l'homme tragique en face du monde et de toute réalité intramondaine.

le Dieu caché, 1959.

1 — *Répartissez en trois colonnes les mots, les expressions, les exemples qui relèvent des trois ordres distingués par Pascal. Comment se manifeste la dissymétrie entre les deux premiers et le troisième?*

2 — *Quels rapprochements peut-on faire entre certaines phrases du texte des* Pensées *et la conclusion du traité sur la* Sommation des puissances numériques? *Confrontez les résultats de votre analyse au contenu du texte d'Arnauld et Nicole, n°36. Pour quelle cause les jansénistes mobilisaient-ils leurs découvertes ou connaissances scientifiques?*

3 — *Etudiez dans ce texte le lyrisme de Pascal: rôle des répétitions, des exclamations, des rythmes, d'une disposition rappelant le verset biblique.*

4 — *Résumez au 1/5 le texte de Lucien Goldmann.*

40 Charles PERRAULT (1628-1703)

La querelle des Anciens et des Modernes: position du problème.

Les écrivains du XVIe siècle sont, quasi unanimement, des admirateurs inconditionnels des « Anciens »: les écrivains de l'Antiquité latine et grecque. Mais dès le début du XVIIe, des tendances nouvelles se dégagent, visant à refuser aux Anciens des qualités indépassables.

I) Pensée scientifique: *les progrès dans ce domaine dégagent peu à peu les chercheurs de toute servitude à l'égard des concepts antiques.*

II) « Merveilleux » païen, merveilleux chrétien: *Desmarets de Saint-Sorlin (1595-1676) affirme, dans les préfaces de* Clovis *(1657), des* Délices de l'esprit *(1658), de* Marie-Magdeleine *(1669) et dans sa* Défense du poème héroïque *(1674) la supériorité du merveilleux chrétien sur le merveilleux païen, au nom de la vraisemblance.*

III) Progrès artistiques: *Charpentier (1620-1702) après avoir rédigé en français — et non plus en latin — des inscriptions pour des tableaux de Versailles, proclame* « l'excellence de la langue française » *(1683). Fontenelle, dans le* Dialogue des morts *(1683) attaque violemment les Anciens. Saint-Evremond (1610-1703) conteste la valeur de leur imitation* (Sur les poèmes des Anciens, 1685).

IV) Offensive des Modernes: *Perrault ouvre le feu avec le* Siècle de Louis le Grand *(voir ci-contre). Boileau et La Fontaine répliquent vertement* (Epitre à Huet, *1687*), *puis La Bruyère* (Discours sur Théophraste, *1688*).

V) Puissance de la presse: *le* Mercure galant, *journal des Modernes, accentue la pression sur les Anciens. Fontenelle développe ses thèses antérieures dans sa* Digression sur les Anciens et les Modernes *(1688). Perrault, appuyé par la majorité des Académiciens, écrit alors ses* Parallèles des Anciens et des Modernes *(voir ci-dessous).*

VI) Contre-offensive: *Boileau publie en 1693 l'*Ode pindarique *(imitée de Pindare, poète latin du Ve siècle av. J.-C.)* sur la prise de Namur, *précédée d'un* Discours *prônant l'imitation des Anciens et, l'année suivante, la* Satire X *contre les femmes, qui soutiennent les Modernes.*

VII) Apaisement: *par l'entremise d'Arnauld (1612-1694), les positions se rapprochent. Boileau envoie en 1694* ***une*** **lettre à Perrault,** ***d'opinion plus nuancée, et Perrault réplique en 1697 avec le cinquième*** **Dialogue des Parallèles** ***(1697), de ton moins acerbe.***

VIII) Rebondissement: *dispute, à partir de 1713, entre Houdar de la Motte et Madame Dacier, savante helléniste, à propos d'Homère (se référer au n° 58).*

LE CHEVALIER

Le Président Morinet (1) discourant il y a quelques jours, de Pindare avec un de ses amis, et ne pouvant s'épuiser sur les louanges de ce Poète inimitable, se mit à prononcer les cinq ou six premiers vers de la première de ses Odes avec tant de force et tant d'emphase que sa femme qui était présente, et qui est femme d'esprit, ne put s'empêcher de lui demander l'explication de ce qu'il témoignait prendre tant de plaisir à prononcer. Madame, lui dit-il, cela perd toute sa grâce en passant du grec dans le français. N'importe, lui dit-elle, j'en verrai du moins le sens, qui doit être admirable. C'est le commencement, lui dit-il, de la première Ode du plus sublime de tous les Poètes. Voici comme il parle. « L'eau est très bonne à la vérité, et l'or qui brille comme le feu durant la nuit éclate merveilleusement parmi les richesses qui rendent l'homme superbe. Mais mon esprit, si tu désires chanter les combats ne contemple point d'autre astre plus lumineux que le soleil pendant le jour dans le vague de l'air, car nous ne saurions chanter de combats plus illustres que les combats Olympiques (2) ». Vous vous moquez de moi, lui dit la Présidente. Voilà un galimatias que vous venez de faire pour vous divertir; je ne donne pas si aisément dans le panneau. Je ne me moque point, lui dit le Président, et c'est de votre faute si vous n'êtes pas charmée de tant de belles choses. Il est vrai, reprit la Présidente, que de l'eau bien claire, de l'or bien luisant et le soleil en plein midi, sont de fort belles choses; mais parce que l'eau est très bonne, et que l'or brille comme le feu pendant la nuit, est-ce une raison de contempler ou de ne contempler pas un autre astre que le soleil pendant le jour? De chanter ou de ne chanter pas les combats des jeux olympiques? Je vous avoue que je n'y comprends rien. Je ne m'en étonne pas, Madame, dit le Président, une infinité de très savants hommes n'y ont rien compris non plus que vous. Faut-il trouver cela étrange. C'est un poète emporté par son enthousiasme, qui soutenu par la grandeur de ses pensées et de ses expressions s'élève au-dessus de la raison ordinaire des hommes, et qui en cet état profère avec transport tout ce que sa fureur lui inspire. Cet endroit est divin, et l'on est bien éloigné de rien faire aujourd'hui de semblable. Assurément, dit la Présidente, et l'on s'en donne bien de garde. Mais je vois bien que vous ne voulez pas m'expliquer cet endroit de Pindare, cependant, s'il n'y a rien qui ne se puisse dire devant des femmes, je ne vois pas où est la plaisanterie de m'en faire un mystère. Il n'y a point de plaisanterie ni de mystère, lui dit le Président. Pardonnez-moi, lui dit-elle, si je vous dis que je n'en crois rien, les Anciens étaient gens sages qui ne disaient pas des choses où il n'y a ni sens ni raison. Quoi que pût dire le Président elle persista dans sa pensée, elle a toujours cru qu'il avait pris plaisir à se moquer d'elle.

Parallèle des Anciens et des Modernes, **1688-97.**

(1) Partisan inconditionnel des Anciens. Le chevalier et l'Abbé soutiennent, dans ce dialogue polémique, les thèses des Modernes.
(2) Pindare, Odes, *I.*

PERRAULT, 1687

La belle Antiquité fut toujours vénérable,
Mais je ne crus jamais qu'elle fût adorable.
Je vois les Anciens, sans plier les genoux,
Ils sont grands, il est vrai, mais hommes comme nous :
Et l'on peut comparer sans craindre d'être injuste,
Le Siècle de LOUIS au beau Siècle d'Auguste.
En quel temps sut-on mieux le dur métier de Mars ?
Quand d'un plus vif assaut força-t-on des remparts ?
Et quand vit-on monter au sommet de la gloire,
D'un plus rapide cours le char de la Victoire ?
Si nous voulions ôter le voile spécieux,
Que la Prévention nous met devant les yeux,
Et lassés d'applaudir à mille erreurs grossières,
Nous servir quelquefois de nos propres lumières,
Nous verrions clairement que sans témérité,
On peut n'adorer pas toute l'Antiquité,
Et qu'enfin dans nos jours, sans trop de confiance,
On lui peut disputer le prix de la science. [...]
Jamais l'Astre du jour qu'aujourd'hui nous voyons,
N'eut le front couronné de plus brillants rayons,
Jamais dans le Printemps les roses empourprées
D'un plus vif incarnat ne furent colorées :
Non moins blanc qu'autrefois brille dans nos jardins
L'éblouissant émail des lis et des jasmins,
Et dans le siècle d'or la tendre Philomèle [1]
Qui charmait nos aïeux de sa chanson nouvelle,
N'avait rien de plus doux que celle dont la voix
Réveille les échos qui dorment dans nos bois :
De cette même main les forces infinies
Produisent en tout temps de semblables génies.
Les Siècles, il est vrai, sont entre eux différents,
Il en fut d'éclairés, il en fut d'ignorants,
Mais si le règne heureux d'un excellent Monarque
Fut toujours de leur prix et la cause et la marque,
Quel Siècle pour ses Rois, des hommes révérés,
Au Siècle de LOUIS peut être préféré ?

le Siècle de Louis le Grand, 1687.

(1) Personnification mythologique du rossignol.

MARIVAUX (1688-1763), **1724**

FRONTIN. — Et qu'est-ce que c'est que les anciens et les modernes ?

TRIVELIN. — Des anciens..., attends, il y en a un dont je sais le nom, et qui est le capitaine de la bande ; c'est comme qui te dirait un Homère. Connais-tu cela ?

FRONTIN. — Non.

TRIVELIN. — C'est dommage ; car c'était un homme qui parlait bien grec.

FRONTIN. — Il n'était donc pas Français cet homme-là ?

TRIVELIN. — Oh ! que non ; je pense qu'il était de Québec, quelque part dans cette Égypte, et qu'il vivait du temps du déluge. Nous avons encore de lui de fort belles satires ; et mon maître l'aimait beaucoup, lui et tous les honnêtes gens de son temps, comme Virgile, Néron, Plutarque, Ulysse et Diogène.

FRONTIN. — Je n'ai jamais entendu parler de cette race-là, mais voilà de vilains noms.

TRIVELIN. — De vilains noms ! c'est que tu n'y es pas accoutumé. Sais-tu bien qu'il y a plus d'esprit dans ces noms-là que dans le royaume de France ?

FRONTIN. — Je le crois. Et que veulent dire : les modernes ?

TRIVELIN. — Tu m'écartes de mon sujet ; mais n'importe. Les modernes, c'est comme qui dirait... toi, par exemple.

FRONTIN. — Oh ! oh ! je suis un moderne, moi !

TRIVELIN. — Oui, vraiment, tu es un moderne, et des plus modernes ; il n'y a que l'enfant qui vient de naître qui l'est plus que toi, car il ne fait que d'arriver.

FRONTIN. — Et pourquoi ton maître nous haïssait-il ?

TRIVELIN. — Parce qu'il voulait qu'on eût quatre mille ans sur la tête pour valoir quelque chose. Oh ! moi, pour gagner son amitié, je me suis mis à admirer tout ce qui me paraissait ancien ; j'aimais les vieux meubles, je louais les vieilles modes, les vieilles espèces [1], les médailles, les lunettes ; je me coiffais chez les crieuses de vieux chapeaux ; je n'avais commerce qu'avec des vieillards : il était charmé de mes inclinations ; j'avais la clef de la cave, où logeait un certain vin vieux qu'il appelait son vin grec ; il m'en donnait quelquefois, et j'en détournais aussi quelques bouteilles, par amour louable pour tout ce qui était vieux. Non que je négligeasse le vin nouveau ; je n'en demandais point d'autre à sa femme, qui vraiment estimait bien autrement les modernes que les anciens, et, par complaisance pour son goût, j'en emplissais aussi quelques bouteilles, sans lui en faire ma cour.

la Fausse Suivante, Acte I, scène 1, 1724.

(1) Pièces de monnaie.

1 — *Quels sont les arguments avancés par le Chevalier pour soutenir les thèses des Modernes ? Qu'en pensez-vous ?*

2 — *Comment comprenez-vous cette attention particulière portée aux femmes ? En quelle qualité interviennent-elles dans la Querelle ?*

3 — *Au-delà des discussions littéraires ou scientifiques, quel est l'argument définitif de Perrault (voir le poème ci-dessus) ? Comment le critère politique intervient-il dans cette querelle de lettrés ?*

4 — *Texte de Marivaux : quelle est la réponse de Marivaux à la Querelle (toujours d'époque en 1724, voir n° 58) ? Ce sont des valets qui parlent : en quoi sont-ils cependant des porte-parole de l'auteur ?*

B. BETTELHEIM. 1976

«Le Petit Chaperon rouge» de Perrault perd beaucoup de son charme parce qu'il est trop évident que le loup du conte n'est pas un animal carnassier, mais une métaphore qui ne laisse pas grand-chose à l'imagination de l'auditeur. Cet excès de simplification, joint à une moralité exprimée sans ambages, fait de cette histoire, qui aurait pu être un véritable conte de fées, un conte de mise en garde qui énonce absolument tout. L'imagination de l'auditeur ne peut donc pas s'employer à lui trouver un sens personnel. Prisonnier d'une interprétation rationnelle du dessein de l'histoire, Perrault s'évertue à s'exprimer de la façon la plus explicite. Par exemple, quand le Petit Chaperon rouge se déshabille et rejoint le loup dans le lit et que le loup lui dit que ses grands bras sont faits pour mieux l'embrasser, rien n'est laissé à l'imagination. Comme la fillette, en réponse à cette tentative de séduction directe et évidente, n'esquisse pas le moindre mouvement de fuite ou de résistance, on peut croire qu'elle est idiote ou qu'elle désire être séduite. Dans les deux cas, elle n'est certainement pas un personnage avec lequel on aurait envie de s'identifier. De tels détails, au lieu de présenter l'héroïne telle qu'elle est (une petite fille naïve, séduisante, qui est incitée à négliger les avertissements de sa mère et qui s'amuse innocemment, en toute bonne foi) lui donnent toute l'apparence d'une femme déchue.

On supprime toute la valeur du conte de fées si on précise à l'enfant le sens qu'il doit avoir pour lui. Perrault fait pire que cela : il assène ses arguments. Le bon conte de fées a des significations sur différents niveaux ; seul l'enfant peut connaître la signification qui peut lui apporter quelque chose sur le moment. Plus tard, en grandissant, il découvre d'autres aspects des contes qu'il connaît bien et en tire la conviction que sa faculté de comprendre a mûri, puisque les mêmes contes prennent plus de sens pour lui. Cela ne peut se produire que si l'on n'a pas dit à l'enfant, d'une façon didactique, ce que l'histoire est censée signifier. En découvrant lui-même le sens caché des contes, l'enfant crée quelque chose, au lieu de subir une influence.

Psychanalyse des contes de fées, Laffont, 1976.

Il était une fois une petite fille de Village, la plus jolie qu'on eût su voir ; sa mère en était folle, et sa mère-grand plus folle encore. Cette bonne femme lui fit faire un petit chaperon rouge, qui lui seyait si bien, que partout on l'appelait le Petit Chaperon rouge.

Un jour sa mère, ayant cuit et fait des galettes lui dit : «Va voir comme se porte ta Mère-grand, car on m'a dit qu'elle était malade, porte-lui une galette et ce petit pot de beurre». Le Petit Chaperon rouge partit aussitôt pour aller chez sa mère-grand, qui demeurait dans un autre Village. En passant dans un bois elle rencontra compère le Loup, qui eut bien envie de la manger ; mais il n'osa, à cause de quelques Bûcherons qui étaient dans la Forêt. Il lui demanda où elle allait ; la pauvre enfant, qui ne savait pas qu'il est dangereux de s'arrêter à écouter un Loup, lui dit : «Je vais voir ma Mère-grand, et lui porter une galette avec un petit pot de beurre que ma Mère lui envoie. — Demeure-t-elle bien loin ? lui dit le Loup — Oh ! oui, dit le Petit Chaperon rouge, c'est par delà le moulin que vous voyez tout là-bas, là-bas, à la première maison du Village. — Hé bien, dit le Loup je veux l'aller voir aussi ; je m'y en vais par ce chemin ici, et toi par ce chemin-là, et nous verrons qui plus tôt y sera.» Le Loup se mit à courir de toute sa force par le chemin qui était le plus court, et la petite fille s'en alla par le chemin le plus long, s'amusant à cueillir des noisettes, à courir après des papillons, et à faire des bouquets des petites fleurs qu'elle rencontrait.

G. Doré, *Le Petit Chaperon Rouge,* (BN).

Le Loup ne fut pas longtemps à arriver à la maison de la Mère-Grand ; il heurte : Toc, toc. «Qui est là ? — C'est votre fille le Petit Chaperon rouge (dit le Loup, en contrefaisant sa voix) qui vous apporte une galette et un petit pot de beurre que ma Mère vous envoie.» La bonne Mère-grand, qui était dans son lit à cause qu'elle se trouvait un peu mal, lui cria : «Tire la chevillette, la bobinette cherra». Le Loup tira la chevillette et la porte s'ouvrit. Il se jeta sur la bonne femme, et la dévora en moins de rien ; car il y avait plus de trois jours qu'il n'avait mangé. Ensuite il ferma la porte, et s'alla coucher dans le lit de la Mère-grand, en attendant le Petit Chaperon rouge, qui quelque temps après vint heurter à la porte. Toc, toc. «Qui est là ?» Le Petit Chaperon rouge, qui entendit la grosse voix du Loup, eut peur d'abord, mais croyant que Mère-grand était enrhumée, répondit : «C'est votre fille le Petit Chaperon rouge, qui vous apporte une galette et un petit pot de beurre que ma mère vous envoie.» Le Loup lui cria en adoucissant un peu sa voix : «Tire la chevillette, la bobinette cherra». Le Petit Chaperon rouge tira la chevillette, et la porte s'ouvrit. Le Loup, la voyant entrer, lui dit en se cachant dans le lit sous la couverture : «Mets la galette et le petit pot de beurre sur la huche, et viens te coucher avec moi». Le Petit Chaperon rouge se déshabille, et va se mettre dans le lit, où elle fut bien étonnée de voir comment sa Mère-grand était faite en son déshabillé. Elle lui dit : «Ma mère-grand, que vous avez de grands bras ! — C'est pour mieux t'embrasser, ma fille — Ma mère-grand, que vous avez de grandes jambes ! — C'est pour mieux courir mon enfant. — Ma mère-grand, que vous avez de grandes oreilles ! — C'est pour mieux écouter, mon enfant. — Ma mère-grand que vous avez de grands yeux ! — C'est pour mieux voir, mon enfant. — Ma mère-grand, que vous avez de grandes dents ! — C'est pour te manger. » Et en disant ces mots, le méchant Loup se jeta sur le Petit Chaperon rouge, et la mangea.

MORALITE

On voit ici que de jeunes [enfants,
Surtout de jeunes filles
Belles, bien faites, et gentilles,
Font très mal d'écouter toute [sorte de gens,
Et que ce n'est pas chose [étrange,
S'il en est tant que le loup [mange.
Je dis le loup, car tous les [loups
Ne sont pas de la même sorte ;
Il en est d'une humeur accorte,
Sans bruit, sans fiel et sans [courroux,
Qui privés, complaisants et [doux,
Suivent les jeunes Demoi- [selles
Jusque dans les maisons, jus- que dans les ruelles :(1)
Mais hélas ! qui ne sait que ces [Loups doucereux,
De tous les Loups sont les plus [dangereux.

le Petit Chaperon rouge, 1697.

(1) Espace compris entre le mur et le lit, dissimulé souvent par les rideaux du baldaquin.

JACOB (1785-1863) **ET WILHELM** (1786-1869) **GRIMM**

Plus d'un siècle après Perrault, les frères Grimm traitent à leur tour le thème du « Petit Chaperon rouge ». Outre des modifications de détail, toute la fin du conte est remaniée.

Elle s'avança jusqu'à son lit et écarta les rideaux. La grand-mère était là, couchée, avec son bonnet qui lui cachait presque toute la figure, et elle avait l'air si étrange.
— Comme tu as de grandes oreilles, grand-mère !
— C'est pour mieux t'entendre, répondit-elle.
— Comme tu as de gros yeux, grand-mère !
— C'est pour mieux te voir, répondit-elle.
— Comme tu as de grandes mains !
— C'est pour mieux te prendre, répondit-elle.
— Oh ! grand-mère, quelle grande bouche et quelles terribles dents tu as !
— C'est pour mieux te manger, dit le loup, qui fit un bond hors du lit et avala le pauvre Petit Chaperon rouge d'un seul coup.

Sa voracité satisfaite, le loup retourna se coucher dans le lit et s'endormit bientôt, ronflant plus fort que fort. Le chasseur, qui passait devant la maison, l'entendit et pensa : « Qu'a donc la vieille femme à ronfler si fort ? Il faut que tu entres et que tu voies si elle a quelque chose qui ne va pas. » Il entra donc et, s'approchant du lit, vit le loup qui dormait là.

— C'est ici que je te trouve, vieille canaille ! dit le chasseur. Il y a un moment que je te cherche !...

Et il allait épauler son fusil, quand tout à coup, l'idée lui vint que le loup avait peut-être mangé la grand-mère et qu'il pouvait être encore temps de la sauver. Il reposa son fusil, prit des ciseaux et se mit à tailler le ventre du loup endormi. Au deuxième ou au troisième coup de ciseaux, il vit le rouge chaperon qui luisait ; deux ou trois coups de ciseaux encore, et la fillette sautait dehors en s'écriant : « Oh, la, la, quelle peur j'ai eue ! Comme il faisait noir dans le ventre du loup ! » Et bientôt après, sortait aussi la vieille grand-mère, mais c'était à peine si elle pouvait encore respirer. Le Petit Chaperon rouge courut chercher de grosses pierres qu'ils fourrèrent dans le ventre du loup ; et quand il se réveilla et voulut bondir, les pierres pesaient si lourd qu'il s'affala et resta mort sur le coup.

Tous les trois étaient bien contents : le chasseur prit la peau du loup et rentra chez lui ; la grand-mère mangea la galette et but le vin que le Petit Chaperon rouge lui avait apportés, se retrouvant bientôt à son aise. Mais pour ce qui est du Petit Chaperon Rouge, elle se jura : « Jamais plus de ta vie tu ne quitteras le chemin pour courir dans les bois, quand ta mère te l'a défendu ».

le Petit Chaperon rouge, in Contes, 1812-1822.

1 — *On trouve dans ce conte de l'imparfait, du passé simple et du présent. Selon quelle répartition ? En quoi cette combinaison est-elle identique à celle de la fable (se reporter aux n°24 à 26) ?*

2 — *Montrez que la moralité du conte de Perrault invite à une relecture de l'histoire : quels détails apparemment naïfs à première lecture, sont en fait directement interprétables dans le sens de la moralité ?*

3 — *En quoi le conte de Perrault est-il à la limite des bienséances ?*

4 — *Pour quel public ce conte est-il écrit ? Des enfants peuvent-ils le comprendre ?*

5 — *Quelles sont les modifications les plus importantes entre les deux versions ? Comment les expliquez-vous ?*

6 — *La « critique » de B. Bettelheim vous paraît-elle intéressante, du point de vue de l'analyse du conte de Perrault ? Si oui, en quoi ?*

LES FEUX DE LA PASSION

Élevé fort religieusement aux Petites-Écoles de Port-Royal, Racine commence très tôt à écrire : des poésies pieuses en latin, dès 1655. Après de premiers essais infructueux dans le genre tragique, il part, pour raisons de santé, à Uzès, chez son oncle, vicaire général.

C'est lors de ce long séjour, qui précède immédiatement l'entrée de Racine sur la grande scène littéraire avec son Ode sur la convalescence du Roi *(1663), et sa rupture avec Port-Royal, que se situe une scène, nourrie de références fort peu religieuses, que certains critiques (se référer au texte ci-contre de Jean Starobinski) n'ont pas hésité à considérer comme le point de départ, dans la réalité, de transfigurations théâtrales fréquentes dans l'imaginaire racinien.*

Gravelot, *Racine,* (Bulloz).

Je vous aurais écrit mardi passé par l'ordinaire (1), n'était que j'étais allé faire un tour à Nîmes : ainsi je me sers aujourd'hui de l'extraordinaire, qui part les vendredis. Mais puisque j'ai commencé à vous parler de ce voyage, il faut que je vous en entretienne un peu. Nîmes est à trois lieues d'ici, c'est-à-dire à sept ou huit bonnes lieues de France. Le chemin est plus diabolique mille fois que celui des diables à Nevers, et la rue d'Enfer, et tels autres chemins réprouvés ; mais la ville est assurément aussi belle et aussi *polide,* comme on dit ici, qu'il y en ait dans le royaume. Il n'y a point de divertissements qui ne s'y trouvent :

Suoni, canti, vestir, giuochi, vivande,
Quanto puo cor pensar, puo chieder bocca (2).

On m'avait dit tout cela devant que j'y allasse, mais je n'en voulais rien croire. Vous ne voudrez pas m'en croire aussi. Cependant je n'en dis pas la moitié de ce qu'on en pourrait dire. J'y allais pour voir le feu de joie qu'un homme de ma connaissance avait entrepris. Il en a coûté deux mille francs à la ville. Il était fort beau sans doute. Les jésuites avaient fourni les devises, qui ne valaient rien du tout : ôtez cela, tout allait bien. Mais je n'y pris pas assez bien garde pour vous en faire le détail ; j'étais détourné par d'autres spectacles : il y avait tout autour de moi des visages qu'on voyait à la lueur des fusées, et dont vous auriez bien eu autant de peine à vous défendre, que j'en avais. Il n'y en avait pas une à qui vous n'eussiez bien voulu dire ce compliment d'un galant du temps de Néron : *Ne fastidias hominem peregrinum inter cultores tuos admittere : invenies religiosum, si te adorari permiseris* (3). Mais pour moi, je n'avais garde d'y penser ; je ne les regardais pas même en sûreté ; j'étais en la compagnie d'un R. Père de ce chapitre qui n'aimait pas trop à rire :

E parea, piu ch' alcun fosse mai stato,
Di conscienza scrupulosa e schiva (4).

Quoi qu'il en soit, il fallait être sage avec lui, ou du moins le faire.

A Monsieur l'abbé Le Vasseur, 24 novembre 1661.

(1) *La poste ordinaire, ou régulière ; la poste extraordinaire, occasionnelle.*
(2) « Musique, chants, toilettes, jeux, festins, autant que l'esprit peut en imaginer, que la bouche peut en demander » *(L'Arioste,* Roland furieux).
(3) « Ne dédaigne pas d'admettre un étranger parmi tes adorateurs, tu le trouveras à ta dévotion si tu lui permets de te rendre un culte » *(Pétrone,* Satiricon).
(4) « Et paraissait, plus que quiconque le fut jamais, d'une conscience scrupuleuse et timorée » *(L'Arioste,* Roland furieux).

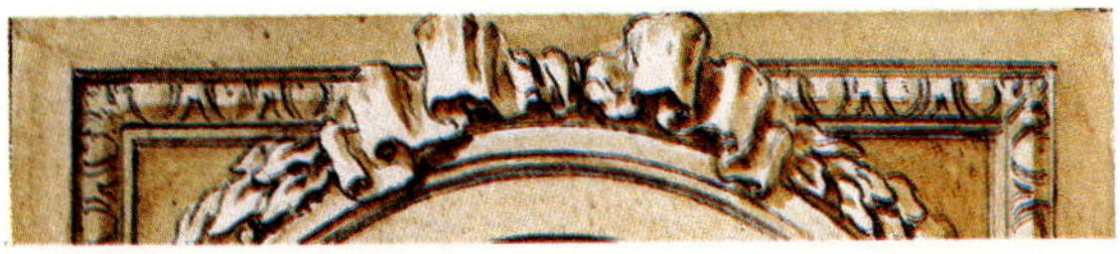

RACINE, 1667

ANDROMAQUE

Dois-je oublier Hector privé de funérailles,
Et traîné sans honneur autour de nos murailles?
Dois-je oublier mon père à mes pieds renversé,
Ensanglantant l'autel qu'il tenait embrassé?
Songe, songe, Céphise, à cette nuit cruelle
Qui fut pour tout un peuple une nuit éternelle;
Figure-toi Pyrrhus, les yeux étincelants,
Entrant à la lueur de nos palais brûlants,
Sur tous mes frères morts se faisant un passage,
Et, de sang tout couvert, échauffant le carnage;
Songe aux cris des vainqueurs, songe aux cris des [mourants,
Dans la flamme étouffés, sous le fer expirants;
Peins-toi dans ces horreurs Andromaque éperdue:
Voilà comme Pyrrhus vint s'offrir à ma vue,
Voilà par quels exploits il sut se couronner;
Enfin, voilà l'époux que tu me veux donner.

Andromaque, acte III, scène 8, 1667.

RACINE, 1674

ERIPHITE

Rappellerai-je encor le souvenir affreux
Du jour qui dans les fers nous jeta toutes deux?
Dans les cruelles mains par qui je fus ravie
Je demeurai longtemps sans lumière et sans vie:
Enfin mes tristes yeux cherchèrent la clarté;
Et, me voyant presser d'un bras ensanglanté,
Je frémissais, Doris, et d'un vainqueur sauvage
Craignais de rencontrer l'effroyable visage.
J'entrai dans son vaisseau, détestant sa fureur,
Et toujours détournant ma vue avec horreur.
Je le vis: son aspect n'avait rien de farouche;
Je sentis le reproche expirer dans ma bouche;
Je sentis contre moi mon cœur se déclarer;
J'oubliai ma colère, et ne sus que pleurer.
Je me laissai conduire à cet aimable guide.
Je l'aimais à Lesbos, et je l'aime en Aulide.

Iphigénie en Aulide, acte II, scène 2, 1674.

J. STAROBINSKI, 1961

Cette lettre d'Uzès, certes, n'apporte pas le témoignage d'un événement capital de la biographie de Racine. Cependant, il se trouve que le poète semble s'être constamment souvenu de cette situation. Tout se passe comme si ce moment lui avait fait reconnaître, en pleine réalité, un thème issu des régions les plus secrètes de l'imagination: un mythe personnel. Il n'était pas nécessaire que Racine rencontrât, à la lumière de ce feu de joie, la séduction et la honte du Regard nocturne: il l'aurait inventé. Et il saura métamorphoser le feu de joie en flamboiement tragique...

Tant d'exemples s'offrent: Andromaque n'a pas oublié les yeux de Pyrrhus, étincelant dans la lueur de l'immense incendie de Troie. A la lumière des torches, Néron voit pour la première fois Junie, «levant au ciel ses yeux mouillés de larmes». — Dans une autre «nuit enflammée», Bérénice voit tous les regards se tourner vers Titus, ces regards mêmes qui apprendront à Titus qu'il lui est interdit d'épouser une reine étrangère. Chacun de ces regards nocturnes a la valeur d'un événement premier, situé avant le début de l'action représentée. C'est le moment originel, où la fatalité prend naissance. Les personnages raciniens le savent: tout a commencé par ces rencontres dans la nuit. Ce qui a déterminé leur destin, c'est d'avoir vu ces yeux, et de n'avoir plus pu se séparer de leur image.

Sans doute, la tradition de la rhétorique amoureuse veut que la passion naisse d'un seul coup d'œil, et du premier coup d'œil. Etre amoureux, c'est être captif d'un regard. Et cette rhétorique ne cesse pas d'avoir cours chez Racine. Mais combien s'aggrave chez lui le sortilège du regard! Le faire naître dans la nuit, l'éclairer par des torches, l'entourer d'armes et d'incendies, c'est le lier à des puissances néfastes, c'est lui donner charge de destin. Lors même que la scène ne se déroule pas dans la nuit, l'acte de voir possède toujours une violence sacrée ou sacrilège. Il adore ou il enfreint. Au milieu du carnage d'une ville conquise, ce sont les regards d'un vainqueur sur une prisonnière (Andromaque), ou d'une prisonnière (Ériphile) sur un vainqueur sanglant: regards qu'il n'eût pas fallu échanger entre ennemis, naissance d'un amour où la patrie sera oubliée et trahie. Chaque fois, il eût mieux valu ne pas avoir vu, c'était un spectacle *interdit.* Selon la loi du sérail, Roxane n'aurait jamais dû voir Bajazet; pour l'avoir seulement regardé, elle mérite la mort. Tout le malheur de Phèdre date du jour où elle a vu Hippolyte: ce premier regard, d'emblée, violait l'interdit de l'inceste et de l'adultère:

> Athènes me montra mon superbe ennemi:
> Je le vis, je rougis, je pâlis à sa vue;
> Un trouble s'éleva dans mon âme éperdue...

Le regard de Phèdre s'obscurcit, la nuit se fait en elle:

> Mes yeux ne voyaient plus, je ne pouvais parler...

Ainsi l'acte de voir, par sa violence même, produit la nuit. La scène ici n'a plus besoin de se dérouler dans un décor nocturne: la nuit naît à l'intérieur du personnage tragique.

«Racine et la poétique du regard» in *l'Œil vivant,* 1961.

42 b Jean RACINE (1639-1699)

Néron, empereur de Rome, « monstre naissant », vient d'assister à l'arrivée, dans son palais, de Junie, enlevée sur ses ordres.

Racine, portrait, (Giraudon).

Dans Bérénice, *sont à nouveau en place les mêmes éléments. Bérénice, reine de Judée, veut épouser Titus, empereur de Rome. Elle aussi évoque la nuit précédente, et sa vision de celui qu'elle aime.*

NÉRON

Narcisse, c'en est fait, Néron est amoureux.

NARCISSE

Vous !

NÉRON

Depuis un moment, mais pour toute ma vie.
J'aime, que dis-je, aimer ? j'idolâtre Junie.

NARCISSE

Vous l'aimez !

NÉRON

Excité d'un désir curieux,
Cette nuit je l'ai vue arriver en ces lieux,
Triste, levant au ciel ses yeux mouillés de larmes,
Qui brillaient au travers des flambeaux et des armes ;
Belle sans ornements, dans le simple appareil
D'une beauté qu'on vient d'arracher au sommeil.
Que veux-tu ? Je ne sais si cette négligence,
Les ombres, les flambeaux, les cris et le silence,
Et le farouche aspect de ses fiers ravisseurs,
Relevaient de ses yeux les timides douceurs.
Quoi qu'il en soit, ravi d'une si belle vue,
J'ai voulu lui parler, et ma voix s'est perdue :
Immobile, saisi d'un long étonnement,
Je l'ai laissé passer dans son appartement.
J'ai passé dans le mien. C'est là que, solitaire,
De son image en vain j'ai voulu me distraire.
Trop présente à mes yeux je croyais lui parler ;
J'aimais jusqu'à ses pleurs que je faisais couler.
Quelquefois, mais trop tard, je lui demandais grâce :
J'employais les soupirs, et même la menace.
Voilà comme, occupé de mon nouvel amour,
Mes yeux, sans se fermer, ont attendu le jour.
Mais je m'en fais peut-être une trop belle image :
Elle m'est apparue avec trop d'avantage :
Narcisse, qu'en dis-tu ?

Britannicus (1669), acte II, scène 2.

BÉRÉNICE

Le temps n'est plus, Phénice, où je pouvais trembler.
Titus m'aime ; il peut tout ; il n'a plus qu'à parler,
Il verra le sénat m'apporter ses hommages,
Et le peuple de fleurs couronner ses images.
De cette nuit, Phénice, as-tu vu la splendeur ?
Tes yeux ne sont-ils pas tout pleins de sa grandeur ?
Ces flambeaux, ce bûcher, cette nuit enflammée,
Ces aigles, ces faisceaux, ce peuple, cette armée,
Cette foule de rois, ces consuls, ce sénat,
Qui tous de mon amant empruntaient leur éclat ;
Cette pourpre, cet or, que rehaussait sa gloire,
Et ces lauriers encor témoins de sa victoire ;
Tous ces yeux qu'on voyait venir de toutes parts
Confondre sur lui seul, leurs avides regards ;
Ce port majestueux, cette douce présence...
Ciel ! avec quel respect et quelle complaisance
Tous les cœurs en secret l'assuraient de leur foi !
Parle : peut-on le voir sans penser, comme moi,
Qu'en quelque obscurité que le sort l'eût fait naître,
Le monde en le voyant eût reconnu son maître ?
Mais, Phénice, où m'emporte un souvenir charmant ?
Cependant Rome entière, en ce même moment,
Fait des vœux pour Titus, et, par des sacrifices,
De son règne naissant consacre les prémices.

Bérénice (1670), acte I, scène 5.

THÉÂTRES PARISIENS AU XVIIe SIÉCLE

I) THÉÂTRE FRANÇAIS

A - Lieux et appellations.

- Hôtel de Bourgogne *(troupe des* Grands Comédiens, *ou* Troupe Royale).
- Théâtre du Marais *(1600-1673).*
- Troupe de Molière *(ou l'*Illustre Théâtre : *1658-1673).*

En 1673, le Théâtre du Marais *et la* troupe de Molière *s'unissent à l'hôtel Guénégaud, avec l'appellation de* Troupe du Roi. *Cette troupe est réunie avec celle de l'*Hôtel de Bourgogne *en 1680, et devient la troupe des* Comédiens du Roi, *puis à partir de 1687-1689, la* Comédie Française, *ou* Théâtre Français.

Seul Molière, installé au Palais-Royal, jusqu'en 1674, dispose d'un véritable théâtre (de 1 000 à 1 500 places). Les autres troupes jouent dans d'anciennes salles de jeu de paume aménagées.

B - Vedettes.

Hôtel de Bourgogne : Montfleury, Beaubourg, Baron, Champmeslé.
Marais : Montdory.
Molière : les Béjart, Rosimont.

C - Mise en scène.

Des spectateurs sont installés sur scène *jusqu'en 1759. D'où des problèmes sérieux de mise en scène : les acteurs disposent, pour jouer, d'un espace d'une trentaine de m². A l'exception du Théâtre du Marais, spécialisé dans les « pièces à machines », la mise en scène se réduit à l'essentiel :* « le théâtre est un palais à volonté. Une chaise pour commencer ». *C'est le décor noté pour* Phèdre *en 1763.*

Les costumes sont, uniformément, appelés « habits à la romaine », synthèse parfois comique entre certains détails de l'habit antique (casques, parties de cuirasses...) et l'habit de Cour (Montdory, l'acteur favori de Richelieu, était parmi les rares à refuser de jouer les tragédies en perruque). Par son décor, sa « mise en scène », ses costumes, le théâtre du XVIIe siècle renvoie aux spectateurs l'image... du XVIIe.

D - Diction

L'habitude est de psalmodier les vers, en marquant systématiquement la coupe de l'alexandrin. Une diction plus « naturelle » s'imposera progressivement, sous l'influence de Baron, puis au XVIIIe siècle, de Lekain, Mlle Clairon et Talma (pour le tragique), Silvia et Préville (pour le comique).

II) THÉÂTRE ITALIEN

La Comédie italienne vient en France de façon itinérante depuis le XVIe siècle. Rappelés par le cardinal Mazarin en 1645, les Italiens s'installent définitivement à Paris à partir de 1660, d'abord au théâtre du Petit Bourbon, puis au Palais-Royal (partagé avec Molière) jusqu'en 1680, et enfin à l'hôtel de Bourgogne jusqu'en 1697.

Les personnages (Scaramouche, Trivelin, Pierrot, Arlequin, Colombine, le Docteur, etc.) sont connus. Les pièces, au départ, sont à peu près totalement improvisées à partir d'un canevas très général. C'est à leur imitation que les autres troupes font, peu à peu, jouer des femmes sur scène. Ils seront expulsés de France en 1697 (après avoir monté un spectacle intitulé la Fausse Prude *dans lequel les allusions à Mme de Maintenon, maîtresse du Roi, étaient trop claires), et reviendront dès 1716, toujours avec la même devise :* Castigat ridendo mores *(il châtie les mœurs par le rire). (voir aussi n° 54).*

III) PROBLEMES FINANCIERS... ET AUTRES

Ces théâtres vivent essentiellement de «pensions» allouées par le Roi et quelques grands seigneurs (nous dirions aujourd'hui qu'ils sont subventionnés), et des recettes (une place vaut généralement 15 sous). Les charges sont lourdes : location des théâtres, pensions de retraite aux comédiens, procès nombreux et onéreux, impôt dit « des boues et chandelles », levé par la ville...

Tous théâtres confondus, on compte au maximum, au XVIIe siècle, 800 représentations par an. Le public parisien est essentiellement bourgeois. L'aristocratie se contente du théâtre de la Cour. En l'absence de presse spécialisée et d'affiches, l'information sur les spectacles est tributaire du « bouche à oreille ».

Une très forte censure ecclésiastique pèsera - jusqu'au début du XIXe siècle - sur le théâtre. Les comédiens sont, par principe, excommuniés. Des acteurs comme Molière ou Adrienne Lecouvreur seront enterrés clandestinement. A cette censure « officielle » se rajoute celle des diverses et fréquentes cabales (voir n° 30 a-b).

*De très nombreuses troupes (ce fut le cas de l'*Illustre Théâtre *jusqu'en 1658) sillonnent la province. Les spectacles (spectacle de foire et de « tréteaux ») sont alors adaptés à un public qui ne pratique pas toujours, à l'époque, le français comme première langue.*

1 — *Relevez, dans ces différents textes, tous les éléments (mots, images...) correspondant aux différents registres* de la « scène » décrite dans la lettre de 1661 (voir n° 42 a).*

2 — *Entre le récit en prose et les récits (imaginés) en vers, quelles concordances peut-on établir ? (se référer au texte de Jean Starobinski).*

3 — *Déjà dans la lettre de 1661, quelle était la part de l'imagination ?*

4 — *De ce point de vue, quelles sont, dans cette lettre, les fonctions des citations ? Pourquoi Racine choisit-il de s'exprimer à travers les textes d'autrui ?*

5 — *Jean Starobinski parle de « l'avidité du regard ». Relevez dans les textes de Racine les éléments visuels. Comment le réel (le vu) se combine-t-il avec la mise en place du fantasme* ?*

43 Jean RACINE (1639-1699)

Racine, Andromaque, costume de Pyrrhus, (F. Folliot).

Racine, Décor de 1892, (F. Folliot).

*Oreste aimait Hermione, qui aimait **Pyrrhus,** qui aimait Andromaque, veuve d'Hector, tué par le père de Pyrrhus, Achille (se référer au n° 42 a). Hermione, pour se venger, a poussé Oreste à tuer Pyrrhus, puis se tue. Oreste devient fou, bouclant en quelque sorte, la vieille malédiction pesant sur la famille des Atrides (se référer au n° 55).*

Oreste, marqué par le destin, succombe donc aux fantaisies du destin — ou, si l'on préfère, à la rage des dieux. De libre arbitre humain, plus de trace.

ORESTE

Grâce aux dieux! mon malheur passe mon espérance!
Oui, je te loue, ô ciel, de ta persévérance!
Appliqué sans relâche au soin de me punir,
Au comble des douleurs tu m'as fait parvenir;
Ta haine a pris plaisir à former ma misère;
J'étais né pour servir d'exemple à ta colère,
Pour être du malheur un modèle accompli.
Hé bien! je meurs content, et mon sort est
[rempli.
Où sont ces deux amants? Pour couronner ma
[joie
Dans leur sang, dans le mien, il faut que je me
[noie
L'un et l'autre en mourant je les veux regarder:
Réunissons trois cœurs qui n'ont pu s'accorder...
Mais quelle épaisse nuit tout à coup m'environne?
De quel côté sortir? D'où vient que je frissonne?
Quelle horreur me saisit? Grâce au ciel, j'entrevoi...
Dieux! quels ruisseaux de sang coulent autour de
[moi!

PYLADE

Ah, seigneur!

ORESTE

Quoi! Pyrrhus, je te rencontre encore
Trouverai-je partout un rival que j'abhorre?
Percé de tant de coups, comment t'es-tu sauvé?
Tiens, tiens, voilà le coup que je t'ai réservé.
Mais que vois-je? A mes yeux Hermione
[l'embrasse!
Elle vient l'arracher au coup qui le menace!
Dieux! quels affreux regards elle jette sur moi!
Quels démons! quels serpents traîne-t-elle après
[soi?
Hé bien! filles d'enfer (1), vos mains sont-elles
[prêtes?
Pour qui sont ces serpents qui sifflent sur vos
[têtes?
A qui destinez-vous l'appareil (2) qui vous suit?
Venez-vous m'enlever dans l'éternelle nuit?
Venez, à vos fureurs Oreste s'abandonne.
Mais non, retirez-vous, laissez faire Hermione:
L'ingrate mieux que vous saura me déchirer;
Et je lui porte enfin mon cœur à dévorer.

PYLADE

Il perd le sentiment. Amis, le temps nous presse;
Ménageons les moments que ce transport nous
[laisse.
Sauvons-le. Nos efforts deviendraient impuissants
S'il reprenait ici sa rage avec ses sens.

Andromaque, acte V, scène 5, 1667.

(1) Les Euménides (ou Erinyes), déesses de la Vengeance.
(2) Ce qui est avec.

Le héros de la pièce de Tristan est un philosophe fort érudit. Il devient «fou» à la suite d'une contrariété amoureuse, et se met à délirer, bâtissant en quelque sorte sa folie sur sa science, et offrant, conformément à l'esthétique baroque traditionnelle, l'image du désordre du Monde en ses mutations et contradictions permanentes.

ROLAND BARTHES, 1963

L'émoi le plus spectaculaire, c'est-à-dire le mieux accordé à la tragédie, c'est celui qui atteint l'homme racinien dans son centre vital, dans son langage. L'interdiction de parole, dont certains auteurs ont suggéré la nature sexuelle, est très fréquente chez le héros racinien : elle exprime parfaitement la stérilité de la relation érotique, son immobilité : pour pouvoir rompre avec Bérénice, Titus se fait aphasique, c'est-à-dire que d'un même mouvement, il se dérobe et s'excuse : le *je vous aime trop* et le *je ne vous aime pas assez* trouvent ici, économiquement, un signe commun. Fuir la parole, c'est fuir la relation de force, c'est fuir la tragédie : seuls les héros extrêmes peuvent atteindre cette limite (Néron, Titus, Phèdre), d'où leur partenaire tragique les ramène aussi vite que possible, en les *contraignant* en quelque sorte à retrouver un langage (Agrippine, Bérénice, Œnone). Le mutisme a un correspondant gestuel, l'évanouissement, ou tout au moins sa version noble, l'affaissement. Il s'agit toujours d'une sorte d'acte bilingue : comme fuite, la paralysie tend à nier l'ordre tragique; comme chantage, elle participe encore à la relation de force. Chaque fois qu'un héros racinien recourt au désordre corporel, c'est donc l'indice d'une mauvaise foi tragique : le héros *ruse* avec la tragédie.

Sur Racine, 1963.

TRISTAN L'HERMITE (1601-1655), 1645

ARISTE

Qui je suis? Je m'en vais te l'apprendre :
Un sujet merveilleux fait d'une âme et d'un corps,
Un pourceau par dedans, un singe par dehors,
Un chef-d'œuvre de terre, un miracle visible,
Un animal parlant, raisonnable et risible;
Un petit univers en qui les éléments
Apportent mille maux et mille changements;
Une belle, superbe et frêle architecture
Qui doit son ordonnance aux mains de la nature,
Où des os, tenant place et de pierre et de bois
Forment les fondements, le faîte et les parois.
Un mixte composé de lumière et de fange
Où s'attachent sans fin le blâme et la louange.
Un vaisseau (1) plein d'esprits (2) et plein de [mouvements,
Revêtu de tendons, de nerfs, de ligaments,
De cuir, de chair, de sang, de moelle et de graisse,
Qui se mine à toute heure et se détruit sans cesse,
Où l'âme se retire et fait ses fonctions,
S'imprime les vertus, ou trempe aux passions;
A qui toujours les sens, ses messagers volages,
Des objets reconnus rapportent les images.

la Folie du Sage, acte IV, scène I, 1645.

(1) Un vase.
(2) Corps volatils.

ARISTOTE, IVe siècle av. J.-C.

En marge de La Poétique *d'Aristote, Racine avait traduit, de sa main, un certain nombre de passages concernant la tragédie. La définition du genre, qui régit toute l'esthétique classique, est la suivante :*

La tragédie est l'imitation d'une action grave et complète, et qui a sa (juste) grandeur. (Cette imitation se fait) par un discours, (un style) composé pour le plaisir, de telle sorte que chacune des parties (qui le composent subsiste et) agisse séparément et distinctement.

(Elle ne se fait) point par un récit, mais par une représentation vive qui, excitant la pitié et la terreur, purge (et tempère) ces sortes de passions. (C'est-à-dire qu'en émouvant ces passions, elle leur ôte ce qu'elles ont d'excessif et de vicieux, et les ramène à un état modéré et conforme à la raison).

Poétique, VI.

Les passages entre parenthèses correspondent à des ajouts de Racine sur le texte d'Aristote.

A partir de cette définition, et en fonction des deux extraits ci-dessus, on pourra répondre aux questions suivantes :

1 — Quel est le mécanisme exact de la purgation (catharsis) des passions? Comment ce mécanisme se met-il en place dans l'extrait d'Andromaque, ci-contre?*

2 — Que faut-il entendre par «excitant la pitié et la terreur»? En quoi ces deux sentiments peuvent-ils purger l'homme de ses passions?

3 — Tristan et Racine reproduisent un discours de la folie. En quoi ces deux discours sont-ils «fous»? Que signifie ici ce terme? La perte des facultés intellectuelles? Une logique parallèle? Une capacité particulière à voir au delà du réel? Justifiez votre réponse.

4 — On peut parler, à propos d'Oreste, de «désordre corporel», pour reprendre le mot de Roland Barthes. Mais contrairement à l'avis du critique, ce désordre, ici, n'est-il pas le comble de la tragédie? Justifiez votre réponse par des exemples précis empruntés à la «tirade» d'Oreste.

44 Jean RACINE (1639-1699)

Quand je lus les *Guêpes* d'Aristophane, je ne songeais guère que j'en dusse faire les *Plaideurs*. J'avoue qu'elles me divertirent beaucoup, et j'y trouvai quantité de plaisanteries qui me tentèrent d'en faire part au public; mais c'était en les mettant dans la bouche des Italiens, à qui je les avais destinées comme une chose qui leur appartenait de plein droit. Le juge qui saute par les fenêtres, le chien criminel, et les larmes de sa famille, me semblaient autant d'incidents dignes de la gravité de Scaramouche [1]. Le départ de cet acteur interrompit mon dessein, et fit naître l'envie à quelques-uns de mes amis de voir sur notre théâtre un échantillon d'Aristophane [2] Je ne me rendis pas à la première proposition qu'ils m'en firent: je leur dis que, quelque esprit que je trouvasse dans cet auteur, mon inclination ne me porterait pas à le prendre pour modèle si j'avais à faire une comédie: et que j'aimerais beaucoup mieux imiter la régularité de Ménandre et de Térence, que la liberté de Plaute et d'Aristophane. On me répondit que ce n'était pas une comédie qu'on me demandait et qu'on voulait seulement voir si les bons mots d'Aristophane auraient quelque grâce dans notre langue. Ainsi, moitié en m'encourageant, moitié en mettant eux-mêmes la main à l'œuvre, mes amis me firent commencer une pièce qui ne tarda guère à être achevée.

Préface des Plaideurs **1668.**

(1) Acteur italien de la Commedia dell'arte, *puis du théâtre dit des Italiens.*

(2) Ecrivain grec, auteur de comédies, comme Ménandre (voir plus bas). Dans le même genre d'écrits, Plaute et Térence sont latins.

Dandin est possédé par la folie de juger.

Sa famille, pour satisfaire aux moindres frais cette passion, lui permet de juger... un chien, défendu par un valet, l'Intimé, et attaqué par un autre valet, Petit-Jean, tous deux parodiant à l'envi la rhétorique surannée du Palais de justice.*

Cette scène du procès du chien est directement puisée dans l'original grec d'Aristophane. Mais on appréciera les écarts, ne serait-ce que dans le fait que chiens et objets sont, dans l'original grec, joués par des acteurs.

L'INTIMÉ

Voici le fait. Un chien vient dans une cuisine;
Il y trouve un chapon, lequel a bonne mine.
Or, celui pour lequel je parle est affamé,
Celui contre lequel je parle *autem* plumé,
Et celui pour lequel je suis prend en cachette
Celui contre lequel je parle *autem* plumé;
On le prend. Avocat pour et contre appelé;
Jour pris. Je dois parler, je parle, j'ai parlé.

DANDIN

Ta, ta, ta, ta. Voilà bien instruire une affaire!
Il dit fort posément ce dont on n'a que faire,
Et court le grand galop quand il est à son fait.
[...]

LEANDRE

Mon père, éveillez-vous.

PETIT-JEAN

Monsieur, êtes-vous mort?

LEANDRE

Mon père!

DANDIN

Hé bien? hé bien? Quoi? qu'est-ce? Ah! ah! [quel homme!
Certes, je n'ai jamais dormi d'un si bon somme.

LEANDRE

Mon père, il faut juger.

DANDIN

Aux galères.

LEANDRE

Un chien
Aux galères!

DANDIN

Ma foi! je n'y conçois plus rien;
De monde, de chaos, j'ai la tête troublée.
Hé! concluez.

L'INTIMÉ, *lui présentant de petits chiens.*

Venez, famille désolée;
Venez, pauvres enfants qu'on veut rendre [orphelins;
Venez faire parler vos esprits enfantins.
Oui, messieurs, vous voyez ici notre misère:
Nous sommes orphelins, rendez-nous notre père,
Notre père, par qui nous fûmes engendrés,
Notre père, qui nous...

DANDIN

Tirez, tirez, tirez.

L'INTIMÉ

Notre père, messieurs...

DANDIN

Tirez donc. Quels vacarmes!
Ils ont pissé partout.

L'INTIMÉ

Monsieur, voyez nos larmes.

DANDIN

Ouf! Je me sens déjà pris de compassion.
Ce que c'est qu'à propos toucher la passion!
Je suis bien empêché. La vérité me presse;
Le crime est avéré: lui-même il le confesse.
Mais s'il est condamné, l'embarras est égal:
Voilà bien des enfants réduits à l'hôpital.

les Plaideurs, **1668.**

ARISTOPHANE (450-385 av. J.-C.)

BDÉLYCLÉON :

[...] Que les témoins en faveur de Labès comparaissent : écuelle, pilon, râpe à fromage, gril, marmite et tous les ustensiles assignés. *(Les dits ustensiles sont représentés par des hommes qui en portent les insignes). A Philocléon.* – Ah çà, toi, tu pisses toujours et ne t'assieds pas encore.

PHILOCLÉON. — *(S'asseyant et désignant l'accusé).* Celui-là, je crois bien, fera sous lui aujourd'hui.

BDÉLYCLÉON — Ne cesseras-tu pas, de ton côté, d'être dur et revêche, et cela envers les accusés, et de les tenir aux dents ? *(A l'accusé.)* Monte là, défends-toi *(Labès monte sur un banc et se tait.)* Pourquoi restes-tu muet ? Parle.

PHILOCLÉON — Mais il m'a l'air, celui-là, de n'avoir rien à dire.

BDÉLYCLÉON — Ce n'est pas cela ; il lui arrive, ce me semble, la même chose qui arriva jadis à Thucydide accusé, lequel fut soudain paralysé des mâchoires. *(A Labès.)* Ote-toi de là. C'est moi qui prendrai ta défense. *(Il monte sur le banc à la place du chien.)* C'est une tâche difficile, Messieurs, de plaider la cause d'un chien calomnié ; je parlerai tout de même. Il est bon et donne la chasse aux loups.

PHILOCLÉON. — Dis plutôt que c'est un voleur, cet individu, et un conspirateur.

BDÉLYCLÉON. — Non, par Zeus ; mais c'est le meilleur des chiens d'aujourd'hui ; il est à même d'être préposé à la garde de nombreux moutons.

PHILOCLÉON. — A quoi est-il bon, s'il mange le fromage ?

BDÉLYCLÉON. — A quoi ? Il se bat pour te défendre, il garde ta porte et pour tout le reste il est excellent. S'il a commis un larcin, pardonne : il ne sait pas jouer de la cithare.

PHILOCLÉON. — J'aurais voulu qu'il ne sût même pas ses lettres ; il n'aurait pu falsifier l'état de compte qu'il nous a dressé.

BDÉLYCLÉON. — Ecoute, diantre d'homme, mes témoins. Monte ici, râpe à fromage, et parle haut ; car c'est toi qui te trouvais être intendant. *(L'acteur Râpe s'avance).* Réponds clairement ; n'as-tu pas râpé ce que tu avais reçu pour les soldats ? *(La Râpe fait un signe de tête affirmatif).* Elle affirme l'avoir râpé.

Mignard, Racine, Château de Versailles, (Bulloz).

PHILOCLÉON. — Mais, par Zeus, elle ment.

BDÉLYCLÉON. — Diantre d'homme, aie pitié de ceux qui ont de la peine. Ce Labès ne mange que des têtes de poisson et des arêtes, et jamais il ne reste en place. Tandis que l'autre, tel que le voilà, c'est un casanier, rien de plus. Il ne bouge d'ici et chaque chose qu'on apporte céans, il en réclame sa part ; si on refuse, il mord...

PHILOCLÉON — Horreur ! quel est ce mal ? Quelque chose me fait mollir ? Un mal me circonvient et je me laisse persuader.

BDÉLYCLÉON. — Voyons, je t'en conjure : prenez pitié de lui, ô mon père, et ne le perdez pas. Où sont les enfants ? *(Des enfants, figurant des petits chiens, sortent de la maison, criant et pleurnichant.)* Montez, malheureux, et en jappant priez, suppliez, pleurez.

les Guêpes, 422 av. J.C. (trad. H. Van Daele, 1929.)

RACINE COMIQUE?

1 — *Distinguez les divers ressorts comiques de cette scène des* Plaideurs *en fonction de leur point d'impact (parole, gestuelle, etc.). Lequel de ces ressorts est privilégié? Qu'en conclure?*

2 — *Cette distinction peut-elle être expliquée par le changement d'intention de Racine (du théâtre italien au théâtre français, voir n° 42 b)? Ce comique « épuré » est-il semblable à celui de Molière* à la même époque *(voir n° 30 à 34)? En quoi? Sur ce plan là, que signifie l'opposition que fait Racine entre «régularité» et «liberté» théâtrales?*

3 — *La volonté de satire* de la justice est-elle plus marquée chez Racine ou chez Aristophane? Justifiez votre réponse par des exemples précis. A quel genre, selon les classifications du XVIIe siècle, appartient la pièce d'Aristophane?*

45 Jean RACINE (1639-1699)

Phèdre est mariée à Thésée, qui d'un premier lit a eu un fils, Hippolyte. Thésée est absent, on le croit mort. Dès le début de la pièce, on apprend par Œnone, fidèle nourrice de Phèdre, que sa maîtresse meurt d'un mal qu'elle s'obstine à lui taire.

Rappel mythologique : ***Thésée, fils d'Egée, a connu Phèdre en Crète, où il était parti tuer le Minotaure, monstre mi-homme mi taureau, fils de Minos. Il a pu pénétrer dans le Labyrinthe, construit par Dédale, grâce au*** **« fil d'Ariane ».** *Ariane était la sœur de Phèdre, séduite par Thésée, enlevée avec sa sœur après la mort du Minotaure, et abandonnée sur un îlot entre la Crète et la Grèce.*

Hippolyte est fils de Thésée et de la reine des Amazones. Dans la mythologie antique (dans les pièces d'Euripide ou de Sénèque, se référer au n° 47), il ne s'intéresse pas aux femmes. Racine, pour des raisons de bienséance (il craignait peut-être que Louis XIV ne voie, dans un Hippolyte rebelle à l'amour, une allusion à son frère Philippe d'Orléans, pilier de la confrérie des « petits maîtres ») lui a donné une amante, Aricie, princesse de la cité athénienne soumise à Thésée.

ŒNONE

Aimez-vous ?

PHEDRE

De l'amour j'ai toutes les fureurs.

ŒNONE

Pour qui ?

PHEDRE

Tu vas ouïr le comble des horreurs...
J'aime... A ce nom fatal, je tremble, je frissonne.
J'aime...

ŒNONE

Qui ?

PHEDRE

Tu connais ce fils de l'Amazone,
Ce prince si longtemps par moi-même opprimé...

ŒNONE

Hippolyte ! grands dieux !

PHEDRE

C'est toi qui l'as nommé !

ŒNONE

Juste ciel ! tout mon sang dans mes veines se glace !
O désespoir ! ô crime ! ô déplorable race !
Voyage infortuné ! rivage malheureux,
Fallait-il approcher de tes bords dangereux !

PHEDRE

Mon mal vient de plus loin. A peine au fils d'Egée
Sous les lois de l'hymen je m'étais engagée,
Mon repos, mon bonheur semblait être affermi ;
Athènes me montra mon superbe ennemi :
Je le vis, je rougis, je pâlis à sa vue ;
Un trouble s'éleva dans mon âme éperdue ;
Mes yeux ne voyaient plus, je ne pouvais parler ;
Je sentis tout mon corps et transir et brûler :
Je reconnus Vénus et ses feux redoutables,
D'un sang qu'elle poursuit tourments inévitables !
Par des vœux assidus je crus les détourner :
Je lui bâtis un temple, et pris soin de l'orner :
De victimes moi-même à toute heure entourée,
Je cherchais dans leurs flancs ma raison égarée :
D'un incurable amour remèdes impuissants !
En vain sur les autels ma main brûlait l'encens :
Quand ma bouche implorait le nom de la déesse,
J'adorais Hippolyte ; et le voyant sans cesse,
Même au pied des autels que je faisais fumer,
J'offrais tout à ce dieu que je n'osais nommer.
Je l'évitais partout. O comble de misère !
Mes yeux le retrouvaient dans les traits de son père.
Contre moi-même enfin j'osai me révolter :
J'excitai mon courage à le persécuter :
Pour bannir l'ennemi dont j'étais idolâtre,
J'affectai les chagrins d'une injuste marâtre ;
Je pressai son exil ; et mes cris éternels
L'arrachèrent du sein et des bras paternels.
Je respirais, Œnone ; et depuis son absence,
Mes jours moins agités coulaient dans l'innocence :
Soumise à mon époux, et cachant mes ennuis,
De son fatal hymen je cultivais les fruits.
Vaines précautions ! Cruelle destinée !
Par mon époux lui-même à Trézène amenée,
J'ai revu l'ennemi que j'avais éloigné :
Ma blessure trop vive aussitôt a saigné.
Ce n'est plus une ardeur dans mes veines cachée :
C'est Vénus tout entière à sa proie attachée.
J'ai conçu pour mon crime une juste terreur :
J'ai pris la vie en haine, et ma flamme en horreur ;
Je voulais en mourant prendre soin de ma gloire,
Et dérober au jour une flamme si noire :
Je n'ai pu soutenir tes larmes, tes combats ;
Je t'ai tout avoué ; je ne m'en repens pas,
Pourvu que, de ma mort respectant les approches,
Tu ne m'affliges plus par d'injustes reproches,
Et que tes vains secours cessent de rappeler
Un reste de chaleur tout prêt à s'exhaler.

Phèdre, Acte I, scène 3, 1677.

ANALYSE D'UN VERS : «Je le vis, je rougis, je pâlis à sa vue».

I - Structure : *les trois verbes au passé simple semblent, à première vue, fonctionner comme un seul groupe constituant un rythme ternaire, renforcé phonétiquement par la terminaison commune en [i]. Mais deux observations s'imposent :*

- la coupe à la césure, marquée par la diction des comédiens au XVII*e *siècle, casse en deux parties inégales ce groupe de trois éléments ;*

- si je rougis *et* je pâlis *sont bien sur le même plan (antithèse* entre deux réactions épidermiques, marques d'une réaction émotive),* je le vis *indique la cause de cette réaction. Placé au début du vers, ce verbe est repris par un substantif au dernier mot* (sa vue). *On a donc une double structure :*

- une structure logique et progressive, qui pourrait s'exprimer prosaïquement, sous la forme : je le vis, *de sorte que* je rougis *puis* je pâlis à sa vue.

- une structure circulaire, enfermant l'action dans un seul sens physique, celui de la vision : je le vis... sa vue. *Cette structure est renforcée de surcroît par la reprise implicite de l'objet contemplé (Hippolyte) :* le... sa.

II - Rhétorique* ; *deux figures* de rhétorique animent le groupe ternaire.*

- La liaison logique est supprimée entre le premier verbe (je le vis) *et les deux suivants. On appelle cette figure la parataxe*. Son effet est de juxtaposer deux termes reliés logiquement (ici, par un lien causal et consécutif), et donc d'accélérer l'action et l'expression.*

- la liaison temporelle est supprimée entre je rougis *et* je pâlis.

C'est là un exemple classique d'asyndète. Son effet est comparable à celui de la parataxe, et implique ici une grande brutalité des réactions de Phèdre, une quasi-simultanéité de deux émotions contraires.*

III - Significations : *les deux premières syllabes introduisent les protagonistes* : au* je *sujet (Phèdre) s'oppose immédiatement l'objet (*le *= Hippolyte). La triple répétition du* je *dans le groupe ternaire impose le personnage physique de l'héroïne, et la reprise de l'objet regardé à la fin du vers (*sa vue*) implique un caractère obsédant : il s'agit ici d'un coup de foudre, on ne peut plus, dès le premier regard (quand bien même ce regard est, comme ici, à sens unique) échapper à l'Autre.*

Ce seul sens physique sollicité est, comme presque toujours chez Racine, la vue : *image d'un monde (celui, bien sûr, du XVII*e *siècle) où tout sentiment passe par la vue (et non par la parole) et souvent s'y restreint (se référer au texte de R. Barthes, n° 43). Ces réactions physiques sont réduites à deux marques presque symboliques (*rougir / pâlir) *marquant l'afflux et le reflux de sang vers le cœur.* [...] *Ce vers a donc pour fonction d'exprimer la violence du sentiment de Phèdre pour Hippolyte et son caractère fatal : les verbes au passé simple marquent un moment précis, comme isolé de toute temporalité antérieure, et ouvrant sur une temporalité niée — celle de la tragédie — où le même sentiment obsédant (l'amour de Phèdre pour Hippolyte), se répète à l'infini, jusqu'à ce que la mort (d'Hippolyte, puis de Phèdre) rétablisse une temporalité vraie et diffuse, historique (celle de Thésée et d'Aricie, celle de la politique), dont le temps figé de la passion était venu, un instant, interrompre la continuité.*

Phèdre (B.N.)

1 — *Phèdre (en grec : «la lumineuse») est hantée par la nuit. Retrouvez dans cette tirade les images de feu, d'ombre et de lumière, et explicitez-les.*

2 — *On a déjà noté (se référer au n° 42) que l'érotique racinienne passe prioritairement par la vue (cf. l'analyse ci-dessus). Comment, dans ce texte, se distillent les regards ? Comment l'imagination (ou le phantasme*) se nourrit-elle de ces regards ?*

3 — *Dans cette expression d'une passion amoureuse, quelle est la place du corps ? Vous relèverez les termes le désignant en partie ou en tout. En quoi le style sublime laisse-t-il transparaître un discours amoureux fondé sur des images concrètes ?*

46 a Jean RACINE [1639-1699]

Phèdre se décide à avouer à Hippolyte son amour : mais pour dire cet amour inavouable (car, pour les mœurs du temps, à demi-incestueux), elle choisit le mode de l'imaginaire. Elle substitue Hippolyte à son père, et se substitue elle-même à sa sœur Ariane. (voir rappel mythologique, n° 45).

PHEDRE

Oui, prince, je languis, je brûle pour Thésée ;
Je l'aime, non point tel que l'ont vu les enfers,
Volage adorateur de mille objets divers,
Qui va du dieu des morts déshonorer la couche (1) ;
Mais fidèle, mais fier, et même un peu farouche,
Charmant, jeune, traînant tous les cœurs après soi
Tel qu'on dépeint nos dieux, ou tel que je vous vois.
Il avait votre port, vos yeux, votre langage ;
Cette noble pudeur colorait son visage
Lorsque de notre Crète il traversa les flots,
Digne sujet des vœux des filles de Minos.
Que faisiez-vous alors ? pourquoi sans Hippolyte
Des héros de la Grèce assembla-t-il l'élite ?
Pourquoi, trop jeune encore, ne pûtes-vous alors
Entrer dans le vaisseau qui le mit sur nos bords ?
Par vous aurait péri le monstre de la Crète (2),
Malgré tous les détours de sa vaste retraite :
Pour en développer l'embarras incertain,
Ma sœur (3) du fil fatal eût armé votre main.
Mais non : dans ce dessein je l'aurais devancée ;
L'amour m'en eût d'abord inspiré la pensée :
C'est moi, prince, c'est moi dont l'utile secours
Vous eût du labyrinthe enseigné les détours.
Que de soins m'eût coûté cette tête charmante !
Un fil n'eût point assez rassuré votre amante ;
Compagne du péril qu'il vous fallait chercher,
Moi-même devant vous j'aurais voulu marcher ;
Et Phèdre au labyrinthe avec vous descendue
Se serait avec vous retrouvée ou perdue.

Phèdre, acte II, scène 5, 1677.

Gérôme, *Rachel,* Carnavalet, (Lauros Giraudon).

(1) Thésée passait pour être descendu aux Enfers pour enlever Proserpine, femme d'Adès, dieu des Morts.
(2) Le Minotaure.
(3) Ariane.

LA CABALE DE PHÈDRE

Une cabale de grande ampleur, animée par les partisans de Pradon (1632-1698), auteur la même année d'une* **Phèdre et Hippolyte,** *se développa dès la première de* **Phèdre.** *Pendant les premières représentations, les adversaires de Racine louèrent toutes les loges du théâtre, décidant ainsi à leur gré de leur occupation. Puis un sonnet circula, parfaitement injurieux, que les amis de Racine attribuèrent (à tort) au duc de Nevers, poète d'occasion et grand seigneur, et qu'ils attaquèrent directement dans un second sonnet bâti sur les mêmes rimes.*

Dans un fauteuil doré, Phèdre, tremblante et blême
Dit des vers où d'abord personne n'entend rien.
La nourrice lui fait un sermon fort chrétien
Contre l'affreux dessein d'attenter à soi-même.

Hippolyte la hait presque autant qu'elle l'aime.
Rien ne change son air, ni son chaste maintien.
La nourrice l'accuse ; elle s'en punit bien.
Thésée a pour son fils une rigueur extrême.

Une grosse Aricie au cuir noir, aux crins blonds,
N'est là que pour montrer deux énormes tétons
Que, malgré sa froideur, Hippolyte idolâtre.

Il meurt enfin, traîné par des coursiers ingrats,
Et Phèdre, après avoir pris de la mort-aux-rats,
Vient en se confessant mourir sur le théâtre.

Sonnet attribué au Duc de Nevers, 1677.

Dans un palais doré, Damon, jaloux et blême,
Fait des vers où jamais personne n'entend rien.
Il n'est ni courtisan, ni guerrier, ni chrétien,
Et souvent, pour rimer, il s'enferme lui-même.

La Muse, par malheur, le hait autant qu'il l'aime ;
Il a d'un franc poète et l'air et le maintien.
Il veut juger de tout et n'en juge pas bien ;
Il a pour le Phébus une tendresse extrême.

Une sœur vagabonde, aux crins plus noirs que [blonds,
Va par tout l'univers promener deux tétons,
Dont, malgré son pays, Damon est idolâtre.

Il se tue à rimer pour des lecteurs ingrats.
L'*Enéide,* à son goût, est de la mort-aux-rats,
Et selon lui, Pradon est le roi du théâtre.

Réponse au sonnet du Duc de Nevers, 1677.

BOILEAU 1677-1693

Que tu sais bien, Racine, à l'aide d'un acteur,
Emouvoir, étonner, ravir un spectateur !
Jamais Iphigénie en Aulide immolée,
N'a coûté tant de pleurs à la Grèce assemblée,
Que dans l'heureux spectacle à nos yeux étalé,
En a fait sous son nom verser la Champmeslé (1).
Ne crois pas toutefois, par tes savants ouvrages
Entraînant tous les cœurs gagner tous les suffrages.
Sitôt que d'Apollon (2) un génie inspiré
Trouve loin du vulgaire un chemin ignoré,
En cent lieux contre lui les cabales s'amassent,
Ses rivaux obscurcis autour de lui croassent,
Et son trop de lumière importunant les yeux,
De ses propres amis lui fait des envieux.
La mort seule ici-bas, en terminant sa vie,
Peut calmer sur son nom l'injustice et l'envie,
Faire au poids du bon sens peser tous ses écrits,
Et donner à ses vers leur légitime prix.
[...]

Toi donc, qui t'élevant sur la scène tragique,
Suis les pas de Sophocle, et seul de tant d'esprits,
De Corneille vieilli sais consoler Paris,
Cesse de t'étonner, si l'Envie animée,
Attachant à ton nom sa rouille envenimée,
La calomnie en main, quelquefois te poursuit.
En cela, comme en tout, le Ciel qui nous conduit,
Racine, fait briller sa profonde sagesse.
Le mérite en repos s'endort dans la paresse :
Mais par les envieux un génie excité
Au comble de son art est mille fois monté.
Plus on veut l'affaiblir, plus il croît et s'élance.
Au Cid persécuté Cinna doit sa naissance (3)
Et peut-être ta plume aux censeurs de Pyrrhus (4)
Doit les plus nobles traits dont tu peignis Burrhus (5).

Moi-même, dont la gloire ici moins répandue
Des pâles envieux ne blesse point la vue,
Mais qu'une humeur trop libre, un esprit peu [soumis
De bonne heure a pourvu d'utiles ennemis :
Je dois plus à leur haine, il faut que je l'avoue,
Qu'au faible et vain talent dont la France me loue.
Leur venin qui sur moi brûle de s'épancher,
Tous les jours en marchant m'empêche de [broncher.
Je songe, à chaque trait que ma plume hasarde,
Que d'un œil dangereux leur troupe me regarde.
Je sais sur leurs avis corriger mes erreurs,
Et je mets à profit leurs malignes fureurs.
Sitôt que sur un vice ils pensent me confondre,
C'est en me guérissant que je sais leur répondre :
Et plus en criminel ils pensent m'ériger,
Plus croissant en vertu je songe à me venger.
Imite mon exemple ; et lorsqu'une cabale,
Un flot de vains auteurs follement te ravale ;
Profite de leur haine, et de leur mauvais sens :
Ris du bruit passager de leurs cris impuissants.
Que peut contre tes vers une ignorance vaine ?
Le Parnasse français (6) annobli par ta veine,
Contre tous ces complots saura te maintenir,
Et soulever pour toi l'équitable Avenir.

Epître VII, 1677, (pub. 1693).

Reynolds, *Mrs Siddons en muse de la tragédie*, 1789. (Pour l'étude approfondie de ce tableau, on se reportera au n° 99 (question n° 2) — portrait de Gainsborough —).

(1) Actrice favorite de Racine, interprète de Phèdre.
(2) Dieu de la poésie.
(3) Voir **XVIe, XVIIe siècles,** *n° 117.*
*(4) Personnage d'*Andromaque *(voir n° 42 a).*
(5) Personnage de Britannicus, *précepteur de Néron.*
(6) La poésie française.

TECHNIQUE DE L'AVEU INDIRECT

1 — A quels moments de la tirade de Phèdre apparaît-il clairement qu'elle parle d'Hippolyte, et non de Thésée ?

2 — Comment s'articulent, dans cette tirade, le présent, le passé, et le mode conditionnel ? Quelle est la valeur exacte de ce dernier ?

3 — Que symbolise ici le labyrinthe ? Analysez les ***deux derniers vers. Leur sens est-il univoque ? Que signifie « perdue » ?***

4 — Pourquoi Phèdre choisit-elle cette façon d'affirmer son amour ?

– *La Champmeslé,* (BN).

Une seconde querelle a éclaté, à propos de Racine, mais dans les années 1960-1965. Querelle de critiques : certains d'entre eux (Roland Barthes, Charles Mauron, Jean Starobinski, Jean-Pierre Richard...) furent regroupés sous l'appellation de «nouvelle critique».
Si le conflit fut moins violent qu'en 1677 (ou qu'en 1694-97, avec la Querelle des Anciens et des Modernes, se référer au n° 40), c'est qu'aujourd'hui on ne se bat plus en duel...

ROLAND BARTHES (1915-1980), **1963**

Tout fantasme racinien suppose — ou produit — un combinat d'ombre et de lumière. L'origine de l'ombre, c'est la captivité. Le tyran voit la prison comme une ombre où se plonger et s'apaiser. Toutes les captives raciniennes (il y en a presque une par tragédie) sont des vierges médiatrices et consolatrices ; elles donnent à l'homme la *respiration* (ou du moins c'est ce qu'il leur demande). Alexandre (1) solaire aime en Cléofile sa prisonnière ; Pyrrhus, doué d'éclat, trouve dans Andromaque l'ombre majeure, celle du tombeau où les amants s'ensevelissent dans une paix commune ; pour Néron incendiaire, Junie est à la fois l'ombre et l'eau (les pleurs) (2) ; Bajazet (3) est un être d'ombre, confiné dans le Sérail ; Mithridate (4) compense tout le large de ses expéditions guerrières par la seule captive Monime (cet échange est chez lui une comptabilité ouvertement déclarée) ; Phèdre, fille du Soleil, désire Hippolyte, l'homme de l'ombre végétale, des forêts ; l'impérial Assuérus choisit la timide Esther (5) dans l'ombre élevée ; Athalie enfin s'émeut d'Eliacin, captif du Temple (6). Partout, toujours, la même constellation se reproduit, du soleil inquiétant et de l'ombre bénéfique.

Peut-être cette ombre racinienne est-elle plus une substance qu'une couleur ; c'est sa nature unie et pourrait-on dire *étalée* qui fait de l'ombre un bonheur. L'ombre est nappe, en sorte qu'à la limite il est possible de concevoir une lumière heureuse, à condition qu'elle possède cette même égalité de substance : c'est le *jour* (et non le soleil, meurtrier parce qu'il est éclat, événement et non milieu). L'ombre n'est pas ici un thème saturnien, elle est un thème de dénouement, d'effusion, et c'est très exactement l'utopie du héros racinien, dont le mal est la constriction. L'ombre est d'ailleurs associée à une autre substance effusive, les pleurs. Le ravisseur d'ombre est aussi un ravisseur de larmes : pour Britannicus, captif, donc lui-même ombreux, les larmes de Junie ne sont qu'un témoignage d'amour, un signe intellectif ; pour Néron, solaire, ces mêmes larmes le nourrissent à la façon d'un aliment étrange, précieux, elles ne sont plus signe mais image, objet détaché de leur intention, dont on peut se repaître en soi, dans leur seule substance, comme d'une nourriture fantasmatique.

Sur Racine, 1963.

(1) Seconde tragédie publiée de Racine (1665).
(2) Voir n° 42 a.
(3) 1672.
(3) 1672.
(4) 1673.
(5) 1698.
(6) Voir n° 48.

RAYMOND PICARD, 1965

La démarche critique de M. Barthes participe donc de deux attitudes bien connues, mais qui semblaient incompatibles, l'attitude impressionniste et l'attitude dogmatique. Traditionnellement, la critique impressionniste trouvait sa vérité dans les notations personnelles d'un individu — qui se donnait bien entendu pour exemplaire. Au contraire, la critique dogmatique procédait par affirmations objectives et universelles. M. Barthes a inventé un impressionnisme idéologique qui est d'essence dogmatique : c'est la Pythie philosophe. Son livre n'est d'ailleurs pas dépourvu d'un certain charme poétique, à condition qu'on le prenne pour ce qu'il est, c'est-à-dire une fantaisie dogmatique en cent trente pages, avec thème et variations. [...]

Une grande partie de la fascination que le livre de M. Barthes exerce, me dit-on, sur quelques lecteurs, vient, j'imagine, de ce ton définitif, de l'assurance dans l'affirmation, de la vérité philosophique qui s'impose à l'évidence, non certes par des idées, mais par une couleur des mots, un rythme, une sonorité : observer cette liturgie intellectuelle, c'est s'intégrer à la chapelle de la Pensée Profonde et de l'Avant-Garde. [...]

Est-il permis de le dire ? Nous sommes quelques-uns à être fatigués des ténèbres et des souterrains. Nous en avons assez de piétiner, pliés en deux dans les catacombes de la littérature. Douteuses et dérisoires, les «découvertes» qu'on y fait ne valent vraiment pas la courbature qu'on y prend. Croire que la *profondeur* d'une œuvre est dans ses en-dessous et dans ses caves, c'est être — comme l'est si souvent la «nouvelle critique» — dupe de la métaphore. La profondeur d'une pensée est dans une intelligibilité qui se révèle à l'effort d'intellection, et non pas qui se dérobe. La profondeur d'une expression est dans ce qu'elle dit, dans les implications de ce qu'elle dit, et non pas nécessairement dans ce qu'elle dissimulerait et révèlerait à la fois. Pourquoi le profond serait-il lié à l'obscur et à l'invisible ? Creuser une idée, ce n'est pas s'enfoncer dans l'obscurité de ses abîmes, c'est mesurer en pleine lumière sa portée.

Nouvelle Critique, nouvelle Imposture, Ed. J.-J. Pauvert, 1965.

CHARLES MAURON, 1957

La marche de ce processus peut être suivie d'acte en acte de la manière suivante :

A. L'amour interdit trouve des moyens d'expression, puis de manifestation (actes I et II).

B. Le sentiment de culpabilité s'accuse (acte III : surgissement du père).

C. Le refoulement, niant la culpabilité, ne suffit plus comme défense. Seul le moi le plus conscient (Hippolyte) y croit encore, dans son inquiétude. Mais le moi le plus inconscient (Phèdre, Œnone) hésite entre une défense mélancolique, admettant la culpabilité et le refoulement (Phèdre qui veut se suicider), et une projection paranoïde accusant autrui (Œnone). Les deux défenses sont appliquées successivement : par Phèdre qui aggrave encore le scandale, car elle avoue le crime en le condamnant, puis par Œnone, qui dénonce autrui (acte III et début acte IV).

D. Le moi conscient est condamné. Dans le système clos de la personnalité, l'agressivité parcourt son cycle inéluctable. Un juge extérieur (Thésée) reproche au moi conscient (Hippolyte) d'être incestueux : un juge intérieur (Phèdre) lui reproche de ne plus l'être (acte IV).

E. L'agressivité se décharge selon les deux voies, paranoïde et mélancolique. La catastrophe ne laisse qu'un moi faible et endeuillé (Aricie) sous la protection du père (Thésée) (acte V).

l'Inconscient dans l'œuvre et la vie de Racine, Éd. Orphys, 1957.

La Champmeslé, (F. Folliot).

CRITIQUE DE LA CRITIQUE

1 — Quels sont les arguments de Raymond Picard ? Que vise-t-il ? Que défend-il ?

2 — A la lumière des textes ici cités, les analyses de Roland Barthes et de Charles Mauron vous paraissent-elles convaincantes ? Justifiez votre réponse.

3 — DOSSIER : la critique littéraire aujourd'hui. Quelles sont ses différentes branches, et ses diverses sources d'inspiration extra-littéraires ?

47 Jean RACINE (1639-1699)

Racine, Phèdre, (F. Folliot).

Phèdre, repoussée par Hippolyte, se venge. A Thésée, enfin revenu des Enfers, elle dénonce son fils, l'accusant de la faute qu'elle aurait voulu commettre. Thésée maudit son fils et prie Poséidon, dieu des mers, qui est en dette envers lui, de le débarrasser de ce fils ingrat.

Hippolyte mort (voir ci-dessous), Phèdre s'empoisonne et meurt, « rendant au jour, qu'[*elle*] souillait, toute sa pureté ».

THERAMENE

A peine nous sortions des portes de Trézène,
Il était sur son char ; les gardes affligés
Imitaient son silence, autour de lui rangés ;
Il suivait tout pensif le chemin de Mycènes ;
Sa main sur ses chevaux laissait flotter les rênes :
Ses superbes coursiers qu'on voyait autrefois
Pleins d'une ardeur si noble obéir à sa voix,
L'œil morne maintenant, et la tête baissée,
Semblaient se conformer à sa triste pensée.
Un effroyable cri, sorti du fond des flots,
Des airs en ce moment a troublé le repos ;
Et du sein de la terre une voix formidable
Répond en gémissant à ce cri redoutable.
Jusqu'au fond de nos cœurs notre sang s'est glacé ;
Des coursiers attentifs le crin s'est hérissé.
Cependant sur le dos de la plaine liquide,
S'élève à gros bouillons une montagne humide ;
L'onde approche, se brise, et vomit à nos yeux,
Parmi des flots d'écume, un monstre furieux.
Son front large est armé de cornes menaçantes ;
Tout son corps est couvert d'écailles jaunissantes ;
Indomptable taureau, dragon impétueux,
Sa croupe se recourbe en replis tortueux ;
Ses longs mugissements font trembler le rivage.
Le ciel avec horreur voit ce monstre sauvage ;
La terre s'en émeut, l'air en est infecté ;
Le flot qui l'apporta recule épouvanté.
Tout fuit ; et, sans s'armer d'un courage inutile,
Dans le temple voisin chacun cherche un asile.
Hippolyte lui seul, digne fils d'un héros,
Arrête ses coursiers, saisit ses javelots,
Pousse au monstre, et d'un dard lancé d'une main sûre,
Il lui fait dans le flanc une large blessure.
De rage et de douleur le monstre bondissant
Vient aux pieds des chevaux tomber en mugissant,
Se roule, leur présente une gueule enflammée
Qui les couvre de feu, de sang et de fumée.
La frayeur les emporte ; et, sourds à cette fois,
Ils ne connaissent plus ni le frein ni la voix ;
En efforts impuissants leur maître se consume ;
Ils rougissent le mors d'une sanglante écume.
On dit qu'on a vu même, en ce désordre affreux,
Un dieu qui d'aiguillons pressait leur flanc poudreux.
A travers des rochers la peur les précipite ;
L'essieu crie et se rompt : l'intrépide Hippolyte
Voit voler en éclats tout son char fracassé ;
Dans les rênes lui-même il tombe embarrassé.
Excusez ma douleur : cette image cruelle
Sera pour moi de pleurs une source éternelle.
J'ai vu, seigneur, j'ai vu votre malheureux fils
Traîné par les chevaux que sa main a nourris.
Il veut les rappeler, et sa voix les effraie ;
Ils courent : tout son corps n'est bientôt qu'une plaie.
De nos cris douloureux la plaine retentit.
Leur fougue impétueuse enfin se ralentit :
Ils s'arrêtent non loin de ces tombeaux antiques
Où des rois ses aïeux sont les froides reliques.
J'y cours en soupirant, et sa garde me suit ;
De son généreux sang la trace nous conduit ;
Les rochers en sont teints ; les ronces dégouttantes
Portent de ses cheveux les dépouilles sanglantes.
J'arrive, je l'appelle : et, me tendant la main,
Il ouvre un œil mourant qu'il referme soudain ;
« Le ciel, dit-il, m'arrache une innocente vie.
Prends soin après ma mort de la triste Aricie.
Cher ami, si mon père un jour désabusé
Plaint le malheur d'un fils faussement accusé,
Pour apaiser mon sang et mon ombre plaintive,
Dis-lui qu'avec douceur il traite sa captive ;
Qu'il lui rende... » A ce mot, ce héros expiré
N'a laissé dans mes bras qu'un corps défiguré.

Phèdre, acte V, scène 6, 1677.

A.W. SCHLEGEL (1772-1829), **1807.**

*Les deux modèles antiques de Racine sont l'*Hippolyte *d'Euripide (480-406 av. J.C.) et la* Phèdre *de Sénèque (4 av. J.-C. - 65 ap. J.C.). On jugera, à la lecture des passages ci-dessous, ce que Racine doit à ses modèles, et tout ce qui l'en sépare.*

Le récit de Théramène peut être considéré comme une traduction libre ou une imitation du grec. Le mérite principal du poète moderne consiste dans la beauté des vers et de la diction, et j'ai prévenu d'avance que je ne m'occuperai point de cette partie que je laisse aux critiques français. J'observerai seulement que les ornements poétiques sont beaucoup plus prodigués dans le morceau de Racine, que dans l'original. Il y a une grande différence entre une narration exacte, circonstanciée, et par là même pittoresque, conçue dans un style noble, mais simple, qui est supposé le langage naturel des personnages tragiques, et un récit pompeux surchargé d'exagérations déclamatoires. Celui d'Euripide est du premier genre : il n'y a rien de trop. Tout tend à faire voir comment est arrivé ce malheur inévitable. D'ailleurs ce n'est qu'un simple esclave qui fait son rapport à Thésée ; et celui-ci, croyant toujours son fils coupable, n'a donné aucun signe de résipiscence à la première nouvelle. Le récit de Racine figurerait bien dans un poème épique ; mais il sort de la ligne dramatique.

Comparaison entre la Phèdre de Racine et celle d'Euripide, 1807.

EURIPIDE (484-406 av. J.-C.)

Et avec la triple lame qui déferle, le flot vomit un taureau sauvage, monstrueux ; la terre entière, emplie de son mugissement, y répond par un écho effroyable, et c'était pour les témoins un spectacle insoutenable aux regards. Aussitôt sur les coursiers s'abat une panique affreuse ; le maître, avec sa longue habitude des chevaux, saisit les rênes à deux mains ; il tire, comme un matelot qui ramène la rame ; il se rejette en arrière, sur les courroies pesant de tout son corps. Mais les cavales, mordant de leurs mâchoires le frein, fils de la flamme, s'emportent, sans souci de la main du pilote, ni des sangles, ni du char bien ajusté. Vers un sol uni, gouvernail en main, dirigeait-il leur course ? apparaissant à l'avant, le taureau faisait faire volte-face au quadrige affolé de terreur ; s'élançaient-elles sur les rocs, dans leur délire ? s'approchant en silence, il suivait le rebord du char. Finalement il fit choir et culbuta le véhicule, en jetant la roue sur un rocher. Tout était confondu : les moyeux des roues volaient en l'air, et les clavettes des essieux. Lui-même, l'infortuné, enlacé dans les rênes, il se voit entraîné, pris à ce lien inextricable ; sa pauvre tête est broyée contre les rocs, son corps brisé, et il pousse des cris affreux à entendre : « Arrêtez, cavales nourries à mes crèches, ne m'effacez pas des vivants ! O funeste imprécation d'un père ! Qui veut venir sauver le plus digne des hommes ? » Nous étions plus d'un à le vouloir, mais nos pas distancés demeuraient en arrière. Enfin dégagé, je ne sais comment, de l'entrave des lanières, il tombe, ayant encore un faible souffle de vie.

Hippolyte (Trad. L. Méridien, 1927).

SÉNÈQUE (4 av. J.-C. - 65 ap. J.-C.)

Ce monstre cornu venu de la mer se dresse effroyable, devant eux, de toute sa largeur. Alors les coursiers cabrés par leur épouvante, rebelles à leur maître, s'efforcent de s'arracher à son joug, et tout droits sur leurs pattes de derrière, ils jettent à bas le char qui les entrave. Lui tombe la tête la première et, dans sa chute, embarrasse son corps dans les rênes où il reste pris : plus il se débat, plus il resserre ces liens tenaces. Les chevaux s'aperçoivent de leur exploit et < désormais > sans maître ils se ruent avec le char allégé du côté où l'effroi les entraînait.

Ainsi, à travers les airs, ne reconnaissant pas sa charge accoutumée et s'indignant que le < char du > jour eût été confié à un faux Soleil, l'attelage de **Phaéton le précipita du ciel où il errait. Il ensanglante les champs de longues traînées, sa tête se brise en** rebondissant sur les rocs, les ronces arrachent ses cheveux, les durs cailloux maltraitent son beau visage et sa fatale beauté succombe à mainte blessure. Son corps moribond est emporté par les roues qui tourbillonnent rapidement ; enfin, tandis qu'il est ainsi entraîné, un tronc dont la souche était à demi brûlée le retient de sa pointe fichée en plein milieu de son aine, et l'attelage est arrêté un moment par l'obstacle où son maître reste accroché. Son empalement immobilise les deux chevaux du char. Mais ils déchirent à la fois leur entrave et leur maître. Puis ce corps palpitant est mis en pièces par les broussailles, les buissons d'épines, les ronces aiguës ; tous les troncs arrachent un lambeau de ce cadavre. La funèbre troupe de ses serviteurs erre à travers la plaine par la route où Hippolyte a été mis en pièces et dont une longue traînée de sang jalonne l'étendue, et ses chiens affligés suivent les traces sanglantes de leur maître. Malgré notre labeur assidu, notre douleur n'a pas encore réussi à rassembler tout son corps.

Phèdre, (trad. L. Herrmann, 1925).

« UN CORPS DÉFIGURÉ »

1 — Des deux ressorts de la tragédie (d'après Aristote, voir n° 43 et **XVIe-XVIIe siècles,** *n° 144), la terreur et la pitié, lequel est le plus sollicité dans chacun de ces trois textes ? Quelles différences observez-vous, tant du point de vue de la « mise en scène » de l'accident que des détails d'expression ?*

2 — Relevez les éléments directement imités, et ceux transposés par Racine dans un autre registre de langue. a) Quel vous paraît être le statut de l'imitation au XVIIe siècle ? b) Comment comprenez-vous, à la lecture des textes, la critique de Schlegel ?

3 — Dans le détail du texte, par rapport à ses modèles, quelle est la règle, conforme aux bienséances, qu'observe Racine ? a) Qu'est-ce qui est nommé du corps d'Hippolyte ? b) Pour chaque partie du corps nommée par Racine, déterminez quelle est sa fonction : noble ou triviale ? Légitimez vos critères de distinction entre ces deux registres. c) par déduction, qu'est-ce qui, entre les modèles originaux grec et latin, et le texte de Racine, est devenu « innommable » ? Pourquoi ?

48 Jean RACINE (1639-1699)

Athalie, (F. Folliot).

Athalie, reine de Judée, persécute les prophètes juifs, comme l'avait fait avant elle sa mère Jézabel. Pour venger cette mère (mangée par les chiens), elle a décidé d'exterminer tous les princes de la race de David. Un seul a échappé, le petit Joas, qui a été élevé dans le temple de Dieu. La pièce raconte les derniers moments du pouvoir d'Athalie, qui sera finalement massacrée. Dès le début de la pièce, Athalie a une prémonition de son destin : à Mathan, «prêtre apostat, sacrificateur de Baal» (dieu phénicien), elle raconte un «songe» qui la tourmente.

ATHALIE

Je jouissais en paix du fruit de ma sagesse ;
Mais un trouble importun vient, depuis quelques jours,
De mes prospérités interrompre le cours.
Un songe (me devrais-je inquiéter d'un songe !)
Entretient dans mon cœur un chagrin qui le ronge :
Je l'évite partout, partout il me poursuit.
C'était pendant l'horreur d'une profonde nuit ;
Ma mère Jézabel devant moi s'est montrée,
Comme au jour de sa mort pompeusement parée ;
Ses malheurs n'avaient point abattu sa fierté ;
Même elle avait encor cet éclat emprunté
Dont elle eut soin de peindre et d'orner son visage,
Pour réparer des ans l'irréparable outrage :
« Tremble, m'a-t-elle dit, fille digne de moi ;
Le cruel Dieu des Juifs l'emporte aussi sur toi.
Je te plains de tomber dans ses mains redoutables,
Ma fille ». En achevant ces mots épouvantables,
Son ombre vers mon lit a paru se baisser ;
Et moi je lui tendais les mains pour l'embrasser ;
Mais je n'ai plus trouvé qu'un horrible mélange
D'os et de chair meurtris, et traînés dans la fange,
Des lambeaux pleins de sang, et des membres affreux
Que des chiens dévorants se disputaient entre eux...

ABNER

Grand Dieu !

ATHALIE

Dans ce désordre à mes yeux se présente
Un jeune enfant couvert d'une robe éclatante,
Tels qu'on voit des Hébreux les prêtres revêtus.
Sa vue a ranimé mes esprits abattus ;
Mais lorsque, revenant de mon trouble funeste,
J'admirais sa douceur, son air noble et modeste,
J'ai senti tout à coup un homicide acier
Que le traître en mon sein a plongé tout entier.
De tant d'objets divers le bizarre assemblage
Peut-être du hasard vous paraît un ouvrage :
Moi-même quelque temps, honteuse de ma peur,
Je l'ai pris pour l'effet d'une sombre vapeur.
Mais de ce souvenir mon âme possédée
A deux fois en dormant revu la même idée ;
Deux fois mes tristes yeux se sont vu retracer
Ce même enfant toujours tout prêt à me percer.
Lasse enfin des horreurs dont j'étais poursuivie,
J'allais prier Baal de veiller sur ma vie,
Et chercher du repos au pied de ses autels :
Que ne peut la frayeur sur l'esprit des mortels !

Athalie, Acte II, Scène 5, 1691.

LUCIEN GOLDMANN (1913-1970), **1959.**

A vrai dire les deux drames qui, à deux années de distance, suivent le long silence dans lequel s'était plongé Racine après avoir écrit *Phèdre,* ne sont pas des tragédies, mais des pièces du *Dieu présent et manifeste,* des drames sacrés. [...] Malgré d'évidentes transpositions de l'expérience de Port-Royal, de ses «amis» et même des souvenirs du jeune Racine, ils ne correspondent plus dans leur totalité ni à la pensée janséniste extrémiste d'avant la paix de l'Eglise ni à l'expérience réelle des religieuses et des «Amis de Port-Royal».

Ils expriment même une vision opposée au jansénisme tragique puisqu'à la place du Dieu caché et muet de la tragédie, ils présentent un univers dans lequel Dieu est victorieux et présent *dans le monde;* de même, ils ne reflètent pas non plus l'expérience janséniste puisqu'à notre connaissance Port-Royal n'a jamais *dans le monde* triomphé de ses adversaires. [...]

Mais la grande différence entre *Esther* et *Athalie* réside dans la structure du monde, dans la nature des rois et de la cour. *Esther* semblait en effet avoir perdu le réalisme implacable des tragédies raciniennes pour le remplacer par l'image stéréotypée du bon roi trompé par un ministre vaniteux et jaloux.

Athalie retrouve *sans aucune concession* l'affirmation de l'insuffisance absolue, du caractère radicalement mauvais du monde. Non seulement Athalie elle-même, mais encore Joas, l'instrument de Dieu, le roi légitime, sont entièrement mauvais et dépourvus de toute valeur morale. Joas est pur tant qu'il est l'élève des lévites et qu'il *n'est pas roi.* Son triomphe, on nous le dit expressément, lui enlève toute valeur humaine. [...]

La pièce est l'histoire de la victoire de Dieu sur un monde radicalement mauvais et qui le restera, tout au moins jusqu'à l'arrivée du Messie. Comme très souvent chez Racine, le premier vers résume et le personnage et l'ensemble du drame!

C'est Abner, le général d'Athalie qui le prononce: *Oui, je viens dans son temple adorer l'Eternel.*

L'antagonisme des deux sphères, celle de Dieu et celle du monde, est devenu si radical qu'aucun compromis n'est possible.

le Dieu caché, Gallimard 1959.

LOUIS RACINE (1692-1763), **1747.**

Comme Esther *en 1689,* Athalie *fut composée à l'intention des demoiselles (nobles sans fortune) de l'institution de Saint-Cyr, protégées par Mme de Maintenon, maîtresse de Louis XIV qui, déjà vieillissant, versait dans la religion. Louis Racine rapporte ici les propos de la comtesse de Caylus, dans ses* Souvenirs.

Le grand succès d'*Esther* mit Racine en goût: il voulut composer une autre pièce; et le sujet d'Athalie (c'est-à-dire de la mort de cette reine, et la reconnaissance de Joas) lui parut le plus beau de tous ceux qu'il pouvait tirer de l'Ecriture sainte. Il y travailla sans perdre de temps; et l'hiver suivant, cette nouvelle pièce se trouva en état d'être représentée; mais Mme de Maintenon reçut de tous côtés tant d'avis et tant de représentations des dévots, qui agissaient en cela de bonne foi, et de la part des poètes jaloux de Racine, qui, non contents de faire parler les gens de bien, écrivirent plusieurs lettres anonymes, qu'ils empêchèrent enfin *Athalie* d'être représentée sur le théâtre de Saint-Cyr. On disait à Mme de Maintenon qu'il était honteux à elle de faire monter sur un théâtre des demoiselles rassemblées de toutes les parties du royaume pour recevoir une éducation chrétienne, et que c'était mal répondre à l'idée que l'établissement de Saint-Cyr avait fait concevoir. J'avais part aussi à ces discours, et on trouvait encore qu'il était indécent à elle de me faire voir à toute la cour sur un théâtre.

Le lieu, le sujet des pièces, et la manière dont les spectateurs s'étaient introduits à Saint-Cyr, devaient justifier Mme de Maintenon, et elle aurait pu ne pas s'embarrasser de discours qui n'étaient fondés que sur l'envie et la malignité; mais elle pensa différemment, et arrêta ces spectacles dans le temps que tout était prêt pour jouer *Athalie.* Elle fit seulement venir à Versailles, une fois ou deux, les actrices pour jouer dans sa chambre devant le Roi, avec leurs habits ordinaires. Cette pièce est si belle, que l'action n'en parut pas refroidie.

Mémoires sur la vie de Jean Racine, 1747.

DE L'INTERPRÉTATION DES REVES

1 — «C'était pendant l'horreur d'une profonde nuit»: horreur *signifie littéralement «qui fait dresser les cheveux sur la tête». Quant à la* «profonde nuit», *on sait que c'est une image qui hante l'inconscient collectif de populations entières (le mot* ogre *vient d'un vieux mot germanique signifiant justement: la nuit).*

a) Montrez en quoi ce vers, qui introduit le songe, le commente déjà.

b) Quels détails du songe développent l'horreur *de cette nuit?*

2 — *Quels sont les effets de couleur et de lumière de ce songe? Dans quels autres passages célèbres de Racine retrouve-t-on des effets similaires? Quelle est leur fonction? (se référer au n° 42).*

3 — *Ce songe ne vous paraît-il pas tout à la fois trop clair et trop construit? Est-ce véritablement un rêve? Mais alors,* qu'est-ce, et *quelle est sa fonction dans l'économie* tragique?*

Valère a deux passions : le jeu, et Angélique, qu'il doit épouser. Mais le jeu domine : il est allé, malgré les conseils de son valet Hector, jusqu'à mettre en gage un portrait enrichi de diamants de sa maîtresse (voir n° 102). Celle-ci, finalement, renoncera à lui.

(Valère entre en comptant beaucoup d'argent dans son chapeau.)

HECTOR, *à part.*

Mais le voici qui vient, poussé d'un heureux vent ;
Il a les yeux sereins et l'accueil avenant.

(Haut).

Par votre ordre, monsieur, j'ai vu monsieur Géronte,
Qui de notre mémoire a fait fort peu de compte :
Sa monnaie est frappée avec un vilain coin,
Et de pareil argent nous n'avons pas besoin.
J'ai vu, chemin faisant, aussi monsieur Dorante :
Morbleu ! qu'il est fâché !

VALÈRE, *comptant toujours.*

Mille deux cent cinquante.

HECTOR, *à part.*

La flotte est arrivée avec les galions ;
Cela va diablement hausser nos actions.

(Haut.)

J'ai vu pareillement, par votre ordre, Angélique ;
Elle m'a dit...

VALÈRE, *frappant du pied.*

Morbleu ! ce dernier coup me pique ;
Sans les cruels revers de deux coups inouïs,
J'aurais encor gagné plus de deux cents louis.

HECTOR.

Cette fille, monsieur, de votre amour est folle.

VALÈRE, *à part.*

Damon m'en doit encor deux cents sur sa parole.

HECTOR, *le tirant par la manche.*

Monsieur, écoutez-moi ; calmez un peu vos sens ;
Je parle d'Angélique, et depuis fort longtemps.

VALÈRE, *avec distraction.*

Ah ! d'Angélique ? Eh bien ! comment suis-je avec elle ?

HECTOR.

On n'y peut être mieux. Ah ! monsieur, qu'elle est belle !
Et que j'ai de plaisir à vous voir raccroché !

VALÈRE, *avec distraction.*

A te dire le vrai, je n'en suis pas fâché.

HECTOR.

Comment ! quelle froideur s'empare de votre âme !
Quelle glace ! Tantôt vous étiez tout de flamme.
Ai-je tort quand je dis que l'argent de retour
Vous fait faire toujours banqueroute [1] à l'amour ?
Vous vous sentez en fonds, *ergo* [2] plus de maîtresse.

VALÈRE.

Ah ! juge mieux, Hector, de l'amour qui me presse.
J'aime autant que jamais ; mais sur ma passion
J'ai fait, en te quittant, quelque réflexion.
Je ne suis point du tout né pour le mariage :
Des parents, des enfants, une femme, un ménage,
Tout cela me fait peur. J'aime la liberté.

HECTOR.

Et le libertinage.

VALÈRE.

Hector, en vérité,
Il n'est point dans le monde un état plus aimable
Que celui d'un joueur : sa vie est agréable ;
Ses jours sont enchaînés par des plaisirs nouveaux ;
Comédie, opéra, bonne chère, cadeaux ;
Il traîne en tous les lieux la joie et l'abondance :
On voit régner sur lui l'air de magnificence ;
Tabatières, bijoux : sa poche est un trésor.
Sous ses heureuses mains le cuivre devient or.

HECTOR.

Et l'or devient à rien.

VALÈRE.

Chaque jour mille belles
Lui font la cour par lettre, et l'invitent chez elles :
La porte, à son aspect, s'ouvre à deux grands battants.
Là, vous trouvez toujours des gens divertissants ;
Des femmes qui jamais n'ont pu fermer la bouche,
Et qui, sur le prochain, vous tirent à cartouche ;
Des oisifs de métier, et qui toujours sur eux
Portent de tout Paris le lardon [3] scandaleux ;
Des Lucrèces [4] du temps, là, de ces filles veuves,
Qui veulent imposer et se donner pour neuves ;
De vieux seigneurs toujours prêts à vous cajoler ;
Des plaisants qui font rire avant que de parler.
Plus agréablement peut-on passer la vie ?

HECTOR.

D'accord. Mais quand on perd, tout cela vous ennuie.

VALÈRE.

Le jeu rassemble tout ; il unit à la fois
Le turbulent marquis, le paisible bourgeois.
La femme du banquier, dorée et triomphante,
Coupe orgueilleusement la duchesse indigente.
Là, sans distinction, on voit aller de pair
Le laquais d'un commis avec un duc et pair.
Et quoi qu'un sort jaloux nous ait fait d'injustices,
De sa naissance ainsi l'on venge les caprices.

HECTOR.

A ce qu'on peut juger de ce discours charmant,
Vous voilà donc en grâce avec l'argent comptant.
Tant mieux. Pour se conduire en bonne politique,
Il faudrait retirer le portrait d'Angélique.

VALÈRE.

Nous verrons.

HECTOR.

Vous savez...

VALÈRE.

Je dois jouer tantôt.

le Joueur, acte III, scène 4, 1696.

(1) Ne pas pouvoir s'acquitter de ses dettes.
(2) Donc. Latinisme familier à la langue juridique démonstrative.
(3) La médisance.
(4) Héroïne romaine célèbre pour sa vertu.

Hogarth, *La Maison de jeu* in *la Carrière d'un Roué*, (1733-1735). (Pour une étude précise de la série, voir le n° 99), Londres, (Godfrey New Photographies).

ABBÉ PRÉVOST, 1731.

Pour subvenir aux besoins (considérables) de Manon (se référer aux n° 117, 118 a), des Grieux se résout, poussé par le frère de sa maîtresse, aventurier sans scrupule, à devenir joueur professionnel.

Je lui parlai du jeu, comme du moyen le plus facile, et le plus convenable à ma situation. Il me dit que le jeu, à la vérité, était une ressource, mais que cela demandait d'être expliqué ; qu'entreprendre de jouer simplement, avec les espérances communes, c'était le vrai moyen d'achever ma perte ; que de prétendre exercer seul, et sans être soutenu, les petits moyens qu'un habile homme emploie pour corriger la fortune, était un métier trop dangereux ; qu'il y avait une troisième voie, qui était celle de l'association, mais que ma jeunesse lui faisait craindre que messieurs les confédérés ne me jugeassent point encore les qualités propres à la ligue. Il me promit néanmoins ses bons offices auprès d'eux. (...)

M. Lescaut me présenta, le soir même, comme un de ses parents. Il ajouta que j'étais d'autant mieux disposé à réussir, que j'avais besoin des plus grandes faveurs de la fortune. Cependant, pour faire connaître que ma misère n'était pas celle d'un homme de néant, il leur dit que j'étais dans le dessein de leur donner à souper. L'offre fut acceptée. Je les traitai magnifiquement. On s'entretint longtemps de la gentillesse de ma figure et de mes heureuses dispositions. On prétendit qu'il y avait beaucoup à espérer de moi, parce qu'ayant quelque chose dans la physionomie qui sentait l'honnête homme, personne ne se défierait de mes artifices. Enfin, on rendit grâces à M. Lescaut d'avoir procuré à l'Ordre un novice de mon mérite, et l'on chargea un des chevaliers de me donner, pendant quelques jours, les instructions nécessaires. Le principal théâtre de mes exploits devait être l'hôtel de Transylvanie, où il y avait une table de pharaon dans une salle et divers autres jeux de cartes et de dés dans la galerie. Cette académie se tenait au profit de M. le prince de R..., qui demeurait alors à Clagny, et la plupart de ses officiers étaient de notre société. Le dirai-je à ma honte ? Je profitai en peu de temps des leçons de mon maître. J'acquis surtout beaucoup d'habileté à faire une volte-face, à filer la carte, et, m'aidant fort bien d'une longue paire de manchettes, j'escamotais assez légèrement pour tromper les yeux des plus habiles et ruiner sans affectation quantité d'honnêtes joueurs. Cette adresse extraordinaire hâta si fort les progrès de ma fortune, que je me trouvai en peu de semaines des sommes considérables, outre celles que je partageais de bonne foi avec mes associés.

Histoire du chevalier Des Grieux et de Manon Lescaut, 1731.

FOUGERET DE MONTBRON (1704-1760), 1760

La cupidité et le luxe ont établi des jeux partout. Le revenu des cartes aide à défrayer les trois quarts des maisons de Paris. Chaque famille a ses coteries particulières sur lesquelles son ordinaire est fondé. Inviter les gens à dîner, ou les inviter à venir le gousset garni payer leur écot, c'est la même chose. Ainsi quelqu'un qui ne joue pas n'a que faire de se présenter nulle part ; il n'y a point de couvert pour lui. En effet, de quel pays vient un homme qui n'a pas la complaisance de perdre son argent avec les dames ? A quoi est-il bon ? Eh oui ! Mettez-vous sur le pied de recevoir de tels convives, votre table ne sera bientôt remplie que d'écornifleurs et de piqueurs d'assiettes.

Ce qui fait que les femmes sont si passionnées pour le jeu, c'est qu'elles ont le privilège de friponner tant qu'il leur plaît. Quelque grossières que soient leurs manœuvres, il n'est pas permis de s'en apercevoir, encore moins de s'en plaindre. On passerait dans le monde pour un brutal et un chicaneur. Laissez-vous dépouiller avec docilité, ne témoignez point d'humeur, ne soufflez point le mot, vous serez un homme charmant. La condition est dure, mais peut-on payer trop cher la bienveillance des dames ?

la Capitale des Gaules, ou la Nouvelle Babylone, 1760.

1 — *Quelles indications précises nous sont données sur la passion de Valère ? Comment se répartissent-elles, entre les dialogues et les jeux de scène explicites ou supposés ?*

2 — *Quels sont les arguments de Valère ? Pourquoi va-t-il chercher des motivations extérieures à lui-même ?*

3 — *En quoi le jeu peut-il passer pour un « divertissement » au sens pascalien du terme (se référer au n° 37) ?*

4 — *Quels termes de jeu sont passés, sous forme de métaphores*, dans le langage courant ? Que signifient-ils ?*

50 Duc de SAINT-SIMON (1675-1755)

Toute sa vie, Saint-Simon, duc et pair de France, presque toujours présent à la Cour, écrivit. Chaque jour. Il laissa, à sa mort, une énorme dette impayée à son fournisseur de chandelles.

Ces immenses Mémoires *contiennent des détails politiques inédits, des portraits, des anecdotes, des réflexions sur les institutions, et des tergiversations (aujourd'hui bien oiseuses) sur les préséances des ducs «historiques» (dont l'auteur était: et de compter et recompter ses quartiers de noblesse...), sur les «bâtards» (les enfants illégitimes de Louis XIV, tous affublés d'un duché).*

Pour Saint-Simon, le dernier grand roi est Louis XIII. N'a-t-il pas laissé un grand seigneur (comme lui: et Saint-Simon d'intriguer pour entrer au conseil) diriger la France - un duc de surcroît (Richelieu)? Louis XIV, astre nec pluribus impar, *l'exaspère souvent. Saint-Simon est l'un des ultimes théoriciens (en ce sens, il est bien passéiste) de l'aristocratie - mais il s'oppose donc au pouvoir absolu du Roi.*

Ce point, parmi d'autres, explique la fortune particulière des Mémoires, *circulant sous le manteau au XVIIIe siècle; leurs énormes volumes, publiés à peine en 1829/1830, ne constituent qu'une petite partie des écrits du duc, dont bien des manuscrits furent «perdus» (?) par les fonctionnaires des Affaires Etrangères, où ils étaient en dépôt.*

Bouligneux, lieutenant général, et Wartigny, maréchal de camp, furent tués devant Verue; deux hommes d'une grande valeur, mais tout à fait singuliers. On avait fait, l'hiver précédent, plusieurs masques de cire de personnes de la cour, au naturel, qui les portaient sous d'autres masques, en sorte qu'en se démasquant on y était trompé en prenant le second masque pour le visage, et c'en était un véritable, tout différent, dessous; on s'amusa fort à cette badinerie. Cet hiver-ci, on voulut encore s'en divertir. La surprise fut grande lorsqu'on trouva tous ces masques naturels frais, et tels qu'on les avait serrés après le carnaval, excepté ceux de Bouligneux et de Wartigny, qui, en conservant leur parfaite ressemblance, avait la pâleur et le tiré de personnes qui viennent de mourir. Ils parurent de la sorte à un bal, et firent tant d'horreur, qu'on essaya de les raccommoder avec du rouge, mais le rouge s'effaçait dans l'instant, et le tiré ne se put rajuster. Cela m'a paru si extraordinaire que je l'ai cru digne d'être rapporté; mais je m'en serais bien gardé aussi, si toute la cour n'avait pas été, comme moi, témoin, et surprise extrêmement et plusieurs fois, de cette étrange singularité. A la fin on jeta ces deux masques.

Mémoires, 1694-1752, publ. 1829-1830.

YVES COIRAULT, 1965

Il n'est pas indifférent de constater certaine prédilection du mémorialiste pour le divertissement mondain qu'est le bal masqué. Sans doute partage-t-il ce goût avec ses contemporains; et dans le palais de Versailles les fêtes tiennent autant de place que les cérémonies. Mais il semble que le spectacle d'une mascarade organisée, son absurdité de parodie, son aspect de brillante et vaine figuration, réponde à quelque obscur désir de l'écrivain; la profondeur du monde, toujours mystérieuse, sollicitant l'âme vers le tragique, fait place à une profondeur factice, à un décor de carton-pâte; l'illusoire s'y fait rassurant, trompe l'observateur dans l'exacte mesure où il consent à se laisser tromper. Le masque laisse entrevoir le visage, et l'imagination, suspendant provisoirement son effort, se satisfait à moindres frais que lorsque le visage laisse pressentir une réalité plus authentique et ténébreuse. A la détente comique, qui libère l'âme de son angoisse, s'ajoute un sentiment d'euphorie: le monde perd un instant son épaisseur et son tragique, l'apparence n'est plus qu'un «voile de gaze» qu'il serait dommage de déchirer, ne signifie plus rien qu'elle-même; le voyant peut se faire dilettante.

Le plaisir des yeux et de l'esprit a cependant quelque chose de plus vif, si, par une rare coïncidence, tel masque, au lieu de cacher le personnage, prend un sens emblématique, met en pleine lumière une réalité normalement offusquée. Il semble alors que ce soit le décor même de la vie sociale qui brusquement tombe ou se retourne, que la mascarade paradoxalement dévoile et développe l'envers du masque mondain.

l'Optique de Saint-Simon, A. Colin, 1965.

FIN DE RÈGNE

A) Masques

1 — Saint-Simon développe-t-il l'anecdote? Pourquoi?

2 — Symboliquement, que signifie cette mode de porter deux masques l'un sur l'autre? Comment ce détail prépare-t-il la fin du texte?

B) Carpes

1 — Pourquoi cette insistance sur les carpes? quelle expression populaire sous-tend ce passage?

2 — Analysez, dans ce texte, le pronom personnel on. *Qui désigne-t-il? Pourquoi ce tour impersonnel? A quoi s'oppose-t-il?*

3 — Analysez précisément les derniers mots. Au vu de ce texte, que signifie était à soi-même sa fin dernière? *Quelle critique implicite de la monarchie absolue émerge de cette expression?*

Madame la duchesse de Bourgogne était grosse ; elle était fort incommodée. Le Roi voulait aller à Fontainebleau contre sa coutume, dès le commencement de la belle saison, et l'avait déclaré. Il voulait ses voyages de Marly (1) en attendant. Sa petite-fille l'amusait fort, il ne pouvait se passer d'elle, et tant de mouvements ne s'accommodaient pas avec son état. Mme de Maintenon en était inquiète, Fagon en glissait doucement son avis : cela importunait le Roi, accoutumé à ne se contraindre pour rien, et gâté par avoir vu voyager ses maîtresses grosses, ou à peine relevées de couches, et toujours alors en grand habit. Les représentations sur les Marlys le chicanèrent sans les pouvoir rompre. Il différa seulement à deux reprises celui du lendemain de la Quasimodo, (2), et n'y alla que le mercredi de la semaine suivante, malgré tout ce qu'on put dire et faire pour l'en empêcher, ou pour obtenir que la princesse demeurât à Versailles.

Le samedi suivant, le Roi se promenant après sa messe, et s'amusant au bassin des Carpes entre le château et la Perspective, nous vîmes venir à pied la duchesse du Lude toute seule, sans qu'il y eût aucune dame avec le Roi, ce qui arrivait rarement le matin. Il comprit qu'elle avait quelque chose de pressé à lui dire : il fut au-devant d'elle et, quand il en fut à peu de distance, on s'arrêta, et on le laissa seul la joindre. Le tête-à-tête ne fut pas long. Elle s'en retourna, et le Roi revint vers nous et jusque près des Carpes sans mot dire. Chacun vit bien de quoi il était question, et personne ne se pressait de parler. A la fin le Roi, arrivant tout auprès du bassin, regarda ce qui était là de plus principal, et sans adresser la parole à personne, dit d'un air de dépit ces seules paroles : « La duchesse de Bourgogne est blessée » (3). Voilà M. de La Rochefoucauld à s'exclamer, M. de Bouillon, le duc de Tresmes et le maréchal de Boufflers à répéter à basse note, puis M. de la Rochefoucauld à se récrier plus fort que c'était le plus grand malheur du monde, et que, s'étant déjà blessée d'autres fois, elle n'en aurait peut-être plus. « Eh ! quand cela serait, interrompit le Roi tout d'un coup avec colère, qui jusque-là n'avait dit mot, qu'est-ce que cela me ferait ? Est-ce qu'elle n'a pas déjà un fils ? et, quand il mourrait, est-ce que le duc de Berry n'est pas en âge de se marier et d'en avoir ? et que m'importe qui me succède des uns ou des autres ! Ne sont-ce pas également mes petits-fils (4) » ? Et tout de suite, avec impétuosité : « Dieu merci ! elle est blessée, puisqu'elle avait à l'être, et je ne serai plus contrarié dans mes voyages et dans tout ce que j'ai envie de faire par les représentations des médecins et les raisonnements des matrones. J'irai et viendrai à ma fantaisie, et on me laissera en repos ». Un silence à entendre une fourmi marcher succéda à cette espèce de sortie : on baissait les yeux, à peine osait-on respirer. Chacun demeura stupéfait ; jusqu'aux gens des bâtiments et aux jardiniers demeurèrent immobiles. Ce silence dura plus d'un quart d'heure.

Le Roi le rompit, appuyé sur la balustrade, pour parler d'une carpe. Personne ne répondit. Il adressa après la parole sur ces carpes, à des gens des bâtiments, qui ne soutinrent pas la conversation à l'ordinaire ; il ne fut question que des carpes avec eux. Tout fut languissant, et le Roi s'en alla quelque temps après. Dès que nous osâmes nous regarder hors de sa vue, nos yeux, se rencontrant, se dirent tout : ce qui se trouva là de gens furent, pour ce moment, les confidents les uns des autres. On admira, on s'étonna, on s'affligea, on haussa les épaules. Quelque éloignée que soit maintenant cette scène, elle m'est toujours également présente. M. de la Rochefoucauld était en furie, et, pour cette fois, n'avait pas tort ; le premier écuyer en pâmait d'effroi. J'examinais, moi, tous les personnages des yeux et des oreilles, et je me sus gré d'avoir jugé depuis longtemps que le Roi n'aimait et ne comptait que lui, et était à soi-même sa fin dernière.

Mémoires, **1694-1752, publ. 1829-1830.**

Rigaud, *Louix XIV,* (Agraci).

(1) Château (aujourd'hui détruit) que Louis XIV préféra rapidement à Versailles.
(2) Fête aux environs de Pâques.
(3) Il faut comprendre qu'elle est victime d'une fausse couche.
(4) Les enfants (légitimes) de Louis XIV moururent tous avant lui. Louis XV, héritier direct, était son arrière-petit-fils.

51 Duc de SAINT-SIMON (1675-1755)

Portrait du Duc de Vendôme, (Giraudon).

Chaque grand personnage a sa cour : l'absolutisme est vécu par Saint-Simon comme une maladie contagieuse.

Membre de la famille royale, le duc de Vendôme est parmi les plus haïs par le mémorialiste : Saint-Simon a quelques amis, peu de sujets d'admiration, et d'innombrables sujets de haine ; et les Mémoires, *qui ne devaient pas être publiés de son vivant, se caractérisent par ces plaisantes — et fréquentes — explosions de haine et de mépris.*

Il était d'une taille ordinaire pour la hauteur, un peu gros, mais vigoureux, fort et alerte ; un visage fort noble et l'air haut, de la grâce naturelle dans le maintien et dans la parole, beaucoup d'esprit naturel, qu'il n'avait jamais cultivé, une énonciation facile, soutenue d'une hardiesse naturelle, qui se tourna depuis en audace la plus effrénée ; beaucoup de connaissance du monde, de la cour, des personnages successifs, et, sous une apparente incurie, un soin et une adresse continuelle à en profiter en tout genre ; surtout admirable courtisan, et qui sut tirer avantage jusque de ses plus grands vices ; à l'abri du faible du Roi pour sa naissance ; poli par art, mais avec un choix et une mesure avare, insolent à l'excès dès qu'il crut le pouvoir oser impunément, et, en même temps, familier et populaire avec le commun par une affectation qui voilait sa vanité et le faisait aimer du vulgaire ; au fond, l'orgueil même, et un orgueil qui voulait tout, qui dévorait tout. A mesure que son rang s'éleva et que sa faveur augmenta, sa hauteur, son peu de ménagement, son opiniâtreté jusqu'à l'entêtement, tout cela crût à proportion, jusqu'à se rendre inutile toute espèce d'avis, et se rendre inaccessible qu'à un nombre très petit de familiers, et à ses valets. La louange, puis l'admiration, enfin l'adoration, furent le canal unique par lequel on pût approcher ce demi-dieu, qui soutenait des thèses ineptes sans que personne osât, non pas contredire, mais ne pas approuver.

Il connut et abusa plus que personne de la bassesse du Français. Peu à peu il accoutuma les subalternes, puis, de l'un à l'autre, toute son armée, à ne l'appeler plus que *Monseigneur* et *Votre Altesse*. En moins de rien, cette gangrène gagna jusqu'aux lieutenants généraux et aux gens les plus distingués, dont pas un, comme des moutons à l'exemple les uns des autres, n'osa plus lui parler autrement, et qui, d'usage ayant passé en droit, y auraient hasardé l'insulte, si quelqu'un d'eux se fût avisé de lui parler autrement...

Sa paresse était à un point qui ne se peut concevoir : il a pensé être enlevé plus d'une fois pour s'être opiniâtré dans un logement plus commode, mais trop éloigné, et risqué les succès de ses campagnes, donné même des avantages considérables à l'ennemi, par ne se pouvoir résoudre à quitter un camp où il se trouvait logé à son aise. Il voyait peu à l'armée par lui-même ; il s'en fiait à ses familiers, que très souvent encore il n'en croyait pas. Sa journée, dont il ne pouvait troubler l'ordre ordinaire, ne lui permettait guère de faire autrement. Sa saleté était extrême ; il en tirait vanité : les sots le trouvaient un homme simple. Il était plein de chiens et de chiennes dans son lit, qui y faisaient leurs petits à ses côtés. Lui-même ne s'y contraignait de rien. Une de ses thèses était que tout le monde en usait de même, mais n'avait pas la bonne foi d'en convenir comme lui. Il le soutint un jour à Mme la princesse de Conti, la plus propre personne du monde et la plus recherchée dans sa propreté.

Il se levait assez tard à l'armée, se mettait sur sa chaise percée, y faisait ses lettres et y donnait ses ordres du matin. Qui avait affaire à lui, c'est-à-dire pour les officiers généraux et les gens distingués, c'était temps de lui parler. Il avait accoutumé l'armée à cette infamie... C'était une simplicité de mœurs, selon lui, digne des premiers Romains, et qui condamnait tout le faste et le superflu des autres. Tout cela fini, il s'habillait, puis jouait gros jeu au piquet ou à l'hombre ; ou, s'il fallait absolument monter à cheval pour quelque chose, c'en était le temps. L'ordre donné au retour, tout était fini chez lui. Il soupait avec ses familiers largement : il était grand mangeur, d'une gourmandise extraordinaire, ne se connaissait à aucun mets, aimait fort le poisson, et mieux le passé et souvent le puant, que le bon. La table se prolongeait en thèses, en disputes, et, par-dessus tout, louanges, éloges, hommages toute la journée et de toutes parts.

Il n'aurait pardonné le moindre blâme à personne : il voulait passer pour le premier capitaine de son siècle, et parlait indécemment du prince Eugène et de tous les autres ; la moindre contradiction eût été un crime. Le soldat et le bas officier l'adoraient pour sa familiarité avec eux et la licence qu'il tolérait pour s'en gagner les cœurs, dont il se dédommageait par une hauteur sans mesure avec tout ce qui était élevé en grade ou en naissance. Il traitait à peu près de même ce qu'il y avait de plus grand en Italie, qui avait si souvent affaire à lui.

C'est ce qui fit la fortune du fameux Alberoni (1). Le duc de Parme eut à traiter avec M. de Vendôme : il lui envoya l'évêque de Parme, qui se trouva bien surpris d'être reçu par M. de Vendôme sur sa chaise percée... Il en fut si indigné que, toutefois sans mot dire, il s'en retourna à Parme sans finir ce qui l'avait amené, et déclara à son maître qu'il n'y retournerait de sa vie après ce qui lui était arrivé. Alberoni était fils d'un jardinier, qui, se sentant de l'esprit, avait pris un petit collet, pour, sous une figure d'abbé, aborder où son sarrau de toile eût été sans accès. Il était bouffon : il plut à M. de Parme comme un bas valet dont on s'amuse : en s'en amusant il lui trouva de l'esprit, et qu'il pouvait n'être pas incapable d'affaires. Il ne crut pas que la chaise percée de M. de Vendôme demandât un autre envoyé ; il le chargea d'aller continuer et finir ce que l'évêque de Parme avait laissé à achever.

Alberoni, qui n'avait point de morgue à garder, et qui savait très bien quel était Vendôme, résolut de lui plaire à quelque prix que ce fût pour venir à bout de sa commission au gré de son maître, et de s'avancer par là auprès de lui. Il traita donc avec M. de Vendôme sur sa chaise percée, égaya son affaire par des plaisanteries qui firent d'autant mieux rire le général qu'il l'avait préparé par force louanges et hommages. Vendôme en usa avec lui comme il avait fait avec l'évêque, il se torcha le cul devant lui. A cette vue, Alberoni s'écria : *O culo di angelo !* et courut le baiser (2). Rien n'avança plus ses affaires que cette infâme bouffonnerie.

(1) *Futur cardinal (1664-1752) conspirateur agissant pour le compte de l'Espagne et que Saint-Simon poursuit de sa haine tout au long des* Mémoires.
(2) Bravo ! Excellent ! voilà du sublime *(note de Stendhal en marge de son édition des* Mémoires*).*

Viger du Vigneau, *Saint-Simon*, (Lauros Giraudon).

1 — *Quel est le plan de ce texte ? Coïncide-t-il avec les paragraphes ?*

2 — *A de rares exceptions près, ce texte est tout entier écrit à l'imparfait ; quelles sont les exceptions ? A quoi correspondent-elles ?*

3 — *Comment les «petits détails vrais» sont-ils amalgamés au portrait ? Relevez-les. A quel terme (de jugement moral) correspond chacun d'eux ?*

4 — *Quelle est la principale fonction physique de Vendôme ? En vous appuyant sur des exemples précis, vous montrerez comment elle envahit peu à peu le texte.*

5 — *Quelle progression peut-on observer dans l'expression de la haine et du mépris de Saint-Simon pour Vendôme ?*

52 Madame de SÉVIGNÉ (1626-1696)

Nanteuil, *Madame de Sévigné,* (Giraudon).

L'Affaire des poisons: *de 1670 à 1680, un énorme scandale agita la Cour. La Marquise de Brinvilliers, convaincue de meurtre, révéla — sous la torture — tant de détails et de grands noms de personnes intéressées par cette chimie criminelle (des nièces de Mazarin, la comtesse de Gramont, la vicomtesse de Polignac, le maréchal de Luxembourg, Racine et même Mme de Montespan) qu'une commission spéciale (Chambre ardente) fut instaurée pour enquêter. Trente-quatre condamnations à mort furent prononcées et appliquées. Le scandale touchait tant de gens qu'en 1680 on renonça (contrairement à ce qu'affirme Sévigné) à faire subir la question à la Voisin, l'une des dernières condamnées, de peur de la voir faire de nouvelles révélations gênantes. Et l'enquête publique fut fermée, alors que l'on commençait à murmurer qu'après tout, Henriette d'Angleterre (voir n° 6) était morte de façon bien suspecte...*

Enfin c'en est fait, la Brinvilliers est en l'air. Son pauvre petit corps a été jeté, après l'exécution, dans un fort grand feu, et les cendres au vent, de sorte que nous la respirerons, et par la communication des petits esprits [1], il nous prendra quelque humeur empoisonnante dont nous serons tous étonnés. Elle fut jugée dès hier. Ce matin, on lui a lu son arrêt, qui était de faire amende honorable à Notre-Dame et d'avoir la tête coupée, son corps brûlé, les cendres au vent. On l'a présentée à la question; elle a dit qu'il n'en était pas besoin, et qu'elle dirait tout. En effet, jusqu'à cinq heures du soir elle a conté sa vie, encore plus épouvantable qu'on ne le pensait. Elle a empoisonné dix fois de suite son père (elle ne pouvait en venir à bout), ses frères et plusieurs autres. Et toujours l'amour et les confidences mêlés partout. Elle n'a rien dit contre Pennautier. Après cette confession, on n'a pas laissé de lui donner la question dès le matin, ordinaire et extraordinaire; elle n'en a pas dit davantage. Elle a demandé à parler à Monsieur le Procureur général; elle a été une heure avec lui. On ne sait point encore le sujet de cette conversation. A six heures on l'a menée, nue en chemise et la corde au cou, à Notre-Dame faire l'amende honorable. Et puis on l'a remise dans le même tombereau, où je l'ai vue, jetée à reculons sur de la paille, avec une cornette basse et sa chemise, un docteur auprès d'elle, le bourreau de l'autre côté. En vérité, cela m'a fait frémir. Ceux qui ont vu l'exécution disent qu'elle a monté sur l'échafaud avec bien du courage. Pour moi, j'étais sur le pont Notre-Dame avec la bonne d'Escars; jamais il ne s'est vu tant de monde, ni Paris si ému ni si attentif. Et demandez-moi ce qu'on a vu, car pour moi je n'ai vu qu'une cornette, mais enfin ce jour était consacré à cette tragédie. J'en saurai demain davantage, et cela vous reviendra.

Lettre, à Madame de Grignan (17 juillet 1676).

Encore un petit mot de Brinvilliers. Elle est morte comme elle a vécu, c'est-à-dire résolument. Elle entra dans le lieu où l'on devait lui donner la question, et voyant trois seaux d'eau: «C'est assurément pour me noyer, car de la taille dont je suis, on ne prétend pas que je boive tout cela.» Elle écouta son arrêt, dès le matin, sans frayeur ni sans faiblesse; et sur la fin, elle le fit recommencer, disant que ce tombereau l'avait frappée d'abord, et qu'elle en avait perdu l'attention pour le reste. Elle dit à son confesseur, par le chemin, de faire mettre le bourreau devant elle, «afin de ne point voir, dit-elle, ce coquin de Desgrez qui m'a prise». Il était à cheval devant le tombereau. Son confesseur la reprit de ce sentiment; elle dit: «Ah, mon Dieu! je vous en demande pardon; qu'on me laisse donc cette étrange vue.» Et monta seule et nu-pieds sur l'échelle et sur l'échafaud, et fut un quart d'heure mirodée [2], rasée, dressée et redressée, par le bourreau; ce fut un grand murmure et une grande cruauté. Le lendemain on cherchait ses os, parce que le peuple disait qu'elle était sainte.

Lettre, à Madame de Grignan (22 juillet 1676).

Si les premières éditions de lettres datent du siècle précédent, c'est à partir de 1620-1625, avec Guez de Balzac (voir **XVIe-XVIIe siècles, n°** *109) puis Madeleine de Scudéry, que la lettre acquiert un statut* littéraire *définitif. La lettre, c'est* «l'art de bien dire des bagatelles» *(Mlle de Scudéry,* Clélie, *II, 3). C'est aussi l'art de présenter des choses graves comme des bagatelles. D'où le caractère parfois «distancié»* de ces lettres de Sévigné: elles informaient (elles sont le plus souvent adressées à Mme de Grignan, fille de l'épistolière, qui résidait en province) mais étaient généralement écrites pour être montrées dans les salons et les cabinets de lecture – avant d'être, au XVIIIe siècle, publiées en recueil.*

(1) Allusion aux «esprits animaux» ou «petits esprits», émanations que Descartes considérait comme le principe de la vie et du sentiment.
(2) Ajustée (la Brinvilliers fut décapitée avant d'être brûlée). Dresser: préparer la toilette...

Je ne vous parlerai que de Mme Voisin. Ce ne fut point mercredi, comme je vous l'avais mandé, qu'elle fut brûlée ; ce ne fut qu'hier. Elle savait son arrêt dès lundi, chose fort extraordinaire. Le soir elle dit à ses gardes : « Quoi ? nous ne ferons point *medianoche !* » Elle mangea avec eux à minuit, par fantaisie, car il n'était point jour maigre. Elle but beaucoup de vin ; elle chanta vingt chansons à boire. Le mardi, elle eut la question ordinaire, extraordinaire ; elle avait dîné et dormi huit heures. Elle fut confrontée à Mmes de Dreux, Le Féron, et plusieurs autres, sur le matelas. On ne dit pas encore ce qu'elle a dit ; on croit toujours qu'on verra des choses étranges. Elle soupa le soir, et recommença, toute brisée qu'elle était, à faire la débauche avec scandale. On lui en fit honte, et on lui dit qu'elle ferait bien mieux de penser à Dieu, et de chanter un *Ave maris stella* ou un *Salve* que toutes ces chansons ; elle chanta l'un et l'autre en ridicule. Elle mangea le soir et dormit. Le mercredi se passa de même en confrontations et débauches et chansons ; elle ne voulut point voir de confesseur. Enfin le jeudi, qui était hier, on ne voulut lui donner qu'un bouillon. Elle en gronda, craignant de n'avoir pas la force de parler à ces messieurs. Elle vint en carrosse de Vincennes à Paris ; elle étouffa un peu et fut embarrassée. On la voulut faire confesser, point de nouvelles. A cinq heures on la lia et, avec une torche à la main, elle parut dans le tombereau, habillée de blanc ; c'est une sorte d'habit pour être brûlée. Elle était fort rouge, et l'on voyait qu'elle repoussait le confesseur et le crucifix avec violence. Nous la vîmes passer à l'hôtel de Sully, Mme de Chaulnes et Mme de Sully, la Comtesse, et bien d'autres. A Notre-Dame, elle ne voulut jamais prononcer l'amende honorable et, à la Grève, elle se défendit autant qu'elle put de sortir du tombereau. On l'en tira de force. On la mit sur le bûcher, assise et liée avec du fer. On la couvrit de paille. Elle jura beaucoup, elle repoussa la paille cinq ou six fois, mais enfin le feu s'augmenta et on l'a perdue de vue, et ses cendres sont en l'air présentement. Voilà la mort de Mme Voisin, célèbre par ses crimes et par son impiété. On croit qu'il y aura de grandes suites qui nous surprendront.

Un juge, à qui mon fils disait, l'autre jour, que c'était une étrange chose que de la faire brûler à petit feu, lui dit : « Ah ! monsieur, il y a certains petits adoucissements à cause de la faiblesse du sexe. — Eh quoi ! monsieur, on les étrangle ? — Non, mais on leur jette des bûches sur la tête ; les garçons du bourreau leur arrachent la tête avec des crocs de fer. » Vous voyez bien, ma fille, que cela n'est pas si terrible que l'on pense. Comment vous portez-vous de ce petit conte ? Il m'a fait grincer les dents. Une de ces misérables, qui fut pendue l'autre jour, avait demandé la vie à M. de Louvois et qu'en ce cas, elle dirait des choses étranges ; elle fut refusée. « Eh bien ! dit-elle, soyez persuadé que nulle douleur ne me fera dire une seule parole. » On lui donna la question ordinaire, extraordinaire, et si extraordinairement extraordinaire qu'elle pensa y mourir, comme une autre qui expira, le médecin lui tenant le pouls, cela soit dit en passant. Cette femme donc souffrit tout l'excès de ce martyre sans parler. On la mène à la Grève. Avant que d'être jetée, elle dit qu'elle voulait parler. Elle se présente héroïquement : « Messieurs, dit-elle, assurez M. de Louvois que je suis sa servante, et que je lui ai tenu ma parole ; allons, qu'on achève. » Elle fut expédiée à l'instant. Que dites-vous de cette sorte de courage ? Je sais encore mille petits contes agréables comme celui-là, mais le moyen de tout dire ?

Le portrait de la Voisin, (BN).

Pendant que nous sommes parmi ces horreurs, vous êtes au bal, ma bonne, vous donnez de grands soupers, mon petit-fils est sur le théâtre et danse à merveille ; en vérité, c'est ce qui s'appelle le carnaval.

Lettre, à Madame de Grignan (23 février 1680).

*CRUAUTÉ ET DISTANCIATION**

1 — *Relevez dans ces trois lettres les tours stylistiques « légers ». Quelle est la fonction (rhétorique*, et émotive) d'un tel badinage appliqué à un tel sujet ?*

2 — *Certains détails sont d'une cruauté certaine. Relevez-les. Quelle image de la justice du XVIIe siècle s'en dégage ?*

3 — *Quels détails précis montrent la valeur de* spectacle *de ces exécutions ? Et quels termes utilisés par la marquise de Sévigné renforcent l'effet de théâtralisation ? Pourquoi cette théâtralisation ?*

4 — *Fonctions du langage* littéraire : reportez-vous à la définition de ces fonctions dans le* lexique, *en fin de volume. Quelles sont dans ces lettres les fonctions les plus utilisées, ou sollicitées ?*
Qu'est-ce qui est ici :
- *information ;*
- *création d'une émotion chez le lecteur ;*
- *jeu stylistique (création d'une admiration chez le lecteur) ?*

53 Baruch SPINOZA (1632-1677)

L'Ethique *du philosophe hollandais Spinoza circula sous forme de manuscrit de son vivant, et ne fut imprimée qu'à sa mort. Cette prudence s'explique par la levée de boucliers qu'avait provoquée, en 1670, le* Traité théologico-politique *(voir ci-contre) dans lequel Spinoza, à partir de l'étude de l'Ancien Testament, justifiait la liberté de pensée et la nécessaire séparation de la théologie (fondée sur la révélation) d'avec la philosophie (fondée sur la raison). L'effort de Spinoza pour dégager le raisonnement philosophique de la religion, l'exigence de construction géométrique, dégagée de tous critères moraux, de cette œuvre, marquera profondément le XVIIIe siècle.*

La plupart de ceux qui ont parlé des sentiments et des conduites humaines paraissent traiter, non de choses naturelles qui suivent les lois ordinaires de la Nature, mais de choses qui seraient hors Nature. Mieux, on dirait qu'ils conçoivent l'homme dans la Nature comme un empire dans un empire. Car ils croient que l'homme trouble l'ordre de la Nature plutôt qu'il ne le suit, qu'il a sur ses propres actions une puissance absolue et qu'il n'est déterminé que par soi. Et ils attribuent la cause de l'impuissance et de l'inconstance humaines, non à la puissance ordinaire de la Nature, mais à je ne sais quel vice de la nature humaine, et les voilà qui pleurent sur elle, se rient d'elle, la méprisent ou, le plus souvent, lui vouent de la haine ; qui sait avec plus d'éloquence ou de subtilité accabler l'impuissance de l'esprit humain passe pour divin. Sans doute n'a-t-il pas manqué d'hommes éminents (et nous avouons devoir beaucoup à leur labeur, à leur ingéniosité) pour écrire sur la droite conduite de la vie beaucoup de choses excellentes et pour donner aux mortels de sages conseils ; mais la nature des sentiments, leur force impulsive, et à l'inverse, le pouvoir modérateur de l'esprit sur eux, personne, à ma connaissance, ne les a déterminés. Je sais bien que le très illustre Descartes, encore qu'il ait cru au pouvoir absolu de l'esprit sur ses actions, a tenté l'explication des sentiments humains par leurs causes premières et a montré en même temps comment l'esprit peut dominer absolument les sentiments ; mais, à mon avis, il n'a rien montré du tout que l'acuité de sa grande intelligence, comme je le démontrerai en son lieu.

Je veux donc revenir à ceux qui préfèrent haïr ou railler les sentiments et les actions des hommes, plutôt que de les comprendre. Sans doute leur paraîtra-t-il extraordinaire que j'entreprenne de traiter des vices et de la futilité des hommes selon la méthode géométrique, que je veuille démontrer par un raisonnement rigoureux ce qu'ils proclament sans cesse contraire à la Raison, cela même qu'ils disent vain, absurde et horrifique. Mais voici mon argument. Il ne se produit rien dans la Nature qui puisse lui être attribué comme un vice inhérent ; car la Nature est toujours la même, et partout sa vertu et sa puissance d'action est une et identique. Ce qui signifie que les lois et les règles de la Nature, suivant lesquelles toute chose est produite et passe d'une forme à une autre, sont partout et toujours les mêmes, et par conséquent il ne peut exister aussi qu'un seul et même moyen de comprendre la nature des choses quelles qu'elles soient ; par les lois et les règles universelles de la Nature.

Voilà pourquoi les sentiments de haine, de colère, d'envie, etc... considérés en eux-mêmes, obéissent à la même nécessité et à la même vertu de la Nature que les autres choses singulières ; et par suite ils admettent des causes rigoureuses qui les font comprendre, et ils ont des propriétés bien définies tout aussi dignes d'être connues que les propriétés d'une quelconque autre chose dont la seule considération nous satisfait. Je traiterai donc de la nature et de la force impulsive des sentiments et de la puissance de l'esprit sur eux selon la même méthode qui m'a précédemment servi en traitant de Dieu et de l'Esprit, et je considérerai les actions et les appétits humains de même que s'il était question de lignes, de plans ou de corps.

Ethique, 3e partie, préface,
1671-1677, Gall.

1 — *D'après ces deux textes, précisez quelle est pour Spinoza, la place de l'homme dans la Nature. A quelle tradition de pensée s'oppose-t-il ? Quels prédécesseurs dans cette voie peut-on lui trouver (voir* **XVIe-XVIIe siècles***) ?*

2 — *Relevez les termes et les expressions qui définissent le projet philosophique de Spinoza. En quoi consiste la nouveauté de sa tentative ? Dans quelle mesure reste-t-elle cependant prise dans l'espace mental qui était déjà celui de Descartes ?*

3 — *Dans le 2e texte* (Traité théologico-politique), *quelle est la conception de Dieu qui se fait jour ? En quoi annonce-t-elle le déisme* du XVIIIe siècle ?*

SPINOZA ET LE XVIIIe SIÈCLE FRANÇAIS

1670 : *publication anonyme du* Traité théologico-politique.

1678 : *traduction en français par le protestant Saint-Glain.*

1682 : *Bayle, dans le chapitre sur la « vertu des athées » de ses* Pensées sur la comète, *s'inspire manifestement de Spinoza.*

Fin XVIIe siècle : *réfutations nombreuses de Spinoza, associé aux athées et aux libertins.*

Début XVIIIe siècle : *les érudits libertins et matérialistes se réclament, ouvertement ou à mots couverts, de Spinoza.*

1709 : *réfutation du « panthéisme » (première apparition du mot) de Spinoza par le pasteur Jacques de la Faye, dans sa* Défense de la religion.

XVIIIe siècle : *influence sensible chez le curé Meslier (voir n° 112), athée, et chez le bénédictin Dom Deschamps, qui développe un panthéisme inspiré par Spinoza.*

1748 : Lettre sur les aveugles, *dans laquelle Diderot utilise le spinozisme dans sa lutte contre la religion et l'élaboration de son matérialisme.*
*Création d'un « néo-spinozisme » (formule de Diderot dans l'*Encyclopédie).

1763 : *influence très probable sur le* Contrat social *de Rousseau.*

1770 : *D'Holbach (voir n° 98), dans son* Système de la Nature, *développe une interprétation matérialiste de l'*Éthique *de Spinoza.*

Fin XVIIIe siècle : *le rôle de Spinoza dans la formation de la pensée politique révolutionnaire apparaît chez Sylvain Maréchal (voir n° 162), Mirabeau, Sieyès (qui s'inspire du* Traité politique *dans son* Projet pour servir à la Constitution de l'an VIII).

Ajoutons qu'en Allemagne et en Angleterre, l'œuvre de Spinoza, à la fin du XVIIe et au début du XVIIIe siècle, est à l'origine du développement d'un puissant courant panthéiste.

L'œuvre la mieux connue de Spinoza au XVIIe siècle est le Traité théologico-politique. *Dans la troisième partie de son ouvrage, le philosophe aborde les problèmes de l'Etat, du droit naturel et civil et du pouvoir souverain.*

A partir de présupposés semblables à ceux de Hobbes (voir* **XVI-XVIIe siècles,** *N° 150), il aboutit à des conclusions diamètralement opposées ; si un «contrat social» est nécessaire, le despotisme n'en est pas pour autant la seule solution. Le pouvoir doit préserver la liberté de penser et d'expression, en substituant les lois de la Raison à l'état de Nature.*

Par Droit et Institution de la Nature, je n'entends autre chose que les règles de la nature de chaque individu, règles suivant lesquelles nous concevons chaque être comme déterminé à exister et à se comporter d'une certaine manière. Par exemple, les poissons sont déterminés par la Nature à nager, les grands poissons à manger les petits ; par suite, les poissons jouissent de l'eau, et les grands mangent les petits, en vertu d'un droit naturel souverain. Il est certain en effet que la Nature considérée absolument a un droit souverain sur tout ce qui est en son pouvoir, c'est-à-dire que le Droit de la Nature s'étend aussi loin que s'étend sa puissance ; car la puissance de la Nature est la puissance même de Dieu qui a sur toutes choses un droit souverain. Mais la puissance universelle de la Nature entière n'étant rien en dehors de la puissance de tous les individus pris ensemble, il suit de là que chaque individu a un droit souverain sur tout ce qui est en son pouvoir, autrement dit que le droit de chacun s'étend jusqu'où s'étend la puissance déterminée qui lui appartient. Et la loi suprême de la Nature étant que chaque chose s'efforce de persévérer dans son état, autant qu'il est en elle, et cela sans tenir aucun compte d'aucune autre chose, mais seulement d'elle-même, il suit que chaque individu a un droit souverain de persévérer dans son état, c'est-à-dire (comme je l'ai dit) d'exister et de se comporter comme il est naturellement déterminé à le faire. Nous ne reconnaissons ici nulle différence entre les hommes et les autres individus de la Nature, non plus qu'entre les hommes doués de Raison et les autres qui ignorent la vraie Raison ; entre les imbéciles, les déments et les gens sains d'esprit. Tout ce que fait une chose agissant suivant les lois de la nature, en effet, elle le fait d'un droit souverain, puisqu'elle agit comme elle y est déterminée par la Nature et ne peut agir autrement. C'est pourquoi, parmi les hommes, aussi longtemps qu'on les considère comme vivant sous l'empire de la Nature seule, aussi bien celui qui n'a pas encore connaissance de la Raison, ou qui n'a pas encore l'état de vertu, vit en vertu d'un droit souverain, soumis aux seules lois de l'Appétit, que celui qui dirige sa vie suivant les lois de la Raison. C'est-à-dire, de même que le sage a un droit souverain de faire tout ce que la Raison commande, autrement dit, de vivre suivant les lois de la Raison, de même l'ignorant, et celui qui n'a aucune force morale, a un droit souverain de faire tout ce que persuade l'Appétit, autrement dit de vivre suivant les lois de l'Appétit.

Traité théologico-politique, **ch. XVI, 1670.**

La Comédie italienne joue, dans les œuvres de Watteau, un très grand rôle... Arlequin, le Mezetin, Gilles reviennent fort souvent. Le peintre en arrive même à représenter ses amis travestis en comédiens italiens (Le Mezetin). *Malgré l'interdiction de 1697 (les Italiens ayant projeté d'attaquer dans une de leurs pièces le roi et Madame de Maintenon), la tradition italienne se poursuit dans les foires parisiennes. Les comédies de salon et de société, jouées en privé dans les intérieurs bourgeois, empruntent bien souvent au répertoire de la* Commedia dell'arte.

Watteau, *les Comédiens Italiens,* New York Metropolitan.

Comédiens Italiens, 1715-1720?

A gauche: garçon qui lève le rideau, le docteur. A droite: deux jeunes amoureux, le Fou qui tient le bâton traditionnel (les roses figurant l'amour). Au centre: Gilles accompagné par le guitariste (Mezetin) assis devant Arlequin, la prima donna (Flaminia) dont le corsage est garni de roses. Scaramouche applaudit.

Watteau, *l'Amour au Théâtre Italien,* Berlin, Staatliche Museum.

Watteau, *Gilles,* Louvre, (Agraci).

Après la mort de Molière: concentration des théâtres:

— *Lulli obtient la salle du Palais-Royal et y installe son* Académie de Musique *(Opéra) (voir n° 34).*
— *La troupe de Molière et la troupe des* Italiens *sont donc chassées du* Palais-Royal: *elles s'installent rue Guénégaud.*
— *Les acteurs du* Marais *les rejoignent, leur théâtre étant fermé.*
— *Sur l'ordre du Roi, les acteurs français du* théâtre Guénégaud *et de* l'hôtel de Bourgogne *fusionnent en une seule troupe:* création de la Comédie-Française: *1680.*
— *Les Italiens s'installent à l'hôtel de Bourgogne abandonné par les grands Comédiens (bien que jouant en français depuis 1670, ils restent en dehors du monopole de la Comédie-Française).*

Désaffection du Roi — gagné par la religion — pour le théâtre.

● *1687 - Sur demande de la Sorbonne, les Comédiens Français sont chassés de l*

Watteau, *les Comédiens Français,* New York Metropolitan, vers 1720.

Watteau, *l'Amour au Théâtre Français,* Berlin, Staatliche Museum.

Personnages de la tragédie de Racine, Andromaque *et personnages de Molière.*

Watteau, le Mezerin, 1720 National Gallery of Art.

rue Guénégaud parce que dangereux pour les étudiants du collège voisin.

- *1689 - Les Comédiens Français s'installent rue des Fossés Saint-Germain.*
- *1690 - Le Roi ne paraît plus à la Comédie: désaffection de la Cour.*
- *1694 - Bossuet condamne toute forme d'art dramatique* (Maximes et réflexions sur la comédie).
- *1697* - Les Italiens *sont chassés de Paris.*

Théâtre de Foire: *Foire Saint-Germain (de Février à Pâques) et Foire Saint-Laurent (Août et Septembre). Les théâtres de Foire veulent prendre la succession des* Italiens. *Procès avec les* Comédiens Français *(voir n° 94): on leur interdit le dialogue, puis tout monologue; usage du rouleau, des chansons, des panneaux* (naissance de l'Opéra comique).

- *1702 - Apparition de la censure pour les scènes officielles.*
- *1716* - Les Comédiens Italiens *sont rappelés par le Régent; ils se réinstallent dans* l'Hôtel de Bourgogne.

Page gauche : Watteau, *Embarquement pour Cythère,* Louvre, (Bulloz).

Page droite : Guardi, *Le Retour du Bucentaure,* Louvre, (Réu. Musées Nat.).

LA RÉGENCE DU DUC D'ORLÉANS

	Evénements politiques économiques et sociaux	Production écrite française	Production écrite étrangère	Musique, architecture, arts plastiques
1715	Le Parlement casse le testament de Louis XIV et nomme **Philippe d'Orléans régent.** Recouvrement du droit de remontrances pour le Parlement Création des Conseils Politique de Philippe d'Orléans favorable aux jansénistes.	**Malebranche** : *Réflexions sur la prémonition physique* **Lesage : *Gil Blas de Santillane* (1715-1735)** l'Abbé Banier : *Explication historique des fables* La Motte : *Réflexions sur la critique* **Lesage : *Théâtre de la foire* (1721-1737)**	Pope : traduction de l'*Iliade* (1715-1725)	**1715-1760 ; art rocaille, Rococo** 1713-1730 Couperin : *Les Quatre Livres pour le clavecin.* Vivaldi : *Concerts pour violon.* Haendel : *Water music.* Scarlatti : *Hamlet.*
1716	**Système de Law** Le Pape refuse les bulles d'investiture aux évêques nommés par le Régent	Montesquieu : *Dissertation sur la politique des Romains dans la religion*	Addison : *le Tambour* Vico : *Vie d'Antonio Carafa*	**Watteau : *Gilles*** Vivaldi : *Juditha triumphans*
1717	Triple Alliance (France, Angleterre, Hollande) grâce à Dubois Création de la Grande Loge de Londres	**Retz : *Mémoires* (publication). Galland : dernier tome des *Mille et une nuits* Marivaux : *l'Iliade travestie***	Pope : *Epître d'Héloïse et d'Abélard*	J. S. Bach : *Premiers Concertos* Nattier : *la Bataille de Potlava.*
1718	Limitation du droit de remontrances Création de la Banque Royale Law contrôleur général. Quadruple Alliance (avec l'Empire) Excommunication des appelants (jansénistes)	Geoffroy l'Aîné : *Table des différents rapports entre différentes substances.* Abbé de Saint-Pierre : *Discours sur la Poly Synodie* Massillon : *le Petit carême* **Voltaire : *Œdipe***	Leibniz : *Principes de la nature et de la grâce fondés sur la raison.*	Mollet : *Hôtel d'Evreux.* Watteau : *la Perspective* Scarlatti : *Télémaque*

	Evénements politiques économiques et sociaux	Production écrite française	Production écrite étrangère	Musique, architecture, arts plastiques
1719	Débâcle financière Création de la Compagnie des Indes Guerre entre la France et l'Espagne.	Montfaucon : *l'Antiquité expliquée et représentée en figures* (début) Abbé Du Bos : *Réflexions critiques sur la poésie et la peinture.* **La Motte : *Fables nouvelles*** **Biancollelli : *Œdipe travesti***	**Defoe : *Robinson Crusoë*** Young : *Busiris*	Aubert : les Grandes Ecuries de Chantilly Watteau : *Conversation en plein air ; Le Guitariste* ; ***Le Mezzetin*** ; *Fête vénitienne.* Haendel fonde à Londres une académie d'opéra.
1720	Emeutes à Paris Law s'enfuit Exil du Parlement Peste à Marseille	Lagrange-Chancel : *les Philippiques* Marivaux : *Arlequin poli par l'amour* Louis Racine : *la Grâce* Echard : *Leges Francorum salicae et repuariorum.*	Swift : *Lettres au drapier.* John Toland : *Pantheisticon.* Vico : *le Droit naturel.* **Mehmed efendi : *Relation de l'Ambassade...***	**Watteau : *l'Amour au théâtre italien ; l'Amour au théâtre français* ;** *l'Enseigne de Gersaint ; le Jugement de Pâris ;* ***Les Comédiens italiens* ;** ***Les Comédiens français* ;** Haendel : *Acis et Galatée.*
1721	Emeutes à Paris Traité de Nystadt : effondrement de l'empire suédois. Anderson organise la Grande Loge d'Angleterre.	**Montesquieu : *les Lettres Persanes.***	Addison : *Œuvres* Métastase : *les Jardins des Hespérides.* Bodmer : *Discours des peintres* (1721-1723)	J. S. Bach : *les Concertos brandebourgeois.* Courtonne : l'hôtel Matignon.
1722	Etablissement d'un « Bureau de Commerce » Réorganisation de la Compagnie des Indes Orientales Le cardinal Dubois premier ministre.	Crouzaz : *Traité de l'éducation des enfants.* Marivaux : *la Surprise de l'amour.* La Motte : *Romulus, les Macchabées.* Montesquieu : *Lecture du Dialogue de Sylla et d'Eucrate.* Marivaux : *le Spectateur français* (1722-1723)	Stelle : *les Amants réservés* Defoe : *Molls Flanders ; Journal de l'année de la peste ; Colonel Jacques.*	Giraldini : le Palais-Bourbon J. S. Bach : *le Clavecin bien tempéré* Rameau : *le Traité de l'harmonie.* François Couperin : *14 Concerts royaux* (1722-1724)
1723	Suppression des Conseils Majorité officielle de Louis XV	J. B. Rousseau : *Odes, Cantates* (1723-1736).		

55 CREBILLON (Père) (1674-1762)

Guérin, *Clytemnestre se préparant à frapper Agamemnon,* Louvre (Agraci).

«Corneille a pris la terre,
Racine le ciel,
il me reste l'enfer»

Crébillon.

ORESTE

Frappez, Dieux tout puissants, que ma fureur (1) implore,
Dieux vengeurs, s'il en est, puisque je vis encore,
Frappez: mon crime affreux ne regarde que vous.
Le Ciel n'a-t-il pour moi que des tourments trop doux?
Je vois ce qui retient un courroux légitime;
Dieux, vous ne savez point comme on punit mon crime.

ELECTRE

Ah, mon frère, calmez cette aveugle fureur:
N'ai-je donc pas assez de ma propre douleur?
Voulez-vous me donner la mort, mon cher Oreste?

ORESTE

Ah! Ne prononcez plus ce nom que je déteste.
Et toi, que fait frémir mon aspect odieux,
Nature tant de fois outragée en ces lieux;
Je viens de te venger du meurtre de mon père;
Mais, qui te vengera du meurtre de ma mère?
Ah! Si pour m'en punir le Ciel est sans pouvoir,
Prêtons-lui les fureurs d'un juste désespoir.
O dieux! Que mes remords, s'il se peut, vous fléchissent;
Que mon sang, que mes pleurs, s'il se peut, t'attendrissent.
Ma mère, vois couler...

Il veut se tuer.

PALAMEDE (2), *le désarmant.*
Ah, Seigneur!

ORESTE

Laisse-moi.
Je ne veux rien, cruel, d'Electre, ni de toi.
Votre cœur affamé de sang et de victimes,
M'a fait souiller ma main du plus affreux des crimes.
Mais quoi? Quelle vapeur vient obscurcir les airs?
Grâce au Ciel, on m'entrouvre un chemin aux enfers (3).
Descendons, les enfers n'ont rien qui m'épouvante;
Suivons le noir sentier que le sort me présente.

Cachons-nous dans l'horreur de l'éternelle nuit;
Quelle triste clarté dans ce moment me luit?
Qui ramène le jour dans ces retraites sombres?
Que vois-je? Mon aspect épouvante les ombres!
Que de gémissements! Que de cris douloureux!
Oreste! Qui m'appelle en ce séjour affreux?
Egisthe: ah! C'en est trop. Il faut qu'à ma colère...
Que vois-je? Dans ses mains, la tête de ma mère!
Quels regards! Où fuirai-je? Ah, monstre furieux,
Quel spectacle oses-tu présenter à mes yeux?
Je ne souffre que trop, monstre cruel, arrête,
A mes yeux effrayés dérobe cette tête.
Ah, ma mère, épargnez votre malheureux fils.
Ombre d'Agamemnon, sois sensible à mes cris.
J'implore ton secours, chère ombre de mon père,
Viens défendre ton fils des fureurs de sa mère.
Prends pitié de l'état où tu me vois réduit.
Quoi, jusque dans tes bras la barbare me suit;
C'en est fait, je succombe à cet affreux supplice
Du crime de ma main mon cœur n'est pas complice
J'éprouve cependant des tourments infinis.
Dieux! Les plus criminels seraient-ils plus punis?

Electre, acte V, sc. 9 et dernière, 1708-1709.

(1) Folie.
(2) Le gouverneur d'Oreste.
(3) Séjour des morts pour la mythologie classique (sans idée de punition).

JEAN-PAUL SARTRE, 1942.

ORESTE

Il ne fait pas nuit : c'est le point du jour. Nous sommes libres, Electre. Il me semble que je t'ai fait naître et que je viens de naître avec toi ; je t'aime et tu m'appartiens. Hier encore j'étais seul et aujourd'hui tu m'appartiens. Le sang nous unit doublement, car nous sommes de même sang et nous avons versé le sang.

ELECTRE

Jette ton épée. Donne-moi cette main. *(Elle lui prend la main et l'embrasse).* Tes doigts sont courts et carrés. Ils sont faits pour prendre et pour tenir. Chère main ! Elle est plus blanche que la mienne. Comme elle s'est faite lourde pour frapper les assassins de notre père ! Attends. *(Elle va chercher un flambeau et elle l'approche d'Oreste).* Il faut que j'éclaire ton visage, car la nuit s'épaissit et je ne te vois plus bien. J'ai besoin de te voir : quand je ne te vois plus, j'ai peur de toi ; il ne faut pas que je te quitte des yeux. Je t'aime. Il faut que je pense que je t'aime. Comme tu as l'air étrange !

ORESTE

Je suis libre, Electre ; la liberté a fondu sur moi comme la foudre.

ELECTRE

Libre ? Moi, je ne me sens pas libre. Peux-tu faire que tout ceci n'ait pas été ? Quelque chose est arrivé que nous ne sommes plus libres de défaire. Peux-tu empêcher que nous soyons pour toujours les assassins de notre mère ?

ORESTE

Crois-tu que je voudrais l'empêcher ? J'ai fait *mon* acte, Electre, et cet acte était bon. Je le porterai sur mes épaules comme un passeur d'eau porte les voyageurs, je le ferai passer sur l'autre rive et j'en rendrai compte. Et plus il sera lourd à porter, plus je me réjouirai, car ma liberté, c'est lui. Hier encore, je marchais au hasard sur la terre, et des milliers de chemins fuyaient sous mes pas, car ils appartenaient à d'autres. Je les ai tous empruntés, celui des haleurs, qui court au long de la rivière, et le sentier du muletier et la route pavée des conducteurs de chars : mais aucun n'était à moi. Aujourd'hui, il n'y en a plus qu'un, et Dieu sait où il mène : mais c'est *mon* chemin.

les Mouches, Acte II, scène 8, Gallimard, 1942.

ELECTRE : TRAGEDIES, DRAMES, OPERAS

Ve siècle avant J.-C. (Grèce)	— Eschyle, **Les Choephores** — Euripide, **Electre** (413 av. J.-C.) — Sophocle, **Electre**
XVIIIe siècle	— nombreuses tragédies dont **Electre** de Crébillon (1708-1709) — nombreux opéras dont **Electre** de J.B. Lemoyne (1782)
1901	— **Electra,** Peroz Galdòs (Espagne)
1905	— **Elektra,** Hugo Von Hoffmannsthal mis en musique par Richard Strauss : *Elektra,* opéra, 1909
1932	— **Le Deuil sied à Electre,** Eugène O'Neill (U.S.A.)
1938	— **Electre,** Jean Giraudoux
1942	— **Les Mouches,** Sartre

ÉLECTRE ET LA LIGNÉE SANGLANTE DES ATRIDES

Atrée et Thyeste (voir **XVI**^e^**-XVII**^e^ **siècles,** *n° 63), descendants de Tantale, s'entre-déchirent pour le trône de Mycènes. Atrée va jusqu'à faire manger ses enfants à son frère parce qu'il a résisté à sa volonté de puissance (Crébillon, dans* Atrée et Thyeste, *1707, reprend cet épisode en faisant boire à Thyeste le sang de ses enfants).*

Thyeste, exilé, viole sa fille Pélopia sans être reconnu d'elle et Egisthe naît de cette union incestueuse. Puis Pélopia épouse Atrée qui élève l'enfant pour lui ordonner ensuite de tuer Thyeste. Mais Egisthe découvre son identité et tue Atrée. Le même Egisthe, après avoir séduit Clytemnestre, tue Agamemnon, le fils d'Atrée. Suivent Iphigénie, Electre, Hermione, Oreste, autant de noms marqués du sceau de la faute tragique...

Electre est le personnage noble de la tragédie. Fille d'Agamemnon et de Clytemnestre, elle voit Egisthe tuer son père, Agamemnon, à son retour de Troie. Dès lors sa vie n'a plus qu'un sens, celui de la vengeance. Soumise à l'hérédité des Atrides, elle apparaît, suivant les auteurs, comme une fille décidée poussant son frère Oreste à agir en l'excitant avec des cris de joie (Sophocle, 497-405 av. J.-C.) ; comme une héroïne entraînant sa mère dans une maison isolée pour guider Oreste, qui hésite à tuer sa mère (Euripide, 480 ? - 406 av. J.C.) ; comme un personnage grave et cruel décidé à venger son honneur, Oreste n'étant plus qu'un outil qui, désireux de tuer Egisthe, assassine aussi sa mère, entraîné par sa fureur (Crébillon) ; comme une proie du destin (Giraudoux, Electre, *1938) ; enfin comme un personnage guidé par son destin poussant son frère à tuer pour le rejeter ensuite (Sartre).*

DESTIN, LIBERTÉ, TRAGÉDIE

1 — Au vers 12, Oreste apostrophe la Nature. A partir de là, essayez de retracer la logique de sa «fureur» et l'enchaînement des causes qui l'enferment dans la déraison. Comparez cette logique avec celle du personnage de Racine (voir n° 43).

2 — Comment Sartre résout-il la contradiction entre la fatalité d'un comportement et la liberté engagée ? D'Electre ou d'Oreste, lequel vous semble le mieux poser le problème de l'autonomie de la volonté dans la condition humaine ?

DOSSIER.

En vous répartissant entre vous les pièces les plus connues de Sophocle à Sartre (voir tableau ci-contre), vous analyserez les variations et les constantes de ce mythe.

Daniel Defoe (1660-1731) fait paraître en 1719 un texte qui va s'élever très tôt au rang du mythe littéraire. Se fondant sur un fait divers réel — l'aventure du marin Selkirk racontée quelques années plus tôt par le Capitaine Rogers — le polémiste politique propose à son éditeur une histoire sur « la vie et les étranges et surprenantes aventures de Robinson Crusoé, marin d'York, qui vécut vingt-huit ans complètement seul sur une île déserte, au large des côtes d'Amérique, non loin de l'embouchure du grand fleuve d'Orénoque, ayant été jeté au rivage à la suite d'un naufrage où tous les hommes périrent excepté lui». Très vite, Robinson Crusoé *est traduit dans les autres pays européens (en France en 1720-21 par Offen et Thémiseul de Sainte Hyacinthe). Repris, imité, adapté pour le théâtre et plus tard pour le cinéma, le roman de l'ingéniosité, du merveilleux et, de l'aventure — et de la morale chrétienne — est encore présent de nos jours puisqu'il fournit à Michel Tournier le prétexte de son livre,* Vendredi ou les Limbes du Pacifique *(Gallimard, 1967).*

DANIEL DEFOE, 1719.

En peu de temps je commençai à lui parler et à lui apprendre à me parler. D'abord je lui fis savoir que son nom serait Vendredi, c'était le jour où je lui avais sauvé la vie, et je l'appelai ainsi en mémoire de ce jour. Je lui enseignai également à m'appeler maître, à dire oui et non, et je lui appris ce que ces mots signifiaient. — Je lui donnai ensuite du lait dans un pot de terre ; j'en bus le premier, j'y trempai mon pain et lui donnai un gâteau pour qu'il fît de même : il s'en accommoda aussitôt et me fit signe qu'il trouvait cela fort bon.

Robinson Crusoé, 1719
(trad. Pétrus Borel).

Le pauvre garçon m'embarrassa un jour tellement par une question purement naturelle et innocente, que je sus à peine que lui dire. Je lui avais parlé longuement du pouvoir de Dieu, de sa toute-puissance, de sa terrible détestation du péché, du feu dévorant qu'il a préparé pour les ouvriers d'iniquité ; enfin, nous ayant tous créés, de son pouvoir de nous détruire, de détruire l'univers en un moment ; et tout ce temps il m'avait écouté avec un grand sérieux.

Venant ensuite à lui conter que le démon était l'ennemi de Dieu dans le cœur de l'homme, et qu'il usait toute sa malice et son habileté à renverser les bons desseins de la Providence et à ruiner le royaume de Christ sur la terre.

— Eh bien ! interrompit Vendredi, vous dire Dieu est si fort, beaucoup plus puissance que le diable ?

— Oui, oui, dis-je, Vendredi ; Dieu est plus fort que le diable, Dieu est au-dessus du diable, et c'est pourquoi nous prions Dieu de le mettre sous nos pieds, de nous rendre capables de résister à ses tentations et d'éteindre ses aiguillons de feu.

— Mais, reprit-il, si Dieu beaucoup plus fort, beaucoup plus puissance que le diable, pourquoi Dieu pas tuer le diable pour faire lui non plus méchant ?

Je fus étrangement surpris à cette question. De fait, bien que je fusse alors un vieil homme, je n'étais pourtant qu'un jeune docteur, n'ayant guère les qualités requises d'un casuiste ou d'un *résolveur* de difficultés. D'abord, ne sachant que dire, je fis semblant de ne pas l'entendre, et lui demandai ce qu'il disait. Mais il tenait trop à une réponse pour oublier sa question, et il la répéta de même, dans son langage décousu. J'avais eu le temps de me remettre un peu ; je lui dis : « Dieu veut le punir sévèrement à la fin : il le réserve pour le jour du jugement, où l'ennemi sera jeté dans l'abîme sans fond, pour demeurer dans le feu éternel. »

Ceci ne satisfit pas Vendredi ; il revint à la charge en répétant mes paroles : « Réservé à la fin ! moi pas comprendre ; mais pourquoi non tuer le diable maintenant, pourquoi pas tuer grand auparavant ?

— Tu pourrais aussi bien me demander, repartis-je, pourquoi Dieu ne nous tue pas, toi et moi, quand nous faisons des choses méchantes qui l'offensent ; il nous conserve pour que nous puissions nous repentir et puissions être pardonnés ».

Après avoir réfléchi un moment à cela : « Bien, bien, dit-il très affectueusement, cela est bien ; ainsi, vous, moi, diable, tous méchants, tous préserver, tous repentir, Dieu pardonner tous ».

Je retombai donc encore dans une surprise extrême, et ceci fut une preuve pour moi que bien que les simples notions de la nature conduisent les créatures raisonnables à la connaissance de Dieu et de l'adoration ou hommage dû à son essence suprême comme la conséquence de notre nature, cependant la divine révélation seule peut amener à la connaissance de Jésus-Christ, et d'une rédemption opérée pour nous, d'un médiateur, d'une nouvelle alliance, et d'un intercesseur devant le trône de Dieu. Une révélation venant du Ciel peut seule, dis-je, imprimer ces notions dans l'âme ; par conséquent l'Evangile de Notre Seigneur et Sauveur Jésus-Christ — j'entends la parole divine — et l'esprit de Dieu promis à son peuple pour guide et sanctificateur, sont les instructeurs essentiels de l'âme des hommes dans la connaissance salutaire de Dieu et les voies du salut.

J'interrompis donc le présent entretien entre moi et mon serviteur en me levant à la hâte, comme si quelque affaire subite m'eût appelé dehors ; et, l'envoyant alors bien loin, sous quelque prétexte, je me mis à prier Dieu ardemment de me rendre capable d'instruire salutairement cet infortuné sauvage en préparant par son Esprit le cœur de cette pauvre ignorante créature à recevoir la lumière de l'Evangile, en la réconciliant à lui, et de me rendre capable de l'entretenir si efficacement de la parole divine, que ses yeux pussent être ouverts, sa conscience convaincue et son âme sauvée.

Robinson Crusoé, 1719, (trad. Pétrus Borel).

JEAN-JACQUES ROUSSEAU, 1762

Robinson Crusoé dans son île, seul, dépourvu de l'assistance de ses semblables et des instruments de tous les arts, pourvoyant cependant à sa subsistance, à sa conservation, et se procurant même une sorte de bien-être, voilà un objet intéressant pour tout âge, et qu'on a mille moyens de rendre agréable aux enfants. Voilà comment nous réalisons l'île déserte qui me servait d'abord de comparaison. Cet état n'est pas, j'en conviens, celui de l'homme social ; vraisemblablement il ne doit pas être celui d'Emile : mais c'est sur ce même état qu'il doit apprécier tous les autres. Le plus sûr moyen de s'élever au-dessus des préjugés et d'ordonner ses jugements sur les vrais rapports des choses, est de se mettre à la place d'un homme isolé, et de juger de tout comme cet homme en doit juger lui-même, eu égard à sa propre utilité.

Emile, ou De l'éducation, XLIX, 1762.

MICHEL TOURNIER, 1967

— Il fallait trouver un nom au nouveau-venu. Je ne voulais pas lui donner un nom de chrétien avant qu'il ait mérité cette dignité. Un sauvage n'est pas un être humain à part entière. Je ne pouvais pas non plus décemment lui imposer un nom de chose, encore que c'eût été peut-être la solution de bon sens. Je crois avoir **résolu assez élégamment ce dilemme en lui donnant le nom du jour de la** semaine où je l'ai sauvé : *Vendredi.* Ce n'est ni un nom de personne, ni un nom commun, c'est, à mi-chemin entre les deux, celui d'une entité à demi-vivante, à demi-abstraite, fortement marquée par son caractère temporel, fortuit et comme épisodique...

Vendredi ou les Limbes du Pacifique, Ch. VIII, Gallimard 1967.

Robinson Crusoé, (BN).

1 — *Que signifie, pour le Robinson de Defoe et pour celui de Tournier le prénom de Vendredi ? Analysez toute sa valeur symbolique.*

2 — *Pourquoi Robinson est-il en difficulté dans le texte de Defoe ? Quelles sont ses premières réactions devant la question naïve de Vendredi ? Qu'indiquent-elles du rapport de force entre les deux hommes ? Examinez la valeur de la réponse de Robinson : cette réfutation vous paraît-elle convaincante ? (voir n° 138). Qu'auriez-vous dit ?*

3 — *Que Robinson conclut-il de cet épisode ? Remet-il sa foi en question ?*

4 — *Le Robinson de Tournier, après avoir eu la même confiance en lui et en sa culture que celui de Defoe, se rapproche de la Nature et de Vendredi : que confie-t-il à son journal ? Quelles en sont les implications quant à ses croyances ?*

5 — *DISSERTATION. Discutez et commentez cette affirmation :* « Robinson dans son île, privé de tout et forcé aux plus pénibles travaux pour assurer sa subsistance journalière, supporte la vie, et même goûte de son aveu, plusieurs moments de bonheur. Supposez qu'il soit dans une île enchantée, pourvue de tout ce qui est agréable à la vie, peut-être le désœuvrement lui eût-il rendu l'existence insupportable ».

Chamfort, *Maximes et pensées morales* (pub. 1803).

MICHEL TOURNIER, 1967

Soleil, délivre-moi de la gravité. Lave mon sang de ses humeurs épaisses qui me protègent certes de la prodigalité et l'imprévoyance, mais qui brisent l'élan de ma jeunesse et éteignent ma joie de vivre. Quand j'envisage au miroir ma face pesante et triste d'hyperboréen, je comprends que les deux sens du mot *grâce* — celui qui s'applique au danseur et celui qui concerne le saint — puissent se rejoindre sous un certain ciel du Pacifique. Enseigne-moi l'ironie. Apprends-moi la légèreté, l'acceptation souriante des dons immédiats de ce jour, sans calcul, sans gratitude, sans peur.

Soleil, rends-moi semblable à Vendredi. Donne-moi le visage de Vendredi, épanoui par le rire, taillé tout entier pour le rire. Ce front très haut, mais fuyant en arrière et couronné d'une guirlande de boucles noires. Cet œil toujours allumé par la dérision, fendu par l'ironie, chaviré par la drôlerie de tout ce qu'il voit. Cette bouche sinueuse aux coins relevés, gourmande et animale. Ce balancement de la tête sur l'épaule pour mieux rire, pour mieux frapper de risibilité toutes choses qui sont au monde, pour mieux dénoncer et dénouer ces deux crampes, la bêtise et la méchanceté...

Mais si mon compagnon éolien m'attire ainsi à lui, n'est-ce pas pour me tourner vers toi ? Soleil, es-tu content de moi ? Regarde-moi. Ma métamorphose va-t-elle assez dans le sens de ta flamme ? Ma barbe a disparu dont les poils végétaient en direction de la terre, comme autant de radicelles géotropiques. En revanche ma chevelure tord ses boucles ardentes comme un brasier dressé vers le ciel.

Je suis une flèche dardée vers ton foyer, un pendule dont le profil perpendiculaire définit ta souveraineté sur la terre, le style du cadran solaire sur lequel une aiguille d'ombre inscrit ta marche.

Je suis ton témoin debout sur cette terre, comme une épée trempée dans ta flamme.

Vendredi ou les Limbes du Pacifique, Ch. VII, Gallimard 1967.

57 Madame de LAMBERT (1647-1733)

Chardin, *la Maîtresse d'école,* (National Gallery, Londres).

A Sceaux, la duchesse du Maine organisait des Nuits blanches *durant lesquelles les invités – Houdar de la Motte (voir n° 58),* Fontenelle (voir n° *14-15), Malézieu et d'autres grandes figures du monde des lettres de l'époque – devaient composer, suivant le tirage au sort un petit opéra, un ballet, des impromptus, etc.*
A Paris, entre 1710 et 1733, Madame de Lambert recevait à ses mardis, La Motte, Fontenelle, Madame de Tencin, Madame de Staal de Launay, Madame Dacier et bien d'autres écrivains célèbres. Parmi les sujets dont on dissertait fort souvent, les questions d'éducation tenaient une place de choix. La reine de ce salon littéraire, qu'on appelait «l'antichambre de l'académie», écrivit en 1728-1729 les Avis d'une mère à sa fille *et en 1736* les Avis d'une mère à son fils. *Ces deux traités, encore très proches de Fénelon (voir n° 13) signalent un certain changement dans la conception de l'éducation féminine.*

On a dans tous les temps négligé l'éducation des filles ; l'on n'a d'attention que pour les hommes, et comme si les femmes étaient une espèce à part, on les abandonne à elles-mêmes sans secours, sans penser qu'elles composent la moitié du monde ; qu'on est uni à elles nécessairement par les alliances ; qu'elles font le bonheur ou le malheur des hommes, qui toujours sentent le besoin de les avoir raisonnables ; que c'est par elles que les Maisons s'élèvent ou se détruisent ; que l'éducation des enfants leur est confiée dans la première jeunesse, temps où les impressions se font plus vives et plus profondes. Que veut-on qu'elles leur inspirent, puisque dès l'enfance on les abandonne elles-mêmes à des gouvernantes, qui étant prises ordinairement dans le peuple, leur inspirent des sentiments bas, qui réveillent toutes les passions timides, et qui mettent la superstition à la place de la religion ? Il fallait bien plutôt penser à rendre héréditaires certaines vertus, en les faisant passer de la mère aux enfants, qu'à y conserver les biens par des substitutions. Rien n'est donc si mal entendu que l'éducation qu'on donne aux jeunes personnes ; on les destine à plaire ; on ne leur donne des leçons que pour les agréments ; on fortifie leur amour-propre ; on les livre à la mollesse, au monde et aux fausses opinions ; on ne leur donne jamais de leçons de vertu ni de force ; il y a une injustice, ou plutôt une folie à croire qu'une pareille éducation ne tourne pas contre elles. [...]

Une des choses qui nous rend plus malheureuses, c'est que nous comptons trop sur les hommes ; c'est aussi la source de nos injustices : nous leur faisons des querelles, non sur ce qu'ils nous doivent, ni sur ce qu'ils nous ont promis ; mais sur ce que nous avons espéré d'eux : nous nous faisons un droit de nos espérances, qui nous fournissent bien des mécomptes. [...]

Nous aimons naturellement à dominer ; c'est un sentiment injuste : où sont nos droits, pour vouloir nous élever au-dessus des autres ? Il n'y a qu'une domination permise et légitime : c'est celle que vous donne la vertu : ayez plus de bonté et de générosité que les autres ; soyez en avance de services et de bienfaits ; c'est le moyen de vous élever. Le grand désintéressement vous rend aussi indépendant, et vous élève plus que la fortune même : rien ne nous abaisse tant que l'amour du bien.

[...] La réputation est un bien très désirable ; mais c'est faiblesse de la rechercher avec trop d'ardeur, et de ne rien faire que pour elle, il faut se contenter de la mériter. Il ne faut pas rejeter le sentiment de la gloire, c'est l'aide le plus sûr que nous ayons pour la vertu ; mais il est question de choisir la bonne gloire.

Avis d'une mère à sa fille, 1728.

Chardin, *La Bonne Education,* (Lauros-Giraudon).

Cinquante ans plus tard, l'éducation est encore un sujet d'actualité. Les ouvrages pédagogiques sont extrêmement nombreux et l'on s'interroge avec toujours autant d'acuité pour savoir si l'on utilisera telle ou telle méthode pour élever celui qui prend peu à peu de l'importance dans la société : l'enfant. Madame de Genlis (1746-1830), maîtresse du duc de Chartres et «gouverneur» de ses enfants, écrit en quatre volumes un Théâtre à l'usage des jeunes personnes ou le Théâtre d'éducation *en 1779-1780 dont certaines pièces seront jouées au Palais-Royal par les filles de l'auteur avec beaucoup de succès. Dans* l'Enfant gâté, *Lucie est flattée par une maîtresse de dessin et de musique intrigante et fausse. Toinette, la fille d'une femme de chambre élevée avec Lucie, découvrira l'hypocrisie de Dorine.*

MADAME DE GENLIS, 1779.

Elle lui approche un fauteuil; Lucie s'assied et s'étend nonchalamment.

LUCIE : J'ai réellement une courbature affreuse.

DORINE : En effet, vous avez l'air abattu.

LUCIE : Tout de bon, vous me trouvez changée ?

DORINE : Extrêmement.

LUCIE : Cela tient peut-être aussi à la manière dont je suis fagotée... Oh ! voilà qui est décidé, je me ferai sûrement recoiffer pour l'Opéra... Ma tante ne donne-t-elle pas à déjeuner ce matin ?

DORINE : Oui. Il y a une lecture.

LUCIE : Oh ! quand je serai mariée, j'aurai des lectures aussi, et des déjeuners... Cela est charmant, un déjeuner !...

DORINE : Oui, cela occupe depuis midi jusqu'à quatre heures.

LUCIE : Et puis le spectacle, et puis le souper, et puis le bal ; voilà ce qui s'appelle jouir de la vie. Que ma tante est heureuse ! Enfin j'aurai mon tour.

DORINE : En attendant il faudrait acquérir des talents : si l'on se lasse des spectacles, si le bal fatigue, si l'on se dégoûte du grand monde, il est doux alors de pouvoir se suffire à soi-même.

LUCIE : Mais voyez ma tante : elle a conservé tous les goûts de la première jeunesse ; pourquoi n'aurais-je pas la même constance ? et pourquoi par une étude pénible me livrer à un ennui certain pour me procurer des ressources éloignées dont je n'aurai peut-être jamais besoin ?

DORINE : Mais madame votre tante elle-même ne se plaint-elle pas tous les jours de l'éducation négligée qu'elle a reçue ? Elle se livre à la dissipation, plus par habitude que par goût...

LUCIE : Il est vrai qu'elle bâille à la comédie, qu'après tous ses déjeuners elle a des vapeurs, et toujours sa migraine quand elle a été au bal de l'Opéra. Oui, cela est vrai... je sens bien que les talents et l'instruction peuvent être de quelque utilité... et puis passer pour ignorante, cela est humiliant, cela me répugne, je l'avoue.

Elle tombe dans la rêverie.

DORINE : Vous rêvez ?

LUCIE : Oui, je me sens des mouvements de raison qui m'attristent ; vous venez de me dire des choses qui m'ont frappée... Pourquoi, ma chère amie, ne m'avez-vous pas toujours parlé de cette manière ?

DORINE : Mais je ne veux pas vous attrister ni vous contrarier.

LUCIE : Croyez-vous qu'en ne me donnant pas plus de peine que je n'en prends, je pourrai un jour avoir du moins l'apparence de quelques talents ?... l'écorce, c'est tout ce que je voudrais.

DORINE : Et déjà ne passez-vous pas pour en avoir ?

LUCIE : Oui, mais entre nous je ne sais rien.

DORINE : Oh ! vous êtes aussi trop modeste ; vous jouez très joliment du clavecin.

LUCIE : Hélas ! cela se borne à trois ou quatre pièces que je sais de routine.

DORINE : Le dessin va très bien ; votre dernière tête est charmante.

LUCIE : Grâce à vous.

DORINE : Non ; réellement je n'y ai presque pas retouché.

LUCIE : Mais l'histoire et la géographie, par exemple, je n'en sais pas un mot.

DORINE : Vous savez les titres de beaucoup de livres, voilà tout ce qu'il faut pour le monde ; dites hardiment que vous les avez tous lus. Avec cela, ayez toujours un livre dans votre sac et sur votre toilette, soutenez que vous aimez la lecture avec passion, et vous passerez bientôt pour la personne la plus instruite.

LUCIE : Voilà une drôle de manière d'être savante, elle me convient beaucoup. Allons, je l'adopterai ; et puis, ma chère amie, vous resterez toujours avec moi ; vous corrigerez mes dessins, et même mes tableaux, quand je peindrai ; ainsi voilà encore un talent de sûr.

DORINE : Allez, mademoiselle, je vous promets que vous aurez tous ceux qu'on a communément dans la société. Les vrais, les grands talents sont si rares dans les personnes de votre état !

l'Enfant gâté, acte I, scène 3, 1779.

1 — *De quelles constatations Madame de Lambert part-elle ? Quelle est l'éducation-type d'une jeune fille à travers ces observations ? La situation a-t-elle changé depuis le milieu du XVIIe siècle (voir* **XVIe-XVIIe siècles** *n° 125, 158 et ce volume n°s 95, 110, 152, 172a, 172b) ?*

2 — *Quelle position doivent avoir les femmes devant les hommes, selon Madame de Lambert ? Qu'ont-elles, en fait, à espérer d'eux ?*

3 — *A quoi aboutit l'éducation bâclée de Lucie selon Madame de Genlis ? De quelles joies est-elle privée ?*

4 — *Commentez la réplique de Dorine, l'humble maîtresse de dessin : «les vrais, les grands talents sont si rares dans les personnes de votre état !».*

58 Antoine HOUDAR de LA MOTTE (1672-1732)

Ingres, *Homère défié*, 1815, Louvre.

Au nom du progrès de l'esprit humain, l'un des chefs du mouvement des Modernes (voir n° 40), Houdar de la Motte, adapte l'Iliade *en vers français et en douze chants (au lieu de vingt-quatre). Attaquant de plein fouet le symbole même de l'autorité littéraire, Homère, il fait paraître dès 1701 le premier chant. Né dans un siècle trop «grossier», l'auteur grec doit être analysé et critiqué aux lumières de la Raison triomphante. Aussi, lorsque paraissent les douze chants en 1714, une fervente partisane des Anciens, Madame Dacier, traductrice de* l'Iliade, *déclenche la lutte par ses* Réflexions sur la critique *(1714). La Motte se justifiera de son ignorance du grec — effective — en parlant du «fond des choses» et de l'«esprit» du texte : s'il a retranché la moitié du texte et adapté l'autre, c'est en leur nom, afin de ne pas choquer la Raison, quitte à mettre l'harmonie en difficulté.*

Hector se dérobant au trait qu'Achille lance,
Tu t'es flatté, dit-il, d'une vaine espérance ;
Voyons si de(1) mes traits tu pourras échapper ;
Hector menace moins, mais il sait mieux frapper.
Le trait part. Eh ! que sert la force qui le pousse :
Sur le divin acier le javelot s'émousse.
Le Troyen s'en étonne, il frémit de douleur ;
Et perd presque l'espoir sans perdre sa valeur.
Son épée à la main, c'est en vain qu'il s'obstine :
Le fer tombe brisé par la trempe divine.
Ce n'est plus qu'en fuyant qu'Hector peut éviter
Le coup mortel qu'Achille est prêt à lui porter.
Il fuit ; ainsi le veut la fortune cruelle ;
Mais il prétend qu'au Grec sa fuite soit mortelle ;
D'une course prudente, il fuit sous les remparts,
Pour exposer Achille à la grêle des dards.
Achille les affronte ; et ce nouvel orage,
Loin de l'intimider, rassure son courage.
Ce magnanime cœur se serait alarmé,
De poursuivre sans gloire un guerrier désarmé ;
Mais la grêle des traits qui contre lui se brise,
En fait par le péril une noble entreprise.
Une pareille ardeur enflamme les guerriers ;
Moins légers et moins prompts volent d'ardents coursiers :
L'intérêt de la vie, ou l'honneur les inspire ;
Et le prix de la course est le sort d'un Empire.
Hector fuyait toujours ; Achille le suivait ;
En vain le fer sur lui de toutes parts pleuvait ;
D'Hector rien ne l'écarte ; incapable de craindre,
Il ne demande aux Dieux que de pouvoir l'atteindre.
Un généreux dépit vient enflammer Hector ;
Il relève un des traits, et s'en armant encor,
Furieux se retourne : Attends, dit-il, Achille,
Attends, je ne fuis plus ; ce trait est mon asile.
En vain par ta fureur tu crois m'épouvanter ;
Je ne crains plus tes coups quand je puis t'en porter.
Alors, lançant le trait, quelle force il déploie !
C'est encor vainement et l'acier le renvoie.
Son ennemi lui porte un coup plus assuré ;
Hector tombe à l'aspect d'Ilion éploré,
Qui troublé de ce coup plus que de cent batailles,
Croit avec son Hector voir tomber ses murailles.
Patrocle, dit Achille, je t'ai enfin vengé ;
Regarde dans son sang ton ennemi plongé :
Jouis de son trépas ; et que son ombre même,
T'aille apprendre aux Enfers combien Achille t'aime.
Je veux que l'avenir mesure avec effroi,
A ma haine pour lui, mon amitié pour toi.
Hélas ! lui dit Hector d'une voix affaiblie,
C'est donc peu de mourir, il faut que je supplie !
Au nom de tes parents, et par ton propre honneur,
Laisse-moi du tombeau le funeste bonheur ;
Accepte la rançon que t'offrira mon père ;
Que mes derniers soupirs désarment ta colère ;
Et touché de mon sort, sensible à la vertu,
Respecte en moi l'honneur de t'avoir combattu.
Non, répond le vainqueur que la vengeance entraîne,
Non, je ne connais plus de vertu que ma haine.

l'Iliade, chant XI, 1714.

(1) à

LA MOTTE, 1714

C'est un usage immémorial parmi les traducteurs, de relever l'excellence de l'auteur qu'ils traduisent. Ils prétendent justifier leur goût, en prouvant la perfection de l'original qu'ils ont choisi ; et ils recommandent en même temps leur propre ouvrage, où ils se flattent d'avoir fait passer les mêmes beautés qu'ils font valoir.

On s'attend sans doute sur cet usage, à trouver ici le panégyrique[1] d'Homère : mais, outre que je le traduis moins que je ne l'imite, et qu'ainsi l'usage des traducteurs ne fait point de loi pour moi, j'ai cru encore que rien ne pouvait autoriser les exagérations ; que le vrai mérite était de reconnaître les défauts partout où ils sont ; que d'ailleurs les fautes des grands hommes sont les plus dangereuses, et qu'il est d'autant plus important de les faire sentir, que bien des gens font gloire de les renouveler. [...]

Ainsi, j'ai changé sans scrupule toutes ces circonstances, pour rétablir la gloire des deux héros de l'Iliade. Hector ne fuit point d'abord avec ignominie ; il commence par proposer son traité qui est raisonnable et magnanime ; Achille, furieux qu'il est, ne répond à sa proposition qu'en lui portant le premier coup. Hector aussitôt lance son dard, il brise son épée contre les armes divines, et c'est alors que se trouvant sans défense, il est réduit à fuir ; mais encore fuit-il en homme que la crainte de la mort n'a pas troublé ; il fuit sous les remparts de Troie, pour exposer son ennemi à une grêle de traits : danger qui enhardit Achille à le poursuivre, et qui fait même une action héroïque de la poursuite d'un ennemi désarmé. Enfin Hector ramasse un des traits qui pleuvaient sur Achille ; il combat encore et succombe du moins glorieusement. Si ces corrections sont bonnes, je ne prétends pas en tirer vanité. Le défaut était si sensible, qu'à moins d'être idolâtre d'Homère, je ne pouvais n'en être pas blessé ; et dès qu'on sent le mauvais, on a du moins une idée confuse du bon ; un peu de méditation l'éclaircit et la perfectionne bientôt.

Discours sur Homère, 1714.

(1) Éloge.

MARIVAUX, 1717

Hector galopait de plus belle :
O vrai chien de Jean de Nivelle[1] !
Ajouta le fils de Thétis[2] :
O Jupin[3], faites qu'il soit pris,
Ou du moins que le pied lui glisse...
Voyez, s'il vous plaît, la malice,
Que d'exiger du Dieu Jupin
Que je me casse le grouin !
Peut-on avoir l'âme plus noire ?
Si Jupiter voulait l'en croire,
Que sait-on si cet accident
Ne me romprait pas une dent !
Attends, je vais t'apprendre à faire
Une oraison si salutaire.
Ce disant, il ramasse un trait,
Et cria : corbleu ! C'en est fait ;
Je ne fuis plus. Cette sagette[4]
Entre mes mains vaut une brette[5].
Penses-tu donc que je te crains,
Parce que j'ai montré mes reins ?
Et ton âme est-elle assez fière,
Pour conclure de mon derrière,
Que je t'ai montré sagement,
Que j'ai fui ton emportement ?
Non, non, du défaut de vaillance
Bien différente est la prudence.
J'ai pensé, n'étant point armé,
Que je pouvais être assommé ;
Et je crois que tout galant homme
Peut éviter qu'on ne l'assomme :
On n'a qu'une vie, après tout ;
Pour la perdre il ne faut qu'un coup.
Là-dessus, sieur Hector lui crie :
Je te larde, je le parie...
Gageons que non... Gageons que si :
Je suis peu gauche, Dieu merci.
Au même instant le trait il darde :
Notre Achille alors le regarde,
Et lui dit : Je suis bien trompé,
Si ta sagette m'a frappé ;
Car je ne sens nulle blessure
En nul endroit de ma figure.
Ah çà ! c'est à présent mon tour,
Et tu peux dire : adieu le jour.
Aussitôt notre Achille lance...
Ah ! je suis mort, en conscience,
Cria le malheureux Hector ;
Je suis véritablement mort.
Je crois, dit l'autre, à ce langage,
Que, si tu l'étais davantage,
Cela ne ferait pas de mal.
Patrocle ! enfin, ton sort fatal,
Dit Achille qui continue,
Est vengé, puisque je le tue.

l'Iliade travestie, livre XI, 1717.

(1) Personnage semi-légendaire, sous Louis XI, que son père maudit en le traitant de chien *pour avoir refusé de prendre les armes et d'obéir à sa sommation.*
L'expression complète est : « être comme le (ou ce) chien de Jean de Nivelle qui s'enfuit quand on l'appelle ».
(2) Mère d'Achille et fille de Poséidon.
(3) Nom familier de Jupiter.
(4) Flèche.
(5) Épée.

1 — *En reprenant le texte d'Homère,* Iliade, *chant XI, relevez les variations qu'opèrent La Motte, et sur un mode burlesque* Marivaux. Comment peut-on les justifier, chacune dans leur genre ?*

2 — *Pourquoi critiquer Homère par une adaptation et un « discours » peut-il être conçu, à l'époque, comme un crime de lèse-majesté ? Quelles idées esthétiques cette prise de position remet-elle en cause ? Pourquoi est-ce, peu ou prou, une « désacralisation » ?*

3 — *En utilisant l'index des trois volumes* **(XVIe-XVIIe siècles, XIXe siècle** *et le présent* **XVIIe-XVIIIe siècles)** *à* Homère *et* Iliade, *ainsi qu'à* Virgile *et* Enéide, *cherchez à analyser les diverses prises de position des auteurs et des peintres devant ces deux textes. Y a-t-il des constantes ? Les variations — que vous relèverez — indiquent-elles des lectures différentes, liées ou non à l'époque de leur composition ?*

Silvia et Arlequin s'aiment. Flaminia aime Arlequin. Le Prince aime Silvia. Flaminia épousera Arlequin, Silvia épousera le Prince. Tel est le résumé brutal de l'action de la pièce.

Comme le note Jean Anouilh (voir pages suivantes), la Double Inconstance *est* « l'histoire élégante et gracieuse d'un crime » : *un amour est sacrifié à un autre — et de façon presque toute naturelle.*

SILVIA, *d'un air plaintif.* — Eh bien, mon cher Arlequin?
ARLEQUIN. — Eh bien, mon âme?
SILVIA. — Nous sommes bien malheureux.
ARLEQUIN. — Aimons-nous toujours; cela nous aidera à prendre patience.
SILVIA. — Oui, mais notre amitié, que deviendra-t-elle? Cela m'inquiète.
ARLEQUIN. — Hélas! m'amour, je vous dis de prendre patience, mais je n'ai pas plus de courage que vous. *(Il lui prend la main).* Pauvre petit trésor à moi, ma mie; il y a trois jours que je n'ai vu ces beaux yeux-là, regardez-moi toujours pour me récompenser.
SILVIA, *d'un air inquiet.* — Ah! j'ai bien des choses à vous dire! j'ai peur de vous perdre; j'ai peur qu'on ne vous fasse quelque mal par méchanceté de jalousie; j'ai peur que vous ne soyez trop longtemps sans me voir, et que vous ne vous y accoutumiez.
ARLEQUIN. — Petit cœur, est-ce que je m'accoutumerais à être malheureux?
SILVIA. — Je ne veux point que vous m'oubliiez; je ne veux point non plus que vous enduriez rien à cause de moi; je ne sais point dire ce que je veux, je vous aime trop, c'est une pitié que mon embarras, tout me chagrine.
ARLEQUIN, *pleure.* — Hi! hi! hi!
SILVIA, *tristement.* — Oh bien, Arlequin, je m'en vais donc pleurer aussi, moi.
ARLEQUIN. — Comment voulez-vous que je m'empêche de pleurer, puisque vous voulez être si triste? si vous aviez un peu de compassion pour moi, est-ce que vous seriez si affligée?
SILVIA. — Demeurez donc en repos, je ne vous dirai plus que je suis chagrine.
ARLEQUIN. — Oui; mais je devinerai que vous l'êtes; il faut me promettre que vous ne le serez plus.
SILVIA. — Oui, mon fils: mais promettez-moi aussi que vous m'aimerez toujours.
ARLEQUIN, *en s'arrêtant tout court pour la regarder.* — Silvia, je suis votre amant, vous êtes ma maîtresse, retenez-le bien, car cela est vrai, et tant que je serai en vie, cela ira toujours le même train, cela ne branlera pas, je mourrai de compagnie avec cela. Ah çà, dites-moi le serment que vous voulez que je vous fasse?
SILVIA, *bonnement.* — Voilà qui va bien, je ne sais point de serment; vous êtes un garçon d'honneur, j'ai votre amitié, vous avez la mienne, je ne la reprendrai pas. A qui est-ce que je la porterais? N'êtes-vous pas le plus joli garçon qu'il y ait? Y a-t-il quelque fille qui puisse vous aimer autant que moi? Eh bien, n'est-ce pas assez? Nous en faut-il davantage? Il n'y a qu'à rester comme nous sommes, il n'y aura pas besoin de serments.
ARLEQUIN. — Dans cent ans d'ici, nous serons tout de même.
SILVIA. — Sans doute.
ARLEQUIN. — Il n'y a donc rien à craindre, ma mie, tenons-nous donc joyeux.
SILVIA. — Nous souffrirons peut-être un peu, voilà tout.
ARLEQUIN. — C'est une bagatelle; quand on a un peu pâti, le plaisir en semble meilleur.
SILVIA. — Oh! pourtant, je n'aurais que faire de pâtir pour être bien aise, moi.
ARLEQUIN. — Il n'y a qu'à ne pas songer que nous pâtissons.
SILVIA, *en regardant tendrement.* — Ce cher petit homme, comme il m'encourage!

la Double Inconstance, Acte I, scène 12.

LE PRINCE. — Je sais que vous êtes résolue à me refuser votre cœur, et c'est là savoir ce que vous pensez.
SILVIA. — Hum, vous n'êtes pas si savant que vous le croyez, ne vous vantez pas tant. Mais, dites-moi, vous êtes un honnête homme, et je suis sûre que vous me direz la vérité: vous savez comme je suis avec Arlequin; à présent, prenez que j'ai envie de vous aimer: si je contentais mon envie, ferais-je bien? ferais-je mal? Là, conseillez-moi dans la bonne foi.
LE PRINCE. — Comme on n'est pas le maître de son cœur, si vous aviez envie de m'aimer, vous seriez en droit de vous satisfaire; voilà mon sentiment.
SILVIA. — Me parlez-vous en ami?
LE PRINCE. — Oui, Silvia, en homme sincère.
SILVIA. — C'est mon avis aussi; j'ai décidé de même,

Watteau, *Assemblée dans un parc,* Louvre, (Réun. Mus. Nat.).

et je crois que nous avons raison tous deux; ainsi je vous aimerai, s'il me plaît, sans qu'il y ait le petit mot à dire.

LE PRINCE. — Je n'y gagne rien, car il ne vous plaît point.

SILVIA. — Ne vous mêlez point de deviner, car je n'ai point de foi à vous. Mais enfin ce prince, puisqu'il faut que je le voie, quand viendra-t-il? S'il veut, je l'en quitte.

LE PRINCE. — Il ne viendra que trop tôt pour moi; lorsque vous le connaîtrez, vous ne voudrez peut-être plus de moi.

SYLVIA. — Courage, vous voilà dans la crainte à cette heure; je crois qu'il a juré de n'avoir jamais un moment de bon temps.

LE PRINCE . — Je vous avoue que j'ai peur.

SILVIA. — Quel homme! il faut bien que je lui remette l'esprit. Ne tremblez plus, je n'aimerai jamais le Prince, je vous en fais un serment par...

LE PRINCE. — Arrêtez, Silvia, n'achevez pas votre serment, je vous en conjure.

SILVIA. — Vous m'empêchez de jurer: cela est joli! j'en suis bien aise.

LE PRINCE. — Voulez-vous que je vous laisse jurer contre moi?

SYLVIA. — Contre vous! est-ce que vous êtes le Prince?

LE PRINCE. — Oui, Silvia; je vous ai jusqu'ici caché mon rang, pour essayer de ne devoir votre tendresse qu'à la mienne: je ne voulais rien perdre du plaisir qu'elle pouvait me faire. A présent que vous me connaissez, vous êtes libre d'accepter ma main et mon cœur, ou de refuser l'un et l'autre. Parlez, Silvia.

SYLVIA. — Ah, mon cher Prince! j'allais faire un beau serment; si vous avez cherché le plaisir d'être aimé de moi, vous avez bien trouvé ce que vous cherchiez; vous savez que je dis la vérité, voilà ce qui m'en plaît.

LE PRINCE. — Notre union est donc assurée.

la Double Inconstance, Acte III, scène 9.

ARLEQUIN. — J'ai tout entendu, Silvia.

SILVIA. — Eh bien, Arlequin, je n'aurai donc pas la peine de vous le dire; consolez-vous comme vous pourrez de vous-même; le Prince vous parlera, j'ai le cœur tout entrepris: voyez, accommodez-vous, il n'y a plus de raison à moi, c'est la vérité. Qu'est-ce que vous me diriez? que je vous quitte. Qu'est-ce que je vous répondrais? que je le sais bien. Prenez que vous l'avez dit, prenez que j'ai répondu, laissez-moi après et voilà qui sera fini.

LE PRINCE. — Flaminia, c'est à vous que je remets Arlequin: je l'estime et je vais le combler de biens. Toi, Arlequin, accepte de ma main Flaminia pour épouse, et sois pour jamais assuré de la bienveillance de ton prince. Belle Silvia, souffrez que des fêtes qui vous sont préparées annoncent ma joie à des sujets dont vous allez être la souveraine.

la Double Inconstance, Acte III, scène 10 (1723).

59 b MARIVAUX (1688-1763)

Des amateurs oisifs et plus ou moins fortunés répètent, pour leur plaisir personnel, la Double Inconstance. *Entre le Comte (maître d'œuvre, metteur en scène, qui joue le rôle du Prince) et Lucile (jeune fille sensible, pauvre, victime désignée pour jouer Sylvia) naît, se réalise - et meurt - un amour passionné que le Comte réduira à néant, dans un mouvement tout à la fois sadique et masochiste. La vie n'est plus représentée sur la scène, mais la scène a envahi la vie.*

JEAN ANOUILH, 1947-1950

LE COMTE

La *Double Inconstance* est une pièce terrible. Je vous supplie de ne pas l'oublier. Sylvia et Arlequin s'aiment sincèrement. Le prince désire Sylvia, peut-être l'aime-t-il aussi ? Pourquoi toujours refuser aux princes le droit d'aimer aussi fort, aussi simplement qu'Arlequin ? Tous les personnages de sa cour vont se conjurer pour détruire l'amour d'Arlequin et de Sylvia. Enlever Sylvia à Arlequin par la force, pour le compte du prince, ne serait rien ; ils vont faire en sorte que Sylvia aimera le prince et qu'Arlequin aimera Flaminia et qu'ils oublieront leur amour. C'est proprement l'histoire élégante et gracieuse d'un crime.

Acte I

Il la regarde un instant hésitant, puis il la prend soudain dans ses bras et l'embrasse.

LE COMTE

Mon petit.

Elle murmure, dans ses bras, se blottissant.

LUCILE

On est trop bien. Vous croyez que c'est cela qu'ils appellent la tendresse ? Je croyais que cela ne venait que beaucoup plus tard ?

LE COMTE

Je le croyais aussi. Nous avons dû faire vite.

LUCILE

Nous avons bien fait. C'est le meilleur.

Ils sont dans les bras l'un de l'autre, Lucile, murmure soudain.

J'ai peur.

LE COMTE

De quoi ?

LUCILE

De ne pas vous amuser longtemps. Je ne suis pas belle.

LE COMTE

Si.

LUCILE

Pas comme Hortensia.

LE COMTE

Non. Tant mieux.

LUCILE

Je ne suis pas intelligente.

LE COMTE

Etes-vous assez sotte pour vouloir me faire dire « Si » ?

LUCILE

En tout cas, je suis incapable de dire quelque chose de drôle au bon moment.

LE COMTE

Je l'espère bien.

LUCILE

Je suis pauvre. Et ce n'est pas l'état qui est grave, c'est l'habitude. Je m'habille mal et si j'avais de l'argent pour m'habiller, je risquerais de m'habiller plus mal encore. On ne peut pas ne pas voir sur mes mains que j'ai fait une grande quantité de petites lessives — sans doute même quelques vaisselles — et qu'en tout cas ce sont des mains qui ont servi... Qu'est-ce qui me reste pour que vous m'aimiez, une fois l'attrait de la nouveauté passé ?

LE COMTE, *doucement.*

De n'être pas belle comme les autres, d'être gauche, d'être pauvre et au lieu de

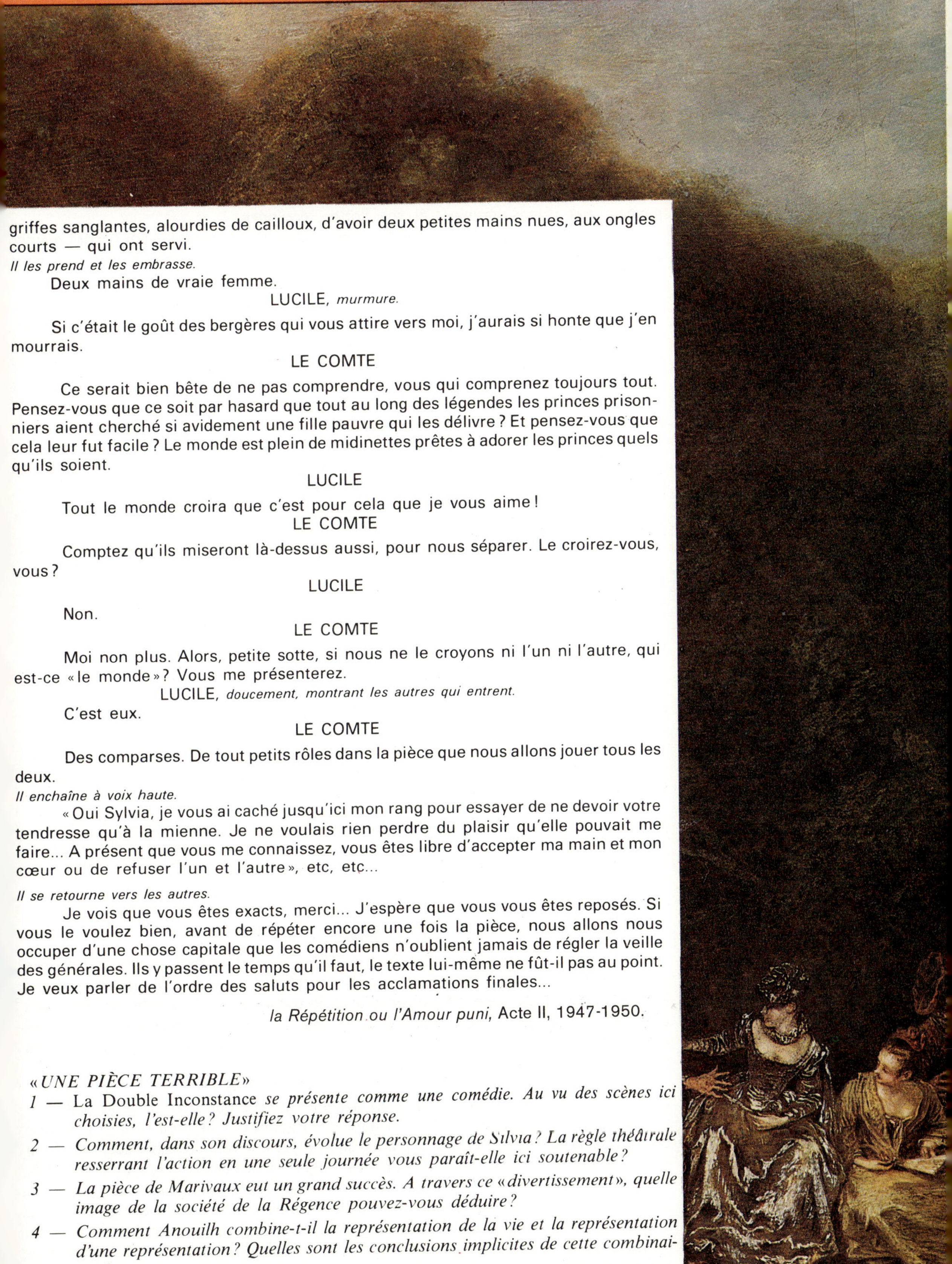

griffes sanglantes, alourdies de cailloux, d'avoir deux petites mains nues, aux ongles courts — qui ont servi.

Il les prend et les embrasse.

Deux mains de vraie femme.

LUCILE, *murmure.*

Si c'était le goût des bergères qui vous attire vers moi, j'aurais si honte que j'en mourrais.

LE COMTE

Ce serait bien bête de ne pas comprendre, vous qui comprenez toujours tout. Pensez-vous que ce soit par hasard que tout au long des légendes les princes prisonniers aient cherché si avidement une fille pauvre qui les délivre ? Et pensez-vous que cela leur fut facile ? Le monde est plein de midinettes prêtes à adorer les princes quels qu'ils soient.

LUCILE

Tout le monde croira que c'est pour cela que je vous aime !

LE COMTE

Comptez qu'ils miseront là-dessus aussi, pour nous séparer. Le croirez-vous, vous ?

LUCILE

Non.

LE COMTE

Moi non plus. Alors, petite sotte, si nous ne le croyons ni l'un ni l'autre, qui est-ce « le monde » ? Vous me présenterez.

LUCILE, *doucement, montrant les autres qui entrent.*

C'est eux.

LE COMTE

Des comparses. De tout petits rôles dans la pièce que nous allons jouer tous les deux.

Il enchaîne à voix haute.

« Oui Sylvia, je vous ai caché jusqu'ici mon rang pour essayer de ne devoir votre tendresse qu'à la mienne. Je ne voulais rien perdre du plaisir qu'elle pouvait me faire... A présent que vous me connaissez, vous êtes libre d'accepter ma main et mon cœur ou de refuser l'un et l'autre », etc, etc...

Il se retourne vers les autres.

Je vois que vous êtes exacts, merci... J'espère que vous vous êtes reposés. Si vous le voulez bien, avant de répéter encore une fois la pièce, nous allons nous occuper d'une chose capitale que les comédiens n'oublient jamais de régler la veille des générales. Ils y passent le temps qu'il faut, le texte lui-même ne fût-il pas au point. Je veux parler de l'ordre des saluts pour les acclamations finales...

la Répétition ou l'Amour puni, Acte II, 1947-1950.

« UNE PIÈCE TERRIBLE »

1 — La Double Inconstance *se présente comme une comédie. Au vu des scènes ici choisies, l'est-elle ? Justifiez votre réponse.*

2 — Comment, dans son discours, évolue le personnage de Silvia ? La règle théâtrale resserrant l'action en une seule journée vous paraît-elle ici soutenable ?

3 — La pièce de Marivaux eut un grand succès. A travers ce « divertissement », quelle image de la société de la Régence pouvez-vous déduire ?

4 — Comment Anouilh combine-t-il la représentation de la vie et la représentation d'une représentation ? Quelles sont les conclusions implicites de cette combinaison ?

Montesquieu, Frontispice gravé, par Littrel, (BN).

RICA A IBBEN, A SMYRNE

Le roi de France est le plus puissant prince de l'Europe. Il n'a point de mines d'or comme le roi d'Espagne, son voisin; mais il a plus de richesses que lui, parce qu'il les tire de la vanité de ses sujets, plus inépuisable que les mines. On lui a vu entreprendre ou soutenir de grandes guerres, n'ayant d'autres fonds que des titres d'honneur à vendre, et par un prodige de l'orgueil humain, ses troupes se trouvaient payées; ses places, munies, et ses flottes, équipées.

D'ailleurs ce roi est un grand magicien : il exerce son empire sur l'esprit même de ses sujets; il les fait penser comme il veut. S'il n'a qu'un million d'écus dans son trésor, et qu'il en ait besoin de deux, il n'a qu'à leur persuader qu'un écu en vaut deux, et ils le croient. S'il a une guerre difficile à soutenir, et qu'il n'ait point d'argent, il n'a qu'à leur mettre dans la tête qu'un morceau de papier est de l'argent, et ils en sont aussitôt convaincus. Il va même jusqu'à leur faire croire qu'il les guérit de toutes sortes de maux en les touchant, tant est grande la force et la puissance qu'il a sur les esprits.

Ce que je te dis de ce prince ne doit pas t'étonner : il y a un autre magicien, plus fort que lui, qui n'est pas moins maître de son esprit qu'il l'est lui-même de celui des autres. Ce magicien s'appelle *le Pape*. Tantôt il lui fait croire que trois ne sont qu'un, que le pain qu'on mange n'est pas du pain, ou que le vin qu'on boit n'est pas du vin, et mille autres choses de cette espèce. [...]

J'ai ouï raconter du Roi des choses qui tiennent du prodige, et je ne doute pas que tu ne balances à les croire.

On dit que, pendant qu'il faisait la guerre à ses voisins, qui s'étaient tous ligués contre lui, il avait dans son royaume un nombre innombrable d'ennemis invisibles qui l'entouraient. On ajoute qu'il les a cherchés pendant plus de trente ans, et que, malgré les soins infatigables de certains dervis qui ont sa confiance [1], il n'en a pu trouver un seul. Ils vivent avec lui : ils sont à sa cour, dans sa capitale, dans ses troupes, dans ses tribunaux ; et cependant on dit qu'il aura le chagrin de mourir sans les avoir trouvés. On dirait qu'ils existent en général, et qu'ils ne sont plus rien en particulier : c'est un corps, mais point de membres. Sans doute que le Ciel veut punir ce prince de n'avoir pas été assez modéré envers les ennemis qu'il a vaincus, puisqu'il lui en donne d'invisibles, et dont le génie et le destin sont au-dessus du sien.

Je continuerai à t'écrire, et je t'apprendrai des choses bien éloignées du caractère et du génie persan. C'est bien la même Terre qui nous porte tous deux ; mais les hommes du pays où je vis et ceux du pays où tu es sont des hommes bien différents.

De Paris, le 4 de la lune de Rébiab, 2, 1712.
Lettres persanes, XXIV, 1721.

(1) Les jésuites, adversaires des jansénistes.

Renard de Saint-André, *La Vanité,* (Lauros-Giraudon).

USBEK A IBBEN, A SMYRNE

Le roi de France est vieux. Nous n'avons point d'exemple dans nos histoires d'un monarque qui ait si longtemps régné. On dit qu'il possède à un très haut degré le talent de se faire obéir : il gouverne avec le même génie sa famille, sa cour, son état. On lui a souvent entendu dire que, de tous les gouvernements du Monde, celui des Turcs ou celui de notre auguste sultan lui plairait le mieux, tant il fait cas de la politique orientale.

J'ai étudié son caractère, et j'y ai trouvé des contradictions qu'il m'est impossible de résoudre. Par exemple : il a un ministre qui n'a que dix-huit ans [1], et une maîtresse qui en a quatre-vingts [2] ; il aime sa religion, et il ne peut souffrir ceux qui disent qu'il la faut observer à la rigueur ; quoiqu'il fuie le tumulte des villes, et qu'il se communique peu, il n'est occupé, depuis le matin jusques au soir, qu'à faire parler de lui ; il aime les trophées et les victoires, mais il craint autant de voir un bon général à la tête de ses troupes, qu'il aurait sujet de le craindre à la tête d'une armée ennemie. Il n'est, je crois, jamais arrivé qu'à lui d'être, en même temps, comblé de plus de richesse qu'un prince n'en saurait espérer, et accablé d'une pauvreté qu'un particulier ne pourrait soutenir.

Deux Persans en voyage à Paris : c'est pour Montesquieu le prétexte à une critique de la fin du règne de Louis XIV, et de la cour qui l'entoure.

(1) Soit le marquis de Barbézieux, secrétaire d'état à dix-sept ans, soit le marquis de Cany, secrétaire d'état à dix-huit ans.
(2) Madame de Maintenon.

Il aime à gratifier ceux qui le servent ; mais il paye aussi libéralement les assiduités ou plutôt l'oisiveté de ses courtisans, que les campagnes laborieuses de ses capitaines. Souvent il préfère un homme qui le déshabille, ou qui lui donne la serviette lorsqu'il se met à table, à un autre qui lui prend des villes ou lui gagne des batailles. Il ne croit pas que la grandeur souveraine doive être dans la distribution des grâces, et, sans examiner si celui qu'il comble de biens est homme de mérite, il croit que son choix va le rendre tel : aussi lui a-t-on vu donner une petite pension à un homme qui avait fui deux lieues, et un beau gouvernement à un autre qui en avait fui quatre.

Il est magnifique, surtout dans ses bâtiments : il y a plus de statues dans les jardins de son palais que de citoyens dans une grande ville. Sa garde est aussi forte que celle du prince devant qui les trônes se renversent. Ses armées sont aussi nombreuses ; ses ressources, aussi grandes ; et ses finances, aussi inépuisables.

De Paris, le 7 de la lune de Maharram, 1713.
Lettres persanes, XXXVII, 1721.

Le Roi de France est mort. Sous la Régence de Philippe d'Orléans, commence, par réaction contre les années moroses de la fin du règne de Louis XIV, une époque de plaisirs légers.

RICA A RHÉDI, A VENISE

Je trouve les caprices de la mode, chez les Français, étonnants. Ils ont oublié comment ils étaient habillés cet été ; ils ignorent encore plus comment ils le seront cet hiver. Mais, surtout, on ne saurait croire combien il en coûte à un mari pour mettre sa femme à la mode.

Que me servirait de te faire une description exacte de leur habillement et de leurs parures ? Une mode nouvelle viendrait détruire tout mon ouvrage, comme celui de leurs ouvriers, et, avant que tu eusses reçu ma lettre, tout serait changé.

Une femme qui quitte Paris pour aller passer six mois à la campagne en revient aussi antique que si elle s'y était oubliée trente ans. Le fils méconnaît le portrait de sa mère, tant l'habit avec lequel elle est peinte lui paraît étranger ; il s'imagine que c'est quelque Américaine qui y est représentée, ou que le peintre a voulu exprimer quelqu'une de ses fantaisies.

Quelquefois, les coiffures montent insensiblement, et une révolution les fait descendre tout à coup. Il a été un temps que leur hauteur immense mettait le visage d'une femme au milieu d'elle-même. Dans un autre, c'étaient les pieds qui occupaient cette place : les talons faisaient un piédestal qui les tenait en l'air. Qui pourrait le croire ? Les architectes ont été souvent obligés de hausser, de baisser et d'élargir leurs portes, selon que les parures des femmes exigeaient d'eux ce changement, et les règles de leur art ont été asservies à ces caprices. On voit quelquefois sur un visage une quantité prodigieuse de mouches, et elles disparaissent toutes le lendemain. Autrefois, les femmes avaient de la taille et des dents ; aujourd'hui, il n'en est pas question. Dans cette changeante nation, quoi qu'en disent les mauvais plaisants, les filles se trouvent autrement faites que leurs mères.

Il en est des manières et de la façon de vivre comme des modes : les Français changent de mœurs selon l'âge de leur roi. Le monarque pourrait même parvenir à rendre la nation grave, s'il l'avait entrepris. Le Prince imprime le caractère de son esprit à la Cour ; la Cour, à la Ville ; la Ville, aux Provinces. L'âme du souverain est un moule qui donne la forme à toutes les autres.

De Paris, le 8 de la lune de Saphar, 1717.
Lettres persanes, XCIX, 1721.

LETTRE XXIV

1 — Relevez et classez les procédés de la «distanciation» par un regard soi-disant naïf. Quelle est l'efficacité de ce système ?*

2 — Pourquoi le roi et le pape sont-ils tous deux comparés à des magiciens ? Quelles sont les implications de cette désignation ?

LETTRE XXXVII

3 — Relevez les éléments de la critique de Montesquieu qui présentent Louis XIV comme un despote capricieux. Quelle est la phrase du texte qui résume sa conduite ?

4 — Quelle est selon Montesquieu, dans ce texte, la fonction essentielle des courtisans ? Est-elle présentée comme une cause ou comme une conséquence de l'attitude du roi ?

LETTRE XCIX

5 — Vous ferez un commentaire composé de ce texte (voir n° 62), en vous attachant par exemple à développer les points suivants : 1) la toute-puissance de la mode, 2) les éléments stylistiques exprimant la rapidité, 3) le regard «persan».

61 MONTESQUIEU (1689-1755)

Si, en 1721, Montesquieu publie les Lettres persanes, *la même année Virmisekiz Çelebi Mehmed Efendi, ambassadeur ottoman, vient en France (nous utilisons ici l'édition de Gilles Veinstein,* le Paradis des Infidèles, *récemment parue aux éditions François Maspero, 1981). Il est dès lors intéressant de constater la différence entre un rapport d'ambassade à la fois critique et politique et un texte de fiction donné comme réel.*

Je vis hier une chose assez singulière, quoiqu'elle se passe tous les jours à Paris.

Tout le peuple s'assemble sur la fin de l'après-midi, et va jouer une espèce de scène, que j'ai entendu appeler comédie. Le grand mouvement est sur une estrade, qu'on nomme le théâtre. Aux deux côtés, on voit, dans de petits réduits, qu'on nomme loges, des hommes et des femmes qui jouent ensemble des scènes muettes, à peu près comme celles qui sont en usage en notre Perse.

Ici, c'est une amante affligée, qui exprime sa langueur; une autre, plus animée, dévore des yeux son amant, qui la regarde de même: toutes les passions sont peintes sur les visages, et exprimées avec une éloquence qui, pour être muette, n'en est que plus vive. Là, les actrices ne paraissent qu'à demi-corps; et ont ordinairement un manchon, par modestie, pour cacher leurs bras. Il y a, en bas, une troupe de gens debout, qui se moquent de ceux qui sont en haut sur le théâtre; et ces derniers rient, à leur tour, de ceux qui sont en bas.

Mais ceux qui prennent le plus de peine, sont quelques gens, qu'on prend pour cet effet dans un âge peu avancé, pour soutenir la fatigue. Ils sont obligés d'être partout; ils passent par des endroits qu'eux seuls connaissent, montent avec une adresse surprenante d'étage en étage; ils sont en haut, en bas, dans toutes les loges; ils plongent, pour ainsi dire; on les perd, ils reparaissent; souvent ils quittent le lieu de la scène, et vont jouer dans un autre. On en voit même qui, par un prodige qu'on n'aurait osé espérer de leurs béquilles, marchent, et vont comme les autres. Enfin on se rend à des salles où l'on joue une comédie particulière: on commence par des révérences, on continue par des embrassades: on dit que la connaissance la plus légère met un homme en droit d'en étouffer un autre. Il semble que le lieu inspire de la tendresse. En effet, on dit que les princesses, qui y règnent, ne sont point cruelles; et, si on en excepte deux ou trois heures du jour, où elles sont assez sauvages, on peut dire que, le reste du temps, elles sont traitables, et que c'est une ivresse qui les quitte aisément.

Tout ce que je te dis ici se passe à peu près de même dans un autre endroit, qu'on nomme l'opéra: toute la différence est qu'on parle à l'un, et que l'on chante à l'autre.

Lettres persanes, «Rica à ***», lettre XXVIII, 1721.

A. Coypel, *Louix XIV reçoit l'ambassadeur de Perse...,* (Snark)

MEHMED EFENDI, 1720-21 (Pub. 1757)

Il y a dans Paris un divertissement particulier qu'on appelle Opéra, où l'on représente des merveilles. Il y avait toujours un grand concours de monde, tous les grands seigneurs y allaient; le régent s'y trouvait fort souvent et le roi de temps en temps. Je résolus d'y aller aussi. L'introducteur (1) me mena un jour pour cet effet un carrosse de la part du roi; il me prit avec mes gens et m'y conduisit. Nous fûmes à un endroit qui est joignant le palais du régent et qui est fait exprès pour l'opéra. Chacun y a sa place selon son rang. On me fit asseoir à celle du roi qui était couverte d'un velours rouge. Le régent y vint ce jour-là et se mit à la sienne. Je ne saurais dire quelle quantité d'hommes et de femmes il y eut. On avait préparé plus de cent sortes d'instruments. Il restait environ une heure de jour lorsqu'après avoir fermé de tous côtés on alluma des centaines de bougies et des lumières sans nombre qui étaient posées sur des lustres de cristal suspendus en l'air.

Ce lieu était superbe; les balustrades, les colonnes, les plafonds et les murailles, tout était doré. Cette dorure et l'éclat des étoffes d'or que les dames portaient et celui des pierreries dont elles étaient noyées firent à la lueur des bougies le plus bel effet du monde.

Vis-à-vis des spectateurs, à l'endroit où étaient les musiciens, pendait un rideau brodé. Lorsque tout le monde se fut placé, on leva ce rideau et il parut un grand palais au milieu duquel étaient les acteurs en habits de théâtre et environ vingt visages d'anges, avec des habits et des jupons chargés d'or qui lancèrent de nouveaux rayons de lumière dans l'assemblée. Aussitôt, on entendit les instruments, on dansa un moment et ensuite on commença l'opéra.

Le sujet de l'opéra est une représentation en personnages de quelque histoire. On a fait imprimer chacune de ces histoires en un seul livre et il y a trente de ces livres. Elles ont toutes leur nom, et à chaque assemblée on en représente une, comme si elle ne faisait que d'arriver.

Relation de l'ambassade de Mehmed Efendi, à la cour de France écrite par lui-même et traduite du turc (trad. Claude-Julien Galland, 1757).

(1) Traducteur et accompagnateur chargé personnellement de l'ambassadeur.

MONTESQUIEU, 1721

Les habitants de Paris sont d'une curiosité qui va jusqu'à l'extravagance. Lorsque j'arrivai, je fus regardé comme si j'avais été envoyé du ciel : vieillards, hommes, femmes, enfants, tous voulaient me voir. Si je sortais, tout le monde se mettait aux fenêtres ; si j'étais aux Tuileries, je voyais aussitôt un cercle se former autour de moi ; les femmes même faisaient un arc-en-ciel nuancé de mille couleurs, qui m'entourait : si j'étais aux spectacles, je trouvais d'abord cent lorgnettes dressées contre ma figure : enfin, jamais homme n'a tant été vu que moi. Je souriais quelquefois d'entendre des gens qui n'étaient presque jamais sortis de leur chambre, qui disaient entre eux : «Il faut avouer qu'il a l'air bien Persan.» Chose admirable ! je trouvais de mes portraits partout ; je me voyais multiplié dans toutes les boutiques, sur toutes les cheminées, tant on craignait de ne m'avoir pas assez vu.

Tant d'honneurs ne laissent pas d'être à charge ; je ne me croyais pas un homme si curieux et si rare ; et, quoique j'aie très bonne opinion de moi, je ne me serais jamais imaginé que je dusse troubler le repos d'une grande ville, où je n'étais point connu. Cela me fit résoudre à quitter l'habit persan, et à en endosser un à l'européenne, pour voir s'il resterait encore, dans ma physionomie, quelque chose d'admirable. Cet essai me fit connaître ce que je valais réellement. Libre de tous les ornements étrangers, je me vis apprécié au plus juste. J'eus sujet de me plaindre de mon tailleur, qui m'avait fait perdre, en un instant, l'attention et l'estime publique ; car j'entrai tout à coup dans un néant affreux. Je demeurais quelquefois une heure dans une compagnie, sans qu'on m'eût regardé, et qu'on m'eût mis en occasion d'ouvrir la bouche. Mais, si quelqu'un, par hasard, apprenait à la compagnie que j'étais Persan, j'entendais aussitôt autour de moi un bourdonnement : «Ah ! ah ! monsieur est Persan ? C'est une chose bien extraordinaire ! Comment peut-on être Persan ?»

De Paris, le 6 de la lune de Chalval, 1712.

Lettres persanes, «Rica à Usbek, à Smyrne», lettre XXX, 1721.

MEHMED EFENDI, 1720-21 (Pub. 1757)

Quoique les rues de Paris aient assez de largeur pour contenir six carrosses de front, il y avait pour lors en certains endroits une si grande quantité de monde qu'à peine pouvions-nous passer trois cavaliers. J'avais pris six de mes tchoadars pour marcher à mes côtés, mais ils furent obligés de passer devant moi. Toutes les rues étaient bordées d'espace en espace de soldats à pied et à cheval. Il y avait aussi des gens du peuple assemblés par troupes de dix et de quinze, de sorte qu'on aurait dit que tout Paris était venu voir mon entrée.

Les fenêtres des maisons de cette ville, qui sont bâties à quatre ou cinq étages, ont vue sur la rue. Elles étaient toutes surchargées d'hommes, de femmes et de petits enfants, car, comme on n'avait point vu de Turcs, grands et petits voulaient savoir quelle sorte d'hommes nous étions. Le roi même, le duc d'Orléans, son oncle et son tuteur, tous les gens de la cour et tous les grands seigneurs avaient pris chacun une maison pour voir mon entrée, et quoique, comme j'avais fait mon voyage par mer, je n'eusse pas un équipage assez beau pour une pareille cérémonie, cependant, par le secours de Dieu, on avoua qu'il ne s'était jamais vu une entrée si superbe à Paris.

J'allai descendre dans l'ordre ci-dessus à l'hôtel qu'on m'avait préparé, devant lequel on fit défiler les troupes qui étaient sous les armes pour me saluer. Le maréchal prit après cela congé de moi et s'en retourna chez lui.

Les hommes et les femmes commencèrent ensuite à venir en foule, les uns pour me rendre visite et les autres seulement par curiosité. Ils m'accablèrent de cérémonies et de compliments. Ce qu'ils désiraient le plus était de me voir manger. On venait m'annoncer la fille ou la femme d'un tel, qui demandaient permission d'assister à mon dîner. Il se rencontrait quelquefois que c'étaient des personnes que je ne pouvais pas refuser et auxquelles j'étais obligé de permettre l'entrée, mais, se trouvant pour lors dans leur carême, elles ne pouvaient manger avec moi. Elles ne faisaient qu'entourer la table pour nous regarder. Ces manières très nouvelles pour moi me gênaient beaucoup, mais ma complaisance me faisait prendre patience. Pour les Français, ils ont coutume d'assister ainsi aux repas et lorsque, par exemple, le roi se met à table, on permet d'entrer à ceux qui ont envie de le voir manger. On va de même, ce qui est bien plus étrange, à son lever et à sa toilette. Voilà pourquoi ils venaient m'importuner de cérémonies dont je leur eusse volontiers fait grâce.

Relation de l'ambassade de Mehmed Efendi à la cour de France écrite par lui-même, et traduite du turc. (Trad. Claude-Julien, Galland, 1757).

1 — LE REGARD DE L'AUTRE

Dans les deux textes sur le théâtre et l'opéra, déterminez l'objectif des deux auteurs.

a) Quel est le destinataire de Mehmed Efendi ? Pourquoi l'ambassadeur est-il plus enclin à décrire qu'à critiquer ? Critique-t-il parfois ?

b) Montesquieu écrit son texte à partir d'une méprise du Persan : laquelle ? Quelle critique introduit cette méprise ?

c) L'opéra et le théâtre des Lettres persanes*: où sont les acteurs ? les spectateurs ? cela a-t-il changé ?*

2 — LE REGARD SUR L'AUTRE

a) Quelle est la situation de l'ambassadeur ottoman lors de son arrivée à Paris ? Coment prend-il la curiosité des Parisiens ?

b) Cette curiosité permet à Montesquieu de réfléchir sur «l'étrangeté» persane : de quelle manière ?

RICA A USBEK, A * * *

J'étais l'autre jour dans une société où je me divertis assez bien. Il y avait là des femmes de tous les âges : une de quatre-vingts ans, une de soixante, une de quarante, qui avait une nièce de vingt à vingt-deux. Un certain instinct me fit approcher de cette dernière, et elle me dit à l'oreille : « Que dites-vous de ma tante, qui, à son âge, veut avoir des amants et fait encore la jolie ? — Elle a tort, lui dis-je : c'est un dessein qui ne convient qu'à vous. » Un moment après, je me trouvai auprès de sa tante, qui me dit : « Que dites-vous de cette femme, qui a pour le moins soixante ans, qui a passé aujourd'hui plus d'une heure à sa toilette ? — C'est du temps perdu, lui dis-je, et il faut avoir vos charmes pour devoir y songer. » J'allai à cette malheureuse femme de soixante ans et la plaignais dans mon âme, lorsqu'elle me dit à l'oreille : « Y a-t-il rien de si ridicule ? Voyez cette femme qui a quatre-vingts ans, et qui met des rubans couleur de feu ; elle veut faire la jeune, et elle y réussit : car cela approche de l'enfance. » — « Ah ! bon Dieu, dis-je en moi-même, ne sentirons-nous jamais que le ridicule des autres ? — C'est peut-être un bonheur, disais-je ensuite, que nous trouvions de la consolation dans les faiblesses d'autrui. » Cependant j'étais en train de me divertir, et je dis : « Nous avons assez monté ; descendons à présent, et commençons par la vieille qui est au sommet. » — « Madame, vous vous ressemblez si fort, cette dame à qui je viens de parler et vous, qu'il me semble que vous soyez deux sœurs, et je vous crois à peu près du même âge. — Vraiment, Monsieur, me dit-elle, lorsque l'une mourra, l'autre devra avoir grand-peur : je ne crois pas qu'il y ait d'elle à moi deux jours de différence. » Quand je tins cette femme décrépite, j'allai à celle de soixante ans. « Il faut, Madame, que vous décidiez un pari que j'ai fait : j'ai gagé que cette dame et vous — lui montrant la femme de quarante ans — étiez de même âge. — Ma foi, dit-elle, je ne crois pas qu'il y ait six mois de différence. — Bon, m'y voilà ; continuons. » Je descendis encore, et j'allai à la femme de quarante ans. « Madame, faites-moi la grâce de me dire si c'est pour rire que vous appellez cette demoiselle, qui est à l'autre table, votre nièce ? Vous êtes aussi jeune qu'elle ; elle a même quelque chose dans le visage de passé, que vous n'avez certainement pas, et ces couleurs vives qui paraissent sur votre teint... — Attendez, me dit-elle : je suis sa tante ; mais sa mère avait pour le moins vingt-cinq ans de plus que moi : nous n'étions pas de même lit ; j'ai ouï dire à feu ma sœur que sa fille et moi naquîmes la même année. — Je le disais bien, Madame, et je n'avais pas tort d'être étonné. »

Mon cher Usbek, les femmes qui se sentent finir d'avance par la perte de leurs agréments voudraient reculer vers la jeunesse. Eh ! comment ne chercheraient-elles pas à tromper les autres ? Elles font tous leurs efforts pour se tromper elles-mêmes et se dérober à la plus affligeante de toutes les idées.

De Paris, le 3 de la lune de Chalval, 1713.

***Lettres persanes,* LII, 1721.**

Le Capucin, Lettres Persanes, (BN)

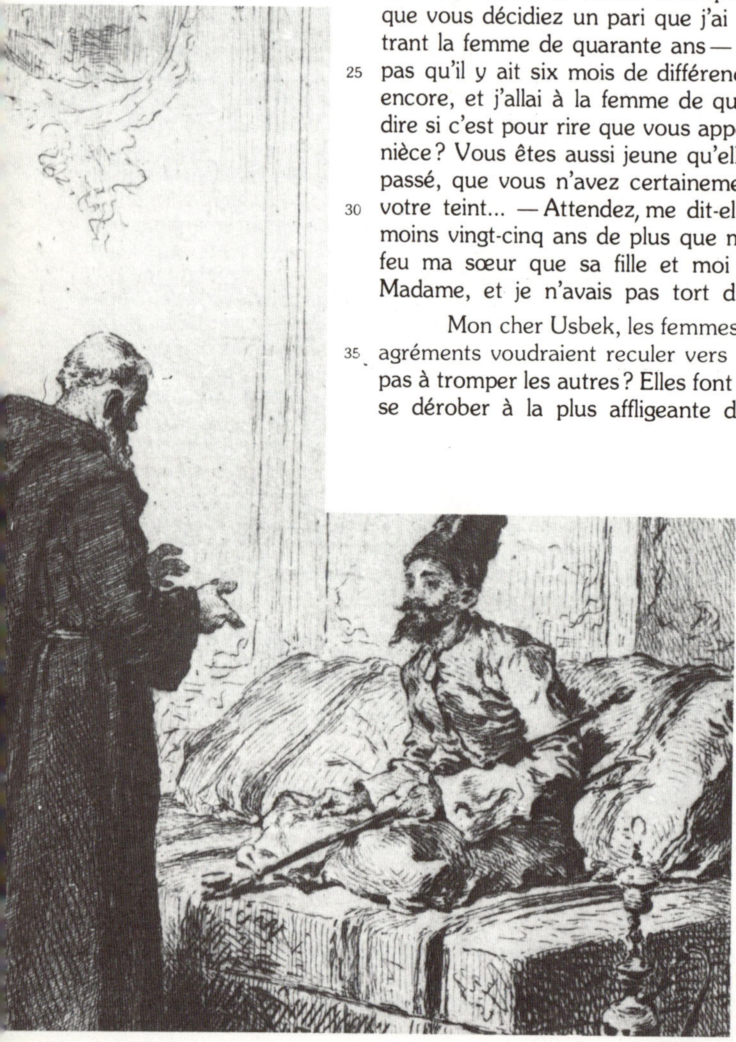

LA BRUYÈRE, 1688

Lise entend dire d'une autre coquette qu'elle se moque de se piquer de jeunesse et de vouloir user d'ajustements qui ne conviennent plus à une femme de quarante ans. Lise les a accomplis ; mais les années pour elle ont moins de douze mois, et ne la vieillissent point : elle le croit ainsi, et pendant qu'elle se regarde au miroir, qu'elle met du rouge sur son visage et qu'elle place des mouches, elle convient qu'il n'est pas permis à un certain âge de faire la jeune, et que *Clarice* en effet, avec ses mouches et son rouge, est ridicule. *Caractères,* III, 8.

Il y a du péril à contrefaire. *Lise,* déjà vieille, veut rendre une jeune femme ridicule, et elle-même devient difforme ; elle me fait peur. Elle use pour l'imiter de grimaces et de contorsions : la voilà aussi laide qu'il faut pour embellir celle dont elle se moque.

Caractères, III, 56.

IDÉES POUR UN COMMENTAIRE COMPOSÉ

Introduction :

Les Lettres persanes, *un regard «venu d'ailleurs» sur la société française, qui se transforme parfois en regard moral jeté sur l'homme.*
Importance de ce type de construction (saynète avec ou sans morale) dans l'œuvre. (cf. Lettres, 50, 54, 57, 59, 61, 68, 72, 74, 101, 110, 128, 144, etc.), alternant avec les réflexions générales.
Originalité de Montesquieu dans cette page ?

1 — En trois temps, deux mouvements :

a) *Une construction d'une symétrie à première vue rigoureuse :*
- *soulignée par l'opposition de la phrase centrale : monter/descendre (la pyramide des âges),*
- *marquée par la progression arithmétique (20, 40, 60, 80).*
- *Chaque mouvement se clôt par une réflexion morale («nous»/ «autrui», «bonheur», «la plus affligeante de toutes les idées»).*
- *Chaque mouvement se développe en un jeu de questions/réponses : 1er mouvement : des femmes au narrateur ; 2e mouvement, du narrateur aux femmes.*

b) *De légères variations qui évitent le côté «mécanique» que comporte cette construction :*
- *Dans le 1er mouvement, suppression de la 3e réponse du narrateur, remplacée par une conclusion morale provisoire.*
- *Dans le 2e mouvement, ajout d'une réflexion du narrateur, qui recentre l'intérêt sur lui et prépare la morale finale.*
- *Dans le 1er mouvement, l'animosité des femmes croît avec leur âge : 1) question, âge non précisé («à son âge»); 2) question, âge précisé («pour le moins soixante ans») 3) fausse question qui vaut une affirmation, jugement («ridicule»), mot d'esprit féroce →(«cela approche de l'enfance»).*
- *Dans le 2e mouvement, s'opposent l'esprit de la vieille, la fausse désinvolture de la seconde, l'explication alambiquée de la troisième.*

*Des personnages réduits à leur strict minimum. Seule compte pour le narrateur la différence des âges, qui dynamise le récit, lui donne sa structure : celle d'une saynète*ou d'un petit conte moral. D'où : place et fonction du personnage narrateur ?*

2 — L'attitude du narrateur :

a) *la méthode expérimentale : constatation d'un phénomène (1er mouvement), élaboration d'une expérience (2e mouvement), mais aussi d'une hypothèse implicite : manque de charité et fausseté doivent être solidaires.*
Une expérience sur la femme à travers les âges...

b) *Des bons sentiments au détachement de l'entomologiste : «cette malheureuse femme de soixante ans», «la plaignais dans mon âme», «la vieille», «cette femme décrépite», «j'étais en train de me divertir», la satisfaction d'une expérience bien menée : «Bon, m'y voilà ; continuons», l'ironie : «je le disais bien, Madame... ».*

c) *De l'«honnête homme» (la correction consiste à faire un compliment à toute femme) à l'hypocrisie (la flatterie comme arme de l'expérience). Adaptation à chaque cas particulier. Ex : flatterie plus appuyée pour la différence d'âge la plus critique (à l'époque) : 20/40 : «elle a même quelque chose dans le visage de passé, que vous n'avez pas... ».*

3 — Le comique et la morale :

a) *Le comique de répétition, bien connu de Molière («Et Tartuffe ?»).*

b) *La vivacité du récit, réduit presque entièrement à du dialogue. Le comique surgit de la rapidité de la scène, et aussi de la réduction des personnages à leur plus strict minimum.*

c) *L'humour au service de la morale. Contraste entre l'humour de la narration et la gravité des commentaires [«bonheur», «nous» (élargissement à la nature humaine en général), «la plus affligeante de toutes les idées»]. Une triple morale :*
1) La méchanceté vient du malheur.
*2) L'amour-propre rend aveugle (et soumis au regard «persan»...)**
3) Le «tromper les autres» vient du désir de «se tromper soi-même».

En conclusion :

— *Une page qui fait la synthèse entre la fable avec moralité, le conte moral, la maxime, les «caractères» (cf. le portrait de* Lise*), la saynète* Montesquieu se maintient ici dans la tradition moraliste du XVIIe siècle (La Bruyère, Molière, La Rochefoucauld...)*
— *Un Montesquieu léger, moraliste plus que critique social. Opposition avec le regard politique qui, dans certaines* Lettres Persanes *(ex : 80, 94, 95) annonce* L'Esprit des Lois *(voir n° 113 et suiv.).*
— *Un «persan» ici fort peu «persan», et qui ressemble même à tous les hommes. Remarque : quel est, au début, ce «certain instinct» qui le pousse vers la plus jeune des femmes ? L'aiguillon de l'expérimentation scientifique ?*

63 Jean-Baptiste ROUSSEAU (1671-1741)

Jean-Baptiste Rousseau (1671-1741) est plus connu par ses épigrammes et ses vers satiriques que par ses poèmes lyriques. Condamné à être banni pour avoir été impliqué dans une sombre affaire de couplets irrévérencieux et blasphématoires en 1710, il s'exila jusqu'à sa mort (Bruxelles, 1741) en protestant qu'il n'était pas l'auteur des fameux couplets. Sur la fin de sa vie, il composa des odes sacrées et des cantates...

> *EPIGRAMME*
> *1* - XVIe siècle: *petite pièce de vers sur un quelconque sujet.*
> *2* - XVIIe siècle: *petit poème satirique se terminant sur un trait d'esprit.*

J.B. ROUSSEAU : Contre La Motte et ses odes :

Le vieux Ronsard, ayant pris ses bésicles,
Pour faire fête au Parnasse assemblé,
Lisait tout haut ses odes par articles,
Dont le public vient d'être régalé.
« Ouais ! Qu'est-ce ci ? dit tout à l'heure Horace,
En s'adressant au maître du Parnasse ;
Ces odes-là frisent bien le Perrault ! »
Lors Apollon, bâillant à bouche close :
« Messieurs, dit-il, je n'y vois qu'un défaut,
C'est que l'auteur les devait faire en prose ».

Epigrammes, avant 1710.

Voltaire, (Françoise FOLIOT).

Marmontel, (BN).

J.B. ROUSSEAU : Contre Fontenelle :

Depuis trente ans, un vieux berger normand
Aux beaux esprits s'est donné pour modèle,
Il leur enseigne à traiter galamment
Les grands sujets en style de ruelle (1).
Ce n'est le tout : chez l'espèce femelle
Il brille encor, malgré son poil grison,
Et n'est caillette (2) en honnête maison
Qui ne se pâme à sa douce faconde.
En vérité, caillettes ont raison :
C'est le pédant le plus joli du monde.

Epigrammes, avant 1710.

(1) Voir n° 157, **XVIe-XVIIe**.
(2) A la fois *« petite caille » et « oisive ».*

Raynal, (BN).

J.B. Rousseau, (BN).

VOLTAIRE : Sur Jean-Baptiste Rousseau

Rousseau, sujet au camouflet,
Fut autrefois chassé, dit-on,
Du théâtre à coups de sifflet,
De Paris à coups de bâton ;
Chez les Germains chacun sait comme
Il s'est garanti du fagot ;
Il a fait enfin le dévot
Ne pouvant faire l'honnête homme.

Epigramme, 1736.

PIRON : Epitaphe de Jean-Baptiste Rousseau

Ci-gît l'illustre et malheureux Rousseau.
Le Brabant fut sa tombe et Paris son berceau.
Voilà l'abrégé de sa vie,
Qui fut trop longue de moitié.
Il fut trente ans digne d'envie
Et trente ans digne de pitié.

Epigrammes 63

Les épigrammes sont fort nombreuses aux XVIIe et XVIIIe siècles : de Boileau à Rivarol, la République des lettres s'est accoutumée à se battre, en vers, le plus souvent : l'épigramme est, pour cela, une arme de choix. Piron (1689-1773), la «machine à saillies» selon Grimm, s'oppose aussi bien à Voltaire qu'à Fréron (La Fréronnade). *Auteur d'une* Ode à Priape *de triste mémoire pour ses contemporains, il ne pourra jamais être académicien... Fréron (1718-1776), le directeur de* l'Année littéraire, *hostile aux Encyclopédistes, est la cible de toutes sortes d'écrivains en butte aux critiques de son journal. Marmontel enfin, (1723-1799), ardent défenseur des philosophes, est aussi connu pour ses* Mémoires, *ses* Contes moraux *et son épopée en prose (*Les Incas, *voir n° 155) que pour ses vers satiriques.*

VOLTAIRE : Epigramme sur Fréron

L'autre jour, au fond d'un vallon,
Un serpent piqua Jean Fréron ;
Que croyez-vous qu'il arriva ?
Ce fut le serpent qui creva.

PIRON : Epigramme contre Voltaire

Son enseigne est *à l'Encyclopédie*.
Que vous plaît-il ? de l'anglais, du toscan ?
Vers, prose, algèbre, opéra, comédie ?
Poème épique, histoire, ode ou roman ?
Parlez ! C'est fait. Vous lui donnez un an ?
Vous l'insultez !... En dix ou douze veilles,
Sujets manqués par l'aîné des Corneilles,
Sujets remplis par le fier Crébillon [1],
Il refond tout... Peste ! voici merveilles !
Et la besogne est-elle bonne ?... Oh ! non !

(1) Voir n° 55.

FRÉRON : Epigramme contre Raynal et Marmontel.

Au fond d'un bois, assez près de Paris,
J'errais, lisant l'admirable Racine ;
J'entends crier : «Au meurtre ! on m'assassine !»
Je vais au lieu d'où s'élançaient les cris,
Que vois-je, ô ciel ? quelle surprise extrême !
Le dieu du goût assassiné lui-même.
«Ami, dit-il, je cède au coup mortel,
A mes tyrans je voulais me soustraire,
Mais, par malheur, dans ce bois solitaire,
J'ai rencontré R*** [Raynal] et M*** [Marmontel].

(1) L'abbé Guillaume Raynal (1713-1836), philosophe et anticlérical.

MARMONTEL : Epigramme contre Piron *(la réponse suit).*

Le vieil auteur du Cantique à Priape [1],
Le cœur contrit s'en allait à la Trappe,
Pleurer le mal qu'il avait fait jadis.
Son directeur lui dit : «Bon métromane [2],
C'est bien assez de ton *De profundis*.
Rassure-toi : le bon Dieu ne condamne
Que des vers doux, faciles, arrondis,
Et faits pour plaire à ce monde profane ;
Ce qui séduit, voilà ce qui nous damne :
Les rimeurs durs vont tous en paradis».

PIRON : Epigramme contre Marmontel

Vieil apprenti, soyez plus avisé
Une autre fois, et nous crierons merveille.
Tirez plus juste où vous aurez visé,
Aurez sinon du sifflet par l'oreille.
Jamais bévue a-t-elle été pareille,
O le plus grand de tous les étourdis !
Vous séparez les élus des maudits,
Puis envoyez, par deux arrêts notables,
Votre ennemi Piron en paradis
Et votre ami Voltaire à tous les diables.

PIRON : Epigramme contre Fréron

De nos auteurs, au bas du mont Parnasse,
Martin Fréron, fade et vain farfadet,
Ayant gagé d'exterminer la race,
Contre Pégase au jeu mit son baudet.
Nature avait armé notre cadet
D'un front d'airain, d'un double et triple crâne,
De dents, de griffes et de ce bel organe,
Qu'allant chasser, pour cor, un lion prit ;
Ce nonobstant Martin perdit son âne,
Faute d'un point : faute d'un peu d'esprit.

(1) Dieu grec, symbole de la fécondité, doté d'une excessive virilité.
(2) Maniaque des vers, Piron avait écrit une comédie nommée la Métromanie *(1738).*

1 — *Dans les épigrammes citées, relevez les «traits piquants» des derniers vers. Sur quels défauts portent-ils ? Les auteurs se cantonnent-ils au domaine littéraire ?*
De telles attaques sont-elles courantes ou même possibles de nos jours ? Pour quelles raisons ?

2 — *Comment le trait final est-il annoncé ? Est-il le résultat d'un jeu sur les mots déjà prononcés ? Est-il le résultat d'une idée esquissée auparavant ? Repose-t-il sur une surprise totale ? Expliquez.*

3 — *Quelles différences de structure et de ton y a-t-il entre l'épigramme et l'épitaphe satirique ?*

4 — *Composez sur quelques sujets de votre choix vos propres épigrammes en vous appuyant sur la même structure (les deux derniers vers comportant un trait piquant et satirique, une sorte de «chute»).*

Duc de SAINT-SIMON (1675-1755)

A la mort de Louis XIV, Louis XV a cinq ans. C'est son grand-oncle, Philippe d'Orléans, qui dirige le Conseil de Régence.
Si Saint-Simon a pour Philippe une certaine estime, il déteste son conseiller, le futur cardinal Dubois — débauché notoire — mais fort intelligent, surtout en matière de politique étrangère.
Le Régent ne pouvait s'en passer:

Le Régent voulait aller au bal, et n'y être pas reconnu: «J'en sais un moyen», dit l'Abbé Dubois; et, dans le bal, il lui donna des coups de pied dans le derrière. Le Régent, qui les trouva trop forts, lui dit: «L'Abbé, tu me déguises trop».

Chamfort, *Caractères et Anecdotes* (posth. 1803).

Plus son éducation avait été jusqu'alors resserrée, plus [Philippe d'Orléans] chercha à s'en dédommager. Il tomba dans la débauche; il préféra les plus débordés pour ses parties; sa grandeur et sa jeunesse lui firent voir tout permis, et il se figura de réparer aux yeux du monde ce qu'il crut y avoir perdu par son mariage (1), en méprisant son épouse et en se piquant de vivre avec et comme les plus effrénés. De là le désir de l'irréligion et l'extravagante vanité d'en faire une profession ouverte; de là un ennui extrême de tout autre chose que débauche éclatante; les plaisirs ordinaires et raisonnables, insipides; l'oisiveté profonde à la cour, où il ne pouvait traîner sa funeste compagnie, et où pourtant il fallait bien qu'il demeurât souvent; nul entregent pour s'en attirer d'autre, et dans une réciproque contrainte avec son épouse et avec tout ce qui l'approchait, qui lui faisait préférer la solitude; et cette solitude, il était trop accoutumé au bruit pour la pouvoir supporter. Jeté par là dans la recherche des arts, il se mit à souffler (2), non pour chercher à faire de l'or (3), dont il se moqua toujours, mais pour s'amuser des curieuses opérations de la chimie. [...] Il s'était piqué autrefois d'avoir cherché à voir le diable, quoiqu'il avouât qu'il n'y avait pu réussir; mais, épris de Mme d'Argenton et vivant avec elle, il y trouva d'autres curiosités trop approchantes, et sujettes à être plus sinistrement interprétées. On consulta des verres d'eau devant lui sur le présent et sur l'avenir. J'en ai rapporté des choses assez singulières, qu'il me raconta avant d'aller en Italie, pour me contenter ici de rappeler seulement ces malencontreux passe-temps, tout éloignés qu'ils fussent de la plus légère idée même de crime. L'affaire d'Espagne, dont il n'était jamais bien revenu (4), les bruits affreux de lui et de sa fille (5), par lesquels on essaya de rompre le mariage de cette princesse avec M. le duc de Berry près d'être déclaré, la publicité que la rage de cette grande affaire leur donna ensuite, le trop peu de cas que l'un et l'autre en firent, et le trop peu de ménagement là-dessus; enfin, jusqu'à l'horrible opinion prise sur Monsieur de la mort de sa première épouse (6), et que M. le duc d'Orléans était le fils de Monsieur: tout cela forma ce groupe épouvantable dont ils (7) surent fasciner le Roi et aveugler le public.

Mémoires, (1694-1725) (publ. 1829-1830)

(1) Il avait épousé, dans un mariage «indigne», Mlle de Blois, fille de Louis XIV, son oncle, et de Mme de Montespan, maîtresse du roi.
(2) A faire de la chimie.
(3) Allusion à la fabuleuse recherche de la pierre philosophale qui permettait de transmuer en or les plus vils métaux.
(4) Il avait comploté pour s'assurer le trône d'Espagne, ce qui lui valut un exil prolongé loin de la Cour.
(5) Il passait pour coucher avec sa fille, voir n° 66 a.
(6) Voir n° 52.
(7) Les ennemis de Philippe.

L'abbé Dubois était un petit homme maigre, effilé, chafouin, à perruque blonde, à mine de fouine, à physionomie d'esprit, qui était en plein ce qu'un mauvais français appelle un sacre (1), mais qui ne se peut guère exprimer autrement. Tous les vices combattaient en lui à qui en demeurerait le maître. Ils y faisaient un bruit et un combat continuel entre eux. L'avarice, la débauche, l'ambition étaient ses dieux; la perfidie, la flatterie, les servages (2), ses moyens; l'impiété parfaite son repos, et l'opinion que la probité et l'honnêteté sont les chimères dont on se pare, et qui n'ont de réalité dans personne, son principe, en conséquence duquel tous moyens lui étaient bons. Il excellait en basses intrigues; il en vivait; il ne pouvait s'en passer, mais toujours avec un but où toutes ses démarches tendaient, avec une patience qui n'avait de terme que le succès ou la démonstration réitérée de n'y pouvoir arriver, à moins que, cheminant ainsi dans la profondeur et les ténèbres, il ne vît jour à mieux en ouvrant un autre boyau (3). Il passait ainsi sa vie dans les sapes. [...] Sans ses contours et le peu de naturel qui perçait malgré ses soins, sa conversation aurait été aimable. Il avait de l'esprit, assez de lettres, d'histoire et de lecture, beaucoup de monde, force envie de plaire et de s'insinuer, mais tout cela gâté par une fumée de fausseté qui sortait malgré lui de tous ses pores, et jusque de sa gaieté, qui attristait par là. Méchant d'ailleurs avec réflexion, et par nature et par raisonnement, traître et ingrat, maître expert aux compositions des plus grandes noirceurs, effronté à faire peur étant pris sur le fait, désirant tout, enviant tout, et voulant toutes les dépouilles. On connut après, dès qu'il osa ne se plus contraindre, à quel point il était intéressé, débauché, inconséquent, ignorant en toute affaire, passionné toujours, emporté, blasphémateur et fou, et jusqu'à quel point il méprisa publiquement son maître et l'Etat, le monde sans exception et les affaires, pour les sacrifier à soi tous et toutes, à son crédit, à sa puissance, à son autorité absolue, à sa grandeur, à son avarice, à ses frayeurs, à ses vengeances. Tel fut le sage à qui Monsieur (4) confia les mœurs de son fils unique à former, par le conseil de deux hommes (5) qui ne les avaient pas meilleures, et qui en avaient bien fait leurs preuves.

Mémoires, (1694-1725) (publ. 1829-1830).

(1) Un sacripant.
(2) La bassesse (cf. être serf).
(3) Comme sapes, vocabulaire militaire: tranchée. Sapes: excavation percée sous une muraille, pour l'abattre.
(4) Philippe d'Orléans, son père, frère de Louis XIV.
(5) Dont le Chevalier de Lorraine, favori de Monsieur, dont l'homosexualité («le petit défaut», disait-on) était célèbre. L'allusion, claire à l'époque, donne tout son sel à la phrase.

Le Cardinal Dubois et son élève, Louis XV enfant, (Lhoir).

PAUL FÉVAL, 1817-1887

C'était quelque chose de bien curieux que le ballet intitulé *la Fille du Mississipi* (1). Depuis que le ballet était inventé, on n'avait rien vu de pareil.

La fille du Mississipi, sous les jolis traits de la Nivelle, après avoir papillonné parmi les roseaux, les nénuphars et la folle avoine, appelait gracieusement ses compagnes qui étaient probablement des nièces du Mississipi, et qui accouraient tenant à la main des guirlandes de fleurs. Toutes ces dames sauvages, parmi lesquelles étaient Cidalise. Mlles Desbois, Duptant, la Fleury et les autres célébrités sautantes de l'époque, dansaient un pas d'ensemble, à la satisfaction universelle. Cela signifiait qu'elles étaient heureuses et libres sur ces bords fleuris. Tout à coup d'affreux Indiens, nullement vêtus et coiffés de cornes, s'élancèrent hors des roseaux. Nous ne savons pas quel degré de parenté ils avaient avec le Mississipi, mais ils avaient bien mauvaise mine.

Gambadant, gesticulant, exécutant des pas épouvantables, ces sauvages s'approchèrent des jeunes filles et se mirent en devoir de les immoler avec leurs haches, afin d'en faire leur nourriture. Bourreaux et victimes, pour bien expliquer cette situation, dansèrent un menuet qui fut bissé.

Mais au moment où ces pauvres filles allaient être dévorées, les violons se turent et une fanfare de clairons éclata au lointain.

Une troupe de marins français se précipita sur la plage, en dansant vigoureusement une gigue nouvelle. Les sauvages, toujours dansant se mirent à leur montrer le poing, et les demoiselles dansèrent de plus belle en levant leurs mains vers le ciel. Bataille dansante. [...]

Mais le plus joli, c'était le finale. Tout ce qui précède n'est rien auprès du finale. Le finale prouvait tout uniment que l'auteur du livret était un homme de génie. Voici quel était le finale :

La fille du Mississipi, dansant avec un imperturbable acharnement, jetait sa guirlande et prenait une coupe de carton. Elle montait en dansant le sentier abrupt qui conduisait à la statue du dieu son père. Arrivée là, elle se tenait sur la pointe d'un seul pied et emplissait sa coupe de l'eau du fleuve Pirouette. Après quoi, la fille du Mississipi, à l'aide de l'eau magique qu'elle avait puisée, aspergeait les Français qui dansaient au bas. Miracle ! ce n'était pas de l'eau qui tombait de cette coupe, c'était une pluie de pièces d'or. Fi de ceux qui ne saisiraient pas l'allusion délicate et bien sentie. Danse frénétique au bord du fleuve en ramassant les pièces d'or ; bal général des nièces du Mississipi, des matelots, et même des sauvages, qui, revenus à des sentiments meilleurs, jetaient leurs cornes dans le fleuve.

Cela eut un succès extravagant. Lorsque le corps de ballet disparut dans les roseaux, trois ou quatre mille voix émues crièrent : Vive M. Law !

le Bossu (1857).

(1) Law, banquier écossais protégé par Philippe d'Orléans, venait de lancer la Compagnie du Mississipi, société par actions qui croula avec l'ensemble du système de Law, basé sur l'émission de billets-papier et de titres «boursiers», théoriquement changeables en or, mais bientôt émis en trop grand nombre pour être remboursés, et surcotés.

PORTRAITS PARALLÈLES

1 — *Comment sont amenés les défauts de Dubois? Comment sont-ils amalgamés à sa conduite? A partir de* l'avarice, la débauche... *jusqu'à* principe, *quel est l'effet obtenu par l'ellipse* du verbe* être*?*

2 — *Quelle est la signification de la métaphore* militaire* (boyau, sapes.. *etc...*)*? Quelle image de Dubois s'en dégage?*

3 — *Le rythme de ce portrait est-il égal? Justifiez votre réponse par une analyse précise des énumérations.*

4 — *Dans le portrait de Philippe d'Orléans, quelle est la fonction des allusions (cf. notes)? Saint-Simon pensait-il être lu? Quels éléments du texte peuvent le donner à penser? Mais alors, pour quel public précis écrivait-il?*

Vivaldi, Lycée musical de Bologne, (Fiore)

1 — **Le concerto.**

Dans l'histoire de la musique, Antonio Vivaldi est considéré, sinon comme le créateur du concerto de soliste, *du moins comme celui qui lui donna sa forme définitive et en assura le triomphe.*

- *Vers 1680 était apparu en Italie le* **concerto grosso** *dont Corelli (1653-1713) avait fixé la forme: dans ces compositions, un petit ensemble de musiciens (appelé* concertino*) dialogue avec la masse de l'orchestre (le* concerto grosso, *qui donnera son nom à ce type de pièces), alternant ainsi* soli *et* tutti*. Cette forme, bien que détrônée par la suite par le concerto de soliste, subsistera jusqu'à Bach et Haendel.*
- *La création du* **concerto de soliste** *résulte en fait de la simple réduction du* concertino *à un seul instrument, et Vivaldi n'est pas le premier à en avoir eu l'idée. Mais il donne à ce type de composition son architecture définitive: un mouvement lent encadré par deux mouvements vifs (*allegro, *ou* presto). *Vivaldi en a écrit près de cinq cents (pour violon, flûte, violoncelle, viole d'amour, hautbois, basson, etc...), J.-S. Bach en transcrira plusieurs pour le clavecin.*
- *Vers la fin du XVIII*e *siècle, la forme connaît une évolution sensible. Chez Mozart par exemple, l'instrument solo devient un véritable personnage dramatique. Cette évolution débouche sur les grands* **concertos romantiques** *de Schumann, Mendelssohn, Chopin, Liszt et Brahms.*

2 — **La musique descriptive**

Les Quatre Saisons, *de Vivaldi, restent l'exemple le plus connu de la vogue de ce genre au XVIII*e *siècle, qui apparaît comme une tentative pour faire signifier la musique, pour créer des liens entre elle et la poésie, entre les sons et le sens. Vivaldi souligne lui-même la visée de l'entreprise, en faisant précéder chaque partie de violon principal d'un sonnet explicatif.*

LE PRINTEMPS

Voici le printemps: chants joyeux des oiseaux, murmure des sources, au souffle des zéphyrs.

Eclairs et tonnerre. L'orage passé, les oisillons reprennent leurs chants.

Alors, sur le pré fleuri, au bruissement des frondaisons, le chevrier s'endort, veillé par son chien.

Au son de la musette pastorale, nymphes et bergers dansent pour fêter le printemps (1).

Sur la partition, des fragments de poèmes sont, de place en place, juxtaposés au texte musical, et dans les tableaux les plus significatifs, les différents instruments sont parfois chargés d'exprimer des contenus différents. En outre des lettres-repères sont reportées en marge des sonnets, pour faciliter la confrontation du «programme» et sa réalisation musicale.

En France, ce type de musique fut très apprécié, et les Quatre Saisons *jouées devant Louis XV en 1728, connurent un grand succès, ainsi que l'attestent des contemporains.*

(1) Nous empruntons ce résumé à Marc Pincherle, Antonio Vivaldi et la musique instrumentale, Flaury, 1948.

C.-H. BLAINVILLE, 17..

Etudiez la nature, voyez quelle variété, quels contrastes elle vous offre: là, c'est un désert aride, borné par des rochers escarpés; séjour de silence et d'effroi.

Ici c'est une plaine agréable, des coteaux touffus, une prairie émaillée de fleurs et de verdure, où tout respire l'allégresse.

Ou bien représentez-vous les effets d'un orage, d'une tempête, un bruit souterrain, le sifflement des vents, le soulèvement des vagues de la mer, le bruit des eaux qui se mêle au bruit du tonnerre; que tout peigne le désordre et le ravage que cause cette guerre passagère: mais le Soleil reparaît, le vent cesse, l'air devient calme et serein; les oiseaux rassurés, reviennent, par leurs doux gazouillements, annoncer la paix des Eléments [...]

Les morceaux du genre *sonabile* [...] qui ont un caractère, un objet particulier, sont très satisfaisants à entendre; tels sont le *Printemps* de Vivaldi, dont le seul début paraît annoncer un ciel calme et serein, tout semble renaître dans la nature; les oiseaux voltigent dans les airs, tout retentit de leurs ramages; les Bergers accourent, et dansent avec les Bergères au son de leurs musettes; tout y respire les plaisirs champêtres qu'annonce cette riante saison. Dans les autres saisons, avec d'aussi heureuses pensées, le Musicien s'y montre toujours un habile peintre; au moins c'est ce que nous avons de mieux jusqu'ici dans ce genre.»

l'Esprit de l'Art Musical, 17.

MADAME SARA GOUDAR, vers 1730.

Je dis, Mylord, que chaque partie de la Musique, soit vocale ou instrumentale, doit être tirée de la Nature et de la Raison... Si c'est une pièce d'harmonie, elle doit copier quelque endroit de la Nature, comme, par exemple, le chant du Rossignol, ou le gazouillement des autres oiseaux qui font l'amour, ou les mugissements des animaux, ou la cascade d'une eau vive... De toutes les Ouvertures que j'ai entendues, je ne trouve qu'un nommé Vivaldi, Vénitien, qui ait dit quelque chose en Symphonie. Il a mis dans un grand Concerto à violons, les quatre saisons de l'année. Dans son Printemps, on sent la Nature renaître, et, avec elle, lui; tous les animaux qui respirent, se réjouissent au son du Violon. Son Été est composé d'une Musique fertile, qui annonce une moisson abondante. Dans son Automne, il fait tomber les feuilles des arbres, pour m'exprimer ainsi, à coup d'archet. Dans son Hiver, son auditoire frissonne, il meurt de froid.

Œuvres mêlées de Madame Sara Goudar, anglaise, 1730.

E.G. Haussman, *Portrait de Bach,* (mus. de Leipzig).

ALDOUS HUXLEY, 1928

On a souvent reproché à la musique de J.-S. Bach, à l'inverse de celle de son presque contemporain Vivaldi, de n'être qu'une pure construction mathématique, dépourvue de tout sentiment. L'architecture de la Suite en si bémol mineur *plonge pourtant le romancier Aldous Huxley dans une méditation profonde.*

Cependant la musique continuait, — la *Suite* en si bémol mineur, pour flûte et cordes, de Bach. C'était le jeune Tolley qui dirigeait, avec sa grâce inimitable et habituelle, fléchissant les reins en ondulations de cygne, et traçant dans l'air, de ses bras brandis, des arabesques brillantes comme s'il dansait au son de la musique. Une douzaine de joueurs de violon et de violoncelle raclaient leurs instruments à son commandement. Et le grand Pongileoni baisait sa flûte gluante. Il soufflait en travers de l'embouchure, et une colonne d'air cylindrique se mettait à vibrer: les méditations de Bach emplissaient le quadrilatère romain. Dans le *largo* d'ouverture Jean-Sébastien avait, avec l'aide du museau de Pongileoni et de la colonne d'air, énoncé quelque chose : il y a dans le monde de grandes choses, de nobles choses ; il y a des hommes nés pour être rois ; il y a de vrais conquérants, des maîtres authentiques de la terre, — mais d'une terre combien complexe et multiple (ainsi avait-il musé par la suite dans *l'allegro* fugué). Vous croyez avoir trouvé la vérité : claire, précise, à ne pouvoir s'y méprendre, elle est annoncée par les violons ; vous l'avez, vous la tenez, triomphalement. Mais la voilà qui vous échappe, pour se présenter à nouveau sous un tout autre aspect parmi les violoncelles, et puis encore sous la forme de la colonne d'air vibrante de Pongileoni. Les diverses parties vivent d'une vie séparée ; elles se frôlent, leurs chemins se croisent, elles se combinent un instant pour créer une harmonie finale et parfaite (semble-t-il), — mais c'est pour s'arracher encore l'une à l'autre. Chacune est toujours seule, séparée, individuelle. «Je suis moi, affirme le violon ; le monde tourne autour de moi.» — «Autour de moi», réclame le violoncelle. — «Autour de moi», insiste la flûte. Et tous et toutes ont également raison et également tort ; et aucun d'eux ne veut écouter les autres.

Dans la fugue humaine il y a dix-huit cent millions de parties. Le bruit résultant a peut-être une signification pour le statisticien, mais aucune pour l'artiste. Ce n'est qu'en considérant une ou deux parties à la fois que l'artiste peut y comprendre quelque chose. Voici, par exemple, une partie isolée ; et Jean-Sébastien expose la chose. Le *rondeau* commence, exquisement et simplement mélodieux, presque une chanson populaire. C'est une jeune fille chantant pour elle-même, d'amour, dans sa solitude, tendrement mélancolique. Une jeune fille chantant par les monts, tandis que les nuées passent au-dessus de sa tête. Mais, solitaire comme l'une des nuées flottantes, un poète a écouté sa chanson. Les pensées qu'elle a suscitées en lui sont dans la *sarabande* qui suit le *rondeau*. C'est une méditation lente et merveilleuse sur la beauté du monde (en dépit de la saleté et de la stupidité), sur sa bonté profonde (en dépit de tout le mal), sur son unité (en dépit de tant de diversité étourdissante). C'est une beauté, une bonté, une unité, que nulle recherche intellectuelle ne peut découvrir, que l'analyse détruit, mais dont la réalité s'impose à l'esprit, de temps en temps, brusquement et invinciblement. Une jeune fille chantant pour elle-même sous les nuées suffit à créer cette certitude. Une belle matinée même y suffit. Est-ce illusion, ou révélation de la vérité la plus profonde ? Qui le saura ?... Pongileoni soufflait, les musiciens frottaient leurs crins de cheval enduits de résine sur des intestins d'agneau tendus ; tout au long de la longue *sarabande*, le poète méditait lentement sur sa certitude merveilleuse et consolante.

Contrepoint, 1928

LES SONS ET LES SENS

1 — A partir d'une analyse des deux commentaires cités, vous tenterez d'expliquer le succès de ce type de composition. A quels principes esthétiques généraux de l'époque satisfaisait-il particulièrement ?

2 — Les pouvoirs suggestifs de la musique instrumentale. Les éprouvez-vous personnellement ? Comment des sons peuvent-ils suggérer une scène, des sentiments ? Que peut-on aller y chercher d'autre ?

3 — Le texte d'Aldous Huxley.
Quel est le contraste sur lequel est bâti ce passage ? Quel est l'effet qui en résulte ?

66 a VOLTAIRE (1694-1778)

Œdipe-Roi *est la tragédie la plus traduite ou la plus adaptée des pièces grecques aux XVIIe-XVIIIe siècles (de Corneille (1659) à J.-M. Chénier (1808): vingt-deux adaptations). Nous ne présentons ici que quelques éléments du traitement d'un mythe essentiel de la littérature occidentale.*

École française XVIIIe *Le Régent,* (Réu. Musés Nat.).

Voltaire, en 1718, entre sur la scène tragique parisienne avec sa première tragédie, Œdipe. *De l'aveu même de son auteur, cette tragédie est un manuel à l'usage des rois, un moyen de faire reconnaître l'amour paternel du roi pour son peuple, l'attaque d'une certaine forme de religion et de superstition et l'introduction du pathétique au théâtre. Dès les premières représentations, le succès est à la mesure des prétentions de l'auteur — une légère odeur de soufre coïncidant avec celle du scandale mondain, le Régent étant accusé par certaines mauvaises langues de commettre certain inceste avec sa fille... — Entre 1718 et 1719, le monde des Lettres ne cesse de se quereller à propos de cette pièce : ce sont les retombées de la Querelle des Anciens et des Modernes (voir n° 40 et 58). Voltaire juge Sophocle et Corneille et s'estime supérieur et tellement plus proche de la Raison logique...*

VOLTAIRE, 1718

LE GRAND PRÊTRE

Peuples, un calme heureux écarte les tempêtes,
Un soleil plus serein se lève sur vos têtes;
Les feux contagieux ne sont plus allumés;
Vos tombeaux qui s'ouvraient sont déjà refermés;
La mort fuit, et le dieu du ciel et de la terre
Annonce ses bontés par la voix du tonnerre.

Ici on entend gronder la foudre, et on voit briller les éclairs

JOCASTE

Quels éclats! ciel! où suis-je? et qu'est-ce que [j'entends?
Barbares!...

LE GRAND PRÊTRE

C'en est fait, et les dieux sont contents.
Laïus du sein des morts cesse de vous poursuivre,
Il vous permet encor de régner et de vivre;
Le sang d'Œdipe enfin suffit à son courroux.

LE CHŒUR

Dieux!

JOCASTE

Ô mon fils! hélas! dirai-je mon époux?
Ô des noms les plus chers assemblage effroyable!
Il est donc mort?

LE GRAND PRÊTRE

Il vit, et le sort qui l'accable
Des morts et des vivants semble le séparer;
Il s'est privé du jour avant que d'expirer.
Je l'ai vu dans ses yeux enfoncer cette épée
Qui du sang de son père avait été trempée;
Il a rempli son sort, et ce moment fatal
Du salut des Thébains est le premier signal.
Tel est l'ordre du ciel, dont la fureur se lasse;
Comme il veut, aux mortels il fait justice ou grâce;
Ses traits sont épuisés sur ce malheureux fils.
Vivez, il vous pardonne.

JOCASTE

Et moi, je me punis.

Elle se frappe.

Par un pouvoir affreux réservée à l'inceste,
La mort est le seul bien, le seul dieu qui me reste.
Laïus, reçois mon sang, je te suis chez les morts;
J'ai vécu vertueuse, et je meurs sans remords.

LE CHŒUR

Ô malheureuse reine! ô destin que j'abhorre!

JOCASTE

Ne plaignez que mon fils, puisqu'il respire encore.
Prêtres, et vous Thébains, qui fûtes mes sujets,
Honorez mon bûcher, et songez à jamais
Qu'au milieu des horreurs du destin qui m'opprime,
J'ai fait rougir les dieux qui m'ont forcée au crime.

Œdipe, acte V, sc. 6 et dernière, 1718.

Madame de Genlis, *Arabesques mythologiques, Œdipe,* Fin XVIIIe s. (BN).

SOPHOCLE (497-405 av. J.-C.)

LE CORYPHÉE. - Regardez, habitants de Thèbes, ma patrie. Le voilà, cet Œdipe, cet expert en énigmes fameuses, qui était devenu le premier des humains. Personne dans sa ville ne pouvait contempler son destin sans envie. Aujourd'hui, dans quel flot d'effrayante misère est-il précipité ! C'est donc ce dernier jour qu'il faut, pour un mortel, toujours considérer. Gardons-nous d'appeler jamais un homme heureux, avant qu'il ait franchi le terme de sa vie sans avoir subi un chagrin.

Œdipe-Roi, Ve siècle av. J.-C.
(Trad. P. Mazon, ed. 1958).

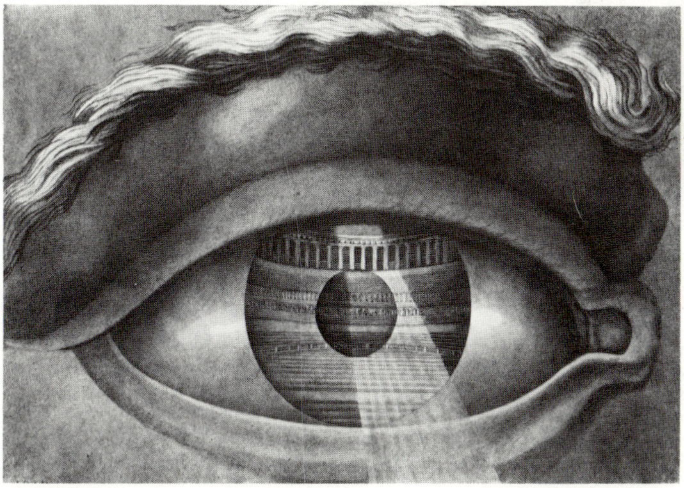

Nicolas Ledoux, (1736-1806) *Vue du Théâtre de Besançon à travers la coupe d'un œil,* (B.N).

BIANCOLLELLI, 1719

Biancollelli ou Dominique, comédien du duc d'Orléans fort connu pour ses parodies, joue en 1719 une réplique à l'*Œdipe *de Voltaire. Suivant pas à pas l'original mais transposant l'univers tragique au Bourget, l'auteur comique fait du roi de Thèbes un Trivelin (personnage classique du théâtre italien, voir n° 54): un patron de cabaret campagnard ayant épousé Colombine, veuve de Pierrot.*

TRIVELIN *en aveugle conduit par un petit garçon.*

TRIVELIN
Mon mignon, je saurai récompenser ton zèle,
Viens conduire mes pas, sois mon guide fidèle ;
Tes soins ne seront pas infructueux, ni vains.

COLOMBINE
Où vas-tu donc, mon fils ?

TRIVELIN
Je vais aux Quinze-Vingts (1) :
Peut-être voudra-t-on m'y donner une place.

COLOMBINE
L'infortuné !

TRIVELIN
D'ici pour jamais je me chasse :
Honteux de mes forfaits, justement furieux,
Moi-même j'ai voulu me crever les deux yeux :
Je ne vous verrai plus, j'en donne ma parole,
Et voilà dans mes maux tout ce qui me console.
Bonjour, allons, mon fils, donnez-moi votre bras,
Car je suis trop sujet à faire des faux pas.

Il s'en va.

COLOMBINE
Aller aux Quinze-Vingts ! Ah ! Quel dessein tragique :
Qui l'eût cru ! L'action est vraiment héroïque ;
Mais je me trouve mal, tout mon corps s'affaiblit ;
Claudine, par pitié, viens bassiner mon lit.

Œdipe travesti, sc. XIV, et
dernière, 1719.

(1) Célèbre institution fondée par Saint Louis qui dispense, encore de nos jours, des soins aux aveugles.

66 b VOLTAIRE (1694-1778)

Ingres, *Œdipe et le Sphinx*, 1808, (Réu. Musées Nat.).

Houdar de la Motte, fervent Moderne (voir n° 58), zélateur de la prose poétique et auteur tragique en vue, compose un Œdipe en prose en 1726. Considérée comme révolutionnaire et donc injouable par les Comédiens-Français, la pièce en prose doit être transcrite en alexandrins classiques. Elle l'est la même année. L'exactitude et la vraisemblance «géométrique» déjà prônées par Voltaire, sont devenues des dogmes : le serviteur de Laïos (le père d'Œdipe), Phorbas, déclare qu'un lion l'a attaqué, et non un homme ; Œdipe n'est jamais prévenu de son sort ; on y transforme le dénouement, et, au lieu de se crever les yeux, acte jugé trop horrible, Œdipe se suicide. Enfin, la Motte renvoie le mythe dans un univers strictement privé en supprimant le chœur des Thébains dont Voltaire avait déjà rétréci l'importance.

LA MOTTE, 1726.

ŒDIPE

Je le suis donc ce fils abandonné !
Je suis le fils de Jocaste, *(Se frappant).* Grands Dieux, voilà votre victime.

ETEOCLE

Ah ! mon père !

ŒDIPE

Ne me plaignez point, mes enfants ; j'étais coupable ; et les Dieux sont justes. Oui, j'ai mérité mon sort, puisque j'ai méprisé leurs menaces ; et j'en subis le châtiment avec joie. Adieu, chers Princes ; recevez l'un et l'autre mes derniers embrassements. Je vous laisse le trône ; et je vous sauve votre peuple ; régnez ensemble et vivez unis. Que mes prières vous touchent. Que mon exemple vous effraie. Apprenez, aux dépens d'un père, qu'un seul crime nous rend coupables de tous les malheurs qu'il entraîne ; et vous, justes dieux, faites grâce à la race d'Œdipe ; et ne poursuivez pas sur eux un crime que tout mon sang vient d'expier.

Œdipe (en prose), acte V, sc. 4 et dernière, 1726.

LA MOTTE, 1726

ŒDIPE

Voilà donc les horreurs où j'étais entraîné !
Je suis, oui, je le suis, ce fils abandonné.
Je suis fils de Jocaste ; et je connais mon crime.
Grands dieux, ne tonnez plus ; prenez votre victime.

Il se frappe.

ETEOCLE

O Comble des malheurs !

POLINICE

O désespoir cruel !

ŒDIPE

Princes, le Ciel est juste et j'étais criminel.
Puisque j'ai pu des dieux mépriser les menaces,
J'en dois subir la peine ; et je leur en rends grâce.

ETEOLE

O Ciel !

ŒDIPE

De mon exemple effrayés à jamais,
Puissiez-vous éviter le moindre des forfaits,
Trop instruits que le Ciel en mesure la peine
Aux malheurs qu'à sa suite un premier crime entraîne.

Œdipe (en vers) acte V, sc. 4 et dernière, 1726.

Callet, *Louis XVI*, (C.R.O.P.).

DOSSIERS

1 — *A travers ces tragédies du XVIIIe siècle, déterminez les leçons contenues dans les dernières scènes : Quel est le rôle du peuple ? de Jocaste ? d'Œdipe ? Parle-t-on de la faute et de quelle manière ? les dieux (ou Dieu) sont-ils mis en cause ?*

2 — *A partir des œuvres que vous connaissez, faites une recherche sur les significations du mythe d'Œdipe, telles qu'elles apparaissent dans l'art et la culture de l'Occident.*

Conçue dans les dernières années de l'Ancien Régime, l'Œdipe à Thèbes *de Duprat de la Touloubre (noble provincial monté à Paris, défenseur de Louis XVI) est jouée en 1791 à l'Académie Royale de Musique. A travers les danses, les aria et les tableaux fastueux, cette tragédie lyrique est une défense obstinée du Père-Roi. Lors de la représentation de la pièce, les deux dernières scènes (XI et XII) ne sont pas représentées : la mort de Jocaste et la punition d'Œdipe (il se crève les yeux) ne peuvent donc pas empêcher que le spectacle se termine d'une « manière brillante »...*

DUPRAT DE LA TOULOUBRE, 1791

SCENE X

JOCASTE, ŒDIPE, LES EUMENIDES ET LES FURIES.

Le théâtre s'obscurcit. Le tonnerre gronde ; les éclairs se succèdent avec rapidité. Œdipe est poursuivi par les Furies.

LES FURIES

Malheureux, tes forfaits font frémir la Nature.

Œdipe et Jocaste cherchent à s'échapper ; les Furies les retiennent.

ŒDIPE

Il faut en accuser les Dieux.

LES EUMENIDES

Ils ont juré de renverser ton trône.
(tourmentant Jocaste)
Et Jocaste sera la victime du sort.

JOCASTE et ŒDIPE

Donnez-moi donc la mort.

LES EUMENIDES

Attendez que Pluton l'ordonne.

JOCASTE et ŒDIPE

J'ai trop cru de faux Dieux,
Et l'oracle impitoyable.

LES EUMENIDES *(à Œdipe)*

Partout tu seras odieux !

JOCASTE

Jour mille fois abominable !

ŒDIPE

Par des serpents mon sein est dévoré ;
Je ne me connais plus : mon esprit égaré...
Laïus, cesse de me poursuivre !
A mes remords je ne pourrai survivre.

JOCASTE

Trop malheureux Œdipe !

ŒDIPE

Ah ! ne m'approchez pas :
Je suis incestueux ; et je cours au trépas.

LES EUMENIDES *(l'arrêtant)*

Non, tu vivras encore.

ŒDIPE

A quoi faut-il m'attendre ?

LES EUMENIDES

A nous trouver partout : vois ton palais en cendre.

La foudre frappe le palais, et le fait crouler de toutes parts : il y tombe une grêle de feu. Une partie des EUMENIDES et des FURIES l'incendie avec leurs flambeaux. Le théâtre n'est éclairé que par l'embrasement, qui doit durer jusqu'à l'arrivée du Grand-Prêtre, au moment où l'on entend le coup de tonnerre.

ŒDIPE

Infortunés Thébains !
Oui, votre Roi sera l'opprobre des humains !

LES EUMENIDES

Ta race est aussi condamnée ;
De tes enfants maudits l'horrible destinée
Remplira l'univers d'effroi ;
Et les crimes partout s'offriront devant toi.

SCENE XI

JOCASTE *(seule)*

AIR

O vengeance céleste,
Voilà donc de tes coups !
Tu crois devoir punir, quand ma vertu me reste.
Je brave ton courroux.

SCENE DERNIERE

JOCASTE, LE GRAND-PRÊTRE et le Peuple

LE GRAND-PRÊTRE

On entend un coup de tonnerre, et l'obscurité du théâtre se dissipe

L'ombre du grand Laïus
Cesse de vous poursuivre ;
Sa mort vengée a fait cesser vos maux
Et fermer vos tombeaux.

(A Jocaste).

Les Dieux vous permettent de vivre ;
Œdipe les a satisfaits.

JOCASTE

Cesse de me parler de tes Dieux que je hais.
Ne parle que d'Œdipe.

LE GRAND-PRÊTRE

Il vit, mais à ma vue,
D'un fer étincelant il a percé ses yeux.

JOCASTE

Eh ! bien, dis-lui qu'en maudissant tes Dieux,
Au tombeau je suis descendue.

(Elle se tue).

LE CHŒUR

O Ciel ! Quel destin rigoureux !

Œdipe à Thèbes, tragédie lyrique, **acte V, scènes 10 - 11 - 12 et dernière, 1791.**

Page gauche : Fragonard, *Le Verrou*, (Agraci)

Page droite : Boucher, *Le Triomphe de Vénus*, (Réu. Musées Nat.).

LE RÈGNE DE LOUIS XV

	Evénements politiques économiques et sociaux	**Production écrite française**	**Production écrite étrangère**	**Musique, architecture, arts plastiques**
1723	Majorité officielle de Louis XV Mort de Dubois Mort du régent Louis-Henri de Bourbon premier ministre	**Marivaux :** ***La Double Inconstance*** La Motte : *Inès de Castro.* **J.B. Rousseau :** ***Œuvres poétiques*** **Saint-Simon : rédaction des *Mémoires*** (1723-1750)	Anderson : *Livre des constitutions* Gunther : *Poésies* (1723-1735)	J.S. Bach : *le Magnificat ;* *la Passion selon Saint-Jean.* Rameau : *Pièces de Clavecin* (1723-1731)
1724	Réorganisation de la Bourse de Paris Edit contre les protestants	Marivaux : *Le Prince travesti ; La Fausse Suivante.* Fontenelle : *De l'Origine des fables.*	Defoe : *Lady Roxana* Métastase : *Didon abandonnée*	Lemoine : *Hercule et Omphale.* Couperin : *Apothéose de Corelli*
1725	Traité de Vienne Louis XV épouse Marie Leszczynska Traité de Hanovre Mort de Pierre le Grand de Russie, avènement de Catherine Ire Concile de Latran	Montesquieu : *Le Temple de Gnide* **Marivaux :** ***L'Ile des esclaves*** Louis Beat de Muralt : *Lettres sur les Anglais et les Français.*	Pope : *Shakespeare* **Vico : *La Science nouvelle (1725-1744)*** Hutcheson : *Recherches sur nos idées de beauté et de vertu.*	**Vivaldi :** ***les Quatre Saisons***
1726	Ministère Fleury (1726-1743) Reconstitution de la Ferme générale **Salon de Mme de Tencin** (1726-1749)	**Madame de Sévigné :** ***Lettres* (pub.)** Rollin : *Traité des études* (1726-1731) **La Motte : Œdipe** (en prose, en vers)	**Swift :** ***Les Voyages de Gulliver.*** James Thomson : *Les Saisons* (1726-1730) Feijoo : *Théâtre critique universel* (1726-1741)	Tiepolo : *Fresques de la cathédrale d'Udine.* Bouchardon : *Faune endormi.* F. Couperin : *Sonates en trio.*
1727	Traité de Paris George II d'Angleterre (1727-1760)	Destouches : *Le Philosophe marié* Montesquieu : *Réflexions sur la monarchie universelle.*	Chambers : *Encyclopédie*	
1728		*Les Nouvelles ecclésiastiques* (1728-1803) (journal janséniste) Voltaire : *La Henriade* Marivaux : ***L'Ile de la raison ;*** Abbé Prévost : *Mémoires d'un homme de qualité* (1728-1731)	Hutcheson : *Essai sur le développement des passions et des émotions* Pope : *La Dunciade*	Chardin : *La Raie dépouillée.* *Coffret de fumeur.* F. Couperin : *Pièces de viole.*
1729		**Marivaux : *La Nouvelle Colonie*** **Mme de Lambert :** ***Avis d'une mère à sa fille***	*Journal littéraire de La Haye* (1729-1736) **Swift :** ***Modeste proposition...***	J.S. Bach : *La Passion selon St Matthieu* Métastase : *Sémiramis*

	Evénements politiques économiques et sociaux	Production écrite française	Production écrite étrangère	Musique, architecture, arts plastiques
1730	**Insurrection des Corses contre Gênes** la Bulle *Unigenitus* est déclarée loi de l'Eglise et de l'Etat.	Voltaire : *Préface d'Œdipe* **Marivaux : *Le Jeu de l'amour et du hasard*** Boulainvilliers : *Vie de Mahomet* Abbé Desfontaines : *Le Nouveau Gulliver* Dumarsais : *Traité des tropes*	Lillo : *Sylvia* Fielding : *Tom Pouce.* Gottsched : *Essai d'un art poétique critique* Thomson : *Les Saisons*	Canaletto : *Vue de la Charité.* J.S. Bach : *Six motets.* Couperin : *Pièces pour clavecin*
1731	Académie de chirurgie **Suppression de la peine de mort en matière de sorcellerie.**	**Abbé Prévost : *Manon Lescaut*** Voltaire : *Histoire de Charles XII ; Brutus ; Discours sur la tragédie.* **Marivaux : *La Vie de Marianne* (1731-1741)**	Von Haller : *La Corruption des mœurs* Lillo : *Le Marchand de Londres* Holberg : *Théâtre danois*	Hogarth : *La Carrière d'une prostituée.*
1732	Fermeture du cimetière Saint-Médard	**Voltaire : *Zaïre*** **Destouches : *Le Glorieux*** Marivaux : *L'Ecole des mères ; Les Serments indiscrets.* Abbé Prévost : *Histoire de M. Cleveland* (1732-1739) **Crébillon (fils) : *Lettres de la Marquise...***	Berkeley : *Alciphron*	Monteclair : *Jephté* Scarlatti : *Sonates pour Clavecin* Haendel : *Sonates* (1732-1739) Rameau : *Samson*
1733	Guerre de succession de Pologne (1733-1735) Ordonnance contre les convulsionnaires	Voltaire : *Le Temple du goût.* Abbé Prévost : *Le Pour et le Contre* (1733-1740). **Lamet et Fromageau : *Dictionnaire des cas de conscience***	Pope : *Essai sur l'homme* (1733-1735) *Epîtres ; Satires* (1733-1738)	**Hogarth : *La Carrière d'un Roué.*** Rameau : *Hippolyte et Aricie.* J.S. Bach : *la Messe en si mineur* (1733-1738) Pergolèse : *La Servante maîtresse.*
1734	Les Russes prennent Dantzig	**Voltaire : *Lettres philosophiques.*** Le Franc de Pompignan : *Poésies sacrées* (1734-1763) Gresset : *Ver-Vert.* G. Sale traduit *le Coran.* ***Le Mémoire des pensées et des sentiments de Jean Meslier.* (1734, pub. 1864)**	von Haller : *L'Homme du siècle* (Suisse). Métastase : *La Clémence de Titus* Swedenborg : *Opera philosophica et mineralia.*	Boucher illustre les comédies de Molière Chardin : *le Souffleur* Tartini : *Sonates* Rameau : *Castor et Pollux*

	Evénements politiques économiques et sociaux	Production écrite française	Production écrite étrangère	Musique, architecture, arts plastiques
1735		**Père Castel :** ***Le Clavecin oculaire (in Journal de Trévoux).*** Nivelle de La Chaussée : *Le Préjugé à la mode.* Marivaux : *La Mère confidente ; Le Legs ; Le Paysan parvenu.* (1735-1736)	Lillo : *The Christian Hero.*	**Chardin :** ***Le Château de cartes*** Desportes : *Nature morte.* Rameau : *Les Indes Galantes.* Couperin : *Apothéose de Lulli*
1736	Confirmation des théories de Newton sur l'attraction universelle par le calcul du méridien terrestre effectué en 1736-1737 en Laponie par Maupertuis, Clairault, Camus, Celsius, Lemonnier, et en 1737-1745, au Pérou par La Condamine, Bouguer, Baudin.	Destouches : *Le Dissipateur.* **Voltaire :** *Alzire ;* dédicace de *Zaïre ;* ***le Mondain ;*** *La Mort de César.* Lesage : *Le Bachelier de Salamanque.* **Crebillon fils : *Les Egarements du cœur et de l'esprit* (1736-1738)**	Fielding : *Pasquin ;* Joseph Butler : *Analogie de la religion.* Bolingbroke : *Letter on the Spirit of Patriotism.* Albert Radicati de Passeran : *Recueil de pièces curieuses.*	Pergolèse : *Stabat Mater*
1737		Marivaux : *Les Fausses Confidences.* Voltaire : *Discours en vers sur l'homme* (1734-1737) **Ramsay : *Discours*** **Crébillon (fils) : *la Nuit et le moment* (1737-1755)**	Ignacio de Luzan : *La Poétique.* *Journal des hommes de Lettres* (Espagne, 1737-1742)	J.-F. de Troy : *Le Déjeuner de chasse.* A partir de 1737, Salons réguliers de peinture et de sculpture. Rameau : *Castor et Pollux.*
1738	Paix de Vienne. Linné classe les plantes et les animaux. Clément XII : Bulle *In emiventi* condamnant la Franc-maçonnerie. Frédéric II initié à la Franc-maçonnerie.	Maupertuis : *La Figure de la Terre* Abbé Banier : *La Mythologie...* Piron : *La Métromanie.* Voltaire : *L'Enfant prodigue ; Epître sur le bonheur.* Marquis d'Argens : *Lettres juives.*	Lillo : *Marina.* John Gay : *Fables.*	Lancret : *L'Hiver ; L'Eté.* Chardin : *La Mère laborieuse.* *Enfant à la toupie.* J.S. Bach : *Messe en si mineur* Haendel : *Israël en Egypte* Boucher : *Le Déjeuner*
1739	*Buffon intendant* du Jardin du Roi.	Voltaire : *Discours sur l'homme* (1739-1745) **Le président de Brosses rédige les *Lettres familières écrites d'Italie* (1739-1740)**	**David Hume :** ***Traité de la nature humaine.*** Algarotti : *Lettres sur la Russie.*	Haendel : *Concerti Grossi* **Chardin :** ***la Pourvoyeuse*** Boucher : *Le Déjeuner.* Rameau : *Dardanus ;*

	Evénements politiques économiques et sociaux	Production écrite française	Production écrite étrangère	Musique, architecture, arts plastiques
1740	Guerre de succession d'Autriche (1740-1748) Début du règne de Frédéric II de Prusse (1740-1786) **Salon de Madame du Deffand (1740-1780)**	**Marivaux : *L'Epreuve.*** Père Castel : *Optique des couleurs.* J.J. Rousseau : *Projet pour l'éducation de M. Sainte-Marie.* Abbé Prévost : *Histoire d'une grecque moderne* **Crébillon (fils) : *Le Sopha*** Mably : *Parallèle des Romains et des Français*	Frédéric II : *L'Anti-Machiavel* (en français). Bodmer : *Traité critique du merveilleux.* Brettinger : *Poétique critique.*	Chardin : *Le Bénédicité.* Boucher : *Le Triomphe de Vénus.* Guillaume Costou : *Les Chevaux de Marly* (1740-1745) J.S. Bach : *Le Clavecin bien tempéré* (2ᵉ livre) (1740-1744)
1741	Dupleix en Inde (1741-1754)	Père André : *Essai sur le Beau* **Nivelle de la Chaussée : *Mélanide*** **Duclos : *les Confessions du comte de* ***** Cazotte : *La Patte du chat*	David Hume : *Essays, Moral and Political* (1741-1748) Richardson : *Paméla*	Chardin : *Jeune fille au volant* Soufflot : hôpital de Lyon Longhi : *La Leçon de danse* Haendel : *Le Messie*
1742		Langlet-Dufresnoy : *Philosophie hermétique* Voltaire : *Mahomet.* Louis Racine : *La Religion.* L'abbé Prévost traduit *Pamela* de Richardson. **Landois : *Sylvie***	Fielding : *Joseph Andrews.* **Edward Young : *Les Nuits* (1742-1745)** Jean Bernoulli : *Œuvres* Heibronner : *Histoire universelle des mathématiques.*	Nattier : *Madame Henriette en Flore* Boucher : *Le Repos de Diane sortie du bain*
1743	Mort de Fleury, Louis XV gouverne par lui-même. Traité d'Albo : la Russie prend une partie de la Finlande à la Suède.	D'Alembert : *Traité de dynamique* Clairault : *Théorie de la figure de la Terre* Morelly : *Essai sur l'esprit humain.*	Blair : *Le Tombeau.* Fielding : *Jonathan Wild.* Torres Villarroel : *Vie* (1743-1758)	Knobelsdorff : Château de Sans-Souci (à Potsdam) (1743-1748) **J.-J. Rousseau : *Dissertation sur la musique moderne.***
1744	Révolte des soyeux à Lyon Guerre coloniale avec l'Angleterre (1744-1758)	Voltaire : *Mérope* Marquis d'Argens : *Mémoires secrets de la République des lettres* **Marivaux : *La Dispute*** Desfontaines : *Jugements sur quelques ouvrages nouveaux (1744-1745)*	Sarah Fielding : *David Simple* William Collins : *Eglogues orientales*	Pigalle : *Mercure* Chardin : *Le Philosophe dans son laboratoire*
1745	Madame de Pompadour favorite (1745-1764) Fontenoy Machault d'Arnouville contrôleur des finances.	Diderot traduit *l'Essai sur le mérite et la vertu* de Shaftesbury. La Condamine : *Relation abrégée d'un voyage dans l'intérieur de l'Amérique méridionale.*	Swift : *Instructions aux domestiques.*	Nattier : *Le Duchesse de Chartres en Hébé.* Falconet : *Milon de Crotone.* Hogarth : *Le Mariage à la Mode.* Rameau : *Platée.*

	Evénements politiques économiques et sociaux	Production écrite française	Production écrite étrangère	Musique, architecture, arts plastiques
1746		Marivaux : *Le Préjugé vaincu.* **Diderot :** ***Pensées philosophiques.*** Condillac : *Essai sur l'origine des connaissances humaines.* **Voltaire : *Lettre à un premier commis.*** **Antoine de la Place : traduction d'*Othello.*** **Vauvenargues : *Introduction à la connaissance de l'esprit humain.***	Frédéric II : *Histoire de mon temps* (en français) (1746-1775) Verney : *La Véritable Méthode pour étudier.* (Portugal) Crudeli : *Fables* Gellert : *Fables et contes* (1746-1748)	Boucher : *La Marchande de modes.* Canaletto : *La Tamise vue de la terrasse de la maison Richmond.* *La Serva padrona* de Pergolèse jouée à Paris. Haendel : *Judas Macchabée.*
1747		Diderot : *Promenade du sceptique.* **Mme de Graffigny :** ***Lettres Péruviennes.*** **Gresset : *Le Méchant.*** **Louis Racine : *Mémoires sur la vie de Jean Racine*** **Grécourt : *Œuvres.***	**Richardson : *Clarissa Harlowe.* (1747-1748).** Swedenborg : *Les Arcanes célestes.* William Collins : *Odes* Klopstock : *Odes.*	Perronneau : *Le Comte de Bastard.* Bach : *L'Offrande musicale.* Boucher : *Les Forges de Vulcain.* Rameau : *Les Fêtes de l'hymen et de l'amour*
1748	Paix d'Aix-la-Chapelle Fouilles de Pompeï	**La Mettrie :** *L'Homme-Plante ;* ***L'Homme-Machine.*** **Voltaire : *L'Esprit des lois.*** **Diderot : *Les Bijoux indiscrets.*** **Boyer d'Argens (?) : *Thérèse Philosophe.***	Von Wolff : *Le Droit de la nature.* Klopstock : *La Messiade.* Gottsched : *Fondements d'un art de la langue allemande.* **David Hume : *Essai sur l'entendement humain.*** Smollet : *Roderick Random.*	Quentin La Tour : *Marie Leszzynska* Gainsborough : *Robert Andrews et sa femme.* Piranèse : *Vue de Rome.*
1749	Emeutes à Paris Affaire des billets de confession Diderot emprisonné à Vincennes **Salon de Mme Geoffrin (1749-1777)**	*Les Cinq plaies de la France* (pamphlet) **Buffon : *Histoire naturelle.*** **Diderot : *Lettre sur les aveugles.*** Voltaire : *Séminaris ; Dissertation sur la tragédie ancienne et moderne ;* Condillac : *Traité des systèmes.*	Fielding : *Tom Jones.* Samuel Johnson : *Irène.* Stanislas Leszcynski : *Voix libre garantissant la liberté,* publié à l'étranger. (Pologne).	Pigalle : *L'Enfant à la cage.* Bouchardon : *Statue équestre de Louis XV* Perronneau : *La Jeune Fille au chat.* J. S. Bach : *L'Art de la fugue.* (1749-1750).
1750	Voltaire : séjour en Prusse. (1750-1753) Malesherbes directeur de la « Librairie » (1750-1763).	Riccoboni : *l'Art du théâtre.* Voltaire : *Oreste.* **D'Alembert : *Prospectus de l'Encyclopédie.*** Rousseau : *Discours sur les sciences et les arts.* Montesquieu : *Défense de l'esprit des lois.* **Marivaux : *La Colonie*** ***Encyclopédie* : 1750-1772** **Mme Riccoboni : *Suite de Marianne* (1750-1760)**	Baumgarten : *L'Esthétique* Gray : *Elégie écrite dans un cimetière de campagne.* Gottsched : *Essai d'une poétique critique* **Goldoni : *Le Café.***	Pigalle : *Vénus donnant un message à Mercure.* Tiepolo décore Wurtzbourg Guardi : *L'Art des patenotriers.*

	Evénements politiques économiques et sociaux	Production écrite française	Production écrite étrangère	Musique, architecture, arts plastiques
1751	**Bulle de Benoît XIV condamnant la franc-maçonnerie *(Providas Romanorum)*** *L'Esprit des lois* mis à l'index.	***L'Encyclopédie* (1751-1765)** Morelly : *Le Prince.* Voltaire : *Le Siècle de Louis XIV.* **La Mettrie : *Œuvres philosophiques.* l'Abbé Prévost traduit *Clarisse Harlowe* de Richardson.**	Fielding : *Amélia* Smollet : *Peregrine Pickle.* David Hume : *Enquête sur les principes de la morale.*	Boucher : *Le Moulin* Quentin La Tour : *Autoportrait* Boucher : *Vénus consolant l'amour.*
1752	Suite de l'affaire des billets de confession Agitation parlementaire (1752-1757)	Besoigne : *Histoire de l'abbaye de Port-Royal* Voltaire : *Micromégas.*	Cataneo : *La Source, la Force et le Véritable esprit des lois*	**Boucher : *Mme de Pompadour.* Guerre des Bouffons.** L'opéra-comique s'organise en genre régulier.
1753	Le Parlement est exilé de Paris : *Les Grandes remontrances* Création de la Chambre Royale.	d'Alembert : *Essai sur la société des gens de lettres.* Rousseau : *Narcisse.* Buffon : *Discours sur le style.* Maupertuis : *Lettre sur le progrès des sciences.* **Grimm : *Correspondance littéraire* (1753-1790)** Rousseau : *Lettres sur la musique française*	Thomas Gray : *Six poèmes* Edward Moore : *Le Joueur.* Richardson : *Grandison.* (1753-1754) Goldoni : *La Locandiera*	Haydn : *Orphée* Vernet : *Les Ports de France.* (1753-1763) Rousseau *Le Devin de Village* Reynolds : *Portrait du Commodore Keppel* Hogarth : *Analyse de la Beauté.*
1754	Rappel du Parlement Dupleix doit revenir en France	Diderot : *Pensées sur l'interprétation de la nature.* **Condillac : *Traité des sensations.*** Abbé Terrasson : *La Philosophie applicable à tous les objets de l'esprit et de la raison.* *L'Année littéraire* (dirigée de 1754 à 1776 par Fréron). (1754-1790) **Rousseau : *Discours sur l'origine et les fondements de l'inégalité.*** **Rameau : *Observations sur notre instinct pour la musique.***	David Hume : *Histoire d'Angleterre*	Favart fait jouer *la Servante maîtresse* de Pergolèse. Boucher : *Portrait de Mme de Pompadour*
1755	Tremblement de terre à Lisbonne	Voltaire : *La Pucelle d'Orléans ; Précis du siècle de Louis XV.* Rousseau : *Essai sur l'origine des langues* **Morelly : *Code de la nature*** Marquis de Mirabeau : *L'Ami des hommes*	Kant : *Histoire naturelle générale et théorie du ciel* Winckelmann : *Réflexions sur l'imitation des artistes grecs dans la peinture et la sculpture*	**Quentin de la Tour : *Mme de Pompadour*** Oudry illustre les *Fables de La Fontaine* Gainsborough : *Les Filles de l'artiste.* (1755-1756)

	Evénements politiques économiques et sociaux	Production écrite française	Production écrite étrangère	Musique, architecture, arts plastiques
1756	Guerre de Sept ans (1756-1763) Ministère du 1er Pitt en Angleterre (1756-1761)	**Voltaire : *Poème sur le désastre de Lisbonne*** *; Essai sur les mœurs.* **Rousseau : *Lettre à Voltaire sur la providence.*** D'Holbach : *Le Christianisme dévoilé.*	Gessner : *Les Idylles* *Journal encyclopédique.* (Hollande) (1756-1790) Burke : *Recherches philosophiques sur l'origine des idées que nous avons du beau et du sublime.*	Chardin : *Les Apprêts du déjeuner.* Piranese : *Antiquités romaines* (gravures).
1757	Annulation de la condamnation de Galilée Peine de mort contre les auteurs ou imprimeurs de livres non autorisés. Attentat de Damiens	Dom Clémencet : *Histoire générale de Port-Royal* **Diderot : *Le Fils naturel ; Entretiens sur le fils naturel.*** Voltaire : *Remarques sur la religion naturelle.* Moreau : *Mémoires pour servir à l'histoire des Cacouacs.* **Mme Riccoboni : *Lettres de Mistress Fanny Butler.***	**Thomas Gray : *Le Barde*** Parini : *Odes.* (1757-1796) Burchiello : *Rimes* Gray : *Le Progrès de la poésie*	Quentin de La Tour : *Marie Fels.* Falconet : *L'Amour menaçant.* **Longhi : *Le Charlatan.*** Pigalle : *Le Commerce*
1758	Choiseul reconstitue l'armée et la flotte (1758-1770) Retour de la comète de Halley	**Rousseau : *Lettre à d'Alembert sur les spectacles.*** **Helvetius : *De l'esprit.*** **Diderot : *Le Père de Famille ;*** **Mme Riccoboni : *Lettres à Milady Catesby*** **Quesnay : *Tableau économique***	Samuel Johnson : *The Idler.* (1758-1760). Galiani : *Eloge du pape Benoit XIV.* **Swedenborg : *Du ciel et de l'enfer ; La Nouvelle Jérusalem.*** Gessner : *La Mort d'Abel*	Falconet : *Allégorie de la chasse* Duni : *Le Docteur Sangrando*
1759	Portugal : expulsion des jésuites **Suppression des banquettes sur le parterre** **Interdiction de *l'Encyclopédie***	**Voltaire : *Candide.*** **Diderot :** *Lettre sur les sourds-muets ; Lettres à Sophie Volland* (1759-1774) ; ***Salons* (1759-1781) ;** ***De la poésie dramatique*** **D'Alembert : *Lettre à Jean-Jacques Rousseau***	*Lettres sur la littérature moderne* (principaux rédacteurs Lessing, Mendelssohn, Nicolaï) **Sterne : *Tristram Shandy. (1759-1767)***	Jouy-en-Josas : Oberkampf crée la première manufacture de toiles peintes. Hogarth : *La Marchande de crevettes* Haydn fixe les lois de la symphonie classique. **Greuze : *La Cruche cassée***
1760	Perte de Montréal Avènement de George III d'Angleterre (1760-1820)	Marquis de Mirabeau : *Théorie de l'Impôt* Voltaire : *L'Ecossaise ; Tancrède.* **Palissot : *Les Philosophes.*** **Diderot : *La Religieuse*** (pub. 1796) **Diderot : début de rédaction du *Neveu de Rameau*** (pub. 1805)	Lessing traduit le théâtre de Diderot. **Mac Pherson : *Poèmes d'Ossian.*** Frédéric II : *Œuvres du philosophe de Sans-Souci.* (1760-1771) Goldoni : *Les Rustres*	Fragonard : *Les Jardins de la villa d'Este* (vers 1760) Gabriel de Saint-Aubin : *Les Tuileries.* J. B. Lemoyne : *Vertumne et Pomone.* **Chardin : *Le Bocal d'Olives*** **La Tour : *Portrait de Mme de Pompadour* (vers 1760)**

	Evénements politiques économiques et sociaux	Production écrite française	Production écrite étrangère	Musique, architecture, arts plastiques
1761	Capitulation de Pondichéry Turgot intendant du Limousin (1761-1774) Condamnation de la doctrine d'Ignace de Loyola, fermeture des collèges jésuites.	Dupont de Nemours : *Physiocratie* **Rousseau : *La Nouvelle Héloïse ;*** *Extrait du projet de paix perpétuelle.* **Voltaire : *Lettres à M. de Voltaire sur la Nouvelle Héloïse*** Marmontel : *Contes moraux.*	Mendelssohn : *Du sublime et du naïf dans les beaux-arts.* Gozzi : *L'Amour des trois oranges*	J.-B. Lemoyne : *Buste de Montesquieu* **Greuze : *L'Accordée de village.*** Philidor : *Le Jardinier et son Seigneur* (livret de Sedaine).
1762	**Affaire Calas** Mise sous séquestre des biens jésuites. La Russie se retire de la guerre de Sept ans Règne de Catherine II de Russie (1762-1796), « despotisme éclairé ». **Salon de Mlle de Lespinasse (1762-1776)** **Salon de Mme d'Epinay (1762-1783)** Autodafé de L'Emile (à Paris et à Genève) et *Du Contrat social* (à Genève)	**Rousseau : *Emile ; Du Contrat social ; Lettres à Malesherbes*** **Curé Meslier : *Testament* (1ère édition)** Abbé Morellet : *Le Manuel des inquisiteurs.* Voltaire : *Pièces originales sur la mort du sieur Calas.* **Diderot écrit *Le Neveu de Rameau.*** **Académie française : *Dictionnaire*** **Diderot : *Eloge de Richardson***	Goldsmith : *Le Citoyen du monde.* Gozzi : *La Princesse Turandot* Algarotti : *Essai sur la peinture*	Ange-Jacques Gabriel : *Le Petit Trianon.* (1762-1764) Monsigny : *Le Roi et le Fermier* (livret de Sedaine) Fusion entre l'Opéra-Comique et la Comédie-Italienne Gluck : *Orphée et Euridice.* Sacchini : *Sémiramis.*
1763	Traité de Paris La Sorbonne condamne la franc-maçonnerie Sartine directeur de la Librairie (1763-1774)	**Voltaire : *Traité sur la tolérance ;*** *Histoire de l'empire de Russie ;* ***Lettre à Helvetius*** **Boufflers : *Les Cœurs*** **Diderot : *Salon de 1763***	Parini : *Le Jour* (1763-1765)	Falconet : *Pygmalion et Galatée* Mozart et sa sœur présentés dans les salons parisiens. (1763-1764)
1764	Expulsion des jésuites Interdiction de tout écrit sur l'Administration des Finances. Salon de Mme Necker (1764-1794) Mort de Mme de Pompadour Mme du Barry favorite	Lalande : *Traité d'astronomie* Rousseau : *Lettres écrites de la Montagne.* **Voltaire : *Dictionnaire philosophique ; Le Sentiment des Citoyens ; Lettre à D'Alembert*** **Saint-Lambert : Les Saisons**	Winckelmann : *Histoire de l'art chez les anciens* **Horace Walpole : *Le Château d'Otrante.*** Goldsmith : *Le Voyageur.* Kant : *Observation sur le sentiment du beau et du sublime*	Soufflot : église Sainte-Geneviève (1764-1780) Monsigny : *Rose et Calas* (livret de Sedaine) Philidor : *Le Sorcier*

	Evénements politiques économiques et sociaux	Production écrite française	Production écrite étrangère	Musique, architecture, arts plastiques
1765	Election de Stanislas Poniatowski **Réhabilitation de Calas**	***Encyclopédie* : t. VIII à XVII, 5 vol. de planches.** De Brosses : *Traité de la formation mécanique des langues.* **Rousseau : *Projet de Constitution pour la Corse.*** **Sedaine : *Le Philosophe sans le savoir*** **Diderot : *Salon de 1765*** **Diderot : *Contre le genre larmoyant*** (pub. 1789) La Harpe : *Mélanges littéraires.* **Voltaire : *De l'horrible danger de la lecture.***	Ramon de la Cruz : *Le Soir au Prado.* Percy : *Reliques de l'ancienne poésie anglaise.*	**Greuze : *La Malédiction paternelle.*** Fondation de l'école des Arts décoratifs Chardin : *Les Attributs de la musique.* **Fragonard : *Coresus et Callirhoé***
1766	Annexion de la Lorraine Affaire du chevalier de La Barre Voyage de Bougainville (1766-1769)	Léonard : *Idylles morales* Marmontel : *Bélisaire.* Voltaire : *Commentaire sur les délits et les peines.* **Turgot : *Réflexions sur la formation et la distribution des richesses***	Wieland : *Agathon* Lessing : *Laokoon* Goldsmith : *Le Pasteur de Wakefield.*	Falconet : statue équestre de Pierre le Grand à Saint-Pétersbourg. (1766-1778) Monsigny : *La Reine de Golconde.* Gossec : *Les Pêcheurs*
1767	Expulsion des jésuites d'Espagne Un arrêt du Parlement interdit d'écrire sur les questions religieuses	Voltaire : *L'Ingénu.* Beaumarchais : *Eugénie ; Essai sur le genre dramatique sérieux.* Chaudon : *Dictionnaire antiphilosophique.* **Diderot : *Salon de 1767***	Lessing : *Minna von Baruhelm* Goethe : *Le Caprice de l'amoureux.* **Lessing : *Dramaturgie de Hambourg.* (1767-1769)** Mendelssohn : *Phédon ou l'immortalité de l'âme*	**L. M. Van Loo : *Portrait de Denis Diderot.*** **Hubert Robert : *Ruines*** **Fragonard : *Les Hasards heureux de l'escarpolette***
1768	Voyage de Cook (1768-1779)	**Quesnay : *La Physiocratie*** Naigeon et d'Holbach : *Le Militaire philosophe.* Voltaire : *L'Homme aux quarante écus ; Dialogues entre A, B, C ; Relation de la mort du chevalier de la Barre.* D'Holbach : *Théologie portative; La Contagion sacrée.*	Euler : *Lettres à une princesse d'Allemagne sur quelques sujets de physique et de philosophie.* (1768-1772) Sterne : *Voyage sentimental.* Goldsmith : *L'Homme au bon naturel.* Möser : *Fantaisies patriotiques*	Mozart : *Bastien et Bastienne.* Haydn : *L'Apothicaire* Mozart : *Mélodies* (1768-1791)
1769	Abolition du monopole de la Compagnie des Indes James Watt : La machine à vapeur à simple effet	**Saint-Lambert : *Les Saisons*** Restif de La Bretonne : *Le Pornographe* Voltaire : *Essai sur les mœurs;* **Le Tourneur traduit les *Nuits* de Young.** Ducit adapte *Hamlet* **Diderot : *Entretien avec d'Alembert ; Le Rêve de d'Alembert ; Salon de 1769 ; Mémoire sur la liberté de la presse***	Burke : *Observations on the Present State of the Nation* Catherine II de Russie crée *De tout un peu* (revue)	**Fragonard : *Portrait de Denis Diderot*** Gondoin : *L'Ecole de chirurgie.* Houdon : *Morphée.* **J. Vernet : *Le Clair de lune***

	Evénements politiques économiques et sociaux	Production écrite française	Production écrite étrangère	Musique, architecture, arts plastiques
1770	Le Triumvirat : Terray, d'Aiguillon, Maupéou. Affaire La Chalotais, Le Parlement est exilé Renvoi de Choiseul Le Dauphin épouse Marie-Antoinette Abolition des parlements du royaume (1770-1774)	**D'Holbach : *Le Système de la nature*** Abbé Raynal : *Histoire des deux Indes* Abbé Coyer : *Plan d'éducation publique.* *Recueil philosophique* par Naigeon Delille traduit les *Géorgiques* de Virgile Diderot : *Entretien d'un père avec ses enfants* Voltaire : *Question sur l'Encyclopédie (1770-1772)* **Rousseau : Achèvement des *Confessions***	**Le Sturm und Drang, en Allemagne (1770-1775)** Ramon de la Cruz : *Les Veillées de Madrid.* Burger : *Lénore* Goethe : *Chants*	Fragonard : *La Fête de Saint-Cloud.* Mode des jardins anglais. Pajou : *La Fidélité en Mme du Barry tenant à la main le cœur de Louis XV.* Gainsborough : *L'Enfant en bleu.* Haydn : *Endymion* Mozart : *Mithridate* Fragonard : *Le Chiffre d'amour* **J. Vernet : *Le Soir ou Coucher de soleil.***
1771	Mauvaise récolte et crise économique	Palissot : *Mémoires pour servir à l'histoire de la littérature.* Publication de la relation du voyage de Bougainville **L.S. Mercier : *L'An 2440***	Swedenborg : *La Vraie religion chrétienne* Goldoni : *Le Bourru bienfaisant* (à Paris, en français)	Nicolas Ledoux : *Pavillon de Mme Du Barry* (à Louveciennes) Mozart : *la Clémence de Titus* Houdon : *Buste de Diderot*
1772	Premier partage de la Pologne En Suède, Gustave III, despote éclairé devient « Monarque absolu » Lavoisier jette les bases de la chimie moderne (1772-1786) Dissolution de la Grande-Loge de France	***Encyclopédie* : Planches, 6 vol.** D'Holbach : *Le Bon sens.* Crébillon fils : *Œuvres complètes* Helvetius : *De l'homme.* **Cazotte : *Le Diable amoureux*** **Diderot écrit *Le Supplément*** *au voyage de Bougainville* **(publié en 1796).** **Gilbert : *Le Poète malheureux***	Priestley : *Histoire et état actuel des découvertes concernant la vision, la lumière et les couleurs* Lessing : *Emilia Galotti*	Couture travaille à l'église de la Madeleine, à Paris. Chardin : *Portrait de l'artiste aux bésicles* Fragonard : *L'Atelier ; Le Rendez-vous ; L'Amant ; L'Amant couronné ; L'Abandon ;* Salieri : *Le Seau enlevé*
1773	Regulating Act sur l'Inde en Angleterre Voyage de Diderot à la cour de Russie Catherine II de Russie réprime la révolte de Pougatchev (1773-1775) Clément XIV supprime l'ordre des jésuites	D'Holbach : *La Politique naturelle* **Diderot :** *Les Deux amis de Bourbonne* (écrit en 1770) ; *Le Paradoxe sur le comédien* (publié en 1830) ***Jacques le Fataliste*** (publié en 1796)	Goethe : *Goetz de Berlichingen* *Les dieux, les héros de Wieland* Goldsmith : *Elle s'abaisse pour conquérir*	Grétry : *Le Magnifique* (livret de Sedaine). Wieland : *Alceste*
1774	Emeutes de la faim Mort de Louis XV	**Buffon :** *supplément à l'histoire naturelle (1774-1779)*	Gœthe : *Werther*	

Décor Louis XV, canapé, (Bulloz).

ROCOCO : DÉFINITIONS

Comme de nombreux termes du vocabulaire esthétique critique (gothique, baroque, impressionniste, naturaliste...), rococo, *à son apparition, est affecté d'un sens péjoratif (voir aussi le n° 69).*

Le terme apparaît à l'extrême fin du XVIIIe siècle, dans le vocabulaire spécialisé des ateliers de peinture. L'un des premiers, Hugo aimera l'esthétique rococo : « l'architecture du XVIIIe siècle, quand elle est riche, finit par racheter son mauvais goût. Sa fantaisie végète et s'épanouit au sommet des édifices en buissons de fleurs si extravagants et si touffus que toute colère s'en va et qu'on s'y acoquine » *écrit-il à propos de l'architecture de Nancy (in* le Rhin, *1842, lettre XXIX).*

Le mot ne figure pas dans l'édition de 1835 du Dictionnaire de l'Académie Française, *mais il est défini pour la première fois dans le supplément de 1842 :* « Rococo se dit trivialement du genre d'ornement, de style et de dessin qui appartient à l'école du règne de Louis XV et du commencement de Louis XVI. Le genre rococo a suivi et précédé le Pompadour, qui n'est de même qu'une nuance du rococo. [...] Dans la dernière édition du Dictionnaire de l'Académie de 1935, il est défini ainsi « un genre... à la mode au XVIIIe siècle... caractérisé par la profusion des ornements contournés ».

Fiske Kimball, *le Style de Louis XV*, (trad. J. Marie, éd. Picard, 1949).

Ce rococo se définit donc comme l'ultime phase — flamboyante — de l'esthétique baroque, celle que dès 1734 on qualifiait de « style rocaille » par comparaison et analogie avec les vieux mots de travail de rocaille *et* travail de coquille.

R. LAUFER, 1959

[Rococo :] Les historiens de l'art français préfèrent souvent réserver le mot pour caractériser certaines tendances « baroques » de l'art français du XVIIIe siècle hors de France. Ils distinguent en gros le demi-siècle *rocaille* et le demi-siècle *antiquisant.* Sans doute cette distinction est-elle aussi applicable à la littérature : mais elle offre les mêmes dangers que les étiquettes « raison » et « sensibilité », « pseudo-classicisme » et « pré-romantisme » que nous venons de rejeter. Elle a cependant l'avantage, en contredisant celles-ci, de nous suggérer que la première moitié de l'âge des lumières est à la fois pseudo-classique *et* baroque, la seconde, néo-classique *et* préromantique. Cette contradiction me paraît être la *vérité* du style du dix-huitième siècle. [...]

Dans le mobilier, l'exubérance de l'ornementation devient une surcharge souvent pesante. L'équilibre et l'élégance disparaissent après 1770 dans les arts comme dans la littérature. D'ailleurs, les termes *rocaille* et *antiquisant* définissent des réalités bien différentes : le premier dénomme un style homogène au moyen de l'une de ses manifestations, l'autre, se borne à signaler une source d'inspiration extérieure. Il existe un style rocaille, mais seulement une période antiquisante durant laquelle l'éclectisme et le talent s'élèvent rarement au génie. On ne saurait qualifier d'antiquisant le chef-d'œuvre qu'est le Petit Trianon de Gabriel (1762-68). Les réussites d'après 1770, peut-être même celles d'après 1760, sont moins éloignées de l'équilibre rocaille que les œuvres à la mode : elles sont en retard et en avance sur leur temps. Entre le classicisme de 1660 et le romantisme de 1830, la France n'a élaboré qu'un seul style, auquel je propose de donner un seul nom, celui de rococo.

D'un bout du siècle à l'autre, se maintient la tension entre classicisme et baroque, raison et sensibilité. Mais après 1770, la tension est telle qu'elle est exceptionnellement surmontée : elle produit l'emphase et la grandi-

Décor Louis XV, commode, (Bulloz).

loquence romaine ou sensible. Les artistes et les écrivains ne peuvent plus réconcilier les deux idéologies, bourgeoise et aristocratique, qui divisent leur personnalité. La tourmente révolutionnaire ne fera qu'exagérer cette coupure intérieure jusqu'à la schizophrénie. Qu'on pense aux deux Saint-Just, le pornographe et le pur des purs. [...] Le Directoire et l'Empire ont produit des styles qui se rattachent au rococo. Le romantisme de 1820 est le fait de ci-devants réels ou prétendus. Pour cette raison, il ne me paraît pas absurde de donner un seul nom au style du dix-huitième siècle, et si ce nom en favorise plutôt la première que la seconde moitié, c'est simple justice. Ceci dit, il est clair que beaucoup de choses ont changé avec les années. Prise à la rigueur, l'expression de style rococo n'a aucun sens. Comme celle de classicisme, qui se rétrécit à Racine auquel pourtant son jansénisme retire sa valeur exemplaire et centrale. Tant que l'Ancien Régime est menacé par le capitalisme bourgeois mais lui résiste, que les idéologies aristocratique et bourgeoise se contaminent inextricablement, existent les conditions du style rococo. [...].

L'œuvre rococo ne peut être comprise que dans sa totalité, faute de quoi on n'y voit, selon l'expression de Faguet, qu'un « chaos d'idées claires ». Nous l'avons déjà dit, l'œuvre rococo est menacée de tomber d'un côté dans l'académisme (c'est la rhétorique de ce qui fut la poésie lyrique du dix-huitième siècle), de l'autre dans le maniérisme (les éléments constitutifs de l'œuvre s'affinent à l'excès, perdent leur contour). La *Vie de Marianne* sombre bientôt dans un tel maniérisme : l'œuvre perd toute forme. En effet, l'opposition entre le passé du récit et le présent de la narratrice constitue le dessein originel de Marivaux, celui qu'il a fort joliment exécuté dans le premier livre : l'erreur de Marivaux fut de prétendre transcrire noir sur blanc les limites de la personnalité, du temps vécu, au lieu de laisser la question se profiler à travers les pages. Par manque de netteté, la perspective s'aplatit et les subtilités deviennent bavardages.

Le contraste qui est à la base de l'œuvre rococo ne peut être senti en effet que s'il est nettement défini ; mais s'il est trop grossièrement défini, il devient vulgaire et pompeux. Fragonard est menacé par le flou, Greuze par le criard. Le rêve se vaporise, le quotidien se fige. Aux confins de la féérie et de la réalité, entre le flux incessant et l'immobilité, l'artiste rococo découvre une matière mitoyenne qui passe de l'un à l'autre aspect. Dans la pensée et la littérature, entre la raison et l'imagination apparaît une matière imaginaire rationnelle qui exprime l'exigence double de l'homme du dix-huitième siècle.

Style rococo, style des lumières, 1959.

Rubens, *Descente de Croix, détail,* (Bulloz).

L'affaire Girard – La Cadière occupa puissamment les esprits vers 1730. Le premier était un R.P. jésuite, qui voulait à toute force passer à la postérité comme directeur de conscience d'une «sainte» (comme le notera plus tard Michelet, les jésuites manquaient de miracles pour étayer leur doctrine, alors que les jansénistes en faisaient tous les jours). Mais pour faire une sainte de Catherine Cadière (qui devient Eradice, par anagramme, dans le texte de* Thérèse philosophe), *le père Girard (Dirrag) devait la purifier: macérations, fouet et «purifications internes» effectuées de telle sorte que Cadière se retrouva enceinte des œuvres de Girard, qui la fit avorter subrepticement. Accusé de «sorcellerie»* ***par la famille Cadière, Girard, puissamment*** *soutenu par sa congrégation, contre-attaqua en accusant Cadière de diffamation. Ce fut le dernier procès de sorcellerie en France. Girard, acquitté de justesse par le Parlement d'Aix, quitta Toulon et mourut, avec une hâte suspecte, l'année suivante.*

Eradice m'avait dit plusieurs fois, avec une sorte de vanité, que ce père ne se communiquait tout entier qu'à elle seule; que dans les entretiens particuliers qu'ils avaient souvent ensemble chez elle, il l'avait assurée qu'elle n'avait plus que quelques pas à faire pour parvenir à la sainteté; que Dieu le lui avait ainsi révélé dans un songe, par lequel il avait connu clairement qu'elle était à la veille d'opérer les plus grands miracles, si elle continuait de se laisser conduire par les degrés de vertu et de mortification nécessaires.

La jalousie et l'envie sont de tous les états; celui de dévote en est peut-être le plus susceptible.

Eradice s'aperçut que j'étais jalouse de son bonheur, et que même je paraissais ne pas ajouter foi à ce qu'elle me disait. Effectivement je lui témoignais d'autant plus de surprise de ce qu'elle m'apprenait de ses entretiens particuliers avec le père Dirrag, qu'il avait toujours éludé d'en avoir de semblables avec moi dans la maison d'une de ses pénitentes, mon amie, qui était stigmatisée ainsi qu'Eradice. Sans doute que ma triste figure et que mon teint jaunâtre n'avaient pas paru au Révérend Père, être pour lui un restaurant propre à exciter le goût nécessaire à ses travaux spirituels. J'étais piquée au jeu; point de stigmates, point d'entretien particulier pour moi! Mon humeur perça, j'affectai de paraître ne rien croire.

Eradice, d'un air ému, m'offrit de me rendre dès le lendemain matin témoin oculaire de son bonheur. «Vous verrez, me dit-elle avec feu, quelle est la force de mes exercices spirituels, et par quels degrés de pénitence le bon père me conduit à devenir une grande sainte, et vous ne douterez plus des extases, des ravissements, qui sont une suite de ces mêmes exercices. Que mon exemple, ma chère Thérèse, ajouta-t-elle en se radoucissant, ne peut-il opérer dans vous, pour premier miracle, la force de détacher entièrement votre esprit de la matière par la grande vertu de la méditation, pour ne le mettre qu'en Dieu seul!»

Je me rendis le lendemain à cinq heures du matin chez Eradice, comme nous en étions convenues. Je la trouvai en prière, un livre à la main.

«Le saint homme va venir, me dit-elle, et Dieu avec lui: cachez-vous dans ce petit cabinet, d'où vous pourrez entendre et voir jusqu'où la bonté divine veut bien s'étendre, en faveur de sa vile créature, par les soins pieux de notre Directeur.»

Un instant après, on frappa à la porte doucement. Je me sauvai dans le cabinet, dont Eradice portait la clé. Un trou large comme la main, qui était dans la porte de ce cabinet, couverte d'une vieille tapisserie de Bergame très claire, me laissait voir librement la chambre en son entier, sans risquer d'être aperçue.

Le bon père entra: «Bonjour, ma chère sœur en Dieu, lui dit-il. Que le Saint-Esprit et Saint-François soient avec vous!»

Elle voulut se jeter à ses pieds, mais il la releva et la fit asseoir auprès de lui «Il est nécessaire, lui dit le saint homme, que je vous répète les principes sur lesquels vous devez vous guider dans toutes les actions de votre vie; mais parlez-moi auparavant de vos stigmates: celui que vous avez sur la poitrine est-il toujours dans le même état? Voyons un peu.» Eradice se mit d'abord en devoir de découvrir son téton gauche, au-dessous duquel il était.

«Ah! ma sœur! Arrêtez, couvrez votre sein avec ce mouchoir (1) (il lui en tendait un); de pareilles choses ne sont point faites pour un membre de notre société: il nous suffira que je voie la plaie que Saint-François y a imprimée; ah! elle subsiste. Bon, dit-il, je suis content. Saint-François vous aime toujours: la plaie est vermeille et pure; j'ai eu soin d'apporter encore avec moi le saint morceau de son cordon (2); nous en aurons besoin à la suite de nos exercices. Je vous ai déjà dit, continua-t-il, que je vous distinguais de toutes mes pénitentes, vos compagnes, parce que je vois que Dieu vous distingue lui-même de son saint troupeau; comme le Soleil est distingué de la Lune et des autres planètes. C'est pour cette raison que je n'ai pas craint de vous révéler les mystères les plus cachés. Je vous l'ai dit, ma chère sœur, *oubliez-vous* et *laissez faire.* Dieu ne veut des hommes que le cœur et l'esprit. C'est en oubliant le corps qu'on parvient à s'unir à Dieu, à devenir sainte, à opérer des miracles. Je ne puis vous dissimuler, mon petit ange, que dans notre dernier exercice, je me suis aperçu que votre esprit tenait encore à la chair.»

Thérèse philosophe, 1748.

(1) Cf. le Tartuffe *de Molière: «Couvrez ce sein que je ne saurais voir», III, 1.*
(2) Le terme est à prendre ici, bien sûr, dans un sens purement métaphorique – plus charnel que spirituel.

En tentant, dans la Sorcière *(1862), une synthèse de l'histoire de la femme, Michelet n'a pas manqué d'évoquer largement, pour son exemplarité, l'affaire Girard — La Cadière. Exemplarité d'un procès extravagant, où les charges pesant contre Girard étaient accablantes, et où pourtant, durant toute la durée du procès, ce fut à La Cadière de faire la preuve de ses accusations (dans tout ce qui touchait aux mœurs, c'était a priori la femme que l'on arrêtait et «interrogeait» sérieusement, l'homme apparaissait toujours comme prévenu libre).*

Michelet a emprunté maint détail à un livre paru à Aix en 1772, faisant le point sur le procès (les Jésuites avaient été expulsés de France en 1764), à l'aide des minutes des interrogatoires.*

JULES MICHELET (1798-1874)

Elle sanctifia vaniteusement tout ce qu'elle sentait des mouvements de nature. Les dégoûts, les tressaillements de la femme enceinte auxquels elle ne comprenait rien, elle les mit sur le compte des violences intérieures de l'Esprit. Au premier jour de carême, étant à table avec ses parents, elle voit tout à coup le Seigneur. «Je veux te conduire au désert, dit-il, t'associer aux excès d'amour de la sainte Quarantaine, t'associer à mes douleurs...» Elle frémit, elle a horreur de ce qu'il faudra souffrir. Mais seule elle peut se donner pour tout un monde de pécheurs. Elle a des visions sanglantes. Elle ne voit que du sang. Elle aperçoit Jésus comme un crible de sang. Elle-même crachait le sang, et elle en perdait encore d'autre façon. Mais en même temps sa nature semblait changée. A mesure qu'elle souffrait, elle devenait amoureuse. Le vingtième jour du Carême, elle voit son nom uni à celui de Girard. L'orgueil alors exalté, stimulé du sens nouveau qui lui venait, l'orgueil lui fait comprendre le *domaine spécial* que Marie (la femme) a sur Dieu. — Elle sent *combien l'ange est inférieur* au moindre saint, à la moindre sainte. — Elle voit le palais de la gloire, et se confond avec l'Agneau... ! Pour comble d'illusion, elle se sent soulevée de terre, monter en l'air à plusieurs pieds. Elle peut à peine le croire, mais une personne respectée, Mlle Gravier, le lui assure. Chacun vient, admire, adore. Girard amène son collègue Grignet, qui s'agenouille et pleure de joie.

N'osant y aller tous les jours, Girard la faisait venir souvent à l'église des jésuites. Elle s'y traînait à une heure, après les offices, pendant le dîner. Personne alors dans l'église. Il s'y livrait devant l'autel, devant la croix, à des transports que le sacrilège rendait plus ardents. N'y avait-elle aucun scrupule ? pouvait-elle bien s'y tromper? Il semble que sa conscience, au milieu d'une exaltation sincère encore et non jouée, s'étourdissait pourtant déjà, s'obscurcissait. Sous les stigmates sanglants, ces faveurs cruelles de l'Epoux céleste, elle commençait à sentir d'étranges dédommagements. Heureuse de ses défaillances, elle y trouvait, disait-elle, des peines d'infinie douceur et je ne sais quel flot de la Grâce «jusqu'au consentement parfait». [...]

Deux choses attendrissent dans ses rêveries : l'une, c'est le pur idéal qu'elle se faisait de l'union fidèle, croyant voir le nom de Girard et le sien unis à jamais au Livre de vie. L'autre chose touchante, c'est sa bonté qui éclate parmi les folies, son charmant cœur d'enfant. Au jour des Rameaux, en voyant la joyeuse table de famille, elle pleura trois heures de suite de songer «qu'au même jour personne n'invita Jésus à dîner».

Pendant presque tout le Carême, elle ne put presque pas manger ; elle rejetait le peu qu'elle prenait. Aux quinze derniers jours, elle jeûna entièrement, et arriva au dernier degré de faiblesse. Qui pourrait croire que Girard, sur cette mourante qui n'avait plus que le souffle, exerça de nouveaux sévices ? Il avait empêché ses plaies de se fermer. Il lui en vint une nouvelle au flanc droit. Et enfin au Vendredi Saint, pour l'achèvement de sa cruelle comédie, il lui fit porter une couronne de fil de fer, qui, lui entrant dans le front, lui faisait couler sur le visage des gouttes de sang. Tout cela sans trop de mystère. Il lui coupa d'abord ses longs cheveux, les emporta. Il commanda la couronne chez un certain Bitard, marchand du port, qui faisait des cages. Elle n'apparaissait pas aux visiteurs avec cette couronne, on n'en voyait que les effets, les gouttes de sang, la face sanglante. On y imprimait des serviettes, on en tirait des *Véroniques* (1) que Girard emportait pour les donner, sans doute à des personnes de piété.

la Sorcière, 1862.

(1) Allusion au voile dont Véronique essuya le visage du Christ, et où se conserve l'empreinte de la Sainte-Face.

MIRACLES...

1 — Thérèse Philosophe *a une valeur de pamphlet*. Comment ce caractère polémique* transparaît-il à travers le récit romanesque?*

2 — Quelle est la fonction symbolique d'anagrammes si parfaitement clairs pour le public? Quel lien est ainsi tissé entre roman et réalité?*

3 — Cherchez dans un dictionnaire le sens exact du mot hystérie. *Quels détails, dans les deux textes ci-dessus, de la personnalité et du comportement de Catherine Cadière peuvent justifier ici l'utilisation de ce terme psychiatrique?*

4 — On a également accusé Girard de quiétisme *(se référer au n° 12). Quels éléments (vision directe de Dieu, etc.) pourraient étayer cette accusation?*

5 — DOSSIER: les jésuites en France; théories religieuses (se référer au **XVI-XVIIe siècles,** *n° 161 à 163, et ici même n° 12, 36 à 38), et incidences politiques.*

Boucher, *l'Enlèvement d'Europe,* vers 1750, (Bulloz).

Paul Véronèse (1528-1588) vers 1580, Boucher, au milieu du XVIIIe siècle, Chénier (voir n° 166), à la fin du même siècle : trois moments où, dans les traits comme dans les mots, l'érotisme mythologique s'élabore. Dans son entreprise, François Boucher se sépare du pur académisme pour en venir à ce qu'on a appelé le style «rococo».

LE ROCOCO : *entre 1700-1710 et 1760-1770, en Europe, se développe un style hérité du baroque (voir index* **XVIe-XVIIe siècles)** *dans les arts décoratifs, la peinture, l'architecture, la sculpture et, dans une moindre mesure, la musique. Fort difficile à définir, ce style semble être né dans les jardins (d'où son nom redoublé sur «rocaille») et les appartements français : l'emploi des lignes brisées ou ondulantes, des courbes et contre-courbes, de la «rocaille» (éléments venus des jardins), de la «chicorée» (motifs extrêmement ouvragés), la multiplicité d'accessoires, le goût pour la profusion tant des corps que des couleurs se dissolvent dans une atmosphère voluptueuse. Boucher, Fragonard (voir n°93), Watteau (voir n°54), Van Loo (voir index des noms) et Natoire (1700-1777) en peinture, Pigalle (1714-1785), Falconet (1716-1791) et Nicolas Sébastien dit Adam le Jeune (1705-1778) en sculpture, sont les grands artistes de ce qu'on a appelé le rococo français (voir en complément de ce dossier, le n° 67).*

ANDRÉ CHÉNIER, 1819 posth.

L'ENLÈVEMENT D'EUROPE (1)

Il s'avance à pas lents trouver la jeune reine.
Sur ses pieds délicats sa langue se promène.
Europe, de sa bouche, en le voyant si beau,
Vient essuyer l'écume, et baise le taureau.
Il mugit doucement : la flûte de Lydie
Chante une moins suave et tendre mélodie.
Il s'incline à ses pieds ; tient sur elle les yeux,
Lui montre la beauté de son flanc spacieux ;
Soudain : «Venez, venez, ô mes chères compagnes,
Dit-elle, de nos jeux égayons ces campagnes ;
Sur ce taureau si doux nous allons nous asseoir ;
Son large dos pourra toutes nous recevoir,
Toutes nous emporter, comme un vaste navire.
C'est un esprit humain qui sans doute l'inspire.
Nul autre ne s'est vu qui pût lui ressembler.
Il lui manque une voix. Il voudrait nous parler.»
Elle dit et s'assied. La troupe à l'instant même
Vient ; mais se relevant sous le fardeau qu'il aime
Le Dieu fuit vers la mer. L'imprudente soudain
Les appelle à grands cris, pleure, leur tend la [main
Elles courent ; mais lui, qui de loin les devance,
Comme un léger dauphin dans les ondes s'élance.
En foule, sur les flancs de leurs monstres nageurs,
Les filles de Nérée (2) autour des voyageurs
Sortent. Le roi des eaux, calmant la vague amère,

ⱽéronèse, *l'Enlèvement d'Europe,* vers 1580, Venise, (Scala).

ᶠraye, agile pilote, une voie à son frère;
)'hyménée, auprès d'eux, les humides Tritons (3)
;ur leurs conques d'azur répètent les chansons.
;ur le front du taureau la belle palpitante
;'appuie, et l'autre main tient sa robe flottante
)u'à bonds impétueux souillerait l'eau des mers.
\utour d'elle son voile épandu dans les airs,
:omme le lin qui pousse une nef passagère,
;'enfle, et sur son amant la soutient plus légère.
/lais, dès que nul rivage à son timide effroi,
Jul mont ne s'offrit plus, qu'elle n'eût devant soi
ien qu'une mer immense et le ciel sur sa tête,
romenant autour d'elle une vue inquiète:
Dieu taureau, quel es-tu? Parle, taureau
[trompeur,
)ù me vas-tu porter? N'en as-tu point de peur
e ces flots? Car ces flots aux poupes
[vagabondes
:èdent; mais les troupeaux craignent les mers
[profondes.
ù sera la pâture, et l'eau douce pour toi?
s-tu Dieu? mais des Dieux que ne suis-tu la loi?
a terre aux dauphins, l'onde aux taureaux est
[fermée.
lais toi seul sur la terre et sur l'onde animée
ours. Tes pieds sont la rame ouvrant le sein des
[mers
: bientôt des oiseaux peut-être dans les airs
as-tu joindre aussi la volante famille.
palais de mon père! ô malheureuse fille,
ui pour tenter sur l'onde un voyage nouveau,
ule, errante, ai suivi ce perfide taureau!
toi, maître des flots, favorise ma route!
on invisible appui se montrera sans doute;
ıns doute ce n'est pas sans un pouvoir divin,
ue s'aplanit sous moi cet humide chemin.»
e dit. A ces mots, pour la tirer de peine,
ı quadrupède amant sort une voix humaine.
) vierge, ne crains point les fureurs de la mer;
ıns ce taureau nageur tu presses Jupiter.
Je me choisis en maître une forme, un visage.
Mon amour, ta beauté m'ont sous ce corps
[sauvage
Fait mesurer des flots cet empire inconstant.
La Crète, île fameuse, est le bord qui t'attend.
Il m'a nourri moi-même. Et là, ta destinée
Te promet de grands rois, fils de notre hyménée.»
Il dit: le bord paraît. Les Heures (4), en ce lieu,
Ont préparé son lit... Il se relève Dieu,
Détache la ceinture à la belle étrangère,
Et la vierge en ses bras devient épouse et mère.

Bucoliques (5), VI, (1819 posth.).

(1) Zeus vit Europe alors qu'elle jouait sur la plage. Il se transforma en un taureau d'une éclatante beauté, et enleva la jeune fille pour s'unir à elle en Crète. Elle eut trois fils: Minos, Sarpédon et Rhadamante. Le taureau dont Zeus avait pris la forme devint une constellation et l'un des signes du zodiaque.
(2) Les Néréides, divinités marines, filles de Nérée, le vieillard de la mer.
(3) Les tritons sont des êtres qui ont le haut du corps d'un homme et le bas d'un poisson. Ils font partie du cortège de Poséidon.
(4) Les Heures: les divinités des Saisons: divinités à la fois de la Nature et de l'ordre (elles sont filles de Thémis, la Justice)
(5) Inspirées d'Ovide, du poète grec Moschos (IIe siècle av. J.C.) et de nombreux autres poètes antiques.

1 — *Quel est, dans chacun des deux tableaux et dans le texte, le rôle des couleurs et des décors: à quel moment du jour sommes-nous? A quel endroit? Que suggère la tonalité d'ensemble? Les éléments du décor ont-ils tous la même valeur? Où y a-t-il "profusion", et pourquoi?*

2 — *Europe est-elle réellement apeurée? Que dit-elle ou que semble-t-elle dire malgré l'enlèvement, sinon le viol, dont elle est l'objet? Comment dès lors interpréter cet épisode? Pour quels spectateurs est-il représenté?*

3 — *Quelles peuvent être les fonctions sociales ou esthétiques de telles représentations mythologiques au milieu et à la fin (Chénier) du XVIIIe siècle?*

70 G.-L LECLERC, Comte de BUFFON (1707-1788)

Garneray, *Portrait de Buffon,* (Bulloz)

Bien que Buffon n'ait pas collaboré à l'Encyclopédie (voir n° 86 et suiv.), il a puissamment contribué à l'évolution intellectuelle du XVIIIe siècle, par ses traductions de Newton, ses recherches scientifiques, et surtout par la gigantesque Histoire naturelle générale et particulière *dont la publication s'étend de 1749 à 1789. Dans un contexte scientifique encore tributaire de la philosophie religieuse créationniste, Buffon, adoptant la méthode inductive de Newton (voir n° 35), déplace le problème de la connaissance des* **causes** *vers celles de* **lois** *qui règlent la marche de la nature. Dès 1749,* l'Histoire naturelle de l'homme *intègre le phénomène humain dans l'histoire générale de la vie : ce qui nous distingue des autres règnes de la nature n'est qu'une forme supérieure* **d'organisation**.

Dans la foule d'objets que nous présente ce vaste globe dont nous venons de faire la description, dans le nombre infini des différentes productions dont sa surface est couverte et peuplée, les animaux tiennent le premier rang, tant par la conformité qu'ils ont avec nous, que par la supériorité que nous leur connaissons sur les êtres végétants ou inanimés. Les animaux ont par leurs sens, par leur forme, par leur mouvement, beaucoup plus de rapports avec les choses qui les environnent, que n'en ont les végétaux ; ceux-ci par leur développement, par leur figure, par leur accroissement et par leurs différentes parties ont aussi un plus grand nombre de rapports avec les objets extérieurs, que n'en ont les minéraux ou les pierres, qui n'ont aucune sorte de vie ou de mouvement, et c'est par ce plus grand nombre de rapports que l'animal est réellement au-dessus du végétal, et le végétal au-dessus du minéral. Nous-mêmes, à ne considérer que la partie matérielle de notre être, nous ne sommes au-dessus des animaux que par quelques rapports de plus, tels que ceux que nous donnent la langue et la main ; et quoique les ouvrages du Créateur soient en eux-mêmes tous également parfaits, l'animal est, selon notre façon d'apercevoir, l'ouvrage le plus complet de la Nature, et l'homme en est le chef-d'œuvre. [...]

Nous existons donc sans savoir comment, et nous pensons sans savoir pourquoi ; mais quoi qu'il en soit de notre manière d'être ou de sentir, quoi qu'il en soit de la vérité ou de la fausseté, de l'apparence ou de la réalité de nos sensations, les résultats de ces mêmes sensations n'en sont pas moins certains par rapport à nous. Cet ordre d'idées, cette suite de pensées qui existe au-dedans de nous-mêmes, quoique fort différente des objets qui les causent, ne laisse pas que d'être l'affection la plus réelle de notre individu, et de nous donner des relations avec les objets extérieurs, que nous pouvons regarder comme des rapports réels, puisqu'ils sont invariables et toujours les mêmes relativement à nous ; ainsi nous ne devons pas douter que les différences ou les ressemblances que nous apercevons entre les objets, ne soient des différences et des ressemblances certaines et réelles dans l'ordre de notre existence par rapport à ces mêmes objets ; nous pouvons donc légitimement nous donner le premier rang dans la Nature ; nous devons ensuite donner la seconde place aux animaux, la troisième aux végétaux, et enfin la dernière aux minéraux ; car quoique nous ne distinguions pas bien nettement les qualités que nous avons en vertu de notre animalité, de celles que nous avons en vertu de la spiritualité de notre âme, nous ne pouvons guère douter que les animaux étant doués, comme nous, des mêmes sens, possédant les mêmes principes de vie et de mouvement, et faisant une infinité d'actions semblables aux nôtres, ils n'aient avec les objets extérieurs des rapports du même ordre que les nôtres, et que par conséquent nous ne leur ressemblions réellement à bien des égards. Nous différons beaucoup des végétaux, cependant nous leur ressemblons plus qu'ils ne ressemblent aux minéraux, et cela parce qu'ils ont une espèce de forme vivante, une organisation animée, semblable en quelque façon à la nôtre, au lieu que les minéraux n'ont aucun organe. [...]

Au reste, la différence la plus générale et la plus sensible entre les animaux et les végétaux est celle de la forme ; celle des animaux, quoique variée à l'infini, ne ressemble point à celle des plantes, et quoique les polypes, qui se reproduisent comme les plantes, puissent être regardés comme faisant la nuance entre les animaux et les végétaux, non seulement par la façon de se reproduire, mais encore par la forme extérieure, on peut cependant dire que la figure de quelque animal que ce soit, est assez différente de la forme extérieure d'une plante, pour qu'il soit difficile de s'y tromper. Les animaux peuvent à la vérité faire des ouvrages qui ressemblent à des plantes ou à des fleurs, mais jamais les plantes ne produiront rien de semblable à un animal, et ces insectes admirables qui produisent et travaillent le corail, n'auraient pas été méconnus et pris pour des fleurs, si par un préjugé mal fondé on n'eût pas regardé le corail comme une plante. Ainsi les erreurs où l'on pourrait tomber en comparant la forme des plantes à celle des animaux, ne porteront jamais que sur un petit nombre de sujets qui font la nuance entre les deux et plus on fera d'observations, plus on se convaincra qu'entre les animaux et les végétaux le Créateur n'a pas mis de terme fixe, que ces deux genres d'êtres organisés ont beaucoup plus de propriétés communes que de différences réelles, que la production de l'animal ne coûte pas plus, et peut-être moins à la Nature que celle du végétal, qu'en général la production des êtres organisés ne lui coûte rien, et qu'enfin le vivant et l'animé, au lieu d'être un degré métaphysique des êtres, est une propriété physique de la matière.

Histoire naturelle, Second volume, «Comparaison des animaux et des végétaux», 1749.

JACQUES-LOUIS BINET, 1977

Un médecin biologiste analyse la portée révolutionnaire des thèses de Buffon : substitution d'une science des rapports à une métaphysique des essences, fondation d'une science du vivant, établissement d'un type de certitude scientifique.

Depuis Aristote, la connaissance du monde avait voulu être connaissance des choses telles qu'elles sont, dans leur nature propre. Descartes avait changé la méthode et défini autrement la nature des choses, mais il n'avait pas changé le but de la science. Gassendi et les sceptiques du dix-septième siècle avaient condamné la raison humaine à ne connaître que des apparences, ce qui n'était qu'une notion métaphysique. C'est Newton qui, le premier, et peut-être sans le vouloir vraiment, a renoncé à savoir ce qu'était la nature des choses pour chercher la loi de leurs rapports. Ainsi est née la science moderne. Buffon, d'entrée de jeu, introduit cette révolution dans la science du vivant, où elle devait choquer bien plus encore qu'en mécanique céleste. Car quoi de plus essentiel que la vie ?

Ici est le nœud du problème. Il y a deux manières de rendre impossible une biologie. La première consiste à faire de la vie une puissance irréductible à l'analyse, à la manière des «âmes» de la tradition galénique ou du «principe vital» des vitalistes du dix-neuvième siècle. La seconde est de nier la spécificité des phénomènes vitaux, à la manière de Descartes. Buffon évite, et même semble ignorer, ces deux impasses. Ce faisant, et plus d'un demi-siècle avant le mot, il fonde une biologie.

L'histoire naturelle classique, qui sert ici de point de départ, offrait en effet deux notions contradictoires : d'une part, celle des trois règnes de la nature, minéraux, végétaux, animaux ; d'autre part, celle de l'échelle des êtres, qui supposait, de la pierre à l'homme, une suite continue dont les termes n'étaient séparés que par des nuances infinitésimales. Buffon garde le vocabulaire, mais introduit une solution de continuité. Les trois règnes se répartissent en deux groupes inégaux : les minéraux, d'une part ; les végétaux et les animaux, de l'autre. Entre ces derniers, le polype de Trembley peut «faire la nuance» ; rien ne «fait la nuance» entre l'argile et la moisissure. L'une vit, l'autre non. Buffon évite ainsi le réductionnisme cartésien et définit le champ d'une science particulière, la science du vivant.

Du vivant, non de la vie, et Buffon évite ainsi l'autre piège. Il faudrait un lecteur bien distrait pour qu'échappe à l'attention la dernière phrase du chapitre : «Le vivant et l'animé, au lieu d'être un degré métaphysique des êtres, est une propriété physique de la matière». Buffon parle de vie, et même d'âme, mais qu'entend-il par là ? La réponse est claire : c'est l'organisation. «C'est donc l'organisation, la vie, l'âme, qui fait proprement notre existence». Le singulier du verbe prouve que les trois sujets ne sont qu'un, trinité de mots pour couvrir une seule notion [...]

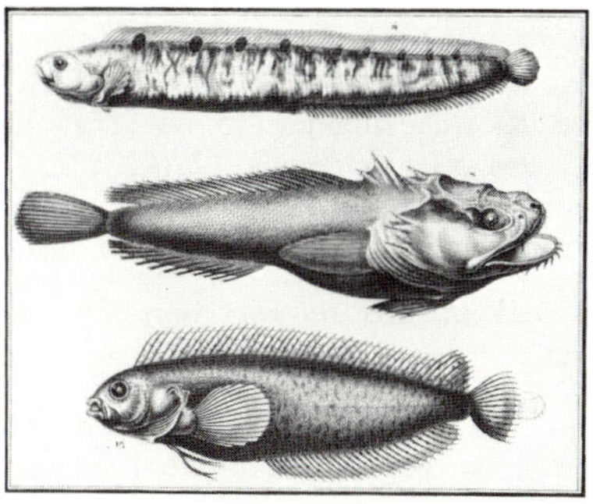

Planche, Histoire naturelle des animaux, (BN).

Or, s'il n'y a pas de science possible des essences, une science des rapports n'exige aucune garantie métaphysique pour fondement de sa légitimité [...] Dans le triangle que constituent notre être et deux objets que nous comparons, nous découvrons une structure de rapports dont nous savons au moins qu'elle est isomorphe à la structure réelle. «Ainsi nous ne devons pas douter que les différences ou les ressemblances que nous apercevons entre les objets, ne soient des différences et des ressemblances certaines et réelles dans l'ordre de notre existence par rapport à ces mêmes objets.» Nous pouvons donc constituer une science dont nous savons qu'elle est certaine, alors même qu'elle exclut la nature des choses et inclut celle, tout aussi inconnue, de l'observateur. La certitude scientifique est désormais détachée de l'évidence cartésienne et de la bonté divine qui la fonde. Elle ignore même le mythe de l'observateur extérieur et négligeable, mythe qui régnera sur la science du dix-neuvième siècle jusqu'à ce que, pour de tout autres raisons, la physique moderne vienne le détruire.

Ce que nous connaissons du vivant, ce sont donc, et uniquement, des propriétés, qui le distinguent du non-vivant, à savoir la croissance et la reproduction. Propriétés que Buffon, comme plus tard Haeckel et beaucoup d'autres, réduit en fait à la seule croissance. Cependant, parce qu'il se reproduit, c'est-à-dire, parce que les individus s'enchaînent les uns aux autres, au point de n'être que les manifestations éphémères de l'espèce intemporelle, le vivant est susceptible d'une connaissance qui n'est plus science des formes ou des classifications, mais science des processus et des lois. Ici encore, Buffon reçoit et transpose la leçon de Newton : c'est parce que les générations se succèdent aussi régulièrement que les révolutions de planètes, que la science du vivant sera biologie, et non plus histoire naturelle.

Un autre Buffon, éd. Hermann, 1977.

— *Quelles distinctions essentielles entre les règnes de la nature Buffon met-il en lumière ? Où se situe pour lui la coupure principale ?*

— *Quelle est la preuve de la vérité de la connaissance à laquelle le naturaliste peut atteindre ?*

— *Comment Buffon définit-il le «vivant» ? Peut-on voir dans cette définition une thèse matérialiste ?*

— *Résumez au 1/4 le texte ci-dessus.*

71 G.-L LECLERC, Comte de BUFFON (1707-1788)

L'Histoire naturelle générale et particulière *comprend trente-six volumes répartis comme suit:*
— Histoire des quadrupèdes *(15 vol. 1749-1767),*
— Histoire des oiseaux *(9 vol. 1770-1783),*
— Supplément *(7 vol. 1774-1789),*
— Histoire des minéraux *(5 vol. 1783-1788).*

Les deux extraits suivants sont tirés de la monographie concernant le cheval, qui inaugure l'*Histoire des quadrupèdes.

La plus noble conquête que l'homme ait jamais faite, est celle de ce fier et fougueux animal qui partage avec lui les fatigues de la guerre et la gloire des combats; aussi intrépide que son maître, le cheval voit le péril et l'affronte, il se fait au bruit des armes, il l'aime, il le cherche et s'anime de la même ardeur: il partage aussi ses plaisirs, à la chasse, aux tournois, à la course, il brille, il étincelle; mais docile autant que courageux, il ne se laisse point emporter à son feu, il sait réprimer ses mouvements, non seulement il fléchit sous la main de celui qui le guide, mais il semble consulter ses désirs, et obéissant toujours aux impressions qu'il en reçoit, il se précipite, se modère ou s'arrête, et n'agit que pour y satisfaire: c'est une créature qui renonce à son être pour n'exister que par la volonté d'un autre, qui sait même la prévenir, qui, par la promptitude et la précision de ses mouvements l'exprime et l'exécute, qui sent autant qu'on le désire, et ne rend qu'autant qu'on veut, qui se livrant sans réserve, ne se refuse à rien, sert de toutes ses forces, s'excède et même meurt pour mieux obéir.

Voilà le cheval dont les talents sont développés, dont l'art a perfectionné les qualités naturelles, qui dès le premier âge a été soigné et ensuite exercé, dressé au service de l'homme; c'est par la perte de sa liberté que commence son éducation, et c'est par la contrainte qu'elle s'achève: l'esclavage ou la domesticité de ces animaux est même si universelle, si ancienne, que nous ne les voyons que rarement dans leur état naturel, ils sont toujours couverts de harnais dans leurs travaux, on ne les délivre jamais de tous leurs liens, même dans les temps du repos, et si on les laisse quelquefois errer en liberté dans les pâturages, ils y portent toujours les marques de la servitude, et souvent les empreintes cruelles du travail et de la douleur; la bouche est déformée par les plis que le mors a produits, les flancs sont entamés par des plaies, ou sillonnés de cicatrices faites par l'éperon; la corne des pieds est traversée par des clous, l'attitude du corps est encore gênée par l'impression subsistante des entraves habituelles, on les en délivrerait en vain, ils n'en seraient pas plus libres: ceux même dont l'esclavage est le plus doux, qu'on ne nourrit, qu'on n'entretient que pour le luxe et la magnificence, et dont les chaînes dorées servent moins à leur parure qu'à la vanité de leur maître, sont encore plus déshonorés par l'élégance de leur toupet, par les tresses de leurs crins, par l'or et la soie dont on les couvre, que par les fers qui sont sous leurs pieds.

Histoire naturelle, «Le cheval».

Il y a dans la Nature un prototype général dans chaque espèce sur lequel chaque individu est modelé, mais qui semble, en se réalisant, s'altérer ou se perfectionner par les circonstances; en sorte que, relativement à de certaines qualités, il y a une variation bizarre en apparence dans la succession des individus, et en même temps une constance qui paraît admirable dans l'espèce entière: le premier animal, le premier cheval, par exemple, a été le modèle extérieur et le moule intérieur sur lequel tous les chevaux qui sont nés, tous ceux qui existent et tous ceux qui naîtront ont été formés; mais ce modèle, dont nous ne connaissons que les copies, a pu s'altérer ou se perfectionner en communiquant sa forme et se multipliant: l'empreinte originaire subsiste en son entier dans chaque individu; mais quoiqu'il y en ait des millions, aucun de ces individus n'est cependant semblable en tout à un autre individu, ni par conséquent au modèle dont il porte l'empreinte: cette différence qui prouve combien la Nature est éloignée de rien faire d'absolu, et combien elle sait nuancer ses ouvrages, se trouve dans l'espèce humaine, dans celles de tous les animaux, de tous les végétaux, de tous les êtres en un mot qui se reproduisent; et ce qu'il y a de singulier, c'est qu'il semble que le modèle du beau et du bon soit dispersé par toute la terre, et que dans chaque climat il n'en réside qu'une portion qui dégénère toujours, à moins qu'on ne la réunisse avec une autre portion prise au loin: en sorte que pour avoir du bon grain, de belles fleurs, etc. il faut en échanger les graines et ne jamais les semer dans le même terrain qui les a produites; et de même, pour avoir de beaux chevaux, de bons chiens, etc. il faut donner aux femelles du pays des mâles étrangers, et réciproquement aux mâles du pays des femelles étrangères, sans cela les grains, les fleurs, les animaux dégénèrent, ou plutôt prennent une si forte teinture du climat, que la matière domine sur la forme et semble l'abâtardir: l'empreinte reste, mais défigurée par tous les traits qui ne lui sont pas essentiels; en mêlant au contraire les races, et surtout en les renouvelant toujours par des races étrangères, la forme semble se perfectionner, et la Nature se relever et donner tout ce qu'elle peut produire de meilleur.

Histoire naturelle, «Le cheval».

BUFFON, 1749

On peut se servir d'une méthode déjà faite comme d'une commodité pour étudier, on doit la regarder comme une facilité pour s'entendre ; mais le seul et le vrai moyen d'avancer la science est de travailler à la description et à l'histoire des différentes choses qui en font l'objet [...].

Dans le grand nombre d'auteurs qui ont écrit sur l'Histoire naturelle, il y en a fort peu qui aient bien décrit. Représenter naïvement et nettement les choses, sans les charger ni les diminuer, et sans y rien ajouter de son imagination, est un talent d'autant plus louable qu'il est moins brillant et qu'il ne peut être senti que d'un petit nombre de personnes capables d'une certaine attention nécessaire pour suivre les choses jusque dans les petits détails : rien n'est plus commun que des ouvrages embarrassés d'une nombreuse et sèche nomenclature, de méthodes ennuyeuses et peu naturelles dont les auteurs croient se faire un mérite ; rien de si rare que de trouver de l'exactitude dans les descriptions, de la nouveauté dans les faits, de la finesse dans les observations...

La description exacte et l'histoire fidèle de chaque chose est, comme nous l'avons dit, le seul but qu'on doive se proposer d'abord [...]. L'histoire doit suivre la description, et doit uniquement rouler sur les rapports que les choses naturelles ont entre elles et avec nous : l'histoire d'un animal doit être non pas l'histoire de l'individu, mais celle de l'espèce entière de ces animaux ; elle doit comprendre leur génération, le temps de la prégnation, celui de l'accouchement, le nombre des petits, les soins des pères et des mères, leur espèce d'éducation, leur instinct, les lieux de leur habitation, leur nourriture, la manière dont ils se la procurent, leurs mœurs, leurs ruses, leur chasse, ensuite les services qu'ils peuvent nous rendre, et toutes les utilités ou les commodités que nous pouvons en tirer ; et lorsque dans l'intérieur du corps de l'animal il y a des choses remarquables, soit par la conformation, soit pour les usages qu'on en peut faire, on doit les ajouter ou à la description ou à l'histoire ; mais ce serait un objet étranger à l'Histoire naturelle que d'entrer dans un examen anatomique trop circonstancié, ou du moins ce n'est pas son objet principal, et il faut réserver ces détails pour servir de mémoires sur l'anatomie comparée.

Picasso, *Histoire naturelle des animaux,* (BN).

Ce plan général doit être suivi et rempli avec toute l'exactitude possible ; et pour ne pas tomber dans une répétition trop fréquente du même ordre, pour éviter la monotonie du style, il faut varier la forme des descriptions et changer le fil de l'histoire, selon qu'on le jugera nécessaire ; de même pour rendre les descriptions moins sèches, y mêler quelques faits, quelques comparaisons, quelques réflexions sur les usages des différentes parties ; en un mot, faire en sorte qu'on puisse vous lire sans ennui aussi bien que sans contention [1].

Histoire naturelle générale et particulière, Tome I, Premier Discours, 1749.

(1) Effort intellectuel

EXTRAIT 1: GRANDEUR ET SERVITUDE DU CHEVAL

1 — Quels sont les traits de « caractère » qui font du cheval un esclave modèle?

2 — Soulignez l'anthropomorphisme de cette description.*

3 — Quelle signification attribuer au fait que Buffon commence sa monographie consacrée au cheval par l'exposé de sa soumission à l'homme?*

EXTRAIT 2:

1 — Montrez que pour Buffon, l'homme peut connaître les lois de la nature, et les utiliser.

2 — Expliquez la distinction opérée par le naturaliste entre «modèle extérieur» et moule «intérieur», entre «forme» et «empreinte». Comment, à l'heure actuelle, explique-t-on les faits que constate Buffon?

72 Jacques CAZOTTE (1720-1792)

Cazotte, le Diable amoureux (BN).

Un jeune officier espagnol, Alvare, s'est fait initier aux pratiques magiques. Un diable lui est apparu, d'abord sous l'apparence d'une horrible tête de chameau, puis d'un épagneul et enfin d'une jeune fille ravissante, Biondetta, qui devient son esclave. Mais peut-on faire confiance au diable ?

— O ma chère Biondetta ! lui dis-je, quoiqu'en faisant un peu d'effort sur moi-même, tu me suffis : tu remplis tous les vœux de mon cœur...

— Non, non, répliqua-t-elle vivement, Biondetta ne doit pas te suffire : ce n'est pas là mon nom ; tu me l'avais donné : il me flattait ; je le portais avec plaisir : mais il faut bien que tu saches qui je suis... Je suis le Diable, mon cher Alvare, je suis le Diable... »

En prononçant ce mot avec un accent d'une douceur enchanteresse, elle fermait, plus qu'exactement, le passage aux réponses que j'aurais voulu lui faire. Dès que je pus rompre le silence : « Cesse, lui dis-je, ma chère Biondetta, ou qui que tu sois, de prononcer ce nom fatal et de me rappeler une erreur abjurée depuis longtemps.

— Non, mon cher Alvare, non, ce n'était point une erreur ; j'ai dû te le faire croire, cher petit homme. Il fallait bien te tromper pour te rendre enfin raisonnable. Votre espèce échappe à la vérité : ce n'est qu'en vous aveuglant qu'on peut vous rendre heureux. Ah ! tu le seras beaucoup si tu veux l'être ! je prétends te combler. Tu conviens déjà que je ne suis pas aussi dégoûtant que l'on me fait noir. »

Ce badinage achevait de me déconcerter. Je m'y refusais, et l'ivresse de mes sens aidait à ma distraction volontaire.

« Mais réponds-moi donc, me disait-elle.

— Eh ! que voulez-vous que je réponde ?...

— Ingrat, place la main sur ce cœur qui t'adore ; que le tien s'anime, s'il est possible, de la plus légère des émotions qui sont si sensibles dans le mien. Laisse couler dans tes veines un peu de cette flamme délicieuse par qui les miennes sont embrasées ; adoucis, si tu le peux, le son de cette voix si propre à inspirer l'amour, et dont tu ne te sers que trop pour effrayer mon âme timide ; dis-moi enfin, s'il t'est possible, mais aussi tendrement que je l'éprouve pour toi : Mon cher Béelzébuth, je t'adore... »

A ce nom fatal, quoique si tendrement prononcé, une frayeur mortelle me saisit ; l'étonnement, la stupeur, accablent mon âme : je la croirais anéantie si la voix sourde du remords ne criait pas au fond de mon cœur. Cependant, la révolte de mes sens subsiste d'autant plus impérieusement qu'elle ne peut être réprimée par la raison. Elle me livre sans défense à mon ennemi : il en abuse et me rend aisément sa conquête.

Il ne me donne pas le temps de revenir à moi, de réfléchir sur la faute dont il est beaucoup plus l'auteur que le complice. « Nos affaires sont arrangées, me dit-il, sans altérer sensiblement ce ton de voix auquel il m'avait habitué. Tu es venu me chercher : je t'ai suivi, servi, favorisé ; enfin, j'ai fait ce que tu as voulu. Je désirais ta possession, et il fallait, pour que j'y parvinsse, que tu me fisses un libre abandon de toi-même. Sans doute, je dois à quelques artifices la première complaisance ; quant à la seconde, je m'étais nommé : tu savais à qui tu te livrais, et ne saurais te prévaloir de ton ignorance. Désormais notre lien, Alvare, est indissoluble, mais pour cimenter notre société, il est important de nous mieux connaître. Comme je te sais déjà presque par cœur, pour rendre nos avantages réciproques, je dois me montrer à toi tel que je suis. »

On ne me donne pas le temps de réfléchir sur cette harangue singulière : un coup de sifflet très aigu part à côté de moi. A l'instant l'obscurité qui m'environne se dissipe ; la corniche qui surmonte le lambris de la chambre s'est toute chargée de gros limaçons : leurs cornes, qu'ils font mouvoir vivement et en manière de bascule, sont devenues des jets de lumière phosphorique, dont l'éclat et l'effet redoublent par l'agitation et l'allongement.

Presque ébloui par cette illumination subite, je jette les yeux à côté de moi ; au lieu d'une figure ravissante, que vois-je ? O ciel ! c'est l'effroyable tête de chameau. Elle articule d'une voix de tonnerre ce ténébreux *Che vuoi* qui m'avait tant épouvanté dans la grotte, part d'un éclat de rire humain plus effrayant encore, tire une langue démesurée...

Je me précipite : je me cache sous le lit, les yeux fermés, la face contre terre. Je sentais battre mon cœur avec une force terrible : j'éprouvais un suffoquement comme si j'allais perdre la respiration. Je ne puis évaluer le temps que je comptais avoir passé dans cette inexprimable situation, quand je me sens tirer par le bras ; mon épouvante s'accroît : forcé néanmoins d'ouvrir les yeux, une lumière frappante les aveugle.

Ce n'était point celle des escargots, il n'y en avait plus sur les corniches ; mais le soleil me donnait à plomb sur le visage. On me tire encore par le bras, on redouble : je reconnais Marcos.

« Eh ! Seigneur cavalier, me dit-il, à quelle heure comptez-vous donc partir ? Si vous voulez arriver à Maravillas aujourd'hui, vous n'avez pas de temps à perdre, il est près de midi. »

le Diable amoureux, 1772.

E.T.A. HOFFMANN, 1820

Dans le conte d'Hoffmann, l'Esprit élémentaire, *les références au* Diable amoureux *de Cazotte sont explicites. Initié par le major O'Malley, le héros a fait apparaître une mandragore; dans ses rêves, celle-ci se transforme en une jeune femme très belle, qu'il nomme Aurora.*

«La nuit suivante, comme d'habitude, la bien-aimée m'apparut. Je l'implorai dans les termes les plus pressants que me fournit la passion. Je la suppliai de ne pas retarder plus longtemps mon bonheur, de prendre une forme sensible, de se donner enfin à moi. Se dégageant doucement de mes bras, elle me dit avec douceur mais avec une certaine sévérité:

«— Tu sais de quelle manière tu es devenu mon maître. Etre à toi tout entière est mon vœu le plus cher; mais mes chaînes ne sont pas brisées en entier, ces chaînes qui me lient au trône dont mon peuple relève. Plus la domination que tu exerces sur moi devient irrésistible, plus je me sens dégagée d'un esclavage plein de tourments. Nos rapports deviennent chaque jour plus intimes; encore une année au plus, et nous atteindrons le but de nos vœux. Cependant, si tu voulais, ô mon bien-aimé ! devancer l'heure fixée par le destin tyrannique, il faudrait te soumettre à des sacrifices, tenter des choses devant lesquelles tu reculeras peut-être.

«Non ! m'écriai-je, non ! il n'est point de sacrifices, point de choses au monde devant lesquelles je puisse reculer, lorsqu'il s'agit de te posséder, toi sans qui je ne puis vivre plus longtemps. Ne vois-tu pas que je meurs d'impatience ? ne vois-tu pas que je succombe à une torture sans nom ?

«Aurora m'entoura de ses bras, et murmura quelques paroles entrecoupées, à peine saisissables.

«— Te trouves-tu heureux ? semblait-elle dire.

«— Bonheur divin ! m'écriai-je. Pour moi en est-il d'autre au ciel ?

«Et j'attirai sur mon sein l'enchanteresse. J'étais fou; une attente si prolongée avait mis le feu dans mes veines. A travers ses baisers de flamme, ses baisers qui résonnaient comme des accords échappés à la harpe des archanges, j'entendis, ou plutôt je saisis ces mots:

«— Auras-tu le courage, pour prix de ma possession, de renoncer au bonheur de la vie future ?

«A cette demande, un frisson glacé parcourut tout mon être. Mais le désir était plus fort que la terreur. Je m'écriai dans un accès de frénésie:

«— Sans toi point de bonheur; je renonce...

«Je m'arrêtai; je n'en dis pas davantage... je le crois fermement aujourd'hui. Aurora, après m'avoir dit d'espérer que la nuit prochaine scellerait notre alliance, cherchait à s'échapper. J'usai de ma force; je l'enlaçai avec rage. En vain elle voulut se défendre; malgré ses angoisses, je crus atteindre le moment fortuné.

«La tête pleine des images du *Diable amoureux,* et de la perfide *Biondetta,* je m'éveillai. Le souvenir de ce qui s'était passé dans cette nuit pesait sur ma conscience; je me rappelais la conjuration de l'impie O'Malley, les avertissements de mon jeune et prudent ami; je me voyais déjà dans les griffes du démon. Bourrelé de remords et d'angoisse, je sortis de chez moi. J'étouffais, j'avais besoin du grand air. La première personne que je trouvai dans la rue fut le major. Il m'arrêta en me disant:

J. Cazotte, (BN).

«— Lieutenant, je vous souhaite bonne chance. Sur ma parole, je ne vous aurais pas cru si entreprenant. Savez-vous bien que l'écolier va dépasser le maître ?

«Pénétré de honte et de colère, j'étais incapable de répondre un seul mot. Je me dégageai et poursuivis mon chemin. J'entendis rire derrière moi; je crus reconnaître le rire amer de Satan. J'atteignis la forêt, je m'avançai vers les ruines fatales. J'aperçus une femme voilée, appuyée contre un arbre,dans une pose rêveuse. Plein d'appréhension, poussé par un pressentiment irrésistible, je m'approchai d'elle sur la pointe des pieds, et je l'entendis se parler à elle-même.

«— Il est à moi ! il est à moi ! disait-elle. Bonheur divin ! il a surmonté la dernière épreuve. Quand les hommes sont capables d'un tel amour, que serait sans eux notre triste existence ?

«Tu devines que cette femme n'était autre qu'Aurora. Elle leva son voile. Vénus elle-même n'a pas plus de grâces. La légère pâleur qui régnait sur son visage, son regard baigné d'une douce mélancolie, tous ces charmes mystérieux m'inondaient d'un sentiment de bonheur ineffable. J'allais me jeter à ses pieds, mais, ô désespoir ! Elle disparut comme un fantôme aérien.

l'Esprit élémentaire, 1820, Flammarion, 1964.

LE DIABLE AMOUREUX

1 — Les ressorts du fantastique et de la peur.

- *— Comment l'auteur maintient-il l'incertitude entre le rêve et la réalité?*
- *— Quels sont les éléments qui produisent la dramatisation?*
- *— Analysez l'expression de la peur par le narrateur*.*

L'ESPRIT ELEMENTAIRE

2 — Relevez les éléments qui expriment l'incertitude *du narrateur concernant le statut réel (vérité ou imagination) des événements qu'il décrit. Quelle est l'efficacité de cette formule?*

3 — Dans le fonctionnement *du texte fantastique, quel est le rôle de l'intervention du major et de la rencontre, à la fin du texte, avec Aurora?*

THEMATIQUE

4 — Réunissez un certain nombre de textes exploitant le thème de la femme diabolique, à la fois enchanteresse et dangereuse. Quel éclairage nous donne l'exploitation de ce thème sur l'inconscient masculin?

Chardin, La Pourvoyeuse, *1739, Louvre (Réun. des Mus. Nat.).*

LES GONCOURT, 1873

Et quel tempérament de peintre dans cet historien et ce témoin de la petite bourgeoisie ! Quelle main douée ! Quels jeux de palette dans ses intérieurs ! Quel régal il donne à l'œil avec ces chambres simples, ces scènes tranquilles, ces personnages modestes ! Comme Chardin réjouit le regard avec la gaieté de ses tons, la douceur de ses réveillons, sa belle touche beurrée, les tournants de son pinceau gras dans la pleine pâte, l'agrément de ses harmonies blondes, la chaleur de ses fonds, l'éclat de ses blancs glacés de soleil, qui semblent dans ses tableaux les reposoirs de la lumière ! Et quelle originalité dans le charme de sa tonalité ! Le peintre, chez Chardin, a des ancêtres : il n'a pas de maître. [...]. De tous les maîtres flamands, il ne rencontre guère, sans le chercher, que Metzu [1], la touche duveteuse et moelleuse de ses fichus et de ses béguins. Dans toutes les galeries de l'Europe, je ne sache qu'un tableau dont Chardin paraît descendre : c'est, dans le cabinet de Six, l'admirable *Laitière* de ce maître si varié et si divers, Van der Meer [2]. [...]

[A propos de la Pourvoyeuse]

Rappelons ce bonnet, ce casaquin, cette serviette, ce tablier bleu montant jusqu'au cou, ce fichu moucheté de fleurettes, ces bas d'un rose violet, cette femme rayonnante, des souliers au bonnet, dans une clarté blanche, et pour ainsi dire crémeuse : tout sortait victorieusement et harmonieusement de la toile, du contour à la fois gras et cerné, des égrenures raboteuses du pinceau, des grumelots de la couleur, d'une sorte de cristallisation de la pâte. Des tons légers, tendres et riants, jetés partout et revenant sans cesse, jusque dans le blanc du casaquin, se levait, comme une trame de jour, une brume gorge de pigeon, une poussière de chaleur, une vapeur flottante enveloppant cette femme, tout son costume, le buffet, les miches sur le buffet, la muraille, l'arrière-pièce du fond.

l'Art du dix-huitième siècle, 1873.

(1) Gabriel Metsu (1629-1667), peintre hollandais.
(2) Vermeer de Delft (1632-1675).

ANDRÉ MALRAUX, 1951

La vertu de la ressemblance a été longtemps gardée par l'hommage que de grands artistes ont rendu à «la nature» dont ils se sont dits passionnément esclaves. [...] Certains maîtres semblent s'être réellement soumis à d'humbles spectacles, et ont affirmé que cette soumission contribuait à leur talent. Ils appartiennent souvent à un type humain particulier, celui de Chardin et de Corot[1]: ce sont les hommes les moins romanesques du monde. Bourgeois? Je ne crois pas que la bourgeoisie se définisse par l'humilité [...], mais l'humilité de Chardin implique moins une soumission au modèle qu'une destruction secrète de celui-ci au bénéfice de son tableau. Il disait qu'«on fait de la peinture avec des sentiments, non avec des couleurs»; mais avec ses sentiments, il faisait des pêches. [...] Chardin n'est pas un petit maître du XVIIIe plus délicat que ses rivaux, c'est, comme Corot, un *simplificateur* doucement impérieux. Sa maîtrise silencieuse détruit la nature morte baroque des Hollandais, fait de ses contemporains des décorateurs, et rien ne peut lui être opposé en France, de la mort de Watteau[2] à la Révolution...

Le cas de Corot est le même. Cette nature qu'il vénère, qui donc, vers 1850, lui est moins soumis? Daumier la réduira à des accents, mais Daumier peint l'homme. Corot fait du paysage une lumineuse nature morte: le *Pont de Narni,* le *Lac de Garde,* la *Femme en rose,* sont aussi des Braque[3] habillés. Il préférait la nature au musée, mais ses tableaux à la nature. Son style, comme celui de Chardin, s'élabore contre elle. Il la confondait volontiers avec le plaisir d'aller à la campagne. «On n'est jamais sûr, écrivait-il, de ce qu'on fait dehors...» Son génie n'est pas dans sa sensibilité de moineau d'Ile-de-France, mais dans l'annexion du sujet par le tableau, qui faisait dire à la critique, qu'il était «incapable de finir». Les plus hautes œuvres de ce vénérateur de la nature passaient pour des ébauches, l'étaient parfois: ce qu'il appelle nature, c'est ce qui le délivre du théâtre.

La comparaison d'un tableau de Vermeer, de Chardin, de Corot avec ce qu'il représente — sa transposition dans le réel — est instructive. Imaginons la *Pourvoyeuse,* devenue tableau vivant. Le pot, le pain, dès que notre imagination les oppose à ceux du tableau, prennent un extrême relief; le couloir s'enfonce dans la profondeur, la fille du fond perd son abstraction; pour conserver la couleur du seau et de la fontaine, il nous faut imaginer la brume blonde de l'été. Que nous habillions la pourvoyeuse elle-même de telle ou telle étoffe (les célèbres «matières» de Chardin, même quand il peint des fruits, sont des matières picturales), elle appartient aussitôt au musée Grévin[4]: comme en face de tous les chefs-d'œuvre de Chardin, les choses, en devenant réelles, vont *se désaccorder.* Il choisit le pichet et non l'aiguière, le baquet et non la coupe; chez lui le geste ne devient pas volute; mais l'objet humble et la plus grande simplicité permettent la plus grande présence de l'artiste.

les Voix du silence, Gallimard, 1951.

(1) *(1796-1875), voir* **XIXe siècle,** *n° 72.*
(2) *Voir n° 54.*
(3) *Georges Braque (1882-1963).*
(4) *Musée parisien où l'on peut voir des personnages de cire donnant l'illusion du réel.*

DENIS DIDEROT, 1769

UNE FEMME QUI REVIENT DU MARCHÉ

Cette cuisinière qui revient du marché est encore la redite d'un morceau peint il y a quarante ans[1]. C'est une belle petite chose que ce tableau. Si Chardin a un défaut, comme il tient à son faire particulier, vous le retrouverez partout; par la même raison, ce qu'il a de parfait, il ne le perd jamais. Il est ici également harmonieux; c'est la même entente des reflets, la même vérité d'effets, chose rare; car il est facile d'avoir de l'effet quand on se permet des licences, lorsqu'on établit une masse d'ombres sans se soucier de ce qui la produit. Mais être chaud et principié, esclave de la nature et maître de l'art, avoir du génie et de la raison, c'est le diable à confesser. C'est dommage que Chardin mette sa manière à tout, et qu'en passant d'un objet à un autre elle devienne quelquefois lourde et pesante. Elle se conciliera à merveille avec l'opaque, le mat, le solide des objets inanimés; elle jurera avec le vivant, la délicatesse des objets sensibles. Voyez-la, ici, dans un réchaud, des pains et autres accessoires, et jugez si elle fait également bien au visage et aux bras de cette servante, qui me paraît d'ailleurs un peu colossale de proportion et maniérée d'attitude.

Chardin est un si rigoureux imitateur de nature, un juge si sévère de lui-même, que j'ai vu de lui un tableau de *Gibier* qu'il n'a jamais achevé, parce que de petits lapins d'après lesquels il travaillait étant venus à se pourrir, il désespéra d'atteindre avec d'autres à l'harmonie dont il avait l'idée. Tous ceux qu'on lui apporta étaient ou trop bruns ou trop clairs.

les Salons, 1769.

(1) La Pourvoyeuse *du Louvre (ici reproduite, celle que commente Diderot ayant été détruite) date en fait des années 1739-1740.*

Vermeer, *La laitière, vers 1648,* (Snark).

Chardin, *le Bocal d'Olives,* 1760, Louvre, (Agraci).

DENIS DIDEROT, 1763.

C'est celui-ci qui est un peintre; c'est celui-ci qui est un coloriste.

Il y a au Salon plusieurs petits tableaux de Chardin; ils représentent presque tous des fruits avec les accessoires d'un repas. C'est la nature même; les objets sont hors de la toile et d'une vérité à tromper les yeux.

Celui qu'on voit en montant l'escalier mérite surtout l'attention. L'artiste a placé sur une table un vase de vieille porcelaine de la Chine, deux biscuits, un bocal rempli d'olives, une corbeille de fruits, deux verres à moitié pleins de vin, une bigarade (1) avec un pâté.

Pour regarder les tableaux des autres, il semble que j'aie besoin de me faire des yeux; pour voir ceux de Chardin, je n'ai qu'à garder ceux que la nature m'a donnés et m'en bien servir.

Si je destinais mon enfant à la peinture, voilà le tableau que j'achèterais. «Copie-moi cela, lui dirais-je, copie-moi cela encore». Mais peut-être la nature n'est-elle pas plus difficile à copier.

C'est que ce vase de porcelaine est de la porcelaine; c'est que ces olives sont réellement séparées de l'œil par l'eau dans laquelle elles nagent; c'est qu'il n'y a qu'à prendre ces biscuits et les manger, cette bigarade l'ouvrir et la presser, ce verre de vin et le boire, ces fruits et les peler, ce pâté et y mettre le couteau.

C'est celui-ci qui entend l'harmonie des couleurs et des reflets. O Chardin ! ce n'est pas du blanc, du rouge, du noir que tu broies sur ta palette: c'est la substanc[e] même des objets, c'est l'air et la lumière que tu prends [à] la pointe de ton pinceau et que tu attaches sur la toile.

Après que mon enfant aurait copié et recopié c[e] morceau, je l'occuperais sur la *Raie dépouillée* d[u] même maître. L'objet est dégoûtant, mais c'est la chai[r] même du poisson, c'est sa peau, c'est son sang; l'aspect même de la chose n'affecterait pas autremen[t]. Monsieur Pierre (2), regardez bien ce morceau, quan[d] vous irez à l'Académie, et apprenez, si vous pouvez, [le] secret de sauver par le talent le dégoût de certaine[s] natures.

On n'entend rien à cette magie. Ce sont des couche[s] épaisses de couleur appliquées les unes sur les autre[s] et dont l'effet transpire de dessous en dessus. D'autre[s] fois, on dirait que c'est une vapeur qu'on a soufflée s[ur] la toile; ailleurs, une écume légère qu'on y a jetée. [...] Approchez-vous, tout se brouille, s'aplatit et disparaî[t]; éloignez-vous, tout se recrée et se reproduit.

On m'a dit que Greuze (3) montant au Salon et ape[r]cevant le morceau de Chardin que je viens de décrire, regarda et passa en poussant un profond soupir. C[et] éloge est plus court et vaut mieux que le mien.

Salon de 17[63]

(1) Orange amère.
(2) Jean-Baptiste Pierre (1713-1789), peintre du duc d'Orléan[s]
(3) Voir nº 96.

FRANCIS PONGE, 1962

LES OLIVES

Olives vertes, vâtres, noires.

L'olivâtre entre la verte et la noire sur le chemin de la carbonisation. Une carbonisation en douce, dans l'huile — où s'immisce alors, peut-être, l'idée du rancissement.

Mais... est-ce juste ?

Chaque olive, du vert au noir, passe-t-elle par l'olivâtre ? Ou ne s'agit-il plutôt, chez d'aucunes, d'une sorte de maladie ?

Cela semble venir du noyau, qui tenterait, assez ignoblement alors, d'échanger un peu de sa dureté contre la tendresse de la pulpe... Au lieu de s'en tenir à son devoir ; qui est, tout au contraire, non de durcir la pulpe (sous aucun prétexte !), mais contre elle de se faire de plus en plus dur... Afin de la décourager au point qu'elle se décompose... et lui permette, à lui, de gagner le sol, — et de s'y enfoncer. Libre à lui, alors (mais alors seulement), de se détendre : s'entr'ouvrir... et germer.

Quoi qu'il en soit, l'accent circonflexe se lit avec satisfaction sur olivâtre. Il s'y forme comme un gros sourcil noir sous lequel aussitôt quelque chose se pâme, tandis que la décomposition se prépare.

Mais quand l'olive est devenue noire, rien ne l'est plus brillamment. Quelle merveille, ce côté flétri dans la forme... Mais savoureuse au possible, et polie mais non trop, sans rien de tendu.

Meilleur suppositoire de bouche encore que le pruneau.

Après en avoir fini de ces radotages sur la couleur de la pulpe et sa forme, venons-en au principal — plus sensible à sucer le noyau — qui est la proximité d'*olive* et d'*ovale.*

Voilà une proximité fort bien jouée, et comme
[naïve.

Quoi de plus naïf au fond qu'une olive ?

Gracieuses et prestes dans l'entregent (1), elles ne font pas pour autant les sucrées, comme ces autres jeunes filles : les dragées... les précieuses !

Plutôt amères, à vrai dire. Et peut-être faut-il les traiter d'une certaine façon pour les adoucir : les laisser mariner un peu.

Mais d'ailleurs, ce qu'on trouve enfin au noyau, ce n'est pas une amande : une petite balle ; une petite torpille d'un bois très dur, qui peut à l'occasion pénétrer facilement jusqu'au cœur...

Non ! N'exagérons rien ! Sourions-en plutôt (d'un côté du moins de la bouche), pour la poser bientôt sur le bord de l'assiette...

...Voilà qui est tout simple. Ni de trop bon ni de trop mauvais goût... Qui n'exige pas plus de perfection que je ne viens d'y mettre... et peut plaire pourtant, plaît d'habitude à tout le monde, comme hors d'œuvre.

Pièces, Gallimard, 1962.

(1) Les rapports humains.

1 — Comment Diderot et Malraux définissent-ils ce que Chardin est censé entendre par nature ? *Quel rôle attribuent-ils à ce principe ?*

2 — Comment la fidélité au réel et la «magie» se concilient-elles ? Quelle est, selon Diderot, l'importance de la couleur dans l'élaboration artistique ?

3 — Vous définirez l'idée de Nature telle qu'elle apparaît ici (textes et tableaux) — Vous pourrez vous reporter à l'index thématique et à l'entrée Corot, n° 72 du **XIXe siècle.**

74 Etienne Bonnot de CONDILLAC (1714-1780)

Portrait de Condillac, (BN).

Condillac, dans son Extrait raisonné du Traité des sensations *(1755), se réclame de Locke, dans l'œuvre duquel il trouve un effort pour connaître* l'origine *et la* génération *de nos idées, par l'intermédiaire du langage. Soucieux avant tout de suivre avec rigueur, par la méthode analytique, l'ordre de* «la nature», *qui* «commence tout en nous»(1) *il imagine alors la fiction d'une statue* «organisée intérieurement comme nous», «animée d'un esprit privé de toute espèce d'idées», *et bornée originairement aux seules données des sens. Cette fiction amène le philosophe à conclure que* «le jugement, la réflexion, les désirs, les passions, etc., ne sont que la sensation même qui se transforme différemment». *Dans cet extrait, Condillac tente d'expliquer comment la statue, ne disposant que de l'odorat, en vient à acquérir la notion de durée.*

(1) Traité des sensations, IIe partie, ch. 4 (1754).

§ 11. Du discernement qui se fait en elle des odeurs, naît une idée de succession : car elle ne peut sentir qu'elle cesse d'être ce qu'elle était, sans se représenter dans ce changement une durée de deux instants.

Comme elle n'embrasse d'une manière distincte que jusqu'à trois odeurs, elle ne démêlera aussi que trois instants dans sa durée. Au-delà elle ne verra qu'une succession indéfinie.

Si l'on suppose que la mémoire peut lui rappeler distinctement jusqu'à quatre, cinq, six manières d'être, elle distinguera en conséquence quatre, cinq, six instants dans sa durée. Chacun peut faire à ce sujet les hypothèses qu'il jugera à propos, et les substituer à celles que j'ai cru devoir préférer.

§ 12. Le passage d'une odeur à une autre ne donne à notre statue que l'idée du passé. Pour en avoir une de l'avenir, il faut qu'elle ait eu à plusieurs reprises la même suite de sensations ; et qu'elle se soit fait une habitude de juger qu'après une modification une autre doit suivre.

Prenons pour exemple cette suite, jonquille, rose, violette. Dès que ces odeurs sont constamment liées dans cet ordre, une d'elles ne peut affecter son organe, qu'aussitôt la mémoire ne lui rappelle les autres dans le rapport où elles sont à l'odeur sentie. Ainsi qu'à l'occasion de l'odeur de violette, les deux autres se retraceront comme ayant précédé, et qu'elle se représentera une durée passée, de même à l'occasion de l'odeur de jonquille, celles de rose et de violette se retraceront comme devant suivre, et elle se représentera une durée à venir.

§ 13. Les odeurs de jonquille, de rose et de violette peuvent donc marquer les trois instants qu'elle aperçoit d'une manière distincte. Par la même raison, les odeurs qui ont précédé, et celles qui sont dans l'habitude de suivre, marqueront les instants qu'elle aperçoit confusément dans le passé et dans l'avenir. Ainsi, lorsqu'elle sentira une rose, sa mémoire lui rappellera distinctement l'odeur de jonquille et celle de violette ; elle lui représentera une durée indéfinie, qui a précédé l'instant où elle sentait la jonquille, et une durée indéfinie, qui doit suivre celui où elle sentira la violette.

§ 14. Apercevant cette durée comme indéfinie, elle n'y peut démêler ni commencement ni fin : elle n'y peut même soupçonner ni l'un ni l'autre. C'est donc à son égard une éternité absolue ; et elle se sent, comme si elle eût toujours été, et qu'elle ne dût jamais cesser d'être.

En effet, ce n'est point la réflexion sur la succession de nos idées, qui nous apprend que nous avons commencé et que nous finirons : c'est l'attention que nous donnons aux êtres de notre espèce, que nous voyons naître et périr. Un homme qui ne connaîtrait que sa propre existence n'aurait aucune idée de la mort. [...]

§ 17. Il n'y a donc qu'une succession d'odeurs transmises par l'organe, ou renouvelées par la mémoire, qui puisse lui donner quelque idée de durée. Elle n'aurait jamais connu qu'un instant, si le premier corps odoriférant eût agi sur elle d'une manière uniforme, pendant une heure, un jour ou davantage ; ou si son action eût varié par des nuances si insensibles qu'elle n'eût pu les remarquer.

Il en sera de même si, ayant acquis l'idée de durée, elle conserve une sensation sans faire usage de sa mémoire, sans se rappeler successivement quelques-unes des manières d'être où elle a passé. Car à quoi y distinguerait-elle des instants ? Et si elle n'en distingue pas, comment apercevra-t-elle la durée ?

L'idée de la durée n'est donc point absolue, et lorsque nous disons que le temps coule rapidement ou lentement, cela ne signifie autre chose, sinon que les révolutions(1) qui servent à le mesurer, se font avec plus de rapidité ou avec plus de lenteur que nos idées ne se succèdent.

Traité des sensations, I, IV, 1754.

(1) L'alternance jour/nuit.

CONDILLAC, 1746

Prenant le contre-pied de Descartes, le philosophe expose la méthode à suivre pour expliquer l'origine des idées.

§ 32. Les philosophes ne font des raisonnements si obscurs et si confus, que parce qu'ils ne soupçonnent pas qu'il y ait des idées qui soient l'ouvrage de l'esprit, ou que, s'ils le soupçonnent, ils sont incapables d'en découvrir la génération. Prévenus que les idées sont innées, ou que, telles qu'elles sont, elles ont été bien faites, ils croient n'y devoir rien changer, et les prennent telles que le hasard les présente. Comme on ne peut bien analyser que les idées qu'on a soi-même formées avec ordre, leurs analyses, ou plutôt leurs définitions sont presque toujours défectueuses. Ils étendent ou restreignent mal à propos la signification de leurs termes, ils la changent sans s'en apercevoir, ou même ils rapportent les mots à des notions vagues et à des réalités inintelligibles.[...]

§ 33. Descartes a eu raison de penser que, pour arriver à des connaissances certaines, il fallait commencer par rejeter toutes celles que nous croyons avoir acquises ; mais il s'est trompé, lorsqu'il a cru qu'il suffisait pour cela de les révoquer en doute. Douter si deux et deux font quatre, si l'homme est un animal raisonnable, c'est avoir des idées de deux, de quatre, d'homme, d'animal et de raisonnable. Le doute laisse donc subsister les idées telles qu'elles sont : ainsi, nos erreurs venant de ce que nos idées ont été mal faites, il ne les saurait prévenir. Il peut, pendant un temps, nous faire suspendre nos jugements ; mais enfin nous ne sortirons d'incertitude qu'en consultant les idées qu'il n'a pas détruites ; et, par conséquent, si elles sont vagues, mal déterminées, elles nous égareront comme auparavant. Le doute de Descartes est donc inutile. Chacun peut éprouver par lui-même qu'il est encore impraticable : car, si l'on compare des idées familières et bien déterminées, il n'est pas possible de douter des rapports qui sont entre elles. Telles sont, par exemple, celles des nombres.

§ 34. Si ce philosophe n'avait pas été prévenu pour les idées innées, il aurait vu que l'unique moyen de se faire un nouveau fonds de connaissances était de détruire les idées mêmes pour les reprendre à leur origine, c'est-à-dire, aux sensations. Par là, on peut remarquer une grande différence entre dire avec lui qu'il faut commencer par les choses les plus simples, ou, suivant ce qu'il me paraît, par les idées les plus simples que les sens transmettent. Chez lui les choses les plus simples sont des idées innées, des principes généraux et des notions abstraites, qu'il regarde comme la source de nos connaissances. Dans la méthode que je propose, les idées les plus simples sont les premières idées particulières qui nous viennent par sensation et par réflexion. Ce sont les matériaux de nos connaissances, que nous combinerons selon les circonstances, pour en former des idées complexes, dont l'analyse nous découvrira les rapports.

Essai sur l'origine des connaissances humaines, II (II, III), 1746.

DIDEROT, 1749

[...] De ce que nos sens ne sont pas en contradictions sur les formes, s'ensuit-il qu'elles soient mieux connues ? Qui nous a dit que nous n'avons point affaire à de faux témoins ? Nous jugeons pourtant. Hélas ! Madame, quand on a mis les connaissances humaines dans la balance de Montaigne, on n'est pas éloigné de prendre sa devise. Car, que savons-nous ? ce que c'est que la matière ? nullement ; ce que c'est que l'esprit et la pensée ? encore moins ; ce que c'est que le mouvement, l'espace et la durée ? point du tout ; des vérités géométriques ? interrogez des mathématiciens de bonne foi, et ils vous avoueront que leurs propositions sont toutes identiques, et que tant de volumes sur le cercle, par exemple, se réduisent à nous répéter en cent mille façons que c'est une figure où toutes les lignes tirées du centre à la circonférence sont égales. Nous ne savons donc presque rien ; cependant combien d'écrits dont les auteurs ont tous prétendu savoir quelque chose ! Je ne devine pas pourquoi le monde ne s'ennuie point de lire et de ne rien apprendre, à moins que ce ne soit pas la même saison qu'il y a deux heures que j'ai l'honneur de vous entretenir, sans m'ennuyer et sans rien vous dire. [...]

Lettre sur les aveugles, fin, 1749.

TRAITÉ DES SENSATIONS

1 — Soulignez l'enchaînement des différents points de la démonstration, en relevant les mots-outils qui expriment un lien de nature logique.*

2 — Résumez le contenu de chaque paragraphe en une ligne, ou donnez un titre à chacun d'entre eux.

*3 — En quoi cette démonstration est-elle une application des principes énoncés dans l'*Essai, *ci-dessus ?*

4 — Cherchez dans un dictionnaire les définitions philosophiques de « sensualisme » et d'« empirisme ».

75 Etienne Bonnot de CONDILLAC (1714-1780)

Buffon, *Herbier XVIIIe siècle, violette, rosier sauvage, jonquille.*

§ 23. Non seulement les yeux de la statue démêlent les objets qu'elle ne touch plus, ils démêlent encore ceux qu'elle n'a pas touchés, pourvu qu'ils en reçoivent de sensations semblables, ou à peu près. Car le tact ayant une fois lié différents juge ments à différentes impressions de lumière, ces impressions ne peuvent plus s reproduire que les jugements ne se répètent et ne se confondent avec elles. C'es ainsi qu'elle s'accoutume peu à peu à voir sans le secours du toucher. [...]

Plus elle se sert de ses yeux, plus l'usage lui en devient commode. Ils enrichisser la mémoire des plus belles idées, suppléent à l'imperfection des autres sens, juger des objets qui leur sont inaccessibles, et se portent dans un espace auquel l'imagina tion peut seule ajouter. Aussi leurs idées se lient si fort à toutes les autres, qu'il n'es presque plus possible à la statue de penser aux objets odoriférants, sonores ou pa pables, sans les revêtir aussitôt de lumière et de couleur. Par l'habitude qu'il contractent de saisir tout un ensemble, d'en embrasser même plusieurs, et de juge de leurs rapports, ils acquièrent un discernement si supérieur, que la statue le consulte par préférence. Elle s'applique donc moins à reconnaître au son les situa tions et les distances, à discerner les corps par les nuances des odeurs qu'ils exha lent, ou par les différences que la main peut découvrir sur leur surface. L'ouïe, l'odo rat et le toucher en sont par conséquent moins exercés. Peu à peu devenus plu paresseux, ils cessent d'observer dans les corps toutes les différences qu'ils y démé laient auparavant ; et ils perdent de leur finesse, à proportion que la vue acquiert plu de sagacité. [...]

Quoi de plus simple que la manière dont j'ai appris à me servir de mes sens J'ouvre les yeux à la lumière, et je ne vois d'abord qu'un nuage lumineux coloré. Je touche, j'avance, je touche encore : un chaos se débrouille insensiblemen à mes regards. Le tact décompose en quelque sorte la lumière ; il sépare les couleur les distribue sur les objets, démêle un espace éclairé, et dans cet espace des gra deurs et des figures, conduit mes yeux jusqu'à une certaine distance, leur ouvre chemin par où ils doivent se porter au loin sur la terre, et s'élever jusqu'aux cieux devant eux, en un mot, il déploie l'univers. Alors ils paraissent se jouer dans d espaces immenses ; ils manient les objets auxquels le toucher ne peut atteindre ; les mesurent ; et, les parcourant avec une rapidité étonnante, ils semblent enlever donner à mon gré l'existence à toute la nature. Au seul mouvement de ma paupièr je crée ou j'anéantis tout ce qui m'environne.

Quand je ne jouissais pas de ce sens, aurais-je jamais pu comprendre commer ne changeant point de place, il m'aurait été possible de connaître ce qui est hors portée de ma main ? Quelle idée me serais-je faite d'un organe qui saisit à une grande distance les formes et les grandeurs ? Est-ce un bras qui s'allonge d'u manière extraordinaire pour aller jusqu'à elles, ou viennent-elles jusqu'à lui ? Po quoi se porte-t-il au-delà de certains corps, tandis qu'il est arrêté par d'autres ? Co ment touche-t-il dans les eaux les mêmes objets qu'il touche encore au-dehors ? E ce une illusion, ou en effet toute la nature se reproduit-elle ?

Traité des sensations, III, 3 et IV, 8, 1754.

La statue a acquis l'odorat, et avec celui-ci, la notion de plaisir, de douleur, la mémoire, le jugement, la volonté, l'imagination, et certaines idées abstraites (nombre, succession, durée, etc.). Ces facultés se développent avec la vue et le toucher, qui lui permettent de conquérir l'espace.

DIDEROT, 1769:

Dans le Rêve de D'Alembert, *le docteur Bordeu (porte-parole de Diderot) soutient que tous les mouvements humains, même les constructions les plus abstraites des génies, dérivent de causes organiques, (voir aussi n° 81).*

L'homme est comparé à un écheveau de fils, aboutissant en un point qui est le siège de la conscience, ayant pour propriété la mémoire, comme la vue est la propriété de l'œil.

«Et si mon doigt pouvait avoir de la mémoire?» demande Mademoiselle de l'Espinasse. «Votre doigt penserait», répond Bourdeu.

D'ALEMBERT

Fort bien : voilà donc tout ramené à de la sensibilité, de la mémoire, des mouvements organiques; cela me convient assez. Mais l'imagination? mais les abstractions?

BORDEU

L'imagination...

MADEMOISELLE DE L'ESPINASSE

Un moment, docteur : récapitulons. D'après vos principes, il me semble que, par une suite d'opérations purement mécaniques, je réduirais le premier génie de la terre à une masse de chair inorganisée, à laquelle on ne laisserait que la sensibilité du moment, et que l'on ramènerait cette masse informe de l'état de stupidité le plus profond qu'on puisse imaginer à la condition de l'homme de génie. L'un de ces deux phénomènes consisterait à mutiler l'écheveau primitif d'un certain nombre de ses brins, et à bien brouiller le reste; et le phénomène inverse à restituer à l'écheveau les brins qu'on en aurait détachés, et à abandonner le tout à un heureux développement. Exemple : j'ôte à Newton les deux brins auditifs, et plus de sensations de sons; les brins olfactifs, et plus de sensations d'odeurs; les brins optiques, et plus de sensations de couleurs; les brins palatins, et plus de sensations de saveurs; je supprime ou brouille les autres, et adieu l'organisation du cerveau, la mémoire, le jugement, les désirs, les aversions, les passions, la volonté, la conscience du soi, et voilà une masse informe qui n'a retenu que la vie et la sensibilité.

BORDEU

Deux qualités presque identiques; la vie est de l'agrégat, la sensibilité est de l'élément.

MADEMOISELLE DE L'ESPINASSE

Je reprends cette masse et je lui restitue les brins olfactifs, et elle flaire; les brins auditifs, et elle entend; les brins optiques, et elle voit; les brins palatins, et elle goûte. En démêlant le reste de l'écheveau, je permets aux autres brins de se développer, et je vois renaître la mémoire, les comparaisons, le jugement, la raison, les désirs, les aversions, les passions, l'aptitude naturelle, le talent, et je retrouve mon homme de génie, et cela sans l'entremise d'aucun agent hétérogène et inintelligible.

BORDEU

A merveille : tenez-vous-en là, le reste n'est que du galimatias... Mais les abstractions? mais l'imagination? L'imagination, c'est la mémoire des formes et des couleurs. Le spectacle d'une scène, d'un objet, monte nécessairement l'instrument sensible d'une certaine manière; il se remonte ou de lui-même, ou il est remonté par quelque cause étrangère. Alors il frémit au-dedans ou il résonne au-dehors; il se recorde[1] en silence les impressions qu'il a reçues, ou il les fait éclater par des sons convenus.

le Rêve de D'Alembert, 1769, pub. en 1830.

(1) Se repasse en mémoire.

Quentin de la Tour, *D'Alembert,* (Bulloz).

1 — Qu'est-ce qui, pour Condillac, fait de la vue un sens supérieur aux autres?

2 — Dans la deuxième partie du texte, relevez et classez les procédés du lyrisme de Condillac.*

3 — Expliquez la formule du Docteur Bourdeu dans le Rêve de D'Alembert: *«La vie est de l'agrégat, la sensibilité est de l'élément». En quoi peut-on voir ici l'influence de Condillac?*

4 — EXPOSÉ/COMPTE-RENDU: Diderot, dans la Lettre sur les aveugles à l'usage de ceux qui voient *(publiée en 1749), émet l'hypothèse qu'un homme auquel manquerait un sens n'aurait ni le même univers intellectuel, ni le même univers moral que les autres. Que penser des preuves qu'il allègue?*

Ce qu'alors les deux sexes nommaient amour, était une sorte de commerce où l'on s'engageait, souvent même sans goût, où la commodité était toujours préférée à la sympathie, l'intérêt au plaisir, et le vice au sentiment.

On disait trois fois à une femme qu'elle était jolie, car il n'en fallait pas plus : dès la première, assurément elle vous croyait, vous remerciait à la seconde, et assez communément vous en récompensait à la troisième.

Il arrivait même quelquefois qu'un homme n'avait pas besoin de parler, et ce qui dans un siècle aussi sage que le nôtre, surprendra peut-être plus, souvent on n'attendait pas qu'il répondît.

Un homme, pour plaire, n'avait pas besoin d'être amoureux : dans des cas pressés, on le dispensait même d'être aimable.

La première vue décidait une affaire, mais, en même temps, il était rare que le lendemain la vît subsister ; encore, en se quittant avec cette promptitude, ne prévenait-on pas toujours le dégoût.

Pour rendre la société plus douce, on était convenu d'en retrancher les façons : on ne la trouva pas encore assez aisée ; on en supprima les bienséances.

Si nous en croyons d'anciens Mémoires, les femmes étaient autrefois plus flattées d'inspirer le respect que le désir ; et peut-être y gagnaient-elles. A la vérité, on leur parlait amour moins promptement, mais celui qu'elles faisaient naître n'en était que plus satisfaisant, et plus durable.

Alors elles imaginaient qu'elles ne devaient jamais se rendre, et en effet elles résistaient. Celles de mon temps pensaient d'abord qu'il n'était pas possible qu'elles se défendissent, et succombaient par ce préjugé, dans l'instant même qu'on les attaquait.

Il ne faut cependant pas inférer de ce que je viens de dire qu'elles offrissent toutes la même facilité. J'en ai vu qui, après quinze jours de soins rendus, étaient encore indécises, et dont le mois tout entier n'achevait pas la défaite. Je conviens que ce sont des exemples rares, et qui semblent ne devoir pas tirer à conséquence pour le reste ; même, si je ne me trompe, les femmes sévères à ce point-là passaient pour être un peu prudes.

les Egarements du cœur et de l'esprit 1736-38.

Il y a trois jours que j'attends inutilement une lettre de vous. Ah, vous ne m'aimez plus ! Tout me manque. Mon unique ressource était dans votre souvenir, je me flattais donc en vain ! Je me suis donc trompée, quand j'ai cru que mes malheurs ajouteraient à votre amour. Pouvez-vous m'abandonner, ingrat, lorsque vous savez que je meurs pour vous. [...]

Ah ! que ne suis-je séparée du reste du monde ! Dans la solitude, du moins, rien ne gênerait mes soupirs. Attachée tout entière à votre idée, je goûterais la douceur de n'en être point distraite. Vous m'avez conseillé de vous oublier ! Ah ! quand votre générosité vous aurait dicté ce conseil, quand touché de mes maux, vous vous seriez résolu, pour les faire cesser, à n'être plus aimé, que pourriez-vous me rendre à la place de ma douleur ? Vous oublier ! Quand je le voudrais, pensez-vous que je pusse y réussir ? Vous qui, dans le tumulte du monde, dans la solitude, dans la nuit, m'occupez sans cesse ! Vous unique objet de tous mes maux, vous enfin, dont autrefois l'indifférence n'a pu vous arracher mon cœur. Plus il est déchiré ce cœur, plus il se remplit de vous. Ah, souvenir trop douloureux ! Moments passés dans les plaisirs ! Moments perdus à jamais ! Pourquoi vous offrez-vous à ma mémoire ? Vainement, je veux les en bannir, ils me suivent partout. Si le sommeil, au milieu de mes larmes, ferme un moment mes yeux, ne croyez pas qu'il soit pour moi un repos : mes malheurs en deviennent plus vifs, votre image occupe d'abord mes sens, je vous vois sensible, vous partagez ma douleur, j'ai le plaisir de pleurer avec vous, j'entends votre voix. Souvent ces idées funèbres se dissipent. Je me vois avec vous dans ces lieux charmants où, nous laissant emporter à notre passion, nous nous livrions à tout ce que l'amour peut inspirer de plus tendre. Je me retrouve dans vos bras, j'entends vos soupirs, je vous accable des plus vives caresses, vos transports excitent les miens, je ne suis plus à moi-même, je meurs... Mais cette illusion finit.

Toute remplie encore du trouble où elle m'a jetée, je ne puis me persuader que ce ne soit qu'un songe, je vous cherche, je vous appelle, je voudrais croire qu'en effet vous êtes auprès de moi, mes désirs renouvelés me jettent dans une inquiétude affreuse, mes pleurs recommencent, je passe le reste de la nuit dans le plus cruel désespoir, le jour ne le dissipe point. Je ne le vois naître, ce jour, que pour le détester, et la seule espérance qui me soutienne, est d'apprendre que vous m'aimez encore. Une seule de vos lettres me calme, je la relis sans cesse. Pourquoi m'enlevez-vous cette consolation ? Pourquoi cherchez-vous à m'accabler ? Craignez-vous qu'il ne manque quelque chose à mon infortune et faut-il que ce qui y met le comble me vienne d'une main si chère ? Dans l'état où je suis, à qui pourrai-je avoir recours ? Et si vous m'abandonnez, qui m'aidera à supporter les restes d'une vie si languissante ? Peut-être que plein d'une autre passion, vous m'avez pour toujours oubliée. Cachez-moi du moins votre infidélité. Par pitié, trompez-moi ! Laissez-moi ignorer à quel point je suis malheureuse. Que je quitte la vie sans avoir à me plaindre de vous. N'ayez pas à vous reprocher d'en avoir avancé le terme. Dans votre dernière lettre, vous voulez que je vous oublie, vous ne le voulez que pour en paraître moins perfide. Peut-être vous fais-je injustice. Peut-être que, rempli encore de mon idée, vous ne trouvez dans mon absence que des nouveaux sujets de m'aimer toujours. Mais je ne vous vois pas, et vous ne m'écrivez plus. Adieu.

S'il est vrai que je vous sois toujours chère, n'oubliez pas combien vous me devez de tendresse, et si je ne vous suis qu'indifférente, combien vous me devez de soulagement et de pitié.

*Lettres de la marquise de M*** au comte de R***,*
Lettre LXVII, 1732.

Boucher, *Diane sortant du bain,* Louvre, (Agraci).

Mme RICCOBONI (1713-1792), **1757.**

Mardi dans mon lit, à je ne sais quelle heure.

Le sommeil me fuit, pourquoi m'obstiner à le chercher ; il peut calmer le trouble de mes sens ; mais la douceur du repos vaut-elle l'agitation que donne l'amour ? Je prends un livre, je le laisse ; c'est votre lettre que je lis ; je la finis, je la recommence ; je voudrais l'oublier, pour la relire encore. Ah, que vous êtes cruel, oui, vous l'êtes. Par combien de traits vous vous gravez dans mon cœur ? que d'agréments vous joignez aux effets ordinaires, d'une passion, déjà si puissante par elle-même ? mais je supprime la conséquence que je pourrais tirer de ce raisonnement. C'est bien assez de m'avoir point écrit hier ; je ne veux pas vous chagriner par le détail des combats de mon âme. Je sens qu'il m'est difficile de résister longtemps à la douce espérance de vous rendre heureux ; j'éloigne les occasions, n'est-ce pas avouer que je les crains ? Mais d'où vient que je suis révoltée à la seule idée ?... ne m'avez-vous pas promis une éternelle amitié ?... ah ! je compte sur vos promesses... Cette amitié, dont j'exige les plus fortes assurances, est le prix, l'unique prix, où je mets mon amour, mes complaisances, l'oubli de moi-même, tout ce que je puis immoler à vos désirs... Je ne promets pas pourtant un si grand sacrifice... Voyez, mon cher Alfred ; examinez en vous-même, si vous le souhaitez assez pour le mériter... Mon dieu, si vous me trompiez, si vous vous trompiez vous-même !... ce que je pense à présent, vous fâcherait. Adieu : demain, d'un regard, d'un sourire, d'un mot, vous dissiperez peut-être tout ce qui me reste de raison.

Lettres de Mistriess Fanny Butler, (1757).

FEMMES A LA PREMIERE PERSONNE

1 — *Pour qui écrit la Marquise ? Pour son correspondant, ou pour elle-même ? Quelle est la part des* informations *dans cette lettre ?*

2 — *Quelles sont dans cette lettre, les fonctions du* souvenir *et de* «l'illusion» ? *Sont-ils orientés vers le passé, comme les temps verbaux pourraient le laisser croire ? Que prétend provoquer la Marquise chez son correspondant ?*

3 — DOSSIER : *A partir des textes de la* Nuit et le moment *et des* Egarements, *quelle définition du libertinage proposeriez-vous ? Reportez-vous aux informations données dans le n° 85. Comment expliquez-vous l'évolution de sens de ce terme (se référer au* **XVIe-XVIIe siècles,** *n° 122-123) ? Appuyez votre dossier sur les textes proposés dans le présent volume, en vous reportant à l'index des thèmes et notions.*

77 CREBILLON FILS (1707-1777)

Ce fut apparemment du goût que j'avais eu pour les sophas, que Brama ([1]) prit l'idée d'enfermer mon âme dans un meuble de cette espèce. Il voulut qu'elle conservât dans cette prison toutes ses facultés, moins sans doute pour adoucir l'horreur de mon sort, que pour me la faire mieux sentir. Il ajouta que mon âme ne commencerait une nouvelle carrière, que quand deux personnes se donneraient mutuellement, et sur moi, leurs prémices.

— Voilà, s'écria le Sultan, bien du galimatias, pour dire que...

— N'allez-vous pas avoir la bonté de nous expliquer cela ? demanda la Sultane.

— Pourquoi pas ? reprit-il. J'aime assez les choses claires. Cependant si vous n'êtes pas de mon avis, je consens qu'Amanzéi soit aussi obscur qu'il le voudra. Grâce au prophète ! il ne le sera jamais pour moi.

— Il me restait assez d'idées, et de ce que j'avais fait, et de ce que j'avais vu, continua Amanzéi, pour sentir que la condition à laquelle Brama voulait bien m'accorder une nouvelle vie, me retenait pour longtemps dans le meuble qu'il m'avait choisi pour prison. Mais la permission qu'il me donna de me transporter, quand je le voudrais, de sopha en sopha, calma un peu ma douleur. Cette liberté mettait dans ma vie une variété qui devait me la rendre moins ennuyeuse. D'ailleurs, mon âme était aussi sensible aux ridicules d'autrui que lorsqu'elle animait une femme, et le plaisir d'être à portée d'entrer dans les lieux les plus secrets, et d'être en tiers dans les choses que l'on croirait le plus cachées, la dédommagea de son supplice.

le Sopha, Chap. I.

Après de multiples aventures, des passages de sopha en sopha, le héros se retrouve enfermé dans le sopha de Zéïnis, dont pour compliquer les choses, il est tombé amoureux.

(1) Dieu hindou. Le roman est basé sur la croyance indienne en la métempsycose, possibilité pour l'âme de survivre à la mort dans un autre corps—ici, un autre «objet».

«Les pleurs de Zéïnis, ses prières, ses ordres, ses menaces, rien n'arrêta Phéléas. Quoique la tunique de gaze qui était entre elle et lui ne le laissât jouir déjà que de trop de charmes, et que ses transports l'eussent remise comme elle était pendant le sommeil de Zéïnis, moins satisfait des beautés qu'elle offrait à sa vue que transporté du désir de voir celles qu'elle lui dérobait encore, il écarta enfin ce voile que la pudeur de Zéïnis défendait encore faiblement, et, se précipitant sur les charmes que sa témérité offrait à ses regards, il l'accabla de caresses si vives et si pressantes qu'il ne lui resta plus que la force de soupirer.

«La pudeur et l'amour combattaient cependant encore dans le cœur et dans les yeux de Zéïnis. L'une refusait tout à l'amant, l'autre ne lui laissait presque plus rien à désirer. Elle n'osait porter ses regards sur Phéléas, et lui rendait avec une tendresse extrême tous les transports qu'elle lui inspirait. Elle défendait une chose pour en permettre une plus essentielle, elle voulait et ne voulait plus, cachait une de ses beautés pour en découvrir une autre ; elle repoussait avec horreur, et se rapprochait avec plaisir. Le préjugé quelquefois triomphait de l'amour, et lui était un instant après sacrifié, mais avec des réserves et des précautions qui, tout vaincu qu'il avait paru, le faisaient triompher encore. Zéïnis avait tour à tour honte de sa facilité et de ses répugnances. La crainte de déplaire à Phéléas, l'émotion que lui causaient ses transports, et l'épuisement où un combat aussi long l'avait jetée, la forcèrent enfin à se rendre. Livrée elle-même à tous les désirs qu'elle inspirait, ne supportant qu'impatiemment des plaisirs qui l'irritaient sans la satisfaire, elle chercha la volupté qu'ils lui indiquaient et ne lui donnaient point.

«En ce moment, outré du spectacle qui s'offrait à mes yeux, et commençant à craindre, à de certaines idées de Phéléas qui me prouvaient son peu d'expérience, qu'il ne chassât mon âme d'un lieu où, malgré les chagrins qu'on lui donnait, elle se plaisait à demeurer, je voulus sortir pour quelques instants du sopha de Zéïnis, et éluder les décrets de Brama. Ce fut en vain ; cette même puissance qui m'y avait exilé, s'opposa à mes efforts et me contraignit d'attendre, dans le désespoir, la décision de ma destinée.

«Phéléas... ô souvenirs affreux ! Moment cruel dont l'idée ne s'effacera jamais de mon âme ! Phéléas enivré d'amour, et maître, par les tendres complaisances de Zéïnis, de tous les charmes que j'adorais, se prépara à achever son bonheur. Zéïnis se prêta voluptueusement aux transports de Phéléas, et, si les nouveaux obstacles qui s'opposaient encore à sa félicité la retardèrent, ils ne la diminuèrent pas. Les beaux yeux de Zéïnis versèrent des larmes, sa bouche voulut former quelques plaintes, et dans cet instant sa tendresse seule ne lui fit point pousser des soupirs. Phéléas, auteur de tant de maux, n'en était cependant pas plus haï. Zéïnis, de qui Phéléas se plaignait, n'en fut que plus tendrement aimée. Enfin, un cri plus perçant qu'elle poussa, une joie plus vive que je vis briller dans les yeux de Phéléas, m'annoncèrent mon malheur et ma délivrance ; et mon âme, pleine de son amour et de sa douleur, alla en murmurant recevoir les ordres de Brama, et de nouvelles chaînes.

le Sopha, fin du texte, 1740.

Fragonard, *les Baigneuses,* Louvre. (Agraci).

CRÉBILLON fils, 1755

CIDALISE — Au vrai, Clitandre, vous n'aimez donc pas Araminte ? *(Clitandre hausse les épaules).* Mais pourtant vous l'avez eue.

CLITANDRE. — Ah ! c'est autre chose.

CID. — En effet, on dit qu'aujourd'hui cela fait une différence.

CLIT. — Et je crois de plus que ce n'est pas d'aujourd'hui que cela en fait une.

CID. — Vous m'étonnez. Je croyais que c'était une obligation que l'on avait à la philosophie moderne.

CLIT. — Je croirais bien aussi qu'en cela, comme en beaucoup d'autres choses, elle a rectifié nos idées ; mais qu'elle nous a plus appris à connaître les motifs de nos actions, et à ne plus croire que nous agissons au hasard, qu'elle ne les a déterminées. Avant, par exemple, que nous sussions raisonner si bien, nous faisions sûrement tout ce que nous faisons aujourd'hui ; mais nous le faisions, entraînés par le torrent, sans connaissance de cause, et avec cette timidité que donnent les préjugés. Nous n'étions pas plus estimables qu'aujourd'hui ; mais nous voulions le paraître, et il ne se pouvait pas qu'une prétention si absurde ne gênât beaucoup les plaisirs. Enfin, nous avons eu le bonheur d'arriver au vrai : eh ! que n'en résulte-t-il pas pour nous ? Jamais les femmes n'ont mis moins de grimaces dans la société ; jamais l'on n'a moins affecté la vertu. On se plaît, on se prend. S'ennuie-t-on l'un avec l'autre ? on se quitte avec tout aussi peu de cérémonie que l'on s'est pris. Revient-on à se plaire ? on se reprend avec autant de vivacité que si c'était la première fois qu'on s'engageât ensemble. On se quitte encore, et jamais on ne se brouille. Il est vrai que l'amour n'est entré pour rien dans tout cela ; mais l'amour, qu'était-il, qu'un désir que l'on se plaisait à s'exagérer, un mouvement des sens, dont il avait plu à la vanité des hommes de faire une vertu ? On sait aujourd'hui que le goût seul existe ; et si l'on se dit encore qu'on s'aime, c'est bien moins parce qu'on le croit, que parce que c'est une façon plus polie de se demander réciproquement ce dont on sent qu'on a besoin.

la Nuit et le moment, 1755.

EROTISME ET SYNTAXE

1 — A quels épisodes correspondent les emplois de l'imparfait et du passé simple ? Comment passe-t-on de l'un à l'autre ? Quel type de phrase marque ce passage ? Pourquoi ?

2 — Quelle est la structure des phrases dans le second paragraphe du Sopha*? Pourquoi ne sont-elles pas coordonnées (voir dans le lexique l'article* parataxe**)?*

3 — Quels sont les effets produits par le fait que ce texte est un récit à la première personne ? Au total, le lecteur se trouve-t-il plus proche des personnages, ou s'en éloigne-t-il, par un effet de distanciation ?*

4 — En quoi ce texte «fantastique» est-il réaliste ? En quoi ne l'est-il pas ?

78 DESTOUCHES (1680-1754)

Philippe Néricault, dit Destouches (1680-1754), dans le Glorieux, *mêle la comédie d'intrigue classique aux accents naissants du pathétique. La comédie moralisante, qu'on appellera plus tard «comédie larmoyante», avec Nivelle de la Chaussée (*Mélanide, *1741) en est à ses débuts. Autour du caractère du «Glorieux», apparaît le comte de Tufière, un noble ruiné cachant sa déchéance financière et qui en est réduit à aimer une bourgeoise aisée, Isabelle. D'autres personnages émouvants animent l'intrigue : Lycandre, le père du comte, qui cache sa pauvreté sous l'aspect d'un vieillard anonyme; Lisette, la sœur du comte, qui ignore son extraction jusqu'à ce que Lycandre la lui laisse entendre. Elle aime Valère sans espérer l'épouser, puisqu'elle sert Isabelle, sa sœur; Valère, vertueux jeune homme opposé à la fois au libertinage de son père et aux préjugés d'argent; Isabelle, affable et sociable jeune fille, amoureuse du comte, mais perçant à jour sa «gloire» frelatée.*

La scène finale (dont on dit qu'elle fut rajoutée pour plaire au comédien qui ne voulait pas jouer le rôle d'un «glorieux» puni) introduit elle aussi le pathétique par l'humiliation et la réhabilitation du comte. Dans l'acte III, Lisette et Isabelle, par amitié et amour disent son fait au comte pour le rendre plus vertueux... (sc. 4, 5 et 6).

ISABELLE

Je dirai plus. Les gens nés d'un sang respectable
Doivent se distinguer par un esprit affable,
Liant, doux, prévenant, au lieu que la fierté
Est l'ordinaire effet d'un éclat emprunté.
La hauteur est partout odieuse, importune.
Avec la politesse, un homme de fortune
Est mille fois plus grand qu'un grand toujours gourmé,
D'un limon précieux se présumant formé,
Traitant avec dédain, et même avec rudesse,
Tout ce qui lui paraît d'une moins noble espèce,
Croyant que l'on est tout quand on est de son sang
Et croyant qu'on n'est rien au-dessous de son rang.

LE COMTE

Ce discours est fort beau; mais que voulez-vous dire?

ISABELLE

Lisette, mieux que moi, saura vous en instruire.
Je lui laisse le soin de vous interpréter
Un discours qui paraît déjà vous irriter.

LE COMTE

Non, de grâce, avec vous souffrez que je m'explique.
Cette fille, après tout, est votre domestique.
Ne me commettez pas.

ISABELLE

Quand vous la connaîtrez,
Des gens de son état vous la distinguerez,
Et vous me ferez voir une preuve fidèle
De vos égards pour moi dans vos égards pour elle.
Elle connaît à fond mon esprit, mon humeur;
Ecoutez, profitez, et méritez mon cœur.
Adieu.

SCÈNE V — LE COMTE

Vous restez donc?

LISETTE

Excusez mon audace,
Et souffrez une fois que je me satisfasse.
Il faut que je vous parle; on me l'ordonne; et moi,
J'en meurs d'envie aussi; mais je ne sais pourquoi.

LE COMTE

Votre ton familier m'importune et me blesse.

LISETTE

Vous n'êtes occupé que de votre noblesse;
Mais, en interprétant ce que l'on vous a dit,
Quand on fait trop le grand, on paraît bien petit.

LE COMTE

Quoi! vous osez...

LISETTE

Oui, j'ose; et votre erreur extrême
Me force à vous prouver à quel point je vous aime.
Vous vous perdez, monsieur.

LE COMTE

Comment donc, je me perds?

LISETTE

Votre orgueil a percé. Vos hauteurs, vos grands airs
Vous décèlent d'abord, malgré la politesse
Dont vous les décorez. La gloire est bien traîtresse.
Le discours d'Isabelle était votre portrait,
Et son discernement vous a peint trait pour trait.
Dût la gloire en souffrir, je ne saurais me taire.
Je ne vous dirai pas: changez de caractère;
Car on n'en change point, je ne le sais que trop.
Chassez le naturel, il revient au galop;
Mais du moins je vous dis: songez à vous contraindre,
Et devant Isabelle efforcez-vous de feindre;
Paraissez quelque temps de l'humeur dont elle est,
Et faites que l'orgueil se prête à l'intérêt.
Voilà mon sentiment. Profitez-en, ou non;
Mon cœur seul m'a dicté cette utile leçon.
Votre gloire irritée en paraît mécontente;
Je lui baise les mains, et je suis sa servante.

SCÈNE VI — LE COMTE, *seul.*

Il n'est donc plus permis de sentir ce qu'on vaut?
Savoir tenir son rang passe ici pour défaut?
Et ces petits bourgeois traiteront d'arrogance
Les sentiments qu'inspire une haute naissance?
Si je m'en croyais... Non, je veux prendre sur moi.
L'amour et l'intérêt m'en imposent la loi.
Oui, devant Isabelle il faudra me contraindre.
Mais l'indigne rival qu'on veut me faire craindre
Va dès ce même instant me voir tel que je suis,
S'il m'ose disputer l'objet que je poursuis.

le Glorieux, acte III, sc. 4, 5, 6, 1732.

Charles Collé (1709-1783), peu enclin à aimer les Encyclopédistes. auteur du Théâtre de société *(1768, destiné au duc d'Orléans, pièces libres de ton, jouées à la cour de ce prince), n'aime pas le nouveau genre dramatique. Il le dit à plusieurs reprises et en particulier lorsque Sedaine fait jouer le* Philosophe sans le savoir *(1765, voir n° 127).*

COLLÉ, vers 1765, pub, 1789.

CONTRE LE GENRE LARMOYANT

Détruisons ce genre hérétique,
Ce mauvais genre dramatique,
Du bon sens aveugle ennemi;
Et faisons de la populace
Qui croasse au bas du Parnasse [1]
Une autre saint Barthélemy.

Quel est ce poème fantasque
Dont le mélange maladroit
Tient du tragique le plus flasque,
Et du comique le plus froid?
C'est toi, bâtarde comédie,
Avorton de la tragédie,
Qu'on voit triompher aujourd'hui;
Toi, dont le larmoyant comique
N'a pris dans la muse tragique
Que le ton pleureur et l'ennui.

Ni la chaleur, ni l'élégance,
Ni les mœurs, ni les passions,
Ne rachètent l'extravagance
De leurs folles créations.
Un nom caché dans la naissance,
Quelque froide reconnaissance [2],
Voilà leur éternel refrain! [...]

Des caractères romanesques,
Des incidents miraculeux,
De grandes vertus gigantesques,
Un fonds d'intrigues fabuleux,
Un intérêt mince et pénible,
Qui sort d'un roman impossible;
Que peignent ces faibles pastels?
Molière connaissait les hommes;
Il nous a peints tels que nous sommes,
Ses tableaux seront immortels.

Œuvres choisies, vers 1765, pub. 1789.

(1) Mont des poètes.
(2) Moment où un personnage en «reconnaît» un autre pour son enfant, artifice habituel pour que les pièces finissent bien.

1 — *Relevez les arguments strictement moraux de Lisette et ceux qui risquent d'aboutir à une interprétation, sinon politique, du moins sociale. A travers le personnage du Glorieux, quelle catégorie sociale se trouve visée? De quelle manière?*

2 — *Destouches cherche-t-il, à votre avis, à réformer la classe coupable ou à la supprimer? Par quels moyens?*

3 — *Dans le texte de Nivelle, relevez les expressions ou les situations qui, de nos jours, risquent de transformer le pathétique en comique parodique. En prenant le parti de la caricature, et en changeant ces traits, donnez une interprétation théâtrale de ce passage.*

4 — *Quels sont les arguments de Collé? Pouvez-vous en ajouter d'autres?*

«La comédie larmoyante est un genre intermédiaire entre la comédie et la tragédie, qui introduit des personnages de condition privée, vertueux ou tout près de l'être, dans une action sérieuse, grave, parfois pathétique, et qui nous excite à la vertu en nous attendrissant sur ses infortunes et en nous faisant applaudir à son triomphe. La Chaussée en fut l'inventeur». Lanson, Nivelle de la Chaussée et la Comédie larmoyante, *1887.*

Dans la comédie de Nivelle de la Chaussée (1691-92 — 1754), le marquis d'Orvigny aime Rosalie, la même femme qu'un jeune noble provincial, d'Arviane, qu'il reconnaîtra ensuite pour son fils. Mélanide, la mère du jeune homme, reconnaît, après des années d'absence, le père de son enfant. Rosalie, évidemment, épousera d'Arviane et Mélanide et le marquis se réconcilieront.

NIVELLE DE LA CHAUSSÉE, 1741

MÉLANIDE

Une si longue absence et le bruit de ma mort
Ont rendu votre cœur le maître de son sort.
Je devais succomber. La fortune jalouse
Dès longtemps aurait dû vous ravir votre épouse.
Pardonnez si j'emprunte encore un nom si doux:
Je cède à l'habitude, elle me vient de vous.
Mais, sans parler de moi ni de ma destinée,
Je vous remets le fruit du plus tendre hyménée.
J'aurais lieu d'espérer que cet infortuné
Ne démentirait point le sang dont il est né,
Et qu'il pourrait vous être aussi cher qu'à sa mère.
Daignez donc vous charger de toute sa misère;
Permettez qu'il s'élève en secret sous vos yeux:
Il n'aura plus que vous... Recevez mes adieux.

A d'Arviane.

Et vous, à vos vertus faites-vous reconnaître.
Me pardonnerez-vous de vous avoir fait naître?
Ô mon fils!

LE MARQUIS, *à Mélanide.*

N'imputez qu'à ma confusion
Si j'ai paru rester dans l'indécision.
Avez-vous pu me croire assez de barbarie
Pour vous abandonner, vous que j'ai tant chérie,
Vous dont j'ai si longtemps déploré le trépas,
Vous en qui je retrouve un cœur et des appas
Dignes d'être adorés de tout ce qui respire?
Que n'avez-vous plus tôt réclamé votre empire?
Avant que de revoir un objet si touchant,
J'ai cru ne pouvoir vaincre un coupable penchant;
Mais j'éprouve, en sortant de cette erreur extrême,
Qu'en me rendant à vous je me rends à moi-même.
Mon cœur et mon amour vont se renouveler,
Heureux que vous ayez daigné les rappeler!

En l'embrassant.

Quelle félicité m'allait être ravie!

MÉLANIDE

Je vous retrouve donc!

D'ARVIANE

Cher auteur de ma vie!

LE MARQUIS, *à d'Arviane.*

Oui, je suis votre père.

A Mélanide.

Oui, je suis votre époux.
Que l'amour et l'hymen nous réunissent tous!

Mélanide, acte V, sc. 3, 1741.

79 Denis DIDEROT (1713-1784)

Dans le Prologue, *l'«auteur» raconte l'histoire de la pièce : un événement vécu devient, sur la demande du père de Dorval, un drame joué par les personnages qui, auparavant, ont participé réellement à cette histoire. L'auteur, caché, assiste donc à cette pièce destinée à fournir l'exemple de cette famille à la postérité.*

Dorval, durant toute la pièce, sacrifie la passion qu'il a pour Rosalie à celle que Clairville, son ami, a pour la jeune fille. De son côté, Constance est amoureuse de Dorval, ce fils naturel vertueux, et ne peut accepter sa froideur. Le père de Rosalie, Lysimond, revient des Amériques ruiné, mais Dorval prend sur son argent pour que Rosalie soit assez riche pour épouser Clairville. Dans la dernière scène, Lysimond paraît, reconnaît Rosalie et Dorval pour ses enfants et rend possibles les mariages.

Dans l'Epilogue, *l'auteur-spectateur reçoit le texte de la pièce des mains de Dorval et décide d'écrire ce qui fut leurs entretiens.*

SCÈNE V ET DERNIÈRE. — ROSALIE, JUSTINE, DORVAL, CONSTANCE, *le vieux* LYSIMOND, *tenu sous les bras par* CLAIRVILLE *et par* ANDRÉ, CHARLES, SYLVESTRE, *toute la maison.*

ROSALIE

Mon père !

DORVAL

Ciel ! que vois-je ! C'est Lysimond ! c'est mon père !

LYSIMOND

Oui, mon fils. Oui, c'est moi. *(A Dorval et à Rosalie.)* Approchez mes enfants, que je vous embrasse... Ah, ma fille ! Ah, mon fils !... *(Il les regarde.)* Du moins, je les ai vus... *(Dorval et Rosalie sont étonnés, Lysimond s'en aperçoit.)* Mon fils, voilà ta sœur... Ma fille, voilà ton frère...

ROSALIE

Mon frère !

DORVAL

Ma sœur !

ROSALIE

Dorval !

DORVAL

Rosalie !

Ces mots se disent avec toute la vitesse de la surprise, et se font entendre presque au même instant.

LYSIMOND *(Il est assis.)*

Oui, mes enfants ; vous saurez tout... Approchez, que je vous embrasse encore... *(Il lève ses mains au ciel)*... Que le ciel qui me rend à vous, qui vous rend à moi, vous bénisse... qu'il nous bénisse tous... *(A Clairville :)* Clairville. *(A Constance :)* Madame, pardonnez à un père qui retrouve ses enfants. Je les croyais perdus pour moi... Je me suis dit cent fois : Je ne les reverrai jamais. Ils ne me reverront plus. Peut-être, hélas, ils s'ignoreront toujours !... Quand je partis, ma chère Rosalie, mon espérance la plus douce était de te montrer un fils digne de moi, un frère digne de toute ta tendresse ; qui te servît d'appui, quand je ne serai plus... et, mon enfant, ce sera bientôt... Mais, mes enfants, pourquoi ne vois-je point encore sur vos visages ces transports que je m'étais promis ?... Mon âge, mes infirmités, ma mort prochaine vous afflige... Ah, mes enfants, j'ai tant travaillé, tant souffert !... Dorval, Rosalie.

(En disant ces mots, le vieillard tient ses bras étendus vers ses enfants, qu'il regarde alternativement, et qu'il invite à se reconnaître.)

(Dorval et Rosalie se regardent, tombent dans les bras l'un de l'autre, et vont ensemble embrasser les genoux de leur père, en s'écriant :)

DORVAL, ROSALIE

Ah ! mon père !

LYSIMOND *leur imposant ses mains et levant les yeux au ciel, dit :*

O ciel ! je te rends grâces ! mes enfants se sont vus ; ils s'aimeront, je l'espère, et je mourrai content... Clairville, Rosalie vous était chère... Rosalie, tu aimais Clairville. Tu l'aimes toujours. Approchez que je vous unisse.

(Clairville, sans oser approcher, se contente de tendre les bras à Rosalie, avec tout le mouvement du désir et de la passion. Il attend Rosalie le regarde un instant et s'avance. Clairville se précipite, et Lysimond les unit.)

ROSALIE, *en interrogation.*

Mon père ?...

LYSIMOND

Mon enfant ?...

ROSALIE

Constance... Dorval... ils sont dignes l'un de l'autre

LYSIMOND, *à Constance et à Dorval.*

Je t'entends. Venez, mes chers enfants. Venez Vous doublez mon bonheur.

(Constance et Dorval s'approchent gravement de Lysimond. Le bon vieillard prend la main de Constance, la baise, et lui présente celle de son fils, que Constance reçoit.)

le Fils naturel, acte V, sc. 5, 1757.

DIDEROT, 1757

Les trois Entretiens sur le Fils naturel, *entre Dorval et « Moi » (l'auteur, Diderot), font le point sur le système dramatique qu'utilise le* Fils naturel, *en particulier sur les moyens spécifiquement théâtraux que la pièce met en œuvre et sur la morale qu'elle affirme.*

« Nous parlons trop dans nos drames ; et, conséquemment, nos acteurs n'y jouent pas assez. Nous avons perdu un art, dont les anciens connaissaient bien les ressources. Le pantomime jouait autrefois toutes les conditions, les rois, les héros, les tyrans, les riches, les pauvres, les habitants des villes, ceux de la campagne, choisissant dans chaque état ce qui lui est propre ; dans chaque action, ce qu'elle a de frappant.

« [...] Il y a des endroits qu'il faudrait presque abandonner à l'acteur. C'est à lui à disposer de la scène écrite, à répéter certains mots, à revenir sur certaines idées, à en retrancher quelques-unes, et à en ajouter d'autres. Dans les *cantabile*, le musicien laisse à un grand chanteur un libre exercice de son goût et de son talent : il se contente de lui marquer les intervalles principaux d'un beau chant. Le poète en devrait faire autant, quand il connaît bien son acteur. Qu'est-ce qui nous affecte dans le spectacle de l'homme animé de quelque grande passion ? Sont-ce ses discours ? Quelquefois. Mais ce qui émeut toujours, ce sont des cris, des mots inarticulés, des voix rompues, quelques monosyllabes qui s'échappent par intervalles, je ne sais quel murmure dans la gorge, entre les dents. La violence du sentiment coupant la respiration et portant le trouble dans l'esprit, les syllabes des mots se séparent, l'homme passe d'une idée à une autre ; il commence une multitude de discours ; il n'en finit aucun ; et, à l'exception de quelques sentiments qu'il rend dans le premier accès et auxquels il revient sans cesse, le reste n'est qu'une suite de bruits faibles et confus, de sons expirants, d'accents étouffés que l'acteur connaît mieux que le poète. La voix, le ton, le geste, l'action, voilà ce qui appartient à l'acteur ; et c'est ce qui nous frappe, surtout dans le spectacle des grandes passions. C'est l'acteur qui donne au discours tout ce qu'il a d'énergie. C'est lui qui porte aux oreilles la force et la vérité de l'accent (1) ».

les Entretiens sur le Fils naturel, second entretien, 1757.

(1) *Tout ce passage reprend Cicéron* (De oratore, III, 5) *et Quintilien* (De institutione oratoria, XI, 3-4).

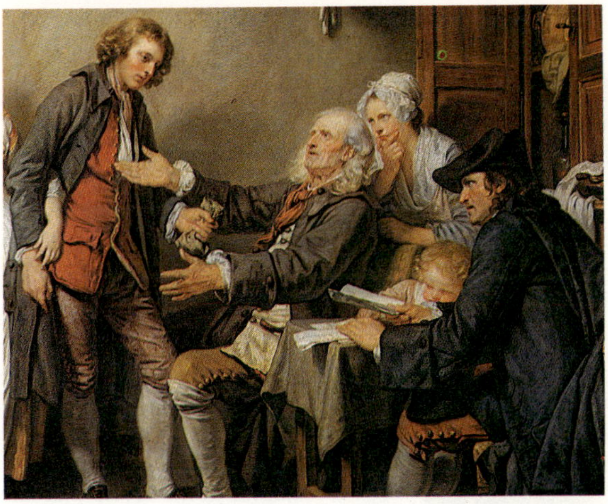

Greuze, *l'Accordée de village,* (Réu. Musées Nat.).

ÉPILOGUE

J'ai promis de dire pourquoi je n'entendis pas la dernière scène ; et le voici. Lysimond n'était plus. On avait engagé un de ses amis qui était à peu près de son âge, et qui avait sa taille, sa voix, et ses cheveux blancs, à le remplacer dans la pièce.

Ce vieillard entra dans le salon, comme Lysimond y était entré la première fois, tenu sous les bras par Clairville et par André, et couvert des habits que son ami avait apportés des prisons. Mais à peine y parut-il, que, ce moment de l'action remettant sous les yeux de toute la famille, un homme qu'elle venait de perdre, et qui lui avait été si respectable et si cher, personne ne put retenir ses larmes. Dorval pleurait. Constance et Clairville pleuraient. Rosalie étouffait ses sanglots et détournait ses regards. Le vieillard qui représentait Lysimond, se troubla, et se mit à pleurer aussi. La douleur passant des maîtres aux domestiques, devint générale, et la pièce ne finit pas.

Lorsque tout le monde fut retiré, je sortis de mon coin, et m'en retournai comme j'étais venu. Chemin faisant, j'essuyais mes yeux, et je me disais pour me consoler, car j'avais l'âme triste : « Il faut que je sois bien bon de m'affliger ainsi. Tout ceci n'est qu'une comédie. Dorval en a pris le sujet dans sa tête. Il l'a dialoguée à sa fantaisie ; et l'on s'amusait aujourd'hui à la représenter. »

le Fils naturel, « Epilogue », 1757.

1 — *A l'aide du texte des* Entretiens, *des indications de la scène V et d'un dictionnaire de langue française, définissez ce que Diderot entend par « Pantomime ».*

2 — *Pourquoi donner une telle importance à ce jeu « véritable » dans un théâtre jusqu'ici fondé sur le « vraisemblable » (voir* **XVIe - XVIIe siècles** *n° 144)? Comment le prologue et l'épilogue contribuent-ils à renforcer cette importance?*

3 — *Combien de tableaux (à la manière de Greuze, voir N°96) y a-t-il dans cette scène? Qu'apporte aux domaines littéraire et théâtral cette façon de figer les mouvements en représentations morales?*

4 — De Greuze à Diderot (le Fils naturel *et* le Père de famille) : *à l'aide des dossiers n° 79 et 96, étudiez l'élaboration du drame bourgeois et de la peinture morale.*

80 Denis DIDEROT (1713-1784)

Berthélemy, *Diderot,* Carnavalet, (Bulloz).

Diderot, dans La Religieuse, *met en scène une jeune fille que sa mère a condamnée à l'état religieux sans se soucier de son consentement, car elle est le fruit d'amours illégitimes. Cette histoire est pour le philosophe prétexte à une violente satire des mœurs qui règnent dans les couvents de femmes et à une apologie de la liberté individuelle.*
Le roman, écrit en 1760, ne fut publié qu'en 1796, après la mort de Diderot.

Van Mach, *La Religieuse,* (BN).

Je ne vous ferai pas le détail de mon noviciat ; si l'on observait toute son austérité, on n'y résisterait pas ; mais c'est le temps le plus doux de la vie monastique. Une mère des novices est la sœur la plus indulgente qu'on a pu trouver. Son étude est de vous dérober toutes les épines de l'état ; c'est un cours de séduction la plus subtile et la mieux apprêtée. C'est elle qui épaissit les ténèbres qui vous environnent, qui vous berce, qui vous endort, qui vous en impose, qui vous fascine ; la nôtre s'attacha à moi particulièrement. Je ne pense pas qu'il y ait aucune âme, jeune et sans expérience, à l'épreuve de cet art funeste. Le monde a ses précipices ; mais je n'imagine pas qu'on y arrive par une pente aussi facile. Si j'avais éternué deux fois de suite, j'étais dispensée de l'office, du travail, de la prière ; je me couchais de meilleure heure, je me levais plus tard ; la règle cessait pour moi. Imaginez, monsieur, qu'il y avait des jours où je soupirais après l'instant de me sacrifier. Il ne se passe pas une histoire fâcheuse dans le monde qu'on ne vous en parle ; on arrange les vraies, on en fait de fausses, et puis ce sont des louanges sans fin et des actions de grâces à Dieu qui nous met à couvert de ces humiliantes aventures. Cependant il approchait, ce temps que j'avais quelquefois hâté par mes désirs. Alors je devins rêveuse, je sentis mes répugnances se réveiller et s'accroître. Je les allais confier à la supérieure, ou à notre mère des novices. Ces femmes se vengent bien de l'ennui que vous leur portez : car il ne faut pas croire qu'elles s'amusent du rôle hypocrite qu'elles jouent, et des sottises qu'elles sont forcées de vous répéter ; cela devient à la fin si usé et si maussade pour elles ; mais elles s'y déterminent, et cela pour un millier d'écus qu'il en revient à leur maison. Voilà l'objet important pour lequel elles mentent toute leur vie, et préparent à de jeunes innocentes un désespoir de quarante, de cinquante années, et peut-être un malheur éternel ; car il est sûr, monsieur, que, sur cent religieuses qui meurent avant cinquante ans, il y en a cent tout juste de damnées, sans compter celles qui deviennent folles, stupides ou furieuses en attendant.

Il arriva un jour qu'il s'en échappa une de ces dernières de la cellule où on la tenait renfermée. Je la vis. Voilà l'époque de mon bonheur ou de mon malheur, selon, monsieur, la manière dont vous en userez avec moi (1). Je n'ai jamais rien vu de si hideux. Elle était échevelée et presque sans vêtement ; elle traînait des chaînes de fer ; ses yeux étaient égarés ; elle s'arrachait les cheveux ; elle se frappait la poitrine avec les poings, elle courait, elle hurlait ; elle se chargeait elle-même, et les autres, des plus terribles imprécations ; elle cherchait une fenêtre pour se précipiter. La frayeur me saisit, je tremblai de tous mes membres, je vis mon sort dans celui de cette infortunée, et sur-le-champ il fut décidé, dans mon cœur, que je mourrais mille fois plutôt que de m'y exposer. On pressentit l'effet que cet événement pourrait faire sur mon esprit ; on crut devoir le prévenir. On me dit de cette religieuse je ne sais combien de mensonges ridicules qui se contredisaient : qu'elle avait déjà l'esprit dérangé quand on l'avait reçue ; qu'elle avait eu un grand effroi dans un temps critique ; qu'elle était devenue sujette à des visions ; qu'elle se croyait en commerce avec les anges ; qu'elle avait fait des lectures pernicieuses qui lui avaient gâté l'esprit ; qu'elle avait entendu des novateurs d'une morale outrée, qui l'avaient si fort épouvantée des jugements de Dieu, que sa tête ébranlée en avait été renversée ; qu'elle ne voyait plus que des démons, l'enfer et des gouffres de feu ; qu'elles étaient bien malheureuses ; qu'il était inouï qu'il y eût jamais eu un pareil sujet dans la maison ; que sais-je encore quoi ? Cela ne prit point auprès de moi. A tout moment ma religieuse folle me revenait à l'esprit, et je me renouvelais le serment de ne faire aucun vœu.

la Religieuse, 1796.

(1) La religieuse écrit à un homme qu'elle supplie d'intercéder en sa faveur.

CHARLES-ROBERT MATURIN, 1820

Dans le roman de Ch. Robert Maturin, Melmoth ou l'Homme errant, *est insérée l'histoire d'un jeune espagnol, auquel est arrivée la même mésaventure qu'à la religieuse de Diderot.*

Dans cet épisode, le jeune homme condamné à la vie claustrale entend la confession d'un moine moribond, qu'il a toujours pris pour un modèle de sainteté.

Il y avait dans la suavité même de cet homme quelque chose de froid et d'ironique qui donnait une certaine force à ses observations les plus simples. Il poursuivit :

— Tel est le sort de ceux qui possèdent une forte sensibilité. Ceux qui en ont moins vivent languissamment et déclinent imperceptiblement. Ils passent leur temps à s'occuper de fleurs et d'oiseaux, pratiquent leurs exercices religieux avec ponctualité et, ne recevant ni blâmes ni louanges, fondent de torpeur et d'ennui. Ils souhaitent la mort pensant que cela pourrait amener quelque animation dans le couvent, mais ils sont désappointés, car leur état interdit l'animation et ils meurent comme ils ont vécu sans s'éveiller de leur morne apathie. D'autres s'enfoncent dans de perpétuelles rêveries. Ils marchent seuls dans le cloître, dans le jardin. Ils se nourrissent d'un poison d'illusions délicieuses. Ils rêvent qu'un tremblement de terre réduira les murs en atomes, qu'un volcan entrera en éruption au milieu du jardin. Ils imaginent une révolution, une attaque de bandits, les circonstances les plus improbables... Puis ils se réconfortent en envisageant la possibilité d'un incendie (si le feu éclate dans un couvent, on ouvre en grand les portes et «*sauve qui peut*» est le mot d'ordre). Cette pensée leur fait concevoir le plus ardent espoir : ils pourraient se précipiter au-dehors, dans les rues et la campagne, en fait, où n'iraient-ils pas pour s'échapper ? Mais l'espoir les abandonne, ils deviennent nerveux, inquiets. S'ils ont du crédit, on les dispense de leurs devoirs et ils demeurent dans leurs cellules livrés à la torpeur et l'hébétude ; s'ils n'ont pas de crédit, on les oblige à remplir ponctuellement leurs devoirs et ils sont bientôt frappés d'imbécillité. Quelques-uns d'entre eux se réfugient dans la religion, comme on dit. Ils demandent au supérieur de les aider, mais que peut faire le supérieur ? Il n'est qu'un être humain, lui aussi, et peut-être ressent-il ce désespoir dont les malheureux le supplient de les délivrer. Ils se prosternent alors devant les images des saints, les invoquent ou parfois les injurient. Ils implorent l'intercession de l'un d'eux, déplorent son inefficacité et volent vers un autre dont les mérites, pensent-ils, ont plus de valeur aux yeux de Dieu. En dernier recours ils supplient le Christ et la Vierge d'intercéder pour eux. Là encore ils échouent, la Vierge même se montre inexorable bien qu'ils usent son piédestal de leurs genoux et ses pieds de leurs baisers. Enfin ils parcourent les galeries la nuit, tapent à chaque porte et éveillent les dormeurs en criant : «Frère saint Jérôme, priez pour moi ; frère saint Augustin, priez pour moi.» On fait alors une pancarte attachée à la grille du chœur : «Chers frères, priez pour l'âme errante d'un moine.» Le lendemain on peut lire sur la pancarte : «On implore les prières de la communauté pour un moine désespéré.» Ils découvrent alors qu'intercession humaine ou divine sont aussi inefficaces à leur apporter la rémission de leurs souffrances qu'aucun pouvoir ne peut adoucir tant que leur état pèse sur eux. Ils se traînent dans leurs cellules, quelques jours plus tard on entend sonner le glas, les frères s'exclament : «Il est mort en odeur de sainteté» et se hâtent de tendre leurs pièges pour une nouvelle victime.

— Et c'est cela, alors, la vie monastique ?

— C'est cela ; à deux exceptions près : pour ceux qui, par l'imagination, peuvent renouveler chaque jour l'espoir de s'échapper et chérissent cet espoir jusqu'à leur lit de mort ; pour ceux qui, comme moi, diminuent leur misère en la divisant et, semblables à l'araignée, se soulagent du poison dont ils sont gonflés en en instillant une goutte à chaque insecte qui, *comme vous,* peine et agonise dans leur toile.

Je fus épouvanté par l'éclair de méchanceté qui parcourut alors les traits du misérable agonisant et m'éloignai de son lit pendant un instant. Quand je revins près de lui, il avait les yeux clos, les mains étendues. Je le touchai, le soulevai, il était mort et ce furent là ses dernières paroles. Son âme avait laissé son empreinte sur ses traits : son visage était calme et pâle mais une expression de froide dérision errait encore au coin des lèvres.

Melmoth ou l'Homme errant, 1820, trad. Jacqueline Marc-Chadourne, 1965.

LA RELIGIEUSE

1 — Relevez les expressions qui qualifient la conduite et les paroles des religieuses. Quel est leur but?

*2 — Soulignez la composition antithétique * de cet extrait. Quelles sont les réactions de la religieuse : a) devant l'apparence, b) devant la réalité?*

MELMOTH OU L'HOMME ERRANT

1 — Quelles sont pour Maturin les conséquences d'une vocation forcée?

2 — Commentez l'emploi du terme «poison», qui revient deux fois dans le discours de l'agonisant.

3 — En quoi cette scène est-elle bien caractéristique du «roman noir» (voir n° 182)?.

81 Denis DIDEROT (1713-1784)

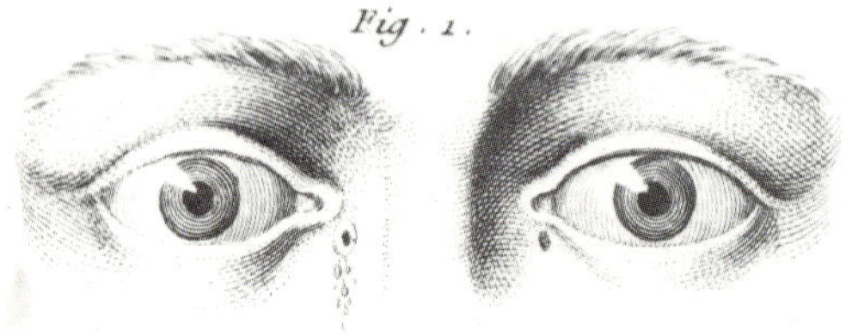

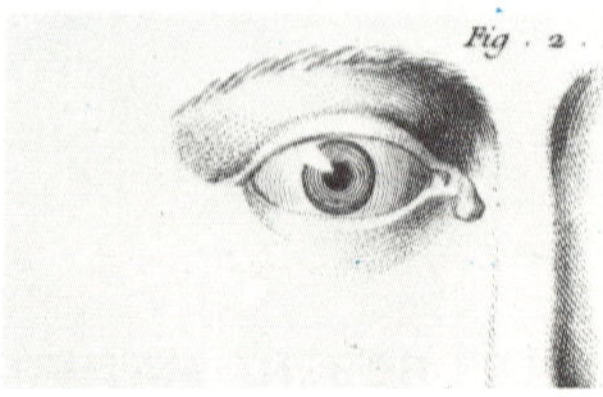

Dans l'Entretien entre d'Alembert et Diderot *et le* Rêve de D'Alembert, *Diderot parle du thème très controversé* à l'époque de la sensibilité : comment les êtres recueillent-ils les données du monde, comment se développe la conscience, et comment les idées viennent. Le matérialisme de l'auteur consiste à faire l'économie de* l'âme *et à renvoyer au corps* matériel, *l'origine de ces processus. Les interlocuteurs du dialogue,* Le Rêve de d'Alembert, *sont d'Alembert rêvant, Mademoiselle de Lespinasse, amie de D'Alembert (voir n° 104) et le docteur Bordeu. L'homme qui rêve est à la fois sage, philosophe et fou et ses « interlocuteurs » permettent à son message d'être déchiffré et discuté.*

Les dialogues ne seront pas publiés du vivant de Diderot, le danger pouvait sembler évident... Seules, les têtes couronnées de la Correspondance littéraire *de Grimm les liront, en 1782. D'Alembert et Mademoiselle de Lespinasse s'en indigneront et ce n'est qu'en 1830 qu'une copie venue de la bibliothèque de Catherine II de Russie sera publiée à Paris.*

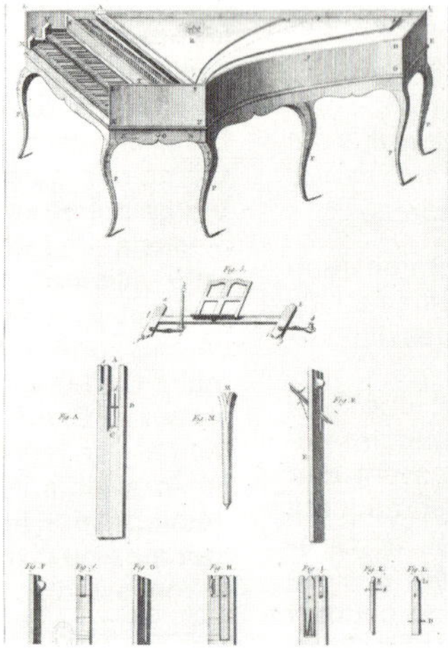

Encyclopédie clavecin, Lutherie, (BN).

Encyclopédie planches, Clavecin, (BN).

Encyclopédie chirurgie, œil, (BN).

DIDEROT

L'instrument philosophe est sensible ; il est en même temps le musicien et l'instrument. Comme sensible, il a la conscience momentanée du son qu'il rend ; comme animal, il en a la mémoire. Cette faculté organique, en liant les sons en lui-même, y produit et conserve la mélodie. Supposez au clavecin de la sensibilité et de la mémoire, et dites-moi s'il ne saura pas, s'il ne se répétera pas de lui-même les airs que vous aurez exécutés sur ses touches. Nous sommes des instruments doués de sensibilité et de mémoire. Nos sens sont autant de touches qui sont pincées par la nature qui nous environne, et qui se pincent souvent elles-mêmes ; et voici, à mon jugement, tout ce qui se passe dans un clavecin organisé comme vous et moi. Il y a une impression qui a sa cause au dedans ou au dehors de l'instrument, une sensation qui naît de cette impression, une sensation qui dure ; car il est impossible d'imaginer qu'elle se fasse et qu'elle s'éteigne dans un instant indivisible ; une autre impression qui lui succède, et qui a pareillement sa cause au-dedans et au dehors de l'animal ; une seconde sensation et des voix qui les désignent par des sons naturels ou conventionnels.

D'ALEMBERT

J'entends. Ainsi donc, si ce clavecin sensible et animé était encore doué de la faculté de se nourrir et de se reproduire, il vivrait et engendrerait de lui-même, ou avec sa femelle, de petits clavecins vivants et résonnants.

DIDEROT

Sans doute. A votre avis, qu'est-ce autre chose qu'un pinson, un rossignol, un musicien, un homme ? Et quelle autre différence trouvez-vous entre le serin et la serinette (1) ?

Entretien entre d'Alembert et Diderot, 1769 (pub. 1830)

(1) La serinette est un « petit orgue de Barbarie aujourd'hui en usage pour apprendre aux serins à chanter plusieurs airs » (Encyclopédie).

DIDEROT, 1769 (pub. 1830)

D'Alembert :

Je suis donc tel, parce qu'il a fallu que je fusse tel. Changez le tout, vous me changez nécessairement ; mais le tout change sans cesse... L'homme n'est qu'un effet commun, le monstre qu'un effet rare ; tous les deux également naturels, également nécessaires, également dans l'ordre universel et général... Et qu'est-ce qu'il y a d'étonnant à cela ?... Tous les êtres circulent les uns dans les autres, par conséquent toutes les espèces... tout est en un flux perpétuel [1]... Tout animal est plus ou moins homme ; tout minéral est plus ou moins plante ; toute plante est plus ou moins animal [2]. Il n'y a rien de précis en nature... Le ruban du père Castel [3]... Oui, père Castel, c'est votre ruban et ce n'est que cela. Toute chose est plus ou moins une chose quelconque, plus ou moins terre, plus ou moins eau, plus ou moins air, plus ou moins feu ; plus ou moins d'un règne ou d'un autre... donc rien n'est de l'essence d'un être particulier... Non, sans doute, puisqu'il n'y a aucune qualité dont aucun être ne soit participant... et que c'est le rapport plus ou moins grand de cette qualité qui nous la fait attribuer à un être exclusivement à un autre... Et vous parlez d'individus, pauvres philosophes ! laissez là vos individus ; répondez-moi. Y a-t-il un atome en nature rigoureusement semblable à un autre atome ?... Non... Ne convenez-vous pas que tout tient en nature et qu'il est impossible qu'il y ait un vide dans la chaîne ? Que voulez-vous donc dire avec vos individus ? Il n'y en a point, non, il n'y en a point... Il n'y a qu'un seul grand individu, c'est le tout. Dans ce tout, comme dans une machine, dans un animal quelconque, il y a une partie que vous appellerez telle ou telle ; mais quand vous donnerez le nom d'individu à cette partie du tout, c'est par un concept aussi faux que si, dans un oiseau, vous donniez le nom d'individu à l'aile, à une plume de l'aile... Et vous parlez d'essences, pauvres philosophes ! laissez là vos essences. Voyez la masse générale, ou si, pour l'embrasser, vous avez l'imagination trop étroite, voyez votre première origine et votre fin dernière...

le Rêve de D'Alembert, 1769, (publié en 1930).

(1) *Souvenir de Buffon (voir Nos 70 et 71).*
(2) *Voir La Mettrie (N° 100).*
(3) *Castel, un jésuite, avait imaginé un clavecin oculaire composé de rubans colorés à l'usage des sourds. Le P. Louis Bertrand Castel (1688-1757) annonça son projet en 1725.*
(4) Eléments de musique théorique et pratique, 1752.

DIDEROT, *ENCYCLOPÉDIE,* **1752**

CLAVECIN OCULAIRE *(Musiq. et Opt.)* Instrument à touches analogue au clavecin auriculaire, composé d'autant d'octaves de couleurs par tons et demi-tons, que le clavecin auriculaire a d'octaves de sons par tons et demi-tons, destiné à donner à l'âme par les yeux les mêmes sensations agréables de mélodie et d'harmonie de couleurs, que celles de mélodie et d'harmonie de sons que le clavecin ordinaire lui communique par l'oreille.

Que faut-il pour faire un clavecin ordinaire ? des cordes diapasonnées selon un certain système de musique, et le moyen de faire résonner ces cordes. Que faudra-t-il pour un *clavecin oculaire* ? des couleurs diapasonnées selon le même système que les sons, et le moyen de les produire aux yeux : mais l'un est aussi possible que l'autre. [...] Si l'on prend un bon rudiment de musique auriculaire, tel que celui de M. d'Alembert [4], et qu'on substitue partout le mot *couleur* au mot *son,* on aura des éléments complets de musique oculaire, des chants colorés à plusieurs parties, une basse fondamentale, une basse continue, des chiffres, des accords de toute espèce, même par supposition et par suspension, une loi de liaison, des renversements d'harmonie, etc. [...]

Qu'est-ce que jouer ? C'est, pour le clavecin ordinaire, sonner et se taire, ou paraître et disparaître à l'oreille. Que sera-ce que jouer pour le *clavecin oculaire* ? se montrer et se tenir caché, ou paraître et disparaître à l'œil : et comme la musique auriculaire a vingt ou trente façons de produire les sons, par des cordes, des tuyaux, des voix, des violons, des basses, des lyres, des guitares, des clavecins, des épinettes, des hautbois, des flûtes, des fifres, des flageolets, des bassons, des serpents, des trompettes, des orgues, etc. la musique oculaire aura autant de façons correspondantes de produire les couleurs, des boîtes, des éventails, des soleils, des étoiles, des tableaux, des lumières naturelles, artificielles, etc. Voilà la pratique. [...]

La seule différence importante entre les deux *clavecins* qui nous ait frappés, c'est que quoiqu'il y ait sur le clavecin ordinaire un grand intervalle entre sa première et sa dernière touche, l'oreille n'aperçoit point de discontinuité entre les sons ; ils sont liés pour elle comme si les touches étaient toutes voisines ; au lieu que les couleurs seront distantes et disjointes à la vue. [...]

On ne peut imaginer une pareille machine sans être très versé en musique et en optique ; on ne peut l'exécuter avec succès sans être un rare machiniste.

Encyclopédie ou Dictionnaire raisonné des sciences, des arts et des métiers,... article « Clavecin Oculaire », T. II, 1752.

1 — *Que pensez-vous de la fonction philosophique, littéraire et polémique * du clavecin ? Est-elle un artifice « littéraire » ? Est-elle convaincante ? Comparez avec d'autres allégories * de la pensée (voir n° 74-75 et* **XIX**e **siècle,** *n° 127) ?*

2 — *Dans quelle mesure les raisonnements de Diderot peuvent-ils conduire à une conception matérialiste de l'univers ? Vous définirez au passage les termes suivants : déisme, idéalisme, matérialisme, spiritualisme en vous aidant de dictionnaires et de l'index (thèmes-genres-mouvements) afin d'étayer votre réponse.*

Sandby, *le Château de Windsor,* (Snark).

Ils furent accueillis par un orage qui les contraignit de s'acheminer... — Où ? — Où ? lecteur, vous êtes d'une curiosité bien incommode ! Et que diable cela vous fait-il ? Quand je vous aurai dit que c'est à Pontoise ou à Saint-Germain, à Notre-Dame de Lorette ou à Saint-Jacques de Compostelle, en serez-vous plus avancé ? Si vous insistez, je vous dirai qu'ils s'acheminèrent vers... oui ; pourquoi pas ?... vers un château immense, au frontispice duquel on lisait : « Je n'appartiens à personne et j'appartiens à tout le monde. Vous y étiez avant que d'y entrer, et vous y serez encore quand vous en sortirez. » — Entrèrent-ils dans ce château ? — Non, car l'inscription était fausse, ou ils y étaient avant que d'y entrer. — Mais du moins ils en sortirent ? — Non, car l'inscription était fausse, ou ils y étaient encore quand ils en furent sortis. — Et que firent-ils là ? — Jacques disait ce qui était écrit là-haut ; son maître, ce qu'il voulut : et ils avaient tous deux raison. — Quelle compagnie y trouvèrent-ils ? — Mêlée. — Qu'y disait-on ? — Quelques vérités, et beaucoup de mensonges. — Y avait-il des gens d'esprit ? — Où n'y en a-t-il pas ? et de maudits questionneurs qu'on fuyait comme la peste. Ce qui choqua le plus Jacques et son maître pendant tout le temps qu'ils s'y promenèrent. — On s'y promenait donc ? — On ne faisait que cela, quand on n'était pas assis ou couché... Ce qui choqua le plus Jacques et son maître, ce fut d'y trouver une vingtaine d'audacieux, qui s'étaient emparés des plus superbes appartements, où ils se trouvaient presque toujours à l'endroit ; qui prétendaient, contre le droit commun et le vrai sens de l'inscription, que le château leur avait été légué en toute propriété ; et qui, à l'aide d'un certain nombre de coglions à leurs gages, l'avaient persuadé à un grand nombre d'autres coglions à leurs gages, tout prêts pour une petite pièce de monnaie à prendre ou assassiner le premier qui aurait osé les contredire : cependant au temps de Jacques et de son maître, on l'osait quelquefois. — Impunément ? — C'est selon.

Vous allez dire que je m'amuse, et que, ne sachant plus que faire de mes voyageurs, je me jette dans l'allégorie, la ressource ordinaire des esprits stériles. Je vous sacrifierai mon allégorie et toutes les richesses que j'en pouvais tirer ; je conviendrai de tout ce qu'il vous plaira, mais à condition que vous ne me tracasserez point sur ce dernier gîte de Jacques et de son maître ; soit qu'ils aient atteint une grande ville et qu'ils aient couché chez des filles ; qu'ils aient passé la nuit chez un vieil ami qui les fêta de son mieux ; qu'ils se soient réfugiés chez des moines mendiants, où ils furent mal logés et mal repus pour l'amour de Dieu ; qu'ils aient été accueillis dans la maison d'un grand, où ils manquèrent de tout ce qui est nécessaire, au milieu de tout ce qui est superflu ; qu'ils soient sortis le matin d'une grande auberge, où on leur fit payer très chèrement un mauvais souper servi dans des plats d'argent, et une nuit passée entre des rideaux de damas et des draps humides et repliés ; qu'ils aient reçu l'hospitalité chez un curé de village à portion congrue, qui courut mettre à contribution les basses-cours de ses paroissiens, pour avoir une omelette et une fricassée de poulets ; ou qu'ils se soient enivrés d'excellents vins, aient fait grande chère et pris une indigestion bien conditionnée dans une riche abbaye de Bernardins ; car quoique tout cela vous paraisse également possible, Jacques n'était pas de cet avis : il n'y avait réellement de possible que la chose qui était écrite en haut. Ce qu'il y a de vrai, c'est que, de quelque endroit qu'il vous plaise de les mettre en route, ils n'eurent pas fait vingt pas que le maître dit à Jacques, après avoir toutefois, selon son usage, pris sa prise de tabac : « Eh bien ! Jacques, l'histoire de tes amours ? »

Diderot a pris comme prétexte un épisode de Tristram Shandy *de Laurence Sterne (1713-1768) pour écrire* Jacques le fataliste et son maître. *Au livre VIII du texte anglais, l'auteur raconte l'histoire des amours de son oncle Toby avec la veuve Wedman, l'histoire de sa blessure et de ses entretiens avec son caporal. Entre le début et la fin du récit, Diderot a intercalé son propre texte – un peu à la manière de Sterne qui, voulant raconter sa vie, doit éliminer tous les épisodes familiaux et autres qui précèdent celle-ci et l'écriture de celle-ci.*

Jacques le fataliste et son maître, vers 1774, pub. 1796.

Jacques le fataliste et son maître (v. 1774 - publ. 1796) 82

Jacques le Fataliste, (BN).

DENIS DIDEROT, vers 1774

Comme ils en étaient là, ils entendirent à quelque distance derrière eux du bruit et des cris ; ils retournèrent la tête, et virent une troupe d'hommes armés de gaules et de fourches qui s'avançaient vers eux à toutes jambes. Vous allez croire que c'étaient les gens de l'auberge, leurs valets et les brigands dont nous avons parlé. Vous allez croire que le matin on avait enfoncé leur porte faute de clefs, et que ces brigands s'étaient imaginé que nos deux voyageurs avaient décampé avec leurs dépouilles. Jacques le crut, et il disait entre ses dents : «Maudites soient les clefs et la fantaisie ou la raison qui me les fit emporter ! Maudite soit la prudence ! etc. etc.» Vous allez croire que cette petite armée tombera sur Jacques et son maître, qu'il y aura une action sanglante, des coups de bâton donnés, des coups de pistolet tirés ; et il ne tiendrait qu'à moi que tout cela n'arrivât ; mais adieu la vérité de l'histoire, adieu le récit des amours de Jacques. Nos deux voyageurs n'étaient point suivis : j'ignore ce qui se passa dans l'auberge après leur départ. Ils continuèrent leur route, allant toujours sans savoir où ils allaient, quoiqu'ils sussent à peu près où ils voulaient aller ; trompant l'ennui et la fatigue par le silence et le bavardage, comme c'est l'usage de ceux qui marchent, et quelquefois de ceux qui sont assis.

Il est bien évident que je ne fais pas un roman, puisque je néglige ce qu'un romancier ne manquerait pas d'employer. Celui qui prendrait ce que j'écris pour la vérité serait peut-être moins dans l'erreur que celui qui le prendrait pour une fable.

Cette fois-ci ce fut le maître qui parla le premier et qui débuta par le refrain accoutumé : «Eh bien ! Jacques, l'histoire de tes amours ?

Jacques le fataliste et son maître, vers 1774, pub. 1796.

LAURENCE STERNE, 1759-1763

J'ai déjà dit au Chrétien qui me lit — je le nomme chrétien l'espérant tel ; s'il ne l'est pas, je le regrette et le prie de disputer la chose avec sa conscience sans rendre mon ouvrage responsable.

Je lui ai dit, monsieur — car, en vérité, lorsqu'un auteur raconte une histoire aussi étrangement que je le fais ici, il doit sans cesse revenir en arrière et repartir en avant afin de tisser tous ses fils dans l'imagination du lecteur, précaution dont je me suis peut-être avisé trop tard moi-même : tant de sujets fusent de toutes parts, incertains et ambigus, leur poursuite comporte tant de brisures et de trous, les constellations nous servent si mal, ce qui n'empêche pas d'ailleurs d'en suspendre quelques-unes dans la nuit des passages les plus obscurs, sachant bien comme il est aisé de se perdre fût-ce dans la pleine lumière du jour — et voyez-vous, me voilà perdu moi-même.

La faute en est à mon père et sitôt mon cerveau disséqué, vous y distingueriez sans lunettes, large et irrégulier, le défaut de tissage pareil à ceux qu'on rencontre parfois dans une pièce de batiste invendable, courant d'un bout à l'autre de la trame, et si malencontreux qu'on ne saurait y tailler une ★★ (j'accroche encore ici une ou deux étoiles) un bandeau pour les cheveux ou même une «poupée» pour le pouce, sans que le défaut soit sensible à l'œil ou au doigt.

Quanto id diligentius in liberis procreandis cavendum (1), dit Cardan (2). Ceci mûrement considéré et dans l'impossibilité morale où je suis, vous le voyez bien, de revenir par ce détour au point d'où je suis parti,

je vais recommencer mon chapitre.

Vie et opinions de Tristram Shandy, chap. XXXIII, 1759-1763 (trad. Ch. Mauron, Laffont, 1946).

(1) D'autant plus qu'il faut craindre d'aller trop vite quand on écrit un livre.
(2) Cardan (1501-1516) était un médecin, astrologue et mathématicien.

Lelong, *Jacques le Fataliste et son maître,* (BN).

1 — Relevez, dans les trois textes, les adresses directes au lecteur. Que lui indiquent-elles ? Que l'entraînent-elles à faire ? Sur quel mode s'expriment-elles ?

*2 — Notez, dans le premier texte de Diderot, les éléments positifs du discours, puis les éléments négatifs. A la suite de ce relevé, interrogez-vous sur l'allégorie * du château : signifie-t-elle quelque chose ? N'a-t-elle qu'une seule signification ?*

3 — Ce que trouvèrent — ou ne trouvèrent pas — Jacques et son maître dans le château est-il dangereux pour la société de leur temps ?

4 — Quelle description de la société évoque le dernier paragraphe du premier texte ?

5 — A travers les déclarations de Tristram Shandy et de l'auteur de Jacques le fataliste, *ces textes sont-ils des romans ?*

Chardin, *les Bouteilles de savon,* (Snark).

PUBLICATION: PETITE HISTOIRE

On peut penser que la date de rédaction du Neveu de Rameau *remonte à 1761 ; à la suite de la comédie de Palissot,* les Philosophes *(voir n° 116), Diderot, qui n'avait pas répliqué ouvertement, a dû écrire son amertume dans ce petit texte. Cependant, certaines allusions sont postérieures et montrent que le dialogue a été revu, sinon réécrit vers 1765, puis vers 1772, enfin vers 1776.*

Jusqu'en 1804, le Neveu de Rameau *n'apparut dans aucun recueil des œuvres de Diderot. Goethe traduisit, cette année-là, en allemand une copie aujourd'hui perdue et la publia en 1805. Il fallut attendre 1821 pour voir un éditeur des* Œuvres Complètes *de Diderot traduire en français le texte de Goethe. Une édition peu fiable parut en 1823 ; en 1875 puis 1884 l'édition fut améliorée, une nouvelle copie ayant été retrouvée. Enfin, en 1890, le bibliothécaire de la Comédie-Française trouva, par hasard, chez un bouquiniste, une copie autographe de Diderot, qu'il publia.*

Le Neveu de Rameau, satire seconde, *(satire a ici le sens de critique et mélange) met en scène Jean-François Rameau (né en 1716), neveu du grand musicien (voir n° 120), au Café de la Régence. Dilettante, hâbleur, parasite, il est dans le texte un personnage cynique, qui affirme représenter «la partie la plus importante de la ville et de la cour».*

LE NEVEU DE RAMEAU (1760-1776, pub. 1805)

LUI — Voilà où vous en êtes, vous autres. Vous croyez que le même bonheur est fait pour tous. Quelle étrange vision ! Le vôtre suppose un certain tour d'esprit romanesque que nous n'avons pas ; une âme singulière, un goût particulier. Vous décorez cette bizarrerie du nom de vertu ; vous l'appelez philosophie. Mais la vertu, la philosophie sont-elles faites pour tout le monde ? En a qui peut. En conserve qui peut. Imaginez l'univers sage et philosophe ; convenez qu'il serait diablement triste. Tenez, vive la philosophie ; vive la sagesse de Salomon : boire de bon vin, se gorger de mets délicats ; se rouler sur de jolies femmes ; se reposer dans des lits bien mollets. Excepté cela, le reste n'est que vanité.

MOI — Quoi, défendre sa patrie ?

LUI — Vanité. Il n'y a plus de patrie. Je ne vois d'un pôle à l'autre que des tyrans et des esclaves.

MOI — Servir ses amis ?

LUI — Vanité. Est-ce qu'on a des amis ? Quand on en aurait, faudrait-il en faire des ingrats ? Regardez-y bien et vous verrez que c'est presque toujours là ce qu'on recueille des services rendus. La reconnaissance est un fardeau ; et tout fardeau est fait pour être secoué.

MOI — Avoir un état dans la société et en remplir les devoirs ?

LUI — Vanité. Qu'importe qu'on ait un état, ou non ; pourvu qu'on soit riche ; puisqu'on ne prend un état que pour le devenir. Remplir ses devoirs, à quoi cela mène-t-il ? A la jalousie, au trouble, à la persécution. Est-ce ainsi qu'on s'avance ? Faire sa cour, morbleu ; faire sa cour ; voir les grands ; étudier leurs goûts ; se prêter à leurs fantaisies ; servir leurs vices ; approuver leurs injustices. Voilà le secret.

MOI — Veiller à l'éducation de ses enfants ?

LUI — Vanité. C'est l'affaire d'un précepteur.

MOI — Mais si ce précepteur, pénétré de vos principes, néglige ses devoirs ; qui est-ce qui en sera châtié ?

LUI — Ma foi, ce ne sera pas moi, mais peut-être un jour le mari de ma fille ou la femme de mon fils.

MOI — Mais si l'un et l'autre se précipitent dans la débauche et les vices ?

LUI — Cela est de leur état.

MOI — S'ils se déshonorent ?

LUI — Quoi qu'on fasse, on ne peut se déshonorer quand on est riche.

MOI — S'ils se ruinent ?

LUI — Tant pis pour eux. [...] A votre avis, la société ne serait-elle pas fort amusante, si chacun y était à sa chose ?

MOI — Pourquoi pas ? la soirée n'est jamais plus belle pour moi que quand je suis content de ma matinée.

LUI — Et pour moi aussi.

MOI — Ce qui rend les gens du monde si délicats sur leurs amusements, c'est leur profonde oisiveté.

LUI — Ne croyez pas cela ; ils s'agitent beaucoup.

MOI — Comme ils ne se lassent jamais, ils ne se délassent jamais.

LUI — Ne croyez pas cela ; ils sont sans cesse excédés.

MOI — Le plaisir est toujours une affaire pour eux, et jamais un besoin.

LUI — Tant mieux, le besoin est toujours une peine.

MOI — Ils usent tout. Leur âme s'hébète. L'ennui s'en empare. Celui qui leur ôterait la vie, au milieu de leur abondance accablante, les servirait. C'est qu'ils ne connaissent du bonheur que la partie qui s'émousse le plus vite. Je ne méprise pas les plaisirs des sens. J'ai un palais aussi, et il est flatté d'un mets délicat, ou d'un vin délicieux. J'ai un cœur et des yeux ; et j'aime à voir une jolie femme. J'aime à sentir sous ma main la fermeté et la rondeur de sa gorge ; à presser ses lèvres des miennes ; à puiser la volupté dans ses regards, et à en expirer entre ses bras. Quelquefois avec mes amis, une partie de débauche, même un peu tumultueuse, ne me déplaît pas. Mais je ne vous le dissimulerai pas, il m'est infiniment plus doux encore d'avoir secouru le malheureux, d'avoir terminé une affaire épineuse, donné un conseil salutaire, fait une lecture agréable ; une promenade avec un homme ou une femme chère à mon cœur ; passé quelques heures instructives avec mes enfants, écrit une bonne page, rempli les devoirs de mon état ; dit à celle que j'aime quelques choses tendres et douces qui amènent ses bras autour de mon col. Je connais telle action, que je voudrais avoir faite pour tout ce que je possède. C'est un sublime ouvrage que *Mahomet ;* j'aimerais mieux avoir réhabilité la mémoire des Calas (1). Un homme de ma connaissance s'était réfugié à Carthagène (2). C'était un cadet de famille, dans un pays où la coutume transfère tout le bien aux aînés. Là il apprend que son aîné, enfant gâté, après avoir dépouillé son père et sa mère, trop faciles, de tout ce qu'ils possédaient, les avait expulsés de leur château, et que les bons vieillards languissaient indigents, dans une petite ville de la province. Que fait alors ce cadet qui, traité durement par ses parents, était allé tenter la fortune au loin ; il leur envoie des secours ; il se hâte d'arranger ses affaires. Il revient opulent. Il ramène son père et sa mère dans leur domicile. Il marie ses sœurs. Ah, mon cher Rameau, cet homme regardait cet intervalle, comme le plus heureux de sa vie. C'est les larmes aux yeux qu'il m'en parlait ; et moi, je sens, en vous faisant ce récit, mon cœur se troubler de joie, et le plaisir me couper la parole.

LUI — Vous êtes des êtres bien singuliers !

MOI — Vous êtes des êtres bien à plaindre, si vous n'imaginez pas qu'on s'est élevé au-dessus du sort, et qu'il est impossible d'être malheureux, à l'abri de deux belles actions, telles que celle-ci.

LUI — Voilà une espèce de félicité avec laquelle j'aurai de la peine à me familiariser, car on la rencontre rarement. Mais à votre compte, il faudrait donc être d'honnêtes gens ?

MOI — Pour être heureux ? Assurément.

LUI — Cependant, je vois une infinité d'honnêtes gens qui ne sont pas heureux ; et une infinité de gens qui sont heureux sans être honnêtes.

MOI — Il vous semble.

le Neveu de Rameau. (1761-1776, pub. 1805).

(1) Diderot préfère le Voltaire des Calas (1762-63, voir N° 139 a) au Voltaire tragique parlant hautement du fanatisme.
(2) L'écossais Hoop.

TROIS «PHILOSOPHES» : CENSURE, AUTOCENSURE ET POUVOIR

VOLTAIRE	
• Exil à Sully-sur-Loire (écrits contre le Régent).	1716
• Après un nouvel écrit contre le Régent : onze mois d'incarcération à la Bastille	1717
• Après l'altercation avec le duc de Rohan, lettre de cachet, trois semaines de prison à la Bastille. Voyage en Angleterre.	1728
• Partie de cache-cache avec la censure *(Lettres philosophiques)* : lettre de cachet : exil à Cirey et Potsdam.	1734
• Altercation avec Frédéric II. Fuite.	1753
• Suisse.	1755
• Ferney.	1760
DIDEROT	
• Huit mois en prison à Vincennes, dans des conditions difficiles après la *Lettre sur les aveugles.* (mise en cause d'une «dame de la haute société», déjà fiché et dénoncé par le curé de Saint-Médard).	1749
• Autocensure préventive (nombreuses publications posthumes)	
• Difficultés de l'*Encyclopédie* (voir n° 87 b).	
ROUSSEAU	
• Existence glorieuse d'écrivain jusqu'en 1762.	
• Décrété de prise de corps : Mandement de l'archevêque de Paris à la suite de la profession de foi du Vicaire savoyard de l'*Emile.* Prévenu par Malesherbes. Exil en Suisse : délire paranoïaque.	1762
• Prescription de fait vers 1770.	

Voir aussi le n° 134 a sur la censure.

Craesbeek, *le Fumeur,* (R. Mus. Nat.).

1 — *Résumez, avec votre propre vocabulaire, l'argumentation des deux personnages. Quelles valeurs Rameau attaque-t-il ? Quelles valeurs le personnage appelé ici : «Moi», prône-t-il ? Sont-elles absolument contradictoires ?*

2 — *L'analyse sociale de Rameau est-elle dangereuse pour le pouvoir en place, et pour quelles raisons ? Les idées de son interlocuteur sont-elles moins dangereuses ?*

3 — Le Dialogue : *En reprenant les textes cités de Diderot (voir index des noms), faites le compte de ceux qui empruntent à la technique du dialogue. Pourquoi, à votre avis, Diderot recourt-il si fréquemment à cette technique ? Peut-on, dès lors, les répartir en textes romanesques, textes philosophiques, textes de théâtre ?*

4 — La Censure / L'Autocensure. *Quels textes majeurs de Diderot n'ont été publiés qu'après sa mort ? Cherchez-en la ou les raison(s) (la crainte n'étant pas forcément la seule réponse).*

De 1766 à 1769, Bougainville fit le tour du monde au nom du roi de France. Dès son retour, en 1771, il publia son Voyage autour du Monde *qui montre un homme du XVIIIe siècle aventurier et scientifique de surcroît faisant l'apprentissage de cultures exotiques et parfois incompréhensibles. Diderot fut attiré par deux thèmes importants du* Voyage : *la liberté sexuelle des insulaires et surtout le problème de la colonisation européenne.*

William Hodgs, *Retour à Tahiti,* (Greenwich Maritime Museum).

C'est un vieillard qui parle. Il était père d'une famille nombreuse. A l'arrivée des Européens, il laissa tomber des regards de dédain sur eux, sans marquer ni étonnement, ni frayeur, ni curiosité. Ils l'abordèrent ; il leur tourna le dos et se retira dans sa cabane. Son silence et son souci ne décelaient que trop sa pensée : il gémissait en lui-même sur les beaux jours de son pays éclipsés. Au départ de Bougainville, lorsque les habitants accouraient en foule sur le rivage, s'attachaient à ses vêtements, serraient ses camarades entre leurs bras, et pleuraient, ce vieillard s'avança d'un air sévère, et dit :

«Pleurez, malheureux Tahitiens ! pleurez ; mais que ce soit de l'arrivée, et non du départ de ces hommes ambitieux et méchants : un jour, vous les connaîtrez mieux. Un jour, ils reviendront, le morceau de bois (1) que vous voyez attaché à la ceinture de celui-ci, dans une main, et le fer qui pend au côté de celui-là, dans l'autre, vous enchaîner, vous égorger, ou vous assujettir à leurs extravagances et à leurs vices ; un jour vous servirez sous eux, aussi corrompus, aussi vils, aussi malheureux qu'eux. Mais je me console ; je touche à la fin de ma carrière ; et la calamité que je vous annonce, je ne la verrai point. O Tahitiens ! ô mes amis ! vous auriez un moyen d'échapper à un funeste avenir ; mais j'aimerais mieux mourir que de vous en donner le conseil. Qu'ils s'éloignent, et qu'ils vivent.»

Puis s'adressant à Bougainville, il ajouta : «Et toi, chef des brigands qui t'obéissent, écarte promptement ton vaisseau de notre rive : nous sommes innocents, nous sommes heureux ; et tu ne peux que nuire à notre bonheur. Nous suivons le pur instinct de la nature ; et tu as tenté d'effacer de nos âmes son caractère. Ici tout est à tous ; et tu nous as prêché je ne sais quelle distinction du *tien* et du *mien*. Nos filles et nos femmes nous sont communes ; tu as partagé ce privilège avec nous ; et tu es venu allumer en elles des fureurs inconnues. Elles sont devenues folles dans tes bras ; tu es devenu féroce entre les leurs. Elles ont commencé à se haïr ; vous vous êtes égorgés pour elles ; et elles nous sont revenues teintes de votre sang. Nous sommes libres ; et voilà que tu as enfoui dans notre terre le titre de notre futur esclavage. Tu n'es ni un dieu, ni un démon : qui es-tu donc, pour faire des esclaves ? Orou ! (2) toi qui entends la langue de ces hommes-là, dis-nous à tous, comme tu me l'as dit à moi-même, ce qu'ils ont écrit sur cette lame de métal : *Ce pays est à nous* (3). Ce pays est à toi ! et pourquoi ? parce que tu y as mis le pied ? Si un Tahitien débarquait un jour sur vos côtes, et qu'il gravât sur une de vos pierres ou sur l'écorce d'un de vos arbres : *Ce pays est aux habitants de Tahiti,* qu'en penserais-tu ? Tu es le plus fort ! Et qu'est-ce que cela fait ? Lorsqu'on t'a enlevé une des méprisables bagatelles dont ton bâtiment est rempli, tu t'es récrié, tu t'es vengé ; et dans le même instant tu as projeté au fond de ton cœur le vol de toute une contrée ! Tu n'es pas esclave : tu souffrirais plutôt la mort que de l'être, et tu veux nous asservir ! Tu crois donc que le Tahitien ne sait pas défendre sa liberté et mourir ? Celui dont tu veux t'emparer comme de la brute, le Tahitien est ton frère. Vous êtes deux enfants de la nature ; quel droit as-tu sur lui qu'il n'ait pas sur toi ? Tu es venu ; nous sommes-nous jetés sur ta personne ? avons-nous pillé ton vaisseau ? t'avons-nous saisi et exposé aux flèches de nos ennemis ? t'avons-nous associé dans nos champs au travail de nos animaux ? Nous avons respecté notre image en toi. Laisse-nous nos mœurs ; elles sont plus sages et plus honnêtes que les tiennes ; nous ne voulons point troquer ce que tu appelles notre ignorance, contre tes inutiles lumières. [...]

A peine eut-il achevé, que la foule des habitants disparut : un vaste silence régna dans toute l'étendue de l'île ; et l'on n'entendit que le sifflement aigu des vents et le bruit sourd des eaux sur toute la longueur de la côte : on eût dit que l'air et la mer, sensibles à la voix du vieillard, se disposaient à lui obéir.

B. Eh bien ! qu'en pensez-vous ?

A. Ce discours me paraît véhément ; mais à travers je ne sais quoi d'abrupt et de sauvage (4), il me semble retrouver des idées et des tournures européennes.

B. Pensez donc que c'est une traduction du tahitien en espagnol, et de l'espagnol en français. [Le vieillard] s'était rendu, la nuit, chez cet Orou qu'il a interpellé, et dans la case duquel l'usage de la langue espagnole s'était conservé de temps immémorial (5). Orou avait écrit en espagnol la harangue du vieillard ; et Bougainville en avait une copie à la main, tandis que le Tahitien la prononçait.

A. Je ne vois que trop à présent pourquoi Bougainville a supprimé ce fragment ; mais ce n'est pas là tout ; et ma curiosité pour le reste n'est pas légère.

Supplément au voyage de Bougainville ou Dialogue entre A. et B., II, les adieux du vieillard, 1772-1779, pub. 1796.

(1) *Crucifix (voir n° 14).*
(2) *Interprète de Bougainville, ramené en France et montré aux salons admiratifs... (voir n° 95).*
(3) *Bougainville avait en effet pris possession de Tahiti au nom de Louis XV.*
(4) *Le «discours sauvage» est un thème classique de la littérature latine (Tacite ; Quinte-Curce...).*
(5) *Tahiti a été découverte au XVIe siècle par les portugais (et non par les espagnols).*

L.A. DE BOUGAINVILLE, 1771

Le chef de ce canton nous conduisit dans sa maison et nous y introduisit. Il y avait dedans cinq ou six femmes et un vieillard vénérable. Les femmes nous saluèrent en portant la main sur la poitrine, et criant plusieurs fois *tayo*. Le vieillard était père de notre hôte. Il n'avait du grand âge que ce caractère respectable qu'impriment les ans sur une belle figure : sa tête ornée de cheveux blancs et d'une longue barbe, tout son corps nerveux et rempli, ne montraient aucune ride, aucun signe de décrépitude. Cet homme vénérable parut s'apercevoir à peine de notre arrivée ; il se retira même sans répondre à nos caresses, sans témoigner ni frayeur, ni étonnement, ni curiosité : fort éloigné de prendre part à l'espèce d'extase que notre vue causait à tout ce peuple, son air rêveur et soucieux semblait annoncer qu'il craignait que ces jours heureux, écoulés pour lui dans le sein du repos, ne fussent troublés par l'arrivée d'une nouvelle race.

Voyage autour du monde par la frégate du roi la Boudeuse et la flûte l'Etoile ; en 1766, 1767, 1768 et 1769, chap. IX, 1771.

EAN GIRAUDOUX, 1937

(Roulement de tambour. Solander monte sur un tertre).

SOLANDER

Regardez, habitants d'Otahiti, regardez le quartier-ıaître Solander ! Rien dans mes poches ! Rien dans ıes mains ! Voyez : je frappe sur ma poitrine, sur mon entre ! Rien n'y fait saillie ! Rien ne s'y casse, et voyez ! *Solander montre un œuf dans sa main.)* J'ai fait surgir un euf ! Non pas un œuf d'ici, un vulgaire œuf d'émou ou 'ornithorynque, mais l'œuf que pond dans mon pays n oiseau extraordinaire qui sort par la pluie et qu'on énomme poule ! Et le voilà qui naît par ma cuisse ! Et le oilà qui naît de mon œil ! Le quartier-maître Solander ond par l'œil et par la cuisse, insulaires d'Otahiti ! Et maintenant regardez, si vos yeux peuvent supporter un pareil miracle, ce que je tire de ma bouche. Que peut tirer normalement de sa bouche un marin britannique ? Ce que le maître-coq de Sa Majesté y verse, des fèves trop dures, du lard véreux ! Voyez, Solander en tire des papillons, un lapin tricolore, et pour couronner le tout, le portrait grandeur nature de Son Altesse Royale la Princesse Félicie-Charlotte, belle-sœur de notre reine bien-aimée.

(Roulement de tambour. Les insulaires observent le plus profond silence.)

LE LIEUTENANT DU ROI

C'est raté, Solander.

SOLANDER

Qu'ont-ils à ne pas broncher ? A la Terre de Feu, ils léchaient mes pieds à l'œuf et m'adoraient au lapin.

M. BANKS, *à un indigène*

Cela n'a pas l'air de vous étonner, mon brave ?

L'INDIGÈNE

Cela nous étonne et cela ne nous étonne pas.

M. BANKS

Explique-toi.

L'INDIGÈNE

Cela nous étonne si vous êtes des hommes. Cela ne nous étonne pas si vous êtes des dieux. Rien n'est plus simple pour un dieu que de pondre par la cuisse ou de vomir des papillons. Nos dieux à nous sont même beaucoup plus forts que Monsieur Solander. Le plus petit des œufs qu'ils pondent est plus gros que l'île. Quand leur plus petit papillon passe, Otahiti est couverte pour trois jours. Mais si Monsieur Solander n'est pas un dieu, c'est autre chose !

M. BANKS

Solander est un homme, je puis t'en répondre.

L'INDIGÈNE

C'est incroyable ! Vive l'Angleterre !

(Applaudissements frénétiques.)

AUTRE INDIGÈNE

Les Anglais pondent par la cuisse et par l'œil ! Ils honorent l'humanité !

AUTRE INDIGÈNE

Empressons-nous pour les recevoir !

(La foule est prise d'une agitation fébrile. Quelques indigènes construisent une case sommaire).

Supplément au voyage de Cook, Grasset, 1937.

1 — Expliquez les trois attitudes de l'indigène dans ces trois textes. Déterminez ensuite leur portée philosophique et politique.

2 — Relevez dans le texte de Diderot les notions que critique le vieillard. Par quelles valeurs les remplace-t-il ?

3 — Qu'introduit la distance finale signalée par les interlocuteurs A et B ?

85 DUCLOS (1704-1772)

PETITS-MAITRES, MIGNONS, ROUÉS, ET LIBERTINS

1) Petit-maître et mignon

Dès le XVe siècle (Villon, Testament, *v. 750),* petit-maître *désigne un* « *mignon* », *c'est-à-dire un homme aux tendances sexuelles ambiguës. Ces termes se redéfinissent au XVIIe siècle : on parle tout à la fois des* « mignons » *de Condé (vers 1643), et plus tard (1683), l'appellation de* petit-maître *est revendiquée par des seigneurs (homosexuels pour la plupart), qui appartiennent à l'entourage de Philippe d'Orléans :* « les jeunes gens (sont) durs, féroces, sans mœurs ni politesse ; ils se trouvent affranchis de la passion des femmes dans un âge où l'on commence ailleurs à la sentir ; ils leur préfèrent des repas, des viandes et des amours ridicules » *(La Bruyère,* Caractères, *VIII, 74). Toutefois, cette pureté de principes ne se conserva pas très longtemps. On appela* petit-maître *tout jeune homme turbulent, et ce terme passa de mode pendant quinze ans, pour revenir sous la Régence, où il désigne toute sorte de débauché, et se féminise en* petite-maîtresse.

II) Roué

Ce terme, à l'origine, désigne spécifiquement les compagnes et compagnons d'orgies du Régent Philippe d'Orléans (voir n° 64), qui réagissaient contre l'atmosphère de dévotion et d'hypocrisie de la fin du règne de Louis XIV, et par leur conduite méritaient la roue (supplice appliqué aux voleurs de grands chemins, où tous les os du corps étaient brisés à coups de barre de fer : supplice appliqué de 1534 à 1789).

III) Libertin

La définition la plus générale du terme est donnée par Richelet (v. 1631-1698) : « Qui hait la contrainte, qui suit sa pente naturelle sans s'écarter de l'honnêteté » (Dictionnaire, *1680). Mais à cette définition selon l'usage social (la plus étymologique de toutes) se superpose la définition du libertin comme libre-penseur :* « Qui ne saurait s'assujettir aux lois de la religion, soit pour la croyance, soit pour la pratique » (Dictionnaire de Trévoux, *1704). Le libertin s'inscrit donc dans une errance sémantique* entre l'impie (voir* **XVIe-XVIIe siècles,** *n° 122) et le débauché :* « qui aime trop sa liberté et l'indépendance, qui se dispense aisément de ses devoirs » (Dictionnaire de l'Académie, *1762).*

Ce caractère flou des définitions n'a pas empêché certains auteurs d'esquisser une typologie précise du libertin, qui se caractériserait par un « regard froid » *(Sade) allié à une* « pureté de méthode » *(Laclos, voir n° 150 à 152) qui a été assimilée par Roger Vailland (1907-1965) aux règles contraignantes de la* « tauromachie » (Laclos par lui-même, *1953). Si l'o[n] prête tant au libertin (et encor[e] faudrait-il distinguer le libertin méthodique, celui des romans, libertin d[e] papier, du libertin authentique, celu[i] des* Mémoires *voir ci-contre), c'es[t] qu'il est difficilement résumable : n[i] tout à fait impie, ni simplemen[t] homme (ou femme) à bonnes fortune[s], le libertin est, souvent malgré lui, l[a] mauvaise conscience du XVIIIe siècle*

Boucher, *Vénus et l'Amour,* (Bulloz).

Un jeune homme à la mode, car j'en avais déjà la réputation, se croirait déshonoré s'il demeurait quinze jours sans intrigue, et sans voir le public occupé de lui. Pour ne pas demeurer oisif et conserver ma réputation, j'attaquai dix femmes à la fois ; j'écrivis à toutes celles dont les noms me revinrent dans la mémoire. Cette façon de commencer une intrigue doit paraître ridicule à tous les gens sensés ; c'est cependant une de celles qui réussissent le mieux aux jeunes gens à la mode. La plupart de leurs lettres sont mal reçues ; mais de vingt, qu'il y en ait une qui fasse fortune, on n'a pas perdu son temps ; cela suffit avec le courant pour entretenir commerce. La comtesse de Vignolles était une de celles à qui j'avais écrit. Je ne la connaissais que de vue ; mais sa coquetterie, ou plutôt son libertinage, était si bien établi, qu'elle ne fut point étonnée de ma déclaration. Comme le hasard faisait qu'elle n'avait point alors d'amant en titre, elle ne balança pas à me faire une réponse favorable. Je crus qu'il ne me convenait pas de lui rendre des soins, qu'en effet elle ne méritait guère ; je me contentai de lui envoyer l'adresse de ma petite maison, en l'avertissant que je l'y attendrais le lendemain à souper. Elle ne manqua pas de s'y rendre, comme je l'avais prévu. Elle avait tellement secoué les préjugés de bienséance, qu'elle ne me donna pas la peine de jouer l'homme amoureux. Nous soupâmes avec plus de gaîté que si nous eussions eu un véritable amour l'un pour l'autre. Son cœur n'avait aucune part à la démarche qu'elle faisait ; ainsi son esprit et sa gaîté parurent en pleine liberté. Mme de Vignolles possédait éminemment le talent de donner des ridicules, et nous fîmes une ample critique de toutes les personnes de notre connaissance. Quand il fut question du principal objet qui conduit dans une petite maison, au défaut de l'amour nous en goûtâmes les plaisirs, et nous nous séparâmes fort contents l'un de l'autre.

*les Confessions du comte de***,* 1741.

Petit-neveu du Cardinal de Richelieu, le duc de Richelieu fut l'un des libertins les plus notoires de son siècle (mais il fut également un bon général, maréchal de France, favori du Régent et de Louis XV, et membre de l'Académie Française). Sans doute fondée sur des papiers personnels du duc, cette Vie privée *eut un grand succès auprès des puritains de la Révolution, qu'elle confirmait dans leur sentiment du pourrissement de l'aristocratie.*

Bientôt un nouveau genre de plaisir l'appelle. Il apprend qu'une présidente laide et dévote avait dit chez madame de Mauconseil qu'il était incroyable que tant de femmes eussent été aussi faibles avec M. de Richelieu, et qu'elle répondait bien, quand il serait encore jeune et séduisant, de lui montrer que toutes ses attaques seraient infructueuses. Elle ajouta que les femmes qui cédaient aux hommes le voulaient bien, et que si tout son sexe pensait comme elle, ces hommes si vains, si indiscrets, qui jugent toutes les femmes défavorablement, parce qu'ils ont été trop bien reçus par quelques-unes, finiraient par languir à leurs pieds, sans retirer autre chose de leurs vœux et de leurs soupirs, que de la honte et du dépit.

Le maréchal la regarda comme une folle qui ne déclamait contre les plaisirs de l'amour que parce qu'elle n'avait pu en jouir, ou qui voulait le piquer, en parlant si hautement contre lui. Madame de Mauconseil, qui vit bien que cette petite animosité produirait quelques scènes amusantes, rassembla chez elle à dîner les acteurs de cette comédie, et ne manqua pas de désigner au maréchal cette femme si sûre de ses principes. Sa laideur l'effraya d'abord; mais le plaisir de se venger fit disparaître, pour ce moment, la difformité de ses traits. Placé à côté d'elle, il redoubla de soins et de prévenances: la dévote en parut flattée, et elle s'accoutuma peu à peu au langage séducteur du maréchal. Celui-ci avait mis dans sa tête de lui prouver qu'à soixante-huit ans il avait encore le talent de plaire, et qu'il possédait, comme à trente, ce qui peut séduire une femme. Il chercha sans affectation les moyens de paraître aimable, et de briller; la dévote se livra, sans réfléchir, aux sensations qu'elle éprouvait, et s'amusa beaucoup de tout ce que disait Richelieu. [...]

Elle combat quelques jours: la perspective d'être femme d'un maréchal de France la séduit; elle croit qu'il est permis d'acheter cet honneur. L'homme d'ailleurs qui met à sa main ce prix, un peu cher à la vérité, réunit tant de grâces, qu'elle se persuade que le crime est moins grand d'être faible, qu'*il est avec le ciel des accommodements,* et que si d'ailleurs elle commet une faute, elle aura le temps de l'expier.

Ce mortel dangereux pour sa vertu arrive au moment où elle est presque déterminée à lui céder; il lui parle de choses indifférentes, et l'article du mariage paraît être oublié. La dévote ne sait comment ramener la conversation sur ce sujet; elle se contente de faire parler ses yeux. Richelieu l'observe, et veut la voir venir; il prétend avoir la gloire de triompher, sans que le premier pas vienne de lui.

Enfin la présidente, en soupirant, lui dit qu'elle a rêvé qu'il était marié. Avez-vous rêvé en même temps, lui répond le maréchal, que ma femme a consenti de bonne grâce à m'accorder, avant la célébration, des preuves de sa tendresse? La dévote rougit, et prétend que ces choses-là sont si extraordinaires qu'on n'y doit pas penser. Richelieu l'assure que rien n'est si naturel, et que, sans ce qu'il désire, il n'y a pas d'hymen à espérer de lui. Encore, si on en était certain, reprit la dévote!... Et alors elle prit un air tendre, que le maréchal certifie n'avoir été qu'une suite continuelle de grimaces. Enfin cette femme, si sûre d'elle, qui blâmait si sévèrement les autres, se rend à discrétion. Le maréchal la conduit au dernier moment; il lui fait entrevoir le bonheur; alors la dévote s'écrie: *Vous voyez combien je vous aime! Je me damne pour vous. – Et moi, je me sauve,* réplique le maréchal, en prenant son chapeau, et en s'échappant plus vite qu'il n'était entré.

la Vie privée du Maréchal de Richelieu, 1791.

1 — *Tels qu'ils apparaissent ici, quels sont les buts et les méthodes des libertins?*

2 — *Quelles sont les parts respectives:*
a) de l'amour-propre?
b) de la recherche du plaisir?
c) du jeu?

3 — *DOSSIER: le langage libertin. Reportez-vous à l'index des thèmes, et plus particulièrement aux n° 76, 77, 93, 145, 150 à 152, et 154. Tous ces textes peuvent être qualifiés de* libertins. *Quelle est leur caractéristique essentielle, dans l'expression de l'amour et de la jouissance? Si les faits rapportés sont très précis, les mots le sont-ils? Pourquoi? Quel est l'effet recherché par cette retenue du langage?*

Boucher, *le Sommeil de Vénus,* (Bulloz).

Prévost, *Frontispice de l'Encyclopédie,* (BN).

Explication du frontispice de l'Encyclopédie

Sous un Temple d'Architecture Ionique, Sanctuaire de la VERITE, on voit la VERITE enveloppée d'un voile, et rayonnante d'une lumière qui écar les nuages et des disperse.

A droite de la VERITE, la Raison et la Philosophie s'occupent l'une à lever, l'autre à arracher le voile de la VERITE.

A ses pieds, la Théologie agenouillée reçoit sa lumière d'en haut.

En suivant la chaîne des figures, on trouve du même côté la Mémoire, l'Histoire Ancienne et Moderne ; l'Histoire écrit les fastes et le Temps lui se d'appui.

Au dessous sont groupées la Géométrie, l'Astronomie et la Physique.

Les figures au dessous de ce groupe, montrent l'Optique, la Botanique, la Chimie et l'Agriculture. En bas sont plusieurs Arts et Professions o émanent des Sciences.

A gauche de la VERITE, on voit l'Imagination, qui se dispose à embellir et couronner la VERITE.

Au dessous de l'Imagination, le Dessinateur a placé les différents genres de Poésie, Epique, Dramatique, Satirique, Pastorale.

Ensuite viennent les autres Arts d'Imitation, la Musique, la Peinture, la Sculpture et l'Architecture.

Encyclopédie... T.1, 1751

DU MARSAIS, *ENCYCLOPÉDIE*, 1765

RHÉTORIQUE, s.f. (*Belles-lettres*) art de parler sur quelque sujet que ce soit avec éloquence et avec force. D'autres la définissent comme l'art de bien parler, *ars bene dicendi;* mais comme le remarque le P. Lami dans *la Préface de la rhétorique,* il suffit de la définir *l'art de parler;* car le mot *rhétorique* n'a point d'autre idée dans la langue grecque d'où il est emprunté, sinon que c'est *l'art de bien parler pour persuader;* il est vrai que nous ne parlons que pour faire entrer dans nos sentiments ceux qui nous écoutent; mais puisqu'il ne faut point d'art pour mal faire, et que c'est toujours pour aller à ses fins qu'on l'emploie, le mot *d'art* dit suffisamment tout ce qu'on voulait dire de plus.

Ce mot vient du grec ῥητορικὴ, qui est formé de ῥήω, *dico,* je parle, d'où l'on a fait ῥήτωρ, orateur.

Si l'on en croit le même auteur, la *rhétorique* est d'un usage fort étendu, elle renferme tout ce qu'on appelle en français *belles-lettres,* en latin et en grec *philologie;* «savoir les belles-lettres, ajoute-t-il, c'est savoir parler, écrire, ou juger de ceux qui écrivent; or cela est fort étendu; car l'histoire n'est belle et agréable que lorsqu'elle est bien écrite; il n'y a point de livre qu'on ne lise avec plaisir quand le style en est beau. Dans la philosophie même, quelque austère qu'elle soit, on veut de la politesse, et ce n'est point sans raison: car l'éloquence est dans les sciences ce que le soleil est au monde; les sciences ne sont que ténèbres, si ceux qui les traitent ne savent pas écrire. L'art de parler est également utile aux philosophes et aux mathématiciens; la théologie en a besoin, puisqu'elle ne peut expliquer les vérités spirituelles, qui sont son objet, qu'en les revêtant de paroles sensibles. En un mot, ce même art peut donner de grandes ouvertures pour l'étude de toutes les langues, pour les parler purement et poliment, pour en découvrir le génie et la beauté; car quand on a bien connu ce qu'il faut faire pour exprimer ses pensées, et les différents moyens que la nature donne pour le faire, on a une connaissance générale de toutes les langues qu'il est facile d'appliquer en particulier à celle qu'on voudra apprendre». *Préface de la rhétorique du P. Lami, pp. 12, 13 et 14.*

Encyclopédie ou Dictionnaire raisonné des sciences, des arts et des métiers, par une société de gens de lettres, article «Rhétorique», T. XIII, 1765.

DU MARSAIS (1676-1756), ***ENCYCLOPÉDIE*, 1751**

ALLÉGORIE, s.f. (*Littérat.*) *figure de Rhétorique* par laquelle on emploie des termes qui, pris à la lettre, signifient tout autre chose que ce qu'on veut leur faire signifier. L'*allégorie* n'est proprement autre chose qu'une métaphore continuée, qui sert de comparaison pour faire entendre un sens qu'on n'exprime point, mais qu'on a en vue. C'est ainsi que les orateurs et les poètes ont coutume de représenter un Etat sous l'image d'un *vaisseau,* et les troubles qui l'agitent sous celle *des flots et des vents déchaînés;* par les pilotes, ils entendent *les Souverains* ou *les Magistrats;* par le port, *la paix* ou *la concorde.* [...]

Les païens eux-mêmes faisaient grand usage des *allégories,* et cela avant les Juifs; car quelques-uns de leurs philosophes voulant donner des sens raisonnables à leurs fables et à l'histoire de leurs dieux, prétendirent qu'elles signifiaient tout autre chose que ce qu'elles portaient à la lettre; et de là vint le mot *d'allégorie,* c'est-à-dire, un discours qui, à le prendre dans son sens figuré ἀλληγορία, *signifie tout autre chose que ce qu'il énonce.* Ils eurent donc recours à cet expédient pour contenter de leur mieux ceux qui étaient choqués des absurdités dont les poètes avaient farci la religion, en leur insinuant qu'il ne fallait pas prendre à la lettre ces fictions, qu'elles contenaient des mystères, et que leurs dieux avaient été des personnages tout autrement respectables que ne les dépeignait la Mythologie, dont ils donnèrent des explications telles qu'ils les voulaient imaginer: en sorte qu'on ne vit plus dans les fables que ce qui n'y était réellement pas; on abandonna l'historique qui révoltait, pour se jeter dans la mysticité qu'on n'entendait pas.

Encyclopédie ou Dictionnaire raisonné des sciences, des arts et des métiers par une société de gens de lettres, article «Allégorie», T. I, 1751.

1 — *Identifiez les figures du frontispice à l'aide du commentaire qui y est joint. Quels sont les éléments particulièrement mis en relief? Pour quelles raisons?*

2 — *A-t-on encore recours à des allégories*? Dans quels domaines. Citez et analysez quelques exemples. Quelles différences y a-t-il entre allégorie et symbole? Que permet l'utilisation du procédé allégorique dans ce frontispice et plus généralement dans les exemples que vous avez choisis?*

3 — *Du Marsais, dans l'article «Rhétorique» donne une importance extrême au* Discours *et à ses lois. Pensez-vous à la suite de l'auteur, que ce discours est le ciment des connaissances? La rhétorique*, telle qu'elle est définie ici, peut-elle être prise en bonne part?*

4 — *Comparez ce frontispice avec la couverture du présent volume: qu'a-t-on ajouté (voir n° 90 et début de la IIIe partie)? Quelles peuvent être les significations de pareils ajouts? Est-ce une simple parodie*?*

87 a L'ENCYCLOPÉDIE (1750-1772)

D'ALEMBERT, *ENCYCLOPÉDIE,* 1751

L'ouvrage que nous commençons (et que nous désirons de finir) a deux objets : comme *Encyclopédie,* il doit exposer autant qu'il est possible l'ordre et l'enchaînement des connaissances humaines ; comme *Dictionnaire raisonné des sciences, des arts et des métiers,* il doit contenir sur chaque science et sur chaque art, soit libéral, soit mécanique, des principes généraux qui en sont la base, et les détails les plus essentiels qui en font le corps et la substance. Ces deux points de vue, d'*Encyclopédie* et de *Dictionnaire raisonné,* formeront donc le plan et la division de notre Discours préliminaire. Nous allons les envisager, les suivre l'un après l'autre, et rendre compte des moyens par lesquels on a tâché de satisfaire à ce double objet.

Pour peu qu'on ait réfléchi sur la liaison que les découvertes ont entre elles, il est facile de s'apercevoir que les sciences et les arts se prêtent mutuellement des secours, et qu'il y a par conséquent une chaîne qui les unit. Mais s'il est souvent difficile de réduire à un petit nombre de règles ou de notions générales chaque science ou chaque art en particulier, il ne l'est pas moins de renfermer dans un système qui soit un les branches infiniment variées de la science humaine.

Le premier pas que nous ayons à faire dans cette recherche est d'examiner, qu'on nous permette ce terme, la généalogie et la filiation de nos connaissances, les causes qui ont dû les faire naître et les caractères qui les distinguent ; en un mot de remonter jusqu'à l'origine et à la génération de nos idées. Indépendamment des secours que nous tirerons de cet examen pour l'énumération encyclopédique des sciences et des arts, il ne saurait être déplacé à la tête d'un *Dictionnaire raisonné des connaissances humaines.* [...]

(Déjà indiqué par Diderot dans le Prospectus de l'Encyclopédie *d'octobre 1750, le tableau des connaissances humaines est repris par d'Alembert.)*

L'entendement ne s'occupe de ses perceptions que de trois façons, selon ses trois facultés principales : *la Mémoire, la Raison, l'Imagination...* D'où résulte une distribution générale de la connaissance humaine... en *Histoire* qui se rapporte à la *Mémoire*, en *Philosophie* qui émane de la *Raison* et en *Poésie* qui naît de *l'Imagination...* Nous rapporterons l'architecture, la musique, la peinture, la sculpture, la gravure, etc., à la *Poésie ;* car il n'est pas moins vrai de dire du peintre qu'il est un poète, que du poète qu'il est un peintre, et du sculpteur ou graveur qu'il est un peintre en relief ou en creux, que du musicien qu'il est un peintre par le son.

Encyclopédie ou Dictionnaire raisonné des sciences, des arts et des métiers... «Discours préliminaire» 1751.

Jollain, *d'Alembert,* (BN).

Quentin de la Tour, *d'Alembert,* (Bulloz).

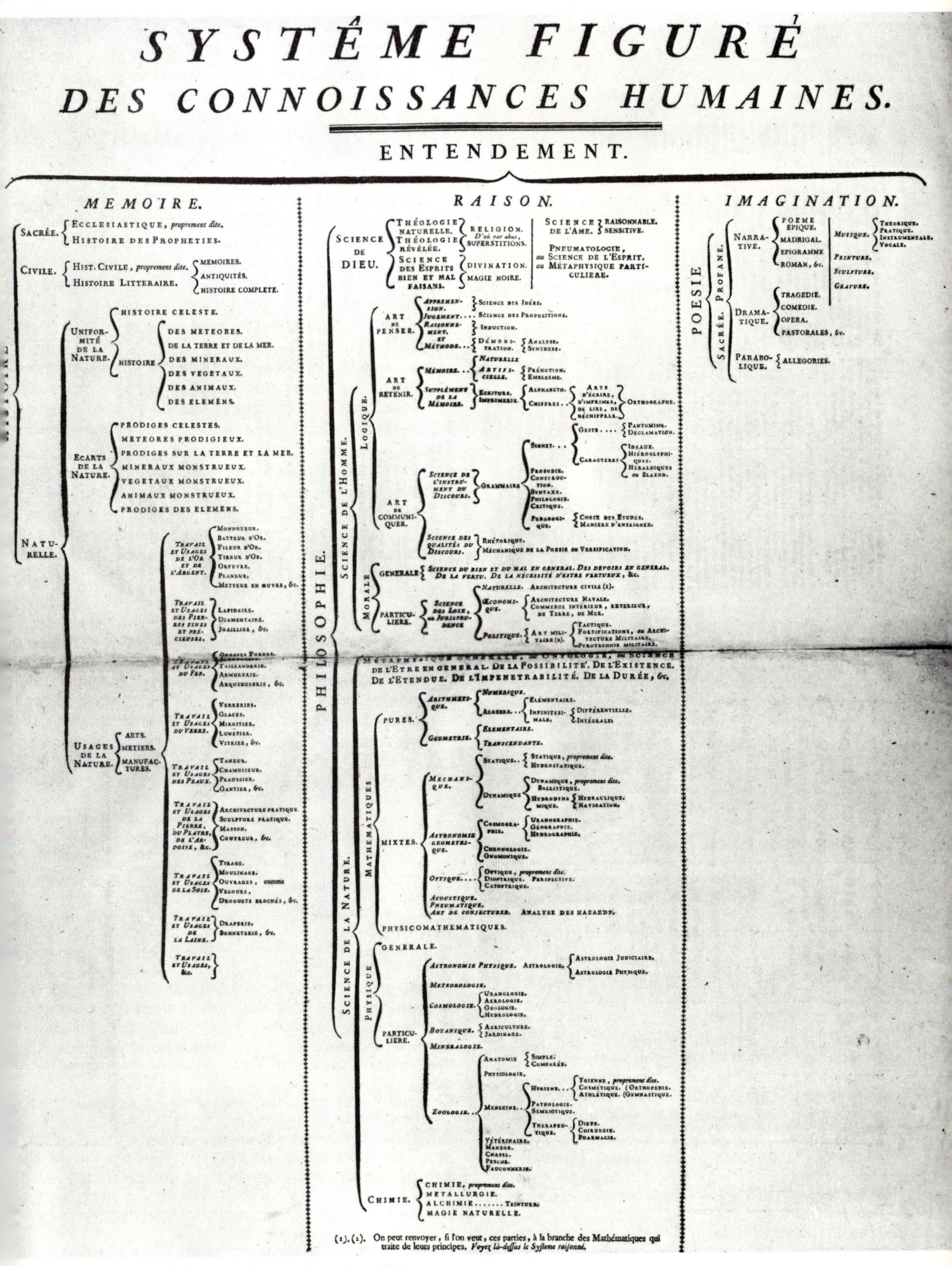

Tableau, système figuré des connaissances humaines, (BN).

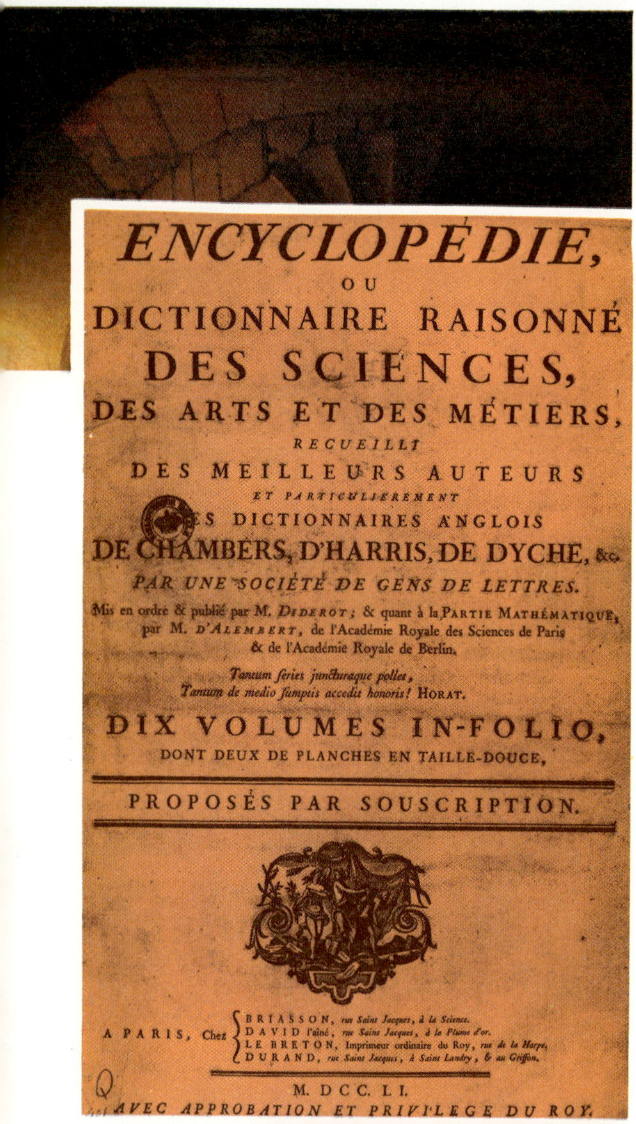

ENCYCLOPÉDIE,
OU
DICTIONNAIRE RAISONNÉ
DES SCIENCES,
DES ARTS ET DES MÉTIERS,
RECUEILLI
DES MEILLEURS AUTEURS
ET PARTICULIÈREMENT
DES DICTIONNAIRES ANGLOIS
DE CHAMBERS, D'HARRIS, DE DYCHE, &c.
PAR UNE SOCIÉTÉ DE GENS DE LETTRES.
Mis en ordre & publié par M. DIDEROT; & quant à la PARTIE MATHÉMATIQUE, par M. D'ALEMBERT, de l'Académie Royale des Sciences de Paris & de l'Académie Royale de Berlin.
Tantum series juncturaque pollet,
Tantum de medio sumptis accedit honoris! HORAT.
DIX VOLUMES IN-FOLIO,
DONT DEUX DE PLANCHES EN TAILLE-DOUCE,
PROPOSÉS PAR SOUSCRIPTION.
A PARIS, Chez BRIASSON, rue Saint Jacques, à la Science. DAVID l'aîné, rue Saint Jacques, à la Plume d'or. LE BRETON, Imprimeur ordinaire du Roy, rue de la Harpe. DURAND, rue Saint Jacques, à Saint Landry, & au Griffon.
M. DCC. LI.
AVEC APPROBATION ET PRIVILEGE DU ROY.

Page de titre, (BN).

DENIS DIDEROT, *ENCYCLOPÉDIE,* 1755

ENCYCLOPÉDIE, ce mot signifie *enchaînement de connaissances;* il est composé de la préposition grecque ἐν, *en,* et des substantifs κύκλος, *cercle,* et παιδεία, *connaissance.*

En effet, le but d'une *Encyclopédie* est de rassembler les connaissances éparses sur la surface de la terre; d'en exposer le système général aux hommes avec qui nous vivons, et de le transmettre aux hommes qui viendront après nous; afin que les travaux des siècles passés n'aient pas été des travaux inutiles pour les siècles qui succéderont; que nos neveux, devenant plus instruits, deviennent en même temps plus vertueux et plus heureux, et que nous ne mourions pas sans avoir bien mérité du genre humain. [...]

J'ai dit qu'il n'appartenait qu'à un siècle philosophe de tenter une *Encyclopédie;* et je l'ai dit, parce que cet ouvrage demande partout plus de hardiesse dans l'esprit, qu'on n'en a communément dans les siècles pusillanimes du goût. Il faut tout examiner, tout remuer sans exception et sans ménagement. [...] Il faut fouler aux pieds toutes ces vieilles puérilités; renverser les barrières que la raison n'aura point posées; rendre aux sciences et aux arts une liberté qui leur est si précieuse, et dire aux admirateurs de l'antiquité, appelez le *Marchand de Londres* (1), comme il vous plaira, pourvu que vous conveniez que cette pièce étincelle de beautés sublimes. Il fallait un temps raisonneur, où l'on ne cherchât plus les règles dans les auteurs, mais dans la nature, et où l'on sentît le faux et le vrai de tant de poétiques arbitraires: je prends le terme de *poétique* dans son acception la plus générale, pour un système de règles données, selon lesquelles, en quelque genre que ce soit, on prétend qu'il faut travailler pour réussir.

Encyclopédie ou Dictionnaire raisonné des sciences, des arts et des métiers... article «Encyclopédie», 1755.

(1) Drame de l'Anglais George Lillo.

LES PRINCIPAUX COLLABORATEURS DE L'ENCYCLOPÉDIE

D'Alembert, 1717-1783 - Mathématiques, physique générale, articles *Collège* sur l'enseignement de l'époque, *Genève* sur le théâtre en cette ville (voir nº 122) et le *Discours préliminaire.*

Barthez, 1734-1786 - médecine.
De Brosses, 1709-1777 - critique littéraire.
Daubenton, 1716-1799 - histoire naturelle.
Diderot, 1713-1784 - plus de mille articles: arts mécaniques, morale, philosophie, esthétique, etc. (voir nº 87 à 90).
Duclos, 1704-1772 - critique artistique, histoire.
Dumarsais, 1676-1756 - grammaire, rhétorique (voir nº 86).
D'Holbach, 1723-1789 - chimie, histoire naturelle, religion (voir nº 91).
Jaucourt (chevalier de), 1704-1779 - philosophie, politique, histoire, sciences physiques, etc. (très actif), (voir nº 90).
La Condamine, 1701-1794 - histoire naturelle, géographie.
Mallet (abbé), 1713-1755 - théologie.
Marmontel, 1723-1799 - critique littéraire et artistique.
Montesquieu, 1689-1755 - article *goût.*
Morellet (abbé), 1727-1818 - théologie, philosophie.
Prades (abbé de), 1720-1782 - théologie (excommunié, exilé).
Quesnay, 1694-1774 - articles *Fermiers* et *Grains* (voir nº 119).
Rousseau, 1712-1778 - *économie politique,* articles sur la musique (défection en 1757).
Saint-Lambert, 1716-1803 - critique artistique, arts militaires.
Turgot, 1727-1781 - *Existence, Expansibilité, Foires et Marchés, Fondations.*
Voltaire, 1694-1778 - critique littéraire et histoire.
Yvon (abbé), 1714-1791 - théologie.

LA LUTTE POUR L'ENCYCLOPÉDIE

1745 - Le Breton, libraire-imprimeur parisien, obtient un privilège pour la traduction de la *Cyclopaedia or an universal dictionary of arts and sciences* de Chambers (1728-1742).

1746 - *Les Pensées philosophiques,* ouvrage anonyme de Diderot, sont interdites.

1747 - Le Breton confie la direction de son *Dictionnaire* à Diderot et d'Alembert.

1748 - Le Breton obtient un nouveau privilège pour son *Encyclopédie ou Dictionnaire universel des sciences, arts et métiers.*

1749 - Détention de Diderot au château de Vincennes pour avoir publié la *Lettre sur les aveugles.*

1750 - Publication du *Prospectus* de *l'Encyclopédie* rédigé par Diderot.

1751 - Publication du premier volume de *l'Encyclopédie* avec le *Discours préliminaire* de d'Alembert. Premières attaques jésuites.

1752 - Publication du deuxième volume. Arrêt du Conseil d'Etat ordonnant que les deux premiers volumes soient supprimés (mesure inoffensive et conforme aux vœux pieux d'un Conseil d'Etat impuissant, les souscripteurs possèdent déjà les volumes). Malesherbes, directeur de la Librairie(1) permet la reprise de la publication.

1753 - Troisième volume. Levée de l'interdiction grâce à d'Argenson.

1754 - Quatrième volume. Attaques de Fréron dans l'*Année Littéraire.* Nouvelles attaques des Jésuites.

1755 - Cinquième volume. Attaques de Fréron.

1756 - Sixième volume.

1757 - Attentat de Damiens contre le roi. Mesures contre la publication des livres séditieux. Publication du septième volume contenant l'article «Genève». Attaques de Palissot : *Petites lettres sur les grands philosophes* et de Moreau, dans le *Mercure :* «Nouveau mémoire pour servir à l'histoire des Cacouacs».

1758 - *Lettres de Rousseau à d'Alembert.* Désistement de Rousseau puis de Duclos et de Marmontel. Arrêt du Conseil d'Etat contre *De l'Esprit* d'Helvétius. Institution d'une commission de théologiens et de jurisconsultes pour examiner l'*Encyclopédie.*

1759 - Condamnation par le Parlement de l'*Encyclopédie* et de *De l'Esprit.* Révocation du privilège de l'*Encyclopédie.* Bref du Pape Clément XIII condamnant l'*Encyclopédie.* Défection de D'Alembert. Ordre de rembourser les souscripteurs (dont aucun ne se présente). Diderot écrit clandestinement le reste des articles dont il a la charge.

1760 - Attaques de Lefranc de Pompignan et de Palissot (les *Philosophes).* Détention à la Bastille de Morellet *(Vision de Charles Palissot).*

1762 - Publication du premier volume des planches. Expulsion des Jésuites.

1764 - Mort de Madame de Pompadour. Diderot découvre que Le Breton a censuré certains articles des derniers volumes.

1765 - Dix derniers volumes (VIII à XVII). Mort du Dauphin.

1766 - Détention de Le Breton à la Bastille pour avoir envoyé à Versailles, sans autorisation, les dix derniers volumes.

1772 - Publication des deux derniers volumes des Planches (X et XI). Diderot et Le Breton se retirent.

1776 - *Supplément* de deux volumes publié par Panckoucke.

1777 - Volumes III et IV du *Supplément* et un volume de planches.

1780 - Publication de la *Table alphabétique* en deux volumes.

(1) (1721-1794) chargé de la censure et cependant défenseur des philosophes...

Rembrandt (1606-1669), *Le Philosophe en méditation,* Louvre, (R. Mus. Nat.).

1 — *Quel est l'objet de* l'Encyclopédie? *Que met-elle en relation? Contre quoi?*

2 — *Reprenez le système figuré des connaissances humaines en expliquant les principales notions puis en critiquant précisément les enchaînements (pourquoi tout englober dans l'entendement? Que permet l'intégration de l'histoire sacrée dans la mémoire, au même titre que l'artisanat? Pourquoi lier poésie sacrée et poésie profane dans le domaine de l'imagination? Que permet la répartition entre sciences de l'homme et sciences de la nature? etc.).*

Prud'hon, *La Justice et la Vengeance divine poursuivant le crime,* Louvre, (Réu. Musées Nat.).

ENCYCLOPÉDIE, 1751

Aucun homme n'a reçu de la nature le droit de commander aux autres. La liberté est un présent du Ciel, et chaque individu de la même espèce a le droit d'en jouir aussitôt qu'il jouit de la raison. Si la nature a établi quelque *autorité,* c'est la puissance paternelle : mais la puissance paternelle a ses bornes ; et dans l'état de nature, elle finirait aussitôt que les enfants seraient en état de se conduire. Toute autre *autorité* vient d'une autre origine que la nature. Qu'on examine bien et on la fera toujours remonter à l'une de ces deux sources : ou la force et la violence de celui qui s'en est emparé ; ou le consentement de ceux qui s'y sont soumis par un contrat fait ou supposé entre eux et celui à qui ils ont déféré *l'autorité*.

La puissance qui s'acquiert par la violence n'est qu'une usurpation et ne dure qu'autant que la force de celui qui commande l'emporte sur celle de ceux qui obéissent ; en sorte que, si ces derniers deviennent à leur tour les plus forts, et qu'ils secouent le joug, ils le font avec autant de droit et de justice que l'autre qui le leur avait imposé. La même loi qui a fait *l'autorité* la défait alors ; c'est la loi du plus fort.

Quelquefois, *l'autorité* qui s'établit par la violence change de nature ; c'est lorsqu'elle continue et se maintient du consentement exprès de ceux qu'on a soumis : mais elle rentre par là dans la seconde espèce dont je vais parler et celui qui se l'était arrogée devenant alors prince cesse d'être tyran.

La puissance, qui vient du consentement des peuples, suppose nécessairement des conditions qui en rendent l'usage légitime, utile à la société, avantageux à la république, et qui la fixent et la restreignent entre des limites ; car l'homme ne doit ni ne peut se donner entièrement et sans réserve à un autre homme, parce qu'il a un maître supérieur au-dessus de tout, à qui seul il appartient tout entier. C'est Dieu dont le pouvoir est toujours immédiat sur la créature, maître aussi jaloux qu'absolu qui ne perd jamais ses droits et ne les communique point. Il permet pour le bien commun et pour le maintien de la société que les hommes établissent entre eux un ordre de subordination, qu'ils obéissent à l'un d'eux ; mais il veut que ce soit par raison et avec mesure, et non pas aveuglément et sans réserve, afin que la créature ne s'arroge pas les droits du Créateur. Toute autre soumission est le véritable crime de l'idolâtrie.

Encyclopédie ou Dictionnaire raisonné des sciences, des arts et des métiers...
article « Autorité politique », T. I., 1751.

Si la rédaction de l'article « Autorité politique » est en effet due à Diderot, le texte original n'est pas de lui. On pense plutôt que l'auteur de ce texte est un disciple de Locke et que Diderot s'est livré à une sorte de réécriture du texte.

LOCKE, 1690

Le philosophe anglais Locke (voir n° 28) avait ana-ysé, en 1690, le droit du peuple à recourir à la violence.

Quand les législateurs tentent de ravir et de détruire es choses qui appartiennent en propre au peuple, ou de e réduire en esclavage, sous un pouvoir arbitraire, ils se nettent en état de guerre avec le peuple, qui dès lors est absous et exempt de toute sorte d'obéissance à leur égard et a droit d'user du commun recours que Dieu a destiné pour tous les hommes, contre la force et la vio-ence. [...]

Si ces Messieurs[1] estiment que cette doctrine ne peut que donner occasion à des guerres civiles et à des brouilleries intestines, qu'elle ne tend qu'à détruire la paix dans le monde et que par conséquent elle ne doit pas être approuvée et soufferte, ils peuvent dire avec autant de sujet et sur le même fondement, que les hon-nêtes gens ne doivent pas s'opposer aux voleurs et aux pirates, parce que cela pourrait donner occasion à des désordres et à effusion de sang. S'il arrive des malheurs et des désastres en ces rencontres, on n'en doit point mputer la faute à ceux qui ne font que défendre leur droit, mais bien à ceux qui envahissent ce qui appartient leur prochain.

Du gouvernement civil, chap. XVIII *1690.*

[1] *Les législateurs.*

SPINOZA, 1670

Baruch Spinoza (voir n° 53) dans son Traité théologi-co-politique, *cherche, lui aussi, à entrevoir les limites du droit du citoyen à critiquer le monarque. On le voit ici revendiquer, sinon la liberté d'insurrection, du moins la liberté d'expression.*

Nul à la vérité ne peut, sans danger pour le droit du souverain, agir contre son décret. Mais il peut avec une entière liberté opiner et juger et en conséquence aussi parler, pourvu qu'il n'aille pas au-delà de la simple parole ou de l'enseignement, et qu'il défende son opi-nion par la raison seule, non par la ruse, la colère ou la haine, ni dans l'intention de changer quoi que ce soit dans l'Etat de sa propre autorité. Par exemple, si un homme montre qu'une loi contredit à la Raison, et exprime l'avis qu'elle doit être abrogée, et si, en même temps, il soumet son opinion au jugement du souverain (à qui seul il appartient de faire et d'abroger des lois) et qu'il s'abstienne, en attendant, de toute action contraire à ce qui est prescrit par cette loi, certes il mérite bien de l'Etat et agit comme le meilleur des citoyens. Au contraire, s'il le fait pour accuser le magistrat d'iniquité et le rendre odieux, ou tente séditieusement d'abroger cette loi malgré le magistrat, il est un perturbateur et un rebelle. Nous voyons donc suivant quelle règle chacun, sans danger pour le droit et l'autorité du souverain, c'est-à-dire pour la paix de l'État, peut dire et enseigner ce qu'il pense ; c'est à la condition qu'il laisse au souve-rain le soin de décréter sur toutes actions, et s'abs-tienne d'en accomplir aucune contre ce décret, même s'il lui faut souvent agir en opposition avec ce qu'il juge et professe comme étant bon.

Traité théologico-politique, chap. XX, 1670. (trad. Ch. Appuhn, Ed. Garnier).

THOMAS JEFFERSON, 1776

Thomas Jefferson, en écrivant la Déclaration d'indépendance *des Etats-Unis d'Amérique, se souvient des revendications essentielles des Lumières.*

Lorsque au cours de l'histoire humaine il devient nécessaire pour un peuple de rompre les liens politiques qui l'ont lié à un autre peuple et de réclamer, parmi les nations, la place séparée et la condition égale qui lui sont assignées par les lois de la nature et par le Dieu de l'univers, le respect des sentiments de l'humanité exige que ce peuple expose les raisons qui l'obligent à cette séparation.

Nous considérons comme absolues ces vérités :

que les hommes sont créés égaux, qu'ils sont investis par leur Créateur de certains droits inaliénables parmi lesquels figurent la vie, la liberté et l'aspiration au bonheur ;

que, pour assurer ces droits, sont institués parmi les hommes des gouvernements qui tiennent leurs justes pouvoirs du consentement de ceux qu'ils gouvernent ;

que, chaque fois qu'une forme de pouvoir va à l'encontre de ces fins humaines, les peuples ont le droit de changer ou d'abolir leur gouvernement, d'instituer un nouveau régime sur des bases et avec une constitution telles que leur sécurité et leur bonheur futurs semblent assurés avec le plus de probabilité.

La prudence recommande que les institutions établies depuis longtemps ne soient pas changées pour des causes de peu de gravité et passagères, d'autant plus que nous savons par expérience l'humanité plus encline à s'accommoder de maux supportables qu'à révoquer les formes de gouvernement auxquelles elle est habituée, par une formulation brutale de ses droits.

Mais lorsqu'une longue série d'abus et d'usurpations vient confirmer la même volonté de soumettre une nation à un despotisme absolu, il est de son droit, de son devoir de renverser une telle tyrannie et de créer de nouvelles sauvegardes pour sa sécurité future.

Or telle a été la souffrance supportée patiemment par les colonies et telle est la nécessité qui les oblige à changer la forme de leur gouvernement.

Déclaration d'indépendance des Etats-Unis d'Amérique, 1776.

1 — *A l'aide des quatre textes cités, établissez un résumé des droits et des devoirs du citoyen face à l'autorité politique.*

2 — *Quels sont selon vous les textes les plus critiques ; pour quelles raisons ? De quelle manière, cependant, cherchent-ils à fonder la légalité ?*

3 — *Thomas Jefferson donne-t-il suite à toutes les idées précédemment citées ou les limite-t-il ? De quelle manière et pourquoi ?*

4 — *Comparez ces textes avec la* Déclaration des Droits de l'homme *(voir n°168) : déterminez ce que celle-ci leur doit.*

DENIS DIDEROT, *ENCYCLOPÉDIE*, **1751**

BAS, c'est la partie de notre vêtement qui sert à nous couvrir les jambes : elle se fait de laine, de peau, de toile, de drap, de fil, de filoselle, de soie ; elle se tricote à l'aiguille ou au métier.

Voici la description du *bas* au métier, et la manière de s'en servir. Nous avertissons, avant que de commencer, que nous citerons ici deux sortes de planches : celles du métier à *bas*, qui sont relatives à la machine ; et celles du *bas* au métier, qui ne concernent que la main-d'œuvre.

Le métier à faire des bas est une des machines les plus compliquées et les plus conséquentes que nous ayons ; on peut la regarder comme un seul et unique raisonnement, dont la fabrication de l'ouvrage est la conclusion ; aussi règne-t-il entre ses parties une si grande dépendance, qu'en retrancher une seule, ou altérer la forme de celles qu'on juge les moins importantes, c'est nuire à tout le mécanisme.

Elle est sortie des mains de son inventeur presque dans l'état de perfection où nous la voyons ; et comme cette circonstance doit ajouter beaucoup à l'admiration, j'ai préféré le métier tel qu'il était anciennement, au métier tel que nous l'avons, observant seulement d'indiquer leurs petites différences à mesure qu'elles se présenteront.

On conçoit, après ce que je viens de dire de la liaison et de la forme des parties du métier à *bas*, qu'on se promettrait en vain quelque connaissance de la machine entière, sans entrer dans le détail et la description de ces parties : mais elles sont en si grand nombre, qu'il semble que cet ouvrage doive excéder les bornes que nous nous sommes prescrites, et dans l'étendue du discours, et dans la quantité des planches. D'ailleurs, par où entamer ce discours ? Comment faire exécuter ces planches ? La liaison des parties demanderait qu'on dît et qu'on montrât tout à la fois ; ce qui n'est possible, ni dans le discours, où les choses se suivent nécessairement, ni dans les planches, où les parties se couvrent les unes les autres.

Ce sont apparemment ces difficultés qui ont détourné l'utile et ingénieux auteur du *Spectacle de la nature*, d'insérer cette machine admirable parmi celles dont il nous a donné la description ; il a senti qu'il fallait tout dire ou rien ; que ce n'était point ici un de ces mécanismes dont on pût donner des idées claires et nettes, sans un grand attirail de planches et de discours ; et nous sommes restés sans aucun secours de sa part.

Que le lecteur, loin de s'étonner de la longueur de cet article, soit bien persuadé que nous n'avons rien épargné pour le rendre plus court comme nous espérons qu'il s'en apercevra, lorsqu'il considérera que nous avons renfermé dans l'espace de quelques pages l'énumération et la description des parties, leur mécanisme et la main-d'œuvre de l'ouvrier. La main-d'œuvre est fort peu de chose ; la machine fait presque tout d'elle-même ; son mécanisme en est d'autant plus parfait et plus délicat. Mais il faut renoncer à l'intelligence de ce mécanisme, sans une grande connaissance des parties ; or j'ose assurer que dans un métier, tel que ceux que les ouvriers appellent un quarante-deux, on n'en compterait pas moins de deux mille cinq cents, et par-delà, entre lesquelles on en trouverait à la vérité beaucoup de semblables : mais si ces parties semblables sont moins embarrassantes pour l'esprit que les autres, en ce qu'elles ont le même jeu, elles sont très incommodes pour les yeux dans les figures, où elles ne manquent jamais d'en cacher d'autres.

Pour surmonter ces obstacles, nous avons cru devoir suivre ici une espèce d'analyse, qui consiste à distribuer la machine entière en plusieurs assemblages particuliers ; représenter au-dessous de chaque assemblage les parties qu'on n'y apercevait pas distinctement ; assembler successivement ces assemblages les uns avec les autres, et former ainsi peu à peu la machine entière. On passe de cette manière d'un assemblage simple à un composé, de celui-ci à un plus composé, et l'on arrive sans obscurité ni fatigue à la connaissance d'un tout fort compliqué.

Pour cet effet nous divisons le métier à bas en deux parties ; le fût ou les parties en bois qui soutiennent le métier, et qui servent dans la main-d'œuvre ; et le métier même, ou les parties en fer, et autres qui le composent.

Nous nous proposons de traiter chacune séparément. Mais avant que d'entrer dans ce détail, nous rapporterons le jugement que faisait de cette machine un homme qui a très bien senti le prix des inventions modernes. Voici comment M. Perrault s'en exprime dans un ouvrage, qui plaira d'autant plus, qu'on aura moins de préjugés : « Ceux qui ont assez de génie, non pas pour inventer de semblables choses, mais pour les comprendre, tombent dans un profond étonnement à la vue des ressorts presque infinis dont la machine à bas est composée, et du grand nombre de ses divers et extraordinaires mouvements. Quand on voit tricoter des bas, on admire la souplesse et la dextérité des mains de l'ouvrier, quoiqu'il ne fasse qu'une seule maille à la fois ; qu'est-ce donc quand on voit une machine qui forme des centaines de mailles à la fois, c'est-à-dire, qui fait en un moment tous les divers mouvements que les mains ne font qu'en plusieurs heures ? Combien de petits ressorts tirent la soie à eux, puis la laissent aller pour la reprendre, et la faire passer d'une maille dans l'autre d'une manière inexplicable ? et tout cela sans que l'ouvrier qui remue la machine y comprenne rien, en sache rien, et même y songe seulement : en quoi on la peut comparer à la plus excellente machine que Dieu ait faite.

Il est bien fâcheux et bien injuste, ajoute M. Perrault, qu'on ne sache point les noms de ceux qui ont imaginé des machines si merveilleuses pendant qu'on nous force d'apprendre ceux des inventeurs de mille autres machines qui se présentent si naturellement à l'esprit, qu'il suffirait d'être venus les premiers au monde pour les imaginer » [...]

Encyclopédie ou Dictionnaire raisonné des sciences, des arts et des métiers... article « Bas », T.I, 1751.

Atelier, (BN)

ART, terme abstrait et métaphysique. On a commencé par faire des observations sur la nature, le service, l'emploi, les qualités des êtres et de leurs symboles ; puis on a donné le nom de *science ou d'art ou de discipline* en général au centre, ou point de réunion, auquel on a rapporté les observations qu'on avait faites, pour en former un système ou de règles ou d'instruments, et de règles tendant à un même but ; car voilà ce que c'est que *discipline* en général. *Exemple.* On a réfléchi sur l'usage et l'emploi des mots, et l'on a inventé ensuite le mot *grammaire. Grammaire* est le nom d'un système d'instruments et de règles relatifs à un objet déterminé ; et cet objet est le son articulé, les signes de la parole, l'expression de la pensée, et tout ce qu'il y a rapport : il en est de même des autres sciences ou *arts.*

ORIGINE DES SCIENCES ET DES ARTS. C'est l'industrie de l'homme appliquée aux productions de la nature, ou par ses besoins, ou par son luxe, ou par son amusement ou par sa curiosité, etc. qui a donné naissance aux sciences et aux *arts ;* et ces points de réunion de nos différentes réflexions ont reçu les dénominations de *science et d'art,* selon la nature de leurs objets *formels,* comme disent les logiciens. Si l'objet s'exécute, la collection et la disposition technique des règles selon lesquelles il s'exécute s'appellent *art.*

Si l'objet est contemplé seulement sous différentes faces, la collection et la disposition technique des observations relatives à cet objet s'appellent *science* ; ainsi la *métaphysique* est une science et la *morale* est un *art.* Il en est de même de la théologie et de la pyrotechnie.

DISTRIBUTION DES ARTS EN LIBÉRAUX ET EN MÉCANIQUES. En examinant les productions des arts, on s'est aperçu que les unes étaient plus l'ouvrage de l'esprit que de la main, et qu'au contraire d'autres étaient plus l'ouvrage de la main que de l'esprit. Telle est en *partie* l'origine de la prééminence que l'on a accordée à certains *arts* sur d'autres, et de la distribution qu'on a faite des *arts* en *arts libéraux* et en *arts mécaniques*. Cette distinction, quoique bien fondée, a produit un mauvais effet, en avilissant des gens très estimables et très utiles, et en fortifiant en nous je ne sais quelle paresse naturelle, qui ne nous portait déjà que trop à croire que donner une application constante et suivie à des expériences et à des objets particuliers, sensibles et matériels, c'était déroger à la dignité de l'esprit humain ; et que de pratiquer ou même d'étudier les *arts mécaniques*, c'était s'abaisser à des choses dont la recherche est laborieuse, la méditation ignoble, l'exposition difficile, le commerce déshonorant, le nombre inépuisable, et la valeur minutielle. Préjugé qui tendait à remplir les villes d'orgueilleux raisonneurs et de contemplateurs inutiles, et les campagnes de petits tyrans ignorants, oisifs et dédaigneux. [...] Mettez dans un des côtés de la balance les avantages réels des sciences les plus sublimes et des *arts* les plus honorés, et dans l'autre côté ceux des *arts mécaniques*, et vous trouverez que l'estime qu'on a faite des uns et celle qu'on a faite des autres n'ont pas été distribuées dans le juste rapport de ces avantages, et qu'on a bien plus loué les hommes occupés à faire croire que nous étions heureux, que les hommes occupés à faire que nous le fussions en effet. Quelle bizarrerie dans nos jugements ! Nous exigeons qu'on s'occupe utilement, et nous méprisons les hommes utiles.

Encyclopédie ou Dictionnaire raisonné des sciences, des arts et des métiers... article « Art », T I, 1751.

JACQUES PROUST, 1972

Jamais Diderot n'a *identifié* l'homme et la machine. Ni ici, ni ailleurs. Au contraire, s'il les a souvent *comparés,* c'est toujours pour marquer une différence, un écart. De toutes les productions de la nature, l'homme est la plus monstrueuse, en un sens ; c'est elle qui perturbe le plus le cours uniforme des choses, singulièrement par les effets de l'art. Il est lui-même un prodige, un écart, et son action tend toujours à substituer la différence à l'identité. Aussi lorsque cette action est une imitation de la nature — singulièrement dans l'art — elle a pour prix et pour condition un écart redoublé, une double distanciation : de l'homme par rapport à la nature, de l'art par rapport à l'homme. Il s'agit donc en définitive de marquer la place de l'homme entre deux sortes de machines, celle dont les ressorts sont infinis, l'univers dont il fait naturellement partie, et celles que le travail de son esprit et de ses mains a construites.

«*De l'Encyclopédie au Neveu de Rameau:* l'objet et le texte», in *Recherches nouvelles sur quelques écrivains des Lumières,* Droz, 1972.

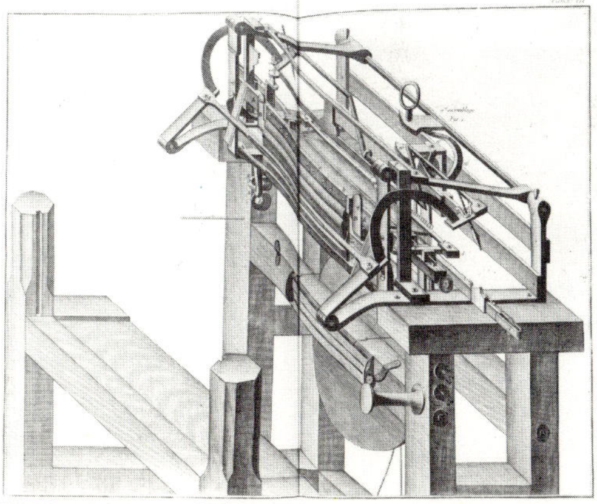

Métier à Bas, (BN)

1 — *Comment Diderot définit-il la machine ? (Comment naît-elle ? Qui la produit ? Comment s'organise-t-elle ?)*

2 — *Cette machine peut-elle être du domaine de l'Art selon Diderot ? De quelle manière ? Cherchez l'étymologie du mot* art, *ses divers sens dans la langue classique et comparez avec les acceptions du terme selon Diderot.*

3 — *Quel enjeu philosophique l'article «Bas» exprime-t-il ?*

Van Loo, *Diderot,* (R. Mus. Nat.)

Fragonard, *Diderot,* (R. Mus. Nat.)

Dans l'article «Droit naturel», Diderot essaie de faire le point sur la question des droits de chaque individu tels qu'ils sont naturellement *mis en pratique dans la société. Ce type de raisonnement ne peut que choquer ceux qui croient que le droit est déterminé par Dieu et que la morale ne peut que l'observer. Ici, le philosophe exclut le recours à un droit dicté – ou révélé – pour observer le droit vécu et forgé par les hommes.*

DENIS DIDEROT, *ENCYCLOPÉDIE,* 1755

DROIT NATUREL *(Morale)*. L'usage de ce mot est si familier, qu'il n'y a presque personne qui ne soit convaincu au-dedans de soi-même que la chose lui est évidemment connue. Ce sentiment intérieur est commun au philosophe et à l'homme qui n'a point réfléchi ; avec cette seule différence qu'à la question, *qu'est-ce que le droit ?* celui-ci manquant aussitôt et de termes et d'idées, vous renvoie au tribunal de la conscience et reste muet ; et que le premier n'est réduit au silence et à des réflexions plus profondes, qu'après avoir tourné dans un cercle vicieux qui le ramène au point même d'où il était parti, ou le jette dans quelque autre question non moins difficile à résoudre que celle dont il se croyait débarrassé par sa définition. [...]

[Après avoir examiné quelques « évidences morales » Diderot en vient à dire que seul le genre humain peut décider en matière de choix moral et non les volontés particulières ; la volonté générale, souveraine, est toujours bonne.]

C'est à la volonté générale que l'individu doit s'adresser pour savoir jusqu'où il doit être homme, citoyen, sujet, père, enfant, et quand il lui convient de vivre ou de mourir. C'est à elle à fixer les limites de tous les devoirs. Vous avez le *droit naturel* le plus sacré à tout ce qui ne vous est point contesté par l'espèce entière. C'est elle qu vous éclairera sur la nature de vos pensées et de vos désirs. Tout ce que vous concevrez, tout ce que vous méditerez, sera bon, grand, élevé, sublime, s'il est de l'intérêt général et commun. Il n'y a de qualité essentielle à votre espèce, qu celle que vous exigez dans tous vos semblables pour votre bonheur et pour le leur C'est cette conformité de vous à eux tous et d'eux tous à vous, qui vous marquera quand vous sortirez de votre espèce, et quand vous y resterez. Ne la perdez donc jamais de vue, sans quoi vous verrez les notions de la bonté, de la justice, de l'huma nité, de la vertu, chanceler dans votre entendement. Dites-vous souvent : je suis homme, je n'ai d'autres *droits naturels* véritablement inaliénables que ceux de l'hu manité.

Mais, me direz-vous, où est le dépôt de cette volonté générale ? Où pourrai-je la consulter ?... Dans les principes du droit écrit de toutes les nations policées ; dans les actions sociales des peuples sauvages et barbares ; dans les conventions tacite des ennemis du genre humain entre eux ; et même dans l'indignation et le ressenti ment, ces deux passions que la nature semble avoir placées jusque dans les animau pour suppléer au défaut des lois sociales et de la vengeance publique.

Si vous méditez donc attentivement tout ce qui précède, vous restere convaincu, 1ᵉ que l'homme qui n'écoute que sa volonté particulière, est l'ennemi d genre humain ; 2ᵉ que la volonté générale est dans chaque individu un acte pur d l'entendement qui raisonne dans le silence des passions sur ce que l'homme pe exiger de son semblable, et sur ce que son semblable est en droit d'exiger de lui ; 3 que cette considération de la volonté générale de l'espèce et du désir commun, est l règle de la conduite relative d'un particulier à un particulier dans la même société d'un particulier envers la société dont il est membre, et de la société dont il es membre, envers les autres sociétés ; 4ᵉ que la soumission à la volonté générale est l lien de toutes les sociétés, sans en excepter celles qui sont formées par le crime Hélas, la vertu est si belle, que les voleurs en respectent l'image dans le fond mêm de leurs cavernes ! 5ᵉ que les lois doivent être faites pour tous, et non pour un [... 6ᵉ que, puisque des deux volontés, l'une générale, et l'autre particulière, la volon générale n'erre jamais, il n'est pas difficile de voir à laquelle il faudrait pour le bonhe du genre humain que la puissance législative appartînt, et quelle vénération l'on dc aux mortels augustes dont la volonté particulière réunit et l'autorité et l'infaillibilité c la volonté générale ; 7ᵉ que quand on supposerait la notion des espèces dans un flu perpétuel, la nature du *droit naturel* ne changerait pas, puisqu'elle serait toujou relative à la volonté générale et au désir commun de l'espèce entière ; 8ᵉ que l'équi est à la justice comme la cause est à son effet, ou que la justice ne peut être aut chose que l'équité déclarée ; 9ᵉ enfin que toutes ces conséquences sont évident pour celui qui raisonne, et que celui qui ne veut pas raisonner, renonçant à la quali d'homme, doit être traité comme un être dénaturé.

Encyclopédie ou Dictionnaire raisonné des sciences, des arts et des métiers..., article «Droit naturel», T.V. 1755.

Article « Droit naturel » (1755) 90

DE JAUCOURT, *ENCYCLOPÉDIE*, **1755**

ÉGALITÉ NATURELLE est celle qui est entre tous les hommes par la constitution de leur nature seulement. Cette *égalité* est le principe et le fondement de la liberté.

L'égalité naturelle ou morale est donc fondée sur la constitution de la nature humaine commune à tous les hommes, qui naissent, croissent, subsistent et meurent de la même manière.

Puisque la nature humaine se trouve la même dans tous les hommes, il est clair que selon le droit naturel chacun doit estimer et traiter les autres comme autant d'êtres qui lui sont naturellement égaux, c'est-à-dire qui sont hommes aussi bien que lui.

De ce principe de *l'égalité naturelle* des hommes, il résulte plusieurs conséquences. Je parcourrai les principales.

1. Il résulte de ce principe que tous les hommes sont naturellement libres, et que la raison n'a pu les rendre dépendants que pour leur bonheur.

2. Que malgré toutes les inégalités produites dans le gouvernement politique par la différence des conditions, par la noblesse, la puissance, les richesses, etc., ceux qui sont les plus élevés au-dessus des autres doivent traiter leurs inférieurs comme leur étant naturellement égaux, en évitant tout outrage, en n'exigeant rien au-delà de ce qu'on leur doit, et en exigeant avec humanité ce qui leur est dû le plus incontestablement.

3. Que quiconque n'a pas acquis un droit particulier, en vertu duquel il puisse exiger quelque préférence, ne doit rien prétendre plus que les autres, mais au contraire les laisser jouir également des mêmes droits qu'il s'arroge lui-même.

4. Qu'une chose qui est de droit commun, doit être ou commune en jouissance, ou possédée alternativement, ou divisée par égales portions entre ceux qui ont le même droit, ou par compensation équitable et réglée ; ou qu'enfin, si cela est impossible, on doit en remettre la décision au sort : expédient assez commode, qui ôte tout soupçon de mépris et de partialité sans rien diminuer de l'estime des personnes auxquelles il ne se trouve pas favorable.

Enfin, pour dire plus, je fonde sur le principe incontestable de *l'égalité naturelle* tous les devoirs de charité, d'humanité et de justice auxquels les hommes sont obligés les uns envers les autres ; et il ne serait pas difficile de le démontrer.

Le lecteur tirera d'autres conséquences, qui naissent du principe de *l'égalité naturelle* des hommes. Je remarquerai seulement que c'est la violation de ce principe qui a établi l'esclavage politique et civil. Il est arrivé de là que dans les pays soumis au pouvoir arbitraire les princes, les courtisans, les premiers ministres, ceux qui manient les finances possèdent toutes les richesses de la nation, pendant que le reste des citoyens n'a que le nécessaire, et que la plus grande partie du peuple gémit dans la pauvreté.

Fragonard, *L'Inspiration,* (R. Mus. Nat.)

Cependant, qu'on ne me fasse pas le tort de supposer que par un esprit de fanatisme j'approuvasse dans un Etat cette chimère de *l'égalité* absolue, que peut à peine enfanter une république idéale ; je ne parle ici que de *l'égalité naturelle* des hommes ; je connais trop la nécessité des conditions différentes, des grades, des honneurs, des distinctions, des prérogatives, des subordinations qui doivent régner dans tous les gouvernements ; et j'ajoute même que *l'égalité naturelle* ou *morale* n'y est point opposée. Dans l'état de nature, les hommes naissent bien dans *l'égalité*, mais ils n'y sauraient rester ; la société la leur fait perdre, et ils ne redeviennent égaux que par les lois.

Encyclopédie ou Dictionnaire raisonné des sciences, des arts et des métiers... article «Egalité naturelle», T.V., 1755.

1 — Jaucourt, pour établir l'égalité naturelle, se réclame du droit naturel : de quelle manière ? Comment limite-t-il cette égalité et, selon vous, pour quelles raisons ? Expliquez pourquoi ce principe d'égalité est tout à fait ambigu, au moins politiquement.

2 — Quelle est l'idée de nature *ici mise en œuvre par Diderot et par Jaucourt ? A quels principes fondamentaux est-elle liée ? Quels effets entraîne-t-elle ?*

3 — DOSSIER :
Le contrat préconisé par Diderot s'apparente-t-il au «Contrat social» de Rousseau (voir n° 125) ? En quoi est-il différent ? Les présupposés des deux philosophes sont-ils semblables ?*

91 L'ENCYCLOPÉDIE (1750-1772)

Les deux articles sur la religion « Prêtres » et « Carême » illustrent les différents types d'attaque des auteurs de l'Encyclopédie : « Prêtres » est extrêmement violent et d'Holbach (voir n° 98) fait preuve à la fois d'humour et de grands talents de polémiste. « Carême » au contraire renoue avec les techniques d'autocensure de Bayle et de Fontenelle (voir n° 2, 3 et 15) où, en s'appuyant sur des exemples historiques précis, les rédacteurs atteignent leur but et détruisent les préjugés.*

D'HOLBACH, *ENCYCLOPÉDIE*, 1765

PRÊTRES *(Religion et politique)*. On désigne sous ce nom tous ceux qui remplissent les fonctions des cultes religieux établis chez les différents peuples de la terre.

Le culte extérieur suppose des cérémonies dont le but est de frapper le sens des hommes et de leur imprimer de la vénération pour la divinité à qui ils rendent leurs hommages. La superstition ayant multiplié les cérémonies des différents cultes, les personnes destinées à les remplir ne tardèrent point à former un ordre séparé qui fut uniquement destiné au service des autels ; on crut que ceux qui étaient chargés de soins si importants se devaient tout entiers à la divinité ; dès lors, ils partagèrent avec elle le respect des humains ; les occupations du vulgaire parurent au-dessous d'eux, et les peuples se crurent obligés de pourvoir à la subsistance de ceux qui étaient revêtus du plus saint et du plus important des ministères ; ces derniers, renfermés dans l'enceinte de leurs temples, se communiquèrent peu ; cela dut augmenter encore le respect qu'on avait pour ces hommes isolés ; on s'accoutuma à les regarder comme des favoris des dieux, comme les dépositaires et les interprètes de leurs volontés, comme des médiateurs entre eux et les mortels.

Il est doux de dominer sur ses semblables ; les *prêtres* surent mettre à profit la haute opinion qu'ils avaient fait naître dans l'esprit de leurs concitoyens ; ils prétendirent que les dieux se manifestaient à eux ; ils annoncèrent leurs décrets ; ils enseignèrent des dogmes ; ils prescrivirent ce qu'il fallait croire et ce qu'il fallait rejeter ; ils fixèrent ce qui plaisait ou déplaisait à la divinité ; ils rendirent des oracles ; ils prédirent l'avenir à l'homme inquiet et curieux, ils le firent trembler par la crainte des châtiments dont les dieux irrités menaçaient les téméraires qui oseraient douter de leur mission ou discuter leur doctrine.

Pour établir plus sûrement leur empire, ils peignirent les dieux comme cruels, vindicatifs, implacables ; ils introduisirent des cérémonies, des initiations, des mystères, dont l'atrocité pût nourrir dans les hommes cette sombre mélancolie, si favorable à l'empire du fanatisme ; alors le sang humain coula à grands flots sur les autels, les peuples subjugués par la crainte et enivrés de superstition ne crurent jamais payer trop chèrement la bienveillance céleste : les mères livrèrent d'un œil sec leurs tendres enfants aux flammes dévorantes ; des milliers de victimes humaines tombèrent sous le couteau des sacrificateurs ; on se soumit à une multitude de pratiques et les superstitions les plus absurdes achevèrent d'étendre et d'affermir leur puissance [...]

Les peuples eussent été trop heureux si les *prêtres* de l'imposture eussent seuls abusé du pouvoir que leur ministère leur donnait sur les hommes ; malgré la soumission et la douceur, si recommandée par l'Evangile, dans des siècles de ténèbres, on a vu des *prêtres* du Dieu de paix arborer l'étendard de la révolte ; armer les mains des sujets contre leurs souverains ; ordonner insolemment aux rois de descendre du trône ; s'arroger le droit de rompre les liens sacrés qui unissent les peuples à leurs maîtres ; traiter de tyrans les princes qui s'opposaient à leurs entreprises audacieuses ; prétendre pour eux-mêmes une indépendance chimérique des lois faites pour obliger également tous les citoyens. Ces vaines prétentions ont été cimentées quelquefois par des flots de sang : elles se sont établies en raison de l'ignorance des peuples, de la faiblesse des souverains et de l'adresse des *prêtres* ; ces derniers sont souvent parvenus à se maintenir dans leurs droits usurpés ; dans les pays où l'affreuse inquisition est établie, elle fournit des exemples fréquents de sacrifices humains, qui ne le cèdent en rien à la barbarie de ceux des *prêtres* mexicains. Il n'en est point ainsi des contrées éclairées par les lumières de la raison et de la philosophie, le *prêtre* n'y oublie jamais qu'il est homme, sujet et citoyen.

Encyclopédie ou Dictionnaire raisonné des sciences, des arts et des métiers, article « Prêtres » T. XIII, 1765.

Monsir Desiderio *vers 1629, Incendie et Ruines,* détail, (photo H. Hinz, Bâle).

ENCYCLOPÉDIE, **1752**

CARÊME, temps de pénitence, pendant lequel on jeûne quarante jours, pour se préparer à célébrer la fête de Pâques.

Anciennement, dans l'Eglise latine, le *carême* n'était que de trente-six jours. Dans le cinquième siècle, pour imiter plus précisément le jeûne de quarante jours que Jésus-Christ souffrit au désert, quelques-uns ajoutèrent quatre jours, et cet usage a été suivi dans l'Occident, si l'on en excepte l'église de Milan, qui a conservé l'ancien usage de ne faire le *carême* que de trente-six jours.

Suivant saint Jérôme, saint Léon, saint Augustin et plusieurs autres, le *carême* a été institué par les apôtres. Voici comment ils raisonnent. Tout ce que l'on trouve établi généralement dans toute l'Eglise, sans en voir l'institution dans aucun concile, doit passer pour un établissement fait par les apôtres : or tel est le jeûne du *carême*. On n'en trouve l'institution dans aucun concile ; au contraire, le premier concile de Nicée, celui de Laodicée, aussi bien que les Pères grecs et latins, surtout Tertullien, parlent du *carême* comme d'une chose générale et très ancienne.

Calvin et les protestants prétendent que le jeûne du *carême* a été d'abord institué par une espèce de superstition, et par des gens simples qui voulurent imiter le jeûne de Jésus-Christ. Ils prétendent prouver ce fait par un mot de saint Irénée, cité par Eusèbe : preuve très faible, ou pour mieux dire de nulle valeur, quand on a contre elle le témoignage constant de tous les autres Pères et la pratique de l'Eglise universelle.

D'autres disent que ce fut le pape Télésphore qui l'institua vers le milieu du second siècle ; d'autres conviennent que l'on observait à la vérité le *carême* dans l'Eglise, c'est-à-dire un jeûne de quarante jours avant Pâques, du temps des apôtres ; mais que c'était volontairement, et qu'il n'y eut de loi que vers le milieu du troisième siècle. Le précepte ecclésiastique, quand il serait seul, formerait une autorité que les réformateurs auraient dû respecter, s'ils avaient moins pensé à introduire le relâchement dans les mœurs, que la réforme.

Les Grecs diffèrent des Latins par rapport à l'abstinence du *carême* ; ils le commencent une semaine plus tôt, mais ils ne jeûnent point les samedis comme les Latins, excepté le samedi de la semaine sainte.

Les anciens moines latins faisaient trois *carêmes* ; le grand avant Pâques ; l'autre, avant Noël, qu'on appelait de la *saint Martin* ; et l'autre, de *saint Jean-Baptiste* après la Pentecôte, tous trois de quarante jours.

Outre celui de Pâques, les Grecs en observaient quatre autres qu'ils nommaient les *carêmes des apôtres, de l'Assomption, de Noël, et de la Transfiguration* : mais ils les réduisaient à sept jours chacun ; les Jacobites en font un cinquième, qu'ils appellent de la *pénitence de Ninive* ; et les Maronites six, y ajoutant celui de l'exaltation de la Sainte-Croix.

Le huitième canon du concile de Tolède ordonne que ceux qui, sans aucune nécessité évidente, auront mangé de la chair pendant le *carême* n'en mangeront point pendant toute l'année et ne communieront point à Pâques.

Desiderio, *Incendie et Ruines,* détail, (photo H. Hinz, Bâle).

Quelques-uns prétendent que l'on jeûne les quarante jours que dure le *carême* en mémoire du déluge, qui dura autant de temps ; d'autres, des quarante années pendant lesquelles les Juifs errèrent dans le désert ; d'autres veulent que ce soit en mémoire des quarante jours qui furent accordés aux Ninivites pour faire pénitence ; les uns, des quarante coups de fouets que l'on donnait aux malfaiteurs pour les corriger ; les autres, des quarante jours de jeûne que Moïse observa en recevant la loi, ou des quarante jours que jeûna Elie, ou enfin des quarante jours de jeûne qu'observa Jésus-Christ.

Encyclopédie ou Dictionnaire raisonné des sciences, des arts et des métiers..., article «Carême», T. II, 1752.

1 — «PRÊTRES»

a) Dès le premier paragraphe, où se situe la provocation? Dans le second paragraphe que permet l'utilisation du passé simple? Comment expliquer les expressions: «les peuples se crurent obligés» et «on s'accoutuma»...?

b) Pourquoi citer cette maxime, au début du troisième paragraphe? Comment cette évidence explique-t-elle insidieusement le comportement des prêtres?

c) Établissez une gradation dans l'attitude et les possessions des prêtres dans les quatre premiers paragraphes du texte.*

d) Quel est l'effet de la comparaison finale?*

2 — «CARÊME»:

Dans l'article «Carême», faites le plan exact de l'argumentation. Pourquoi cette accumulation de raisons historiques d'observer le carême? Ont-elles toutes la même valeur? Comment acquièrent-elles toutes cette même valeur? A travers le Carême, que vise-t-on, en étendant l'argumentation?

Fragonard, Corésus et Callirhoé, (1762-1765), Louvre, (Réu. Musées Nat.).

Pour rendre compte du tableau de Fragonard, le Grand Prêtre Corésus s'immole pour sauver Callirhoé, *Diderot dans le* Salon de 1765, *met en scène un dialogue entre Grimm et lui-même. Curieusement, il affirme d'emblée ne pas avoir vu le tableau :*

Il m'est impossible, mon ami, de vous entretenir de ce tableau. Vous savez qu'il n'était plus au Salon, lorsque la sensation générale qu'il fit m'y appela. C'est votre affaire que d'en rendre compte. Nous en causerons ensemble. Cela sera d'autant mieux, que peut-être découvrirons-nous pourquoi, après un premier tribut d'éloges payé à l'artiste, après les premières exclamations, le public a semblé se refroidir. Toute composition dont le succès ne se soutient pas, manque d'un vrai mérite. Mais pour remplir cet article Fragonard, je vais vous faire part d'une vision assez étrange dont je fus tourmenté la nuit qui suivit un jour dont j'avais passé la matinée à voir des tableaux, et la soirée à lire quelques dialogues de Platon.

Dans le récit de son rêve, intitulé l'Antre de Platon, *Diderot raconte qu'il se trouvait dans la fameuse caverne de Platon (*la République, *IV) où voisinaient tant les prêtres, les sages, que les fripons le dos tourné à l'entrée de la caverne (des charlatans les empêchaient de se retourner et de secouer leurs chaînes, seuls quelques philosophes enfreignaient cette interdiction et étaient punis...). Cependant, sur l'extrême fond de la grotte, une toile représentait plusieurs tableaux à « l'expression forte et au caractère peu commun ».*

Entre le rêve animé et la représentation picturale, le récit de Diderot décrit alors une histoire : un jeune homme (Corésus) s'enivre au milieu de femmes furieuses qu'il entraîne dans une bacchanale où se commettent les licences les plus effrénées, tandis qu'une jeune femme se refuse à ses discours passionnés. Derrière la toile, le dieu, ou « le fripon subalterne » s'adresse à des vieillards encore sains en ces termes : « qu'elle meure, ou qu'un autre meure pour elle ! ». A la suite de cet oracle, l'auteur du rêve décrit scrupuleusement le tableau de Fragonard, au plus grand étonnement de Grimm :

GRIMM — Mais, dites-moi, mon ami, n'avez-vous confié votre rêve à personne ?

DIDEROT — Non. Pourquoi me faites-vous cette question ?

GRIMM — C'est que le temple que vous venez de décrire, est exactement le lieu de la scène du tableau de Fragonard.

DIDEROT — Cela se peut. J'avais tant entendu parler de ce tableau, les jours précédents, qu'ayant à faire un temple en rêve, j'aurai fait le sien.

Le décor, apparaît, suivi des personnages : la jeune fille (Callirhoé) devenue la victime, le jeune homme devenu le prêtre sacrificateur malgré lui, à cause du maudit oracle, les acolytes et les spectateurs...

Je me doute bien que l'espace plus reculé était rempli de monde ; mais de l'endroit que j'occupais dans mon rêve et dans la caverne, je ne pouvais rien voir de plus.

GRIMM — C'est qu'il n'y avait rien de plus à voir ; que ce sont là tous les personnages du tableau de Fragonard, et qu'ils se sont trouvés dans votre rêve, placés tout juste comme sur sa toile.

DIDEROT — Si cela est, ô le beau tableau que Fragonard a fait ! Mais écoutez le reste.

Le ciel brillait de la clarté la plus pure. Le soleil semblait précipiter toute la masse de sa lumière dans le temple, et se plaire à la rassembler sur la victime, lorsque les voûtes s'obscurcirent de ténèbres épaisses qui, s'étendant sur nos têtes, et se mêlant à l'air, à la lumière, produisirent une horreur soudaine. A travers ces ténèbres, je vis planer un génie infernal, je le vis. Des yeux hagards lui sortaient de la tête. Il tenait un poignard d'une main ; de l'autre il secouait une torche ardente. Il criait. C'était le Désespoir ; et l'Amour, le redoutable Amour était porté sur son dos. A l'instant, le grand prêtre tire le couteau sacré ; il lève le bras ; je crois qu'il va en frapper la victime, qu'il va l'enfoncer dans le sein de celle qui l'a dédaigné, et que le ciel lui a livrée. Point du tout ; il s'en frappe lui-même. Un cri général perce et déchire l'air. Je vois la mort et ses symptômes errer sur les joues, sur le front du tendre et généreux infortuné ; ses genoux défaillent, sa tête retombe en arrière, un de ses bras est pendant, la main dont il a saisi le couteau le tient encore enfoncé dans son cœur. Tous les regards s'attachent ou craignent de s'attacher sur lui. Tout marque la peine et l'effroi. L'acolyte qui est au pied du candélabre a la bouche entrouverte, et regarde avec effroi. Celui qui soutient la victime retourne la tête et regarde avec effroi. Celui qui tient le bassin funeste relève ses yeux effrayés. Le visage et les bras tendus de celui qui me parut si beau montrent toute sa douleur et son effroi. Ces deux prêtres âgés, dont les regards cruels ont dû se repaître si souvent de la vapeur du sang dont ils ont arrosé les autels, n'ont pu se refuser à la douleur, à la commisération, à l'effroi ; ils plaignent le malheureux, ils souffrent, ils sont effrayés. Cette femme seule, appuyée contre une des colonnes, saisie d'horreur et d'effroi, s'est retournée subitement ; et cette autre qui avait le dos contre une borne, s'est renversée en arrière, une de ses mains s'est portée sur ses yeux, et son autre bras semble repousser d'elle ce spectacle effrayant. La surprise et l'effroi sont peints sur les visages des spectateurs éloignés d'elle. Mais rien n'égale la consternation et la douleur du vieillard aux cheveux gris. Ses cheveux se sont dressés sur son front ; je crois le voir encore, la lumière du brasier ardent l'éclairant, et ses bras étendus au-dessus de l'autel. Je vois ses yeux, je vois sa bouche, je le vois s'élancer. J'entends ses cris, ils me réveillent. La toile se replie, et la caverne disparaît.

GRIMM — Voilà le tableau de Fragonard, le voilà avec tout son effet.

DIDEROT — En vérité ?

GRIMM — C'est le même temple, la même ordonnance, les mêmes personnages, la même action, les mêmes caractères, le même intérêt général, les mêmes qualités, les mêmes défauts. Dans la caverne, vous n'avez vu que les simulacres des êtres, et Fragonard, sur sa toile, ne vous en aurait montré non plus que les simulacres. C'est un beau rêve que vous avez fait ; c'est un beau rêve qu'il a peint. Quand on perd son tableau de vue pour un moment, on craint toujours que sa toile ne se replie comme la vôtre, et que ces fantômes intéressants et sublimes ne se soient évanouis comme ceux de la nuit. Si vous aviez vu son tableau, vous auriez été frappé de la même magie de lumière, et de la manière dont les ténèbres se fondaient avec elle, du lugubre que ce mélange portait dans tous les points de sa composition ; vous auriez éprouvé la même commisération, le même effroi ; vous auriez vu la masse de cette lumière, forte d'abord, se dégrader avec une vitesse et un art surprenants ; vous en auriez remarqué les échos se jouant supérieurement entre les figures. Ce vieillard dont les cris perçants vous ont réveillé, il y était, au même endroit, et tel que vous l'avez vu ; et les deux femmes, et le jeune enfant, tous vêtus, éclairés, effrayés, comme vous l'avez dit. Ce sont les mêmes prêtres âgés avec leur draperie de tête, large, grande et pittoresque ; les mêmes acolytes avec leurs habits blancs et sacerdotaux, répandus précisément sur sa toile comme sur la vôtre. Celui que vous avez trouvé si beau, il était beau dans le tableau comme dans votre rêve, recevant la lumière par le dos, ayant par conséquent toutes ses parties antérieures dans la demi-teinte ou l'ombre ; effet de peinture plus facile à rêver qu'à produire, et qui ne lui avait ôté ni sa noblesse, ni son expression.

DIDEROT — Ce que vous me dites me ferait presque croire que moi, qui n'y crois pas pendant le jour, je suis en commerce avec lui pendant la nuit. Mais l'instant effroyable de mon rêve, celui où le sacrificateur s'enfonce le poignard dans le sein, est donc celui que Fragonard a choisi ?

GRIMM — Assurément. Nous avons seulement observé dans le tableau que les vêtements du grand prêtre tenaient un peu trop de ceux d'une femme.

DIDEROT — Attendez... Mais c'est comme dans mon rêve.

Ainsi les défauts comme les beautés du tableau se trouvaient dans le rêve de Diderot...

Salon de 1765.

1 — CRITIQUE ARTISTIQUE
En quoi les procédés employés par Diderot renouvellent-ils le discours habituel de la critique picturale ? L'utilisation du dialogue, du rêve, du discours à la première personne permet-elle un contact différent avec le tableau ? De quelle manière ?
Connaissez-vous d'autres abords « différents » de la critique picturale ?

2 — TEXTES ET TABLEAU
Après avoir relevé les procédés et les thèmes importants du texte de Diderot, vous chercherez vous-même à décrire sous l'apparence du rêve, le décor, les personnages et leurs postures, les couleurs de Corésus et Callirhoé. *Vous comparerez ensuite avec l'intégrale du texte de Diderot (*Salon de 1765, *n° 96).*

93 Jean-Honoré FRAGONARD (1732-1806)

Fragonard, *les Hasards heureux de l'escarpolette,* 1767, (Giraudon).

Lancret, *l'Escarpolette,* (Albert Muséum).

CHAULIEU, 1700

Loin de la route ordinaire,
Et du pays des romans,
Je chante, aux bords de Cythère,
Les seuls volages amants,
Et viens, plein de confiance
Annoncer la vérité
Des charmes de l'inconstance
Et de l'infidélité.

Fuyez donc, pasteurs fidèles,
Qui, sur le ton langoureux,
Verrez radoter vos belles,
Plus indolents qu'amoureux :
Venez, troupe libertine
De friponnes, de fripons,
A ma lyre qui badine
Inspirer de nouveaux sons[...].

Si nature, mère sage
De tous ces êtres divers,
Dans ses goûts n'était volage,
Que deviendrait l'univers ?
La plus tendre tourterelle
Change d'amour en un an ;
Et le coq le plus fidèle
De cent poules est l'amant.

La beauté qui vous fait naître,
Amour, passe en un moment
Pourquoi voudriez-vous être
Moins sujet au changement ?
C'est souhaiter que la rose
Ait, pendant tout un été,
De l'instant qu'elle est éclose
La fraîcheur et la beauté.

Un arc, des traits et des ailes,
Qu'on t'a donnés sagement,
Du dieu des amours nouvelles
Sont le fatal ornement.
Qui voyant cet équipage,
Ne croira facilement
Qu'il ne faut pas qu'on s'engage
D'aimer éternellement ?

Aimons donc, changeons sans cesse ;
Chaque jour nouveaux désirs ;
C'est assez que la tendresse
Dure autant que les plaisirs,
Dieux ! ce soir qu'Iris est belle !
Son cœur, dit-elle, est à moi ;
Passons la nuit avec elle,
Mais comptons peu sur sa foi.

Apologie de l'inconstance, 1700.

GRECOURT, 1747

LES QUATRE AGES DES FEMMES

Philis plus avare que tendre,
Ne gagnant rien à refuser,
Un jour exigea de Lisandre
Trente moutons pour un baiser.

Le lendemain, nouvelle affaire,
Pour le berger le troc fut bon,
Il exigea de la bergère
Trente baisers pour un mouton.

Les Hasards heureux de l'escarpolette (1767) 93

Fragonard, *la Bascule,* (Lauros).

1 — En observant le tableau de Fragonard, vous décrirez la situation des trois points de vue (appartenant aux trois personnages). Lequel des trois recouvre à peu près celui du peintre?

2 — Les trois textes cités sont tous trois considérés comme «légers». A quels titres? En est-il de même pour les tableaux? De ce point de vue, peut-on distinguer «légèreté», «libertinage» et «érotisme»? (Vous chercherez à définir ces mots en utilisant les dictionnaires et l'index thématique de ce volume et du **XVIe XVIIe siècles***).*

Un autre jour Philis plus tendre,
Craignant de déplaire au berger,
Fut trop heureuse de lui rendre
Tous les moutons pour un baiser.

Le lendemain Philis peu sage,
Aurait donné moutons et chien,
Pour un baiser que ce volage
A Lisette donnait pour rien.

Œuvres, 1747.

L'Abbé Guillaume Amfrye de Chaulieu (1639-1720), Jean-Baptiste Joseph Willard de Grécourt (1683-1743) et le marquis Jean Stanislas de Boufflers (1738-1815) sont trois poètes (de tradition libertine et érotique) très prisés à l'époque.

BOUFFLERS, 1763

LE CŒUR

Le cœur est tout, disent les femmes;
Sans le cœur point d'amour, sans lui point de bonheur:
Le cœur seul est vaincu, le cœur seul est vainqueur,
Mais qu'est-ce qu'entendent ces dames
En nous parlant toujours du cœur?
En y pensant beaucoup, je me suis mis en tête
Que du sens littéral elles font peu de cas,
Et qu'on est convenu de prendre un mot honnête
Au lieu d'un mot qui ne l'est pas.
Sur le lien des cœurs en vain Platon raisonne,
Platon se perd tout seul, et n'égare personne;
Raisonner sur l'amour, c'est perdre la raison;
Et, dans cet art charmant, la meilleure leçon,
C'est la nature qui la donne.
A bon droit nous la bénissons,
Pour nous avoir formé des cœurs de deux façons;
Car que deviendraient les familles
Si les cœurs des jeunes garçons
Etaient faits comme ceux des filles?
Avec variété le monde les moula,
Afin que la nature en trouvât à sa guise:
Prince, manant, abbé, nonne, reine, marquise,
Celui qui crie «Sanctus!», celui qui crie «Allah!»
Le bonze, le rabbin, le carme, la sœur grise,
Tous reçurent un cœur; aucun ne s'en tint là.
C'est peu d'avoir chacun le nôtre,
Nous en cherchons partout un autre.
Nature, en fait de cœurs, se prête à tous les goûts;
J'en ai vu de toutes les formes,
Grands, petits, minces, gros, médiocres, énormes;
Mesdames et Messieurs, comment les voulez-vous?
On fait partout d'un cœur tout ce qu'on en veut faire,
On le prend, on le donne, on l'achète, on le vend;
Il s'élève, il s'abaisse, il s'ouvre, il se resserre;
C'est un merveilleux instrument.
J'en jouais bien dans ma jeunesse;
Moins bien pourtant que ma maîtresse.
O vous, qui cherchez le bonheur,
Sachez tirer parti d'un cœur!
Un cœur est bon à tout; partout on s'en amuse,
Mais à ce joli petit jeu,
Au bout de quelque temps, il s'use,
Et chacune et chacun finissent, en tout lieu,
Par en avoir trop ou trop peu.
Ainsi, comme un franc hérétique,
Je médisais du Dieu de la terre et du ciel.
En amour, j'étais tout physique;
C'est bien un point essentiel,
Mais ce n'est pas le point unique.
Il est mille façons d'aimer;
Et ce qui prouve mon système,
C'est que la bergère que j'aime
En a mille de me charmer:
Si de ces mille ma bergère,
Par un mouvement généreux,
M'en cédait une pour lui plaire,
Nous y gagnerions tous les deux.

les *Cœurs, poèmes érotiques,* 1763.

94 Carlo GOLDONI (1707-1793)

• Longhi, *Episode du foyer,* Venise. Querini Stampalia, (Scala).

Le décor unique représente une petite place de Venise, avec trois boutiques : celle du centre est un café, celle de droite, une boutique de barbier, et celle de gauche, une maison de jeu. Au-dessus de ces trois boutiques, il y a des petits salons praticables, dépendant de la maison de jeu, avec des fenêtres donnant sur la place. Du côté de la boutique du barbier et séparée de celle-ci par une petite rue, la maison de la danseuse, et du côté du tripot, une hôtellerie, l'une et l'autre avec des portes et des fenêtres praticables.

RIDOLFO, TRAPPOLA *et d'autres garçons de café.*

RIDOLFO : Allons, les enfants, tâchez de vous bien comporter : soyez dégourdis et prompts dans le service et accueillez la clientèle avec politesse et civilité, car très souvent le crédit d'un établissement comme le mien dépend des bonnes manières de son personnel.

TRAPPOLA : Cher monsieur mon patron, pour vous dire la vérité vraie, se lever de bonne heure comme ça ne convient pas du tout à mon tempérament.

RIDOLFO : Et pourtant il faut être debout dès l'aube, afin de pouvoir servir tout le monde. Ceux qui partent en voyage viennent de bonne heure, et aussi les ouvriers, les gondoliers, les marins, tous gens qui sont matinaux.

TRAPPOLA : C'est vraiment une chose à vous faire crever de rire que de voir même les portefaix venir boire leur café.

RIDOLFO : C'est que tout le monde veut faire comme tout le monde, Trappola ! Naguère, la mode était à l'eau-de-vie, et maintenant, c'est le café qui est en vogue.

TRAPPOLA : C'est comme cette dame à qui je porte son café tous les matins : elle me supplie presque chaque fois de lui acheter pour quatre sous de bois, et, malgré ça, elle aussi, elle veut absolument boire son café.

RIDOLFO : La gourmandise, Trappola, est un vice qui ne s'éteint jamais et qui, même, ne cesse de grandir au fur et à mesure que l'on avance en âge.

TRAPPOLA : On ne voit encore arriver personne : on aurait pu dormir une petite heure de plus.

RIDOLFO : Les clients ne vont pas tarder à venir, et, du reste, il n'est pas si tôt que cela. Vous ne voyez pas que le barbier a déjà ouvert et qu'il est dans sa boutique en train de peigner des perruques ? Et l'établissement de M. Pandolfo est ouvert, lui aussi.

TRAPPOLA : Oh ! quant au brelan de M. Pandolfo, il y a un bon bout de temps qu'il est ouvert. Ils n'ont pas fermé de la nuit.

RIDOLFO : Bravo ! M. Pandolfo a dû faire de bonnes affaires.

TRAPPOLA : Il fait toujours de bonnes affaires, celui-là ! Il gagne sur les cartes à jouer, il gagne sur ses prêts usuraires, il gagne en étant de mèche avec les tricheurs qui fréquentent son tripot. Et l'argent de tous ceux qui entrent chez lui finit immanquablement dans ses poches.

RIDOLFO : Ne vous laissez jamais tenter par ce genre de gain, car, tôt ou tard, la farine du diable se transforme en son.

TRAPPOLA : Ce pauvre M. Eugenio ! Il l'a ruiné.

RIDOLFO : Oui, ce pauvre M. Eugenio ! Comment peut-on à ce point manquer de jugement ? Il a pour épouse une jeune femme on ne peut plus comme il faut, et il court après tous les jupons et, non content de cela, il joue comme un enragé.

TRAPPOLA : Ce sont là les petites galanteries de la jeunesse moderne, monsieur mon patron.

RIDOLFO : Il joue toujours avec ce comte Leandro et il a sûrement perdu.

TRAPPOLA : Oh ! quant à ce M. le Comte, c'est une belle fleur de vertu !

RIDOLFO : Voyons, voyons, assez bavardé ! Allez faire griller du café, pour que nous en préparions une cafetière de frais.

TRAPPOLA : J'y mets le marc de celui d'hier soir ?

RIDOLFO : Non, faites-le bon.

TRAPPOLA : Monsieur mon patron, j'ai peu de mémoire. Combien y a-t-il de temps que vous avez ouvert votre commerce ?

RIDOLFO : Vous le savez bien. Il doit y avoir environ six mois.

TRAPPOLA : Il serait temps de changer votre mousquet d'épaule.

RIDOLFO : Que voulez-vous dire ?

TRAPPOLA : Quand on ouvre un nouveau commerce, on fait du café impeccable. Mais au bout de six mois au plus, il faut servir de l'eau chaude colorée en noir.

Il disparaît à l'intérieur du café.

RIDOLFO : Il est amusant, ce Trappola ! J'espère bien qu'il fera la fortune de mon établissement, car tout le monde accourt là où il y a quelqu'un qui sait jouer les bouffons.

le Café, acte I, sc. 1, 1750, pub. 1753, (trad. Michel Arnaud, Gallimard, 1972).

Dans le Café (la Bottega del caffè) *(1750, publié 1753) Goldoni (1707-1793) met en scène avant tout un lieu où tout le monde se rencontre, où les intrigues se nouent, où les langues vont bon train. A Venise comme à Paris et à Londres (ainsi que le souligne Voltaire dans* le Café ou l'Écossaise, *pièce de 1760 où il attaque Fréron et le parti opposé aux philosophes), le café est la chose à la mode. Encore quelque peu exotique, la boisson du Nouveau Continent est extrêmement prisée dans ces cabarets modernes où on lit les gazettes et où l'on discute d'importance. Dans ce café vénitien, les personnages de la* Commedia dell'arte *(voir* **XVIe-XVIIe siècles,** *N° 156 et ce volume N° 54) se transforment aussi: Pantalon devient Eugenio «négociant», Brighella devient Ridolfo «le maître limonadier, honnête, serviable, obligeant», et Arlequin devient Trappola, son serviteur.*

Les personnages de la Comédie Italienne étaient connus depuis fort longtemps en France lorsque les Comédiens Français, le 17 mars 1710 interdirent que d'autres qu'eux parlassent sur scène (voir tableau n° 54). Les «forains», comme on les appelait alors, tournèrent l'interdiction en montrant au public des paroles écrites sur des cartons, puis en 1711, en inventant un système d'écriteaux mettant sous les yeux des spectateurs le texte des chansons (populaires) qu'ils devaient chanter eux-mêmes. L'arrêt de 1710 fut abrogé en 1714 et les comédiens ne purent alors que chanter: d'où la naissance de l'Opéra-Comique.

De 1712 à 1735, Lesage, déçu par l'accueil de Turcaret *(voir n° 33), vint au Théâtre de la Foire et écrivit, seul ou en collaboration, une centaine de pièces.*

Dans Les Eaux de Merlin *(1715), Arlequin et Mezzetin (aimés de Colombine et de Marinette) vendent des eaux miraculeuses mais doivent se méfier de la loi...*

Lancret, *une scène de la Comédie italienne,* Wallace collection, Londres.

LESAGE, 1715

SCÈNE VIII
et dernière
ARLEQUIN, MEZZETIN,
COLOMBINE, MARINETTE,
UN COMMISSAIRE,
TROUPE D'ARCHERS,
TROUPE DE LUTINS

MEZZETIN, *apercevant le commissaire.*
AIR 36 (Pour passer doucement la vie).
Que vois-je, ô ciel ! quelle figure !
Quelles gens ! J'en ai le frisson.

COLOMBINE
Ces oiseaux de mauvais augure
Ne nous présagent rien de bon.

ARLEQUIN
AIR 10 (Mon père, je viens devant vous).
Messieurs, venez-vous acheter
Ici de nos eaux merveilleuses ?

LE COMMISSAIRE
Je viens plutôt vous arrêter.

MEZZETIN
Pourquoi ?

LE COMMISSAIRE
Pour ces eaux dangereuses.
Oui, vous êtes deux charlatans.

ARLEQUIN
Et vous, de fort honnêtes gens.

LE COMMISSAIRE
AIR 107 (La jeune abbesse de ce lieu).
Vous n'avez qu'à suivre nos pas ;
En prison vite, misérables.

Aux archers.
Allons, enfants, ne laissez pas
Prendre la fuite à ces coupables.

MEZZETIN, *(fièrement)*
Est-ce à nous que vous parlez ? A [nous ?
Morbleu ! craignez plutôt pour vous !

ARLEQUIN, *sur le ton des deux derniers vers.*
Accourez à nous, ami follet,
Avant qu'on nous prenne au collet.

Les femmes s'enfuient épouvantées. Les archers veulent se saisir d'Arlequin et de Mezzetin, qui se défendent jusqu'à ce qu'arrive une troupe de lutins, qui enchantent le commissaire et les archers.

UN LUTIN, *à Arlequin et à Mezzetin.*
AIR 2 (Quand je tiens de ce jus d'octobre).
Ne craignez aucune puissance,
Et soyez sûr d'un sort heureux.
Nous allons vous rendre à Florence
Avec les objets de vos vœux.

MEZZETIN, *au lutin.*
AIR 3 (Bannissons d'ici l'humeur noire).
Que de ces gens impitoyables
Chacun de vous prenne le sien.

ARLEQUIN
Emportez-les, messieurs les [diables,
Vous ne prendrez que votre bien.

Les lutins prennent chacun un archer, et l'emportent. Ils oublient le commissaire, ce qui fait dire à Arlequin :
Hé, vous oubliez M. le Commissaire,
qui vous appartient de droit.
Un lutin vient prendre le commissaire, qu'Arlequin poursuit à coups de batte jusqu'au fond du théâtre.

les Eaux de Merlin, sc. 8, 1715,
in *Théâtre de la Foire ou l'Opéra-comique,* 1721-1737.

1 — LE CAFÉ
a) En observant les indications scéniques, imaginez le décor de cette pièce (avec ou sans schéma), cherchez les ouvertures sur la petite place et inventez un certain nombre d'intrigues possibles déterminées par l'organisation spatiale.
b) Brighella/Ridolfo et Arlequin/Trappola, en changeant d'identité, acquièrent-ils un discours plus moral ? Quels sont les signes de leur évolution ?
2 — Quels effets importants la connivence avec le public introduisait-elle dans le théâtre de la foire ? De quel type était cette connivence ?

95 Madame de GRAFFIGNY (1695-1758)

Fragonard 1753, *La Jeune Liseuse,* (National Gallery of Art).

Je ne sais quelles sont les suites de l'éducation qu'un père donne à son fils : je ne m'en suis pas informée. Mais je sais que du moment que les filles commencent à être capables de recevoir des instructions, on les enferme dans une maison religieuse, pour leur apprendre à vivre dans le monde ; que l'on confie le soin d'éclairer leur esprit à des personnes auxquelles on ferait peut-être un crime d'en avoir, et qui sont incapables de leur former le cœur qu'elles ne connaissent pas.

Les principes de la religion, si propres à servir de germe à toutes les vertus, ne sont appris que superficiellement et par mémoire. Les devoirs à l'égard de la divinité ne sont pas inspirés avec plus de méthode. Ils consistent dans de petites cérémonies d'un culte extérieur, exigées avec tant de sévérité, pratiquées avec tant d'ennui, que c'est le premier joug dont on se défait en entrant dans le monde, et si l'on en conserve encore quelques usages, à la manière dont on s'en acquitte, on croirait volontiers que ce n'est qu'une espèce de politesse que l'on rend par habitude à la divinité.

D'ailleurs rien ne remplace les premiers fondements d'une éducation mal dirigée. On ne connaît presque point en France le respect pour soi-même, dont on prend tant de soin de remplir le cœur de nos jeunes vierges. Ce sentiment généreux qui nous rend le juge le plus sévère de nos actions et de nos pensées, qui devient un principe sûr quand il est bien senti, n'est ici d'aucune ressource pour les femmes. Au peu de soin que l'on prend de leur âme, on serait tenté de croire que les Français sont dans l'erreur de certains peuples barbares qui leur en refusent une.

Régler les mouvements du corps, arranger ceux du visage, composer l'extérieur, sont les points essentiels de l'éducation. C'est sur les attitudes plus ou moins gênantes de leurs filles que les parents se glorifient de les avoir bien élevées. [...]

Quand tu sauras qu'ici l'autorité est entièrement du côté des hommes, tu ne douteras pas, mon cher Aza, qu'ils ne soient responsables de tous les désordres de la société. Ceux qui, par une lâche indifférence, laissent suivre à leurs femmes le goût qui les perd, sans être les plus coupables, ne sont pas les moins dignes d'être méprisés ; mais on ne fait pas assez d'attention à ceux qui, par l'exemple d'une conduite vicieuse et indécente, entraînent leurs femmes dans le dérèglement, ou par dépit ou par vengeance.

Et en effet, mon cher Aza, comment ne seraient-elles pas révoltées contre l'injustice des lois qui tolèrent l'impunité des hommes, poussée au même excès que leur autorité ? Un mari, sans craindre aucune punition, peut avoir pour sa femme les manières les plus rebutantes ; il peut dissiper en prodigalités, aussi criminelles qu'excessives, non seulement son bien, celui des enfants, mais même celui de la victime qu'il fait gémir presque dans l'indigence, par une avarice pour les dépenses honnêtes, qui s'allie très communément ici avec la prodigalité. Il est autorisé à punir rigoureusement l'apparence d'une légère infidélité, en se livrant sans honte à toutes celles que le libertinage lui suggère. Enfin, mon cher Aza, il semble qu'en France les liens du mariage ne soient réciproques qu'au moment de la célébration, et que dans la suite les femmes seules y doivent être assujetties

Je pense et je sens que ce serait les honorer beaucoup de les croire capables de conserver de l'amour pour leur mari, malgré l'indifférence et les dégoûts dont la plupart sont accablées. Mais qui peut résister au mépris ?

Lettres péruviennes, lettre XXXIV, 1747.

Madame de Graffigny (Françoise d'Issembourg d'Happoncourt, 1695-1758) auteur d'un drame à succès, Cénie *(1750), est surtout connue pour ses* Lettres péruviennes *(1747) dans lesquelles Zilia, une jeune péruvienne, est enlevée à son frère Aza qu'elle aime incestueusement sans que les coutumes de son pays s'en trouvent bafouées, puisque celles-ci permettent l'inceste. Les colonisateurs l'emmènent alors en France où elle découvre les mœurs, le gouvernement, la religion, l'art d'un pays réputé civilisé. Utilisant le procédé des* Lettres persanes *(voir nº 60, 61, 62) auquel elle ajoute l'histoire des deux jeunes gens, Madame de Graffigny permet à son personnage de critiquer une société dans laquelle elle vit. Féministe avant la lettre, elle analyse «l'accablement» de ses compagnes.*

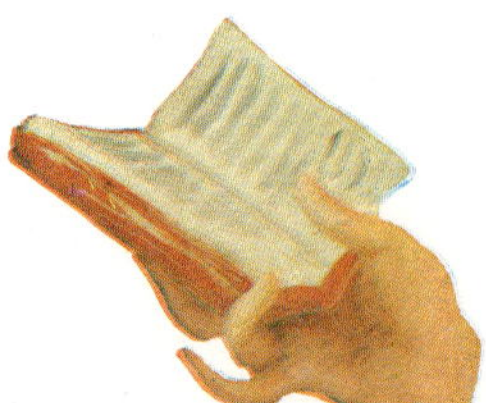

1 — *Que propose Madame de Graffigny à la place de l'éducation française ? Zilia parle-t-elle du Pérou ou d'une contrée utopique ?*

2 — *Quelle est, selon les textes de d'Alembert et de Graffigny, la responsabilité des hommes ?*

3 — *Dans* la Requête des Dames..., *quels sont les articles qui vous paraissent acquis de nos jours, ou dépassés ? Certains sont-ils encore d'actualité, lesquels ?*

MASCULIN/FÉMININ

En réponse aux jugements sévères de Rousseau (voir N° 27), d'Alembert défend ici le sort des femmes. Pendant la période révolutionnaire, celles-ci sauront prendre la parole (voir n° 172) et proposer à l'Assemblée leurs propres lois. (Voir aussi les n°s 57, 110 et 152).

D'ALEMBERT, 1759

Je n'examinerai point, monsieur, si vous avez raison de vous écrier, *où trouvera-t-on une femme aimable et vertueuse?* comme le sage s'écriait autrefois, *où trouvera-t-on une femme forte?* Le genre humain serait bien à plaindre, si l'objet le plus digne de nos hommages était en effet aussi rare que vous le dites. Mais si par malheur vous aviez raison, quelle en serait la triste cause? l'esclavage et l'espèce d'avilissement où nous avons mis les femmes; les entraves que nous donnons à leur esprit et à leur âme; le jargon futile et humiliant pour elles et pour nous, auquel nous avons réduit notre commerce avec elles, comme si elles n'avaient pas une raison à cultiver, ou n'en étaient pas dignes? Enfin l'éducation funeste, je dirais presque meurtrière, que nous leur prescrivons, sans leur permettre d'en avoir d'autre; éducation où elles apprennent presque uniquement à se contrefaire sans cesse, à n'avoir pas un sentiment qu'elles n'étouffent, une opinion qu'elles ne cachent, une pensée qu'elles ne déguisent. Nous traitons la nature en elles comme nous la traitons dans nos jardins, nous cherchons à l'orner en l'étouffant. Si la plupart des nations ont agi comme nous à leur égard, c'est que partout les hommes ont été les plus forts, et que partout le plus fort est l'oppresseur du plus faible. Je ne sais si je me trompe, mais il me semble que l'éloignement où nous tenons les femmes de tout ce qui peut les éclairer et leur élever l'âme, est bien capable, en mettant leur vanité à la gêne, de flatter leur amour-propre. On dirait que nous sentons leurs avantages, et que nous voulons les empêcher d'en profiter. [...] Le genre humain doit gagner à s'instruire. Si les siècles éclairés ne sont pas moins corrompus que les autres, c'est que la lumière y est trop inégalement répandue; qu'elle est resserrée et concentrée dans un trop petit nombre d'esprits; que les rayons qui s'en échappent dans le peuple ont assez de force pour découvrir aux âmes communes l'attrait et les avantages du vice, et non pour leur en faire voir les dangers et l'horreur: le grand défaut de ce siècle philosophe est de ne l'être pas encore assez. Mais quand la lumière sera plus libre de se répandre, plus étendue et plus égale, nous en sentirons alors les effets bienfaisants; nous cesserons de tenir les femmes sous le joug et dans l'ignorance, et elles de séduire, de tromper et de gouverner leurs maîtres. L'amour sera pour lors entre les deux sexes ce que l'amitié la plus douce et la plus vraie est entre les hommes vertueux; ou plutôt ce sera un sentiment plus délicieux encore, le complément et la perfection de l'amitié, sentiment qui, dans l'intention de la nature, devait nous rendre heureux, et que pour notre malheur nous avons su altérer et corrompre.

Lettre à J.J. Rousseau, 1759.

PROJET DE DÉCRET, 1789

L'assemblée nationale, voulant réformer le plus grand, le plus universel des abus, et réparer les torts d'une injustice de six mille ans, a décrété et décrète ce qui suit:

1. Tous les privilèges du sexe masculin sont entièrement et irrévocablement abolis dans toute la France.

2. Le sexe féminin jouira à toujours de la même liberté, des mêmes avantages, des mêmes droits et des mêmes honneurs que le sexe masculin.

3. Le genre masculin ne sera plus regardé, même dans la grammaire, comme le genre le plus noble, attendu que tous les genres, tous les sexes et tous les êtres doivent être et sont également nobles.

4. On n'insèrera plus dans les actes, contrats, obligations, etc, cette clause si usitée, mais si insultante pour le beau sexe: que la femme est autorisée par son mari à l'effet des présentes, parce que l'un et l'autre doivent jouir, dans le ménage, de la même puissance et de la même autorité.

5. La culotte ne sera plus le partage exclusif du sexe mâle, mais chaque sexe aura droit de la porter à son tour.

6. Quand un militaire aura, par lâcheté, compromis l'honneur français, on ne croira plus le dégrader comme il est arrivé souvent, en lui faisant arborer le costume féminin; mais comme les deux sexes sont et doivent être également honorables aux yeux de l'humanité, on se contentera désormais de le punir, en le déclarant du genre neutre.

7. Toutes les personnes du sexe féminin pourront être admises indistinctement aux assemblées de district et de département, élevées aux charges municipales, et même députées à l'assemblée nationale, lorsqu'elles auront les qualités exigées par la loi des élections. [...]

8. Elles pourront aussi être promues aux offices de Magistrature. [...] Point de moyen plus propre à réconcilier le public avec les tribunaux de la justice, que d'y faire asseoir la beauté et d'y voir présider les grâces.

9. Il en sera de même de tous les emplois, récompenses et dignités militaires. [...] C'est alors que le Français sera vraiment invincible, quand son courage sera inspiré par le double motif de la gloire et de l'amour; n'en exceptons pas même le bâton de maréchal de France; et pour que justice puisse être également faite, nous ordonnons que cet instrument si utile passera alternativement entre les mains des hommes et des femmes.

10. Nous ne balançons pas non plus à ouvrir l'entrée du sanctuaire au sexe féminin, nommé depuis si longtemps et à juste titre le sexe dévôt. Mais comme la piété des fidèles est notablement diminuée, ledit sexe promet et s'engage, quand il montera dans la chaire de vérité, de modérer la grandeur de son zèle, et de ne pas trop longtemps exercer l'attention des auditeurs.

Requête des Dames à l'Assemblée nationale, 1789.

«OH QU'IL EST CRUEL... D'ÊTRE PÈRE!». (Le Père *scène 12. Derniers mots d*

Greuze, *Le fils prodigue*, Louvre, (Agraci)

Dans le Salon de 1765, *Diderot découvre les deux toiles de Greuze, encore au stade d'esquisses. Violemment ému, il fait l'apologie de la peinture morale. Le fils enrôlé est prêt à partir pour la guerre, repoussant ses frères, ses sœurs, sa mère, en butte à la malédiction paternelle. Il reviendra après la campagne militaire, pour trouver son père, mort :*

«Le fils ingrat paraît consterné; la tête lui tombe en devant, et il se frappe le front avec le poing. Quelle leçon pour les pères et pour les enfants!»

DIDEROT, 1758

LE PÈRE DE FAMILLE: Insensé, vous voulez être père! En connaissez-vous les devoirs? Si vous les connaissez, permettriez-vous à votre fils ce que vous attendez de moi?

SAINT-ALBIN: Ah! si j'osais répondre.

LE PÈRE DE FAMILLE: Répondez.

SAINT-ALBIN: Vous me le permettez?

LE PÈRE DE FAMILLE: Je vous l'ordonne.

SAINT-ALBIN: Lorsque vous avez voulu ma mère, lorsque toute la famille se souleva contre vous, lorsque mon grand-papa vous appela enfant ingrat, et que vous l'appelâtes, au fond de votre âme, père cruel; qui de vous deux avait raison? Ma mère était vertueuse et belle comme Sophie; elle était sans fortune, comme Sophie; vous l'aimiez comme j'aime Sophie; souffrîtes-vous qu'on vous l'arrachât, mon père, et n'ai-je pas un cœur aussi?

LE PÈRE DE FAMILLE: J'avais des ressources, et votre mère avait de la naissance.

SAINT-ALBIN: Qui sait encore ce qu'est Sophie?

LE PÈRE DE FAMILLE: Chimère!

SAINT-ALBIN: Des ressources! L'amour, l'indigence, m'en fourniront.

LE PÈRE DE FAMILLE: Craignez les maux qui vous attendent.

SAINT-ALBIN: Ne la point avoir est le seul que je redoute.

LE PÈRE DE FAMILLE: Craignez de perdre ma tendresse.

SAINT-ALBIN: Je la recouvrerai.

LE PÈRE DE FAMILLE: Qui vous l'a dit?

SAINT-ALBIN: Vous verrez couler les pleurs de Sophie; j'embrasserai vos genoux; mes enfants vous tendront leurs bras innocents, et vous ne les repousserez pas.

LE PÈRE DE FAMILLE, *à part:* Il me connaît trop bien... *(Après une petite pause, il prend l'air et le ton le plus sévère, et dit:)* Mon fils, je vois que je vous parle en vain, que la raison n'a plus d'accès auprès de vous, et que le moyen dont je craignis toujours d'user est le seul qui me reste: j'en userai, puisque vous m'y forcez. Quittez vos projets; je le veux, et je vous l'ordonne par toute l'autorité qu'un père a sur ses enfants.

SAINT-ALBIN, *avec un emportement sourd:* L'autorité! L'autorité! Ils n'ont que ce mot.

LE PÈRE DE FAMILLE: Respectez-le.

SAINT-ALBIN, *allant et venant:* Voilà comme ils sont tous. C'est ainsi qu'ils nous aiment. S'ils étaient nos ennemis que feraient-ils de plus?

LE PÈRE DE FAMILLE: Que dites-vous? que murmurez-vous?

La malédiction paternelle (vers 1765) 96

QU'IL EST DOUX

de famille, *acte V,*

la pièce).

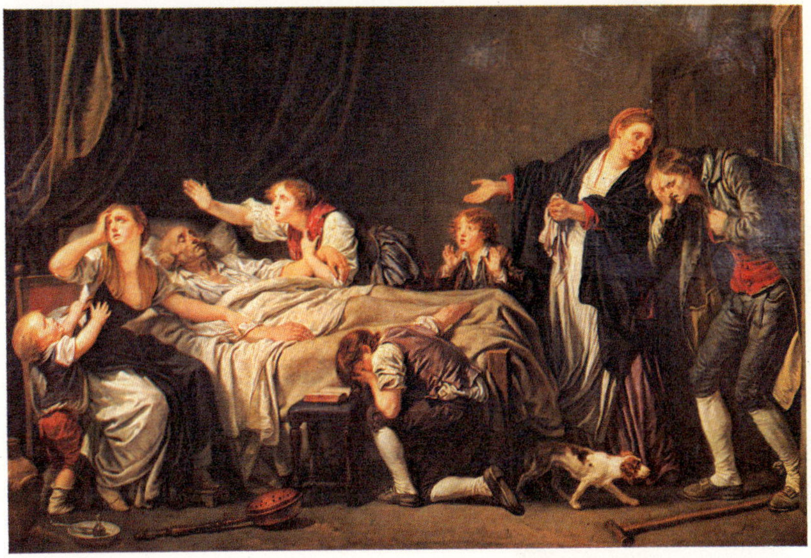

Greuze, *Le Fils puni,* Louvre (Lauros Giraudon)

Le Père de famille, *1758, est une comédie qui préfigure le drame du XIXe siècle. Autour d'une « condition », d'un personnage central : le père de famille, une intrigue familiale se noue. Le Commandeur, beau-frère du Père de famille représente le côté négatif de la « condition » de père : il est autoritaire, injuste, méchant. Saint-Albin, le fils du Père de famille, aime Sophie, une jeune fille pauvre que sa naissance ne peut lui destiner. Confirmé dans ses vues par son beau-frère, le Père de famille veut refuser cette mésalliance, lui qui s'est marié avec une pauvre cadette de province, bien des années avant. D'abord sûr de lui, puis ému, puis se reprenant, il a, à la scène 6 de l'acte II, une conversation agitée avec son fils. Après bien des péripéties, on apprendra que Sophie est la nièce abandonnée du Commandeur : elle pourra épouser Saint-Albin. La sœur de Saint-Albin, Cécile, épousera elle aussi un jeune homme pauvre et vertueux et le Commandeur signera sa déconfiture finale par sa propre exclusion.*

SAINT-ALBIN, *toujours de même:* Ils se croient sages, parce qu'ils ont d'autres passions que les nôtres.

LE PÈRE DE FAMILLE: Taisez-vous.

SAINT-ALBIN: Ils ne nous ont donné la vie que pour en disposer.

LE PÈRE DE FAMILLE: Taisez-vous.

SAINT-ALBIN: Ils la remplissent d'amertume; et comment seraient-ils touchés de nos peines? Ils y sont faits.

LE PÈRE DE FAMILLE: Vous oubliez qui je suis, et à qui vous parlez. Taisez-vous, ou craignez d'attirer sur vous la marque la plus terrible du courroux des pères.

SAINT-ALBIN: Des pères! des pères! il n'y en a point... il n'y a que des tyrans.

LE PÈRE DE FAMILLE: O ciel!

SAINT-ALBIN: Oui, des tyrans.

LE PÈRE DE FAMILLE; Eloignez-vous de moi, enfant ingrat et dénaturé. Je vous donne ma malédiction; allez loin de moi. *(Le fils s'en va; mais à peine a-t-il fait quelques pas, que son père court après lui, et lui dit:)* Où vas-tu, malheureux?

SAINT-ALBIN: Mon père!

LE PÈRE DE FAMILLE *se jette dans un fauteuil, et son fils se met à ses genoux:* Moi, votre père? Vous, mon fils? Je ne vous suis plus rien; je ne vous ai jamais rien été. Vous empoisonnez ma vie, vous souhaitez ma mort. Eh! pourquoi a-t-elle été si longtemps différée? Que ne suis-je à côté de ta mère! Elle n'est plus, et mes jours malheureux ont été prolongés.

SAINT-ALBIN: Mon père!

LE PÈRE DE FAMILLE: Eloignez-vous, cachez-moi vos larmes; vous déchirez mon cœur, et je ne puis vous en chasser.

le Père de famille, **acte II, scène 6, 1758.**

1 — *Dans les tableaux de Greuze, en observant précisément les attitudes des personnages, définissez leurs liens de parenté ou leur «rôle» et déterminez leur attitude : que font-ils? Que pourraient-ils dire? Imaginez quelques phrases agressives, suppliantes ou pathétiques et attribuez-les à chacun des personnages.*

2 — *Quel épisode biblique* (Nouveau Testament) *rappellent ces deux tableaux? La leçon et les circonstances changent-elles de façon significative?*

3 — *Dans le texte de Diderot, le conflit des générations prend, pour l'époque, une allure insurrectionnelle. A travers la « condition » de père, que vise Saint-Albin? Quand on sait que le Commandeur — partie négative du rôle du père — veut utiliser, dans la suite de la pièce, une lettre de cachet, peut-on limiter le Père au simple champ familial? Dès lors, comment interpréter les paroles les plus graves de Saint-Albin? Pourquoi (Diderot) les dit-il à voix basse?*

97 Claude-Adrien HELVETIUS (1715-1771)

P.M. Alix, *Helvetius,* (B.N.).

Le livre De l'Esprit *fut condamné en 1759 par le Parlement puis par le Pape en même temps que* l'Encyclopédie, *dont il constitue, selon le réquisitoire de Joly de Fleury, un «abrégé». Pour les docteurs de la Sorbonne qui firent peser la censure, l'ouvrage représentait une synthèse des plus malfaisantes idées de la nouvelle philosophie, celle qui, dérivant de Hobbes (voir* **XVIe - XVIIe siècles,** *n°150), Spinoza (voir n°53), Locke (n°28), avait donné le jour à* l'Homme machine *(voir n°100), à* l'Esprit des lois *(voir n°113) et au* Code de la nature *de Morelly (voir n°162); tous livres sortis des mains d'«insectes venimeux», qui par leur critique impie, sapaient la religion et l'ordre établis.*

Quels ennemis de l'humanité, dira-t-on, s'opposent encore aux progrès de la morale?

Ce ne sont plus les rois, mais deux autres espèces d'hommes puissants. Les premiers sont les fanatiques, et je ne les confonds point avec les hommes vraiment pieux: ceux-ci sont les soutiens des maximes de la religion; ceux-là en sont les destructeurs: les uns sont amis de l'humanité; les autres, doux au-dehors et barbares au-dedans, ont la voix de Jacob et les mains d'Esaü: indifférents aux actions honnêtes, ils se jugent vertueux, non sur ce qu'ils font, mais seulement sur ce qu'ils croient; la crédulité des hommes est selon eux l'unique mesure de leur probité. Ils haïssent mortellement, disait la reine Christine, quiconque n'est pas leur dupe, et leur intérêt les y nécessite: ambitieux, hypocrites et discrets, ils sentent que, pour s'asservir les peuples, ils doivent les aveugler; aussi ces impies crient-ils sans cesse à l'impiété contre tout homme né pour éclairer les nations; toute vérité nouvelle leur est suspecte; ils ressemblent aux enfants que tout effraie dans les ténèbres.

La seconde espèce d'hommes puissants qui s'opposent aux progrès de la morale, sont les demi-politiques. Entre ceux-ci, il en est qui, naturellement portés au vrai, ne sont ennemis des vérités nouvelles que parce qu'ils sont paresseux, et qu'ils voudraient se soustraire à la fatigue d'attention nécessaire pour les examiner. Il en est d'autres qu'animent des motifs dangereux, et ceux-ci sont les plus à craindre; ce sont des hommes dont l'esprit est dépourvu de talents, et l'âme de vertus, auxquels, pour être de grands scélérats, il ne manque que du courage: incapables des vues élevées et neuves, ces derniers croient que leur considération tient au respect imbécile ou feint qu'ils affichent pour toutes les opinions et les erreurs reçues: furieux contre tout homme qui veut en ébranler l'empire, ils arment contre lui les passions et les préjugés même qu'ils méprisent, et ne cessent d'effaroucher les faibles esprits par le mot de *nouveauté*.

Comme si les vérités devaient bannir les vertus de la terre; que tout y fût tellement à l'avantage du vice, qu'on ne pût être vertueux sans être imbécile; que la morale en démontrât la nécessité, et que l'étude de cette science devînt par conséquent funeste à l'univers; ils veulent qu'on tienne les peuples prosternés devant les préjugés reçus, comme devant les crocodiles sacrés de Memphis. Fait-on quelque découverte en morale? c'est à nous seuls, disent-ils, qu'il faut la révéler; nous seuls, à l'exemple des initiés de l'Egypte, devons en être les dépositaires: que le reste des humains soit enveloppé des ténèbres du préjugé; l'état naturel de l'homme est l'aveuglement.

Assez semblables à ces médecins qui, jaloux de la découverte de l'émétique, abusèrent de la crédulité de quelques prélats pour excommunier un remède dont les secours sont si prompts et si salutaires, ils abusent de la crédulité de quelques hommes honnêtes, mais dont la probité stupide et séduite pourrait, sous un gouvernement moins sage, traîner au supplice la probité éclairée d'un Socrate.

Tels sont les moyens dont se sont servi ces deux espèces d'hommes pour imposer silence aux esprits éclairés. En vain pour leur résister s'appuierait-on de la faveur publique. Lorsqu'un citoyen est animé de la passion de la vérité et du bien général, je sais qu'il s'exhale toujours de son ouvrage un parfum de vertu qui le rend agréable au public, et que ce public devient son protecteur; mais comme, sous le bouclier de la reconnaissance et de l'estime publiques, on n'est pas à l'abri des persécutions de ces fanatiques, parmi les gens sages il en est très peu d'assez vertueux pour oser braver leur fureur.

Voilà quels obstacles insurmontables se sont jusqu'à présent opposés aux progrès de la morale, et pourquoi cette science presque toujours inutile a, conséquemment à mes principes, toujours mérité peu d'estime.

De l'Esprit, Discours second, ch. XXIV, 1758.

HELVETIUS, 1758

L'objet que je me propose d'examiner dans cet ouvrage est intéressant, il est même neuf. L'on n'a, jusqu'à présent, considéré l'esprit que sous quelques-unes de ses faces. Les grands écrivains n'ont jeté qu'un coup d'œil rapide sur cette matière; et c'est ce qui m'enhardit à la traiter.

La connaissance de l'esprit, lorsqu'on prend ce mot dans toute son étendue, est si étroitement liée à la connaissance du cœur et des passions de l'homme, qu'il était impossible d'écrire sur ce sujet, sans avoir du moins à parler de cette partie de la morale commune aux hommes de toutes les nations, et qui ne peut avoir, dans tous les gouvernements, que le bien public pour objet.

Les principes que j'établis sur cette matière sont, je pense, conformes à l'intérêt général et à l'expérience. C'est par les faits que j'ai remonté aux causes. J'ai cru qu'on devait traiter la morale comme toutes les autres sciences, et faire une morale comme une physique expérimentale. Je ne me suis livré à cette idée, que par la persuasion où je suis que toute morale dont les principes sont utiles au public est nécessairement conforme à la morale de la religion, qui n'est que la perfection de la morale humaine. [...]

Quelques-unes de mes idées paraîtront peut-être hasardées. Si le lecteur les juge fausses, je le prie de se rappeler, en les condamnant, que ce n'est qu'à la hardiesse des tentatives qu'on doit souvent la découverte des plus grandes vérités, et que la crainte d'avancer une erreur ne doit point nous détourner de la recherche de la vérité. En vain des hommes vils et lâches voudraient la proscrire, et lui donner quelquefois le nom odieux de licence; en vain répètent-ils que les vérités sont souvent dangereuses: en supposant qu'elles le fussent quelquefois, à quel plus grand danger encore ne serait pas exposée la nation qui consentirait à croupir dans l'ignorance! Toute nation sans lumières, lorsqu'elle cesse d'être sauvage et féroce, est une nation avilie, et tôt ou tard subjuguée. Ce fut moins la valeur que la science militaire des Romains qui triompha des Gaules.

Si la connaissance d'une telle vérité peut avoir quelques inconvénients dans un tel instant, cet instant passé, cette même vérité redevient utile à tous les siècles et à toutes les nations.

De l'Esprit, préface, 1758

J.-P. SARTRE, 1949

«Il (1) se considère comme un guide et un chef spirituel, il prend ses risques. Comme l'élite au pouvoir, de plus en plus nerveuse, lui prodigue un jour ses grâces pour le faire embastiller le jour suivant, il ignore la tranquillité, la médiocrité fière dont jouissaient ses prédécesseurs.

Je lisais, l'autre soir, ces mots que Blaise Cendrars met en exergue à «Rhum»: «Aux jeunes gens d'aujourd'hui fatigués de la littérature, pour leur prouver qu'un roman peut être aussi un acte»; et je pensais que nous sommes bien malheureux et bien coupables, puisqu'il nous faut prouver aujourd'hui ce qui allait de soi au XVIIIe siècle. Un ouvrage de l'esprit était alors un acte doublement, puisqu'il produisait des idées qui devaient être à l'origine de bouleversements sociaux et puisqu'il mettait en danger son auteur. Et cet acte, quel que soit le livre considéré, se définit toujours de la même manière: il est libérateur. Et, sans doute, au XVIIe siècle aussi la littérature a une fonction libératrice, mais qui demeure voilée et implicite. Au temps des encyclopédistes, il ne s'agit plus de libérer l'honnête homme de ses passions en les lui reflétant sans complaisance, mais de contribuer par sa plume à la libération politique de l'homme tout court. L'appel que l'écrivain adresse à son public bourgeois, c'est, qu'il le veuille ou non, une incitation à la révolte; celui qu'il lance dans le même temps à la classe dirigeante, c'est une invite à la lucidité, à l'examen critique de soi-même, à l'abandon de ses privilèges. [...]

Et comme l'écrivain croit avoir brisé les liens qui l'unissaient à sa classe d'origine, comme il parle à ses lecteurs du haut de la nature humaine universelle, il lui paraît que l'appel qu'il leur lance et la part qu'il prend à leurs malheurs sont dictés par la pure générosité. Écrire, c'est donner. C'est par là qu'il assume et sauve ce qu'il y a d'inacceptable dans sa situation de parasite d'une société laborieuse, par là aussi qu'il prend conscience de cette liberté absolue, de cette gratuité qui caractérisent la création littéraire. Mais, bien qu'il ait perpétuellement en vue l'homme universel et les droits abstraits de la nature humaine, il ne faudrait pas croire qu'il incarne le clerc tel que Benda l'a décrit. Car, puisque sa position est *critique* par essence, il faut bien qu'il ait *quelque chose* à critiquer; et les objets qui s'offrent d'abord à ses critiques ce sont les institutions, les superstitions, les traditions, les actes d'un gouvernement traditionnel. En d'autres termes, comme les murs de l'Éternité et du Passé qui soutenaient l'édifice idéologique du XVIIe siècle se lézardent et s'écroulent, l'écrivain perçoit dans sa pureté une nouvelle dimension de la temporalité: le Présent. Le Présent que les siècles antérieurs concevaient tantôt comme une figuration sensible de l'Éternel, et tantôt comme une émanation dégradée de l'Antiquité.

Qu'est-ce que la littérature? Gall. 1949

(1) Le philosophe des Lumières.

1 — *Relevez les termes et les expressions qui désignent les cibles des attaques d'Helvétius. Qui peut-il viser en particulier, et quelles motivations donne-t-il aux différentes catégories qu'il distingue?*

2 — *Quels sont les liens qu'établit Helvétius entre la morale et la vérité? En quoi son idéologie* est-elle celle d'un homme des «lumières»?*

3 — *Comment sont reliés, dans la Préface à* De l'Esprit, *le propos philosophique, la visée scientifique et la dimension politique?*

4 — *Résumez au 1/4 le texte de Sartre, et discutez l'affirmation dans laquelle il souligne la portée novatrice de l'œuvre de l'écrivain au XVIIIe siècle:* «[...] l'écrivain perçoit dans sa pureté une nouvelle dimension de la temporalité: le Présent [...], que les siècles antérieurs concevaient tantôt comme une figuration sensible de l'Éternel, et tantôt comme une émanation dégradée de l'Antiquité.»

Pannini, *Paysage avec ruines*, détail, (Réu. Musées Nat.).

*Le baron d'Holbach, (qui rédigea près de quatre cents articles pour l'*Encyclopédie*) est le plus connu des philosophes qui, au XVIIIe siècle, développent un matérialisme* radical. Son* Système de la nature, *publié en 1770 sous un faux nom, bien qu'immédiatement condamné au feu et mis à l'index, suscita des controverses passionnées. Faisant référence à l'inépuisable pouvoir de transformation de la nature, expliquant la vie par le seul jeu des processus physico-chimiques, ce philosophe élimine radicalement Dieu de la création. Pour lui, le sentiment religieux – que manifestent les religions constituées, bien sûr, mais aussi le théisme* – n'a sa source que dans la crainte et l'ignorance. Aussi le bonheur sans au-delà que d'Holbach propose à l'homme passe-t-il avant tout par l'éducation, qui libérera celui-ci de ses peurs inconscientes et de ses préjugés.*

Les idées fausses que tant de personnes ont sur l'utilité de la religion, qu'ils jugent au moins propre à contenir le peuple, viennent elles-mêmes du préjugé funeste qu'il est des erreurs utiles et que des vérités peuvent être dangereuses. Ce principe est le plus propre à éterniser les malheurs de la terre : quiconque aura le courage d'examiner les choses, reconnaîtra sans peine que tous les maux du genre humain sont dus à ses erreurs, et que ces erreurs religieuses doivent être les plus nuisibles de toutes, par l'orgueil qu'elles inspirent aux souverains, par l'importance qu'on y attache, par l'abjection qu'elles prescrivent aux sujets, par les frénésies qu'elles excitent chez les peuples : on sera forcé d'en conclure que les erreurs sacrées des hommes sont celles dont l'intérêt des hommes exige la destruction la plus complète, et que c'est principalement à les anéantir que la saine philosophie doit s'attacher. Il n'est point à craindre qu'elle produise ni troubles ni révolutions ; plus la vérité parlera avec franchise, plus elle paraîtra singulière ; plus elle sera simple, moins elle séduira les hommes épris du merveilleux ; ceux-mêmes qui la cherchent avec le plus d'ardeur, ont une pente irrésistible qui les porte à vouloir incessamment concilier l'erreur avec la vérité.

Voilà sans doute, pourquoi l'athéisme, dont jusqu'ici les principes n'ont point encore été suffisamment développés, semble alarmer les personnes mêmes les plus dégagées de préjugés. Elles trouvent l'intervalle trop grand entre la superstition vulgaire et l'irréligion absolue ; elles croient prendre un sage milieu en composant avec ; elles rejettent les conséquences, en admettant le principe ; elles conservent le fantôme, sans prévoir que, tôt ou tard, il doit produire les mêmes effets et faire, de proche en proche, éclore les mêmes folies dans les têtes humaines. La plupart des incrédules et réformateurs ne font qu'élaguer un arbre empoisonné, à la racine duquel ils n'osent porter la cognée ; ils ne voient pas que cet arbre reproduira par la suite les mêmes fruits. La théologie ou la religion seront en tout temps des amas de matières combustibles couvées dans l'imagination des hommes, elles finissent toujours par causer des embrasements. Tant que le sacerdoce aura le droit d'infecter la jeunesse, de l'habituer à trembler devant les mots, d'alarmer les nations au nom d'un Dieu terrible, le fanatisme sera le maître des esprits, l'imposture à volonté portera le trouble dans les états. Le fantôme le plus simple, perpétuellement alimenté, modifié, exagéré par l'imagination des hommes, deviendra peu à peu un colosse assez puissant pour renverser toutes les têtes et culbuter des empires. Le déisme est un système auquel l'esprit humain ne peut pas longtemps s'arrêter ; fondé sur une chimère, on le verra tôt ou tard dégénérer en une superstition absurde et dangereuse.

le Système de la nature, 2e partie, chap. XI, 1770.

David Hume, (BN).

Le Baron d'Holbach, par Carmontelle, (Giraudon).

Dans ses Dialogues sur la religion naturelle, *le philosophe anglais Hume (1711-1776) met aux prises Cléanthe, déiste rationaliste, et Philon, philosophe sceptique.*

THÉISME ET ATHÉISME

DAVID HUME, 1779

— Prenez garde, Philon, répondit Cléanthe, prenez garde ; ne poussez pas les choses trop loin ; ne laissez pas votre zèle contre la fausse religion miner votre vénération pour la vraie. N'abandonnez pas ce principe, le plus grand, le seul grand encouragement qu'il y ait en la vie, et notre principal soutien parmi toutes les attaques de l'adverse fortune. La plus agréable réflexion qu'il soit possible à l'imagination humaine d'évoquer, c'est celle du pur théisme, lequel nous représente comme l'ouvrage d'un Être parfaitement bon, sage et puissant, qui nous créa pour le bonheur, et qui, ayant implanté en nous d'incommensurables désirs du bien, prolongera notre existence durant toute l'éternité, et nous transportera en une infinie variété de spectacles, afin de satisfaire ces désirs et de rendre notre félicité complète et durable. Après celui d'un tel Être lui-même — si la comparaison est permise — le plus heureux lot que nous puissions imaginer, c'est d'être sous sa garde et sa protection.

— Ces apparences, dit Philon, sont très engageantes et attrayantes ; et, à l'égard du vrai philosophe, elles sont plus que des apparences. Mais il advient ici, comme dans le cas précédent, qu'à l'égard de la plus grande partie de l'humanité, les apparences sont décevantes, et que les terreurs de la religion l'emportent d'ordinaire sur ses encouragements.

Il est reconnu que les hommes n'ont jamais si volontiers recours à la dévotion que lorsqu'ils sont abattus par le chagrin ou déprimés par la maladie. N'est-ce pas là une preuve que l'esprit religieux n'est pas si proche allié de la joie que de la tristesse ?

— Mais les hommes, quand ils sont affligés, trouvent une consolation dans la religion, répondit Cléanthe. — Quelquefois, dit Philon ; mais il est naturel d'imaginer qu'ils se formeront de ces êtres inconnus une notion conforme à la noirceur et à la mélancolie présentes de leur humeur, quand ils s'adonneront à leur contemplation. En effet, nous voyons les images terrifiantes prédominer dans toutes les religions ; et nous-mêmes, après avoir employé les expressions les plus exaltées dans notre description de la Divinité, nous tombons dans la plus pure contradiction en affirmant que les damnés sont infiniment supérieurs en nombre aux élus.

Je me risquerai à affirmer qu'il n'y a jamais eu de religion populaire, qui représentât l'état des âmes trépassées sous un jour propre à rendre souhaitable au genre humain qu'il y eût un tel état. Ces belles peintures de la religion ne sont que le produit de la philosophie. Car comme la mort s'interpose entre les yeux et la perspective de la vie future, cet événement choque la nature à tel point, qu'il jette forcément une couleur sombre sur toutes les régions qui se trouvent au delà et suggère à la généralité des humains l'idée de Cerbère et des Furies, de diables, de torrents de feu et de soufre.

Dialogues sur la religion naturelle, Douzième partie, 1779.

LE SYSTÈME DE LA NATURE

1 — *Quelle est la relation qu'établit d'Holbach entre les religions constituées et le déisme*?*

2 — *Quels sont, selon lui, les motifs qui empêchent les « incrédules » d'aller jusqu'au bout de leur négation ? Sont-ils rationnels ? imaginaires ? politiques ?*

3 — *Montrez que pour d'Holbach, le simple dévoilement de la vérité est la condition du bonheur. Pensez-vous cette croyance fondée ?*

4 — *Etudiez le choix et la fonction des métaphores* et des images utilisées par d'Holbach pour désigner la religion et l'esprit religieux.*

DIALOGUES SUR LA RELIGION NATURELLE

5 — *Pour quelle raison, aux yeux de Philon, les religions expriment-elles et entretiennent-elles plutôt la peur que la confiance ?*

6 — EXPOSÉ/COMPTE RENDU : *l'origine du sentiment religieux selon Freud, dans* l'Avenir d'une illusion (tr. fr. PUF 1971).

W. Hogarth, *La prison,* (Joane's Museum - Londres).

A la suite de la Carrière d'une prostituée *(1732-1733), Hogarth entreprend de peindre la* Carrière d'un roué [1] *(1733-1735). Cette série de huit tableaux raconte la vie d'un jeune homme devenu riche grâce à la mort de son père et tombant peu à peu dans tous les pièges sordides de la société. Le récit pictural suit à grands traits la comédie de Fielding, la* Carrière d'un roué, *jouée en 1730.*

Le premier tableau, L'Héritier prend possession des biens de l'avare, *décrit la découverte des cachettes par le jeune homme qui en profite pour abandonner une jeune fille à laquelle il avait promis le mariage. Dans le* Lever du roué, *on nous apprend que l'héritier est devenu un homme à la mode : il fréquente le monde des lettres et des arts (la présence de Haendel, entre autres, en témoigne), il a sa propre meute de chiens de chasse et possède de beaux jardins...*

L'Orgie *nous montre le roué assis à droite d'une grande table ronde, volé par deux prostituées, au milieu d'une altercation entre femmes du même acabit. A gauche, une chanteuse des rues, entonnant une ballade obscène «*Black Jake*», tout enceinte qu'elle soit, et un garçon portant un plat d'étain indiquant le nom du «mauvais lieu», regardent une femme qui s'apprête à danser nue sur le grand plat.*

(1) Pour le sens de ce terme, voir n° 85.

W. Hogarth, *Marié à une vieille héritière,* (Joane's Museum - Londres).

W. Hogarth, *La Maison des fous,* (Snark)

Le jeune homme, arrêté pour dettes, comme le dit le titre du tableau, a déjà dilapidé sa fortune. Il venait solliciter une charge à l'audience de la reine Carolina, quand il est reconnu par deux commissaires. Sarah Young, la jeune fille abandonnée (voir le premier épisode), le sauve de ce mauvais pas en offrant sa bourse.

Le roué doit alors épouser une vieille héritière borgne. Une jeune servante est en butte aux œillades du héros et la décrépitude des lieux reflète clairement la déchéance morale des participants: Marié à une vieille héritière.

Dans La Maison de jeu *(reproduite au n° 49 de ce volume), un incendie se déclare alors que le roué tend son poing vers le ciel, assisté d'un usurier qui rédige un contrat au milieu d'une foule de personnages saisis par le jeu. La fortune du père acquise au détriment des autres est complètement perdue, celle de la vieille héritière est déjà gaspillée. Et malgré de nombreuses tentatives pour regagner de l'argent — de l'alchimie à la rédaction de comédies — le roué se retrouve* «en prison» *(titre de l'avant-dernier tableau) avec sa vieille femme sous l'œil compatissant de Sarah Young.*

La Maison des fous *termine la carrière de Tom Rakewell (Rafle-bien): il est à terre, tenu par deux infirmiers et par Sarah Young...*
Dans ce récit, Hogarth se veut absolument moralisant et cherche, en égratignant au passage quelques ennemis, à stigmatiser les vices d'individus qu'il voudrait, sinon réformer, du moins condamner.

[G]ainsborough, *Mrs Siddons,* (National Gallery, Londres).

W. Hogarth, *L'Orgie,* (Londres).

Avec William Hogarth (1697-1764), Thomas Gains[b]orough (1727-1788) et sir Joshua Reynolds (1723-1792) [s]ont les peintres anglais les plus connus, au Royaume-[U]ni comme en France, des contemporains. Gainsborough [e]t Reynolds sont surtout renommés pour leurs portraits; [œ]uvres de commande pour la plupart, ils témoignent de [l']état d'esprit d'une époque comme des attitudes de deux [p]eintres devant le tempérament ou l'importance des [g]loires du moment. En 1783-1785, pour Gainsborough et [e]n 1789, pour Reynolds, Mrs Siddons, la grande tragé[d]ienne du célèbre théâtre de Dury Lane, accepte de [p]oser (le tableau de Reynolds est reproduit en n° 46 a).

1 — a) Dans les cinq tableaux de Hogarth (voir n° 49 pour la Maison de jeu*), relevez dans les attitudes des personnages ou les détails du décor, les arguments moraux de l'auteur.*

b) Les personnages reproduits sont-ils, à votre avis, des caricatures, des symboles, ou des reproductions fidèles de la réalité?

c) DOSSIER: Hogarth et le roman anglais: *Après avoir lu (et fait un exposé sur)* Moll Flanders *de Daniel Defoe,* Tom Jones, Joseph Andrews *de Fielding ou* Roderick Random *de Smollett, à votre choix, vous analyserez les transcriptions de la réalité en peinture et dans le roman.*

2 — Comment Mrs Siddons apparaît-elle dans les tableaux (consulter le tableau de Reynolds en n° 46 a)? Le costume, la pose, les couleurs, la lumière ont-ils des significations précises? Lesquelles?

Julien Offray de La Mettrie, (BN).

Médecin, pamphlétaire, philosophe, La Mettrie, après la publication de son Homme machine *(1748), dut se réfugier à la cour de Frédéric II pour échapper aux persécutions de l'Eglise, qui ne vit dans l'ouvrage que l'exposé d'un dangereux matérialisme. Pourtant, de la conception de l'homme comme machine découlent, dans la conclusion du traité, des principes fort moraux...*

Ne disons point que toute machine, ou tout animal, périt tout à fait, ou pren une autre forme, après la mort ; car nous n'en savons absolument rien. Mais assur qu'une machine immortelle est une chimère, ou un *être de raison*, c'est faire u raisonnement aussi absurde, que celui que feraient des chenilles, qui voyant le dépouilles de leurs semblables, déploreraient amèrement le sort de leur espèce q leur semblerait s'anéantir. L'âme (1) de ces insectes (car chaque animal a la sienne est trop bornée pour comprendre les métamorphoses de la nature. Jamais un se des plus rusés d'entre eux n'eût imaginé qu'il dût devenir papillon. Il en est de mêm de nous. Que savons-nous plus de notre destinée, que de notre origine ? Soume tons-nous donc à une ignorance invincible, de laquelle notre bonheur dépend.

Qui pensera ainsi, sera sage, juste, tranquille sur son sort, et par conséque heureux. Il attendra la mort, sans la craindre, ni la désirer ; et chérissant la vi comprenant à peine comment le dégoût vient corrompre un cœur dans ce lieu ple de délices ; plein de respect pour la nature ; plein de reconnaissance, d'attachemen et de tendresse, à proportion du sentiment et des bienfaits qu'il en a reçus, heureu enfin de la sentir, et d'être au charmant spectacle de l'univers, il ne la détruira certa nement jamais dans soi, ni dans les autres. Que dis-je ! Plein d'humanité, il en aime le caractère jusque dans ses ennemis. Jugez comme il traitera les autres. Il plaind les vicieux, sans les haïr ; ce ne seront à ses yeux que des hommes contrefaits. Ma en faisant grâce aux défauts de la conformation de l'esprit et du corps, il n'en adm rera pas moins leurs beautés et leurs vertus. Ceux que la nature aura favorisés l paraîtront mériter plus d'égards que ceux qu'elle aura traités en marâtre. C'est ain qu'on a vu que les dons naturels, la source de tout ce qui s'acquiert, trouvent dans bouche et le cœur du Matérialiste, des hommages que tout autre leur refuse injust ment. Enfin le Matérialiste convaincu, quoi que murmure sa propre vanité, qu'il n'e qu'une machine, ou qu'un animal, ne maltraitera point ses semblables ; trop instru sur la nature de ces actions, dont l'inhumanité est toujours proportionnée au deg d'analogie prouvée ci-devant ; et ne voulant pas en un mot, suivant la loi naturel donnée à tous les animaux, faire à autrui ce qu'il ne voudrait pas qu'on lui f

Concluons donc hardiment que l'homme est une machine ; et qu'il n'y a da tout l'univers qu'une seule substance diversement modifiée. Ce n'est point ici ur hypothèse élevée à force de demandes et de suppositions : ce n'est point l'ouvra du préjugé, ni même de ma raison seule ; j'eusse dédaigné un guide que je crois peu sûr, si mes sens portant, pour ainsi dire, le flambeau, ne m'eussent engagé à suivre, en l'éclairant. L'expérience m'a donc parlé pour la raison ; c'est ainsi que je l ai jointes ensemble.

Mais on a dû voir que je ne me suis permis le raisonnement le plus rigoure et le plus immédiatement tiré, qu'à la suite d'une multitude d'observations physiqu qu'aucun savant ne contestera ; et c'est encore eux seuls que je reconnais pour jug des conséquences que j'en tire ; récusant ici tout homme à préjugés, et qui n'est anatomiste, ni au fait de la seule philosophie qui est ici de mise, celle du cor humain. Que pourraient contre un chêne aussi ferme et solide, ces faibles roseaux la théologie, de la métaphysique et des Ecoles ; armes puériles, semblables a fleurets de nos salles, qui peuvent bien donner le plaisir de l'escrime, mais jam entamer son adversaire. Faut-il dire que je parle de ces idées creuses et triviales, ces raisonnements rebattus et pitoyables, qu'on fera sur la prétendue incompatibil de deux substances, qui se touchent et se remuent sans cesse l'une et l'autre, ta qu'il restera l'ombre du préjugé, ou de la superstition sur la terre ? Voilà m système, ou plutôt la vérité, si je ne me trompe fort. Elle est courte et simp Dispute à présent qui voudra !

l'Homme machine, 1748.

(1) La Mettrie a défini plus haut l'âme comme « un principe de mouvement, ou une partie matérielle sensible du cerveau, qu'on peut (...) regarder comme un ressort principal de toute la Machine. »

D.A.F. DE SADE, 1795

Le « divin marquis » (voir n° 181 et suiv.) tirera, lui, des mêmes principes, de tout autres conséquences...

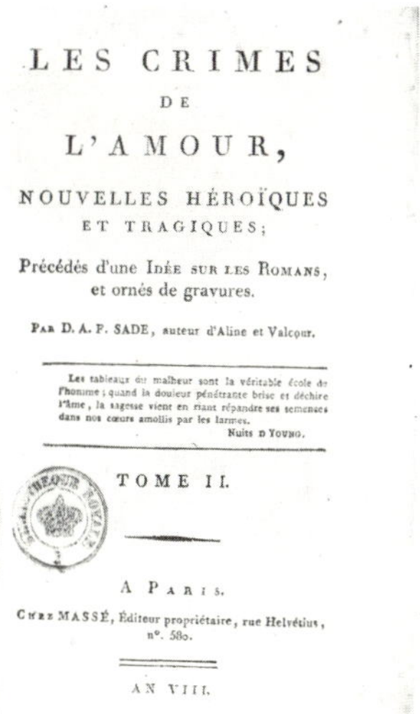

LES CRIMES
DE
L'AMOUR,
NOUVELLES HÉROÏQUES
ET TRAGIQUES;
Précédés d'une IDÉE SUR LES ROMANS, et ornés de gravures.
PAR D. A. F. SADE, auteur d'Aline et Valcour.

Les tableaux du malheur sont la véritable école de l'homme ; quand la douleur pénétrante brise et déchire l'âme, la sagesse vient en riant répandre ses semences dans nos cœurs amollis par les larmes.
Nuits D YOUNG.

TOME II.

A PARIS.
CHEZ MASSÉ, Éditeur propriétaire, rue Helvétius, n°. 580.
AN VIII.

A quel titre ménagerions-nous donc un individu qui ne nous touche en rien ? A quel titre lui éviterions-nous une douleur qui ne nous coûtera jamais une larme, quand il est certain que de cette douleur va naître un très grand plaisir pour nous ? Avons-nous jamais éprouvé une seule impulsion de la nature qui nous conseille de préférer les autres à nous, et chacun n'est-il pas pour soi dans le monde ? Vous nous parlez d'une voix chimérique de cette nature, qui nous dit de ne pas faire aux autres ce que nous ne voudrions pas qu'il nous fût fait ; mais cet absurde conseil ne nous est jamais venu que des hommes, et d'hommes faibles. L'homme puissant ne s'avisera jamais de parler un tel langage. Ce furent les premiers chrétiens qui, journellement persécutés pour leur imbécile système, criaient à qui voulait l'entendre : « Ne nous brûlez pas, ne nous écorchez pas ! *La nature dit qu'il ne faut pas faire aux autres ce que nous ne voudrions pas qu'il nous fût fait.* » Imbéciles ! Comment la nature, qui nous conseille toujours de nous délecter, qui n'imprime jamais en nous d'autres mouvements, d'autres aspirations, pourrait-elle, le moment d'après, par une inconséquence sans exemple, nous assurer qu'il ne faut pourtant pas nous aviser de nous délecter si cela peut faire de la peine aux autres ? Ah ! croyons-le, croyons-le, Eugénie, la nature, notre mère à tous, ne nous parle jamais que de nous : rien n'est égoïste comme sa voix, et ce que nous y reconnaissons de plus clair est l'immuable et saint conseil qu'elle nous donne de nous délecter, n'importe aux dépens de qui. Mais les autres, vous dit-on à cela, peuvent se venger... A la bonne heure, le plus fort seul aura raison. Eh bien, voilà l'état primitif de guerre et de destruction perpétuelles pour lequel sa main nous créa, et dans lequel seul il lui est avantageux que nous soyons.

Voilà, ma chère Eugénie, comme raisonnent ces gens-là (1), et moi j'y ajoute, d'après mon expérience et mes études, que la cruauté, bien loin d'être un vice, est le premier sentiment qu'imprime en nous la nature. L'enfant brise son hochet, mord le téton de sa nourrice, étrangle son oiseau, bien avant que d'avoir l'âge de raison. La cruauté est empreinte dans les animaux, chez lesquels, ainsi que je crois vous l'avoir dit, les lois de la nature se lisent bien plus énergiquement que chez nous ; elle est chez les sauvages bien plus rapprochée de la nature que chez l'homme civilisé : il serait donc absurde d'établir qu'elle est une suite de la dépravation. Ce système est faux, je le répète. La cruauté est dans la nature ; nous naissons tous avec une dose de cruauté que la seule éducation modifie ; mais l'éducation n'est pas dans la nature, elle nuit autant aux effets sacrés de la nature que la culture nuit aux arbres. Comparez dans vos vergers l'arbre abandonné aux soins de la nature, avec celui que votre art soigne en le contraignant, et vous verrez lequel est le plus beau, vous éprouverez lequel vous donnera de meilleurs fruits. La cruauté n'est autre chose que l'énergie de l'homme que la civilisation n'a point encore corrompue : elle est donc une vertu et non pas un vice.

la Philosophie dans le boudoir, 1795.

Sade, Les Crimes de l'amour, (BN).

(1) Ceux qui cherchent le plaisir dans la douleur des autres.

L'HOMME MACHINE

1 — Quelles sont pour La Mettrie les conséquences du matérialisme a) philosophiques, b) sociales ?

2 — A quel courant de pensée philosophique l'auteur s'attaque-t-il principalement ?

3 — Relevez dans ce discours les formules qui ont pu justifier les poursuites de l'Eglise.

LA PHILOSOPHIE DANS LE BOUDOIR

1 — Relevez et classez les éléments oratoires de ce discours.

2 — Par opposition à La Mettrie, sur quelles lois naturelles Sade fonde-t-il sa démonstration ? Quelles en sont les conséquences ?

3 — Commentez les formules de Sade : « l'immuable et saint *conseil qu'elle nous donne », « les effets* sacrés *de la nature ».*

101 Maurice QUENTIN DE LA TOUR (1704-1788)

Quentin de La Tour, *Madame de Pompadour, pastel, vers 1760, Louvre* (Bulloz).

Boucher, *Madame de Pompadour, Louvre* (Bulloz).

Prestigieuse figure de l'ascension sociale, Madame de Pompadour (1721-1764) exerça sur Louis XV une influence considérable, allant jusqu'à conseiller le roi en matière financière et en politique générale, protégeant les uns (les Encyclopédistes, l'abbé de Bernis (1715-1794) Choiseul) et chassant les autres (Orry, Maurepas). Cette roturière (née Poisson, elle avait épousé un homme de petite noblesse) qui fréquentait les gens de lettres et les financiers de haute volée, avait su plaire au roi et rester sa favorite de 1745 à sa mort (1764).

Georges Le Roy *(1723-1789) en a laissé un portrait flatteur :*

« La marquise de Pompadour était d'une taille au-dessus de la moyenne, svelte, aisée, souple, élégante, son visage était bien assorti à sa taille, un ovale parfait, de beaux cheveux plutôt châtains que blonds, des yeux assez grands ornés de beaux sourcils de la même couleur, le nez parfaitement bien formé, la bouche charmante, les dents très belles et le plus délicat sourire, la plus belle peau du monde donnait à tous ses traits le plus grand éclat. »

Portraits historiques de Louis XV et de Madame de Pompadour, 1802 posthume.

Sénac de Meilhan (voir n° 183) en a laissé un tout autre portrait...

SÉNAC DE MEILHAN, (pub. 1813)

Née de parents obscurs, son père avait malversé (1) dans un emploi subalterne, Madame Poisson, sa mère, femme sans principes, s'occupa, dès que l'âge eut développé les charmes de sa fille, des moyens de la produire et de la faire connaître de Louis XV. Elle l'avait en quelque sorte élevée pour être maîtresse du roi. Elle disait sans cesse : C'est un morceau de roi. M. Lenormand d'Étioles, financier, d'une naissance honnête, fut frappé de sa beauté. Fermant les yeux sur la mauvaise réputation du père et de la mère, et le défaut de fortune de la fille, il se détermina à l'épouser et se flatta que l'espérance la lui attacherait.

Mariée à un homme qui avait fait sa fortune, elle n'en fut pas plus reconnaissante, et chercha toutes les occasions de se faire voir au roi, et d'attirer son attention. Elle se trouvait aux rendez-vous de chasse, aux spectacles, et enfin elle parvint à son but, et ses charmes firent sur le roi l'impression qu'elle avait droit d'en attendre. [...]

Madame d'Étioles, créée marquise de Pompadour, étendit bientôt son pouvoir, nomma et destitua les ministres et les généraux. Mais ce qui est peu connu et ce qui n'a jamais fait de sensation, c'est l'infidélité de la marquise à son royal amant. [...]

Madame de Pompadour, vers le milieu de son règne, sentant qu'elle ne pouvait fixer l'humeur jalouse du roi, se borna à être son amie et son conseil. Elle fit plus ; elle osa aspirer à être admise, par la reine, au nombre des dames du palais, et cette princesse eut la faiblesse de consentir à cette scandaleuse élévation. Depuis ce temps, le roi se livra entièrement à des goûts passagers et obscurs, et la marquise continua à gouverner. Mais soit que le duc de Choiseul, dont elle était éprise et enthousiasmée, eût fini par avoir moins d'égards pour elle, soit que le roi fût dégoûté par les

Nattier, *Madame de Pompadour, Louvre* (Bulloz).

mauvais succès, des conseils et des choix de la marquise, elle vit dans les derniers temps de sa vie diminuer son crédit, et il est probable que la mélancolie abrégea ses jours.

Madame de Pompadour était belle, mais sa physionomie était froide et sans expression. Elle avait peu l'esprit, et n'a jamais pu prendre le ton et les manières le la cour [...]

Elle n'était ni bonne ni méchante, plus susceptible l'engouement que d'attachement. Elle était sans gaîté et sans agrément dans l'esprit, sa conversation était aride, et semée d'expressions bourgeoises et triviales. Elle a disposé de tous les emplois, gouverné l'État, sans avoir une ambition dominante. Elle suivait l'impulsion le ses favoris et croyait bonnement qu'on ne pouvait être maîtresse du roi sans nommer les généraux et les ministres. Son crédit était fort diminué sur la fin de sa vie. Elle sentait que le roi était plus habitué à son appartement qu'attaché à sa personne et qu'une intrigue pouvait, d'un moment à l'autre, la supplanter et mettre une autre femme à sa place. Elle ne put jamais oublier que dans le temps où le roi paraissait l'aimer le plus, lui ayant montré une lettre de son mari qui lui marquait: Connaissez toute ma faiblesse, je vous reprendrais encore, si vous reveniez à moi.» Le roi lui avait répondu: «Gardez cette lettre, on ne sait pas ce qui peut arriver.»

Portraits et caractères du XVIIIe siècle, pub. 1813.

) commis des malversations dans l'exercice de sa charge.

Maurice Quentin de la Tour (1704-1788) et Jean-Marc Nattier (1685-1766), en France, sont, avec Jean Baptiste Van Loo (1684-1745) (voir n° 90 et Index des noms ***d'auteurs), les grands portraitistes de l'époque: reconnus par tous, ils donnent à voir une sorte de galerie officielle des deux premiers tiers du XVIIIe siècle.***

LE CARDINAL DE BERNIS, VERS 1755

LES PETITS TROUS
CONTE

Ainsi qu'Hébé [1], la jeune Pompadour,
A deux jolis trous sur la joue!
Deux trous charmants où le plaisir se joue,
Qui furent faits par la main de l'Amour.
L'enfant ailé, sous un rideau de gaze,
La vit dormir et la prit pour Psyché. [2]
Qu'elle était belle! à l'instant il s'embrase,
Sur ses appas, il demeure attaché.
Plus il la voit, plus son délire augmente;
Et pénétré d'une si douce erreur,
Il veut mourir sur sa bouche charmante,
Heureux encor de mourir son vainqueur.
Enchanté des roses nouvelles
D'un teint dont l'éclat éblouit,
Il les touche du doigt, elles en sont plus belles;
Chaque fleur sous sa main s'ouvre et s'épanouit.
Pompadour se réveille, et l'Amour en soupire;
Il perd tout son bonheur en perdant son délire;
L'empreinte de son doigt forma ce joli trou,
Séjour aimable du sourire,
Dont le plus sage serait fou.

Poésies diverses, 1882 (posth.)

(1) Fille de Zeus et d'Héra, elle est la personnification de la jeunesse.

(2) A la beauté plus qu'humaine.

1 — *Comment les peintres s'y prennent-ils pour flatter leur sujet? Quel est notamment le rôle de l'éclairage? Comment tous ces moyens concourent-ils à nous faire deviner quelque chose de la personne représentée?*

2 — *Lequel de ces portraits vous paraît le plus en rapport avec la description de Le Roy? Pour quelles raisons?*

3 — *Qu'est-ce que Sénac reproche à Mme de Pompadour? Comment insiste-t-il sur ce « travers »? La beauté – incontestée – du sujet est-elle épargnée par l'auteur du portrait?*

102 Alain-René LESAGE (1668-1747)

Lesage, Portrait, (BN).

Commencez, je vous prie, par ce capitaine qui se botte ; il faut qu'il ait quelque affaire de conséquence qui l'appelle loin d'ici. — C'est, repartit le boiteux, un capitaine prêt à sortir de Madrid. Ses chevaux l'attendent dans la rue. Il va partir pour la Catalogne, où son régiment est commandé.

« Comme il n'avait point d'argent, il s'adressa hier à un usurier : « Seigneur Sanguisuela (1), lui dit-il, ne pourriez-vous pas me prêter mille ducats ? — Seigneur capitaine, répondit l'usurier d'un air doux et bénin, je ne les ai pas ; mais je me fais fort de trouver un homme qui vous les prêtera, c'est-à-dire qui vous en donnera quatre cents comptant ; vous ferez votre billet de mille, et, sur lesdits quatre cents que vous recevrez, j'en toucherai, s'il vous plaît, soixante pour le droit de courtage. L'argent est si rare aujourd'hui !... — Quelle usure ! interrompit brusquement l'officier. Demander six cent soixante ducats pour trois cent quarante ! Quelle friponnerie ! Il faudrait pendre des hommes si durs.

« — Point d'emportement seigneur capitaine, reprit d'un grand sang-froid l'usurier. Voyez ailleurs. De quoi vous plaignez-vous ? Est-ce que je vous force à recevoir les trois cent quarante ducats ? Il vous est libre de les prendre, ou de les refuser. » Le capitaine, n'ayant rien à répliquer à ce discours, se retira. Mais, après avoir fait réflexion qu'il fallait partir, que le temps pressait, et qu'enfin il ne pouvait se passer d'argent, il est retourné ce matin chez l'usurier, qu'il a rencontré à sa porte, en manteau noir, en rabat et en cheveux courts, avec un gros chapelet garni de médailles. « Je reviens à vous, seigneur Sanguisuela, lui a-t-il dit. J'accepte vos trois cent quarante ducats. La nécessité où je suis d'avoir de l'argent m'oblige à les prendre. — Je vais à la messe, a répondu gravement l'usurier. A mon retour, venez, je vous compterai la somme. — Hé ! non, non répliqua le capitaine ; rentrez chez vous, de grâce. Cela sera fait dans un moment. Expédiez-moi tout à l'heure. Je suis fort pressé. — Je ne le puis, repartit Sanguisuela. J'ai coutume d'entendre la messe tous les jours avant que je commence aucune affaire. C'est une règle que je me suis faite et que je veux observer religieusement toute ma vie. »

« Quelque impatience qu'eût l'officier de toucher son argent, il lui a fallu céder à la règle du pieux Sanguisuela. Il s'est armé de patience, et même, comme s'il eût craint que les ducats ne lui échappassent, il a suivi l'usurier à l'église. Il a entendu la messe avec lui. Après cela il se préparait à sortir. Mais Sanguisuela, s'approchant de son oreille, lui a dit : « Un des plus habiles prédicateurs de Madrid va prêcher. Je ne veux pas perdre son sermon. »

« Le capitaine, à qui le temps de la messe n'avait déjà que trop duré, a été au désespoir de ce nouveau retardement. Il est pourtant encore demeuré dans l'église. Le prédicateur paraît, et prêche contre l'usure. L'officier en est ravi ; et, observant le visage de l'usurier, il dit en lui-même : « Si ce juif (2) pouvait se laisser toucher. S'il me donnait seulement six cents ducats, je partirais content de lui. » Enfin, le sermon finit. L'usurier sort. Le capitaine le joint, et lui dit : — Hé bien, que pensez-vous de ce prédicateur ? Ne trouvez-vous pas qu'il prêche avec beaucoup de force ? Pour moi j'en suis tout ému. — J'en porte même jugement que vous, répond l'usurier. Il a parfaitement traité sa matière. C'est un savant homme. Il a fort bien fait son métier. Allons-nous-en faire le nôtre. »

le Diable boiteux, ch. VIII. 1726.

L'écrivain espagnol Luis Velez de Guevara (1579-1644) avait publié en 1641 El Diablo Cojuelo, *un roman dont Lesage emprunte la formule : un étudiant, entrant par hasard chez un astrologue, délivre l'esprit d'un diable, qui, pour le remercier, lui dévoile l'intimité des habitants de Madrid. La description des mœurs de l'époque se trouve ainsi intégrée dans une trame romanesque, qui dynamise une série de portraits à la manière de la Bruyère (voir nº 19, 20, 21).*

(1) En espagnol, « sangsue », à une lettre près.
(2) Ici, personne âpre au gain (cf. Molière : « Quel juif, quel arabe est-ce là ? »), sans référence raciale.

Le Diable boiteux (1707-1726) 102

Dans la préface à l'édition de 1726, Lesage situe explicitement son ouvrage dans la lignée des Caractères *de la Bruyère (voir n° 19, 20, 21).*

Quoique le monde soit toujours le même, il s'y fait une succession continuelle d'originaux, qui semble y apporter quelque changement. Je n'ai pas seulement corrigé l'ouvrage, je l'ai refondu, et augmenté d'un volume, que les sottises humaines m'ont aisément fourni. C'est une source de tomes inépuisable. Mais je n'ai point entrepris de l'épuiser. J'abandonne ce travail immense à quelqu'un de ces auteurs laborieux qui veulent bien employer une longue vie à mériter d'occuper une toise de place dans les bibliothèques. Pour moi, qui borne mon ambition à égayer quelques heures mes lecteurs, je me contente de leur offrir en petit un tableau des mœurs du siècle.

le Diable boiteux, Préface, 1726.

REGNARD, 1696

Dans le Joueur *(voir n° 49), Regnard (1655-1709) met en scène une usurière au nom symbolique, M*[me] *La Ressource, à laquelle Valère, pris par la passion du jeu, est obligé d'avoir recours.*

VALÈRE

J'aurais besoin, madame La Ressource,
De mille écus.

Mme LA RESSOURCE

Monsieur, disposez de ma bourse.

VALÈRE

Je fais, bien entendu, mon billet au porteur.

HECTOR[1]

Et je veux l'endosser.

Mme LA RESSOURCE

Avec les gens d'honneur
On ne perd jamais rien.

VALÈRE

Je veux que tu le prennes.
Nous faisons ici-bas des routes incertaines;
Je pourrais bien mourir. Ce maraud m'avait dit
Que sur des gages sûrs tu prêtais à crédit.

Mme LA RESSOURCE

Sur des gages, monsieur? c'est une médisance;
Je sais que ce serait blesser ma conscience.
Pour des nantissements qui valent bien leur prix,
De la vieille vaisselle au poinçon de Paris,
Des diamants usés, et qu'on ne saurait vendre,
Sans risquer mon honneur, je crois que j'en puis [prendre.

VALÈRE

Je n'ai pour te donner, vaisselle ni bijoux.

HECTOR

Oh!. parbleu, nous marchons sans crainte des [filous.

Mme LA RESSOURCE

Eh bien! nous attendrons, monsieur, qu'il vous en [vienne.

VALÈRE

Compte, ma pauvre enfant, que ma mort est [certaine,
Si je n'ai dans ce jour mille écus.

Mme LA RESSOURCE

Ah! monsieur!
Je voudrais les avoir; ce serait de grand cœur.

VALÈRE

Ma charmante, mon cœur, ma reine, mon aimable,
Ma belle, ma mignonne, et ma toute adorable.

HECTOR, *à genoux*

Par pitié.

Mme LA RESSOURCE

Je ne puis.

HECTOR

Ah! que nous sommes fous!
Tout ces gens-là, monsieur, ont des cœurs de [cailloux;
Sans des nantissements il ne faut rien prétendre.
[...]

(Valère après bien des hésitations, se résout à mettre en gage le portrait d'Angélique...)

(A madame La Ressource, montrant le portrait d'Angélique.)

Peut-on, sur ce bijou, sans trop de [complaisance?...

Mme LA RESSOURCE

Oui, je puis maintenant prêter en conscience;
Je vois des diamants qui répondent du prêt,
Et qui peuvent porter un modeste intérêt.
Voilà les mille écus comptés dans cette bourse.

VALÈRE

Je vous suis obligé, madame La Ressource.
Au moins, ne manquez pas de revenir tantôt:
Je prétends retirer mon portrait au plus tôt.

Mme LA RESSOURCE

Volontiers. Nous aimons à changer de la sorte.
Plus notre argent fatigue, et plus il nous rapporte.
Adieu, messieurs. Je suis tout à vous à ce prix.
(Elle sort).

HECTOR, *à madame La Ressource.*

Adieu, juif, le plus juif qui soit dans tout Paris.

le Joueur, Acte II, scène 15, 1696.

(1) Valet de Valère.

1 — EXERCICES DE RÉÉCRITURE - AU CHOIX:
- *a) Réécrivez l'anecdote ou une scène que vous choisirez, comme un dialogue de théâtre.*
- *b) Faites le portrait de l'usurier à la manière de La Bruyère (voir n° 20).*
- *c) Transposez cette scène à l'époque moderne.*

2 — Quelles sont dans ce passage les réminiscences de certains personnages de Molière?

103 Alain-René LESAGE (1688-1747)

Le Sage, portrait, (BN).

Dans l'histoire de Gil Blas de Santillane, *Lesage s'inspire de la tradition picaresque espagnole (voir* **XVIe-XVIIe siècles**, *n° 88). Mais sous couvert de l'Espagne, c'est en fait le règne du Régent qui nous est dépeint ici.*
Voici un portrait qui n'est pas indigne de la tradition molièresque : celui d'un vieux chanoine goutteux, qui a demandé à Gil Blas de l'avertir avec sincérité au moment où il verrait ses facultés intellectuelles décliner.

Deux mois après que ce cavalier fut parti, dans le temps de ma plus grande faveur, nous eûmes une chaude alarme au palais épiscopal ; l'archevêque tomba en apoplexie. On le secourut si promptement et on lui donna de si bons remèdes, que quelques jours après il n'y paraissait plus. Mais son esprit en reçut une rude atteinte. Je le remarquai bien dès le premier discours qu'il composa. Je ne trouvai pas toutefois la différence qu'il y avait de celui-là aux autres assez sensible pour conclure que l'orateur commençait à baisser. J'attendis encore une homélie pour mieux savoir à quoi m'en tenir. Oh ! pour celle-là, elle fut décisive. Tantôt le bon prélat se rebattait, tantôt il s'élevait trop haut ou descendait trop bas. C'était un discours diffus, une rhétorique de régent usé, une capucinade (1).

Je ne fus pas le seul qui y prit garde. La plupart des auditeurs, quand il la prononça, comme s'ils eussent été aussi gagés pour l'examiner, se disaient tout bas les uns aux autres : Voilà un sermon qui sent l'apoplexie. « Allons, monsieur l'arbitre des homélies, me dis-je alors à moi-même, préparez-vous à faire votre office. Vous voyez que monseigneur tombe. Vous devez l'en avertir, non seulement comme dépositaire de ses pensées, mais encore de peur que quelqu'un de ses amis ne fût assez franc pour vous prévenir. En ce cas-là vous savez ce qu'il en arriverait ; vous seriez biffé de son testament, où il y a sans doute pour vous un meilleur legs que la bibliothèque du licencié Sedillo (2). »

Après ces réflexions, j'en faisais d'autres toutes contraires : l'avertissement dont il s'agissait me paraissait délicat à donner. Je jugeais qu'un auteur entêté de ses ouvrages pourrait le recevoir mal ; mais, rejetant cette pensée, je me représentais qu'il était impossible qu'il le prît en mauvaise part, après l'avoir exigé de moi d'une manière si pressante. Ajoutons à cela que je comptais bien de lui parler avec adresse, et de lui faire avaler la pilule tout doucement. Enfin, trouvant que je risquais davantage à garder le silence qu'à le rompre, je me déterminai à parler.

Je n'étais plus embarrassé que d'une chose ; je ne savais de quelle façon entamer la parole. Heureusement l'orateur lui-même me tira de cet embarras, en me demandant ce qu'on disait de lui dans le monde, et si l'on était satisfait de son dernier discours. Je répondis qu'on admirait toujours ses homélies, mais qu'il me semblait que la dernière n'avait pas si bien que les autres affecté l'auditoire. « Comment donc, mon ami, répliqua-t-il avec étonnement, aurait-elle trouvé quelque Aristarque (3) ? — Non, Monseigneur, lui répartis-je, non. Ce ne sont pas des ouvrages tels que les vôtres, que l'on ose critiquer. Il n'y a personne qui n'en soit charmé. Néanmoins, puisque vous m'avez recommandé d'être franc et sincère, je prendrai la liberté de vous dire que votre dernier discours ne me paraît pas tout à fait de la force des précédents. Ne pensez-vous pas cela comme moi ? »

Ces paroles firent pâlir mon maître, qui me dit avec un sourire forcé : « Monsieur Gil Blas, cette pièce n'est donc pas de votre goût ? — Je ne dis pas cela, Monseigneur, interrompis-je tout déconcerté. Je la trouve excellente, quoiqu'un peu au-dessous de vos autres ouvrages. — Je vous entends, répliqua-t-il. Je vous parais baisser, n'est-ce pas ? Tranchez le mot. Vous croyez qu'il est temps que je songe à la retraite ? — Je n'aurais pas été assez hardi, lui dis-je, pour vous parler si librement, si Votre Grandeur ne me l'eût ordonné. Je ne fais donc que lui obéir, et je la supplie très humblement de ne me point savoir mauvais gré de ma hardiesse. — A Dieu ne plaise, interrompit-il avec précipitation, à Dieu ne plaise que je vous la reproche ! Il faudrait que je fusse bien injuste. Je ne trouve point du tout mauvais que vous me disiez votre sentiment. C'est votre sentiment seul que je trouve mauvais. J'ai été furieusement la dupe de votre intelligence bornée. »

Quoique démonté, je voulus chercher quelque modification pour rajuster les choses ; mais le moyen d'apaiser un auteur irrité, et de plus un auteur accoutumé à s'entendre louer ! « N'en parlons plus, dit-il, mon enfant. Vous êtes encore trop jeune pour démêler le vrai du faux. Apprenez que je n'ai jamais composé de meilleure homélie que celle qui n'a pas votre approbation. Mon esprit, grâce au ciel, n'a rien encore perdu de sa vigueur. Désormais je choisirai mieux mes confidents. J'en veux de plus capables que vous de décider. Allez, poursuivit-il en me poussant par les épaules hors de son cabinet, allez dire à mon trésorier qu'il vous compte cent ducats, et que le ciel vous conduise avec cette somme ! Adieu, monsieur Gil Blas ; je vous souhaite toutes sortes de prospérités, avec un peu plus de goût. »

Histoire de Gil Blas de Santillane, Livre VII, ch. 4, « l'Archevêque de Grenade tombe en apoplexie. De l'embarras où se trouve Gil Blas et de quelle façon il en sort », 1735.

(1) Digne d'un moine capucin.
(2) Ancien maître de Gil Blas.
(3) Critique sévère.

l Blas de Santillane, (BN).

u chapitre précédent, voici le dis-
ours de l'Archevêque :

Ainsi, mon cher Gil Blas, continua
prélat, j'exige une chose de ton
:le : quand tu t'apercevras que ma
ume sentira la vieillesse, lorsque tu
e verras baisser, ne manque pas de
'en avertir. Je ne me fie point à moi
-dessus : mon amour-propre pour-
it me séduire. [...]
oint de flatterie [...], mon ami ! Je
is que je puis tomber tout d'un
oup. A mon âge, on commence à
ntir les infirmités, et les infirmités
ı corps altèrent l'esprit. Je te le
pète, Gil Blas, dès que tu jugeras
ıe ma tête s'affaiblira, donne m'en
ıssitôt avis. Ne crains pas d'être
anc et sincère ; je recevrai cet aver-
ssement comme une marque d'af-
ction pour moi. D'ailleurs, il y va
ton intérêt : si, par malheur pour
i, il me revenait qu'on dît dans la
lle que mes discours n'ont plus leur
rce ordinaire et que je devrais me
poser, je te le déclare tout net, tu
erdrais avec mon amitié la fortune
ıe je t'ai promise. Tel serait le fruit
ta sotte discrétion.»

vre VII, ch. 3

MOLIERE, 1668 :

MAITRE JACQUES

Monsieur, je ne saurais souffrir les flatteurs ; et je vois que ce qu'il (1) en fait, que ses contrôles perpétuels sur le pain et le vin, le bois, et le sel et la chandelle, ne sont rien que pour vous gratter et vous faire sa cour. J'enrage de cela, et je suis fâché tous les jours d'entendre ce qu'on dit de vous : car, enfin, je me sens pour vous de la tendresse, en dépit que j'en aie ; et, après mes chevaux, vous êtes la personne que j'aime le plus.

HARPAGON

Pourrais-je savoir de vous, maître Jacques, ce que l'on dit de moi ?

MAITRE JACQUES

Oui, monsieur, si j'étais assuré que cela ne vous fâchât point.

HARPAGON

Non, en aucune façon.

MAITRE JACQUES

Pardonnez-moi ; je sais fort bien que je vous mettrais en colère.

HARPAGON

Point du tout. Au contraire, c'est me faire plaisir, et je suis bien aise d'apprendre comme on parle de moi.

MAITRE JACQUES

Monsieur, puisque vous le voulez, je vous dirai franchement qu'on se moque partout de vous, qu'on nous jette de tous côtés cent brocards à votre sujet, et que l'on n'est point plus ravi que de vous tenir au cul et aux chausses, et de faire sans cesse des contes de votre lésine. L'un dit que vous faites imprimer des almanachs particuliers, où vous faites doubler les quatre-temps et les vigiles, afin de profiter des jeûnes où vous obligez votre monde ; l'autre, que vous avez toujours une querelle toute prête à faire à vos valets dans le temps des étrennes ou de leur sortie d'avec vous, pour vous trouver une raison de ne leur donner rien. Celui-là conte qu'une fois vous fîtes assigner le chat d'un de vos voisins, pour vous avoir mangé un reste d'un gigot de mouton ; celui-ci, que l'on vous surprit, une nuit, en venant dérober vous-même l'avoine de vos chevaux ; et que votre cocher, qui était celui d'avant moi, vous donna, dans l'obscurité, je ne sais combien de coups de bâton, dont vous ne voulûtes rien dire. Enfin, voulez-vous que je vous dise ? On ne saurait aller nulle part, où l'on ne vous entende accommoder de toutes pièces. Vous êtes la fable et la risée de tout le monde, et jamais on ne parle de vous que sous les noms d'avare, de ladre, de vilain et de fesse-mathieu.

HARPAGON, *en battant maître Jacques.*

Vous êtes un sot, un maraud, un coquin, et un impudent.

MAITRE JACQUES

Hé bien ! ne l'avais-je pas deviné ? Vous ne m'avez pas voulu croire. Je vous avais bien dit que je vous fâcherais de vous dire la vérité.

HARPAGON

Apprenez à parler.

L'Avare, Acte III, sc. 2

(1) Valère, frère de Mariane, aimée d'Harpagon.

1 — *Comparez les paroles prononcées par l'archevêque au chapitre 3. et au chapitre 4. Quel est, dans le premier extrait, la phrase qui laisse prévoir l'issue du second ?*

2 — *Quel est le motif qui en définitive décide Gil Blas à parler ? En quoi cet élément le fait-il s'inscrire dans la tradition du héros picaresque ?*

3 — *Fonctions d'un titre du chapitre. Comparez le contenu du* titre *et le contenu du* chapitre *: quelle est l'attente provoquée par le titre chez le* lecteur *? Quel est le jeu de mots qu'il contient ? En vous reportant à une édition de* Gil Blas, *étendez votre étude à une dizaine de chapitres. Les titres vous semblent-ils* fonctionnels *dans la lecture ?*

4 — *Comparez la structure de la scène de Molière avec celle du chapitre de Gil Blas reproduit ici. Quelle est la morale commune à ces deux épisodes ? Vous pourrez étendre la comparaison au dialogue entre Oronte et Alceste dans le* Misanthrope, *Acte I, sc. 2, v. 339-438.*

Paul Delaroche, *La Jeune Martyre,* Louvre, (Réun. des Mus. Nat.).

Julie de Lespinasse, (B.N.).

Huit heures et demie, 1773.

Mon ami, je ne vous verrai pas, et vous me direz que ce n'est pas votre faute ! mais si vous aviez eu la millième partie du désir que j'ai de vous voir, vous seriez là ; je serais heureuse. Non, j'ai tort, je souffrirais ; mais je n'envierais pas les plaisirs du ciel. Mon ami, je vous aime comme il faut aimer, avec excès, avec folie, transport et désespoir. Tous ces jours passés, vous avez mis mon âme à la torture. Je vous ai vu ce matin, j'ai tout oublié, et il me semblait que je ne faisais pas assez pour vous en vous aimant de toute mon âme, en étant dans la disposition de vivre et de mourir pour vous. Vous valez mieux que tout cela ; oui, si je ne savais que vous aimer, ce ne serait rien en effet : car y a-t-il rien de plus doux et de plus naturel que d'aimer à la folie ce qui est parfaitement aimable ? Mais, mon ami, je fais mieux qu'aimer, je sais souffrir ; je saurai renoncer à mon plaisir pour votre bonheur. Mais voilà quelqu'un qui vient troubler la satisfaction que j'ai à vous prouver que je vous aime.

Savez-vous pourquoi je vous écris ? c'est parce que cela me plaît : vous ne vous en seriez jamais douté, si je ne vous l'avais dit. Mais, mon Dieu ! où êtes-vous ? Si vous avez du bonheur, je ne dois plus me plaindre de ce que vous m'enlevez le mien.

Lettres de Mademoiselle de Lespinasse, Lettre XX,
(Publiées pour la première fois en 1809).

Durant trois ans, Julie de Lespinasse sait qu'elle aime et qu'elle va mourir. Phtisique, elle écrit son amour au comte de Guibert et se donne à lui, bien qu'elle ait un autre amant, le marquis de Mora. En mai 1774, le Marquis meurt et en octobre de la même année, Julie apprend que Guibert veut en épouser une autre... Le comte le lui confirme en mars 1775, se marie en juin. Julie meurt, dans sa quarante-quatrième année en mai 1776.

Quatre heures, 1776.

Vous êtes trop bon, trop aimable, mon ami. Vous voudriez ranimer, soutenir une âme qui succombe enfin sous le poids et la durée de la douleur. Je sens tout le prix de votre sentiment ; mais je ne le mérite plus. Il a été un temps où être aimée de vous ne m'aurait rien laissé à désirer. Hélas ! peut-être cela eût-il éteint mes regrets, ou du moins en aurait adouci l'amertume ; j'aurais voulu vivre. Aujourd'hui, je ne veux plus que mourir. Il n'y a point de dédommagement, point d'adoucissement à la perte que j'ai faite ; il n'y fallait pas survivre. Voilà, mon ami, le seul sentiment d'amertume que je trouve dans mon âme contre vous. Je voudrais bien savoir votre sort, je voudrais bien que vous fussiez heureux. — J'ai reçu votre lettre à une heure ; j'avais une fièvre ardente. Je ne puis vous exprimer ce qu'il m'a fallu de peine et de temps pour la lire : je ne voulais pas différer jusqu'aujourd'hui, et cela me donnait presque le délire. — J'attends de vos nouvelles ce soir. Adieu, mon ami. Si jamais je revenais à la vie, j'aimerais encore à l'employer à vous aimer ; mais il n'y a plus de temps.

Lettres de Julie de Lespinasse, Dernière lettre, CLXXX, (publiées pour la première fois en 1809).

MADAME RICCOBONI, 1758

Madame Riccoboni (1714-1792) joua fort souvent Marivaux au Théâtre des Italiens et y rencontra Antoine Riccoboni qu'elle épousa. Désabusée par un mariage malheureux, elle sut transmettre sa révolte dans de nombreux ouvrages. Dans les Lettres à Milady Catesby, *l'auteur se plaint d'un amant infidèle...*

O ma chère Henriette, les hommes nous regardent comme des êtres placés dans l'univers pour l'amusement de leurs yeux, pour la récréation de leur esprit, pour servir de jouet à cette espèce d'enfance où les assujettit la fougue de leurs passions, l'impétuosité de leurs désirs et l'impudente liberté qu'ils se sont réservée de les montrer avec hardiesse et de les satisfaire sans honte. L'art difficile de résister, de vaincre ses penchants, de maîtriser la nature même fut laissé par eux au sexe qu'ils traitent de faible, qu'ils osent mépriser comme faible. Esclaves de leurs sens, lorsqu'ils paraissent l'être de nos charmes, c'est pour eux qu'ils nous cherchent, qu'ils nous servent ; ils ne considèrent en nous que les plaisirs qu'ils espèrent de goûter par nous. L'objet de leurs feintes adorations n'atteint jamais jusqu'à leur estime, et si nous leur montrons de la force d'esprit, de la grandeur d'âme, nous sommes d'*inhumaines créatures* ; nous passons les limites qu'ils ont osé nous prescrire, et nous devenons *injustes* sans les avoir.

Lettres à Milady Catesby, XXIIIe lettre, 1758.

D'ALEMBERT, 1776.

D'Alembert semble avoir profondément aimé Julie de Lespinasse. Sur sa tombe, il écrit sa dernière lettre d'amour, le 2 septembre 1776.

Je suis comme les aveugles, profondément tristes quand ils sont seuls avec eux-mêmes, mais que la société croit gais, parce que le moment où ils se trouvent avec les autres hommes est le seul moment supportable dont ils jouissent. J'ai beau lire les philosophes, et chercher à me soulager par cette froide et muette conversation, j'éprouve, comme me l'écrit un grand roi, que les maladies de l'âme n'ont point d'autres remèdes que des palliatifs, et je finis par me répéter tristement ce que disent ces philosophes, que le vrai soulagement à nos peines, c'est l'espoir de n'avoir plus qu'un moment à vivre et à souffrir. Cette pensée n'est pas consolante ; mais c'est un moyen que la nature nous donne, comme le dit encore si bien ce même roi, pour nous détacher de cette vie que nous sommes obligés de quitter.

La philosophie, ma chère Julie, par les ressources mêmes qu'elle nous offre, nous fait souvenir cruellement de ce qui nous manque ; et par l'effort même qu'elle fait pour nous consoler, nous avertit combien nous sommes malheureux. Elle s'est donné bien de la peine pour faire des traités de la *vieillesse* et de *l'amitié,* parce que la nature fait toute seule les traités de la *jeunesse* et de *l'amour.* Les maximes des sages, leurs consolations et leurs livres, me rappellent à tout moment le mot du solitaire, qui disait aux personnes dont il recevait quelquefois la visite : *Vous voyez un homme presque aussi heureux que s'il était mort.* Je suis comme cette femme qui voulait, en dépit d'elle-même, devenir dévote, ne pouvant plus être autre chose, et qui tâchait en vain d'y parvenir : *Ils me font lire,* disait-elle, *des livres de dévotion ; je m'en excède, je m'en bourre, et tout me reste sur l'estomac.*

Sur la tombe de Mademoiselle de Lespinasse, 2 sept. 1776.

1 — *Dans quels termes Julie se plaint-elle de Guibert dans la lettre XX ? Relevez les moments exprimant une ambiguïté de sentiments. Par quels moyens littéraires exprime-t-elle cette hésitation ?*

2 — *Comment Julie justifie-t-elle ses lettres (lettre XX) ? Peut-on conclure pour autant que son entreprise est avant tout littéraire ? Vous comparerez avec l'entreprise des* Lettres portugaises *(nº 27).*

3 — *De quelle manière l'amour, la vie et la mort sont-ils liés dans la lettre CLXXX ? Quels termes l'auteur emploie-t-elle : se contredit-elle ? Quel avenir envisage-t-elle ?*

4 — *Dans le texte beaucoup plus violent de Madame Riccoboni, relevez les arguments féministes. Quels termes qualifient la femme ? Ont-ils quelque chose en commun avec un discours féministe moderne ?*

Gérard, *la Mauvaise nouvelle,* Louvre (Réun. des Mus. Nat.).

105 James MAC PHERSON (1736-1796) (OSSIAN)

James Mac Pherson (1736-1796) est un écrivain écossais qui récita un jour à John Home, un auteur dramatique, un certain nombre de poésies qu'il assurait avoir traduit du gaëlique et dont l'auteur était, selon lui, le barde Ossian. Home fit connaître ces vers à Londres et Hugh Blair, pasteur anglican, professeur de rhétorique et critique littéraire fut un des plus fervents admirateurs de la «traduction». L'affaire fit grand bruit et, de 1760 à 1763, Mac Pherson fit fortune en publiant les Fragments de poésie ancienne recueillis dans les montagnes d'Ecosse... *puis* Fingal, *un poème épique (1761-1762) et enfin* Teumora. *Grimm, toujours au courant des événements littéraires, note ce foudroyant engouement dès décembre 1761 ; il donne en outre la preuve que les écrivains philosophes, très proches de la littérature anglaise, se laissèrent séduire par Mac Pherson, témoin Diderot.*

Les Écossais ne doutaient pas de l'authenticité des textes alors que les Anglais paraissaient bien sceptiques et, en 1775, le critique Samuel Johnson (Voyage aux îles occidentales de l'Écosse) *accusa Mac Pherson de fraude. Ce dernier ne put se disculper ; la querelle dura jusqu'en 1794... Aujourd'hui, personne ne doute plus qu'Ossian et Mac Pherson n'aient été alors qu'un seul et même auteur. Ces poèmes semblent en effet être les survivances de mythes celtiques modifiés au cours des siècles. Puisés dans la tradition orale populaire, ils pouvaient et peuvent encore plaire, «adaptés» par un Écossais du XVIII*e *siècle qui profitait de la mode celtique dont il n'était pas le seul tenant (Thomas Gray, 1716-1771, avait en effet publié* le Barde *en 1757). Poésie populaire, mythologie millénaire et sensibilité sont ainsi liées à la plus grande admiration des contemporains et de leurs descendants : Lamartine, Chateaubriand, Goethe (voir* **XIX**e **siècle,** *N° 3), Napoléon ont en permanence ce texte en mémoire. On dit même que Napoléon ne quittait pas ses poèmes d'Ossian, même en pleine bataille...*

Cuchullin, régent d'Irlande, fait appel à Fingal, le chef des Calédoniens qui habitaient la côte occidentale de l'Ecosse pour le défendre contre Swaran, roi de Loclin en Scandinavie. En cinq jours, cinq nuits et six chants, le héros Fingal, père d'Ossian et roi du Morven montre toute sa bravoure dans la plaine de Lena, auprès du mont Cromla, sur la côte de l'Ulster (Ullin). Au cinquième soir, alors que les Calédoniens sont vainqueurs, Fingal donne une fête avant de s'embarquer pour l'Ecosse : il y convie Swaran. A défaut de Carril son barde préféré, le héros se laissera guider par les sons mélodieux d'Ullin, un autre barde.

Les ombres du soir enveloppent de longs voiles flottants la cime du Cromla. Les étoiles du nord s'allument au-dessus des flots d'Ullin, et scintillent comme des yeux de flamme, parmi les vapeurs fugitives du firmament. Un vent sourd mugit au fond des bois : le silence et la nuit couvrent le champ de la mort.

La harpe de Carril faisait encore vibrer à mon oreille ses sons mélodieux ; il chantait les compagnons de notre jeunesse, et les beaux jours de nos premières années, lorsque, assis sur les bords du Lego, nous faisions circuler la coupe de la joie. Les échos du Cromla portaient sa voix de proche en proche à travers les déserts. Les âmes des morts qu'il célébrait défilaient devant nous : on les voyait se pencher au bord des nuages, et d'un air satisfait écouter leurs louanges.

Que ton ombre, ô Carril, soit heureuse au sein de ses tourbillons ! Qu'elle vienne parfois me visiter dans ma demeure solitaire au milieu de la nuit !... N'est-ce pas elle, ô mon ami, qui passe auprès de moi ? souvent j'entends ma harpe frémir sous ta main légère : suspendue à la muraille éloignée, ses faibles sons m'arrivent comme une plainte. Pourquoi ne me parles-tu pas dans ma tristesse ? pourquoi ne me dis-tu pas quand je reverrai mes amis ?... Tu te tais et disparais sur ton nuage et le vent qui l'emporte frémit seul à mon oreille, et fait trembler mes cheveux blancs.

Cependant sur le penchant du Mora les guerriers se rassemblent pour le festin. Cent chênes antiques s'enflamment au souffle des vents. La coupe de la fête s'emplit et circule à la ronde. La joie brille sur le visage des guerriers : le seul roi de Loclin garde un morne silence. La douleur et le ressentiment se peignent dans ses yeux enflammés. Souvent il tourne ses regards sur la plaine de Lena, et soupire en se rappelant sa défaite.

Fingal était debout, appuyé sur le bouclier de ses pères. Ses cheveux gris, doucement agités par la brise, reluisaient aux clartés de la nuit. Il remarque la douleur profonde de Swaran, et adressant la parole au premier de ses bardes : — Entonne, Ullin, entonne l'hymne de la paix ; adoucis mon âme après la bataille, que j'oublie le bruit des armes qui murmure encore à mon oreille ; que cent harpes s'apprêtent et consolent le roi de Loclin. Devenu mon hôte, qu'il ne quitte point nos rivages avant qu'un sentiment de joie soit rentré dans son cœur ; jamais homme ne s'est éloigné de Fingal avec une âme attristée. Oscar, mon glaive foudroie les guerriers dans le combat ; mais dès qu'une fois ils m'ont cédé la victoire, je dépose le glaive, — et j'offre au vaincu la coupe hospitalière.

Fingal, Chant VI, 1761-62,
(Trad. P. Christian, Ed. libres Hallier, 1980)

Ossian, d'après Gérard, (Bulloz).

THOMAS GRAY, 1757

«La poésie illustre
les Combats et l'Amour;
elle revêt l'austère Vérité;
elle anime, en cothurnes,
le Chagrin, la Souffrance,
avec l'Effroi, tyran du cœur
[troublé.
J'entends une voix
[séraphique
dans l'air embaumé de
[l'Eden;
à mon oreille un lointain
[gazouillis
expire, en se perdant dans
[l'avenir.
Crois-tu que ton nuage
[ensanglanté
obscurcira l'astre du jour,
[impie?
Il retrouvera demain ses flots
[d'or,
de ses rayons, réchauffera les
[peuples.
Ici, je regarde avec joie
le contraste de nos destins:
à toi, l'angoisse et le
[tourment:
à moi, le triomphe et la
[mort.»
Il dit, et se lança du haut du
[mont,
au sein du flot grondant, dans
[la nuit éternelle.

le Barde, III. 3, 1757.
(Trad. Roger Martin, Aubier Montaigne, 1977).

GRIMM, 1761

La langue erse est la langue des anciens Écossais, qui, je crois, se conserve encore dans les montagnes d'Écosse avec les mœurs simples et antiques dont les montagnards de cette contrée ont hérité de leurs ancêtres. Ces mœurs sont belles et touchantes comme celles de tous les anciens peuples, et le caractère des mœurs donne celui de la poésie. La guerre, la chasse, la vie champêtre, l'amour, la mort, une nature sauvage et rustique, voilà chez tous les peuples les premiers et les plus touchants objets de la poésie. Aussi tous les monuments de poésie qui nous restent des anciens peuples ont un caractère commun; vous le trouverez dans la poésie des Grecs, des Scandinaves [1], et des Erses ou Écossais. Ce qu'il y a de singulier dans les monuments de ces derniers, c'est qu'on n'y découvre aucune trace de religion, quoique la plupart de ces morceaux poétiques soient des chants funèbres. Le traducteur anglais [2] de ces poésies erses vient de publier à Londres un poème épique tout entier, intitulé *Fingal.* Ce poème se conservait dans les montagnes d'Écosse par tradition, de même que *l'Iliade* chez les Grecs. Pisistrate fit rassembler le poème d'Homère à Athènes, et notre Anglais a pris le même soin du poème de *Fingal,* dont le caractère, du moins, sera très précieux aux critiques et aux gens de goût, quel que puisse être son mérite d'ailleurs. En attendant que le poème de *Fingal* nous arrive de Londres [...] voici la première chanson de ce recueil. La traduction est de M. Diderot.

PREMIÈRE CHANSON ERSE: *Shilric et Vinvela.*

«Celui que j'aime est le fils de la montagne. Il poursuit le chevreuil léger. La corde de son arc a résonné dans l'air, et ses lévriers sont haletants autour de lui... Soit que tu reposes à la fontaine du rocher, ou sur les bords du ruisseau de la montagne; lorsque le vent courbe la cime des bruyères, et que le nuage passe au-dessus de ta tête, que ne puis-je approcher de toi sans être aperçue, que ne puis-je voir celui que j'aime du sommet de la colline?... Que tu me parus beau, la première fois que je te vis! C'était sous le vieux chêne de Branno. Tu revenais de la chasse. Tu étais grand. Tu étais plus beau que tous tes amis.

«— Quelle est la voix que j'entends? Cette voix est douce comme le vent frais dans les ardeurs de l'été... Je ne suis point assis à l'ombre des bruyères dont le vent agite et courbe la cime. Je n'entends point le bruit de la fontaine du rocher. Loin de Vinvela, loin de toi, je suis les guerriers de Fingal. Mes chiens ne m'attendent plus. Je ne marche plus dans la montagne. Je ne te vois plus du sommet de la colline, portant tes pas légers le long des bords du ruisseau de la plaine, brillante comme l'arc-en-ciel, belle comme l'astre de la nuit, lorsqu'elle peint son image sur les flots de la mer du midi.

«— O Shilric, tu t'es en allé, et je reste seule dans la montagne. Le chevreuil se promène sur son sommet. Il y paît l'herbe sans crainte. Le bruit du vent, le bruit de la feuille, ne l'alarment plus. Le chasseur est absent. Il s'en est allé bien loin. Il est à présent dans le champ de la mort et des tombeaux. Étrangers! fils des mers! épargnez mon Shilric. [...]»

Correspondance littéraire, IV, décembre 1761.

(1) Les chants de l'Edda *commencent à être traduits et admirés dès le milieu du XVIIIe siècle.*
(2) Mac Pherson.

1 — A la lecture du texte de Grimm et de la traduction de Diderot, déterminez les raisons pour lesquelles Ossian a tant plu aux contemporains et, plus particulièrement, à Diderot.

2 — Quelle est la définition de la fonction poétique donnée par Gray? Recoupe-t-elle les applications qu'en donne Mac Pherson?

3 — Qu'apporte le recours à une mythologie celtique le plus souvent absente, jusqu'ici, des références majeures de la République des Lettres?

Iphicrate, seigneur athénien, et son serviteur Arlequin, viennent de faire naufrage dans l'île des Esclaves, où les valeurs et les rangs sociaux sont inversés. Arlequin, dès lors, refuse d'obéir :

IPHICRATE. — Méconnais-tu ton maître, et n'es-tu plus mon esclave?

ARLEQUIN, se reculant d'un air sérieux.— Je l'ai été, je le confesse à ta honte; mais va, je te le pardonne; les hommes ne valent rien. Dans le pays d'Athènes j'étais ton esclave, tu me traitais comme un pauvre animal, et tu disais que cela était juste, parce que tu étais le plus fort. Eh bien ! Iphicrate, tu vas trouver ici plus fort que toi ; on va te faire esclave à ton tour ; on te dira aussi que cela est juste, et nous verrons ce que tu penseras de cette justice-là ; tu m'en diras ton sentiment, je t'attends là. Quand tu auras souffert, tu seras plus raisonnable ; tu sauras mieux ce qu'il est permis de faire souffrir aux autres. Tout en irait mieux dans le monde, si ceux qui te ressemblent recevaient la même leçon que toi. Adieu, mon ami; je vais trouver mes camarades et tes maîtres. *(Il s'éloigne).*

IPHICRATE, au désespoir, courant après lui l'épée à la main. — Juste ciel ! peut-on être plus malheureux et plus outragé que je le suis? Misérable ! tu ne mérites pas de vivre.

ARLEQUIN. — Doucement, tes forces sont bien diminuées, car je ne t'obéis plus, prends-y garde.

l'Ile des Esclaves, scène I.

— TRIVELIN, *avec cinq ou six insulaires, arrive conduisant une Dame et la suivante* [1]*, et ils accourent à* IPHICRATE *qu'ils voient l'épée à la main.*

TRIVELIN, *faisant saisir et désarmer Iphicrate par ses gens.* — Arrêtez, que voulez-vous faire?

IPHICRATE. — Punir l'insolence de mon esclave.

TRIVELIN. — Votre esclave? vous vous trompez, et l'on vous apprendra à corriger vos termes. *(Il prend l'épée d'Iphicrate et la donne à Arlequin).* Prenez cette épée, mon camarade, elle est à vous.

ARLEQUIN. — Que le ciel vous tienne gaillard, brave camarade que vous êtes!

TRIVELIN. — Comment vous appelez-vous?

ARLEQUIN. — Est-ce mon nom que vous demandez?

TRIVELIN. — Oui vraiment.

ARLEQUIN. — Je n'en ai point, mon camarade.

TRIVELIN. — Quoi donc, vous n'en avez pas?

ARLEQUIN. — Non, mon camarade; je n'ai que des sobriquets qu'il m'a donnés; il m'appelle quelquefois Arlequin, quelquefois Hé.

TRIVELIN. — Hé! le terme est sans façon; je reconnais ces Messieurs à de pareilles licences. Et lui, comment s'appelle-t-il?

ARLEQUIN. — Oh, diantre! il s'appelle par un nom, lui; c'est le seigneur Iphicrate.

TRIVELIN. — Eh bien! changez de nom à présent; soyez le seigneur Iphicrate à votre tour; et vous, Iphicrate, appelez-vous Arlequin, ou bien Hé.

ARLEQUIN, *sautant de joie, à son maître.* — Oh! Oh! que nous allons rire, seigneur Hé!

TRIVELIN, *à Arlequin.* — Souvenez-vous en prenant son nom, cher ami, qu'on vous le donne bien moins pour réjouir votre vanité, que pour le corriger de son orgueil.

ARLEQUIN. — Oui, oui, corrigeons, corrigeons!

IPHICRATE. *regardant Arlequin.* — Maraud!

ARLEQUIN. — Parlez donc, mon bon ami, voilà encore une licence qui lui prend; cela est-il du jeu?

TRIVELIN, *à Arlequin.* — Dans ce moment-ci, il peut vous dire tout ce qu'il voudra. *(A Iphicrate)* Arlequin, votre aventure vous afflige, et vous êtes outré contre Iphicrate et contre nous. Ne vous gênez point, soulagez-vous par l'emportement le plus vif; traitez-le de misérable, et nous aussi; tout vous est permis à présent; mais ce moment-ci passé, n'oubliez pas que vous êtes Arlequin, que voici Iphicrate, et que vous êtes auprès de lui ce qu'il était auprès de vous : ce sont là nos lois, et ma charge dans la république est de les faire observer en ce canton-ci.

ARLEQUIN. — Ah! la belle charge!

IPHICRATE. — Moi, l'esclave de ce misérable!

TRIVELIN. — Il a bien été le vôtre.

ARLEQUIN. — Hélas! il n'a qu'à être bien obéissant, j'aurai mille bontés pour lui.

IPHICRATE. — Vous me donnez la liberté de lui dire ce qu'il me plaira; ce n'est pas assez : qu'on m'accorde encore un bâton.

ARLEQUIN. — Camarade, il demande à parler à mon dos, et je le mets sous la protection de la république, au moins. [...]

l'Ile des esclaves, scène II.

TRIVELIN. — Ah ça! ma compatriote, car je regarde désormais notre île comme votre patrie, dites-moi aussi votre nom.

CLEANTHIS. *saluant.* — Je m'appelle Cléanthis, et elle, Euphrosine.

TRIVELIN. — Cléanthis? passe pour cela.

CLEANTHIS. — J'ai aussi des surnoms ; vous plaît-il de les savoir?

TRIVELIN. — Oui-da. Et quels sont-ils?

CLEANTHIS. — J'en ai une liste : Sotte, Ridicule, Bête, Butorde, Imbécile, *et caetera.*

EUPHROSINE, *en soupirant.* — Impertinente que vous êtes!

CLEANTHIS. — Tenez, tenez, en voilà encore un que j'oubliais.

l'Ile des esclaves, scène III.

CLEANTHIS. — Tenez, tenez, promenons-nous plutôt de cette manière-là, et tout en conversant vous ferez adroitement tomber l'entretien sur le penchant que mes yeux vous ont inspiré pour moi. Car encore une fois nous sommes d'honnêtes gens à cette heure, il

(1) La dame est Euphrosine, la suivante (l'esclave) Cléanthis. La même situation va, bien sûr, se répéter.

faut songer à cela ; il n'est plus question de familiarité domestique. Allons, procédons noblement ; n'épargnez ni compliments ni révérences.

ARLEQUIN. — Et vous, n'épargnez point les mines. Courage ! quand ce ne serait que pour nous moquer de nos patrons. Garderons-nous nos gens ?

CLEANTHIS. — Sans difficulté ; pouvons-nous être sans eux ? c'est notre suite ; qu'ils s'éloignent seulement.

ARLEQUIN, *à Iphicrate.* — Qu'on se retire à dix pas.

Iphicrate et Euphrosine s'éloignent en faisant des gestes d'étonnement et de douleur. Cléanthis regarde aller Iphicrate, et Arlequin, Euphrosine.

ARLEQUIN, *se promenant sur le théâtre avec Cléanthis.* — Remarquez-vous, Madame, la clarté du jour ?

CLEANTHIS. — Il fait le plus beau temps du monde ; on appelle cela un jour tendre.

ARLEQUIN. — Un jour tendre ? Je ressemble donc au jour, Madame.

CLEANTHIS. — Comment, vous lui ressemblez ?

ARLEQUIN. — Eh palsambleu ! le moyen de n'être pas tendre, quand on se trouve tête à tête avec vos grâces ? *(A ce mot il saute de joie)* Oh ! oh ! oh ! oh !

CLEANTHIS. — Qu'avez-vous donc, vous défigurez notre conversation ?

ARLEQUIN. — Oh ! ce n'est rien ; c'est que je m'applaudis.

CLEANTHIS. — Rayez ces applaudissements, ils nous dérangent. *(Continuant)* Je savais bien que mes grâces entreraient pour quelque chose ici. Monsieur, vous êtes galant, vous vous promenez avec moi, vous me dites des douceurs ; mais finissons, en voilà assez, je vous dispense des compliments.

ARLEQUIN. — Et moi, je vous remercie de vos dispenses.

CLEANTHIS. — Vous m'allez dire que vous m'aimez, je le vois bien ; dites, Monsieur, dites ; heureusement on n'en croira rien. Vous êtes aimable, mais coquet, et vous ne persuaderez pas.

ARLEQUIN, *l'arrêtant par le bras, et se mettant à genoux* — Faut-il m'agenouiller, Madame, pour vous convaincre de mes flammes, et de la sincérité de mes feux ?

CLEANTHIS. — Mais ceci devient sérieux. Laissez-moi, je ne veux point d'affaires ; levez-vous. Quelle vivacité ! Faut-il vous dire qu'on vous aime ? Ne peut-on en être quitte à moins ? Cela est étrange !

ARLEQUIN, *riant à genoux.* — Ah ! ah ! ah ! que cela va bien ! Nous sommes aussi bouffons que nos patrons, mais nous sommes plus sages !

CLEANTHIS. — Oh ! vous riez, vous gâtez tout.

l'Ile des esclaves, scène VI, 1725.

Vernet, *Le Naufrage,* (Musée Avignon).

SOCIETES INVERSEES

1 — Etude de la pièce :

a) *Quelles sont les marques (objets, paroles, etc...) caractéristiques des relations sociales ordinaires ?*

b) *A quelles inversions des codes courants des classes sociales assiste-t-on ? Quelles en sont les significations ? Dans la caractérisation des classes sociales, quelle est exactement la place du discours — et donc, ici, de sa subversion ?*

2 — Publics et personnages :

a) *Dans des théâtres fréquentés par les* maîtres *(bourgeois et aristocrates), quelle pouvait être la portée* comique *d'une telle pièce ? Comment était-elle reçue ? Quel public pouvait l'apprécier ?*

b) *Quelle est (au XVIIIe siècle) la signification symbolique de l'inversion des noms, des valets aux maîtres ?*

c) *En quoi le fait que l'action est située sur une île, et dans l'antiquité, peut-il minimiser la portée de la critique sociale ? A quelle nécessité obéissait Marivaux ?*

3 — HISTORIQUE : *pour mettre en scène cette inversion des maîtres et des serviteurs, sur quelle tradition (antique et populaire) s'appuie Marivaux ? En particulier, cherchez dans un dictionnaire l'origine et les significations des* Saturnales *et du* Carnaval.

107 MARIVAUX (1688-1763)

Van Loo, *Mlle Sylvia*, (Bulloz).

Cette pièce, l'une des plus célèbres de Marivaux, repose sur une inversion de rôles. Les maîtres (Silvia et Dorante) ont pris l'habit de leurs serviteurs (Lisette et Bourguignon), auxquels ils ont fait endosser leur propre accoutrement. Silvia étant destinée à Dorante, elle méprise bien sûr celui-ci (joué par Bourguignon), que Lisette, sous l'apparence de sa maîtresse, apprécie fort. Quiproquos et situations s'enchevêtrent jusqu'au dénouement final – où Silvia épousera Dorante : l'amour et le hasard rejoignent la prédestination.

DORANTE. — Lisette, quelque éloignement que tu aies pour moi, je suis forcé de te parler, je crois que j'ai à me plaindre de toi.

SILVIA. — Bourguignon, ne nous tutoyons plus, je t'en prie.

DORANTE. — Comme tu voudras.

SILVIA. — Tu n'en fais pourtant rien.

DORANTE. — Ni toi non plus, tu me dis : je t'en prie.

SILVIA. — C'est que cela m'est échappé.

DORANTE. — Eh bien, crois-moi, parlons comme nous pourrons ; ce n'est pas la peine de nous gêner pour le peu de temps que nous avons à nous voir (...)

SILVIA. — Venons à ce que tu voulais me dire ; tu te plaignais de moi quand tu es entré, de quoi était-il question ?

DORANTE. — De rien, d'une bagatelle, j'avais envie de te voir, et je crois que je n'ai pris qu'un prétexte.

SILVIA, *à part.* — Que dire à cela ? Quand je m'en fâcherais, il n'en serait ni plus ni moins.

DORANTE. — Ta maîtresse en partant a paru m'accuser de t'avoir parlé au désavantage de mon maître.

SILVIA. — Elle se l'imagine, et si elle t'en parle encore, tu peux le nier hardiment, je me charge du reste.

DORANTE — Eh, ce n'est pas cela qui m'occupe !

SILVIA — Si tu n'as que cela à me dire, nous n'avons plus que faire ensemble.

DORANTE. — Laissez-moi du moins le plaisir de te voir.

SILVIA. — Le beau motif qu'il me fournit là ! J'amuserai la passion de Bourguignon ! Le souvenir de tout ceci me fera bien rire un jour.

DORANTE. — Tu me railles, tu as raison, je ne sais ce que je dis, ni ce que je te demande. Adieu.

SILVIA. — Adieu, tu prends le bon parti... Mais, à propos de tes adieux, il me reste encore une chose à savoir : vous partez, m'as-tu dit, cela est-il sérieux ?

DORANTE. — Pour moi, il faut que je parte, ou que la tête me tourne.

SILVIA. — Je ne t'arrêtais pas pour cette réponse-là, par exemple.

DORANTE. — Et je n'ai fait qu'une faute, c'est de n'être pas parti dès que je t'ai vue.

SILVIA, *à part.* — J'ai besoin à tout moment d'oublier que je l'écoute.

DORANTE. — Si tu savais, Lisette, l'état où je me trouve...

SILVIA. — Oh, il n'est pas si curieux à savoir que le mien, je t'en assure. [...]

DORANTE. — Il est donc bien vrai que tu ne me hais, ni ne m'aimes, ni ne m'aimeras ?

SILVIA. — Sans difficulté.

DORANTE. — Sans difficulté ! Qu'ai-je donc de si affreux ?

SILVIA. — Rien, ce n'est pas là ce qui te nuit.

DORANTE. — Eh bien, chère Lisette, dis-le moi cent fois, que tu ne m'aimeras point.

SILVIA. — Oh, je te l'ai assez dit, tâche de me croire.

DORANTE. — Il faut que je le croie ! Désespère une passion dangereuse, sauve-moi des effets que j'en crains ; tu ne me hais, ni ne m'aimes, ni ne m'aimeras ! accable mon cœur de cette certitude-là. J'agis de bonne foi, donne-moi du secours contre moi-même, il m'est nécessaire, je te le demande à genoux. *(Il se jette à genoux. Dans ce moment, M. Orgon et Mario entrent et ne disent mot.)*

SILVIA. — Ah, nous y voilà ! il ne manquait plus que cette façon-là à mon aventure ; que je suis malheureuse ! c'est ma facilité qui le place là ; lève-toi donc Bourguignon, je t'en conjure ; il peut venir quelqu'un. Je dirai ce qu'il te plaira, que me veux-tu ? je ne te hais point, lève-toi, je t'aimerais si je pouvais, tu ne me déplais point, cela doit te suffire.

DORANTE. — Quoi ! Lisette, si je n'étais pas ce que je suis, si j'étais riche, d'une condition honnête, et que je t'aimasse autant que je t'aime, ton cœur n'aurait point de répugnance pour moi ?

SILVIA. — Assurément.

DORANTE. — Tu ne me haïrais pas, tu me souffrirais ?

SILVIA. — Volontiers, mais lève-toi.

DORANTE. — Tu parais le dire sérieusement ; et si cela est, ma raison est perdue.

le Jeu de l'amour et du hasard, scène 19, 1730.

MARIVAUX, 1740

Frontin a pris l'habit de son maître, Lucidor, pour éprouver la passion d'Angélique, que Lucidor doit épouser. Mais Lisette, suivante d'Angélique, qui l'a connu autrefois, croit reconnaître Frontin.

LISETTE, *à part* — C'est Frontin, c'est lui-même.

FRONTIN, *les premiers mots à part.* — Voici le plus fort de ma besogne ici ; m'amie, que dois-je conjecturer d'un aussi langoureux accueil ? *(Elle ne répond pas, et le regarde. Il continue).* Eh bien ! répondez donc. Allez-vous me dire aussi que ce sera pour une autre fois ?

LISETTE — Monsieur, ne t'ai-je pas vu quelque part ?

FRONTIN. — Comment donc ? Ne t'ai-je pas vu quelque part ? Ce village-ci est bien familier.

LISETTE, *à part les premiers mots.* — Est-ce que je me tromperais ? Monsieur, excusez-moi ; mais n'avez-vous jamais été à Paris chez une Madame Dorman, où j'étais ?

FRONTIN. — Qu'est-ce que c'est que Madame Dorman ? Dans quel quartier ?

LISETTE. — Du côté de la place Maubert, chez un marchand de café, au second.

FRONTIN. — Une place Maubert, une Madame Dorman, un second ! Non, mon enfant, je ne connais point cela, et je prends toujours mon café chez moi.

LISETTE. — Je ne dis plus mot, mais j'avoue que je vous ai pris pour Frontin, et il faut que je me fasse toute la violence du monde pour m'imaginer que ce n'est point lui.

FRONTIN. — Frontin ! mais c'est un nom de valet.

LISETTE. — Oui, Monsieur, et il m'a semblé que c'était toi... que c'était vous, dis-je.

FRONTIN. — Quoi ! toujours des tu et des toi ! Vous me lassez à la fin.

LISETTE. — J'ai tort, mais tu lui ressembles si fort !... Eh ! Monsieur, pardon. Je retombe toujours ; quoi ! tout de bon, ce n'est pas toi... je veux dire, ce n'est pas vous ?

FRONTIN, *riant.* — Je crois que le plus court est d'en rire moi-même ; allez, ma fille, un homme moins raisonnable et de moindre étoffe se fâcherait ; mais je suis trop au-dessus de votre méprise, et vous me divertiriez beaucoup, n'était le désagrément qu'il y a d'avoir une physionomie commune avec ce coquin-là. La nature pouvait se passer de lui donner le double de la mienne, et c'est un affront qu'elle m'a fait, mais ce n'est pas votre faute.

l'Epreuve, Scène 12, 1740.

TRAVESTIS

1 — Quel est, du point de vue du langage, *le principal ressort comique de* l'Epreuve? *Comment s'y combinent l'expression du respect et celle de la familiarité ?*

2 — De même, pourquoi Silvia demande-t-elle à Dorante de ne plus la tutoyer ? Et pourquoi n'arrivent-ils, ni l'un ni l'autre, à reprendre le vouvoiement caractéristique de leur classe et de leurs habitudes sociales (mais non de leur habit de domestiques) ?

3 — Comment, dès lors, se combinent dans cette scène du Jeu de l'amour et du hasard, *la langue des valets et celle des maîtres ? Relevez les éléments caractéristiques de ces deux séries. Laquelle l'emporte ? Qu'en conclure ?*

4 — Symboliquement, que signifie le fait de montrer dans une comédie des personnages en train de se jouer la comédie :
a) du point de vue social ?
b) du point de vue théâtral ?

Cet immense roman (inachevé) raconte (à la première personne) la vie et les aventures de Marianne, enfant trouvée (donc sans passé social ni familial : elle est une fiction pure, qui se construit au fil des mots). Peu après son arrivée à Paris, elle se blesse à la cheville en voulant éviter un carrosse. Mais — hasard miraculeux — ce carrosse est celui d'un jeune homme rencontré peu avant, Valville, dont le destin va s'entrecroiser avec celui de l'héroïne tout au fil des onze volumes du roman.

Enfin on me porta chez Valville, c'était le nom du jeune homme en question, qui fit ouvrir une salle où l'on me mit sur un lit de repos.

J'avais besoin de secours, je sentais beaucoup de douleur à mon pied, et Valville envoya sur-le-champ chercher un chirurgien, qui ne tarda pas à venir. Je passe quelques petites excuses que je lui fis dans l'intervalle sur l'embarras que je lui causais ; excuses communes que tout le monde sait faire, et auxquelles il répondit à la manière ordinaire.

Ce qu'il y eut pourtant de particulier entre nous deux, c'est que je lui parlai de l'air d'une personne qui sent qu'il y a bien autre chose sur le tapis que des excuses, et qu'il me répondit d'un ton qui me préparait à voir entamer la matière.

Nos regards même l'entamaient déjà ; il n'en jetait pas un sur moi qui ne signifiât : *Je vous aime,* et moi je ne savais que faire des miens, parce qu'ils lui en auraient dit autant.

Nous en étions, lui et moi, à ce muet entretien de nos cœurs, quand nous vîmes entrer le chirurgien, qui sur le récit que lui fit Valville de mon accident, débuta par dire qu'il fallait voir mon pied.

A cette proposition, je rougis d'abord par un sentiment de pudeur ; et puis, en rougissant pourtant, je songeai que j'avais le plus joli petit pied du monde ; que Valville allait le voir ; que ce ne serait point ma faute, puisque la nécessité voulait que je le montrasse devant lui. Ce qui était une bonne fortune pour moi, bonne fortune honnête et faite à souhait, car on croyait qu'elle me faisait de la peine : on tâchait de m'y résoudre, et j'allais en avoir le profit immodeste, en conservant tout le mérite de la modestie, puisqu'il me venait d'une aventure dont j'étais innocente. C'était ma chute qui avait tort.

Combien dans le monde y a-t-il d'honnêtes gens qui me ressemblent, et qui, pour pouvoir garder une chose qu'ils aiment, ne fondent pas mieux leur droit d'en jouir que je faisais le mien dans cette occasion-là !

On croit souvent avoir la conscience délicate, non pas à cause des sacrifices qu'on lui fait, mais à cause de la peine qu'on prend avec elle pour s'exempter de lui en faire.

Ce que je dis là peint surtout beaucoup de dévots, qui voudraient bien gagner le ciel sans rien perdre à la terre, et qui croient avoir de la piété, moyennant les cérémonies pieuses qu'ils font toujours avec eux-mêmes, et dont ils bercent leur conscience. Mais n'admirez-vous pas, au reste, cette morale que mon pied amène ?

Je fis quelque difficulté de le montrer, et je ne voulais ôter que le soulier ; mais ce n'était pas assez. Il faut absolument que je voie le mal, disait le chirurgien, qui y allait tout uniment ; je ne saurais rien dire sans cela ; et là-dessus une femme de charge, que Valville avait chez lui, fut sur-le-champ appelée pour me déchausser ; ce qu'elle fit pendant que Valville et le chirurgien se retirèrent un peu à quartier.

Quand mon pied fut en état, voilà le chirurgien qui l'examine et qui le tâte. Le bon homme, pour mieux juger du mal, se baissait beaucoup, parce qu'il était vieux, et Valville en conformité de geste, prenait insensiblement la même attitude, et se baissait beaucoup aussi, parce qu'il était jeune ; car il ne connaissait rien à mon mal, mais il se connaissait à mon pied, et m'en paraissait aussi content que je l'avais espéré.

Pour moi, je ne disais mot, et ne donnais aucun signe des observations clandestines que je faisais sur lui ; il n'aurait pas été modeste de paraître soupçonner l'attrait qui l'attirait, et d'ailleurs j'aurais tout gâté si je lui avais laissé apercevoir que je comprenais ses petites façons : cela m'aurait obligé moi-même d'en faire davantage, et peut-être aurait-il rougi des siennes ; car le cœur est bizarre, il y a des moments où il est confus et choqué d'être pris sur le fait quand il se cache ; cela l'humilie. Et ce que je dis là, je le sentais par instinct.

J'agissais donc en conséquence ; de sorte qu'on pouvait bien croire que la présence de Valville m'embarrassait un peu, mais simplement à cause qu'il me voyait, et non pas à cause qu'il aimait à me voir.

la Vie de Marianne, seconde partie (1731-1741).

MARIVAUDAGE/MARIVAUDER

Ces termes apparaissent, fait exceptionnel, du vivant de Marivaux: «On peut conjecturer qu'ils ont été forgés dans un des cafés fréquentés par les beaux-esprits du temps» *(Frédéric Deloffre,* Marivaux et le marivaudage, *Belles-Lettres, 1955). Autre fait exceptionnel, si on les compare à d'autres termes issus de noms propres (calepin, silhouette, guillotine, macadam...) on s'aperçoit qu'ils sont les seuls dans lesquels se maintiennent la présence et la personne de l'auteur sur le nom duquel ont été forgés ces néologismes*.*

Historiquement, le premier sens de ces termes est péjoratif:
La Harpe (1739-1803): « marivaudage: c'est le mélange le plus bizarre de métaphysique subtile et de locutions triviales, de sentiments alambiqués et de dictons populaires » (Lycée, *I, V, 5, posth. 1821-1822).*

Encore au XIXe siècle:
Sainte-Beuve (1804-1869):... «*le marivaudage* s'est fixé dans la langue à titre de défaut: qui dit *marivaudage* dit plus ou moins badinage à froid, espièglerie compassée et prolongée, pétillement redoublé et prétentieux, enfin une sorte de pédantisme sémillant et joli» (Causeries du Lundi, *1854).*

Daudet (1840-1897): «l'étiquette d'un genre contourné et moribond» *(Journal Officiel du 3 juillet 1877).*

Du point de vue de la langue, *on reprochait à Marivaux de trop nombreux néologismes, et des tournures grammaticales et stylistiques (substantivation des verbes, locutions périphrastiques, imitation de la phrase parlée, et plus particulièrement du* jargon des petits-maîtres — *se référer au n° 85). Ce reproche est tombé, avec l'évolution de la langue. Mais* du point de vue théâtral, *on a continué à appeler* marivaudage *des* « galanteries raffinées » *(Larousse du XXe Siècle) et* marivauder « échanger des propos d'une galanterie délicate et recherchée » (Dictionnaire de Paul Robert). *Enfin* «de nos jours... le mot s'applique à tout dialogue à la fois spirituel et galant, à tout badinage gracieux» (F. Deloffre, *op. cit.).*

Il convient de remarquer que ces définitions ne sont pas fausses, mais très partielles: elles ne rendent compte ni de l'ensemble de l'œuvre de Marivaux, ni de certains aspects, philosophiques et politiques, d'un théâtre trop facilement qualifié de « léger », dû à un écrivain qui aurait « passé sa vie à peser des œufs de mouche dans des balances en toile d'araignée », *selon un mot de Voltaire* (Lettre *à Trublet du 27 avril 1761).*

Illustration pour La vie de Marianne, (BN).

Mme RICCOBONI (1714-1792), **1750-1760**

Des diverses « suites » de la Vie de Marianne *rédigées pour compléter le roman, seule est restée celle de Mme Riccoboni: on y voit Marianne, réfugiée au couvent, rencontrer une dernière fois Valville — et le renvoyer. Mais cette « fin » resta elle-même inachevée.*

Il se lève, renverse sa chaise, marche à grands pas, s'agite, ouvre une fenêtre, la referme, revient, me regarde, retourne, se promène, respire avec peine, joint ses mains, les lève, les baisse, ne sait ce qu'il fait. Et moi de m'applaudir et de sourire encore. Cela va bien, pensais-je; j'étais charmée de sa colère, j'en jouissais; pas la moindre compassion pour sa vanité; je n'étais occupée que de la mienne: Vous voilà à même, lui disais-je, satisfaites-vous, prenez-en tant qu'il vous plaira, rien ne vous gêne.

Il faisait un temps doux, pesant même, j'avais le cœur ému; on le croira sans peine. Je m'éventais de toute ma force, j'ôtai mes gants, mon mantelet. Mlle Varthon n'offrait pas aux regards une gorge aussi belle que la rondeur de ses bras pouvait le faire espérer; la mienne était parfaite, c'est peut-être ce qui m'aidait à trouver le temps si chaud; et cette main si bien dessinée, croyez-vous que je l'oubliasse? Mes doigts entrelacés dans les barreaux d'une grille fort noire allaient, venaient, se jouaient et ne perdaient rien à ce badinage, le bras suivait, comme de raison: ces charmes, relevés par l'air de négligence dont je les étalais, disaient à Valville: je ne vous montre pas mes grâces pour vous les faire remarquer, je n'ai garde, je ne pense à rien; elles sont là pour tout le monde, mais elles y sont, profitez-en comme un autre. *Suite de Marianne,* 1750-1760.

1 — *On a beaucoup reproché à Marivaux, au XVIIIe siècle, l'insertion de réflexions (discours intérieur de l'auteur ou de ses personnages) dans des scènes d'action. A la lecture du passage ci-contre, essayez de justifier cette critique. A quoi servent ces réflexions?*

2 — *Mme Riccoboni a tenté de «prendre le ton» de Marivaux. Y est-elle parvenue? Quelles sont les caractéristiques de style communes à* la Vie de Marianne *et à sa «suite» apocryphe?*

3 — *Quels sont, dans ce passage de* la Vie de Marianne, *les éléments de «marivaudage», selon les définitions proposées ci-dessus? Elargissez votre enquête à tous les textes de Marivaux de ce présent volume. Quels aspects de son œuvre résistent à cet étiquetage?*

109 MARIVAUX (1688-1763)

Dispute : lutte d'opinions sur un point de doctrine ou de philosophie.

Un Prince et l'une de ses invitées se «disputent» pour savoir si, conformément aux Ecritures Saintes, c'est bien la femme qui a la première trompé son partenaire, ou si c'est l'homme qui est le véritable responsable de la «chute» d'Adam et Eve :

LE PRINCE. — Voici le fait : il y a dix-huit ou dix-neuf ans que la dispute d'aujourd'hui s'éleva à la cour de mon père, s'échauffa beaucoup et dura très longtemps. Mon père, naturellement assez philosophe, et qui n'était pas de votre sentiment, résolut de savoir à quoi s'en tenir, par une épreuve qui ne laissât rien à désirer. Quatre enfants au berceau, deux de votre sexe et deux du nôtre, furent portés dans la forêt où il avait fait bâtir cette maison exprès pour eux, où chacun d'eux fut logé à part, et où actuellement même il occupe un terrain dont il n'est jamais sorti, de sorte qu'ils ne se sont jamais vus. Ils ne connaissent encore que Mesrou et sa sœur qui les ont élevés, et qui ont toujours eu soin d'eux, et qui furent choisis de la couleur dont ils sont [1] afin que leurs élèves en fussent plus étonnés quand ils verraient d'autres hommes. On va donc pour la première fois leur laisser la liberté de sortir de leur enceinte, et de se connaître ; on leur a appris la langue que nous parlons ; on peut regarder le commerce [2] qu'ils vont avoir ensemble comme le premier âge du monde ; les premières amours vont recommencer, nous verrons ce qui en arrivera.

la Dispute 1744 Scène II

(1) Les deux serviteurs, Carisse et Mesrou, sont noirs.
(2) Fréquentation.

*Hérodote (v. 484-425 av. J.-C.), l'un des premiers historiens, avait raconté comment en Egypte on avait procédé effectivement à cette expérience, afin de déterminer quelle était la langue primitive du monde (*Histoires*, II, 2). Le même problème s'étant posé au XVIIIe siècle (où l'on a échafaudé de si nombreuses hypothèses sur l'«homme naturel», se référer à Rousseau, n° 121 et 124), le Chevalier de Mérian avait proposé une solution similaire à l'Académie de Berlin (1772). La pièce de Marivaux, «reçue tout d'une voix» par les Comédiens Français, fut un échec total. Les spectateurs la jugèrent sans doute trop «métaphysique», ou en tout cas trop «allégorique*», suivant un mot de Voltaire à propos des personnages de Marivaux.*

Il convient de remarquer qu'il n'était pas dans les habitudes théâtrales de représenter sur scène des enfants ni des adolescents. Le goût des spectateurs du XVIIIe siècle ne les préparait pas à un tel spectacle. Celui des spectateurs du XXe siècle est sans doute moins sectaire, puisque la pièce fut reprise triomphalement, dans une mise en scène de Patrice Chéreau, en 1973 (TNP).

CARISE — Venez, Églé, suivez-moi ; voici de nouvelles terres que vous n'avez jamais vues ; et que vous pouvez parcourir en sûreté.

ÉGLÉ. — Que vois-je ? quelle quantité de nouveaux mondes !

CARISE. — C'est toujours le même, mais vous n'en connaissez pas toute l'étendue.

ÉGLÉ. — Que de pays ! que d'habitations ! il me semble que je ne suis plus rien dans un si grand espace, cela me fait plaisir et peur. *(Elle regarde et s'arrête à un ruisseau.)* Qu'est-ce que c'est que cette eau que je vois et qui roule à terre ? Je n'ai rien vu de semblable à cela dans le monde d'où je sors.

CARISE. — Vous avez raison, et c'est ce qu'on appelle un ruisseau.

ÉGLÉ, *regardant.* — Ah ! Carise, approchez, venez voir, il y a quelque chose qui habite dans le ruisseau, qui est fait comme une personne, et elle paraît aussi étonnée de moi que je le suis d'elle.

CARISE, *riant.* — Eh ! non, c'est vous que vous y voyez, tous les ruisseaux font cet effet-là.

ÉGLÉ. — Quoi ! c'est là moi, c'est mon visage ?

CARISE. — Sans doute.

ÉGLÉ. — Mais savez-vous bien que cela est très beau, que cela fait un objet charmant ? Quel dommage de ne l'avoir pas su plus tôt !

CARISE. — Il est vrai que vous êtes belle.

ÉGLÉ. — Comment, belle, admirable ! cette découverte-là m'enchante. *(Elle se regarde encore.)* Le ruisseau fait toutes mes mines, et toutes me plaisent. Vous devez avoir eu bien du plaisir à me regarder, Mesrou et vous. Je passerais ma vie à me contempler ; que je vais m'aimer à présent !

CARISE. — Promenez-vous à votre aise, je vous laisse pour rentrer dans votre habitation, où j'ai quelque chose à faire.

ÉGLÉ. — Allez, allez, je ne m'ennuierai pas avec le ruisseau.

Scène III

Eglé un instant seule, Azor paraît vis-à-vis d'elle.

ÉGLÉ, *continuant et se tâtant le visage.* — Je ne me lasse point de moi. *(Et puis, apercevant Azor, avec frayeur.)* Qu'est-ce que c'est que cela, une personne comme moi ?... N'approchez point. *(Azor étendant les bras d'admiration et souriant, Églé continue.)* La personne rit, on dirait qu'elle m'admire. *(Azor fait un pas.)* Attendez... Ses regards sont pourtant bien doux... Savez-vous parler ?

AZOR. — Le plaisir de vous voir m'a d'abord ôté la parole.

ÉGLÉ, *gaiement.* — La personne m'entend, me répond. et si agréablement !

AZOR. — Vous me ravissez.

ÉGLÉ. — Tant mieux.

AZOR. — Vous m'enchantez.

ÉGLÉ. — Vous me plaisez aussi.

AZOR. — Pourquoi donc me défendez-vous d'avancer ?

ÉGLÉ. — Je ne vous le défends plus de bon cœur.

AZOR. — Je vais donc approcher.

ÉGLÉ. — J'en ai bien envie. *(Il avance.)* Arrêtez un peu.. Que je suis émue !

AZOR. — J'obéis, car je suis à vous.

ÉGLÉ. — Elle obéit ; venez donc tout à fait, afin d'être à moi de plus près. *(Il vient.)* Ah ! la voilà, c'est vous, qu'elle est bien faite ! en vérité, vous êtes aussi belle que moi.

AZOR. — Je meurs de joie d'être auprès de vous, je me donne à vous, je ne sais pas ce que je sens, je ne saurais le dire.

ÉGLÉ. — Eh ! c'est tout comme moi.

AZOR. — Je suis heureux, je suis agité.

ÉGLÉ. — Je soupire.

AZOR. — J'ai beau être auprès de vous, je ne vous vois pas encore assez.

ÉGLÉ. — C'est ma pensée, mais on ne peut pas se voir davantage, car nous sommes là.

AZOR. — Mon cœur désire vos mains.

ÉGLÉ. — Tenez, le mien vous les donne ; êtes-vous plus contente ?

AZOR. — Oui, mais non pas plus tranquille.

ÉGLÉ. — C'est ce qui m'arrive, nous nous ressemblons en tout.

AZOR. — Oh ! quelle différence ! tout ce que je suis ne vaut pas vos yeux, ils sont si tendres.

ÉGLÉ. — Les vôtres si vifs !

AZOR. — Vous êtes si mignonne, si délicate !

ÉGLÉ. — Oui, mais je vous assure qu'il vous sied fort bien de ne l'être pas tant que moi, je ne voudrais pas que vous fussiez autrement, c'est une autre perfection, je ne nie pas la mienne, gardez-moi la vôtre.

AZOR. — Je n'en changerai point, je l'aurai toujours.

ÉGLÉ. — Ah çà ! dites-moi, où étiez-vous quand je ne vous connaissais pas ?

AZOR. — Dans un monde à moi, où je ne retournerai plus, puisque vous n'en êtes pas, et que je veux toujours avoir vos mains ; ni moi ni ma bouche ne saurions plus nous passer d'elles.

la Dispute, Scène IV, 1744.

Q. de La Tour, *Madame Favart,* (Bulloz).

Lewis Carroll, *Alice Lidell,* (DR)

AMOUR ET NARCISSISME

1 — *Le langage d'Eglé est-il bien celui d'une adolescente cloîtrée pendant toute son enfance ? Et celui d'Azor ? Quelles répliques peuvent nous paraître, aujourd'hui, trop raffinées ?*

2 — *Les attitudes, les gestes, les jeux de scène veulent avoir un caractère spontané. En quoi pouvaient-ils choquer les spectateurs du XVIIIe siècle ? Montrez que Marivaux évolue à l'extrême limite du code des bienséances. Comment pourraient, aujourd'hui, se jouer ces scènes ?*

3 — *Ni Eglé ni Azor n'ont une idée précise de la différenciation sexuelle. Par quels mots Marivaux entretient l'équivoque ? Que signifie-t-elle ? Dans cette optique, quelle est la source de l'amour ?*

4 — *DOSSIER : les « enfants sauvages » (se référer au* **XIXe siècle**, *même collection, n° 159).*

110 MARIVAUX (1688-1763)

Fragonard, *l'Etude*, Louvre, (Agraci).

Vigée Lebrun, *La Comtesse du Barry*, (Bulloz).

Deux fois, en 1729 avec la Nouvelle Colonie ou la Ligue des femmes, *puis en 1750, sous le titre de* la Colonie, *Marivaux a bâti le même scénario, emprunté tout à la fois à* l'Assemblée des femmes *d'Aristophane et à* la Politique *d'Aristote. Les femmes d'une nouvelle colonie décident, dans ce lieu nouveau, de créer un gouvernement égalitaire :*

ARTHENICE, *après avoir toussé et craché* (1). — L'oppression dans laquelle nous vivons sous nos tyrans, pour être si ancienne, n'en est pas devenue plus raisonnable ; n'attendons pas que les hommes se corrigent d'eux-mêmes ; l'insuffisance de leurs lois a beau les punir de les avoir faites à leur tête et sans nous, rien ne les ramène à la justice qu'ils nous doivent, ils ont oublié qu'ils nous la refusent.

MADAME SORBIN. — Aussi le monde va, il n'y a qu'à voir.

ARTHENICE. — Dans l'arrangement des affaires, il est décidé que nous n'avons pas le sens commun, mais tellement décidé que cela va tout seul, et que nous n'en appelons pas nous-mêmes.

UNE DES FEMMES. — Hé ! que voulez-vous ? On nous crie dès le berceau : Vous n'êtes capables de rien, ne vous mêlez de rien, vous n'êtes bonnes à rien qu'à être sages. On l'a dit à nos mères qui l'ont cru, qui nous le répètent, on a les oreilles rebattues de ces mauvais propos ; nous sommes douces, la paresse s'en mêle, on nous mène comme des moutons.

MADAME SORBIN. — Oh ! pour moi, je ne suis qu'une femme, mais depuis que j'ai l'âge de raison, le mouton n'a jamais trouvé cela bon.

ARTHENICE. — Je ne suis qu'une femme, dit Madame Sorbin, cela est admirable !

MADAME SORBIN. — Cela vient encore de cette moutonnerie.

ARTHENICE. — Il faut qu'il y ait en nous une défiance bien louable de nos lumières pour avoir adopté ce jargon-là ; qu'on me trouve des hommes qui en disent autant d'eux ; cela les passe ; revenons au vrai pourtant : vous n'êtes qu'une femme, dites-vous ? Hé ! que voulez-vous donc être pour être mieux ?

la Colonie, scène 9, 1750.

(1) « Jeu de scène » typiquement masculin.

Nota : Arthénice est noble, Mme Sorbin est une bourgeoise.

MADAME SORBIN : Je commande, en vertu de ma pleine puissance, que les nommées Arthénice et Sorbin soient tout un, et qu'il soit aussi beau de s'appeler Hermocrate ou Lanturlu, que Timagène ; qu'est-ce que c'est que des noms qui font des gloires ?

HERMOCRATE. — En vérité, elle raisonne comme Socrate ; rendez-vous, Madame je vais écrire.

ARTHENICE. — Je n'y consentirai jamais ; je suis née avec un avantage que je garderai, s'il vous plaît, Madame l'artisane.

MADAME SORBIN. — Eh ! allons donc, camarade, vous avez trop d'esprit pour être mijaurée.

ARTHENICE. — Allez vous justifier de la rusticité dont on vous accuse !

MADAME SORBIN. — Taisez-vous donc, il m'est

Nattier, *Henriette de France,* Orléans, (Bulloz).

avis que je vois un enfant qui pleure après son hochet.

HERMOCRATE. — Doucement, Mesdames, laissons cet article-ci en litige, nous y reviendrons.

MADAME SORBIN. — Dites le vôtre, Madame l'élue, la noble.

ARTHENICE. — Il est un peu plus sensé que le vôtre, la Sorbin ; il regarde l'amour et le mariage ; toute infidélité déshonore une femme ; je veux que l'homme soit traité de même.

MADAME SORBIN. — Non, cela ne vaut rien, et je l'empêche.

ARTHENICE. — Ce que je dis ne vaut rien ?

MADAME SORBIN. — Rien du tout, moins que rien.

HERMOCRATE. — Je ne serais pas de votre sentiment là-dessus, Madame Sorbin, je trouve la chose équitable, tout homme que je suis.

MADAME SORBIN. — Je ne veux pas, moi ; l'homme n'est pas de notre force, je compatis à sa faiblesse, le monde lui a mis la bride sur le cou en fait de fidélité et je la lui laisse, il ne saurait aller autrement : pour ce qui est de nous autres femmes, de confusion nous n'en avons pas même assez, j'en ordonne encore une dose ; plus il y en aura, plus nous serons honorables, plus on connaîtra la grandeur de notre vertu.

ARTHENICE. — Cette extravagante !

MADAME SORBIN. — Dame, je parle en femme de petit état. Voyez-vous, nous autres petites femmes, nous ne changeons ni d'amant ni de mari, au lieu que des dames il n'en est pas de même, elles se moquent de l'ordre et font comme les hommes ; mais mon règlement les rangera.

HERMOCRATE. — Que lui répondez-vous, Madame, et que faut-il que j'écrive ?

ARTHENICE. — Eh ! le moyen de rien statuer avec cette harengère ?

la Colonie, scène 17, 1750.

FEMINISME

1 — Quels sont les arguments des femmes pour réclamer l'égalité des droits ? Classez-les en fonction de leur point d'impact («nature», charges sociales, histoire, etc.).

2 — Quels sont les contre-arguments ? Marivaux croit-il à la «nature», ou à la puissance de l'éducation ? Justifiez votre réponse.

3 — Au conflit homme/femme se substitue, à la fin de la pièce, un conflit femme/femme. Sur quels arguments précis ? Comment a-t-on appelé, plus tard (au XIXe siècle), ce conflit entre privilégiés et non privilégiés, exploiteurs et exploités ?

4 — DOSSIER : le discours féministe au XVIIIe siècle (se référer à l'index et plus particulièrement aux nos *57, 152 et 172). En évoquant ces conflits homme/femme, les écrivains du siècle des Lumières pensaient-ils uniquement à la lutte des sexes ? De quelle autre perspective, plus étroitement politique, cette lutte pourrait-elle être le symbole ?*

111 Louis Sébastien MERCIER (1740-1814)

Louis Sébastien Mercier (1740-1814) est un des écrivains les plus féconds du XVIIIe siècle : auteur du Tableau de Paris, *observation minutieuse des mœurs parisiennes à la fin du siècle en particulier dans les classes populaires (1781-1788), il est aussi dramaturge, essayiste et romancier.*
l'An 2440 ou Rêve s'il en fut jamais, *publié en 1771 (date de la première édition attestée) est peut-être l'ouvrage qui lança la mode de l'anticipation qui s'étendit rapidement à toute l'Europe. Le théâtre révolutionnaire (voir n° 174) et Restif de la Bretonne,* (l'An 2000) *utilisèrent eux aussi ce procédé. A l'issue de ce songe philosophique, genre bien connu et souvent pratiqué par Mercier lui-même, le narrateur se réveille sur une vision fantastique, celle d'un Louis XIV ressuscité, pleurant sur les ruines de son château (voir n° 1).*

Pannini, *Paysage avec ruines,* Hôtel Matignon, (Réunion des Musées Nationaux).

J'arrive, je cherche des yeux ce palais superbe d'où partaient les destinées de plusieurs nations. Quelle surprise ! je n'aperçus que des débris, des murs entrouverts, des statues mutilées ; quelques portiques, à moitié renversés, laissaient entrevoir une idée confuse de son antique magnificence. Je marchais sur ces ruines, lorsque je fis rencontre d'un vieillard assis sur le chapiteau d'une colonne.

« Oh ! lui dis-je, qu'est devenu ce vaste palais ?

— Il est tombé !

— Comment ?

— Il s'est écroulé sur lui-même. Un homme, dans son orgueil impatient, a voulu forcer ici la nature ; il a précipité édifices sur édifices ; avide de jouir dans sa volonté capricieuse, il a fatigué ses sujets. Ici est venu s'engloutir tout l'argent du royaume. Ici a coulé un fleuve de larmes pour composer ces bassins dont il ne reste aucun vestige. Voilà ce qui subsiste de ce colosse qu'un million de mains ont élevé avec tant d'efforts douloureux. Ce palais péchait par ses fondements ; il était l'image de la grandeur de celui qui l'a bâti (1). Les rois, ses successeurs, ont été obligés de fuir, de peur d'être écrasés. Puissent ces ruines crier à tous les souverains que ceux qui abusent d'une puissance momentanée ne font que dévoiler leur faiblesse à la génération suivante... »

A ces mots, il versait un torrent de larmes, et regardait le ciel d'un air contrit.

« Pourquoi pleurez-vous ? lui dis-je. Tout le monde est heureux, et ces débris n'annoncent rien moins que (2) la misère publique ? »

Il leva sa voix et dit :

« Ah ! malheureux ! sachez que je suis ce Louis XIV qui a bâti ce triste palais. La justice divine a rallumé le flambeau de mes jours pour me faire contempler de plus près mon déplorable ouvrage... Que les monuments de l'orgueil sont fragiles... Je pleure, et je pleurerai toujours... Ah ! que n'ai-je su (3)... »

J'allais l'interroger lui-même, lorsqu'une des couleuvres dont ce séjour était encore rempli, s'élançant du tronçon d'une colonne autour de laquelle elle était repliée, me piqua au col, et je m'éveillai.

l'An 2440 ou Rêve s'il s'en fut jamais, chap, XLIV, Versailles, 1771.

(1) On loue ces magnifiques spectacles donnés au peuple romain. On veut inférer de là la grandeur de ce peuple. Il fut malheureux dès qu'il commença à voir ces fêtes fastueuses où était prodigué le fruit de ses victoires. Qui bâtit les cirques, les théâtres, les thermes ? Qui creusa ces lacs artificiels où toute une flotte manœuvrait comme en pleine mer ? Ce furent ces monstres couronnés, dont le tyrannique orgueil écrasait la moitié du peuple pour réjouir les yeux de l'autre. Ces énormes pyramides dont se vante l'Egypte sont les monuments du despotisme. Les républicains construisent des aqueducs, des canaux, des chemins, des places publiques, des marchés ; mais chaque palais qu'élève un monarque est le germe d'une prochaine calamité. (Note de L.S. Mercier).
(2) En aucune façon.
(3) Placé au milieu de l'Europe, dominant sur l'océan, et par la longue étendue et les détours de ses côtes sur les mers de Flandres, d'Espagne, d'Allemagne ; tenant à la Méditerranée, etc, quel royaume que la France ! et quel peuple semblerait avoir plus de droits au bonheur ! (Note de L.S. Mercier).

LOUIS-SÉBASTIEN MERCIER, 1781-1788

Dans le Tableau de Paris, *Mercier reprend cette même méditation à son propre compte en l'étoffant considérablement. Au milieu de ses observations à caractère sociologique, l'auteur s'arrête et pense à la vie fugace des civilisations. Hugo, quelques années plus tard reprend pas à pas le chapitre de Mercier dans* les Voix intérieures, *et termine sa réflexion sur un monument, cette fois, l'Arc de Triomphe, par les strophes que nous citons.*

Que deviendra Paris?

Thèbes, Tyr, Persépolis, Carthage, Palmyre ne sont plus. Ces villes qui s'élevaient fièrement sur le globe, dont la grandeur, la puissance et la solidité semblaient promettre une durée presqu'éternelle, ont laissé équivoques les traces même du lieu qu'elles ont occupé.

D'autres cités jadis florissantes et peuplées n'offrent aujourd'hui, dans un effrayant désert, que quelques colonnes éparses, quelques monuments brisés, triste reste de leur magnificence passée. Hélas! les grandes villes modernes éprouveront un jour la même révolution.

Cette rivière utilement resserrée dans des quais majestueux et formés de pierres, encombrée par des débris immenses, se débordera, et formera des étangs bourbeux et infects; les ruines des édifices boucheront ces rues alignées au cordeau; et dans ces places où un peuple nombreux s'agite, les animaux venimeux, enfants de la putréfaction, ramperont autour des colonnes renversées et à moitié ensevelies.

Est-ce la guerre, est-ce la peste, est-ce la famine, est-ce un tremblement de terre, est-ce une inondation, est-ce un incendie, est-ce une révolution politique, qui anéantira cette superbe ville? Ou plutôt plusieurs causes réunies opèreront-elles cette vaste destruction? (1)

Elle est inévitable sous la main lente et terrible des siècles, qui mine les empires les mieux affermis, efface les villes et les royaumes, et appelle des peuples nouveaux sur la poussière éteinte de peuples anciens.

Notons, à toute aventure, pour les siècles reculés (ce que tout le monde fait) que Paris est sous le 20e degré de longitude, et au 48e degré 50 minutes 10 secondes de latitude septentrionale.

Echappez, mon livre, échappez aux flammes ou aux barbares; dites aux générations futures ce que Paris a été; dites que j'ai rempli mon devoir de citoyen, que je n'ai pas passé sous silence les poisons secrets qui donnent aux cités les agitations de la maladie, et bientôt les convulsions de la mort. Quand l'épouvantable opulence qui se concentre de plus en plus dans un plus petit nombre de mains, aura donné à l'inégalité des fortunes une disproportion plus effrayante encore, alors ce grand corps ne pourra plus se soutenir : il s'affaissera sur lui-même, et périra.

Il périra! Dieu! ah! quand le sol couvrira insensiblement ses débris, que le blé croîtra au lieu élevé où j'écris, qu'il ne restera plus qu'une mémoire confuse du royaume et de la capitale; l'instrument du cultivateur, en fendant la terre, viendra heurter peut-être la tête de la statue équestre de Louis XV; les antiquaires assemblés feront des raisonnements à l'infini, comme nous en faisons aujourd'hui sur les débris de Palmyre.

le Tableau de Paris, chap. 355, 1781-1788.

1) *Agésilas, vainqueur de la Phrygie, ôta les habits aux prisonniers, et les exposa nus en vente, les vêtements d'un côté, les hommes de l'autre. Personne ne voulut acheter les hommes trop efféminés, trop délicats pour être de bons esclaves. On se jeta sur les dépouilles. Agésilas élevant la voix, dit à ses soldats:* voilà les hommes que vous aurez à combattre, et le butin qui vous récompensera. *Quand je lis ce trait historique, il me fait toujours frémir. (Note de L.S. Mercier)*

VICTOR HUGO, 1837

Monument! voilà donc la rêverie immense
Qu'à ton ombre déjà le poète commence!
Piédestal qu'eût aimé Bélénus (1) ou Mithra (2)!
Arche aujourd'hui guerrière, un jour religieuse!
Rêve en pierre ébauché! porte prodigieuse
D'un palais de géants qu'on se figurera!

Quand d'un lierre poudreux je couvre tes sculptures;
Lorsque je vois, au fond des époques futures,
La liste des héros sur ton mur constellé
Reluire et rayonner, malgré les destinées,
A travers les rameaux des profondes années,
Comme à travers un bois brille un ciel étoilé;

Quand ma pensée ainsi, vieillissant ton attique (3),
Te fait de l'avenir un passé magnifique,
Alors sous ta grandeur je me courbe effrayé,
J'admire, et, fils pieux, passant que l'art anime,
Je ne regrette rien devant ton mur sublime
Que Phidias (4) absent et mon père oublié!

les Voix intérieures, «A l'Arc de Triomphe», 1837.

(1) Bélénos, dieu solaire celte.
(2) Mithra, ange de la lumière, divinité orientale.
(3) Partie de la Grèce dans laquelle est située Athènes.
(4) Célèbre sculpteur grec (490-430 av. J.C.)

1 — *Ces réflexions sur les ruines s'apparentent-elles à celles de Diderot et de Robert (n° 179)? Les textes et les tableaux contiennent-ils les mêmes moyens, symboles ou idées (ici et en n° 179)? Que pouvez-vous dire de leur pessimisme ou de leur optimisme?*

2 — L'An 2440 *se fonde sur le rêve mais aussi sur le voyage d'anticipation. A quoi sert ici la distance temporelle? Quels sont les remords du roi et que permettent-ils de conclure pour un lecteur de 1771?*

3 — *DOSSIER:*
Optimisme ou pessimisme de l'anticipation et de la science-fiction de Mercier à nos jours (vous établirez suivant vos goûts, votre propre bibliographie).

Jean MESLIER (1664-1724)

QUAND LE DERNIER SOCIOLOGUE AURA ÉTÉ ÉTRANGLÉ AVEC LES TRIPES DU DERNIER BUREAUCRATE, AURONS NOUS ENCORE DES PROBLÈMES?

Bombages sur les murs de 68... (La Sorbonne).

L'HUMANITÉ NE SERA HEUREUSE QUE LE SOIR OÙ LE DERNIER BUREAUCRATE AURA ÉTÉ PENDU AVEC LES TRIPES DU DERNIER CAPITALISTE.

(Comité d'occupation de La Sorbonne, 16 mai).

Jean Meslier, prêtre curé d'Etrépigny et de Balaives, laissa en mourant le plus étonnant des manuscrits destinés à rester clandestins au XVIIIe siècle : étonnant par sa longueur (1200 pages) aussi bien que par sa vigueur, puisque le texte, au terme d'une longue démonstration de la fausseté des religions et de l'injustice du pouvoir, s'achève par un appel au régicide. L'intérêt de ce texte est double : d'une part, nous avons ici le premier témoignage d'une convergence étroite entre la contestation populaire et le courant de la libre-pensée aristocratique ; d'autre part Meslier s'y révèle, sous le règne de Louis XIV, un précurseur des Encyclopédistes, et même des plus matérialistes d'entre eux (d'Holbach par exemple voir n° 91 et 98).
Le Testament du curé Meslier *(1) circula manuscrit dès 1734-35 ; une version édulcorée, tirée vers le déisme, fut donnée par Voltaire en 1762. Son influence est ainsi indéniable sur tout un large secteur du mouvement des Lumières, ainsi que son importance dans les origines intellectuelles de la Révolution française. Il fut publié à Amsterdam en 1864 et la première édition intégrale imprimée en France date de 1970-1972 (3 vol.).*

(1) C'est le nom donné par Voltaire à cet écrit, dont le titre est en fait Mémoire des pensées et des sentiments de Jean Meslier, prêtre curé d'Etrépigny et de Balaives.

Voilà, mes chers amis, comme ceux qui ont gouverné et qui gouvernent encore maintenant les peuples abusent présomptueusement, et impunément du nom et de l'autorité de Dieu pour se faire craindre, obéir et respecter eux-mêmes, plutôt que pour faire craindre et servir le dieu imaginaire de la puissance duquel ils vous épouvantent. Voilà comme ils abusent du nom spécieux de piété et de religion pour faire accroire aux faibles et aux ignorants tout ce qu'il leur plait, et voilà enfin comme ils établissent par toute la terre un détestable mystère de mensonge et d'iniquité (1), au lieu qu'ils devraient s'appliquer uniquement les uns et les autres, à établir partout le règne de la paix et de la justice aussi bien que celui de la vérité ; le règne desquelles vertus rendrait tous les peuples heureux et contents sur la terre.

Je dis qu'ils établissent partout un mystère d'iniquité, parce que tous ces ressorts cachés de la plus fine politique, aussi bien que les maximes et les cérémonies les plus pieuses de la religion ne sont effectivement que des mystères d'iniquité. Je dis des mystères d'iniquité pour tous les pauvres peuples, qui se trouvent misérablement les dupes de toutes ces mômeries de religions aussi bien que les jouets et les victimes malheureuses de la puissance des grands ; mais pour ceux qui gouvernent ou qui ont part au gouvernement des autres, et pour les prêtres qui gouvernent les consciences, ou qui sont pourvus de quelques bons bénéfices, ce sont comme des mines d'or ou comme des toisons d'or ; ce sont comme des cornes d'abondance, qui leur font venir à souhait toutes sortes de biens ; et c'est ce qui donne lieu à tous ces beaux messieurs de se divertir et de se donner agréablement toute sorte de bon temps, pendant que les pauvres peuples abusés par les erreurs et par les superstitions de la religion, gémissent tristement, pauvrement, et paisiblement néanmoins sous l'oppression des grands, pendant qu'ils souffrent patiemment leurs peines, pendant qu'ils s'amusent vainement à prier des dieux et des saints qui ne leur entendent point, pendant qu'ils s'amusent à des dévotions vaines, pendant qu'ils font pénitence de leurs péchés, et enfin pendant que ces pauvres peuples s'occupent, et s'épuisent jours et nuits au travail en suant sang et eau, pour avoir de quoi fournir abondamment aux plaisirs, et aux contentements de ceux qui les rendent si malheureux dans la vie.

Ah ! mes chers amis, si vous connaissiez bien la vanité, et la folie des erreurs dont on vous entretient, sous prétexte de religion, et si vous connaissiez combien injustement, et combien indignement, on abuse de l'autorité que l'on a usurpée sur vous, sous prétexte de vous gouverner, vous n'auriez certainement que du mépris pour tout ce que l'on vous fait adorer, et respecter, et vous n'auriez que de la haine et de l'indignation pour tous ceux qui vous abusent, et qui vous gouvernent si mal, et qui vous traitent si indignement. Il me souvient à ce sujet d'un souhait que faisait autrefois un homme, qui n'avait ni science ni étude, mais qui, selon les apparences ne manquait pas de bon sens pour juger sainement de tous ces détestables abus, et de toutes les détestables tyrannies que je blâme ici ; il paraît par son souhait, et par sa manière d'exprimer sa pensée, qu'il voyait assez loin, et qu'il pénétrait assez avant dans ce détestable mystère d'iniquité dont je viens de parler, puisqu'il en reconnaissait si bien les auteurs et les fauteurs. Il souhaitait que tous les grands de la terre, et que tous les nobles, fussent pendus et étranglés avec des boyaux de prêtres.

Mémoire des pensées et sentiments de Jean Meslier, Avant-propos, pub. 1864

(1) L'expression «mystère d'iniquité» est employée par Saint Paul à propos de l'Antéchrist (2e Epître aux Thessaloniciens, II, 7). *Elle avait fourni le titre d'un pamphlet protestant (1611) dû à Duplessis-Mornay (1549-1623).*

On vous parle, mes chers amis, on vous parle de diables ; on vous épouvante même du seul nom de diable, parce que l'on vous fait accroire que ces diables sont ce qu'il y a de plus méchant et de plus effroyable à voir, qu'ils sont les plus grands ennemis des hommes, et qu'ils ne s'attachent qu'à les perdre et à les rendre éternellement malheureux avec eux dans les enfers. Mais sachez, mes chers amis, qu'il n'y a point pour vous, de plus méchants, ni de plus véritables diables à craindre que ces gens-là dont je viens de parler, car vous n'avez véritablement point de plus grands, ni de plus méchants adversaires et ennemis à craindre que les grands, que les nobles, et que les riches de la terre puisque ce sont effectivement ceux-là qui vous foulent, qui vous pillent, qui vous oppriment, qui vous tourmentent, et qui vous rendent malheureux comme vous êtes. Et ainsi nos peintres se trompent et s'abusent, lorsqu'ils nous représentent sur leurs tableaux les diables comme des monstres effroyables à voir, ils s'abusent, aussi bien que vos prédicateurs, lorsque dans leurs prédications ils vous les représentent si laids, si hideux, si difformes et si effroyables à voir ; ils devraient bien plutôt les uns et les autres vous les représenter comme sont tous ces beaux messieurs les grands, et les nobles, et comme sont toutes ces belles dames et damoiselles, que vous voyez si bien parées, si bien mises, si bien frisées, si bien poudrées, si bien musquées, et si éclatants et éclatantes d'or et d'argent, et de pierres précieuses. Car ce sont ceux-là et celles-là qui sont, comme j'ai dit, les vrais diables et les vraies diablesses, puisque ce sont ceux-là mêmes qui sont vos plus grands ennemis, vos plus grands adversaires et ceux qui vous font le plus de mal.

Les diables que vos prédicateurs et vos peintres vous dépeignent et vous représentent, les uns dans leurs discours, et les autres sur leurs tableaux, sous des formes et des figures si laides et si affreuses, ne sont certainement que des diables imaginaires qui ne sauraient faire peur qu'aux enfants, et aux ignorants, qui ne sauraient faire que des maux imaginaires à ceux qui les craignent. Mais ces autres diables et diablesses de dames et de messieurs, les grands et les nobles dont je parle, ne sont certainement pas des diables ou des adversaires seulement imaginaires ; ce sont des diables, et des adversaires... qui sont bien réellement visibles, ils savent bien véritablement se faire craindre, et les maux qu'ils font aux peuples sont bien véritablement réels et sensibles. C'est donc, encore un coup, un abus, et même un très grand abus de voir, comme on voit, une si étrange et une si énorme disproportion, entre les différents états et conditions des hommes ; et comme la religion chrétienne souffre et approuve, et qu'elle autorise même une si étrange et si énorme, et même une si injuste et si odieuse disproportion d'états et de conditions parmi les hommes, c'est une preuve assez évidente qu'elle ne vient point de Dieu, et qu'elle n'est point d'institution divine, puisque la droite raison nous fait évidemment voir qu'un dieu qui serait infiniment bon, infiniment sage et infiniment juste, ne voudrait pas établir, ni autoriser, et maintenir une si grande et si criante injustice.

Mémoire..., « De la tyrannie des grands », pub. 1864.

ANACHARSIS CLOOTS, 1793

Le Député du département de l'Oise (voir n° 176 c) prononça à la Convention nationale, le 27 brumaire an II, un discours qui se terminait ainsi :

Citoyens, la religion est le plus grand obstacle à mon utopie : or, indubitablement, cet obstacle n'est pas invincible, car nous voyons les chrétiens et les juifs se disputer les honneurs de l'abjuration la plus solennelle. Il en sera de même partout où l'on acceptera la Constitution montagnarde, partout où les hommes auront cinq sens. Une constitution qui ne laisse aux prêtres que les mômeries, en leur faisant restituer et notre morale et notre argent, cette constitution, en montrant l'imposture dans son affreuse nudité, devait opérer incessamment les merveilles qui se passent sous nos yeux ; d'autant plus que la réquisition des hommes et des choses, dirige tous les esprits vers le théâtre de la guerre libératrice. [...]

Il est donc reconnu que les adversaires de la religion ont bien mérité du genre humain ; c'est à ce titre que je demande, pour le premier ecclésiastique abjureur, une statue dans le temple de la Raison. Il suffira de le nommer pour obtenir un décret favorable de la Convention nationale : c'est l'intrépide, le généreux, l'exemplaire *Jean Meslier*, curé d'Etrépigny en Champagne, dont le *Testament* philosophique porta la désolation dans la Sorbonne, et parmi toutes les factions christicoles. La mémoire de cet honnête homme, flétrie sous l'ancien régime, doit être réhabilitée sous le régime de la nature.

Discours à la Convention, 17 nov. 1793.

1 — *Relevez et classez les éléments d'ordre rhétorique*. A quel type de discours sont-ils empruntés ?*

2 — *Relevez tous les termes appartenant au champ lexical* de la « fausseté » ou du mensonge. A qui s'appliquent-ils ? Comment sont-ils légitimés ?*

3 — *Soulignez l'opposition entre la condition des Grands et du clergé, et celle du peuple. Comment l'auteur la met-il en valeur ?*

4 — *Commentez, dans la dernière partie du texte, la valeur de cette précision : « un homme qui n'avait ni science ni étude ».*

« Machine à exécuter », présentée à l'Assemblée Nationale par M. Guillotin, (BN)

Il y a trois espèces de gouvernements : le RÉPUBLICAIN, le MONARCHIQUE et le DESPOTIQUE. Pour en découvrir la nature, il suffit de l'idée qu'en ont les hommes les moins instruits. Je suppose trois définitions, ou plutôt trois faits : l'un que « le gouvernement républicain est celui où le peuple en corps, ou seulement une partie du peuple a la souveraine puissance ; le monarchique, celui où un seul gouverne, mais par des lois fixes et établies ; au lieu que, dans le despotique, un seul, sans loi et sans règle, entraîne tout par sa volonté et par ses caprices ».

Voilà ce que j'appelle la nature de chaque gouvernement. Il faut voir quelles sont les lois qui suivent directement de cette nature, et qui par conséquent sont les premières lois fondamentales.

l'Esprit des lois, Livre II, § 1er, 1748.

I, 1 : DÉMOCRATIE

A — DIVISION DES POUVOIRS

Lorsque, dans la république, le peuple en corps a la souveraine puissance, c'est une *Démocratie*. Lorsque la souveraine puissance est entre les mains d'une partie du peuple cela s'appelle une *Aristocratie*.

Le peuple, dans la démocratie, est, à certains égards, le monarque ; à certains autres, il est le sujet.

Il ne peut être monarque que par ses suffrages qui sont ses volontés. La volonté du souverain est le souverain lui-même. Les lois qui établissent le droit de suffrage sont donc fondamentales dans ce gouvernement. En effet, il est aussi important d'y régler comment, par qui, à qui, sur quoi, les suffrages doivent être donnés, qu'il l'est dans une monarchie de savoir quel est le monarque et de quelle manière il doit gouverner. [...]

Le peuple qui a la souveraine puissance doit faire par lui-même tout ce qu'il peut bien faire ; et ce qu'il ne peut pas bien faire, il faut qu'il le fasse par ses ministres.

Ses ministres ne sont point à lui s'il ne les nomme : c'est donc une maxime fondamentale de ce gouvernement, que le peuple nomme ses ministres, c'est-à-dire ses magistrats.

Il a besoin, comme les monarques, et même plus qu'eux, d'être conduit par un conseil ou sénat. Mais, pour qu'il y ait confiance, il faut qu'il en élise les membres ; soit qu'il les choisisse lui-même, comme à Athènes ; ou par quelque magistrat qu'il a établi pour les élire, comme cela se pratiquait à Rome dans quelques occasions. [...]

La loi qui fixe la manière de donner les billets de suffrage, est encore une loi fondamentale dans la démocratie. C'est une grande question si les suffrages doivent être publics ou secrets. Cicéron écrit que les lois qui les rendirent secrets dans les derniers temps de la république romaine, furent une des grandes causes de sa chute. Comme ceci se pratique diversement dans différentes républiques, voici, je crois, ce qu'il en faut penser.

Sans doute que, lorsque le peuple donne ses suffrages, ils doivent être publics, et ceci doit être regardé comme une loi fondamentale de la démocratie. Il faut que le petit peuple soit éclairé par les principaux, et contenu par la gravité de certains personnages. Ainsi, dans la république romaine, en rendant les suffrages secrets, on détruisit tout ; il ne fut plus possible d'éclairer une populace qui se perdait. Mais lorsque dans une aristocratie le corps des nobles donne les suffrages, ou dans une démocratie le sénat, comme il n'est là question que de prévenir les brigues, les suffrages ne sauraient être trop secrets.

l'Esprit des lois, Livre II, § II, 1748.

Louis Althusser, 1959

« Montesquieu ne croit pas à la République, et pour une raison simple : *le temps des Républiques est passé.* [...] la République recule dans les lointains de l'histoire : la Grèce, Rome. C'est sans doute pourquoi elle est si belle. [...] Les citoyens possèdent en démocratie ce privilège unique de produire eux-mêmes consciemment et volontairement dans la législation cet ordre même qui les gouverne. Enfants des lois, ils en sont aussi les pères. Ils ne sont sujets que comme souverains. Ce sont des maîtres soumis à leur pouvoir. On conçoit que cette synthèse du sujet et du souverain dans le citoyen, qui hanta Rousseau, impose à l'homme d'être plus qu'homme, et sans être tout à fait ange, d'être citoyen, qui est l'ange vrai de la vie publique. Cette catégorie du citoyen réalise dans l'homme même la *synthèse de l'Etat :* le citoyen, c'est l'Etat dans l'homme privé. C'est pourquoi l'éducation tient une telle place dans l'économie de ce régime [...] C'est que, dans son essence même, la démocratie suppose, sous les dehors de ce dressage et de cette édification sans terme, qui en est comme la figure temporelle, une véritable conversion de l'homme privé dans l'homme public. [...] Ce qui frappe dans l'apologie* toute rétrospective de ce gouvernement populaire qu'est la *démocratie* [...], c'est le soin apporté à *distinguer deux peuples dans le peuple.* Quand on rapproche la république de Montesquieu de la république de Rousseau, il faut prendre garde d'oublier que la première est du passé, et la seconde de l'avenir ; la seconde une république du peuple, la première *une république des notables.* »

Montesquieu, la politique et l'histoire, 1959.

B — PRINCIPE DÉMOCRATIQUE

Il ne faut pas beaucoup de probité pour qu'un gouvernement monarchique ou un gouvernement despotique se maintienne ou se soutienne. La force des lois dans l'un, le bras du prince toujours levé dans l'autre, règlent ou contiennent tout. Mais, dans un état populaire, il faut un ressort de plus, qui est la VERTU.

Ce que je dis est confirmé par le corps entier de l'histoire et est très conforme à la nature des choses. Car il est clair que dans une monarchie, où celui qui fait exécuter les lois se juge au-dessus des lois, on a besoin de moins de vertu que dans un gouvernement populaire, où celui qui fait exécuter les lois sent qu'il y est soumis lui-même et qu'il en portera le poids.

Il est clair encore que le monarque qui, par mauvais conseil ou par négligence, cesse de faire exécuter les lois, peut aisément réparer le mal : il n'a qu'à changer de Conseil, ou se corriger de cette négligence même. Mais lorsque, dans un gouvernement populaire, les lois ont cessé d'être exécutées, comme cela ne peut venir que de la corruption de la république, l'État est déjà perdu.

Ce fut un assez beau spectacle, dans le siècle passé, de voir les efforts impuissants des Anglais pour établir parmi eux la démocratie. Comme ceux qui avaient part aux affaires n'avaient point de vertu, que leur ambition était irritée par le succès de celui qui avait le plus osé, que l'esprit d'une faction n'était réprimé que par l'esprit d'une autre, le gouvernement changeait sans cesse ; le peuple étonné cherchait la démocratie et ne la trouvait nulle part. Enfin, après bien des mouvements, des chocs et des secousses, il fallut se reposer dans le gouvernement même qu'on avait proscrit.

Quand Sylla voulut rendre à Rome la liberté, elle ne put plus la recevoir ; elle n'avait plus qu'un faible reste de vertu, et, comme elle en eut toujours moins, au lieu de se réveiller après César, Tibère, Caïus, Claude, Néron, Domitien, elle fut toujours plus esclave ; tous les coups portèrent sur les tyrans, aucun sur la tyrannie.

Les politiques grecs, qui vivaient dans le gouvernement populaire, ne reconnaissaient d'autre force qui pût les soutenir que celle de la vertu. Ceux d'aujourd'hui ne nous parlent que de manufactures, de commerce, de finances, de richesses et de luxe même.

Lorsque cette vertu cesse, l'ambition entre dans les cœurs qui peuvent la recevoir, et l'avarice entre dans tous. Les désirs changent d'objets : ce qu'on aimait, on ne l'aime plus ; on était libre avec les lois, on veut être libre contre elles ; chaque citoyen est comme un esclave échappé de la maison de son maître ; ce qui était *maxime,* on l'appelle *rigueur* ; ce qui était *régle*, on l'appelle *gêne ;* ce qui y était *attention*, on l'appelle *crainte.* C'est la frugalité qui y est l'avarice, et non pas le désir d'avoir. Autrefois le bien des particuliers faisait le trésor public ; mais pour lors le trésor public devient le patrimoine des particuliers. La république est une dépouille ; et sa force n'est plus que le pouvoir de quelques citoyens et la licence de tous.

l'Esprit des lois, Livre III, § III, 1748.

C — ÉDUCATION

C'est dans le gouvernement républicain que l'on a besoin de toute la puissance de l'éducation. La crainte des gouvernements despotiques naît d'elle-même parmi les menaces et les châtiments ; l'honneur des monarchies est favorisé par les passions, et les favorise à son tour : mais la vertu politique est un renoncement à soi-même, qui est toujours une chose très pénible.

On peut définir cette vertu, l'amour des lois et de la patrie. Cet amour, demandant une préférence continuelle de l'intérêt public au sien propre, donne toutes les vertus particulières ; elles ne sont que cette préférence.

Cet amour est singulièrement affecté aux démocraties. Dans elles seules, le gouvernement est confié à chaque citoyen. Or, le gouvernement est comme toutes les choses du monde ; pour le conserver, il faut l'aimer.

On n'a jamais ouï dire que les rois n'aimassent pas la monarchie, et que les despotes haïssent le despotisme.

Tout dépend donc d'établir dans la république cet amour ; et c'est à l'inspirer que l'éducation doit être attentive. Mais, pour que les enfants puissent l'avoir, il y a un moyen sûr : c'est que les pères l'aient eux-mêmes.

On est ordinairement le maître de donner à ses enfants ses connaissances ; on l'est encore plus de leur donner ses passions.

Si cela n'arrive pas, c'est que ce qui a été fait dans la maison paternelle est détruit par les impressions du dehors.

Ce n'est point le peuple naissant qui dégénère ; il ne se perd que lorsque les hommes faits sont déjà corrompus. *l'Esprit des lois,* Livre IV, § V, 1748.

D — CORRUPTION DE LA DÉMOCRATIE

Le principe de la démocratie se corrompt, non seulement lorsqu'on perd l'esprit d'égalité, mais encore quand on prend l'esprit d'égalité extrême, et que chacun veut être égal à ceux qu'il choisit pour lui commander. Pour lors le peuple, ne pouvant souffrir le pouvoir même qu'il confie, veut tout faire par lui-même, délibérer pour le sénat, exécuter pour les magistrats, et dépouiller tous les juges. [...]

La démocratie a donc deux excès à éviter : l'esprit d'inégalité, qui la mène à l'aristocratie, ou au gouvernement d'un seul ; et l'esprit d'égalité extrême qui la conduit au despotisme d'un seul, comme le despotisme d'un seul finit par la conquête.

l'Esprit des lois, Livre VIII, § II, 1748.

1 — *Quels sont les caractères, grammaticaux ou stylistiques, que détermine* le genre *de l'essai politique ?*

2 — *Cherchez le sens exact (étymologique) du mot* politique. *Quelles distinctions est-on amené à faire entre* le *et* la *politique ? En quoi Montesquieu traite-t-il de la politique au sens le plus général du terme ?*

3 — *Pour quelle raison L. Althusser dit-il que dans* l'Esprit des lois, *la république est une nostalgie, et non un projet ? En vous référant au n° 126, déterminez les différences (mais aussi les éventuelles convergences) entre le système de Montesquieu et celui de Rousseau.*

Montesquieu, Ecole française du XVIIIe, (Hubert Josse).

«L'aristocratie est un mixte instable de démocratie et de monarchie». *(L. Althusser,* Montesquieu, la politique et l'histoire, *1959). En effet,* «elle s'établit d'emblée sur la division du peuple» *(ibid.), dont quelques éléments détiennent tout le pouvoir - sans en abuser - et de surcroît sans droits à l'héritage. On peut se demander si, dans une certaine mesure, le «gouvernement aristocratique», n'est pas le rêve utopique d'un véritable aristocrate, éclairé par les lumières de la philosophie politique, et non, comme a pu l'être Saint-Simon (voir nº 50,51) imbu de ses privilèges de caste:* «c'est qu'il se fait du peuple une idée très particulière, confirmée par ces démocraties antiques, où la liberté des «hommes libres» occupait le devant de la scène, laissant dans l'ombre la multitude des artisans et des esclaves. Montesquieu ne veut pas que ce bas-peuple ait le pouvoir [...] abandonné à lui-même, le peuple (le bas-peuple) n'est que passions».

L. Althusser, op. cit.

I, 2: ARISTOCRATIE

A — DIVISION DES POUVOIRS

Dans l'aristocratie, la souveraine puissance est entre les mains d'un certain nombre de personnes. Ce sont elles qui font les lois et qui les font exécuter; et le reste du peuple n'est tout au plus à leur égard que, comme dans une monarchie, les sujets sont à l'égard du monarque. [...]

Une autorité exorbitante, donnée tout à coup à un citoyen dans une république, forme une monarchie, ou plus qu'une monarchie. Dans celle-ci les lois ont pourvu à la constitution, ou s'y sont accommodées; le principe du gouvernement arrête le monarque; mais, dans une république où un citoyen se fait donner un pouvoir exorbitant, l'abus de ce pouvoir est plus grand, parce que les lois qui ne l'ont point prévu, n'ont rien fait pour l'arrêter. [...]

La meilleure aristocratie est celle où la partie du peuple qui n'a point de part à la puissance, est si petite et si pauvre, que la partie dominante n'a aucun intérêt à l'opprimer. Ainsi, quand Antipater établit à Athènes que ceux qui n'auraient pas deux mille drachmes seraient exclus du droit de suffrage, il forma la meilleure aristocratie qui fût possible; parce que ce cens était si petit qu'il n'excluait que peu de gens, et personne qui eût quelque considération dans la cité.

Les familles aristocratiques doivent donc être peuple autant qu'il est possible. Plus une aristocratie approchera de la démocratie, plus elle sera parfaite; elle le deviendra moins, à mesure qu'elle approchera de la monarchie.

La plus imparfaite de toutes est celle où la partie du peuple qui obéit, est dans l'esclavage civil de celle qui commande, comme l'aristocratie de Pologne, où les paysans sont esclaves de la noblesse.

l'Esprit des lois, Livre II, § III, 1748.

B — PRINCIPE ARISTOCRATIQUE

Le gouvernement aristocratique a par lui-même une certaine force que la démocratie n'a pas. Les nobles y forment un corps, qui, par sa prérogative et pour son intérêt particulier, réprime le peuple: il suffit qu'il y ait des lois, pour qu'à cet égard elles soient exécutées.

Mais autant qu'il est aisé à ce corps de réprimer les autres, autant est-il difficile qu'il se réprime lui-même. Telle est la nature de cette constitution, qu'il semble qu'elle mette les mêmes gens sous la puissance des lois, et qu'elle les en retire.

Or, un corps pareil ne peut se réprimer que de deux manières: ou par une grande vertu, qui fait que les nobles se trouvent en quelque façon égaux à leur peuple, ce qui peut former une grande république; ou par une vertu moindre, qui est une certaine modération qui rend les nobles au moins égaux à eux-mêmes, ce qui fait leur conservation.

La modération est donc l'âme de ces gouvernements. J'entends celle qui est fondée sur la vertu, non pas celle qui vient d'une lâcheté et d'une paresse de l'âme.

l'Esprit des lois, Livre III, § IV, 1748.

«THÉORIE DES CLIMATS», I, (voir aussi n° 115):

L'air froid resserre les extrémités des fibres extérieures de notre corps; cela augmente leur ressort, et favorise le retour du sang des extrémités vers le cœur. Il diminue la longueur de ces mêmes fibres; il augmente donc encore par là leur force. L'air chaud, au contraire, relâche les extrémités des fibres, et les allonge; il diminue donc leur force et leur ressort.

On a donc plus de vigueur dans les climats froids. L'action du cœur et la réaction des extrémités des fibres s'y font mieux, les liqueurs sont mieux en équilibre, le sang est plus déterminé vers le cœur, et réciproquement le cœur a plus de puissance. Cette force plus grande doit produire bien des effets: par exemple, plus de confiance en soi-même, c'est-à-dire plus de courage; plus de connaissance de sa supériorité, c'est-à-dire moins de désir de la vengeance; plus d'opinion de sa sûreté, c'est-à-dire plus de franchise, moins de soupçons, de politique et de ruses. Enfin cela doit faire des caractères bien différents. Mettez un homme dans un lieu chaud et enfermé, il souffrira, par les raisons que je viens de dire, une défaillance de cœur très grande. Si, dans cette circonstance, on va lui proposer une action hardie, je crois qu'on l'y trouvera très peu disposé; sa faiblesse présente mettra un découragement dans son âme; il craindra tout, parce qu'il sentira qu'il ne peut rien. Les peuples des pays chauds sont timides comme les vieillards le sont; ceux des pays froids sont courageux comme le sont les jeunes gens. Si nous faisons attention aux dernières guerres, qui sont celles que nous avons le plus sous nos yeux, et dans lesquelles nous pouvons mieux voir de certains effets légers, imperceptibles de loin, nous sentirons bien que les peuples du nord, transportés dans les pays du midi, n'y ont pas fait d'aussi belles actions que leurs compatriotes qui, combattant dans leur propre climat, y jouissaient de tout leur courage. [...]

Dans les pays froids on aura peu de sensibilité pour les plaisirs; elle sera plus grande dans les pays tempérés: dans les pays chauds, elle sera extrême. Comme on distingue les climats par les degrés de latitude, on pourrait les distinguer, pour ainsi dire, par les degrés de sensibilité. J'ai vu les opéras d'Angleterre et d'Italie; ce sont les mêmes pièces et les mêmes acteurs; mais la même musique produit des effets si différents sur les deux nations, l'une est si calme, et l'autre si transportée, que cela paraît inconcevable.

Il en sera de même de la douleur: elle est excitée en nous par le déchirement de quelque fibre de notre corps. L'auteur de la nature a établi que cette douleur serait plus forte à mesure que le dérangement serait plus grand: or il est évident que les grands corps et les fibres grossières des peuples du nord sont moins capables de dérangements que les fibres délicates des peuples des pays chauds; l'âme y est donc moins sensible à la douleur. Il faut écorcher un Moscovite pour lui donner du sentiment.

l'Esprit des lois, Livre XIV, § II, 1748.

C — ÉDUCATION

On trouve à la cour une délicatesse de goût en toutes choses, qui vient d'un usage continuel des superfluités d'une grande fortune, de la variété, et surtout de la lassitude des plaisirs, de la multiplicité, de la confusion même des fantaisies, qui, lorsqu'elles sont agréables, y sont toujours reçues.

C'est sur toutes ces choses que l'éducation se porte pour faire ce qu'on appelle l'honnête homme, qui a toutes les qualités et toutes les vertus que l'on demande dans ce gouvernement. [...]

L'honneur a donc ses règles suprêmes, et l'éducation est obligée de s'y conformer. Les principales sont, qu'il nous est bien permis de faire cas de notre fortune, mais qu'il nous est souverainement défendu d'en faire aucun de notre vie.

La seconde est que, lorsque nous avons été une fois placés dans un rang, nous ne devons rien faire ni souffrir qui fasse voir que nous nous tenons inférieurs à ce rang même.

La troisième, que les choses que l'honneur défend sont plus rigoureusement défendues, lorsque les lois ne concourent point à les proscrire; et que celles qu'il exige sont plus fortement exigées, lorsque les lois ne les demandent pas.

l'Esprit des lois, Livre IV, § II, 1748.

D — CORRUPTION DE L'ARISTOCRATIE

L'aristocratie se corrompt lorsque le pouvoir des nobles devient arbitraire: il ne peut plus y avoir de vertu dans ceux qui gouvernent, ni dans ceux qui sont gouvernés.

Quand les familles régnantes observent les lois, c'est une monarchie qui a plusieurs monarques, et qui est très bonne par sa nature; presque tous ces monarques sont liés par les lois. Mais quand elles ne les observent pas, c'est un Etat despotique qui a plusieurs despotes.

Dans ce cas la république ne subsiste qu'à l'égard des nobles, et entre eux seulement. Elle est dans le corps qui gouverne, et l'Etat despotique est dans le corps qui est gouverné; ce qui fait les deux corps du monde les plus désunis.

l'Esprit des lois, Livre VIII, § V, 1748.

1 — *Quelles sont les références historiques, directes ou indirectes, de Montesquieu? Que signifient-elles?*

2 — *Que faut-il entendre par «modération»? A quel registre* de vocabulaire appartient ce terme? Quelle est sa fonction dans un discours* politique*?*

3 — *Définitions de termes: que signifient exactement* aristocratie, *et* oligarchie*?*

4 — *Théorie des climats: Quelle est la fonction* politique *d'une telle théorie? En quoi supprime-t-elle toute liberté, individuelle ou collective? Que signifie ce déterminisme* par les passions dans un traité politique? (voir aussi n° 115, encadré).*

II - MONARCHIE

A - POUVOIRS

Les pouvoirs intermédiaires, subordonnés et dépendants, constituent la nature du gouvernement monarchique, c'est-à-dire de celui où un seul gouverne par des lois fondamentales. J'ai dit les pouvoirs intermédiaires, subordonnés et dépendants : en effet, dans la monarchie, le prince est la source de tout pouvoir politique et civil. Ces lois fondamentales supposent nécessairement des canaux moyens par où coule la puissance : car, s'il n'y a dans l'État que la volonté momentanée et capricieuse d'un seul, rien ne peut être fixe, et par conséquent aucune loi fondamentale.

Le pouvoir intermédiaire subordonné le plus naturel est celui de la noblesse. Elle entre en quelque façon dans l'essence de la monarchie, dont la maxime fondamentale est : *point de monarque, point de noblesse ; point de noblesse, point de monarque*. Mais on a un despote.

l'Esprit des lois, Livre II, § IV, 1748.

L. ALTHUSSER. 1959

«Avec la monarchie et le despotisme, qui est comme son revers et sa tentation, nous sommes *dans le présent* [...]Un seul qui gouverne : le roi. Mais quelles sont ces lois qui ont ce privilège d'être *fixes et établies ?* [...] Montesquieu a ici en vue ce que les jurisconsultes appelaient depuis trois siècles *les lois fondamentales du royaume* [...] La notion de lois fondamentales du royaume intervint pour limiter les prétentions du roi [...] Les jurisconsultes citaient, en général, après la loi de succession par le sang, toute une série de dispositions qui avaient pour objet la reconnaissance des ordres existants : noblesse, clergé, parlements, etc. Les lois fondamentales qui mettaient le roi sur le trône, voulaient en échange que le roi les respectât. [...] [Chez Montesquieu] la loi fondamentale, c'est donc la fixité et la constance d'un régime [...] Mais c'est *aussi* l'existence d'ordres privilégiés [...] De même que dans la démocratie, les notables, par leur rang et leur fortune, tiennent lieu de raison au peuple ; de même l'obstacle de la noblesse tient lieu de sagesse au roi. [...] Cette noblesse qui tient lieu de sagesse au roi n'est pas, elle, contrainte à la sagesse. Sa nature, bien au contraire, est d'être déraisonnable [...] Tout se passe donc comme si la monarchie produisait la raison politique comme le résultat de ses déraisons privées.»

Montesquieu, la politique et l'histoire, 1959.

B - PARADOXES

Dans les monarchies, la politique fait faire les grandes choses avec le moins de vertu qu'elle peut ; comme, dans les plus belles machines, l'art emploie aussi peu de mouvements, de forces et de roues qu'il est possible.

L'État subsiste indépendamment de l'amour pour la patrie, du désir de la vraie gloire, du renoncement à soi-même, du sacrifice de ses plus chers intérêts, et de toutes ces vertus héroïques que nous trouvons dans les anciens, et dont nous avons seulement entendu parler.

Les lois y tiennent la place de toutes ces vertus, dont on n'a aucun besoin ; l'État vous en dispense : une action qui se fait sans bruit, y est en quelque façon sans conséquence.

Quoique tous les crimes soient publics par leur nature, on distingue pourtant les crimes véritablement publics d'avec les crimes privés, ainsi appelés parce qu'ils offensent plus un particulier que la société entière.

Or, dans les républiques, les crimes privés sont plus publics, c'est-à-dire choquent plus la constitution de l'État que les particuliers ; et, dans les monarchies, les crimes publics sont plus privés, c'est-à-dire choquent plus les fortunes particulières que la constitution de l'État même.

Je supplie qu'on ne s'offense pas de ce que j'ai dit ; je sais très bien qu'il n'est pas rare qu'il y ait des princes vertueux ; mais je dis que, dans une monarchie, il est très difficile que le peuple le soit.

Qu'on lise ce que les historiens de tous les temps ont dit sur la cour des monarques ; qu'on se rappelle les conversations des hommes de tous les pays sur le misérable caractère des courtisans : ce ne sont point des choses de spéculation, mais d'une triste expérience.

L'ambition dans l'oisiveté, la bassesse dans l'orgueil, le désir de s'enrichir sans travail, l'aversion pour la vérité, la flatterie, la trahison, la perfidie, l'abandon de tous ses engagements, le mépris des devoirs du citoyen, la crainte de la vertu du prince, l'espérance de ses faiblesses, et plus que tout cela, le ridicule perpétuel jeté sur la vertu forment, je crois, le caractère du plus grand nombre des courtisans, marqué dans tous les lieux et dans tous les temps. Or il est très malaisé que la plupart des principaux d'un Etat soient malhonnêtes gens, et que les inférieurs soient gens de bien ; que ceux-là soient trompeurs, et que ceux-ci consentent à n'être que dupes.

Que si, dans le peuple, il se trouve quelque malheureux honnête homme, le cardinal de Richelieu, dans son testament politique, insinue qu'un monarque doit se garder de s'en servir. Tant il est vrai que la vertu n'est pas le ressort de ce gouvernement ! Certainement elle n'en est point exclue ; mais elle n'en est pas le ressort.

Je parle ici de la vertu politique, qui est la vertu morale, dans le sens qu'elle se dirige au bien général ; fort peu des vertus morales particulières, et point du tout de cette vertu qui a du rapport aux vérités révélées.

l'Esprit des lois, Livre III, § V, 1748.

C - ÉDUCATION

Ce n'est point dans les maisons publiques où l'on instruit l'enfance, que l'on reçoit dans les monarchies la principale éducation ; c'est lorsque l'on entre dans le monde, que l'éducation en quelque façon commence. Là est l'école de ce que l'on appelle *l'honneur*, ce maître universel qui doit partout nous conduire.

C'est là que l'on voit et que l'on entend toujours dire trois choses : « qu'il faut mettre dans les vertus une certaine noblesse, dans les mœurs une certaine franchise, dans les manières une certaine politesse. »

Les vertus qu'on nous y montre sont toujours moins ce que l'on doit aux autres, que ce que l'on se doit à soi-même : elles ne sont pas tant ce qui nous appelle vers nos concitoyens que ce qui nous en distingue.

On n'y juge pas les actions des hommes comme bonnes mais comme belles ; comme justes, mais comme grandes ; comme raisonnables, mais comme extraordinaires.

Dès que l'honneur y peut trouver quelque chose de noble, il est ou le juge qui les rend légitimes, ou le sophiste qui les justifie.

Il permet la galanterie lorsqu'elle est unie à l'idée des sentiments du cœur, ou à l'idée de conquête ; et c'est la vraie raison pour laquelle les mœurs ne sont jamais si pures dans les monarchies que dans les gouvernements républicains.

Il permet la ruse lorsqu'elle est jointe à l'idée de la grandeur de l'esprit ou de la grandeur des affaires, comme dans la politique, dont les finesses ne l'offensent pas.

Il ne défend l'adulation que lorsqu'elle est séparée de l'idée d'une grande fortune, et n'est jointe qu'au sentiment de sa propre bassesse.

A l'égard des mœurs, j'ai dit que l'éducation des monarchies doit y mettre une certaine franchise. On y veut donc de la vérité dans les discours. Mais est-ce par amour pour elle ? Point du tout. On la veut, parce qu'un homme qui est accoutumé à la dire parait être hardi et libre. En effet, un tel homme semble ne dépendre que des choses, et non pas de la manière dont un autre les reçoit.

C'est ce qui fait qu'autant qu'on y recommande cette espèce de franchise, autant on y méprise celle du peuple, qui n'a que la vérité et la simplicité pour objet.

Enfin, l'éducation dans les monarchies exige dans les manières une certaine politesse. Les hommes, nés pour vivre ensemble, sont nés aussi pour se plaire ; et celui qui n'observerait pas les bienséances, choquant tous ceux avec qui il vivrait, se décréditerait, au point qu'il deviendrait incapable de faire aucun bien.

Mais ce n'est pas d'une source si pure, que la politesse a coutume de tirer son origine. Elle naît de l'envie de se distinguer. C'est par orgueil que nous sommes polis : nous nous sentons flattés d'avoir des manières qui prouvent que nous ne sommes pas dans la bassesse, et que nous n'avons pas vécu avec cette sorte de gens que l'on a abandonnés dans tous les âges.

Dans les monarchies, la politesse est naturalisée à la cour. Un homme excessivement grand rend tous les autres petits. De là les égards que l'on doit à tout le monde ; de là naît la politesse, qui flatte autant ceux qui sont polis que ceux à l'égard de qui ils le sont ; parce qu'elle fait comprendre qu'on est de la cour, ou qu'on est digne d'en être.

l'Esprit des lois, Livre VIII, chap. VI.

D - PRINCIPE DE LA MONARCHIE

Je me hâte, et je marche à grands pas, afin qu'on ne croie pas que je fasse une satire du gouvernement monarchique. Non ; s'il manque d'un ressort, il en a un autre : L'HONNEUR, c'est-à-dire le préjugé de chaque personne et de chaque condition, prend la place de la vertu politique dont j'ai parlé et la représente partout. Il y peut inspirer les plus belles actions ; il peut, joint à la force des lois, conduire au but du gouvernement comme la vertu même.

l'Esprit des lois, Livre III, § VI.

E - CORRUPTION DE LA MONARCHIE

La monarchie se perd, lorsqu'un prince croit qu'il montre plus sa puissance en changeant l'ordre des choses qu'en le suivant ; lorsqu'il ôte les fonctions naturelles des uns pour les donner arbitrairement à d'autres, et lorsqu'il est plus amoureux de ses fantaisies que de ses volontés.

La monarchie se perd, lorsque le prince, rapportant tout uniquement à lui, appelle l'État à sa capitale, la capitale à sa cour, et la cour à sa seule personne.

Enfin, elle se perd, lorsqu'un prince méconnaît son autorité, sa situation, l'amour de ses peuples ; et lorsqu'il ne sent pas bien qu'un monarque doit se juger en sûreté, comme un despote doit se croire en péril.

l'Esprit des lois, Livre VIII, § VI.

1 — *Montesquieu vivant en régime monarchique, en quoi ces textes sont-ils des critiques ou une approbation du gouvernement en place ? Dans l'exposé des paradoxes de la monarchie, comment essaie-t-il de dépasser le conflit entre critiques et louanges ? Quelle est sa démonstration ?*

2 — *DOSSIER : Quels étaient les règles et les codes de l'honneur dans l'aristocratie de l'Ancien Régime ? Qu'est-ce qui y survivait encore des mœurs féodales ? Et aujourd'hui, qu'appelle-t-on* honneur *? Dans quels cas utilise-t-on encore ce terme ? Quel est son sens, dans notre société, dans la mesure où il n'est plus un ressort politique ?*

«Qu'est-ce que le despotisme? A la différence de la république, et à la ressemblance de la monarchie, c'est un gouvernement existant. *C'est le gouvernement des Turcs, des Persans, du Japon, de la Chine, et de la plupart des pays d'Asie. Le gouvernement de pays immenses sous un climat dévorant* [...] *C'est le gouvernement des terres extrêmes, des étendues extrêmes, sous le ciel le plus ardent. C'est le gouvernement-limite, mais déjà la limite du gouvernement.» (L. Althusser,* Montesquieu, la politique et l'histoire, PUF, 1959).
A vrai dire, cet Orient despotique est plus un mythe qu'une réalité uniforme: «*dénoncé le mirage géographique du despotisme, reste une* idée du despotisme...» [...] «*Le despotisme est bien une* idée *politique, l'idée du mal absolu, l'idée de la limite même du politique comme tel*» (ibid.)
Le despotisme n'a pas de lois (pas de «lois fondamentales»). La délégation du pouvoir à un «grand vizir» est une loi passionnelle, non une loi politique: «*en despotisme toute la politique ne se réduit jamais qu'à la passion*» (ibid.)
Seule la religion joue, dans les régimes despotiques, l'équivalent d'une loi fondamentale. Mais en despotisme, «*la religion est elle-même despotique: c'est* une crainte ajoutée à la crainte» *(ibid.).* «*Sans transcendance politique ou juridique, donc sans passé ni avenir, le despotisme est le régime de l'instant. Cette précarité est si l'on peut dire, assurée par la disparition de toute* structure sociale [...] *Ici, dit Montesquieu, tous les hommes sont égaux, non parce qu'ils sont tout, comme en démocratie, mais* parce qu'ils ne sont rien [...] *Ce gouvernement qui règne sur des espaces démesurés, est comme privé* d'espace social [...] Espace sans lieu, temps sans durée».

L. Althusser, *ibid.*

Frontispice, Eisen, gravé par Le Mire. (BN).

III - DESPOTISME

A - POUVOIR UNIQUE ET POUVOIRS DÉLÉGUÉS

Il résulte de la nature du pouvoir despotique que l'homme seul qui l'exerce le fasse de même exercer par un seul. Un homme à qui ses cinq sens disent sans cesse qu'il est tout, et que les autres ne sont rien, est naturellement paresseux, ignorant, voluptueux. Il abandonne donc les affaires. Mais, s'il les confiait à plusieurs, il y aurait des disputes entre eux; on ferait des brigues pour être le premier esclave; le prince serait obligé de rentrer dans l'administration. Il est donc plus simple qu'il abandonne à un vizir qui aura d'abord la même puissance que lui. L'établissement d'un vizir est, dans cet État, une loi fondamentale.

On dit qu'un pape, à son élection, pénétré de son incapacité, fit d'abord des difficultés infinies. Il accepta enfin et livra à son neveu toutes les affaires. Il était dans l'admiration, et disait: «Je n'aurais jamais cru que cela eût été si aisé.» Il en est de même des princes d'Orient. Lorsque de cette prison, où des eunuques leur ont affaibli le cœur et l'esprit, et souvent leur ont laissé ignorer leur état même, on les tire pour les placer sur le trône, ils sont d'abord étonnés; mais, quand ils ont fait un vizir, et que dans leur sérail ils se sont livrés aux passions les plus brutales; lorsqu'au milieu d'une cour abattue ils ont suivi leurs caprices les plus stupides, ils n'auraient jamais cru que cela eût été si aisé.

Plus l'empire est étendu, plus le sérail s'agrandit, et plus, par conséquent, le prince est enivré de plaisirs. Ainsi, dans ces États, plus le prince a de peuples à gouverner, moins il pense au gouvernement; plus les affaires y sont grandes, et moins on y délibère sur les affaires.

l'Esprit des lois, Livre II, § V, 1748.

B - PRINCIPE DU GOUVERNEMENT DESPOTIQUE

Comme il faut de la vertu dans une république, et dans une monarchie, de l'honneur, il faut de la CRAINTE dans un gouvernement despotique: pour la vertu, elle n'y est point nécessaire, et l'honneur y serait dangereux.

Le pouvoir immense du prince y passe tout entier à ceux à qui il le confie. Des gens capables de s'estimer beaucoup eux-mêmes seraient en état d'y faire des révolutions. Il faut donc que la crainte y abatte tous les courages, et y éteigne jusqu'au moindre sentiment d'ambition.

Un gouvernement modéré peut, tant qu'il veut, et sans péril, relâcher ses ressorts. Il se maintient par ses lois et par sa force même. Mais lorsque, dans le gouvernement despotique, le prince cesse un moment de lever le bras; quand il ne peut pas anéantir à l'instant ceux qui ont les premières places, tout est perdu: car le ressort du gouvernement, qui est la crainte, n'y étant plus, le peuple n'a plus de protecteur.

l'Esprit des lois, Livre III, § IX, 1748.

C - EDUCATION

L'extrême obéissance suppose de l'ignorance dans celui qui obéit ; elle en suppose même dans celui qui commande ; il n'a point à délibérer, à douter, ni à raisonner, il n'a qu'à vouloir.

Dans les États despotiques, chaque maison est un empire séparé. L'éducation, qui consiste principalement à vivre avec les autres, y est donc très bornée ; elle se réduit à mettre la crainte dans le cœur, et à donner à l'esprit la connaissance de quelques principes de religion fort simples. Le savoir y sera dangereux, l'émulation funeste : et, pour les vertus, Aristote ne peut croire qu'il y en ait quelqu'une de propre aux esclaves, ce qui bornerait bien l'éducation dans ce gouvernement.

L'éducation y est donc en quelque façon nulle. Il faut ôter tout, afin de donner quelque chose ; et commencer par faire un mauvais sujet, pour faire un bon esclave.

l'Esprit des lois, Livre IV, § III, 1748.

D - CORRUPTION DU DESPOTISME

Le principe du gouvernement despotique se corrompt sans cesse, parce qu'il est corrompu par sa nature. Les autres gouvernements périssent, parce que des accidents particuliers en violent le principe : celui-ci périt par son vice intérieur lorsque quelques causes accidentelles n'empêchent point son principe de se corrompre. Il ne se maintient donc que quand des circonstances tirées du climat, de la religion, de la situation ou du génie du peuple, le forcent à suivre quelque ordre, et à souffrir quelque règle. Ces choses forcent sa nature sans la changer ; sa férocité reste ; elle est pour quelque temps apprivoisée.

l'Esprit des lois, Livre VIII, § X, 1748.

«THÉORIE DES CLIMATS», II (voir n° 113 b)

Avec cette délicatesse d'organes que l'on a dans les pays chauds, l'âme est souverainement émue par tout ce qui a du rapport à l'union des deux sexes : tout conduit à cet objet.

Dans les climats du nord, à peine le physique de l'amour a-t-il la force de se rendre bien sensible ; dans les climats tempérés, l'amour, accompagné de mille accessoires, se rend agréable par des choses qui d'abord semblent être lui-même, et ne sont pas encore lui ; dans les climats plus chauds, on aime l'amour pour lui-même ; il est la cause unique du bonheur ; il est la vie.

Dans les pays du midi, une machine délicate, faible, mais sensible, se livre à un amour qui, dans un sérail, naît et se calme sans cesse ; ou bien à un amour qui, laissant les femmes dans une plus grande indépendance, est exposé à mille troubles. Dans les pays du nord, une machine saine et bien constituée, mais lourde, trouve ses plaisirs dans tout ce qui peut remettre les esprits en mouvement : la chasse, les voyages, la guerre, le vin. Vous trouverez dans les climats du nord des peuples qui ont peu de vices, assez de vertus, beaucoup de sincérité et de franchise. Approchez des pays du midi, vous croirez vous éloigner de la morale même : des passions plus vives multiplieront les crimes ; chacun cherchera à prendre sur les autres tous les avantages qui peuvent favoriser ces mêmes passions. Dans les pays tempérés, vous verrez des peuples inconstants dans leurs manières, dans leurs vices même, et dans leurs vertus ; le climat n'y a pas une qualité assez déterminée pour les fixer eux-mêmes.

La chaleur du climat peut être si excessive que le corps y sera absolument sans force. Pour lors l'abattement passera à l'esprit même ; aucune curiosité, aucune noble entreprise, aucun sentiment généreux ; les inclinations y seront toutes passives ; la paresse y sera le bonheur ; la plupart des châtiments y seront moins difficiles à soutenir que l'action de l'âme, et la servitude moins insupportable que la force d'esprit qui est nécessaire pour se conduire soi-même.

l'Esprit des lois, Livre XIV, § II, 1748.

XVIIIe SIÈCLE, XXe SIÈCLE

1 — Définitions de termes. Cherchez le mot despotisme dans un dictionnaire. Quels synonymes de ce terme vous y sont proposés ? Que signifient-ils exactement ? Quand sont-ils apparus ?

2 — Les divers équivalents du despotisme sont-ils effectivement, comme le pense L. Althusser, «sans lieu ni durée ?» Dans quelles circonstances particulières ont surgi les régimes politiques qu'ils qualifient ? Peut-on toutefois dégager des constantes dans leur structure politique, au-delà des circonstances qui les ont produits ou favorisés ?

3 — Quel autre système d'appréhension du politique pourrait-on opposer à celui de Montesquieu, qui se veut dégagé des implications historiques ?

4 — DOSSIER : quels pays actuels qualifie-t-on aujourd'hui de «despotiques ?» Quels sont les critères modernes ? En quoi l'analyse de Montesquieu est-elle encore opératoire ?

116 Charles PALISSOT (1730-1814)

1760 est une année noire pour Diderot : abandonné par ses amis, attaqué de toutes parts, il rédige ses articles clandestinement (voir la lutte pour l'Encyclopédie, *n° 87 b). Lefranc de Pompignan se livre aux critiques les plus vives dans son discours de réception à l'Académie Française, les Jésuites ne désarment pas et Palissot fait jouer les* Philosophes *avec l'appui de Choiseul, le ministre des Affaires Étrangères, et du Dauphin. Dortidius est, dans cette comédie, le personnage le plus honni : Damis le héros positif le stigmatise en ces termes :*
« Et je ne lui trouvai, pour le peindre en deux mots, Qu'un froid enthousiasme imposant pour les sots. » (acte II, sc. 5).

Suivant le procédé molièresque des Femmes Savantes, *Palissot décrit une Cydalise sous l'influence néfaste des philosophes destructeurs de la morale, de la religion, de la famille et de la patrie. En 1760, surprenant ses amis (en particulier l'abbé Morellet qui sera embastillé pour avoir écrit une* Vision de Charles Palissot), *Diderot ne répond pas à Palissot. C'est dans le posthume* Neveu de Rameau *que Palissot trouvera un adversaire à la plume acérée.*

DAMIS

Hé ! quel bien a produit cette philosophie ?
Je ne découvre pas ces succès éclatants,
Je vois autour de moi de petits importants
Qui, pour avoir un ton enrôlés dans la secte,
Pensent avoir perdu leur qualité d'insecte,
Se croyant une cour et des admirateurs,
Pour le malheur des arts, devenus protecteurs,
Ne se réveillant pas aux traits de la satire,
Et ne devinant rien à ces éclats de rire
Dont en tous lieux pourtant on les voit poursuivis,
Préférant à l'honneur de servir leur pays
L'état de colporteur de la philosophie :
Sont-ce là les succès dont on se glorifie ?

CYDALISE

J'admire vos raisons, elles sont d'un grand poids,
Et vous me citez là des exemples de choix
Bien dignes en effet d'appuyer votre cause.
Mais un abus jamais prouva-t-il quelque chose ?
Faudrait-il renoncer pour quelques importuns ?...

DAMIS

Madame, ces abus deviennent trop communs.
J'en prévois pour les mœurs d'étranges catastrophes,
Et je suis alarmé de tant de philosophes.

CYDALISE

Restez, monsieur, restez dans votre opinion.
Il n'est point de remède à la prévention ;
A penser autrement vous auriez du scrupule ;
Hé ! que peut la raison sur un esprit crédule ?

DAMIS

On croit avoir tout dit, madame, avec ce mot ;
Crédule est devenu l'équivalent de *sot*.
Aux yeux de bien des gens du moins la chose est claire.
Pour moi, que ces gens-là ne persuadent guère
Et que leur ton railleur n'épouvanta jamais,
J'ai mon avis, madame, et si je leur déplais,
J'en gémis, mais sur eux. Je crois ce qu'il faut croire ;
J'ose le déclarer, je le dois, j'en fais gloire.
Ces messieurs peuvent rire, et sans m'humilier :
Il faut bien leur laisser le droit de s'égayer.
Mais moi, j'ose à mon tour les trouver ridicules,
Et souvent la bêtise a fait des incrédules [1].

CYDALISE

Voilà parler en sage, et je vous applaudis ;
C'est très bien fait à vous que d'avoir un avis.
Mais, sans nous égarer dans ces hautes matières,
Je sais ce que je dois aux talents, aux lumières
De ces hommes de bien que vous persécutez.

DAMIS

Ils vous ont donc appris de grandes vérités.
Je ne le croyais pas. Ils ont l'art de détruire ;
Mais ils n'élèvent rien, et ce n'est pas instruire.
Quel fruit attendez-vous de leurs vains arguments ?
Je n'en prévois que trop les effets affligeants.
Vous irez sur leurs pas, de sophisme en sophisme [2],
Vous perdre dans la nuit d'un triste pyrrhonisme [3].
Ah ! renoncez, madame, à ces perturbateurs ;
Ce sont eux que l'on doit nommer persécuteurs.
Abjurez une erreur qui vous est étrangère,
Et reprenez enfin votre vrai caractère.

les Philosophes, acte II, scène 5, 1760.

(1) « L'incrédulité est quelquefois le vice d'un sot, et la crédulité le défaut d'un homme d'esprit. L'homme d'esprit voit loin dans l'immensité des possibles ; le sot ne voit guère de possible que ce qui est. C'est là peut-être ce qui rend l'un pusillanime, et l'autre téméraire. »
Diderot, Pensées philosophiques, XXII, 1746

(2) Raisonnement faux ayant les apparences de la logique destiné à induire l'interlocuteur en erreur.
(3) Pyrrhon (360-270) philosophe grec qui aurait enseigné le doute universel ou scepticisme radical.

1 — *Relevez et séparez les attaques personnelles et les attaques idéologiques. Examinez les arguments : à quelles valeurs se réfèrent-ils ?*

2 — *Palissot retourne le texte de Diderot à sa manière, au vers 37. Expliquez ce retournement et sa valeur polémique.**

3 — *Connaissez-vous d'autres discours (parmi ceux de nos contemporains, par exemple) fondés sur les mêmes arguments (« ils » ne savent que détruire) ? Qui sont ceux qui les emploient ? Que pensez-vous de leur efficacité ?*

4 — *a) la définition que fait Bazile de* la Calomnie *correspond-elle à l'entreprise de Palissot ?*
b) Expliquez les termes musicaux qui régissent cette définition dans le texte de Beaumarchais. Comment les retrouve-t-on dans le livret de Cesare Sterbini ?

BEAUMARCHAIS, 1775

Dans le Barbier de Séville *(voir n° 141), le valet venimeux du vieux barbon Bartholo, Bazile, conseille à son maître une méthode radicale pour se débarrasser d'un rival gênant : au meurtre, Bazile préfère la calomnie. En 1816, Rossini (1792-1868) adapte pour l'opéra la pièce de Beaumarchais sur un livret de Cesare Sterbini.*

BAZILE.

Bone Deus! Se compromettre ! Susciter une méchante affaire, à la bonne heure ; et pendant la fermentation, calomnier à dire d'experts ; *concedo.*

BARTHOLO.

Singulier moyen de se défaire d'un homme !

BAZILE.

La calomnie, monsieur ! vous ne savez guère ce que vous dédaignez ; j'ai vu les plus honnêtes gens prêts d'en être accablés. Croyez qu'il n'y a pas de plate méchanceté, pas d'horreurs, pas de conte absurde, qu'on ne fasse adopter aux oisifs d'une grande ville en s'y prenant bien ; et nous avons ici des gens d'une adresse !... D'abord, un bruit léger rasant le sol comme l'hirondelle avant l'orage, *pianissimo,* murmure et file et sème en courant le trait empoisonné. Telle bouche le recueille, et *piano, piano* vous le glisse en l'oreille adroitement. Le mal est fait ; il germe, il rampe, il chemine, et *rinforzando* de bouche en bouche il va le diable ; puis, tout à coup, ne sait comment, vous voyez la calomnie se dresser, siffler, s'enfler, grandir à vue d'œil. Elle s'élance, étend son vol, tourbillonne, enveloppe, arrache, éclate et tonne, et devient, grâce au ciel, un cri général, un *crescendo* public, un *chorus* universel de haine et de proscription. Qui diable y résisterait ?

le Barbier de Séville ou la Précaution inutile, acte II, scène 8, 1775.

Huber, *Souper des philosophes,* musée Carnavalet, (Giraudon).

ROSSINI, STERBINI, 1816

BASILIO.
No? Uditemi e tacete.

n° 6 - Aria

La calunnia è un venticello,
un'auretta assai gentile
che insensibile e sottile,
leggermente, dolcemente,
incomincia, incomincia a sussurar.
Piano piano, terra terra,
sottovoce, sibilando,
va scorrendo, va scorrendo,
va ronzando, va ronzando ;
nell'orecchie della gente
s'introduce, s'introduce destramente
e le teste ed i cervelli,

fa stordire, fa stordire,
fa stordire e fa gonfiar.
Dalla bocca fuori uscendo
lo schiamazzo va crescendo ;
prende forza a poco a poco,
vola già di loco in loco ;
sembra il tuono, la tempesta
che nel sen della foresta
va fischiando, brontolando,
e ti fa d'orror gelar.
Alla fin trabocca e scoppia,
si propaga, si raddoppia
e produce un'esplosione
come un colpo di cannone,

un tremuoto, un temporale,

un tumulto generale
che fa l'aria rimbombar,

E il meschino calunniato,
avvilito, calpestato,
sotto il pubblico flagello
per gran sorte va a crepar.

E il meschino calunniato,
avvilito, calpestato,
sotto il pubblico flagello
per gran sorte va a crepar.

sotto il pubblico flagello
per gran sorte va a crepar,

si, va a crepar, *etc.*

BAZILE.
Eh bien, taisez-vous, écoutez-moi.

n° 6 - Air

La calomnie est une brise,
Un zéphyr assez charmant,
Qui, subtil, insensible.
Légèrement, tout doucement,
Commence, commence par murmurer.
Piano, piano, rasant la terre,
A voix basse, elle va sifflant,
Puis se répand, se répand,
Se répand en bourdonnant ;
dans l'oreille du public,
Elle se glisse, elle se glisse adroitement,
Elle étourdit la tête,

Elle étourdit, elle étourdit
Et fait gonfler la tête.
S'échappant de la bouche,
Le vacarme va croissant
Et grandit de jour en jour,
Le voilà courant partout ;
On dirait une tempête
Au fond des forêts,
Qui roule et gronde et clame,
Et vous fait d'horreur trembler.
Elle crève enfin, elle déborde,
Se propage et se redouble,
Et produit une explosion
Comme un vrai coup de canon,

Un séisme, un ouragan,

Un tumulte général
Qui retentit dans l'air,

Et le pauvre calomnié,
Avili, foulé aux pieds,
Sous la réprobation publique,
N'a plus guère qu'à crever.

Et le pauvre calomnié,
Avili, foulé aux pieds,
Sous la réprobation publique,
N'a plus guère qu'à crever.

Sous la réprobation publique,
N'a plus guère qu'à crever,

Oui, à crever, *etc.*

le Barbier de Séville. Opéra-bouffe en deux actes, acte I, scène 8, 1816.
(trad. Michel Orcel, *l'Avant-Scène,* nov.-déc. 1981).

117 L'Abbé PRÉVOST (1697-1763)

L'Abbé Antoine-François Prévost d'Exiles (1697-1763) publia d'abord L'Histoire du Chevalier des Grieux et de Manon Lescaut *comme suite des* Mémoires d'un homme de qualité qui s'est retiré du monde *dont les derniers tomes avaient paru en 1729..*

L'homme de qualité, le marquis de Renoncour, rencontre le jeune des Grieux à Pacy-sur-Eure, alors que celui-ci suit une jeune femme perdue dans un convoi de filles publiques en partance pour la Nouvelle-Orléans. Emu par le jeune homme, il l'aide à poursuivre sa triste escorte. Deux ans plus tard, à Calais, il le revoit, défait, sans celle qu'il suivait... Le marquis écoute alors le récit des aventures de Des Grieux...

Issu d'une famille noble et honnête, celui-ci suivait des études de philosophie à Amiens quand arriva l'imprévisible amour d'une jeune fille nommée Manon. Dès lors, tout se précipite : la fuite à Paris, le manque d'argent, le besoin de luxe de Manon et finalement l'infidélité vénale pour un riche fermier général qui dénonce des Grieux à son père, d'accord avec la traîtresse... Repris par son milieu social, des Grieux entre au séminaire de Saint-Sulpice et un an après, alors qu'il soutient un exercice de théologie à la Sorbonne, Manon revient et il la suit (texte cité). Amour, jeu, escroqueries diverses, prison, évasion, nouvelle incarcération et pour finir déportation se suivent dans le Paris de la Régence. La boucle se referme, les héros repassent à Pacy-sur-Eure pour s'abîmer en Amérique. Après avoir rêvé un instant sortir du cercle vicieux, voici que des Grieux croit tuer en duel, pour Manon, le fils du gouverneur, et que les deux amants s'enfuient dans le désert : Manon meurt d'épuisement (voir n° 118 a). Des Grieux reviendra en France, guidé par un fidèle ami, Tiberge, qu'il n'a, jusqu'ici, cessé de tromper. Désespéré, il ne peut que revenir dans son propre milieu familial qui l'attend privé de son père, à la mort duquel il pense avoir contribué.

Lefèvre, *Manon Lescaut,* 1797, (BN).

Le Nain, *Manon Lescaut, 1881,* (BN).

Il était six heures du soir. On vint m'avertir, un moment après mon retour, qu'une dame demandait à me voir. J'allai au parloir sur-le-champ. Dieux! quelle apparition surprenante! j'y trouvai Manon. C'était elle, mais plus aimable et plus brillante que je ne l'avais jamais vue. Elle était dans sa dix-huitième année. Ses charmes surpassaient tout ce qu'on peut décrire. C'était un air si fin, si doux, si engageant, l'air de l'Amour même. Toute sa figure me parut un enchantement.

Je demeurai interdit à sa vue, et ne pouvant conjecturer quel était le dessein de cette visite, j'attendais, les yeux baissés et avec tremblement, qu'elle s'expliquât. Son embarras fut, pendant quelque temps, égal au mien, mais, voyant que mon silence continuait, elle mit la main devant ses yeux, pour cacher quelques larmes. Elle me dit, d'un ton timide, qu'elle confessait que son infidélité méritait ma haine ; mais que, s'il était vrai que j'eusse jamais eu quelque tendresse pour elle, il y avait eu, aussi, bien de la dureté à laisser passer deux ans sans prendre soin de s'informer de son sort, et qu'il y en avait beaucoup encore à la voir dans l'état où elle était en ma présence, sans lui dire une parole. Le désordre de mon âme, en l'écoutant, ne saurait être exprimé.

Elle s'assit. Je demeurai debout, le corps à demi tourné, n'osant l'envisager directement. Je commençai plusieurs fois une réponse, que je n'eus pas la force d'achever. Enfin, je fis un effort pour m'écrier douloureusement : Perfide Manon! Ah perfide! perfide! Elle me répéta, en pleurant à chaudes larmes, qu'elle ne prétendait point justifier sa perfidie. Que prétendez-vous donc? m'écriai-je encore. Je prétends mourir, répondit-elle, si vous ne me rendez votre cœur, sans lequel il est impossible que je vive. Demande donc ma vie, infidèle! repris-je en versant moi-même des pleurs, que je m'efforçai en vain de retenir. Demande ma vie, qui est l'unique chose qui me reste à te sacrifier; car mon cœur n'a jamais cessé d'être à toi. A peine eus-je achevé ces derniers mots, qu'elle se leva avec transport pour venir m'embrasser. Elle m'accabla de mille caresses passionnées. Elle m'appela par tous les noms que l'amour invente pour exprimer ses plus vives tendresses. Je n'y répondais encore qu'avec langueur. Quel passage, en effet, de la situation tranquille où j'avais été, aux mouvements tumultueux que je sentais renaître! J'en étais épouvanté. Je frémissais comme il arrive lorsqu'on se trouve la nuit dans une campagne écartée : on se croit transporté dans un nouvel ordre de choses; on y est saisi d'une horreur (1) secrète dont on ne se remet qu'après avoir considéré longtemps tous les environs.

Nous nous assîmes l'un près de l'autre. Je pris ses mains dans les miennes. Ah! Manon, lui dis-je en la regardant d'un œil triste, je ne m'étais pas attendu à l noire trahison dont vous avez payé mon amour. Il vous était bien facile de trompe un cœur dont vous étiez la souveraine absolue, et qui mettait toute sa félicité à vous plaire et à vous obéir. Dites-moi maintenant si vous en avez trouvé d'aussi tendres e d'aussi soumis. Non, non, la Nature n'en fait guère de la même trempe que le mien. Dites-moi, du moins, si vous l'avez quelquefois regretté. Quel fond dois-je faire sur c retour de bonté qui vous ramène aujourd'hui pour le consoler? Je ne vois que tro que vous êtes plus charmante que jamais; mais au nom de toutes les peines que j' souffertes pour vous, belle Manon, dites-moi si vous serez plus fidèle.

Elle me répondit des choses si touchantes sur son repentir, et elle s'engagea à la fidélité par tant de protestations et de serments, qu'elle m'attendrit à un degré inexprimable. Chère Manon! lui dis-je, avec un mélange profane d'expressions amoureuses et théologiques, tu es trop adorable pour une créature. Je me sens le cœur emporté par une délectation (2) victorieuse. Tout ce qu'on dit de la liberté à Saint-Sulpice est une chimère. Je vais perdre ma fortune et ma réputation pour toi, je le prévois bien; je lis ma destinée dans tes beaux yeux; mais de quelles pertes ne serai-je pas consolé par ton amour! Les faveurs de la fortune ne me touchent point; la gloire me paraît une fumée; tous mes projets de vie ecclésiastique étaient de folles imaginations; enfin tous les biens différents de ceux que j'espère avec toi sont des biens méprisables, puisqu'ils ne sauraient tenir un moment, dans mon cœur, contre un seul de tes regards.

En lui promettant néanmoins un oubli général de ses fautes, je voulus être informé de quelle manière elle s'était laissée séduire par B... Elle m'apprit que, l'ayant vue à sa fenêtre, il était devenu passionné pour elle; qu'il avait fait sa déclaration en fermier général (3), c'est-à-dire en lui marquant dans une lettre que le payement serait proportionné aux faveurs; qu'elle avait capitulé d'abord, mais sans autre dessein que de tirer de lui quelque somme considérable qui pût servir à nous faire vivre commodément; qu'il l'avait éblouie par de si magnifiques promesses, qu'elle s'était laissée ébranler par degrés; que je devais juger pourtant de ses remords par la douleur dont elle m'avait laissé voir des témoignages, la veille de notre séparation; que, malgré l'opulence dans laquelle il l'avait entretenue, elle n'avait jamais goûté de bonheur avec lui, non seulement parce qu'elle n'y trouvait point, me dit-elle, la délicatesse de mes sentiments et l'agrément de mes manières, mais parce qu'au milieu même des plaisirs qu'il lui procurait sans cesse, elle portait, au fond du cœur, le souvenir de mon amour, et le remords de son infidélité. Elle me parla de Tiberge et de la confusion extrême que sa visite lui avait causée. Un coup d'épée dans le cœur, ajouta-t-elle, m'aurait moins ému le sang. Je lui tournai le dos, sans pouvoir soutenir un moment sa présence. Elle continua de me raconter par quels moyens elle avait été instruite de mon séjour à Paris, du changement de ma condition, et de mes exercices de Sorbonne. Elle m'assura qu'elle avait été si agitée, pendant la dispute (4), qu'elle avait eu beaucoup de peine, non seulement à retenir ses larmes, mais ses gémissements mêmes et ses cris, qui avaient été plus d'une fois sur le point d'éclater. Enfin, elle me dit qu'elle était sortie de ce lieu la dernière, pour cacher son désordre, et que, ne suivant que le mouvement de son cœur et l'impétuosité de ses désirs, elle était venue droit au séminaire, avec la résolution d'y mourir si elle ne me trouvait pas disposé à lui pardonner.

Où trouver un barbare qu'un repentir si vif et si tendre n'eût pas touché? Pour moi, je sentis, dans ce moment, que j'aurais sacrifié pour Manon tous les évêchés du monde chrétien. Je lui demandai quel nouvel ordre elle jugeait à propos de mettre dans nos affaires. Elle me dit qu'il fallait sur-le-champ sortir du séminaire, et remettre à nous arranger dans un lieu plus sûr. Je consentis à toutes ses volontés sans réplique. Elle entra dans son carrosse, pour aller m'attendre au coin de la rue. Je m'échappai un moment après, sans être aperçu du portier. Je montai avec elle. Nous passâmes à la friperie (5). Je repris les galons et l'épée. Manon fournit aux frais, car j'étais sans un sou; et dans la crainte que je ne trouvasse de l'obstacle à ma sortie de Saint-Sulpice, elle n'avait pas voulu que je retournasse un moment à ma chambre pour y prendre mon argent. Mon trésor, d'ailleurs, était médiocre, et elle assez riche des libéralités de B... pour mépriser ce qu'elle me faisait abandonner.

Histoire du Chevalier des Grieux et de Manon Lescaut,
première partie, 1731.

1 — *Donnez, parmi les plans possibles du texte, celui qui correspond aux reculs par paliers de Des Grieux devant Manon.*

2 — *En quoi cette scène peut-elle être assimilée à une scène de drame: où y a-t-il pantomime*? Où y a-t-il pathétique*?*

3 — *Quelles sont les «expressions amoureuses et théologiques» dont des Grieux assure l'interpénétration? Qu'entraîne ce mélange pour la signification du roman?*

Johannot, ***Manon Lescaut, 1839,*** **(BN).**

Desenne, *Manon Lescaut,* 1818, (BN).

Rossi, ***Manon Lescaut, 1892,*** **(BN).**

Notes :
(1) Impression physique : sorte de frisson.
(2) «Terme théologique qui signifie plaisir, goût qu'on prend à faire quelque chose» Prévost. Manuel lexique. *On oppose les délectations de la grâce à celles de la nature.*
(3) Les fermiers généraux représentaient alors le corps le plus riche de France: ils étaient chargés depuis 1720 de relever les droits de consommation contre le versement d'une taxe fixe à l'Etat.
(4) Le débat avec les auditeurs-étudiants et professeurs.
(5) Endroit où l'on achetait des vêtements tout faits, neufs ou anciens.

Je passai la nuit entière à veiller près d'elle, et à prier le Ciel de lui accorder un sommeil doux et paisible. O Dieu ! que mes vœux étaient vifs et sincères ! et par quel rigoureux jugement aviez-vous résolu de ne les pas exaucer !

Pardonnez, si j'achève en peu de mots un récit qui me tue. Je vous raconte un malheur qui n'eut jamais d'exemple. Toute ma vie est destinée à le pleurer. Mais, quoique je le porte sans cesse dans ma mémoire, mon âme semble reculer d'horreur, chaque fois que j'entreprends de l'exprimer.

Nous avions passé tranquillement une partie de la nuit. Je croyais ma chère maîtresse endormie et je n'osais pousser le moindre souffle, dans la crainte de troubler son sommeil. Je m'aperçus dès le point du jour, en touchant ses mains, qu'elles les avait froides et tremblantes. Je les approchai de mon sein, pour les échauffer. Elle sentit ce mouvement, et, faisant un effort pour saisir les miennes, elle me dit, d'une voix faible, qu'elle se croyait à sa dernière heure. Je ne pris d'abord ce discours que pour un langage ordinaire dans l'infortune, et je n'y répondis que par les tendres consolations de l'amour. Mais, ses soupirs fréquents, son silence à mes interrogations, le serrement de ses mains, dans lesquelles elle continuait de tenir les miennes me firent connaître que la fin de ses malheurs approchait. N'exigez point de moi que je vous décrive mes sentiments, ni que je vous rapporte ses dernières expressions. Je la perdis ; je reçus d'elle des marques d'amour, au moment même qu'elle expirait. C'est tout ce que j'ai la force de vous apprendre de ce fatal et déplorable événement.

Mon âme ne suivit pas la sienne. Le Ciel ne me trouva point, sans doute, assez rigoureusement puni. Il a voulu que j'aie traîné, depuis, une vie languissante et misérable. Je renonce volontairement à la mener jamais plus heureuse.

Je demeurai plus de vingt-quatre heures la bouche attachée sur le visage et sur les mains de ma chère Manon. Mon dessein était d'y mourir ; mais je fis réflexion, au commencement du second jour, que son corps serait exposé, après mon trépas, à devenir la pâture des bêtes sauvages. Je formai la résolution de l'enterrer et d'attendre la mort sur sa fosse. J'étais déjà si proche de ma fin, par l'affaiblissement que le jeûne et la douleur m'avaient causé, que j'eus besoin de quantité d'efforts pour me tenir debout. Je fus obligé de recourir aux liqueurs que j'avais apportées. Elles me rendirent autant de force qu'il en fallait pour le triste office que j'allais exécuter. Il ne m'était pas difficile d'ouvrir la terre, dans le lieu où je me trouvais. C'était une campagne couverte de sable. Je rompis mon épée, pour m'en servir à creuser, mais j'en tirai moins de secours que de mes mains. J'ouvris une large fosse. J'y plaçai l'idole de mon cœur, après avoir pris soin de l'envelopper de tous mes habits, pour empêcher le sable de la toucher. Je ne la mis dans cet état qu'après l'avoir embrassée mille fois, avec toute l'ardeur du plus parfait amour. Je m'assis encore près d'elle. Je la considérai longtemps. Je ne pouvais me résoudre à fermer la fosse. Enfin, mes forces recommençant à s'affaiblir, et craignant d'en manquer tout à fait avant la fin de mon entreprise, j'ensevelis pour toujours dans le sein de la terre ce qu'elle avait porté de plus parfait et de plus aimable. Je me couchai ensuite sur la fosse, le visage tourné vers le sable, et fermant les yeux avec le dessein de ne les ouvrir jamais, j'invoquai le secours du Ciel et j'attendis la mort avec impatience. Ce qui vous paraîtra difficile à croire, c'est que, pendant tout l'exercice de ce lugubre ministère, il ne sortit point une larme de mes yeux ni un soupir de ma bouche. La consternation profonde où j'étais et le dessein déterminé de mourir avaient coupé le cours à toutes les expressions du désespoir et de la douleur. Aussi, ne demeurai-je pas longtemps dans la posture où j'étais sur la fosse, sans perdre le peu de connaissance et de sentiment qui me restait.

l'Histoire du Chevalier des Grieux et de Manon Lescaut, deuxième partie, 1731.

Ill. Johannot, 1839, *Manon Lescaut,* (Bibl. Nat. Paris).

L'Abbé Prévost, outre les Mémoires d'un homme de qualité, Manon Lescaut *(1731),* le Doyen de Killerine *(1735) et* Cleveland *(1732-1739) a aussi beaucoup lu et beaucoup traduit les romans anglais du moment. Richardson (1689-1761), pour lequel la France se passionna, a été pour la première fois traduit en français par Prévost;* Paméla *(1742) et* Grandison *(1751) mais surtout* Clarisse Harlowe *traduit en 1751, pénétrèrent en France grâce à lui. La traduction en était malheureusement tronquée et plate: le texte de* Clarissa, *par exemple, se terminait sur le testament de Clarisse sans que la mort ni l'enterrement ne soient évoqués. En 1762, Suard traduira les lettres posthumes et le passage sur l'enterrement de Clarisse. Nous donnons dans ce dossier la traduction de Prévost (118 b) et celle de Le tourneur (118 a), le grand traducteur de Shakespeare et de Young* (voir n° 160 b).

Clarisse Harlowe (Clarissa or the History of a young lady, *1748) est un roman par lettres dans lequel une jeune fille vertueuse est persécutée et bafouée (au contraire de Paméla où la vertu est récompensée). On veut d'abord qu'elle épouse Somes pour l'intérêt de sa famille. Elle se réfugie sous la protection d'un libertin, Lovelace qui cherche à l'entraîner sur la voie de la prostitution.*

Clarisse, sans défaillir, reste vierge et vertueuse jusqu'à ce que Lovelace la drogue et la viole. Déshonorée, elle mourra de chagrin dans un hospice londonien. Son enterrement sera suivi par tous, avec une immense émotion.

Dès lors, des romans les plus moraux aux romans vertigineux du divin Marquis (voir n° 182) on suivra cette trame avec émotion ou délectation.

RICHARDSON, 1748
La traduction de Le tourneur, 1786
LETTRE XLIX M. Morden à M. Beldford. Jeudi soir, 14 septembre.

Toute la solennité s'est passée dans le meilleur ordre et avec la plus grande décence. La distance du château d'Harlove à l'église est à peu près d'un demi-mille. Le corps a été accompagné et entouré, dans toute la longueur de ce chemin, par mille personnes de tous les ordres. A neuf heures, on l'a entré dans l'église, déjà remplie d'une foule qui se pressait de tous côtés. Cependant, je n'ai jamais vu régner un silence si profond et si respectueux, aux funérailles même des princes. L'attention sérieuse et la tristesse étaient empreintes sur tous les visages.

L'oraison funèbre, prononcée par M. Melvill, a été fort touchante. Souvent il essuyait ses larmes, et en faisait couler avec plus d'abondance encore des yeux de tous ceux qui l'écoutaient. Les auditeurs ont surtout montré de l'émotion, quand il leur a dit que le texte qu'il avait pris était le choix de celle qui était l'objet de la triste cérémonie.

Il a fait l'énumération de ses belles qualités[...] Tous ceux qui étaient présents ne pouvaient s'empêcher de répéter à voix basse les uns aux autres, le bien qu'il en disait, comme en ayant été les témoins ou les objets. Voilà ce qu'on m'a dit après.

Lorsqu'il s'est tourné vers la place où, donnant l'exemple de la piété, assise ou à genoux, elle élevait son cœur à Dieu, tout l'auditoire s'est tourné du même côté, et y a porté ses regards respectueux, comme si elle y eût été présente encore. Quand il a fait mention de sa douceur, et de l'air de dignité qui soutenait en elle les vertus, un murmure universel d'approbation s'est fait entendre; et une pauvre femme, mais proprement mise, au-dessus du banc, où j'étais a dit que *c'était la bonté même,* qu'elle parlait à tout le monde!

Clarisse Harlowe, Lettre XLIX, 1748 (Trad. Le tourneur, 1786).

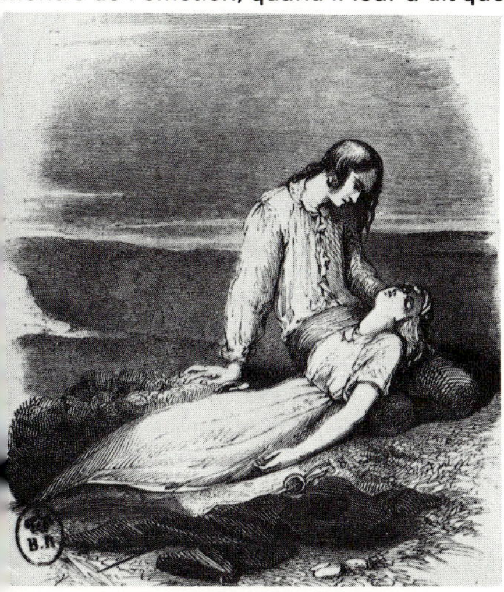

Ill. Desenne, 1818, *Manon Lescaut,* (Bibl. Nat. Paris).

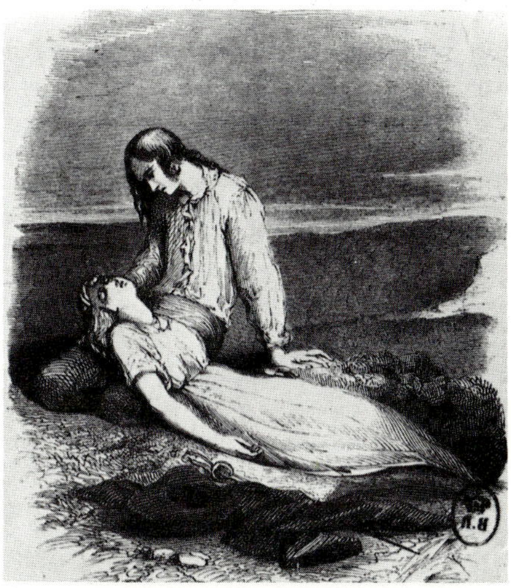

DENIS DIDEROT, 1762

Peintres, poètes, gens de goût, gens de bien, lisez Richardson ; lisez-le sans cesse.

Sachez que c'est à cette multitude de petites choses que tient l'illusion : il y a bien de la difficulté à les imaginer ; il y en a bien encore à les rendre. Le geste est quelquefois aussi sublime que le mot ; et puis ce sont toutes ces vérités de détail qui préparent l'âme aux impressions fortes des grands événements. Lorsque votre impatience aura été suspendue par ces délais momentanés qui lui servaient de digues, avec quelle impétuosité ne se répandra-t-elle pas au moment où il plaira au poète de les rompre ! C'est alors qu'affaissé de douleur ou transporté de joie, vous n'aurez plus la force de retenir vos larmes prêtes à couler, et de vous dire à vous-même : *Mais peut-être que cela n'est pas vrai.* Cette pensée a été éloignée de vous peu à peu ; et elle est si loin qu'elle ne se présentera pas.

Une idée qui m'est venue quelquefois en rêvant aux ouvrages de Richardson, c'est que j'avais acheté un vieux château ; qu'en visitant un jour ses appartements, j'avais aperçu dans un angle une armoire qu'on n'avait pas ouverte depuis longtemps, et que, l'ayant enfoncée, j'y avais trouvé pêle-mêle les lettres de Clarisse et de Paméla. Après en avoir lu quelques-unes, avec quel empressement ne les aurais-je pas [rangées] par ordre de dates ! Quel chagrin n'aurais-je pas ressenti, s'il y avait eu quelque lacune entre elles ! Croit-on que j'eusse souffert qu'une main téméraire (j'ai presque dit sacrilège) en eût supprimé une ligne ?

Vous qui n'avez lu les ouvrages de Richardson que dans votre élégante traduction française (1), et qui croyez les connaître, vous vous trompez. [...]

O Richardson ! j'oserai dire que l'histoire la plus vraie est pleine de mensonges, et que ton roman est plein de vérités. L'histoire peint quelques individus ; tu peins l'espèce humaine : l'histoire attribue à quelques individus ce qu'ils n'ont ni dit, ni fait ; tout ce que tu attribues à l'homme, il l'a dit et fait : l'histoire n'embrasse qu'une portion de la durée, qu'un point de la surface du globe ; tu as embrassé tous les lieux et tous les temps. Le cœur humain, qui a été, est et sera toujours le même, est le modèle d'après lequel tu copies. Si l'on appliquait au meilleur historien une critique sévère, y en a-t-il aucun qui la soutînt comme toi ? Sous ce point de vue, j'oserai dire que souvent l'histoire est un mauvais roman ; et que le roman, comme tu l'as fait, est une bonne histoire. O peintre de la nature ! c'est toi qui ne mens jamais.

Eloge de Richardson, 1762.

(1) L'Abbé Prévost.

SENAC DE MEILHAN, 1797

A l'extrême fin du siècle, Clarissa *est devenue une référence habituelle du roman par lettres ; souvent comparée à* la Nouvelle Héloïse *(voir n° 123), elle remporte tous les suffrages. Ici, la lecture émue du grand roman anglais nous est rapportée par une duchesse émigrée, dans un autre roman par lettres (voir n° 183).*

Mon intérêt pour l'admirable *Clarisse* croissait de page en page, et j'étais enchantée de la variété des caractères de tant de personnages, dont chacun a une manière particulière d'être affecté, et des expressions qui lui sont propres ; enfin l'assemblage des qualités des deux acteurs principaux de ce drame sublime, me paraissait ne rien laisser de plus à imaginer à l'esprit humain : en effet, quel plus ravissant spectacle, que celui d'un combat engagé entre une femme d'un esprit supérieur, et dont l'inébranlable vertu n'est mêlée que d'une légère teinte de faiblesse, nécessaire pour la distinguer d'une substance angélique, et un artificieux libertin, comblé des plus heureux dons de la nature, et dont les vices sont mélangés des plus estimables qualités, et revêtus des plus brillantes couleurs ! tels sont les adversaires que l'auteur s'est plu à mettre en opposition, et jamais on n'a mieux proportionné l'attaque et la défense ; mais ce n'était que par moments que je réfléchissais aux talents de l'auteur ; il disparaissait presque toujours, et j'étais au milieu des acteurs ; j'étais au château d'Harlove, et dans le village où se tenait *Lovelace* pour environner de pièges l'innocence et la vertu ; je voyais, j'entendais tous ses misérables agents s'occuper du succès des affreux complots, dont ils rapportaient avec admiration la gloire à leur dangereux chef. Je suis arrivée enfin, Madame, le cœur oppressé, et fondant en larmes, comme pour un malheur réel, à la plus affreuse catastrophe. Ensuite j'ai véritablement assisté à l'enterrement de l'infortunée *Clarisse.* Le bruit du char funèbre s'est fait entendre à moi, comme à ses parents, et le son des cloches a pénétré au fond de mon cœur. Voilà, Madame, ce que j'ai éprouvé à ma première lecture, que l'intérêt et la curiosité me pressaient d'achever : je ressemblais à un homme qui ayant fait quelques pas en essayant de descendre une haute montagne, est obligé de courir sans s'arrêter, et je n'ai comme lui contemplé qu'au bas de la montagne, l'espace que j'avais parcouru. C'est alors que réfléchissant, je me suis rendu compte de quelques circonstances qui m'avaient arrêtée un moment en lisant, sans qu'il me fût cependant possible, abandonnée entièrement au sentiment, de raisonner et d'approfondir ce qui me paraissait choquer un peu la vraisemblance.

l'Emigré, lettre LIV, 1797.

RICHARDSON, 1748 ;

La traduction de Prévost, 1751

TESTAMENT
DE CLARISSE HARLOVE

Moi, Clarisse Harlove, par une suite d'étranges et tristes accidents, logée actuellement dans la paroisse de Saint-Paul Covent-Garden, ayant le parfait et libre usage de mon jugement et de ma mémoire, dont fera foi, à ce que j'espère, le présent acte écrit en entier de ma propre main ce second jour de septembre de l'année 17.. de Notre-Seigneur, fais et rends notoire ma dernière volonté, comme il suit :

Je désire qu'après mon décès mon corps soit gardé pendant trois jours, ou jusqu'à ce qu'on connaisse comment mon père veut qu'on en dispose. Cependant, comme la cause de ma mort n'est pas douteuse, je ne veux pas qu'il soit ouvert, pour quelque raison ou prétexte que ce soit, et je désire qu'il n'y ait que des personnes de mon sexe qui y touchent. J'ai toujours ardemment souhaité que mon corps fût déposé dans le caveau de ma famille avec ceux de mes ancêtres ; si cela pouvait s'obtenir, je demanderais qu'il fût placé aux pieds de mon cher et honoré grand-père. Mais comme une malheureuse démarche a fait penser que j'étais devenue la honte de mes parents, et qu'en conséquence on pourrait me refuser ce dernier honneur, je désire en ce cas d'être enterrée dans le cimetière de la paroisse où je mourrai, d'y être portée avec le moins d'apparat possible, entre onze heures et minuit, accompagnée seulement de madame Lovick, de M. et madame Smith, et de la fille qui leur sert de domestique.

Mais je veux qu'on satisfasse aux mêmes redevances que celles qu'on a coutume de payer pour ceux qu'on enterre dans l'église, même auprès de l'autel, et je lègue cinq livres pour être distribuées par les diacres, et selon leur discrétion, à vingt pauvres, le dimanche après mon enterrement, lequel legs subsistera, que je sois ensevelie ici ou ailleurs.

J'ai déjà prescrit de bouche la manière dont je voulais être arrangée dans ma bière, d'abord après mon dernier soupir. Je désire de plus qu'on ne m'expose pas sans nécessité à la vue de qui que ce soit, à moins que quelqu'un de mes parents ne voulût jeter sur moi un dernier regard.

Je souhaiterais qu'on ne permît pas à M. Lovelace de me voir après ma mort, si cela se peut faire sans compromettre mon exécuteur testamentaire avec lui. Toutefois, comme c'est un homme qui ne peut souffrir d'opposition, et que je n'appartiens à personne, s'il veut absolument voir morte en effet celle qu'il a vue une fois comme morte, qu'il satisfasse sa vaine curiosité ; qu'il contemple mon cadavre, et triomphe sur les malheureux restes d'une victime que sa barbare perfidie s'est immolée.

Cependant, pour montrer que je meurs dans une parfaite charité envers tout le monde, je déclare que je pardonne absolument et sans réserve à M. Lovelace les torts qu'il m'a faits.

Si la bonté de mon père peut lui faire envisager la faute d'une enfant indigne de lui, comme ne méritant pas son indignation au point de lui refuser la demande que j'ai faite plus haut, d'être déposée aux pieds de mon grand-père, je souhaiterais, vu la publicité de mes malheurs, qu'avant de descendre mon corps dans le tombeau on prononçât sur mon cercueil un discours dont je donnerai le sujet à la fin de cet écrit. [...]

[*suivent les donations diverses aux principaux personnages du récit*].

J'ai renvoyé à la dernière partie de cet ennuyeux écrit, pour déterminer le sujet du discours que je souhaiterais qui fût prononcé à mes funérailles, si l'on voulait permettre que je fusse inhumée avec mes ancêtres. Je pense que le sujet suivant convient à mon cas particulier : « Qu'aveuglé par l'éclat de sa fortune, nul ne compte sur son bonheur ; ce n'est que vanité, et la catastrophe est à sa porte. Le jour de sa calamité devancera le terme qui lui était fixé. Il sera comme une vigne dont les raisins coulent avant la maturité, et comme un olivier qui laisse tomber sa fleur. *Job* XV, 31, 32, 33. »

Mais si je suis enterrée en ville, qu'on dise simplement sur mon corps le service ordinaire pour les morts.

Que si l'on permet que mon corps soit porté au château d'Harlove, je donne dix livres aux diacres, pour les distribuer aux pauvres de la paroisse qui en dépend, quinze jours après mon enterrement. [...]

Maintenant, mon bienheureux Rédempteur, j'embrasse d'une foi vive ta mort et tes souffrances, espérant que ton sang précieux me lavera de tous mes péchés. Je trouvais mes épreuves grandes, mais elles me semblent légères quand je considère l'espérance à laquelle j'ai été appelée, et le poids éternel de la gloire excellente qui les couronnera dans le ciel.

CLARISSE HARLOVE.

Clarisse Harlove, (Clarisse Harlowe) dernières pages, 1748, (Trad. Abbé Prévost, 1751).

1 — *En analysant le texte sur la mort de Manon et l'épisode du parloir (n° 117), vous chercherez à examiner la position du narrateur*et du lecteur. Quelles sont les expressions qui permettent au narrateur de guider la compréhension puis l'émotion du lecteur ? De quelle manière ces deux éléments sont-ils dès lors guidés ? Y a-t-il adresse directe ? Cette adresse, même directe, passe pourtant par un second narrateur ; quelle importance cela a-t-il ?*

2 — *Quelles sont, dans le texte de* Manon, *les marques physiques et psychologiques de la souffrance ?*

3 — *Déterminez la qualité d'émotion qu'entraîne chez Diderot et chez Sénac, le roman de Richardson. Pourrait-il en être de même de nos jours ?*

4 — *Quelles difficultés présente le retournement de la moralité de* Clarisse Harlowe ? *Comment Sade s'y est-il pris dans* Justine ou les Malheurs de la vertu *(1791-1797) ?*

François QUESNAY (1694-1774)

La physiocratie (« gouvernement de la nature ») est la principale théorie économique du XVIIIᵉ siècle. Paradoxalement, dans ce siècle de « lumières », la pensée physiocratique nie l'idée de progrès. Partant d'une situation de fait (85 % de ruraux en 1750 en France, assurant 60 % du revenu national), les physiocrates, dont Quesnay est le chef de file, donnent à l'agriculture une totale primauté, en réaction contre l'idéal mercantiliste (richesse en métaux précieux) qui avait dominé la pensée économique depuis Colbert (se référer au **XVIᵉ-XVIIᵉ siècles,** *nº 146).*

En 1757, Quesnay rédige l'article « Grains » de l'Encyclopédie, *demandant l'abrogation de la réglementation du commerce des grains, avec fixation d'un « bon prix » pour ce produit agricole de base, prix qui ne pouvait être fixé que dans un contexte de marché concurrentiel, en protestation contre la politique colbertiste qui visait à peser sur les cours des grains pour permettre l'abaissement des prix de revient industriels par la réduction du poste « salaires » des manufactures.*

DE LA PHYSIOCRATIE

Théoriciens : *Quesnay, Mirabeau (1715-1789), Dupont de Nemours (1739-1817).*

Dissidents : *Gournay (1712-1759), Turgot (1727-1781).*

Adversaires : *Voltaire, A. Smith (1723-1790).* **Résumé de la théorie :**

1) Il existe un ordre naturel voulu par Dieu, et donc des lois providentielles.
2) L'ordre économique est un ordre de la quantité.
3) Sacralisation de la terre, qui seule produirait plus qu'on ne lui donne. La terre multiplie la matière, que l'artisan (classe stérile, *voir ci-contre) ne fait que transformer. Le produit de la terre est un produit* net. *Donc la circulation du revenu net anime toute vie économique, et la propriété foncière se trouve au cœur du droit naturel (comme, d'ailleurs, le despotisme éclairé).*
4) Ancien médecin, Quesnay assimile la circulation du flux économique à la circulation du sang.

Insuffisances :

1) Négation de l'histoire, puisque les lois économiques sont analogues aux lois physiques. Refus de la notion de progrès.
2) L'argumentation en faveur du produit net *équivaut à la dévaluation absolue du travail humain.*

Critiques : *« Conspiration des riches contre la partie la plus nombreuse du genre humain » (Linguet, 1736-1794). Détournement d'une pensée philosophique (le droit naturel) au profit de la propriété foncière et de la monarchie.*

Dissidences *(Turgot) : Lois du rendement décroissant (en agriculture) et théorie du marché concurrentiel, débouchant sur une étude de la valeur en termes de prix et non plus de quantités concrètes (l'artisan, qui ajoute une valeur au produit transformé, est donc un producteur, au même titre que l'agriculteur). Définition de la propriété comme le produit d'une évolution historique.*

OBSERVATIONS SUR LE PRIX DES GRAINS. Les revenus multiplient les dépenses, et les dépenses attirent les hommes qui cherchent le gain ; les étrangers quittent leur patrie pour venir participer à l'aisance d'une nation opulente, et leur affluence augmente encore ses richesses en soutenant par la consommation le bon prix des productions de l'agriculture, et en provoquant par le bon prix l'abondance de ces productions : car non seulement le bon prix favorise les progrès de l'agriculture, mais c'est dans le bon prix même que consistent les richesses qu'elle procure. La valeur d'un septier de blé considéré comme richesse ne consiste que dans son prix : ainsi plus le blé, le vin, les laines, les bestiaux sont chers et abondants, plus il y a de richesses dans l'Etat. *La non-valeur avec l'abondance n'est point richesse. La cherté avec pénurie est misère. L'abondance avec cherté est opulence.* J'entends une cherté et une abondance permanentes ; car une cherté passagère ne procurerait pas une distribution générale de richesses à toute la nation, elle n'augmenterait pas les revenus des propriétaires ni les revenus du Roi ; elle ne serait avantageuse qu'à quelques particuliers qui auraient alors des denrées à vendre à haut prix. [...]

Les nations sont pauvres partout où les productions du pays les plus nécessaires à la vie sont à bas prix ; ces productions sont les biens les plus précieux et les plus commerçables, elles ne peuvent tomber en non-valeur que par le défaut de population et de commerce extérieur. Dans ces cas, la source des richesses pécuniaires se perd dans des pays privés des avantages du commerce, où les hommes, réduits rigoureusement aux biens nécessaires pour exister, ne peuvent se procurer ceux qu'il leur faut pour satisfaire aux autres besoins de la vie et à la sûreté de leur patrie : telles sont nos provinces où les denrées sont à vil prix, ces pays d'abondance et de pauvreté, où un travail forcé et une épargne outrée ne sont pas même des ressources pour se procurer de l'argent. Quand les denrées sont chères, et quand les revenus et les gains augmentent à proportion, on peut, par des arrangements économiques, diversifier les dépenses, payer des dettes, faire des acquisitions, établir des enfants, etc. C'est dans la possibilité de ces arrangements que consiste l'aisance qui résulte du bon prix des denrées. C'est pourquoi les villes et les provinces d'un royaume où les denrées sont chères sont plus habitées que celles où toutes les denrées sont à trop bas prix, parce que ce bas prix éteint les revenus, retranche les dépenses, détruit le commerce, supprime les gains de toutes les autres professions, les travaux et les salaires des artisans et manouvriers : de plus il anéantit les revenus du roi, parce que la plus grande partie du commerce pour la consommation se fait par échange de denrées et ne contribue point de droits à la circulation de l'argent ; ce qui ne procure point de droits au roi sur la consommation des subsistances de ces provinces, et très peu sur les revenus des biens. [...]

C'est d'ailleurs un grand inconvénient que d'accoutumer le même peuple à acheter le blé à trop bas prix ; il en devient moins laborieux, il se nourrit de pain à peu de frais et devient paresseux et arrogant ; les laboureurs trouvent difficilement des ouvriers et des domestiques ; aussi sont-ils fort mal servis dans les années abondantes. Il est important que le petit peuple gagne davantage et qu'il soit pressé par le besoin de gagner. Dans le siècle passé, où le blé se vendait beaucoup plus cher, le peuple y était accoutumé, il gagnait à proportion, il devait être plus laborieux et plus à son aise.

Encyclopédie, article « Grains », Quesnay, 1757.

Ce Tableau économique, *que les contemporains appelèrent familièrement le « zigzag », est la première tentative qui ait jamais été faite pour donner une représentation chiffrée des ajustements globaux de quantités économiques. Ce faisant, Quesnay était le précurseur de la représentation de l'activité économique en termes de flux, liée dans les recherches actuelles à l'analyse macro-économique.*

F. Quesnay, (BN).

François QUESNAY, 1758

La nation est réduite à trois classes de citoyens : la *classe productive,* la *classe des propriétaires* et la *classe stérile.*

La *classe productive* est celle qui fait renaître par la culture du territoire les richesses annuelles de la nation, qui fait les avances des dépenses des travaux de l'agriculture, et qui paye annuellement les revenus des propriétaires des terres. On renferme dans la dépendance de cette classe tous les travaux et toutes les dépenses qui s'y font jusqu'à la vente des productions à la première main ; c'est par cette vente qu'on connaît la valeur de la reproduction annuelle des richesses de la nation.

La *classe des propriétaires* comprend le souverain, les possesseurs des terres et les décimateurs. Cette classe subsiste par le revenu ou *produit net* de la culture, qui lui est payé annuellement par la classe productive, après que celle-ci a prélevé, sur la reproduction qu'elle fait renaître annuellement, les richesses nécessaires pour se rembourser de ses avances annuelles et pour entretenir ses richesses d'exploitation.

La *classe stérile* est formée de tous les citoyens occupés à d'autres services et à d'autres travaux que ceux de l'agriculture, et dont les dépenses sont payées par la classe productive et par la classe des propriétaires, qui eux-mêmes tirent leurs revenus de la classe productive.

On va présentement offrir aux yeux du lecteur la formule arithmétique de la distribution de cette dépense.

A la droite, en tête, est la somme des avances de la *classe productive,* qui ont été dépensées l'année précédente, pour faire naître la récolte de l'année actuelle. Au-dessous de cette somme est une ligne qui la sépare de la colonne des sommes que reçoit cette classe.

A la gauche, sont les sommes que reçoit la *classe stérile.*

Au milieu, en tête, est la somme du *revenu* qui se partage, à droite et à gauche, aux deux *classes,* où elle est dépensée.

Le partage de dépense est marqué par des lignes ponctuées qui partent de la somme du revenu et vont en descendant obliquement à l'une et à l'autre classe. Au bout de ces lignes est de part et d'autre la somme que les propriétaires du revenu dépensent en achats à chacune de ces classes.

Le commerce réciproque entre les deux classes est marqué aussi par des lignes ponctuées qui vont en descendant obliquement de l'une à l'autre classe où se font les achats ; et au bout de chaque ligne est la somme que l'une des deux classes reçoit de l'autre ainsi réciproquement par le commerce qu'elles exercent entre elles pour leurs dépenses. Enfin, le calcul se termine de chaque côté par la somme totale de la recette de chacune des deux classes. Et l'on voit que dans le cas donné, lorsque la distribution des dépenses suit l'ordre que l'on a décrit et détaillé ci-devant, la recette de la classe productive, en y comprenant les avances, est égale à la totalité de la reproduction annuelle, et que la culture, les richesses, la population restent dans le même état, sans accroît ni dépérissement. Un cas différent donnerait, comme on l'a dit plus haut, un résultat différent.

Si les propriétaires dépensaient plus à la *classe productive* qu'à la *classe stérile,* pour améliorer leurs terres et accroître leurs revenus, ce surcroît de dépenses employé aux travaux de la classe productive devrait être regardé comme une addition aux avances de cette classe.

La dépense du revenu est supposée ici, dans l'état de prospérité, se distribuer également entre la classe productive et la classe stérile, au lieu que la classe productive ne porte qu'un tiers de sa dépense à la classe stérile ; parce que les dépenses du cultivateur sont moins disponibles que celles du propriétaire ; mais plus l'agriculture languit, plus alors on doit lui consacrer en partie les dépenses disponibles pour la rétablir.

FORMULE DU TABLEAU ÉCONOMIQUE
Reproduction totale : 5 milliards

	AVANCES annuelles de la *classe productive*	REVENU pour propriétaires des terres, le souverain et les *décimateurs*	AVANCES de la *classe stérile*
	2 milliards	2 milliards	1 milliard
Sommes qui servent à payer le revenu et les intérêts des avances primitives.	1 milliard		1 milliard
	1 milliard		
	1 milliard		1 milliard
Dépense des avances annuelles.	2 milliards	TOTAL	2 milliards dont la moitié est retenue par cette classe pour les avances de l'année suivante.
TOTAL	5 milliards		

Tableau économique, 1758

TURGOT (1727-1781), **1776**

Plus libéral et moins « agromaniaque » que les disciples directs de Quesnay, Turgot, arrivé au pouvoir en 1774, tenta d'aménager les théories physiocratiques (voir encadré, page précédente). Mais dès ses premiers essais de réforme fiscale, (remplacement de la corvée par un impôt payé par les propriétaires), il fut éliminé par une cabale des privilégiés.

RÉCAPITULATION DES CINQ DIFFÉRENTES MANIÈRES D'EMPLOYER LES CAPITAUX.

J'ai compté cinq manières différentes d'employer les capitaux ou de les placer d'une manière profitable :

La première est d'acheter un fonds de terre qui rapporte un certain revenu ;

La seconde est de placer son argent dans des entreprises de culture en affermant des terres dont les fruits doivent rendre, outre le prix du fermage, l'intérêt des avances et le prix du travail de celui qui consacre à leur culture et ses richesses et sa peine ;

La troisième est de placer son capital dans des entreprises d'industrie ou de fabrique ;

La quatrième est de le placer dans des entreprises de commerce ;

Et la cinquième, de le prêter à ceux qui en ont besoin, moyennant un intérêt annuel.

(chap. 82)

L'ARGENT PLACÉ DANS LES ENTREPRISES DE CULTURE, DE FABRIQUE ET DE COMMERCE, DOIT RAPPORTER PLUS QUE L'INTÉRÊT DE L'ARGENT PRÊTÉ.

Par une raison semblable, l'argent employé dans l'agriculture, dans l'industrie, dans le commerce, doit rapporter un profit plus considérable que le revenu du même capital employé en terres ou l'intérêt du même argent prêté ; car ces emplois exigeant, outre le capital avancé, beaucoup de soins et de travail, s'ils n'étaient pas plus lucratifs, il vaudrait beaucoup mieux se procurer un revenu égal dont on pourrait jouir sans rien faire. Il faut donc que, outre l'intérêt de son capital, l'entrepreneur retire chaque année un profit qui le récompense de ses soins, de son travail, de ses talents, de ses risques, et qui de plus lui fournisse de quoi remplacer le dépérissement annuel de ses avances qu'il est obligé de convertir dès le premier moment, en effets susceptibles d'altération et qui sont exposés à toutes sortes d'accidents.

(chap. 86)

CEPENDANT LES PRODUITS DE CES DIFFÉRENTS EMPLOIS SE LIMITENT LES UNS PAR LES AUTRES, ET SE MAINTIENNENT MALGRÉ LEUR INÉGALITÉ DANS UNE ESPÈCE D'ÉQUILIBRE.

Les différents emplois des capitaux rapportent donc des produits très inégaux ; mais cette inégalité n'empêche pas qu'ils n'influent réciproquement les uns sur les autres, et qu'il ne s'établisse entre eux une espèce d'équilibre, comme entre deux liqueurs inégalement pesantes, et qui communiqueraient ensemble par le bas d'un siphon renversé, dont elles occuperaient les deux branches ; elles ne seraient pas de niveau, mais la hauteur de l'une ne pourrait augmenter sans que l'autre ne montât aussi dans la branche opposée.

(chap. 87)

L'INTÉRÊT COURANT DE L'ARGENT EST LE THERMOMÈTRE PAR OU L'ON PEUT JUGER DE L'ABONDANCE OU DE LA RARETÉ DES CAPITAUX ; IL EST LA MESURE DE L'ÉTENDUE QU'UNE NATION PEUT DONNER A SES ENTREPRISES DE CULTURE, DE FABRIQUE ET DE COMMERCE.

L'intérêt courant de l'argent prêté peut donc être regardé comme une espèce de thermomètre de l'abondance ou de la rareté des capitaux chez une nation, et de l'étendue des entreprises de toute espèce auxquelles elle peut se livrer : il est évident que plus l'intérêt est bas, plus les terres ont de valeur. [...]

Si l'intérêt est à 5 %, toute terre à défricher, dont les produits ne rapporteront pas 5 %, outre le remplacement des avances et la récompense des soins du cultivateur, restera en friche ; toute fabrique, tout commerce qui ne rapporteront pas 5 %, outre le salaire et l'équivalent des peines et des risques de l'entrepreneur, n'existeront pas.

S'il y a une nation voisine chez laquelle l'intérêt ne soit qu'à 2 %, non seulement elle fera tous les commerces dont la nation, où l'intérêt est à 5 %, se trouve exclue, mais encore ses fabricants et ses négociants, pouvant se contenter d'un profit moindre, établiront leurs denrées à plus bas prix dans tous les marchés, et s'attireront le commerce presque exclusif de toutes les choses dont des circonstances particulières ou la trop grande cherté des frais de voitures ne conserveront pas le commerce à la nation où l'argent vaut 5 %.

(chap. 88)

INFLUENCE DU TAUX DE L'INTÉRÊT DE L'ARGENT SUR TOUTES LES ENTREPRISES LUCRATIVES.

On peut regarder le prix de l'intérêt comme une espèce de niveau au-dessous duquel tout travail, toute culture, toute industrie, tout commerce cessent. C'est comme une mer répandue sur une vaste contrée : les sommets des montagnes s'élèvent au-dessus des eaux, et forment des îles fertiles et cultivées. Si cette mer vient à s'écouler, à mesure qu'elle descend, les terrains en pente, puis les plaines et les vallons, paraissent et se couvrent de productions de toute espèce. Il suffit que l'eau monte ou s'abaisse d'un pied pour inonder ou pour rendre à la culture des plages immenses. C'est l'abondance des capitaux qui anime toutes les entreprises, et le bas intérêt de l'argent est tout à la fois l'effet et l'indice de l'abondance des capitaux.

(chap. 89)

Réflexions sur la formation et la distribution des richesses, 1776

Totalement opposé aux physiocrates, qu'il avait longuement fréquentés en France, Smith affirme que la division du travail (qui est la source de toute richesse et la mesure réelle de la valeur échangeable des biens) et le développement de l'industrie favorisent l'accroissement de la production. On peut voir dans ces théories très modernes l'écho théorisé de la révolution industrielle qui, avec soixante-dix ans d'avance sur la France, secoue alors l'Angleterre.

Disciple français de Smith, Say tire de son expérience d'industriel une théorie optimiste de l'économie libérale faisant contre Malthus (voir nº 153 b) et Ricardo l'apologie de l'entreprise, des « produits » et des débouchés.

ADAM SMITH (1723-1790), 1776

Chaque marchandise est plus fréquemment échangée, et par conséquent comparée, avec d'autres marchandises qu'avec du travail. Il est donc plus naturel d'estimer sa valeur échangeable par la quantité de quelque autre denrée que par celle du travail qu'elle peut acheter. Aussi la majeure partie du peuple entend bien mieux ce qu'on veut dire par telle quantité d'une certaine denrée, que par telle quantité de travail. La première est un objet simple et palpable ; l'autre est une notion abstraite, qu'on peut bien rendre assez intelligible, mais qui n'est d'ailleurs ni aussi commune ni aussi évidente.

Mais quand les échanges ne se font plus immédiatement, et que l'argent est devenu l'instrument général du commerce, chaque marchandise particulière est plus souvent échangée contre de l'argent que contre toute autre marchandise. Le boucher ne porte guère son bœuf ou son mouton au boulanger ou au marchand de bière pour l'échanger contre du pain ou de la bière ; mais il le porte au marché, où il l'échange contre de l'argent, et ensuite il échange cet argent contre du pain et de la bière. La quantité d'argent que sa viande lui rapporte, détermine aussi la quantité de pain et de bière qu'il pourra ensuite acheter avec cet argent. Il est donc plus clair et plus simple pour lui d'estimer la valeur de sa viande par la quantité d'argent, qui est la marchandise contre laquelle il l'échange immédiatement, que par la quantité de pain et de bière, qui sont des marchandises contre lesquelles il ne peut l'échanger que par l'intermédiaire d'une autre marchandise ; il est plus naturel pour lui de dire que sa viande vaut trois ou quatre pence la livre, que de dire qu'elle vaut trois ou quatre livres de pain, ou trois ou quatre pots de petite bière. — De là vient qu'on estime plus souvent la valeur échangeable de chaque marchandise par la quantité d'Argent, que par la quantité de Travail ou de toute autre Marchandise qu'on pourrait avoir en échange.

Cependant l'Or et l'Argent, comme toute autre marchandise, varient dans leur valeur ; ils sont tantôt plus chers et tantôt à meilleur marché ; ils sont quelquefois plus faciles à acheter, quelquefois plus difficiles. [...]

Le travail, ne variant jamais dans sa valeur propre, et la seule mesure réelle et définitive qui puisse servir, dans tous les temps et dans tous les lieux, à apprécier et à comparer la valeur de toutes les marchandises. Il est leur *prix réel*, l'argent n'est que leur *prix nominal*.

Recherches sur la nature et les causes de la richesse des nations, 1776

JEAN-BAPTISTE SAY (1767-1832), 1803

On donne le nom de *produits* aux choses que l'industrie a su créer. Leurs auteurs deviennent par là possesseurs d'une nouvelle portion de richesses dont ils peuvent jouir, soit immédiatement, soit après l'avoir échangée contre tout autre objet de valeur équivalente. [...].

Personne n'a le don de créer de la matière ; la nature même ne le peut pas. Mais tout homme peut se servir des moyens que lui offre la nature pour donner de l'utilité aux choses, et même toute industrie ne consiste que dans l'usage qu'on fait des agents fournis par la nature ; le produit du travail le plus parfait, celui dont presque toute la valeur est en main-d'œuvre, n'est-il pas ordinairement le résultat de l'action de l'acier dont les propriétés sont un don de la nature, s'exerçant sur une matière quelconque, autre don de la nature ? [...]

C'est pour avoir méconnu ce principe, que les économistes du XVIIIe siècle, qui comptaient parmi eux des écrivains d'ailleurs très-éclairés, sont tombés dans de graves erreurs. Ils n'accordaient le nom de productive qu'à cette industrie qui nous procure de nouvelles matières, à l'industrie de l'agriculteur, du pêcheur, du mineur. Ils ne faisaient pas attention que ces matières ne sont des richesses qu'en raison de leur valeur, car de la matière sans valeur n'est pas richesse ; témoin l'eau, les cailloux, la poussière. Or, si c'est uniquement la valeur de la matière qui fait la richesse, il n'est nullement nécessaire de tirer de nouvelles matières du sein de la nature, pour créer de nouvelles richesses ; il suffit de donner une nouvelle valeur aux matières qu'on a déjà, comme lorsque l'on transforme de la laine en drap.

A cet argument, les économistes répliquaient que la valeur additionnelle répandue sur un produit par un manufacturier ou ses ouvriers, est balancée par la valeur que ce manufacturier a consommée pendant sa fabrication. Ils disaient que la concurrence des manufacturiers entre eux ne leur permet pas d'élever leur prix au delà de ce qui est nécessaire pour les indemniser de leurs propres consommations ; et qu'ainsi leurs besoins détruisant d'un côté ce que leur travail produit de l'autre, il ne résulte de ce travail aucun accroissement de richesses pour la société.

Il aurait fallu que les économistes prouvassent, en premier lieu, que la production des artisans et manufacturiers est nécessairement balancée par leurs consommations. Or, ce n'est point un fait. Dans un pays anciennement civilisé et très-industrieux, le nombre et l'importance des entreprises de commerce et de manufactures procurent une somme de revenus plus considérables que l'agriculture ; et les épargnes qu'on y fait annuellement excèdent probablement, au contraire, celles qui se font parmi les propriétaires des terres.

En second lieu, les profits résultant de la production manufacturière, pour avoir été consommés et avoir servi à l'entretien des manufacturiers et de leurs familles, n'en ont pas moins été réels et acquis. Ils n'ont même servi à leur entretien que parce que c'étaient des richesses réelles, et tout aussi réelles que celles des propriétaires fonciers et des agriculteurs, qui se consomment de même en servant à l'entretien de ces classes.

Traité d'économie politique, 1803, livre II, chap. II.

120 Jean-Philippe RAMEAU (1683-1764)

LA QUERELLE DES BOUFFONS :

En 1752, éclate à Paris la « Querelle des Bouffons ». C'est une des grandes batailles musicales de notre histoire, née de la rivalité de deux groupes fondamentalement divisés : la musique lyrique française établie par Lulli (voir n° 34) et renforcée par Rameau se voit attaquée par les partisans de la musique lyrique italienne — dont Pergolèse, de nos jours, est l'auteur le plus connu — plus pour ce qu'elle représente socialement que pour sa spécificité technique. Ainsi, au-delà des prétextes esthétiques, c'est d'un combat idéologique qu'il s'agit.

Août 1752 — mars 1754 : *une troupe d'acteurs lyriques italiens s'installe à Paris : on appelle ces comédiens les « Bouffons ». Leur répertoire : de petits opéras bouffes, appelés « intermezzi ».*

1er août 1752 : La Serva padrona *(La Servante maîtresse) est jouée à l'Opéra. Représentations houleuses, les partis se fixent :*

— « le coin du Roi » *ou les « Français », partisans de Rameau (placés à l'Opéra sous la loge de Louis XV) avec Fréron, d'Alembert, Cazotte soutenus par Madame de Pompadour (eux-mêmes divisés en « Ramistes » et en « Lullistes »).*

— « Le coin de la Reine » *ou les « Bouffons » avec d'Holbach, Grimm, Rousseau et Diderot.*

Novembre 1752 : *d'Holbach :* « Arrêt rendu à l'amphithéâtre de l'Opéra » *(d'Holbach met le feu aux poudres) ; l'opéra français devient une « barbarie gothique ».*

1752-1753 : *Grimm :* le Petit Prophète de Boechmischbroda *(parodie du style biblique, contre Rameau).*

1752 : *Rousseau crée en octobre* le Devin de village, *le 1er mars 1753 à l'Opéra.*

Janvier 1753 : Titan et Aurore *de Mondonville triomphe grâce au « coin du Roi ».*

1753 : *l'abbé de Voisenon répond à Grimm et à d'Holbach. Cazotte :* la Guerre de l'Opéra, lettre à une dame de province.

Multiplicité de pamphlets et libelles*.*

Rousseau : Lettre sur la musique française : *polémique féroce au nom du naturel, attaquant la langue française comme peu propice au chant.*

Riposte des « Ramoneurs ».

Mars 1754 : *Les Bouffons doivent quitter Paris par ordre du Roi. Rameau publie les* Observations sur notre instinct pour la musique.

1764 : *Mort de Rameau, l'opéra-comique français tire profit de cette querelle, Glück (1714-1787) assure la synthèse entre les tendances.*

Pour jouir pleinement des effets de la musique, il faut être dans un pur abandon de soi-même, et pour en juger, c'est au principe par lequel on est affecté qu'il faut s'en rapporter. Ce principe est la nature même, c'est d'elle que nous tenons ce sentiment qui nous meut dans toutes nos opérations musicales, elle nous en a fait un don qu'on peut appeler *instinct :* consultons-la donc dans nos jugements, voyons comment elle nous développe ses mystères avant que de prononcer : et s'il se trouve encore des hommes assez pleins d'eux-mêmes pour oser en décider de leur propre autorité, il y a lieu d'espérer qu'il ne s'en trouvera plus d'assez faibles pour les écouter.

Un esprit préoccupé en entendant de la musique, n'est jamais dans une situation assez libre pour en juger. Si dans son opinion, par exemple, il attache la beauté essentielle de cet art aux passages du grave à l'aigu, du doux au fort, du vif au lent, moyens dont on se sert pour varier les bruits, il jugera de tout d'après cette prévention, sans réfléchir sur la faiblesse de ces moyens, sur le peu de mérite qu'il y a à les employer, et sans s'apercevoir qu'ils sont étrangers à l'Harmonie, qui est l'unique base de la musique, et le principe de ses plus grands effets.

Qu'une âme vraiment sensible juge bien différemment ! Si elle n'est pénétrée par la force de l'expression, par ces peintures vives dont l'Harmonie est seule capable, elle n'est point absolument satisfaite : non qu'elle ne sache se prêter à tout ce qui peut l'amuser : mais du moins n'apprécie-t-elle les choses qu'à proportion des effets qu'elle en éprouve.

C'est à l'Harmonie seulement qu'il appartient de remuer les passions, la Mélodie ne tire sa force que de cette source, dont elle émane directement : et quant aux différences du grave à l'aigu, etc. qui ne sont que les modifications superficielles de la Mélodie, elles n'y ajoutent pour lors presque rien. [...]

Si l'imitation des bruits et des mouvements n'est pas aussi fréquemment employée dans notre musique que dans l'italienne, c'est que l'objet dominant de la nôtre est le sentiment, qui n'a point de mouvements déterminés, et qui par conséquent ne peut être asservi partout à une mesure régulière, sans perdre de cette vérité qui en fait le charme. L'expression du physique est dans la mesure et le mouvement, celle du pathétique, au contraire, est dans l'Harmonie et les inflexions : ce qu'il faut bien peser avant que de décider sur ce qui doit emporter la balance.

Le genre comique n'ayant presque jamais le sentiment pour objet, il est par conséquent le seul qui soit constamment susceptible de ces mouvements cadencés dont on fait honneur à la musique italienne, sans s'apercevoir cependant que nos musiciens les ont assez heureusement employés dans le petit nombre d'essais que la délicatesse du goût français leur a permis de risquer ; essais où l'on a trouvé, en se jouant, combien il nous était facile d'exceller dans ce genre.

Observations sur notre instinct pour la musique, et sur son principe, **« Préface », 1754.**

J.-J. ROUSSEAU, 1753

Je crois avoir fait voir qu'il n'y a ni mesure ni mélodie dans la musique française, parce que la langue n'en est pas susceptible; que le chant français n'est qu'un aboiement continuel, insupportable à toute oreille non prévenue; que l'harmonie en est brute, sans expression et sentant uniquement son remplissage d'écolier, que les airs français ne sont point des airs; que le récitatif français n'est point un récitatif. D'où je conclus que les Français n'ont point de musique et n'en peuvent avoir(1); ou que si jamais ils en ont une, ce sera tant pis pour eux.

Lettres sur la musique française, 1753.

(1) Je n'appelle pas avoir une musique que d'emprunter celle d'une autre langue pour tâcher de l'appliquer à la sienne, et j'aimerais mieux que nous gardassions notre maussade et ridicule chant, que d'associer encore plus ridiculement la mélodie italienne à la langue française. Ce dégoûtant assemblage, qui peut-être sera désormais l'étude de nos musiciens, est trop monstrueux pour être admis, et le caractère de notre langue ne s'y prêtera jamais. Tout au plus quelques pièces comiques pourront-elles passer en faveur de la symphonie; mais je prédis hardiment que le genre tragique ne sera pas même tenté. On a applaudi cet été à l'Opéra comique l'ouvrage d'un homme de talent qui paraît avoir écouté la bonne musique avec de bonnes oreilles, et qui en a traduit le genre en français d'aussi près qu'il était possible; ses accompagnements sont bien imités sans être copiés, et s'il n'a point fait de chant, c'est qu'il n'est pas possible d'en faire. Jeunes musiciens qui vous sentez du talent, continuez de mépriser en public la musique italienne, je sens bien que votre intérêt présent l'exige, mais hâtez-vous d'étudier en particulier cette langue et cette musique, si vous voulez pouvoir tourner un jour contre vos camarades le dédain que vous affectez aujourd'hui contre vos maîtres. (Note de Rousseau.)

VOLTAIRE, 1761

Dans sa lettre, (voir aussi n° 123 b), le faux marquis de Ximénès raconte une mésaventure arrivée à Jean-Jacques: poursuivi par cinq ou six virtuoses de l'Opéra, Jean-Jacques se réfugie chez une dame bienveillante. Les violons le rejoignent et entreprennent de le rosser en lui rappelant ses termes injurieux sur les violons français.

— Ah! coquin, dit le premier violon, nous t'apprendrons si *l'ennuyeux et lamentable chant français ressemble aux cris de la colique,* comme tu l'écris.

— Viens çà, viens çà, dit l'autre; celui que tu appelles *le bûcheron* va frapper sur toi la mesure.

— «Va, va, la *vache qui galope* t'attrapera», disait un troisième.

Un quatrième s'écriait: «Tu ne mangeras pas de l'*oie grasse*».

— Pardon, Messieurs, dit mon doux ami, se jetant à genoux, je n'y retournerai plus; c'est une méprise de Suisse, je suis votre serviteur à tous; je fais moi-même de la musique française, j'en ai copié toute ma vie.

— «*Tu en es plus coupable*», répliqua un des violons, en lui donnant un coup d'archet des plus forts sur le nez.

La dame jetait les hauts cris. «*Vous vous méprenez, Messieurs, c'est un citoyen de Genève, vous dis-je*».

Les violons n'entendaient point raison, les coups d'archet pleuvaient; Jean-Jacques fuyait dans tous les coins de la chambre; il se penchait à la fenêtre pour ne recevoir les coups que sur son derrière. En se penchant il aperçut un grand homme vêtu de noir, sec, décharné, la face allongée, le nez pointu, le corps plié en deux monté sur deux bâtons de cire noire, qu'on appelait ses jambes, une main dans la poche, et l'autre en l'air battant la mesure.

A cette figure, Jean-Jacques reconnut Rameau. «A mon secours! s'écria-t-il, mon bon monsieur Rameau, à mon secours! L'orchestre me tue, il a toujours fait mon supplice: à l'aide! au guet! au meurtre! Faut-il avoir eu toute ma vie les oreilles écorchées par les filles de l'Opéra, pour expirer aujourd'hui sous les violons?»

Rameau monta paisiblement en fredonnant un air, et vint voir sur quel ton étaient les choses. Il trouva les archets brisés, une grosse dame en jupon sale, tout éplorée, et le nez du doux ami tout sanglant.

Rameau, en maître souverain de l'orchestre, fit ralentir la mesure; et, après avoir écouté patiemment pour la première fois de sa vie, les violons de l'Opéra: «*Ne vous fâchez pas,* leur dit-il, *Messieurs, c'est un pauvre fou qui n'est pas si méchant qu'on le croit;* sa folie consiste dans les inconséquences, et dans une vanité dont aucun barbier n'approcha jamais. Il a fait une mauvaise comédie, et il a écrit contre la comédie; il a publié que le théâtre de Paris corrompait les mœurs, et il vient de donner au public un roman d'Héloïse ou d'Aloïse, dont plusieurs endroits feraient rougir madame que voilà, si elle savait lire. Il est allé à Genève abjurer la religion catholique pour vivre en France, le pauvre homme a fait lui-même de la musique française, que j'ai eu la bonté de corriger. Il a imprimé dans le *Dictionnaire encyclopédique,* quelques âneries sur l'harmonie, qu'il m'a fallu encore relever; et pour récompense il écrit contre moi. Il ne lui manque plus que d'être peintre, et d'écrire contre Vanloo et contre Drouais; il faut pardonner à un pauvre homme qui a le cerveau blessé. Il s'est mis dans un tonneau, qu'il a cru être celui de Diogène, et pense là être en droit de faire le cynique; il crie de son tonneau aux passants: *Admirez mes haillons.* La seule manière de le punir est de ne regarder ni sa personne ni son tonneau; il vaut mieux l'ignorer que de le battre.»

Ce discours sensé apaisa l'orchestre; mais il ne corrigea pas Jean-Jacques.

Lettres à M. de Voltaire sur la Nouvelle Héloïse,

121 a Jean-Jacques ROUSSEAU (1712-1778)

Stedman, *Expédition en Surinam, Famille Indienne,* (BN).

*Dans cet essai philosophique, Rousseau tente de dire la genèse de l'aliénation *(1). Afin de mieux comprendre comment les hommes ont pu en arriver à l'inégalité politique et sociale et à l'esclavage, il se reporte d'un bond à* «un état qui n'existe plus, qui n'a peut-être point existé», *l'état de nature qui devait être celui de l'homme primitif, non corrompu par la société.*
Dans cette œuvre sont en germe toutes les thèses que Rousseau développera par la suite dans Du Contrat social *(voir n° 125).*

(1) Rousseau n'emploie pas ce terme négativement : l'«*aliénation*» *dont il parle consiste, pour l'homme, à remettre librement sa volonté entre les mains de l'instance de décision (voir n° 125).*

En dépouillant cet être ainsi constitué de tous les dons surnaturels qu'il a pu recevoir, et de toutes les facultés artificielles qu'il n'a pu acquérir que par de longs progrès ; en le considérant, en un mot, tel qu'il a dû sortir des mains de la nature, je vois un animal moins fort que les uns, moins agile que les autres, mais, à tout prendre, organisé le plus avantageusement de tous. Je le vois se rassasiant sous un chêne, se désaltérant au premier ruisseau, trouvant son lit au pied du même arbre qui lui a fourni son repas ; et voilà ses besoins satisfaits.

La terre, abandonnée à sa fertilité naturelle et couverte de forêts immenses que la cognée ne mutila jamais, offre à chaque pas des magasins et des retraites aux animaux de toute espèce. Les hommes, dispersés parmi eux, observent, imitent leur industrie, et s'élèvent ainsi jusqu'à l'instinct des bêtes : avec cet avantage que chaque espèce n'a que le sien propre, et que l'homme, n'en ayant peut-être aucun qui lui appartienne, se les approprie tous, se nourrit également de la plupart des aliments divers que les autres animaux se partagent, et trouve par conséquent sa subsistance plus aisément que ne peut faire aucun d'eux.

Accoutumés dès l'enfance aux intempéries de l'air et à la rigueur des saisons, exercés à la fatigue, et forcés de défendre, nus et sans armes, leur vie et leur proie contre les autres bêtes féroces, ou de leur échapper à la course, les hommes se forment un tempérament robuste et presque inaltérable. Les enfants, apportant au monde l'excellente constitution de leurs pères, et la fortifiant par les mêmes exercices qui l'ont produite, acquièrent ainsi toute la vigueur dont l'espèce humaine est capable. La nature en use précisément avec eux comme la loi de Sparte avec les enfants des citoyens ; elle rend forts et robustes ceux qui sont bien constitués, et fait périr tous les autres ; différente en cela de nos sociétés, où l'Etat en rendant les enfants onéreux aux pères, les tue indistinctement avant leur naissance.

Le corps de l'homme sauvage étant le seul instrument qu'il connaisse, il l'emploie à divers usages dont, par le défaut d'exercice, les nôtres sont incapables ; et c'est notre industrie qui nous ôte la force et l'agilité, que la nécessité l'oblige d'acquérir. S'il avait eu une hache, son poignet romprait-il de si fortes branches ? S'il avait eu une fronde, lancerait-il de la main une pierre avec tant de raideur ? S'il avait eu une échelle, grimperait-il si légèrement sur un arbre ? S'il avait eu un cheval, serait-il si vite à la course ? Laissez à l'homme civilisé le temps de rassembler toutes ces machines autour de lui ; on ne peut douter qu'il ne surmonte facilement l'homme sauvage. Mais, si vous voulez voir un combat plus inégal encore, mettez-les nus et désarmés vis-à-vis l'un de l'autre ; et vous reconnaîtrez bientôt quel est l'avantage d'avoir sans cesse toutes ses forces à sa disposition, d'être toujours prêt à tout événement et de se porter, pour ainsi dire, toujours tout entier avec soi.

***Discours sur l'origine et les fondements de l'inégalité parmi les hommes,* 1ère partie, 1754.**

ROUSSEAU, 1754

Dans la préface de l'ouvrage, l'écrivain précise le sens de ce retour imaginaire à « l'état primitif. »

Lévi-Strauss (voir n° 121 b), dans son Anthropologie structurale, *voit se dessiner ici les fondements de l'ethnologie contemporaine, qui dégage son objet de celui du moraliste et de l'historien : dans son essence, le problème des rapports entre la nature et la culture.*

La plus utile et la moins avancée de toutes les connaissances humaines me paraît être celle de l'homme ; et j'ose dire que la seule inscription du temple de Delphes (1) contenait un précepte plus important et plus difficile que tous les gros livres des moralistes. Aussi je regarde le sujet de ce Discours comme une des questions les plus intéressantes que la philosophie puisse proposer, et, malheureusement pour nous, comme une des plus épineuses que les philosophes puissent résoudre : car comment connaître la source de l'inégalité parmi les hommes si l'on ne commence par les connaître eux-mêmes ? et comment l'homme viendra-t-il à bout de se voir tel que l'a formé la nature, à travers tous les changements que la succession des temps et des choses a dû produire dans sa constitution originelle, et de démêler ce qu'il tient de son propre fonds d'avec ce que les circonstances et ses progrès ont ajouté ou changé à son état primitif ? Semblable à la statue de Glaucus (2), que le temps, la mer et les orages avaient tellement défigurée qu'elle ressemblait moins à un dieu qu'à une bête féroce, l'âme humaine, altérée au sein de la société par mille causes sans cesse renaissantes, par l'acquisition d'une multitude de connaissances et d'erreurs, par les changements arrivés à la constitution des corps, et par le choc continuel des passions, a pour ainsi dire changé d'apparence au point d'être presque méconnaissable ; et l'on n'y trouve plus, au lieu d'un être agissant toujours par des principes certains et invariables, au lieu de cette céleste et majestueuse simplicité dont son auteur l'avait empreinte, que le difforme contraste de la passion qui croit raisonner, et de l'entendement en délire.

Ce qu'il y a de plus cruel encore, c'est que, tous les progrès de l'espèce humaine l'éloignant sans cesse de son état primitif, plus nous accumulons de nouvelles connaissances, et plus nous nous ôtons les moyens d'acquérir la plus importante de toutes : et que c'est, en un sens, à force d'étudier l'homme que nous nous sommes mis hors d'état de le connaître.

Discours sur l'origine et les fondements de l'inégalité parmi les hommes, Préface, 1754.

(1) «Connais-toi toi-même».
(2) Dieu marin.

VOLTAIRE, 1736

Voltaire a souvent ridiculisé le prétendu «état de nature» imaginé par certains (bien avant Rousseau), dans lequel l'homme aurait connu un bonheur parfait. Dans ce poème de jeunesse, il oppose à ce qu'il considère comme un mythe, sa foi dans le progrès et la civilisation.

Ah ! le bon temps que ce siècle de fer !
Le superflu, chose très nécessaire,
A réuni l'un et l'autre hémisphère.
Voyez-vous pas ces agiles vaisseaux
Qui du Texel, de Londres, de Bordeaux,
S'en vont chercher, par un heureux échange,
De nouveaux biens, nés aux sources du Gange,
Tandis qu'au loin, vainqueurs des musulmans,
Nos vins de France enivrent les sultans ?
Quand la nature était dans son enfance,
Nos bons aïeux vivaient dans l'ignorance,
Ne connaissant ni le *tien,* ni le *mien.*
Qu'auraient-ils pu connaître ? ils n'avaient rien ;
Ils étaient nus, et c'est chose très claire
Que qui n'a rien n'a nul partage à faire.
Sobres étaient. Ah ! je le crois encor :
Martialo (1) n'est point du siècle d'or.
D'un bon vin frais ou la mousse ou la sève
Ne gratta point le triste gosier d'Ève.
La soie et l'or ne brillaient point chez eux :
Admirez-vous pour cela nos aïeux ?
Il leur manquait l'industrie et l'aisance :
Est-ce vertu ? C'était pure ignorance.
Quel idiot, s'il avait eu pour lors
Quelque bon lit, aurait couché dehors ?
Mon cher Adam, mon gourmand, mon bon père,
Que faisais-tu dans les recoins d'Éden ?
Travaillais-tu pour ce sot genre humain ?
Caressais-tu madame Ève, ma mère ?
Avouez-moi que vous aviez tous deux
Les ongles longs, un peu noirs et crasseux,
La chevelure assez mal ordonnée,
Le teint bruni, la peau bise et tannée.
Sans propreté l'amour le plus heureux
N'est plus l'amour : c'est un besoin honteux.
Bientôt lassés de leur belle aventure,
Dessous un chêne ils soupent galamment
Avec de l'eau, du millet et du gland ;
Ce repas fait, ils dorment sur la dure :
Voilà l'état de la pure nature.

le Mondain, vers 1-60, 1736.

(1) Auteur du Cuisinier français.

1 — Quels sont, au début du texte, les éléments qui présentent cet homme naturel comme le produit d'une pure fiction ? Quelle est alors la valeur particulière du temps grammatical utilisé par Rousseau ?

2 — Relevez les expressions qui décrivent les qualités de l'homme dans l'état de nature. A quels «défauts» de l'homme civilisé s'opposent-elles ?

3 — Comment pourrait-on appeler la qualité qui permet à l'homme d'évoluer ? A quelles nécessités extérieures répond cette évolution ?

4 — Relevez les expressions caractérisant l'idéal d'autonomie de l'individu qui sous-tend cette description. Peut-on penser cette autonomie illusoire ?

5 — Soulignez les oppositions principales entre la vision de Rousseau et celle de Voltaire.

121 b Jean-Jacques ROUSSEAU (1712-1778)

Monsiau, *Abolition de l'esclavage,* (Bulloz).

L'homme se dégage lentement de la nature. Il se regroupe, découvre sa «supériorité». Ainsi naît le premier des vices, l'orgueil

Le premier sentiment de l'homme fut celui de son existence ; son premier soin celui de sa conservation. Les productions de la terre lui fournissaient tous les secours nécessaires ; l'instinct le porta à en faire usage. La faim, d'autres d'appétits, lui faisant éprouver tour à tour diverses manières d'exister, il y en eut une qui l'invita à perpétuer son espèce ; et ce penchant aveugle, dépourvu de tout sentiment du cœur, ne produisait qu'un acte purement animal. Le besoin satisfait, les deux sexes ne se reconnaissaient plus, et l'enfant même n'était plus rien à la mère sitôt qu'il pouvait se passer d'elle.

Telle fut la condition de l'homme naissant ; telle fut la vie d'un animal borné d'abord aux pures sensations, et profitant à peine des dons que lui offrait la nature, loin de songer à lui rien arracher. Mais il se présenta bientôt des difficultés ; il fallut apprendre à les vaincre. La hauteur des arbres qui l'empêchaient d'atteindre à leurs fruits, la concurrence des animaux qui cherchaient à s'en nourrir, la férocité de ceux qui en voulaient à sa propre vie, tout l'obligea de s'appliquer aux exercices du corps ; il fallut se rendre agile, vite à la course, vigoureux au combat. Les armes naturelles, qui sont les branches d'arbres et les pierres, se trouvèrent bientôt sous sa main. Il apprit à surmonter les obstacles de la nature, à combattre au besoin les autres animaux, à disputer sa subsistance aux hommes mêmes, ou à se dédommager de ce qu'il fallait céder au plus fort.

A mesure que le genre humain s'étendit, les peines se multiplièrent avec les hommes. La différence des terrains, des climats, des saisons put les forcer à en mettre dans leurs manières de vivre. Des années stériles, des hivers longs et rudes, des étés brûlants, qui consument tout, exigèrent d'eux une nouvelle industrie. Le long de la mer et des rivières, ils inventèrent la ligne et l'hameçon, et devinrent pêcheurs et ichtyophages (1). Dans les forêts, ils se firent des arcs et des flèches et devinrent chasseurs et guerriers. Dans les pays froids, ils se couvrirent des peaux des bêtes qu'ils avaient tuées. Le tonnerre, un volcan, ou quelque heureux hasard, leur fit connaître le feu, nouvelle ressource contre la rigueur de l'hiver : ils apprirent à conserver cet élément, puis à le reproduire, et enfin à en préparer les viandes qu'auparavant ils dévoraient crues.

Cette application réitérée des êtres divers à lui-même, et des uns aux autres, dut naturellement engendrer dans l'esprit de l'homme les perceptions de certains rapports. Ces relations que nous exprimons par les mots de grand, de petit, de fort, de faible, de vite, de lent, de peureux, de hardi, et d'autres idées pareilles, comparées au besoin, et presque sans y songer, produisirent enfin chez lui quelque sorte de réflexion ; ou plutôt une prudence machinale qui lui indiquait les précautions les plus nécessaires à sa sûreté.

Les nouvelles lumières qui résultèrent de ce développement augmentèrent sa supériorité sur les autres animaux, en la lui faisant connaître. Il s'exerça à leur dresser des pièges, il leur donna le change en mille manières ; et quoique plusieurs le surpassassent en force au combat, ou en vitesse à la course, de ceux qui pouvaient lui servir ou lui nuire, il devint avec le temps le maître des uns et le fléau des autres. C'est ainsi que le premier regard qu'il porta sur lui-même y produisit le premier mouvement d'orgueil ; c'est ainsi que, sachant encore à peine distinguer les rangs, et se contemplant au premier par son espèce, il se préparait de loin à y prétendre par son individu.

Discours sur l'origine et les fondements de l'inégalité parmi les hommes,
Deuxième partie, 1754.

(1) Mangeurs de poissons.

1 — *Distinguez nettement, en résumant chaque paragraphe en quelques mots, les étapes de l'apparition du premier sentiment humain, selon Rousseau.*

2 — *A partir d'un relevé des verbes modaux* employés par Rousseau, soulignez le va-et-vient entre ce qui est émis comme hypothèse, et ce qui est donné comme certitude.*

CLAUDE LÉVI-STRAUSS, 1955

Dans un chapitre (intitulé «Bons sauvages») de l'ouvrage consacré à ses premières armes d'ethnologue, Lévi-Strauss décrit le choc que reçoit l'occidental face à un mode de vie plus proche de la «nature».

Devant une société encore vivante et fidèle à sa tradition, le choc est si fort qu'il déconcerte : dans cet écheveau aux mille couleurs, quel fil faut-il suivre d'abord et tenter de débrouiller ? En évoquant les Bororo qui furent ma première expérience de ce type, je retrouve les sentiments qui m'envahirent au moment où j'entamai la plus récente, parvenant au sommet d'une haute colline dans un village kuki de la frontière birmane, après des heures passées sur les pieds et les mains à me hisser le long des pentes, transformées en boue glissante par les pluies de la mousson qui tombaient sans arrêt : épuisement physique, faim, soif et trouble mental, certes ; mais ce vertige d'origine organique est tout illuminé par des perceptions de formes et de couleurs : habitations que leur taille rend majestueuses en dépit de leur fragilité, mettant en œuvre des matériaux et des techniques connues de nous par des expressions naines : car ces demeures, plutôt que bâties, sont nouées, tressées, tissées, brodées et patinées par l'usage ; au lieu d'écraser l'habitant sous la masse indifférente des pierres, elles réagissent avec souplesse à sa présence et à ses mouvements ; à l'inverse de ce qui se passe chez nous, elles restent toujours assujetties à l'homme. Autour de ses occupants, le village se dresse comme une légère et élastique armure ; proche des chapeaux de nos femmes plutôt que de nos villes : parure monumentale, qui préserve un peu de la vie des arceaux et des feuillages dont l'habileté des constructeurs a su concilier la naturelle aisance avec leur plan exigeant.

La nudité des habitants semble protégée par le velours herbu des parois et la frange des palmes : ils se glissent hors de leurs demeures comme ils se dévêtiraient de géants peignoirs d'autruche. Joyaux de ces écrins duveteux, les corps possèdent des modelés affinés et des tonalités rehaussées par l'éclat des fards et des peintures, supports —dirait-on— destinés à mettre en valeur des ornements plus splendides : touches grasses et brillantes des dents et crocs d'animaux sauvages, associées aux plumes et aux fleurs. Comme si une civilisation entière conspirait dans une même tendresse passionnée pour les formes, les substances et les couleurs de la vie ; et, pour retenir autour du corps humain sa plus riche essence, s'adressait —entre toutes ses productions— à celles qui sont au plus haut point durables ou bien fugitives, mais qui, par une curieuse rencontre, en sont les dépositaires privilégiées.

Tristes Tropiques, «Bons sauvages», Plon, 1955.

DIDEROT, 1796

Dans son Supplément au voyage de Bougainville *(voir n°84), Diderot place un entretien entre un aumônier et Orou, le Tahitien qui ne peut comprendre les coutumes des blancs. Celui-ci se fait l'apologiste* des lois naturelles, que la civilisation occidentale a transgressées.*

OROU — Crois-moi, vous avez rendu la condition de l'homme pire que celle de l'animal. Je ne sais ce que c'est que ton grand ouvrier (1) : mais je me réjouis qu'il n'ait point parlé à nos pères, et je souhaite qu'il ne parle point à nos enfants ; car il pourrait par hasard leur dire les mêmes sottises, et ils feraient peut-être celle de le croire. Hier, en soupant, tu nous as entretenus de magistrats et de prêtres ; je ne sais quels sont ces personnages que tu appelles *magistrats* et *prêtres,* dont l'autorité règle votre conduite ; mais, dis-moi, sont-ils maîtres du bien et du mal ? Peuvent-ils faire que ce qui est juste soit injuste, et que ce qui est injuste soit juste ? dépend-il d'eux d'attacher le bien à des actions nuisibles, et le mal à des actions innocentes ou utiles ? Tu ne saurais le penser, car, à ce compte, il n'y aurait ni vrai ni faux, ni bon ni mauvais, ni beau ni laid ; du moins, que ce qu'il plairait à ton grand ouvrier, à tes magistrats, à tes prêtres, de prononcer tel ; et, d'un moment à l'autre, tu serais obligé de changer d'idées et de conduite. Un jour l'on te dirait, de la part de l'un de tes trois maîtres : *tue,* et tu serais obligé, en conscience, de tuer ; un autre jour : *vole,* et tu serais tenu de voler ; ou : *ne mange pas de ce fruit,* et tu n'oserais en manger ; *je te défends ce légume ou cet animal,* et tu te garderais d'y toucher. Il n'y a point de bonté qu'on ne pût t'interdire ; point de méchanceté qu'on ne pût t'ordonner. [...]

Veux-tu savoir, en tous temps et en tous lieux, ce qui est bon et mauvais ? Attache-toi à la nature des choses et des actions ; à tes rapports avec ton semblable ; à l'influence de ta conduite sur ton utilité particulière et le bien général. Tu es en délire, si tu crois qu'il n'y ait rien, soit en haut, soit en bas, dans l'univers, qui puisse ajouter ou retrancher aux lois de la nature. Sa volonté éternelle est que le bien soit préféré au mal, et le bien général au bien particulier. Tu ordonneras le contraire ; mais tu ne seras pas obéi. Tu multiplieras les malfaiteurs et les malheureux par la crainte, par les châtiments et par les remords ; tu dépraveras les consciences ; tu corrompras les esprits ; ils ne sauront plus ce qu'ils ont à faire ou à éviter. Troublés dans l'état d'innocence, tranquilles dans le forfait, ils auront perdu l'étoile polaire dans leur chemin.

Supplément au voyage de Bougainville, 1796.

(1) Dieu.

3 — Quelle est la loi naturelle essentielle qui détermine ici l'évolution de l'homme?

4 — Par quels mots est exprimée, à la fin du texte, l'apparition de l'attitude réflexive? Est-elle présentée comme une coupure, ou comme le résultat naturel d'un processus extérieur à l'homme?

5 — Dégagez, dans le texte de Diderot, les définitions de la loi naturelle énoncée par Orou. Quel est l'élément essentiel qui la différencie des principes exposés par Rousseau? Dans quelle mesure peut-on dire que dans ce texte, le «bon sauvage» est le porte-parole du philosophe des lumières?

122 Jean-Jacques ROUSSEAU (1712-1778)

J.J. Rousseau, (F. Folliot).

Fête de la Fédération du 14 juillet 1791, (BN).

Le théâtre est-il utile? dangereux pour les mœurs? indifférent? Que peut-on attendre de la comédie et de la tragédie françaises? Par quoi les remplacer? Ces questions n'ont rien de nouveau mais reviennent périodiquement lors des querelles littéraires. D'Alembert, dans l'article «Genève» de l'Encyclopédie (t. VII, 1757) attaque le pouvoir genevois qui ne désire pas que la comédie entre en sa ville. Rousseau répond l'année suivante (J.J. Rousseau citoyen de Genève, à M. d'Alembert, de l'Académie Française, sur son article *Genève* dans le septième volume de l'*Encyclopédie,* et particulièrement sur le projet d'établir un théâtre de comédie en cette ville (1758), *il repousse ici la comédie au nom du peuple genevois et propose d'autres amusements (voir à ce propos le n° 165 et dans le* **XIXe siècle,** *le n° 99).*

Quoi! Ne faut-il donc aucun spectacle dans une République? Au contraire, il en faut beaucoup. C'est dans les Républiques qu'ils sont nés, c'est dans leur sein qu'on les voit briller avec un véritable air de fête. A quels peuples convient-il mieux de s'assembler souvent et de former entre eux les doux liens du plaisir et de la joie, qu'à ceux qui ont tant de raisons de s'aimer et de rester à jamais unis? Nous avons déjà plusieurs de ces fêtes publiques; ayons-en davantage encore, je n'en serai que plus charmé. Mais n'adoptons point ces spectacles exclusifs qui renferment tristement un petit nombre de gens dans un antre obscur; qui les tiennent craintifs et immobiles dans le silence et l'inaction; qui n'offrent aux yeux que cloisons, que pointes de fer, que soldats, qu'affligeantes images de la servitude et de l'inégalité. Non, peuples heureux, ce ne sont pas là vos fêtes! C'est en plein air, c'est sous le ciel qu'il faut vous rassembler et vous livrer au doux sentiment de votre bonheur.

Que vos plaisirs ne soient efféminés ni mercenaires, que rien de ce qui sent la contrainte et l'intérêt ne les empoisonne, qu'ils soient libres et généreux comme vous, que le soleil éclaire vos innocents spectacles; vous en formerez un vous-même, le plus digne qu'il puisse éclairer.

Mais quels seront enfin les objets de ces spectacles? Qu'y montrera-t-on? Rien, si l'on veut. Avec la liberté, partout où règne l'affluence, le bien-être y règne aussi. Plantez au milieu d'une place un piquet couronné de fleurs, rassemblez-y le peuple, et vous aurez une fête. Faites mieux encore: donnez les spectateurs en spectacle; rendez-les acteurs eux-mêmes; faites que chacun se voie et s'aime dans les autres, afin que tous en soient mieux unis. Je n'ai pas besoin de renvoyer aux jeux des anciens Grecs: il en est de plus modernes, il en est d'existants encore, et je les trouve précisément parmi nous. Nous avons tous les ans des revues; des prix publics; des rois de l'arquebuse, du canon, de la navigation. On ne peut trop multiplier des établissements si utiles (1) et si agréables; on ne peut trop avoir de semblables rois. Pourquoi ne ferions-nous pas, pour nous rendre dispos et robustes, ce que nous faisons pour nous exercer aux armes? La République a-t-elle moins besoin d'ouvriers que de soldats? Pourquoi, sur le modèle des prix militaires, ne fonderions-nous pas d'autres prix de gymnastique, pour la lutte, pour la course, pour le disque, pour divers exercices du corps? Pourquoi n'animerions-nous pas nos bateliers pour des joutes sur le lac? Y aurait-il au monde un plus brillant spectacle que de voir, sur ce vaste et superbe bassin, des centaines de bateaux, élégamment équipés, partir à la fois au signal donné, pour aller enlever un drapeau arboré au but, puis servir de cortège au vainqueur revenant en triomphe recevoir le prix mérité. Toutes ces sortes de fêtes ne sont dispendieuses qu'autant qu'on le veut bien, et le seul concours les rend assez magnifiques.

Lettre à d'Alembert sur les spectacles, 1758.

(1) Il ne suffit pas que le peuple ait du pain et vive dans sa condition. Il faut qu'il y vive agréablement: afin qu'il en remplisse mieux les devoirs, qu'il se tourmente moins pour en sortir, et que l'ordre public soit mieux établi. Les bonnes mœurs tiennent plus qu'on ne pense à ce que chacun se plaise dans son état. Le manège et l'esprit d'intrigue viennent d'inquiétude et de mécontentement: tout va mal quand l'un aspire à l'emploi d'un autre. Il faut aimer son métier pour le bien faire. L'assiette de l'Etat n'est bonne et solide que quand, tous se sentant à leur place, les forces particulières se réunissent et concourent au bien public; au lieu de s'user l'une contre l'autre, comme elles font dans tout Etat mal constitué. Cela posé, que doit-on penser de ceux qui voudraient ôter au peuple les fêtes, les plaisirs et toute espèce d'amusement, comme autant de distractions qui le détournent de son travail? Cette maxime est barbare et fausse. Tant pis, si le peuple n'a de temps que pour gagner son pain, il lui en faut encore pour le manger avec joie: autrement il ne le gagnera pas longtemps. Ce Dieu juste et bienfaisant, qui veut qu'il s'occupe, veut aussi qu'il se délasse: la Nature lui impose également l'exercice et le repos, le plaisir et la peine. Le dégoût du travail accable plus les malheureux que le travail même. Voulez-vous donc rendre un peuple actif et laborieux? Donnez-lui des fêtes, offrez-lui des amusements qui lui fassent aimer son état et l'empêchent d'en envier un plus doux. Des jours ainsi perdus feront mieux valoir tous les autres. Présidez à ses plaisirs pour les rendre honnêtes; c'est le vrai moyen d'animer ses travaux.
(note de Rousseau).

LESSING, 1767-1768

En 1767-1768, Lessing (1729-1781) en Allemagne donne dans la Dramaturgie de Hambourg *une critique plus radicale du théâtre français. Quoi qu'ils en disent, les Français n'ont pas de théâtre, et en tout cas, pas pour nous : à nous, les Allemands d'établir notre propre tradition (voir n° 149).*

Nous autres Allemands reconnaissons bonnement que nous n'avons pas encore de théâtre. Quelle est au fond la pensée de beaucoup de nos critiques qui font aussi cet aveu et sont grands admirateurs du théâtre français, je ne le puis trop savoir. Mais je sais fort bien ce que moi je pense, et le voici : c'est que nous n'en sommes pas là seuls, nous les Allemands ; c'est que ceux-là mêmes qui depuis cent années se vantent d'avoir un théâtre, que dis-je ? se font gloire d'avoir le meilleur de toute l'Europe, — c'est que les Français non plus n'ont point encore de théâtre. [...]

Mon idée est qu'ils ne l'ont pas encore, précisément parce qu'ils s'imaginent l'avoir eu dès longtemps. Et il faut dire que pour les fortifier dans leur illusion, quelque chose leur a été donné par préférence à tous les peuples, mais ce n'est pas un présent de la nature : leur vanité. [...]

A peine Corneille avait-il commencé à tirer leur théâtre de la barbarie, qu'ils le crurent déjà tout près de la perfection. Racine leur parut avoir mis la dernière main à cette grande œuvre ; et puis nul ne se demanda plus (aussi bien cela n'avait-il jamais fait question) si le poète tragique pouvait se montrer plus pathétique et plus touchant que Corneille et Racine ; cela fut tenu pour impossible, et toute l'ambition des poètes suivants dut se borner à se rapprocher de leur mieux de l'un ou de l'autre modèle. Pendant cent ans ils se sont abusés eux-mêmes et ont en partie abusé leurs voisins ; qu'à présent quelqu'un s'avise de le leur venir dire, il verra la réponse !

la Dramaturgie de Hambourg, LXXX et LXXXI, 1767-1768.
(trad. M.A. Desfeuilles, 1886.).

D'ALEMBERT, *ENCYCLOPÉDIE,* 1757

On ne souffre point à *Genève* de comédie ; ce n'est pas qu'on y désapprouve les spectacles en eux-mêmes, mais on craint, dit-on, le goût de la parure, de dissipation et de libertinage que les troupes de comédiens répandent parmi la jeunesse. Cependant ne serait-il pas possible de remédier à cet inconvénient par des lois sévères et bien exécutées sur la conduite des comédiens ? Par ce moyen, *Genève* aurait des spectacles et des mœurs et jouirait de l'avantage des uns et des autres : les représentations théâtrales formeraient le goût des citoyens et leur donneraient une finesse de tact, une délicatesse de sentiment qu'il est très difficile d'acquérir sans ce secours ; la littérature en profiterait, sans que le libertinage fît des progrès, et *Genève* réunirait à la sagesse de Lacédémone la politesse d'Athènes. Une autre considération digne d'une république si sage et si éclairée devrait peut-être l'engager à permettre les spectacles. Le préjugé barbare contre la profession de comédien, l'espèce d'avilissement où nous avons mis ces hommes si nécessaires au progrès et au soutien des arts, est certainement une des principales causes qui contribue au dérèglement que nous leur reprochons ; ils cherchent à se dédommager, par les plaisirs, de l'estime que leur état ne peut obtenir. Parmi nous, un comédien qui a des mœurs est doublement respectable ; mais à peine lui en sait-on quelque gré. Le traitant qui insulte à l'indigence publique et qui s'en nourrit, le courtisan qui rampe et qui ne paye point ses dettes, voilà l'espèce d'hommes que nous honorons le plus. Si les comédiens étaient non seulement soufferts à *Genève*, mais contenus d'abord par des règlements sages, protégés ensuite et même considérés dès qu'ils en seraient dignes, enfin absolument placés sur la même ligne que les autres citoyens, cette ville aurait bientôt l'avantage de posséder ce qu'on croit si rare, et ce qui ne l'est que par notre faute, une troupe de comédiens estimable. Ajoutons que cette troupe deviendrait bientôt la meilleure de l'Europe ; plusieurs personnes pleines de goût et de disposition pour le théâtre, et qui craignent de se déshonorer parmi nous en s'y livrant, accourraient à *Genève* pour cultiver non seulement sans honte, mais même avec estime, un talent si agréable et si peu commun. Le séjour de cette ville, que bien des Français regardent comme triste par la privation des spectacles, deviendrait alors le séjour des plaisirs honnêtes, comme il est celui de la philosophie et de la liberté ; et les étrangers ne seraient plus surpris de voir que dans une ville où les spectacles décents et réguliers sont défendus, on permette des farces grossières et sans esprit, aussi contraires au bon goût qu'aux bonnes mœurs. Ce n'est pas tout : peu à peu l'exemple des comédiens de *Genève*, la régularité de leur conduite et la considération dont elle les ferait jouir serviraient de modèle aux comédiens des autres nations, et de leçon à ceux qui les ont traités jusqu'ici avec tant de rigueur et même d'inconséquence. On ne les verrait pas d'un côté pensionnés par le gouvernement et de l'autre un objet d'anathème ; nos prêtres perdraient l'habitude de les excommunier et nos bourgeois de les regarder avec mépris ; et une petite république aurait la gloire d'avoir réformé l'Europe sur ce point, plus important peut-être qu'on ne pense.

Encyclopédie ou Dictionnaire raisonné des lettres et des arts, Article « Genève », tome VII, 1757.

1 — *Quelles sont les valeurs morales communes à Rousseau et à d'Alembert ? Quel usage en font-ils chacun dans leur raisonnement ?*

2 — *Au nom de quoi Lessing dénonce-t-il l'inexistence du théâtre français ? Déterminez dans son discours les éléments polémiques* (affirmations péremptoires, effets de surprise, arguments majeurs, etc.)*

3 — *Les fêtes républicaines de Rousseau ont-elles eu lieu au détriment du théâtre ? Existe-t-il encore de telles célébrations de nos jours ? Sous quelles formes ? Quelle est devenue leur signification ?*

123 a Jean-Jacques ROUSSEAU (1712-1778)

Greuze, *Jean-Jacques Rousseau*
(F. Foliot).

*En 1756, Rousseau se retire à l'Ermitage, chez Madame d'Epinay. C'est là que, «dévoré du besoin d'aimer sans jamais l'avoir pu satisfaire», (*Confessions, *livre IX), il commence le roman par lettres qui devait devenir* la Nouvelle Héloïse[1]. *Dans ce «monde idéal» qu'il se plaît à peupler, «d'êtres selon son cœur», Rousseau développe ses thèmes favoris: exaltation de la passion affrontée aux interdits sociaux, amour de la vertu, pouvoir consolateur de la nature, recherche d'un bonheur simple. Toutes ces idées trouvèrent un large écho dans le public de l'époque, qui fut sensible à ce renouveau du lyrisme. A posteriori on peut voir, ébauchés dans ces pages, nombre de thèmes caractéristiques de la première génération romantique (Madame de Staël, Senancour, Benjamin Constant, Eugène Fromentin, Chateaubriand: voir* **XIXe siècle,** *première partie).*

1ere partie, lettre XXIII: Saint-Preux est tombé amoureux de Julie d'Etanges, son élève, et celle-ci répond à son amour. Mais il est roturier, et le baron d'Etanges n'acceptera sans doute jamais ce mariage... C'est au sein des montagnes du Valais que Saint-Preux va chercher un réconfort à sa douleur.

(1) Par référence aux amours d'Héloïse et d'Abélard.

J'étais parti, triste de mes peines et consolé de votre joie; ce qui me tenait dans un certain état de langueur qui n'est pas sans charme pour un cœur sensible. Je gravissais lentement et à pied des sentiers assez rudes, conduit par un homme que j'avais pris pour être mon guide et dans lequel, durant toute la route, j'ai trouvé plutôt un ami qu'un mercenaire. Je voulais rêver, et j'en étais toujours détourné par quelque spectacle inattendu. Tantôt d'immenses roches pendaient en ruines au-dessus de ma tête. Tantôt de hautes et bruyantes cascades m'inondaient de leur épais brouillard. Tantôt un torrent éternel ouvrait à mes côtés un abîme dont les yeux n'osaient sonder la profondeur. Quelquefois, je me perdais dans l'obscurité d'un bois touffu. Quelquefois, en sortant d'un gouffre, une agréable prairie réjouissait tout à coup mes regards. Un mélange étonnant de la nature sauvage et de la nature cultivée montrait partout la main des hommes où l'on eût cru qu'ils n'avaient jamais pénétré: à côté d'une caverne on trouvait des maisons; on voyait des pampres secs où l'on n'eût cherché que des ronces, des vignes dans des terres éboulées, d'excellents fruits sur des rochers, et des champs dans des précipices.

Ce n'était pas seulement le travail des hommes qui rendait ces pays étranges si bizarrement contrastés: la nature semblait encore prendre plaisir à s'y mettre en opposition avec elle-même, tant on la trouvait différente en un même lieu sous divers aspects! Au levant les fleurs du printemps, au midi les fruits de l'automne, au nord les glaces de l'hiver: elle réunissait toutes les saisons dans le même instant, tous les climats dans le même lieu, des terrains contraires sur le même sol, et formait l'accord inconnu partout ailleurs des productions des plaines et de celles des Alpes. Ajoutez à tout cela les illusions de l'optique, les pointes des monts différemment éclairées, le clair-obscur du soleil et des ombres, et tous les accidents de lumière qui en résultaient le matin et le soir; vous aurez quelque idée des scènes continuelles qui ne cessèrent d'attirer mon admiration, et qui semblaient m'être offertes en un vrai théâtre; car la perspective des monts, étant verticale, frappe les yeux tout à la fois et bien plus puissamment que celle des plaines, qui ne se voit qu'obliquement, en fuyant, et dont chaque objet vous en cache un autre.

J'attribuai, durant la première journée, aux agréments de cette variété le calme que je sentais renaître en moi. J'admirais l'empire qu'ont sur nos passions les plus vives les êtres les plus insensibles, et je méprisais la philosophie de ne pouvoir pas même autant sur l'âme qu'une suite d'objets inanimés. Mais cet état paisible ayant duré la nuit et augmenté le lendemain, je ne tardai pas de juger qu'il avait encore quelque autre cause qui ne m'était pas connue. J'arrivai ce jour-là sur des montagnes les moins élevées, et, parcourant ensuite leurs inégalités, sur celles des plus hautes qui étaient à ma portée. Après m'être promené dans les nuages, j'atteignais un séjour plus serein d'où l'on voit dans la saison le tonnerre et l'orage se former au-dessous de soi; image trop vaine de l'âme du sage, dont l'exemple n'exista jamais, ou n'existe qu'aux mêmes lieux d'où l'on en a tiré l'emblème.

Ce fut là que je démêlai sensiblement dans la pureté de l'air où je me trouvais la véritable cause du changement de mon humeur, et du retour de cette paix intérieure que j'avais perdue depuis si longtemps. En effet, c'est une impression générale qu'éprouvent tous les hommes, quoiqu'ils ne l'observent pas tous, que sur les hautes montagnes, où l'air est pur et subtil, on se sent plus de facilité dans la respiration, plus de légèreté dans le corps, plus de sérénité dans l'esprit; les plaisirs y sont moins ardents, les passions plus modérées. Les méditations y prennent je ne sais quel caractère grand et sublime, proportionné aux objets qui nous frappent, je ne sais quelle volupté tranquille qui n'a rien d'âcre et de sensuel. Il semble qu'en s'élevant au-dessus du séjour des hommes, on y laisse tous les sentiments bas et terrestres, et qu'à mesure qu'on approche des régions éthérées, l'âme contracte quelque chose de leur inaltérable pureté. On y est grave sans mélancolie, paisible sans indolence, content d'être et de penser: tous les désirs trop vifs s'émoussent, ils perdent cette pointe aiguë qui les rend douloureux; ils ne laissent au fond du cœur qu'une émotion légère et douce; et c'est ainsi qu'un heureux climat fait servir à la félicité de l'homme les passions qui font ailleurs son tourment.

Allégorie sur Voltaire et Rousseau, (BN).

Supposez les impressions réunies de ce que je viens de vous décrire, et vous aurez quelque idée de la situation délicieuse où je me trouvais. Imaginez la variété, la grandeur, la beauté de mille étonnants spectacles; le plaisir de ne voir autour de soi que des objets tout nouveaux, des oiseaux étranges, des plantes bizarres et inconnues, d'observer en quelque sorte une autre nature, et de se trouver dans un nouveau monde. Tout cela fait aux yeux un mélange inexprimable, dont le charme augmente encore par la subtilité de l'air qui rend les couleurs plus vives, les traits plus marqués, rapproche tous les points de vue; les distances paraissant moindres que dans les plaines, où l'épaisseur de l'air couvre la terre d'un voile, l'horizon présente aux yeux plus d'objets qu'il semble n'en pouvoir contenir: enfin le spectacle a je ne sais quoi de magique, de surnaturel, qui ravit l'esprit et les sens; on oublie tout, on s'oublie soi-même, on ne sait plus où l'on est.

Julie ou la Nouvelle Héloïse, première partie
Lettre XXIII, 1761.

ROUSSEAU, 1762

Dans une des Lettres *qu'il écrivit en 1762 au directeur de la Librairie, M. de Malesherbes, Rousseau raconte dans quel état d'esprit il était quand il conçut la* Nouvelle Héloïse.

Mon imagination ne laissait pas longtemps déserte la terre ainsi parée. Je la peuplais bientôt d'êtres selon mon cœur, et, chassant bien loin l'opinion, les préjugés, toutes les passions factices, je transportais dans les asiles de la nature des hommes dignes de les habiter. Je m'en formais une société charmante dont je ne me sentais pas indigne, je me faisais un siècle d'or à ma fantaisie, et remplissant ces beaux jours de toutes les scènes de ma vie qui m'avaient laissé de doux souvenirs, et de toutes celles que mon cœur pouvait désirer encore, je m'attendrissais jusqu'aux larmes sur les vrais plaisirs de l'humanité, plaisirs si délicieux, si purs, et qui sont désormais si loin des hommes. Oh! si dans ces moments quelque idée de Paris, de mon siècle, et de ma petite gloriole d'auteur venait troubler mes rêveries, avec quel dédain je la chassais à l'instant pour me livrer, sans distraction, aux sentiments exquis dont mon âme était pleine! Cependant au milieu de tout cela, je l'avoue, le néant de mes chimères venait quelquefois la contrister tout à coup. Quand tous mes rêves se seraient tournés en réalité, ils ne m'auraient pas suffi; j'aurais imaginé, rêvé, désiré encore. Je trouvais en moi un vide inexplicable que rien n'aurait pu remplir, un certain élancement de cœur vers une autre sorte de jouissance dont je n'avais pas d'idée, et dont pourtant je sentais le besoin. Hé bien, Monsieur, cela même était jouissance, puisque j'en étais pénétré d'un sentiment très vif, et d'une tristesse attirante, que je n'aurais pas voulu ne pas avoir.

Bientôt de la surface de la terre j'élevais mes idées à tous les êtres de la nature, au système universel des choses, à l'être incompréhensible qui embrasse tout. Alors, l'esprit perdu dans cette immensité, je ne pensais pas, je ne raisonnais pas, je ne philosophais pas; je me sentais, avec une sorte de volupté, accablé du poids de cet univers, je me livrais avec ravissement à la confusion de ces grandes idées, j'aimais à me perdre en imagination dans l'espace, mon cœur resserré dans les bornes des êtres s'y trouvait trop à l'étroit; j'étouffais dans l'univers; j'aurais voulu m'élancer dans l'infini. Je crois que, si j'eusse dévoilé tous les mystères de la nature, je me serais senti dans une situation moins délicieuse que cette étourdissante extase à laquelle mon esprit se livrait sans retenue, et qui, dans l'agitation de mes transports, me faisait écrier quelquefois: «O grand Etre! ô grand Etre!» sans pouvoir dire ni penser rien de plus.

Lettre à M. de Malesherbes, 26 janvier 1762.

1 — *Relevez les termes qui, dans la première partie du texte, expriment le sentiment dominant éprouvé par Rousseau lors de cette ascension. Quel est le mot qui désigne la nature comme pur spectacle?*

2 — *Quels sont les passages qui permettent de voir dans ce récit une intention symbolique? Analysez en particulier l'opposition haut/bas qui parcourt tout le texte.*

3 — *Dans la méditation qui constitue la deuxième partie de l'extrait, quel est le rapport entre Rousseau et la nature qui se substitue à celui de la contemplation?*

4 — *Dans l'extrait de la* Lettre à Malesherbes, *quels sont les éléments qui, par comparaison avec le texte de* la Nouvelle Héloïse, *permettent de lire l'expérience décrite par Rousseau comme une expérience de nature mystique?*

123 b Jean-Jacques ROUSSEAU (1712-1778)

Tabatière représentant Rousseau et Voltaire. (F. Foliot).

Ainsi, de quelque sens qu'on envisage les choses, tout n'est ici que babil, jargon, propos sans conséquence. Sur la scène comme dans le monde, on a beau écouter ce qui se dit, on n'apprend rien de ce qui se fait et qu'a-t-on besoin de l'apprendre ? Sitôt qu'un homme a parlé, s'informe-t-on de sa conduite ? N'a-t-il pas tout fait ? N'est-il pas jugé ? L'honnête homme d'ici n'est point celui qui fait de bonnes actions, mais celui qui dit de belles choses ; et un seul propos inconsidéré, lâché sans réflexion, peut faire à celui qui le tient un tort irréparable que n'effaceraient pas quarante ans d'intégrité. En un mot, bien que les œuvres des hommes ne ressemblent guère à leurs discours, je vois qu'on ne les peint que par leurs discours, sans égard à leurs œuvres ; je vois aussi que dans une grande ville la société paraît plus douce, plus facile, plus sûre même que parmi des gens moins étudiés ; mais les hommes y sont-ils en effet plus humains, plus modérés, plus justes ? Je n'en sais rien. Ce ne sont encore là que des apparences ; et sous ces dehors si ouverts et si agréables, les cœurs sont peut-être plus cachés, plus enfoncés en dedans que les nôtres. Étranger, isolé, sans affaires, sans liaisons, sans plaisirs, et ne voulant m'en rapporter qu'à moi, le moyen de pouvoir prononcer ?

Cependant je commence à sentir l'ivresse où cette vie agitée et tumultueuse plonge ceux qui la mènent, et je tombe dans un étourdissement semblable à celui d'un homme aux yeux duquel on fait passer rapidement une multitude d'objets. Aucun de ceux qui me frappent n'attache mon cœur, mais tous ensemble en troublent et suspendent les affections, au point d'en oublier quelques instants ce que je suis et à qui je suis. Chaque jour en sortant de chez moi j'enferme mes sentiments sous la clef, pour en prendre d'autres qui se prêtent aux frivoles objets qui m'attendent. Insensiblement je juge et raisonne comme j'entends juger et raisonner tout le monde. Si quelquefois j'essaye de secouer les préjugés et de voir les choses comme elles sont, à l'instant je suis écrasé d'un certain verbiage qui ressemble beaucoup à du raisonnement. On me prouve avec évidence qu'il n'y a que le demi-philosophe qui regarde à la réalité des choses ; que le vrai sage ne les considère que par les apparences ; qu'il doit prendre les préjugés pour principes, les bienséances pour lois, et que la plus sublime sagesse consiste à vivre comme les fous.

Forcé de changer ainsi l'ordre de mes affections morales, forcé de donner un prix à des chimères, et d'imposer silence à la nature et à la raison, je vois ainsi défigurer ce divin modèle que je porte au dedans de moi, et qui servait à la fois d'objet à mes désirs et de règle à mes actions ; je flotte de caprice en caprice ; et mes goûts étant sans cesse asservis à l'opinion, je ne puis être sûr un seul jour de ce que j'aimerai le lendemain.

Confus, humilié, consterné, de sentir dégrader en moi la nature de l'homme et de me voir ravalé si bas de cette grandeur intérieure où nos cœurs enflammés s'élevaient réciproquement, je reviens le soir, pénétré d'une secrète tristesse, accablé d'un dégoût mortel, et le cœur vide et gonflé comme un ballon rempli d'air. Ô amour ! ô purs sentiments que je tiens de lui !... Avec quel charme je rentre en moi-même ! Avec quel transport j'y retrouve encore mes premières affections et ma première dignité ! Combien je m'applaudis d'y revoir briller dans tout son éclat l'image de la vertu, d'y contempler la tienne, ô Julie, assise sur un trône de gloire et dissipant d'un souffle tous ces prestiges ! Je sens respirer mon âme oppressée, je crois avoir recouvré mon existence et ma vie, et je reprends avec mon amour tous les sentiments sublimes qui le rendent digne de son objet.

Julie ou la Nouvelle Héloïse, Seconde partie, Lettre XVII.

Saint-Preux, repoussé par le père de Julie, a quitté la Suisse pour Paris, Julie va être mariée à M. de Wolmar. Cette séparation est pour Rousseau l'occasion de dresser un tableau contrasté de l'influence délétère de la société, symbolisée ici par la grande ville : à la pureté de la passion conçue dans un cadre naturel, s'oppose l'hypocrisie du théâtre du monde.

LE THÉATRE DU MONDE

1 — *Relevez et classez séparément les termes exprimant le sentiment de dégradation : a) intellectuelle, b) morale éprouvé par Rousseau.*

2 — *A partir d'un relevé des termes opposant apparence et réalité, dégagez le sens général de la critique formulée par Rousseau.*

3 — *Comment se manifestent la toute-puissance de « cette vie tumultueuse et agitée », et, de façon symétrique, l'impuissance de celui qui y est plongé ?*

4 — *Après avoir relu le texte de la page précédente (lettre XXIII), dégagez le sens de l'opposition antithétique* qui structure ces deux expériences. Analysez en particulier le contraste élévation/dégradation et l'opposition condensée dans les deux expressions : « on s'oublie soi-même » / « je rentre en moi-même ».*

ROUSSEAU, 1788

Rousseau était en train d'écrire la Nouvelle Héloïse, *quand il tomba amoureux de Madame d'Houdetot. Et la fiction se mêla à la vie.*

Le retour du printemps avait redoublé mon tendre délire, et dans mes érotiques transports j'avais composé pour les dernières parties de la Julie plusieurs lettres qui se sentent du ravissement dans lequel je les écrivis. Je puis citer entre autres celles de l'Elysée et de la promenade sur le lac, qui si je m'en souviens bien sont à la fin de la quatrième partie. Quiconque en lisant ces deux lettres ne sent pas amollir et fondre son cœur dans l'attendrissement qui me les dicta, doit fermer le livre ; il n'est pas fait pour juger des choses de sentiment. [...]

Elle vint, je la vis, j'étais ivre d'amour sans objet, cette ivresse fascina mes yeux, cet objet se fixa sur elle, je vis ma Julie en Mme d'Houdetot, et bientôt je ne vis plus que Mme d'Houdetot, mais revêtue de toutes les perfections dont je venais d'orner l'idole de mon cœur. Pour m'achever, elle me parla de St. Lambert en amante passionnée. Force contagieuse de l'amour ! En l'écoutant, en me sentant auprès d'elle, j'étais saisi d'un frémissement délicieux que je n'avais éprouvé jamais auprès de personne. Elle parlait et je me sentais ému ; je croyais ne faire que m'intéresser à ses sentiments quand j'en prenais de semblables ; j'avalais à longs traits la coupe empoisonnée dont je ne sentais encore que la douceur. Enfin, sans que je m'en aperçusse et sans qu'elle s'en aperçût elle m'inspira pour elle-même tout ce qu'elle exprimait pour son amant. Hélas ! Ce fut bien tard, ce fut bien cruellement brûler d'une passion non moins vive que malheureuse pour une femme dont le cœur était plein d'un autre amour !

Malgré les mouvements extraordinaires que j'avais éprouvés auprès d'elle, je ne m'aperçus pas d'abord de ce qui m'était arrivé : ce ne fut qu'après son départ que, voulant penser à Julie je fus frappé de ne pouvoir plus penser qu'à Mme d'Houdetot. Alors mes yeux se dessillèrent ; je sentis mon malheur, j'en gémis, mais je n'en prévis pas les suites.

Confessions, Livre IX, 1788.

VOLTAIRE, 1761

Sous le pseudonyme du Marquis de Ximenes, Voltaire publia une série de Lettres sur la Nouvelle Héloïse, *adressées à lui-même. En voici quelques extraits...*

Pour ennoblir les personnages et le lieu de la scène, Jean-Jacques a choisi pour son théâtre un petit pays sujet d'un canton suisse. Le principal personnage est une espèce de valet suisse, qui a un peu étudié, et qui enseigne ce qu'il sait à une *Julie, fille d'un baron du pays de Vaud.* Vous savez qu'il n'y a rien de plus grand que ces barons. Le petit valet, philosophe suisse, débite à Julie son écolière la morale d'Épictète, et lui parle d'amour. Julie, en présence de sa cousine Claire, donne à son maître un baiser très long et très *âcre* dont il se plaint beaucoup, et le lendemain le maître fait un enfant à l'écolière. Les dames pourraient croire que c'est là la conclusion du roman ; mais voici, Monsieur, par quelle intrigue délicate, par quels événements merveilleux ce roman philosophique dure encore cinq tomes entiers après la conclusion.

(Un pair d'Angleterre, Milord Edouard, veut favoriser les amours de Julie et de Saint-Preux).

Dès que la belle Julie eut appris la manière gracieuse dont son père avait reçu les agréables propositions de milord, elle ne manqua pas d'aller remontrer à monsieur son père tout le mérite du philosophe ; elle lui fit voir combien ces gens-là étaient au-dessus des autres hommes, et à quel point ils étaient nécessaires dans les familles, et surtout auprès des demoiselles qui veulent lire Plutarque et apprendre l'orthographe. Le père, ennuyé de toute cette philosophie, donna un énorme soufflet à la belle Julie, laquelle du coup tomba sur une chaise de paille, meuble fort ordinaire dans le pays de Vaud ; elle se blessa en tombant, et fit quelque temps après un faux germe, ce qui priva malheureusement la Suisse d'un petit Jean-Jacques, qui en eût fait les délices et l'admiration.

(Julie, pour se consoler, se marie à « un gros Russe naturalisé dans le pays de Vaud », M. de Wolmar).

M. de Wolmar le reçut à bras ouverts : « Monsieur, lui dit-il, comme vous avez été l'amant de ma femme, je me flatte que vous serez toujours son bon ami, et que vous voudrez bien être le mien : nous vivrons tous trois familièrement en bons Suisses avec nos parents, comme si de rien n'était, et vous pouvez compter que cette petite vie sera le modèle de la philosophie et du bonheur. »

Le voyageur fut tout étonné de trouver M. de Wolmar si savant ; mais Julie, en personne discrète, avait avoué, dans une soirée d'hiver, à son mari, ne sachant que faire, qu'elle avait autrefois couché avec le philosophe ; et elle toucha même quelque chose du faux germe. Son gros *Russe-Suisse* ne s'en embarrassa pas, *ayant peut-être en sa personne de quoi négliger ce point-là.* Il aimait aussi à boire, comme Milord et Jean-Jacques, et disait, dans ses goguettes, qu'il *était très content du tonneau quoi qu'un autre l'eût percé ;* propos, à la vérité, qui ne sent pas l'homme élevé à la cour, mais très convenable à la noble simplicité du pays *dont il avait* (dit-il) *adopté les maximes.*

Jean-Jacques vécut depuis fort uniment entre son ancien cocu et son ancienne maîtresse. Il entra dans tous les détails des soins domestiques. Il avoue qu'à la vérité Madame était un peu gourmande ; mais aussi elle ne prenait jamais du *café, ou le café* que dans son entresol. Enfin la belle Julie devint dévote, et mourut ensuite calviniste, trouvant notre religion très ridicule et très vénale.

Toutes ces grandes aventures sont ornées de magnifiques lieux communs sur la vertu. Jamais catin ne prêcha plus, et jamais valet suborneur de filles ne fut plus philosophe. Jean-Jacques a trouvé l'heureux secret de mettre dans ce beau roman de six tomes trois à quatre pages de faits, et environ mille de discours moraux. Ce n'est ni *Télémaque,* ni *la Princesse de Clèves,* ni *Zaïde :* c'est JEAN-JACQUES tout pur.

Deuxième Lettre à M. de Voltaire sur la Nouvelle Héloïse, 1761.

124 Jean-Jacques ROUSSEAU (1712-1778)

Dans le Discours sur l'origine et les fondements de l'inégalité parmi les hommes *(voir nº 121), Rousseau avait produit la fiction d'un homme vivant dans «l'état de nature», avant que la société ne vienne le corrompre. La* Nouvelle Héloïse *exaltait le bonheur d'une vie simple, en harmonie avec la pureté naturelle. Les principes d'éducation développés dans l'*Emile *répondent à un souci principal: il s'agit avant tout de préserver le jeune enfant des méfaits de la civilisation, et de ne rien faire qui puisse étouffer les germes de vertu déposés en lui par la nature. Sur la base de ce postulat, Rousseau expose un plan d'éducation très précis, en quatre épisodes qui correspondent au développement du corps, des sens, de l'intelligence et du cœur.*

La première période (de un à cinq ans) a exercé les qualités physiques d'Emile.

Pendant la deuxième (dix à douze ans), il a appris à éduquer ses sens, à en tirer parti pour satisfaire ses désirs.

La troisième période (de douze à quinze ans) est consacrée à l'éducation intellectuelle. Mais point de livres, dit Rousseau, ou le moins possible! Car rien ne remplace l'expérience. Voici donc l'esprit dans lequel on devra l'initier aux sciences.

Supposons que, tandis que j'étudie avec mon élève le cours du soleil et la manière de s'orienter, tout à coup il m'interrompe pour me demander à quoi sert tout cela. Quel beau discours je vais lui faire! de combien de choses je saisis l'occasion de l'instruire en répondant à sa question, surtout si nous avons des témoins de notre entretien. Je lui parlerai de l'utilité des voyages, des avantages du commerce, des productions particulières à chaque climat, des mœurs des différents peuples, de l'usage du calendrier, de la supputation du retour des saisons pour l'agriculture, de l'art de la navigation, de la manière de se conduire sur mer et de suivre exactement la route, sans savoir où l'on est. La politique, l'histoire naturelle, l'astronomie, la morale même et le droit des gens entreront dans mon explication, de manière à donner à mon élève une grande idée de toutes ces sciences et un grand désir de les apprendre. Quand j'aurai tout dit, j'aurai fait l'étalage d'un vrai pédant, auquel il n'aura pas compris une seule idée. Il aurait grande envie de me demander comme auparavant à quoi sert de s'orienter; mais il n'ose, de peur que je ne me fâche. Il trouve mieux son compte à feindre d'entendre ce qu'on l'a forcé d'écouter. Ainsi se pratiquent les belles éducations.

Mais notre Émile, plus rustiquement élevé, et à qui nous donnons avec tant de peine une conception dure, n'écoutera rien de tout cela. Du premier mot qu'il n'entendra pas, il va s'enfuir, il va folâtrer par la chambre, et me laisser pérorer tout seul. Cherchons une solution plus grossière; mon appareil scientifique ne vaut rien pour lui.

Nous observions la position de la forêt au nord de Montmorency, quand il m'a interrompu par son importune question: *A quoi sert cela?* Vous avez raison, lui dis-je, il y faut penser à loisir; et si nous trouvons que ce travail n'est bon à rien, nous ne le reprendrons plus, car nous ne manquons pas d'amusements utiles. On s'occupe d'autre chose, et il n'est plus question de géographie du reste de la journée.

Le lendemain matin, je lui propose un tour de promenade avant le déjeuner; il ne demande pas mieux; pour courir, les enfants sont toujours prêts, et celui-ci a de bonnes jambes. Nous montons dans la forêt, nous parcourons les Champeaux, nous nous égarons, nous ne savons plus où nous sommes; et, quand il s'agit de revenir, nous ne pouvons plus retrouver notre chemin. Le temps se passe, la chaleur vient, nous avons faim; nous nous pressons, nous errons vainement de côté et d'autre, nous ne trouvons partout que des bois, des carrières, des plaines, nul renseignement pour nous reconnaître. Bien échauffés, bien recrus, bien affamés, nous ne faisons avec nos courses que nous égarer davantage. Nous nous asseyons enfin pour nous reposer, pour délibérer. Émile, que je suppose élevé comme un autre enfant, ne délibère point, il pleure; il ne sait pas que nous sommes à la porte de Montmorency, et qu'un simple taillis nous le cache; mais ce taillis est une forêt pour lui, un homme de sa stature est enterré dans des buissons.

Après quelques moments de silence, je lui dis d'un air inquiet: Mon cher Émile, comment ferons-nous pour sortir d'ici?

ÉMILE, *en nage, et pleurant à chaudes larmes.* — Je n'en sais rien. Je suis las; j'ai faim; j'ai soif; je n'en puis plus.

JEAN-JACQUES. — Me croyez-vous en meilleur état que vous? et pensez-vous que je me fisse faute de pleurer, si je pouvais déjeuner de mes larmes? Il ne s'agit pas de pleurer, il s'agit de se reconnaître. Voyons votre montre; quelle heure est-il?

ÉMILE. — Il est midi, et je suis à jeun.

JEAN-JACQUES. — Cela est vrai, il est midi, et je suis à jeun.

ÉMILE. — Oh! que vous devez avoir faim!

JEAN-JACQUES. — Le malheur est que mon dîner ne viendra pas me chercher ici. Il est midi: c'est justement l'heure où nous observions hier de Montmorency la position de la forêt. Si nous pouvions de même observer de la forêt la position de Montmorency!...

ÉMILE. — Oui; mais hier nous voyions la forêt, et d'ici nous ne voyons pas la ville.

JEAN-JACQUES. — Voilà le mal... Si nous pouvions nous passer de la voir pour trouver sa position!...

ÉMILE. — O mon bon ami!

JEAN-JACQUES. — Ne disions-nous pas que la forêt était...

ÉMILE. — Au nord de Montmorency.

JEAN-JACQUES. — Par conséquent Montmorency doit être...

ÉMILE. — Au sud de la forêt.

JEAN-JACQUES. — Nous avons un moyen de trouver le Nord à midi?

ÉMILE. — Oui, par la direction de l'ombre.

JEAN-JACQUES. — Mais le sud?

ÉMILE. — Comment faire?

JEAN-JACQUES. — Le sud est l'opposé du nord.

ÉMILE. — Cela est vrai ; il n'y a qu'à chercher l'opposé de l'ombre. Oh ! voilà le sud ! voilà le sud ! sûrement Montmorency est de ce côté.

JEAN-JACQUES. — Vous pouvez avoir raison : prenons ce sentier à travers le bois.

ÉMILE, *frappant des mains et poussant un cri de joie.* — Ah ! je vois Montmorency ! le voilà devant nous, tout à découvert. Allons déjeuner, allons dîner, courons vite : l'astronomie est bonne à quelque chose.

Prenez garde que, s'il ne dit pas cette dernière phrase, il la pensera ; peu importe, pourvu que ce ne soit pas moi qui la dise. Or soyez sûr qu'il n'oubliera de sa vie la leçon de cette journée au lieu que, si je n'avais fait que lui supposer tout cela dans sa chambre, mon discours eût été oublié dès le lendemain. Il faut parler tant qu'on peut par les actions, et ne dire que ce qu'on ne saurait faire.

Émile ou De l'éducation, Livre troisième, XLVIII, «Émile dans la forêt de Montmorency», 1762.

1 — *Quel problème pédagogique essentiel Rousseau pose-t-il dans cette page ? Sur quelle conception de la nature humaine fonde-t-il la nécessité du recours à l'expérience individuelle ?*

2 — *A partir d'un relevé des termes que vous pourrez distribuer en catégories : abstrait/ concret, et parole/action, opposez nettement les deux systèmes d'enseignement distingués par Rousseau. Quel est ici, en définitive, le rôle du précepteur ?*

3 — *Pourquoi à votre avis, Rousseau a-t-il recours à une petite saynète*? Quel est l'effet de cet «effacement» du narrateur*?*

4 — *Ce système d'enseignement vous paraît-il applicable dans tous les cas ? Tentez de trouver des contre-exemples.*

5 — *EXPOSÉ/DÉBAT : L'enseignement s'est ouvert, depuis quelques années, aux pédagogies dites «non-directives» et «actives». Renseignez-vous sur ces théories, les finalités qu'elles donnent à l'enseignement, les moyens préconisés.*

PÉDAGOGIE NON-DIRECTIVE

Les enfants de Vho, en Italie, ont décidé de faire une carte de leur village. Leur instituteur, adepte des méthodes pédagogiques Freinet, va leur laisser découvrir tout seuls les impératifs de ce type d'entreprise. Dans un premier temps, un plan intuitif du village a été dressé. Mais il s'avère vite qu'il n'est en fait pas du tout ressemblant...

MARIO LODI, 1972

La conversation conduit à une décision : ce village inexact, nous le garderons et nous le compléterons, mais nous allons tout de suite en dessiner un autre, sans erreur, avec toutes les mesures exactes. Tout le monde est d'accord là-dessus. Le travail met des ailes aux pieds, d'autant qu'on a décidé de mesurer les distances en pas. [...]

Quelqu'un suggère : Il vaudrait mieux employer un mètre. Le mètre se révèle inadapté pour la mesure de grandes distances. Alors on «invente» le décamètre, fabriqué avec un ruban. Les distances sont désormais mesurées avec une exactitude suffisante et les vérifications ne font apparaître que des différences négligeables.

Mais on s'aperçoit bien vite que mesurer tout le village serait une entreprise trop longue et trop compliquée ; on se replie alors sur une zone plus limitée : celle qui entoure l'école.

Bientôt une autre idée se fait jour : pourquoi ne pas commencer par un petit espace, une maison, par exemple, ou la salle de classe ?

«Si nous mesurons bien nous pourrons coller les dessins des classes les uns à côté des autres.

— Et comme ça nous faisons la carte de l'école.

— Et puis ensuite du quartier, et de tout le village.»

L'idée me paraît intéressante et pratique : elle permet de distribuer le travail, donc de faire participer tout le monde à l'établissement de la carte, de même que tous avaient déjà participé, en collant les dessins, à la réalisation de la grande carte du village.

Passons donc à la représentation à l'échelle des surfaces mesurées.

Une longue conversation met en lumière un concept que tous comprennent et acceptent : le cahier est petit et la salle est grande ; pour dessiner la salle, il faut donc ou bien prendre une feuille grande comme la salle ou bien rapetisser la classe dans un dessin qui tiendra sur la feuille.

Certains commencent à mesurer avec des objets (un crayon, une feuille, une règle) mais bien vite ils acceptent de se servir du mètre. Nous reportons les mesures sur le quadrillage du cahier : un mètre peut équivaloir à la longueur d'un carré ou de deux, comme on veut, pourvu qu'on le dise, ou mieux qu'on l'écrive à côté du dessin : 1 carré = 2 règles ; 1 mètre = 1 carré, etc.

C'est une découverte et les enfants remplissent des pages et des pages d'objets reproduits à l'échelle : le pupitre, le tableau, l'armoire, la fenêtre, l'estrade, etc. Autre découverte : le dessin à l'échelle sur le papier quadrillé permet de comparer les figures entre elles, en comptant les carrés qui les composent : c'est l'apparition de la notion de surface. On entend des phrases telles que celles-ci :

«Mon pupitre est de 24 carrés d'un centimètre.

— Ma cuisine est de 6 carrés d'un mètre parce qu'elle est longue de trois mètres et large de deux.

Il est clair désormais que pour savoir de deux ou plusieurs figures laquelle est la plus grande il suffit de compter sur le papier les petits carrés qui correspondent aux carrés du mètre (m^2) ou du centimètre (cm^2) ou de toute autre mesure employée, le «pas carré» de Carolina ou le «pastel carré» de Lorena.

C'est automatiquement, et je dirais même sans s'en apercevoir, que les enfants, en comptant les carrés comme des «rangs» ont découvert la règle du calcul des surfaces du carré et du rectangle. Que dis-je, découvert ? Aucun d'entre eux ne l'a découverte, aucun ne la sait, mais tous l'appliquent.

Mario Lodi, *l'Enfance en liberté,* «Le village raté», Gallimard 1972.

Je suppose les hommes parvenus à ce point où les obstacles qui nuisent à leur conservation dans l'état de nature l'emportent, par leur résistance, sur les forces que chaque individu peut employer pour se maintenir dans cet état. Alors cet état primitif ne peut plus subsister ; et le genre humain périrait s'il ne changeait de manière d'être.

Or, comme les hommes ne peuvent engendrer de nouvelles forces, mais seulement unir et diriger celles qui existent, ils n'ont plus d'autre moyen, pour se conserver, que de former par agrégation une somme de forces qui puisse l'emporter sur la résistance, de les mettre en jeu par un seul mobile et de les faire agir de concert.

Cette somme de forces ne peut naître que du concours de plusieurs ; mais la force et la liberté de chaque homme étant les premiers instruments de sa conservation, comment les engagera-t-il sans se nuire et sans négliger les soins qu'il se doit ? Cette difficulté, ramenée à mon sujet, peut s'énoncer en ces termes :

«Trouver une forme d'association qui défende et protège de toute la force commune la personne et les biens de chaque associé, et par laquelle chacun, s'unissant à tous, n'obéisse pourtant qu'à lui-même, et reste aussi libre qu'auparavant.» Tel est le problème fondamental dont le *Contrat social* donne la solution.

Les clauses de ce contrat sont tellement déterminées par la nature de l'acte, que la moindre modification les rendrait vaines et de nul effet ; en sorte que, bien qu'elles n'aient peut-être jamais été formellement énoncées, elles sont partout les mêmes, partout tacitement admises et reconnues, jusqu'à ce que, le pacte social étant violé, chacun rentre alors dans ses premiers droits, et reprenne sa liberté naturelle, en perdant la liberté conventionnelle pour laquelle il y renonça.

Ces clauses, bien entendues, se réduisent toutes à une seule : savoir, l'aliénation totale de chaque associé avec tous ses droits à toute la communauté : car, premièrement, chacun se donnant tout entier, la condition est égale pour tous ; et la condition étant égale pour tous, nul n'a intérêt de la rendre onéreuse aux autres.

De plus, l'aliénation se faisant sans réserve, l'union est aussi parfaite qu'elle peut l'être, et nul associé n'a plus rien à réclamer : car, s'il restait quelques droits aux particuliers, comme il n'y aurait aucun supérieur commun qui pût prononcer entre eux et le public, chacun, étant en quelque point son propre juge, prétendrait bientôt l'être en tous ; l'état de nature subsisterait, et l'association deviendrait nécessairement tyrannique ou vaine.

Enfin, chacun se donnant à tous ne se donne à personne ; et comme il n'y a pas un associé sur lequel on n'acquière le même droit qu'on lui cède sur soi, on gagne l'équivalent de tout ce qu'on perd, et plus de force pour conserver ce qu'on a.

Si donc on écarte du pacte social ce qui n'est pas de son essence, on trouvera qu'il se réduit aux termes suivants : «Chacun de nous met en commun sa personne et toute sa puissance sous la suprême direction de la volonté générale ; et nous recevons encore chaque membre comme partie indivisible du tout.»

A l'instant, au lieu de la personne particulière de chaque contractant, cet acte d'association produit un corps moral et collectif, composé d'autant de membres que l'assemblée a de voix, lequel reçoit de ce même acte son unité, son *moi* commun, sa vie et sa volonté. Cette personne publique, qui se forme ainsi par l'union de toutes les autres, prenait autrefois le nom de *cité,* et prend maintenant celui de *république* ou de *corps politique,* lequel est appelé par ses membres *Etat* quand il est passif, *souverain* quand il est actif, *puissance* en le comparant à ses semblables. A l'égard des associés, ils prennent collectivement le nom de *peuple,* et s'appellent en particulier *citoyens,* comme participant à l'autorité souveraine, et *sujets,* comme soumis aux lois de l'Etat. Mais ces termes se confondent souvent et se prennent l'un pour l'autre ; il suffit de les savoir distinguer quand ils sont employés dans toute leur précision.

Du Contrat social, Livre I, ch. VI, 1762.

Du Contrat social *est la préface théorique d'une œuvre immense :* les Institutions politiques, *que Rousseau n'écrivit jamais. Dans ce traité, le philosophe tenta de formuler les principes de base de toute société politique : une convention librement acceptée par tous ses membres, qui* «n'est pas une convention du supérieur avec l'inférieur, mais une convention du corps avec chacun de ses membres ; convention légitime, parce qu'elle a pour base le contrat social ; équitable, parce qu'elle est commune à tous ; utile, parce qu'elle ne peut avoir d'autre objet que le bien général ; et solide, parce qu'elle a pour garant, la force publique et le pouvoir suprême» *(ch. IV).*
Il affirme en même temps les trois principes qui seront ceux de la Déclaration des Droits de l'homme *(voir n° 168) : Liberté, Égalité, Souveraineté du peuple.*

ÉGALITÉ NATURELLE ET INÉGALITÉ SOCIALE

Réduisons toute cette balance à des termes faciles à comparer ; ce que l'homme perd par le contrat social, c'est sa liberté naturelle et un droit illimité à tout ce qui le tente et qu'il peut atteindre ; ce qu'il gagne, c'est la liberté civile et la propriété de tout ce qu'il possède.

Du Contrat social, Livre I, ch. VIII.

« Trouver une forme d'association qui défende et protège de toute la force commune la personne et les biens de chaque associé, et par laquelle chacun, s'unissant à tous, n'obéisse pourtant qu'à lui-même, et reste aussi libre qu'auparavant. Tel est le problème fondamental dont Du Contrat social, *donne la solution » affirme Rousseau, résolvant ainsi théoriquement l'affrontement de la liberté individuelle et du bien collectif, de même que le problème de l'inégalité sociale (remplacée par une égalité* morale*). Mais Sade, prenant acte de l'existence de cette inégalité, pose le problème en d'autres termes : quel intérêt ceux qui n'ont rien ont-ils d'adhérer au pacte social ?*

D.A.F. DE SADE, 1795

J'oserai demander, sans partialité maintenant, si le vol, dont l'effet est d'égaliser les richesses, est un grand mal dans un gouvernement dont le but est l'égalité. Non, sans doute ; car, s'il entretient l'égalité d'un côté, de l'autre il rend plus exact à conserver son bien. Il y avait un peuple qui punissait non pas le voleur, mais celui qui s'était laissé voler, afin de lui apprendre à soigner ses propriétés. Ceci nous amène à des réflexions plus étendues.

A Dieu ne plaise que je veuille attaquer ou détruire ici le serment du respect des propriétés, que vient de prononcer la nation ; mais me permettra-t-on quelques idées sur l'injustice de ce serment ? Quel est l'esprit d'un serment prononcé par tous les individus d'une nation ? N'est-il pas de maintenir une parfaite égalité parmi les citoyens, de les soumettre tous également à la loi protectrice des propriétés de tous ? Or, je vous demande maintenant si elle est bien juste, la loi qui ordonne à celui qui n'a rien de respecter celui qui a tout. Quels sont les éléments du pacte social ? Ne consiste-t-il pas à céder un peu de sa liberté et de ses propriétés pour assurer et maintenir ce que l'on conserve de l'un et de l'autre ?

Toutes les lois sont assises sur ces bases ; elles sont les motifs des punitions infligées à celui qui abuse de sa liberté. Elles autorisent de même les impositions ; ce qui fait qu'un citoyen ne se récrie pas lorsqu'on les exige de lui, c'est qu'il sait qu'au moyen de ce qu'il donne, on lui conserve ce qui lui reste ; mais, encore une fois, de quel droit celui qui n'a rien s'enchaînera-t-il sous un pacte qui ne protège que celui qui a tout ? Si vous faites un acte d'équité en conservant, par votre serment, les propriétés du riche, ne faites-vous pas une injustice en exigeant ce serment du « conservateur » qui n'a rien ? Quel intérêt celui-ci a-t-il à votre serment ? Et pourquoi voulez-vous qu'il promette une chose uniquement favorable à celui qui diffère autant de lui par ses richesses ? Il n'est assurément rien de plus injuste : un serment doit avoir un effet égal sur tous les individus qui le prononcent ; il est impossible qu'il puisse enchaîner celui qui n'a aucun intérêt à son maintien, parce qu'il ne serait plus alors le pacte d'un peuple libre : il serait l'arme du fort sur le faible, contre lequel celui-ci devrait se révolter sans cesse ; or c'est ce qui arrive dans le serment du respect des propriétés que vient d'exiger la nation ; le riche seul y enchaîne le pauvre, le riche seul a intérêt au serment que prononce le pauvre avec tant d'inconsidération qu'il ne voit pas qu'au moyen de ce serment, extorqué à sa bonne foi, il s'engage à faire une chose qu'on ne peut pas faire vis-à-vis de lui.

la Philosophie dans le boudoir, « Français, encore un effort si vous voulez être républicains », 1795.

1 — *A partir d'un relevé des mots-outils* soulignant les articulations du texte, vous dégagerez son schéma logique, en différenciant nettement la nature des éléments : hypothèse, causes, conséquences générales et particulières.*

2 — *A quelle nécessité répond pour Rousseau le « pacte social » ? Dans quelle mesure peut-on voir une contradiction entre le caractère obligatoire de ce contrat et la « liberté » des hommes qui y adhèrent ?*

3 — *Expliquez la différence que fait Rousseau entre « liberté naturelle » et « liberté conventionnelle ».*

4 — *Quelles faiblesses de la construction théorique de Rousseau le texte de Sade met-il en lumière ? Dégagez notamment les éléments de la réfutation, au nom du concept de* loi, *de l'équité du « pacte social ».*

126 Jean-Jacques ROUSSEAU (1712-1778)

Pascal Paoli, Général des Corses, (BN).

Dans quelque vue que la nation corse veuille se policer, la première chose qu'elle doit faire est de se donner par elle-même toute la consistance qu'elle peut avoir. Quiconque dépend d'autrui, et n'a pas ses ressources en lui-même, ne saurait être libre. Les alliances, les traités, la foi des hommes, tout cela peut lier le faible au fort, et ne lie jamais le fort au faible.

Ainsi, laissez les négociations aux puissances, et ne comptez que sur vous. Braves Corses, qui sait mieux que vous tout ce qu'on peut tirer de soi-même ? Sans amis, sans appui, sans argent, sans armée, asservis à des maîtres terribles, seuls vous avez secoué leur joug. Vous les avez vus liguer contre vous, tour à tour, les plus redoutables potentats de l'Europe, inonder votre île d'armées étrangères [1] ; vous avez tout surmonté. Votre seule constance a fait ce que l'argent n'aurait pu faire ; pour vouloir conserver vos richesses, vous auriez perdu votre liberté. Il ne faut point conclure des autres nations à la vôtre : les maximes tirées de votre propre expérience sont les meilleures sur lesquelles vous puissiez vous gouverner.

Il s'agit moins de devenir autres que vous n'êtes, que de savoir vous conserver tels. Les Corses ont beaucoup gagné depuis qu'ils sont libres ; ils ont joint la prudence au courage, ils ont appris à obéir à leurs égaux, ils ont acquis des vertus et des mœurs, et ils n'avaient point de lois ; s'ils pouvaient rester ainsi, je ne verrais presque rien à faire. Mais quand le péril qui les a réunis s'éloignera, les factions qu'il écarte renaîtront parmi eux ; et, au lieu de réunir leurs forces pour le maintien de leur indépendance, ils les useront les unes contre les autres, et n'en auront plus pour se défendre, si on vient encore les attaquer. Voilà déjà ce qu'il faut prévenir. Les divisions des Corses ont été de tout temps un artifice de leurs maîtres pour les rendre faibles et dépendants ; mais cet artifice, employé sans cesse, a produit enfin l'inclination et les a rendus naturellement inquiets, remuants, difficiles à gouverner, même par leurs propres chefs. Il faut de bonnes lois, il faut une institution nouvelle, pour rétablir la concorde, dont la tyrannie a détruit jusqu'au désir. La Corse, assujettie à des maîtres étrangers dont jamais elle n'a porté patiemment le dur joug, fut toujours agitée. Il faut maintenant que son peuple fasse une étude nouvelle, et qu'il cherche la paix dans la liberté.

Voici donc les principes qui, selon moi, doivent servir de base à leur législation : tirer parti de leur peuple et de leur pays toujours autant qu'il sera possible ; cultiver et rassembler leurs propres forces ; ne s'appuyer que sur elles ; et ne songer pas plus aux puissances étrangères que s'il n'en existait aucune.

Projet de constitution pour la Corse (1765).

1729-1767 : *lutte armée de la Corse contre la République de Gênes, qui l'occupe partiellement depuis 1284.*
1767 : *Gênes vend la Corse à la France. A partir de 1755, Pasquale Paoli, (1725-1807), chef des insurgés, a suffisamment reconquis de terrain pour penser organiser un gouvernement stable. C'est peu après que l'on fait appel à Rousseau pour établir une* Constitution, *que son auteur, parti à Londres, n'achèvera pas, mais sur laquelle il a travaillé pendant plus d'un an, occasion pour lui de vérifier dans les faits la vision du monde exposée dans le* Discours sur l'origine de l'inégalité *(1754, voir n° 121).*

(1) Jusqu'au XVIIIe siècle, la Corse a été successivement occupée par les Phéniciens, les Grecs, les Carthaginois, les Romains, les Germains, les Byzantins, les Lombards, les Arabes, les Génois, les Anglais, les Français.

Rousseau, portrait, (F. Foliot).

ROUSSEAU, 1765

Les Corses étaient soumis aux Génois : on sait quels traitements les forcèrent à se révolter, il y a près de quarante ans. Depuis ce temps, ils se sont conservés indépendants. Cependant, les gazetiers les appellent toujours rebelles ; et l'on ne sait combien de siècles ils continueront à les appeler ainsi. La génération présente n'a point vu la servitude : il est difficile de concevoir comment un homme, né libre et qui se maintient tel, est un rebelle, tandis qu'un usurpateur heureux est au bout de deux ou trois ans un monarque sacré, un légitime roi. Ainsi la prescription n'a lieu qu'en faveur de la tyrannie ; elle n'est jamais admise en faveur de la liberté. Ce sentiment est aussi raisonnable en lui-même qu'honorable à ses partisans. Heureusement, les mots ne sont pas les choses. Rachetés au prix de leur sang, les Corses, rebelles ou non, sont libres et dignes de l'être, en dépit des Génois et des gazetiers.

Projet de constitution pour la Corse, (1765).

P. ARRIGHI, 1970

Les sentiments des Corses sont véhéments, qu'il s'agisse d'amour ou de haine. «J'aime ces caractères où il y a de l'étoffe», dit un jour Rousseau, parlant d'eux à Boswell. Celui-ci approuve, leur trouvant «un génie plein de vigueur et de feu, matériaux dont les hommes sont composés, pour être bons ou mauvais au plus haut degré».

Ainsi le Corse est-il animé du plus ardent amour de la patrie, de sa figure morale autant que de son intégrité matérielle. On en a vu des exemples ailleurs. «Je défie Rome, Sparte et Thèbes de montrer trente années de patriotisme comme celui dont la Corse peut se glorifier», disait Paoli (cité par Boswell) qui ajoutait : «Quoique l'union... soit très forte chez les Corses, ils sacrifient leurs parents les plus proches quand il s'agit du bien de leur pays, et abandonnent sans hésiter ceux qui prennent le parti des Génois». Lui-même fit preuve, dans ce domaine, d'une impitoyable rigueur.

Une autre passion insulaire est la liberté personnelle, correspondant, sur le plan national, à l'indépendance. La Corse fut toujours en révolte «contre tout ce qui avait l'air de la tyrannie», note justement Germanes. Ce fut précisément la force de la France de faire comprendre aux Corses, surtout depuis 1789, qu'elle leur apportait un régime de liberté et d'égalité démocratiques.

Pour défendre la patrie et la liberté individuelle, les armes sont nécessaires, et le Corse leur est particulièrement attaché.

Quant à son sens de l'égalité, il provient d'une profonde conscience de la dignité humaine. Il explique peut-être le fait que, dans l'Antiquité, les Corses déportés à Rome comme esclaves étaient, plutôt que paresseux, rétifs à un travail forcé. Les luttes menées au coude à coude, sous le même vêtement rustique, par les «seigneurs» et les pauvres paysans, ont entretenu ce sentiment. «Le Corse est libre et familier avec tout le monde, le moindre particulier aborderait le roi et lui parlerait sans embarras... Il ne conçoit pas de distinction dans les états : l'égalité d'homme à homme est la seule idée à laquelle il s'arrête.» Aussi n'y a-t-il pas de bancs réservés à l'église, «afin que personne ne jouisse d'une distinction particulière, ni d'une situation plus commode».[...]

la Vie quotidienne en Corse au XVIIIe siècle, 1970.

Entre ces diverses classes, les rapports sont tels que les ont instaurés les circonstances politiques et le caractère même des Corses. Gaudin note justement que «dans les temps de troubles, la maison du riche était ouverte au pauvre qui y allait chercher ses besoins comme dans sa propre maison, en usant librement sans se croire tenu à aucune reconnaissance, ni soupçonner entre son bienfaiteur et lui aucune inégalité». Mais même en temps normal, et surtout dans certaines régions montagneuses, les Corses, dit Germanes, «habitués à vivre ensemble dans l'égalité, sont persuadés qu'ils se valent les uns les autres... Ils distinguent les nobles reconnus tels par les titres ou par la persuasion publique ; mais ils sont habillés de même et se traitent presque d'égal à égal ; la plus grande distinction qu'ils reconnaissent après la noblesse est entre ceux qui cultivent leurs propres champs, ou qui gardent leurs troupeaux, et ceux qui sont au service des autres, et gardent les troupeaux d'autrui ; la servitude leur est si odieuse qu'ils détestent et méprisent ce qui en a l'apparence». L'Officier de Picardie observe qu'«ils seraient pleins d'assurance devant un prince, à qui ils offriraient en toute simplicité et familiarité de partager leurs modestes victuailles». Gaudin, à son tour, affirme : «Ni le rang ni l'autorité ne lui en imposent, ou du moins ne l'intimident. Le Corse ne voit jamais qu'un homme dans celui qui en est revêtu ; et, comme il est homme lui-même, pourquoi serait-il déconcerté en sa présence ?»

la Vie quotidienne en Corse au XVIIIe siècle, Hachette, 1970.

«ANTI-COLONIALISME» AU XVIIIe SIÈCLE

1 — *Distinguez, dans ce texte, ce qui est considérations générales et observation précise du problème corse. Comment ces deux registres*

2 — *Quelle valeur particulière a, dans un discours politique, l'interpellation à la deuxième personne du pluriel ?*

3 — «Les gazetiers les appellent toujours rebelles» *(voir encadré). Dans quelle autre situation historique précise des résistants à l'occupant ont été ainsi qualifiés par les média ? Quelle réflexion vous inspire ce fait quant à la valeur des désignations politiques ?*

4 — *Quels sont les obstacles, intérieurs et extérieurs, à la liberté ? Quelles sont les origines de ces obstacles ?*

5 — *DOSSIER : établissez l'histoire de votre région particulière, en analysant précisément le mode d'intégration au territoire, et éventuellement les résistances à cette intégration (permanence d'une langue et d'une culture propres, régionalisme ou lutte armée). Se référer au n° 8 (Camisards).*

127 Michel Jean SEDAINE (1719-1797)

Le Philosophe sans le savoir *marque le premier succès d'un genre nouveau qu'on appellera plus tard le drame bourgeois. Dès le lendemain de la première, Diderot faisait l'apologie de cette œuvre et y retrouvait les éléments majeurs de sa doctrine théâtrale (voir nos 79, 96, 78 et 163).*

M. VANDERK PÈRE : Je fus forcé de quitter la province ; votre mère me jura une constance qu'elle a eue toute sa vie ; je m'embarquai. Un bon Hollandais propriétaire du bâtiment sur lequel j'étais, me prit en affection. Nous fûmes attaqués, et je lui fus utile. [...] Le bon Hollandais m'associa à son commerce, il m'offrit sa nièce et sa fortune. Je lui dis mes engagements ; il m'approuve, il part, il obtient le consentement des parents de votre mère ; il me l'amène avec sa nourrice : c'est cette bonne vieille qui est ici. Nous nous marions ; le bon Hollandais mourut dans mes bras ; je pris, à sa prière et son nom et son commerce. Le ciel a béni ma fortune, je ne peux être plus heureux, je suis estimé, voici votre sœur bien établie, votre beau-frère remplit avec honneur une des premières places dans la robe. Pour vous, mon fils, vous serez digne de moi et de vos aïeux. J'ai déjà remis dans notre famille tous les biens que la nécessité de servir le prince avait fait sortir des mains de vos ancêtres ; ils seront à vous, ces biens ; et si vous pensez que j'aie fait par le commerce une tache à leur nom, c'est à vous de l'effacer ; mais dans un siècle aussi éclairé que celui-ci, ce qui peut donner la noblesse n'est pas capable de l'ôter.

M. VANDERK FILS : Ah ! mon père, je ne le pense pas ; mais le préjugé est malheureusement si fort...

M. VANDERK PÈRE : Un préjugé ! Un tel préjugé n'est rien aux yeux de la raison.

M. VANDERK FILS : Cela n'empêche pas que le commerce ne soit considéré comme un état...

M. VANDERK PÈRE : Quel état, mon fils, que celui d'un homme qui, d'un trait de plume, se fait obéir d'un bout de l'univers à l'autre ! Son nom, son seing n'a pas besoin, comme la monnaie des souverains, que la valeur du métal serve de caution à l'empreinte : sa personne a tout fait ; il a signé ; cela suffit.

M. VANDERK FILS : J'en conviens ; mais...

M. VANDERK PÈRE : Ce n'est pas un peuple, ce n'est pas une seule nation qu'il sert ; il les sert toutes, et en est servi : c'est l'homme de l'univers.

M. VANDERK FILS : Cela peut être vrai ; mais enfin, en lui-même, qu'a-t-il de respectable ?

M. VANDERK PÈRE : De respectable ! Ce qui est légitime dans un gentilhomme, les droits de la naissance, ce qui fait la base de ses titres, la droiture, l'honneur, la probité.

M. VANDERK FILS : Votre seule conduite, mon père.

M. VANDERK PÈRE : Quelques particuliers audacieux font armer les rois, la guerre s'allume, tout s'embrase, l'Europe est divisée ; mais ce négociant anglais, hollandais, russe, ou chinois, n'en est pas moins l'ami de mon cœur ; nous sommes, sur la superficie de la terre, autant de fils de soie qui lient ensemble les nations et les ramènent à la paix par la nécessité du commerce : voilà, mon fils, ce que c'est qu'un honnête négociant.

M. VANDERK FILS : Et le gentilhomme donc ? et le militaire ?

M. VANDERK PÈRE : Je ne connais que deux états au-dessus du commerçant (en supposant encore qu'il y ait quelque différence entre ceux qui font le mieux qu'ils peuvent dans le rang où le ciel les a placés), je ne connais que deux états, le magistrat qui fait parler les lois, et le guerrier qui défend la patrie.

M. VANDERK FILS : Je suis donc gentilhomme ?

M. VANDERK PÈRE : Oui, mon fils : il est peu de bonnes maisons à qui vous ne teniez, et qui ne tiennent à vous.

M. VANDERK FILS : Pourquoi donc me l'avoir caché ?

M. VANDERK PÈRE : Par une prudence peut-être inutile : j'ai craint que l'orgueil d'un grand nom ne devînt le germe de vos vertus ; j'ai désiré que vous les tinssiez de vous-même. Je vous ai épargné jusqu'à cet instant les réflexions que vous venez de faire ; réflexions qui dans un âge moins avancé se seraient produites avec plus d'amertume.

le Philosophe sans le savoir, comédie, acte II, scène 4, 1765.

DOSSIERS

1 — LE NÉGOCE : Pourquoi, en ce milieu du XVIIe siècle, un homme comme Sedaine donne-t-il autant d'importance au commerce ?
Dans quelle(s) classe(s) sociale(s) peut-il être ou devenir une vertu ? De quel modèle étranger s'inspire-t-on ? (Consultez l'index thématique à Commerce).

2 — L'ART « BOURGEOIS » : Pourquoi a-t-on comparé Sedaine à Greuze (no 96), au XIXe siècle ?
Etudiez l'apparition des « vertus bourgeoises » dans la littérature et les arts plastiques au XVIIIe siècle (consultez l'index thématique à Vertu, Bourgeoisie, en particulier.)

3 — LE DRAME BOURGEOIS : ses débats, son esthétique, ses réalisations (voir no 79, 96, 78, 163 et index des genres à Drame).

DENIS DIDEROT, 1759

DE LA COMÉDIE SÉRIEUSE

Voici donc le système dramatique dans toute son étendue. La comédie gaie, qui a pour objet le ridicule et le vice, la comédie sérieuse, qui a pour objet la vertu et les devoirs de l'homme. La tragédie, qui aurait pour objet nos malheurs domestiques ; la tragédie, qui a pour objet les catastrophes publiques et les malheurs des grands. [...]

Une manière de me décider, qui m'a souvent réussi, et à laquelle je reviens toutes les fois que l'habitude ou la nouveauté rend mon jugement incertain, car l'une et l'autre produisent cet effet, c'est de saisir par la pensée les objets, de les transporter de la nature sur la toile, et de les examiner à cette distance, où ils ne sont ni trop près, ni trop loin de moi.

Appliquons ici ce moyen. Prenons deux comédies, l'une dans le genre sérieux, et l'autre dans le genre gai ; formons-en, scène à scène, deux galeries de tableaux ; et voyons celle où nous nous promènerons le plus longtemps et le plus volontiers ; où nous éprouverons les sensations les plus fortes et les plus agréables ; et où nous serons le plus pressés de retourner.

Je le répète donc : l'honnête, l'honnête. Il nous touche d'une manière plus intime et plus douce que ce qui excite notre mépris et nos ris. Poète, êtes-vous sensible et délicat ? Pincez cette corde ; et vous l'entendrez résonner, ou frémir dans toutes les âmes.

« La nature humaine est donc bonne ? »

Oui, mon ami, et très bonne. L'eau, l'air, la terre, le feu, tout est bon dans la nature ; et l'ouragan, qui s'élève sur la fin de l'automne, secoue les forêts, et frappant les arbres les uns contre les autres, en brise et sépare les branches mortes ; et la tempête, qui bat les eaux de la mer et les purifie ; et le volcan, qui verse de son flanc entr'ouvert des flots de matières embrasées, et porte dans l'air la vapeur qui le nettoie.

Ce sont les misérables conventions qui pervertissent l'homme, et non la nature humaine qu'il faut accuser. En effet, qu'est-ce qui nous affecte comme le récit d'une action généreuse ? Où est le malheureux qui puisse écouter froidement la plainte d'un homme de bien ?

Le parterre de la comédie est le seul endroit où les larmes de l'homme vertueux et du méchant soient confondues. Là, le méchant s'irrite contre des injustices qu'il aurait commises ; compatit à des maux qu'il aurait occasionnés, et s'indigne contre un homme de son propre caractère. Mais l'impression est reçue : elle demeure en nous, malgré nous ; et le méchant sort de sa loge, moins disposé à faire le mal, que s'il eût été gourmandé par un orateur sévère et dur. [...]

O quel bien il en reviendrait aux hommes, si tous les arts d'imitation se proposaient un objet commun, et concouraient un jour avec les lois pour nous faire aimer la vertu et haïr le vice ! C'est au philosophe à les y inviter ; c'est à lui à s'adresser au poète, au peintre, au musicien, et à leur crier avec force : Hommes de génie, pourquoi le ciel vous a-t-il doués ? S'il en est entendu, bientôt les images de la débauche ne couvriront plus les murs de nos palais ; nos voix ne seront plus des organes du crime ; et le goût et les mœurs y gagneront.

De la poésie dramatique, « De la comédie sérieuse », 1759.

LOUIS SÉBASTIEN MERCIER, 1775

Le drame devait peu à peu approcher puis dépasser le succès de la tragédie à l'extrême fin du siècle et surtout au XIXe siècle. Louis Sébastien Mercier (voir n° 111), éternel polygraphe, écrit lui aussi des drames bourgeois. La Brouette du vinaigrier *(1775) est, sous le prétexte d'une affaire de mariage, une pièce à la gloire du travail opiniâtre et vertueux : le commerce encore une fois acquiert ses lettres de noblesse. Dans la scène 3 de l'acte II, Monsieur Delomer est presque ruiné et s'interroge pour savoir s'il doit accepter des fonds qu'on lui prête, quitte à profiter de l'ignorance des gens. Dominique, amoureux de Mademoiselle Delomer, fils d'un vinaigrier travailleur et habile dans le domaine des affaires, lui conseille l'honnêteté.*

DOMINIQUE FILS. — Ah, Monsieur ! chassez loin de vous l'indigne faiblesse que donne le premier assaut du malheur. Ne rompez pas cette circulation (1), l'âme du commerce ; qu'il soit respecté par vous-même au milieu des revers : l'équité et l'honneur surmontent toutes les difficultés. Envisagez le tort que vous allez faire ; vingt familles seront précipitées dans l'indigence, et vous accuseront ; elles seront sans ressources, et vous en avez encore. Daignez vous ouvrir à moi : croyez-vous avoir assez pour parer à tout, si vous vouliez ne rien faire perdre ?

M. DELOMER. — Oui ; mais, mon cher ami, il ne me resterait absolument rien ; il me faudrait tout vendre, mes deux maisons, ma campagne, et peut-être jusqu'à mon mobilier.

DOMINIQUE FILS. — Mais aussi vous ne devriez plus rien à personne !

M. DELOMER. — Et que deviendrais-je après ? Vraiment je ferais alors dans le monde une belle figure.

DOMINIQUE FILS. — On est toujours riche, quand on a tout payé. Croyez que vous serez cent fois plus heureux dans l'état le plus médiocre, lorsque vous ne serez exposé à aucun reproche : je vous connais, Monsieur ; vous ne savez pas l'effet que ferait sur vous le regard d'un homme qui vous dirait : tu m'as trompé ; vous n'y êtes point accoutumé : la première épreuve serait mortelle : oui, mortelle, j'en suis sûr... Vos biens sont suffisants, ou non, pour payer vos dettes : dans le dernier cas, pourquoi acquitter des créanciers anciens aux dépens des nouveaux ? C'est une réaction contraire à l'ordre des choses ; c'est une injustice...

M. DELOMER. — Il faudrait donc que je m'avilisse ?

DOMINIQUE FILS. — On ne s'avilit pas pour être juste.

la Brouette du vinaigrier, drame, acte II, scène 3, 1775

(1) Transmission de l'argent de main en main, par opposition au crédit.

128 Emmanuel SWEDENBORG (1688-1772)

Swedenborg, (BN).

Savant célèbre, Swedenborg abandonne à cinquante-cinq ans toutes ses recherches scientifiques pour se consacrer à une description inspirée du monde supra-sensible, avec lequel il a été mis en contact...

Avec celle de Martinès de Pasqually et Louis-Claude de Saint-Martin (voir n° 161), le « Philosophe inconnu », l'œuvre étrange de ce mystique est à l'origine de ce mouvement illuministe, *qui constitue comme l'envers de ce XVIIIe siècle où il serait simplificateur de ne voir que le triomphe du rationalisme.*

Il est certain que les théories de Swedenborg, avec celles de Lavater et de Mesmer (voir n° 154 b) eurent une grande audience dans toute l'Europe, bien qu'il soit difficile d'en cerner précisément l'influence dans la littérature. Cazotte (voir n° 72) par exemple cependant, et, plus tard, Balzac (voir ci-contre) y ont trouvé une partie de leur inspiration. Plus généralement, le rayonnement de sa pensée n'est pas étranger à la constitution de l'esprit romantique. Et la célèbre théorie des «correspondances», popularisée par Baudelaire (voir **XIXe siècle,** *n° 63), trouve ici son origine.*

Le monde naturel correspond au monde spirituel, non seulement dans le commun, mais encore dans chacune des choses qui le composent. Chaque chose qui existe dans le monde naturel, d'après une chose spirituelle, est dite correspondante. Il faut savoir que le monde naturel existe et subsiste d'après le monde spirituel, absolument comme l'effet d'après sa cause efficiente. On appelle monde naturel toute cette étendue qui est sous un soleil et reçoit de lui la chaleur et la lumière, et toutes les choses qui par elles subsistent. Le monde spirituel est le ciel, et à ce monde appartient tout ce qui est dans les cieux. [...]

Le ciel en entier représente un seul homme, c'est un homme en image, et en conséquence il est appelé le Très Grand Homme. Par suite, les sociétés angéliques dont le ciel est composé, ont été disposées comme le sont dans l'homme, les membres, les organes et les viscères ; ainsi elles sont, les unes dans la tête, les autres dans la poitrine, dans les bras, et dans chacune des autres parties. Les sociétés qui sont dans un membre du Très Grand Homme correspondent donc au membre semblable dans l'homme ; celles de la tête correspondent à la tête dans l'homme, celles de la poitrine, à la poitrine dans l'homme, et celles des bras, aux bras dans l'homme, et ainsi des autres. C'est d'après cette correspondance que l'homme subsiste, car l'homme ne subsiste pas autrement que d'après le ciel.

On a vu ci-dessus, que le ciel est distingué en deux Royaumes, dont l'un est nommé Royaume Céleste et l'autre, Royaume Spirituel. Le Royaume Céleste en général correspond au cœur, et à tout ce qui dépend du cœur dans le corps. Le Royaume spirituel correspond au poumon, et à tout ce qui en dépend dans le corps. Le cœur et le poumon constituent aussi deux Royaumes dans l'homme ; le cœur y règne par les artères et les veines, et le poumon par les fibres nerveuses et motrices, l'un et l'autre dans chaque impulsion et dans chaque action. En chaque homme, dans son monde spirituel, qui est appelé son homme spirituel, il y a aussi deux Royaumes, l'un appartient à la volonté, et l'autre à l'entendement ; la volonté règne par les affections du bien, et l'entendement par les affections du vrai. Ces Royaumes correspondent aussi aux Royaumes du cœur et du poumon dans le corps. Il en est de même dans les Cieux, le Royaume Céleste est le volontaire du ciel où règne le bien de l'amour ; le Royaume spirituel est l'intellectuel du Ciel, où règne le vrai. Ce sont ces choses qui correspondent aux fonctions du cœur et du poumon dans l'homme. C'est d'après cette correspondance que le cœur dans la Parole, signifie la volonté et aussi le bien de l'amour ; et le souffle pulmonaire, l'entendement et le vrai de la foi. C'est pourquoi les affections sont attribuées au cœur, bien qu'elles n'y soient pas et n'en proviennent pas.

La correspondance des deux Royaumes du ciel avec le cœur et le poumon est la correspondance générale du ciel avec l'homme ; mais il y en a une plus particulière avec chacun de ses membres, de ses organes et de ses viscères. [...]

Ces membres, organes et viscères signifient dans la Parole, des choses semblables, car dans la Parole tout a une signification selon les correspondances. La tête signifie l'intelligence et la sagesse ; la poitrine, la charité ; les lombes, l'amour conjugal ; les bras et les mains, la puissance du vrai ; les pieds, le naturel ; les yeux, l'entendement ; les narines, la perception ; les oreilles, l'obéissance ; les reins, l'examen du vrai ; et ainsi de suite. L'homme dit couramment de celui qui est intelligent et sage, qu'il a de la tête ; de celui qui est dans la charité, qu'il est un ami de cœur ; de celui qui est dans la perception, qu'il a le nez fin ; de celui qui est dans l'intelligence, qu'il a l'œil pénétrant ; de celui qui est dans la puissance, qu'il a le bras long ; ces locutions et plusieurs autres existent d'après la correspondance, car de telles expressions viennent du monde spirituel, bien que l'homme ne le sache pas.

Il m'a été souvent montré par des expériences multiples, qu'une telle correspondance existe entre tout ce qui appartient au ciel et tout ce qui appartient à l'homme. J'en ai acquis la confirmation comme d'une chose évidente et hors de doute. Ces expériences à cause de leur grand nombre sont rapportées dans les Arcanes Célestes, là où il s'agit des correspondances, des représentations, de l'influx du monde spirituel dans le monde naturel, et du commerce de l'âme et du corps.

le Ciel et l'Enfer, première partie, «Le Ciel», «Il y a correspondance de toutes les choses du Ciel avec toutes celles de l'homme», 1758.

BALZAC, 1835

Le curieux récit de Balzac intitulé Séraphîta *est une rêverie philosophique inspirée par les théories de Swedenborg. Le personnage principal, Séraphitüs-Séraphîta, incarne un être double, qui a transcendé le monde matériel et vit déjà dans un monde céleste.*

Les pleurs du Séraphin s'élevèrent autour d'eux sous la forme d'une vapeur qui leur cacha les mondes inférieurs, les enveloppa, les porta, leur communiqua l'oubli des significations terrestres, et leur prêta la puissance de comprendre le sens des choses divines.

La Vraie Lumière parut, elle éclaira les créations qui leur semblèrent arides quand ils virent la source où les mondes Terrestres, Spirituels et Divins puisent le mouvement.

Chaque monde avait un centre où tendaient tous les points de sa sphère. Ces mondes étaient eux-mêmes des points qui tendaient au centre de leur espèce. Chaque espèce avait son centre vers de grandes régions célestes qui communiquaient avec l'intarissable et flamboyant *moteur de tout ce qui est.*

Ainsi, depuis le plus grand jusqu'au plus petit des mondes, et depuis le plus petit des mondes jusqu'à la plus petite portion des êtres qui le composaient, tout était individuel, et néanmoins tout était un.

Quel était le dessein de cet être fixe dans son essence et dans ses facultés, qui les transmettait sans les perdre, qui les manifestait hors de Lui sans les séparer de Lui, qui rendait hors de Lui toutes ses créations fixes dans leur essence, et muables dans leurs formes? Les deux convives appelés à cette fête ne pouvaient que voir l'ordre et la disposition des êtres, en admirer la fin immédiate. Les Anges seuls allaient au delà, connaissaient les moyens et comprenaient la fin.

Mais ce que les deux élus purent contempler, ce dont ils rapportèrent un témoignage qui éclaira leurs âmes pour toujours, fut la preuve de l'action des Mondes et des Êtres, la conscience de l'effort avec lequel ils tendent au résultat.

Ils entendirent les diverses parties de l'Infini formant une mélodie vivante; et, à chaque temps où l'accord se faisait sentir comme une immense respiration, les Mondes entraînés par ce mouvement unanime s'inclinaient vers l'Être immense qui, de son centre impénétrable, faisait tout sortir et ramenait tout à lui.

Cette incessante alternative de voix et de silence semblait être la mesure de l'hymne saint qui retentissait et se prolongeait dans les siècles et des siècles.

Wilfrid et Minna comprirent alors quelques-unes des mystérieuses paroles de Celui qui sur la terre leur était apparu à chacun d'eux sous la forme qui le leur rendait compréhensible, à l'un Séraphitüs, à l'autre Séraphîta, quand ils virent que là tout était homogène.

La lumière enfantait la mélodie, la mélodie enfantait la lumière, les couleurs étaient lumière et mélodie, le mouvement était un Nombre doué de la Parole; enfin, tout y était à la fois sonore, diaphane, mobile; en sorte que chaque chose se pénétrant l'une par l'autre, l'étendue était sans obstacle et pouvait être parcourue par les Anges dans la profondeur de l'infini.

Ils reconnurent la puérilité des sciences humaines desquelles il leur avait été parlé.

Ce fut pour eux une vue sans ligne d'horizon, un abîme dans lequel un dévorant désir les forçait à se plonger; mais, attachés à leur misérable corps, ils avaient le désir sans avoir la puissance.

Le Séraphin replia légèrement ses ailes pour prendre son vol, et ne se tourna plus vers eux: il n'avait plus rien de commun avec la Terre.

Il s'élança: l'immense envergure de son scintillant plumage couvrit les deux Voyants comme d'une ombre bienfaisante qui leur permit de lever les yeux et de le voir emporté dans sa gloire, accompagné du joyeux Archange.

Il monta comme un soleil radieux qui sort du sein des ondes; mais, plus majestueux que l'astre et promis à de plus belles destinées, il ne devait pas être enchaîné comme les créations inférieures dans une vie circulaire; il suivit la ligne de l'infini, et tendit sans déviation vers le centre unique pour s'y plonger dans sa vie éternelle, pour y recevoir dans ses facultés et dans son essence, le pouvoir de jouir par l'amour, et le don de comprendre par la sagesse.

Le spectacle qui se dévoila soudain aux yeux des deux Voyants les écrasa sous son immensité, car ils se sentaient comme des points dont la petitesse ne pouvait se comparer qu'à la moindre fraction que l'infini de la divisibilité permette à l'homme de concevoir, mise en présence de l'infini des Nombres que Dieu seul peut envisager comme il s'envisage lui-même.

Quel abaissement et quelle grandeur en ces deux points, la Force et l'Amour, que le premier désir du Séraphin plaçait comme deux anneaux pour unir l'immensité des univers inférieurs à l'immensité des univers supérieurs!

Ils comprirent les invisibles liens par lesquels les mondes matériels se rattachaient aux mondes spirituels. En se rappelant les sublimes efforts des plus beaux génies humains, ils trouvèrent le principe des mélodies en entendant les chants du ciel qui donnaient les sensations de couleurs, des parfums, de la pensée, et qui rappelaient les innombrables détails de toutes les créations, comme un chant de la terre ranime d'infirmes souvenirs d'amour.

Arrivés par une exaltation inouïe de leurs facultés à un point sans nom dans le langage, ils purent jeter pendant un moment les yeux sur le Monde divin. Là était la fête.

Séraphîta, 1835.

129 Jonathan SWIFT (1667-1745)

Jonathan Swift, (BN).

Dans ce pamphlet célèbre, Swift, Irlandais de naissance et de convictions, défend ses compatriotes, opprimés par les « colonisateurs » britanniques.
L'Irlande, en lutte constante, était écrasée par l'Angleterre. Elle avait bien un Parlement – mais constitué de riches propriétaires protestants. Les catholiques étaient méprisés. Réduits à la misère la plus atroce par famines, spoliations, exécutions, les Irlandais commencent au XVIIIe siècle à se réorganiser.
Après avoir posé, comme une évidence, que les enfants irlandais sont le plus souvent réduits à la mendicité, Swift propose sa solution... finale.

J'ai connu à Londres un Américain fort compétent, lequel m'a révélé qu'un bébé sain et bien nourri constitue à l'âge d'un an un plat délicieux, riche en calories et hygiénique, qu'il soit préparé à l'étouffée, à la broche, au four ou en pot-au-feu et j'ai tout lieu de croire qu'il fournit de même d'excellents fricassées et ragoûts.

L'humble plan que je propose au public est donc le suivant : sur ce chiffre de cent vingt mille enfants que j'ai avancé, on en réserverait vingt mille pour la reproduction, dont le quart seulement de mâles (proportion supérieure à celle de nos troupeaux d'ovins, de bovins ou de porcs, et justifiée par les très nombreuses naissances hors mariage des enfants en question : nos sauvages n'attachant que peu d'importance au fait d'être marié ou non, rien ne s'oppose à ce qu'un seul mâle serve quatre femelles). On vendrait les cent mille autres à l'âge de un an. On les proposerait à la clientèle la plus riche et distinguée du Royaume, non sans prévenir les mères de leur donner le sein à satiété pendant le dernier mois, de manière à les rendre gras à souhait pour une bonne table. Si l'on reçoit, on pourra faire deux plats d'un enfant. Si l'on dîne en famille, on pourra se contenter d'un quartier (avant ou arrière), lequel, légèrement salé et poivré, fournira un excellent pot-au-feu, le quatrième jour, spécialement en hiver.

Selon mes calculs, le poids moyen d'un nouveau-né est de douze livres. Avec une bonne nourrice, il peut atteindre vingt-huit livres en une année solaire.

J'admets qu'il s'agit d'un comestible cher, et c'est pourquoi je le destine aux **propriétaires terriens : ayant sucé la moelle des pères, ils semblent les plus qualifiés pour manger la chair des fils.**

Les arrivages de viande de nourrissons doivent être abondants toute l'année, mais avec une pointe de fin février à début avril ; car un auteur sérieux (un éminent médecin français) nous assure que, grâce aux heureux effets du poisson sur le pouvoir génésique, les pays catholiques romains connaissent, neuf mois environ après le Carême, une forte augmentation de leur natalité. C'est donc avec un décalage d'un an par rapport au Carême que les marchés seront le mieux fournis, vu le grand nombre des nourrissons papistes (soixante-quinze pour cent du total en Irlande). Signalons au passage cet autre avantage de mon plan : réduire chez nous le nombre des papistes.

Comme je l'ai noté plus haut, il doit en coûter à une mendiante environ deux shillings (haillons compris) pour faire vivre un enfant pendant une année (on peut assimiler à des mendiants tous les métayers et domestiques agricoles, ainsi que les trois quarts des fermiers) — et je crois d'autre part tout gentilhomme prêt à débourser dix bons shillings pour un nourrisson de boucherie engraissé à point. Je répète qu'il s'agit d'une viande excellente et nutritive, dont chaque pièce fournit quatre plats (que l'on reçoive ou que l'on dîne seul). Ainsi, les hobereaux sauront se montrer bons propriétaires et verront leur popularité croître parmi leurs métayers. Les mères, de leur côté, feront un gain net de huit shillings et seront disponibles pour le travail jusqu'à produire un autre enfant.

Pour ne rien laisser perdre (et j'avoue que la dureté des temps pousse à l'économie) on pourra écorcher la pièce avant le dépeçage. La peau, traitée selon les règles, fournit d'admirables gants de dames et des chaussures d'été très habillées pour Messieurs.

Comment adapter à ce nouveau marché notre ville de Dublin ? Une solution serait l'aménagement d'abattoirs dans les quartiers les plus favorisés : le recrutement de dépeceurs ne paraît pas poser de problème. Néanmoins, la clientèle aurait intérêt selon moi, à acheter les enfants tout vivants et à les préparer « au sang » comme les cochons de lait.

Modeste proposition concernant les enfants des classes pauvres, 1729.

Modeste proposition... (1729) 129

Les Houyhnhnms sont des chevaux « raisonnables », régnant sur un peuple de Yahoos bestiaux et méprisables (les hommes). Le premier terme est, probablement, un jeu phonétique à partir de la racine/hm/ de homo, *l'homme (en latin), et le second terme une extrapolation à partir des pronoms de première personne (le* je *haïssable) en espagnol et en portugais. Ce monde à l'envers est pour Swift une fiction commode pour démonter « naïvement » les mécanismes aberrants du gouvernement « humain » qui est celui de Gulliver, son héros.*

SWIFT, 1727

Il me demanda quelles étaient d'habitude les causes des guerres, et pour quels motifs un pays en attaquait un autre. Je répondis que ces raisons étaient innombrables, et que je n'en donnerais que très peu, mais les plus importantes. Parfois c'était l'ambition des princes, qui estiment n'avoir jamais assez de terres ni de sujets sur qui régner. Parfois, la corruption des ministres, qui engagent leur maître dans une guerre pour étouffer ou détourner la plainte générale des sujets contre la mauvaise administration. Les différences d'opinion ont coûté des millions de vies ; par exemple : est-ce que la chair est du pain, ou le pain de la chair, est-ce que le jus de certaines baies est du sang ou du vin ? Est-ce un vice ou une vertu que de siffler ? Doit-on baiser tel morceau de bois ou le jeter au feu ? Quelle couleur convient le mieux à tel vêtement, le noir, le blanc, le rouge ou le gris ? Doit-il être long ou court, étroit ou large, sale ou propre ? Et quantité de questions de ce genre. Or, jamais une guerre n'est aussi acharnée et sanglante, jamais elle ne dure si longtemps, que lorsqu'elle a éclaté à propos d'une différence d'opinion, portant le plus souvent sur des vétilles.

Quelquefois, si deux princes se querellent, c'est au sujet d'un troisième : lequel va le dépouiller de ses domaines, encore qu'aucun d'eux n'y ait droit ? Quelquefois un prince se prend de querelle avec un autre, par peur que l'autre ne se prenne de querelle avec lui. [...] C'est une cause de guerre fort légitime que de vouloir envahir un pays dont les populations viennent d'être décimées par la famine, anéanties par les épidémies ou dressées l'une contre l'autre par la guerre civile. Il est légitime aussi d'entrer en guerre contre notre plus proche allié, quand une de ses villes occupe une position qui nous intéresse, ou qu'une partie de son territoire arrondirait ou compléterait bien nos possessions. Si un prince envoie une armée dans un pays où les gens sont pauvres et ignorants, il a parfaitement le droit d'en mettre la moitié à mort et de réduire le reste en esclavage, afin de les civiliser et de les arracher à leur barbare façon de vivre. C'est une pratique digne d'un roi, conforme à l'honneur et d'ailleurs fréquente, que, lorsqu'un roi appelle son voisin au secours pour repousser une invasion, ledit voisin, une fois l'envahisseur en fuite, s'empare lui-même du pays délivré, et mette à mort, emprisonne ou bannisse le prince qu'il était venu secourir. La parenté par le sang ou par mariage est une cause suffisante de guerre entre les princes, et plus leur lien de famille est étroit, plus forte est leur tendance à la querelle. Les nations pauvres ont faim, les nations riches sont orgueilleuses. Et l'orgueil et la faim ne sauraient s'entendre. Voilà pourquoi le métier de soldat est considéré comme le plus honorable de tous. Car un soldat est un Yahoo que l'on paie pour tuer de sang-froid, le plus qu'il pourra de ses semblables — lesquels pourtant ne lui ont jamais rien fait.

Voyages de Gulliver, 1727, « Voyage au pays des Houyhnhnms », chap. V.

MARIVAUX, (1688-1763), 1728

BLECTRUE. — Que faisiez-vous dans le pays dont vous êtes ?

LE POÈTE. — Vous n'avez point dans votre langue de mot pour définir ce que j'étais.

BLECTRUE. — Tant pis. Vous étiez donc quelque chose de bien étrange ?

LE POÈTE. — Non, quelque chose de très honorable ; j'étais un homme d'esprit et bon poète.

BLECTRUE. — Poète ! est-ce comme qui dirait marchand ?

LE POÈTE. — Non, des vers ne sont pas une marchandise, et on ne peut pas appeler un poète un marchand de vers. Tenez, je m'amusais dans mon pays à des ouvrages d'esprit, dont le but était, tantôt de faire rire, tantôt de faire pleurer les autres.

BLECTRUE. — Des ouvrages qui font pleurer ! cela est bien bizarre.

LE POÈTE. — On appelle cela des tragédies, que l'on récite en dialogues, où il y a des héros si tendres, qui ont tour à tour des transports de vertu et de passion si merveilleux ; de nobles coupables qui ont une fierté si étonnante, dont les crimes ont quelque chose de si grand, et les reproches qu'ils s'en font sont si magnanimes ; des hommes enfin qui ont de si respectables faiblesses, qui se tuent quelquefois d'une manière si admirable et si auguste, qu'on ne saurait les voir sans en avoir l'âme émue, et pleurer de plaisir. [...] Et puis, il y a des comédies où je représentais les vices et les ridicules des hommes.

BLECTRUE. — Ah ! je leur pardonne de pleurer là.

LE POÈTE. — Point du tout ; cela les faisait rire.

BLECTRUE. — Hem ?

LE POÈTE. — Je vous dis qu'ils riaient.

BLECTRUE. — Pleurer où l'on doit rire, et rire où l'on doit pleurer ! les monstrueuses créatures !

l'Ile de la Raison, 1728, acte I, scène 10.

HUMOUR NOIR

1 — *Quels sont les traits stylistiques* et expressifs qui confèrent à ce pamphlet* son caractère atroce ?*

2 — *Quel est l'effet produit par l'opposition entre le ton froid et quasi scientifique de l'auteur et les sous-entendus de son discours ?*

3 — *Relevez les procédés humoristiques de ces divers textes et classez-les en fonction des trois paramètres* suivants : humour, humour noir, ironie. A quelle définition de ces termes arrivez-vous, en fonction de votre classification ?*

4 — *Analysez, tant dans les textes de Swift que dans celui de Marivaux, les mécanismes d'inversion de l'ordre des choses et du monde. Quel est l'effet recherché ? Cet effet est-il le même que celui obtenu par Cyrano de Bergerac (cf.* **XVIe-XVIIe siècles,** *n° 149) ? Comment s'articulent ici fiction pure du conte fantastique et « réalisme » ?*

Tiepolo, *Ecce homo,* Caen, (Giraudon).

Très représentatif de la peinture vénitienne du XVIIIe siècle, Tiepolo a eu trois domaines bien séparés de création : des toiles mythologiques d'atmosphère galante, des décorations d'intérieur (plafonds, trompe-l'œil) d'une esthétique grandiose, et des sujets religieux dans lesquels les sujets représentés sont magnifiés par une technique brillante, souvent en couleurs pures, ou en mouvements, héritée de Véronèse.

Véronèse, *Le Calvaire, (1528-1588)* (Giraudon).

Rouault, *(1871-1958), La Sainte Face,* (Bulloz).

BOSSUET, (1627-1704), **1661**

Eh bien ! Chrétiens, avez-vous bien considéré cette peinture épouvantable ! Cet amas terrible de maux inouïs, que je vous ai mis tout ensemble devant les yeux, suffit-il pas pour vous émouvoir ? Quoi, je vois encore vos yeux secs ! Quoi ! je n'entends pas encore de sanglots ! attendez-vous que je représente en particulier toutes les diverses circonstances de cette sanglante tragédie ? [...] Faut-il que je vous dépeigne notre criminel gémissant à deux ou trois reprises sous la grêle des coups de fouet, suant sous la pesanteur de sa croix, usant toutes les verges sur ses épaules, émoussant en sa tête toute la pointe des épines, lassant tous les bourreaux en son corps ? Mais le jour et la nuit nous auraient quittés avant que j'eusse seulement touché la moitié de ce détail épouvantable : abrégez ce discours infini par une méditation sérieuse.

Contemplez cette face, autrefois les délices, maintenant l'horreur des yeux ; regardez cet homme que Pilate vous présente. Le voilà, cet homme ; le voilà, cet homme de douleurs : *Ecce homo, ecce homo ! Voilà l'homme.* Hé quoi ! Est-ce un homme ou un ver de terre ? Est-ce un homme vivant ou bien une victime écorchée ? On vous le dit, c'est un homme : *Ecce homo ! Voilà l'homme.* Le voilà, l'homme de douleurs ; le voilà dans le triste état où l'ont mis nos péchés, nos propres péchés, qui ont fait fondre sur cet innocent tout ce déluge de maux. O Jésus ! qui pourrait vous reconnaître ? [...]

O plaies, que je vous adore ! Flétrissures sacrées, que je vous baise ! ô sang qui découlez, soit de la tête percée, soit des yeux meurtris, soit de tout le corps déchiré, ô sang précieux, que je vous recueille ! [...] Oh ! que le sang de Jésus ne soit point sur nous en cette sorte, qu'il ne crie point vengeance contre notre long endurcissement ; qu'il soit sur nous pour notre salut ; que je me lave de ce sang ; que je sois tout couvert de ce sang ; que le vermeil de ce beau sang empêche mes crimes de paraître devant la justice divine !

Il n'est pas temps encore de se plonger dans ce bain salutaire ; et il faut que le sang du divin Jésus coule pour cela à plus gros bouillons. Allons à la croix, Chrétiens ; c'est là où nous pourrons nous plonger dans un déluge du sang de Jésus ; c'est là que tous les ruisseaux sont lâchés, et se débordent si violemment qu'ils laissent enfin la source tarie.

Sermon «sur la Passion», 1661.

1 — *La mort du Christ est un sujet contradictoire, puisqu'il faut y magnifier tout à la fois le calvaire (voir* **XVIe-XVIIe siècles,** *n° 136), la passion et la mort, et l'annonce de la rédemption et de la résurrection.*
Vous analyserez donc, dans les toiles et le texte ci-dessus, les modalités d'expression :
a) de la douleur
b) de la mort
c) du mysticisme.

2 — *Texte de Bossuet : les deux ressorts de la tragédie (voir n° 47) sont* la terreur *et* la pitié. *En quoi le texte de Bossuet est-il un texte tragique ? S'agit-il d'un tragique classique ?*

Vernet, *Le clair de lune, 1769* Louvre, (Agraci).

La nuit, le clair de lune, des thèmes qu'on renvoie bien souvent au seul XIXe siècle (voir **XIXe siècle,** *index thématique). Le XVIIIe, en France, en Allemagne, en Angleterre, avec un traitement évidemment différent, s'est aussi attaché à la représentation des scènes nocturnes.*

Joseph Vernet (1714-1789), peintre des tempêtes et des ports, a su utiliser le clair de lune pour ses tableaux de la nature. Antoine-Marin Lemierre (1733-1793), dans une suite de tableaux poétiques (Les Fastes, *1779*), *laisse à l'astre froid son identité mythologique et cherche une vague leçon morale.*

ANTOINE-MARIN LEMIERRE, 1779

LE CLAIR DE LUNE

Mais de Diane au ciel l'astre (1) vient de [paraître
Qu'il luit paisiblement sur ce séjour champêtre !
Eloigne tes pavots, Morphée (2) et laisse-moi
Contempler ce bel astre, aussi calme que toi,
Cette voûte des cieux mélancolique et pure,
Ce demi-jour si doux levé sur la nature,
Ces sphères qui, roulant dans l'espace des cieux,
Semblent y ralentir leur cours silencieux ;
Du disque de Phébé (1) la lumière argentée,
En rayons tremblotants sous ces eaux répétée,
Ou qui jette en ces bois, à travers les rameaux,
Une clarté douteuse et des jours inégaux ;
Des différents objets la couleur affaiblie,
Tout repose la vue et l'âme recueillie.
Reine des nuits, l'amant devant toi vient rêver,
Le sage réfléchir, le savant observer.
Il tarde au voyageur, dans une nuit obscure,
Que ton pâle flambeau se lève et le rassure.
Le ciel où tu me luis est le sacré vallon,
Et je sens que Diane est la sœur d'Apollon.
Heureux qui, s'élevant au principe des choses,
Eclaircira le voile étendu sur les causes,
Dira comment cet astre, en son cours inégal,
A la voûte des cieux si paisible fanal,
Qu'on voit si près de nous, dans l'ombre [planétaire,
Paraître s'approcher par amour de la terre,
Soulève l'océan, produit du haut des airs
Par accès régulier cette fièvre des mers,
Et comment l'océan qui submergeait la plage,
Décroissant par degrés, laisse à nu le rivage !
Hélas ! d'une ombre épaisse, aux yeux les plus [perçants,
La nature a caché ses secrets agissants :
L'homme né pour l'erreur comme pour l'ignorance,
N'est jamais, pour bien voir, à la juste distance ;
Trop près de lui, trop loin de la chaîne du tout,
Son orgueil cependant croit en tenir un bout ;
Et, quoique environné du faux-jour des problèmes,
Il prend pour vérités d'ingénieux systèmes,
Où son esprit, séduit par ses rêves divers,
Refait par impuissance et l'homme et l'univers.

les Fastes, chant VII, 1779.

(1) La lune
(2) L'un des mille enfants du Sommeil, chargé de se montrer aux hommes pendant leurs rêves.

En Angleterre, Young (1683-1765), avec les Nuits *(1740-1745) forgea son propre mythe grâce à ce thème, Toute l'Europe rêva au vieux pasteur qui méditait sur la destinée, éclairé par les étoiles : il portait dans ses bras le corps de sa propre fille pour l'enterrer dans un lieu que le fanatisme des catholiques français ne pourrait atteindre. Dans les quatre premières* Nuits *(le recueil est composé en tout de neuf* Nuits, *soit environ dix mille vers), le jour est ce qui éloigne l'homme de Dieu, ce qui crée la déception et éloigne des êtres chers disparus. Les quatre* Nuits *suivantes parlent de la vie future et la neuvième redécouvre la petitesse de l'homme devant Dieu. Très vite, le poème de Young fit le tour de l'Europe et remporta un succès éclatant et influent. Le tourneur, traducteur de Shakespeare l'adapta rapidement en français.*

EDWARD YOUNG, 1740-1745

La Nuit, noire déesse, en son trône d'ébène
siège, sans un rayon, et voici qu'elle étend
son lourd sceptre de plomb sur le monde endormi.
Le silence est inerte, et l'ombre est insondable !
Rien qui frappe les yeux, ni l'oreille tendue !
Le monde est endormi. C'est le pouls gigantesque
de la vie arrêté, la Nature au repos :
redoutable repos, qui annonce sa mort !
Eh bien ! que, sans tarder, le destin s'accomplisse !
Que tombe le rideau ! Je ne perdrai plus rien !...
L'horloge sonne une heure : on ne connaît le temps
que par son envolée, et l'homme fut très sage
de lui faire une voix. C'est un ange qui parle
en accents solennels, et, si je l'entends bien,
c'est le glas de mes jours à jamais disparus.
Où sont-ils ? Engloutis dans le flot des années.
C'est le signal qui nous ordonne qu'on se hâte.
Combien me reste-t-il ? Mes espoirs et mes craintes
tressaillent, alarmés, en voyant au delà
de la vie brève, quoi ?... un abîme sans fond,
l'éternité horrible, et mienne sûrement !
Ainsi, l'éternité pourrait m'appartenir,
à moi, qui n'ai reçu que l'aumône d'une heure ?...
Qu'est cette sainte nuit, qu'est cette solitude ?
C'est la divinité que l'on sent près de soi.
Bien rares les péchés que, tout seuls, nous aimons !
le vice ensorceleur tombe et perd sa dorure,
et, comme tout objet, paraît noir dans la nuit.
Un athée, en la nuit, commence à croire en
Dieu [...].

Salut, précieux moments pris sur l'obscur ravage
du temps assassiné ! Nuit propice, salut !
Loin du monde, la voix des passions apaisée,
ouvrant avec le ciel un tranquille entretien,
l'âme siège en conseil, médite le passé,
décrète l'avenir, et contemple, insensible,
la vie inquiète ; elle raisonne avec l'orage,
répond à ses mensonges, et assagit ses charmes.

Redoutable bonheur, liberté de l'esprit !
L'obscurité, pour moi, plutôt qu'une prison,
est, si l'on peut oser le dire, une retraite.
Délicieuse nuit ! En gerbes, les pensées
croissent spontanément, et fleurissent dans l'ombre,
tandis que le soleil les courbe et les flétrit.
Leur éclat vient d'ailleurs, du feu primordial,
source d'animation, d'où nous est descendue,
Uranie (1), et céleste hôtesse, elle consent

Valfort, *Young et sa fille,* (Angoulême).

à venir chaque soir près de moi, si petit ! [...]

Il est vain de chercher en l'homme plus que
l'homme.
Bien que fiers à promettre, et gonflés de sagesse,
l'expérience dompte notre orgueil. Et moi
qui, naguère, émergeant des ombres du tombeau
où le chagrin m'emprisonnait, sus parvenir
jusqu'au portail ouvert de la vie éternelle,
appelai les humains à la gloire, en l'éther
dépouillai ma douleur, mon être périssable,
et atteignis l'étoile, ici je sens mon âme
faillir, et, retombant du zénith, je m'écroule,
tel l'homme qu'empluma de cire la légende (2),
plongé dans le chagrin, sans m'y trouver perdu.
Infortuné, celui qui jamais ne pleura !
Dans le flot du chagrin, je vais chercher la perle,
alors que l'insensé qui ne veut que gémir
accepte la douleur en rejetant le gain,
l'inestimable gain ; de sorte que le Ciel
le rend plus malheureux sans le rendre plus sage.

les Nuits, I et V, 1740-1745 (trad. Roger Martin, Aubier Montaigne, 1977).

(1) Muse de l'astronomie
(2) Icare (voir **XVIe-XVIIe siècles,** *No 59).*

A l'extrême fin du XVIIIe siècle et au début du XIXe, Novalis (1772-1801) s'adresse à Sophie après avoir longuement médité sur la tombe de sa fiancée de quinze ans, morte en 1797 après d'atroces souffrances : ce sont les six Hymnes à la nuit *(1800).*

DENIS DIDEROT, 1769

Vernet ne se montre guère sans un *Clair de lune* ; il y en avait donc un, et c'était une belle chose. La vérité la plus parfaite, bien que je n'en crusse rien ; le contraste et le mélange des lumières de l'astre et du feu merveilleusement entendus ; une profondeur de scène ! une dégradation ! une justesse de ton dans la couleur ! Il y avait peu de morceaux aussi parfaits. Si vous y eussiez exigé une touche plus ferme et moins d'égalité dans le faire, celui à qui vous l'eussiez dit à l'oreille, qui vous eût entendu et senti, aurait été un homme de l'art, parce qu'il n'y a qu'un homme de l'art qui eût osé hasarder ce souhait.

Ecoutez un fait, mais un fait vrai à la lettre. Il était nuit, tout dormait autour de moi ; j'avais passé la matinée au Salon. Je me recordais le soir ce que j'avais vu. J'avais pris la plume, j'allais écrire ; j'allais écrire que le *Clair de lune* de Vernet était un peu sec et que les nuées m'en avaient paru trop noires et pas assez profondes, lorsque tout à coup je vis à travers mes vitres la lune entre des nuées, au ciel, la chose même que l'artiste avait imitée sur sa toile. Jugez de ma surprise lorsque, me rappelant le tableau, je n'y remarquai aucune différence avec le phénomène que j'avais sous les yeux : même noir en nature, même sécheresse. J'allais calomnier l'art et blasphémer la nature. Je m'arrêtai et je me dis à moi-même qu'il ne fallait pas accuser Vernet de fausseté sans y avoir bien regardé.

Ce *Clair de lune* avait pour pendant un *Soleil nébuleux et couchant* que je choisirais par goût. Il est d'un accord étonnant, c'est le plus beau site ; à une certaine distance, c'est l'illusion la plus parfaite ; cependant, même forme à toutes les roches ; la nature n'a point cette uniformité : elle place de petites choses à côté des grandes ; ce sont en elle des formes bizarres, irrégulières tant de couleur que d'effet. C'est à regret que j'insiste sur ces minuties ; je ne devrais pas les apercevoir devant cette sublime harmonie qui nous enchantait ; mais je n'y suis plus, sa magie n'agit pas, et l'absence du charme me rend à toute mon impartialité.

Il y a peu d'artistes qui sachent comme celui-ci disposer des figures dans un paysage et les faire aussi bien.

Salon de 1769.

NOVALIS, 1800

Quel est le vivant, l'être sensible, qui n'aime, entre toutes les merveilles de l'espace immense qui l'environne, la Lumière, joie de tous — avec ses couleurs, ses rayons et ses ondes, sa douce omniprésence pendant le jour, qui éveille tous les êtres ? Essence intime de la vie, c'est elle que respire le monde géant des astres infatigables, nageant et dansant dans son flot azuré — et la pierre étincelante, à jamais immobile, et la plante pensive dont les racines aspirent la sève, et l'ardent animal sauvage, si varié dans ses formes — et plus qu'eux tous l'Étranger superbe aux yeux profonds, à la démarche légère, aux lèvres mi-closes, toutes frémissantes de chants. Reine de la nature terrestre, elle appelle les forces, l'une après l'autre, à des métamorphoses sans nombre, nouant et dénouant des alliances infinies, environnant de sa céleste image toutes les créatures terrestres. Seule sa présence nous révèle en leur miraculeuse splendeur le royaume de ce monde. [...]

Quel est ce pressentiment que je sens sourdre sous mon cœur et qui résorbe cette molle atmosphère de tristesse ? Aurais-tu, toi aussi, quelque complaisance pour nous, sombre Nuit ? Sous ton manteau, qu'est-ce donc que tu portes ? Quel est cet invisible aimant qui s'empare de mon âme ? Un baume précieux coule goutte à goutte de la gerbe de pavots que tu tiens dans ta main. Tu relèves les ailes appesanties de l'âme. Un obscur, un ineffable émoi nous saisit — plein d'effroi et de joie, je vois s'incliner vers moi un grave visage tout empreint de douceur et de recueillement et, sous une forêt de boucles emmêlées, je reconnais les traits de la Mère en son gracieux printemps. Qu'elle me semble pauvre et puérile, à présent, cette Lumière — heureux et béni l'adieu du jour ! — Ainsi donc, c'est parce que la Nuit détourne de toi tes fidèles que tu as semé dans l'espace infini ces globes lumineux, destinés à proclamer ta toute-puissance — à annoncer ton retour — au temps où tu es loin ? Plus divins que les étoiles scintillantes nous semblent les yeux infinis que la Nuit a ouverts en nous. Leur regard porte bien au-delà des astres les plus pâles d'entre tes armées innombrables — sans faire appel à l'aide de la Lumière ils percent les profondeurs d'un cœur aimant, emplissant d'une volupté indicible l'espace qui est au-dessus de l'espace.

Célébrons la Reine de l'univers, sublime messagère des mondes sacrés, prêtresse d'un céleste amour — Elle t'envoie vers moi — tendre amoureuse — gracieux soleil de la Nuit — c'est à présent que je veille — que je suis mien et tien à la fois — tu m'as révélé que la Nuit, c'est la vie — tu m'as fait homme. — Consume mon corps de ta flamme spirituelle, et que, réduit en une aérienne substance, je me mêle à toi d'union plus intime, afin que dure pour l'éternité notre nuit de noces.

Hymnes à la nuit I, 1800
(Trad. G. Bianquis, Aubier Montaigne, 1943).

Vernet Joseph, *Le Soir ou Coucher de soleil,* vers 1770, Versailles, (Réunion des Mus. Nat.)

Claude Gellée dit Le Lorrain (1600-1682), *Vue d'un port au soleil levant, vers 1660,* Louvre, (Agraci)

*1 — **Relevez dans les quatre textes sur la nuit les couleurs qui la caractérisent et les impressions qu'elle suscite. Y a-t-il des constantes? Retrouve-t-on ces caractères dans le tableau de Vernet?***

2 — Expliquez la morale finale du texte de Lemierre. De quelle manière s'apparente-t-elle à d'autres leçons citées dans ce dossier?

3 — DOSSIER :
En consultant les textes et les tableaux cités ici et dans le **XIXe siècle** *(nos 25, 44, 150) (consultez aussi les index des trois volumes), donnez les caractères essentiels de la nuit telle qu'elle apparaît ainsi décrite. Etendez vos remarques aux textes que vous connaissez sur ce thème.*
Enfin, vous essaierez de déterminer les fonctions de la nuit au sein d'un discours poétique.

4 — Le coucher du soleil permet-il une amorce de la nuit? une renaissance du jour? Est-il une mort (Harmonie du soir, *Baudelaire,* **XIXe siècle,** *n° 64) ou un espoir? Les deux tableaux reproduits ici vous permettent-ils un début de réponse?*

132 Giambattista VICO (1668-1744)

J.B. Vico, (BN).

Du philosophe et historien italien Giambattista Vico, Benedetto Croce a pu dire qu'il portait tout le XIXe siècle en germe. De fait, la volonté de synthèse universelle qui l'anime dans La Science nouvelle, *l'amenant à embrasser pratiquement tous les secteurs de la connaissance humaine, fut un exemple certain pour les grands penseurs de l'âge romantique : Michelet (voir* **XIXe siècle,** *n° 99), qui lui rend souvent hommage dans son œuvre, se considérait comme le fils spirituel de Vico.*

Dans l'histoire de l'humanité, le philosophe italien discerne trois âges : celui des dieux, celui des héros, celui des hommes. A ces trois âges correspondent trois types de langues, trois sortes de coutumes, trois espèces de gouvernements.

La première de ces natures, due à une erreur dont la puissance même de l'imagination est la cause (chez ceux qui ne sont capables que d'un raisonnement extrêmement faible, l'imagination est en effet particulièrement vigoureuse), fut une nature poétique c'est-à-dire créatrice ; qu'il nous soit permis de l'appeler divine. Elle anima les corps : elle en fit des substances ; en ces substances, elle insuffla l'esprit des dieux qu'elle créa à son image et ressemblance. Ce fut là le caractère des poètes-théologiens qui furent les plus anciens sages de toutes les nations païennes ; ces sages vécurent à l'époque où chacune de ces nations avait pour solides assises la confiance absolue que lui inspiraient les divinités qu'elle invoquait. Ces croyances étaient conformes aux instincts féroces des géants qui composaient alors l'humanité ; mais la même erreur de leur imagination déréglée fut cause de l'épouvante que leur causèrent ces dieux qu'ils avaient eux-mêmes inventés.

D'où résultent ces deux caractères, qui s'appliqueront toujours à toutes les sociétés :

1) la religion est l'unique moyen, le seul qui ait assez de force pour réfréner la cruauté naturelle des peuples ;

2) ces religions subsistent et sont florissantes partout où ceux qui ont pour mission de les défendre leur témoignent eux-mêmes un respect sincère.

La seconde nature humaine fut la nature héroïque ; les héros eux aussi la croyaient d'origine divine. Certains en effet que les dieux faisaient tout, ils se considéraient comme les fils de Jupiter, comme des êtres engendrés sous les auspices de Jupiter. Un instinct sûr les portait à donner comme source à la noblesse naturelle cette nature supérieure des héros, et ils s'attribuaient une origine divine, quoiqu'il n'y eût en eux qu'une nature humaine ; cette noblesse fit d'eux les souches premières de toute la suite des générations humaines. Aussi s'enorgueillissaient-ils de la posséder, car elle les mettait au-dessus des autres hommes attardés dans la promiscuité sexuelle qui les rendait semblables aux bêtes ; pour mettre fin aux disputes et aux guerres incessantes que cette promiscuité entraînait, ces êtres engagés encore dans la bestialité vinrent ensuite chercher refuge dans les asiles des nobles ; mais ils ne purent y apporter leurs dieux. Aussi les considéra-t-on comme des bêtes : ce fut là l'origine des inégalités sociales.

Enfin la troisième nature fut humaine, intelligente et par suite capable de retenue et de modération affable et raisonnable, qui reconnaît pour lois la conscience, la raison, le devoir.

la Science nouvelle 3, 11, 1744.

Simultanément à ces trois langues, propres à chacun de ces trois états auxquels correspondirent trois sortes de gouvernements, chacun conforme à l'une des trois natures civiles qui se succédèrent en obéissant au rythme même du développement des nations, et dans le même ordre, on voit se suivre trois jurisprudences, dont chacune est appropriée à son temps.

La première d'entre elles est une théologie mystique dont se célébrèrent les rites au temps où les dieux gouvernaient les nations païennes ; les poètes-théologiens en possédaient la science (aussi a-t-on pu dire d'eux à juste tire, qu'ils furent les vrais fondateurs de l'humanité païenne) ; ils interprétaient les mystères des oracles qui, chez tous les peuples païens, répondaient en vers aux questions qu'on leur posait. D'où suit que c'est dans les fables qu'on trouve cachés les mystères d'une « science vulgaire » ainsi constituée. Ce sera pour nous l'occasion de méditer sur les raisons qui déterminèrent chez les philosophes un si grand désir de s'élever à la science des anciens, désir qui donna à ces philosophes l'occasion de se livrer à de très hautes méditations philosophiques, tandis qu'il les conduisait à introduire dans les fables leur propre « sagesse réfléchie ».

La seconde jurisprudence fut la jurisprudence héroïque, très scrupuleuse dans l'emploi des mots propres (la prudence d'Ulysse se rapporte à cette jurisprudence) ; elle garantissait ce que les jurisconsultes romains appelaient « équité civile » et que, pour notre compte, nous nommons « raison d'Etat » ; avec leurs idées très frustes, ces premiers hommes pensaient que leur droit tenait tout entier dans les paroles qu'ils prononçaient ; n'observe-t-on pas la même chose chez les paysans et chez d'autres hommes grossiers qui s'obstinent, au cours des discussions, à prétendre que c'est dans leurs paroles même que tient leur bon droit ? Ceci fut voulu par la Providence divine afin que ces païens, qui n'étaient pas capables encore de former des idées générales et de s'élever à cette universalité qui est le caractère même des bonnes lois, pussent, en s'en tenant scrupuleusement à la lettre des paroles prononcées, observer les lois universellement ; si, par suite d'une équité ainsi conçue, les lois se trouvaient être parfois non seulement dures, mais encore cruelles, ils les supportaient sans protestation, parce que tout naturellement ils estimaient que tel était leur droit. De plus, un intérêt personnel, s'ajoutant au sentiment qu'ils portaient à leur patrie, poussait les héros à observer ces lois : ils n'hésitaient point par suite, afin d'assumer le salut de leur patrie, à se consacrer, eux et leurs familles, à la défense des lois et de la volonté qu'elles exprimaient ; car, en même temps que la sauvegarde de leur patrie, ils assuraient le maintien de ces gouvernements monarchiques qu'ils exerçaient sur leurs familles. D'autre part, cet intérêt personnel si important, joint à ce grand orgueil propre aux temps barbares, formaient les éléments de cette nature héroïque, qui fut la source de tant de gestes héroïques accomplis pour le salut de la patrie. Cet héroïsme, qui s'exprime par d'admirables actions d'éclat, se combine, pour composer cette nature, avec un orgueil insupportable, une avidité extrême et cette impitoyable cruauté avec laquelle les patriciens romains de l'antiquité traitaient les malheureux plébéïens, — comme nous le raconte l'histoire romaine —, au temps où selon Tite-Live lui-même, la vertu romaine était à son apogée et où fleurissait tout particulièrement cette liberté populaire si désirée par les Romains. Par là, on peut voir qu'une vertu publique de cette sorte résulta de l'usage même que fit la Providence de vices si graves, si affreux et si cruels ; en se servant ainsi de ces vices, elle assura la conservation des cités, à une époque où l'esprit des hommes, capables seulement de concevoir les intérêts particuliers, ne pouvait par lui-même s'élever jusqu'à l'idée d'un bien commun...

Quant à la dernière de ces jurisprudences, ce fut celle de l'équité naturelle, qui règne d'elle-même dans les républiques libres ; les peuples, pour assurer le bien particulier de chacun, bien égal chez tous, mais dont ils n'ont qu'une connaissance très imparfaite, sont portés à prescrire des lois universelles, et pour cette même raison, désirent qu'elles se plient avec bienveillance afin de s'adapter aux circonstances ultimes des faits conformément à ce que réclame l'intérêt égal de tous : c'est là «l'equum bonum», sujet de l'ultime jurisprudence romaine qui, au temps de Cicéron, commençait à prendre pour guide l'édit du préteur romain. Et cette jurisprudence va davantage encore de pair avec les monarchies ; les monarques y accoutument leurs sujets à s'occuper uniquement de leurs intérêts particuliers, en se réservant à eux-mêmes le soin de toutes les choses publiques ; ils veulent que les mêmes lois tiennent également soumises à leur juridiction les nations qu'ils gouvernent, parce que toutes sont également intéressées à la prospérité de l'Etat.

la Science nouvelle, 3, 11, 1744.

Girodet-Trioson, *le Déluge* (Réu. Mus. Nat.).

1er EXTRAIT

1 — Résumez, en les opposant, les caractéristiques de chacune des trois « natures » selon Vico.

2 — Forme du discours : cette évolution est-elle présentée comme une hypothèse ou comme une certitude ? Comparez par exemple avec la façon dont Rousseau présente sa re-création de l'homme primitif, n° 121 a et b.

3 — Peut-on, grossièrement, circonscrire dans des limites historiques les trois états distingués par Vico ? A quelle époque la « troisième nature » correspondrait-elle alors ?

2e EXTRAIT

4 — Dressez un tableau contrasté des trois étapes distinguées par Vico. Comment pourrait-on résumer, selon cette analyse, l'évolution de la société humaine ?

5 — Comment peut-on expliquer que Vico réunisse en un seul état république et monarchie ? Comparez cette répartition des régimes politiques avec celle de Montesquieu, n° 113 et suiv.

133 VOLTAIRE (1694-1778)

Zaïre, *tragédie de Voltaire publiée en 1738, mais jouée pour la première fois en 1732, reprend à sa manière* l'Othello *de Shakespeare.*

Orosmane, le sultan de Jérusalem est amoureux de sa captive Zaïre. Le chevalier français Nérestan revient avec la rançon des prisonniers mais le sultan ne veut libérer ni Lusignan, un descendant des princes de Jérusalem, ni Zaïre qu'il espère épouser. La belle captive obtient par ses prières la libération du vieux Lusignan qui vient à découvrir qu'elle est sa fille et que Nérestan est son fils. Zaïre, qui aime Orosmane, n'ose pas épouser un infidèle : elle s'en ouvre à son frère. Le sultan les surprend et, jaloux, poignarde la jeune fille avant de s'immoler sur son cadavre, apprenant son erreur (scènes VIII et IX)... En utilisant les ressorts de la tragédie chrétienne et du drame shakespearien parés à la mode orientale, la tragédie de Voltaire ne pouvait être qu'un succès (voir sur l'utilisation et la définition de la jalousie les nos 22 et 23).

CORASMIN

Rien ne paraît encore.

OROSMANE

O nuit ! nuit effroyable !
Peux-tu prêter ton voile à de pareils forfaits ?
Zaïre !... l'infidèle !... après tant de bienfaits ?
J'aurais d'un œil serein, d'un front inaltérable,
Contemplé de mon rang la chute épouvantable ;
J'aurais su, dans l'horreur de la captivité,
Conserver mon courage et ma tranquillité ;
Mais me voir à ce point trompé par ce que
[j'aime !...

CORASMIN

Eh ! que prétendez-vous dans cette horreur
[extrême ?
Quel est votre dessein ?

OROSMANE

N'entends-tu pas des cris ?

CORASMIN

Seigneur...

OROSMANE

Un bruit affreux a frappé mes esprits.
On vient.

CORASMIN

Non, jusqu'ici nul mortel ne s'avance ;
Le sérail est plongé dans un profond silence ;
Tout dort, tout est tranquille, et l'ombre de la
[nuit...

OROSMANE

Hélas ! le crime veille, et son horreur me suit.
A ce coupable excès porter sa hardiesse !
Tu ne connaissais pas mon cœur et ma tendresse,
Combien je t'adorais ! quels feux ! Ah, Corasmin !
Un seul de ses regards aurait fait mon destin.
Je ne puis être heureux, ni souffrir que par elle.
Prends pitié de ma rage. Oui, cours... Ah, la
[cruelle !

CORASMIN

Est-ce vous qui pleurez ? Vous, Orosmane ? O
[cieux !

OROSMANE

Voilà les premiers pleurs qui coulent de mes yeux.
Tu vois mon sort, tu vois la honte où je me livre.
Mais ces pleurs sont cruels, et la mort va les
[suivre.
Plains Zaïre, plains-moi ; l'heure approche ; ces
[pleurs
Du sang qui va couler sont les avant-coureurs.

CORASMIN

Ah ! je tremble pour vous.

OROSMANE

Frémis de mes souffrances,
Frémis de mon amour, frémis de mes vengeances.
Approche, viens, j'entends... Je ne me trompe pas.

CORASMIN

Sous les murs du palais quelqu'un porte ses pas.

OROSMANE

Va saisir Nérestan ; va, dis-je, qu'on l'enchaîne ;
Que tout chargé de fers à mes yeux on l'entraîne.

SCÈNE IX, *OROSMANE, ZAIRE, et FATIME*
marchant pendant la nuit dans l'enfoncement du théâtre.

ZAIRE

Viens, Fatime.

OROSMANE

Qu'entends-je ! Est-ce là cette voix
Dont les sons enchanteurs m'ont séduit tant de
[fois ?
Cette voix qui trahit un feu si légitime ?
Cette voix infidèle, et l'organe du crime ?
Perfide !... Vengeons-nous... Quoi ! c'est elle ? ô
[destin !

Il tire son poignard.

Zaïre ! Ah Dieu !... ce fer échappe de ma main.

ZAIRE, *à Fatime.*

C'est ici le chemin ; viens, soutiens mon courage.

FATIME

Il va venir.

OROSMANE

Ce mot me rend toute ma rage.

ZAIRE

Je marche en frissonnant, mon cœur est éperdu...
Est-ce vous, Nérestan, que j'ai tant attendu ?

OROSMANE, *courant, à Zaïre.*

C'est moi que tu trahis : tombe à mes pieds,
[parjure.

ZAIRE, *tombant dans la coulisse.*

Je me meurs, ô mon Dieu !

OROSMANE

J'ai vengé mon injure.
Otons-nous de ces lieux. Je ne puis... Qu'ai-je
[fait ?...
Rien que de juste... Allons, j'ai puni son forfait.

Zaïre, Acte V, Scènes 8 et 9, 1732.

Boilly, *Le Vieillard jaloux,* (Giraudon).

*Le théâtre français ne devait pas attendre 1829 (*Le More de Venise, *nº 57,* **XIXe siècle)** *Alfred de Vigny pour découvrir l'*Othello *de Shakespeare. Dès 1746, le*Théâtre anglais *acquérait ses lettres de noblesse avec la traduction en huit volumes de Pierre-Antoine de La Place. Bien d'autres traducteurs (dont le plus célèbre reste Le tourneur) viennent alors renforcer l'influence littéraire et idéologique anglaise dont Montesquieu et Voltaire sont les meilleurs témoins.*

SHAKESPEARE, 1604 (La Place, 1746)

OTHELLO

Arrête : il n'est plus temps.
Tes larmes, tes attraits, tes ruses, tes serments,
Contre ce que j'ai vu sont de trop faibles armes ;
Et ton crime, à mes yeux, avilit tous tes charmes !
Songe qu'il faut périr, et que le Ciel t'entend !
Ne te prépare pas un supplice plus grand ;
Les ombres de la mort couvrent ce lit funeste ;
L'instant du repentir est tout ce qui te reste ;
Profites-en.

DESDEMONA

Ah tigre ! Ainsi donc ta fureur
Veut m'arracher ensemble, et la vie, et l'honneur ?
Tu peux verser mon sang... Mais, avant que je [meure,
A ma gloire, à la tienne, accorde au moins une [heure !
Que mes accusateurs paraissent devant moi ;
Et s'il te reste encor un soupçon, venge-toi !
Au gré de ta fureur augmente mon supplice :
Je ne pourrai du moins t'accuser d'injustice.

OTHELLO

Je te dis, que j'ai vu... tous ces lâches détours
Ne te sauveront pas...

DESDEMONA

Ciel, viens à mon secours !
Protège l'innocence : et si je suis coupable,
Je me livre à tes coups ; que ta foudre m'accable !
Épargne à mon époux la honte de ma mort.

OTHELLO

Perfide ! Ton époux gémirait de ton sort,
S'il pouvait démentir son oreille, et sa vue.
Si Cassio lui-même...

DESDEMONA

Ah, ce nom seul me tue !
Qu'il paraisse ; qu'il vienne, et s'il peut m'accuser,
Je ne me défends plus, et tu peux tout oser.

OTHELLO

Il n'en a que trop dit, et sa langue funeste
Aux enfers, maintenant, peut apprendre le reste :
Iago m'en a vengé ; ton amant ne vit plus.

DESDEMONA

Il est mort ? O douleurs ! ô regrets superflus !
Il emporte, en mourant, et ma gloire, et ma vie...
Je vois, avec horreur, d'où part la perfidie !...

Il est mort, dites-vous, de la main de Iago ?
Il était innocent !... *(Elle pleure)*

OTHELLO

Suis-je encore Othello ?
Une femme... à mes yeux... sans crainte du tonnerre,
Ose pleurer l'objet de sa flamme adultère !
Amour, Dieu et mortels, dussiez-vous m'en punir,
C'en est trop ! Et mon bras saura vous prévenir...
Quelque soit l'avenir que ta mort me prépare,
Indigne épouse, meurs ! *(Il l'étrangle)*

DESDEMONA

Ah cruel !... Ah barbare !

Othello, acte V, scène 8.
(Trad. de Pierre-Antoine de La Place, 1746).

1 — *Relevez et commentez les expressions propres à la jalousie chez Voltaire et dans la traduction de Shakespeare.*

2 — *Orosmane se venge-t-il dans un accès de folie ? Le fait-il sans regrets ? Qu'en est-il d'Othello ?*

3 — *Déterminez les éléments spécifiques à la tragédie française dans la pièce de Voltaire. La traduction de La Place est-elle influencée par cette esthétique (comparez avec une traduction moderne de Shakespeare) ?*

134 a VOLTAIRE (1694-1778)

La Tour, *Voltaire jeune*, (Bulloz).

Nous avons vu Voltaire commencer sa carrière comme écrivain mondain à succès et à scandale (n° 66a). Mais s'étant attiré des ennuis avec un grand de la cour, il a été contraint à un exil en Angleterre (1726-29). A son retour, il publie les Lettres philosophiques *ou* Lettres anglaises, *panégyrique des institutions et des mœurs anglaises, qui amorcent le combat pour la tolérance et la liberté de pensée qu'il poursuivra jusqu'à la fin de sa vie.*
La Lettre à un premier commis (1)*, publiée en 1746, est significativement datée par Voltaire de 1733 : à ce plaidoyer inaugural pour la diffusion des lumières répond en 1765, la verve caustique de l'opuscule intitulé* De l'horrible danger de la lecture *(voir n° 134 b).*

(1) Haut fonctionnaire chargé de surveiller l'application de la réglementation concernant la diffusion des livres.

Puisque vous êtes, monsieur, à portée de rendre service aux belles-lettres, ne rognez pas de si près les ailes à nos écrivains, et ne faites pas des volailles de basse-cour de ceux qui, en prenant l'essor, pourraient devenir des aigles ; une liberté honnête élève l'esprit, et l'esclavage le fait ramper. S'il y avait eu une inquisition littéraire à Rome, nous n'aurions aujourd'hui ni Horace, ni Juvénal, ni les œuvres philosophiques de Cicéron. Si Milton, Dryden, Pope et Locke n'avaient pas été libres, l'Angleterre n'aurait eu ni des poètes, ni des philosophes : il y a je ne sais quoi de turc à proscrire l'imprimerie, et c'est la proscrire que la trop gêner. Contentez-vous de réprimer sévèrement les libelles diffamatoires, parce que ce sont des crimes ; mais tandis qu'on débite hardiment des recueils de ces infâmes calottes (1), et tant d'autres productions qui méritent l'horreur et le mépris, souffrez au moins que Bayle entre en France et que celui qui fait tant d'honneur à sa patrie n'y soit pas de contrebande.

Vous me dites que les magistrats qui régissent la douane (2) de la littérature se plaignent qu'il y a trop de livres. C'est comme si le prévôt des marchands se plaignait qu'il y eût à Paris trop de denrées : en achète qui veut. Une immense bibliothèque ressemble à la ville de Paris, dans laquelle il y a près de huit cent mille hommes : vous ne vivez pas avec tout ce chaos : vous y choisissez quelque société, et vous en changez. On traite les livres de même : on prend quelques amis dans la foule. Il y aura sept ou huit mille controversistes, quinze ou seize mille romans, que vous ne lirez point ; une foule de feuilles périodiques que vous jetterez au feu après les avoir lues. L'homme de goût ne lit que le bon, mais l'homme d'État permet le bon et le mauvais.

Les pensées des hommes sont devenues un objet important de commerce. Les libraires hollandais gagnent un million par an, parce que les Français ont eu de l'esprit. Un roman médiocre est, je le sais bien, parmi les livres, ce qu'est dans le monde un sot qui veut avoir de l'imagination. On s'en moque, mais on le souffre. Ce roman fait vivre et l'auteur qui l'a composé, et le libraire qui le débite, et le fondeur, et l'imprimeur, et le papetier, et le relieur, et le colporteur, et le marchand de mauvais vin, à qui tous ceux-là portent leur argent. L'ouvrage amuse encore deux ou trois heures quelques femmes avec lesquelles il faut de la nouveauté en livres, comme en tout le reste. Ainsi, tout méprisable qu'il est, il a produit deux choses importantes : du profit et du plaisir. [...]

Je regarde la tragédie et la comédie comme des leçons de vertu, de raison, et de bienséance. Corneille, ancien Romain parmi les Français, a établi une école de grandeur d'âme ; et Molière a fondé celle de la vie civile. Les génies français formés par eux appellent du fond de l'Europe les étrangers qui viennent s'instruire chez nous, et qui contribuent à l'abondance de Paris. Nos pauvres sont nourris du produit de ces ouvrages, qui nous soumettent jusqu'aux nations qui nous haïssent. Tout bien pesé, il faut être ennemi de sa patrie pour condamner nos spectacles. Un magistrat qui, parce qu'il a acheté cher un office de judicature, ose penser qu'il ne lui convient pas de voir *Cinna*, montre beaucoup de gravité et bien peu de goût.

Il y aura toujours dans notre nation polie de ces âmes qui tiendront du Goth et du Vandale ; je ne connais pour vrais Français que ceux qui aiment les arts et les encouragent. Ce goût commence, il est vrai, à languir parmi nous ; nous sommes des sybarites (3) lassés des faveurs de nos maîtresses. [...]

Nous mettons tous les ans plus d'industrie et plus d'invention dans nos tabatières et dans nos autres colifichets, que les Anglais n'en ont mis à se rendre les maîtres des mers, à faire monter l'eau par le moyen du feu, et à calculer l'aberration de la lumière. Les anciens Romains élevaient des prodiges d'architecture pour faire combattre des bêtes ; et nous n'avons pas su depuis un siècle bâtir seulement une salle passable, pour y faire représenter les chefs-d'œuvre de l'esprit humain. Le centième de l'argent des cartes suffirait pour avoir des salles de spectacle plus belles que le théâtre de Pompée ; mais quel homme dans Paris est animé de l'amour du bien public ? On joue, on soupe, on médit, on fait de mauvaises chansons, et on s'endort dans la stupidité, pour recommencer le lendemain son cercle de légèreté et d'indifférence. Vous, monsieur, qui avez au moins une petite place dans laquelle vous êtes à portée de donner de bons conseils, tâchez de réveiller cette léthargie barbare, et faites, si vous pouvez, du bien aux lettres, qui en ont tant fait à la France.

(1) Pamphlets de basse qualité, relevant de la tradition burlesque*.*
(2) Ici, la censure.
(3) Oisifs qui mènent une vie molle et voluptueuse.

Lettre à un premier commis, datée du 20 Juin 1733, pub. en 1746.

LA CENSURE AU XVIIIe SIÈCLE

La Librairie

La «Librairie», *c'est-à-dire le commerce du livre (de l'impression à la diffusion) était au XVIIIe siècle réglementée par un ensemble très complexe de lois et de coutumes : une fois passé le barrage de la censure, les auteurs et éditeurs pouvaient obtenir soit un* privilège, *soit une* «permission tacite», *soit une* «permission simple» *(à partir de 1777), soit une* permission orale *du directeur de la Librairie, n'ayant en fait aucune valeur légale.*

La censure

En 1629, Richelieu avait chargé le chancelier et le garde des Sceaux de faire examiner tous les ouvrages destinés à l'impression avant de leur accorder le privilège du Roi. La censure était exercée par des personnes diverses, parfois sans qualification aucune. L'année 1742 vit la création d'un corps de censeurs royaux, *qui étaient fonctionnaires (il y en avait en tout soixante dix-neuf, dont dix pour la théologie, dix pour la jurisprudence, dix pour la médecine, l'histoire naturelle et la chimie, trente-cinq pour les belles-lettres).*

Les détours

Devant les incohérences de la censure, les éditeurs préféraient souvent biaiser (par exemple présenter un ouvrage anodin, puis après autorisation, ajouter un appendice qui en changeait la signification), faire publier à l'étranger ou mentionner un lieu de publication fantaisiste, prendre un faux nom, changer la date de publication, etc. Les livres imprimés à l'étranger ou sortis de presses clandestines empruntaient alors des circuits de diffusion parallèles. *C'est le cas du* Dictionnaire *de Bayle (publié à Rotterdam), de* l'Esprit des lois *(Genève), du* Contrat social, *du* Discours sur l'origine de l'inégalité *et de* La Nouvelle Héloïse *(Amsterdam), de* l'Emile *(prétendument imprimé à La Haye) et en gros* **de tous les ouvrages participant au combat des lumières.**

Les auteurs, imprimeurs ou libraires qui se faisaient prendre risquaient la prison (Diderot pour la Lettre sur les aveugles, *en 1749,* Marmontel, *en 1760) ou les galères (le poète La Martillière en 1757).*

Pour la liberté d'expression

Le combat des philosophes, en particulier des Encyclopédistes (le privilège de l'Encyclopédie fut révoqué en 1758) fut constant tout au long du XVIIIe siècle. Diderot, dans son Mémoire sur la liberté de la Presse, *s'adressa en ces termes aux censeurs :*

« Si vous regardez ces productions comme une source de corruption, vous serez pauvres et abrutis, et n'en serez pas moins corrompus. — Le siècle aussi devient trop éclairé. — Ce n'est pas cela ; c'est vous qui ne l'êtes pas assez pour votre siècle [...] C'est que vous redoutez la raison ».

La revendication de la liberté d'expression, et surtout celle de la presse, est une constante des Cahiers de Doléances. *Ce combat débouche sur l'article célèbre de la* Déclaration des Droits de l'Homme : «La libre communication des pensées et des opinions est un des droits les plus précieux de l'homme, tout citoyen peut donc parler, écrire et imprimer librement sauf à répondre de l'abus de cette liberté dans les cas déterminés par la loi».
C'est Napoléon, qui, par divers décrets (1800, 1804, 1810), rétablira la censure sur toutes les productions écrites (voir **XIXe siècle,** *n° 15).*

LETTRE A UN PREMIER COMMIS

1 — Résumez en une phrase chacun des arguments de Voltaire, et précisez leur nature (argument général, historique, économique, moral, etc.)

2 — Quels sont les genres littéraires que distingue Voltaire ? Quels sont pour lui les plus importants, et pourquoi à votre avis ?

3 — En quoi Voltaire se révèle-t-il ici un homme des «lumières» ?

4 — Commentez la phrase du premier paragraphe : «Une liberté honnête élève l'esprit, et l'esclavage le fait ramper».

DE L'HORRIBLE DANGER DE LA LECTURE (n° 134b)

1 — En choisissant quelques exemples significatifs, caractérisez le système employé ici par Voltaire pour ridiculiser l'adversaire.

2 — Pourquoi Voltaire opère-t-il une transposition de la réalité française, et cette transposition-ci en particulier (France-Turquie)? Quels en sont les effets ?

3 — Quels sont les arguments communs à ce pamphlet et à la* Lettre d'un premier commis *? Quel est cependant l'effet possible de la diffusion des «lumières» que Voltaire s'était bien gardé de mentionner dans le premier texte ?*

MÉMOIRE SUR LA LIBERTÉ DE LA PRESSE (n° 134b)

1 — Quel est, par rapport aux deux textes précédents, l'argument nouveau essentiel ? Quel rapport de forces révèle-t-il, en ce qui concerne la diffusion des idées «subversives» dans la deuxième moitié du XVIIIe siècle ?

2 — Dans quels passages voit-on Diderot dépouiller son masque de loyal conseiller du pouvoir, et parler en homme qui combat l'obscurantisme ?

Voltaire par Dagoty d'après La Tour. (BN)

VOLTAIRE, 1765

Nous Joussouf-Chéribi, par la grâce de Dieu mouphti du Saint-Empire ottoman, lumière des lumières, élu entre les élus, à tous les fidèles qui ces présentes verront, sottise et bénédiction.

Comme ainsi soit que Saïd Effendi, ci-devant ambassadeur de la Sublime-Porte vers un petit État nommé Frankrom, situé entre l'Espagne et l'Italie, a rapporté parmi nous le pernicieux usage de l'imprimerie, ayant consulté sur cette nouveauté nos vénérables frères les cadis et imans de la ville impériale de Stamboul, et surtout les fakirs connus par leur zèle contre l'esprit, il a semblé bon à Mahomet et à nous de condamner, proscrire, anathématiser ladite infernale invention de l'imprimerie, pour les causes ci-dessous énoncées.

1. Cette facilité de communiquer ses pensées tend évidemment à dissiper l'ignorance, qui est la gardienne et la sauvegarde des États bien policés.

2. Il est à craindre que, parmi les livres apportés d'Occident, il ne s'en trouve quelques-uns sur l'agriculture et sur les moyens de perfectionner les arts mécaniques, lesquels ouvrages pourraient à la longue, ce qu'à Dieu ne plaise, réveiller le génie de nos cultivateurs et de nos manufacturiers, exciter leur industrie, augmenter leurs richesses, et leur inspirer un jour quelque élévation d'âme, quelque amour du bien public, sentiments absolument opposés à la saine doctrine.

3. Il arriverait à la fin que nous aurions des livres d'histoire dégagés du merveilleux qui entretient la nation dans une heureuse stupidité. On aurait dans ces livres l'imprudence de rendre justice aux bonnes et aux mauvaises actions, et de recommander l'équité et l'amour de la patrie, ce qui est visiblement contraire aux droits de notre place.

4. Il se pourrait, dans la suite des temps, que de misérables philosophes, sous le prétexte spécieux, mais punissable, d'éclairer les hommes et de les rendre meilleurs, viendraient nous enseigner des vertus dangereuses dont le peuple ne doit jamais avoir de connaissance.

5. Ils pourraient, en augmentant le respect qu'ils ont pour Dieu, et en imprimant scandaleusement qu'il remplit tout de sa présence, diminuer le nombre des pèlerins de la Mecque, au grand détriment du salut des âmes.

6. Il arriverait sans doute qu'à force de lire les auteurs occidentaux qui ont traité des maladies contagieuses, et de la manière de les prévenir, nous serions assez malheureux pour nous garantir de la peste, ce qui serait un attentat énorme contre les ordres de la Providence.

A ces causes et autres, pour l'édification des fidèles et pour le bien de leurs âmes, nous leur défendons de jamais lire aucun livre, sous peine de damnation éternelle. Et, de peur que la tentation diabolique ne leur prenne de s'instruire, nous défendons aux pères et aux mères d'enseigner à lire à leurs enfants. Et, pour prévenir toute contravention à notre ordonnance, nous leur défendons expressément de penser, sous les mêmes peines ; enjoignons à tous les vrais croyants de dénoncer à notre officialité quiconque aurait prononcé quatre phrases liées ensemble, desquelles on pourrait inférer un sens clair et net. Ordonnons que dans toutes les conversations on ait à se servir de termes qui ne signifient rien, selon l'ancien usage de la Sublime-Porte.

Et pour empêcher qu'il n'entre quelque pensée en contrebande dans la sacrée ville impériale, commettons spécialement le premier médecin de Sa Hautesse, né dans un marais de l'Occident septentrional ; lequel médecin, ayant déjà tué quatre personnes augustes de la famille ottomane, est intéressé plus que personne à prévenir toute introduction de connaissances dans le pays ; lui donnons pouvoir, par ces présentes, de faire saisir toute idée qui se présenterait par écrit ou de bouche aux portes de la ville, et nous amener ladite idée pieds et poings liés, pour lui être infligé par nous tel châtiment qu'il nous plaira.

Donné dans notre palais de la stupidité, le 7 de la lune de Muharem, l'an 1143 de l'hégire.

De l'horrible danger de la lecture, 1765.

GILL, 1874

On trouve en 1874, sous la plume de l'humoriste Gill, ce petit historique et code de la censure:

Censure (Anastasie), illustre engin liberticide français, né à Paris sous le règne de Louis XIII. Elle est fille naturelle de Séraphine Inquisition et compte de nos jours dans sa nombreuse famille quelques autres personnages également très connus: Ernest Communiqué, Zoé Bonvouloir, le Vicomte Butor de Saint-Arbitraire, et Agathe Estampille, ses cousins, tante et beau-frère... Le Pape Alexandre VI qui avait été l'un de ses premiers pères, avait laissé un petit manuscrit, intitulé: *Guide du parfait censeur,* et à l'aide duquel Anastasie avait pu faire son éducation. Voici quelques extraits de cet intéressant travail:

1) La censure est l'art de découvrir dans les œuvres littéraires ou dramatiques, les intentions malveillantes.

2) L'idéal est d'y découvrir les intentions, même quand l'écrivain ne les a pas eues.

3) Un censeur capable doit, à première vue, déterrer dans le mot *ophicléide* une injure à la morale publique.

4) La devise du censeur est: «Coupons, coupons, il en restera toujours trop».

5) Le censeur doit être persuadé que chaque mot d'un ouvrage contient une allusion perfide. Quand il parviendra à découvrir l'allusion, il coupera la phrase. Quand il ne la découvrira pas, il la coupera aussi, attendu que les allusions les mieux dissimulées sont les plus dangereuses.

l'Eclipse, 1er juillet 1874.

DIDEROT, 1769

Diderot, dans un plaidoyer pour la liberté de la presse qui adopte la forme d'un dialogue fictif avec un censeur, mêle arguments économiques et combat pour les Lumières:

Quoi, je permettrai l'impression, la distribution d'un ouvrage évidemment contraire à un culte national que je crois et que je respecte, et je consentirai le moins du monde qu'on insulte à celui que j'adore, en la présence duquel je baisse mon front tous les jours, qui me voit, qui m'entend, qui me jugera, qui me remettra sous les yeux cet ouvrage même... Oui, vous y consentirez; et ce Dieu a bien permis qu'il se fît et qu'il s'imprimât. Il est venu parmi les hommes, et il s'est laissé crucifier par les hommes. — Moi qui regarde les mœurs comme le fondement le plus sûr, peut-être le seul du bonheur d'un peuple, le garant le plus évident de sa durée; je souffrirai qu'on répande des principes qui les attaquent, qui les flétrissent. — Vous le souffrirez. — J'abandonnerai à la discussion téméraire d'un fanatique, d'un enthousiaste, nos usages, nos lois, notre gouvernement, les objets de la terre les plus sacrés, la sécurité de mon souverain, le repos de mes concitoyens. — Cela est dur, j'en conviens. Mais vous en viendrez là; oui vous en viendrez là tôt ou tard, avec le regret de ne l'avoir pas osé plus tôt.

Il ne s'agit pas ici, monsieur, de ce qui serait le mieux. Il n'est pas question de ce que nous désirons tous les deux, mais de ce que vous pouvez. Et nous disons l'un et l'autre du plus profond de notre âme: «Périssent, périssent à jamais les ouvrages qui tendent à rendre l'homme abruti, furieux, pervers, corrompu, méchant.» Mais pouvez-vous empêcher qu'on écrive? — Non. — Eh bien, vous ne pouvez pas plus empêcher qu'un écrit ne s'imprime et ne devienne en peu de temps aussi commun et beaucoup plus recherché, vendu, lu, que si vous l'aviez tacitement permis.

Bordez, monsieur, toutes vos frontières de soldats; armez-les de baïonnettes pour repousser tous les livres dangereux qui se présenteront, et ces livres, pardonnez-moi l'expression, passeront entre leurs jambes ou sauteront par-dessus leurs têtes, et nous parviendront.

Citez-moi, je vous prie, un de ces ouvrages dangereux, proscrit, qui imprimé clandestinement chez l'étranger ou dans le royaume n'ait été en moins de quatre mois aussi commun qu'un livre privilégié (1). [...]

Qu'est-ce que cela signifie? C'est que nous n'en avons ni plus ni moins ces ouvrages; mais que nous avons payé à l'étranger le prix d'une main-d'œuvre qu'un magistrat indulgent et meilleur politique nous aurait épargnée, et que nous avons été abandonnés à des colporteurs qui profitant d'une curiosité doublée, triplée par la défense, nous ont vendu bien chèrement le péril réel ou prétendu qu'ils couraient à la satisfaire [...]

Si l'auteur, comme il peut arriver, ne veut rien sacrifier; s'il persiste à laisser son ouvrage tel qu'il l'a fait; renvoyez-le; et l'oubliez, mais d'un oubli très réel. Songez qu'après une menace, ou le moindre acte d'autorité, vous n'en reverrez plus. L'on négligera l'intérêt pour un temps, et les productions s'en iront droit chez l'étranger, où les auteurs ne tarderont pas à se rendre. Eh bien tant mieux, direz-vous; qu'ils s'en aillent... ! En parlant ainsi vous ne pensez guère à ce que vous dites. Vous perdrez les hommes que vous aviez. Vous n'en aurez pas moins leurs productions; vous les aurez plus hardies; et si vous regardez ces productions comme une source de corruption, vous serez pauvres et abrutis, et n'en serez pas moins corrompus. — Le siècle aussi devient trop éclairé. — Ce n'est pas cela; c'est vous qui ne l'êtes pas assez pour votre siècle. — Nous n'aimons pas ceux qui raisonnent. — C'est que vous redoutez la raison [...].

Je ne discuterai point si ces livres dangereux le sont autant qu'on le crie; si le mensonge, le sophisme n'est pas tôt ou tard, reconnu et méprisé; si la vérité qui ne s'étouffe jamais, se répandant peu à peu, gagnant par des progrès presque insensibles sur le préjugé qu'elle trouva établi, et ne devenant générale qu'après un laps de temps surprenant, peut jamais avoir quelque danger réel. Mais je vois que la proscription, plus elle est sévère, plus elle hausse le prix du livre, plus elle excite la curiosité de le lire; plus il est acheté, plus il est lu. Et combien la condamnation n'en a-t-elle pas fait connaître que leur médiocrité condamnait à l'oubli! Combien de fois le libraire et l'auteur d'un ouvrage privilégié s'ils l'avaient osé n'auraient-ils pas dit aux magistrats de la grande police: «Messieurs, de grâce, un petit arrêt qui me condamne à être lacéré et brûlé au bas de votre grand escalier.» Quand on crie la sentence d'un livre, les ouvriers de l'imprimerie disent: «Bon, encore une édition.»

Mémoire sur la liberté de la presse, 1769.

(1) Qui avait obtenu le privilège d'impression.

135 VOLTAIRE (1694-1778)

Moreau le jeune, *Candide* (BN).

Candide ou l'Optimisme, *le plus achevé des* Contes *de Voltaire, raconte l'histoire d'un jeune garçon qui, parti dans la vie avec les illusions qu'il a tirées de l'enseignement de son maître Pangloss, se trouve confronté à toutes les manifestations possibles du mal sur terre. Les pérégrinations de Candide sont en fait pour Voltaire un prétexte pour dénoncer les maux engendrés par les hommes, mais aussi pour réfuter une philosophie qu'il a un moment tenté de faire sienne : celle de certains épigones de Leibniz, qui après une lecture un peu rapide de la* Théodicée *(parue en 1710), en ont conclu que «tout est bien dans le monde», et que le mal n'existe pas.*
Candide *fut, bien entendu, imprimé à Genève, sous un faux nom et diffusé clandestinement... ce qui n'empêcha pas l'ouvrage d'être saisi, condamné et brûlé. Cependant quinze éditions parurent dans la seule année 1759 et plus de quarante par la suite jusqu'à la mort de Voltaire.*

Il y avait en Westphalie, dans le château de monsieur le baron de Thunder-ten-tronckh, un jeune garçon à qui la nature avait donné les mœurs les plus douces. Sa physionomie annonçait son âme. Il avait le jugement assez droit, avec l'esprit le plus simple ; c'est, je crois, pour cette raison qu'on le nommait Candide. Les anciens domestiques de la maison soupçonnaient qu'il était fils de la sœur de monsieur le Baron, et d'un bon et honnête gentilhomme du voisinage, que cette demoiselle ne voulut jamais épouser parce qu'il n'avait pu prouver que soixante et onze quartiers (1), et que le reste de son arbre généalogique avait été perdu par l'injure du temps.

Monsieur le Baron était un des plus puissants seigneurs de la Westphalie, car son château avait une porte et des fenêtres. Sa grande salle même était ornée d'une tapisserie. Tous les chiens de ses basses-cours composaient une meute dans le besoin ; ses palefreniers étaient ses piqueurs ; le vicaire du village était son grand aumônier. Ils l'appelaient tous Monseigneur, et ils riaient quand il faisait des contes.

Madame la Baronne, qui pesait environ trois cent cinquante livres, s'attirait par là une très grande considération et faisait les honneurs de la maison avec une dignité qui la rendait encore plus respectable. Sa fille Cunégonde, âgée de dix-sept ans, était haute en couleur, fraîche, grasse, appétissante. Le fils du baron paraissait en tout digne de son père. Le précepteur Pangloss (2) était l'oracle de la maison, et le petit Candide écoutait ses leçons avec toute la bonne foi de son âge et de son caractère.

Pangloss enseignait la métaphysico-théologo-cosmolo-nigologie. Il prouvait admirablement qu'il n'y a point d'effet sans cause, et que, dans ce meilleur des mondes possibles, le château de Monseigneur le Baron était le plus beau des châteaux, et Madame la meilleure des baronnes possibles.

«Il est démontré, disait-il, que les choses ne peuvent être autrement : car tout étant fait pour une fin, tout est nécessairement pour la meilleure fin. Remarquez bien que les nez ont été faits pour porter des lunettes ; aussi avons-nous des lunettes. Les jambes sont visiblement instituées pour être chaussées, et nous avons des chausses. Les pierres ont été formées pour être taillées et pour en faire des châteaux ; aussi Monseigneur a un très beau château : le plus grand baron de la province doit être le mieux logé ; et les cochons étant faits pour être mangés, nous mangeons du porc toute l'année. Par conséquent, ceux qui ont avancé que tout est bien ont dit une sottise : il fallait dire que tout est au mieux».

Candide écoutait attentivement, et croyait innocemment : car il trouvait mademoiselle Cunégonde extrêmement belle, quoiqu'il ne prît jamais la hardiesse de le lui dire. Il concluait qu'après le bonheur d'être né baron de Thunder-ten-tronckh, le second degré de bonheur était d'être mademoiselle Cunégonde ; le troisième, de la voir tous les jours ; et le quatrième, d'entendre maître Pangloss, le plus grand philosophe de la province, et par conséquent de toute la terre.

Un jour, Cunégonde, en se promenant auprès du château, dans le petit bois qu'on appelait parc, vit entre les broussailles le docteur Pangloss qui donnait une leçon de physique expérimentale à la femme de chambre de sa mère, petite brune très jolie et très docile. Comme mademoiselle Cunégonde avait beaucoup de dispositions pour les sciences, elle observa, sans souffler, les expériences réitérées dont elle fut témoin ; elle vit clairement la raison suffisante du docteur, les effets et les causes et s'en retourna toute agitée, toute pensive, toute remplie du désir d'être savante, songeant qu'elle pourrait bien être la raison suffisante du jeune Candide, qui pouvait aussi être la sienne.

Elle rencontra Candide en revenant au château et rougit ; Candide rougit aussi ; elle lui dit bonjour d'une voix entrecoupée, et Candide lui parla sans savoir ce qu'il disait. Le lendemain, après le dîner, comme on sortait de table, Cunégonde et Candide se trouvèrent derrière un paravent ; Cunégonde laissa tomber son mouchoir ; Candide le ramassa ; elle lui prit innocemment la main ; le jeune homme baisa innocemment la main de la jeune demoiselle avec une vivacité, une sensibilité, une grâce toute particulière ; leurs bouches se rencontrèrent, leurs yeux s'enflammèrent, leurs genoux tremblèrent, leurs mains s'égarèrent. Monsieur le baron de Thunder-ten-tronkh passa auprès du paravent, et voyant cette cause et cet effet, chassa Candide du château à grands coups de pied dans le derrière ; Cunégonde s'évanouit : elle fut souffletée par Madame la baronne dès qu'elle fut revenue à elle-même ; et tout fut consterné dans le plus beau et le plus agréable des châteaux possibles.

Candide, chapitre I, «Comment Candide fut élevé dans un beau château, et comment il fut chassé d'icelui», 1759.

(1) De noblesse
(2) Nom formé à partir de deux mots grecs, et désignant ici un homme qui n'est que discours, ou qui explique tout par des discours.

A la fin du conte, Candide rencontre un bon vieillard qui ne se préoccupe pas des affaires du monde, et vit heureux avec ses deux filles.

«Vous devez avoir, dit Candide au Turc, une vaste et magnifique terre? — Je n'ai que vingt arpents, répondit le Turc; je les cultive avec mes enfants; le travail éloigne de nous trois grands maux, l'ennui, le vice, et le besoin».

Candide, en retournant dans sa métairie, fit de profondes réflexions sur le discours du Turc. Il dit à Pangloss et à Martin: «Ce bon vieillard me paraît s'être fait un sort bien préférable à celui des six rois avec qui nous avons eu l'honneur de souper. — Les grandeurs, dit Pangloss, sont fort dangereuses, selon le rapport de tous les philosophes: car enfin Eglon, roi des Moabites, fut assassiné par Aod; Absalon fut pendu par les cheveux et percé de trois dards; le roi Nadab, fils de Jéroboam, fut tué par Baasa; le roi Ela, par Zambri; Ochosias, par Jéhu; Athalia, par Joïada; les rois Joachim, Jéchonias, Sédécias, furent esclaves. Vous savez comment périrent Crésus, Astyage, Darius, Denys de Syracuse, Pyrrhus, Persée, Annibal, Jugurtha, Arioviste, César, Pompée, Néron, Othon, Vitellius, Domitien, Richard II d'Angleterre, Edouard II, Henri VI, Richard III, Marie-Stuart, Charle 1er, les trois Henri de France, l'empereur Henri IV? Vous savez... — Je sais aussi, dit Candide, qu'il faut cultiver notre jardin. — Vous avez raison, dit Pangloss; car quand l'homme fut mis dans le jardin d'Eden, il y fut mis *ut operaretur eum* (1), pour qu'il travaillât: ce qui prouve que l'homme n'est pas né pour le repos. — Travaillons sans raisonner, dit Martin; c'est le seul moyen de rendre la vie supportable.

Toute la petite société entra dans ce louable dessein; chacun se mit à exercer ses talents. La petite terre rapporta beaucoup. Cunégonde était, à la vérité, bien laide; mais elle devint une excellente pâtissière; Paquette broda; la vieille eut soin du linge. Il n'y eut pas jusqu'à frère Giroflée qui ne rendit service; il fut un très bon menuisier, et même devint honnête homme; et Pangloss disait quelquefois à Candide: «Tous les événements sont enchaînés dans le meilleur des mondes possibles: car enfin si vous n'aviez pas été chassé d'un beau château à grands coups de pied dans le derrière pour l'amour de mademoiselle Cunégonde, si vous n'aviez pas été mis à l'Inquisition, si vous n'aviez pas couru l'Amérique à pied, si vous n'aviez pas donné un bon coup d'épée au baron, si vous n'aviez pas perdu tous vos moutons du bon pays d'Eldorado, vous ne mangeriez pas ici des cédrats confits et des pistaches. — Cela est bien dit, répondit Candide, mais il faut cultiver notre jardin.»

Candide, ch. XXX, 1759.

(1) «Pour le travailler»; cf. ci-contre, *Genèse II*, **15**.

ANCIEN TESTAMENT, GENÈSE 4

Une histoire vieille comme le monde...

8 Or ils entendirent la voix du Seigneur Dieu qui se promenait dans le jardin au souffle du jour. L'homme et la femme se cachèrent devant le Seigneur Dieu au milieu des arbres du jardin. 9 Le Seigneur Dieu appela l'homme et lui dit: «Où es-tu?». 10 Il répondit: «J'ai entendu ta voix dans le jardin, j'ai pris peur car j'étais nu et je me suis caché.» 11 — «Qui t'a révélé, dit-il, que tu étais nu? Est-ce que tu as mangé de l'arbre dont je t'avais prescrit de ne pas manger?» 12 L'homme répondit: «La femme que tu as mise auprès de moi, c'est elle qui m'a donné du fruit de l'arbre, et j'en ai mangé.» 13 Le Seigneur Dieu dit à la femme: «Qu'as tu fait là!» La femme répondit: «Le serpent m'a trompée et j'ai mangé». [...]

17 Le Seigneur [...] dit à Adam: «Parce que tu as écouté la voix de ta femme et que tu as mangé de l'arbre dont je t'avais formellement prescrit de ne pas manger, le sol sera maudit à cause de toi. C'est dans la peine que tu t'en nourriras tous les jours de ta vie, 18 il fera germer pour toi l'épine et le chardon et tu mangeras l'herbe des champs. 19 A la sueur de ton visage tu mangeras du pain jusqu'à ce que tu retournes au sol car c'est de lui que tu as été pris. Oui, tu es poussière et à la poussière tu retourneras».

20 L'homme appela sa femme du nom d'Eve — c'est-à-dire La Vivante — car c'est elle qui a été la mère de tout vivant. 21 Le Seigneur Dieu fit pour Adam et sa femme des tuniques de peau dont il les revêtit. 22 Le Seigneur Dieu dit: «Voici que l'homme est devenu comme l'un de nous par la connaissance du bonheur et du malheur. Maintenant qu'il ne tende pas la main pour prendre aussi de l'arbre de vie, en manger et vivre à jamais!»

23 Le Seigneur Dieu l'expulsa du jardin d'Eden pour cultiver le sol d'où il avait été pris. 24 Ayant chassé l'homme, il posta les Chérubins à l'orient du jardin d'Eden avec la flamme de l'épée foudroyante pour garder le chemin de l'arbre de vie.

l'Ancien Testament, traduction œcuménique.

1 — *Montrez, en comparant avec l'histoire biblique, que le texte de la Genèse constitue le modèle du premier chapitre de Candide. Quelles sont les fonctions de cette parodie d'un texte saint?*

2 — *Relevez dans le chapitre les termes qui qualifient Candide ou ses actions. En quoi Candide représente-t-il l'archétype du héros d'un «roman d'apprentissage»?*

3 — *Comment Voltaire utilise-t-il ici le vocabulaire d'origine philosophique? Quel est l'effet de ce «décalage»?*

4 — *Quels sont, dans le premier et le dernier chapitre, les éléments stylistiques qui caractérisent le discours de Pangloss? A quoi se réduit pour lui le monde?*

5 — *Comparez l'attitude de Candide dans le premier chapitre et dans le dernier, notamment par rapport à Pangloss. De quel ordre est l'élément qui l'a fait évoluer? Comment peut-on expliquer qu'il prenne maintenant la parole?*

VOLTAIRE, 1764

Le merveilleux de cette entreprise infernale, c'est que chaque chef des meurtriers fait bénir ses drapeaux et invoque Dieu solennellement avant d'aller exterminer son prochain. Si un chef n'a eu que le bonheur de faire égorger deux ou trois mille hommes, il n'en remercie point Dieu; mais lorsqu'il y en a eu environ dix mille d'exterminés par le feu et par le fer, et que, pour comble de grâce, quelque ville a été détruite de fond en comble, alors on chante à quatre parties une chanson assez longue, composée dans une langue inconnue à tous ceux qui ont combattu, et de plus toute farcie de barbarismes.

Voltaire, Dictionnaire philosophique,
Article « Guerre », 1764.

Candide a été enrôlé malgré lui dans l'armée bulgare. Il est d'abord traité comme un héros, c'est-à-dire copieusement battu, puis traité comme un déserteur, c'est-à-dire fustigé trente-six fois par tout le régiment, car il lui a pris la fantaisie d'aller se promener. Le voici confronté à une série d'événements qu'il ne comprend guère.

Rien n'était si beau, si leste, si brillant, si bien ordonné que les deux armées. Les trompettes, les fifres, les hautbois, les tambours, les canons, formaient une harmonie telle qu'il n'y en eut jamais en enfer. Les canons renversèrent d'abord à peu près six mille hommes de chaque côté; ensuite la mousqueterie ôta du meilleur des mondes environ neuf à dix mille coquins qui en infectaient la surface. La baïonnette fut aussi la raison suffisante de la mort de quelques milliers d'hommes. Le tout pouvait bien se monter à une trentaine de mille âmes. Candide, qui tremblait comme un philosophe, se cacha du mieux qu'il put pendant cette boucherie héroïque.

Enfin, tandis que les deux rois faisaient chanter des *Te Deum* (1) chacun dans son camp, il prit le parti d'aller raisonner ailleurs des effets et des causes. Il passa par-dessus des tas de morts et de mourants, et gagna d'abord un village voisin; il était en cendres; c'était un village abare que les Bulgares avaient brûlé , selon les lois du droit public. Ici des vieillards criblés de coups regardaient mourir leurs femmes égorgées, qui tenaient leurs enfants à leurs mamelles sanglantes; là des filles, éventrées après avoir assouvi les besoins naturels de quelques héros, rendaient les derniers soupirs; d'autres à demi brûlées, criaient qu'on achevât de leur donner la mort. Des cervelles étaient répandues sur la terre à côté de bras et de jambes coupés.

Candide s'enfuit au plus vite dans un autre village: il appartenait à des Bulgares, et les héros abares l'avaient traité de même. Candide, toujours marchant sur des membres palpitants, ou à travers des ruines, arriva enfin hors du théâtre de la guerre, portant quelques petites provisions dans son bissac, et n'oubliant jamais mademoiselle Cunégonde. Ses provisions lui manquèrent quand il fut en Hollande; mais ayant entendu dire que tout le monde était riche dans ce pays-là, et qu'on y était chrétien, il ne douta pas qu'on ne le traitât aussi bien qu'il l'avait été dans le château de monsieur le Baron, avant qu'il en eût été chassé pour les beaux yeux de mademoiselle Cunégonde.

Il demanda l'aumône à plusieurs graves personnages, qui lui répondirent tous que, s'il continuait à faire ce métier, on l'enfermerait dans une maison de correction pour lui apprendre à vivre.

Il s'adressa ensuite à un homme qui venait de parler tout seul une heure de suite sur la charité dans une grande assemblée. Cet orateur, le regardant de travers, lui dit: «Que venez-vous faire ici? y êtes-vous pour la bonne cause? — Il n'y a point d'effet sans cause, répondit modestement Candide; tout est enchaîné nécessairement, et arrangé pour le mieux. Il a fallu que je fusse chassé d'auprès de mademoiselle Cunégonde, que j'aie passé par les baguettes, et il faut que je demande mon pain, jusqu'à ce que je puisse en gagner; tout cela ne pouvait être autrement. — Mon ami, lui dit l'orateur, croyez-vous que le pape soit l'Antéchrist? — Je ne l'avais pas encore entendu dire, répondit Candide; mais qu'il le soit ou qu'il ne le soit pas, je manque de pain. — Tu ne mérites pas d'en manger, dit l'autre; va, coquin; va, misérable, ne m'approche de ta vie.» La femme de l'orateur ayant mis la tête à la fenêtre, et avisant un homme qui doutait que le pape fût antéchrist, lui répandit sur le chef un plein... O ciel! à quel excès se porte le zèle de la religion dans les dames!

Un homme qui n'avait point été baptisé, un bon anabaptiste (2), nommé Jacques, vit la manière cruelle et ignominieuse dont on traitait ainsi un de ses frères, un être à deux pieds sans plumes, qui avait une âme; il l'emmena chez lui, le nettoya, lui donna du pain et de la bière, lui fit présent de deux florins, et voulut même lui apprendre à travailler dans ses manufactures aux étoffes de Perse qu'on fabrique en Hollande. Candide, se prosternant presque devant lui, s'écriait: «Maître Pangloss me l'avait bien dit que tout est au mieux dans ce monde, car je suis infiniment plus touché de votre extrême générosité que de la dureté de ce monsieur à manteau noir, et de madame son épouse».

Le lendemain, en se promenant, il rencontra un gueux tout couvert de pustules, les yeux morts, le bout de nez rongé, la bouche de travers, les dents noires, et parlant de la gorge, tourmenté d'une toux violente, et crachant une dent à chaque effort.

Candide, ch. III, «Comment Candide se sauva d'entre les Bulgares, et ce qu'il devint», 1759.

(1) Hymne à la gloire de Dieu.
(2) Secte réformée qui n'acceptait le baptême qu'à l'âge adulte.

HENRI BARBUSSE, 1916

Un jeune homme assis au milieu du banc parle tout seul. Il dit qu'il est aviateur. Il a des brûlures sur un côté du corps et à la figure. Il continue à brûler dans la fièvre, et il lui semble qu'il est encore mordu par les flammes aiguës qui jaillissaient du moteur. Il marmotte : «*Gott mit uns!*», puis : «Dieu est avec nous !»

Un zouave, au bras en écharpe, et qui, incliné de côté, porte son épaule comme un fardeau déchirant, s'adresse à lui :

— T'es l'aviateur qu'est tombé, s'pas ? [...]

Il y eut un silence. L'aviateur s'écria :

— Les officiants essayaient, des deux côtés, de se couvrir la voix !

— Qu'est-ce que c'est que ça ? fit le zouave étonné.

— C'est-i' qu'tu déménages, mon pauv'vieux ? demanda un chasseur blessé à la main, un bras lié au corps, en quittant un instant des yeux sa main momifiée pour considérer l'aviateur.

Celui-ci avait les regards perdus, et essayait de traduire un mystérieux tableau que partout il portait devant ses yeux.

— D'en haut, du ciel, on ne voit pas grand'chose, vous savez. Dans les carrés des champs et les petits tas de villages, les chemins font comme du fil blanc. On découvre aussi certains filaments creux qui ont l'air d'avoir été tracés par la pointe d'une épingle qui écorcherait du sable fin. Ces réseaux qui festonnent la plaine d'un trait régulièrement tremblé, c'est les tranchées. Dimanche matin, je survolais la ligne de feu. Entre les bords extrêmes, entre les franges des deux armées immenses qui sont là, l'une contre l'autre, à se regarder et à ne pas se voir en attendant — il n'y a pas beaucoup de distance : des fois quarante mètres, des fois soixante. A moi, il me paraissait qu'il n'y avait qu'un pas, à cause de la hauteur géante où je planais. Et voici que je distingue, chez les Boches et chez nous, dans ces lignes parallèles qui semblaient se toucher, deux remuements pareils : une masse, un noyau animé et, autour, comme des grains de sable noirs éparpillés sur du sable gris. Ça ne bougeait guère, ça n'avait pas l'air d'une alerte ! Je suis descendu quelques tours pour comprendre.

«J'ai compris. C'était dimanche et c'étaient deux messes qui se célébraient sous mes yeux : l'autel, le prêtre et le troupeau des types. Plus je descendais, plus je voyais que ces deux agitations étaient pareilles, si exactement pareilles que ça avait l'air idiot. Une des cérémonies — au choix — était le reflet de l'autre. Il me semblait que je voyais double. Je suis descendu encore ; on ne me tirait pas dessus. Pourquoi ? Je n'en sais rien. Alors, j'ai entendu. J'ai entendu un murmure — un seul. Je ne recueillais qu'une prière qui s'élevait en bloc, qu'un seul bruit de cantique qui montait au ciel en passant par moi. J'allais et venais dans l'espace pour écouter ce vague mélange de chants qui étaient l'un contre l'autre, mais qui se mêlaient tout de même — et plus ils essayaient de se surmonter l'un l'autre, plus ils s'unissaient dans les hauteurs du ciel où je me trouvais suspendu.

«J'ai reçu des shrapnells au moment où, très bas, je distinguais les deux cris terrestres dont était fait leur cri : «*Gott mit uns !*» et «Dieu est avec nous !» — et je me suis renvolé.»

Le jeune homme hocha sa tête couverte de linges. Il était comme affolé par ce souvenir.

— Je me suis dit, à ce moment : «Je suis fou !»

— C'est la vérité des choses qu'est folle, dit le zouave.

Les yeux luisants de délire, le narrateur tâchait de rendre la grande impression émouvante qui l'assiégeait et contre laquelle il se débattait.

— Non ! mais quoi ! fit-il. Figurez-vous ces deux masses identiques qui hurlent des choses identiques et pourtant contraires, ces cris ennemis qui ont la même forme. Qu'est-ce que le bon Dieu doit dire, en somme ? Je sais bien qu'il sait tout ; mais, même sachant tout, il ne doit pas savoir quoi faire.

— Quelle histoire ! cria le zouave.

— I's'fout bien de nous, va, t'en fais pas.

— Et pis, qu'est-ce que ça a de rigolo, tout ça ? Les coups de fusil parlent bien la même langue, pas, et ça n'empêche pas les peuples de s'engueuler avec, et comment !

— Oui, dit l'aviateur, mais il n'y a qu'un seul Dieu. Ce n'est pas le départ des prières que je ne comprends pas, c'est leur arrivée.

le Feu, « Le poste de secours », 1916.

CANDIDE, CHAPITRE III

1 — La description de la guerre : relevez et classez les procédés utilisés successivement par Voltaire pour décrire les horreurs de la guerre. Quel est l'effet du contraste entre le premier paragraphe et les deux suivants ?

2 — Comparez l'utilisation du vocabulaire philosophique avec celle qui en est faite au chapitre I (n° 135). Y a-t-il dans les deux cas la même intention parodique ?*

3 — Faites le plan détaillé d'un commentaire composé des trois premiers paragraphes, jusqu'à «et n'oubliant jamais mademoiselle Cunégonde».

LE FEU

1 — Quels rapprochements peut-on faire entre ce texte et la première partie du chapitre III de Candide ? *Dans quelle mesure peut-on voir dans la situation physique de l'aviateur (le survol des combattants) un analogue de la distanciation * voltairienne ?*

2 — Style oral et style écrit. Barbusse essaie, dans son roman, d'imiter le parler des soldats. Comment y parvient-il ? Comment n'y parvient-il pas (analysez notamment le vocabulaire et la syntaxe du récit de l'aviateur) ?

Le tremblement de terre de Lisbonne (1er novembre 1755) avait fait vingt-cinq mille victimes. S'inspirant de cette catastrophe, Voltaire confronte le bon docteur Pangloss au mal absolu, celui qui vient, non pas des hommes, mais de la nature. Comment le porte-parole du providentialisme va-t-il ici pouvoir légitimer la providence?

La moitié des passagers affaiblis, expirants de ces angoisses inconcevables que le roulis d'un vaisseau porte dans les nerfs et dans toutes les humeurs du corps agitées en sens contraires, n'avait pas même la force de s'inquiéter du danger. L'autre moitié jetait des cris et faisait des prières; les voiles étaient déchirées, les mâts brisés, le vaisseau entr'ouvert. Travaillait qui pouvait, personne ne s'entendait, personne ne commandait. L'anabaptiste aidait un peu à la manœuvre; il était sur le tillac; un matelot furieux le frappe rudement et l'étend sur les planches; mais du coup qu'il lui donna, il eut lui-même une si violente secousse qu'il tomba hors du vaisseau, la tête la première. Il restait suspendu et accroché à une partie de mât rompue. Le bon Jacques court à son secours, l'aide à remonter, et de l'effort qu'il fait il est précipité dans la mer à la vue du matelot, qui le laissa périr sans daigner seulement le regarder. Candide approche, voit son bienfaiteur qui reparaît un moment, et qui est englouti pour jamais. Il veut se jeter après lui dans la mer: le philosophe Pangloss l'en empêche, en lui prouvant que la rade de Lisbonne avait été formée exprès pour que cet anabaptiste s'y noyât. Tandis qu'il le prouvait *a priori*, le vaisseau s'entr'ouvre; tout périt, à la réserve de Pangloss, de Candide, et de ce brutal de matelot qui avait noyé le vertueux anabaptiste: le coquin nagea heureusement jusqu'au rivage, où Pangloss et Candide furent portés sur une planche.

Quand ils furent revenus un peu à eux, ils marchèrent vers Lisbonne; il leur restait quelque argent, avec lequel ils espéraient se sauver de la faim après avoir échappé à la tempête.

A peine ont-ils mis le pied dans la ville, en pleurant la mort de leur bienfaiteur, qu'ils sentent la terre trembler sous leurs pas, la mer s'élève en bouillonnant dans le port, et brise les vaisseaux qui sont à l'ancre. Des tourbillons de flammes et de cendres couvrent les rues et les places publiques; les maisons s'écroulent, les toits sont renversés sur les fondements, et les fondements se dispersent; trente mille habitants de tout âge et de tout sexe sont écrasés sous des ruines. Le matelot disait en sifflant et en jurant: «Il y aura quelque chose à gagner ici. — Quelle peut être la raison suffisante de ce phénomène? disait Pangloss — Voici le dernier jour du monde! s'écriait Candide.» Le matelot court incontinent au milieu des débris, affronte la mort pour trouver de l'argent, en trouve, s'en empare, s'enivre, et ayant cuvé son vin, achète les faveurs de la première fille de bonne volonté qu'il rencontre sur les ruines des maisons détruites, et au milieu des mourants et des morts. Pangloss le tirait cependant par la manche: «Mon ami, lui disait-il, cela n'est pas bien, vous manquez à la raison universelle, vous prenez mal votre temps. — Tête et sang, répondit l'autre, je suis matelot et né à Batavia; j'ai marché quatre fois sur le crucifix dans quatre voyages au Japon; tu as bien trouvé ton homme avec ta raison universelle!»

Quelques éclats de pierre avaient blessé Candide; il était étendu dans la rue et couvert de débris. Il disait à Pangloss: «Hélas! procure-moi un peu de vin et d'huile; je me meurs. — Ce tremblement de terre n'est pas une chose nouvelle, répondit Pangloss; la ville de Lima éprouva les mêmes secousses en Amérique l'année passée; mêmes causes, mêmes effets: il y a certainement une traînée de soufre sous terre depuis Lima jusqu'à Lisbonne. — Rien n'est plus probable, dit Candide; mais pour Dieu, un peu d'huile et de vin. — Comment, probable? répliqua le philosophe, je soutiens que la chose est démontrée.» Candide perdit connaissance et Pangloss lui apporta un peu d'eau d'une fontaine voisine.

Le lendemain, ayant trouvé quelques provisions de bouche en se glissant à travers des décombres, ils réparèrent un peu leurs forces. Ensuite ils travaillèrent comme les autres à soulager les habitants échappés à la mort. Quelques citoyens, secourus par eux, leur donnèrent un aussi bon dîner qu'on le pouvait dans un tel désastre: il est vrai que le repas était triste; les convives arrosaient leur pain de leurs larmes; mais Pangloss les consola, en les assurant que les choses ne pouvaient être autrement: «Car, dit-il, tout ceci est ce qu'il y a de mieux; car s'il y a un volcan à Lisbonne, il ne pouvait être ailleurs; car il est impossible que les choses ne soient pas où elles sont; car tout est bien.»

Un petit homme noir, familier de l'Inquisition, lequel était à côté de lui, prit poliment la parole et dit: «Apparemment que monsieur ne croit pas au péché originel; car si tout est au mieux, il n'y a donc eu ni chute ni punition.

— Je demande très humblement pardon à Votre Excellence, répondit Pangloss encore plus poliment, car la chute de l'homme et la malédiction entraient nécessairement dans le meilleur des mondes possibles. — Monsieur ne croit donc pas à la liberté? dit le familier. — Votre Excellence m'excusera, dit Pangloss; la liberté peut subsister avec la nécessité absolue: car il était nécessaire que nous fussions libres; car enfin la volonté déterminée...» Pangloss était au milieu de sa phrase, quand le familier fit un signe de tête à son estafier qui lui servait à boire du vin de Porto ou d'Oporto.

Candide, ch. V, 1759.

VOLTAIRE, 1755

«L'axiome *tout est bien* paraît un peu étrange à ceux qui sont les témoins de ces désastres. Tout est arrangé, tout est ordonné, sans doute, par la Providence; mais il n'est que trop sensible que tout, depuis longtemps, n'est pas arrangé pour notre bien-être présent», *écrit Voltaire dans la préface à son* Poème sur le désastre de Lisbonne.

Philosophes trompés qui criez: «Tout est bien»;
Accourez, contemplez ces ruines affreuses,
Ces débris, ces lambeaux, ces cendres [malheureuses,
Ces femmes, ces enfants l'un sur l'autre [entassés,
Sous ces marbres rompus ces membres [dispersés;
Cent mille infortunés que la terre dévore,
Qui, sanglants, déchirés, et palpitants encore,
Enterrés sous leurs toits, terminent sans secours
Dans l'horreur des tourments leurs lamentables [jours!
Aux cris demi-formés de leurs voix expirantes,
Au spectacle effrayant de leurs cendres [fumantes,
Direz-vous: «C'est l'effet des éternelles lois
Qui d'un Dieu libre et bon nécessitent le choix»?
Direz-vous, en voyant cet amas de victimes:
«Dieu s'est vengé, leur mort est le prix de leurs [crimes»?
Quel crime, quelle faute ont commis ces enfants
Sur le sein maternel écrasés et sanglants? [...]

Partout environnés des cruautés du sort,
Des fureurs des méchants, des pièges de la mort,
De tous les éléments éprouvant les atteintes,
Compagnons de nos maux, permettez-nous les [plaintes.
C'est l'orgueil, dites-vous, l'orgueil séditieux,
Qui prétend qu'étant mal, nous pouvions être [mieux.
Allez interroger les rivages du Tage;
Fouillez dans les débris de ce sanglant ravage;
Demandez aux mourants, dans ce séjour d'effroi,
Si c'est l'orgueil qui crie: «O ciel, secourez-moi!
O ciel, ayez pitié de l'humaine misère!»
«Tout est bien, dites-vous, et tout est [nécessaire.»
Quoi! l'univers entier, sans ce gouffre infernal,
Sans engloutir Lisbonne, eût-il été plus mal?
Etes-vous assurés que la cause éternelle
Qui fait tout, qui sait tout, qui créa tout pour [elle,
Ne pouvait nous jeter dans ces tristes climats
Sans former des volcans allumés sous nos pas?
Borneriez-vous ainsi la suprême puissance?
Lui défendriez-vous d'exercer sa clémence?
L'éternel artisan n'a-t-il pas dans ses mains
Des moyens infinis tout prêts pour ses desseins?
Je désire humblement, sans offenser mon maître,
Que ce gouffre enflammé de soufre et de [salpêtre
Eût allumé ses feux dans le fond des déserts.
Je respecte mon Dieu, mais j'aime l'univers.
Quand l'homme ose gémir d'un fléau si terrible,
Il n'est point orgueilleux, hélas! Il est sensible.
[...]
Non, ne présentez plus à mon cœur agité
Ces immuables lois de la nécessité,
Cette chaîne des corps, des esprits, et des [mondes.
O rêves des savants! ô chimères profondes!
Dieu tient en main la chaîne, et n'est point [enchaîné;
Par son choix bienfaisant tout est déterminé:
Il est libre, il est juste, il n'est point implacable.
Pourquoi donc souffrons-nous sous un maître [équitable?

Poème sur le désastre de Lisbonne, 1755.

Moreau le Jeune, *Candide* (BN).

1 — Relevez et classez les procédés qui donnent à ce chapitre son rythme haletant (nombre d'événements, temps de narration, places respectives du récit et des dialogues, transitions ou absence de transition, etc...)

2 — Quel est ici, eu égard au propos général de Voltaire sur la providence, la fonction du couple antithétique formé par le matelot et l'anabaptiste? Par quels éléments cette opposition est-elle soulignée?*

3 — Sur quelle attitude la philosophie de Pangloss débouche-t-elle dans ce chapitre? Comment est souligné le contraste entre son discours et la réalité?

4 — Le Poème sur le désastre de Lisbonne *est écrit sous le choc de l'événement, ce chapitre trois ans après. Quelle évolution peut-on sentir entre la réaction sur le moment et* a posteriori? *Quelle force apporte, dans le conte, la participation physique à l'événement, de celui qui n'était, dans le poème, qu'un interlocuteur imaginaire?*

Voltaire, (BN).

Voltaire par David, (BN).

LEIBNIZ, 1710

Dieu est la première raison des choses: car celles qui sont bornées, comme tout ce que nous voyons et expérimentons, sont contingentes et n'ont rien en elles qui rende leur existence nécessaire; étant manifeste que le temps, l'espace et la matière, unies et uniformes en elles-mêmes, et indifférentes à tout, pouvaient recevoir de tout autres mouvements et figures, et dans un autre ordre. Il faut donc chercher la *raison de l'existence du monde,* qui est l'assemblage entier des choses *contingentes:* et il faut la chercher dans la *substance qui porte la raison de son existence avec elle,* et laquelle par conséquent est *nécessaire* et éternelle. Il faut aussi que cette cause soit *intelligente:* car ce monde qui existe étant contingent, et une infinité d'autres mondes étant également possibles et également prétendants à l'existence, pour ainsi dire, aussi bien que lui, il faut que la cause du monde ait eu égard ou relation à tous ces mondes possibles, pour en déterminer un. Et cet égard ou rapport d'une substance existante à de simples possibilités, ne peut être autre chose que *l'entendement* qui en a les idées; et en déterminer une, ne peut être autre chose que l'acte de la *volonté* qui choisit. Et c'est la *puissance* de cette substance, qui en rend la volonté efficace. La puissance va à *l'être,* la sagesse ou l'entendement au *vrai,* et la volonté au *bien.* Et cette cause intelligente doit être infinie de toutes les manières, et absolument parfaite en *puissance,* en *sagesse* et en *bonté,* puisqu'elle va à tout ce qui est possible. Et comme tout est lié, il n'y a pas lieu d'en admettre plus d'une. Son entendement est la source des *essences,* et sa volonté est l'origine des *existences.* Voilà en peu de mots la preuve d'un Dieu unique avec ses perfections, et par lui l'origine des choses.

Or cette suprême sagesse, jointe à une bonté qui n'est pas moins infinie qu'elle, n'a pu manquer de choisir le meilleur. Car comme un moindre mal est une espèce de bien; de même un moindre bien est une espèce de mal, s'il fait obstacle à un bien plus grand: et il y aurait quelque chose à corriger dans les actions de Dieu, s'il y avait moyen de mieux faire. Et comme dans les Mathématiques, quand il n'y a point de *maximum* ni de *minimum,* rien enfin de distingué, tout se fait également; ou quand cela ne se peut, il ne se fait rien du tout: on peut dire de même en matière de parfaite sagesse, qui n'est pas moins réglée que les Mathématiques, que s'il n'y avait pas le meilleur *(optimum)* parmi tous les mondes possibles, Dieu n'en aurait produit aucun. J'appelle *monde* toute la suite et toute la collection de toutes les choses existantes, afin qu'on ne dise point que plusieurs mondes pouvaient exister en différents temps et différents lieux. Car il faudrait les compter tous ensemble pour un monde, ou si vous voulez, pour un *univers.* Et quand on remplirait tous les temps, tous les lieux, il demeure toujours vrai qu'on les aurait pu remplir d'une infinité de manières, et qu'il y a une infinité de mondes possibles, dont il faut que Dieu ait choisi le meilleur, puisqu'il ne fait rien sans agir suivant la suprême raison.

Quelque adversaire ne pouvant répondre à cet argument, répondra peut-être à la conclusion par un argument contraire, en disant que le monde aurait pu être sans le péché et sans les souffrances: mais je nie qu'alors il aurait été *meilleur.* Car il faut savoir que tout est *lié* dans chacun des mondes possibles: l'univers, quel qu'il puisse être, est tout d'une pièce, comme un Océan; le moindre mouvement y étend son effet à quelque distance que ce soit, quoique cet effet devienne moins sensible à proportion de la distance; de sorte que Dieu y a tout réglé par avance une fois pour toutes ayant prévu les prières, les bonnes et les mauvaises actions, et tout le reste; et chaque chose a contribué *idéalement* avant son existence à la résolution qui a été prise sur l'existence de toutes les choses. De sorte que rien ne peut être changé dans l'univers (non plus que dans un nombre) sauf son essence, ou si vous voulez, son *individualité numérique.* Ainsi, si le moindre mal qui arrive dans le Monde y manquait, ce ne serait plus ce Monde; qui tout compté, tout rabattu, a été trouvé le meilleur par le créateur qui l'a choisi.

Essais de Théodicée sur la bonté de Dieu, la liberté de l'homme et l'origine du mal, 1ere Partie, § 7-10, 1710.

L'argumentation de Leibniz, que nous présentons ici, est sensiblement plus complexe que l'axiome auquel la réduit Voltaire. Mais ne repose-t-elle pas en fait sur un postulat? C'est ce que fait remarquer Rousseau, dans une lettre adressée à Voltaire, connue sous le nom de Lettre sur la Providence *(voir page de droite).*

VOLTAIRE, 1748

Zadig ou la Destinée, histoire orientale, *publié en 1748, constitue une étape dans la réflexion de Voltaire sur le problème du mal. Alors que* Candide *n'essaie plus de le légitimer, ce conte est caractéristique de l'époque où Voltaire essaie encore de se raccrocher aux thèses providentialistes tirées de Leibniz: l'apparente incohérence des aventures du héros n'est qu'un masque pour l'ordre nécessaire qui l'amène à devenir roi de Babylone.*

Et à la fin, l'ange Jesrad en personne vient révéler à Zadig les desseins secrets de la providence...

Tandis que le Babylonien parlait, il aperçut que le vieillard n'avait plus de barbe, que son visage prenait les traits de la jeunesse. Son habit d'ermite disparut; quatre belles ailes couvraient un corps majestueux et resplendissant de lumière. «O envoyé du ciel! ô ange divin! s'écria Zadig en se prosternant, tu es donc descendu de l'empyrée pour apprendre à un faible mortel à se soumettre aux ordres éternels? — Les hommes, dit l'ange Jesrad, jugent de tout sans rien connaître: tu étais celui de tous les hommes qui méritait le plus d'être éclairé.» Zadig lui demanda la permission de parler. «Je me défie de moi-même, dit-il; mais oserai-je te prier de m'éclaircir un doute; ne vaudrait-il pas mieux avoir corrigé cet enfant et l'avoir rendu vertueux, que de le noyer?» Jesrad reprit: «S'il avait été vertueux, et s'il eût vécu, son destin était d'être assassiné lui-même avec la femme qu'il devait épouser, et le fils qui en devait naître. — Mais quoi! dit Zadig, il est donc nécessaire qu'il y ait des crimes et des malheurs? et les malheurs tombent sur les gens de bien! — Les méchants, répondit Jesrad, sont toujours malheureux: ils servent à éprouver un petit nombre de justes répandus sur la terre, et il n'y a point de mal dont il ne naisse un bien. — Mais, dit Zadig, s'il n'y avait que du bien, et point de mal? — Alors, reprit Jesrad, cette terre serait une autre terre, l'enchaînement des événements serait un autre ordre de sagesse; et cet autre ordre, qui serait parfait, ne peut être que dans la demeure éternelle de l'Etre suprême, de qui le mal ne peut approcher. Il a créé des millions de mondes dont aucun ne peut ressembler à l'autre. Cette immense variété est un attribut de sa puissance immense. Il n'y a ni deux feuilles d'arbre sur la terre, ni deux globes dans les champs infinis du ciel, qui soient semblables, et tout ce que tu vois sur le petit atome où tu es né devait être dans sa place et dans son temps fixe, selon les ordres immuables de celui qui embrasse tout. Les hommes pensent que cet enfant qui vient de périr est tombé dans l'eau par hasard, que c'est par un même hasard que cette maison est brûlée; mais il n'y a point de hasard: tout est épreuve, ou punition, ou récompense, ou prévoyance. Souviens-toi de ce pêcheur qui se croyait le plus malheureux de tous les hommes. Orosmade t'a envoyé pour changer sa destinée. Faible mortel! cesse de disputer contre ce qu'il faut adorer. — Mais, dit Zadig... Comme il disait *mais*, l'ange prenait déjà son vol vers la dixième sphère. Zadig à genoux, adora la Providence et se soumit. L'ange lui cria du haut des airs: «Prends ton chemin vers Babylone.»

Zadig ou la Destinée, 1748.

ROUSSEAU, 1756

Pour revenir, monsieur, au système que vous attaquez, je crois qu'on ne peut l'examiner convenablement sans distinguer avec soin le mal particulier, dont aucun philosophe n'a jamais nié l'existence, du mal général que nie l'optimiste. Il n'est pas question de savoir si chacun de nous souffre ou non, mais s'il était bon que l'univers fût, et si nos maux étaient inévitables dans sa constitution. Ainsi, l'addition d'un article rendrait, ce semble, la proposition plus exacte, et au lieu de *tout est bien,* il vaudrait peut-être mieux dire, *le tout est bien,* ou *tout est bien pour le tout.* [...]

La plus grande idée que je puis me faire de la Providence est que chaque être matériel soit disposé le mieux qu'il est possible par rapport au tout, et chaque être intelligent et sensible le mieux qu'il est possible par rapport à lui-même; en sorte que, pour qui sent son existence, il vaille mieux exister que ne pas exister. Mais il faut appliquer cette règle à la durée totale de chaque être sensible, et non à quelque instant particulier de sa durée, tel que la vie humaine; ce qui montre combien la question de la Providence tient à celle de l'immortalité de l'âme, que j'ai le bonheur de croire, sans ignorer que la raison peut en douter, et à celle de l'éternité des peines, que ni vous, ni moi, ni jamais homme pensant bien de Dieu, ne croiront jamais.

Si je ramène ces questions diverses à leur principe commun, il me semble qu'elles se rapportent toutes à celles de l'existence de Dieu. Si Dieu existe, il est parfait; s'il est parfait, il est sage, puissant et juste; s'il est sage et puissant, tout est bien; s'il est juste et puissant, mon âme est immortelle; si mon âme est immortelle, trente ans de vie ne sont rien pour moi et sont peut-être nécessaires au maintien de l'univers. Si l'on m'accorde la première proposition, jamais on n'ébranlera les suivantes; si on la nie, il ne faut point disputer sur ses conséquences.

Lettre dite sur la Providence, 18 août 1756.

1 — *Quels sont les traits stylistiques* du discours de Leibniz que Voltaire a caricaturés en faisant parler Pangloss (reportez-vous aux pages précédentes)?*

2 — *Relevez dans le discours de l'ange Jesrad les éléments qui sont directement empruntés à l'argumentation de Leibniz. En quoi cependant l'illustration que donne Voltaire de la théorie leibnizienne peut-elle apparaître comme caricaturale, ou simpliste?*

3 — *Certains matérialistes du XVIII*[e] *siècle font leur la démonstration suivante: si Dieu existe, il est par définition toute-puissance et toute bonté. Or le mal existe. Si Dieu n'a pas pu l'empêcher, il n'est pas tout-puissant. S'il n'a pas voulu l'empêcher, il n'est pas toute bonté. Donc...*

- *a) Cette démonstration permet-elle d'infirmer celle de Leibniz?*
- *b) A l'aide de quel élément la religion chrétienne concilie-t-elle l'existence de Dieu et celle du mal (reportez-vous à Pascal, n° 38 a)?*

138 VOLTAIRE (1694-1778)

La traite des nègres, (BN).

Arrivant près de Surinam, ville de Guyane hollandaise, Candide, Pangloss et le valet Cacambo rencontrent l'esclave d'un négociant hollandais.

Stedman, *Voyage à Surinam, La Flagellation,* (BN).

En approchant de la ville, ils rencontrèrent un nègre étendu par terre, n'ayant plus que la moitié de son habit, c'est-à-dire d'un caleçon de toile bleue ; il manquait à ce pauvre homme la jambe gauche et la main droite. « Eh, mon Dieu ! dit Candide en hollandais, que fais-tu là, mon ami, dans l'état horrible où je te vois ? — J'attends mon maître, monsieur Vanderdendur, le fameux négociant, répondit le nègre. — Est-ce monsieur Vanderdendur, dit Candide, qui t'a traité ainsi ? — Oui, Monsieur, dit le nègre, c'est l'usage. On nous donne un caleçon de toile pour tout vêtement deux fois l'année. Quand nous travaillons aux sucreries, et que la meule nous attrape le doigt, on nous coupe la main ; quand nous voulons nous enfuir, on nous coupe la jambe : je me suis trouvé dans les deux cas. C'est à ce prix que vous mangez du sucre en Europe. Cependant, lorsque ma mère me vendit dix écus patagons sur la côte de Guinée, elle me disait : « Mon cher enfant, bénis nos fétiches, adore-les toujours, ils te feront vivre heureux, tu as l'honneur d'être esclave de nos seigneurs les blancs, et tu fais par là la fortune de ton père et de ta mère. » Hélas ! je ne sais pas si j'ai fait leur fortune, mais ils n'ont pas fait la mienne. Les chiens, les singes et les perroquets sont mille fois moins malheureux que nous. Les fétiches hollandais qui m'ont converti me disent tous les dimanches que nous sommes tous enfants d'Adam, blancs et noirs. Je ne suis pas généalogiste ; mais si ces prêcheurs disent vrai, nous sommes tous cousins issus de germains. Or vous m'avouerez qu'on ne peut pas en user avec ses parents d'une manière plus horrible.

— O Pangloss ! s'écria Candide, tu n'avais pas deviné cette abomination ; c'en est fait, il faudra qu'à la fin je renonce à ton optimisme. — Q'est-ce qu'optimisme ? disait Cacambo. — Hélas ! dit Candide, c'est la rage de soutenir que tout est bien quand on est mal. » Et il versait des larmes en regardant son nègre, et en pleurant, il entra dans Surinam.

Candide, chap. XIX, 1759.

La lutte pour l'abolition de l'esclavage

1774 - La Communauté des Quakers de Pensylvanie exclut de son sein tous ceux qui pratiquent le commerce de l'esclavage.
1776 - La même communauté exclut ceux qui, détenant des esclaves, refusent de les émanciper. Le mouvement gagne d'autres États des États-Unis.
1780 - Mouvement humanitaire anti-esclavagiste en Angleterre
1788 - Création en Angleterre d'un comité du Conseil privé pour enquêter sur la traite.
1788 - Création en France de la Société des amis des Noirs.
1791 - 15 mai - Droit de suffrage (restreint) pour les hommes libres de couleur ;
24 septembre - Droit aux assemblées coloniales de fixer ce droit (retour en arrière).
1792 - 28 mars - Égalité des droits politiques aux hommes libres de couleur.
1794 - 4 février (16 Pluviose an II) - Sous la pression conjuguée de l'abbé Grégoire et de l'insurrection de Saint-Domingue : *Décret abolissant l'esclavage.*
Ces mesures ne sont pas réellement suivies d'effet sauf à Saint-Domingue que la France doit abandonner.
1802 – 20 mai (30 Floréal an X) - *Bonaparte rétablit l'esclavage.* La traite redevient légale.
1807 - En Angleterre : *abolition de la traite.*
1808 - Entrée en vigueur aux États-Unis d'une *décision de 1794 interdisant l'importation d'esclaves d'Afrique* (mise en œuvre difficile).
1814 - Traité de Paris : la France s'engage, au bout d'un délai de cinq ans, à abolir l'esclavage (même chose sans délai au congrès de Vienne en 1815).
1815 - Pendant les Cent-Jours, Napoléon supprime la traite.
1815 - Deuxième traité de Paris confirmant le premier.
1831 - *Les esclaves du domaine de la Couronne britannique sont affranchis.*
1833 - Confirmation du roi - L'émancipation est réellement acquise en 1838.
1848 - Abolition de l'esclavage en France.

JEAN-GABRIEL STEDMAN, 1796

Dans son Voyage à Surinam, *Jean-Gabriel Stedman, jeune officier anglais chargé de porter secours à la colonie hollandaise contre les esclaves révoltés, rapporte les pratiques courantes des esclavagistes pour s'assurer de leurs biens. Si les conclusions de l'auteur restent en-deçà de l'indignation naturelle que ses descriptions suscitent, le texte rapidement traduit en France, renforce le mouvement anti-esclavagiste.*

Comme nous étions alors à l'époque des sessions de tribunaux, un esclave eut la jambe coupée pour avoir fui un travail au-dessus de ses forces. Deux autres furent condamnés à être pendus, parce qu'ils avaient pris la fuite. La conduite héroïque que l'un de ces infortunés tint devant la cour de justice mérite d'être rapportée. Il demanda d'être entendu pour peu d'instants, ce qui lui fut accordé ; et il s'exprima ainsi :

« Je suis né en Afrique où, défendant mon prince dans un combat, j'ai été fait prisonnier et vendu sur la côte de Guinée, comme esclave, par mes compatriotes. Un des vôtres, qui est maintenant mon juge, m'acheta ; et je fus si cruellement traité par son commandeur, que je désertai, et rejoignis les rebelles. Je me vis forcé de servir Bonny([1]) leur chef, dont le despotisme était encore plus rigoureux que celui des Européens. Révolté d'une telle conduite, je me déterminai à fuir les hommes pour jamais, et à vivre paisiblement dans les forêts. J'y ai passé deux ans presque seul, dans la plus grande inquiétude d'esprit, et ne supportant mon existence que dans l'espoir de revoir encore ma chère famille qui, peut-être, par suite de mon absence, mourait de faim dans mon propre pays. Je dis donc que deux misérables années s'étaient écoulées dans cette situation, quand les chasseurs me découvrirent, me prirent et m'amenèrent devant ce tribunal, à qui je viens de raconter l'histoire de ma déplorable vie, et à qui je ne demande que la grâce de me faire exécuter samedi prochain, ou aussitôt qu'il sera possible. »

Ce discours fut prononcé avec une extrême modération par un des plus beaux nègres que peut-être on ait vus. Son maître, qui (comme il venait de l'observer) était au nombre de ses juges, lui fit cette courte réponse : « Coquin ! il s'agit bien de tout ce que tu nous contes. Les tortures t'arracheront, dans un moment, des crimes aussi noirs que toi-même, ou que ceux de tes odieux complices. » Le nègre, qui sentit toutes ses veines se gonfler d'indignation, réplique : « Masera, les tigres des forêts ont tremblé entre ces mains (qu'il éleva dans ce moment) ; et vous m'osez menacer de vos pitoyables instruments de mort ! Non ! non ! je méprise autant les tourments que vous pouvez inventer maintenant, que le misérable qui les inflige. » A ces mots, il se présente lui-même à la question, dont il soutint les tortures déchirantes, sans proférer un seul mot ; depuis il dédaigna même de parler, et finit ses jours par la corde.

Voyage à Surinam et dans l'intérieur de la Guiane, 1796
(trad. P.F. Henry, an VII).

(1) *Chef des esclaves révoltés.*

ALEJO CARPENTIER, 1962

Alejo Carpentier (1904-1980), écrivain cubain contemporain, raconte dans le Siècle des Lumières *(1962) (à travers les vies de Victor Hugues, d'Esteban et de Sofia), comment la Révolution française vint aux Antilles et sur la côte de Guyane. Victor, d'abord commerçant en farine à Port-au-Prince puis Jacobin à Paris, enfin gouverneur terrifiant en Guadeloupe utilise aussi bien la déclaration d'abolition de l'esclavage que la guillotine robespierriste. Esteban est envoyé à Surinam par le remplaçant de Victor, Brunel, afin de propager les idées nouvelles.*

Deux heures avant de porter ses bagages à bord de l'*Amazon,* Esteban se rendit à l'hôpital de la ville, pour s'assurer, auprès du chirurgien-chef Greuber, de la bénignité d'une petite grosseur qui le gênait sous le bras gauche. L'endroit douloureux ayant été enduit d'un émollient, le bon docteur le fit sortir par une salle où neuf nègres sous la garde d'autres nègres armés fumaient tranquillement un tabac âcre et fermenté, sentant le vinaigre, dans des pipes en terre au tuyau si rongé que le fourneau collait à leurs lèvres. Le jeune homme apprit avec horreur que ces esclaves, convaincus d'une tentative de fuite et de marronnage, avaient été condamnés par la cour de justice de Surinam à l'amputation de la jambe gauche. Et comme l'arrêt devait être exécuté proprement, d'une façon scientifique, sans employer des procédés archaïques propres à des époques barbares, qui provoquaient des souffrances excessives ou mettaient en danger la vie du coupable, les neuf esclaves avaient été amenés au meilleur chirurgien de Paramaribo, pour qu'il procédât scie en main à ce qui avait été décrété par le tribunal. « On ampute aussi des bras, dit le docteur Greuber, lorsque l'esclave a levé la main sur son maître. » Puis le chirurgien se tournant vers ceux qui attendaient : « Au premier d'entre vous ! » Voyant qu'un grand nègre, au front volontaire et solidement musclé, se levait en silence, Esteban, au bord de l'évanouissement, courut au cabaret le plus proche, demandant à grands cris un alcool quelconque pour réagir contre son épouvante. Et son regard se portait vers la façade de l'hôpital, sans pouvoir le détacher d'une certaine fenêtre fermée, en pensant à ce qui se passait là. « Nous sommes les bêtes les plus infectes de la création », se répétait-il furieusement, irrité contre lui-même, capable d'incendier cet édifice s'il avait eu les moyens de le faire... Du bastingage de l'*Amazon,* qui commençait sa traversée en descendant le cours du Surinam, Esteban lança plusieurs paquets dans un canot de pêche où des nègres ramaient : « Lisez ça », leur cria-t-il. « Et si vous ne savez pas lire, cherchez quelqu'un qui vous le lise. » C'étaient les imprimés, en hollandais, du décret de pluviôse, an II, que le jeune homme se félicitait à présent de ne pas avoir jetés à l'eau, comme il avait eu l'intention de le faire quelques jours auparavant.

le Siècle des Lumières, chap. IV, 5, 1962
(trad. R.L.F. Durand, Gallimard, 1962).

DOSSIER : **Contre l'esclavage : la lutte du discours.**
A l'aide de ce dossier, du n° 147 et de l'index (Esclavage, Colonies), vous déterminerez les arguments anti-esclavagistes de l'époque des Lumières en tentant de classer les types de discours utilisés (humour, juridisme, etc.).

139 a VOLTAIRE (1694-1778)

La devise de Voltaire était «Ecr. l'inf.» (Écrasons l'infâme, *c'est-à-dire la superstition* [1]*, mais si les jésuites devinrent pour lui une cible privilégiée, c'est parce qu'ils représentaient à ses yeux le comble du fanatisme, de l'intolérance et de l'hypocrisie.*

Contre ces méfaits, Voltaire lutta toute sa vie. Toutefois le Traité sur la Tolérance *fut inspiré par un événement bien précis: le supplice du calviniste Jean Calas, roué vif le 10 mars 1762 sous le prétexte d'avoir assassiné son fils qui voulait se convertir à la religion catholique. Voltaire, indigné d'un procès inique dans lequel il voyait plus l'effet du fanatisme que la juste recherche de la vérité, mena sa propre enquête, qui aboutit en 1765 à la réhabilitation de Calas. Il écrivit en outre ce* Traité, *pour dénoncer la complicité d'une religion fanatique et d'un pouvoir aveugle, et défendre, au nom de la tolérance, la cause des protestants.*

(1) Dont les Carnets *donnent la définition suivante: «La superstition est tout ce qu'on ajoute à la religion naturelle».*

A Von Menzel, *Réunion à Sans-Souci,* (Roger Violet).

LETTRE ÉCRITE AU JÉSUITE LE TELLIER [1] PAR UN BÉNÉFICIER [2], LE 6 MAI 1714

Mon Révérend Père,

J'obéis aux ordres que Votre Révérence m'a donnés de lui présenter les moyens les plus propres de délivrer Jésus et sa Compagnie de leurs ennemis. Je crois qu'il ne reste plus que cinq cent mille huguenots dans le royaume, quelques-uns disent un million, d'autres quinze cent mille; mais en quelque nombre qu'ils soient, voici mon avis, que je soumets très humblement au vôtre, comme je le dois.

1° Il est aisé d'attraper en un jour tous les prédicants [3] et de les pendre tous à la fois dans une même place, non seulement pour l'édification publique, mais pour la beauté du spectacle.

2° Je ferais assassiner dans leur lit tous les pères et mères, parce que si on les tuait dans les rues, cela pourrait causer quelque tumulte; plusieurs même pourraient se sauver, ce qu'il faut éviter sur toute chose. Cette exécution est un corollaire nécessaire de nos principes: car, s'il faut tuer un hérétique, comme tant de grands théologiens le prouvent, il est évident qu'il faut les tuer tous.

3° Je marierais le lendemain toutes les filles à de bons catholiques, attendu qu'il ne faut pas dépeupler trop l'État après la dernière guerre; mais à l'égard des garçons de quatorze et quinze ans, déjà imbus de mauvais principes, qu'on ne peut se flatter de détruire, mon opinion est qu'il faut les châtrer tous, afin que cette engeance ne soit jamais reproduite. Pour les autres petits garçons, ils seront élevés dans vos collèges, et on les fouettera jusqu'à ce qu'ils sachent par cœur les ouvrages de Sanchez et de Molina [4].

4° Je pense, sauf correction, qu'il en faut faire autant à tous les luthériens d'Alsace, attendu que, dans l'année 1704, j'aperçus deux vieilles de ce pays-là qui riaient le jour de la bataille d'Hochstedt [5].

5° L'article des jansénistes paraîtra peut-être un peu plus embarrassant: je les crois au nombre de six millions au moins; mais un esprit tel que le vôtre ne doit pas s'en effrayer. Je comprends parmi les jansénistes tous les parlements, qui soutiennent si indignement les libertés de l'Église gallicane. C'est à Votre Révérence de peser, avec sa prudence ordinaire, les moyens de vous soumettre tous ces esprits revêches. La conspiration des poudres [6] n'eut pas le succès désiré, parce qu'un des conjurés eut l'indiscrétion de vouloir sauver la vie à son ami; mais, comme vous n'avez point d'ami, le même inconvénient n'est point à craindre: il vous sera fort aisé de faire sauter tous les parlements du royaume avec cette invention du moine Schwartz, qu'on appelle *pulvis pyrius*. Je calcule qu'il faut, l'un portant l'autre, trente-six tonneaux de poudre pour chaque parlement, et ainsi, en multipliant douze parlements par trente-six tonneaux, cela ne compose que quatre cent trente-deux tonneaux, qui, à cent écus pièce, font la somme de cent vingt-neuf mille six cents livres: c'est une bagatelle pour le révérend père général.

Les parlements une fois sautés, vous donnerez leurs charges à vos congréganistes, qui sont parfaitement instruits des lois du royaume.

6° Il sera aisé d'empoisonner M. le cardinal de Noailles [7], qui est un homme simple, et qui ne se défie de rien.

Votre Révérence emploiera les mêmes moyens de conversion auprès de quelques évêques rénitents [8]; leurs évêchés seront mis entre les mains des jésuites, moyennant un bref [9] du pape: alors tous les évêques étant du parti de la bonne cause, et tous les curés étant habilement choisis par les évêques, voici ce que je conseille, sous le bon plaisir de Votre Révérence.

7° Comme on dit que les jansénistes communient au moins à Pâques, il ne serait pas mal de saupoudrer les hosties de la drogue dont on se servit pour faire justice de l'empereur Henri VII (10). Quelque critique me dira peut-être qu'on risquerait, dans cette opération, de donner aussi la mort-aux-rats aux molinistes: cette objection est forte; mais il n'y a point de projet qui n'ait des inconvénients, point de système qui ne menace ruine par quelque endroit. Si on était arrêté par ces petites difficultés, on ne viendrait jamais à bout de rien; et d'ailleurs, comme il s'agit de procurer le plus grand bien qu'il soit possible, il ne faut pas se scandaliser si ce grand bien entraîne après lui quelques mauvaises suites, qui ne sont de nulle considération.

Nous n'avons rien à nous reprocher: il est démontré que tous les prétendus réformés, tous les jansénistes, sont dévolus à l'enfer; ainsi ne faisons-nous que hâter le moment où ils doivent entrer en possession.

Il n'est pas moins clair que le paradis appartient de droit aux molinistes: donc, en les faisant périr par mégarde et sans aucune mauvaise intention, nous accélérons leur joie; nous sommes dans l'un et l'autre cas les ministres de la Providence.

Quant à ceux qui pourraient être un peu effarouchés du nombre, Votre Paternité pourra leur faire remarquer que depuis les jours florissants de l'Église jusqu'à 1707, c'est-à-dire depuis environ quatorze cents ans, la théologie a procuré le massacre de plus de cinquante millions d'hommes; et que je ne propose d'en étrangler, ou égorger, ou empoisonner, qu'environ six millions cinq cent mille.

On nous objectera peut-être encore que mon compte n'est pas juste, et que je viole la règle de trois: car, dira-t-on, si en quatorze cents ans il n'a péri que cinquante millions d'hommes pour des distinctions, des dilemmes et des antilemmes (11) théologiques, cela ne fait par année que trente-cinq mille sept cent quatorze personnes avec fraction, et qu'ainsi je tue six millions quatre cent soixante-quatre mille deux cent quatre vingt-cinq personnes de trop avec fraction pour la présente année.

Mais, en vérité, cette chicane est bien puérile; on peut même dire qu'elle est impie: car ne voit-on pas, par mon procédé, que je sauve la vie à tous les catholiques jusqu'à la fin du monde? On n'aurait jamais fait, si on voulait répondre à toutes les critiques. Je suis avec un profond respect de Votre Paternité,

Le très humble, très dévot et très doux R...
natif d'Angoulême, préfet de la Congrégation.

Traité sur la Tolérance, ch. XVII, 1763

1) *Dernier confesseur de Louis XIV (voir au n° 140 le sort que Voltaire lui réserve).*
2) *Titulaire d'un bénéfice ecclésiastique.*
3) *Ministre du culte réformé.*
4) *Jésuites espagnols, voir* **XVIe XVIIe siècles,** *n° 161 b.*
5) *Défaite française.*
6) *Complot organisé en 1604-1605 par des catholiques anglais.*
7) *Qui avait refusé la bulle* Unigenitus *(1713).*
8) *Opposés à la bulle.*
9) *Lettre.*
10) *Qui mourut sans doute empoisonné (1313).*
11) *Terme de logique.*

J.P. SARTRE, 1945.

Puisque l'écrivain n'a aucun moyen de s'évader, nous voulons qu'il embrasse étroitement son époque; elle est sa chance unique: elle s'est faite pour lui et il est fait pour elle. On regrette l'indifférence de Balzac devant les journées de 48, l'incompréhension apeurée de Flaubert en face de la Commune; on le regrette pour eux: il y a là quelque chose qu'ils ont manqué pour toujours. Nous ne voulons rien manquer de notre temps [...]. Nous sommes convaincus [...] qu'on ne peut pas tirer son épingle du jeu. Serions-nous muets et cois comme des cailloux, notre passivité même serait une action. Celui qui consacrerait sa vie à faire des romans sur les Hittites, son abstention serait par elle-même une prise de position. L'écrivain est en situation dans son époque: chaque parole a des retentissements. Chaque silence aussi. Je tiens Flaubert et Goncourt pour responsables de la répression qui suivit la Commune parce qu'ils n'ont pas écrit une ligne pour l'empêcher. Ce n'était pas leur affaire, dira-t-on. Mais le procès de Calas, était-ce l'affaire de Voltaire? La condamnation de Dreyfus, était-ce l'affaire de Zola? L'administration du Congo, était-ce l'affaire de Gide? Chacun de ces auteurs, en une circonstance particulière de sa vie, a mesuré sa responsabilité d'écrivain.

les Temps modernes, n° 1, 1945

1 — *Parmi les procédés d'humour (noir) employés par Voltaire, vous distinguerez les éléments relevant de:*
— *l'utilisation d'une situation d'énonciation* précise: un préfet de la congrégation écrivant à un supérieur,*
— *la logique poussée jusqu'à l'absurde,*
— *la réfutation des objections,*
— *la disproportion entre les prémisses et la conclusion d'un argument,*
— *l'accumulation et les chiffres,*
— *le décalage entre le ton et le contenu des suggestions.*
Quelle est l'efficacité de ce genre d'humour? Qu'essaie-t-il de provoquer chez le lecteur?

2 — *Comparez les procédés utilisés ici par Voltaire à ceux de Swift, dans sa* Modeste proposition, *(voir n° 129).*

3 — *Quels sont les traits essentiels qui se dégagent de ce portrait-charge de la congrégation des jésuites:*
a) du point de vue religieux,
b) du point de vue moral?

4 — *Faites le plan d'un commentaire composé de la prosopopée* de la nature, dans l'extrait du* Traité sur la Tolérance, *n° 139 b.*

5 — *Sujet de dissertation: commentez le jugement de Sartre:* « Je tiens Flaubert et Goncourt pour responsables de la répression qui suivit la Commune parce qu'ils n'ont pas écrit une ligne pour l'empêcher. ».

139 b VOLTAIRE (1694-1778)

Foesch et Whirsker, *Voltaire,* (Snark)

Le plaidoyer pour la tolérance est étroitement lié chez Voltaire à l'interrogation sur le mal d'une part, et au scepticisme d'autre part. Son anti-dogmatisme procède en effet d'une méfiance extrême envers toute métaphysique, susceptible d'engendrer un jour ou l'autre le fanatisme. En empruntant un vocabulaire moderne, on pourrait dire que dans tout système explicatif du monde, Voltaire est surtout sensible à sa faculté de se transformer en totalitarisme, générateur de meurtre et de violences. La fin du Traité sur la tolérance *oppose à cette puissance de mort qui est dans l'homme la voix de la nature et la foi en la raison.*

On m'a écrit du Languedoc cette lettre du 20 février 1763.

«Votre ouvrage sur la tolérance me paraît plein d'humanité et de vérité ; mais je crains qu'il ne fasse plus de mal que de bien à la famille des Calas. Il peut ulcérer les huit juges qui ont opiné à la roue ; ils demanderont au parlement qu'on brûle votre livre, et les fanatiques (car il y en a toujours) répondront par des cris de fureur à la voix de la raison, etc.»

Voici ma réponse :

«Les huit juges de Toulouse peuvent faire brûler mon livre, s'il est bon ; il n'y a rien de plus aisé : on a bien brûlé les *Lettres provinciales* (1), qui valaient sans doute beaucoup mieux ; chacun peut brûler chez lui les livres et papiers qui lui déplaisent.

«Mon ouvrage ne peut faire ni bien ni mal aux Calas, que je ne connais point. Le conseil du roi, impartial et ferme, juge suivant les lois, suivant l'équité, sur les pièces, sur les procédures, et non sur un écrit qui n'est point juridique, et dont le fond est absolument étranger à l'affaire qu'il juge.

«On aurait beau imprimer des in-folio pour ou contre les huit juges de Toulouse, et pour ou contre la tolérance, ni le conseil, ni aucun tribunal ne regardera ces livres comme des pièces du procès.

«Cet écrit sur la tolérance est une requête que l'humanité présente très humblement au pouvoir et à la prudence. Je sème un grain qui pourra un jour produire une moisson. Attendons tout du temps, de la bonté du roi, de la sagesse de ses ministres, et de l'esprit de raison qui commence à répandre partout sa lumière.

«La nature dit à tous les hommes : Je vous ai tous fait naître faibles et ignorants, pour végéter quelques minutes sur la terre et pour l'engraisser de vos cadavres. Puisque vous êtes faibles, secourez-vous ; puisque vous êtes ignorants, éclairez-vous et supportez-vous. Quand vous seriez tous du même avis, ce qui certainement n'arrivera jamais, quand il n'y aurait qu'un seul homme d'un avis contraire, vous devriez lui pardonner : car c'est moi qui le fais penser comme il pense. Je vous ai donné des bras pour cultiver la terre, et une petite lueur de raison pour vous conduire ; j'ai mis dans vos cœurs un germe de compassion pour vous aider les uns les autres à supporter la vie. N'étouffez pas ce germe, ne le corrompez pas, apprenez qu'il est divin, et ne substituez pas les misérables fureurs de l'école à la voix de la nature.

«C'est moi seule qui vous unis encore malgré vous par vos besoins mutuels, au milieu même de vos guerres cruelles si légèrement entreprises, théâtre éternel des fautes, des hasards, et des malheurs. C'est moi seule qui, dans une nation, arrête les suites funestes de la division interminable entre la noblesse et la magistrature, entre ces deux corps et celui du clergé, entre le bourgeois même et le cultivateur. Ils ignorent toutes les bornes de leurs droits ; mais ils écoutent tous malgré eux, à la longue, ma voix qui parle à leur cœur. Moi seule je conserve l'équité dans les tribunaux, où tout serait livré sans moi à l'indécision et aux caprices, au milieu d'un amas confus de lois faites souvent au hasard et pour un besoin passager, différentes entre elles de province en province, de ville en ville, et presque toujours contradictoires entre elles dans le même lieu. Seule je peux inspirer la justice, quand les lois n'inspirent que la chicane. Celui qui m'écoute juge toujours bien ; et celui qui ne cherche qu'à concilier des opinions qui se contredisent est celui qui s'égare.

«Il y a un édifice immense dont j'ai posé le fondement de mes mains : il était solide et simple, tous les hommes pouvaient y entrer en sûreté ; ils ont voulu y ajouter les ornements les plus bizarres, les plus grossiers, et les plus inutiles ; le bâtiment tombe en ruine de tous les côtés ; les hommes en prennent les pierres, et se les jettent à la tête ; je leur crie : Arrêtez, écartez ces décombres funestes qui sont votre ouvrage, et demeurez avec moi en paix dans l'édifice inébranlable qui est le mien.»

Traité sur la tolérance, fin, 1763

(1)Les Provinciales *de Pascal, voir* **XVIe-XVIIe s.** *n° 161-163*

A. Lucas *L'Inquisition,* (Réu. Mus. Nat.)

ALBERT CAMUS, 1947

La peste est dans Oran. Rieux, le médecin, lutte depuis le début. Son ami Tarrou lui explique pourquoi il a mis si longtemps à le rejoindre dans son combat : aussi bien du côté de l'ordre que dans le camp des révolutionnaires, il a vu des hommes en fusiller d'autres.

«Mon affaire à moi, en tout cas, ce n'était pas le raisonnement. C'était le hibou roux, cette sale aventure où de sales bouches empestées annonçaient à un homme dans les chaînes qu'il allait mourir et réglaient toutes choses pour qu'il meure, en effet, après des nuits et des nuits d'agonie pendant lesquelles il attendait d'être assassiné les yeux ouverts. Mon affaire, c'était le trou dans la poitrine. Et je me disais qu'en attendant, et pour ma part au moins, je refuserais de jamais donner une seule raison, une seule, vous entendez, à cette dégoûtante boucherie. Oui, j'ai choisi cet aveuglement obstiné en attendant d'y voir plus clair.

«Depuis, je n'ai pas changé. Cela fait longtemps que j'ai honte, honte à mourir d'avoir été, fût-ce de loin, fût-ce dans la bonne volonté, un meurtrier à mon tour. Avec le temps, j'ai simplement aperçu que même ceux qui étaient meilleurs que d'autres ne pouvaient s'empêcher aujourd'hui de tuer ou de laisser tuer parce que c'était dans la logique où ils vivaient, et que nous ne pouvions pas faire un geste en ce monde sans risquer de faire mourir. Oui, j'ai continué d'avoir honte, j'ai appris cela, que nous étions tous dans la peste, et j'ai perdu la paix. Je la cherche encore aujourd'hui, essayant de les comprendre tous et de n'être l'ennemi mortel de personne. Je sais seulement qu'il faut faire ce qu'il faut pour ne plus être un pestiféré et que c'est là ce qui peut, seul, nous faire espérer la paix, ou une bonne mort à son défaut. C'est cela qui peut soulager les hommes et, sinon les sauver, du moins leur faire le moins de mal possible et même parfois un peu de bien. Et c'est pourquoi j'ai décidé de refuser tout ce qui, de près ou de loin, pour de bonnes ou de mauvaises raisons, fait mourir ou justifie qu'on fasse mourir.

«C'est pourquoi encore cette épidémie ne m'apprend rien, sinon qu'il faut la combattre à vos côtés. Je sais de science certaine (oui, Rieux, je sais tout de la vie, vous le voyez bien) que chacun la porte en soi, la peste, parce que personne, non, personne au monde n'en est indemne. Et qu'il faut se surveiller sans arrêt pour ne pas être amené, dans une minute de distraction, à respirer dans la figure d'un autre et à lui coller l'infection. Ce qui est naturel c'est le microbe. Le reste, la santé, l'intégrité, la pureté, si vous voulez, c'est un effet de la volonté et d'une volonté qui ne doit jamais s'arrêter. L'honnête homme, celui qui n'infecte presque personne, c'est lui qui a le moins de distractions possible. Et il en faut de la volonté et de la tension pour ne jamais être distrait ! Oui, Rieux, c'est bien fatigant d'être un pestiféré. Mais c'est encore plus fatigant de ne pas vouloir l'être. C'est pour cela que tout le monde se montre fatigué, puisque tout le monde, aujourd'hui, se trouve un peu pestiféré. Mais c'est pour cela que quelques-uns, qui veulent cesser de l'être, connaissent une extrémité de fatigue dont rien ne les délivrera plus que la mort.

«D'ici là, je sais que je ne vaux plus rien pour ce monde lui-même et qu'à partir du moment où j'ai renoncé à tuer, je me suis condamné à un exil définitif. Ce sont les autres qui feront l'histoire. Je sais aussi que je ne puis apparemment juger ces autres. Il y a une qualité qui me manque pour faire un meurtrier raisonnable. Ce n'est donc pas une supériorité. Mais maintenant, je consens à être ce que je suis, j'ai appris la modestie. Je dis seulement qu'il y a sur cette terre des fléaux et des victimes et qu'il faut, autant qu'il est possible, refuser d'être avec le fléau. Cela vous paraîtra peut-être un peu simple, et je ne sais si cela est simple, mais je sais que cela est vrai. J'ai entendu tant de raisonnements qui ont failli me tourner la tête, et qui ont tourné suffisamment d'autres têtes pour les faire consentir à l'assassinat, que j'ai compris que tout le malheur des hommes venait de ce qu'ils ne tenaient pas un langage clair. J'ai pris le parti alors de parler et d'agir clairement pour me mettre sur le bon chemin. Par conséquent, je dis qu'il y a les fléaux et les victimes, et rien de plus. Si, disant cela, je deviens fléau moi-même du moins, je n'y suis pas consentant. J'essaie d'être un meurtrier innocent. Vous voyez que ce n'est pas une grande ambition»

la Peste, 1947.

Condamnation de la Société de Jésus, (BN).

Le Dictionnaire philosophique ou La Raison par alphabet *que Voltaire publia en 1764 rassemble une série d'articles portant sur les sujets les plus variés; la majorité d'entre eux cependant attaque ouvertement la religion et le dogme. Certains empruntent la forme du dialogue (entre un ignorant plein de bon sens et un pédant vite pris au piège de ses contradictions), d'autres, comme celui-ci, deviennent de véritables petits contes didactiques.*
Cette «abomination alphabétique» fut, bien sûr, désavouée par Voltaire (voir encadré page de droite).

Le 18 février de l'an 1763 de l'ère vulgaire, le soleil entrant dans le signe des poissons, je fus transporté au ciel, comme le savent tous mes amis. Ce ne fut point la jument Borac de Mahomet qui fut ma monture; ce ne fut point le char enflammé d'Élie qui fut ma voiture; je ne fus porté ni sur l'éléphant de Sammonocodom le Siamois, ni sur le cheval de saint George, patron d'Angleterre, ni sur le cochon de saint Antoine: j'avoue avec ingénuité que mon voyage se fit je ne sais comment.

On croira bien que je fus ébloui; mais ce qu'on ne croira pas, c'est que je vis juger tous les morts. Et qui étaient les juges? C'étaient, ne vous en déplaise, tous ceux qui ont fait du bien aux hommes, Confucius, Solon, Socrate, Titus, les Antonins, Épictète, tous les grands hommes qui, ayant enseigné et pratiqué les vertus que Dieu exige, semblaient seuls être en droit de prononcer ses arrêts.

Je ne dirai point sur quels trônes ils étaient assis, ni combien de millions d'êtres célestes étaient prosternés devant le créateur de tous les globes, ni quelle foule d'habitants de ces globes innombrables comparut devant les juges. Je ne rendrai compte ici que de petites particularités tout à fait intéressantes dont je fus frappé.

Je remarquai que chaque mort qui plaidait sa cause, et qui étalait ses beaux sentiments, avait à côté de lui tous les témoins de ses actions. Par exemple, quand le cardinal de Lorraine se vantait d'avoir fait adopter quelques-unes de ses opinions par le concile de Trente, et que, pour prix de son orthodoxie, il demandait la vie éternelle, tout aussitôt paraissaient autour de lui vingt courtisanes ou dames de la cour, portant toutes sur le front le nombre de leurs rendez-vous avec le cardinal. On voyait ceux qui avaient jeté avec lui les fondements de la Ligue; tous les complices de ses desseins pervers venaient l'environner.

Vis-à-vis du cardinal de Lorraine était Calvin, qui se vantait, dans son patois grossier, d'avoir donné des coups de pied à l'idole papale, après que d'autres l'avaient abattue. «J'ai écrit contre la peinture et la sculpture, disait-il; j'ai fait voir évidemment que les bonnes œuvres ne servent à rien du tout, et j'ai prouvé qu'il est diabolique de danser le menuet: chassez vite d'ici le cardinal de Lorraine, et placez-moi à côté de saint Paul.»

Comme il parlait, on vit auprès de lui un bûcher enflammé; un spectre épouvantable, portant au cou une fraise espagnole à moitié brûlée, sortait du milieu des flammes avec des cris affreux. «Monstre, s'écriait-il, monstre exécrable, tremble! reconnais ce Servet que tu as fait périr par le plus cruel des supplices, parce qu'il avait disputé contre toi sur la manière dont trois personnes peuvent faire une seule substance.» Alors tous les juges ordonnèrent que le cardinal de Lorraine serait précipité dans l'abîme, mais que Calvin serait puni plus rigoureusement.

Je vis une foule prodigieuse de morts qui disaient: «J'ai cru, j'ai cru»; mais sur leur front il était écrit: «J'ai fait»; et ils étaient condamnés.

Le jésuite Le Tellier (1) paraissait fièrement, la bulle *Unigenitus* à la main. Mais à ses côtés s'éleva tout d'un coup un monceau de deux mille lettres de cachet. Un janséniste y mit le feu: Le Tellier fut brûlé jusqu'aux os; et le janséniste, qui n'avait pas moins cabalé que le jésuite, eut sa part de la brûlure.

Je voyais arriver à droite et à gauche des troupes de fakirs, de talapoins (2), de bonzes (3), de moines blancs, noirs, et gris, qui s'étaient tous imaginé que, pour faire leur cour à l'Être suprême, il fallait ou chanter, ou se fouetter, ou marcher tout nus. J'entendis une voix terrible qui leur demanda: «Quel bien avez-vous fait aux hommes?» A cette voix succéda un morne silence; aucun n'osa répondre, et ils furent tous conduits aux Petites-Maisons (4) de l'univers: c'est un des plus grands bâtiments qu'on puisse imaginer.

L'un criait: «C'est aux métamorphoses de Xaca qu'il faut croire»; l'autre: «C'est à celles de Sammonocodom. — Bacchus arrêta le soleil et la lune, disait celui-ci. — Les dieux ressuscitèrent Pélops, disait celui-là. Voici la bulle *in Cœna Domini* (5) », disait un nouveau venu ; et l'huissier des juges criait : « Aux Petites-Maisons, aux Petites-Maisons ! »

Quand tous ces procès furent vidés, j'entendis alors promulguer cet arrêt : « DE PAR L'ÉTERNEL CRÉATEUR, CONSERVATEUR, RÉMUNÉRATEUR, VENGEUR, PARDONNEUR, etc., soit notoire à tous les habitants des cent mille millions de milliards de mondes qu'il nous a plu de former, que nous ne jugerons jamais aucun des dits habitants sur leurs idées creuses, mais uniquement sur leurs actions ; car telle est notre justice. »

Dictionnaire philosophique portatif, article « Dogmes », édition de 1765.

(1) Ce confesseur de Louis XIV obtint du pape la bulle Unigenitus *(contre les jansénistes).*
(2) Nom donné par les Européens aux moines bouddhistes de Siam.
(3) Prêtres bouddhistes.
(4) Asile d'aliénés.
(5) Bulle contenant le nom des excommuniés, qui était lue en chaire le jeudi saint.

VOLTAIRE, 1764, ou le Philosophe inconnu

A MONSIEUR D'ALEMBERT

Ce 19 [septembre 1764]

On dit, mon cher philosophe, que vous perfectionnez les lunettes. Ceux qui ont de mauvais yeux vous béniront ; mais moi, qui perds la vue dès qu'il fait froid et qu'il y a un peu de neige sur la terre, je ne profiterai pas de votre belle invention. Après avoir rendu hommage à votre physique, il faut que je vous parle morale. Il y a tant dans ce diabolique *Dictionnaire* que je tremble que l'ouvrage et l'auteur ne soient brûlés par les ennemis de la morale et de la littérature.

Ce recueil est de plusieurs mains, comme vous vous en serez aisément aperçu. Je ne sais par quelle fureur on s'obstine à m'en croire l'auteur. Le plus grand service que vous puissiez me rendre est de bien assurer, sur votre part du paradis, que je n'ai nulle part à cette œuvre d'enfer, qui d'ailleurs est très mal imprimée et pleine de fautes ridicules. Il y a trois ou quatre personnes qui crient que j'ai soutenu la bonne cause, que je combats dans l'arène jusqu'à la mort contre les bêtes féroces. Ces bonnes âmes me bénissent et me perdent. C'est trahir ses frères que de les louer en pareille occasion ; il faut agir en conjurés et non pas en zélés. On ne sert assurément ni la vérité ni moi en m'attribuant cet ouvrage. Si jamais vous rencontrez quelques pédants à grand rabat ou à petit rabat, dites-leur bien, je vous en prie, que jamais ils n'auront ce plaisir de me condamner en mon propre et privé nom, et que je renie tout *Dictionnaire,* jusqu'à celui de la Bible par dom Calmet (1). Je crois qu'il y a dans Paris très peu d'exemplaires de cette abomination alphabétique, et qu'ils ne sont pas dans des mains dangereuses ; mais, dès qu'il y aura le moindre danger, je vous demande en grâce de m'avertir, afin que je désavoue l'ouvrage dans tous les papiers publics avec ma candeur et mon innocence ordinaires. [...]

Lettre à d'Alembert, 19 septembre 1764.

(1) Calmet, bénédictin, composa un Dictionnaire historique de la Bible, *dont Voltaire s'inspira.*

1 — *Le thème du « jugement dernier ». Quels éléments Voltaire emprunte-t-il à cette veine traditionnelle ? (voir par exemple* **XVIe-XVIIe siècles,** *nos 22, 50). Comment la détourne-t-il (remarquez notamment qui sont les juges, et la nature des jugements) ?*

2 — *Relevez dans ce texte l'existence de plusieurs registres * : humoristique (accumulations cocasses, veine « ubuesque »), pathétique, véhément, solennel, etc. Quel est l'effet de ces variations de ton ?*

3 — *Quelle est la contradiction fondamentale du comportement des hommes que viennent mettre en lumière les épisodes successifs de la vision ? Dans quels passages est-elle le plus clairement soulignée ?*

4 — *Quels sont les éléments de la « morale » voltairienne qui se trouvent particulièrement condensés dans ce petit conte ?*

IVe PARTIE 1774-1789

Page gauche : Lancret, *Danse dans un pavillon,* Berlin (Schloss Charlottenburg).

Page droite : Fragonard, *L'Orage,* Louvre, (Réu. Musées Nat.).

LE RÈGNE DE LOUIS XVI JUSQU'A LA RÉVOLUTION

	Evénements politiques économiques et sociaux	Production écrite française	Production écrite étrangère	Musique, architecture, arts plastiques
1774	Louis XVI roi de France Turgot aux finances Vergennes aux Affaires étrangères Malesherbes à la Maison du Roi Révolte des colonies anglaises d'Amérique (1774-1783)	Mme d'Epinay : *Les Conversations d'Emilie.* Buffon : *Supplément à l'histoire naturelle* (1774-1779) **Mesmer : *Du Magnétisme animal.*** Diderot : *Jacques le fataliste* (pub. 1796)	Gœthe : *Le roi de Thulé ; Les souffrances du jeune Werther.* Bürger : Lenore. Lenz : *Le Précepteur ;* Thomas Jefferson : *A Summary View of the Rights of British America.*	Chalgrin : St Philippe du Roule, à Paris (1774-1784) Gluck : *Iphigénie en Aulide,* à Paris. Gluck : *Orphée et Eurydice,* joué à Paris.
1775	Guerre des farines Lambert : première carte de la Lune **Lavoisier établit que l'air est un corps composé** Jenner découvre la vaccine	**Beaumarchais : *Le Barbier de Séville.*** Gilbert : *Le Dix-Huitième Siècle.* **Restif de la Bretonne : *Le Paysan perverti*** Diderot rédige le *Plan d'une université pour le gouvernement de Russie,* publié en 1813. L.S. Mercier : *La Brouette du vinaigrier*	Sheridan : *Les Rivaux.*	Mozart : *Concerto pour violon et orchestre ; Le Roi pasteur.* Chardin : Portrait dit « A l'abat-jour vert ». Houdon : buste de Diderot. Gainsborough : *L'Abreuvoir.* **Fragonard : *Les Baigneuses***
1776	Affaire Lally-Tollendal Création d'une Caisse d'escompte Abolition de la corvée royale, des maîtrises et des jurandes. Renvoi de Turgot Démission de Malesherbes Indépendance des Etats-Unis d'Amérique au Congrès de Philadelphie Adam Weisshaupt fonde l'ordre des Illuminés Necker (1776-1781)	D'Holbach : *Morale universelle.* Mably : *De la législation.* Piron : *Œuvres complètes.* Restif de la Bretonne : *La Paysanne pervertie.* **Rousseau : *Les Rêveries* (1776-1778)** Traduction française de *Werther.* Le Tourneur traduit *Ossian* et le théâtre de Shakespeare (1776-1782) **Turgot : *Réflexions sur la formation et la distribution des richesses***	Gibbon : *Histoire de la décadence et de la chute de l'empire romain* (1776-1788) Gœthe : *La Vocation théâtrale de W. Meister ; Stella.* **Adam Smith : *Recherches sur la nature et les causes de la richesse des nations***	Pigalle : mausolée du comte d'Harcourt (à Notre-Dame). Goya : carton pour tapisserie (1776-1791) Gluck : *Alceste,* joué à Paris.

	Evénements politiques économiques et sociaux	Production écrite française	Production écrite étrangère	Musique, architecture, arts plastiques
1776		Condorcet : *Réflexions sur le commerce des blés;* **Abbé Fournié :** ***Ce que nous avons été...*** **D'Alembert :** ***Sur la tombe de Mlle de Lespinasse***	Klinger : *Sturm und Drang.* **Thomas Jefferson : Déclaration d'indépendance des *Etats-Unis d'Amérique***	
1777	Abolition des droits de servitude dans les domaines royaux. Capitulation anglaise de Saratoga.	**Buffon :** ***Les Quadrupèdes*** *Encyclopédie :* suppléments : 5 volumes. **Marmontel :** ***Les Incas.*** Bachaumont : *Mémoires secrets pour servir à l'histoire de la République des Lettres* (écrits de 1762 à 1787). (1777-1787) **Vivant Denon :** ***Point de lendemain*** Girardin : *De la composition des paysages*	Scheele : *Traité chimique de l'air et du fer* Sheridan : *L'Ecole de la médisance.* Robertson : *History of America.* Hume : *Autobiographie.* Chatterton : *Poésies de Thomas Rowley.* Capitaine Cook : *Voyage autour du monde.*	Gluck : *Armide,* à Paris. Erard construit son premier piano-forte. Moreau le Jeune : *Les Délices de la maternité.* **J. Vernet :** ***le Naufrage***
1778	Premier traité de commerce entre l'Amérique et la France. Alliance entre la France et les colons anglais d'Amérique. Création de l'Académie de médecine.	**Buffon :** ***Les Epoques de la nature.*** Lamarck : *Flore française.* Voltaire : *Irène.* Parny : *Poésies érotiques* (1778-1781) Louis-Sébastien Mercier : *Théâtre complet* (1778-1784) Lavater : *L'Art de connaître les hommes par la physionomie.*	Lessing : *Dialogues maçonniques.* Adam Naruszewicz : *Histoire du peuple polonais.* (1778-1786) Burger : *Poésies.* Gœthe : *Pèlerinage de l'artiste sur cette terre.*	Chalgrin termine le Collège de France. Houdon : *Diane.* Reynolds : *La Famille Malborough* Gretry : *L'Amant jaloux.* Falconet : *Statue équestre de Pierre le Grand.*
1779	Traité de Teschen : la Bavière n'est pas annexée par l'Autriche Suppression du servage dans le domaine royal	Diderot : *Essai sur les règnes de Claude et de Néron.* **Mme de Genlis :** ***Théâtre à l'usage des jeunes personnes ou Théâtre d'éducation*** **(1779-1780)** **Lemierre :** ***Les Fastes***	Lessing : *Nathan le Sage.* Gœthe : 1re version d'*Iphigénie en Tauride.* **Hume :** ***Dialogues sur la religion naturelle.*** Sheridan : *Le Critique.* Gœthe : *Iphigénie en Tauride* (1779-1789)	Clodion : statue de Montesquieu. Houdon : *J.-J. Rousseau.* Gluck : *Iphigénie en Tauride,* à Paris. Mozart : *Messe en ut* dite *« Du Couronnement ».* J.-C. Bach : *Amadis* (livret de Quinault).
1780	Joseph II despote éclairé en Autriche (1780-1790) *Relief Act* en Angleterre (tolérance pour les catholiques). **Mesmer énonce le principe du magnétisme animal**	*Encyclopédie :* Tables : 2 volumes. Bertin : *Les Amours.* Condillac : *La Logique.* Restif de La Bretonne : *Les Contemporaines* (à partir de 1780) **Delille :** ***Les Jardins***	Frédéric II : *De la littérature allemande* (en français). Lessing : *L'Education du genre humain ; Nathan le sage.* Métastase : *La Mort d'Abel* (1780-1782)	Fragonard : *La Fontaine d'amour.* Grétry : *Andromaque.*

	Evénements politiques économiques et sociaux	Production écrite française	Production écrite étrangère	Musique, architecture, arts plastiques
1781	Renvoi de Necker Ségur réorganise l'armée L'armée anglaise capitule à Yorktown devant Washington	**Condorcet : *Réflexions sur l'esclavage des Nègres*** **L.-S. Mercier : *Le Tableau de Paris* (1781-1788)** Diderot : *Est-il bon ? est-il méchant ?* (publié en 1834). **Rousseau : *Confessions* (1781-1788)**	Kant : *Critique de la raison pure.* Henri Pestalozzi : *Léonard et Gertrude* (Suisse). S. Johnson : *Vies des poètes anglais les plus célèbres.* Jacobi : *Lettres d'Alwill.* **Schiller : *Les Brigands.***	Houdon : statue de Voltaire. Louis : galeries du Palais-Royal. Gainsborough : *La Perdita.* Reynolds : *Lord Heathfield.* Mozart : *Idoménée.* Paisiello : *La Servante Maîtresse.*
1782		Restif de La Bretonne : *L'Andrographe.* **Laclos : *Les Liaisons dangereuses.*** **Boufflers : *Poésies et Pièces fugitives.*** **Rousseau : *Les Rêveries***	Beckford : *Vathek.* Alfieri : *Saül* (Italie) Gœthe : *Le Roi des aulnes.* Schiller : *La Conjuration de Fiesque à Gênes.*	Guardi : *Concert dans la salle des Philharmoniques.* Mozart : *Grande messe en ut mineur.* L'Opéra-Comique de la salle Favart.
1783	Calonne Contrôleur des finances Traité de Versailles Ministère du second Pitt en Angleterre (1783-1801) Premières montgolfières Invention du puddlage en Angleterre (la fonte transformée en fer ou en acier)	Mably : *De la manière d'écrire l'histoire.* Fabre d'Eglantine : *L'Etude de la nature.* Lamarck : *Encyclopédie botanique.* Buffon : *Histoire naturelle des minéraux (1783-1788)* **Laclos : *Des femmes et de leur éducation***	Kant : *Fondements de la métaphysique des mœurs* (1783-1785) Crabbe : *Le Village.* Alfieri : *Oreste.* Gœthe : *Le Chanteur ; Fragments sur la nature*	Goya : *Autoportrait.* Dalayrac : *Le Corsaire.* Haydn : *Armide.* Mozart : *L'Enlèvement au sérail* Piccinni : *Didon.* Gainsborough : *Mrs Siddons* (1783-1785)
1784	Affaire du Collier (1784-1786). Cagliostro à Lyon	Necker : *De l'administration et des finances de la France.* Laplace : *Théorie du mouvement et de la figure des planètes.* **Beaumarchais : *Le Mariage de Figaro.*** Rivarol : *Discours sur l'universalité de la langue française.* Mably : *Observations sur le gouvernement et les lois des Etats-Unis d'Amérique ; Principe de morale.* Le Franc de Pompignan : *Œuvres.* Florian : *Théâtre.* Bernardin de Saint-Pierre : *Etudes de la nature.* **Mesmer : *Catéchisme du magnétisme animal.***	Herder : *Idées sur la philosophie de l'histoire de l'humanité* (1784-1791) Franklin : *Autobiographie.* Cook : *Voyage dans l'Océan Pacifique* Schiller : *Intrigue et amour.* Kant : *Réponse à la question : Qu'est-ce que les lumières ? ; Idée d'une histoire universelle.*	Pigalle : *L'Enfant à l'oiseau.* Goya : *Don Manuel Osorio de Zuniga.* Grétry : *Richard Cœur de Lion ; Epreuve villageoise.* Calzabigi : *Les Danaïdes.* Salieri : *Les Danaïdes.* Piranèse : *Antiquités romaines* (1784-1787)

	Evénements politiques économiques et sociaux	Production écrite française	Production écrite étrangère	Musique, architecture, arts plastiques
1785	Expédition de La Pérouse (1785-1788) Cagliostro à à Paris	De Piis : *L'Harmonie imitative de la langue française.* Restif de La Bretonne : *Le Paysan et la Paysanne pervertis.*	Radichtchev : *Voyage de Saint-Pétersbourg à Moscou* (1785-1788) (publié en 1790, interdit). Raspe : *Aventures du baron de Münchhausen.* Kant : *Fondements de la métaphysique des mœurs (fin).* **Gœthe : *Prométhée***	David : *Le Serment des Horaces.* *La Joueuse de Tympanon*, automate construit pour Marie-Antoinette par le mécanicien Kintzing et l'ébéniste Roentgen. Thomas Gainsborough : *Mrs Richard Brimsley Sheridan.*
1786	Nouvelle révolte des soyeux lyonnais. Traité de commerce franco-anglais.	Feraud : *Dictionnaire grammatical.*	Robert Burns : *Poésies.*	Houdon : *Cagliostro ;* **Mozart :** ***Les Noces de Figaro,*** à Vienne. Cimarosa : *L'Impresario.* **Guardi :** ***Tableaux vénitiens.***
1787	l'Assemblée des Notables refuse le programme de Calonne. Loménie de Brienne contrôleur général des finances. les Assemblées provinciales sont définitivement établies. Suppression de la corvée. Edit accordant l'état-civil aux protestants français.	**Chénier :** *Liberté ; Hymne à la Justice ;* ***Odes* (1787-1794, pub. 1819)** Marmontel : *Eléments de littérature.* **Parny : *Chansons Madécasses.*** **Bernardin de Saint-Pierre : *Paul et Virginie.*** **Louvet de Couvray : *Faublas* (1787-1791)**	Gœthe : *Egmont.* Schiller : *Don Carlos.* John Adams : *Défense de la Constitution.* Goldoni : *Mémoires,* en français. Isla y Rojo : *Aventures de Gil Blas de Santillane* (1787-1788) Schiller : *Le Visionnaire* (1787-1789)	David : *La Mort de Socrate.* H. Robert : *Le Pont du Gard.* Mozart : *Don Juan.* Mozart : *Petite musique de nuit.* Paisiello : *Nina* ou *La Folle par amour.*
1788	Suppression de la torture. le Parlement proclame les lois fondamentales de la nation. Convention des Etats-Généraux Retour de Necker	Abbé Barthélemy : *Les Voyages du Jeune Anacharsis.* Necker : *De l'importance des opinions religieuses.* **Rousseau : Publication des Livres VII à XII des *Confessions.***	Kant : *Critique de la raison pratique.* Casanova : *Icosämeron.* Gœthe : *L'Apothéose de l'artiste.*	Houdon : statue de Washington. Mozart : *Symphonie en ut majeur, dite « Jupiter ».* Haydn : symphonie *Oxford.* Füssli : *Songe d'une nuit d'été.*

	Evénements politiques économiques et sociaux	Production écrite française	Production écrite étrangère	Musique, architecture, arts plastiques
1789	Emeutes agraires dans toute la France. Rédaction des cahiers de doléances. 5 mai : réunion des Etats Généraux. 17 juin : le Tiers se proclame Assemblée nationale. 20 juin : Serment du Jeu de Paume. 9 juillet : l'Assemblée Constituante; **14 juillet : prise de la Bastille.** **Présidence de George Washington aux U.S.A.** (1789-1797)	**Lavoisier : *Traité de chimie.*** Mme de Staël : *Lettres sur Rousseau.* Sieyès : *Qu'est-ce que le Tiers Etat ?* Mably : *Les droits et les devoirs du citoyen* (écrit en 1758)	Gœthe : *Torquato Tasso.* William Blake : *Les Chants de l'innocence.* Catherine II (et ses amis) : *Théâtre de l'Ermitage,* en français. Alfieri : *Marie Stuart.*	Mme Vigée-Lebrun : *Mme Vigée-Lebrun et sa fille.* David : *Brutus.* **David : *Le Serment du jeu de paume.*** Mozart : *Cosi fan tutte.* **Reynolds : *Mrs Siddons en muse de la tragédie***

Figaro, (Folliot).

Figaro, maintenant barbier à Séville, reconnu par son ancien maître, raconte sa carrière tumultueuse: d'abord garçon apothicaire, puis secrétaire d'un ministre, il se tourne vers les lettres... Durant la pièce, l'auteur raté aidera le comte Almaviva à épouser Rosine malgré Bartholo, vieux barbon et tuteur de la jeune fille.

LE COMTE

Oh! grâce, grâce, ami! Est-ce que tu fais aussi des vers? Je t'ai vu là griffonnant sur ton genou, et chantant dès le matin.

FIGARO

Quand on a rapporté au ministre que je faisais, je puis dire, assez joliment des bouquets à Chloris (1), que j'envoyais des énigmes aux journaux, qu'il courait des madrigaux de ma façon, en un mot, quand il a su que j'étais imprimé tout vif, il a pris la chose au tragique et m'a fait ôter mon emploi, sous prétexte que l'amour des lettres est incompatible avec l'esprit des affaires.

LE COMTE

Puissamment raisonné! et tu ne lui fis pas représenter...

FIGARO

Je me crus trop heureux d'en être oublié, persuadé qu'un grand nous fait assez de bien quand il ne nous fait pas de mal.

LE COMPTE

Tu ne dis pas tout. Je me souviens qu'à mon service tu étais un assez mauvais sujet.

FIGARO

Eh! mon Dieu! monseigneur, c'est qu'on veut que le pauvre soit sans défaut.

LE COMTE

Paresseux, dérangé...

FIGARO

Aux vertus qu'on exige dans un domestique, Votre Excellence connaît-elle beaucoup de maîtres qui fussent dignes d'être valets?

LE COMTE, *riant.*

Pas mal. Et tu t'es retiré en cette ville?

FIGARO

Non, pas tout de suite. [...] De retour à Madrid, je voulus essayer de nouveau mes talents littéraires, et le théâtre me parut un champ d'honneur...

LE COMTE

Ah! miséricorde!

FIGARO. *Pendant sa réplique, le comte regarde avec attention du côté de la jalousie* (2)

En vérité, je ne sais comment je n'eus pas le plus grand succès, car j'avais rempli le parterre des plus excellents travailleurs; des mains... comme des battoirs; j'avais interdit les gants, les cannes, tout ce qui ne produit que des applaudissements sourds; et, d'honneur, avant la pièce, le café m'avait paru dans les meilleures dispositions pour moi. Mais les efforts de la cabale...

LE COMTE

Ah! la cabale! monsieur l'auteur tombé!

FIGARO

Tout comme un autre: pourquoi pas? Ils m'ont sifflé; mais si jamais je puis les rassembler... [...]

LE COMTE

Ta joyeuse colère me réjouit. Mais tu ne me dis pas ce qui t'a fait quitter Madrid.

FIGARO

C'est mon bon ange, Excellence, puisque je suis assez heureux pour retrouver mon ancien maître. Voyant à Madrid que la république des lettres était celle des loups, toujours armés les uns contre les autres, et que livrés au mépris où ce risible acharnement les conduit, tous les insectes, les moustiques, les cousins, les critiques, les maringouins, les envieux, les feuillistes, les libraires, les censeurs, et tout ce qui s'attache à la peau des malheureux gens de lettres, achevaient de déchiqueter et sucer le peu de substance qui leur restait; fatigué d'écrire, ennuyé de moi, dégoûté des autres, abîmé de dettes et léger d'argent; à la fin, convaincu que l'utile revenu du rasoir est préférable aux vains honneurs de la plume, j'ai quitté Madrid; et, mon bagage en sautoir, parcourant philosophiquement les deux Castilles, la Manche, l'Estramadure, la Sierra-Morena, l'Andalousie, accueilli dans une ville, emprisonné dans l'autre, et partout supérieur aux événements; loué par ceux-ci, blâmé par ceux-là, aidant au bon temps, supportant le mauvais, me moquant des sots, bravant les méchants, riant de ma misère et faisant la barbe à tout le monde, vous me voyez enfin établi dans Séville, et prêt de nouveau à servir Votre Excellence en tout ce qu'il lui plaira m'ordonner.

LE COMTE

Qui t'a donné une philosophie aussi gaie?

FIGARO

L'habitude du malheur. Je me presse de rire de tout, de peur d'être obligé d'en pleurer.

le Barbier de Séville, ou la Précaution inutile,
Acte I, Scène 2, 1775.

(1) Nom générique de la femme qu'on célèbre dans les poèmes.

(2) Guettant l'apparition de Rosine.

A l'époque, la règle était soumise à un arrêté royal de 1697 disant que les auteurs devaient recevoir le neuvième de la recette pour les pièces en cinq actes et le douzième pour les pièces en trois actes, déduction faite des frais journaliers du théâtre.

Toutefois, les comédiens français jouissaient d'un règlement additionnel stipulant que les pièces dont la recette serait tombée au-dessous d'une somme forfaitaire (1 200 livres pour l'hiver et 800 pour l'été) cesseraient d'appartenir à leurs auteurs. Ainsi, après un bref insuccès voulu par les comédiens, les pièces, lors d'une brillante reprise, offraient tous les bénéfices à la seule troupe. Peu à peu, les comédiens réglèrent leurs affaires seuls sans donner de justificatifs précis... En novembre 1776, lors de la trente et unième représentation du Barbier de Séville, *Beaumarchais demande le compte de ses droits d'auteur. Au bout de trois mois, aucune réponse n'est encore donnée.*

Le 3 janvier 1777, la Comédie offre une somme de 4 506 livres sans justificatif. Beaumarchais refuse cette «cote mal taillée». Les bordereaux que reçoit alors l'auteur sont plus ou moins fantaisistes. La Comédie décide de ne plus jouer le Barbier de Séville, *et le 17 juin 1777, Beaumarchais rencontre le Maréchal de Duras, l'un des quatre gentilshommes de la chambre du Roi chargés de l'administration des théâtres. Les bases de l'association des auteurs pour la réglementation de leurs droits qui deviendra la Société des gens de lettres sont posées à la suite de cet entretien. La Comédie est enfin tenue de communiquer immédiatement ses livres de recettes et de dépenses et l'on constate que la somme offerte à l'auteur est de beaucoup inférieure à celle qui lui est effectivement due.*

Le problème de la propriété de l'œuvre d'art n'est pas nouveau, (Diderot en 1763, rédige déjà la première ébauche de son texte Sur la liberté de la presse, voir n° 134 b) *mais c'est Beaumarchais qui a le privilège de mettre cette question sur la scène publique. Ainsi en 1780, à l'assemblée des auteurs dramatiques, commence une lutte qui s'achèvera en 1839 par l'inclusion de tous les écrivains à la société des auteurs s'appelant alors* Société des gens de lettres. *De nos jours, le conseil national des lettres, réparti en différents collèges, gère les fonds, défend et forme la profession littéraire.*

Le 23 décembre 1791, Pierre Augustin Caron Beaumarchais (sic) s'élève dans une Pétition à l'Assemblée nationale contre l'usurpation des propriétés des auteurs par les directeurs de spectacles.

Il est, dit-on, bien étrange qu'il ait fallu une loi expresse pour attester à toute la France que la propriété d'un auteur dramatique lui appartient; que nul n'a le droit de s'en emparer. Ce principe, tiré des premiers droits de l'homme, allait tellement sans le dire, pour toutes les propriétés des hommes, acquises par le travail, le don, la vente ou bien l'hérédité, qu'on aurait cru très dérisoire d'être obligé de l'établir en loi. Ma propriété seule, comme auteur dramatique, plus sacrée que toutes les autres, car elle ne me vient de personne, et n'est point sujette à conteste, pour dol, ou fraude, ou séduction; l'œuvre sortie de mon cerveau, comme Minerve toute armée de celui du Maître des Dieux; ma propriété seule a eu besoin qu'une loi prononçât qu'elle est à moi, m'en assurât la possession[...].

La pièce d'un homme de lettres étant une propriété honorable, et justement assimilée au produit d'une terre à lui; tous les comédiens qui la jouent sont, à son égard, comme le négociant des villes, qui ne vend au public les fruits de la culture qu'après les avoir achetés des plus nobles propriétaires, lesquels ne rougissent point d'en recevoir le prix; et de même que le gain des négociants sur les denrées serait un vol, s'ils cherchaient à s'en emparer sans rien rendre aux cultivateurs; il serait injuste que les directions de province s'enrichissent avec les pièces des auteurs vivants, sans leur offrir une juste part du profit avoué qu'ils en tirent. [...] Si l'on croyait devoir s'apitoyer pour tous ces directeurs de troupe, qui se disent souffrant en s'emparant de nos ouvrages; que fera-t-on pour les auteurs, dont la propriété, presque nulle pendant leur vie, est perdue pour leurs héritiers cinq années après leur décès? Toutes les propriétés légitimes se transmettent pures et intactes, d'un homme à tous ses descendants. Tous les fruits de son industrie; la terre qu'il a défrichée; les choses qu'il a fabriquées appartiennent, jusqu'à la vente qu'ils ont toujours le droit d'en faire, à ses héritiers quels qu'ils soient. Personne ne leur dit jamais: le pré, le tableau, la statue, fruit du travail ou du génie, que votre père vous a laissé, ne doit plus vous appartenir, quand vous aurez fauché ce pré, ou gravé ce tableau, ou bien moulé cette statue pendant cinq ans après sa mort: chacun alors aura le droit d'en profiter autant que vous. Personne ne leur dit cela. La propriété des auteurs, par une exception affligeante, est la seule dont l'héritage n'a de durée que cinq années, aux termes du premier décret. Et pourtant quel défrichement, quelle fabrication pénible, quelle production émanée du pinceau, du ciseau des hommes, leur appartient plus exclusivement, Messieurs, que l'œuvre de théâtre échappée au génie du poète, et leur coûta plus de travail! Cependant tous leurs descendants conservent leurs propriétés. Le malheureux fils d'un auteur perd la sienne au bout de cinq ans d'une jouissance plus que douteuse, ou même souvent illusoire: cette très courte hérédité pouvant être éludée par les directeurs de spectacles, en laissant reposer les pièces de l'auteur qui vient de mourir, pendant les cinq ans qui s'écoulent jusqu'à l'instant où les ouvrages, aux termes du premier décret, deviennent leur propriété.

Pétition à l'Assemblée nationale contre l'usurpation des propriétés des auteurs par les directeurs de spectacles, 23 décembre 1791.

1 — *Relevez, dans les paroles de Figaro, ce qui vous paraît définir le milieu littéraire. A qui cette critique s'adresse-t-elle?*

2 — *A quels droits fondamentaux se réfère Beaumarchais pour parler de propriété littéraire (voir n° 168)? A quoi cette propriété est-elle comparée?*

3 — *A travers cette prise de position, examinez les avantages et les inconvénients de cette désacralisation de l'œuvre d'art. A qui la sacralisation de la production artistique sert-elle? Parler en termes commerciaux d'un livre ou d'une œuvre: est-ce légitime? difficile? décevant? Expliquez.*

142 a P.-A. Caron de BEAUMARCHAIS (1732-1799)

Le Mariage de Figaro *est la deuxième pièce du triptyque racontant la vie de la famille Almaviva (voir nº 141 et 163). Figaro, maintenant concierge au château du comte Almaviva, veut épouser Suzanne, la femme de chambre de la comtesse. Almaviva aidé de Bazile, valet peu scrupuleux, favorise ce mariage, bien décidé à profiter lui aussi des faveurs de la jeune femme. Suzanne prévient sa maîtresse. Furieux des espiègleries amoureuses de Chérubin, un petit page, et du complot de Suzanne, de la comtesse et de Figaro, le comte se venge en aidant Marceline dans son procès contre Figaro. Ce dernier avait en effet emprunté à cette respectable femme dix mille francs en lui promettant de lui rendre dans un terme précis ou de l'épouser à défaut. Le terme est échu, Figaro ne peut rembourser et se trouve condamné à épouser Marceline. Fort heureusement, on s'aperçoit que la créancière est la mère — jusqu'ici inconnue — du débiteur. Pendant ce temps, la comtesse, sous l'apparence de Suzanne, attend le comte dans le jardin. Figaro apprend le rendez-vous sans connaître la supercherie et se cache dans le jardin après avoir maudit les femmes et les puissants (acte V, sc. 3). Tout se découvrira, Almaviva, contrit, retrouvera sa femme et Figaro épousera Suzanne.*

Après bien des péripéties, cette pièce, écrite en 1778, fut jouée (en dépit de l'interdiction de Louis XVI), en privé, devant le comte d'Artois, frère du roi. L'interdiction fut levée en 1784 et les premières représentations furent un énorme succès et un brillant scandale. Beaumarchais animait lui-même le clan des moralistes et des conservateurs afin que le bruit fût plus grand encore. Emprisonné puis relâché grâce à une opinion publique déchaînée, l'auteur dut être fêté, quoi qu'en ait dit le roi...

Gravure allégorique sur le Tiers État supportant les deux autres classes, (B.N.).

SCÈNE III.— FIGARO, *seul, se promenant dans l'obscurité, dit du ton le plus sombre* [1].

Non, Monsieur le Comte, vous ne l'aurez pas... vous ne l'aurez pas... Parce que vous êtes un grand Seigneur, vous vous croyez un grand génie!... Noblesse, fortune, un rang, des places: tout cela rend si fier! Qu'avez-vous fait pour tant de biens! Vous vous êtes donné la peine de naître, et rien de plus; du reste, homme assez ordinaire! tandis que moi, morbleu! perdu dans la foule obscure, il m'a fallu déployer plus de science et de calculs pour subsister seulement, qu'on n'en a mis depuis cent ans à gouverner toutes les Espagnes: et vous voulez jouter... On vient... c'est elle... ce n'est personne. — La nuit est noire en diable, et me voilà faisant le sot métier de mari, quoique je ne le sois qu'à moitié! *(Il s'assied sur un banc).* Est-il rien de plus bizarre que ma destinée! Fils de je ne sais pas qui, volé par des bandits, élevé dans leurs mœurs, je m'en dégoûte et veux courir une carrière honnête; et partout je suis repoussé! J'apprends la chimie, la pharmacie, la chirurgie, et tout le crédit d'un grand Seigneur peut à peine me mettre à la main une lancette vétérinaire! — Las d'attrister des bêtes malades et pour faire un métier contraire, je me jette à corps perdu dans le théâtre: me fussé-je mis une pierre au cou! Je broche [2] une comédie dans les mœurs du sérail; auteur espagnol, je crois pouvoir y fronder Mahomet sans scrupule: à cet instant, un envoyé... de je ne sais où, se plaint de ce que j'offense dans mes vers la Sublime-Porte [3], la Perse, une partie de la presqu'île de l'Inde, toute l'Égypte, les royaumes de Barca [4], de Tripoli, de Tunis, d'Alger et de Maroc: et voilà ma comédie flambée, pour plaire aux princes mahométans, dont pas un, je crois, ne sait lire, et qui nous meurtrissent l'omoplate, en nous disant: *Chiens de chrétiens!* — Ne pouvant avilir l'esprit, on se venge en le maltraitant. — Mes joues creusaient; mon terme était échu; je voyais de loin arriver l'affreux recors [5], la plume fichée dans sa perruque: en frémissant, je m'évertue. Il s'élève une question sur la nature des richesses, et, comme il n'est pas nécessaire de tenir les choses pour en raisonner, n'ayant pas un sol, j'écris sur la valeur de l'argent et sur son produit net [6]; sitôt je vois, du fond d'un fiacre, baisser pour moi le pont d'un château fort, à l'entrée duquel je laissai l'espérance et la liberté. *(Il se lève).* Que je voudrais bien tenir un de ces puissants de quatre jours, si légers sur le mal qu'ils ordonnent, quand une bonne disgrâce a cuvé son orgueil! je lui dirais... que les sottises imprimées n'ont d'importance qu'aux lieux où l'on en gêne le cours; que, sans la liberté de blâmer, il n'est point d'éloge flatteur, et qu'il n'y a que les petits hommes qui redoutent les petits écrits. *(Il se rassied).* Las de nourrir un obscur pensionnaire, on me met un jour dans la rue; et comme il faut dîner quoiqu'on ne soit plus en prison, je taille encore ma plume, et demande à chacun de quoi il est question: on me dit que pendant ma retraite économique il s'est établi dans Madrid un système de liberté sur la vente des productions, qui s'étend même à celles de la presse; et que, pourvu que je ne parle en mes écrits ni de l'autorité, ni du culte, ni de la politique, ni de la morale, ni des gens en place, ni des corps en crédit, ni de l'Opéra, ni des autres spectacles, ni de personne qui tienne à quelque chose, je puis tout imprimer librement, sous l'inspection de deux ou trois censeurs. Pour profiter de cette douce liberté, j'annonce un écrit périodique, et, croyant n'aller sur les brisées d'aucun autre, je le nomme *Journal inutile.* Pou-ou! je vois s'élever contre moi mille pauvres diables à la feuille; on

(1) Figaro se croit trompé par Suzanne alors que ce n'est qu'un jeu entre elle et sa maîtresse.
(2) Bâcle. Terme de librairie: un ouvrage broché est plus léger et moins sérieux qu'un ouvrage relié.
(3) Gouvernement de l'empire ottoman.
(4) La Cyrénaïque.
(5) Assistant de l'huissier pour la contrainte par corps.
(6) «Revenu de la culture après que la classe productrice a prélevé, sur la reproduction qu'elle a obtenue, les fonds nécessaires pour se rembourser de ses avances annuelles et pour entretenir ses richesses d'exploitation» (Quesnay, voir nº 119 a et b).

me supprime, et me voilà derechef sans emploi! — Le désespoir m'allait saisir; on pense à moi pour une place, mais par malheur j'y étais propre: il fallait un calculateur, ce fut un danseur qui l'obtint. Il ne me restait plus qu'à voler; je me fais banquier de pharaon(7): alors, bonnes gens! je soupe en ville, et les personnes dites *comme il faut* m'ouvrent poliment leur maison en retenant pour elles les trois quarts du profit. J'aurais bien pu me remonter; je commençais même à comprendre que, pour gagner du bien, le savoir-faire vaut mieux que le savoir.Mais comme chacun pillait autour de moi en exigeant que je fusse honnête, il fallut bien périr encore. Pour le coup je quittais le monde, et vingt brasses d'eau m'en allaient séparer, lorsqu'un Dieu bienfaisant m'appelle à mon premier état. Je reprends ma trousse et mon cuir anglais; puis, laissant la fumée aux sots qui s'en nourrissent, et la honte au milieu du chemin, comme trop lourde à un piéton, je vais rasant de ville en ville et je vis enfin sans souci. Un grand seigneur passe à Séville; il me reconnaît, je le marie, et pour prix d'avoir eu par mes soins son épouse, il veut intercepter la mienne (8). Intrigue, orage à ce sujet. Prêt à tomber dans un abîme, au moment d'épouser ma mère, mes parents m'arrivent à la file. *(Il se lève en s'échauffant).* On se débat: c'est vous, c'est lui, c'est moi, c'est toi; non, ce n'est pas nous: eh mais, qui donc? *(Il retombe assis.)* O bizarre suite d'événements! Comment cela m'est-il arrivé? Pourquoi ces choses et non pas d'autres? Qui les a fixées sur ma tête? Forcé de parcourir la route où je suis entré sans le savoir, comme j'en sortirai sans le vouloir, je l'ai jonchée d'autant de fleurs que ma gaieté me l'a permis: encore je dis ma gaieté, sans savoir si elle est à moi plus que le reste, ni même quel est ce *moi* dont je m'occupe: un assemblage informe de parties inconnues, puis un chétif être imbécile, un petit animal folâtre, un jeune homme ardent au plaisir, ayant tous les goûts pour jouir, faisant tous les métiers pour vivre; maître ici, valet là, selon qu'il plaît à la fortune! ambitieux par vanité, laborieux par nécessité, mais paresseux... avec délices! orateur selon le danger, poète par délassement, musicien par occasion, amoureux par folles bouffées, j'ai tout vu, tout fait, tout usé. Puis l'illusion s'est détruite, et trop désabusé... Désabusé!... Suzon, Suzon, Suzon! que tu me donnes de tourments!

le *Mariage de Figaro* ou *la Folle journée,* acte V, scène 3 (1784).

(7) Celui qui tient la «banque» et donc joue contre tous les autres à un jeu de cartes très prisé à l'époque.
(8) Résumé du Barbier de Séville *(voir n° 141).*

DENIS DIDEROT vers 1774, pub. 1796

JACQUES. — Stipulons: 1° qu'attendu qu'il est écrit là-haut que je vous suis essentiel, et que je sens, que je sais que vous ne pouvez pas vous passer de moi, j'abuserai de ces avantages toutes et quantes fois (1) que l'occasion s'en présentera.

LE MAITRE. — Mais, Jacques, on n'a jamais rien stipulé de pareil.

JACQUES. — Stipulé ou non stipulé, cela s'est fait de tous les temps, se fait aujourd'hui et se fera tant que le monde durera. Croyez-vous que les autres n'aient pas cherché comme vous à se soustraire à ce décret, et que vous serez plus habile qu'eux? Défaites-vous de cette idée, et soumettez-vous à la foi d'un besoin dont il n'est pas en votre pouvoir de vous affranchir.

Stipulons: 2° qu'attendu qu'il est aussi impossible à Jacques de ne pas connaître son ascendant et sa force sur son maître, qu'à son maître de méconnaître sa faiblesse et de se dépouiller de son indulgence, il faut que Jacques soit insolent, et que, pour la paix, son maître ne s'en aperçoive pas. Tout cela s'est arrangé à notre insu, tout cela fut scellé là-haut au moment où la nature fit Jacques et son maître. Il fut arrêté que vous auriez le titre, et que j'aurais la chose. Si vous vouliez vous opposer à la volonté de nature, vous n'y feriez que de l'eau claire.

LE MAITRE. — Mais, à ce compte, ton lot vaudrait mieux que le mien.

JACQUES. — Qui vous le dispute?

LE MAITRE. — Mais, à ce compte, je n'ai plus qu'à prendre ta place et te mettre à la mienne.

JACQUES. — Savez-vous ce qui en arriverait? Vous y perdriez le titre, et vous n'auriez pas la chose. Restons comme nous sommes, nous sommes fort bien tous deux; et que le reste de notre vie soit employé à faire un proverbe.

LE MAITRE. — Quel proverbe?

JACQUES. — Jacques mène son maître. Nous serons les premiers dont on l'aura dit; mais on le répétera de mille autres qui valent mieux que vous et moi.

LE MAITRE. — Cela me semble dur, très dur.

JACQUES. — Mon maître, mon cher maître, vous allez regimber contre un aiguillon qui n'en piquera que plus vivement. Voilà donc qui est convenu entre nous.

LE MAITRE. — Et que fait notre consentement à une loi nécessaire?

JACQUES — Beaucoup. Croyez-vous qu'il soit inutile de savoir une bonne fois, nettement, clairement, à quoi s'en tenir? Toutes nos querelles ne sont venues jusqu'à présent que parce que nous ne nous étions pas encore bien dit, vous, que vous vous appelleriez mon maître, et que c'est moi qui serais le vôtre. Mais voilà qui est entendu; et nous n'avons plus qu'à cheminer en conséquence.

LE MAITRE. — Mais où diable as-tu appris tout cela?

JACQUES. — Dans le grand livre. Ah! mon maître, on a beau réfléchir, méditer, étudier dans tous les livres du monde, on n'est jamais qu'un petit clerc quand on n'a pas lu dans le grand livre...

Jacques le fataliste et son maître, vers 1774, pub. 1796. (voir n° 82).

(1) langage juridique: aussi souvent.

JEAN DE SOLLIERS, 1979

Cette scène est le point central de tout l'opéra. L'importance en est marquée par une exception que fait Mozart aux règles établies : il donne à Figaro un récitatif avec orchestre. Au XVIIIe siècle, ce genre de morceau était réservé aux rôles nobles, à qui il donnait une solennité qui leur convenait, mais qui, en principe, n'allait pas aux manants. Mozart fera la même exception pour Suzanne plus loin, et pour la même raison : la profondeur des passions et des sentiments rend un instant les serviteurs égaux de leurs maîtres. Nous oublions que nous sommes dans un opéra-bouffe, même s'il y a des aspects ironiques dans ces deux scènes, et le sérieux général de la situation ennoblit le valet comme la soubrette. Nous avons déjà dit que *les Noces* sont un opéra révolutionnaire. C'en est un exemple ici, où Mozart applique son principe que tous les hommes sont égaux.

Cette scène en apparence inactive est l'une des plus importantes et indispensables de toute l'œuvre.

Elle s'oppose complètement aux autres, et en particulier à la précédente, par sa rudesse plébéienne. La basse énergique de Figaro fait contraste avec le caractère visqueux de Bazile, ténor un peu bêlant. Sans doute les deux personnages sont, également, bien obligés de ruser. Mais leur but est tout différent. Bazile veut simplement garder sa place auprès du Comte, et, pour cela, il est prêt à faire toutes les concessions. Figaro, lui, cherche à vaincre Almaviva, par tous les moyens. Autant Bazile est souple, autant Figaro est dur, et tout d'une pièce. Le flegme d'un côté, la colère de l'autre. Figaro ici ne s'adresse à personne sur la scène (il s'adresse au public) et ne cherche pas à convaincre qui que ce soit. Il veut seulement donner libre cours à sa fureur, et le plus violemment qu'il pourra.

C'est pourquoi le récitatif accompagné qui précède l'air ne s'attendrit pas, sauf vers la fin, malgré la tristesse des paroles. Il suit encore d'assez près Beaumarchais, et comme lui, nous montre que Figaro, derrière son humour, est au fond un pessimiste. Tout est sérieux dans ce récitatif, qui ne doit rien au style bouffe. Le style est celui de la tragédie, avec sa sévérité et même sa raideur relative, ses grands unissons, sa manière solennelle de moduler de fa majeur à sol mineur :

Même quand Figaro réalise le côté ridicule de la situation, l'orchestre commente par un rythme pointé, qu'on utiliserait pour les dieux de l'Olympe. Et ce cri du cœur : « O Suzanne ! Suzanne ! que de peine tu me coûtes ! » ne fait pas encore descendre Figaro de ses cothurnes. Il n'y a qu'à l'évocation de l'apparente innocence de Suzanne que les violons, un instant s'émeuvent :

Pas pour longtemps : les rythmes pointés reprennent, implacables. Entrecoupée par de grands accords, la voix de Figaro énonce son verdict définitif : se fier aux femmes est toujours folie. Elle le fait sur les notes mêmes qui, dans l'air, constateront leur infidélité inévitable :

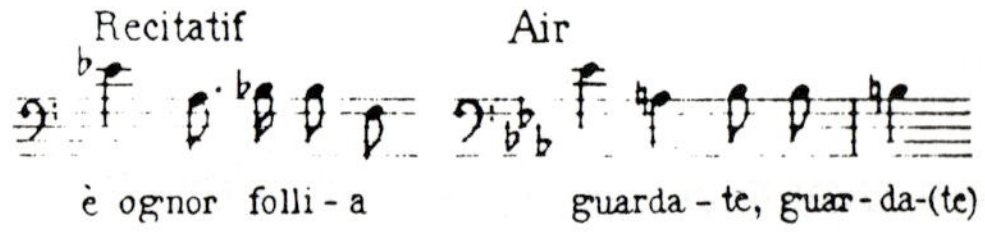

A ce moment de la pièce de Beaumarchais, Figaro s'écriait : « Non, monsieur le Comte, vous ne l'aurez pas... vous ne l'aurez pas. Parce que vous êtes un grand seigneur », etc. Et c'était le magnifique monologue, point culminant de toute l'œuvre, où tous les privilèges d'ancien régime étaient étalés sans ménagement et condamnés sans pitié. Il n'était pas question pour Mozart et Da Ponte de suivre un texte aussi subversif. Ils avaient obtenu l'autorisation de faire jouer un opéra tiré de la pièce française, mais sous la condition expresse que toute allusion politique en serait exclue. Au lieu d'une satire sociale cinglante, et qui porte, Da Ponte a mis dans la bouche de Figaro une banale diatribe contre les femmes, qui ne se trouve pas dans Beaumarchais. La musique, on le sait, traduit les passions plutôt que les idées. Si bien que Mozart n'a rien perdu. Il a écrit un air de colère, nous laissant le soin d'en deviner les véritables causes.

les Noces de Figaro, Commentaire littéraire et musical, *l'Avant-Scène,* 1979.

1 — Relevez les mots ou expressions qualifiant le comte ou sa classe sociale : quelle charge critique contiennent-ils ? Sur quels domaines portent-ils ?

2 — Face aux fausses valeurs de la noblesse, quelles sont les vraies valeurs, selon la philosophie du texte ?

3 — Les conditions posées par Jacques à son maître remettent-elles en cause la structure sociale ? La critique de Diderot, à cet égard, est-elle du même type que celle de Beaumarchais ?

4 — Comment Da Ponte et Mozart évacuent-ils du texte la critique sociale pour la reprendre dans la partition musicale ? Que pensez-vous de ce procédé ?

MOZART, DA PONTE, 1786

FIGARO.
Tout est prêt. Ce doit être
bientôt l'heure. J'entends quelqu'un...
c'est elle... non, personne... la nuit est sombre...
Et je commence maintenant
à faire le sot
métier de mari.
L'infidèle! au moment même
de la cérémonie...
Lui lisait, tout content, et moi, le regardant,
je riais de moi-même sans le savoir.
Oh, Suzanne, Suzanne,
que tu me donnes de tourment!
Avec cet air ingénu
et ces yeux innocents
qui l'aurait cru!...
Ah, se fier aux femmes c'est folie!
Ouvrez donc vos yeux
hommes imprudents et sots!
Regardez-les ces femmes
regardez ce qu'elles sont.
Celles appelées « Déesses »
par nos sens abusés,
encensées comme telles
dans nos égarements,
sont des magiciennes qui charment
pour nous faire souffrir,
sirènes qui chantent
pour nous faire périr,
coquettes qui aguichent
pour nous duper,
comètes qui brillent
pour nous aveugler.
Elles sont roses épineuses
et sont renards charmeurs,
elles sont ourses bénignes
et colombes malignes.
Expertes en tromperies,
sources de nos angoisses,
elles simulent et elles mentent
insensibles à l'amour,
leur cœur est sans pitié.
Je ne dis pas le reste :
tout le monde le sait.

FIGARO.
Tutto è disposto : l'ora
Dovrebbe esser vicina, io sento gente...
È dessa... non è alcun... buia è la notte...
Ed io comincio ormai
A fare il scimunito
Mestiere di marito...
Ingrata! nel momento
Della mia cerimonia...
Ei godeva leggendo, e, nel vederlo,
Io ridevo di me senza saperlo.
Oh Susanna, Susanna,
Quanta pena mi costi!
Con quell'ingenua faccia...
Con quegli occhi innocenti...
Chi creduto l'avria!...
Ah, che il fidarsi a donna è ognor follia.
Aprite un po' quegli occhi,
Uomini incauti e sciocchi!
Guardate queste femmine,
Guardate cosa son.
Queste chiamate Dee
Dagl'ingannati sensi,
A cui tributa incensi
La debole ragion,
Son streghe che incantano
Per farci penar,
Sirene che cantano
Per farci affogar;
Civette che alletano
Per trarci le piume,
Comete che brillano
Per toglierci il lume.
Son rose, spinose,
Son volpi vezzose,
Son orse benigne,
Colombe maligne,
Maestre d'inganni,
Amiche d'affanni,
Che fingono, mentono,
Amore non senton,
Non senton pietà.
Il resto nol dico,
Già ognuno lo sa.

les Noces de Figaro, acte IV, scène 8, 1786.
(trad. Christiane Laurent, l'*Avant-Scène,* 1979).

Moreau le Jeune, *intérieur de loge à l'Opéra,* (BN).

OPÉRA, quelques définitions

OPÉRA : du latin opus, operis, *« œuvre », par l'intermédiaire de l'italien; Pièce de théâtre chantée avec accompagnement d'orchestre (où la danse peut être amenée à jouer un rôle). (voir* **XVIe-XVIIe siècles,** *n° 85 et 74).*

Opéra-ballet : *une part importante est donnée à la danse. Aux XVIIe-XVIIIe siècles, chaque acte de l'opéra-ballet comporte sa propre unité et le sujet est différent de celui des autres actes (exemple :* les Indes galantes *de Rameau 1735). (Voir* **XVIe-XVIIe siècles,** *n° 85).*

Opéra-bouffe : *le sujet traité appartient au genre comique. Rebaptisé « opérette » au XIXe siècle, par opposition à l'opéra sérieux.*

Opéra-comique : *au XVIIIe siècle : pièce où le chant et les paroles alternent. D'abord parodique de l'opéra, il se développe dans le théâtre de foire (voir n° 94).*

Peu à peu, l'opéra-comique désigne une pièce chantée ou à demi-chantée dont le sujet n'est ni franchement tragique ni franchement comique (« demi-caractère »).

Tragédie lyrique : *opéra composé en mélodie continue (pas de répartition en airs, duos, ensembles, récitatifs) de caractère tragique.*

Comédie lyrique : *opéra en mélodie continue dont le sujet est proche de la comédie.*

Prudhon, *Le Naufrage du St Géran, détail,* collection privée, (Bulloz).

Idylle enfantine, résumé de l'abondante littérature des voyages contemporains, adaptation des idées rousseauistes, bergerie tropicale, Paul et Virginie *compte, en 1787, tous les ingrédients de l'immense succès qu'il acquit.*
Bernardin de Saint-Pierre (1737-1814) inclut son roman dans une somme plus large, les Etudes de la nature *mais très vite ce supplément est accueilli, seul, par un triomphe éclatant: les pièces de théâtre, les éditions normales et les contre-façons ne se comptent pas plus que les illustrations, les effigies et autres opéras.*

Chaque lame qui venait briser sur la côte s'avançait en mugissant jusqu'au fond des anses, et y jetait des galets à plus de cinquante pieds dans les terres; puis, venant à se retirer, elle découvrait une grande partie du lit du rivage, dont elle roulait les cailloux avec un bruit rauque et affreux. La mer, soulevée par le vent, grossissait à chaque instant, et tout le canal compris entre cette île et l'île d'Ambre n'était qu'une vaste nappe d'écumes blanches, creusées de vagues noires et profondes. Ces écumes s'amassaient dans le fond des anses à plus de six pieds de hauteur, et le vent, qui en balayait la surface, les portait par-dessus l'escarpement du rivage à plus d'une demi-lieue dans les terres. A leurs flocons blancs et innombrables, qui étaient chassés horizontalement jusqu'au pied des montagnes, on eût dit d'une neige qui sortait de la mer. L'horizon offrait tous les signes d'une longue tempête; la mer y paraissait confondue avec le ciel. Il s'en détachait sans cesse des nuages d'une forme horrible qui traversaient le zénith avec la vitesse des oiseaux, tandis que d'autres y paraissaient immobiles comme de grands rochers. On n'apercevait aucune partie azurée du firmament; une lueur olivâtre et blafarde éclairait seule tous les objets de la terre, de la mer et des cieux.

«Dans les balancements du vaisseau, ce qu'on craignait arriva. Les câbles de son avant rompirent; et comme il n'était plus retenu que par une seule aussière il fut jeté sur les rochers à une demi-encâblure du rivage. Ce ne fut qu'un cri de douleur parmi nous. Paul allait s'élancer à la mer, lorsque je le saisis par le bras: «Mon fils, lui dis-je, voulez-vous périr? — Que j'aille à son secours, s'écria-t-il, ou que je meure!» Comme le désespoir lui ôtait la raison, pour prévenir sa perte, Domingue et moi lui attachâmes à la ceinture une longue corde dont nous saisîmes l'une des extrémités. Paul alors s'avança vers le Saint-Géran, tantôt nageant, tantôt marchant sur les récifs. Quelquefois il avait l'espoir de l'aborder, car la mer dans ses mouvements irréguliers, laissait le vaisseau presque à sec, de manière qu'on en eût pu faire le tour à pied; mais bientôt après, revenant sur ses pas avec une nouvelle furie, elle le couvrait d'énormes voûtes d'eau qui soulevaient tout l'avant de sa carène, et rejetaient bien loin sur le rivage le malheureux Paul, les jambes en sang, la poitrine meurtrie, et à demi noyé. A peine ce jeune homme avait-il repris l'usage de ses sens qu'il se relevait et retournait avec une nouvelle ardeur vers le vaisseau, que la mer cependant entr'ouvrait par d'horribles secousses. Tout l'équipage, désespérant alors de son salut, se précipitait en foule à la mer, sur des vergues, des planches, des cages à poules, des tables, et des tonneaux. On vit alors un objet digne d'une éternelle pitié: une jeune demoiselle parut dans la galerie de la poupe du Saint-Géran tendant les bras vers celui qui faisait tant d'efforts pour la joindre. C'était Virginie. Elle avait reconnu son amant à son intrépidité. La vue de cette aimable personne, exposée à un si terrible danger, nous remplit de douleur et de désespoir. Pour Virginie, d'un port noble et assuré, elle nous faisait signe de la main, comme nous disant un éternel adieu. Tous les matelots s'étaient jetés à la mer. Il n'en restait plus qu'un sur le pont, qui était tout nu et nerveux comme Hercule. Il s'approcha de Virginie avec respect: nous le vîmes se jeter à ses genoux, et s'efforcer même de lui ôter ses habits; mais elle, le repoussant avec dignité, détourna de lui sa vue. On entendit aussitôt ces cris redoublés des spectateurs: «Sauvez-la, sauvez-la; ne la quittez pas!» Mais dans ce moment une montagne d'eau d'une effroyable grandeur s'engouffra entre l'île d'Ambre et la côte, et s'avança en rugissant vers le vaisseau, qu'elle menaçait de ses flancs noirs et de ses sommets écumants. A cette terrible vue le matelot s'élança seul à la mer; et Virginie, voyant la mort inévitable, posa une main sur ses habits, l'autre sur son cœur, et levant en haut des yeux sereins, parut un ange qui prend son vol vers les cieux.

«O jour affreux! hélas! tout fut englouti. La lame jeta bien avant dans les terres une partie des spectateurs qu'un mouvement d'humanité avait portés à s'avancer vers Virginie, ainsi que le matelot qui l'avait voulu sauver à la nage. Cet homme, échappé à une mort presque certaine, s'agenouilla sur le sable, en disant: «O mon Dieu! vous m'avez sauvé la vie; mais je l'aurais donnée de bon cœur pour cette digne demoiselle qui n'a jamais voulu se déshabiller comme moi.»

Paul et Virginie, **1787.**

Sous un bocage touffu de tatamaques[1] entrelacés de lianes on ne distinguait en plein midi aucun objet ; sur la pointe de ce grand rocher voisin qui sort de la montagne on découvrait tous ceux de cet enclos, avec la mer au loin, où apparaissait quelquefois un vaisseau qui venait de l'Europe, ou qui y retournait. C'était sur ce rocher que ces familles se rassemblaient le soir, et jouissaient en silence de la fraîcheur de l'air, du parfum des fleurs, du murmure des fontaines, et des dernières harmonies de la lumière et des ombres.

Rien n'était plus agréable que les noms donnés à la plupart des retraites charmantes de ce labyrinthe. Ce rocher dont je viens de vous parler, d'où l'on me voyait venir de bien loin, s'appelait la DÉCOUVERTE DE L'AMITIÉ. Paul et Virginie, dans leurs jeux, y avaient planté un bambou, au haut duquel ils élevaient un petit mouchoir blanc pour signaler mon arrivée dès qu'ils m'apercevaient, ainsi qu'on élève un pavillon sur la montagne voisine, à la vue d'un vaisseau en mer. L'idée me vint de graver une inscription sur la tige de ce roseau. Quelque plaisir que j'aie eu dans mes voyages à voir une statue ou un monument de l'antiquité, j'en ai encore davantage à lire une inscription bien faite ; il me semble alors qu'une voix humaine sorte de la pierre, se fasse entendre à travers les siècles, et s'adressant à l'homme au milieu des déserts, lui dise qu'il n'est pas seul, et que d'autres hommes dans ces mêmes lieux ont senti, pensé et souffert comme lui : que si cette inscription est de quelque nation ancienne qui ne subsiste plus, elle étend notre âme dans les champs de l'infini, et lui donne le sentiment de son immortalité, en lui montrant qu'une pensée a survécu à la ruine même d'un empire.

J'écrivis donc sur le petit mât de pavillon de Paul et Virginie ces vers d'Horace :

... Fratres Helenœ. lucida sidera,
Ventorumque regat pater,
Obstrictis aliis, prœter iapyga.[2]

« Que les frères d'Hélène, astres charmants comme vous, et que le père des vents vous dirigent, et ne fassent souffler que le zéphyr. »
Je gravai ce vers de Virgile sur l'écorce d'un tatamaque, à l'ombre duquel Paul s'asseyait quelquefois pour regarder au loin la mer agitée :

Fortunatus et ille deos qui novit agrestes ![3]

« Heureux, mon fils, de ne connaître que les divinités champêtres ! »

Et cet autre, au-dessus de la porte de la cabane de madame de la Tour, qui était leur lieu d'assemblée :

At secura quies, et nescia fallere vita[4]

« Ici est une bonne conscience, et une vie qui ne sait pas tromper. »

Mais Virginie n'approuvait point mon latin ; elle disait que ce que j'avais mis au pied de sa girouette était trop long et trop savant : « J'eusse mieux aimé, ajoutait-elle, *toujours agitée, mais constante.* — Cette devise, lui répondis-je, conviendrait encore mieux à la vertu. » Ma réflexion la fit rougir.

Paul et Virginie, 1787.

(1) *Arbre résineux.*
(2) Odes, *I, 3, V. 2-4.*
(3) Géorgiques, *II, V. 493.*
(4) Géorgiques, *II, V. 467.*

Comme l'homme de qualité, le narrateur de Manon Lescaut *de Prévost (voir n° 118) et, plus tard, comme René, le héros narrateur du roman homonyme de Chateaubriand, Bernardin rencontre dans l'île de France (aujourd'hui île Maurice) un homme âgé à la physionomie « noble et simple » qui lui raconte l'histoire de Paul et Virginie : issus de familles déshéritées et en butte au destin cruel, les deux enfants sont élevés au milieu de la nature bienveillante au contact des esclaves... (texte cité ci-contre.)*

Un amour chaste et sincère unit les enfants quand Virginie est rappelée en France par une vieille tante exigeante mais riche, à l'agonie. Le gouverneur et le confesseur de la mère de Virginie finissent par avoir gain de cause et la jeune fille passe de trop longs moments dans une métropole trop civilisée tandis que Paul, mélancolique, parcourt l'île à la recherche de ses souvenirs heureux. Enfin, Virginie revient et Paul va guetter le bateau qui la ramène. Malheureusement une tempête déchire le Saint-Géran sur la côte de l'Ile d'Ambre et sous les yeux de Paul, de la mère de Paul, de celle de Virginie, et du narrateur, Virginie est noyée. Paul en mourra et « le bon vieillard », à la fin de l'histoire, s'éloignera « en versant des larmes ; et les miennes, ajoute le narrateur, Bernardin, avaient coulé plus d'une fois pendant ce funeste récit ».

1 — *Relevez, dans le texte situé en page de droite, les termes qui indiquent « l'exotisme » de ce roman. Comment sont-ils intégrés au récit ?*
En quoi peuvent-ils frapper un lecteur du XVIIIe *siècle ? Retrouve-t-on ce procédé plus tard (voir index thématique* **XIXe siècle** *à Exotisme), sous quelles formes ?*

2 — *Un autre élément, la référence classique, apparaît dans le récit : quelle en est la fonction ? Quelle est la position de Virginie à cet égard ? Que devient, de fait, le « noble vieillard », second narrateur de l'histoire ?*

3 — *Qui sont en réalité les spectateurs du naufrage ?*

4 — *Dans le récit de la mort de Virginie, l'auteur fixe l'attention du lecteur sur un élément matériel qui, peu à peu, se charge de spiritualité et de symbolisme. Quel est cet élément et, surtout quel est son sens ? Comment en arrive-t-il à transfigurer la fin du récit ?*

144 BIBLIOTHÈQUE BLEUE

1 - Lecture et public.

Quelle était la diffusion réelle des ouvrages que nous considérons aujourd'hui comme les chefs-d'œuvre des siècles passés ? Quel pourcentage de la population touchaient-ils ? Comment s'est répandue la philosophie des lumières dans une population en grande majorité analphabète ? Autant de questions qui font à l'heure actuelle l'objet de l'étude des historiens.

Quelques chiffres : alors qu'à l'heure actuelle un journal de lycée tire facilement à quelques centaines d'exemplaires, qu'un succès de librairie peut «faire» plusieurs centaines de milliers d'exemplaires, au XVIIIe siècle, les chiffres de la première édition de Charles XII *de Voltaire (mille exemplaires), du* Siècle de Louis XIV *(trois mille exemplaires), de* La Nouvelle Héloïse *(quatre mille exemplaires) sont considérés comme exceptionnels.* L'Encyclopédie *a quatre mille souscripteurs, le* Mercure de France, *le périodique le plus répandu en Europe, tire à sept mille exemplaires (l'équivalent d'un journal de quartier). On peut en conclure, sans trop s'avancer, qu'à cette époque, seules les classes aisées (fréquentant les salons, les cafés, les sociétés de pensée), la bourgeoisie parlementaire, les membres des professions libérales, ont accès aux idées nouvelles par l'intermédiaire du livre.*

2 - Culture et classes populaires.

Le petit peuple des artisans et des commerçants a lui, accès à la culture écrite, *essentiellement par l'intermédiaire de la littérature de colportage, qui occupait au XVIII*e *siècle cent cinquante-sept imprimeurs (les plus célèbres installés à Troyes et à Rouen), chaque «ouvrage» étant en moyenne tiré à quatre mille exemplaires. Ces petits livres, mal brochés, imprimés sur un mauvais papier, avaient l'avantage d'être très bon marché (un ou deux sols). Leur contenu était très diversifié, les auteurs des textes souvent anonymes. Il semble que leur large diffusion ait été étroitement liée à la pratique de la* veillée, *cette institution populaire par excellence, où celui qui savait lire (curé, bedeau, soldat rentré au pays) faisait pour les autres membres de la communauté une lecture publique.*

QUELQUES GENRES :

1 - Le «sermon joyeux»

Mes chers Frères,

Cette vérité devrait faire trembler tous les pécheurs. Car enfin, Dieu est bon ; mais aussi, qui aime bien châtie bien. Il ne s'agit pas de dire : je me convertirai... ce sont des écoutes s'il pleut ; autant en emporte le vent ; un bon tiens vaut mieux que deux tu auras. Il faut ajuster ses flûtes et ne pas s'endormir sur le rôti. On sait bien où l'on est, mais on ne sait pas où l'on va ; quelquefois l'on tombe de fièvre en chaud mal, et l'on troque son cheval borgne contre un aveugle. [...]

Prenez garde, disait St Chrysostome, n'éveillez pas le chat qui dort ; l'occasion fait le larron, vous taillez en plein drap, mais les battus paieront l'amende. Fin contre fin ne vaut rien pour doublure ; ce qui est doux à la bouche est amer au cœur, et à la Chandeleur les grandes douleurs. Vous êtes comme des rats en paille, vous avez le dos au feu, le ventre à table, les biens vous viennent en dormant ; on vous prêche, vous n'écoutez pas ; mais aussi rira bien qui rira le dernier. Tout passe, tout casse, tout lasse ; ce qui vient de la flûte retourne au tambour ; et l'on se trouve à terre le cul entre deux selles ; alors il n'est plus temps, c'est de la moutarde après dîner ; il est trop tard de fermer l'écurie quand les chevaux sont dehors. [...]

Faites donc de solides et sérieuses réflexions sur tout ce que je vous ai dit. Il faut choisir d'être à Dieu ou au diable ; il n'y a pas de milieu, et comme on dit : il faut passer par la porte ou par la fenêtre. Vous n'êtes pas ici pour enfiler des perles, c'est pour faire votre salut. Ce n'est pas sur l'anse du panier, que vous rendrez vos comptes ; le démon a beau vous dorer la pilule ; quand le vin sera tiré, il faudra le boire, et c'est au fond du pot qu'on trouve le marc.

On sait bien qu'à l'impossible nul n'est tenu ; je ne veux pas vous sauver malgré vous, moi ; si ce que je vous dis entre par une oreille et vous ressort par l'autre, c'est comme si je prêchais à des sourds ; mais c'est égal, quand il faut fondre la cloche, sauve qui peut, malheureux qui est pris. Pour moi, je m'en bats l'œil ; je dis tout ce que je sais et comme charité bien ordonnée commence par soi-même, je vais tâcher de faire mes orges et de retirer mon épingle du jeu. Alors, quand je serai sauvé, ah ! ma foi, arrive qui plante, je vous dirai : Tire-t'en, Pierre. Et si vous allez à tous les diables, je m'en lave les mains.

Au nom du Père, du Fils et du Saint Esprit, ainsi soit-il.

2 - La parodie du savoir :

Remède excellent pour guérir le mal des Dents.

Il faut premièrement prendre quatre onces de Cambouis des quatre roues du chariot de David, deux livres de graisse de la Statue de Nabuchodonosor, trois dents de la mâchoire d'Ane dont Caïn tua son frère Abel, déduites en poudre, six onces de raclure des cornes du plus ancien Cocu de Paris, une livre de cervelle d'enclume, plein un petit tamis d'eau de carrière d'un moulin à vent, demi-septier de lait d'une vache de bois, autant d'urine du cheval de bronze, deux gros de sang de navet, deux onces de lait de betterave, la graisse de trente-six phénix, deux livres de quinte-essence de meules de moulin, six livres de sang de Siron, deux livres de soufre tiré de la montagne du mont Gibel en Sicile, plein une coque d'œuf de l'écume de mer, dont les Poëtes ont formé la Déesse Vénus, deux gros de la salive de son fils Cupidon, demi-septier de la cave de Baccus, six plumes des aîles dont Prometée se servit pour dérober le feu du Ciel, une dent du Vautour qui le ronge sur le mont Caucase, six onces de sirop de fonte, le suc d'un procès mal fondé, les os d'une livre de beurre, la corée d'un fromage de Brie, trois livres de sel de la femme de Lot, le manche de la truelle du premier maçon qui a travaillé à la tour de Babel, deux livres de Charbon de l'embrasement de Sodôme, deux pintes de moutarde de Babilone, trois chopines d'eau de la mer rouge, la peau du serpent d'Airain que Moïse éleva dans le désert pour guérir les Israélites, le fer de la première lance de Dom Quichotte, une pantoufle de l'incomparable Dulcinée, trois onces du baume de fiere à bras, six Charbons blanc broyés en poudre et passés au tamis, trois livres de son de cloche, trois pintes de brouillards de la Seine, quatre onces de fumée d'encens, trois chopines de lait de Cannes, quarante plumes de brochet, deux livres de clarté du Soleil, trois onces d'encre blanche, neuf onces d'urine de poules d'inde, trois livres de vent de tixe, trente-neuf plumes du Veau d'or, la moitié de la pierre dont David tua Goliath, deux onces des cheveux d'Absalon, huit plumes du Corbeau d'Élie, deux dents de la tête d'Holopherne, trois livres de bon sens de ce siècle, deux onces d'humilité des nouveaux Philosophes.

Notez qu'il faut mettre sécher et piler les ingrédiens qui sont naturellement secs, et les liquides les mettre dans une grande chaudière de Coco, et vous les ferez bouillir ensemble pendant un siècle et les laisserez refroidir ; vous en ferez des boles de la grosseur d'un boulet de Canon, vous en mettrez une sur chaque dent affligée et vous aurez parfaite guérison.

Watteau, *Le Colporteur,* (Lauros-Giraudon).

3 - Le conte

Un pauvre paysan auquel on volait toutes ses poires a obtenu de Dieu que quiconque monterait sur son arbre resterait prisonnier d'un enchantement. Mais la Mort vient le chercher... Jean Misère lui demande de cueillir une poire, et voilà la Mort prisonnière.

Je m'aperçois, dit la Mort, que je suis aujourd'hui entrée dans une fâcheuse maison pour moi : enfin, bon homme, je commence à m'ennuyer ici, j'ai des affaires aux quatre coins du monde, il faut qu'elles soient terminées avant que le Soleil soit couché ; voulez-vous arrêter le cours de la Nature ? Si une fois je sors de cette place, vous pourriez bien vous en repentir.

Non, lui répondit *Misère,* je ne crains rien ; tout homme qui n'appréhende point la Mort est au-dessus de bien des choses : vos menaces ne me causent pas la moindre émotion, je suis toujours prêt à partir pour l'autre monde, quand le Seigneur l'aura ordonné.

Voilà, lui dit la Mort, de très-beaux sentimens, et je ne croyois pas qu'une si petite Maison renfermât un si grand Trésor. Tu peux te vanter, bon homme, d'être le premier de la vie qui ait vaincu la Mort. Le Ciel m'ordonne que de ton consentement je te quitte, et ne revienne jamais te voir qu'au jour du Jugement universel, après que j'aurai achevé mon grand ouvrage, qui sera la destruction générale de tout le genre humain. Je te le ferai voir, je te le promets ; mais sans balancer, souffre que je descende, ou du moins que je m'envole, une Reine m'attend à cinq lieues d'ici pour partir.

Dois-je ajouter foi, reprit *Mysère,* à votre discours ? et n'est-ce point pour mieux me tromper que vous me parlez ainsi ? Non, je te le jure, jamais tu ne me verras qu'après l'entière désolation de toute la nature, et ce sera toi qui recevras le dernier coup de ma faux ; les arrêts de la Mort sont irrévocables, entends-tu mon bon homme ?

Oui, dit-il, je vous entends ; je dois ajouter foi à vos paroles, et pour vous le prouver efficacement, je consens que vous vous retiriez quand il vous plaira, vous en avez à présent la liberté.

A ces mots, la Mort ayant fendu les airs, s'enfuit à la vue de *Misère,* sans qu'on en ait entendu parler depuis. Quoique très souvent elle vienne dans le pays, même dans cette petite ville, elle passe toujours devant sa porte, sans oser s'informer de sa santé ; c'est ce qui fait que *Misère,* si âgé qu'il soit, a vécu depuis ce temps là dans la même pauvreté, près de son cher poirier, et suivant les promesses de la Mort, il restera sur terre tant que le monde sera monde.

3 - La « Bibliothèque bleue ».

L'ensemble de ce type de production écrite et diffusée par colportage, dont l'origine remonte à la fin du XVIe *siècle, prit à un moment le nom de* Bibliothèque bleue *(sans doute à cause de la couleur de la couverture des ouvrages, ou par généralisation, à partir du nom du genre dit des «contes bleus»). Les textes proposés au public sont de nature très diverse : avec les romans de chevalerie, les almanachs traditionnels, les chroniques issues du moyen-âge, les contes et les fables, les extraits de la «littérature savante» (Scarron, Boileau, Corneille, Molière...) adaptés pour le lecteur populaire, voisinent les manuels de la vie pratique, les livres de métier, les guides des saisons, les livres de piété (catholiques), les vies de saints, etc. On peut dire que dans l'ensemble, la réalité sociale est pratiquement évacuée, au profit du merveilleux et du surnaturel : cette littérature est avant tout, semble-t-il, littérature d'évasion. Sans nul doute le bilan est difficile à dresser, mais il est certain que ce fonds montre une coupure très nette avec la culture bourgeoise du XVIII*[e] *siècle, et que ce n'est pas par ce moyen de diffusion que se sont répandues dans la population artisanale et paysanne les idées des lumières. Force nous est de constater, comme l'écrit un historien contemporain, que* «le XVIIIe siècle que nous a légué l'histoire n'est pas celui qu'ont vécu les contemporains» *ou du moins... pas uniquement.*

Tiepolo, *Carnaval à Venise,* (Bulloz)

*Aventurier européen, séminariste un jour, violoniste un mois, magicien et imposteur souvent, voleur quelquefois, libertin toujours, Vénitien, Parisien, Londonien, Berlinois, cosmopolite, Casanova est à tous les sens du terme un «coureur»: ni Cagliostro, ni Don Juan, il est le type même du personnage protéiforme. Le XVIII*e *siècle défile dans ses Mémoires (écrits en français, publiés de façon très incomplète au XIX*e *siècle): philosophie, libertinage, critique des idées reçues, et aussi le jeu, la prostitution et la débauche en composent le décor.*

Ecole de Canaletto, *Vue de Venise,* (Bulloz)

Cultiver le plaisir des sens fut toujours ma principale affaire: je n'en eus jamais de plus importante. Me sentant né pour le beau sexe, je l'ai toujours aimé et m'en suis fait aimer tant que j'ai pu. J'ai aussi aimé la bonne chère avec transport, et j'ai toujours été passionné pour tous les objets qui ont excité ma curiosité.

J'ai eu des amis qui m'ont fait du bien, et le bonheur de pouvoir en toute occasion leur donner des preuves de ma reconnaissance. J'ai eu aussi de détestables ennemis qui m'ont persécuté, et que je n'ai pas exterminés parce qu'il n'a pas été en mon pouvoir de le faire. [...]

Si l'on me nomme sensuel, on aura tort, car la force de mes sens ne m'a jamais fait négliger mes devoirs quand j'en ai eu. Par la même raison on n'aurait jamais dû traiter Homère d'ivrogne:

Laudibus arguitur vini vinosus Homerus (1)

J'ai aimé les mets au haut goût: le pâté de macaroni fait par un bon cuisinier napolitain, l'ogliopotrida des Espagnols, la morue de Terre-Neuve bien gluante, le gibier au fumet qui confine et les fromages dont la perfection se manifeste quand les petits êtres qui s'y forment commencent à devenir visibles. Quant aux femmes, j'ai toujours trouvé suave l'odeur de celles que j'ai aimées.

Quels goûts dépravés! dira-t-on: quelle honte de se les reconnaître et de ne pas en rougir! Cette critique me fait rire; car, grâce à mes gros goûts, je me crois plus heureux qu'un autre, puisque je suis convaincu qu'ils me rendent susceptible de plus de plaisir. Heureux ceux qui, sans nuire à personne, savent s'en procurer, et insensés ceux qui s'imaginent que le Grand-Être puisse jouir des douleurs, des peines et des abstinences qu'ils lui offrent en sacrifice, et qu'il ne chérisse que les extravagants qui se les imposent. Dieu ne peut exiger de ses créatures que l'exercice des vertus dont il a placé le germe dans leur âme, et il ne nous a rien donné qu'à dessein de nous rendre heureux: amour-propre, ambition d'éloges, sentiment d'émulation, force, courage, et un pouvoir dont rien ne peut nous priver: c'est celui de nous tuer, si, après un calcul juste ou faux, nous avons le malheur d'y trouver notre compte.

Mémoires, Histoire de ma vie, Préface, 1791-1797, pub. 1826.

(1) Par les louanges qu'il lui donne, Homère se révèle amateur de vin *(Horace, Epîtres, I)*

Guardi, *Le départ du Bucentaure,* (Reu. Mus. Nat.)

PRÉSIDENT DE BROSSES (1709-1777), **1739**

Quant aux mœurs, vous aimeriez assurément mieux que je vous en entretienne que d'édifices et de peintures; mais faites réflexion qu'un étranger qui passe un mois dans une ville n'est pas fait pour les connaître et en parlerait presque infailliblement tout de travers. Cependant, si vous voulez quelque chose là-dessus, je vous dirai qu'il n'y a pas de lieu au monde où la liberté et la licence règnent plus souverainement qu'ici. Ne vous mêlez pas du gouvernement et faites d'ailleurs tout ce que vous voudrez. Je ne parle pas de la chose dont nos plaisirs et nous tirons notre origine, de la chose proprement dite et par excellence. On ne s'en choque pas plus ici que de toute autre opération naturelle. C'est une bonne police qui devrait être reçue partout. Mais pour tout ce qui, en saine morale, doit s'appeler mauvaise action, l'impunité y est entière. Cependant, le sang est si doux, ici, que, malgré la facilité que donnent les masques, les allures de la nuit, les rues étroites, et surtout les ponts sans garde-fous, d'où l'on peut pousser un homme dans la mer sans qu'il s'en aperçoive, il n'arrive pas quatre accidents en mer; encore n'est-ce qu'entre étrangers. Vous pouvez juger, par là, combien les idées que l'on a sur les stylets vénitiens sont mal fondées aujourd'hui.

Il en est à peu près de même de leur jalousie pour leurs femmes, cependant cet article mérite explication. Dès qu'une fille, entre nobles, est promise, elle met un masque et personne ne la voit plus que son futur, ou ceux à qui il le permet, ce qui est fort rare. En se mariant, elle devient un meuble de communauté pour toute la famille, chose assez bien imaginée, puisque cela supprime l'embarras de la précaution et que l'on est sûr d'avoir des héritiers du sang. C'est souvent l'apanage du cadet de porter le nom du mari; mais, outre cela, il est de règle qu'elle ait un amant; ce serait même une espèce de déshonneur à une femme, si elle n'avait pas un homme publiquement sur son compte. Mais, halte-là; la politique a très grande part à ceci. La famille en use comme le roi de France, à l'élection de l'abbé de Cîteaux; on laisse choisir la femme en donnant l'exclusion à tels ou tels. Il ne faut pas qu'elle s'avise de prendre aucun autre qu'un noble, et, parmi ceux-ci, un homme qui ait entrée dans le *Pregadi* ou Sénat, et dans les conseils, dont la famille soit assez puissante pour pouvoir favoriser les brigues et à qui l'on puisse dire: «Monsieur, il me faut demain matin tant de voix pour mon beau-frère ou pour mon mari». Avec cela, une femme a la liberté tout entière. Il faut cependant rendre justice à la vérité; notre ambassadeur me disait, l'autre jour, qu'il ne connaissait pas plus d'une cinquantaine de femmes de qualité qui couchassent avec leurs amants. Le reste est retenu par la dévotion. Les confesseurs ont traité avec elles, qu'elles s'abstiendraient de l'article essentiel; moyennant quoi, ils leur font bon marché du reste tout aussi loin qu'il puisse s'étendre, y compris la permission de n'être pas manchotes.

Lettre, à M. de Blancey, 13 août 1739.

1 — *Qu'est-ce que Casanova entend par* sens*? Comment le texte développe-t-il ce terme?*

2 — *Comment se combinent dans ce texte autobiographie, portrait, et réflexions philosophiques? Quel est le dessein de cet amalgame*?*

3 — *Quelle image de Venise se dégage du texte de De Brosses?*

4 — *De Brosses fait-il une différence entre* liberté *et* licence*? Quel sens de ces deux termes se dégage de ce texte?*

I - ARISTOCRATIE

C'est un fait avéré, que Madame, fille du Roi, jouant avec une de ses Bonnes, regarda à sa main, et, après avoir compté ses doigts : « Comment ! dit l'enfant avec surprise, vous avez cinq doigts aussi, comme moi ? » Et elle recompta pour s'en assurer.

Il s'agissait de corriger Louis XV, jeune encore, de l'habitude de déchirer les dentelles de ses Courtisans : M. de Maurepas s'en chargea. Il parut devant le Roi avec les plus belles dentelles du monde ; le Roi s'approche, et lui en déchire une ; M. de Maurepas froidement déchire celle de l'autre main, et dit simplement : « Cela ne m'a fait nul plaisir. » Le Roi surpris devint rouge, et depuis ce temps ne déchira plus de dentelles.

Milord Hamilton, personnage très singulier, étant ivre dans une hôtellerie d'Angleterre, avait tué un garçon d'auberge et était rentré sans savoir ce qu'il avait fait. L'aubergiste arrive tout effrayé et lui dit : « Milord, savez-vous que vous avez tué ce garçon ? » Le lord lui répondit, en balbutiant : « Mettez-le sur la carte. »

On sait quelle familiarité le Roi de Prusse permettait à quelques-uns de ceux qui vivaient avec lui. Le Général Quintus-Icilius était celui qui en profitait le plus librement. Le Roi de Prusse, avant la bataille de Rosbak, lui dit que s'il la perdait, il se rendrait à Venise, où il vivrait en exerçant la médecine. Quintus lui répondit : *Toujours Assassin !*

Dans le temps des farces de la Foire Saint-Laurent, il parut sur le théâtre un Polichinelle bossu par devant et par derrière. On lui demandait ce qu'il avait dans sa bosse de devant. « Des ordres, dit-il. — Et dans ta bosse de derrière ? — Des contre-ordres. » C'était le temps où l'administration était la plus folle ou la plus sotte. Cette plaisanterie, très bonne en elle-même, fit envoyer le plaisant à Bicêtre.

Chamfort, Carnavalet, (Photo L'Hoir).

II - AMOURS

M. d'Argenson disait à M. le Comte de Sébourg, qui était l'amant de sa femme : « Il y a deux places qui vous conviendraient également : le gouvernement de la Bastille et celui des Invalides ; si je vous donne la Bastille, tout le monde dira que je vous y ai envoyé ; si je vous donne les Invalides, on croira que c'est ma femme. »

M... disait : « Les femmes n'ont de bon que ce qu'elles ont de meilleur. »

Un homme allait, depuis trente ans, passer toutes les soirées chez madame de... ; il perdit sa femme ; on crut qu'il épouserait l'autre, et on l'y encourageait. Il refusa : « Je ne saurais plus, dit-il, où aller passer mes soirées. »

Un homme était en deuil, de la tête aux pieds : grandes pleureuses, perruque noire, figure allongée. Un de ses amis l'aborde tristement : « Eh ! Bon Dieu ! qui est-ce donc que vous avez perdu ? — Moi, dit-il, je n'ai rien perdu : c'est que je suis veuf. »

Un jeune homme sensible, et portant l'honnêteté dans l'amour, était bafoué par les libertins qui se moquaient de sa tournure sentimentale. Il leur répondit avec naïveté : « Est-ce ma faute à moi si j'aime mieux les femmes que j'aime, que les femmes que je n'aime pas ? »

Introduit dans la « meilleure société » de son siècle, Chamfort s'en dégoûta rapidement. Il rédigea ses Caractères et Anecdotes *(accompagnés d'un recueil de* Maximes, *qui sont souvent la conclusion d'anecdotes narrées ailleurs) tout à la fois dans le goût de son siècle, et pour protester contre ce siècle (révolutionnaire de la première heure, Chamfort se suicida pendant la Terreur pour échapper à la guillotine).*

III - HUMOUR ET MORALE

On condamna en même temps le livre de *l'Esprit* (1) et le poème de *la Pucelle* (2). Ils furent tous les deux défendus en Suisse. Un magistrat de Berne, après une grande recherche de ces deux ouvrages, écrivit au Sénat : « Nous n'avons trouvé dans tout le canton ni *Esprit* ni *Pucelle*. »

Un chef de sauvages aux ordres de M. de Montcalm, ayant avec lui un entretien dans lequel le général se fâcha, lui dit d'un grand sang-froid : « Tu commandes, et tu te fâches ? »

Caractères et anecdotes, posth. 1803.

(1) Helvétius, 1758 (se référer au n° 97).
(2) Voltaire, 1762.

VAUVENARGUES (1715-1747)

Le mot de *saillie* vient de sauter ; avoir des saillies, c'est passer sans gradation d'une idée à une autre qui peut s'y allier ; c'est saisir les rapports des choses les plus éloignées, ce qui demande sans doute de la vivacité et un esprit agile. Ces transitions soudaines et inattendues causent toujours une grande surprise : si elles se portent à quelque chose de plaisant, elles excitent à rire ; si à quelque chose de profond, elles étonnent ; si à quelque chose de grand, elles élèvent ; mais ceux qui ne sont pas capables de s'élever, ou de pénétrer d'un coup d'œil des rapports trop approfondis, n'admirent que ces rapports bizarres et sensibles que les gens du monde saisissent si bien ; et le philosophe, qui rapproche par de lumineuses sentences les vérités en apparence les plus séparées, réclame inutilement contre cette injustice : les hommes frivoles, qui ont besoin de temps pour suivre ces grandes démarches de la réflexion, sont dans une espèce d'impuissance de les admirer, attendu que l'admiration ne se donne qu'à la surprise, et vient rarement par degrés.

Les saillies tiennent en quelque sorte dans l'esprit le même rang que l'humeur peut avoir dans les passions. Elles ne supposent pas nécessairement de grandes lumières, elles peignent le caractère de l'esprit. Ainsi ceux qui approfondissent vivement les choses ont des saillies de réflexion ; les gens d'une imagination heureuse, des saillies d'imagination ; d'autres, des saillies de mémoire ; les méchants, de méchanceté ; les gens gais, de choses plaisantes, etc.

Les gens du monde qui font leur étude de ce qui peut plaire, ont porté plus loin que les autres ce genre d'esprit ; mais, parce qu'il est difficile aux hommes de ne pas outrer ce qui est bien, ils ont fait du plus naturel de tous les dons un jargon plein d'affectation. L'envie de briller leur a fait abandonner par réflexion le vrai et le solide, pour courir sans cesse après les allusions et les jeux d'imagination les plus frivoles ; il semble qu'ils soient convenus de ne plus rien dire de suivi, et de ne saisir dans les choses que ce qu'elles ont de plaisant, et leur surface. Cet esprit, qu'ils croient si aimable, est sans doute bien éloigné de la nature, qui se plaît à se reposer sur les sujets qu'elle embellit, et trouve la variété dans la fécondité de ses lumières, bien plus que dans la diversité de ses objets. Un agrément si faux et si superficiel, est un art ennemi du cœur et de l'esprit, qu'il resserre dans des bornes étroites ; un art qui ôte la vie de tous les discours en bannissant le sentiment qui en est l'âme, et qui rend les conversations du monde aussi ennuyeuses qu'insensées et ridicules.

Introduction à la connaissance de l'esprit humain (1746).

PRINCE DE LIGNE (1735-1814)

Dans le temps que je partageais les charmes de la plus jolie femme du monde et de la plus grande dame de Vienne avec l'empereur de ce temps là, le bon, l'excellent, le sûr, l'aimable, le beau même, le propre, l'honnête François Ier, l'impératrice allait quelquefois au spectacle, alors l'empereur n'osait pas quitter sa loge. Un jour qu'il la vit apparemment bien occupée, il se glissa dans celle où j'allais toujours ces jours-là. Sa maîtresse et moi nous fûmes un peu alarmés de son apparition, mais nous savions qu'il nous aimait tous les deux. Il me demanda quelle était la petite pièce. C'était *Crispin rival de son maître*. Je ne sus comment faire pour le lui dire. Il insista. Je lui dis, moitié embarrassé et moitié mourant de rire, en balbutiant ce qui faisait notre position à tous les deux, et je me sauvai au plus vite en laissant à cette jolie et charmante femme le soin de trouver dans sa brillante imagination de quoi faire un conte à son amant *couronné* sur notre embarras et ma prompte sortie.

Œuvres (posth), 1817.

HUMOUR ET IRONIE

1 — *A quelles maximes abstraites pourrait-on ramener certaines de ces anecdotes ? Pourquoi, contrairement à La Rochefoucauld (se* **référer** *aux* **XVI-XVIIe siècles, no** *152-153), Chamfort choisit-il de raconter l'anecdote ?*

2 — *Par rapport au style de la maxime quelles différences marquent le style de l'anecdote ? Appuyez-vous sur le texte de Vauvenargues, ci-contre.*

3 — *Cherchez le sens du mot* misanthropie. *En quoi ce terme a-t-il pu être appliqué à Chamfort ?*

4 — *B. Vian a écrit : « L'humour, c'est la politesse du désespoir. » A la lecture de ces anecdotes, comment comprenez-vous cette phrase ?*

Vauvenargues, (R. Viollet).

147 a CONDORCET (1743-1794)

L'Europe supportée par Afrique et Amérique, (BN).

Stedman, *Expédition à Surinam, soldat blanc ayant tué un noir,* (BN).

RAISONS DONT ON SE SERT POUR EXCUSER L'ESCLAVAGE DES NÈGRES

On dit, pour excuser l'esclavage des Nègres achetés en Afrique, que ces malheureux sont ou des criminels condamnés au dernier supplice, ou des prisonniers de guerre, qui seraient mis à mort s'ils n'étaient pas achetés par les Européens.

D'après ce raisonnement, quelques écrivains nous présentent la traite des Nègres comme étant presque un acte d'humanité. Mais nous observerons :

1. Que ce fait n'est pas prouvé, et n'est pas même vraisemblable. Quoi ! avant que les Européens achetassent des Nègres, les Africains égorgeaient tous leurs prisonniers ! Ils tuaient non-seulement les femmes mariées, comme c'était, dit-on, autrefois l'usage chez une horde de voleurs orientaux, mais même les filles non-mariées ; ce qui n'a jamais été rapporté d'aucun peuple. Quoi ! Si nous n'allions pas chercher des Nègres en Afrique, les Africains tueraient les esclaves qu'ils destinent maintenant à être vendus ! chacun des deux partis aimerait mieux assommer ses prisonniers que de les échanger ! Pour croire des faits invraisemblables, il faut des témoignages imposants, et nous n'avons ici que ceux des gens employés au commerce des Nègres — Je n'ai jamais eu l'occasion de les fréquenter ; mais il y avait chez les Romains des hommes livrés au même commerce, et leur nom est encore une injure (1).

2. En supposant qu'on sauve la vie des Nègres qu'on achète, on ne commet pas moins un crime en l'achetant, si c'est pour le revendre ou le réduire en esclavage. C'est précisément l'action d'un homme qui, après avoir sauvé un malheureux poursuivi par des assassins, le volerait. Ou bien, si on suppose que les Européens ont déterminé les Africains à ne plus tuer leurs prisonniers, ce serait l'action d'un homme qui serait parvenu à dégoûter des brigands d'assassiner des passants, et les aurait engagés à se contenter de les voler avec lui. Dirait-on dans l'une ou dans l'autre de ces suppositions, que cet homme n'est pas un voleur ? Un homme qui, pour en sauver un autre de la mort, donnerait de son nécessaire, serait sans doute en droit d'exiger un dédommagement ; il pourrait acquérir un droit sur le bien et même sur le travail de celui qu'il a sauvé, en prélevant cependant ce qui est nécessaire à la subsistance de l'obligé : mais il ne pourrait sans injustice le réduire à l'esclavage. On peut acquérir des droits sur la propriété future d'un autre homme, mais jamais sur sa personne. Un homme peut avoir le droit d'en forcer un autre à travailler pour lui, mais non pas de le forcer à lui obéir.

3. L'excuse alléguée est d'autant moins légitime, que c'est au contraire l'infâme commerce des brigands d'Europe, qui fait naître entre les Africains des guerres presque continuelles, dont l'unique motif est le désir de faire des prisonniers pour les vendre. Souvent les Européens eux-mêmes fomentent des guerres par leur argent ou par leurs intrigues ; en sorte qu'ils sont coupables, non seulement du crime de réduire des hommes en esclavage, mais encore de tous les meurtres commis en Afrique pour préparer ce crime. Ils ont l'art perfide d'exciter la cupidité et les passions des Africains, d'engager le père à livrer ses enfants, le frère à trahir son frère, le prince à vendre ses sujets. Ils ont donné à ce malheureux peuple le goût destructeur des liqueurs fortes. Ils lui ont communiqué ce poison qui, caché dans les forêts de l'Amérique, est devenu, grâce à l'active avidité des Européens, un des fléaux du globe ; et ils osent encore parler d'humanité !

Quand bien même l'excuse que nous venons d'alléguer disculperait le premier acheteur, elle ne pourrait excuser ni le second acheteur, ni le colon qui garde le Nègre ; car ils n'ont pas le motif présent d'enlever à la mort l'esclave qu'ils achètent : ils sont, par rapport au crime de réduire en esclavage, ce qu'est, par rapport à un vol, celui qui partage avec le voleur, ou plutôt celui qui charge un autre d'un vol, et qui en partage avec lui le produit. La loi peut avoir des motifs pour traiter différemment le voleur et son complice ; mais en morale, le délit est le même.

Enfin, cette excuse est absolument nulle pour les Nègres nés dans l'habitation. Le maître qui les élève pour les laisser dans l'esclavage est criminel, parce que le soin qu'il a pu prendre d'eux dans l'enfance, ne peut lui donner sur eux aucune apparence de droit. En effet, pourquoi ont-ils eu besoin de lui ? C'est parce qu'il a ravi à leurs parents, avec la liberté, la faculté de soigner leur enfant. Ce serait donc prétendre qu'un premier crime peut donner le droit d'en commettre un second. D'ailleurs supposons même l'enfant nègre abandonné librement de ses parents : le droit d'un

(1) Leno *ne signifiait d'abord que marchand d'esclaves; mais comme ces marchands vendaient de belles esclaves aux voluptueux de Rome leur nom prit une autre signification. C'est là une suite nécessaire du métier de marchand d'esclaves : aussi, même dans les pays assez barbares pour que cette profession ne fût point regardée comme criminelle, elle a toujours été infâme dans l'opinion. (note de Condorcet).*

Stedman, *Expédition à Surinam, Un noir pendu,* (BN).

homme sur un enfant abandonné, qu'il a élevé, peut-il être de le tenir dans la servitude ? Une action d'humanité donnerait-elle le droit de commettre un crime ?

L'esclavage des criminels légalement condamnés n'est pas même légitime. En effet, une des conditions nécessaires pour que la peine soit juste, c'est qu'elle soit déterminée par la loi, et quant à sa durée, et quant à sa forme. Ainsi, la loi peut condamner à des travaux publics, parce que la durée du travail, la nourriture, les punitions en cas de paresse ou de révolte, peuvent être déterminées par la loi ; mais la loi ne peut jamais prononcer contre un homme la peine d'être esclave d'un autre homme en particulier, parce que la peine dépendant alors absolument du caprice du maître, elle est nécessairement indéterminée. D'ailleurs, il est aussi absurde qu'atroce d'oser avancer que la plupart des malheureux achetés en Afrique sont des criminels. A-t-on peur qu'on n'ait pas assez de mépris pour eux, qu'on ne les traite pas avec assez de dureté ? Et comment suppose-t-on qu'il existe un pays où il se commette tant de crimes, et où cependant il se fasse si exacte justice ?

Réflexions sur l'esclavage des Nègres, II, 1781.

MONTESQUIEU, 1748

Si j'avais à soutenir le droit que nous avons eu de rendre les nègres esclaves, voici ce que je dirais :

Les peuples d'Europe ayant exterminé ceux de l'Amérique, ils ont dû mettre en esclavage ceux de l'Afrique, pour s'en servir à défricher tant de terres.

Le sucre serait trop cher, si l'on ne faisait travailler la plante qui le produit par des esclaves.

Ceux dont il s'agit sont noirs depuis les pieds jusqu'à la tête ; et ils ont le nez si écrasé qu'il est presque impossible de les plaindre.

On ne peut se mettre dans l'idée que Dieu, qui est un être très sage, ait mis une âme, surtout une âme bonne, dans un corps tout noir.

Il est si naturel de penser que c'est la couleur qui constitue l'essence de l'humanité que les peuples d'Asie, qui font des eunuques, privent toujours les noirs du rapport qu'ils ont avec nous d'une façon plus marquée.

On peut juger de la couleur de la peau par celle des cheveux, qui, chez les Égyptiens, les meilleurs philosophes du monde, étaient d'une si grande conséquence, qu'ils faisaient mourir tous les hommes roux qui leur tombaient entre les mains.

Une preuve que les nègres n'ont pas le sens commun, c'est qu'ils font plus de cas d'un collier de verre que de l'or, qui, chez les nations policées, est d'une si grande conséquence.

Il est impossible que nous supposions que ces gens-là soient des hommes ; parce que, si nous les supposions des hommes, on commencerait à croire que nous ne sommes pas nous-mêmes chrétiens.

De petits esprits exagèrent trop l'injustice que l'on fait aux Africains. Car, si elle était telle qu'ils le disent, ne serait-il pas venu dans la tête des princes d'Europe, qui font entre eux tant de conventions inutiles, d'en faire une générale en faveur de la miséricorde et de la pitié ?

De l'Esprit des Lois, Livre XV, chap. V, 1748

Stedman, *Expédition à Surinam, Un noir rebelle,* (BN).

LAMET ET FROMAGEAU, 1733

RÈGLES SUR LE COMMERCE DES ESCLAVES EN GÉNÉRAL, ET DES NÈGRES EN PARTICULIER.

Demande

On demande si, en sûreté de conscience, on peut vendre des Nègres?

Ceux qui en font scrupule disent qu'il y a de l'inhumanité d'acheter et de vendre des hommes.

Que n'étant pas permis d'acheter une chose que l'on sçait être dérobée, on ne peut acheter les Nègres, parce qu'ils sont pris et enlevés de force, c'est un vol usité parmi eux, ils se dérobent réciproquement. Cela est public et par conséquent il n'est pas licite d'entrer dans ce commerce avec eux.

1e Ceux qui sont d'un sentiment contraire disent que c'est un grand avantage pour ces pauvres malheureux; parce qu'étant portés dans un pays chrétien, ils y sont instruits et baptisés, à quoi ils n'ont aucune répugnance, mais au contraire on trouve encore une admirable disposition: et il y en a plusieurs qui demandent instamment le baptême, lorsqu'ils sont parmi nous pour être délivrés du diable, dont ils assurent qu'ils sont maltraités et battus; ils seraient privés de ce bonheur dans leur pays, qui est tout idolâtrie, et où il n'y a pas de missionnaires catholiques.

2e Tous les princes chrétiens permettent à leurs sujets de faire ce commerce.

3e Les Espagnols et les Portugais, qui se piquent d'être les meilleurs catholiques du monde, sont ceux qui en font le plus grand commerce.

4e Notre Roi Très Chrétien ne fait point difficulté d'acheter des esclaves turcs, quoiqu'il y en ait très peu qui embrassent le christianisme.

5e Les Nègres sont ordinairement mieux nourris, habillés et soignés dans leurs maladies chez les chrétiens que chez eux.

6e Le roi des pays où ils naissent souffre ce commerce. Il permet aux chrétiens de faire battre le tambour, pour avertir tous ceux qui ont des esclaves à vendre, qu'un tel jour il se présentera des marchands pour les acheter.

Réponse

Le Conseil de Conscience soussigné estime qu'avant de répondre, il faut établir quelques principes qui pourront servir à rendre la résolution qu'on demande plus facile, et en même temps plus intelligible.

La servitude n'est point de droit naturel: l'homme au contraire est né libre; mais elle a été introduite par le Droit des Gens[...]

[*suivent des exemples bibliques, tirés ensuite du droit canon, du droit civil antique et byzantin*].

Le Droit divin et humain permettent les esclaves; d'où il s'ensuit qu'on peut les vendre, les acheter, les changer comme les autres biens dont on est légitime possesseur.

La plus grande difficulté touchant le cas présent n'est pas de savoir si l'on peut vendre des esclaves: cela est certain par les principes ci-dessus établis; mais de savoir si de la manière que se fait ordinairement le commerce des Nègres et autres esclaves, il n'est point injuste. Plusieurs auteurs qui ont examiné cette question, soutiennent que ce commerce qui se fait dans la Guinée, en Ethiopie et en d'autres pays infidèles est ordinairement injuste; en sorte que les marchands qui vendent ou achètent là des esclaves pèchent mortellement, et doivent leur rendre la liberté. [...]

Pour expliquer ceci, il faut supposer qu'il y a trois manières différentes de servitude, ou trois titres en vertu desquels on peut devenir esclave, *jure belli*, *condemnatione* et *emptione* (1). Or quoique tous ces titres soient justes en eux-mêmes, néanmoins il arrive très souvent qu'ils cessent de l'être par les circonstances.

Premièrement, pour ce qui regarde la guerre, qui donne droit de faire des esclaves quand elle est juste: c'est une chose assez ordinaire chez les Barbares de se faire la guerre entr'eux par passion, pour des choses légères, et dans la vue seule de faire des esclaves, prévoyant que les Portugais et autres marchands viendront dans un certain temps pour les acheter; ainsi quand les marchands savent comme la plupart ne l'ignorent pas, que les Nègres qu'ils achètent ont été faits esclaves de cette manière, ou qu'ils ont été dérobés, ils ne peuvent point les acheter; parce que le titre de leur servitude est injuste et que le vendeur les a acquis par fraude ou par violence [...]

Quant au second titre, il arrive souvent que ces Barbares condamnent à perdre la liberté, par haine et par colère; en un mot, presque toutes les lois de ces pays-là sont tyranniques. De là vient que les Chrétiens ne peuvent sans péché, acheter les esclaves à qui on a ôté la liberté de cette sorte, ni les retenir dans l'esclavage.

Enfin, il est permis d'acheter des Nègres, soit qu'ils se vendent eux-mêmes, soit qu'ils vendent leurs enfants, ce qu'ils peuvent faire en certains cas; mais comme presque toujours ils ignorent ce que c'est que l'esclavage auquel ils s'engagent, que ceux qui les achètent ne leur en font jamais le détail, et que d'un autre côté cette vente se fait hors des cas dans lesquels une personne peut se vendre; il s'ensuit que ce dernier titre est injuste, et qu'on ne peut posséder légitimement les esclaves vendus de cette sorte. [...]

Il suit de tout ceci, qu'on ne peut en sûreté de conscience acheter ni vendre des Nègres, parce qu'il y a de l'injustice dans ce commerce. Si néanmoins, tout bien examiné, les Nègres qu'on achète sont esclaves à juste titre, et que du côté des acheteurs il n'y ait ni injustice ni tromperie, pour lors selon les principes établis, on peut les acheter et les vendre aux conditions qu'on a marquées: on pourrait même sans aucun examen, les acheter, si c'était pour les convertir et leur rendre la liberté.

Délibéré ce 15 avril 1698.

DE LAMET et FROMAGEAU, Docteurs de la Maison et Société de Sorbonne, *Dictionnaire des cas de Conscience,* t. I. 1733, article «*Esclaves*».

(1) Droit de guerre, de condamnation, d'achat.

PARNY, VERS 1800

Evariste Désiré de Forges, vicomte de Parny, (1753-1814), né à l'île de Bourbon (la Réunion) traduisit les Chansons Madécasses, *chansons malgaches, à la fin du XVIII*[e] *siècle.*

L'Ile de Madagascar est divisée en une infinité de petits territoires qui appartiennent à autant de princes. Ces princes sont toujours armés les uns contre les autres, et le but de toutes ces guerres est de faire des prisonniers pour les vendre aux Européens. Ainsi, sans nous, ce peuple serait tranquille et heureux. Il joint l'adresse à l'intelligence. Il est bon et hospitalier. Ceux qui habitent les côtes se méfient avec raison des étrangers, et prennent dans leurs traités toutes les précautions que dicte la prudence, et même la finesse. Les Madécasses sont naturellement gais. Les hommes vivent dans l'oisiveté, et les femmes travaillent. Ils aiment avec passion la musique et la danse. J'ai recueilli et traduit quelques chansons qui peuvent donner une idée de leurs usages et de leurs mœurs. Ils n'ont point de vers ; leur poésie n'est qu'une prose soignée : leur musique est simple, et toujours mélancolique.

Méfiez-vous des blancs, habitants du rivage. Du temps de nos pères, des blancs descendirent dans cette île ; on leur dit : voilà des terres; que vos femmes les cultivent. Soyez justes, soyez bons, et devenez nos frères.

Les blancs promirent, et cependant ils faisaient des retranchements. Un fort menaçant s'éleva ; le tonnerre fut renfermé dans des bouches d'airain ; leurs prêtres voulurent nous donner un Dieu que nous ne connaissions pas ; ils parlèrent enfin d'obéissance et d'esclavage; plutôt la mort ! Le carnage fut long et terrible ; mais malgré la foudre qu'ils vomissaient, et qui écrasait des armées entières, ils furent tous exterminés. Méfiez-vous des blancs.

Nous avons vu de nouveaux tyrans, plus forts et plus nombreux, planter leur pavillon sur le rivage : le ciel a combattu pour nous ; il a fait tomber sur eux les pluies, les tempêtes et les vents empoisonnés. Ils ne sont plus, et nous vivons, et nous vivons libres. Méfiez-vous des blancs, habitants du rivage.

« Introduction et chanson V » *Chansons Madécasses,* vers 1800.

1 — Comparez la méthode de Condorcet et celle de Montesquieu :*
- *— Quels arguments examinent-ils ?*
- *— Présentent-ils tous deux une contre argumentation ?*
- *— Comment font-ils preuve d'humour ou d'ironie ?*
- *— Les arguments sont-ils tous moraux ?*
- *— Lequel des deux auteurs vous paraît avoir le plus d'impact et pourquoi ?*

(comparez avec le dossier n° 138 sur Voltaire)

2 — Condorcet ne semble-t-il pas parfois reculer dans ses développements ? Selon quelle tactique ? Sur quels problèmes plus vastes débouche-t-il ?

*3 — Relevez, dans la position des casuistes** (Dictionnaire des cas de Conscience), *les retournements de pensée destinés à justifier, malgré tout, l'esclavage.*

LE CODE NOIR, 1685

XV

Défendons aux esclaves de porter aucune arme offensive, ni de gros bâtons, à peine du fouet et de la confiscation des armes au profit de celui qui les en trouvera saisis, à l'exception seulement de ceux qui seront envoyés à la chasse et qui seront porteurs de leurs billets ou marques connues.

XVI

Défendons pareillement aux esclaves appartenant à différents Maîtres de s'attrouper soit le jour ou la nuit, sous prétexte de noces, ou autrement, soit chez un de leurs maîtres ou ailleurs, et encore moins dans les grands chemins ou lieux écartés, à peine de punition corporelle, qui ne pourra être moindre que du fouet et de la fleur de lys, et en cas de fréquentes récidives et autres circonstances aggravantes, pourront être punis de mort : ce que nous laissons à l'arbitrage des juges. Enjoignons à tous nos sujets de courir sur les contrevenants, de les arrêter et conduire en prison, bien qu'ils ne soient officiers, et qu'il n'y ait contre eux encore aucun décret.

XXXIII

L'esclave qui aura frappé son Maître, ou la femme de son Maître, sa maîtresse, ou leurs enfants, avec contusion de sang ou au visage, sera puni de mort.

XXXIV

Et quant aux excès et voies de fait qui seront commis par les esclaves contre les personnes libres, voulons qu'ils soient sévèrement punis, même de mort s'il y échet.

XXXV

Les vols qualifiés, même ceux des chevaux, cavales, mulets, bœufs et vaches, qui auront été faits par les esclaves, ou par ceux affranchis, seront punis de peines afflictives, même de mort si le cas le requiert.

XXXVI

Les vols de moutons, chèvres, cochons, volailles, cannes de sucre, pois, magnoc ou autres légumes faits par les esclaves, seront punis selon la qualité du vol, par les juges qui pourront, s'il y échet, les condamner à être battus de verges par l'exécuteur de la Haute-Justice et marqués à l'épaule d'une fleur de lys.

XXXVIII

L'esclave fugitif qui aura été en fuite pendant un mois à compter du jour que son maître l'aura dénoncé en Justice, aura les oreilles coupées, et sera marqué d'une fleur de lys sur une épaule, et s'il récidive un autre mois à compter pareillement du jour de la dénonciation, aura le jarret coupé et sera marqué d'une fleur de lys sur l'autre épaule, et la troisième fois, il sera puni de mort.

Code Noir ou Edit du Roi servant de règlement pour le gouvernement et l'administration de Justice et la police des îles françaises de l'Amérique, et pour la discipline et le commerce de Nègres et esclaves dans les dits pays, 1685.

148 VIVANT DENON (1747-1825)

Fragonard, *Invocation à l'amour,* Louvre (Giraudon).

Point de lendemain, *est une des rares œuvres de Vivant Denon (1747-1825) qui s'occupa bien plus d'archéologie, d'histoire de l'art et d'administration de musées que de romans et de nouvelles.*

J'aimais éperdument la Comtesse de... ; j'avais vingt ans, et j'étais ingénu ; elle me trompa, je me fâchai, elle me quitta. J'étais ingénu, je la regrettai ; j'avais vingt ans, elle me pardonna : et comme j'avais vingt ans, que j'étais ingénu, toujours trompé, mais plus quitté, je me croyais l'amant le mieux aimé, partant le plus heureux des hommes. Elle était amie de madame de T..., qui semblait avoir quelques projets sur ma personne, mais sans que sa dignité fût compromise. Comme on le verra, madame de T... avait des principes de décence auxquels elle était scrupuleusement attachée.

Un jour que j'allais attendre la Comtesse dans sa loge, je m'entends appeler de la loge voisine. N'était-ce pas encore la décente madame de T... ? « Quoi ! déjà ? me dit-on. Quel désœuvrement ! Venez donc près de moi. » J'étais loin de m'attendre à tout ce que cette rencontre allait avoir de romanesque et d'extraordinaire. On va vite avec l'imagination des femmes ; et dans ce moment celle de madame de T... fut singulièrement inspirée. « Il faut, me dit-elle, que je vous sauve le ridicule d'une pareille solitude ; puisque vous voilà, il faut... L'idée est excellente. Il semble qu'une main divine vous ait conduit ici. Auriez-vous par hasard des projets pour ce soir ? Ils seraient vains, je vous en avertis ; point de questions, point de résistance... appelez mes gens. Vous êtes charmant. » Je me prosterne... on me presse de descendre, j'obéis. « Allez chez Monsieur, dit-on à un domestique, avertissez qu'il ne rentrera pas ce soir... » Puis on lui parle à l'oreille, et on le congédie. Je veux hasarder quelques mots, l'opéra commence, on me fait taire : on écoute, ou l'on fait semblant d'écouter. A peine le premier acte est-il fini, que le même domestique rapporte un billet à Madame de T..., en lui disant que tout est prêt. Elle sourit, me demande la main, descend, me fait entrer dans sa voiture, et je suis déjà hors de la ville avant d'avoir pu m'informer de ce qu'on voulait faire de moi.

Chaque fois que je hasardais une question, on répondait par un éclat de rire. Si je n'avais bien su qu'elle était femme à grandes passions, et que dans l'instant même elle avait une inclination, inclination dont elle ne pouvait ignorer que je fusse instruit, j'aurais été tenté de me croire en bonne fortune. Elle connaissait également la situation de mon cœur, car la comtesse de... était comme je l'ai déjà dit, l'amie intime de madame de T... Je me défendis donc toute idée présomptueuse, et j'attendis les événements.

Madame de T... l'emmène alors à la campagne, chez son mari avec lequel elle se réconcilie. Le jeune homme est là, selon elle pour éviter l'ennui d'un tête à tête conjugal. Le trio dîne et le mari se retire en ajoutant « d'un air ironique » : « Monsieur voudra bien me pardonner, et se charger de mes excuses auprès de Madame. » Au cours d'une promenade, la nature et la discussion sur la confiance aidant, on échange quelques baisers, Madame de T... décide qu'il faut rentrer mais au moment de passer la porte, une nouvelle conversation reprend, accompagnée par une promenade nocturne. On parle de la comtesse de... dont le jeune homme est l'amant et l'on se convainc de la fausseté de celle-ci. Après quelques moments heureux passés dans un charmant pavillon, Madame de T... évoque un merveilleux cabinet secret où l'on va après quelques refus de bon aloi.

[...] Près d'entrer, on m'arrêta : « Souvenez-vous, me dit-on gravement, que vous serez censé n'avoir jamais vu, ni même soupçonné l'asile où vous allez être introduit. Point d'étourderie ; je suis tranquille sur le reste. » La discrétion est la première des vertus ; on lui doit bien des instants de bonheur.

Tout cela avait l'air d'une initiation. On me fit traverser un petit corridor obscur, en me conduisant par la main. Mon cœur palpitait comme celui d'un jeune prosélyte que l'on éprouve avant la célébration des grands mystères... « Mais votre Comtesse, me dit-elle en s'arrêtant... » J'allais répliquer ; les portes s'ouvrirent : l'admiration intercepta ma réponse. Je fus étonné, ravi, je ne sais plus ce que je devins, et je commençai de bonne foi à croire à l'enchantement. La porte se referma, et je ne distinguai plus par où j'étais entré. Je ne vis plus qu'un bosquet aérien qui, sans issue, semblait ne tenir et ne porter sur rien ; enfin je me trouvai dans une vaste cage de glaces, sur lesquelles les objets étaient si artistement peints que, répétés, ils produisaient l'illusion de tout ce qu'ils représentaient. On ne voyait intérieurement aucune lumière ; une lueur douce et céleste pénétrait, selon le besoin que chaque objet avait d'être plus ou moins aperçu ; des cassolettes exhalaient de délicieux parfums ; des chiffres et des trophées dérobaient aux yeux la flamme des lampes qui éclairaient d'une manière magique ce lieu de délices. Le côté par où nous entrâmes représentait des portiques en treillage ornés de fleurs, et des berceaux dans chaque enfoncement ; d'un autre côté, on voyait la statue de l'Amour distribuant des couronnes ; devant cette statue était un autel, sur lequel brillait une flamme ; au bas de cet autel étaient une coupe, des couronnes, et des guirlandes ;

un temple d'une architecture légère achevait d'orner ce côté : vis-à-vis était une grotte sombre ; le dieu du mystère veillait à l'entrée : le parquet, couvert d'un tapis *pluché*, imitait le gazon. Au plafond, des génies suspendaient des guirlandes ; et du côté qui répondait aux portiques était un dais sous lequel s'accumulait une quantité de carreaux avec un baldaquin soutenu par des amours.

Ce fut là que la reine de ce lieu alla se jeter nonchalamment. Je tombai à ses pieds ; elle se pencha vers moi, elle me tendit les bras, et dans l'instant, grâce à ce groupe répété dans tous ses aspects, je vis cette île toute peuplée d'amants heureux.

Les désirs se reproduisent par leurs images. « Laisserez-vous, lui dis-je, ma tête sans couronne ? si près du trône, pourrai-je éprouver des rigueurs ? pourriez-vous y prononcer un refus ?

— Et vos serments ? me répondit-elle en se levant.

— J'étais un mortel quand je les fis, vous m'avez fait un dieu : vous adorer, voilà mon seul serment.

— Venez, me dit-elle, l'ombre du mystère doit cacher ma faiblesse, venez... »

En même temps elle s'approcha de la grotte. A peine en avions-nous franchi l'entrée, que je ne sais quel ressort, adroitement ménagé, nous entraîna. Portés par le même mouvement, nous tombâmes mollement renversés sur un monceau de coussins. L'obscurité régnait avec le silence dans ce nouveau sanctuaire. Nos soupirs nous tinrent lieu de langage. Plus tendres, plus multipliés, plus ardents, ils étaient les interprètes de nos sensations, ils en marquaient les degrés ; et le dernier de tous, quelque temps suspendu, nous avertit que nous devions rendre grâce à l'Amour. Elle prit une couronne qu'elle posa sur ma tête, et soulevant à peine ses beaux yeux humides de volupté, elle me dit : « Eh bien ! aimerez-vous jamais la Comtesse autant que moi ? » J'allais répondre lorsque la confidente, en entrant précipitamment, me dit : « Sortez bien vite, il fait grand jour, on entend déjà du bruit dans le château. »

Tout s'évanouit avec la même rapidité que le réveil détruit un songe, et je me trouvai dans le corridor avant d'avoir pu reprendre mes sens.

Sans savoir comment rentrer dans son appartement, le jeune homme décide de faire une promenade matinale dans le jardin en ne sachant quelle position il aura désormais (est-il un nouvel amant en titre ? Madame de T... aurait-elle rompu avec le marquis de... ?) Une surprise l'attend : l'amant en titre de cette femme, le marquis de... arrive et le félicite de son rôle destiné à détourner les soupçons du mari (l'amant croit en effet que le jeune homme s'est contenté d'être une « apparence » d'amant...). Ainsi, il ne reste plus qu'à saluer le mari trompé, l'amant trompeur et trompé et la femme habile.

[...] On annonça M. de T..., et nous nous trouvâmes tous en situation. M. de T... m'avait persiflé et me renvoyait, mon ami le dupait et se moquait de moi ; je le lui rendais, tout en admirant madame de T..., qui nous jouait tous, sans rien perdre de la dignité de son caractère.

Fragonard, *La Chemise enlevée,* Louvre, (Agraci).

Après avoir joui quelques instants de cette scène, je sentis que celui de mon départ était arrivé. Je me retirais, madame de T... me suivit, feignant de vouloir me donner une commission. « Adieu, Monsieur ; je vous dois bien des plaisirs ; mais je vous ai payé d'un beau rêve. Dans ce moment, votre amour vous rappelle ; celle qui en est l'objet en est digne. Si je lui ai dérobé quelques transports, je vous rends à elle, plus tendre, plus délicat, et plus sensible.

» Adieu, encore une fois. Vous êtes charmant... Ne me brouillez pas avec la Comtesse. » Elle me serra la main, et me quitta.

Je montai dans la voiture qui m'attendait. Je cherchai bien la morale de toute cette aventure, et... je n'en trouvai point.

Point de lendemain, 1777.

1 — *Dans les deux premières phrases du texte :*
   a) relevez les répétitions de termes ou de propositions. Quelle place occupent-elles dans chaque phrase ? Quels effets cela a-t-il ?
   *b) relevez les mots subordonnants et coordonnants. Comment sont-ils distribués dans les phrases et par rapport aux mots répétés ? Indiquez leurs nuances sémantiques**. *Que permettent-ils ?*
   c) faites un tableau dans lequel vous montrerez la succession des moments du récit : pourquoi le temps de fiction est-il précipité dans la narration ?

2 — *Expliquez l'ambiguïté de la dernière phrase du premier paragraphe.*

3 — *Que recouvre le « on » de ce récit ? Qu'indique son emploi ?*

4 — *En quoi l'épisode du cabinet secret peut-il être l'indice d'un rêve, d'une rêverie ou d'un texte merveilleux ?*

5 — *Connaissez-vous d'autres adaptations du trompeur-trompé, moins sophistiquées ?*

149 a Wolfgang GOETHE (1749-1832)

Dès 1775 le baron Siegmund de Seckendorf, immédiatement suivi de G. Deyerdun, traduisit en français les Souffrances du jeune Werther *(1774). Cette œuvre, maintes fois traduite et maintes fois rééditée, a très vite guidé une grande partie des écrivains français du moment : adaptations dramatiques, drames lyriques, romans, parodies : la littérature française était toute à* Werther. *Plus tard Chateaubriand (voir* **XIX**

A une lieue environ de la ville est une localité que l'on nomme Wahlheim[1]. Sa situation au flanc d'une colline est très intéressante, et quand, par le sentier d'en haut, l'on sort du village, on découvre soudain, d'un seul regard, toute la vallée. Une bonne hôtesse, encore plaisante et alerte en sa vieillesse, débite vin, bière, café ; et le plus beau de tout, ce sont deux tilleuls qui, de leur vaste ramure, recouvrent la petite place située devant l'église et toute enserrée de maisons paysannes, de granges et de cours. De coin plus familier, plus intime, je n'en ai guère rencontré, et c'est là que de l'auberge je fais apporter ma petite table et ma chaise, là que je prends mon café en lisant mon Homère. La première fois que, par hasard, une belle après-midi, j'arrivai sous ces tilleuls, je trouvai la petite place bien solitaire. Tout le monde était aux champs ; seul, un garçonnet d'environ quatre ans était installé par terre, ayant devant lui, assis entre ses pieds, un autre enfant, peut-être de six mois, qu'il serrait de ses deux bras contre sa poitrine, lui servant ainsi d'une sorte de fauteuil, et malgré la vivacité avec laquelle ses yeux noirs regardaient aux alentours, il restait là en toute tranquillité. Amusé par ce tableau, je m'assis sur une charrue qui se trouvait en face et dessinai cette pose fraternelle avec beaucoup de plaisir. J'ajoutai la haie voisine, une porte de grange et quelques roues de chariot brisées, le tout tel qu'il se trouvait là, sur des plans successifs, et je vis au bout d'une demi-heure que j'avais exécuté un dessin bien ordonné, plein d'intérêt, sans y avoir le moins du monde ajouté du

Goethe, (R. Viollet).

mien. Je fus confirmé par là dans ma résolution de m'en tenir désormais à la seule nature. Elle seule est infiniment riche, elle seule forme le grand artiste. On peut dire, à l'avantage des règles, bien des choses, à peu près ce que l'on peut dire à la louange de la société civile. En vous y conformant, vous ne produirez jamais rien qui soit absolument sans goût, rien de mauvais, de même qu'en vous laissant modeler par les lois sociales et par la bienséance, vous ne deviendrez jamais un voisin insupportable, jamais un remarquable scélérat ; par contre, et quoi que l'on en dise, toute règle ne peut que détruire le véritable sentiment, la véritable expression de la nature ! Objecte-moi : Cela est outré ! elle ne fait que poser des bornes, que tailler des vignes trop luxuriantes, etc. — Cher ami, veux-tu une comparaison ? Il en est de cela comme de l'amour. Un jeune cœur est tout entier attaché à sa belle, il passe près d'elle toutes les heures de ses journées, il prodigue toutes ses facultés, toute sa fortune pour lui exprimer à chaque instant qu'il se donne à elle. Et quelque philistin, quelque individu exerçant une fonction publique lui viendrait dire : « Mon beau monsieur, mon jeune monsieur, aimer est humain, mais il vous faut humainement aimer ! Distribuez votre temps, donnez des heures au travail, et celles du délassement, consacrez-les à votre maîtresse. Calculez bien votre fortune, et sur ce qui vous reste, le nécessaire payé, je ne vous défends point de lui faire un cadeau, mais pas trop souvent, pour son anniversaire et pour sa fête, par exemple, etc. » — Que notre amoureux l'écoute, et l'on aura un jeune homme fort utilisable, que je conseillerais moi-même à n'importe quel prince de nommer à quelque emploi administratif ; seulement, c'en est fait de son amour et, s'il est artiste, de son art.

les Souffrances du jeune Werther, livre I
lettre du 26 mai 1774 (trad. H. Buriot Darsiles, Aubier Montaigne, 1976).

(1) Le lecteur voudra bien ne point se donner la peine de chercher les localités ici nommées : on s'est vu obligé de changer les véritables noms, qui se trouvaient dans l'original (Note de Goethe).

STURM UND DRANG

Attaque des règles classiques, appel à une nouvelle définition du sentiment de la nature, exclusion de la froide raison, recours à une certaine authenticité germanique, le mouvement poétique du Sturm und Drang *est tout cela.*

Sturm und Drang («Tempête et assaut») *est une pièce de l'auteur dramatique Klinger (1776) dont les critiques du XIXe siècle n'ont gardé que le titre qui évoque le dynamisme et la violence d'un mouvement littéraire dont les grandes figures furent Goethe (1749-1832), Schiller (1759-1805), Lessing (1729-1781, l'aîné, qui fut surtout l'inspirateur du mouvement, voir n° 123), Klopstock, Herder et Wieland (1733-1813). Herder (1744-1803) et Klopstock (1724-1803) insistent sur la tradition populaire germanique en faisant naître un intérêt nouveau pour les grandes épopées* et les chants nationaux. A défaut de constituer une seule entité politique, l'Allemagne se crée une seule «âme collective».*

Vernet, *Effet d'orage ou le Midi,* Louvre, (Agraci).

GOETHE, 1783

La Nature ! Nous sommes par elle entourés, enlacés, — impuissants à nous en évader, impuissants à pénétrer plus profondément en elle. Sans nous en prier, sans nous en prévenir, elle nous prend dans le tourbillon de sa danse et nous entraîne avec elle, jusqu'à ce que la fatigue nous fasse tomber de ses bras.

Elle crée éternellement des formes nouvelles ; ce qui est n'a jamais été, ce qui fut ne revient jamais, — tout est nouveau et c'est pourtant toujours la chose ancienne.

Son spectacle est toujours nouveau, parce qu'elle crée toujours de nouveaux spectateurs. La vie est sa plus belle invention, et la mort est son artifice pour avoir beaucoup de vie.

Elle enveloppe l'homme d'obscurité et l'excite éternellement à chercher la lumière. Elle l'enchaîne à la terre, le rend paresseux et lourd, et ne cesse de le secourir pour qu'il se redresse.

Elle donne des besoins parce qu'elle aime le mouvement. C'est merveille qu'elle atteigne à tout ce mouvement avec si peu de chose. Chaque besoin est un bienfait ; vite satisfait, vite renaissant. En offre-t-elle un tout neuf, c'est une nouvelle source de joie ; mais vite elle recouvre son équilibre.

Elle entreprend à chaque instant la plus longue course et est au but à chaque instant.

Elle est la vanité même ; mais pas pour nous, pour qui elle a voulu revêtir la plus haute importance.

Elle laisse chaque enfant la modeler, chaque fou la juger, des milliers d'êtres passer lourdement sur elle et ne rien voir, mais tous lui donnent de la joie et elle trouve son compte avec tous.

On obéit à ses lois, même si on se révolte contre elles ; on agit avec elle, même si on veut agir contre elle.

Tous ses dons, elle les transforme en bienfaits, car elle commence par les rendre indispensables. Elle tarde pour qu'on la réclame ; elle se hâte pour qu'on ne soit jamais rassasié d'elle.

Elle n'a ni langue ni discours ; mais elle crée des bouches et des cœurs par qui elle sent, par qui elle parle.

Sa couronne est l'amour. Par lui seul, on approche d'elle. Elle creuse des abîmes entre tous les êtres et veut tout engloutir. Elle a tout isolé pour tout rassembler. Par quelques gorgées bues à la coupe de l'amour, elle dédommage d'une vie entière pleine de peines.

Elle est tout. Elle se récompense et se punit elle-même, elle se donne elle-même et ses joies et ses tourments. Elle est rude et tendre, aimable et terrible, faible et toute-puissante. Tout existe toujours en elle. Elle ignore le passé comme l'avenir. Le présent est son éternité. Elle est bonne. Je la loue avec toutes ses œuvres. Elle est sage et calme. On ne lui arrache pas d'explication, on ne lui extorque pas de cadeau qu'elle ne donne volontairement. Elle est rusée, mais à bonne fin, et le mieux est de ne pas s'apercevoir de sa ruse.

Elle est totale, pourtant toujours inachevée. Son action, elle peut la poursuivre à jamais.

A chacun, elle apparaît sous une forme particulière. Elle se cache sous mille identités et reste toujours la même.

Elle m'a mis sur la terre, elle m'en fera sortir. Je me confie à elle. Qu'elle me gouverne à sa guise. Elle ne haïra pas son œuvre. Je n'ai pas parlé d'elle. Non, ce qui est vrai et ce qui est faux, c'est elle qui a tout dit. Tout est sa faute, tout est son mérite.

Fragments sur la nature, 1783.

Adam, *Prométhée,* Louvre, (Bulloz).

Ribera, *Prométhée,* vers 1630, (Bulloz).

SCHILLER, 1781

SCÈNE II

UNE AUBERGE AUX FRONTIÈRES DE LA SAXE
KARL VON MOOR, *plongé dans un livre;*
SPIEGELBERG, *buvant à une table.*

KARL *(posant son livre).* — Je prends en dégoût notre siècle de barbouilleurs d'encre, quand je lis dans mon Plutarque la vie des grands hommes.

SPIEGELBERG *(lui présente un verre et boit).* — Tu devrais lire l'historien Josèphe.

KARL. — L'étincelle de feu de Prométhée s'est éteinte, on la remplace aujourd'hui par la flamme du soufre, un feu de théâtre hors d'état d'allumer une pipe de tabac. Ils grouillent maintenant comme des rats sur la massue d'Hercule, et ils étudient la moelle de son crâne, se demandent ce qu'il avait bien dans les couilles. Un abbé français nous enseigne qu'Alexandre était une poule mouillée, un professeur tuberculeux se met à chaque mot un flacon de sels sous le nez et fait une conférence sur la force; les gaillards qui tombent faibles pour avoir fait un enfant se permettent de mesquines critiques sur la tactique d'Hannibal, des garçons qui ne sont pas secs derrière les oreilles font de grandes tirades sur la bataille de Cannes, et les victoires de Scipion les font pleurnicher parce qu'ils sont chargés de les raconter.

SPIEGELBERG. — Voilà bien des pleurs dignes d'Alexandre.

KARL. — Belle récompense pour vos sueurs sur le champ de bataille que de survivre dans la mémoire des collégiens et de voir ces écoliers traîner péniblement votre immortalité dans la courroie qui porte leurs livres. Un paiement précieux de votre sang galvaudé que ce papier dont l'épicier de Nuremberg entoure son pain d'épices — ou, si vous avez de la chance, la tragédie où un auteur français vous juche, guindés, sur les échasses et vous fait marcher comme des marionnettes. Ah! ah!

SPIEGELBERG *(buvant).* — Lis Josèphe, je t'en prie.

KARL. — Fi, fi de cet indolent siècle de castrats, qui n'est bon qu'à remâcher les exploits des temps passés, à écorcher les héros de l'antiquité par ses commentaires et à les massacrer par ses tragédies. La force de ses reins est épuisée, et c'est maintenant la levure de bière qui doit aider l'humanité à se perpétuer.

SPIEGELBERG. — Du thé, frère, du thé.

KARL. — Ils enferment la sainte nature entre les barricades de conventions insipides, et n'ont pas le cœur de vider un verre à sa santé — ils lèchent les bottes du cireur de bottes pour qu'il parle en leur faveur à Sa Grâce, et tracassent le pauvre bougre dont ils n'ont rien à craindre. Ils adorent qui offre à dîner, et s'empoisonneraient entre eux pour un bois de lit qui leur échappe aux enchères. Ils condamnent le Saducéen qui ne fréquente pas assidûment l'église et devant l'autel font le compte de leurs intérêts de Juifs, tombent à genoux pour pouvoir étendre leur traîne, ne quittent pas le curé des yeux pour voir si sa perruque est bien faite. Ils tombent faibles quand ils voient saigner une oie, et applaudissent lorsque leur rival quitte la bourse après banqueroute. Si chaleureusement que je leur aie serré la main en pensant: c'est le dernier jour... En vain! Au trou le chien! ont-ils dit. Prières, serments, larmes! *(Trépignant).* Enfer et démons!

SPIEGELBERG. — Et pour quelque milliers de misérables ducats.

KARL. — Non, je ne veux pas y penser. On veut m'obliger à serrer mon corps dans un corset, et ma volonté dans des lois. La loi a tout gâté en mettant au pas de la limace ce qui aurait volé comme l'aigle. La loi n'a pas encore formé un grand homme, tandis que la liberté fait éclore des colosses et des êtres extraordinaires. Les hommes se retranchent derrière le ventre d'un tyran se complaisant aux caprices de son estomac, et se laissent coincer par les vents qu'il fait. [...] Qu'on me mette à la tête d'une armée de gaillards tels que moi, et nous ferons de l'Allemagne une république à côté de laquelle Rome et Sparte auront été des couvents de nonnes.

(Il jette son épée sur la table et se lève).

les Brigands, acte I, scène 2, 1781,
(trad. R. Dhaleine, Aubier-Flammarion, 1968).

GŒTHE, 1785

Couvre ton ciel, ô Zeus,
De la vapeur des nuées,
Et, pareil à l'enfant
Qui décapite des chardons,
Exerce-toi contre les chênes et les sommets
[des monts;

Il te faut bien pourtant
Laisser en paix ma terre
Et ma cabane, que tu n'as point bâtie,
Et mon foyer
Avec sa flamme
Que tu m'envies.

Je ne sais rien sous le soleil
De plus misérable que vous autres, dieux!
Vous nourrissez pauvrement
Votre majesté
Des offrandes des sacrifices
Et du souffle des prières,
Et vous péririez de faim
Si les enfants et les mendiants
N'étaient des fous gonflés d'espoir.

Quand j'étais enfant
Et ne savais que devenir,
Dans mon désarroi, je tournais les yeux
Vers le soleil, comme s'il y avait eu là-haut
Une oreille pour entendre ma plainte,
Un cœur comme le mien
Pour prendre en pitié l'être accablé.

Qui vint à mon secours
Contre l'insolence des Titans?
Qui me sauva de la mort
Et de la servitude?
N'as-tu pas tout accompli toi-même,
Cœur saintement embrasé?
Et dans ta jeunesse et ta bonté, dupe que tu
[étais,
Tu brûlais d'un sentiment de gratitude
Pour le dormeur de là-haut.

Moi, t'honorer? Pourquoi?
As-tu jamais adouci les souffrances
De l'opprimé?
As-tu jamais essuyé les larmes
De l'affligé?
Qui a forgé l'homme en moi,
Sinon le Temps tout-puissant,
Et le Destin éternel,
Mes maîtres et les tiens?

Pensais-tu par hasard
Que j'allais haïr la vie,
Fuir aux déserts
Parce que toutes les fleurs
De mes rêves n'ont pas donné leur fruit?

Ici je reste, pétrissant des hommes
A mon image,
Une race qui me ressemble
Pour souffrir, pour pleurer,
Pour goûter les plaisirs et les joies,
Et de toi n'avoir cure,
Comme moi!

Prométhée, 1785.

LOUIS MÉNARD, 1863

Un espoir inconnu dans mon âme fermente,
Ma force défaillante
S'appuie à ta vertu.
Tu prédis le retour du soleil que j'implore,
J'attends en paix l'aurore,
Et le doute est vaincu.

Tendre comme le chant d'une sirène éclose
Sur le flot de cristal.
Un nuage d'argent plane sur la vallée,
Et la terre, des pleurs de la nuit emperlée,
Réfléchit comme un lac l'image immaculée
Du soleil matinal.

LE CHŒUR.

Oui, je sens dans mon cœur reverdir
[l'espérance.
Sans haine et sans regret, je regarde en
[silence
Fuir mon rêve d'hier, par la nuit emporté.
Je sens, comme autrefois dans Hellas la
[divine,
Battre dans ma poitrine
Un cœur vivant et pur, au cri de liberté.

Oui, je suis jeune encor; du ciel et de la
[terre
Je veux lever le voile et sonder le mystère.
L'avenir étale à mes yeux
Le mobile trésor de ses mille conquêtes;
Car l'astre qui m'éclaire est l'astre des
[prophètes:
J'entrevois des secrets cachés sous
[d'autres cieux.

Salut à l'aurore nouvelle!
Salut à ce grand jour qui ne doit pas finir!
Soleil des temps qui vont venir,
Ton flambeau divin nous révèle
Encore un mot du livre où chaque siècle
[épèle.
Salut à l'aurore éternelle
Qui conduit le jeune avenir!

Poèmes, «Prométhée délivré», 1863.

Van Dyck, *Le supplice de Prométhée,* (Lauros-Giraudon).

DOSSIERS:

1 — Définissez la notion de Nature telle qu'elle apparaît dans les textes cités ici et comparez avec l'idée de Nature telle que vous l'avez isolée dans les dossiers n°s 121 et 169.

2 — Le mythe de Prométhée et l'humanité «en progression». Vous chercherez à illustrer ou à contredire cette association à travers des exemples littéraires, après avoir analysé les deux poèmes cités (bibliographie restreinte: Eschyle, Prométhée délivré; *G. Faure,* Prométhée; *Schlegel,* Prométhée; *Shelley,* Prométhée délivré; *Camus,* l'Été, l'Homme révolté; *Gide,* le Prométhée mal enchaîné).

3 — DISSERTATION:
L'art est-il destiné à représenter la Nature, les rapports qu'on entretient avec elle ou à l'exclure? A travers des exemples littéraires ou artistiques, vous donnerez votre sentiment sur cette question.

On considère les Liaisons dangereuses *comme le chef-d'œuvre du roman par lettres, et cela dans la mesure où les lettres ne se contentent pas de raconter, mais sont les instruments mêmes du récit et de l'action.*
Les principaux protagonistes sont les suivants :
– Vicomte de Valmont : séducteur patenté, perdu de réputation. A décidé de séduire Mme de Tourvel, dont le caractère prude et vertueux ne fait aucun doute ;
– Marquise de Merteuil : sous le masque de la vertu, elle est non seulement la complice de Valmont, mais encore l'artisan principal des intrigues du roman ;
– Mme de Tourvel : aime son mari absent. Pleine de piété, de vertu et de pruderie, elle succombera néanmoins aux manœuvres de Valmont ;
– Cécile Volanges : jeune fille à peine sortie du couvent, elle aime le chevalier Danceny, mais succombera à Valmont (voir pages suivantes) qui, poussé par Merteuil, a résolu de la séduire et de la déshonorer.
Dans un monde où on ne cesse de vivre sous le regard d'autrui, la lettre est l'instrument indispensable pour mener à bien une entreprise de séduction. Témoin cette lettre écrite par Valmont à Tourvel, où il affiche toutes les marques de la plus pure passion.
Cette lettre, écrite à Tourvel, mais communiquée, au préalable, à Merteuil, peut se lire à deux niveaux. En effet, c'est d'entre les bras d'une « courtisane », Emilie, que Valmont écrit à la trop pure Mme de Tourvel :
Cette complaisance de ma part est le prix de celle qu'elle vient d'avoir, de me servir de pupitre pour écrire à ma belle Dévote, à qui j'ai trouvé plaisant d'envoyer une Lettre écrite du lit et presque d'entre les bras d'une fille, interrompue même pour une infidélité complète, et dans laquelle je lui rends un compte exact de ma situation et de ma conduite.

Lettre XLVII (de Valmont à Merteuil).

Boucher, *l'Odalisque*, Musée du Louvre, (Agraci).

LE VICOMTE DE VALMONT A MME DE TOURVEL

C'est après une nuit orageuse, et pendant laquelle je n'ai fermé l'œil ; c'est après avoir été sans cesse ou dans l'agitation d'une ardeur dévorante, ou dans l'entier anéantissement de toutes les facultés de mon âme, que je viens chercher auprès de vous, Madame, un calme dont j'ai besoin, et dont pourtant je n'espère pas jouir encore. En effet, la situation où je suis en vous écrivant, me fait connaître, plus que jamais, la puissance irrésistible de l'amour ; j'ai peine à conserver assez d'empire sur moi pour mettre quelque ordre dans mes idées ; et déjà je prévois que je ne finirai pas cette Lettre, sans être obligé de l'interrompre. Quoi ! ne puis-je donc espérer que vous partagerez quelque jour le trouble que j'éprouve en ce moment ? J'ose croire cependant que, si vous le connaissiez bien, vous n'y seriez pas entièrement insensible. Croyez-moi, Madame, la froide tranquillité, le sommeil de l'âme, image de la mort, ne mènent point au bonheur ; les passions actives peuvent seules y conduire ; et malgré les tourments que vous me faites éprouver, je crois pouvoir assurer sans crainte, que, dans ce moment, je suis plus heureux que vous. En vain m'accablez-vous de vos rigueurs désolantes ; elles ne m'empêchent point de m'abandonner entièrement à l'amour et d'oublier dans le délire qu'il me cause, le désespoir auquel vous me livrez. C'est ainsi que je veux me venger de l'exil auquel vous me condamnez. Jamais je n'eus tant de plaisir en vous écrivant ; jamais je ne ressentis, dans cette occupation, une émotion si douce, et cependant si vive. Tout semble augmenter mes transports : l'air que je respire est brûlant de volupté ; la table même sur laquelle je vous écris, consacrée pour la première fois à cet usage devient pour moi l'autel sacré de l'amour, combien elle va s'embellir à mes yeux ! j'aurai tracé sur elle le serment de vous aimer toujours ! Pardonnez, je vous en supplie, au désordre de mes sens. Je devrais peut-être m'abandonner moins à des transports que vous ne partagez pas : il faut vous quitter un moment pour dissiper une ivresse qui s'augmente à chaque instant, et qui devient plus forte que moi.

Je reviens à vous, Madame, et sans doute j'y reviens toujours avec le même empressement. Cependant le sentiment du bonheur a fui loin de moi ; il a fait place à celui des privations cruelles. A quoi me sert-il de vous parler de mes sentiments, si je cherche en vain les moyens de vous convaincre ? après tant d'efforts réitérés, la confiance et la force m'abandonnent à la fois. Si je me retrace encore les plaisirs de l'amour, c'est pour sentir plus vivement le regret d'en être privé. Je ne me vois de ressource que dans votre indulgence, et je sens trop, dans ce moment, combien j'en ai besoin pour espérer de l'obtenir. Cependant jamais mon amour ne fut plus respectueux, jamais il ne dut moins vous offenser ; il est tel, j'ose le dire, que la vertu la plus sévère ne devrait pas le craindre : mais je crains moi-même de vous entretenir plus longtemps de la peine que j'éprouve. Assuré que l'objet qui la cause ne la partage pas, il ne faut pas au moins abuser de ses bontés ; et ce serait le faire, que d'employer plus de temps à vous retracer cette douloureuse image. Je ne prends plus que celui de vous supplier de me répondre, et de ne jamais douter de la vérité de mes sentiments.

les Liaisons dangereuses, lettre XLVIII.

Raoux, *Jeune fille lisant une lettre,* Louvre, (Agraci).

Valmont après avoir mené à bien sa tentative de séduction de Tourvel s'est pris à son propre jeu et est tombé amoureux. La Marquise de Merteuil, confidente privilégiée, n'apprécie guère cette infidélité. Moins par jalousie que par désir de s'affirmer supérieure à Valmont, elle lui envoie un «modèle» de lettre de rupture que, par vanité, Valmont recopiera, abdiquant ainsi toute personnalité dans l'écriture et l'action, et enverra à Tourvel.

Celle-ci, accablée, en mourra, de chagrin et de honte.

LA MARQUISE DE MERTEUIL AU VICOMTE DE VALMONT

Un homme de ma connaissance s'était empêtré, comme vous, d'une femme qui lui faisait peu d'honneur. Il avait bien, par intervalle, le bon esprit de sentir que, tôt ou tard, cette aventure lui ferait tort : mais quoiqu'il en rougît, il n'avait pas le courage de rompre. Son embarras était d'autant plus grand, qu'il s'était vanté à ses amis d'être entièrement libre ; et qu'il n'ignorait pas que le ridicule qu'on a, augmente toujours en proportion qu'on s'en défend. Il passait ainsi sa vie, ne cessant de faire des sottises, et ne cessant de dire après : *Ce n'est pas ma faute.* Cet homme avait une amie qui fut tentée un moment de le livrer au public en cet état d'ivresse, et de rendre ainsi son ridicule ineffaçable : mais pourtant, plus généreuse que maligne, ou peut-être encore par quelque autre motif, elle voulut tenter un dernier moyen, pour être, à tout événement, dans le cas de dire comme son ami : *Ce n'est pas ma faute.* Elle lui fit donc parvenir sans aucun autre avis, la lettre qui suit, comme un remède dont l'usage pourrait être utile à son mal.

« On s'ennuie de tout, mon Ange, c'est une loi de la nature ; ce n'est pas ma faute.

« Si donc je m'ennuie aujourd'hui d'une aventure qui m'a occupé entièrement depuis quatre mortels mois, ce n'est pas ma faute.

« Si, par exemple, j'ai eu juste autant d'amour que toi de vertu, et c'est sûrement beaucoup dire, il n'est pas étonnant que l'un ait fini en même temps que l'autre. Ce n'est pas ma faute.

« Il suit de là, que depuis quelque temps je t'ai trompée : mais aussi, ton impitoyable tendresse m'y forçait en quelque sorte ! Ce n'est pas ma faute.

« Aujourd'hui, une femme que j'aime éperdument exige que je te sacrifie. Ce n'est pas ma faute.

« Je sens bien que voilà une belle occasion de crier au parjure : mais si la Nature n'a accordé aux hommes que la constance, tandis qu'elle donnait aux femmes l'obstination, ce n'est pas ma faute.

« Crois-moi, choisis un autre Amant, comme j'ai fait une autre Maîtresse. Ce conseil est bon, très bon ; si tu le trouves mauvais, ce n'est pas ma faute.

« Adieu, mon Ange, je t'ai prise avec plaisir, je te quitte sans regret : je te reviendrai peut-être. Ainsi va le monde. Ce n'est pas ma faute. »

les Liaisons dangereuses, 4e partie, lettre CXLI.

LIBERTINAGE

1 — *Relevez, dans la lettre de Valmont à Tourvel, les termes à double sens, et explicitez-les. Quel est le sens d'un pareil jeu ? Cynisme ? Cruauté ? Volonté de virtuosité ? Quel caractère du personnage de Valmont s'en dégage ?*

2 — *Quelle est l'organisation de la lettre de rupture ci-contre ? Pourquoi ce refrain répété ? Que signifie-t-il ? Insidieusement, quelle image Merteuil incite-t-elle Valmont à donner de lui-même en le poussant à* recopier *et à envoyer cette lettre ?*

3 — Technique du roman par lettres : *Sans compter le lecteur que nous sommes, ces lettres sont lues par trois protagonistes : Valmont, Merteuil, et Tourvel. Quelles sont leurs différentes lectures, une fois admis que Mme de Tourvel n'a aucune idée des circonstances réelles de leur rédaction ? Comment ces lectures se combinent-elles avec les contenus explicites et implicites des lettres ?*

4 — *Si le véritable sens est implicite, quel est le statut du sens apparent ? Quel soupçon systématique sur la valeur de la communication cela entraîne-t-il ?*

Nous croyons devoir prévenir le public, que malgré le titre de cet Ouvrage et ce qu'en dit le rédacteur dans sa préface, nous ne garantissons pas l'authenticité de ce Recueil, et que nous avons même de fortes raisons de penser que ce n'est qu'un Roman.

Il nous semble de plus que l'Auteur, qui paraît pourtant avoir cherché la vraisemblance, l'a détruite lui-même et bien maladroitement, par l'époque où il a placé les événements qu'il publie. En effet, plusieurs des personnages qu'il met en scène ont de si mauvaises mœurs, qu'il est impossible de supposer qu'ils aient vécu dans notre siècle ; dans ce siècle de philosophie, où les lumières, répandues de toutes parts, ont rendu comme chacun sait, tous les hommes si honnêtes et toutes les femmes si modestes et si réservées.

Notre avis est donc que si les aventures rapportées dans cet Ouvrage ont un fond de vérité, elles n'ont pu arriver que dans d'autres lieux ou dans d'autres temps : et nous blâmons beaucoup l'Auteur, qui, séduit apparemment par l'espoir d'intéresser davantage en se rapprochant plus de son siècle et de son pays, a osé faire paraître sous notre costume et avec nos usages, des mœurs qui nous sont si étrangères.

Pour préserver au moins, autant qu'il est en nous, le lecteur trop crédule de toute surprise à ce sujet, nous appuierons notre opinion d'un raisonnement que nous lui proposons avec confiance, parce qu'il nous paraît victorieux et sans réplique ; c'est que sans doute les mêmes causes ne manqueraient pas de produire les mêmes effets, et que cependant nous ne voyons point aujourd'hui de Demoiselle, avec soixante mille livres de rente, se faire religieuse, ni de Présidente, jeune et jolie, mourir de chagrin.

les Liaisons dangereuses, «Avertissement de l'Editeur».

Parallèlement à la séduction de Mme de Tourvel, Valmont, à la demande de Merteuil, a décidé de séduire une toute jeune fille, Cécile Volanges, à peine sortie du couvent où l'on vient d'achever son éducation.
Les motivations des «libertins» à l'égard de Cécile sont claires : il s'agit de la perdre de réputation. On commence donc par favoriser ses sentiments pour un jeune homme maladroit, Danceny, que Merteuil, de son côté, séduit à son profit. Puis, sous prétexte de lui remettre la correspondance de son amoureux, Valmont s'introduit nuitamment dans la chambre de Cécile.

LE VICOMTE DE VALMONT A LA MARQUISE DE MERTEUIL

Sérieusement, j'étais bien aise d'observer une fois la puissance de l'occasion, et je la trouvais ici dénuée de tout secours étranger. Elle avait pourtant à combattre l'amour, et l'amour soutenu par la pudeur ou la honte, et fortifié surtout par l'humeur que j'avais donnée, et dont on avait beaucoup pris. L'occasion était seule ; mais elle était là, toujours offerte, toujours présente, et l'Amour était absent.

Pour assurer mes observations, j'avais la malice de n'employer de force que ce qu'on en pouvait combattre. Seulement si ma charmante ennemie, abusant de ma facilité, se trouvait prête à m'échapper, je la contenais par cette même crainte, dont j'avais déjà éprouvé les heureux effets. Hé bien ! sans autre soin, la tendre amoureuse, oubliant ses serments, a cédé d'abord et fini par consentir : non pas qu'après ce premier moment les reproches et les larmes ne soient revenus de concert ; j'ignore s'ils étaient vrais ou feints : mais, comme il arrive toujours, ils ont cessé, dès que je me suis occupé à y donner lieu de nouveau. Enfin, de faiblesse en reproche, et de reproche en faiblesse, nous ne nous sommes séparés que satisfaits l'un de l'autre, et également d'accord pour le rendez-vous de ce soir.

Je ne me suis retiré chez moi qu'au point du jour, et j'étais rendu de fatigue et de sommeil : cependant j'ai sacrifié l'un et l'autre au désir de me trouver ce matin au déjeuner : j'aime, de passion, les mines de lendemain. Vous n'avez pas d'idée de celle-ci. C'était un embarras dans le maintien ! une difficulté dans la marche ! des yeux toujours baissés, et si gros, et si battus ! Cette figure si ronde s'était tant allongée ! rien n'était si plaisant. Et pour la première fois, sa mère, alarmée de ce changement extrême, lui témoignait un intérêt assez tendre ! et la Présidente aussi qui s'empressait autour d'elle ! Oh ! pour ces soins-là, ils ne sont que prêtés ; un jour viendra où on pourra les lui rendre, et ce jour n'est pas loin. Adieu, ma belle amie.

les Liaisons dangereuses, 3e Partie, Lettre XCVI 1782.

CECILE DE VOLANGES A LA MARQUISE DE MERTEUIL

Ah ! mon Dieu, Madame, que je suis affligée ! que je suis malheureuse ! Qui me consolera dans mes peines ? qui me conseillera dans l'embarras où je me trouve ? Ce M. de Valmont... et Danceny ! non, l'idée de Danceny me met au désespoir... Comment vous raconter ? comment vous dire ?... Je ne sais comment faire. Cependant mon cœur est plein... Il faut que je parle à quelqu'un, et vous êtes la seule à qui je puisse, à qui j'ose me confier. Vous avez tant de bonté pour moi ! Mais n'en ayez pas dans ce moment-ci ; je n'en suis pas digne : que vous dirai-je ? je ne le désire point. Tout le monde ici m'a témoigné de l'intérêt aujourd'hui... ils ont tous augmenté ma peine. Je sentais tant que je ne le méritais pas ! Grondez-moi au contraire ; grondez-moi bien, car je suis bien coupable : mais après, sauvez-moi ; si vous n'avez pas la bonté de me conseiller, je mourrai de chagrin.

Apprenez donc... ma main tremble, comme vous voyez, je ne peux presque pas écrire, je me sens le visage tout en feu... Ah ! c'est bien le rouge de la honte. Hé bien ! je la souffrirai ; ce sera la première punition de ma faute. Oui, je vous dirai tout. [...]

Ce que je me reproche le plus, et dont pourtant il faut que je vous parle, c'est que j'ai peur de ne pas m'être défendue, autant que je le pouvais. Je ne sais pas comment cela se faisait : sûrement, je n'aime pas M. de Valmont, bien au contraire ; et il y avait des moments où j'étais comme si je l'aimais... Vous jugez bien que ça ne m'empêchait pas de lui dire toujours que non : mais je sentais bien que je ne faisais pas comme je disais ; et ça, c'était comme malgré moi ; et puis aussi j'étais bien troublée ! S'il est toujours aussi difficile que ça de se défendre, il faut y être bien accoutumée ! Il est vrai que M. de Valmont a des façons de dire, qu'on ne sait pas comment faire pour lui répondre : enfin, croiriez-vous que quand il s'en est allé, j'en étais comme fâchée, et que j'ai eu la faiblesse de consentir qu'il revînt ce soir ; ça me désole encore plus que tout le reste.

les Liaisons dangereuses 3e Partie, Lettre XCVII 1782.

Greuze, *Le Miroir brisé,* (Wallace Collection).

LA MARQUISE DE MERTEUIL A CECILE VOLANGES

Hé bien ! Petite, vous voilà donc bien fâchée, bien honteuse ! et ce M. de Valmont est un méchant homme, n'est-ce pas ? Comment ! Il ose vous traiter comme la femme qu'il aimerait le mieux ! Il vous apprend ce que vous mouriez d'envie de savoir ! En vérité, ces procédés-là sont impardonnables. Et vous, de votre côté vous voulez garder votre sagesse pour votre Amant (qui n'en abuse pas) ; vous ne chérissez de l'amour que les peines, et non les plaisirs ! Rien de mieux, et vous figurerez à merveille dans un Roman. De la passion, de l'infortune, de la vertu par-dessus tout, que de belles choses ! Au milieu de ce brillant cortège, on s'ennuie quelquefois à la vérité, mais on le rend bien.

3e partie, lettre CV, 1782

UN ÉVÉNEMENT, TROIS VOIX

1 — *En fonction de la numérotation des lettres, rétablissez la chronologie épistolaire. Du point de vue du mode de lecture, qu'implique le fait que Merteuil reçoive d'abord la lettre « informative » de Valmont ?*

2 — *Quelles sont, dans la lettre de Cécile, les* marques *(stylistiques, graphiques, ou autres) de son désordre et de son émotion ?*

3 — *Lorsque Merteuil reçoit la lettre de Cécile, elle est déjà au courant des faits. Dès lors, quelle lecture peut-elle avoir du début de cette lettre, empli d'hésitations et de marques d'auto-censure ?*

4 — *Ces trois lettres traitent exactement du même épisode. Lequel ? En quoi manifestent-elles trois façons fort différentes de vivre le même événement ?*

Greuze, *La Cruche cassée,* Louvre (Agraci).

ED. DE GONCOURT (1822-1896) J. DE GONCOURT (1830-1870), 1860-1868

Arrangements de groupes, accessoires, poses, attitudes, costumes, tout chez Greuze concourt à cette irritation sensuelle. Les poses sont faciles, abandonnées ; les gorges s'avancent, provocantes et serrées, des corps ramassés. La robe et tout l'habillement ajoute encore à cette voluptueuse mollesse des tissus ondoyants, des couleurs amoureuses. Entre la femme représentée par Greuze et le désir, il n'y a plus la barrière, le fourreau rigide, le fichu sobre, la toilette droite, solide, presque monastique, des bourgeoises de Chardin ; tout flotte, tout vole, tout est nuage, caprice et liberté autour de ses membres ; le linge joue avec ce qu'il ensevelissait de ses grâces, et ce linge, jeté par Greuze sur la peau de la femme, la chatouillant à la saignée des bras, à la naissance des seins, n'est plus le rude linge de ménage, frais sorti, un peu bis, du cuveau et de la lessive de ferme ; il est le linge du déshabillé galant : souple au tuyautage et au chiffonnage, le linge des bonnets envolés, le linge des barbes qui battent contre le bout de l'oreille rougie, le linge des fichus de gaze au travers desquels passe le rose de la chair et qu'agite le cœur de la femme, demi-voiles qu'un souffle dérange avec un rien ! [...]

De ce blanc des transparences du linon, de cette batiste en désordre, quelle femme, quelle figure fait sortir le peintre de la *Cruche cassée,* de l'*Oiseau mort,* du *Miroir brisé ?* Une beauté qui a toujours l'œil désarmé, la bouche éclairée d'une lumière humide, le regard coulant, perdu, vif pourtant et aux aguets sous les paupières baissées. [...]

l'Art du XVIIIe siècle 1860-1868.

Fragonard, *Perrette et le Pot au lait,* Musée Cognacq-Jay, (Bulloz).

HEINRICH VON KLEIST (1777-1811), 1803-1808

Tout ce que l'on sait au début de cette pièce, c'est qu'une cruche a été cassée, une jeune fille (Eve) «bousculée», et un juge égratigné. Le coupable provisoire, Ruprecht, amoureux d'Eve, est poursuivi devant la justice par la mère, Dame Marthe.

On s'apercevra peu à peu, au fil de la pièce, que le coupable du... bris de la cruche est le juge.

DAME MARTHE. — Ah ! sale engeance de casseurs de cruches ! Ah ! vous me la paierez, vous !

GUY. — Un peu de calme, Dame Marthe ! C'est ici qu'à tout ce mal on va parer.

DAME MARTHE. — Oh ! oui, parer. Voyez-le un peu, ce beau diseur. Parer peut-être à... ma cruche cassée. Et qui donc parera à... ma cruche déparée ? Ici, l'on va parer à ce fait, sans doute, que ma cruche soit déparée et le demeure ! Hé bien, pour qu'ait lieu un pareil départ, je n'en donnerais pas, moi, les morceaux déparés.

GUY. — Si vous faites triompher votre bon droit, sachez bien que je vous remplacerai votre cruche.

DAME MARTHE. — Vous, me remplacer ma cruche ! Si je fais triompher mon bon droit, la remplacer ! Mais commencez donc par la placer, essayez donc seulement de la placer sur le rebord de la fenêtre ! La remplacer ! Une cruche qui n'a plus rien pour tenir en place, qu'elle soit debout, couchée ou assise, la remplacer !

GUY. — Mais écoutez-moi donc ! Pourquoi écumer de rage, comme ça ? Peut-on faire davantage ? Si c'est l'un de nous qui a cassé votre cruche, vous serez dédommagée.

DAME MARTHE. — Moi, dédommagée ? Ne croirait-on pas entendre l'une de mes bêtes à cornes ! Prenez-vous la justice pour un potier, peut-être ? Et s'ils venaient , ces messieurs du tribunal, et se nouaient un tablier autour des hanches, et mettaient ma cruche au four, ils sauraient bien lui faire autre chose, à ma cruche, qu'en réparer les dommages. Dédommager ! [...]

EVE — Mère, laissez là cette cruche ! Permettez-moi de voir s'il n'y aurait pas, à la ville, un habile artisan qui puisse, pour votre plus grande joie, en ressouder les morceaux. Et, si elle est irrémédiablement perdue, prenez tout l'argent de ma tirelire et achetez-en une autre. Qui voudrait, pour une simple cruche d'argile, et quand même elle daterait du temps d'Hérode, engendrer tant de désordres et tant de maux ?

DAME MARTHE. — Tu parles selon ton idée. Veux-tu peut-être, Eve, être mise au pilori et, dimanche prochain, faire humblement pénitence à l'église ? Ta bonne renommée était enfermée dans ce pot et elle a été mise en pièces avec lui, aux yeux du monde, sinon aux yeux de Dieu, aux miens et aux tiens. L'artisan dont j'ai besoin, c'est le juge ; il me faut le sergent et le bloc et les coups d'étrivières ; et que monte au bûcher cette engeance, s'il s'agit, par le feu, de blanchir notre honneur et de revernir notre cruche !

la Cruche cassée, Scène VI, 1803-1808 .

1 — En vous référant également aux textes et à l'iconographie de la page précédente, explicitez le symbolisme de ces diverses cassures, brisures et blessures.

2 — La pièce de Kleist se veut une pièce comique. En quoi l'est-elle ? Sur quels ressorts (les gestes, les paroles, les sous-entendus...) s'appuie ici la recherche d'effets comiques ?

3 — D'après les Goncourt, comment se combinent, dans les œuvres de Greuze, ingénuité et perversion ? Que signifie exactement ce dernier terme ? En quoi pouvez-vous l'appliquer aux œuvres représentées ci-dessus et ci-contre ? Et aux Liaisons dangereuses *(voir pages précédentes) ?*

152 Choderlos de LACLOS (1741-1803)

LA MARQUISE DE MERTEUIL AU VICOMTE DE VALMONT

Ah ! gardez vos conseils et vos craintes pour ces femmes à délire, et qui se disent à *sentiment ;* dont l'imagination exaltée ferait croire que la nature a placé leurs sens dans leur tête ; qui, n'ayant jamais réfléchi, confondent sans cesse l'amour et l'amant ; qui, dans leur folle illusion, croient que celui-là seul avec qui elles ont cherché le plaisir, en est l'unique dépositaire ; et vraies superstitieuses, ont pour le Prêtre, le respect et la foi qui n'est dû qu'à la Divinité.

Craignez encore pour celles qui, plus vaines que prudentes, ne savent pas au besoin consentir à se faire quitter.

Tremblez surtout pour ces femmes actives dans leur oisiveté que vous nommez *sensibles,* dont l'amour s'empare si facilement et avec tant de puissance : qui sentent le besoin de s'en occuper encore, même lorsqu'elles n'en jouissent pas ; et s'abandonnant sans réserve à la fermentation de leurs idées, enfantent par elles ces Lettres si douces, mais si dangereuses à écrire : et ne craignent pas de confier ces preuves de leur faiblesse à l'objet qui les cause : imprudentes, qui dans leur Amant actuel, ne savent pas voir leur ennemi futur.

Mais moi, qu'ai-je de commun avec ces femmes inconsidérées ? quand m'avez-vous vue m'écarter des règles que je me suis prescrites, et manquer à mes principes ? je dis mes principes, et je le dis à dessein : car ils ne sont pas comme ceux des autres femmes, donnés au hasard, reçus sans examen et suivis par habitude ; ils sont le fruit de mes profondes réflexions ; je les ai créés, et je puis dire que je suis mon ouvrage. [...]

J'étudiai nos mœurs dans les Romans ; nos opinions dans les Philosophes ; je cherchai même dans les Moralistes les plus sévères ce qu'ils exigeaient de nous, et je m'assurai ainsi de ce qu'on pouvait faire, de ce qu'on devait penser, et de ce qu'il fallait paraître. Une fois fixée sur ces trois objets, le dernier seul présentait quelques difficultés dans son exécution ; j'espérai les vaincre, et j'en méditai les moyens.

Je commençais à m'ennuyer de mes plaisirs rustiques, trop peu variés pour ma tête active ; je sentais un besoin de coquetterie qui me raccommoda avec l'amour ; non pour le ressentir à la vérité, mais pour l'inspirer et le feindre. En vain m'avait-on dit, et avais-je lu qu'on ne pouvait feindre ce sentiment ; je voyais pourtant que, pour y parvenir, il suffisait de joindre à l'esprit d'un Auteur, le talent d'un Comédien. Je m'exerçai dans les deux genres, et peut-être avec quelque succès : mais au lieu de rechercher les vains applaudissements du Théâtre, je résolus d'employer à mon bonheur ce que tant d'autres sacrifiaient à la vanité.

[...]

Alors je commençai à déployer sur le grand Théâtre (1) les talents que je m'étais donnés.

les Liaisons dangereuses, 2e partie, Lettre LXXXI (1782).

Le principal personnage des Liaisons *est, en définitive, la Marquise de Merteuil. Ce n'est pas elle qui écrit le plus grand nombre de lettres, mais c'est par elle que tout transite, et c'est avec elle que tout s'achève.*
Au-delà du personnage (traditionnel dans la littérature libertine) de la séductrice, elle est l'image de la femme en révolte dans un monde d'hommes. Un monde où la femme n'a d'autre choix que d'avancer masquée, si elle ne veut pas succomber, comme Cécile ou Tourvel, devant les entreprises des libertins ou le poids des préjugés.
Amazone moderne dans un monde hostile, elle succombera finalement, déshonorée, honnie, appauvrie et défigurée par la petite vérole. Mais cette conclusion apparaîtra aussi artificielle, aux yeux des lecteurs du XVIIIe siècle, que celle de Tartuffe *(se référer au n° 30). Elle est le véritable vainqueur – ne serait-ce que dans la mesure où elle est le véritable rédacteur, direct ou indirect, du roman.*

(1) Allusion *au «Theatrum* ***mundi****», le «théâtre du monde». La marquise de Merteuil passe, dans le monde, pour une femme réservée et vertueuse. C'est que pour elle, suivant une esthétique qui remonte à l'âge baroque, (voir* **XVI-XVIIe siècles,** *même collection) le monde n'est que volonté et représentation.*

Chardin, *Femme occupée à cacheter une lettre* (Berlin Schloss Charlottenburg).

On a voulu faire de Laclos un disciple de Rousseau. C'est sans doute partiellement vrai. Mais, sur un point au moins — l'approche théorique du féminisme — les opinions des deux écrivains sont fondamentalement divergentes.

J.J. ROUSSEAU (1712-1778), **1762**

La rigidité des devoirs relatifs des deux sexes n'est ni ne peut être la même. Quand la femme se plaint là-dessus de l'injuste inégalité qu'y met l'homme, elle a tort; cette inégalité n'est point une institution humaine, ou du moins elle n'est point l'ouvrage du préjugé, mais de la raison : c'est à celui des deux que la nature a chargé du dépôt des enfants d'en répondre à l'autre [...]

Il n'importe donc pas seulement que la femme soit fidèle, mais qu'elle soit jugée telle par son mari, par ses proches, par tout le monde; il importe qu'elle soit modeste, attentive, réservée, et qu'elle porte aux yeux d'autrui, comme en sa propre conscience, le témoignage de sa vertu. Enfin s'il importe qu'un père aime ses enfants, il importe qu'il estime leur mère. Telles sont les raisons qui mettent l'apparence même au nombre des devoirs des femmes, et leur rendent l'honneur et la réputation non moins indispensables que la chasteté. De ces principes dérive, avec la différence morale des sexes, un motif nouveau de devoir et de convenance, qui prescrit spécialement aux femmes l'attention la plus scrupuleuse sur leur conduite, sur leurs manières, sur leur maintien. Soutenir vaguement que les deux sexes sont égaux, et que leurs devoirs sont les mêmes, c'est se perdre en déclamations vaines, c'est ne rien dire tant qu'on ne répondra pas à cela.

N'est-ce pas une manière de raisonner bien solide, de donner des exceptions pour réponse à des lois générales aussi bien fondées? Les femmes, dites-vous, ne font pas toujours des enfants! Non, mais leur destination propre est d'en faire.

Emile ou de l'Education, Livre 5e, 1762.

LACLOS, 1783

O femmes! approchez et venez m'entendre. Que votre curiosité, dirigée une fois sur des objets utiles, contemple les avantages que vous avait donnés la nature et que la société vous a ravis. Venez apprendre comment, nées compagnes de l'homme, vous êtes devenues son esclave; comment, tombées dans cet état abject, vous êtes parvenues à vous y plaire, à le regarder comme votre état naturel; comment enfin, dégradées de plus en plus par une longue habitude de l'esclavage, vous en avez préféré les vices avilissants mais commodes aux vertus plus pénibles d'un être libre et respectable. Si ce tableau fidèlement tracé vous laisse de sang-froid, si vous pouvez le considérer sans émotion, retournez à vos occupations futiles. *Le mal est sans remède, les vices se sont* changés *en mœurs.* Mais si au récit de vos malheurs et de vos pertes, vous rougissez de honte et de colère, si des larmes d'indignation s'échappent de vos yeux, si vous brûlez du noble désir de ressaisir vos avantages, de rentrer dans la plénitude de votre être, ne vous laissez plus abuser par de trompeuses promesses, n'attendez point les secours des hommes auteurs de vos maux : ils n'ont ni la volonté, ni la puissance de les finir et comment pourraient-ils vouloir former des femmes devant lesquelles ils seraient forcés de rougir? apprenez qu'on ne sort de l'esclavage que par une grande Révolution (1). Cette révolution est-elle possible? C'est à vous seules à le dire puisqu'elle dépend de votre courage. Est-elle vraisemblable? Je me tais sur cette question; mais jusqu'à ce qu'elle soit arrivée, et tant que les hommes régleront votre sort, je serai autorisé à dire, et il me sera facile de prouver qu'*il n'est aucun moyen de perfectionner l'éducation des femmes.*

Des femmes et de leur éducation
(Discours pour l'Académie de Châlons-sur-Marne, 1783).

(1) Laclos sera, sous la révolution, un membre actif du Club des Jacobins.

UNE FEMME, DES FEMMES, LES FEMMES

1 — *Quelles sont les étapes principales de la formation de la Marquise? Quelles sont la part et la fonction de la littérature?*

2 — *Relevez dans cette lettre tous les termes appartenant au vocabulaire théâtral. Que signifient-ils, et que signifie leur présence, dans ce récit autobiographique?*

3 — *Les opinions de Rousseau sur les femmes sont-elles argumentées? Comment? En quoi Laclos se distingue-t-il de Rousseau?*

4 — *DOSSIER : le féminisme au XVIIIe siècle (se référer à l'index thématique, et plus spécialement aux n° 95, 110 et 172) et aujourd'hui.*

153 a Antoine Laurent de LAVOISIER (1743-1794)

David, *Lavoisier et sa femme,* (Snark).

Fermier général (chargé de la collecte des impôts) fort riche (ce qui fut la cause de sa condamnation sous la Terreur), Lavoisier fut le créateur de la chimie moderne, celle des éléments. *Comme Priestley (1733-1804), il analyse l'air atmosphérique, puis, poussant son expérimentation, il met l'oxygène au centre de son système (chimie pneumatique). L'un des problèmes centraux de la chimie était la transformation du fer en rouille (ou plus généralement, transformation d'un métal en une « terre », comme on disait alors). Au début du XVIII*e *siècle domine encore, plus alchimie que chimie, la théorie de Stahl (1660-1734), pour qui le métal ne peut passer à la « terre » que par la perte d'une substance, le phlogistique. Lavoisier découvre, expérimentalement, que* « rien se perd, rien ne se crée, tout se transforme », *et que l'oxydation correspond en fait à la fixation (et non la déperdition) d'un corps, en l'occurence l'oxygène.*

Je me suis imposé la loi de ne procéder jamais que du connu à l'inconnu, de ne déduire aucune conséquence qui ne dérive immédiatement des expériences et des observations, et d'enchaîner les faits et les vérités chimiques dans l'ordre le plus propre à en faciliter l'intelligence aux commençants. Il était impossible qu'en m'assujettissant à ce plan, je ne m'écartasse pas des routes ordinaires. C'est en effet un défaut commun à tous les cours et à tous les Traités de Chimie, de supposer dès les premiers pas des connaissances que l'élève ou le lecteur ne doivent acquérir que dans les leçons subséquentes. On commence dans presque tous par traiter des principes des corps ; par expliquer la table des affinités, sans s'apercevoir qu'on est obligé de passer en revue dès le premier jour les principaux phénomènes de la Chimie, de se servir d'expressions qui n'ont point été définies, et de supposer la science acquise par ceux auxquels on se propose de l'enseigner. Aussi est-il reconnu qu'on n'apprend que peu de chose dans un premier cours de Chimie ; qu'une année suffit à peine pour familiariser l'oreille avec le langage, les yeux avec les appareils, et qu'il est presque impossible de former un chimiste en moins de trois ou quatre ans.

Ces inconvénients tiennent moins à la nature des choses qu'à la forme de l'enseignement, et c'est ce qui m'a déterminé à donner à la Chimie une marche qui me paraît plus conforme à celle de la nature. Je ne me suis pas dissimulé qu'en voulant éviter un genre de difficultés je me jetais dans un autre, et qu'il me serait impossible de les surmonter toutes ; mais je crois que celles qui restent n'appartiennent point à l'ordre que je me suis prescrit ; qu'elles sont plutôt une suite de l'état d'imperfection où est encore la Chimie. Cette Science présente des lacunes nombreuses qui interrompent la série des faits, et qui exigent des raccordements embarrassants et difficiles. Elle n'a pas, comme la Géométrie élémentaire, l'avantage d'être une science complète et dont toutes les parties sont étroitement liées entre elles ; mais en même temps sa marche actuelle est si rapide, les faits s'arrangent d'une manière si heureuse dans la doctrine moderne, que nous pouvons espérer, même de nos jours, de la voir s'approcher beaucoup du degré de perfection qu'elle est susceptible d'atteindre. [...]

On ne manquera pas d'être surpris de ne point trouver dans un Traité élémentaire de Chimie, un chapitre sur les parties constituantes et élémentaires des corps : mais je ferai remarquer ici que cette tendance que nous avons à vouloir que tous les corps de la nature ne soient composés que de trois ou quatre éléments, tient à un préjugé qui nous vient originairement des philosophes grecs. L'admission de quatre éléments qui par la variété de leurs proportions, composent tous les corps que nous connaissons, est une pure hypothèse imaginée longtemps avant qu'on eût les premières notions de la Physique expérimentale et de la Chimie. On n'avait point encore de faits, et l'on formait des systèmes ; et aujourd'hui que nous avons rassemblé des faits, il semble que nous nous efforcions de les repousser, quand ils ne cadrent pas avec nos préjugés ; tant il est vrai que le poids de l'autorité de ces pères de la philosophie humaine se fait encore sentir, et qu'elle pèsera sans doute encore sur les générations à venir.

Traité élémentaire, 1789

A — TEXTE DE DIDEROT

1 — Relevez les éléments métaphoriques du texte. Quelle est leur fonction* critique ? *Pourquoi Diderot a-t-il choisi, pour développer ses idées, la fiction d'un rêve ?*

2 — Quelle est la signification exacte de cette personnification de l'Expérience ? En quoi cette symbolique développe-t-elle la notion de progrès ?*

3 — Montrez que le texte de Lavoisier est le développement scientifique des aspirations, symboliquement exprimées, de Diderot.

B — TEXTE DE CONDORCET (voir pages suivantes)

1 — Comment se combinent dans ce texte le présent et le futur ?

2 — Dans ce balancement entre ces deux temporalités, qu'est-ce que le progrès ?

3 — De quelle nature est (doit être) le principal point d'impact du progrès ?

4 — Quels sont les arguments de Malthus pour réfuter les opinions de Condorcet ? Est-ce exactement du pessimisme qu'il oppose à l'optimisme du philosophe ?

DIDEROT (1713-1784)

« Notre course avait été longue, lorsque j'aperçus, dans le vague de l'espace, un édifice suspendu comme par enchantement. Il était vaste. Je ne dirai point qu'il péchât par les fondements, car il ne portait sur rien. Ses colonnes qui n'avaient pas un demi-pied de diamètre, s'élevaient à perte de vue et soutenaient des voûtes qu'on ne distinguait qu'à la faveur des jours dont elles étaient symétriquement percées.

« C'est à l'entrée de cet édifice que ma monture s'arrêta. Je balançai d'abord à mettre pied à terre, car je trouvais moins de hasard à voltiger sur mon hippogriffe (1) qu'à me promener sous ce portique. Cependant, encouragé par la multitude de ceux qui l'habitaient et par une sécurité remarquable qui régnait sur tous les visages, je descends, je m'avance, je me jette dans la foule et je considère ceux qui la faisaient.

« C'étaient des vieillards, ou bouffis, ou fluets, sans embonpoint et sans force et presque tous contrefaits. L'un avait la tête trop petite, l'autre les bras trop courts. Celui-ci péchait par le corps, celui-là manquait par les jambes. La plupart n'avaient point de pieds et n'allaient qu'avec des béquilles. Un souffle les faisait tomber, et ils demeuraient à terre jusqu'à ce qu'il prît envie à quelque nouveau débarqué de les relever. Malgré tous ces défauts, ils plaisaient au premier coup d'œil. Ils avaient dans la physionomie je ne sais quoi d'intéressant et de hardi. Ils étaient presque nus, car tout leur vêtement consistait en un petit lambeau d'étoffe qui ne couvrait pas la centième partie de leur corps.

« Je continue de fendre la presse et je parviens au pied d'une tribune à laquelle une grande toile d'araignée servait de dais. Du reste, sa hardiesse répondait à celle de l'édifice. Elle me parut posée comme sur la pointe d'une aiguille et s'y soutenir d'équilibre. Cent fois je tremblai pour le personnage qui l'occupait. C'était un vieillard à longue barbe, aussi sec et plus nu qu'aucun de ses disciples. Il trempait, dans une coupe pleine d'un fluide subtil, un chalumeau qu'il portait à sa bouche et soufflait des bulles (2) à une foule de spectateurs qui l'environnaient et qui travaillaient à les porter jusqu'aux nues. [...]

« J'en vis un dont les épaules étaient à moitié couvertes de lambeaux si bien rapprochés que l'art dérobait aux yeux les coutures. Il allait et venait dans la foule, s'embarrassant assez peu de ce qui s'y passait. Je lui trouvai l'air affable, la bouche riante, la démarche noble, le regard doux, et j'allai droit à lui.

« — Qui êtes-vous ? où suis-je ? et qui sont tous ces gens ? lui demandai-je sans façon.

« — Je suis Platon (3), me répondit-il. Vous êtes dans la région des hypothèses, et ces gens-là sont des systématiques (4).

« — Mais par quel hasard, lui répliquai-je, le divin Platon se trouve-t-il ici ? et que fait-il parmi ces insensés ?...

« — Des recrues, me dit-il. J'ai loin de ce portique un petit sanctuaire où je conduis ceux qui reviennent des systèmes.

« — Et à quoi les occupez-vous ?

« — A connaître l'homme, à pratiquer la vertu et à sacrifier aux grâces...

« — Ces occupations sont belles ; mais que signifient tous ces petits lambeaux d'étoffes par lesquels » vous ressemblez mieux à des gueux qu'à des philosophes ?

« — Que me demandez-vous là, dit-il en soupirant, et » quel souvenir me rappelez-vous ? Ce temple fut autrefois celui de la philosophie. Hélas ! que ces lieux sont » changés ! La chaire de Socrate était dans cet endroit...

« — Quoi donc ! dis-je en l'interrompant, Socrate » avait-il un chalumeau et soufflait-il aussi des bulles ?...

« — Non, non, me répondit Platon ; ce n'est pas ainsi » qu'il mérita des dieux le nom du plus sage des » hommes ; c'est à faire des têtes, c'est à former des » cœurs, qu'il s'occupa tant qu'il vécut. Le secret s'en » perdit à sa mort. Socrate mourut, et les beaux jours de » la philosophie passèrent. Ces pièces d'étoffes, que ces » systématiques mêmes se font honneur de porter, sont » des lambeaux de son habit. Il avait à peine les yeux » fermés, que ceux qui aspiraient au titre de philosophes » se jetèrent sur sa robe et la déchirèrent.

« — J'entends, repris-je, et ces pièces leur ont servi » d'étiquette à eux et à leur longue postérité...

« — Qui rassemblera ces morceaux, continua Platon, » et nous restituera la robe de Socrate ? »

« Il en était à cette exclamation pathétique lorsque j'entrevis dans l'éloignement un enfant qui marchait vers nous à pas lents mais assurés. Il avait la tête petite, le corps menu, les bras faibles et les jambes courtes ; mais tous ses membres grossissaient et s'allongeaient à mesure qu'il avançait. Dans le progrès de ces accroissements successifs, il m'apparut sous cent formes diverses ; je le vis diriger vers le ciel un long télescope, estimer à l'aide d'un pendule la chute des corps (5), constater avec un tube rempli de mercure la pesanteur de l'air (6), et, le prisme à la main, décomposer la lumière (7). C'était alors un énorme colosse ; sa tête touchait aux cieux, ses pieds se perdaient dans l'abîme et ses bras s'étendaient de l'un à l'autre pôle. Il secouait de la main droite un flambeau dont la lumière se répandait au loin dans les airs, éclairait au fond des eaux et pénétrait dans les entrailles de la terre.

« — Quelle est, demandai-je à Platon, cette figure » gigantesque qui vient vers nous ?

« — Reconnaissez l'Expérience, me répondit-il ; c'est » elle-même. »

« A peine m'eut-il fait cette courte réponse, que je vis l'Expérience approcher et les colonnes du portique des hypothèses chanceler, ses voûtes s'affaisser et son pavé s'entr'ouvrir sous nos pieds.

« — Fuyons, me dit encore Platon ; fuyons ; cet » édifice n'a plus qu'un moment à durer. »

« A ces mots, il part ; je le suis. Le colosse arrive, frappe le portique, il s'écroule avec un bruit effroyable et je me réveille. »

les Bijoux indiscrets, chap. XXXII, 1748.

(1) Cheval mythologique fabuleux.

(2) Allusion aux « bulles » (décisions) du pape.

(3) Philosophe grec, disciple de Socrate.

(4) Partisans des « systèmes » philosophiques (par opposition aux philosophes critiques).

(5) Galilée (1564-1642).

(6) Pascal (1623-1662). Se référer au **XVIe-XVIIe siècles,** no 160.

(7) Newton (1642-1727). Se référer au no 35.

Condorcet, École française du XVIIIe, (Bulloz).

S'il est une notion que le XVIIIe siècle invente et systématise, c'est celle de progrès. *Progrès des sciences et des techniques,* et *progrès de l'esprit humain. Condorcet imagine (un an avant que le régime de la Terreur ne l'accule au suicide...) les temps futurs, et le bonheur enfin revenu sur terre : le paradis ne paraît plus perdu, mais il est à gagner. Cet optimisme fondamental sera violemment attaqué, dès la fin du siècle, par les économistes et philosophes anglais, et d'abord par Malthus (voir texte ci-contre), dont l'idée-force est que la population croît plus vite (progression géométrique) que les subsistances (progression arithmétique), provoquant ainsi un déséquilibre qui conduit l'humanité vers la famine. Pour ramener l'équilibre, il distingue des moyens destructifs (épidémies, guerres...) et préventifs (« contrôle des naissances »), et se montrera, en toute logique, partisan d'une politique économique libérale, et hostile aux mesures d'assistance sociale prises par l'Etat.*

CONDORCET (1743-1794)

Il arrivera donc, ce moment où le soleil n'éclairera plus sur la terre que des hommes libres, ne reconnaissant d'autre maître que leur raison ; où les tyrans ou les esclaves, les prêtres et leurs stupides ou hypocrites instruments n'existeront plus que dans l'histoire et sur les théâtres ; où l'on ne s'en occupera plus que pour plaindre leurs victimes et leurs dupes ; pour s'entretenir, par l'horreur de leurs excès, dans une utile vigilance ; pour savoir reconnaître et étouffer, sous le poids de la raison, les premiers germes de la superstition et de la tyrannie, si jamais ils osaient reparaître.

En parcourant l'histoire des sociétés, nous aurons eu l'occasion de faire voir que souvent il existe un grand intervalle entre les droits que la loi reconnaît dans les citoyens et les droits dont ils ont une jouissance réelle ; l'égalité qui est établie par les institutions politiques et celle qui existe entre les individus : nous aurons fait remarquer que cette différence a été une des principales causes de la destruction de la liberté dans les républiques anciennes, des orages qui les ont troublées, de la faiblesse qui les a livrées à des tyrans étrangers.

Ces différences ont trois causes principales : l'inégalité de richesse, l'inégalité d'état entre celui dont les moyens de subsistance assurée pour lui-même se transmettent à sa famille, et celui pour qui ces moyens sont dépendants de la durée de sa vie, ou plutôt de la partie de sa vie où il est capable de travail ; enfin, l'inégalité d'instruction.

Il faudra donc montrer que ces trois causes d'inégalité réelle doivent diminuer, non disparaître ; car elles sont des causes naturelles et nécessaires, qu'il serait absurde et dangereux de vouloir détruire ; et l'on ne pourrait même tenter d'en faire disparaître entièrement les effets, sans ouvrir des sources d'inégalité plus fécondes, sans porter aux droits des hommes des atteintes plus directes et plus funestes.

Il est aisé de prouver que les fortunes tendent naturellement à l'égalité, et que leur excessive disproportion ou ne peut exister, ou doit promptement cesser, si les lois civiles n'établissent pas des moyens factices de les perpétuer et de les réunir ; si la liberté du commerce et de l'industrie fait disparaître l'avantage que toute loi prohibitive, tout droit fiscal, donnent à la richesse acquise ; si des impôts sur les conventions, les restrictions mises à leur liberté, leur assujettissement à des formalités gênantes ; si enfin, l'incertitude et les dépenses nécessaires pour en obtenir l'exécution, n'arrêtent pas l'activité du pauvre et n'engloutissent pas ses faibles capitaux ; si l'administration publique n'ouvre point à quelques hommes des sources abondantes d'opulence, fermées au reste des citoyens ; si les préjugés et l'esprit d'avarice, propres à l'âge avancé, ne président point au mariage ; si enfin, par la simplicité des mœurs et la sagesse des institutions, les richesses ne sont plus des moyens de satisfaire la vanité ou l'ambition, sans que cependant une austérité mal entretenue, ne permettant plus d'en faire un moyen de jouissances recherchées, force de conserver celles qui ont été une fois accumulées.

Comparons, dans les nations éclairées de l'Europe, leur population actuelle avec l'étendue de leur territoire. Observons, dans le spectacle que présentent leur culture et leur industrie, la distribution des travaux et des moyens de subsistance et nous verrons qu'il serait impossible de conserver ces moyens dans le même degré, et, par une conséquence nécessaire, d'entretenir la même masse de population, si un grand nombre d'individus cessaient de n'avoir, pour subvenir presqu'entièrement à leurs besoins ou à ceux de leur famille, que leur industrie et ce qu'ils tirent des capitaux employés à l'acquérir ou à en augmenter le produit. Or la conservation de l'une et de l'autre de ces ressources dépend de la vie, de la santé même du chef de chaque famille. C'est, en quelque sorte, une fortune viagère, ou même plus dépendante du hasard ; et il en résulte une différence très réelle entre cette classe d'hommes et celle dont les ressources ne sont point assujetties aux mêmes risques, soit que le revenu d'une terre, ou l'intérêt d'un capital presque indépendant de leur industrie, fournisse à leurs besoins.

Il existe donc une cause nécessaire d'inégalité, de dépendance et même de misère, qui menace sans cesse la classe la plus nombreuse et la plus active de nos sociétés.

Nous montrerons qu'on peut la détruire en grande partie, en opposant le hasard à lui-même ; en assurant à celui qui atteint la vieillesse un secours produit par ses épargnes, mais augmenté de celles des individus qui, en faisant le même sacrifice, meurent avant le moment d'avoir besoin d'en recueillir le fruit.

Esquisse d'un tableau historique des progrès de l'esprit humain, 1793.

MALTHUS (1766-1834)

Dans la dernière partie de son ouvrage, Condorcet traite des progrès futurs de l'homme vers la perfection. Il dit qu'en comparant chez les différentes nations civilisées de l'Europe la population à l'étendue de leur territoire, et en considérant quels sont chez elles l'état de la culture et de l'industrie, la division du travail, et les moyens de subsistance, on s'assure qu'il serait impossible de conserver ces mêmes moyens de subsistance et par conséquent la même population, sans un grand nombre d'individus qui n'ont que leur industrie pour pourvoir à leurs besoins. [...]

En appliquant à ce cas les calculs sur la probabilité de vie et sur l'intérêt de l'argent, il propose d'établir un fond qui assure aux vieillards une assistance, provenant en partie de leurs propres épargnes, et en partie des épargnes d'individus morts avant d'avoir pu recueillir le fruit de leurs sacrifices. Le même fond, ou un fond analogue, serait destiné à assister les veuves et les orphelins, et à fournir un capital à ceux de ces derniers qui seraient en âge de fonder une nouvelle famille, de manière à les mettre en état de développer leurs talents et d'exercer leur industrie. Ces établissements, dit-il, devraient être faits au nom et sous la protection de la société. Il va plus loin, et soutient que, par une juste application des calculs connus, on pourrait trouver le moyen de maintenir une égalité plus complète, en faisant en sorte que le crédit ne fût point un privilège exclusif de la fortune, en lui donnant toutefois une base également solide, et en rendant les progrès de l'industrie et l'activité du commerce moins dépendants des grands capitalistes.

De tels établissements et de tels calculs peuvent promettre beaucoup sur le papier ; mais appliqués à la vie réelle, ils paraissent vains et puérils. Condorcet convient qu'il est indispensable que, dans tout Etat, il y ait une classe d'hommes qui vivent uniquement de leur travail. Quelle raison le lui persuade, et l'oblige à cet aveu ? On n'en peut imaginer qu'une seule. Il sentait que, pour suffire à l'entretien d'une population nombreuse, il fallait une quantité de travail que rien ne pouvait faire entreprendre, si ce n'est l'aiguillon de la nécessité. Mais si des établissements du genre de ceux qu'il propose en viennent émousser la pointe ; si les paresseux et les négligents jouissent du même crédit, de la même sécurité relativement à l'entretien de leurs familles, que les hommes laborieux et vigilants, doit-on s'attendre à voir chaque individu déployer, pour améliorer sa situation, cette infatigable activité, qui est le principal ressort de la prospérité des Etats ?

Essai sur le principe de population (1798), trad. 1852. Livre III, chap. 1.

DOMAINE	AUTEURS	RECHERCHES, TRAVAUX ET OUVRAGES	DATES
Mathématiques	Jean Bernoulli (1667-1748) Daniel Bernoulli (1700-1782) Léonard Euler (1707-1783)	Calcul infinitésimal	
	J.L. de Lagrange (1736-1813)	*Mécanique analytique*	1788
	Monge (1746-1818)	Géométrie descriptive	
	D'Alembert (1717-1783)	*Traité de dynamique*	1743
Astronomie	Maupertuis (1698-1759)	*Discours sur la figure des astres*	1732
	avec Clairaut (1713-1765)	Mesure de la longueur d'un degré de latitude,	1735
	P.S. Laplace (1749-1827)	*Système du monde*	1796
Physique et Applications	Van Musschenbroek (1692-1761)	Découverte de la « bouteille de Leyde »	1745
	Fahrenheit (1686-1736)	Invention et perfectionnement du thermomètre	v. 1725
	Réaumur (1683-1757)		v. 1730
	Celsius (1701-1744)		1742
Chimie	Lavoisier (1743-1794)	*Traité élémentaire de chimie*	1789
	Cavendish (1731-1810)	Composition de l'eau	1783
Sciences Naturelles	Réaumur (1683-1757)	*Mémoires pour servir à l'histoire des insectes*	1734 1742
	Linné (1707-1778)	*Systema naturae*	1758
	Antoine Jussieu (1686-1758)		
	Bernard Jussieu (1699-1777)		
	Ant. Laurent Jussieu (1748-1836)	*Genera plantarum*	1789
	Adanson (1727-1806)	*Familles de plantes*	1763
	Buffon (1707-1788)	*Traité des époques de la nature*	1778
Médecine	Bichat (1771-1802)	Anatomie et pathologie cellulaires	
	Hahnemann (1755-1843)	Découverte du principe de l'homéopathie	
	Jenner (1749-1823)	Vaccination anti-variolique	1796

ROLAND BARTHES (1915-1980), **1973**

Sur le plaisir du texte, nulle «thèse» n'est possible; à peine une inspection (une introspection), qui tourne court. *Eppure si gaude!* Et pourtant, envers et contre tout, je jouis du texte.

Des exemples au moins? On pourrait penser à une immense moisson collective: on recueillerait tous les textes auxquels il est arrivé de *faire plaisir à quelqu'un* (de quelque lieu que ces textes viennent), et l'on manifesterait ce corps textuel (*corpus:* c'est bien dit), un peu comme la psychanalyse a exposé le corps érotique de l'homme. Un tel travail cependant, on peut le craindre, n'aboutirait qu'à *expliquer* les textes retenus; il y aurait une bifurcation inévitable du projet: ne pouvant se dire, le plaisir entrerait dans la voie générale des motivations, *aucune ne saurait être définitive.*

En un mot, un tel travail ne pourrait *s'écrire.* Je ne puis que *tourner* autour d'un tel sujet.

le Plaisir du texte, 1973.

Watteau, *L'indifférent,* (Giraudon).

Faublas est un splendide adolescent qui, pour sa première sortie dans le monde, trouve fort divertissant de se travestir en femme. Invité par un marquis qu'aguiche cette jolie «jeune fille», il se retrouve dans le lit... de la marquise, qui dès le début s'est doutée du sexe réel de Faublas.

Un silence profond régna quelques instants. «Dormez-vous déjà, belle enfant? me dit la marquise d'une voix altérée. — Oh non, je ne dors pas!» Elle se précipita dans mes bras, et me pressa contre son sein. «Dieux! s'écria-t-elle, avec une surprise bien naturellement jouée si elle était feinte, c'est un homme!» Et puis me repoussant avec promptitude: «Quoi! monsieur, il est possible?... — Madame, je vous l'ai dit, répliquai-je en tremblant. — Vous me l'avez dit, monsieur; mais cela était-il croyable? Il s'agissait bien de dire! il ne fallait pas rester chez moi... ou du moins, il ne fallait pas empêcher qu'on vous dressât un autre lit. — Madame, ce n'est pas moi, c'est M. le marquis. — Mais, monsieur, parlez donc plus bas... Monsieur, il ne fallait pas rester chez moi, il fallait vous en aller. — Hé bien! madame, je m'en vais...» Elle me retint par le bras. «Vous vous en allez! où cela, monsieur? et quoi faire? réveiller mes femmes! risquer un esclandre!... peut-être montrer à tous mes gens qu'un homme est entré dans mon lit! qu'on me manque à ce point!... — Madame, je vous demande pardon, ne vous fâchez pas, je m'en vais me jeter dans un fauteuil. — Oui, dans un fauteuil! oui... sans doute, il le faut!... Mais, voyez la belle ressource! (en me retenant toujours par le bras). Fatigué comme il est! par le froid qu'il fait! s'enrhumer! détruire sa santé!... vous mériteriez que je vous traitasse avec cette rigueur... allons, restez là; mais promettez-moi d'être sage. — Pourvu que vous me pardonniez, madame... — Non, je ne vous pardonne pas! mais j'ai plus d'attention pour vous que vous n'en avez pour moi. Voyez comme sa main est déjà froide!» et par pitié elle la posa sur son col d'ivoire. Guidée par la nature et par l'amour, cette heureuse main descendit un peu; je ne savais quelle agitation faisait bouillonner mon sang. «Aucune femme éprouva-t-elle jamais l'embarras où il me met? reprit la marquise d'un ton plus doux. — Ah! pardonnez-moi donc, ma chère maman!... — Oui, votre chère maman! vous avez bien des égards pour votre maman! petit libertin que vous êtes!» Ses bras, qui m'avaient repoussé d'abord, m'attiraient doucement. Bientôt nous nous trouvâmes si près l'un de l'autre que nos lèvres se rencontrèrent; j'eus la hardiesse d'imprimer sur les siennes un baiser brûlant. «Faublas, est-ce là ce que vous m'avez promis?» me dit-elle d'une voix presque éteinte. Sa main s'égara; un feu dévorant circulait dans mes veines... «Ah! madame! pardonnez-moi, je me meurs! — Ah mon cher Faublas... mon ami!...» Je restais sans mouvement. La marquise eut pitié de mon embarras, qui ne pouvait lui déplaire... Elle aida ma timide inexpérience... Je reçus avec autant d'étonnement que de plaisir une charmante leçon que je répétai plus d'une fois.

une Année de la vie de Faublas, 1787.

Roman de provocation, Mademoiselle de Maupin *(voir* **XIXᵉ siècle,** *n°83) narre, en mélangeant des lettres et des récits à la troisième personne, les aventures de Madeleine de Maupin, jeune fille fort belle, déguisée en homme (Théodore) pour échapper aux contraintes de son sexe, et qui, invitée par une jeune veuve, Rosette, la séduit presque sans le faire exprès.*

THEOPHILE GAUTIER (1811-1872), **1836**

La douce chaleur de son corps me pénétrait à travers ses habits et les miens : mille ruisseaux magnétiques rayonnaient autour d'elle ; sa vie tout entière semblait avoir passé en moi et l'avoir abandonnée complètement. De minute en minute, elle languissait et mourait et ployait de plus en plus : une légère sueur perlait sur son front lustré : ses yeux se trempaient, et deux ou trois fois elle fit le mouvement de lever ses mains comme pour les cacher ;.mais, à moitié chemin, ses bras lassés retombèrent sur ses genoux, et elle ne put y parvenir ; — une grosse larme déborda de sa paupière et roula sur sa joue brûlante, où elle fut bientôt séchée.

Ma situation devenait fort embarrassante et passablement ridicule ; — je sentais que je devais avoir l'air énormément stupide, et cela me contrariait au dernier point, quoiqu'il ne fût pas en mon pouvoir de prendre un autre air que celui-là. — Les façons entreprenantes m'étaient interdites, et c'étaient les seules qui eussent été convenables. J'étais trop sûre de ne pas éprouver de résistance pour m'y risquer, et, en vérité, je ne savais pas de quel bois faire flèche. Dire des galanteries et débiter des madrigaux, cela eût été bon dans le commencement, mais rien n'eût paru plus fade au point où nous en étions arrivées ; — me lever et sortir eût été de la dernière grossièreté ; [...] et puis, je l'avouerai à ma honte, cette scène, tout équivoque que le caractère en fût pour moi, ne manquait pas d'un certain charme qui me retenait plus qu'il n'eût fallu ; cet ardent désir m'échauffait de sa flamme, et j'étais réellement fâchée de ne le pouvoir satisfaire : je souhaitai même d'être un homme, comme effectivement je le paraissais, afin de couronner cet amour, et je regrettai fort que Rosette se trompât. Ma respiration se précipitait, je sentais des rougeurs me monter à la figure, et je n'étais guère moins troublée que ma pauvre amoureuse. — L'idée de la similitude de sexe s'effaçait peu à peu pour ne laisser subsister qu'une vague idée de plaisir ; mes regards se voilaient, mes lèvres tremblaient, et si Rosette eût été un cavalier au lieu d'être ce qu'elle était, elle aurait eu, à coup sûr, très bon marché de moi.

A la fin, n'y pouvant tenir, elle se leva brusquement en faisant une espèce de mouvement spasmodique, et se mit à marcher dans la chambre avec une grande activité ; puis elle s'arrêta devant le miroir, et rajusta quelques mèches de ses cheveux, qui avaient perdu leur pli. Pendant cette promenade, je faisais une pauvre figure, et je ne savais guère quelle contenance tenir. Elle s'arrêta devant moi et parut réfléchir.

Monnet, *La marquise de Merteuil et Cécile Volanges,* (BN).

Elle pensa qu'une timidité enragée me retenait seule, que j'étais plus écolier qu'elle ne l'avait cru d'abord. — Hors d'elle-même et montée au plus haut degré d'exaspération amoureuse, elle voulut tenter un suprême effort et jouer le tout pour le tout, au risque de perdre la partie.

Elle vint à moi, s'assit sur mes genoux plus prompte que l'éclair, me passa les bras autour du cou, croisa ses mains derrière ma tête, et sa bouche se prit à la mienne avec une étreinte furieuse ; je sentais sa gorge, demi-nue et révoltée, bondir contre ma poitrine, et ses doigts enlacés se crisper dans mes cheveux.

— Un frisson me courut tout le long du corps, et les pointes de mes seins se dressèrent.

Rosette ne quittait pas ma bouche ; ses lèvres enveloppaient mes lèvres, ses dents choquaient mes dents, nos souffles se mêlaient. — Je me reculai un instant, et je tournai deux ou trois fois la tête pour éviter ce baiser ; mais un attrait invincible me fit revenir en avant, et je le lui rendis presque aussi ardent qu'elle me l'avait donné. Je ne sais pas trop ce que tout cela fût devenu, si de grands abois ne se fussent fait entendre au-dehors de la porte avec un bruit comme de pieds qui grattaient. La porte céda, et un beau lévrier blanc entra dans la cabane en jappant et en gambadant.

Mademoiselle de Maupin, chap. XII, 1836.

TEXTES DE PLAISIR, PLAISIR DU TEXTE

1 — Ce récit du plaisir des personnages (et peut-être aussi le sentiment du plaisir de l'écrivain) suffisent-ils à provoquer le plaisir du lecteur ? Comment s'orchestrent ici ces trois degrés distincts ?

2 — Dans ces deux textes, il s'agit de « premières expériences ». D'un point de vue psychologique, qu'apporte aux acteurs principaux (Faublas et Théodore — Maupin) leur travestissement ? Que signifie-t-il en fait ?

154 b Louvet de COUVRAY (1760-1797)

« *Mesmerisme à tous les diables* », *caricature sur les théories de Mesmer,* (BN).

Après de multiples aventures, Faublas, poursuivi, se réfugie, sans vêtements, dans une maison étrange, où, épuisé, il s'endort. Sans le savoir, il va se trouver au centre d'une expérience « mesmériste » (voir ci-contre), que Louvet saura, bien sûr, habilement détourner de ses purs objectifs thérapeutiques.

Mesmer, *Le Doigt magique ou le magnétisme animal,* (R. Viollet).

(1) Voir ci-contre.
(2) Qui pourrit.
(3) Arrêt brusque des fonctions cérébrales.
(4) Suspension complète du mouvement volontaire des muscles, caractéristique du sommeil hypnotique et de l'hystérie.
(5) Voir ci-contre. Tous les détails de cette « mise en rapport » sont fidèles à la méthode de Mesmer, mais, bien évidemment, Louvet y voit autre chose.

Je demeurais livré à ces réflexions désolantes, lorsque plusieurs personnes, étant brusquement entrées, s'approchèrent de mon lit qui fut aussitôt environné. Que faire, en ce péril extrême ? Puisqu'il n'y avait pas moyen de fuir, je pris le parti de fermer les yeux et de paraître plongé dans un profond sommeil, dont les douceurs étaient bien loin de moi. Figurez-vous quelle peur je dus avoir quand, pour m'examiner de plus près, on me mit une lumière devant les yeux. Figurez-vous quel fut mon étonnement quand j'entendis mes quatre ou cinq observateurs tranquillement dialoguer ainsi :

« Je ne le connais pas. — Ni moi. — Ni moi. — Ni moi. — Ni moi, dit-elle, mais attendez donc... si fait, si fait... je... je sais qui c'est : un nouveau venu. — De ce soir ? — Oui. — Tant mieux. — Il n'a pas mauvaise mine. — Pas du tout. — Bien ! très bien ! un peu fatigué pourtant. — Cela n'est pas étonnant ; vous l'avez mis au baquet ([1]), madame ? — Oui, répondit-elle. — C'est cela ; le baquet, la diète !... — Sans doute, sans doute. — Son sommeil est-il bien naturel ? — Il n'y a qu'à lui demander. — Oui, s'il veut le dire. Essayons. — Soit, parlez-lui. »

« Mon cher enfant, dit-elle, dormez-vous bien ?... Il ne répond pas. — Faites-lui une autre question, madame. — Jeune homme, reprit-elle, pourquoi êtes-vous venu ici ?... Allons, il ne dira mot. — Hé bien ! faisons-lui l'opération, madame. — C'est mon avis. — Et le mien. — Et le mien. — Et le mien. »

A ce mot *opération,* je frissonnai ; une sueur froide me prit, quand je sentis qu'on levait ma couverture. « Hé ! bon Dieu ! s'écria-t-elle en la rejetant aussitôt, il est tout nu. — Il est tout nu ! répétèrent-ils. — Tenez, sur cette chaise sa chemise ! — Toute mouillée ! — Trempée comme si on l'avait mise dans l'eau ! — Oui, ma foi ! Tant mieux, c'est qu'il a transpiré. — C'est qu'il a transpiré. — C'est qu'il a transpiré. — Effets d'une crise. — Crise très heureuse ! — Sans nous il avait une fièvre inflammatoire. — Putride. ([2]) — Ou une apoplexie. ([3]) — Ou une catalepsie. ([4]) — Ou une paralysie de poitrine. — Ou une sciatique dans la tête. — Et il courait grand danger ! — Et il était perdu ! — Et il serait mort ! — Oh ! oui, il serait mort. — Il serait mort. »

Pendant plus d'une minute, tandis que je commençais à me rassurer, ils répétèrent en chœur que je serais mort. L'un d'eux interrompit le funèbre chorus pour dire : « C'est pourtant à vous, madame, qu'appartient l'honneur de cette cure. — En vérité, je le crois, répondit-elle. — Puisque cela va si bien, que ne recommencez-vous », répliqua-t-il. Elle lui répondit : « Très volontiers ; mais faites-lui donc donner une chemise. »

Après qu'on m'eut passé la chemise aussitôt apportée, on me posa sur mon lit, de manière que mes deux pieds, qui d'abord restaient pendants, furent ensuite supportés par le premier bâton d'une chaise, sur laquelle il me parut que s'était assise la dame que l'on venait de prier de se mettre en *rapport* ([5]). Elle le fit à l'instant même ; elle serra mes deux jambes dans les deux siennes, promena doucement sur plusieurs parties de mon corps sa main que je trouvais familière ; et d'une façon tout à fait gentille, frotta avec ses deux pouces les deux miens.

Trop prudent pour témoigner combien cette *opération* de nouvelle espèce était de mon goût, je feignais toujours de dormir. « Voilà, dit quelqu'un, un sommeil bien opiniâtre. — Oui, qui tient de la léthargie. — Tant mieux, il produira plus sûrement le *somnambulisme.* — Sachons donc s'il parlerait maintenant. — Madame, voulez-vous bien l'interroger ? »

« Beau jeune homme, me dit-elle, le magnétisme agit-il sur vous ? » Je ne répondis pas un mot ; mais je trouvai la question presque impertinente. Me demander si le magnétisme agissait sur moi, sur moi dont l'imagination si promptement s'allume, dont le sang s'enflamme si aisément !... Espiègle femelle, qui me faisiez cette interpellation maligne, sûrement vous ne l'ignoriez pas qu'il agissait sur moi le magnétisme ! sûrement du coin de l'œil vous aperceviez son effet le moins équivoque, car tout d'un coup vous cessâtes vos chatouilleux attouchements, et d'un ton triomphant vous dites à ceux qui vous entouraient : « Messieurs, sous huit jours au plus tard je vous garantis ce jeune homme-là radicalement guéri ; il y a plus, je reviendrai le questionner dans un quart d'heure, et je vous certifie qu'il sera déjà somnambule et qu'il me répondra. »

Six semaines de la vie de Faublas, 1789.

MESMER ET LE MESMÉRISME

Médecin allemand, Mesmer tente une approche totalement originale de la thérapeutique. Il postule l'existence d'un fluide universel *(commun aussi bien aux plantes qu'aux animaux), et affirme que toutes les maladies viennent d'une mauvaise répartition de ce fluide dans l'organisme. Utilisant d'abord un aimant (magnétisme minéral) pour drainer le fluide de façon adéquate et rééquilibrée, il abandonne cette technique et recourt au toucher manuel (magnétisme animal). Il provoque ainsi des crises convulsives chez ses patients (en majorité des femmes* (1)*), qui amènent souvent des guérisons.*

Développant sa technique, il développe à Paris, dès 1778, des thérapeutiques de groupe qui décuplent la puissance du fluide (voir ci-dessous).

Cette pratique devient à la mode dans les salons avec une rapidité foudroyante (et entraîne, bien sûr, les foudres de la faculté de médecine). Il faut sans doute voir, dans cette mode, une réaction contre l'aspect trop systématiquement rationnel des sciences et de la philosophie.

Dans un rapport remis à Louis XVI (et publié en 1826...) Bailly (1736-1793) insiste sur les composantes sexuelles et érotiques des crises de quasi-hystérie des patients. C'était développer les idées d'une commission d'enquête nommée par Louis XVI en 1784 : « l'imagination sans magnétisme produit des convulsions (...) le magnétisme sans imagination ne peut rien ». *Quoi qu'il en soit, il faut remarquer que Mesmer, le premier, a développé, dans une théorie encore fumeuse, des idées qui seront à la base de nombreuses recherches aux XIX*e *et XX*e *siècles, insistant sur la relation (plus ou moins sexualisée) qui lie le malade au médecin, et sur la possibilité de guérir, en provoquant un bouleversement* psychique, *des troubles* somatiques *(ou neurologiques) réels.*

Au-delà de sa pratique médicale, Mesmer développa une théorie dite « de l'harmonie universelle », basée sur l'idée d'une bonne circulation des « fluides » entre les individus et les groupes sociaux. Franc-maçon, Mesmer rêve en fait un état de paix universelle, assimilant troubles sociaux et troubles physiques : tout l'Ancien Régime a, pour lui, besoin d'être soigné.

(1) On se rappelle que le mot hystérie, *vient du grec* hystera, *matrice, utérus.*

Franz-Anton **MESMER** (1734-1815), **1784**

Demande. — Qu'est-ce que le magnétisme ?

Réponse. — C'est la propriété qu'ont les corps d'être susceptibles de l'action d'un fluide universellement répandu, qui environne tout ce qui existe et qui sert à entretenir l'équilibre de toutes les fonctions vitales.

D. — Ce fluide n'existe-t-il que dans les animaux ; et sont-ils les seuls individus dans la nature qui en ressentent les effets ?

R. — Ce principe est d'une égale nécessité à la végétation. C'est par lui que le suc séveux peut circuler dans les végétaux et contribuer par là à l'accroissement.

D. — Ce fluide a-t-il quelque rapport avec l'aimant ?

R. — Quoiqu'on ait donné le nom de magnétisme à cette action, puissante dans la nature, le fluide qui en est le mobile ne paraît pas avoir les propriétés de l'aimant. Il ne dirige pas comme lui un corps qui en est pénétré, du nord au sud. Les pôles sont, au contraire, verticaux, c'est-à-dire de bas en haut. [...]

D. — Comment faut-il toucher un malade pour lui faire éprouver les effets du magnétisme ?

R. — Il faut d'abord se placer en face de ce malade, le dos au nord et approcher les pieds contre les siens ; ensuite porter, sans appuyer, les deux pouces sur les plexus des nerfs qui se trouvent au creux de l'estomac et les doigts sur les hypocondres. (1) Il est bon de temps en temps de promener les doigts sur les côtés, et principalement vers la rate et de faire changer de place aux pouces. Après avoir continué environ un quart d'heure cet exercice, on opère d'une autre manière, et cela relativement à l'état du malade. [...]

D. — Que doit-on faire avant de cesser le magnétisme ?

R. — Il faut chercher à mettre le magnétisme en équilibre dans toutes les parties du corps. On y parvient, en présentant l'*index* de la main droite au sommet de la tête du côté gauche, et en le faisant descendre le long du visage, sur la poitrine, le ventre et les cuisses. Il faut ensuite l'éloigner du corps et le reporter sur la tête, en décrivant une espèce de cercle, réitérer sept ou huit fois cette manœuvre ; après quoi, on en fait autant du côté droit avec la main gauche. On peut employer une baguette de fer en place du doigt.

D. — Ne peut-on pas augmenter la force ou la quantité du fluide magnétique sur les individus ?

R. — On augmente la puissance du magnétisme, en établissant une communication directe entre plusieurs personnes.

D. — Comment peut-on établir cette communication ?

R. — De deux manières : la plus simple est de former une chaîne avec un certain nombre de personnes, en les faisant tenir par la main ; on le peut aussi par le moyen du baquet.

D. — Qu'est-ce que le baquet ?

R. — C'est une cuve d'environ six à sept pieds plus ou moins de diamètre, de dix-huit pouces de hauteur. Dans l'intérieur de cette cuve est un double fond, sur lequel on met des éclats de bouteilles cassées, du sable, des pierres, du soufre en bâton concassé, ainsi que de la limaille de fer. Le tout est rempli d'eau et recouvert d'un plancher cloué à la cuve. On pratique sur la superficie du couvercle, à six pouces de distance des bords, différents trous pour laisser passer des tiges de fer, disposées de manière qu'une de leurs extrémités puisse pénétrer dans le fond de la cuve, et l'autre se diriger par le moyen d'une courbe sur le creux de l'estomac des malades, ou telles autres parties affectées.

Catéchisme du magnétisme animal, 1784.

(1) Chacune des parties latérales de la région supérieure de l'abdomen.

155 Jean-François MARMONTEL (1723-1799)

Auteur des Contes moraux (1758) *qui « décrivent les mœurs » et « incitent à la vertu », Marmontel (1723-1799) est aussi celui d'une sorte d'épopée en prose contant, entre autres aventures liées à la chute de l'empire devant les Espagnols, les péripéties d'Alonzo, un Européen vertueux, chez les Incas du XVIe siècle. Ici, Alonzo, grâce à son savoir occidental, aide les bons Incas à se débarrasser des sauvages Cannarins.*

MARMONTEL, 1777

Tandis qu'Ataliba, pour retourner à Cannare, traversait les champs de Loxa, la révolte des Cannarins venait d'éclater. Tout un peuple environnait la citadelle, et menaçait de couper les canaux des fontaines qui l'abreuvaient. L'extrémité était pressante. Pour forcer ce peuple aguerri à lever le siège, il fallait sortir des murs et l'attaquer, au risque d'être enveloppé et d'être accablé sous le nombre.

Alors parut le plus étonnant des phénomènes de la nature. L'astre adoré dans ces climats s'obscurcit tout à coup au milieu d'un ciel sans nuage. Une nuit soudaine et profonde investit la terre. L'ombre ne venait point de l'orient ; elle tomba du haut des cieux, et enveloppa l'horizon. Un froid humide a saisi l'atmosphère. Les animaux, subitement privés de la chaleur qui les anime, de la lumière qui les conduit, dans une immobilité morne, semblent se demander la cause de cette nuit inopinée. Leur instinct, qui compte les heures, leur dit que ce n'est pas encore celle de leur repos. Dans les bois, ils s'appellent d'une voix frémissante, étonnés de ne pas se voir ; dans les vallons, ils se rassemblent et se pressent en frissonnant. Les oiseaux, qui, sur la foi du jour, ont pris leur essor dans les airs, surpris par les ténèbres, ne savent où voler.

La tourterelle se précipite au-devant du vautour, qui s'épouvante à sa rencontre. Tout ce qui respire est saisi d'effroi. Les végétaux eux-mêmes se ressentent de cette crise universelle. On dirait que l'âme du monde va se dissiper ou s'éteindre ; et dans ses rameaux infinis, le fleuve immense de la vie semble avoir ralenti son cours.

Et l'homme !... [...] Aveugle et curieux, il se fait des fantômes de tout ce qu'il ne conçoit pas, et se remplit de noirs présages, aimant mieux craindre qu'ignorer. Heureux, dans ce moment, les peuples à qui des sages ont révélé les mystères de la nature ! Ils ont vu sans inquiétude l'astre du jour, à son midi, dérober sa lumière au monde ; sans inquiétude ils attendent l'instant marqué où notre globe sortira de l'obscurité. Mais comment exprimer la terreur, l'épouvante dont ce phénomène a frappé les adorateurs du Soleil ! Dans une pleine sérénité, au moment où leur dieu, dans toute sa splendeur, s'élève au plus haut de sa sphère, il s'évanouit ! et la cause de ce prodige, et sa durée, ils l'ignorent profondément. La ville de Quito, la ville du Soleil, Cusco, les camps des deux Incas, tout gémit, tout est consterné.

A Cannare, une horreur subite avait glacé tous les esprits. Les assiégés, les assiégeants avaient le front dans la poussière. Alonzo, tranquille au milieu de ces Indiens éperdus, observait avec un étonnement mêlé de compassion, ce que peuvent sur l'homme l'ignorance et la peur. Il voyait pâlir et trembler les guerriers les plus intrépides. « Amis, dit-il, écoutez-moi. Le temps presse, il est important que votre erreur soit dissipée. Ce qui se passe dans le ciel n'est point un prodige funeste. Rien de plus naturel : vous l'allez concevoir, vous allez cesser de le craindre. » Les Indiens, que ce langage commence à rassurer, prêtent une oreille attentive, et Alonzo poursuit. « Lorsqu'à l'ombre d'une montagne, vous ne voyez point le Soleil ; sans vous en effrayer, vous dites : la montagne me le dérobe ; ce n'est pas lui, c'est moi qui suis dans l'ombre ; il est le même dans le ciel. Eh bien, au lieu d'une montagne, c'est un globe épais et solide, un monde semblable à la terre, qui dans ce moment passe au-dessous du soleil ; mais ce monde, qui suit sa route dans l'espace, va s'éloigner, et le soleil va reparaître plus beau, plus brillant que jamais. N'ayez donc plus de peur d'une ombre passagère, et profitez de l'épouvante dont vos ennemis sont frappés. »

Le caractère de l'erreur, chez les peuples du Nouveau-Monde, est de n'avoir point de racines. Elle tient si peu aux esprits, que le premier souffle de la vérité l'en détache. Ils l'ont prise sans examen, ils l'abandonnent sans résistance. Alonzo, par le seul moyen d'une image claire et sensible, a détrompé tous les esprits, et a ranimé tous les cœurs. On vit en effet le soleil qui, comme un cercle d'or brillant au bord de l'ombre, commençait à se dégager. « Quoi ! ce n'est donc ni défaillance, ni colère dans notre dieu ? » s'écrièrent-ils. A ces mots, Corambé achevant de dissiper leur crainte : « Soldats, dit-il, j'ai déjà vu arriver ce qu'il nous annonce. Il est plus éclairé que nous. Hâtez-vous donc, prenez vos armes, sortons, et chassons ces rebelles que la frayeur a déjà vaincus. »

Aux cris des assiégés, qui, dès le crépuscule du jour renaissant, s'élançaient hors des murs de la citadelle, les Cannarins s'abandonnèrent à une terreur insensée. On fit main basse sur leur camp ; un instant le mit en déroute ; et le soleil, éclairant ces campagnes, les vit jonchées de mourants et de morts.

les Incas ou la Destruction de l'empire du Pérou,
Chap. XXXV, 1777.

1 — *Relevez dans le texte de Marmontel et dans les dessins d'Hergé les éléments exotiques. Se ressemblent-ils ?*

2 — *Comment est rendu l'effroi des Incas dans les deux œuvres ? Vous comparerez avec l'image de la peur chez le Brun* **(XVIe-XVIIe siècles,** *n° 154) et chez Fragonard (n° 92).*

3 — *Quel est le rôle de l'Occidental chez Marmontel ? Qu'utilise-t-il pour aider le parti vertueux ? Que fait Tintin pour échapper à la mort ? A travers ces deux passages, quelle est l'image des deux civilisations donnée aux lecteurs ?*

HERGÉ, 1949

Tintin et ses compagnons ont découvert, perdue dans les Andes, une civilisation précolombienne, miraculeusement préservée. Destinés à être exécutés, ils montent au bûcher... mais Tintin se souvient, que ce jour-là, précisément, aurait lieu une éclipse totale...

le Temple du soleil, Casterman, 1949.

Restif de la Bretonne, portrait, (Giraudon)

Malgré le soin qu'on prend pour entretenir les rues propres, on peut dire qu'il n'y a rien au monde d'aussi sale que plusieurs quartiers ; l'odeur infecte qu'ils exhalent ne peut être supportée que par ceux qui en ont l'habitude. Mais si l'on passe dans d'autres, on trouve des palais magnifiques, où brillent l'élégance et le goût de la belle architecture. Croirais-tu que cette grande ville, dans un siècle aussi éclairé que le nôtre, n'a pas de conduits souterrains pour égoutter ses eaux ? Un fleuve d'immondices, à la moindre pluie, inonde les rues ; et en tout temps, l'homme à pied est éclaboussé par un limon gras et noir, que lancent à droite et à gauche les pieds des chevaux et les roues des voitures. Les maisons n'y ont pas d'égouts pour la pluie ; un échenet saillant y jette à flots sur les passants l'eau des toits, et les inonde encore longtemps après que la pluie a cessé. Une chose fort mauvaise, et très peu politique frappe tout d'un coup à Paris, c'est qu'on n'y a eu presque aucun égard à tout ce qui n'est que pour la commodité du peuple ; cette espèce paraît si méprisée, qu'à peine a-t-on daigné s'en occuper ; la populace est écrasée par les carrosses, sans qu'il y ait d'ordre établi pour la préserver ; un homme en voiture a toujours des affaires plus pressées que toute la malheureuse infanterie, qui, cependant ne piétonne que pour se procurer le nécessaire ; le plus frivole petit-maître, la plus méprisable catin, peuvent impunément passer sur le dos à cent mille honnêtes gens qui servent la patrie, et se faire mener ventre à terre, pour aller faire des inutilités ou des crimes. Je suis persuadé que si les gens à fortune souffraient des ruisseaux et des égouts, il y a longtemps que tout cela serait réformé. Quoique la police soit ici fort bien exercée, on y laisse pourtant aux filous, et même aux assassins tous les commencements de lune ; on n'allume pas les lanternes, et les rues sont alors comme des cachots, à cause de l'ombre des maisons ; si quelque scélérat a un ennemi, il peut attendre ces temps-là pour s'en défaire.

Au premier coup d'œil que l'on jette sur le peuple de Paris, il paraît tout le contraire de nos citadins de province : chez nous, c'est l'apathie, la nonchalance, le goût de la tranquillité : ici, l'on voit une activité, un air d'affaires ; on ne marche pas, on court, on vole ; nulle attention les uns pour les autres ; très peu d'égards dans les occasions même qui le demandent ; on voit que tous ces gens-là sont des pièces séparées, qui ne forment point un tout. Je crois que la politique y gagne ; mais l'humanité sûrement y perd. Si un homme que des voleurs assassinent se sauve dans une boutique, il en est pour l'ordinaire inhumainement repoussé par le maître, qui le voit massacrer de sang-froid à sa porte. Cependant il ne faut pas croire que tous ces gens qui heurtent, qui poussent, dont les pieds touchent à peine le pavé, aient tous des affaires pressées ! c'est la manière d'ici : où croirais-tu que court ce négociant père de famille ? à sa manufacture, chez ses débiteurs ? non ; c'est chez une petite grisette qu'il entretient. Cet homme en robe, chargé de sacs et de paperasses, à l'audience ? non : il va dans la galerie du palais, conter fleurette à une fille de modes ! Cet abbé ? Il vole au foyer de la Comédie ou de l'Opéra, faire sa cour aux actrices, et juger une pièce nouvelle ! Cette jeune personne, si modeste, qui trotte à petits pas de souris ?... Elle court à un rendez-vous, etc. Ainsi tu vois qu'ici les occupations d'un certain monde, ne valent pas mieux que l'indolence de nos provinciaux.

Il est aisé d'imaginer que l'indifférence qu'ont ici tous les hommes les uns pour les autres, n'est pas un aliment pour la probité : des êtres qui tous sont parfaitement indifférents et inconnus ; qui par conséquent ne rougissent jamais de leurs turpitudes en se voyant, doivent chercher à se tromper ; et c'est ce qui arrive : Paris est le centre de la filouterie, de l'escroquerie, du vol, de tous les vices, de tous les crimes qui y ont rapport. Le sexe y doit avoir moins de pudeur et moins de vertu ; parce que le frein très puissant de l'opinion publique y est presque nul.

le Paysan perverti ou les dangers de la ville, 1775.

On a appelé Restif «le Rousseau du ruisseau». Au-delà du caractère dépréciatif de l'expression, il faut dire que Restif, l'un des premiers, a fait descendre la philosophie «naturelle» du citoyen de Genève dans la rue, appliquant son attention (parfois maniaque) aux détails les plus bas de ce qui fait la vie des grandes villes.
Edmond, le héros de ce roman par lettres, était pur. Arrivé à Paris, il est peu à peu débauché – par la ville elle-même, comme entité vivante, image géographique de toutes les «perversions».

JEAN-JACQUES ROUSSEAU, 1761

Exilé à Paris, Saint-Preux, (voir nos 123 a-b) écrit à son amante, Julie, pour lui exposer (dans un style imagé qu'elle qualifiera de «jargon» incompréhensible par la naïve Suissesse qu'elle est) les jeux contradictoires de la société parisienne, illustration de la corruption de la société des villes.

Quand un homme parle, c'est pour ainsi dire son habit et non pas lui qui a un sentiment; et il en changera sans façon tout aussi souvent que d'état. Donnez-lui tour à tour une longue perruque, un habit d'ordonnance et une croix pectorale, vous l'entendrez successivement prêcher avec le même zèle les lois, le despotisme et l'inquisition. Il y a une raison commune pour la robe, une autre pour la finance, une autre pour l'épée. Chacun prouve très bien que les deux autres sont mauvaises, conséquence facile à tirer pour les trois. Ainsi nul ne dit jamais ce qu'il pense, mais ce qu'il lui convient de faire penser à autrui; et le zèle apparent de la vérité n'est jamais en eux que le masque de l'intérêt. [...]

Et comme la pendule ne se monte ordinairement que pour vingt-quatre heures, tous ces gens-là s'en vont, chaque soir, apprendre dans leurs sociétés ce qu'ils penseront le lendemain.

Il y a ainsi un petit nombre d'hommes et de femmes qui pensent pour tous les autres, et pour lesquels tous les autres parlent et agissent; et comme chacun songe à son intérêt, personne au bien commun, et que les intérêts particuliers sont toujours opposés entre eux, c'est un choc perpétuel de brigues et de cabales, un flux et reflux de préjugés, d'opinions contraires, où les plus échauffés, animés par les autres, ne savent presque jamais de quoi il est question. Chaque coterie a ses règles, ses jugements, ses principes, qui ne sont point admis ailleurs. L'honnête homme d'une maison est un fripon dans la maison voisine; le bon, le mauvais, le beau, le laid, la vérité, la vertu, n'ont qu'une existence locale et circonscrite. Quiconque aime à se répandre et fréquente plusieurs sociétés doit être plus flexible qu'Alcibiade, changer de principes comme d'assemblées, modifier son esprit pour ainsi dire à chaque pas et mesurer ses maximes à la toise: il faut qu'à chaque visite il quitte en entrant son âme, s'il en a une; qu'il en prenne une autre aux couleurs de la maison, comme un laquais prend un habit de livrée; qu'il la pose de même en sortant et reprenne, s'il veut, la sienne jusqu'à nouvel échange.

Julie ou la Nouvelle Héloïse (1761), seconde partie, lettre XIV.

Fisen, (BN).

RESTIF, 1794-1797

Lecteur, je te peins ce que j'ai vu, ce que j'ai fait. Pétrone nouveau, je ne te déguise rien. Connais ton siècle; ou plutôt connais tous les temps! les passions et leurs écarts furent toujours les mêmes; elles eurent toujours les mêmes effets. Dès que l'homme est policé, il a des goûts factices; aussitôt qu'il est dans l'abondance, ses goûts s'exaltent et il devient ce que nous exprimons par le mot Libertin. Il faut que je sois sincère: je dis tout. Peut-être retranchera-t-on quelque chose à ce manuscrit; mais moi, je dois tout dire. Comment remplirais-je mon but, si, par égard pour les puristes et pour ne pas effrayer les sots, je retranchais de mes turpitudes, et montrais un homme factice, au lieu de l'homme véritable? de quelle utilité serais-je?... Par de belles choses, j'amuserais les *femmelets* et nos petits *Catons*, vertueux faute de sentir ou de forces physiques, et je n'instruirais personne... Dans ce siècle *Robespierriste* et puritain, il faut insister jusqu'à satiété sur des choses aussi simples.

Monsieur Nicolas 1794-1797, cinquième époque.

THEATRES URBAINS

1 — Relevez dans ces textes les termes évoquant, directement ou non, l'esthétique et la pratique théâtrale. Que signifie cette théâtralisation de la vie parisienne?

2 — Où est la scène, où est le décor? Quelle est la situation du héros, aussi bien chez Restif que chez Rousseau? Par assimilation, quelle est la position du lecteur que nous sommes?

3 — Est-il cependant possible de n'être que spectateur? Relevez dans le texte de Rousseau les expressions précieuses ou recherchées, «anti-naturelles». Que signifie le fait que Saint-Preux les utilise spontanément?

4 — «Je dis tout», affirme Restif dans le texte de Monsieur Nicolas *(voir encadré ci-dessus). Que signifie exactement cette affirmation? En quoi cette volonté de «tout dire» peut-elle n'être qu'un prétexte? Mais quel prétexte?*

157 Jean-Jacques ROUSSEAU (1712-1778)

Dès 1760, Rousseau avait commencé à rassembler des documents pour écrire l'histoire de sa vie. En 1765, parut un libelle anonyme, (en fait de la main de Voltaire), intitulé Sentiment des Citoyens, *dans lequel l'auteur de* L'Emile *était, entre autres, accusé d'avoir abandonné ses enfants à l'assistance publique. Cette révélation d'un drame secret de sa vie conforta Rousseau dans l'intention de rédiger des* Confessions *qui lui permettraient, en se dévoilant aux yeux du public, de mettre en paix sa conscience, mais aussi, d'une certaine manière, de se disculper. L'ouvrage, terminé en 1770, ne parut qu'après sa mort.*

Dans le passage suivant, le jeune Rousseau (il a seize ans), arrivé à Turin, vient de se convertir au catholicisme. C'est avec une jeune marchande, Madame Basile, qu'il va découvrir l'amour.

Un jour qu'ennuyée des sots colloques du commis elle était montée dans sa chambre, je me hâtai dans l'arrière-boutique où j'étais d'achever ma petite tâche et je la suivis. Sa chambre était entrouverte ; j'y entrai sans être aperçu. Elle brodait près d'une fenêtre ayant en face le côté de la chambre opposé à la porte. Elle ne pouvait me voir entrer, ni m'entendre, à cause du bruit que des chariots faisaient dans la rue. Elle se mettait toujours bien : ce jour-là sa parure approchait de la coquetterie. Son attitude était gracieuse, sa tête un peu baissée laissait voir la blancheur de son cou, ses cheveux relevés avec élégance étaient ornés de fleurs. Il régnait dans toute sa figure un charme que j'eus le temps de considérer, et qui me mit hors de moi. Je me jetai à genoux à l'entrée de la chambre en tendant les bras vers elle d'un mouvement passionné, bien sûr qu'elle ne pouvait m'entendre, et ne pensant pas qu'elle pût me voir : mais il y avait à la cheminée une glace qui me trahit. Je ne sais quel effet ce transport fit sur elle ; elle ne me regarda point : mais tournant à demi la tête, d'un simple mouvement de doigt elle me montra la natte à ses pieds. Tressaillir, pousser un cri, m'élancer à la place qu'elle m'avait marquée ne fut pour moi qu'une même chose : mais ce qu'on aurait peine à croire est que dans cet état je n'osai rien entreprendre au-delà, ni dire un seul mot, ni lever les yeux sur elle, ni la toucher même dans une attitude aussi contrainte, pour m'appuyer un instant sur ses genoux. J'étais muet, immobile, mais non pas tranquille assurément : tout marquait en moi l'agitation, la joie, la reconnaissance, les ardents désirs incertains de leur objet, et contenus par la frayeur de déplaire sur laquelle mon jeune cœur ne pouvait se rassurer.

Elle ne paraissait ni plus tranquille ni moins timide que moi. Troublée de me voir là, interdite de m'y avoir attiré, et commençant à sentir toute la conséquence d'un signe parti sans doute avant la réflexion, elle ne m'accueillait ni ne me repoussait ; elle n'ôtait pas les yeux de dessus son ouvrage ; elle tâchait de faire comme si elle ne m'eût pas vu à ses pieds ; mais toute ma bêtise ne m'empêchait pas de juger qu'elle partageait mon embarras, peut-être mes désirs, et qu'elle était retenue par une honte semblable à la mienne, sans que cela me donnât la force de la surmonter. Cinq ou six ans qu'elle avait de plus que moi devaient, selon moi, mettre de son côté toute la hardiesse, et je me disais que puisqu'elle ne faisait rien pour exciter la mienne elle ne voulait pas que j'en eusse. Même encore aujourd'hui, je trouve que je pensais juste, et sûrement elle avait trop d'esprit pour ne pas voir qu'un novice tel que moi avait besoin, non seulement d'être encouragé, mais d'être instruit.

Je ne sais comment eût fini cette scène vive et muette, ni combien de temps j'aurais demeuré immobile dans cet état ridicule et délicieux, si nous n'eussions été interrompus. Au plus fort de mes agitations j'entendis ouvrir la porte de la cuisine, qui touchait la chambre où nous étions, et Mme Basile alarmée me dit vivement de la voix et du geste : levez-vous, voici Rosina. En me levant en hâte je saisis une main qu'elle me tendait, et j'y appliquai deux baisers brûlants, au second desquels je sentis cette charmante main se presser un peu contre mes lèvres. De mes jours je n'eus un si doux moment : mais l'occasion que j'avais perdue ne revint plus, et nos jeunes amours en restèrent là.

C'est peut-être pour cela même que l'image de cette aimable femme est restée empreinte au fond de mon cœur en traits si charmants. Elle s'y est même embellie à mesure que j'ai mieux connu le monde et les femmes. Pour peu qu'elle eût eu d'expérience, elle s'y fût prise autrement pour animer un petit garçon : mais si son cœur était faible, il était honnête ; elle cédait involontairement au penchant qui l'entraînait ; c'était selon toute apparence sa première infidélité, et j'aurais peut-être eu plus à faire à vaincre sa honte que la mienne. Sans en être venu là j'ai goûté près d'elle des douceurs inexprimables. Rien de tout ce que m'a fait sentir la possession des femmes ne vaut les deux minutes que j'ai passées à ses pieds sans même oser toucher à sa robe. Non, il n'y a point de jouissances pareilles à celles que peut donner une honnête femme qu'on aime : tout est faveur auprès d'elle. Un petit signe du doigt, une main légèrement pressée contre ma bouche sont les seules faveurs que je reçus jamais de Mme Basile, et le souvenir de ces faveurs si légères me transporte encore en y pensant.

les Confessions, Livre second, 1781-1788

J.J. Rousseau, Tombeau à Ermenonville, (F. Foliot).

ROUSSEAU, 1764

Dans des ébauches rédigées pour les Confessions *(manuscrit de Neuchâtel), l'écrivain légitime ainsi son œuvre.*

Oui, moi, moi seul, car je ne connais jusqu'ici nul autre homme qui ait osé faire ce que je me propose. Des histoires, des vies, des portraits, des caractères ! Qu'est-ce que tout cela ? Des romans ingénieux bâtis sur quelques actes extérieurs, sur quelques discours qui s'y rapportent, sur de subtiles conjectures où l'auteur cherche bien plus à briller lui-même qu'à trouver la vérité. On saisit les traits saillants d'un caractère, on les lie par des traits d'invention, et pourvu que le tout fasse une physionomie, qu'importe qu'elle ressemble ? Nul ne peut juger de cela.

Pour bien connaître un caractère, il y faudrait distinguer l'acquis d'avec la nature, voir comment il s'est formé, quelles occasions l'ont développé, quel enchaînement d'affections secrètes l'a rendu tel, et comment il se modifie, pour produire quelquefois les effets les plus contradictoires et les plus inattendus. Ce qui se voit n'est que la moindre partie de ce qui est ; c'est l'effet apparent dont la cause interne est cachée et souvent très compliquée. Chacun devine à sa manière et peint à sa fantaisie ; il n'a pas peur qu'on confronte l'image au modèle, et comment nous ferait-on connaître ce modèle intérieur, que celui qui le peint dans un autre ne saurait voir, et que celui qui le voit en lui-même ne veut pas montrer ?

Nul ne peut écrire la vie d'un homme que lui-même. Sa manière d'être intérieure, sa véritable vie n'est connue que de lui ; mais en l'écrivant il la déguise ; sous le nom de sa vie, il fait son apologie ; il se montre comme il veut être vu, mais point du tout comme il est. Les plus sincères sont vrais tout au plus dans ce qu'ils disent, mais ils mentent par leurs réticences, et ce qu'ils taisent change tellement ce qu'ils feignent d'avouer, qu'en ne disant qu'une partie de la vérité ils ne disent rien. Je mets Montaigne à la tête de ces faux sincères qui veulent tromper en disant vrai. Il se montre avec des défauts, mais il ne s'en donne que d'aimables ; il n'y a point d'homme qui n'en ait d'odieux. Montaigne se peint ressemblant mais de profil. Qui sait si quelque balafre à la joue ou un œil crevé du côté qu'il nous a caché, n'eût pas totalement changé sa physionomie. [...]

Il est donc sûr que si je remplis bien mes engagements j'aurai fait une chose unique et utile. Et qu'on ne m'objecte pas que n'étant qu'un homme du peuple, je n'ai rien à dire qui mérite l'attention des lecteurs. Cela peut être vrai des événements de ma vie : mais j'écris moins l'histoire de ces événements en eux-mêmes que celle de l'état de mon âme, à mesure qu'ils sont arrivés. Or les âmes ne sont plus ou moins illustres que selon qu'elles ont des sentiments plus ou moins grands et nobles, des idées plus ou moins vives et nombreuses. Les faits ne sont ici que des causes occasionnelles. Dans quelque obscurité que j'aie pu vivre, si j'ai pensé plus et mieux que les rois, l'histoire de mon âme est plus intéressante que celle des leurs.

Ebauche des Confessions, datée de 1764

LE SIGNE, LE SILENCE, LE REGARD

1 — «Elle ne me regarda point, ne me parla point.» ; «Je n'osai... ni dire un seul mot, ni lever les yeux sur elle». Montrez que les deux thèmes du regard (surpris et retenu) et de la parole (explosive : «cri», et interdite), organisent toute cette scène.

2 — Comment Rousseau, dans cet épisode, oppose-t-il son immobilité apparente à son agitation intérieure ?

3 — Quelles sont les parts respectives de la description et de l'analyse ? Quel est l'élément qui, en définitive, fait pour Rousseau tout le prix de ce souvenir ?

4 — Dans l'extrait des Ebauches des Confessions, *comment Rousseau légitime-t-il son entreprise ? Par opposition aux «romans ingénieux bâtis sur quelques actes extérieurs», quelle partie de lui-même veut-il mettre en lumière ? Cette visée est-elle originale ?*

158 Jean-Jacques ROUSSEAU (1712-1778)

J.J. Rousseau, portrait, (F. Foliot).

J'étudiais un jour seul ma leçon dans la chambre contiguë à la cuisine. La servante avait mis à sécher à la plaque les peignes de Mlle Lambercier. Quand elle revint les prendre, il s'en trouva un dont tout un côté de dents était brisé. A qui s'en prendre de ce dégât ? Personne autre que moi n'était entré dans la chambre. On m'interroge ; je nie avoir touché le peigne. M. et Mlle Lambercier se réunissent ; m'exhortent, me pressent, me menacent ; je persiste avec opiniâtreté ; mais la conviction était trop forte, elle l'emporta sur toutes les protestations, quoique ce fût la première fois qu'on m'eût trouvé tant d'audace à mentir. La chose fut prise au sérieux ; elle méritait de l'être. La méchanceté, le mensonge, l'obstination parurent également dignes de punition : mais pour le coup ce ne fut pas par Mlle Lambercier qu'elle me fut infligée. On écrivit à mon oncle Bernard ; il vint. Mon pauvre cousin était chargé d'un délit non moins grave : nous fûmes enveloppés dans la même exécution. Elle fut terrible. Quand, cherchant le remède dans le mal même, on eût voulu pour jamais amortir mes sens dépravés, on n'aurait pu mieux s'y prendre. Aussi me laissèrent-ils en repos pour longtemps [...].

Qu'on se figure un caractère timide et docile dans la vie ordinaire, mais ardent, fier, indomptable dans les passions ; un enfant toujours gouverné par la voix de la raison, toujours traité avec douceur, équité, complaisance ; qui n'avait pas même idée de l'injustice, et qui, pour la première fois, en éprouve une si terrible, de la part précisément des gens qu'il chérit et qu'il respecte le plus. Quel renversement d'idées ! Quel désordre de sentiments ! Quel bouleversement dans son cœur, dans sa cervelle, dans tout son petit être intelligent et moral ! Je dis, qu'on s'imagine tout cela, s'il est possible ; car pour moi, je ne me sens pas capable de démêler, de suivre, la moindre trace de ce qui se passait alors en moi.

Je n'avais pas encore assez de raison pour sentir combien les apparences me condamnaient, et pour me mettre à la place des autres. Je me tenais à la mienne, et tout ce que je sentais, c'était la rigueur d'un châtiment effroyable pour un crime que je n'avais pas commis. [...]

Je sens en écrivant ceci que mon pouls s'élève encore ; ces moments me seront toujours présents quand je vivrais cent mille ans. Ce premier sentiment de la violence et de l'injustice est resté si profondément gravé dans mon âme, que toutes les idées qui s'y rapportent me rendent ma première émotion ; et ce sentiment, relatif à moi dans son origine, a pris une telle consistance en lui-même, et s'est tellement détaché de tout intérêt personnel, que mon cœur s'enflamme au spectacle ou au récit de toute action injuste, quel qu'en soit l'objet ou en quelque lieu qu'elle se commette, comme si l'effet en retombait sur moi. Quand je lis les cruautés d'un tyran féroce, les subtiles noirceurs d'un fourbe de prêtre, je partirais volontiers pour aller poignarder ces misérables, dussé-je cent fois y périr. Je me suis souvent mis en nage, à poursuivre à la course ou à coups de pierre un coq, une vache, un chien, un animal que j'en voyais tourmenter un autre, uniquement parce qu'il se sentait le plus fort. Ce mouvement peut m'être naturel, et je crois qu'il l'est ; mais le souvenir profond de la première injustice que j'ai soufferte y fut trop longtemps et trop fortement lié, pour ne l'avoir pas beaucoup renforcé.

Là fut le terme de la sérénité de ma vie enfantine. Dès ce moment je cessai de jouir d'un bonheur pur, et je sens aujourd'hui même que ce souvenir des charmes de mon enfance s'arrête là. Nous restâmes encore à Bossey quelques mois. Nous y fûmes comme on nous représente le premier homme encore dans le paradis terrestre, mais ayant cessé d'en jouir. C'était en apparence la même situation, et en effet une tout autre manière d'être. L'attachement, le respect, l'intimité, la confiance, ne liaient plus les élèves à leurs guides ; nous ne les regardions plus comme des dieux qui lisaient dans nos cœurs : nous étions moins honteux de mal faire, et plus craintifs d'être accusés : nous commencions à nous cacher, à nous mutiner, à mentir. Tous les vices de notre âge corrompaient notre innocence et enlaidissaient nos jeux. La campagne même perdit à nos yeux cet attrait de douceur et de simplicité qui va au cœur. Elle nous semblait déserte et sombre ; elle s'était comme couverte d'un voile qui nous en cachait les beautés. Nous cessâmes de cultiver nos petits jardins, nos herbes, nos fleurs. Nous n'allions plus gratter légèrement la terre et crier de joie en découvrant le germe du grain que nous avions semé. Nous nous dégoûtâmes de cette vie ; on se dégoûta de nous ; mon oncle se retira, et nous nous séparâmes de M. et Mlle Lambercier rassasiés les uns des autres, et regrettant peu de nous quitter.

Confessions, livre premier, 1781-1788.

Un critique contemporain a justement remarqué le besoin qu'a Rousseau «d'assigner à certains événements une valeur fatale, qui marque le début d'un malheur et d'un envoûtement catastrophique». *Le «ici commence» est une formule qui scande les* Confessions, *soulignant chaque fois un éloignement supplémentaire par rapport à un état originel de bonheur et de pureté. A cet égard, les deux épisodes cités ici sont particulièrement révélateurs : brusquement, un* enchaînement de faits *assez inexplicable vient détruire, dégrader une situation de bonheur primitif, et substituer à la communion (entre les êtres, entre la vérité et le discours, entre Jean-Jacques et la nature) une coupure irrévocable.*

Expérience symétrique: Rousseau a cette fois seize ans, et se trouve chez Madame de Vercellis, qui vient de mourir. Il fait comme malgré lui l'apprentissage du mensonge et de l'hypocrisie, et ce deuxième épisode consomme la rupture avec le monde de l'enfance, marqué par l'illusion de la transparence du monde, des êtres et des mots.

Il est bien difficile que la dissolution d'un ménage n'entraîne pas un peu de confusion dans la maison, et qu'il ne s'égare bien des choses. Cependant telle était la fidélité des domestiques, et la vigilance de M. et Mme Lorenzy, que rien ne se trouva de manque sur l'inventaire. La seule Mlle Pontal perdit un petit ruban couleur de rose et argent déjà vieux. Beaucoup d'autres meilleures choses étaient à ma portée; ce ruban seul me tenta, je le volai, et comme je ne le cachais guère on me le trouva bientôt. On voulut savoir où je l'avais pris. Je me trouble, je balbutie, et enfin je dis en rougissant que c'est Marion qui me l'a donné. Marion était une jeune Mauriennoise dont Mme de Vercellis avait fait sa cuisinière, quand, cessant de me donner à manger, elle avait renvoyé la sienne, ayant plus besoin de bons bouillons que de ragoûts fins. Non seulement Marion était jolie, mais elle avait une fraîcheur de coloris qu'on ne trouve que dans les montagnes, et surtout un air de modestie et de douceur qui faisait qu'on ne pouvait la voir sans l'aimer. D'ailleurs bonne fille, sage, et d'une fidélité à toute épreuve. C'est ce qui surprit quand je la nommai. L'on n'avait guère moins de confiance en moi qu'en elle, et l'on jugea qu'il importait de vérifier lequel était le fripon des deux. On la fit venir; l'assemblée était nombreuse, le comte de la Roque y était. Elle arrive, on lui montre le ruban, je la charge effrontément; elle reste interdite, se tait, me jette un regard qui aurait désarmé les démons et auquel mon barbare cœur résiste. Elle nie enfin avec assurance, mais sans emportement, m'apostrophe, m'exhorte à rentrer en moi-même, à ne pas déshonorer une fille innocente qui n'a jamais fait de mal; et moi avec une impudence infernale je confirme ma déclaration, et lui soutiens en face qu'elle m'a donné le ruban. La pauvre fille se mit à pleurer, et ne me dit que ces mots: Ah Rousseau! Je vous croyais un bon caractère. Vous me rendez bien malheureuse, mais je ne voudrais pas être à votre place. Voilà tout. Elle continua de se défendre avec autant de simplicité que de fermeté, mais sans se permettre jamais contre moi la moindre invective. Cette modération comparée à mon ton décidé lui fit tort. Il ne semblait pas naturel de supposer d'un côté une audace aussi diabolique, et de l'autre une aussi angélique douceur. On ne parut pas se décider absolument, mais les préjugés étaient pour moi. Dans le tracas où l'on était on ne se donna pas le temps d'approfondir la chose, et le comte de la Roque en nous renvoyant tous deux se contenta de dire que la conscience du coupable vengerait assez l'innocent. Sa prédiction n'a pas été vaine; elle ne cesse pas un seul jour de s'accomplir. [...]

J'ai procédé rondement dans celle que je viens de faire, et l'on ne trouvera sûrement pas que j'aie ici pallié la noirceur de mon forfait. Mais je ne remplirais pas le but de ce livre si je n'exposais en même temps mes dispositions intérieures, et que je craignisse de m'excuser en ce qui est conforme à la vérité. Jamais la méchanceté ne fut plus loin de moi que dans ce cruel moment, et lorsque je chargeai cette malheureuse fille il est bizarre mais il est vrai que mon amitié pour elle en fut la cause. Elle était présente à ma pensée, je m'excusai sur le premier objet qui s'offrit. Je l'accusai d'avoir fait ce que je voulais faire et de m'avoir donné le ruban parce que mon intention était de le lui donner. Quand je la vis paraître ensuite mon cœur fut déchiré, mais la présence de tant de monde fut plus forte que mon repentir. Je craignais peu la punition, je ne craignais que la honte; mais je la craignais plus que la mort, plus que le crime, plus que tout au monde. J'aurais voulu m'enfoncer, m'étouffer dans le centre de la terre: l'invincible honte l'emporta sur tout, la honte seule fit mon impudence, et plus je devenais criminel, plus l'effroi d'en convenir me rendait intrépide. Je ne voyais que l'horreur d'être reconnu, déclaré publiquement, moi présent, voleur, menteur, calomniateur. Un trouble universel m'ôtait tout autre sentiment. Si l'on m'eût laissé revenir à moi-même j'aurais infailliblement tout déclaré. Si M. de la Roque m'eût pris à part, qu'il m'eût dit: Ne perdez pas cette pauvre fille. Si vous êtes coupable, avouez-le moi; je me serais jeté à ses pieds dans l'instant; j'en suis parfaitement sûr. Mais on ne fit que m'intimider quand il fallait me donner du courage.

Confessions, livre II, 1781-1788.

1 — COMPARAISON DE TEXTES
Vous ferez un parallèle, le plus détaillé possible, entre ces deux récits, en vous attachant notamment aux points suivants:
- *La nature de la «faute».*
- *Les personnages impliqués: rôle, responsabilité.*
- *Les parts respectives du récit à proprement parler et du commentaire.*
- *Les sentiments éprouvés par Rousseau.*
- *La découverte du divorce entre apparence et réalité, discours et vérité.*
- *L'expérience de l'injustice.*

2 — COMMENTAIRE COMPOSÉ de la fin du premier extrait, à partir de «Quand je lis les cruautés d'un tyran féroce,...». *Vous pourrez par exemple organiser votre analyse en trois points:*
- *une rupture à tous les niveaux: temporelle (fin de l'enfance), symbolique (vécue comme une expulsion du paradis terrestre).*
- *la thématique de la transparence et de l'obscurcissement (relation avec les autres, relation avec la nature).*
- *la fonction justificative de cet épisode dans l'entreprise de Rousseau, liée au thème plus général de la pureté originelle.*

J.J. Rousseau à Ermenonville, (F. Foliot).

Les Rêveries du promeneur solitaire *ne sont pas une œuvre ambitieuse : Rousseau, après avoir composé ses* Dialogues : Rousseau juge de Jean-Jacques *pour se justifier encore une fois aux yeux de ses contemporains et des générations futures, se retire de la société des hommes et cherche l'apaisement, soit dans de longues promenades qu'il fait autour de Paris, soit dans l'évocation des moments de bonheur qu'il a pu connaître. Il note, pour son plaisir personnel, les réflexions qui lui viennent, sans souci de composition, sinon de style.*
C'est pourtant ces quelques pages qui sembleront les plus neuves à la postérité : en effet, en inventant pour ses méditations lyriques une forme nouvelle, la prose poétique, et en exaltant le sentiment de la solitude dans la nature, Rousseau inaugure des thèmes qui seront bientôt au cœur de la sensibilité romantique.

Quand le lac agité ne me permettait pas la navigation je passais mon après-midi à parcourir l'île en herborisant à droite et à gauche, m'asseyant tantôt dans les réduits les plus riants et les plus solitaires pour y rêver à mon aise, tantôt sur les terrasses et les tertres, pour parcourir des yeux le superbe et ravissant coup d'œil du lac et de ses rivages couronnés d'un côté par des montagnes prochaines, et de l'autre élargis en riches et fertiles plaines dans lesquelles la vue s'étendait jusqu'aux montagnes bleuâtres plus éloignées qui la bornaient.

Quand le soir approchait je descendais des cimes de l'île et j'allais volontiers m'asseoir au bord du lac, sur la grève, dans quelque asile caché ; là le bruit des vagues et l'agitation de l'eau fixant mes sens et chassant de mon âme toute autre agitation la plongeaient dans une rêverie délicieuse où la nuit me surprenait souvent sans que je m'en fusse aperçu. Le flux et reflux de cette eau, son bruit continu mais renflé par intervalles frappant sans relâche mon oreille et mes yeux, suppléaient aux mouvements internes que la rêverie éteignait en moi et suffisaient pour me faire sentir avec plaisir mon existence, sans prendre la peine de penser. De temps à autre naissait quelque faible et courte réflexion sur l'instabilité des choses de ce monde dont la surface des eaux m'offrait l'image : mais bientôt ces impressions légères s'effaçaient dans l'uniformité du mouvement continu qui me berçait, et qui sans aucun concours actif de mon âme ne laissait pas de m'attacher au point qu'appelé par l'heure et par le signal convenu je ne pouvais m'arracher de là sans effort. [...]

Tout est dans un flux continuel sur la terre. Rien n'y garde une forme constante et arrêtée, et nos affections qui s'attachent aux choses extérieures passent et changent nécessairement comme elles. Toujours en avant ou en arrière de nous, elles rappellent le passé qui n'est plus ou préviennent l'avenir qui souvent ne doit point être : il n'y a rien là de solide à quoi le cœur se puisse attacher. Aussi n'a-t-on guère ici bas que du plaisir qui passe ; pour le bonheur qui dure je doute qu'il y soit connu. A peine est-il dans nos plus vives jouissances un instant où le cœur puisse véritablement nous dire : *Je voudrais que cet instant durât toujours ;* et comment peut-on appeler bonheur un état fugitif qui nous laisse encore le cœur inquiet et vide, qui nous fait regretter quelque chose avant, ou désirer encore quelque chose après ?

Mais s'il est un état où l'âme trouve une assiette assez solide pour s'y reposer tout entière et rassembler là tout son être, sans avoir besoin de rappeler le passé ni d'enjamber sur l'avenir ; où le temps ne soit rien pour elle, où le présent dure toujours sans néanmoins marquer sa durée et sans aucune trace de succession, sans aucun autre sentiment de privation ni de jouissance, de plaisir ni de peine, de désir ni de crainte que celui seul de notre existence, et que ce sentiment seul puisse la remplir tout entière ; tant que cet état dure celui qui s'y trouve peut s'appeler heureux, non d'un bonheur imparfait, pauvre et relatif, tel que celui qu'on trouve dans les plaisirs de la vie mais d'un bonheur suffisant, parfait et plein, qui ne laisse dans l'âme aucun vide qu'elle sente le besoin de remplir. Tel est l'état où je me suis trouvé souvent à l'île de Saint-Pierre dans mes rêveries solitaires, soit couché dans mon bateau que je laissais dériver au gré de l'eau, soit assis sur les rives du lac agité, soit ailleurs, au bord d'une belle rivière ou d'un ruisseau murmurant sur le gravier.

De quoi jouit-on dans une pareille situation ? De rien d'extérieur à soi, de rien sinon de soi-même et de sa propre existence, tant que cet état dure on se suffit à soi-même comme Dieu. Le sentiment de l'existence dépouillé de toute autre affection est par lui-même un sentiment précieux de contentement et de paix, qui suffirait seul pour rendre cette existence chère et douce à qui saurait écarter de soi toutes les impressions sensuelles et terrestres qui viennent sans cesse nous en distraire et en troubler ici-bas la douceur. Mais la plupart des hommes agités de passions continuelles connaissent peu cet état, et ne l'ayant goûté qu'imparfaitement durant peu d'instants n'en conservent qu'une idée obscure et confuse qui ne leur en fait pas sentir le charme. Il ne serait pas même bon, dans la présente constitution des choses, qu'avides de ces douces extases ils s'y dégoûtassent de la vie active dont leurs besoins toujours renaissants leur prescrivent le devoir. Mais un infortuné qu'on a retranché de la société humaine et qui ne peut plus rien faire ici-bas d'utile et de bon pour autrui ni pour soi, peut trouver dans cet état à toutes les félicités humaines des dédommagements que la fortune et les hommes ne lui sauraient ôter.

les Rêveries du promeneur solitaire, Cinquième promenade, 1782.

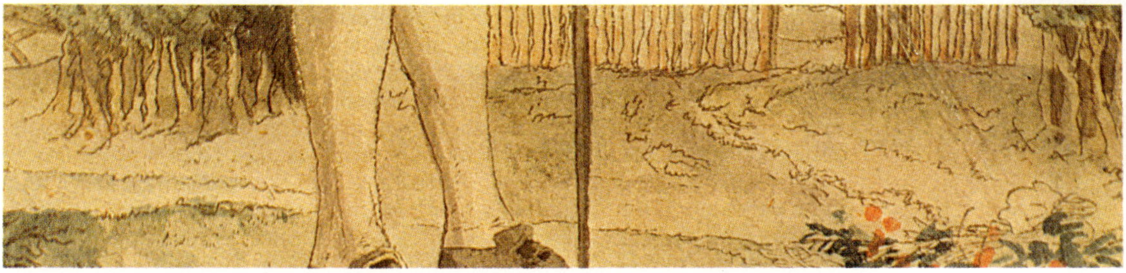

DES CONFESSIONS AUX RÊVERIES

Dans la première Promenade, *Rousseau souligne le lien qui existe entre les* Confessions *et les* Rêveries.

Tout est fini pour moi sur la terre. On ne peut plus m'y faire ni bien ni mal. Il ne me reste plus rien à espérer ni à craindre en ce monde, et m'y voilà tranquille au fond de l'abîme, pauvre mortel infortuné, mais impassible comme Dieu même.

Tout ce qui m'est extérieur m'est étranger désormais. Je n'ai plus en ce monde ni prochain, ni semblables, ni frères. Je suis sur la terre comme dans une planète étrangère, où je serais tombé de celle que j'habitais. Si je reconnais autour de moi quelque chose ce ne sont que des objets affligeants et déchirants pour mon cœur, et je ne peux jeter les yeux sur ce qui me touche et m'entoure sans y trouver toujours quelque sujet de dédain qui m'indigne, ou de douleur qui m'afflige. Écartons donc de mon esprit tous les pénibles objets dont je m'occuperais aussi douloureusement qu'inutilement. Seul pour le reste de ma vie, puisque je ne trouve qu'en moi la consolation, l'espérance et la paix, je ne dois ni ne veux plus m'occuper que de moi. C'est dans cet état que je reprends la suite de l'examen sévère et sincère que j'appelai jadis mes *Confessions*. Je consacre mes derniers jours à m'étudier moi-même et à préparer d'avance le compte que je ne tarderai pas à rendre de moi. Livrons-nous tout entier à la douceur de converser avec mon âme puisqu'elle est la seule que les hommes ne puissent m'ôter. Si à force de réfléchir sur mes dispositions intérieures je parviens à les mettre en meilleur ordre et à corriger le mal qui peut y rester, mes méditations ne seront pas entièrement inutiles, et quoique je ne sois plus bon à rien sur la terre, je n'aurai pas tout à fait perdu mes derniers jours. Les loisirs de mes promenades journalières ont souvent été remplis de contemplations charmantes dont j'ai regret d'avoir perdu le souvenir. Je fixerai par l'écriture celles qui pourront me venir encore ; chaque fois que je les relirai m'en rendra la jouissance. J'oublierai mes malheurs, mes persécuteurs, mes opprobres, en songeant au prix qu'avait mérité mon cœur. [...]

Ces feuilles peuvent donc être regardées comme un appendice de mes *Confessions*, mais je ne leur en donne plus le titre, ne sentant plus rien à dire qui puisse le mériter. Mon cœur s'est purifié à la coupelle de l'adversité, et j'y trouve à peine en le sondant avec soin quelque reste de penchant répréhensible. Qu'aurais-je encore à confesser quand toutes les affections terrestres en sont arrachées ? Je n'ai pas plus à me louer qu'à me blâmer : je suis nul désormais parmi les hommes, et c'est tout ce que je puis être, n'ayant plus avec eux de relation réelle, de véritable société. Ne pouvant plus faire aucun bien qui ne tourne à mal, ne pouvant plus agir sans nuire à autrui ou à moi-même, m'abstenir est devenu mon unique devoir, et je le remplis autant qu'il est en moi. Mais dans ce désœuvrement du corps mon âme est encore active, elle produit encore des sentiments, des pensées, et sa vie interne et morale semble encore s'être accrue par la mort de tout intérêt terrestre et temporel. Mon corps n'est plus pour moi qu'un embarras, qu'un obstacle, et je m'en dégage d'avance autant que je puis.

les Rêveries du promeneur solitaire, Première promenade, 1782.

1 — *Relevez les termes et les expressions à l'aide desquels Rousseau tente de cerner le sentiment de bonheur que lui procure cette situation. Quel est ici le rôle assigné à la nature ?*

2 — *Montrez l'importance, dans cette page, d'un certain nombre de thèmes qui définissent un idéal de bonheur rousseauiste : la clôture, le mouvement immobile, le temps suspendu, la plénitude « vide ».*

3 — *Comment réapparaît, à la fin, le thème de la culpabilité et de la justification ? Quel éclairage nouveau donne-t-il sur les lignes qui précèdent ?*

4 — *A l'aide du texte ci-dessus* (Première promenade), *dégagez les implications diverses des deux titres :* Confessions *et* Rêveries, *et le sens de la substitution du second au premier.*

5 — *Faites un commentaire composé des deux premiers paragraphes du texte, en vous attachant particulièrement aux moyens stylistiques mis en œuvre par Rousseau pour traduire le surgissement de ses sensations et le rythme de sa rêverie.*

Jean-Jacques ROUSSEAU (1712-1778)

J.J. Rousseau âgé de 66 ans, (BN).

En 1777, dans la Septième promenade, *Rousseau entreprend de s'expliquer à lui-même sa passion récente pour la botanique. Dans les lignes qui précèdent, il vient d'opposer à l'attitude de ceux qui cherchent dans l'étude des plantes un profit matériel sa propre façon de concevoir la botanique comme une* contemplation pure et désintéressée. *Cette preuve de sa bonté naturelle ramène comme une obsession le thème du complot ourdi contre lui par les hommes, qui parcourt en sourdine les* Rêveries.

1 Non, rien de personnel, rien qui tienne à l'intérêt de mon corps ne peut occuper vraiment mon âme. **2** Je ne médite, je ne rêve jamais plus délicieusement que quand je m'oublie moi-même. **3** Je sens des extases, des ravissements inexprimables à me fondre pour ainsi dire dans le système des êtres, à m'identifier avec la nature entière. **4** Tant que les hommes furent mes frères, je me faisais des projets de félicité terrestre ; ces projets étant toujours relatifs au tout, je ne pouvais être heureux que de la félicité publique, et jamais l'idée d'un bonheur particulier n'a touché mon cœur que quand j'ai vu mes frères ne chercher le leur que dans ma misère. **5** Alors pour ne les pas haïr il a bien fallu les fuir ; alors me réfugiant chez la mère commune j'ai cherché dans ses bras à me soustraire aux atteintes de ses enfants, je suis devenu solitaire, ou, comme ils disent, insociable et misanthrope, parce que la plus sauvage solitude me paraît préférable à la société des méchants, qui ne se nourrit que de trahisons et de haine.

6 Forcé de m'abstenir de penser, de peur de penser à mes malheurs malgré moi ; forcé de contenir les restes d'une imagination riante mais languissante, que tant d'angoisses pourraient effaroucher à la fin ; forcé de tâcher d'oublier les hommes, qui m'accablent d'ignominies et d'outrages, de peur que l'indignation ne m'aigrît enfin contre eux, je ne puis cependant me concentrer tout entier en moi-même, parce que mon âme expansive cherche malgré que j'en aie à étendre ses sentiments et son existence sur d'autres êtres, et je ne puis plus comme autrefois me jeter tête baissée dans ce vaste océan de la nature, parce que mes facultés affaiblies et relâchées ne trouvent plus d'objets assez déterminés, assez fixes, assez à ma portée pour s'y attacher fortement, et que je ne me sens plus assez de vigueur pour nager dans le chaos de mes anciennes extases. **7** Mes idées ne sont presque plus que des sensations, et la sphère de mon entendement ne passe pas les objets dont je suis immédiatement entouré.

8 Fuyant les hommes, cherchant la solitude, n'imaginant plus, pensant encore moins, et cependant doué d'un tempérament vif qui m'éloigne de l'apathie languissante et mélancolique, je commençai de m'occuper de tout ce qui m'entourait et par un instinct fort naturel je donnai la préférence aux objets les plus agréables.

les Rêveries du promeneur solitaire, Septième promenade, 1782.

GUIDE POUR UNE EXPLICATION DE TEXTE ORALE

1 — Précisez la valeur des termes et des formules employés par Rousseau pour décrire ses sentiments dans les trois premières phrases. A quel type de vocabulaire sont-ils empruntés ? Quel est ici le rôle de l'opposition âme-corps ?

2 — Comment, dans ces trois phrases, le rythme et les constructions grammaticales traduisent-ils l'effort de Rousseau pour définir son état ?

3 — Quel est ensuite le reproche implicite, que l'on pourrait faire à Rousseau, qui fournit la transition avec la suite du paragraphe ?

4 — Quelle est la coupure temporelle soulignée par l'opposition « Tant que... »/ « quand » et imparfait/passé composé ?

5 — Quel est le sens de la substitution « félicité terrestre » → « félicité publique » ? A quelle formule s'oppose cette deuxième expression ?

6 — Soulignez la valeur de l'antithèse « bonheur »/ « misère ».*

7 — Comment est maintenant présenté son bonheur solitaire (valeur de « alors », de « il a bien fallu », de « pour ne pas... ») ?

8 — Soulignez le lien établi par le glissement « frères » → « mère commune » entre les phrases 4 et 5.

9 — Dégagez la valeur de la substitution « solitaire » → « insociable et misanthrope ».

10 — Analysez la valeur des sonorités de la dernière partie de la phrase 5, à partir de « comme ils disent ».

11 — Dans la construction générale de cette phrase 5, remarquez l'opposition « pour ne pas les haïr » ⟷ « qui ne se nourrit que de (...) haine ».

12 — Analysez la construction complexe de la période oratoire que constitue la phrase 6 : valeur des trois énoncés symétriques (« forcé de... »), de la répétition de « de peur que... », et de leurs contenus respectifs : pensée, imagination, affectivité. Quel est le sens de cet ordonnancement ?

13 — Présentation des justifications : « je ne puis plus..., parce que... » Comment ces deux propositions s'opposent-elles terme à terme (concentration ⟷ expansion) ?

14 — Dans l'exposé de la dégradation de ses « facultés », valeur du rythme ternaire « assez... », « assez... », « assez... »

15 — Soulignez l'opposition « affaiblies et relâchées » ⟷ « me jeter », « vigueur », « nager », et son sens.

J.J. Rousseau, (BN).

16 — Par quelle opposition la phrase 7 est-elle reliée logiquement à la fin de la phrase 6? Remarquez les mots exprimant un «rétrécissement», une «clôture» (valeur du dernier mot de la phrase).

17 — Dégagez l'effet obtenu par le contraste de longueur entre la phrase 6 et la phrase 7.

18 — Montrez que la phrase 8 a valeur de conclusion:
- *les deux premières propositions participes résumant le premier paragraphe*
- *les trois autres résumant le deuxième paragraphe.*

19 — Soulignez l'opposition mise en valeur par «et cependant», et le contraste entre «vif» et «mélancolique».

20 — Montrez que l'exposé de cette contradiction existentielle amène la proposition principale comme une conséquence nécessaire, *la seule solution accessible.*

*21 — Résumez le sens de cette réflexion: une apologie*personnelle (Rousseau est bon et désintéressé, il ne s'est occupé de son bonheur personnel que quand il n'a pu faire le bonheur public), et une tentative de* rationalisation *concernant la passion (l'herborisation) qui l'a saisi.*

ROUSSEAU, 1762

Au Livre troisième de l'Emile, *le précepteur Jean-Jacques croit pouvoir faire apprécier à son élève la beauté de la nature... Mais Emile, qui n'a connu ni l'amour ni le plaisir, est incapable de la goûter. Ainsi pour Rousseau le bonheur que procure la nature n'apparaît-il pas comme un sentiment «naïf» et instinctif: celle-ci est bien plutôt le cadre dans lequel seul l'homme qui a été déçu par la vie peut projeter son monde intérieur.*

Une belle soirée on va se promener dans un lieu favorable, où l'horizon bien découvert laisse voir à plein le soleil couchant, et l'on observe les objets qui rendent reconnaissable le lieu de son coucher. Le lendemain, pour respirer le frais, on retourne au même lieu avant que le soleil se lève. On le voit s'annoncer de loin par les traits de feu qu'il lance au-devant de lui. L'incendie augmente, l'orient paraît tout en flammes, à leur éclat on attend l'astre longtemps avant qu'il se montre; à chaque instant on croit le voir paraître; on le voit enfin. Un point brillant part comme un éclair et remplit aussitôt tout l'espace; le voile des ténèbres s'efface et tombe. L'homme reconnaît son séjour et le trouve embelli. La verdure a pris durant la nuit une vigueur nouvelle; le jour naissant qui l'éclaire, les premiers rayons qui la dorent, la montrent couverte d'un brillant réseau de rosée, qui réfléchit à l'œil la lumière et les couleurs. Les oiseaux en chœur se réunissent et saluent de concert le père de la vie; en ce moment pas un seul ne se tait; leur gazouillement, faible encore, est plus lent et plus doux que dans le reste de la journée, il se sent de la langueur d'un paisible réveil. Le concours de tous ces objets porte aux sens une impression de fraîcheur qui semble pénétrer jusqu'à l'âme. Il y a là un quart d'heure d'enchantement auquel nul homme ne résiste; un spectacle si grand, si beau, si délicieux, n'en laisse aucun de sang-froid.

Plein de l'enthousiasme qu'il éprouve, le maître veut le communiquer à l'enfant: il croit l'émouvoir en le rendant attentif aux sensations dont il est ému lui-même. Pure bêtise! c'est dans le cœur de l'homme qu'est la vie du spectacle de la nature; pour le voir, il faut le sentir. L'enfant aperçoit les objets, mais il ne peut apercevoir les rapports qui les lient, il ne peut entendre la douce harmonie de leur concert. Il faut une expérience qu'il n'a point acquise, il faut des sentiments qu'il n'a point éprouvés, pour sentir l'impression composée qui résulte à la fois de toutes ces sensations. S'il n'a longtemps parcouru des plaines arides, si des sables ardents n'ont brûlé ses pieds, si la réverbération suffocante des rochers frappés du soleil ne l'oppressa jamais, comment goûtera-t-il l'air frais d'une belle matinée? comment le parfum des fleurs, le charme de la verdure, l'humide vapeur de la rosée, le marcher mol et doux sur la pelouse, enchanteront-ils ses sens? Comment le chant des oiseaux lui causera-t-il une émotion voluptueuse, si les accents de l'amour et du plaisir lui sont encore inconnus? Avec quels transports verra-t-il naître une si belle journée, si son imagination ne sait pas lui peindre ceux dont on peut la remplir? Enfin comment s'attendrira-t-il sur la beauté du spectacle de la nature, s'il ignore quelle main prit soin de l'orner? *Emile,* Livre troisième XLIV 1762

Dans la Cinquième promenade, *Rousseau, pour qualifier les rives du lac de Bienne, utilise l'adjectif «romantique». Ce mot, qui fera fortune, était jusqu'alors employé dans le sens de «romanesque», et synonyme d'extravagant, de merveilleux. Vers 1776, va s'imposer un second sens, emprunté à l'anglais* romantic, *utilisé tout d'abord uniquement pour qualifier des sites et des paysages qui touchent la sensibilité. Enfin c'est Madame de Staël (voir* **XIXe siècle,** *n° 14), qui la première, en 1810, appliquera l'adjectif à un certain type de littérature qu'elle opposera à la tradition classique.*

Carte à jouer au dos de laquelle Rousseau notait ses "rêveries" (F. Foliot).

Les rives du lac de Bienne sont plus sauvages et romantiques que celles du lac de Genève, parce que les rochers et les bois y bordent l'eau de plus près ; mais elles ne sont pas moins riantes. S'il y a moins de culture de champs et de vignes, moins de villes et de maisons, il y a aussi plus de verdure naturelle, plus de prairies, d'asiles ombragés de bocages, des contrastes plus fréquents et des accidents plus rapprochés. Comme il n'y a pas sur ces heureux bords de grandes routes commodes pour les voitures, le pays est peu fréquenté par les voyageurs ; mais il est intéressant pour des contemplatifs solitaires qui aiment à s'enivrer à loisir des charmes de la nature, et à se recueillir dans un silence que ne trouble aucun autre bruit que le cri des aigles, le ramage entrecoupé de quelques oiseaux, et le roulement des torrents qui tombent de la montagne.

les Rêveries du promeneur solitaire, Cinquième promenade, 1782.

LETOURNEUR, 1776

Dans l'introduction à sa traduction des œuvres de Shakespeare, Letourneur parle du «paysage aérien et romantique *des nuages». Il justifie dans une longue note l'emprunt de ce terme à l'anglais : il faut un mot nouveau pour caractériser les paysages qui incitent à la rêverie «du sentiment».*

Nous n'avons que deux mots, peut-être même qu'un seul, pour exprimer une vue, une scène d'objets, un paysage, qui attachent les yeux et captivent l'imagination. Si cette sensation éveille dans l'âme émue des affections tendres et des idées mélancoliques, alors ces deux mots : *romanesque* et *pittoresque* ne suffisent pas pour le rendre. Le premier, très souvent pris en mauvaise part, est alors synonyme de chimérique et de fabuleux : il signifie à la lettre un objet de romans qui n'existe que dans le pays de la féerie, dans les rêves bizarres de l'imagination, et ne se trouve point dans la nature. Le second n'exprime que les effets d'un tableau quelconque, où diverses masses rapprochées forment un ensemble qui frappe les yeux et le fait admirer, mais sans que l'âme y participe, sans que le cœur y prenne un tendre intérêt. Le mot anglais est plus heureux et plus énergique. En même temps qu'il renferme l'idée de ces parties groupées d'une manière neuve et variée, propre à étonner les gens, il porte de plus dans l'âme le sentiment de l'émotion douce et tendre qui naît à leur vue et joint ensemble les effets physiques et moraux de la perspective. Si ce vallon n'est que pittoresque, c'est un point de l'étendue qui prête au peintre, et qui mérite d'être distingué et saisi par l'art. Mais s'il est *romantique,* on désire de s'y reposer, l'œil se plaît à le regarder et bientôt l'imagination attendrie le peuple de scènes intéressantes ; elle oublie le vallon pour se complaire dans les idées, dans les images qu'il lui a inspirées. Les tableaux de Salvator Rosa, quelques sites des Alpes, plusieurs jardins et campagnes de l'Angleterre, ne sont point *romanesques,* mais on peut dire qu'ils sont plus que *pittoresques,* c'est-à-dire touchants et *romantiques.* »

Carte à jouer, (F. Foliot).

Discours d'introduction à la traduction des *Œuvres* de Shakespeare, 1776.

GIRARDIN, 1777

René-Louis de Girardin donne à la même époque une définition de la situation «romantique» dans son traité sur la Composition des paysages.

Si la situation *pittoresque* enchante les yeux, si la situation *poétique* intéresse l'esprit et la mémoire, retraçant les scènes arcadiennes en nous, si l'une et l'autre composition peuvent être formées par le peintre, et le poète, il est une autre situation que la *nature* seule peut offrir : c'est la situation *romantique.* Au milieu des plus merveilleux objets de la nature, une telle situation rassemble tous les plus beaux effets de la perspective pittoresque, et toutes les douceurs de la scène poétique ; sans être farouche ni sauvage, la situation romantique doit être tranquille et solitaire, afin que l'âme n'y éprouve aucune distraction, et puisse s'y livrer tout entière à la douceur d'un sentiment profond.

(Il décrit ensuite un paysage romantique, qui semble beaucoup devoir à certaines pages des Rêveries.)

A travers les ombrages noirâtres des sapins, et les amphithéâtres de rochers, la rivière limpide descend de cascades en cascades, jusque dans la vallée tranquille ; c'est là qu'elle semble s'étendre avec plaisir pour former un lac entre la chaîne des rochers majestueux, dont les intervalles laissent apercevoir dans le lointain ces respectables montagnes dont les cimes sont couvertes de glaces et de neiges éternelles... Une île s'élève au milieu des eaux comme pour servir de théâtre aux plaisirs champêtres ; cette île charmante est entremêlée de vignes et de prairies, et de distance en distance des ombrages variés y forment d'agréables bocages ; la vache y pâture la fraise qui rougit la pelouse ; d'heureux époux que l'intérêt n'a point unis y sont assis sur l'herbe tendre au milieu de tous leurs enfants ; c'est là qu'ils font un souper délicieux avec la crème qui a la saveur de la fraise et la couleur de la rose. Plus loin, au clair de la lune argentée, l'eau du lac frémit sous la barque légère, qui porte les jeunes filles du voisin hameau : un corset blanc marque leur taille bien proportionnée, de longues tresses flottent sur leurs épaules, un joli chapeau de paille, orné des plus belles fleurs de la saison, est la parure d'un visage riant où brille l'éclat de la santé, et la sérénité de l'innocence ; leurs voix sonores n'eurent jamais de maîtres que les oiseaux, et la consonance de l'harmonie naturelle ; et les échos de ces cantons, qui ne connurent jamais les charivaris de la musique chromatique, n'y répètent que les airs de la gaieté, les chants de la nature et les sons naïfs du haut-bois.

La rivière en sortant du lac, s'enfonce dans un vallon resserré et profond ; de hautes montagnes, et des rochers sourcilleux, semblent séparer cet asile du reste de l'Univers. Les cimes en sont couronnées de sapins où ne toucha jamais la cognée ; sur les pelouses de thym et de serpolet, des chèvres blanches s'élancent gaiement de rochers en rochers ; leur sécurité dans un lieu aussi désert, rassure sur la crainte des animaux farouches, et bannit la pensée d'un abandon total, en annonçant le voisinage d'une habitation tranquille. Après quelques chutes précipitées par l'opposition des rochers qui se croisent sur son cours, la rivière trouve enfin dans ce vallon étroit, un petit espace où ses eaux écumantes et contrariées, peuvent jouir d'un moment de repos. Un bois de chênes verts antiques s'avance sur les rives adoucies : sous leur ombrage mystérieux est un tapis d'un mousse fine. Les eaux limpides et peu profondes, s'entremêlent avec les tiges tortueuses, et leurs ondes qui se jouent sur un gravier de toutes les couleurs, invitent à s'y rafraîchir ; les simples aromatiques, les herbes salutaires, et la résine des pins odorants, y parfument l'air d'une odeur balsamique qui dilate les poumons. A l'extrémité d'un bois de chênes, à travers un verger dont les arbres sont entortillés de vignes, et chargés de fruits de toutes espèces, on entrevoit une cabane ; son toit de chaume y met à l'abri, sous une grande saillie, tous les ustensiles du ménage rustique. La cabane est formée de planches de sapin assemblées par son Maître : au lieu d'ordres d'architecture une treille en forme le péristyle et les portiques ; mais l'intérieur en est plus propre que le Palais du Prince. Si les mets n'y sont pas apprêtés avec les poisons *(sic)* de l'Inde, ils y sont d'une qualité exquise, et d'un goût pur et salutaire : cette retraite fut trouvée par l'amour, elle est habitée par le bonheur.

C'est dans de semblables situations, que l'on éprouve toute la force de cette analogie entre les charmes physiques, et les impressions morales. On se plaît à y rêver de cette rêverie si douce, besoin pressant pour celui qui connaît la valeur des choses, et les sentiments tendres ; on voudrait y rester toujours, parce que le cœur y sent toute la vérité, et l'énergie de la nature.

De la composition des paysages, ou Des moyens d'embellir la nature autour des habitations, en joignant l'agréable à l'utile, 1777.

1 — A partir de ces trois textes, dégagez les oppositions établies par Rousseau, Letourneur et Girardin entre «romanesque», «poétique», «pittoresque», et «romantique».

2 — Relevez dans les trois textes les termes ou les formules qui reviennent pour désigner la situation ou le cadre «romantique» par excellence, et résumez ses caractéristiques.

3 — Commentez, dans la conclusion du texte de Girardin, la phrase : «C'est dans de semblables situations que l'on éprouve toute la force de cette analogie entre les charmes physiques et les impressions morales».

4 — Recherche en groupe : recueillez un certain nombre d'énoncés oraux ou écrits (phrases entendues, télévision, radio, journaux, romans...) comportant l'adjectif «romantique». Quels sont les emplois dominants ? Comment peut-on expliquer — historiquement et sociologiquement — les valeurs actuelles de ce terme ? (Vous pourrez aussi vous reporter au **XIXe siècle** *de la même collection, notamment aux entrées n° 14, 25, 28, 57, 76 et 107).*

161 Louis-Claude de SAINT-MARTIN (1743-1803)

Celui qui se nommait lui-même le «Philosophe inconnu» est la principale figure du mouvement illuministe de la fin de XVIIIe siècle. Fondateur, avec Martines de Pasqually, du «martinisme», il développe une vision mystique de l'homme et de la création, que l'on pourrait parfois rapprocher du panthéisme. Sur ce fond idéaliste s'enlève une théorie de la «régénération» de l'homme, qui, pour retrouver l'âge d'or originel, doit, selon lui, passer par une série de purifications intérieures.

Dans les thèmes essentiels de cette «philosophie», (religiosité rebelle aux dogmes établis, attrait du mystère et de l'infini, exaltation de la sensibilité et de l'imagination) il est légitime de voir une protestation contre le rationalisme triomphant, contre le «dessèchement» intellectuel du XVIIIe siècle, protestation qui sera, au siècle suivant, une des dimensions majeures du romantisme.

Interprètes de la mythologie, pourquoi dites-vous qu'elle ne voilait que la marche des astres, et les lois de la nature matérielle et corruptible?

Quelle proportion y aurait-il là, entre la figure et la chose figurée? L'allégorie n'est-elle pas inutile quand elle est supérieure à son objet?

Ne cesse-t-elle pas d'être allégorie? Oui, alors elle est puissance, et elle agit à force ouverte.

Encore si vous vous étiez élevés jusqu'aux principes actifs de la nature, dont la connaissance et l'emploi doivent rester ignorés du vulgaire!

Mais un nouvel obstacle s'élève: la mythologie et la physique seraient en litige.

La mythologie, pour être admissible, devrait au moins se reposer sur les principes actifs de la nature;

Et la physique ne veut point de ces principes; et elle veut tout former par des agrégats.

Tandis que s'il n'y a qu'une unité, avec quoi parviendrait-on à l'agréger?

Mythologie, physique, vous ne pourrez vous concilier qu'en abandonnant chacune votre système, et en vous élevant ensemble à un degré plus simple, où vous trouveriez chacune la clef de votre temple.

Quand vous l'aurez trouvée, usez-en encore avec prudence. Toutes les altérations tiennent à la source putréfiée:

Toutes les rectifications tiennent à la source pure. Sans le coup d'œil supérieur, comment appliquerez-vous donc vos principes?

Que faites-vous, doctes ignorants, quand vous nous peignez les lois de la formation du monde?

C'est avec la mort que vous composez la vie; vous prenez toute votre physique dans les cimetières.

De quoi vos cabinets de science sont-ils remplis? De squelettes et de cadavres, dont vous avez soin de bien conserver la forme et les couleurs, mais dont le principe et la vie sont séparés.

Votre pensée ne vous dit-elle pas, qu'il y a une physique meilleure que celle-là; et que c'est celle où on ne s'occupe que des principes, et d'où les corps morts sont éloignés?

Mais non! vous avez porté ce coup d'œil mort et destructeur, sur tous les objets de vos spéculations.

Vous l'avez porté sur la base du rectangle isocèle que vous avez cherché à connaître, parce que vous avez trouvé des rapports matériels entre ses résultats et les résultats de ses côtés;

Tandis que le nombre et le vrai rapport de cette base ne nous seront jamais confiés, attendu que si nous les connaissions, nous pourrions créer des esprits.

Claude de St-Martin, (BN).

Ne vous suffit-il pas de calculer la base à deux centres qui a osé tenter de l'imiter, et qui ouvre à la fois une source inépuisable à vos larmes, à votre intelligence et à votre admiration?

Vous l'avez porté, ce coup d'œil destructeur, sur un sujet bien plus près de vous, puisque vous l'avez porté jusque sur la parole.

Faculté suprême et distinctive, tu n'es plus pour eux que le fruit de l'accumulation des signes sensibles.

Les langues ne sont plus pour eux qu'un agrégat, au lieu d'être l'expression et le fruit de la vie même.

Aussi n'en cherchent-ils pas l'origine ailleurs que dans nos rapports élémentaires;

Tandis qu'on leur a enseigné hautement que la parole avait été nécessaire pour l'institution de la parole;

Tandis qu'ils voient par quelle voie les enfants apprennent les langues, et qu'il n'y a qu'une loi qui se prête et se mesure à tous les besoins et à tous les âges.

Matière, matière, quel funeste voile tu as répandu sur la vérité!

La parole n'est venue sur la terre que comme par renaissance; elle avait d'abord été réduite pour nous.

Elle ne pouvait renaître que par semence comme les végétations; mais il fallait qu'elle eût fourni d'abord son propre germe, pour pouvoir ensuite produire ses fruits parmi l'espèce humaine.

Écroulez-vous, échafaudages des sciences abusives; réduisez-vous en poussière: vous ne pouvez tenir contre le moindre principe lumineux.

l'Homme de désir, 7, 1790.

J'ai promené mes regards sur la nature.

Fleuves, où courez-vous avec tant d'impétuosité ?

Nous allons aider à combler l'abîme, et à ensevelir l'iniquité sous les eaux.

Nous allons éteindre ces volcans, ces tisons fumants qui sont comme les restes du grand incendie.

Quand nous aurons accompli cette œuvre, nos sources s'arrêteront.

Le limon s'amassera dans les gouffres.

Des plaines fertiles s'élèveront à la place des précipices.

Les troupeaux paîtront en paix dans les lieux où nageaient les poissons voraces ;

Et les habitants paisibles vivront heureux au milieu de leurs champs fertiles, là où autrefois les vagues de la mer étaient agitées par des tempêtes.

L'homme insouciant et inattentif traverse ce monde sans ouvrir les yeux de son esprit.

Les différentes scènes de la nature se succèdent devant lui sans que son intérêt se réveille, et sans que sa pensée s'agrandisse.

Il n'était venu dans ce monde que pour embrasser l'univers par son intelligence, et il laisse continuellement engloutir son intelligence par les moindres objets dont il est environné.

Faut-il que les catastrophes de la nature se renouvellent pour te réveiller de ton assoupissement ? Si tu n'es pas exercé, elles t'effraieraient et elles ne t'instruiraient pas.

La face de la terre présente les traces de trois lois qui ont dirigé ses révolutions.

Tous les éléments agités, qui ont mis le globe en convulsion et ont produit les montagnes secondaires et les volcans :

Voilà le feu et le nombre.

Les ondulations lentes et successives des vagues, qui ont produit les monticules et les vallées :

Voilà l'eau et la mesure.

Et la gravité paisible et tranquille qui a produit les plaines :

Voilà la terre et le poids.

La vie s'efforce partout de se montrer ; tous les désordres étaient étrangers à la nature.

L'âme de l'homme annonce partout de la fertilité ; elle annonce partout qu'elle est faite pour la vie.

Elle a aussi en elle des traces des horribles convulsions qu'elle a souffertes.

Mais elle peut, comme la flamme des volcans, s'élever au-dessus de ces gouffres, et voguer dans les régions pures de l'atmosphère.

l'Homme de désir, 3, 1790.

L'ABBÉ P. FOURNIÉ, 1776

L'abbé P. Fournié (vers 1738 - vers 1827) est, avec Louis-Claude de Saint-Martin, l'un des principaux acteurs du martinisme. Dans l'unique ouvrage qu'il a laissé, intitulé Ce que nous avons été, ce que sommes, ce que nous deviendrons, *il fait le récit de son expérience mystique.*

Enfin un jour que j'étois prosterné dans ma chambre criant à Dieu de me secourir, vers les dix heures du soir, j'entendis tout à coup la voix de M. de Pasquallys mon directeur, qui étoit corporellement mort depuis plus de deux ans, et qui parloit distinctement en dehors de ma chambre dont la porte étoit fermée ainsi que les fenêtres et les volets. Je regarde du côté d'où venoit la voix, c'est-à-dire du côté d'un grand jardin attenant à la maison, et aussitôt je vois de mes yeux M. de Pasquallys qui se met à me parler, et avec lui mon père et ma mère qui étoient aussi tous les deux corporellement morts. Dieu sait quelle terrible nuit je passai ! je fus, entr'autres choses, légèrement frappé sur mon âme par une main qui la frappa au-travers de mon corps, me laissant une impression de douleur que le langage humain ne peut exprimer, et qui me parut moins tenir au temps qu'à l'éternité. O mon Dieu ! si c'est votre volonté, faites que je ne sois jamais plus frappé de la sorte ! Car ce coup a été si terrible que quoique vingt-cinq ans se soient écoulés depuis, je donnerois de bon cœur tout l'univers, tous ses plaisirs et toute sa gloire, avec l'assurance d'en jouir pendant une vie de mille milliards d'années, pour éviter d'être ainsi frappé de nouveau seulement une seule fois.

Je vis donc dans ma chambre M. de Pasquallys mon directeur, avec mon père et ma mère, me parlant et moi parlant à eux comme les hommes se parlent entr'eux à l'ordinaire ; il y avoit de plus une de mes sœurs qui étoit aussi corporellement morte depuis vingt ans, et enfin un autre être qui n'est pas du genre des hommes.

Peu de jours après je vis passer distinctement devant moi et près de moi notre divin maître Jésus-Christ crucifié sur l'arbre de la croix. Puis au bout de quelques jours ce divin maître m'apparut de nouveau et vint à moi dans l'état où il étoit lorsqu'il sortit tout vivant du tombeau où l'on avoit enseveli son corps mort. Enfin, après un autre intervalle de peu de jours, notre divin maître Jésus-Christ m'apparut pour la troisième fois, tout glorieux et triomphant du monde, de Satan et de ses pompes, marchant devant moi avec la bienheureuse Vierge Marie sa mère, et suivi de différentes personnes.

Voilà ce que j'ai vu de mes yeux corporels il y a plus de vingt-cinq ans, et voilà ce que je publie maintenant comme étant véritable et certain. Ce fut immédiatement après que j'eus été favorisé de ces visions ou apparitions de notre divin maître Jésus-Christ dans ses trois différents états, que Dieu m'accorda la grâce d'écrire avec une vitesse extraordinaire le Traité dont on vient de lire la première partie. [...]

J'ajoute à ce que j'ai déjà dit concernant la première vision que j'eus de M. de Pasquallys mon directeur, de mon père et de ma mère, que je ne les ai pas seulement vus une fois de la manière que j'ai rapportée, ou seulement une semaine, ou un mois, ou un an ; mais que depuis ce premier moment je les ai vus pendant des années entières et constamment, allant et venant ensemble avec eux, dans la maison, dehors, la nuit, le jour, seul ou en compagnie, ainsi qu'avec un autre être qui n'est pas du genre des hommes, nous parlant tous mutuellement et comme les hommes se parlent entr'eux.

Ce que nous avons été, ce que nous sommes, ce que nous deviendrons, 1776.

1814

Page droite : *La Liberté ou la mort*, 1795, (Hambourg Kunsthalle).

Page gauche : Man Ray, *Le Marquis de Sade d'après les papiers de Police*, New York, collection W. Copley, (Lauros Giraudon).

LA PÉRIODE RÉVOLUTIONNAIRE

	Evénements politiques économiques et sociaux	Production écrite française	Production écrite étrangère	Musique, architecture, arts plastiques
1789	Rédaction des **cahiers de doléances** 5 mai : Etats Généraux 17 juin : le Tiers se proclame Assemblée Nationale 9 juillet : Assemblée Constituante 14 juillet : Prise de la Bastille La « Grande peur » 4 août : Abolition des privilèges 26 août : ***Déclaration des Droits de l'homme et du citoyen*** 2 novembre : confiscation des biens du clergé	**Lavoisier : *Traité de chimie*** Sieyès : *Qu'est-ce que le Tiers Etat ?* M.J. Chénier : *Charles IX* (tragédie « républicaine ») ***Requête des dames à à l'Assemblée nationale*** **Louvet : *Six semaines de la vie de Faublas.*** ***Pétition des femmes au Tiers-Etat.*** ***Cahiers de doléances et et réclamation des Femmes***	Gœthe : *Torquato Tasso* William Blake : *Les Chants de l'innocence*	**David** : *Brutus ; Le Serment du Jeu de paume* **(inachevé)**
1790	Club des Cordeliers 12 juillet : Constitution civile du clergé 14 juillet : Fête de la Fédération Création des 83 départements	Chamfort : *Tableaux de la Révolution* **Louis-Claude de Saint-Martin : *L'Homme de désir*** Sénac de Meilhan : *Des Principes et des Causes de la Révolution* 1780-1792 : *L'Ami du roi* (journal de l'abbé Royou) 1790-1792 : *L'Orateur du peuple* (journal de Marat) **1790-1794 : *Le Père Duchène* (journal de Hebert)** **Fabre d'Eglantine : *le Philinte de Molière***	Gœthe : 1re version de *Faust* Kant : *Critique du jugement* Burke (Angl.) : *Considérations sur la Révolution française* W. Blake : *Le Mariage du ciel et de l'enfer*	Houdon : *Diane* Mozart : *Cosi fan tutte* **Hymnes et chansons révolutionnaires** (jusqu'en 1800 ; Gossec, Méhul, Lesueur, Cherubini...)
1791	Liberté du travail et du commerce intérieur ; **propriété littéraire ;** liberté des théâtres. Naissance du mouvement « Sans Culotte » Interdiction des associations (loi Le Chapelier) 20-21 juin : Fuite du roi,	Sieyès : *Discours sur la liberté des cultes* **Sade : *Justine*** Volney : *Les Ruines* Pinel : *Traité sur l'aliénation mentale* Collin d'Harleville : *Le Baron de Crac* **Marat : *L'Ami du peuple* (1791-1793)** **Duprat de la Touloubre : *Œdipe à Thèbes*** **Beaumarchais : *Pétition...*** **Anonyme : *La Vie privée du Maréchal de Richelieu***	Schlegel (All.) : *Dante et la Divine Comédie* Schiller : *Histoire de la guerre de Trente ans* W. Blake : *Chant de la liberté*	**Mozart** : *La Clémence de Titus* ; ***La Flûte enchantée ;*** *Requiem* Haydn : *Orphée et Eurydice*

	arrêté à Varennes Scission des Jacobins : club des Feuillants 1er oct. : Assemblée Législative Décrets contre les prêtres réfractaires et les émigrés. Condamnation par le pape de la Constitution civile du clergé			
1792	Mai-juin : ministère girondin Déclaration de la guerre à l'Autriche. « La Patrie en danger » 9 août : Commune insurrectionnelle de Paris 10 août : Chute de Louis XVI. Massacres de septembre Proclamation de la République « une et indivisible » par la Convention. Valmy ; Jemmapes	Louis-Claude de Saint-Martin : *Ecce Homo* **Beaumarchais : *la Mère coupable*** **Florian : *Fables*** Collin d'Harleville : *Le Vieux Célibataire* Mirabeau : *Lettres à Sophie* **André Chénier : *Bucoliques* (pub. 1819)** **Condorcet : *Rapport sur l'instruction publique***		**Rouget de Lisle : *La Marseillaise***
1793	1793-1795 : Réorganisation de l'enseignement 21 janvier : Exécution de Louis XVI Insurrection en Vendée et en Anjou Invasion du territoire Comité de Salut Public 2 juin : Chute des Girondins Insurrections royalistes (Lyon, Toulon, Corse) Abolition totale des droits féodaux	Marmontel : *Nouveaux contes moraux* (1790-1793) Volney : *La Loi naturelle* Camille Desmoulins : *Le Vieux Cordelier* (journal) **Laya : *L'Ami des lois*** **Maréchal : *Le Jugement dernier des rois*** **Casanova : rédaction des *Mémoires* ou *Histoire de ma vie*** **Anacharsis Cloots : *Discours à la Convention ; Bases constitutionnelles de la République du genre humain.*** **M.E. Petit : *Opinion sur l'éducation publique*** **J. Roux : *Le Publiciste de la République française***	Schiller : *Traité du Sublime* Jean-Paul (All.) : *La Loge invisible* W. Blake (Angl.) : *Visions des filles d'Albion*	**David : *Marat assassiné*** Goya : *Les Caprices* (8 planches, 1793-1798) Haydn : *Stabat Mater* Fondation de l'Ecole des Beaux-Arts et du Conservatoire de musique

	Evénements politiques économiques et sociaux	Production écrite française	Production écrite étrangère	Musique, architecture, arts plastiques
	Levée en masse ; réquisition générale Ecrasement des Vendéens 5 octobre : **calendrier républicain** 10 novembre : fête de la Liberté et de la Raison. Fermeture des églises.			
1794	Exécution des Hébertistes et de Danton Fête de l'Etre suprême (8 juin) Décrets de Prairial ; la Terreur s'intensifie 9 Thermidor (27 juillet) : Chute de Robespierre Terreur Blanche dans le Midi Création de l'Ecole centrale des travaux publics (Ecole polytechnique) et de l'Ecole Normale Supérieure. Télégraphe de Chappe.	**Condorcet : *Esquisse d'un tableau historique des progrès de l'esprit humain.* (1793-1795)** Xavier de Maistre : *Voyage autour de ma chambre* **Restif de la Bretonne : *Monsieur Nicolas* (1794-1797)** **Abbé Grégoire : *Rapport sur la langue française***	Fichte : *Doctrine de la science* A. Radcliffe : *Les Mystères d'Udolphe* W. Blake : *Chants d'expérience* **Gœthe : *A la nature***	Lesueur : *Paul et Virginie* Goya : *La Maison des fous* **Méhul et M.J. Chénier : *Le Chant du départ***
1795	Réouverture des églises (31 mai). Suppression du Tribunal révolutionnaire. Fin de la Convention Installation du Directoire (26 oct.). Système métrique obligatoire à Paris. Fondation de l'Ecole des langues orientales.	**Sade** : *Aline et Valcour ; La Philosophie dans le boudoir.* Mme de Staël : *Essai sur les fictions* **Chamfort : *Œuvres* (posth.)** **Babeuf : *Le Tribun du peuple*** **Sylvain Maréchal** : ***Manifeste des égaux.***	Schelling : *Lettres sur le dogmatisme et le criticisme* Schiller : *Lettres sur l'éducation esthétique de l'homme* J.P. Richter : *Hespérus* Gœthe : *Elégies romaines* **M.G. Lewis (Angl.) : *Le Moine***	David : *M. et Mme Seriziat* Goya : *La Duchesse d'Albe*

	Evénements politiques économiques et sociaux	Production écrite française	Production écrite étrangère	Musique, architecture, arts plastiques
1796	Bonaparte général en chef de l'armée d'Italie. Arrestation de Babeuf et des babouvistes. Bataille d'Arcole (15-17 Nov.) Invention de la pile par Volta	Laplace : *Exposition du système du monde* Bonald : *Théorie du pouvoir* **Diderot : *Jacques le fataliste* (posth.)** J. De Maistre : *Considérations sur la France* Mme de Staël : *De l'Influence des passions*	Fichte : *Fondements du droit naturel* Gœthe : *Les Années d'apprentissage de Wilhelm Meister* Coleridge et Southey : *La Chute de Robespierre* **Stedman : *Voyage à Surinam et dans l'intérieur de la Guiane***	Invention de la lithographie par A. Senefelder (All.) **H. Robert : *Ruine de la grande galerie du Louvre*** **H. Robert : *Vue imaginaire de la grande galerie du Louvre***
1797	18 oct. : Traité de Campo-Formio entre la France et l'Autriche. Frédéric-Guillaume II roi de Prusse	Carnot : *Réflexion sur la métaphysique du calcul infinitésimal* Lagrange : *Théorie des fonctions analytiques* Chateaubriand : *Essai sur les Révolutions* **Sade : *La Nouvelle Justine*** **Sénac de Meilhan : *L'Emigré***	Kant : *Métaphysique des mœurs* Schelling : *Idées pour une philosophie de la nature* Hölderlin : *Hyperion* Gœthe : *Hermann et Dorothée* **A. Radcliffe : *L'Italien ou le Confessionnal des pénitents noirs.***	Méhul : *Le Jeune Henry* Cherubini : *Médée* Goya : *Les Caprices*
1798	Expédition d'Egypte. Loi sur les fêtes décadaires. Seconde coalition.	Restif de La Bretonne : *L'Anti-Justine* **Ducray-Duminil : *Coelina ou l'Enfant du mystère*** Louis-Claude de Saint-Martin : *Le Crocodile*	Fichte : *Système de l'éthique* Hölderlin : *La Mort d'Empédocle* Coleridge et Wordsworth : *Ballades lyriques* **Malthus (Angl.) : *Essai sur le principe de population***	**David : *Bonaparte*** **Gros : *Le Pont d'Arcole*** Haydn : *La Création du monde* Beethoven : *Sonate « Pathétique »*
1799	Coup d'Etat du 30 prairial (retour aux mesures révolutionnaires) 9-10 nov. : coup d'Etat du 18 brumaire (Napoléon) Constitution de l'an VIII Consulat Eclairage au gaz (Lebon)	Bichat : *Recherches physiologiques sur la vie et la mort.* **La Harpe : *Le Lycée ou Cours de littérature*** Senancour : *Rêveries* Chateaubriand : première version du *Génie du christianisme* (publiée à Londres) Florian : trad. de *Don Quichotte* Laplace : *La Mécanique céleste* (1799-1825)	F. Schlegel : *Lucinde* Schiller : *La Cloche* Schleiermacher (All.) : *Discours sur la religion*	David : *L'Enlèvement des Sabines*
1800	Plébiscite qui ratifie la Constitution. Réorganisation de l'Administration (préfets) et de la Justice Fondation de la banque de France Marengo (14 juin) Machine à vapeur moderne de Watt.	Mme de Staël : *De la littérature considérée dans ses rapports avec les institutions sociales.* **Sade :** *Les Crimes de l'amour* ; ***Idée sur les romans*** Louis-Claude de Saint-Martin : *L'Esprit des choses* Cuvier : *Leçons d'anatomie comparée* (1800-1805)	Schelling : *Système de l'idéalisme transcendantal* Schiller : *Wallenstein* ; *De la Poésie naïve et sentimentale* **Novalis : *Hymnes à la nuit*** Jean-Paul : *Titan*	Beethoven : *1er concerto en ut mineur* Paganini : *Vingt-quatre caprices pour violon seul* David : *Madame Récamier*

Gracchus Babeuf, (BN)

Après la chute de Robespierre, certains cherchèrent à établir un statu quo *qui conservât les acquis de 1789 : liberté de penser, libéralisme économique, égalité devant la loi et les fonctions, abolition du régime féodal et nouveau statut de la propriété. Mais les plus actifs des démocrates, qui avaient échappé à l'hécatombe de Thermidor, se réclamant des revendications présentées par les sans-culottes en l'an II, ne pouvaient se satisfaire de ces acquis. Certains, comme Babeuf et Buonarroti, en vinrent ainsi à formuler les éléments d'un véritable communisme. Dès leur libération, après la Terreur blanche, les deux théoriciens exprimèrent leurs idées dans* le Tribun du peuple *et dans de nombreux pamphlets : suppression de la propriété foncière, nouvelle répartition du sol, communauté des produits. Influencés par Rousseau et par Morelly (voir p. de droite), ils conçoivent la société comme un groupement de petits agriculteurs et d'artisans indépendants. Sous le Directoire, ils organisèrent un complot connu sous le nom de « Conjuration des Egaux », qui avait pour but de renverser le gouvernement et d'instaurer le régime de l' « Egalité ». Ce complot fut découvert, Babeuf condamné à mort et exécuté en 1797.*

Il est temps que le peuple, foulé et assassiné, manifeste, d'une manière plus grande, plus solennelle, plus générale qu'il n'a jamais été fait, sa volonté, pour que non seulement les signes, les accessoires de la misère, mais la réalité, la misère elle même soient anéanties. Que le peuple proclame son manifeste. [...]

Nous prouverons que tout ce qu'un membre du corps social a au-dessous de la suffisance de ses besoins de toute espèce et de tous les jours est le résultat d'une spoliation de sa propriété naturelle individuelle, faite par les accapareurs des biens communs.

Que, par la même conséquence, tout ce qu'un membre du corps social a au-dessus de la suffisance de ses besoins de toute espèce et de tous les jours, est le résultat d'un vol fait aux autres coassociés qui en prive nécessairement un nombre plus ou moins grand, de sa quote-part dans les biens communs. [...]

Qu'il faut donc que les institutions sociales mènent à ce point, qu'elles ôtent à tout individu l'espoir de devenir jamais ni plus riche, ni plus puissant, ni plus distingué par ses lumières qu'aucun de ses égaux.

Qu'il faut, pour préciser davantage ceci, parvenir à enchaîner le sort ; à rendre celui de chaque coassocié indépendant des chances et des circonstances heureuses et malheureuses ; à assurer à chacun et à sa postérité, telle nombreuse qu'elle soit, la suffisance, mais rien que la suffisance ; et à fermer, à tous, toutes les voies possibles, pour obtenir jamais au-delà de la quote-part individuelle dans les produits de la nature et du travail.

Que le seul moyen d'arriver là est d'établir l'administration commune ; de supprimer la propriété particulière ; d'attacher chaque homme au talent, à l'industrie qu'il connaît ; de l'obliger à en déposer le fruit en nature au magasin commun ; et d'établir une simple administration de distribution, une administration des subsistances, qui, tenant registre de tous les individus et de toutes les choses, fera répartir ces dernières dans la plus scrupuleuse égalité et les fera déposer dans le domicile de chaque citoyen.

Que ce gouvernement, démontré praticable par l'expérience, puisqu'il est celui appliqué aux douze cents mille hommes de nos douze armées, (ce qui est possible en petit l'est en grand) : que ce gouvernement est le seul dont il peut résulter un bonheur universel, inaltérable, sans mélange ; le bonheur, commun but de la société.

Que ce gouvernement fera disparaître les bornes, les haies, les murs, les serrures aux portes, les disputes, les procès, les vols, les assassinats, tous les crimes ; les tribunaux, les prisons, les gibets, les peines, le désespoir que causent toutes ces calamités ; l'envie, la jalousie, l'insatiabilité, l'orgueil, la tromperie, la duplicité, enfin tous les vices ; plus (et ce point est sans doute l'essentiel), le ver rongeur de l'inquiétude générale, particulière, perpétuelle de chacun de nous, sur notre sort du lendemain, du mois, de l'année suivante, de notre vieillesse, de nos enfants et de leurs enfants. [...]

Peuple ! réveille-toi à l'espérance, cesse de rester engourdi et plongé dans le découragement. [...]

Épanouis-toi à la vue d'un futur avenir heureux. Amis des rois ! perdez toute idée que les maux, dont vous avez accablé ce peuple, le soumettront définitivement au joug d'un seul. Et vous, patriciens ! riches ! tyrans républicains ! renoncez également et tous en même temps à vos spéculations oppressives, sur cette nation qui n'a pas entièrement oublié ses serments à la liberté. Une perspective plus riante que tout ce dont vous la leurrez s'offre à ses regards. Dominateurs coupables ! au moment où vous croyez pouvoir, sans péril, appesantir vos bras de fer sur ce peuple vertueux, il vous fera sentir sa supériorité, il s'affranchira de toutes vos usurpations et de vos chaînes, il recouvrera ses droits primitifs et sacrés. Depuis trop longtemps, vous vous jouez de sa magnanimité ; depuis trop longtemps vous insultez à son agonie...

le Tribun du Peuple, 1795.

1 — *Relevez dans ces trois textes, les termes et les expressions qui définissent l'idéal social commun à Morelly, Babeuf et S. Maréchal. Quelle est la valeur suprême dont ils se réclament ? Sur quoi est-elle fondée ?*

2 — *Dans quelle mesure peut-on sentir dans les textes de Babeuf et Maréchal l'influence de certaines idées répandues par Rousseau (voir nos 121 et 125) ?*

3 — *Que recouvre dans ces deux textes le mot « peuple » ? A quels termes s'oppose-t-il ? Comment peut-on expliquer l'apparition ou la réapparition de cette opposition, en 1795 ?*

4 — *Pensez-vous utopique le type d'organisation sociale proposée par Morelly, Babeuf et Maréchal ? Connaissez-vous, au XIXe siècle, des théoriciens qui tenteront de définir le type d'« association » envisagé ici ?*

LES PRÉCURSEURS DU SOCIALISME UTOPIQUE

MORELLY, 1755

Le Code de la Nature ou le Véritable Esprit de ses lois, *publié pour la première fois anonymement en 1754, fut pendant près de cinquante ans attribué à Diderot.*

Dans cet ouvrage (dont se réclama Gracchus Babeuf lors de son procès), Morelly prône une société idéale où les richesses seraient possédées en commun, et développe (ce qui l'oppose aux physiocrates, partisans d'une inégalité rationnelle, voir n° 119) une critique de la propriété comme source de tous les maux. Injustement oubliée aujourd'hui, cette œuvre fut loin de passer inaperçue au XVIIIe *siècle et au XIX*[e] *siècle. Le Marquis d'Argenson proclamait le* Code de la Nature *« le livre des livres ». Fourier (voir* **XIX**[e] **siècle,** *n° 32-33) s'en inspira largement, Proudhon certainement.*

A la fin de son ouvrage, cet initiateur du socialisme utopique français esquisse un « Modèle de législation conforme aux intentions de la nature », dont voici quelques extraits.

LOIS FONDAMENTALES ET SACRÉES
qui couperaient racine aux vices
et à tous les maux d'une société.

I

Rien dans la société n'appartiendra singulièrement ni en propriété à personne que les choses dont il fera un usage actuel, soit pour ses besoins, ses plaisirs, ou son travail journalier. [...]

LOIS DISTRIBUTIVES OU ÉCONOMIQUES.

XI

Rien, selon *les lois sacrées,* ne se vendra, ni ne s'échangera entre concitoyens, de sorte, par exemple, que celui qui aura besoin de quelques herbes, légumes, ou fruits, ira en prendre ce qu'il lui en faut pour un jour seulement à la place publique, où ces choses seront apportées par ceux qui les cultivent. Si quelqu'un a besoin de pain, il ira s'en fournir pour un temps marqué chez celui qui le fait, et celui-ci trouvera dans le magasin public la quantité de farine pour celle du pain qu'il doit préparer, soit pour un jour ou plusieurs. Celui à qui il faudra un vêtement le recevra de celui qui le compose, celui-ci en prendra l'étoffe chez celui qui la fabrique, et ce dernier en tirera la matière du magasin où elle aura été apportée par ceux qui la recueillent : ainsi de toutes autres choses qui se distribueront à chaque père de famille, pour son usage et celui de ses enfants.

XII

Si la nation secourt une nation voisine ou étrangère des productions de son pays, ou en est secourue, ce commerce seul se fera par échange et par l'entremise de citoyens qui rapporteront tout en public ; mais on prendra un soin scrupuleux que ce commerce n'introduise pas la moindre propriété dans la république.

le Code de la nature, Quatrième Partie,
« Modèle de législation conforme aux
intentions de la nature », 1755.

SYLVAIN MARECHAL (1750-1803), 1795
(voir n° 174)

PEUPLE DE FRANCE !

Pendant quinze siècles tu as vécu esclave, et par conséquent malheureux. Depuis six années tu respires à peine, dans l'attente de l'indépendance, du bonheur et de l'égalité.

L'ÉGALITÉ ! premier vœu de la nature, premier besoin de l'homme, et principal nœud de toute association légitime ! Peuple de France ! tu n'as pas été plus favorisé que les autres nations qui végètent sur ce globe infortuné ! Toujours et partout la pauvre espèce humaine, livrée à des anthropophages plus ou moins adroits, servit de jouet à toutes les ambitions, de pâture à toutes les tyrannies. Toujours et partout on berça les hommes de belles paroles ; jamais et nulle part ils n'ont obtenu la chose avec le mot. De temps immémorial on nous répète avec hypocrisie, les hommes sont égaux ; et de temps immémorial la plus avilissante comme la plus monstrueuse inégalité pèse insolemment sur le genre humain. Depuis qu'il y a des sociétés civiles, le plus bel apanage de l'homme est, sans contradiction, reconnu, mais n'a pu encore se réaliser une seule fois ; l'égalité ne fut autre chose qu'une belle et stérile fiction de la loi. Aujourd'hui qu'elle est réclamée d'une voix plus forte, on nous répond : Taisez-vous, misérables ! l'égalité de fait n'est qu'une chimère ; contentez-vous de l'égalité conditionnelle : vous êtes tous égaux devant la loi. Canaille, que te faut-il de plus ? Ce qu'il nous faut de plus ? Législateurs, gouvernants, riches propriétaires, écoutez à votre tour. [...]

La Révolution française n'est que l'avant-courrière d'une autre Révolution bien plus grande, bien plus solennelle, et qui sera la dernière.

Le peuple a marché sur le corps aux rois et aux prêtres coalisés contre lui ; il en sera de même aux nouveaux tyrans, aux nouveaux tartuffes politiques assis à la place des anciens.

Ce qu'il nous faut de plus que l'égalité des droits ?

Il nous faut non pas seulement cette égalité transcrite dans la Déclaration des droits de l'homme et du citoyen, nous la voulons au milieu de nous, sous le toit de nos maisons. Nous consentons à tout pour elle, à faire table rase pour nous en tenir à elle seule. Périssent, s'il le faut, tous les arts, pourvu qu'il nous reste l'égalité réelle ! [...]

Qu'il cesse enfin, ce grand scandale que nos neveux ne voudront pas croire ! Disparaissez enfin, révoltantes distinctions de riches et de pauvres, de grands et de petits, de maîtres et de valets, de gouvernants et de gouvernés. [...]

Que tout rentre dans l'ordre et reprenne sa place. A la voix de l'égalité, que les éléments de la justice et du bonheur s'organisent. L'instant est venu de fonder la RÉPUBLIQUE DES ÉGAUX, ce grand hospice ouvert à tous les hommes. Les jours de la restitution générale sont arrivés. Familles gémissantes, venez vous asseoir à la table commune dressée par la nature pour tous ses enfants.

le Manifeste des Egaux, 1795

Beaumarchais par St-Aubin, (BN).

La Mère coupable ou l'Autre Tartuffe (publié en 1797) *de Beaumarchais, est un drame moral en cinq actes joué pour la première fois en 1792. Dans cette pièce, l'auteur du* Barbier de Séville *(voir n° 141) et du* Mariage de Figaro *(voir n° 142) introduit l'odieux Bégearss (pour Bergasse l'avocat adversaire de Beaumarchais) dans la famille Almaviva. Figaro est l'intendant vertueux et habile qui, bien que vieilli et assagi, contrecarre les desseins de ce Tartuffe. Bégearss découvre que la comtesse a eu un enfant de Chérubin (mort à la guerre), Léon, qui vit avec sa mère aux côtés de sa fille, la pupille d'Almaviva. La comtesse avouera cette faute ancienne, Almaviva reconnaîtra la sienne et, Bégearss dévoilé, la vertu triomphera, Léon et Florestine pouvant s'aimer sans inceste.*

BEGEARSS, *furieux, frappe sur son front, fait deux pas pour sortir et se retourne.*

Adieu, famille abandonnée! maison sans mœurs et sans honneur! vous aurez l'impudeur de conclure un mariage abominable, en unissant le frère avec la sœur; mais l'univers saura votre infamie.

(Il sort).

SCENE VIII

FIGARO, *follement*

Qu'il fasse des libelles, dernière ressource des lâches, il n'est plus dangereux. Bien démasqué, à bout de voie, et pas vingt-cinq louis dans le monde. Ah! M. Fal, je me serais poignardé, s'il eût gardé les deux mille louis qu'il avait soustraits du paquet! *(il reprend un ton grave).* D'ailleurs nul ne sait mieux que lui, que par la nature et la loi ces jeunes gens ne se sont rien; qu'ils sont étrangers l'un à l'autre.

LE COMTE, *l'embrassant et criant*

O Figaro!... Madame, il a raison.

LEON, *très vite*

Dieux, maman, quel espoir!

FLORESTINE, *au comte*

Eh quoi! monsieur, n'êtes-vous plus...

LE COMTE, *ivre de joie.*

Mes enfants, nous y reviendrons, et nous consulterons, sous des noms supposés, des gens de lois discrets, éclairés, pleins d'honneur. O mes enfants! il vient un âge où les honnêtes gens se pardonnent leurs torts, leurs anciennes faiblesses; font succéder un doux attachement aux passions orageuses qui les avaient trop désunis. Rosine, (c'est le nom que votre époux vous rend) allez, madame, reposer votre âme des fatigues de la journée. M. Fal, restez avec nous. Venez, mes deux enfants — Suzanne, embrasse ton mari, et que nos sujets de querelles soient ensevelis pour toujours. (*A Figaro)* Les deux mille louis qu'il avait soustraits, je te les donne, en attendant la récompense qui t'est bien due...

FIGARO, *vivement*

A moi, monsieur? Non, s'il vous plaît. Moi, gâter par un vil salaire le bon service que j'ai fait? Ma récompense est de mourir chez vous. Jeune, si j'ai failli souvent, que ce jour acquitte ma vie! O ma vieillesse! pardonne à ma jeunesse, elle s'honorera de toi. Un jour a changé notre état. Plus d'oppresseur, d'hypocrite insolent! Chacun a bien fait son devoir. Ne plaignons point quelques moments de trouble; on gagne assez dans les familles, quand on en expulse un méchant.

la Mère coupable ou l'Autre Tartuffe, Acte V, sc. 7 et 8 (dernière), 1792.

Gresset, l'auteur de Ver-Vert **(XVIe-XVIIe siècles** *n° 17), avait repris, lui aussi, le personnage de Molière dans le* Méchant, *en 1747 (précédé, en cela par de nombreux auteurs dont Destouches (voir n° 78) avec le* Médisant, *en 1715).*

Cléon, le méchant, sème partout la discorde et y prend plaisir. Il entre chez Valère et veut l'aider à fuir celle qu'il aime pourtant et dont il est aimé. Répandant des calomnies sur Valère pour que Chloé, sa «future» épouse s'y laisse prendre, il ne réussit qu'à être chassé. Dans la scène 1 de l'acte II, il explique à Frontin, son valet, la passion qui le conduit.

GRESSET, 1747

FRONTIN

Y pensez-vous, monsieur? Quoi! Florise et Géronte
Vous comblent d'amitié, de plaisirs et d'honneurs,
Et vous mandez sur eux quatre pages d'horreurs!
Valère, d'autre part, vous aime à la folie;
Il n'a d'autre défaut qu'un peu d'étourderie,
Et grâce à vous Géronte en va voir le portrait
Comme d'un libertin et d'un colifichet.
Cela finira mal.

CLEON

Oh! tu prends au tragique
Un débat qui pour moi ne sera que comique;
Je me prépare ici de quoi me réjouir,
Et la meilleure scène, et le plus grand plaisir...
J'ai bien voulu pour eux quitter un temps la ville;
Ne point m'en amuser serait être imbécile;
Un peu de bruit rendra ceci moins ennuyeux,
Et me paiera du temps que je perds avec eux.
Valère à mon projet lui-même contribue;
C'est un de ces enfants dont la folle recrue
Dans les sociétés vient tomber tous les ans,
Et lasse tout le monde, excepté leurs parents.
Croiras-tu que sur moi tout son espoir se fonde?
Le hasard me l'a fait rencontrer dans le monde;
Ce petit étourdi s'est pris de goût pour moi,
Et me croit son ami je ne sais pas pourquoi.
Avant que dans ces lieux je vinsse avec Florise,
J'avais tout arrangé pour qu'il eût Cidalise;
Elle a, pour la plupart, formé nos jeunes gens;
J'ai demandé pour lui quelques mois de son [temps.
Soit que cette aventure, ou quelque autre, [l'engage,
Voulant absolument rompre son mariage,
Il m'a vingt fois écrit d'employer tous mes soins
Pour le faire manquer, ou l'éloigner du moins;
Parbleu, je vous le sers de la bonne manière.

FRONTIN

Oui, vous voilà chargé d'une très belle affaire!

CLEON

Mon projet était bien qu'il se tînt à Paris;
C'est malgré mes conseils qu'il vient en ce pays.
Depuis longtemps, dit-il, il n'a point vu sa mère;
Il compte, en lui parlant, gagner ce qu'il espère.

Boucher, *le Tartuffe,* (BN).

FRONTIN

Mais vous, quel intérêt?... Pourquoi vouloir aigrir
Des gens que pour toujours ce nœud doit réunir?
Et pourquoi seconder la bizarre entreprise
D'un jeune écervelé qui fait une sottise?

CLEON

Quand je n'y trouverais que de quoi m'amuser
Oh! c'est le droit des gens, et je veux en user.
Tout languit, tout est mort, sans la tracasserie;
C'est le ressort du monde et l'âme de la vie:
Bien fou qui là-dessus contraindrait ses désirs;
Les sots sont ici-bas pour nos menus plaisirs.

le Méchant, acte II, scène 1, 1747.

1 — *A la lumière du texte de Beaumarchais, pensez-vous que Figaro ait changé du tout au tout, ait simplement évolué, ait tenu compte de l'épisode révolutionnaire? Justifiez votre réponse.*

2 — *DOSSIER: le personnage de Tartuffe: Vers quelles interprétations le personnage de Molière a-t-il été tiré? L'aspect moral est-il plus confortable? Connaissez-vous d'autres reprises «morales» de tels personnages?*

164 Cahiers de doléances (1789)

Pour la première fois depuis cent soixante-quinze ans, le Roi a été amené à convoquer les Etats généraux, à organiser de larges élections. L'économie française est en ruine ; les notables - les nobles - ont refusé d'accepter des réformes qui les auraient transformés en contribuables massifs. C'est dans ce climat que furent rédigés, en pleine crise (fin de l'hiver - début du printemps 1789), les dizaines de milliers de Cahiers de Doléances où pour la première fois, purent s'exprimer les différentes parties de la nation.

Il ne saurait être question de donner un échantillon représentatif de ces revendications très diverses, on s'en doute, selon les ordres et les lieux d'origine. Nous avons préféré privilégier ici la voix de ceux et celles qui, jusque-là, n'avaient pu laisser que fort peu de traces dans la production écrite qui fait notre objet, et à peu près aucune dans la « littérature ».

Seize laboureurs, s'il est permis de nommer ainsi huit ou neuf d'entre eux qui n'ont pour tout attelage que deux faibles chevaux, retournent toute l'année avec peine et arrosent de leur sueur une terre ingrate à laquelle ils ne peuvent même donner les engrais nécessaires et dont le produit annuel ordinaire est tout au plus du trois pour un.

C'est cependant sur ce faible et unique produit dont une partie doit encore nécessairement retourner à la terre que le cultivateur est obligé d'acquitter toutes ses redevances, de s'entretenir, de nourrir sa famille. Mais encore comment soldera-t-il ces redevances et fournira-t-il à cet entretien, si ces récoltes sont moins abondantes, s'il est frustré dans ses espérances, si un incendie, une rivière lui enlève le fruit de ses travaux ? Dira-t-on qu'il lui sera fait une remise ? Ah ! quelle remise ! Oui, les suppliants n'en doutent point, c'est sûrement l'intention de Sa Majesté, mais a-t-elle jamais été remplie ! Dans l'espace des neuf dernières années qui se sont écoulées, leur paroisse a été frappée trois fois d'une grêle assez forte pour leur faire perdre la moitié de leurs récoltes et il ne leur a été accordé en totalité qu'une remise de 80 livres. Quel dédommagement, surtout lorsqu'en n'éprouvant aucun revers le cultivateur est déjà accablé par l'imposition !

Mais si la condition du laboureur est si douloureuse, si elle est capable d'exciter la sensibilité du souverain, qu'elle est bien plus pénible, plus affligeante encore, qu'elle mérite bien davantage les regards d'un roi qui veut absolument connaître la misère de son peuple pour y remédier, celle du manœuvre pour qui chaque jour de pluie est un jour de disette, qui, courbé vers la terre depuis le lever jusqu'au coucher du soleil, ne peut arracher de son sein que le morceau de pain noir qui le soutient jusqu'au lendemain où il est obligé de recommencer son pénible travail s'il veut obtenir le même salaire. Qu'on lui suppose une nombreuse famille dans l'enfance, quels sont les moyens pour l'élever ? Que la maladie l'étende sur la paille (car c'est le seul lit qui lui est réservé), quel secours peut-il attendre ? Que la vieillesse engourdisse ses bras, quel est son appui ? Hélas ! il n'a d'autre ressource que de se traîner d'un pas chancelant de porte à porte, de tendre ses mains durcies par le travail pour recevoir de l'indigence même le faible soutien d'une vie languissante qui n'est plus pour lui qu'un pénible fardeau.

Soulangis, Bailliage de Bourges.

Mirabeau, Arrivée aux Champs-Elysées,
d'après Moreau le Jeune, (BN).

ART. 7. — Les droits seigneuriaux ne reconnaissent point de prescription ; les droits des particuliers la subissent au bout de trente ans. Pourquoi cette différence dans une société d'hommes libres ?

Un Seigneur fait renouveler son terrier au bout de deux, de trois cents ans ; tous ses droits, soit conservés, soit éteints, soit rachetés, revivent ; à moins que le particulier ne justifie d'un titre de rachat ou d'exemption, titre qui se perd si aisément entre les mains d'un homme de la campagne, qui, bien souvent, ne distingue pas un libelle d'assignation d'une transaction passée avec un seigneur.

A la rénovation du terrier, on lui demande des droits et les échus de vingt-neuf ans en valeur de cent livres sur un héritage qui souvent n'en vaut pas cinquante. Il ne lui est pas permis de l'abandonner pour les dûs, il faut qu'il paye, quoique quelquefois son aïeul en ait racheté le droit, mais son titre est perdu. Quelle injustice !

ART. 8. — Le sel est d'une nécessité presque indispensable ; il coûte en Bourgogne quatorze sols.

La cherté de cette denrée fait que la plus grande partie des malheureux habitants n'ont pas la faculté d'en faire usage, parce qu'ils manquent de pain, plus nécessaire encore. Oh ! que la vie leur est pénible.

Saint-Beury, Bailliage de Semur-en-Auxois.

LES FEMMES DE LA RÉVOLUTION

Les Cahiers des Etats généraux font parfois état de la misère des femmes livrées à l'ignorance et à la prostitution. Mais les problèmes fondamentaux - divorce, droit au travail, égalité politique - sont à peine effleurés. Les femmes de 89, comprenant que leurs doléances seraient noyées dans la masse des revendications générales, rédigèrent alors parfois leurs propres cahiers. Beaucoup sont anonymes, signés d'une initiale ou d'un simple prénom.

Les femmes du Tiers-Etat naissent presque toutes sans fortune ; leur éducation est très négligée ou très vicieuse ; elle consiste à les envoyer à l'école, chez un Maître qui, lui-même, ne sait pas le premier mot de la langue qu'il enseigne ; elles continuent d'y aller jusqu'à ce qu'elles sachent lire l'office de la Messe en français, et les Vêpres en latin. Les premiers devoirs de la Religion remplis, on leur apprend à travailler ; parvenues à l'âge de quinze ou seize ans, elles peuvent gagner cinq ou six sous par jour. Si la nature leur a refusé la beauté, elles épousent, sans dot, de malheureux artisans, végètent péniblement dans le fond des provinces, et donnent la vie à des enfants qu'elles sont hors d'état d'élever. Si, au contraire, elles naissent jolies, sans culture, sans principes, sans idée de morale, elles deviennent la proie du premier séducteur, font une première faute, viennent à Paris ensevelir leur honte, finissent par l'y perdre entièrement et meurent victimes du libertinage.

Aujourd'hui que la difficulté de subsister force des milliers d'entre elles de se mettre à l'encan ; que les hommes trouvent plus commode de les acheter à un temps que de les conquérir pour toujours, celles qu'un heureux penchant porte à la vertu, que le désir de s'instruire dévore, qui se sentent entraînées par un goût naturel, qui ont surmonté les défauts de leur éducation et savent un peu de tout, sans avoir rien appris, celles enfin qu'une âme haute, un cœur noble, une fierté de sentiment fait appeler bégueules, sont obligées de se jeter dans les cloîtres où l'on n'exige qu'une dot médiocre, ou forcées de se mettre au service, quand elles n'ont pas assez de courage, assez d'héroïsme pour partager le généreux dévouement des filles de Vincent de Paul. [...]

Nous vous supplions, Sire, d'établir des Ecoles gratuites où nous puissions apprendre notre langue par principes, la Religion et la morale ; que l'une et l'autre nous soient présentées dans toute leur grandeur, entièrement dénuées des petites pratiques qui en atténuent la majesté ; que l'on nous y forme le cœur, que l'on nous y enseigne surtout à pratiquer les vertus de notre sexe, la douceur, la modestie, la patience, la charité ; quant aux Arts agréables, les femmes les apprennent sans Maître. Les Sciences ?... Elles ne servent qu'à nous inspirer un sot orgueil, nous conduisent au Pédantisme, contrarient les vœux de la nature, font de nous des êtres mixtes qui sont rarement épouses fidèles, et, plus rarement encore, bonnes mères de famille.

Nous demandons à sortir de l'ignorance, pour donner à nos enfants une éducation faite et raisonnable, pour en former des sujets dignes de vous servir.

Pétition des femmes du Tiers-Etat, 1er janvier 1789

Que nous faut-il de plus pour nous prouver que nous avons droit de nous plaindre de l'éducation qu'on nous donne, du préjugé qui nous rend esclaves, et de l'injustice avec laquelle on nous dépouille, en naissant, au moins dans plusieurs provinces, du bien que la nature et l'équité semblent devoir nous assurer.

Il est, dit-on, question d'accorder aux Nègres leur affranchissement ; le peuple, presqu'aussi esclave qu'eux, va rentrer dans ses droits : c'est à la philosophie qui éclaire la nation, à qui l'on sera redevable de ces bienfaits ; serait-il possible qu'elle fût muette à notre égard, ou bien que, sourds à sa voix, et insensibles à sa lumière, les hommes persistassent à vouloir nous rendre victimes de leur orgueil ou de leur injustice ?

O députés de la nation ! c'est vous que j'invoque ; puissiez-vous vous pénétrer des mêmes sentiments qui m'animent, et de la nécessité d'opérer, par l'influence de vos lumières, et la sagesse de vos délibérations, le succès de mes justes doléances. [...]

Je conçois que ma réclamation paraîtra d'abord au moins inconsidérée : L'admission des femmes aux états-généraux est, s'écriera-t-on une prétention d'un ridicule inconcevable ; jamais les femmes n'ont été admises dans les conseils des rois ou des républiques. Il y a plus : les souverains qui ont gouverné les états, depuis Sémiramis jusqu'à nos jours, n'ont admis que des hommes dans leur conseil. La devise des femmes, est travailler, obéir et se taire.

Voilà certes un système digne de ces siècles d'ignorance où les plus forts ont fait les lois, et soumis les plus faibles, mais dont, aujourd'hui, la lumière et la raison ont démontré l'absurdité.

Ce n'est point aux honneurs du gouvernement, ni aux avantages d'être initiées dans les secrets du ministère que nous aspirons ; mais nous croyons qu'il est de toute équité de permettre aux femmes, veuves ou filles possédant des terres ou autres propriétés, de porter leurs doléances au pied du trône ; qu'il est également juste de recueillir leurs suffrages, puisqu'elles sont obligées, comme les hommes, de payer les impositions royales et de remplir les engagements du commerce.

L'on alléguera peut-être que tout ce qu'il est possible de leur accorder, c'est de leur permettre de se faire représenter, par procuration, aux états-généraux.

On pourrait répondre qu'étant démontré, avec raison, qu'un noble ne peut représenter un roturier, ni celui-ci un noble ; de même, un homme ne pourrait, avec plus d'équité représenter une femme, puisque les représentants doivent avoir absolument les mêmes intérêts que les représentés : les femmes ne pourraient donc être représentées que par des femmes.

Mme B.B., *Cahier de Doléances et réclamation des Femmes,* 1789

La Marseillaise, Enrôlement des volontaires, (Bulloz).

VOUS SAVEZ QUE JE FUS ROI

Vous savez que je fus Roi
Comme mon grand-père,
Ne faites pas comme moi,
Tyrans de la terre.
Comme un soleil éclipsé,
Je suis bien embarrassé,
Je suis lou lou lou, je suis oui, oui, oui
Je suis lou, je suis oui,
Je suis Louis Seize
Bien mal à mon aise.

Ce peuple qui m'aimait tant
En me croyant brave,
Moi tout bas, toujours tramant,
Pour le rendre esclave,
J'ai fait répandre son sang
Voulant relever mon rang,
Mais les sans sans sans, mais les cu, cu, cu,
Mais les sans, mais les cu,
Mais les sans-culottes,
Ont paré mes bottes.

Les fers que j'avais forgés,
C'est moi qui les porte,
Mon procès sera jugé,
Et sous bonne escorte
L'on m'a conduit au Sénat
Comme étant un scélérat,
Pour ma pro, pro, pro, pour ma cé, cé, cé,
Pour ma pro, pour ma cé,
Pour ma procédure
Entendre lecture.

Quand à la barre arrivant,
Tout debout je reste,
Mes yeux partout regardant...
Ah! quel coup funeste!
J'aperçus tous les drapeaux
Pris par leurs soldats héros
Je devins, vins, vins, je de tout, tout, tout,
Je devins, je de tout
Je devins tout blême,
Tout triste en moi-même.

De tous mes faits et forfaits,
On me fit lecture,
J'ai nié bien des projets
Dont la preuve est sûre.
Quand on me dit de m'asseoir,
Un fauteuil je croyais voir,
Méchant lou, lou, lou, méchant oui, oui, oui,
Méchant lou, méchant oui,
Méchant Louis Seize,
C'est trop d'une chaise.

J'ai pourtant beaucoup d'amis
Qui n'osent rien dire,
Tout le peuple de Paris
Ne me fait pas rire.

in *Le Chansonnier national,* «Première comparution de Louis Capet à la Convention».

CHANSONS ET HYMNES DE LA RÉVOLUTION 165 a

Le Ça ira *et la* Carmagnole *sont les plus connues des chansons de l'époque révolutionnaire. Mais il y en a des milliers d'autres : quand la Révolution éclata, l'esprit des mazarinades (voir* **XVIe- XVIIe siècles,** *n° 159) rejaillit, avec une conscience politique accrue, dans les faubourgs, les ateliers, les sections révolutionnaires. Les timbres (mélodies) de ces chansons étaient souvent empruntés à des vaudevilles ou des airs de danse à la mode (ce qui facilitait leur diffusion), sur lesquels on composait des paroles satiriques, patriotiques ou républicaines.*

Nous avons choisi de reproduire ici une chanson satirique, datant de l'ouverture du procès de Louis XVI (voir n° 176 b), dont les Montagnards réclamaient la mort, et une chanson «poissarde», caractéristique de la veine anti-religieuse «sans culotte», et imitant le parler populaire.

ENFIN V'LA QU'C'EST DONC FINI

Enfin v'là qu'c'est donc fini,
Adieu Vierg', adieu mystères,
J'n'allons plus être ahuri
Par tous ces contes de grand-mère.
J'comptons ben mieux qu'autrefois,
J'savons ben qu'un n'peut pas faire trois. (bis)

De c'morceau d'papier mâché
Qu'on nommait Eucharistie,
Sans craindre d'faire un péché,
Ni d'nous damner dans l'autr'vie,
Le Pape a beau tempêter,
J'en faisons du pain à cacheter. (bis)

Avec l'Extrême-onction,
J'assaisonnons nos salades.
De la régénération,
L'eau seule guérit nos malades :
Pour tout vrai républicain,
C'est un remède souverain. (bis)

J'n'invoquons plus dans nos chants
L'abbé Jésus, ni Marie,
J'n'avons d'autre Dieu à présent
Qu'la liberté et la patrie.
Les devoirs de notre religion
Sont de soutenir la constitution. (bis)

J'n'voulons d'autre paradis
Que sti-là de la République.
J'n'voulons pour crucifix
Qu'un bonnet rouge au bout d'une pique.
Vaincre ou mourir pour la loi
Sont tous nos articles de foi. (bis)

Que c'bâtard nommé Jésus
Ait été fait par son père
Ou par un pigeon pattu,
N'ia pas là d'quoi faire un mystère.
N'faut pas tant chercher de rébus
Pour dire qu'Joseph fut cocu. (bis)

Plus d'encens, ni d'Te Deum
Pour célébrer la victoire,
La fumée, le bruit du canon,
C'est l'encens qui plaît à la gloire.
Au lieu du Veni Sancte,
J'chantons l'hymne à la liberté. (bis)

J'avons troqué les sermons
Des muscadins à calotte
Pour les discours, les motions,
De nos valeureux sans-culottes.
On prêche dans leur société
Les vertus de l'égalité. (bis)

Plus d'messe, ni d'confession
C'était l'école du vice.
Au lieu d'apprendre la passion,
On nous montre à faire l'exercice.
J'aimons mieux marcher au pas
Que d'savoir l'histoire de Judas. (bis)

Si j'faisons queuque belle action,
Si j'mourrons pour la patrie,
On nous place au Panthéon,
J'sommes ben mieux qu'dans une litanie.
Notre épitaphe, la voilà :
«C'est un vrai sans-culotte qu'est là !» (bis)

Quand j'trouvons des mécréants
Qui renient la République,
J'n'ons point recours aux arguments,
A tout c'fatras théologique,
J'convertissons les entêtés
En leur mettant la tête aux pieds. (bis)

in *Couplets républicains. Recueil de Chansons révolutionnaires.*

Prise de la Bastille, 14 juillet 1789, (B.N.).

Rude, *Le Chant du départ,* (Agraci).

LES GRANDES FÊTES NATIONALES

14 juillet 1790 : Fête de la Fédération (voir **XIXe siècle,** n° 99).
11 juillet 1791 : Transfert des cendres de Voltaire au Panthéon.
15 avril 1792 : Fête de la Liberté.
10 août 1793 : Fête de l'Unité et de l'Indivisibilité de la République.
1793 : Fête de la Raison (à Notre-Dame).
8 juin 1794 : Fête de l'Être Suprême.

L'ÉGALITÉ LA LIBERTÉ
OU LA MORT

Lorsqu'au gré de son caprice
Un tyran menait l'état,
Pour soutenir l'injustice
Il nous forçait au combat.
Quand notre sang aux batailles
Avait coulé pour les rois,
Seuls ils cueillaient dans Versailles
Le fruit de nos exploits.

Après un long esclavage,
L'homme a reconquis ses droits,
Et, maître de son courage,
S'il se bat c'est pour les lois;
S'il survit à la victoire,
Le laurier attend son front;
S'il meurt aux champs de la gloire,
Il revit au Panthéon.

D'une si haute espérance
Quand nos cœurs sont enivrés,
Que pourraient contre la France
Tous les trônes conjurés?
Rions de qui s'intimide
Du retour de nos tyrans;
Le patriote intrépide
N'a pas peur des revenants.

Belges dont la main défriche
Les champs de la liberté,
Aux yeux de l'aveugle Autriche

Les hymnes révolutionnaires sont étroitement liés à la création artistique sans doute la plus originale de la Révolution, celle des fêtes nationales. Ces manifestations gigantesques se donnaient pour but de hâter le progrès de la prise de conscience républicaine par le recours à un art nouveau accessible aux larges masses populaires.

Dans son rapport du 7 mai 1794 (18 floréal an II), Robespierre précise ainsi le but et le sens des fêtes nationales, « partie essentielle de l'éducation publique » :

« L'homme est le plus grand objet qui soit dans la nature, et le plus magnifique de tous les spectacles, c'est celui d'un grand peuple assemblé. On ne parle jamais sans enthousiasme des fêtes nationales de la Grèce... La Grèce était là; on voyait un spectacle plus grand que les jeux, c'étaient les spectateurs eux-mêmes... Un système de fêtes nationales bien entendu serait à la fois le plus doux lien de fraternité et le plus puissant moyen de régénération... Que toutes tendent à réveiller les sentiments généreux qui font le charme et l'ornement de la vie humaine, l'enthousiasme de la liberté, l'amour de la patrie, le respect des lois. »

La musique et le chant jouaient dans ces fêtes un rôle primordial, par la présence de fanfares, d'orchestres et d'importantes masses chorales qui exécutaient des compositions du type de celles que nous reproduisons ici.

Faites briller sa clarté!
Et que l'aigle germanique
Lâchant son double hochet,
Pour sceptre porte une pique,
Et pour couronne un bonnet.

Sots enfants de l'Italie
Qu'un prêtre tient dans ses mains,
L'ombre de Brutus vous crie
De redevenir Romains.
Allez arrachant l'étole
De votre sacré tyran,
Rétablir le Capitole
Des débris du Vatican!

Sortez d'une nuit profonde,
Peuples esclaves des rois!
La France aux deux bouts du monde
Vient de proclamer vos droits,
Briser vos vieilles idoles
Et leur culte détesté.
Et plantons sur les pôles
L'arbre de la liberté.

(reproduit in J. Mancuso, *Les Chansons révolutionnaires (1789-1794)*, 1973).

Hymne patriotique relatif à l'inauguration du temple de la Raison chanté par les orphelins des défenseurs de la Patrie.

Français, quelle métamorphose
Transforme nos saints en lingots!
La raison est enfin éclose,
Elle anéantit les cagots;
De leurs ridicules mystères,
Effaçons jusqu'au souvenir.
Que notre dogme à l'avenir
Soit d'être heureux avec nos frères!
Français, la liberté qui brille à tous les yeux
La liberté, l'égalité, voilà quels sont nos dieux.

Voûte si longtemps profanée
Par le chant du calotin,
Tu ne seras plus parfumée
Que par l'encens républicain;
Réjouis-toi, tes destinées
Loin du clergé sot et fripon
A la Nature, à la Raison
Seront désormais consacrées!
Français, la vérité qui brille à tous les yeux,
La liberté, l'égalité, voilà quels sont nos dieux.

Sur le tombeau du fanatisme
Et d'une absurde trinité,
Eclairons le patriotisme
Du flambeau de la vérité!
Aux discordes du culte antique
Faisons succéder l'union,
Et que notre religion
Soit d'adorer la république!
Français, la vérité qui brille à tous les yeux
La liberté, l'égalité, voilà quels sont nos dieux.

(reproduit in J. Mancuso, *Les Chansons révolutionnaires (1789-1794)*, 1973).

Fêtes révolutionnaires, Fédération 1790, (Bulloz).

JEAN-BAPTISTE GREGOIRE, 1794
(voir nº 170)

Au risque d'essuyer des sarcasmes, dont il vaut mieux être l'objet que l'auteur, ne craignons pas de dire que les chansons, les poésies lyriques importent également à la propagation de la langue et du patriotisme : ce moyen est d'autant plus efficace, que la construction symétrique des vers favorise la mémoire ; elle y place le mot et la chose.

Il était bien pénétré de cette vérité ce peuple harmonieux, pour ainsi dire, chez qui la musique était un ressort entre les mains de la politique. Chrysippe ne crut pas se ravaler en faisant des chansons pour les nourrices. Platon leur ordonne d'en enseigner aux enfants. La Grèce en avait pour toutes les grandes époques de la vie et des saisons, pour la naissance, les noces, les funérailles, la moisson, les vendanges ; surtout elle en avait pour célébrer la liberté. La chanson d'Harmodius et d'Aristogiton qu'Athénée nous a conservée, était chez eux ce qu'est parmi nous l'air des Marseillais : et pourquoi le comité d'instruction publique ne ferait-il pas, dans ce genre, un triage avoué par le goût et le patriotisme ?

Des chansons historiques et descriptives, qui ont la marche sentimentale de la romance, ont pour les citoyens des campagnes un charme particulier. [...] Avez-vous entendu les échos de la Suisse répéter, dans les montagnes, les airs dans lesquels Lavater célèbre les fondateurs de la liberté helvétique ? Voyez si l'enthousiasme qu'inspirent ces chants républicains, n'est pas bien supérieur aux tons langoureux des barcaroles de Venise, lorsqu'ils répètent les octaves galantes du Tasse.

Substituons donc des couplets riants et décents à ces stances impures ou ridicules, dont un vrai citoyen doit craindre de souiller sa bouche ; que sous le chaume et dans les champs les paisibles agriculteurs adoucissent leurs travaux en faisant retentir les accents de la joie, de la vertu et du patriotisme. La carrière est ouverte aux talents : espérons que les poètes nous feront oublier les torts des gens de lettres dans la révolution.

Rapport sur la nécessité et les moyens d'anéantir les patois et d'universaliser l'usage de la langue française, 1794.

Anonyme, *Chénier*, Carnavalet, (Bulloz).

Robert, *André Chénier à St Lazare*, Carnavalet, (Bulloz).

LA JEUNE CAPTIVE (1)

«L'épi naissant mûrit de la faux respecté ;
Sans crainte du pressoir, le pampre (2) tout l'été
Boit les doux présents de l'aurore ;
Et moi, comme lui belle, et jeune comme lui,
Quoi que l'heure présente ait de trouble et [d'ennui,
Je ne veux point mourir encore.

Qu'un stoïque aux yeux secs vole embrasser la [mort :
Moi je pleure et j'espère. Au noir souffle du nord
Je plie et relève ma tête.
S'il est des jours amers, il en est de si doux !
Hélas ! quel miel jamais n'a laissé de dégoûts ?
Quelle mer n'a point de tempête ?

L'illusion féconde habite dans mon sein.
D'une prison sur moi les murs pèsent en vain,
J'ai les ailes de l'espérance.
Echappée aux réseaux de l'oiseleur cruel,
Plus vive, plus heureuse, aux campagnes du ciel
Philomène (3) chante et s'élance.

Est-ce à moi de mourir ? Tranquille je m'endors
Et tranquille je veille ; et ma veille aux remords
Ni mon sommeil ne sont en proie.
Ma bienvenue au jour me rit dans tous les yeux ;
Sur des fronts abattus, mon aspect dans ces lieux
Ranime presque de la joie.

Mon beau voyage encore est si loin de sa fin !
Je pars, et des ormeaux qui bordent le chemin
J'ai passé les premiers à peine.

Au banquet de la vie à peine commencé,
Un instant seulement mes lèvres ont pressé
La coupe en mes mains encor pleine.

Je ne suis qu'au printemps, je veux voir la [moisson,
Et comme le soleil, de saison en saison,
Je veux achever mon année.
Brillante sur ma tige et l'honneur du jardin,
Je n'ai vu luire encor que les feux du matin ;
Je veux achever ma journée.

O mort ! tu peux attendre ; éloigne, éloigne-toi ;
Va consoler les cœurs que la honte, l'effroi,
Le pâle désespoir dévore.
Pour moi Palès (4) encore a des asiles verts,
Les Amours des baisers, les Muses des concerts.
Je ne veux point mourir encore.»

Ainsi, triste et captif, ma lyre toutefois
S'éveillait, écoutant ces plaintes, cette voix,
Ces vœux d'une jeune captive ;
Et secouant le faix (5) de mes jours languissants,
Aux douces lois des vers je pliai les accents
De sa bouche aimable et naïve.

Ces chants, de ma prison témoins harmonieux,
Feront à quelque amant des loisirs studieux
Chercher quelle fut cette belle.
La grâce décorait son front et ses discours,
Et comme elle craindront de voir finir leurs jours
Ceux qui les passeront près d'elle.

Odes, **1819 (posth.).**

(1) Au départ, Aimée de Coigny, incarcérée avec Chénier à Saint-Lazare en 1793 (pour l'anecdote, Chénier, sera guillotiné le 7 thermidor, deux jours avant la chute de Robespierre et Aimée de Coigny échappera à l'exécution).
(2) Raisin
(3) Philomèle (ou Philomène) fut changée en rossignol par les dieux pour échapper à son beau-frère Térée : référence commune aux poètes latins.
(4) Mythologie latine : déesse des bergers et des troupeaux.
(5) Fardeau.

1 — *En utilisant les deux textes des* Bucoliques *(ici et en n° 69) et le texte des* Odes, *relevez les principaux rejets* et enjambements*. Quels effets de sens provoquent-ils ? Quelles constantes peut-on déterminer dans ces effets ?*

2 — *Pourquoi Chénier a-t-il, selon vous, recours à la mythologie ? Comment s'en explique-t-il dans* L'Invention ? *Les épisodes mythologiques ici et en n° 69, racontent-ils autre chose qu'une histoire légendaire pour les contemporains ? De quoi sont-ils les symboles ?*

3 — L'Invention *semble raviver la lutte, qui parcourt tout le XVIIIe siècle, des Anciens contre les Modernes. Sous quelle forme ? Chénier reprend-il entièrement l'argumentation de Perrault (voir N° 40) ou de la Motte (voir n° 58) ? Qu'introduit-il en plus ?*

Les coutumes d'alors, les sciences, les mœurs
Respirent dans les vers des antiques auteurs.
Leur siècle est en dépôt dans leurs nobles volumes.
Tout a changé pour nous, mœurs, sciences, coutumes,
Pourquoi donc nous faut-il, par un pénible soin,
Sans rien voir près de nous, voyant toujours bien loin,
Vivant dans le passé, laissant ceux qui commencent,
Sans penser écrivant d'après d'autres qui pensent,
Retraçant un tableau que nos yeux n'ont point vu,
Dire et dire cent fois ce que nous avons lu?
De la Grèce héroïque et naissante et sauvage
Dans Homère à nos yeux vit la parfaite image.
Démocrite (1), Platon, Epicure, Thalès (2)
Ont de loin à Virgile indiqué les secrets
D'une nature encore à leurs yeux trop voilée.
Torricelli, Newton, Kepler et Galilée (3)
Plus doctes, plus heureux dans leurs puissants efforts,
A tout nouveau Virgile ont ouvert des trésors.
Tous les arts sont unis: les sciences humaines
N'ont pu de leur empire étendre les domaines
Sans agrandir aussi la carrière des vers.
Quel long travail pour eux a conquis l'univers ! [...]
Pensez-vous, si Virgile ou l'aveugle divin (4)
Renaissaient aujourd'hui, que leur savante main
Négligeât de saisir ces fécondes richesses,
De notre Pinde (5) auguste éclatantes largesses?
Nous en verrions briller leurs sublimes écrits:
Et ces mêmes objets que vos (6) doctes mépris
Accueillent aujourd'hui d'un front dur et sévère,
Alors à vos regards auraient seuls droit de plaire;
Alors, dans l'avenir, votre inflexible humeur
Aurait soin de défendre à tout jeune rimeur
D'oser sortir jamais de ce cercle d'images
Que vos yeux auraient vu tracer dans leurs ouvrages.

[*Ainsi, allons voir les œuvres des Anciens grecs et romains de Cicéron à Démosthène en passant les tragiques.*]

Allons voir au théâtre, aux accents d'Euripide,
D'une sainte folie un peuple furieux
Chanter: Amour, tyran des hommes et des Dieux
Puis, ivres des transports qui nous viennent surprendre,
Parmi nous, dans nos vers, revenons les répandre,
Changeons en notre miel leurs plus antiques fleurs;
Pour peindre notre idée, empruntons leurs couleurs;
Allumons nos flambeaux à leurs feux poétiques;
Sur des pensers nouveaux faisons des vers antiques.

l'Invention, (1787-1790), pub. 1819.

LA JEUNE TARENTINE (1)

Pleurez, doux alcyons (2), ô vous, oiseaux sacrés,
Oiseaux chers à Thétis (3), doux alcyons, pleurez.
Elle a vécu, Myrto, la jeune Tarentine.
Un vaisseau la portait aux bords de Camarine. (4)
Là l'hymen, les chansons, les flûtes, lentement,
Devaient la reconduire au seuil de son amant.
Une clef vigilante a pour cette journée
Dans le cèdre (5) enfermé sa robe d'hyménée
Et l'or dont au festin ses bras seraient parés
Et pour ses blonds cheveux les parfums préparés.
Mais, seule sur la proue, invoquant les étoiles,
Le vent impétueux qui soufflait dans les voiles
L'enveloppe. Etonnée, et loin des matelots,
Elle crie, elle tombe, elle est au sein des flots.
Elle est au sein des flots, la jeune Tarentine.
Son beau corps a roulé sous la vague marine.
Thétis, les yeux en pleurs, dans le creux d'un [rocher
Aux monstres dévorants eut soin de le cacher.
Par ses ordres bientôt les belles Néréides
L'élèvent au-dessus des demeures humides,
Le portent au rivage, et dans ce monument
L'ont, au cap du Zéphir (6), déposé mollement.
Puis de loin à grands cris appelant leurs [compagnes,
Et les Nymphes des bois, des sources, des [montagnes,
Toutes frappant leur sein, et traînant un long [deuil,
Répétèrent: «Hélas!» autour de son cercueil.
Hélas! chez ton amant tu n'es point ramenée.
Tu n'as point revêtu ta robe d'hyménée.
L'or autour de tes bras n'a point serré de nœuds.
Les doux parfums n'ont point coulé sur tes [cheveux.

Bucoliques IX. **1792. pub. 1819.**

(1) Tarente est un port de l'Italie du Sud (la Grande Grèce).
(2) Oiseaux de mer qui font, selon la légende, leur nid sur la mer.
(3) Une Néréide, divinité marine, fille de Nérée le vieillard de la mer.
(4) Port de Sicile.
(5) Bois de cèdre.
(6) En Italie du Sud (le zéphyr est un vent doux).

---

(1) Philosophe grec, ouvrant la voie à Epicure par sa théorie de l'atomisme (voir **XVIe XVIIe siècles** *n°45).*
(2) Auteur d'une cosmologie, physicien de l'Antiquité. Les quatre auteurs cités résument ainsi la philosophie et la science physique des Anciens.
(3) Quatre grands noms de la physique moderne (Voir n°35, 36).
(4) Homère («on dit qu'il était aveugle»...).
(5) Montagne de la Grèce antique consacrée aux Muses suivant la légende.
(6) Vous les partisans des Anciens (opposés aux Modernes, voir N°40 et 58).

167 Louis DAVID (1748-1825)

David, *Marat assassiné,* (Giraudon).

Louis David (1748-1825), *Marat assassiné dans sa baignoire,* (1793). C'est le 13 juillet 1793 que Charlotte Corday, partisane des Girondins, proscrits depuis le 2 juin, assassina le rédacteur de *l'Ami du peuple.* Corday sera exécutée cinq jours plus tard. David, révolutionnaire fervent, ami de Marat, exécuta la toile presque immédiatement, encore sous le coup de l'événement.

MICHEL BUTOR, 1969

La dédicace en lettres antiques, la signature, la date selon l'ère révolutionnaire, au premier plan sur la caisse de bois qui servait de guéridon à Marat dans sa baignoire, la transforment en stèle, tout le tableau en monument.

L'assassiné tient à la main la lettre de Charlotte Corday :

«du 13 juillet 1793 — Marie-Anne-Charlotte Corday au Citoyen Marat — il suffit que je sois bien malheureuse pour avoir droit à votre bienveillance».

Opposition entre les écritures, les datations.

Donnant l'impression de sortir de la toile, puisque la planche stèle semble se confondre avec son plan, brandi à notre appréciation, le billet du conventionnel en écriture bien plus proche de son échelle, accompagné d'un assignat.

Entre les deux adresses qui se conjoignent dans le nom de Marat, inscrit si différemment, tout un dialogue se déploie. A la lettre traîtresse de Charlotte Corday

(l'énorme grossissement ici qui permet une lecture parfaite est comme un cri d'indignation : il n'est pas possible qu'une si basse ruse reste ignorée)

Marat répond par la générosité ; c'est l'assassinat qui le remercie, le tableau tire la conclusion.

Marat assassiné est saisi à la fois dans l'acte de la lecture et dans celui de l'écriture, actes, fonctions qu'il est bien plus facile de traduire picturalement que l'élocution ou l'audition. Le lecteur peint, par exemple les bergers qui déchiffrent sur un tombeau l'*Et in Arcadia ego* du Poussin, sont nos représentants à l'intérieur de l'œuvre, tout autant que ceux qui regarderaient une scène ou un paysage. Même, dans ces doigts qui suivent les lettres une à une, qui les retracent, nous sommes mis en relation avec le traceur bien mieux que par un spectateur lointain, ou un amateur de peinture, examinât-il quelque détail à la loupe comme dans l'*Enseigne de Gersaint.* Le scripteur peint, par exemple tel évangéliste, ou le secrétaire du roi Théonat dans la *Légende de sainte Ursule* de Carpaccio, figure le peintre peint dans son atelier, lequel regarde son modèle qu'il va figurer sur sa toile ; c'est alors le peintre qui regarde sa toile, comme un premier spectateur, pour y apposer l'inscription, en particulier titre et signature.

Les relations entre sujet (réel ou non), peintre et spectateur réels se réfléchissent dans les thèmes du modèle, du peintre et du spectateur. Quelquefois dans le même tableau, se réfléchissent à un second degré dans les thèmes du texte, de l'écrivain et du lecteur. Dans l'écrivain le peintre se peint comme déjà spectateur, dans le lecteur il peint le spectateur comme déjà peintre.

David veut que le spectateur s'identifie à Marat lecteur : n'aurions-nous pas été trompés comme lui par un tel mensonge ? Il veut que nous l'identifions à Marat scripteur, que nous le considérions comme aussi généreux que lui sous la menace d'un même coup de couteau. Il le continue.

Quant à Charlotte Corday, la peinture l'abolit. Elle était là pourtant entre la lecture et l'achèvement de l'écriture, mais le fait que l'on ait pu héroïser sa victime par un tel monument pictural la fait disparaître à jamais. Plus de visage, le meurtre n'est signé que par quelques lignes mensongères.

David nous fait déceler ce mensonge, cas particulier d'un mensonge omniprésent, il veut que nous sentions dans l'ombre le couteau prêt à nous frapper, et s'offrant à lui pour nous protéger, il veut lever pour nous cette menace : le couteau caché sous les lignes est là démasqué, emprisonné dans la peinture, par la vertu de celle-ci nul couteau désormais ne devrait plus pouvoir se tacher d'un tel sang.

Tout ce qu'il y avait d'amour de la vérité, de combat contre la misère, de libération véritable dans l'activité de Marat (le sang qu'il a fait couler lavé pour David dans son propre sang, dans cette baignoire purificatrice) doit se consolider par ce que commence cette œuvre. Jamais acte plus authentiquement révolutionnaire.

les Mots dans la peinture, 1969

JEAN-PAUL MARAT (1743-1793), **l'Ami du peuple 1790.**

Dès 1790, Marat dénonce le « complot » des contre-révolutionnaires, que dirigerait Lafayette. A cette époque, Marat est isolé dans la dénonciation. Mais l'année suivante, la tentative de fuite du Roi (arrêté à Varennes le 21 juin 1791) prouvera qu'il était plus clairvoyant que mythomane.

Peut-on douter encore que le grand général, le héros des deux mondes, l'immortel restaurateur de la liberté (1), ne soit *le chef des contre-révolutionnaires, l'âme de toutes les conspirations* contre la patrie ; peut-on douter qu'il n'ait dans tous les points de la France, des émissaires de la trempe de ses aides de camp, c'est-à-dire des fourbes adroits recueillis dans les tripots de Paris, et presque tous fameux dans les fastes de l'ancienne police. Peut-on douter qu'à l'aide de ces misérables vendus au despotisme, il n'ait réuni en corps, dans chaque département, tous les ennemis de la révolution, et formé des listes de proscription de tous les bons patriotes à corrompre ou à immoler. Peut-on douter qu'il n'existe toujours des compagnies de famine (2), dont l'administrateur parisien des subsistances est le directeur général, et dont les municipaux des provinces sont les associés ?

Peut-on douter que la majorité corrompue de l'Assemblée nationale, si empressée de lancer en leur faveur des décrets fulminants contre le pauvre peuple qu'ils affament, ne connive avec eux. Peut-on douter que dans tout le royaume les maréchaussées ne soient encore des satellites aux ordres du ministre pour enlever les bons citoyens, et les faire périr clandestinement ?

l'Ami du Peuple, n° 248, 12 octobre 1790.

(1) Lafayette (1757-1834), qui avait conduit en Amérique, en 1777-1780, pour appuyer Washington dans sa guerre d'indépendance, des troupes françaises.
(2) Spéculateurs jouant sur le renchérissement du blé – en constituant des stocks, les années de mauvaises récoltes.

Oui, c'en est fait de vous, si vous n'ouvrez enfin les yeux. Si vous ne sortez de votre léthargie. Si vous ne vous mettez en défense. Si vous n'exterminez enfin jusqu'au dernier rejeton la race impie de vos ennemis. Hélas, faudra-t-il donc sans cesse vous répéter en vain les mêmes conseils ? Avez-vous donc renoncé au bonheur ? La liberté n'aura-t-elle été pour vous qu'un songe douloureux ? Après avoir rompu vos fers, en reprendrez-vous de plus lourds ? Ne laisserez-vous à vos enfants que vos chaînes, votre bassesse, votre opprobre, votre turpitude ? O Parisiens ! l'Ami du peuple fera-t-il sans cesse parmi vous le rôle de Cassandre ? (1)

l'Ami du pleuple, n° 239, 3 octobre 1790.

(1) Héroïne de la mythologie grecque, douée de voyance, mais que l'on ne croyait jamais lorsqu'elle prédisait des désastres.

Il est une vérité éternelle, dont il est important de convaincre les hommes ; c'est que le plus mortel ennemi que les peuples aient à redouter est le gouvernement. A la honte éternelle des princes de la terre et de leurs ministres, presque toujours les chefs qu'une nation se choisit pour assurer sa liberté ne songent qu'à lui forger des fers, presque toujours les mains auxquelles elle a remis le soin de sa félicité ne s'occupent qu'à consommer son malheur. Telle est l'ardeur de la soif de dominer, que les hommes les mieux famés lui sacrifient jusqu'à leur réputation. Vous l'avez vu ce ministre (1), autrefois populaire, jaloux de commander, oublier la justice, le devoir, l'honneur, presser continuellement le travail sur les impositions et le rétablissement du pouvoir exécutif, c'est-à-dire du pouvoir de la tyrannie ; pousser le prince à n'accorder qu'à cette condition son consentement aux décrets de l'Assemblée nationale et à se montrer en despote. Vous les avez vus pareillement ces hommes petits et vains (2), que nous avons honorés de notre confiance, oublier au bout de quelques jours qu'ils dépendent de nous, s'ériger en tyranneaux et pousser la folie jusqu'à vouloir maltraiter leurs maîtres, avant que *L'Ami du peuple* les remît à leur place.

l'Ami du peuple, n° 28, 8 octobre 1789.

(1) Necker, ministre des Finances de Louis XVI, l'une des premières cibles de Marat.
(2) Les députés les plus tièdes (Marat visait probablement Mirabeau et ses partisans).

JOURNALISME RÉVOLUTIONNAIRE

A — L'Ami du peuple.

1 — *Quels traits stylistiques* différencient ces articles des discours révolutionnaires (voir nos 176, 177, etc.) ? Par quels procédés cependant Marat arrive-t-il à se rendre* présent ?

2 — *Marat appartenait à la fraction* dure *des révolutionnaires. A quels détails peut-on retrouver dans ces textes l'extrémisme politique de leur auteur ?*

B — David

1 — *L'analyse de M. Butor vous paraît-elle convaincante ? En quoi ?*

2 — *En particulier, que veut dire le critique lorsqu'il affirme que « David veut que le spectateur s'identifie à Marat lecteur » ? En quoi cette* lecture *d'un tableau vous paraît-elle justifiée ?*

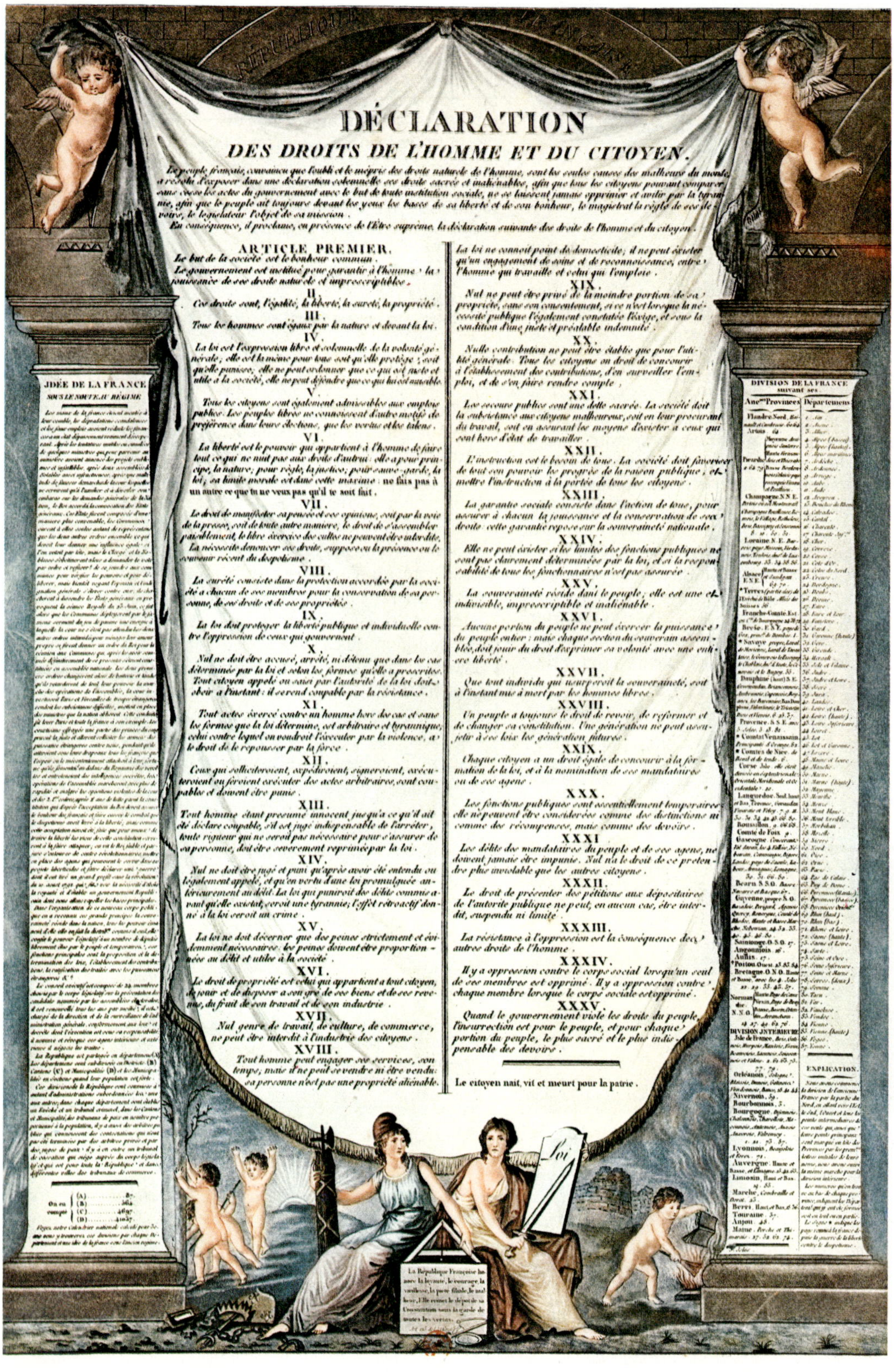

Déclaration des droits de l'homme et du citoyen, 1789, (BN).

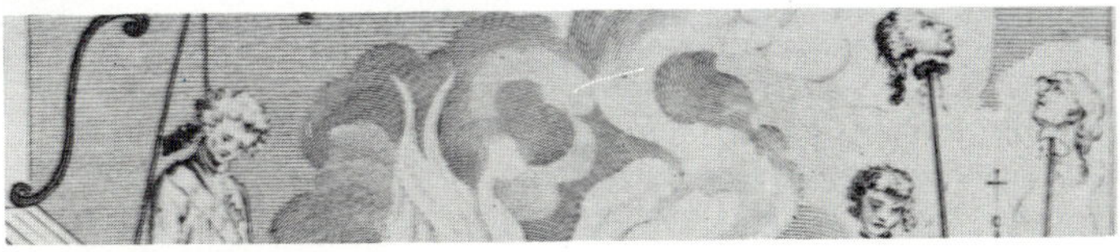

La Déclaration des droits de l'homme et du citoyen *de 1789 est un événement capital de l'histoire de France et du monde mais aussi un moment important de l'histoire des idées. Si la revendication du droit naturel (voir n° 90) non écrit est loin d'être nouvelle, l'idée de déclaration de ce droit naturel par une loi écrite et positive date, elle, du XVIII*e *siècle. Jusque là, l'idée qu'il y avait des droits diffus dans une nature mal définie n'avait pas exigé une formulation concrète et précise. Aussi, les députés de 1789 ont décidé à la fois de jeter les bases d'une société et d'en rayer une autre, sans possibilité de retour à un Ancien Régime antérieur à 1789 : les dix-sept articles sont ainsi accompagnés d'un* Préambule *(excluant ce retour) et d'un* Titre premier *qui garantit l'égal accès aux places et emplois, la liberté d'aller et venir, celle de parler, d'écrire, d'imprimer et de publier, la liberté de réunion (à condition qu'elle soit pacifique — voir n° 88), l'aide sociale (pour les pauvres infirmes, les chômeurs, les enfants abandonnés) et l'organisation d'une instruction publique (voir n° 170). En 1793, une nouvelle déclaration développera celle-ci, en l'infléchissant vers une certaine radicalisation (voir n° 172a).*

Pour les sources intellectuelles de cette Déclaration, *on se reportera au n° 88 sur la* Déclaration d'Indépendance, *aux chapitres sur* l'Encyclopédie *(n° 86 à 91), aux chapitres sur Rousseau n° 121, 124, 125, 126 et au n° 119 sur la physiocratie.*

Rappel : quelques déclarations importantes.

1215 : **Magna Carta :** rédigée par des Anglais révoltés contre Jean-sans-Terre

1629 : **Petition of Rights**

1688 : **Bill of Rights**

1776 : 4 juillet : **Déclaration d'indépendance** des Etats-Unis d'Amérique (Thomas Jefferson) (voir n° 88).

1789 : Déclaration des droits de l'homme et du citoyen.

1793 : Nouvelle Déclaration des droits de l'homme et du citoyen.

SENAC DE MEILHAN, 1797

La déclaration des droits de l'homme, par son titre seul, animait le peuple, flatté d'entendre parler de ses droits. Les hommes ne naissent malheureusement pas égaux en droits, car dans l'état de nature, l'homme faible ou inepte n'a pas un droit égal à celui de l'homme fort et adroit, sur les animaux propres à sa subsistance. La nature, s'il m'est permis de me servir d'une telle comparaison, semble avoir établi un arbre de *Cocagne*, au haut duquel sont les objets nécessaires à la subsistance de l'homme et à sa conservation. Les plus adroits et les plus agiles atteignent le but, les autres languissent et meurent. A cette maxime des droits de l'homme il faudrait substituer celle-ci : « les hommes naissent égaux en droits à la protection de la loi. » Il n'est point de vérité absolue, et les hommes se trompent bien moins, faute d'entrevoir la vérité, que faute d'en apercevoir les limites. Les mots décevants d'égalité chatouillèrent l'oreille du peuple ; il se crut reporté aux premiers âges d'un monde fabuleux, et appelé à partager avec les riches. Ah ! combien, mon fils, il est faux que la nature qui s'embarrasse si peu des individus, ait fait les hommes égaux ; et combien on s'éloignerait de l'humanité en voulant rapprocher les hommes de ce que l'on appelle l'état de nature. Le monde considéré sous cet aspect, n'offre qu'une scène de douleur, uniforme et dégoûtante ; des millions d'êtres doués du sentiment et de la vie, qui ne se conservent qu'aux dépens, qu'au prix des souffrances et de la destruction d'autres êtres qu'ils dévorent, et qui ont de commun avec eux la sensibilité, peut-être même la pensée.

Lettre CXXIV, « le comte de Saint-Alban au marquis de Saint-Alban », l'Emigré, *1797.*

Exercice des droits de l'homme et du citoyen français, **1792, (BN).**

1 — *Vous reprendrez un à un* les dix-sept articles *en cherchant à ce que chacun corresponde à une notion (ou partie de notion) spécifique (liberté de réunion, de penser, etc.)*

2 — *Sur quelle idée de l'homme s'appuie la* Déclaration*? Peut-elle être discutée ?*

3 — *Quelle est l'importance donnée à la propriété ? Pour quelles raisons les députés en viennent-ils à examiner ce droit en détail ?*

4 — *Pourquoi, au XIX*e *siècle, cette Déclaration a-t-elle été l'inspiratrice de grands mouvements politiques et sociaux ?*

5 — *Environ trois siècles plus tard, quels articles vous paraissent d'actualité ?*

«Le sentiment de la nature», l'union avec elle est un thème qui, à la fin du XVIIIe siècle devient extrêmement commun. Les deux poètes français cités ici sont le plus souvent oubliés bien qu'ils représentent, chacun à leur manière, le style élégiaque du moment. Au contraire, Friedrich Hölderlin (1770-1843) reste célèbre par ses hymnes à la nature grâce à la rapide pénétration de la littérature allemande dès avant la Révolution.

PAUL EMILE LITTRÉ, 1863-1872.

Elégie :
1. Chez les Grecs et les Latins, pièce de vers dont le caractère essentiel fut d'être composée d'hexamètres et de pentamètres [1] [...]
2. Aujourd'hui petit poème dont le sujet est triste ou tendre.

Dictionnaire de la langue française, 1863-1872.

(1) Vers de six et cinq syllabes

JACQUES DELILLE, 1802.

LA NATURE

Nature, ô séduisante et sublime déesse,
Que tes traits sont divers ! Tu fais naître dans moi
Ou les plus doux transports ou le plus saint effroi.
Tantôt dans nos vallons, jeune, fraîche et brillante,
Tu marches, et des plis de ta robe flottante
Secouant la rosée et versant les couleurs,
Tes mains sèment les fruits, la verdure et les fleurs :
Les rayons d'un beau jour naissent de ton sourire ;
De ton souffle léger s'exhale le zéphyre,
Et le doux bruit des eaux, le doux concert des bois,
Sont les accents divers de ta brillante voix :
Tantôt, dans les déserts, divinité terrible,
Sur des sommets glacés plaçant ton trône horrible,
Le front ceint de vieux pins s'entrechoquant dans l'air,
Des torrents écumeux battent tes flancs ; l'éclair
Sort de tes yeux ; ta voix est la foudre qui gronde,
Et du bruit des volcans épouvante le monde.

O qui pourra saisir dans leur variété
De tes riches aspects la changeante beauté ?
Qui peindra d'un ton vrai tes ouvrages sublimes,
Depuis les monts altiers jusqu'aux profonds abîmes,
Depuis les bois pompeux, dans les airs égarés,
Jusqu'à la violette, humble amante des prés ?

l'Homme des champs, chant IV, 1802.

Bonnemaison, *Jeune Femme surprise par un orage,* New-York, The Brooklyn - Museum.

1 — Quelles formes la nature prend-elle dans les textes cités ? Quels mots lui sont appliqués le plus souvent ? Est-elle bienveillante, dangereuse, impérieuse ?

2 — Etudiez dans ces textes les rapports de l'homme et auparavant du narrateur avec la nature : qui parle ? Quand ? Où dans l'espace ? Se représente-t-il ? Inclut-il d'autres hommes ? Son expérience est-elle étendue aux autres ?

3 — DOSSIER :
En utilisant l'index à Nature, *étudiez les représentations de la nature aux XVIIe XVIIIe siècles. Faites un plan précis.*
(Esquissez une histoire du mot).

HOLDERLIN, 1794.

Au temps où je jouais dans les plis de ton voile,
où je tenais à toi comme une fleur en bouton,
où je sentais battre ton cœur dans tous les sons,
qui baignaient mon cœur tendre et frémissant,
au temps où riche comme toi de foi et d'ardeur,
je contemplais ton image,
où le monde offrait encore une place à mes larmes,
une patrie à mon amour;

au temps où mon cœur se tournait encore vers le
[soleil
comme s'il pouvait entendre ma voix,
où je reconnaissais dans les astres mes frères,
et dans le printemps la voix mélodieuse de Dieu;
où, dès qu'un souffle émouvait les bois,
je sentais ton esprit, l'esprit même de la joie,
s'éveiller dans l'émoi silencieux de mon cœur,
oh! c'était pour moi l'âge d'or.

Dans la vallée où la source m'offrait sa fraîcheur,
parmi la verdure des jeunes arbustes
qui se jouait sur la paroi des rocs immobiles,
sous l'éther apparu entre les branches,
lorsque, submergé sous les fleurs,
je m'enivrais en silence de leur parfum,
et que du haut du ciel descendait sur moi
un nuage d'or auréolé de lumière et d'éclat;

quand je m'en allais au loin sur la lande aride
où montait du fond des gorges sombres
le chant révolté des torrents,
quand les nuées m'environnaient de leurs ténèbres,
quand la tempête à travers les montagnes
déchaînait ses rafales furieuses,
et que le ciel m'enveloppait de flammes,
alors tu m'apparaissais, âme de la Nature!

Souvent, ivre de pleurs et d'amour,
pareil aux fleuves qui ont beaucoup erré
et aspirent à se perdre dans l'océan,
je me plongeais dans ta plénitude, beauté du
[monde!

En communion avec tous les êtres,
échappant joyeux à la solitude du Temps,
tel un pélerin qui revient au palais paternel,
je me jetais dans les bras de l'Infini.

Soyez bénis, rêves dorés de l'enfance,
qui me cachiez la misère de la vie!
Vous avez fait croître les germes du bien dans mon
[âme,
les biens que je ne conquerrai jamais, vous m'en
[faisiez don.

O Nature, à la lumière de ta beauté,
les fruits royaux de l'amour s'épanouirent
sans peine et sans contrainte,
comme les moissons d'Arcadie (1).

A la Nature, 1794
(Trad. G. Bianquis, Aubier Montaigne, 1943).

(1) Région centrale du Péloponnèse, patrie de la poésie bucolique grecque.

SAINT-LAMBERT, (1716-1803), **1764.**

D'un tonnerre éloigné le bruit s'est fait entendre:
Les flots en ont frémi, l'air en est ébranlé,
Et le long du vallon le feuillage a tremblé.
Les monts ont prolongé le lugubre murmure,
Dont le son lent et sourd attriste la nature.
Il succède à ce bruit un calme plein d'horreur,
Et la terre en silence attend dans la terreur.
Des monts et des rochers le vaste amphithéâtre
Disparaît tout à coup sous un voile grisâtre;
Le nuage élargi les couvre de ses flancs;
Il pèse sur les airs tranquilles et brûlants.
Mais des traits enflammés ont sillonné la nue,
Et la foudre en grondant roule dans l'étendue:
Elle redouble, vole, éclate dans les airs;
Leur nuit est plus profonde, et de vastes éclairs
En font sortir sans cesse un jour pâle et livide.
Du couchant ténébreux s'élance un vent rapide
Qui tourne sur la plaine, et, rasant les sillons,
Enlève un sable noir, qu'il roule en tourbillons.
Ce nuage nouveau, ce torrent de poussière,
Dérobe à la campagne un reste de lumière.
La peur, l'airain sonnant, dans les temples sacrés
Font entrer à grands flots les peuples égarés.
Grand Dieu! vois à tes pieds leur foule consternée
Te demander le prix des travaux de l'année.
Hélas! d'un ciel en feu les globules glacés
Ecrasent en tombant les épis renversés;
Le tonnerre et les vents déchirent les nuages;
Le fermier de ses champs contemple les ravages,
Et presse dans ses bras ses enfants effrayés.
La foudre éclate, tombe, et des monts foudroyés
Descendent à grand bruit les graviers et les ondes
Qui courent en torrent sur les plaines fécondes.
O récolte! ô moisson! tout périt sans retour;
L'ouvrage de l'année est détruit dans un jour.

Ah! fuyons ces tableaux; et, loin de ces rivages,
Allons chercher des lieux où le cours des orages,
Sans y lancer la foudre ou noyer les moissons,
A rafraîchi les airs, et baigne les sillons.
De l'écharpe d'Iris l'éclatant météore,
Déployant dans les cieux les couleurs de l'aurore,
Y couronne les champs, où le ruisseau vermeil
Voit jouer dans ses flots les rayons du soleil.
Un reste de nuage, errant sur les campagnes,
Va s'y perdre en fumée au sommet des montagnes;
Un vent frais et léger y parcourt les guérets,
Et roule en vagues d'or les moissons de Cérès.
On y sent ce parfum, cette odeur végétale,
Que la terre échauffée après l'orage exhale.
Le berger au berger répète ses chansons;
L'heureux agriculteur, si près de ses moissons,
Se rappelle ses soins, ses travaux, sa prudence,
Admire ses guérets (1), sourit à l'abondance.
Il est content de lui, ne se repent de rien,
Et se dit, comme un Dieu: «Ce que j'ai fait est
[bien!»

l'Orage, *les Saisons,* 1764.

(1) Jachère.

En août 1790, l'abbé Jean-Baptiste Grégoire avait lancé une grande enquête sur l'état linguistique des provinces. De nombreux correspondants lui firent parvenir des rapports, desquels il ressortait que la langue française n'était vraiment en usage que dans les grandes villes et le long des principaux axes de communication (« et dans les châteaux », ajoute l'un des correspondants).

La Révolution voulait réaliser l'unité nationale : dans le Rapport *que présenta l'abbé Grégoire le 9 prairial an II (28 mai 1794) devant le Comité d'Instruction Publique, apparaît une* conscience politique de la langue, *débouchant sur la nécessité d'un idiome national. Mais depuis deux ans déjà, la Convention, à dominance jacobine, avait mis en œuvre une véritable « terreur linguistique » visant à imposer à coups de décrets l'usage unique du français, pour éradiquer l'idéologie « féodale » solidaire, selon les membres du gouvernement, des « patois ».*

La France monarchique donnait des théâtres, des pompons, des modes et des manières, quel accueil ne doit-il pas se promettre de la part des peuples à qui la France républicaine révèle leurs droits en leur ouvrant la route de la liberté ?

Mais cet idiome, admis dans les transactions politiques, usité dans plusieurs villes d'Allemagne, d'Italie, des Pays Bas, dans une partie du pays de Liège, du Luxembourg, de la Suisse, même dans le Canada et sur les bords du Mississipi, par quelle fatalité est-il encore ignoré d'une très grande partie des Français ? [...]

Il n'y a qu'environ quinze départements de l'intérieur où la langue française soit exclusivement parlée. Encore y éprouve-t-elle des altérations sensibles, soit dans la prononciation, soit par l'emploi de termes impropres et surannés, surtout vers Sancerre, où l'on trouve une partie des expressions de Rabelais, Amyot et Montaigne.

Nous n'avons plus de provinces, et nous avons encore environ trente patois qui en rappellent les noms.

Peut-être n'est-il pas inutile d'en faire l'énumération ; le bas-breton, le normand, le picard, le rouchi ou wallon, le flamand, le champenois, le messin, le lorrain, le franc-comtois, le bourguignon, le bressan, le lyonnais, le dauphinois, l'auvergnat, le poitevin, le limousin, le picard, le provençal, le languedocien, le velayen, le catalan, le béarnais, le basque, le rouergat et le gascon ; ce dernier seul est parlé sur une surface de soixante lieues en tout sens.

Au nombre des patois on doit placer encore l'italien de la Corse, des Alpes-Maritimes, et l'allemand des Haut et Bas Rhin, parce que ces deux idiomes y sont très dégénérés.

Enfin, les Nègres de nos colonies, dont vous avez fait des Hommes, ont une espèce d'idiome pauvre comme celui des Hottentots, comme la langue franque, qui, dans tous les verbes, ne connaît guère que l'infinitif. [...]

On peut assurer sans exagération qu'au moins six millions de Français, surtout dans les campagnes, ignorent la langue nationale ; qu'un nombre égal est à peu près incapable de soutenir une conversation suivie ; qu'en dernier résultat, le nombre de ceux qui la parlent purement n'excède pas trois millions ; et probablement le nombre de ceux qui l'écrivent correctement est encore moindre.

Ainsi, avec trente patois différents, nous sommes encore, pour le langage, à la tour de Babel, tandis que pour la liberté nous formons l'avant-garde des nations. [...]

L'homme sauvage n'est, pour ainsi dire, qu'ébauché : en Europe l'homme civilisé est pire, il est dégradé.

La résurrection de la France s'est opérée d'une manière imposante ; elle se soutient avec majesté : mais le retour d'un peuple à la liberté ne peut en consolider l'existence que par les mœurs et les lumières. Avouons qu'il nous reste beaucoup à faire à cet égard.

Tous les membres du souverain sont admissibles à toutes les places ; il est à désirer que tous puissent successivement le remplir et retourner à leurs professions agricoles ou mécaniques. Cet état de choses nous présente l'alternative suivante : si ces places sont occupées par des hommes incapables de s'énoncer, d'écrire correctement dans la langue nationale, les droits des citoyens seront-ils bien garantis par des actes dont la rédaction présentera l'impropriété des termes, l'imprécision des idées, en un mot, tous les symptômes de l'ignorance ? Si au contraire cette ignorance exclut des places, bientôt renaîtra cette aristocratie qui jadis employait le patois pour montrer son affabilité protectrice à ceux qu'on appelait insolemment *les petites gens.* Bientôt la société sera réinfectée de *gens comme il faut ;* la liberté des suffrages sera restreinte, les cabales seront plus faciles à nouer, plus difficiles à rompre, et, par le fait, entre deux classes séparées s'établira une sorte d'hiérarchie. Ainsi l'ignorance de la langue compromettrait le bonheur social, ou détruirait l'égalité. [...]

Proposerez-vous de suppléer à cette ignorance par des traductions ? alors vous multipliez les dépenses : en compliquant les rouages politiques, vous en ralentissez le mouvement : ajoutons que la majeure partie des dialectes vulgaires résistent à la traduction, ou n'en promettent que d'infidèles. Si dans notre langue la partie politique est à peine créée, que peut-elle être dans des idiomes dont les uns abondent à la vérité en expressions sentimentales, pour peindre les douces effusions du cœur, mais sont absolument dénués de termes relatifs à la politique ; les autres sont des jargons lourds et grossiers, sans syntaxe déterminée, parce que la langue est toujours la mesure du génie d'un peuple ; les mots ne croissent qu'avec la progression des idées et des besoins. Leibniz avait raison : les mots sont les lettres de change de l'entendement ; si donc il acquiert de nouvelles idées, il lui faut des termes nouveaux ; sans quoi l'équilibre serait rompu. Plutôt que d'abandonner cette fabrication aux caprices de l'ignorance, il vaut mieux certainement lui donner votre langue ; d'ailleurs, l'homme des campagnes, peu accoutumé à généraliser ses idées, manquera toujours de termes abstraits ; et cette inévitable pauvreté du langage qui resserre l'esprit, mutilera vos adresses et vos décrets si même elle ne les rend intraduisibles. [...]

Tout ce qu'on vient de lire appelle la conclusion, que pour extirper tous les préjugés, développer toutes les vérités, tous les talents, toutes les vertus, fondre tous les citoyens dans la masse nationale, simplifier le mécanisme et faciliter le jeu de la machine politique, il faut identité de langage. Le temps amènera sans doute d'autres réformes nécessaires dans le costume, les manières et les usages. Je ne citerai que celui d'ôter le chapeau pour saluer, qui devrait être remplacé par une forme moins gênante et plus expressive. [...]

(Grégoire aborde maintenant la question d'une réforme de la langue).

« Il y a dans notre langue, disait un royaliste, une hiérarchie de style, parce que les mots y sont classés comme les sujets dans une monarchie ». Cet aveu est un trait de lumière pour quiconque réfléchit. En appliquant l'inégalité des styles à celle des conditions, on peut tirer des conséquences qui prouvent l'importance de mon projet dans une démocratie.

Celui qui n'aurait pas senti cette vérité, serait-il digne d'être législateur d'un peuple libre ? Oui, la gloire de la Nation et le maintien de ses principes commandent une réforme.

On disait de Quinault qu'il avait *désossé* notre langue par tout ce que la galanterie a de plus efféminé, et tout ce que l'adulation a de plus abject. J'ai fait observer que la langue française avait la timidité de l'esclavage, quand la corruption des courtisans lui imposait des lois : c'était le jargon des coteries et des passions les plus viles. L'exagération du discours plaçait toujours au delà ou en deçà de la vérité. Au lieu d'être *peinés* ou *réjouis*, on ne voyait que des gens, *désespérés* ou *enchantés ;* bientôt il ne serait plus resté rien de laid ni de beau dans la nature : on n'aurait trouvé que de l'*exécrable* ou du *divin*.

Il est temps que le style mensonger, que les formules serviles disparaissent et que la langue ait partout ce caractère de véracité et de fierté laconique qui est l'apanage des républicains. Un tyran de Rome voulut autrefois introduire un mot nouveau : il échoua, parce que la législation des langues fut toujours démocratique. C'est précisément cette vérité qui vous garantit le succès. Prouvez à l'univers qu'au milieu des orages politiques, tenant d'une main sûre le gouvernail de l'Etat, rien de ce qui intéresse la gloire de la nation ne vous est étranger.

Si la Convention nationale accueille les vues que je lui soumets, au nom du comité d'instruction publique, encouragé par son suffrage, nous ferons une invitation aux citoyens qui ont approfondi la théorie des langues, pour concourir à perfectionner la nôtre, et une invitation à tous les citoyens pour universaliser son usage. La nation entièrement rajeunie par vos soins, triomphera de tous les obstacles ; et rien ne ralentira le cours d'une révolution qui doit améliorer le sort de l'espèce humaine.

Rapport sur la nécessité et les moyens d'anéantir les patois et d'universaliser l'usage de la langue française, 1794.

Voir questionnaire page suivante

L'instituteur des Aristocrates, (DR).

La Convention, à la suite du Rapport *de l'abbé Grégoire, adopta un décret conforme aux conclusions du rapporteur.*

Ces mesures furent répercutées par une circulaire jusqu'aux agents nationaux, qui s'empressèrent d'écrire aux sociétés populaires de leur ressort, qualifiées pour répondre aux vues de la Convention.

Voici, à titre d'exemple, le procès-verbal de la séance du 30 messidor an II (18 juillet 1794) au cours de laquelle les membres de la Société populaire d'Entrecasteaux (Var) délibérèrent, avec enthousiasme, de coopérer à la substitution du français au provençal.

« Délibéré, sur une invitation générale tendant à faire parler la langue française dans toute l'étendue de la République, d'exiger rigoureusement des instituteurs de la commune l'accomplissement formel et efficace de cette obligation.

« Je triomphe aujourd'hui, a dit un de ses membres qui s'est levé pour prendre la parole, je triomphe de ce joug aimable et salutaire auquel on va soumettre les individus de la République française sans exception. Nous nous assimilons à nos hautes destinées. On n'entendra plus désormais grâce à nos observations en tout genre cet idiome lourd et assommant, ces patois très disséminés dans la République dont l'accent faisait presque perdre aux yeux de l'étranger qui nous fréquentait une partie de la gloire quelconque que nous nous sommes acquise et si nous ne pouvons marcher de pair avec les phénix de notre langue, nous aurons du moins, par le secours de l'habitude et l'étude des règles s'il est possible, l'avantage précieux et consolant de nous communiquer mutuellement nos pensées et de nous rendre à notre primitive origine.

« D'autres membres ont parlé à leur tour sur le même sujet. Il aurait été intarissable et bientôt en serait résulté une grammaire vocale et républicaine. Mais de l'invitation du président, on en tire la conséquence que ceux qui auront des connaissances et de la bonne volonté là-dessus en feront part incessamment aux généreux républicains, et que les instituteurs actuels ouvriront dans leurs écoles, en attendant, une scène vraiment tumultueuse et wisigothe où les jeunes élèves se démonteront pour répéter et retenir chaque mot des phrases, se roidiront et se tendront comme un arc pour prononcer convenablement et sans dureté les mots gracieux et élégants de la langue française et dénaturer cette pente enracinée à mettre un mot patois à la place d'un mot français, emmielleront l'âpreté de leur langue et se prépareront, par les soins opiniâtres de leurs vigilants instituteurs et les différentes sensations qu'ils recevront de l'habitude d'entendre des sons doux et harmonieux, à recevoir les grands principes de la langue française et à acquérir les diverses connaissances tracées dans le plan que doit bientôt répandre le Comité d'instruction publique. »

Société populaire d'Entrecasteaux, procès-verbal de la séance du 30 messidor an II — extrait.

Voir questionnaire page suivante.

170 b ÉDUCATION : LA RÉVOLUTION ET LA LANGUE

Le questionnaire de l'enquête de l'abbé Grégoire comportait quarante-trois questions, dont deux sont particulièrement significatives de la finalité politique de l'entreprise : 29 « Quelle serait l'importance religieuse et politique de détruire entièrement les patois ? » ; 30 « Quels en seraient les moyens ? ». Elles sont immédiatement suivies de quatre questions consacrées aux écoles, ce qui souligne bien le lien entre la politique linguistique et la politique éducative qu'entendaient développer l'Assemblée législative, puis la Convention : unifier la langue et diffuser, par l'éducation obligatoire, une idéologie massive et normalisée étaient les deux faces d'un même projet.

La Révolution se préoccupa essentiellement de détruire le quasi-monopole que détenait l'Eglise sur l'enseignement, qu'il s'agît de l'Université, des collèges universitaires ou des collèges religieux. Mais en fait, malgré les nombreux projets de réforme de l'éducation qui virent le jour, la situation générale changea peu, du moins jusqu'en 1793. On peut même dire que l'idéal de scolarisation généralisée de la Révolution devra attendre la fin du XIXe siècle (voir **XIXe siècle,** *n° 75) pour se concrétiser.*

Parmi les nombreux projets (vingt-cinq entre 1791 et 1799) qui furent proposés pour réformer le système scolaire, celui de Condorcet, présenté à l'Assemblée Législative les 20 et 21 avril 1792, est sans doute le plus cohérent et le plus caractéristique des idéaux éducatifs de la bourgeoisie qui vient de prendre le pouvoir : pour lui, l'enseignement public doit effacer toute trace d'une opinion religieuse, qui détruirait à la fois l'égalité et la liberté.

CONDORCET, 1792

Les principes de la morale enseignés dans les écoles et dans les instituts seront ceux qui, fondés sur nos sentiments naturels et sur la raison, appartiennent également à tous les hommes. La constitution, en reconnaissant le droit qu'a chaque individu de choisir son culte, en établissant une entière égalité entre tous les habitants de la France, ne permet point d'admettre, dans l'instruction publique, un enseignement qui, en repoussant les enfants d'une partie des citoyens, détruirait l'égalité des avantages sociaux, et donnerait à des dogmes particuliers un avantage contraire à la liberté des opinions. Il était donc rigoureusement nécessaire de séparer de la morale les principes de toute religion particulière et de n'admettre dans l'instruction publique l'enseignement d'aucun culte religieux.

Chacun d'eux doit être enseigné dans les temples par ses propres ministres. Les parents, quelle que soit leur croyance, quelle que soit leur opinion sur la nécessité de telle ou telle religion, pourront alors sans répugnance envoyer leurs enfants dans les établissements nationaux : et la puissance publique n'aura point usurpé sur les droits de la conscience, sous prétexte de l'éclairer et de la conduire.

D'ailleurs, combien n'est-il pas important de fonder la morale sur les seuls principes de la raison ! Quelque changement que subissent les opinions d'un homme dans le cours de sa vie, ces principes établis sur cette base resteront toujours également vrais ; ils seront toujours invariables comme elle ; il les opposera aux tentatives que l'on pourrait faire pour égarer sa conscience ; elle conservera son indépendance et sa rectitude, et on ne verra plus ce spectacle si affligeant d'hommes qui s'imaginent remplir leurs devoirs en violant les droits les plus sacrés, et obéir à Dieu en trahissant leur patrie.

Ceux qui croient encore à la nécessité d'appuyer la morale sur une religion particulière doivent eux-mêmes approuver cette séparation : car sans doute ce n'est pas la vérité des principes de la morale qu'ils font dépendre de leurs dogmes ; ils pensent seulement que les hommes y trouvent des motifs plus puissants d'être justes ; et ces motifs n'acquerront-ils pas une force plus grande sur tout esprit capable de réfléchir, s'ils ne sont employés qu'à fortifier ce que la raison et le sentiment intérieur ont déjà commandé ?

Dira-t-on que l'idée de cette séparation s'élève trop au-dessus des lumières actuelles du peuple ? Non, sans doute ; car, puisqu'il s'agit ici d'instruction publique, tolérer une erreur, ce serait s'en rendre complice ; ne pas consacrer hautement la vérité, ce serait la trahir. Et quand bien même il serait vrai que des ménagements politiques dussent encore, pendant quelque temps, souiller les lois d'une nation libre ; quand cette doctrine insidieuse ou faible trouverait une excuse dans cette stupidité qu'on se plaît à supposer dans le peuple, pour avoir un prétexte de le tromper ou de l'opprimer ; du moins l'instruction qui doit amener le temps où ces ménagements seront inutiles ne peut appartenir qu'à la vérité seule et doit lui appartenir tout entière.

Rapport et projet de décret sur l'organisation générale de l'instruction publique présentés à l'Assemblée Nationale au nom du Comité d'instruction publique les 20 et 21 avril 1792.

Au moment cependant où la lutte contre le « fanatisme » religieux, qui alimente la contre-révolution, s'intensifie, les conventionnels prennent conscience de l'impuissance d'une éducation purement politique, face à la séduction que peuvent opérer les prêtres sur l'imagination des enfants...

Aussi est-ce au nom même de l'éradication du fanatisme que le conventionnel Michel-Edme Petit, disciple de Rousseau, en arrive à préconiser l'enseignement religieux à l'école républicaine.

M.E. PETIT, 1793

« Si vous ne vous chargez pas de donner vous-mêmes des idées religieuses à vos enfants, si, par crainte des fanatiques, les lois ne leur donnent pas une religion, je vous atteste qu'ils deviendront tous fanatiques et superstitieux. Je me figure un marmot de dix ans, sortant de l'école patriotique, où il a appris à lire dans la constitution républicaine, où les exemples qu'il copie en écrivant sont tirés de la Déclaration des droits de l'homme, où enfin on lui aura sans cesse répété : Tu appartiens à ta famille, à ton village, à toutes les villes de la République, à la République entière, et la République est à toi par son amour pour les enfants, par les soins qu'elle prend d'eux : vois-tu ? la loi devant laquelle ton père se prosterne est la volonté de ton père, et celle de tous les pères de la République ; c'est cette loi qui contient les méchants qui voudraient poignarder ton père, égorger sur le sein de ta maman ta petite sœur qui tète encore ; c'est cette loi qui fait que toute ta famille et toi vous mangez en paix le pain que ton père vous gagne ; aussi ton plus grand bonheur sera de connaître la loi, de l'aimer, de la défendre un jour. Mon polisson pourra bien, après avoir entendu ces discours, s'en aller en faisant une pirouette et en sautant. Les méchants qui voudraient tuer son père ne sont pas là, et puis son père est fort : l'image de sa petite sœur égorgée le frappe un peu ; mais la volonté de tous les pères !... il n'est pas assez grand pour embrasser toute cette idée-là. Le catéchisme sonne... Il entre dans le temple où l'on donne l'instruction religieuse. Là règne le plus profond silence, et le moindre bruit est à l'instant répété, dans une voûte sombre, par mille échos qui semblent être les confidents de l'obscurité et les voix de la menace. Il ne se rend pas compte de ce qu'il éprouve ; mais il est réellement frappé de terreur, et s'empresse, se sentant si petit et si faible, d'intéresser Dieu même à son sort, en faisant avec confiance les gestes, en prenant les humbles positions, en répétant les paroles qu'on lui a enseignées pour cet usage. S'il se rassure et lève les yeux, ... un jeune homme tout nu, attaché avec des clous, par les pieds, par les mains, sur une croix inondée de sang, la tête penchée et couronnée de poignantes épines, expirant dans les tourments les plus horribles : tel est le spectacle qui le frappe d'abord.

Fragonard, *la Maîtresse d'école,* (Wallace Collection).

« *C'est ton Dieu* », lui crie alors le prêtre, communément revêtu d'un habit lugubre : « *Le voilà, tel est l'état où tes péchés l'ont réduit : c'est toi-même qui l'as crucifié, en désobéissant aux commandements de l'Eglise, en n'allant point à la messe, en mangeant de la chair les jours maigres, en n'assistant point au catéchisme, en refusant de croire tout ce que je t'enseigne de sa part ! Eh bien ! juge de sa bonté : lui, qui pourrait te frapper de mort à l'instant, t'attend encore à pénitence ; il t'ouvre ses bras et son coeur : je suis celui qu'il a placé entre lui et toi pour te combler des grâces de sa miséricorde, pour t'apprendre que le salut éternel est tout, et que hors l'Eglise il n'y a point de salut. Rentre donc en toi-même ; viens avouer tes fautes, et mérite d'assister au banquet sacré où, par un miracle inouï de puissance et d'amour, il veut que ma main te présente son propre corps à manger ! te nourrir, nourrir ton âme de la propre substance de ton Dieu ! recevoir dans ton sein le gage d'une éternité de bonheur, en présence des saints anges qui t'attendent au séjour céleste ! en présence de l'éternel ennemi du genre humain, du prince de ce monde, du démon tentateur qui, dans ses chaînes brûlantes, rugit de ne pouvoir t'entraîner en enfer !* » Quelles leçons feront plus d'effet sur l'âme de mon petit républicain, de celles des écoles primaires ou de celles du prêtre ? Je le demande à tout homme de bonne foi. »

Opinion sur l'éducation publique, 1er oct. 1793.

1 — LE RAPPORT DE L'ABBÉ GRÉGOIRE (nº 170 a).

a) Dressez la liste des reproches que formule le rapporteur à l'encontre des patois. Vous paraissent-ils justifiés ?

b) Quelles sont les deux valeurs au nom desquelles Grégoire demande solidairement l'unification et la réforme de la langue ? Dans quels passages apparaît le plus nettement la critique du régime monarchique ?

2 — LE RAPPORT DE CONDORCET ET LE TEXTE DE PETIT.

a) Relevez les arguments de Condorcet pour la séparation de l'éducation morale et de l'éducation religieuse. Quels sont ceux par lesquels il se révèle le plus clairement comme un homme des « lumières » ?

b) Qu'oppose Petit à la croyance qu'affiche Condorcet en la toute-puissance de la raison ? Sa conception de la nature humaine vous paraît-elle réaliste ou pessimiste ?

3 — ENQUÊTE/DÉBAT : Sous la Révolution, l'éducation normalisée et l'unification de la langue sont présentées comme les plus sûrs garants de la liberté et de l'égalité. A l'heure actuelle, une dimension majeure de la liberté apparaît être le « droit à la différence ». Comment, à votre avis, l'Etat devrait-il intervenir dans ces secteurs pour préserver le maximum de liberté en conservant l'idéal d'égalité qui est celui d'un régime démocratique ?

171 Jean-Pierre CLARIS DE FLORIAN (1755-1794)

Chardin, *le Château de Cartes,* (Agraci) Louvre.

Grandville, *l'Aveugle et le paralytique,* (BN).

Jean-Pierre Claris de Florian (1755-1794) s'inscrit dans la tradition fabuliste des XVIIe XVIIIe siècles avec, en tout cas à son époque, un certain éclat. Depuis La Fontaine (voir n°s 24, 25, 26) le genre de la fable n'a cessé d'être à la mode: Fénelon, La Motte, Lessing en Allemagne et pour finir Florian, l'arrière-petit-neveu de Voltaire, en sont les plus fidèles représentants.
Comme la tragédie, le genre de la fable est en ce siècle un genre à succès dont on garde, de nos jours, peu de chose.

FLORIAN, 1792

LE CHATEAU DE CARTES

Un bon mari, sa femme et deux jolis enfants
Coulaient en paix leurs jours dans le simple ermitage
Où, paisibles comme eux, vécurent leurs parents.
Ces époux, partageant les doux soins du ménage,
Cultivaient leur jardin, recueillaient leurs moissons;
Et le soir, dans l'été, soupant dans le feuillage,
Dans l'hiver devant leurs tisons.
Ils prêchaient à leurs fils la vertu, la sagesse,
Leur parlaient du bonheur qu'ils procurent toujours;
Le père par un conte égayait ses discours,
La mère par une caresse.
L'aîné de ces enfants, né grave, studieux,
Lisait et méditait sans cesse;
Le cadet, vif, léger, mais plein de gentillesse,
Sautait, riait toujours, ne se plaisait qu'aux jeux.
Un soir, selon l'usage, à côté de leur père,
Assis près d'une table où s'appuyait la mère,
L'aîné lisait Rollin [1]: le cadet, peu soigneux
D'apprendre les hauts faits des Romains ou des
[Parthes,
Employait tout son art, toutes ses facultés,
A joindre, à soutenir par les quatre côtés
Un fragile château de cartes.
Il n'en respirait pas d'attention, de peur.
Tout à coup voici le lecteur
Qui s'interrompt: «Papa, dit-il, daigne m'instruire
Pourquoi certains guerriers sont nommés
[conquérants,
Et d'autres, fondateurs d'empire:
Ces deux noms sont-ils différents?»
Le père méditait une réponse sage,
Lorsque son fils cadet, transporté de plaisir,
Après tant de travail, d'avoir pu parvenir
A placer son second étage,
S'écrie: «Il est fini!» Son frère, murmurant,
Se fâche, et d'un seul coup, détruit son long
[ouvrage;
Et voilà le cadet pleurant.
«Mon fils, répond alors le père,
Le fondateur c'est votre frère,
Et vous êtes le conquérant.»

Fables, 1792.

(1) Auteur d'un célèbre traité sur l'éducation.

«UNE INSTRUCTION DÉGUISÉE SOUS L'ALLÉGORIE D'UNE ACTION.»

Houdar de La Motte, *Discours sur la fable,* 1719.

FLORIAN, 1792

L'AVEUGLE ET LE PARALYTIQUE

Aidons-nous mutuellement,
La charge des malheurs en sera plus légère;
Le bien que l'on fait à son frère
Pour le mal que l'on souffre est un soulagement.
Confucius l'a dit; suivons tous sa doctrine.
Pour la persuader aux peuples de la Chine,
Il leur contait le trait suivant.

Dans une ville de l'Asie
Il existait deux malheureux,
L'un perclus, l'autre aveugle, et pauvres tous les [deux.
Ils demandaient au ciel de terminer leur vie;
Mais leurs cris étaient superflus,
Ils ne pouvaient mourir. Notre paralytique,
Couché sur un grabat dans la place publique,
Souffrait sans être plaint; il en souffrait bien plus.
L'aveugle, à qui tout pouvait nuire,
Était sans guide, sans soutien,
Sans avoir même un pauvre chien
Pour l'aimer et pour le conduire.
Un certain jour il arriva
Que l'aveugle à tâtons, au détour d'une rue,
Près du malade se trouva;
Il entendit ses cris, son âme en fut émue.
Il n'est tels que les malheureux
Pour se plaindre les uns les autres.
J'ai mes maux, lui dit-il, et vous avez les vôtres:
Unissons-les, mon frère, ils seront moins affreux.
Hélas! dit le perclus, vous ignorez, mon frère,
Que je ne puis faire un seul pas;
Vous-même vous n'y voyez pas:
A quoi nous servirait d'unir notre misère?
A quoi? répond l'aveugle, écoutez: à nous deux
Nous possédons le bien à chacun nécessaire;
J'ai des jambes et vous des yeux:
Moi, je vais vous porter; vous, vous serez mon [guide:
Vos yeux dirigeront mes pas mal assurés;
Mes jambes, à leur tour, iront où vous voudrez.
Ainsi, sans que jamais notre amitié décide
Qui de nous deux remplit le plus utile emploi,
Je marcherai pour vous, vous y verrez pour moi.

Fables, Livre I., 1792.

HOUDAR DE LA MOTTE, 1719

LA MONTRE ET LE CADRAN SOLAIRE

Un jour la montre au cadran insultait
Demandant quelle heure il était.
«— Je n'en sais rien, dit le cadran solaire.
— Eh! que fais-tu donc là, si tu n'en sais pas plus?
— J'attends, répondit-il, que le soleil m'éclaire:
Je ne sais rien que par Phébus.
— Attends-le donc, moi, je n'en ai que faire,
Dit la montre; sans lui, je vais toujours mon train.
Tous les huit jours, un tour de main,
C'est autant qu'il m'en faut pour toute ma semaine.
Je chemine sans cesse, et ce n'est point en vain
Que mon aiguille en ce rond se promène.
Écoute, voilà l'heure; elle sonne à l'instant:
Une, deux, trois, et quatre. Il en est tout autant»,
Dit-elle. Mais tandis que la montre décide,
Phébus, de ses ardents regards
Chassant nuages et brouillards,
Regarde le cadran, qui, fidèle à son guide,
Marque quatre heures et trois quarts.
«Mon enfant, dit-il à l'horloge,
Va-t'en te faire remonter.
Tu te vantes sans hésiter,
De répondre à qui t'interroge;
Mais qui t'en croit peut bien se mécompter.
Je te conseillerais de suivre mon usage;
Si je ne vois bien clair, je dis: «Je n'en sais rien.
Je parle peu, mais je dis bien:
C'est le caractère du sage.»

Fables nouvelles, 1719.

*1 — En comparant avec les Fables de La Fontaine (voir n°24, 25 et 26), vous vous interrogerez sur les nouveaux sujets, ou les nouveaux personnages des fables ici citées (sont-ils des allégories *? des abstractions figurées? des hommes «moraux»? les animaux habituels?) puis sur l'impact qu'ont ces représentations sur le lecteur. Pouvez-vous déceler une évolution comparable à celle qui transforme le théâtre?*

2 — Que retrouve-t-on des préoccupations sociales et esthétiques de l'époque (la famille, «le drame» ou l'histoire familiale, la mode exotique etc.)?

3 — Ces pièces apprises par cœur jusqu'au passé récent, étaient une sorte de catéchisme moral. Qu'en pensez-vous?

172 a **Olympe de GOUGES** (1748?-1793)

Theroigne de Méricourt, (BN).

Olympe de Gouges (1748-1793), quelques jours avant que le roi n'agrée la Constitution (sept. 1791), publie une brochure dédiée à la Reine, et intitulée : Les Droits de la Femme et de la Citoyenne, *pendant de* la Déclaration des Droits de l'Homme *(voir n° 168) votée par l'Assemblée Constituante le 26 août 1789. Elle y réclamait entre autres, le suffrage universel, mais pas au sens où l'entendront les législateurs de 1793 en limitant l'« universalité » au sexe masculin. Elle sera guillotinée le 3 novembre 1793, dans le contexte de la violente campagne antiféministe qui aboutit le 20 octobre 1793 à la suppression des clubs féminins; dont beaucoup étaient liés au parti des Enragés (voir Jacques Roux, n° 177 b).*

Article premier

La femme naît libre et demeure égale à l'homme en droits. Les distinctions sociales ne peuvent être fondées que sur l'utilité commune.

II — Le but de toute association politique est la conservation des droits naturels et imprescriptibles de la Femme et de l'Homme ; ces droits sont la liberté, la propriété, la sûreté, et surtout la résistance à l'oppression.

III — Le principe de toute souveraineté réside essentiellement dans la Nation, qui n'est que la réunion de la Femme et de l'Homme : nul corps, nul individu, ne peut exercer d'autorité qui n'en émane expressément.

IV — La liberté et la justice consistent à rendre tout ce qui appartient à autrui ; ainsi l'exercice des droits naturels de la femme n'a de bornes que la tyrannie perpétuelle que l'homme lui oppose : ces bornes doivent être réformées par les lois de la nature et de la raison. [...]

VI — La loi doit être l'expression de la volonté générale ; toutes les Citoyennes et Citoyens doivent concourir personnellement, ou par leurs représentants, à sa formation ; elle doit être la même pour tous ; toutes les citoyennes et tous les citoyens, étant égaux à ses yeux, doivent être également admissibles à toutes dignités, places et emplois publics, selon leurs capacités, et sans autres distinctions que celles de leurs vertus et de leurs talents.

VII — Nulle femme n'est exceptée ; elle est accusée, arrêtée, et détenue dans les cas déterminés par la Loi. Les femmes obéissent comme les hommes à cette Loi rigoureuse.

VIII — La Loi ne doit établir que des peines strictement et évidemment nécessaires, et nul ne peut être puni qu'en vertu d'une Loi établie et promulguée antérieurement au délit et légalement appliquée aux femmes.

IX — Toute femme étant déclarée coupable : toute rigueur est exercée par la Loi.

X — Nul ne doit être inquiété pour ses opinions même fondamentales ; la femme a le droit de monter sur l'échafaud ; elle doit avoir également celui de monter à la Tribune ; pourvu que ses manifestations ne troublent pas l'ordre public établi par la Loi.

XI — La libre communication des pensées et des opinions est un des droits les plus précieux de la femme, puisque cette liberté assure la légitimité des pères envers les enfants. Toute citoyenne peut donc dire librement, je suis mère d'un enfant qui vous appartient, sans qu'un préjugé barbare la force à dissimuler la vérité ; sauf à répondre de l'abus de cette liberté dans les cas déterminés par la Loi.

XII — La garantie des droits de la femme et de la citoyenne nécessite une utilité majeure ; cette garantie doit être instituée pour l'avantage de tous et non pour l'utilité particulière de celles à qui elle est confiée.

XIII — Pour l'entretien de la force publique, et pour les dépenses d'administration, les contributions de la femme et de l'homme sont égales ; elle a part à toutes les corvées, à toutes les tâches pénibles ; elle doit donc avoir de même part à la distribution des places, des emplois, des charges, des dignités et de l'industrie.

XIV — Les Citoyennes et Citoyens ont le droit de constater par eux-mêmes, ou par leurs représentants, la nécessité de la contribution publique. Les Citoyennes ne peuvent y adhérer que par l'admission d'un partage égal, non seulement dans la fortune, mais encore dans l'administration publique, et de déterminer la quotité, l'assiette, le recouvrement et la durée de l'impôt.

XV — La masse des femmes, coalisée pour la contribution à celle des hommes, a le droit de demander compte, à tout agent public, de son administration.

XVI — Toute société, dans laquelle la garantie des droits n'est pas assurée, ni la séparation des pouvoirs déterminée, n'a point de constitution ; la constitution est nulle, si la majorité des individus qui composent la Nation, n'a pas coopéré à la rédaction.

XVII — Les propriétés sont à tous les sexes réunis ou séparés ; elles sont pour chacun un droit inviolable et sacré ; nul ne peut en être privé comme vrai patrimoine de la nature, si ce n'est lorsque la nécessité publique, légalement constatée, l'exige évidemment, et sous la condition d'une juste et préalable indemnité.

Déclaration des Droits de la Femme et de la Citoyenne, 1791.

Préambule de la Déclaration des Droits de l'Homme et du Citoyen, *votée par la Convention Nationale le 23 juin 1793 :*

Le peuple français, convaincu que l'oubli et le mépris des droits naturels de l'homme sont les seules causes des malheurs du monde, a résolu d'exposer, dans une déclaration solennelle, ces droits sacrés et inaliénables, afin que tous les citoyens, pouvant comparer sans cesse les actes du gouvernement avec le but de toute institution sociale, ne se laissent jamais opprimer et avilir par la tyrannie ; afin que le peuple ait toujours devant les yeux les bases de sa liberté et de son bonheur ; le magistrat, la règle de ses devoirs ; le législateur, l'objet de sa mission.

En conséquence, il proclame, en présence del'Être suprême, la Déclaration suivante des Droits de l'Homme et du Citoyen.

ANONYME, 1789

Vous avez brisé le sceptre du despotisme, vous avez prononcé ce bel axiome digne d'être inscrit sur tous les fronts, et dans tous les cœurs ; les Français sont un peuple libre... et tous les jours, vous souffrez encore que treize millions d'esclaves portent honteusement les fers de treize millions de despotes ! vous avez décerné la juste égalité des droits... et vous en privez injustement la plus douce et la plus intéressante moitié d'entre vous ! vous avez rompu le frein fatal qui captivait la pensée du sage, et lui ôtait la faculté d'éclairer ses semblables... et nous ! hélas, nous nous voyons réduites à l'humiliant partage de recevoir éternellement des leçons de vous, sans avoir la consolation de pouvoir vous en donner à notre tour ! tandis que vous ouvrez toutes les bouches, que vous déliez toutes les langues, vous nous forcez, nous, pour qui c'est une si antique, une si douce habitude, de parler, vous nous forcez de garder un triste et honteux silence, et vous nous privez du plaisir de faire entendre notre voix harmonieuse, notre aimable caquet aux représentants de la plus galante, et de la plus aimable des nations ! vous avez enfin noblement décrété que la voie des dignités et des honneurs serait indistinctement ouverte à tous les talents : ... et vous continuez de mettre encore des barrières insurmontables aux nôtres ! pensez-vous donc que la nature, cette mère si généreuse pour tous ses enfants, ne se montre avare qu'envers nous, et qu'elle ne prodigue ses grâces et ses faveurs qu'à nos impitoyables tyrans ? Ouvrez, ouvrez le grand livre des temps, voyez ce qu'ont fait dans tous les âges tant de femmes illustres, l'honneur de leur province, la gloire de notre sexe, et jugez de ce que nous pourrions encore, si votre aveugle présomption, si votre masculine aristocratie n'enchainaient sans cesse notre courage, notre sagesse et nos talents ?

Requête des Dames à l'Assemblée Nationale, 1789.

Préambule de la Déclaration des Droits de la Femme et de la Citoyenne, *d'Olympe de Gouges, 1791 :*

Les mères, les filles, les sœurs, représentantes de la nation, demandent d'être constituées en assemblée nationale. Considérant que l'ignorance, l'oubli ou le mépris des droits de la femme, sont les seules causes des malheurs publics et de la corruption des gouvernements, ont résolu d'exposer dans une déclaration solennelle, les droits naturels, inaliénables et sacrés de la femme, afin que cette déclaration, constamment présente à tous les membres du corps social, leur rappelle sans cesse leurs droits et leurs devoirs, afin que les actes du pouvoir des femmes, et ceux du pouvoir des hommes pouvant être à chaque instant comparés avec le but de toute institution politique, en soient plus respectés, afin que les réclamations des citoyennes, fondées désormais sur des principes simples et incontestables, tournent toujours au maintien de la constitution, des bonnes mœurs, et au bonheur de tous. En conséquence, le sexe supérieur en beauté comme en courage, dans les souffrances maternelles, reconnaît et déclare, en présence et sous les auspices de l'Être suprême, les Droits suivants de la Femme et de la Citoyenne.

Amazone, (BN).

1 — *Comparez les divers articles des* Droits de la Femme et de la Citoyenne *à ceux de la* Déclaration des Droits de l'Homme, *n° 168. Quelles sont les principales revendications d'Olympe de Gouges ?*

2 — *Au nom de quels principes Olympe de Gouges demande-t-elle que les femmes ne bénéficient pas de l'impunité ou de l'indulgence ? Quelle pouvait être la cause de cette attitude chez les hommes ?*

3 — *Commentez, en confrontant les deux Préambules reproduits ci-dessus, les ajouts ou les modifications d'Olympe de Gouges. Quelle est la « valeur » positive, oubliée par les hommes, dont se réclame également la* Requête des Dames à l'Assemblée Nationale ?

172 b Olympe de GOUGES (1748?-1793)

Theroigne de Méricourt, (DR).

Dans la suite de sa Déclaration, *Olympe de Gouges propose une* Forme du Contrat Social de l'Homme et de la Femme, *qui mettrait ceux-ci à égalité de droits et de devoirs dans le mariage. Consciente du tollé que vont soulever ses propositions, elle les légitime par le souci de participer à l'élaboration d'un gouvernement qui, en respectant les lois de la nature, assurerait enfin le bonheur du genre humain tout entier.*

A la lecture de ce bizarre écrit, je vois s'élever contre moi les tartuffes, les bégueules, le clergé et toute la séquelle infernale. Mais combien il offrira aux sages de moyens moraux pour arriver à la perfectibilité d'un gouvernement heureux ! j'en vais donner en peu de mots la preuve physique. Le riche Epicurien sans enfants, trouve fort bon d'aller chez son voisin pauvre augmenter sa famille. Lorsqu'il y aura une loi qui autorisera la femme du pauvre à faire adopter au riche ses enfants, les liens de la société seront plus resserrés, et les mœurs plus épurées. Cette loi conservera peut-être le bien de la communauté, et retiendra le désordre qui conduit tant de victimes dans les hospices de l'opprobre, de la bassesse et de la dégénération des principes humains, où, depuis longtemps, gémit la nature. Que les détracteurs de la saine philosophie cessent donc de se récrier contre les mœurs primitives, ou qu'ils aillent se perdre dans la source de leurs citations.

Je voudrais encore une loi qui avantageât les veuves et les demoiselles trompées par les fausses promesses d'un homme à qui elles se seraient attachées : je voudrais, dis-je, que cette loi forçât un inconstant à tenir ses engagements, ou à une indemnité proportionnelle à sa fortune. Je voudrais encore que cette loi fût rigoureuse contre les femmes, du moins pour celles qui auraient le front de recourir à une loi qu'elles auraient elles-mêmes enfreinte par leur inconduite, si la preuve en était faite. Je voudrais, en même temps, comme je l'ai exposé dans *Le bonheur primitif de l'homme,* en 1788, que les filles publiques fussent placées dans des quartiers désignés. Ce ne sont pas les femmes publiques qui contribuent le plus à la dépravation des mœurs, ce sont les femmes de la société. En restaurant les dernières, on modifie les premières. Cette chaîne d'union fraternelle offrira d'abord le désordre, mais par les suites, elle produira à la fin un ensemble parfait.

J'offre un moyen invincible pour élever l'âme des femmes ; c'est de les joindre à tous les exercices de l'homme : si l'homme s'obstine à trouver ce moyen impraticable, qu'il partage sa fortune avec la femme, non à son caprice, mais par la sagesse des lois. Le préjugé tombe, les mœurs s'épurent, et la nature reprend tous ses droits. Ajoutez-y le mariage des prêtres ; le Roi, raffermi sur son trône, et le gouvernement français ne saurait plus périr.

Il était bien nécessaire que je dise quelques mots sur les troubles que cause, dit-on, le décret en faveur des hommes de couleur, dans nos îles. C'est là où la nature frémit d'horreur ; c'est là où la raison et l'humanité, n'ont pas encore touché les âmes endurcies ; c'est là surtout où la division et la discorde agitent leurs habitants. Il n'est pas difficile de deviner les instigateurs de ces fermentations incendiaires : il y en a dans le sein même de l'Assemblée Nationale : ils allument en Europe le feu qui doit embraser l'Amérique. Les Colons prétendent régner en despotes sur des hommes dont ils sont les pères et les frères ; et méconnaissant les droits de la nature, ils en poursuivent la source jusque dans la plus petite teinte de leur sang. Ces Colons inhumains disent : notre sang circule dans leurs veines, mais nous le répandrons tout, s'il le faut, pour assouvir notre cupidité, ou notre aveugle ambition. C'est dans ces lieux les plus près de la nature, que le père méconnait le fils, sourd aux cris du sang, il en étouffe tous les charmes ; que peut-on espérer de la résistance qu'on lui oppose ? la contraindre avec violence, c'est la rendre terrible, la laisser encore dans les fers, c'est acheminer toutes les calamités vers l'Amérique. Une main divine semble répandre partout l'apanage de l'homme, la liberté ; la loi seule a le droit de réprimer cette liberté, si elle dégénère en licence ; mais elle doit être égale pour tous, c'est elle surtout que doit renfermer l'Assemblée Nationale dans son décret, dicté par la prudence et par la justice. Puisse-t-elle agir de même pour l'état de la France, et se rendre aussi attentive sur les nouveaux abus, comme elle l'a été sur les anciens qui deviennent chaque jour plus effroyables !

Déclaration des Droits de la Femme et de la Citoyenne, 1791.

THEROIGNE DE MERICOURT, 1792

La plus célèbre des Amazones Révolutionnaires harangua le 25 mars 1792 en ces termes les femmes du faubourg Saint-Antoine :

«... Armons-nous, nous en avons le droit par la nature et même par la loi. Montrons aux hommes que nous ne leur sommes inférieures, ni en vertus, ni en courage... On va essayer de nous retenir en employant les armes du ridicule... Mais, nous nous armerons parce qu'il est raisonnable que nous nous préparions à défendre nos droits, nos foyers, et que nous serions injustes à notre égard et responsables à la Patrie, si la pusillanimité que nous avons contractée dans l'esclavage avait encore assez d'empire pour nous empêcher de doubler nos forces... Il est temps que les femmes sortent de leur honteuse nullité. Les hommes prétendent-ils seuls avoir des droits à la gloire ? Nous aussi voulons briguer une couronne civique et briguer l'honneur de mourir pour une liberté qui nous est peut-être plus chère qu'à eux, puisque les effets du despotisme s'appesantissent encore plus durement sur nos têtes que sur les leurs... Armons-nous : allons nous exercer trois fois par semaine aux Champs-Élysées, ouvrons une liste d'Amazones !... »

Harangue prononcée sur la place Louis XIII, le 25 mars 1792.

LES FEMMES ET LA RÉVOLUTION

22 décembre 1789 : Les femmes sont exclues du droit électoral.

janvier 1790 : Théroigne de Méricourt fonde avec Romme et Lanthenas le *Club des Amies de la Loi.*

février 1790 : Dansard fonde la *Société fraternelle des patriotes de l'un et l'autre sexe.*

3 juillet 1790 : Condorcet, *Sur l'Admission des femmes au droit de cité.*

1790 : Etta Palm d'Aelders fonde la *Société patriotique et de bienfaisance des Amies de la Vérité.*

juillet 1791 : Etta Palm décrétée d'arrestation. Olympe de Gouges : *Les Droits de la Femme et de la Citoyenne.*

1791-1792 : Développement des clubs féminins.

30 août 1792 : Loi sur le divorce.

20-25 septembre 1792 : Les femmes sont admises comme témoins à l'état-civil.

10 mai 1793 : Formation de la *Société des Républicaines - Révolutionnaires,* qui se lie aux Enragés.

24 juin 1793 : Vote de la Constitution de 93, excluant les femmes des droits politiques.

20 octobre 1793 : Dissolution des clubs de femmes.

novembre 1793 : Exécution d'Olympe de Gouges et de Mme Roland.

24 mai 1795 : Décret de la Convention du 4 prairial an III : «*toutes les femmes se retireront jusqu'à ce qu'autrement soit ordonné, dans leurs domiciles respectifs : celles qui, une heure après l'affichage du présent décret seront trouvées dans les rues, attroupées au-dessus du nombre de cinq, seront dispersées par la force armée et successivement mises en état d'arrestation jusqu'à ce que la tranquillité publique soit rétablie dans Paris.* »

mars 1800 : Interdiction aux femmes du port de la cocarde, sous le motif suivant : «*si nous voulons faire du port de la cocarde une institution respectable, ne confondons plus la destination des sexes.* »

LE MONITEUR UNIVERSEL, 1793

Aux Républicains.

En peu de temps le tribunal révolutionnaire vient de donner aux femmes un grand exemple qui ne sera sans doute pas perdu pour elles ; car la justice, toujours impartiale, place sans cesse la leçon à côté de la sévérité.

Marie-Antoinette, élevée dans une cour perfide et ambitieuse apporta en France les vices de sa famille ; elle sacrifia son époux, ses enfants et le pays qui l'avait adoptée aux vues ambitieuses de la maison d'Autriche, dont elle servait les projets, en disposant du sang, de l'argent du peuple et des secrets du gouvernement. Elle fut mauvaise mère, épouse débauchée, et elle est morte chargée des imprécations de ceux dont elle avait voulu consommer la ruine. Son nom sera à jamais en horreur à la postérité.

Olympe de Gouges, née avec une imagination exaltée prit son délire pour une inspiration de la nature. Elle commença par déraisonner et finit par adopter le projet des perfides qui voulaient diviser la France ; elle voulut être homme d'État, et il semble que la loi ait puni cette conspiratrice d'avoir oublié les vertus qui conviennent à son sexe.

La femme Roland, bel esprit à grands projets, philosophe à petits billets, reine d'un moment, entourée d'écrivains mercenaires, à qui elle donnait des soupers, distribuait des faveurs, des places et de l'argent, fut un monstre sous tous les rapports. Sa contenance dédaigneuse envers le peuple et les juges choisis par lui, l'opiniâtreté orgueilleuse de ses réponses, sa gaîté ironique et cette fermeté dont elle faisait parade dans son trajet du palais de justice à la place de la Révolution prouve qu'aucun souvenir douloureux ne l'occupait. Cependant elle était mère, mais elle avait sacrifié la nature, en voulant s'élever au-dessus d'elle ; le désir d'être savante la conduisait à l'oubli des vertus de son sexe, et cet oubli, toujours dangereux, finit par la faire périr sur l'échafaud.

le Moniteur universel, 19 novembre 1793.

1 — *Relevez dans le texte d'Olympe de Gouges les « valeurs » positives au nom desquelles celle-ci mène son combat. Sont-elles différentes de celles des hommes ? Dégagez les implications de votre réponse.*

2 — *En quoi l'assimilation que fait Olympe de Gouges entre la condition des femmes et celle des hommes de couleur est-elle : a) originale ? b) légitime ? Par quel terme cette assimilation est-elle reprise dans la harangue de Théroigne de Méricourt ?*

3 — *Commentez, dans l'article du* Moniteur universel, *les appréciations sur Olympe de Gouges. En quoi apparaissent-elles à l'heure actuelle, particulièrement caricaturales d'une attitude masculine traditionnelle ?*

4 — *EXPOSÉ/ COMPTE-RENDU :* Les femmes et la Révolution, *par Marie-Paule Duhet, archives Julliard, 1971.*

173 Gabriel-Marie LEGOUVÉ (1764-1812)

Charpentier, La Mélancolie, 1801, Mus. d'Amiens.

*Un sentiment qui était appelé à un bel avenir romantique, la mélancolie, vient en faveur chez les poètes du XVIII*e *siècle. Se référant aux classiques (Corneille, Racine) et aux contemporains (Voltaire, Goethe), ils font l'apologie de ce qu'Oberman aimera voluptueusement (voir ce dossier et* **XIX**e **siècle** : *n*o *13 et index « Mal du siècle »).*

GABRIEL LEGOUVÉ, 1764-1812

La joie a ses plaisirs; mais la mélancolie,
Amante du silence et dans soi recueillie,
Dédaigne tous ces jeux, tout ce bruyant bonheur
Où s'étourdit l'esprit, où se glace le cœur.
L'homme sensible et tendre à la vive allégresse
Préfère la langueur d'une douce tristesse;
Il la demande aux arts: suivons-le dans ces lieux
Que la peinture orna de ses dons précieux;
Il quitte ces tableaux où le pinceau déploie
D'une fête, d'un bal la splendeur et la joie,
Pour chercher ceux où l'art, attristant sa couleur,
D'un amant, d'un proscrit a tracé le malheur.
De la toile attendrie, où ces scènes sont peintes,
Son âme dans l'extase entend sortir des plaintes,
Et son regard avide y demeure attaché. [...]

[*La nature, elle aussi, permet la douce mélancolie... Au théâtre (dans la tragédie) comme chez soi (en lisant) la mélancolie rend heureux, qu'on assiste à* Phèdre *ou qu'on pleure sur* Werther.]

Sous ces bois inspirants coule-t-il un ruisseau;
L'émotion augmente à ce doux bruit de l'eau
Qui, dans son cours plaintif qu'on écoute avec [charmes,
Semble à la fois rouler des soupirs et des larmes;
Et qu'un saule pleureur, par un penchant heureux,
Dans ses flots murmurants trempe ses longs [cheveux,
Nous ressentons alors dans notre âme amollie
Toute la volupté de la mélancolie.
Cette onde gémissante et ce bel arbre en pleurs
Nous semblent deux amis touchés de nos [malheurs:
Nous leur disons nos maux, nos souvenirs, nos [craintes;
Nous croyons leur tristesse attentive à nos [plaintes;
Et, remplis des regrets qu'ils expriment tous deux,
Nous trouvons un bonheur à gémir avec eux. [...]

Voilà donc tes bienfaits, tendre mélancolie!
Par toi de l'univers la scène est embellie;
Tu sais donner un prix aux larmes, aux soupirs;
Et nos afflictions sont presque des plaisirs.
Ah! si l'art à nos yeux veut tracer ton image,
Il doit peindre une vierge assise sous l'ombrage,
Qui, rêveuse, et livrée à de vagues regrets,
Nourrit, au bruit des flots, un chagrin plein [d'attraits,
Laisse voir, en ouvrant ses paupières timides,
Des pleurs voluptueux dans ses regards humides,
Et se plaît aux soupirs qui soulèvent son sein,
Un cyprès devant elle, et *Werther* à la main.

la Mélancolie, fragments, vers 1800.

COLLIN D'HARLEVILLE (1755-1806)

Aliment et poison d'une âme trop sensible,
Toi, sans qui le bonheur me serait impossible,
Tendre mélancolie, ah ! viens me consoler :
Viens calmer les tourments de ma sombre retraite
Et mêle une douceur secrète
A ces pleurs que je sens couler.

Loin de moi, vains plaisirs que le monde idolâtre !
Ces rires insensés, cette gaîté folâtre
Semblent braver ma peine et ne font que l'aigrir.
J'aime mieux mes soupirs, ma tristesse, mes [larmes :
Ma langueur a pour moi des charmes
Je souffre... et ne veux point guérir.

Fidèles au malheur comme à la solitude,
Nourrissez de mon cœur la longue inquiétude,
Souvenirs qui touchez, même en nous déchirant ;
Que je dise à ma dernière heure :
«On me plaint, on m'aime, on me pleure»,
Que je sourie en expirant.

Stances à la mélancolie, Fin XVIIIe siècle.

GILBERT, 1772

Le Poète languit dans la foule commune,
Et s'il fut en naissant chargé de l'infortune,
Si l'homme, pour lui seul avare de secours,
Refuse à ses travaux même un juste salaire ;
Que peut-il lui rester ?... Oh ! pardonnez-moi, mon [père,
Vous me l'aviez prédit. Je ne vous croyais pas.
Ce qui peut lui rester ? La honte et le trépas.

C'en est donc fait : déjà la perfide espérance
Laisse de mes longs jours vaciller le flambeau ;
A peine il luit encore, et la pâle indigence
M'entrouvre lentement les portes du tombeau.
Mon génie est vaincu : voyez ce mercenaire,
Qui, marchant à pas lourds dans un sentier [scabreux,
Tombe sous son fardeau ; longtemps le malheureux
Se débat sous le poids, lutte, se désespère,
Cherchant au loin des yeux un bras compatissant :
Seul il soutient la masse à demi soulevée ;
Qu'on lui tende la main, et la vie est sauvée.
Nul ne vient, il succombe, il meurt en frémissant :
Tel est mon sort. Bientôt je rejoindrai ma mère,
Et l'ombre de l'oubli va tous deux nous couvrir.
O Rives de la Saône, où ma faible paupière
A la clarté des cieux commença de s'ouvrir,
Lieux où l'on sait au moins respecter l'innocence,
Vous ne me verrez plus ! Mon dernier jour s'avance,
Mes yeux se fermeront sous un ciel inhumain.
Amis !... vous me fuyez ?... cruels ! je vous implore,
Rendez-moi ces pinceaux échappés de ma main...
Je meurs... ce que je sens, je veux le peindre [encore.

le Génie aux prises avec la fortune ou le Poète malheureux, 1772

GILBERT, 1772

Vous que l'on vit toujours chéris de la fortune,
De succès en succès promener vos désirs,
Un moment, vains mortels, suspendez vos plaisirs :
Malheureux... ce mot seul déjà vous importune ?
On craint d'être forcé d'adoucir mes destins ?
Rassurez-vous, cruels ; environné d'alarmes,
J'appris à dédaigner vos bienfaits incertains,
Et je ne viens ici demander que des larmes.

le Génie aux prises avec la fortune ou le Poète malheureux, 1772.

SENANCOUR, 1804

Lorsque les frimas s'éloignent, je m'en aperçois à peine ; le printemps passe, et ne m'a pas attaché ; l'été passe, je ne le regrette point. Mais je me plais à marcher sur les feuilles tombées, aux derniers beaux jours, dans la forêt dépouillée.

D'où vient à l'homme la plus durable des jouissances de son cœur, cette volupté de la mélancolie, ce charme plein de secrets, qui le fait vivre de ses douleurs et s'aimer encore dans le sentiment de sa ruine ? Je m'attache à la saison heureuse qui bientôt ne sera plus : un intérêt tardif, un plaisir qui paraît contradictoire m'amène à elle alors qu'elle va finir. Une même loi morale me rend pénible l'idée de la destruction, et m'en fait aimer ici le sentiment dans ce qui doit cesser avant moi. Il est naturel que nous jouissions mieux de l'existence périssable, lorsqu'avertis de toute sa fragilité nous la sentons néanmoins durer en nous. Quand la mort nous sépare de tout, tout reste pourtant ; tout subsiste sans nous. Mais, à la chute des feuilles, la végétation s'arrête, elle meurt ; nous, nous restons pour des générations nouvelles, et l'automne est délicieuse parce que le printemps doit venir encore pour nous.

Le printemps est plus beau dans la nature ; mais l'homme a tellement fait que l'automne est plus douce. La verdure qui naît, l'oiseau qui chante, la fleur qui s'ouvre ; et ce feu qui revient affermir la vie, ces ombrages qui protègent d'obscurs asiles ; et ces herbes fécondes, ces fruits sans culture, ces nuits faciles qui permettent l'indépendance ! Saison du bonheur ! je vous redoute trop dans mon ardente inquiétude. Je trouve plus de repos vers le soir de l'année, et la saison où tout paraît finir est la seule où je dorme en paix sur la terre de l'homme.

Oberman, lettre XXIV, 1804.

1 — A l'aide des textes cités, définissez ce qu'est la mélancolie : ses causes, ses effets, le type d'attitude qu'elle détermine. Puis comparez avec la définition qu'en donnent les dictionnaires Littré ou Robert.

2 — Quels sont les rapports de la mélancolie et de l'idée de Nature (consulter le n° 169 et l'index sur ces deux mots) ?

3 — DOSSIER : peut-on assimiler la mélancolie des textes du XVIIIe siècle au Mal du siècle du XIXe ? (voir index des deux volumes).

UN SANS-CULOTTE FRANÇAIS *après avoir fait ranger en demi-cercle tous les rois, et avant de les quitter :* Monstres couronnés ! vous auriez dû, sur des échafauds, mourir tous de mille morts ; mais où se serait-il trouvé des bourreaux qui eussent consenti à souiller leurs mains dans votre sang vil et corrompu ? Nous vous livrons à vos remords, ou plutôt à votre rage impuissante.

Voilà pourtant les auteurs de tous nos maux ! Générations à venir, pourrez-vous le croire ? Voilà ceux qui tenaient dans leurs mains, qui balançaient les destinées de l'Europe. C'est pour le service de cette poignée de lâches brigands, c'est pour le bon plaisir de ces scélérats couronnés, que le sang d'un million, de deux millions d'hommes, dont le pire valait mieux qu'eux tous, a été versé sur presque tous les points du continent et par delà les mers. C'est au nom, ou par l'ordre de cette vingtaine d'animaux féroces, que des provinces entières ont été dévastées, des villes populeuses changées en monceaux de cadavres et de cendres, d'innombrables familles violées, mises à nu et réduites à la famine. Ce groupe infâme d'assassins politiques a tenu en échec de grandes nations, et a tourné les uns contre les autres des peuples faits pour être amis et nés pour vivre en frères. Les voilà, ces bouchers d'hommes en temps de guerre, ces corrupteurs de l'espèce humaine en temps de paix. C'est du sein des cours de ces êtres immondes que s'exhalait dans les villes et sur les campagnes la contagion de tous les vices ; exista-t-il jamais une nation ayant en même temps un roi et des mœurs ?

Alphabet républicain, (BN).

LE PAPE : Il n'y avait pas de mœurs à Rome !... Les cardinaux n'ont point de mœurs !...

LE SANS-CULOTTE FRANÇAIS : Et ces ogres trouvaient des panégyristes et des soutiens ! Les prêtres ne donnaient à leur Dieu que les restes de l'encens qu'ils brûlaient aux pieds du prince ; et des esclaves chargés de livrées tissues d'or se pavanaient, et se croyaient importants quand ils avaient dit : *le roi mon maître...* Plus de cent millions d'hommes ont obéi à ces plats tyrans, et tremblaient en prononçant leurs noms avec un saint respect. C'était pour procurer des jouissances à ces mangeurs d'hommes que le peuple, du matin au soir, et d'un bout de l'année à l'autre, travaillait, suait, s'épuisait. Races futures, pardonnerez-vous à vos bons aïeux cet excès d'avilissement, de stupidité et d'abnégation de soi-même ? Nature, hâte-toi d'achever l'œuvre des sans-culottes ; souffle ton haleine de feu sur ce rebut de la société, et fais rentrer pour toujours les rois dans le néant d'où ils n'auraient jamais dû sortir.

Fais-y rentrer aussi le premier d'entre nous qui désormais prononcerait le mot *roi* sans l'accompagner des imprécations que l'idée attachée à ce mot infâme présente naturellement à tout esprit républicain.

Pour moi, je m'engage à effacer sur-le-champ du livre des hommes libres quiconque en ma présence souillerait l'air d'une expression qui tendrait à prévenir favorablement pour un roi, ou pour toute autre monstruosité de cette sorte. Camarades, jurons-le tous, et rembarquons-nous.

LES SANS-CULOTTES *en partant :* Nous le jurons !... Vive la liberté ! Vive la république !

SCÈNE VI : LES ROIS D'EUROPE

FRANÇOIS II : Comme on nous traite, bon Dieu ! avec quelle dignité ! et qu'allons-nous devenir ?

GUILLAUME : O mon cher Cagliostro, que n'es-tu ici ? tu nous tirerais d'embarras.

GEORGE : J'en doute : qu'en pensez-vous, saint-père ? Vous le tenez depuis assez longtemps prisonnier au château Saint-Ange.

BRASCHI OU LE PAPE : Il ne pourrait rien à tout ceci. Il nous faudrait quelque chose de surnaturel.

LE ROI D'ESPAGNE : Ah ! saint-père, un petit miracle.

LE PAPE : Le temps en est passé... Où est-il le bon temps où les saints traversaient les airs à cheval sur un bâton ?

LE ROI D'ESPAGNE : O mon parent ! ô Louis XVI ! c'est encore toi qui as eu le meilleur lot. *le Jugement dernier des rois,* prophétie, scène 5 et 6, Oct 1793.

Sylvain Maréchal, le révolutionnaire, le Montagnard, l'athée, le futur babouviste – il rédigea le manifeste des Egaux (voir n° 162) - écrivit pendant la Terreur le Jugement dernier des rois *où les rois d'Europe et le pape sont rejetés par leurs peuples sur une île déserte et engloutis dans un volcan à la fin de la pièce.*
Ce texte, donné comme une prophétie, *fut trouvé grossier par le XIX*[e] *siècle littéraire...*

Jean-Louis Laya (1761-1833) écrit en 1793 une pièce militante. L'heure est au combat entre les Montagnards et les Girondins : Girondin convaincu, l'auteur de l'Ami des lois *devient très vite l'auteur d'une pièce interdite par la commune de Paris, de fait et malgré l'avis de la Convention. Les comédiens seront arrêtés en ce début d'année 93 et plus tard, les Girondins vaincus ne pourront plus se battre.*

Laya, suivant en cela le Palissot des Philosophes *(voir n° 116) reprend l'intrigue des* Femmes savantes *de Molière où Forlis, « l'ami des lois », est Clitandre et madame Versac une nouvelle Philaminte. Robespierre (Nomophage, le mangeur de lois) Marat (Duricrâne) Hébert ou Chaumette (Plaude, « applaudis », celui qu'on applaudit et qui fait tout pour cela) sont évidemment brocardés et accusés de détruire la propriété (acte III, sc 3), de morceler l'Etat, de satisfaire leurs propres intérêts, pour la plus grande joie des modérés qui avaient fait alors du Théâtre National leur lieu de ralliement.*

JEAN-LOUIS LAYA, Janv. 1793

PLAUDE

De la propriété découlent à longs flots
Les vices, les horreurs, messieurs, tous les fléaux.
Sans la propriété, point de voleurs ; sans elle,
Point de supplices donc, la suite est naturelle.
Point d'avares, les biens ne pouvant s'acquérir ;
D'intrigants, les emplois n'étant plus à courir ;
De libertins, la femme accorte et toute bonne
Etant à tout le monde, et n'étant à personne.
Point de joueurs non plus, car, sous mes procédés
Tombent tous fabricants de cartes et de dés.
Or je dis : si le mal naît de ce qu'on possède,
Donc ne plus posséder en est le sûr remède.
Murs, portes et verrous, nous brisons tout cela.
On n'en a plus besoin dès que l'on en vient là.
Cette propriété n'était qu'un bien postiche ;
Et puis le pauvre naît dès qu'on permet le riche.
Dans votre république un pauvre bêtement
Demande au riche ! Abus ! Dans la mienne il lui [prend.
Tout est commun ; le vol n'est plus vol, c'est justice.
J'abolis la vertu pour mieux tuer le vice.

FORLIS

La modération n'est pas votre défaut.

NOMOPHAGE, *regardant Forlis*

Tant mieux : les modérés ne sont pas ce qu'il faut.

FORLIS

Si ce mot, dont souvent l'on peut faire une injure,
Désigne en ce moment ces gens froids par nature,
Ces égoïstes nuls, ces hommes sans élans
Endormis dans la mort de leurs goûts nonchalants,
Et de qui l'existence équivoque et flétrie
D'un inutile poids fatigue leur patrie,
Je hais autant que vous ces honteux éléments,
D'une nature inerte obscurs avortements.
Mais si vous entendez par ce mot l'homme sage,
Citoyen par le cœur plus que par le langage,
Qui contre l'intrigant défend la vérité,
En dût-il perdre un peu de popularité,
Sert, sachant l'estimer et parfois lui déplaire,
Le peuple pour le peuple et non pour le salaire,
Patriote, et non pas de ceux-là dont la voix
Va crier *Liberté* jusqu'au plus haut des toits,
Mais de ceux qui sans bruit, sans parti, sans [systèmes,
Prêchent toujours la loi qu'ils respectent [eux-mêmes ;
Si fuir les factions, c'est être modéré,
De cette injure alors j'ai droit d'être honoré !

[...] [*Quant aux ennemis réels, Forlis les connaît bien...*]

NOMOPHAGE

Sont-ce ces paladins, armés pour un décret,
Ces héros d'outre-Rhin, ces puissances altières ?

FORLIS

Vous les cherchez trop loin par-delà nos frontières.
Non, les miens s'aiment trop pour nous quitter ainsi.
Ces prudents ennemis sont près de nous, ici.
Ce sont tous ces jongleurs, patriotes de places,
D'un faste de civisme entourant leurs grimaces ;
Prêcheurs d'égalité, pétris d'ambition,
Ces faux adorateurs, dont la dévotion
N'est qu'un dehors plâtré, n'est qu'une hypocrisie ;
Ces bons et francs croyants, dont l'âme apostasie,
Qui pour faire haïr le plus beau don des cieux,
Nous font la liberté sanguinaire comme eux.
Mais non ; la liberté, chez eux méconnaissable,
A fondé dans nos cœurs son trône impérissable.
Que tous ces charlatans, populaires larrons,
Et de patriotisme insolents fanfarons,
Purgent de leur aspect cette terre affranchie !
Guerre, guerre éternelle aux faiseurs d'anarchie !
Royalistes tyrans, tyrans républicains,
Tombez devant les lois, voilà vos souverains !
Honteux d'avoir été, plus honteux encor d'être,
Brigands, l'ombre a passé : songez à disparaître.

NOMOPHAGE, *avec un peu d'embarras*

Moi, je ne reconnais personne à ce portrait.

FORLIS

Moi, j'en sais quelques-uns qu'il fait voir trait pour [trait.

l'Ami des lois, acte III, sc. 3, janvier 1793.

1 — *Faites le tableau des maux qu'ont apportés les rois, selon Maréchal. Relevez ensuite les mots qui qualifient les rois : à quoi s'opposent ces éléments dans le discours du sans-culotte français ?*

2 — *Y a-t-il discours construit dans l'intervention du sans-culotte ? Peut-on déterminer des périodes oratoires, un plan précis, une démonstration argumentée (voir n° 176 et 177).*

3 — *Quel décalage y a-t-il entre les niveaux de langue de l'orateur et celui des rois ? Que produit cet effet ?*

4 — *Dans* l'Ami des lois, *Laya reprend une scène des* Femmes Savantes, *de Molière, laquelle ? Quel est l'intérêt de cette référence ? A cette dernière s'ajoute celle de Palissot (voir n° 116) : de quelle manière cela influe-t-il sur l'interprétation politique et esthétique qu'on peut avoir de la pièce ?*

5 — *Les deux pièces sont considérées comme des œuvres « engagées » : connaissez-vous, dans le théâtre contemporain, des pièces qui recourent aux mêmes procédés, ou qui utilisent puis dépassent ces procédés ?*

Carmontelle, *Mozart enfant,* (Hubert Josse).

En écrivant la Flûte enchantée, *Mozart et son librettiste Schikaneder, qui appartenaient tous deux à la même loge maçonnique de Vienne, pensaient réaliser une sorte d'oratorio franc-maçon. Toute l'intrigue peut, symboliquement, se résumer à un affrontement entre Sarastro, Grand prêtre (devrait-on dire : Grand-Maître ?) et la Reine de la Nuit. Lutte exprimée musicalement dès l'ouverture par la combinaison de trois et de cinq accords (deux chiffres sacrés du rituel maçonnique, voir pages suivantes). Dans cet affrontement, un adolescent fils de roi, Tamino, est initié progressivement aux mystères.*

ACTE II

TABLEAU IV

Le décor représente une palmeraie. Tous les arbres au tronc argenté portent des palmes d'or. Dix-huit sièges couverts de palmes d'or. Chaque siège porte une pyramide et un grand cor noir serti d'or. Au milieu se dresse la plus haute pyramide ainsi que les arbres les plus hauts.

Scène 1

Sarastro et les autres prêtres entrent d'un pas solennel ; chacun tient à la main une palme. Une marche, jouée par des instruments à vent, accompagne le cortège.

N° 9 Marche des prêtres.

SARASTRO *(après un silence).* O vous, serviteurs des Dieux Isis et Osiris, qui avez été initiés dans le Temple de la Sagesse ! Je viens vous déclarer, avec toute la pureté de mon âme, que notre assemblée d'aujourd'hui est l'une des plus importantes de notre temps. Un adolescent, fils de roi, Tamino, est parvenu à la porte nord de notre temple. Il a vingt ans. Son cœur vertueux cherche en soupirant l'objet à la conquête duquel nous vouons tous nos efforts et toute notre ardeur. En un mot : cet adolescent veut ôter de ses yeux le voile nocturne qui obscurcit son regard. Il demande à avoir accès au sanctuaire où brille la sublime lumière. C'est aujourd'hui l'un de nos devoirs les plus impérieux que de veiller sur cet homme vertueux et de lui tendre amicalement la main.

1er PRÊTRE *(il se lève).* Possède-t-il vraiment la vertu ?

SARASTRO. Il possède la vertu.

2e PRÊTRE. Ainsi que la discrétion ?

SARASTRO. Ainsi que la discrétion.

3e PRÊTRE. Sait-il faire le bien ?

SARASTRO. Il sait faire le bien. Si vous le jugez digne d'être admis parmi nous, alors suivez mon exemple. *(Ils sonnent du cor par trois fois.)* Touché du sentiment unanime qui habite vos cœurs, Sarastro vous remercie au nom de l'Humanité toute entière. Si les préjugés jettent sur nous le blâme, la sagesse et la raison les réduisent en poussière comme un simple voile d'araignée. Ils n'ébranlent pas les colonnes de notre temple. Toutefois les préjugés malveillants s'évanouiront dès que Tamino en personne aura été initié à l'art sublime et difficile de la sagesse. Les dieux destinent Pamina, la douce et vertueuse jeune fille, à ce gracieux prince. C'est la raison pour laquelle je l'ai enlevée à son orgueilleuse mère. Cette femme se croit puissante. Elle espère, par l'imposture et la superstition, gagner les faveurs du peuple et détruire le solide édifice de notre temple. Mais elle n'y réussira pas. Tamino en personne, ce prince gracieux, en consolidera avec nous les fondements. Son initiation sera la récompense de la vertu et le châtiment du vice.

Sarastro et les prêtres renouvellent les trois sonneries de cor.

L'ORATEUR *(il se lève).* Vénérable Sarastro, nous ne cessons de reconnaître et d'admirer la sagesse de tes paroles. Mais Tamino saura-t-il triompher des épreuves difficiles qui l'attendent ? Pardonne ma franchise et laisse-moi t'exprimer mes doutes. Je tremble pour le jeune prince. S'il allait, abattu par la douleur, perdre l'esprit et succomber à la rigueur du combat ! C'est un prince !

SARASTRO. Bien mieux ! - C'est un homme !

L'ORATEUR. Et s'il allait, dans la prime jeunesse, revêtir la pâleur de la mort ?

SARASTRO. Il serait alors, avant nous, reçu auprès d'Osiris et d'Isis et aurait, avant nous, part aux joies divines. *(Les prêtres et Sarastro répètent la triple sonnerie de cor).* Que l'on conduise Tamino ainsi que son compagnon de voyage jusqu'au parvis du temple. *(S'adressant à l'orateur qui s'agenouille devant lui.)* Et toi, mon frère, toi que les dieux ont désigné parmi nous pour être le défenseur de la vérité, accomplis tes fonctions sacrées. Que ta sagesse enseigne aux deux profanes les devoirs de l'homme et qu'elle leur apprenne à reconnaître la puissance des dieux.

L'orateur sort avec un deuxième prêtre.

la Flûte enchantée (1791)
trad. J.J. Becquet (1976).

Décor, La Flûte enchantée, (Snark).

SYMBOLIQUE MAÇONNIQUE

A. Décor

Le théâtre représente une palmeraie : *le palmier est une plante solaire (renvoyant donc à Osiris, dieu solaire égyptien, et donc aux symboles masculins, puisque s'opposant à Isis, déesse lunaire). D'autre part, selon la définition du* Dictionnaire des antiquités chrétiennes, *le palmier représente le* « triomphe sur la mort par la résurrection ».

Arbres d'argent, feuilles d'or : *l'argent correspond à la lune (monde féminin), l'or au soleil (monde masculin). Les Hommes de l'assemblée (*les feuilles*) sont les produits de la Femme* (l'arbre). *Isis et Osiris se réconcilient dans ce symbole dualiste.*

Une pyramide : *le triangle (équilatéral) est l'un des principaux symboles de la franc-maçonnerie.*

Un grand cor noir incrusté d'or : *peut-être une nouvelle allusion à l'universalisme de la suprématie masculine :* le noir *féminin et* l'or *masculin.*

B. Marche des prêtres

L'orchestration pour instruments à vent *est demandée pour raison symbolique : les vents sont la sonorité de prédilection des « colonnes d'harmonie » maçonnique.*

C. Discours de Sarastro

Fussent-elles exclusivement masculines, les loges maçonniques sont ornées des deux colonnes symboliques J et B (voir page suivante) dont l'une représente le principe solaire masculin (Osiris), l'autre le principe lunaire (Isis). Les prêtres *(les « compagnons ») qui ont été* initiés *à la* Sagesse *ont donc la direction morale de la totalité du genre humain.*

Porte nord du temple : *le Nord est le côté que n'atteint pas la lumière. Les initiés y sont donc placés parce qu'ils ont, symboliquement, besoin d'être « éclairés ».*

D. Questions (réponses)

Trois questions, trois réponses (soulignées musicalement par la partition, ils sonnent du cor par trois fois). *Le trois est le chiffre préférentiel (masculin) de la symbolique franc-maçonne.*

E. Second discours de Sarastro

Si les préjugés jettent sur nous le blâme : *allusion claire aux attaques dont la Franc-maçonnerie était l'objet, qui se conclut sur l'affirmation de confiance dans la victoire finale de l'ordre* (les préjugés s'évanouiront...).

Son orgueilleuse mère : *il s'agit de la Reine de la Nuit ; deux interprétations concurrentes peuvent ici se cumuler. L'idée conductrice de l'Opéra (l'opposition des sexes) est développée ici en renvoyant la femme du côté de la* superstition *(les idées cléricales). D'autre part, on a vu ici une allusion à l'impératrice Marie-Thérèse, hostile à la Franc-Maçonnerie.*

Le solide édifice de notre temple : *allusion à l'origine de la Franc-Maçonnerie — la construction du temple de Salomon (voir page suivante). L'allusion est appuyée par une nouvelle sonnerie de cors (toujours par trois fois).*

F. L'orateur

Il s'agit d'une fonction très précise dénommée ainsi dans la hiérarchie des Loges maçonniques.

G. L'invitation au voyage

C'est le début des épreuves, au parvis du Temple *(transposition scénique du Cabinet de réflexion de la première épreuve, celle de la terre). L'orateur, pour économiser un rôle, remplace ici l'Expert, qui dans la hiérarchie conduit l'Initié.*

Nota : de nombreux emprunts ont été faits, pour réaliser ces notes, au livre de Jacques Chaillet, la Flûte enchantée, opéra maçonnique, *(Laffont, 1968) auquel on se reportera avec profit pour une étude globale de l'œuvre.*

I - MYTHOLOGIE DE LA FRANC-MAÇONNERIE

Au commencement était, dans la Bible, le récit de la construction du temple de Salomon, dont la plupart des mesures symboliques sont des multiples de 3 et 5 (voir pages précédentes). Hiram de Tyr, son architecte, aurait été torturé — puis tué — par deux hommes voulant connaître les secrets de la construction — qu'il ne divulgua pas. Dans ce premier récit mythique se retrouve une grande partie des détails symboliques de la Franc-maçonnerie : originairement corps de maçons (nous dirions plutôt aujourd'hui architectes*) organisé selon les rites du compagnonnage, travaillant à la réalisation du temple qui devait abriter l'arche d'*Alliance(1)*, en fonction de secrets (tout à la fois techniques et symboliques) non divulgables aux non-initiés.*

II - HISTORIQUE : LA MAÇONNERIE AU XVIIIe SIÈCLE

Organisée d'abord en Angleterre par Désaguliers à partir de 1717, la Franc-maçonnerie passe en France. avec les Stuarts réfugiés à Saint-Germain en 1721-1725. L'Écossais Ramsay (né en 1686) en pose peu après les fondements dans un discours célèbre : «Le monde entier n'est qu'une grande République dont chaque nation est une famille et chaque particulier un enfant. C'est pour faire revivre et répandre ces essentielles maximes, prises dans la nature de l'homme, que notre société fut d'abord établie [...] l'ordre des francs-maçons fut institué pour former des hommes aimables, de bons citoyens, de bons sujets inviolables dans leurs promesses, fidèles adorateurs de Dieu et de l'amitié, plus amateurs de la vertu que de la récompense. [...] L'ordre exige de chacun de nous de contribuer à un vaste ouvrage auquel nulle académie ne peut suffire [...] Tous les Grands Maîtres, en Allemagne, en Angleterre, en Italie, et ailleurs, exhortaient tous les savants et tous les artisans de la confraternité de s'unir pour fournir les matériaux d'un dictionnaire universel des arts libéraux et des sciences utiles. [...]On réunira les lumières de toutes les nations dans un seul ouvrage, qui sera comme une bibliothèque universelle de ce qu'il y a de plus beau, de grand, de lumineux, de solide et d'utile dans toutes les sciences et dans tous les arts nobles» (1737).

III - IDÉES GÉNÉRALES, RITES ET CONTRADICTIONS

Le mot d'ordre de «Liberté, égalité, fraternité» est franc-maçon. Il y a dès le départ un idéalisme franc-maçon qui s'appuie sur le principe de l'égalité de tous (tous les membres d'une loge, nobles ou non, *peuvent porter l'épée, ce qui est symboliquement important à une époque où on interdit à la bourgeoisie l'apparat de la noblesse), étayé par une croyance en un Dieu «grand architecte de l'Univers».* «Puisse la lumière qui éclaire le Temple rayonner sur tout l'univers» : *c'est par ces paroles rituelles que les maçons se proposaient de bâtir (l'un des symboles maçonniques est la truelle du maçon) le temple idéal de la paix universelle. Projet vague qui, s'il recouvrait une idée précise, fut bien gardé :* «Les hommes qui se font recevoir Francs-Maçons dans l'espoir de parvenir à connaître le secret de l'Ordre courent le risque de vieillir sous la truelle sans atteindre leur but. Il y a un secret, mais il est tellement inviolable qu'il n'a jamais été confié à personne. On ne sait jamais le secret de la Franc-maçonnerie qu'en le devenant et on ne parvient à cette connaissance qu'à force de fréquenter les Loges, de réfléchir, de raisonner, de comparer et de déduire» *(Casanova,* Mémoires*).*

Mais, il faut aussi remarquer que l'idéal démocratique n'est pas celui de tous les maçons(2). Le Duc de Chartres (futur Philippe-Egalité), s'il a voté la mort de son frère Louis XVI (qui a lui-même été probablement initié aux rites), est plutôt partisan d'une monarchie constitutionnelle. La princesse de Lamballe, grande amie de Marie-Antoinette, est grande maîtresse de la loge écossaise (on appelait ainsi la loge la plus proche du rite écossais établi par Désaguliers, par opposition au rite du Grand Orient, plus typiquement français, et des rites égyptiens, d'inspiration plus nettement magique, popularisés par Cagliostro), et la plupart des dignitaires de cette loge sont de la plus haute noblesse : «Il n'y a pas d'homme au monde qui parvienne à tout savoir, mais tout homme doit aspirer à tout savoir. Tout homme qui voyage, qui veut connaître le grand monde, qui ne veut pas se trouver inférieur à un autre et exclu de la compagnie de ses égaux dans le temps où nous sommes, doit se faire initier dans ce qu'on appelle la maçonnerie, que ce ne serait que pour savoir superficiellement ce que c'est. Il

(1) On appelle ainsi dans la Bible le coffre sacré contenant les tables de la Loi, reçues par Moïse, des mains de Dieu, sur le mont Sinaï.
(2) Des loges avaient été formées depuis 1730, et ne cessent de se développer depuis cette date, malgré l'interdiction du Roi (1737) et l'hostilité des autorités religieuses qui aboutit à la condamnation de la Maçonnerie par le Pape (1738).

Les idées de Ramsay (ancien disciple de Fénelon, mystique, et ennemi de Voltaire) sont bien proches de celles de l'Encyclopédie. Mais son essai d'aboutir à une Maçonnerie sentimentale et purement déiste échoue. En 1772 des maçons dissidents créent le Grand Orient de France, d'inspiration plus agnostique que la Grande Loge qui regroupait primitivement toute la Franc-Maçonnerie.

La police du ministre Maurepas s'intéresse dès le départ à la Maçonnerie, mais ne peut pas grand-chose : elle compte dans ses rangs des aristocrates puissants – mais elle s'ouvre de plus en plus vers les classes cultivées de la bourgeoisie, et bientôt vers le peuple.

En 1773-1774, les deux grandes Loges rivales sont unifiées sous la présidence du duc de Chartres qui associe les rites et organise la structure : loges locales, rattachées à une loge du chef-lieu de province, elles-mêmes rattachées au Grand Orient parisien. Le mouvement couvre Paris et la province. On compte 198 loges en 1776, 629 en 1789, chacune comprenant cinquante à cent maçons. Il existe, en 1783, 7 loges à Montpellier ; 9 à Rouen vers 1780 ; 12 à Toulouse en 1789 (dont 9 fondées depuis 1772) ; 10 sont fondées à Lyon et à Marseille de 1753 à 1762 (dont 3 loges de femmes accueillies à égalité avec les hommes) ; 3 à Besançon, réunies en 1785 ; 10 à Bordeaux ; 8 à Grenoble, etc... Curieusement, on retrouvera des proportions semblables dans les représentations provinciales aux Etats Généraux de 1789. On notera en particulier que ce sont les très nombreux maçons du Sud-Ouest qui formeront à la Convention le groupe des Girondins.

*Cette multiplication inquiète la Sorbonne qui condamne la Franc-maçonnerie en 1763 (mais on ridiculise alors volontiers les décisions de la Sorbonne). L'*Année littéraire*, en 1779, attaque violemment un* Eloge de Voltaire *(lui-même franc-maçon célèbre, voir plus bas). Ce n'est pourtant qu'à partir de la Révolution de 1789 que s'imposera dans l'opinion l'idée d'un complot maçonnique : les maçons seront accusés, par les défenseurs du passé, de s'être associés avec des sectes allemandes par l'intermédiaire de Cagliostro (Joseph Balsamo) ou de Mirabeau. Les pamphlets attaqueront alors ouvertement la Maçonnerie et confondront systématiquement maçons et «philosophes jacobins».*

doit cependant bien faire attention à bien choisir la Loge dans laquelle il veut être installé, car, quoique la mauvaise compagnie ne puisse agir en Loge, elle peut cependant s'y trouver et le candidat doit se garder des liaisons dangereuses» (*Casanova,* Mémoires).

On peut se demander ce qu'un homme comme Casanova (voir n°145) qualifiait de «liaison dangereuse». *L'idéalisme des Loges n'était parfois qu'une façade. Le Prince de Ligne, libertin notoire, parle dans ses* Fragments de l'histoire de ma vie *de sa réception solennelle à la loge* La Persévérance, *à Paris, sous la présidence de la comtesse Potocka, assistée de Mme de Senlis. Il nous révèle que le rituel de l'époque exigeait du récipiendaire, dès le bandeau enlevé (on bande les yeux du nouvel initié, et on lui enlève ce bandeau dès qu'il a prononcé les formules rituelles, afin que, symboliquement, il passe du monde des ténèbres au monde des lumières) qu'il dise s'il* «ne savait rien contre la réputation des Sœurs qui étaient présentes». «J'ai été obligé, non sans rire, *ajoute le prince,* de leur donner un brevet de vertu».

Toutefois, si pour certains l'appartenance à la Maçonnerie tient plus du snobisme, voire de calculs ambitieux, que de l'honnêteté intellectuelle, on sait que pour d'autres, l'un des sigles maçonniques est: L.P.D. c'est-à-dire: Lilia pedibus destrue, *«foule aux pieds les lys» (symbole de l'écrasement de la royauté).*

IV - FRANC-MAÇONNERIE ET INDIVIDUALITÉS

La liste de quelques-uns des Francs-Maçons du XVIIIe siècle est révélatrice de l'influence du mouvement. Si l'appartenance de Montesquieu est, aujourd'hui encore, contestée, si Rousseau, sollicité par la Franc-maçonnerie, s'est récusé, on note qu'ont été Maçons:

— Aux Etats-Unis: Washington et Benjamin Franklin, les deux leaders historiques de l'indépendance américaine;

— En France: Voltaire, Greuze, Laclos et la plupart des révolutionnaires (essentiellement ceux de l'aile girondine), dont Mirabeau; dans le domaine allemand: non seulement Mozart, mais aussi Gœthe.

V - UN EXEMPLE AMBIGU: CASANOVA

C'est au mois d'août 1750, lors d'un voyage à Lyon, que Casanova fut initié, dans la loge «Amitié des amis choisis», filiale de la grande loge écossaise. «Ce fut à Lyon qu'un respectable personnage me procura la grâce d'être admis à participer aux sublimes bagatelles de la Franc-maçonnerie. Arrivé à Paris, j'y devins Compagnon et Maître quelques mois après» *(dans la loge du duc de Clermont, qui fut Grand Maître de toutes les loges de France, de 1743 à 1771).*

A plusieurs reprises, il avoue s'être prévalu de sa qualité de Maçon pour nouer presque instantanément des relations fraternelles avec tel ou tel grand personnage qui sans cette secrète solidarité, n'aurait même pas regardé le petit aventurier qu'il était. Ainsi, il a à Vienne une explication orageuse avec Sir B.M., l'amant de Betty, leur maîtresse commune. Mais lui serrant la main d'une façon expressive: «Dans cet attouchement, m'étant fait connaître pour Frère, la joie éclate dans ses yeux et nous nous embrassons de bonne amitié».

Assemblée de Francs-Maçons, Réceptions des apprentis, (BN).

JACQUES CHAILLET, 1968

... Le conflit qui oppose la Reine de la Nuit à Sarastro n'est que l'un des éléments du dualisme fondamental de la cosmogonie ésotérique. Ce dualisme est signifié, à l'entrée des temples maçonniques, par deux colonnes, dénommées J et B (Jakin et Booz), rappel des deux colonnes d'airain édifiées par Hiram aux portes du temple de Salomon, et dont chacune est chargée de représenter l'un des éléments dans ses multiples figurations:

J(AKIN)	B(OOZ)
Osiris	Isis
Masculin	Féminin
Soleil	Lune
Jour	Nuit
Feu	Eau
Or	Argent
Actif	Passif
Nombre 3	Nombre 5
Rouge	Blanc ou noir
Eclaircissement	Propos
Taureau	Gémeaux
Maçonnerie d'Hiram	Ordre des Mopses
=Maçonnerie	=Maçonnerie
«traditionnelle» masculine	«d'adoption» féminine

la Flûte Enchantée Opéra Maçonnique (1968).

Casanova fut également Rose-Croix. Cette société secrète d'illuminés, qui a pour emblème une rose rouge (symbole d'ascétisme) fixée au centre d'une croix (symbole de la connaissance parfaite) se réclamait de sources égyptiennes antiques, exposées en 1617 dans le Traité apologétique *du médecin théosophe anglais Robert Fludd. Si Descartes, Leibniz et Bacon montrèrent de l'intérêt pour les Rose-Croix, l'organisation profita surtout de la montée de la Franc-maçonnerie, qu'elle infiltra partiellement au XVIIIe siècle: le comte de Saint-Germain et Cagliostro furent Rose-Croix et Maçons. Mais aussi, probablement, escrocs. Le XVIIIe siècle ne peut se réduire à un rationalisme généralisé. Illuminisme et mysticisme (c'est cette voie qui influencera profondément, au siècle suivant, un homme comme Nerval) se conjuguent étrangement avec l'aspiration aux Lumières (voir n°* 154 b-161*), sans qu'on puisse toujours faire la part des sentiments authentiques et des calculs intéressés. Les sociétés secrètes visaient, parfois simultanément, à muer le plomb en or (recherche de la fameuse «pierre philosophale»), mais aussi à muer en «or» républicain le «plomb» monarchique.*

176 a ORATEURS RÉVOLUTIONNAIRES

Selon Chateaubriand, « l'éloquence politique est un fruit des révolutions, elle y croît spontanément et sans culture ».

De fait, on peut dire que l'éloquence constitua l'un des genres littéraires de la Révolution : littérature de combat et de débat, en prise directe sur l'événement, mais non pas, comme le dit Chateaubriand, dépourvue de tout modèle rhétorique et idéologique : nourris de culture gréco-latine, mais aussi de Montesquieu, Rousseau, de tous les grands penseurs de la philosophie des « lumières », les orateurs de la Révolution émaillent leurs discours de citations, d'exemples empruntés à l'Antiquité, et les ornent de métaphores*, de comparaisons et d'allégories* qui sentent bien souvent le collège...*

Les plus grands orateurs de la période révolutionnaire, ceux qui surent se forger un style qui électrisait les foules, furent sans nul doute Mirabeau (sous la Constituante, jusqu'à sa mort en 1791), le girondin Vergniaud (1753-1793) (1), Danton (1759-1794) (2), surnommé « le Mirabeau de la populace », Robespierre (1758-1794) et Saint-Just (1767-1794) (3).

(1) Guillotiné le 30 octobre 1793.
(2) Guillotiné le 5 avril 1794.
(3) Guillotinés le 28 juillet 1794.

Robespierre, Ecole Française du XVIIIe, (Bulloz).

MIRABEAU, (1749-1791), 1789

26 septembre 1789 : Necker a proposé de faire face à la banqueroute qui menace la France par une contribution volontaire du quart des revenus.

Mirabeau combat, dans un discours improvisé, une proposition d'ajournement du projet.

Mes amis, écoutez un mot, un seul mot. Deux siècles de déprédations et de brigandages ont creusé le gouffre où le royaume est près de s'engloutir. Il faut le combler, ce gouffre effroyable ! Eh bien, voici la liste des propriétaires français. Choisissez parmi les plus riches, afin de sacrifier moins de citoyens ; mais choisissez ; car ne faut-il pas qu'un petit nombre périsse pour sauver la masse du peuple ? Allons, ces deux mille notables possèdent de quoi combler le déficit. Ramenez l'ordre dans vos finances, la paix et la prospérité dans le royaume... Frappez, immolez sans pitié ces tristes victimes ! précipitez-les dans l'abîme ! il va se refermer... Vous reculez d'horreur... Hommes inconséquents ! hommes pusillanimes ! eh ! ne voyez-vous donc pas qu'en décrétant la banqueroute ou, ce qui est plus odieux encore, en la rendant inévitable sans la décréter, vous vous souillez d'un acte mille fois plus criminel, et, chose inconcevable, gratuitement criminel ; car enfin cet horrible sacrifice ferait du moins disparaître le déficit. Mais croyez-vous, parce que vous n'avez pas payé, que vous ne devrez plus rien ? Croyez-vous que les milliers, les millions d'hommes qui perdront en un instant, par l'explosion terrible ou par ses contrecoups, tout ce qui faisait la consolation de leur vie, et peut-être leur unique moyen de la sustenter, vous laisseront paisiblement jouir de votre crime ?

Contemplateurs stoïques des maux incalculables que cette catastrophe vomira sur la France, impassibles égoïstes qui pensez que ces convulsions du désespoir et de la misère passeront comme tant d'autres, et d'autant plus rapidement qu'elles seront plus violentes, êtes-vous bien sûrs que tant d'hommes sans pain vous laisseront tranquillement savourer les mets dont vous n'aurez voulu diminuer ni le nombre ni la délicatesse ?... Non, vous périrez, et dans la conflagration universelle que vous ne frémissez pas d'allumer, la perte de votre bonheur ne sauvera pas une seule de vos détestables jouissances. [...]

Votez donc ce subside extraordinaire, et puisse-t-il être suffisant ! Votez-le, parce que, si vous avez des doutes sur les moyens (doutes vagues et non éclairés), vous n'en avez pas sur sa nécessité et sur notre impuissance à le remplacer, immédiatement du moins. Votez-le parce que les circonstances publiques ne souffrent aucun retard et que nous serions comptables de tout délai. Gardez-vous de demander du temps ; le malheur n'en accorde jamais... Ah ! messieurs, à propos d'une ridicule motion du Palais-Royal, d'une risible insurrection qui n'eut jamais d'importance que dans les imaginations faibles ou les desseins pervers de quelques hommes de mauvaise foi, vous avez entendu naguère ces mots forcenés : « Catilina est aux portes de Rome et l'on délibère ! » Et certes, il n'y avait autour de nous ni Catilina, ni périls, ni factions, ni Rome... Mais aujourd'hui la banqueroute, la hideuse banqueroute est là ; elle menace de consumer, vous, vos propriétés, votre honneur, et vous délibérez ?...

Discours du 26 septembre 1789.

Danton, Ecole Française du XVIIIe, (Bulloz).

Saint-Just, anonyme XVIIIe, (Bulloz).

DANTON, (1759-1794), 1792

2 septembre 1792: La Patrie est en danger. Le duc de Brunswick, qui commande les armées ennemies, encercle Verdun. Devant l'Assemblée, qui projette de se replier sur la Loire, Danton lance son célèbre appel à la levée en masse.

Il est bien satisfaisant, Messieurs, pour les ministres d'un peuple libre, d'annoncer à ses représentants que la patrie va être sauvée. Tout s'émeut, tout s'ébranle, tout brûle de combattre, tout se lève en France d'un bout de l'empire [1] à l'autre.

Vous savez que Verdun n'est point encore au pouvoir de l'ennemi. Vous savez que la garnison a juré de mourir plutôt que de se rendre.

Une partie du peuple va se porter aux frontières; une autre va creuser des retranchements et la troisième, avec des piques, défendra l'intérieur de nos villes.

Paris va seconder ces grands efforts. Tandis que nos ministres se concertaient avec les généraux, une grande nouvelle nous est arrivée. Les commissaires de la Commune proclament de nouveau, en cet instant, le danger de la patrie, avec plus d'éclat qu'il ne le fut. Tous les citoyens de la capitale vont se rendre au Champ-de-Mars, se partager en trois divisions: les uns vont voler à l'ennemi, ce sont tous ceux qui ont des armes; les autres travailleront aux retranchements, tandis que la troisième division restera et présentera un énorme bataillon hérissé de piques. C'est en ce moment, Messieurs, que vous pouvez déclarer que la capitale a bien mérité de la France entière; c'est en ce moment que l'Assemblée Nationale va devenir un véritable comité de guerre; c'est à vous à favoriser ce grand mouvement et à adopter les mesures que nous allons vous proposer avec cette confiance qui convient à la puissance d'une nation libre.

Nous vous demandons de ne point être contrariés dans nos opérations. Nous demandons que vous concouriez avec nous à diriger ce mouvement sublime du peuple en nommant des commissaires qui nous seconderont dans ces grandes mesures. Nous demandons qu'à quarante lieues du point où se fait la guerre les citoyens qui ont des armes soient tenus de marcher à l'ennemi; ceux qui resteront s'armeront de piques. Nous demandons que quiconque refusera de servir de sa personne ou de remettre ses armes soit puni de mort. — Il faut des mesures sévères; nul, quand la patrie est en danger, nul ne peut refuser son service sans être déclaré infâme et traître à la patrie. Prononcez la peine de mort contre tout citoyen qui refusera de marcher ou de céder son arme à son concitoyen plus généreux que lui, ou contrariera directement ou indirectement les mesures prises pour le salut de l'Etat.

Le tocsin qui sonne va se propager dans toute la France. Ce n'est point un signal d'alarme, c'est la charge sur les ennemis de la patrie. Pour les vaincre, Messieurs, il nous faut de l'audace, encore de l'audace, toujours de l'audace, et la France est sauvée!

Discours à l'Assemblée Législative, 2 septembre 1792.

(1) Le pays, latinisme qui évite de dire *le royaume*.

Autour du jugement de Louis XVI se cristallise l'opposition entre Girondins et Montagnards. Si les deux partis brandissent tous deux, pour des buts opposés, la menace de la guerre civile, c'est en réalité sur un point plus fondamental qu'ils s'affrontent : celui de la souveraineté du peuple. Pour les Montagnards menés par Robespierre, les représentants du peuple sont habilités à décider de la volonté nationale (donc du sort du roi). Pour les Girondins dont Vergniaud est le porte-parole, une décision de cette ampleur doit être soumise à la ratification formelle du peuple tout entier.

ROBESPIERRE, (1758-1794), 1792

Citoyens, par quelle fatalité la question qui devrait réunir le plus facilement tous les suffrages et tous les intérêts des représentants du peuple ne paraît-elle que le signal des dissensions et des tempêtes ? Pourquoi les fondateurs de la République sont-ils divisés sur la punition du tyran ? Je n'en suis pas moins convaincu que nous sommes tous pénétrés d'une égale horreur pour le despotisme, enflammés du même zèle pour la cause de la sainte égalité, et j'en conclus que nous devons nous rallier aisément aux principes de l'intérêt public et de l'éternelle justice. [...]

Inexorable, quand il s'agit de calculer d'une manière abstraite le degré de sévérité que la justice des lois doit déployer contre les ennemis de l'humanité, j'ai senti chanceler dans mon cœur la vertu républicaine en présence du coupable humilié devant la puissance souveraine. La haine des tyrans et l'amour de l'humanité ont une source commune dans le cœur de l'homme juste qui aime son pays ; mais, citoyens, la dernière preuve de dévouement que les représentants du peuple doivent à la patrie, c'est d'immoler ces premiers mouvements de la sensibilité naturelle, au salut d'un grand peuple et de l'humanité opprimée. Citoyens, la sensibilité qui sacrifie l'innocence au crime, est une sensibilité cruelle ; la clémence qui compose avec la tyrannie est barbare.

Citoyens, c'est à l'intérêt suprême du salut public que je vous rappelle. Quel est le motif qui vous force à vous occuper de Louis ? Ce n'est pas le désir d'une vengeance indigne de la nation, c'est la nécessité de cimenter la liberté et la tranquillité publique par la punition du tyran. Tout mode de le juger, tout système de lenteur qui compromet la tranquillité publique, contrarie directement votre but ; et il vaudrait mieux que vous eussiez absolument oublié le soin de le punir, que de faire de son procès un aliment de troubles et un commencement de guerre civile. Chaque instant de retard amène pour nous un nouveau danger ; tous les délais réveillent les espérances coupables, encouragent l'audace des ennemis de la liberté. Ils nourrissent au sein de cette Assemblée la sombre défiance, les soupçons cruels. Citoyens, c'est la voix de la patrie alarmée qui vous presse de hâter la décision qui doit la rassurer. Quel scrupule enchaîne encore votre zèle ? [...]

Pour retarder votre jugement, on vous a parlé de l'honneur de la nation, de la dignité de l'Assemblée.

L'honneur des nations est d'être libres et vertueuses ; c'est de foudroyer les tyrans et de venger l'humanité avilie. La gloire de la Convention nationale consiste à déployer un grand caractère, et à immoler les préjugés serviles aux principes sublimes de la raison et de la philosophie ; elle consiste à sauver la patrie et à cimenter la liberté par un grand exemple donné à l'univers. Je vois sa dignité s'éclipser à mesure que nous oublions cette énergie des maximes républicaines, pour nous égarer dans un dédale de chicanes inutiles et ridicules, et que nos orateurs à cette tribune font faire à la nation un nouveau cours de monarchie.

La postérité vous admirera ou vous méprisera, selon le degré de vigueur que vous montrerez dans cette occasion, et cette vigueur sera la mesure aussi de l'audace ou de la souplesse des despotes étrangers avec vous ; elle sera le gage de notre servitude ou de notre liberté, de notre prospérité ou de notre misère. Citoyens, la victoire décidera si vous êtes des rebelles ou les bienfaiteurs de l'humanité ; et c'est la hauteur de votre caractère qui décidera la victoire.

Citoyens, trahir la cause du peuple et notre propre conscience, livrer la patrie à tous les désordres que les lenteurs d'un tel procès doivent exciter, voilà le seul danger que nous avons à craindre. Il est temps de franchir l'obstacle fatal qui nous arrête depuis si longtemps à l'entrée de notre carrière ; alors, sans doute, nous marcherons ensemble vers le but commun de la félicité publique : alors les passions haineuses, qui mugissent trop souvent dans ce sanctuaire de la liberté, feront place à l'amour du bien public, à la sainte émulation des amis de la patrie ; et tous les projets des ennemis de l'ordre public seront confondus.

Discours du 28 décembre 1792.

VERGNIAUD, (1753-1793), **1792**

On nous accuse, si ce n'est de vouloir allumer la guerre civile dans les départements, au moins de provoquer des troubles à Paris, en soutenant une opinion qui déplaît aux vrais amis de la liberté !

Mais pourquoi une opinion exciterait-elle des troubles ? Parce que ces vrais amis de la liberté menacent de la mort les citoyens qui ont le malheur de ne pas raisonner comme eux. Serait-ce ainsi qu'on voudrait nous prouver que la Convention nationale est libre ? Il y aura des troubles dans Paris, et c'est vous qui les annoncez ! J'admire la sagacité d'une pareille prophétie. Ne vous semble-t-il pas, en effet, très difficile, citoyens, de prédire l'incendie d'une maison, alors qu'on y porte soi-même la torche qui doit l'embraser ?

Oui, ils veulent la guerre civile, les hommes qui font un précepte de l'assassinat des amis de la tyrannie, et qui, en même temps, désignent comme amis de la tyrannie les victimes que leur haine veut immoler ; ils veulent la guerre civile, les hommes qui appellent les poignards contre les représentants de la nation et l'insurrection contre les lois ; ils veulent la guerre civile, les hommes qui demandent la dissolution du gouvernement, l'anéantissement de la Convention ; ils demandent l'anéantissement de la Convention, la dissolution du gouvernement, les hommes qui érigent en principe, non pas ce que personne ne désavoue, que dans une grande assemblée, une minorité peut quelquefois rencontrer la vérité, et la majorité tomber dans l'erreur, mais que c'est à la minorité à se rendre juge des erreurs de la majorité, à légitimer ses jugements par des insurrections ; que c'est aux Catilina à régner dans le Sénat, que la volonté particulière doit être substituée à la volonté générale, c'est-à-dire la volonté de quelques insolents oppresseurs à celle du peuple, et la tyrannie à la liberté : ils veulent la guerre civile, les hommes qui enseignent ces maximes éversives (1) de tout ordre social, dans cette tribune, dans les assemblées populaires, dans les places publiques ; ils veulent la guerre civile, les hommes qui accusent la raison d'un feuillantisme perfide, la justice d'une déshonorante pusillanimité, et l'humanité, la sainte humanité, de conspiration ; ceux qui proclament traître tout citoyen qui n'est pas à la hauteur du brigandage et de l'assassinat ; ceux enfin qui pervertissent toutes les idées de morale, et par des discours artificieux, des flagorneries hypocrites, ne cessent de pousser le peuple aux excès les plus déplorables.

La guerre civile, pour avoir proposé de rendre un hommage à la souveraineté du peuple ! A votre avis, la souveraineté des peuples est donc une calamité pour le genre humain ? Je vous entends ; vous voulez régner.

Votre ambition était plus modeste dans la journée du Champ-de-Mars. Vous rédigiez alors, vous faisiez signer une pétition qui avait pour objet de consulter le peuple sur le sort de Louis revenant de Varennes. Votre cœur n'était point tourmenté par la crainte des discordes ; il ne lui en coûtait rien pour reconnaître la souveraineté du peuple ; serait-ce qu'elle favorisait vos vues secrètes, qu'aujourd'hui elle les contrarie ? N'existe-t-il, en effet, pour vous d'autre souveraineté que celle de vos passions ? Insensés ! Avez-vous pu vous flatter que la France a brisé son sceptre des rois pour courber la tête sous un joug aussi avilissant ? *(L'orateur s'arrête. — Mouvement d'admiration silencieuse).* [...]

Je me résume. Tout acte émané des représentants du peuple est un attentat à sa souveraineté, s'il n'est pas soumis à sa ratification formelle ou tacite. Le peuple qui a promis l'inviolabilité à Louis, peut seul déclarer qu'il veut user du droit de punir auquel il avait renoncé. Des considérations puissantes vous prescrivent de vous conformer aux principes : si vous y êtes fidèles, vous n'encourrez aucun reproche ; et si le peuple veut la mort de Louis, il l'ordonnera : si, au contraire, vous les violez, vous encourrez au moins les reproches de vous être écartés de votre devoir : et quelle effrayante responsabilité cette déviation ne fera-t-elle pas peser sur vos têtes !... Je n'ai plus rien à dire. *(Vive émotion dans l'Assemblée).*

Discours du 31 décembre 1792.

Louis XVI à l'échafaud, par Benazech, (Versailles).

(1) Destructrices

ANACHARSIS CLOOTS, 1793

Anacharsis Cloots, (BN).

Il convenait de faire une place à Anacharsis Cloots (1755-1794), l'une des figures les plus curieuses de la Révolution. Originaire de Rhénanie, ce riche héritier d'une famille d'armateurs hollandais s'enthousiasma pour la Révolution et vint se fixer à Paris. S'étant fait connaître en écrivant dans divers journaux révolutionnaires et en prenant la parole dans les clubs, il fut élu représentant de l'Oise à la Convention. C'est devant celle-ci que le 26 avril 1793, au milieu des rires ironiques et des interruptions, l'«orateur du genre humain», comme il s'était baptisé lui-même, lut son fameux manifeste sur la souveraineté une et indivisible du genre humain, auquel il proposait une organisation politique unitaire de toute la planète. Ce visionnaire fut ainsi le premier à oser envisager, au moment où l'étroite République française risquait de sombrer dans le chaos, une sorte de «nationalisme humain» (J. Jaurès, Histoire socialiste de la Révolution française*), de république planétaire, dont certains socialistes utopistes du XIXe siècle se réclameront. Il fut exécuté avec les Hébertistes le 24 mars 1794.*

«L'individu ne saurait être libre tout seul; un petit nombre d'individus ne sauraient rester libres longtemps. Nous ne sommes pas libres si des barbaries étrangères nous arrêtent à dix ou vingt lieues de notre manoir, si notre sûreté est compromise par des invasions, si notre repos est troublé, notre revenu grevé par des forces militaires, si notre commerce est interrompu par des hostilités, si notre industrie est renfermée dans le cercle étroit de tel ou tel pays. Nous ne sommes pas libres si un seul obstacle moral arrête notre marche physique sur un seul point du globe. Les Droits de l'Homme s'étendent sur la totalité des hommes. Une corporation qui se dit souveraine blesse grièvement l'humanité, elle est en pleine révolte contre le bon sens et le bonheur; elle coupe les canaux de la prospérité universelle; sa Constitution manquant par la base sera contradictoire, journalière et chancelante. De ces données incontestables résulte nécessairement la souveraineté solidaire, indivisible, du genre humain; car nous voulons la liberté plénière, intacte, irrésistible, nous ne voulons pas d'autre maître que l'expression de la volonté générale, absolue, suprême. Or, si je rencontre sur la terre une volonté particulière qui croise l'instinct universel, je m'y oppose; cette résistance est un état de guerre et de servitude dont le genre humain, l'être suprême, fera justice tôt ou tard [...] N'ayons pas de voisins si nous ne voulons pas avoir d'ennemis. Ennemis et voisins sont termes synonymes dans les langues anciennes. Un peuple est aristocrate à l'égard d'un autre peuple: les peuples sont nécessairement méchants, le genre humain est essentiellement bon, car son égoïsme despotique n'est en opposition avec aucun égoïsme étranger. La république du genre humain n'aura jamais de dispute avec personne, car il n'y a point de pont de communication entre les planètes. *(Rires).*

Ducos. — Je demande la réunion de la lune à la terre.

Anacharsis Cloots. — Oui, la république du genre humain n'aura jamais de guerre avec personne, car il n'y a point de pont de communication entre la terre et les planètes. *(Nouveaux rires.)*

Ducos. — Rappelez à l'ordre ce fédéraliste. *(Rires).*

Anacharsis Cloots. — Rome et Albe, Gênes et Pise, Bologne et Modène, Florence et Sienne, Venise et Trieste, Marseille et Nice, Metz et Nancy, Amsterdam et Anvers se portaient une haine dont les historiens et les poètes nous ont transmis les relations lamentables. J'ai observé, dans mes longs voyages, que chaque ville donne des sobriquets odieux ou ridicules aux villes voisines: cet acharnement se fait aussi remarquer dans les campagnes; et, si vous voyez deux ou trois personnes assises devant la porte de leur maison, vous pouvez parier que la conversation n'est pas au profit du voisin. Voulons-nous rétablir la paix sur notre continent? Faisons pour l'Europe ce que nous avons fait pour la France. Éclairons les hommes, délivrons-les de leurs erreurs; et la haine naturelle entre voisins se changera en amour pour la loi commune qui, toujours impassible, ne fléchira pas sous la fougue des passions locales...[...] Un département n'est pas sous la dépendance d'un autre département, mais une petite république sera plus ou moins sous la protection d'une grande république; or, voilà un germe d'aristocratie dont les développements coûteront cher aux protecteurs et aux protégés.

Tout se nivelle, tout se simplifie, toutes les barrières tombent et l'immense attirail qui gêne l'action du gouvernement disparaît avec les fédérations nationales. Supposons un instant que la France fût une île inconnue au reste du monde; son gouvernement délivré des inquiétudes vicinales serait d'une simplicité admirable. La législature deviendrait moins nombreuse et le Comité exécutif aurait des vacances. Eh bien! le globe que nous habitons est une île médiocre qui flotte autour du soleil. Calculez d'avance le bonheur dont jouiront les citoyens lorsque l'avarice du négoce et les jalousies du voisinage seront contenues par la loi universelle, lorsque les ambitions inciviques seront éclipsées par la majesté du genre humain...

Oui, citoyens, l'univers sera un jour aussi jaloux de l'unité du genre humain que vous l'êtes maintenant de l'unité de la France.

Bases constitutionnelles de la République du genre humain, 1793.

SAINT-JUST, (1767-1794), **1794**

Serait-ce donc pour ménager des jouissances à ses tyrans que le peuple verse son sang sur les frontières, et que toutes les familles portent le deuil de leurs enfants? Vous reconnaîtrez ce principe: que celui-là seul a des droits dans notre patrie, qui a coopéré à l'affranchir. Abolissez la mendicité qui déshonore un État libre; les propriétés des patriotes sont sacrées, mais les biens des conspirateurs sont là pour tous les malheureux. Les malheureux sont les puissances de la terre; ils ont le droit de parler en maîtres aux gouvernements qui les négligent. Ces principes sont éversifs (1) des gouvernements corrompus; ils détruiraient le vôtre, si vous le laissiez corrompre; immolez donc l'injustice et le crime, si vous ne voulez point qu'ils vous immolent [...]

Que rien de mal ne soit pardonné ni impuni par le gouvernement; la justice est plus redoutable pour les ennemis de la République que la terreur seule. Que de traîtres ont échappé à la terreur, qui parle, et n'échapperaient pas à la justice, qui pèse les crimes dans sa main! la justice condamne les ennemis du peuple et les partisans de la tyrannie parmi nous à un esclavage éternel. La terreur leur en laisse espérer la fin; car toutes les tempêtes finissent, et vous l'avez vu. La justice condamne les fonctionnaires à la probité; la justice rend le peuple heureux et consolide le nouvel ordre des choses; la terreur est une arme à deux tranchants, dont les uns se sont servis à venger le peuple, et d'autres à servir la tyrannie; la terreur a rempli les maisons d'arrêt, mais on ne punit point les coupables; la terreur a passé comme un orage. N'attendez de sévérité durable dans le caractère public, que de la force des institutions. Un calme affreux suit toujours nos tempêtes, et nous sommes aussi toujours plus indulgents après qu'avant la terreur.

Les auteurs de cette dépravation sont les indulgents (2), qui ne se soucient pas de demander de compte à personne, parce qu'ils craignent qu'on ne leur en demande à eux-mêmes; ainsi, par une transaction tacite entre tous les vices, la patrie se trouve immolée à l'intérêt de chacun, au lieu que tous les intérêts privés soient immolés à la patrie. [...]

Il s'est fait une révolution dans le gouvernement; elle n'a point pénétré l'état civil. Le gouvernement repose sur la liberté, l'état civil sur l'aristocratie, qui forme un rang intermédiaire d'ennemis de la liberté entre le peuple et vous; pouvez-vous rester loin du peuple, votre unique ami? Forcez les intermédiaires au respect rigoureux de la représentation nationale et du peuple. Si ces principes pouvaient être adoptés, notre patrie serait heureuse, et l'Europe serait bientôt à nos pieds.

Jusqu'à quand serons-nous dupes, et de nos ennemis intérieurs par l'indulgence déplacée, et des ennemis du dehors dont nous favorisons les projets par notre faiblesse? Épargnez l'aristocratie, et vous vous préparerez cinquante ans de troubles. Osez! ce mot renferme toute la politique de votre révolution.

L'étranger veut régner chez nous par la discorde; étouffons-la en séquestrant nos ennemis et ses partisans. Rendons guerre pour guerre. Nos ennemis ne peuvent plus nous résister longtemps; ils nous font la guerre pour s'entre-détruire. Pitt (3) veut détruire la maison d'Autriche, celle-ci la Prusse, tous ensemble l'Espagne; et cette affreuse et fausse alliance veut détruire les Républiques de l'Europe.

Pour vous, détruisez le parti rebelle; bronzez (4) la liberté; vengez les patriotes victimes de l'intrigue; mettez le bon sens et la modestie à l'ordre du jour; ne souffrez point qu'il y ait un malheureux ni un pauvre dans l'Etat; ce n'est qu'à ce prix que vous aurez fait une révolution et une République véritable; eh! qui vous saurait gré du malheur des bons et du bonheur des méchants?

Rapport présenté à la Convention au nom des Comités de Salut Public et de Sûreté Générale, «Sur les personnes incarcérées», 26 février 1794 (8 ventôse an II).

La Terreur avait été mise à l'ordre du jour le 5 septembre 1793, se soldant par l'arrestation de plusieurs centaines de milliers de « suspects », jugés par des tribunaux d'exception dont les sanctions étaient sans appel. En octobre 1793 furent ainsi condamnés et exécutés, entre autres, Marie-Antoinette et les Girondins. Au début de 1794, Robespierre se heurta, parmi les Montagnards eux-mêmes, à deux factions: celle des hébertistes (voir n° 177 a) qui accusaient le Comité de Salut Public d'être trop modéré, et celle des Indulgents (autour de Danton et de Camille Desmoulins), qui condamnaient la Terreur et demandaient l'élargissement des «suspects». Saint-Just, au nom des deux Comités de Salut Public et de la Sûreté générale, présenta à la Convention un rapport pour tenter de désarmer l'une et l'autre faction: le cas des personnes détenues serait examiné, mais les biens des «personnes reconnues ennemies de la Révolution» seraient acquis à la République.

(1) Destructeurs.
(2) La faction des Indulgents, menée par Camille Desmoulins dans le Vieux Cordelier, *et soutenue par Danton, qui condamne la Terreur.*
(3) Premier ministre anglais.
(4) Coulez dans le bronze.

177 a PRESSE RÉVOLUTIONNAIRE

Le Père Duchène *d'Hébert, qui parut de 1790 à 1794, est sans doute le plus célèbre des journaux révolutionnaires, et le plus lu. Tiré certainement à plusieurs dizaines de milliers d'exemplaires en 1793, il était diffusé dans les armées, dans la rue et dans les sociétés populaires, où il faisait l'objet de lectures publiques, ainsi que l'atteste cet extrait de compte-rendu de l'une d'elles :* « Le tumulte recommence encore et dure très longtemps, c'était à qui se rendrait maître de la tribune... Pour calmer les esprits, le citoyen Derche demanda à lire le **Père Duchène qui était bougrement en colère contre les accapareurs de tous les genres. Le Père Duchène fit des** merveilles, on entendit avec plaisir ses grandes vérités, toujours accompagnées d'expressions énergiques, et les conseils de cet infatigable défenseur des sans-culottes firent plus d'effet dans cette circonstance que tous les démosthènes qui avaient auparavant assiégé la tribune. » *(1)*

Dans ce numéro du 6 octobre 1793, qui s'inscrit dans la campagne des sans-culottes pour l'ouverture du procès des Girondins et leur exécution (qui aura lieu le 30 octobre 1793), le Père Duchène imagine une parade au supplice de tous ces « ennemis de la nation », inspirée par la tradition du théâtre de foire (voir n° 94).

(1) Compte-rendu de la réunion du 22 août 1793, Société populaire de Caen.

---

(1) Le roi d'Angleterre.

(2) Gasconnades.

(3) De musc, « faquin rempli de musc, parfumé de toutes sortes d'odeurs » (D'Hautel, Dictionnaire du bas-langage, *1808), c'est-à-dire aristocrate.*

(4) Allusions aux mouvements fédéralistes marseillais et lyonnais, inspirés par les girondins.

Hébert d'après Gabriel.

Je voudrais, foutre, lorsque l'on conduira tous ces brigands au supplice, qu'ils fussent revêtus de toutes les prétintailles des dignités qu'ils se flattaient d'obtenir, en faisant la contre-révolution ; que Milord Brissot, dans la charrette de Samson, eût à côté de lui deux mannequins, l'un représentant le roi Georges Dandin [1], et l'autre son ministre Pitt, tenant des sacs remplis de guinées, pour le récompenser d'avoir mis les Colonies à feu et à sang, et allumé la guerre civile d'un bout de la république à l'autre. Je voudrais que le cuistre Carra fût placé également entre deux mannequins ressemblant au roi de Prusse et au duc d'York, qui auraient l'air de marchander avec lui la couronne de France. Je voudrais que le prophète Isnard, avant de grimper sur le fatal théâtre, lorgnât avec une bonne lunette d'approche, au beau milieu du pont de la Révolution, pour lui faire voir les deux rives de la Seine, et lui prouver que Paris existe encore, et qu'il existera encore quelques milliers de siècles, malgré les gascons [2] dont il nous a menacé. Je voudrais que Guadet, Vergniaud, Gensonné, Grangeneuve, Fonfrède, et le petit Ducros, que Marat appelait le furet de la Gironde, fussent couverts de cordons bleus, caparaçonnés de robes rouges, de simares et de toutes les foutarades de l'ancien régime, que ces coquins préféraient aux couleurs de la liberté, et qu'ils se flattaient de recevoir des mains de l'avorton du Temple, s'ils avaient pu lui donner la clef des champs, et transporter la Sainte Ampoule à Bordeaux, pour graisser de la tête aux pieds cet embryon maudit. Jusqu'à ce que nous voyons défiler cette mascarade, si le sapajou Gorsas n'y peut figurer en réalité, il faudra du moins y voir sa ressemblance, tenant sous le bras une balle de coton, pour signifier la charge honorable qui lui était réservée à la cour du roi Louis XVI.

Il ne faudra pas oublier le muscadin [3] Louvet : que le friand paraisse barbouillé de confitures de la vieille Roland, et chargé de boîtes de dragées, de pistaches et de marrons glacés ; et toi, misérable barbouilleur à la toise, grapillard Dulaure qui as si perfidement abandonné les gros pendards de maman Lejay, pour aller flâner dans le boudoir de la reine Coco, quel rôle joueras-tu dans cette cérémonie ? Pendard pour pendard, il fallait plutôt t'en tenir à ceux qui faisaient doucement bouillir ta marmite, que d'aller trancher du Girondin et du Brissotin. Qui trop embrasse, mal étreint ; et toi, Philippe d'Orléans, quel sera ton rôle ? Ton corps sera vêtu, d'un côté, d'une souguenille de Sans-culotte, et de l'autre, d'un manteau royal ; ton front bourgeonné sera couvert de la moitié d'un bonnet rouge et d'une demi-couronne.

Le reste ne vaut pas l'honneur d'être nommé. Cependant, foutre, je ne serai pas fâché de voir fermer la marche par le prélat Fauchet, avec son habit d'ordonnance, accompagné de Poignard Duperret ; ce dernier baisera tendrement l'effigie de Charlotte Corday, tandis que le saint évêque du Calvados lui donnerait la bénédiction pour l'encourager à faire perdre le goût du pain à l'ami du peuple.

Voilà, foutre, le supplément que je propose à l'appareil du supplice de ces monstres qui ont occasionné tous les malheurs de la France, qui ont fait égorger plus de deux millions d'hommes, et qui avaient juré la mort de tous les patriotes. Je ne m'attends pas que l'on exécute ce que je propose, car ces brigands ont encore de puissants amis ; on va feuilleter tout le grimoire de la chicane, pour les empêcher de mettre la tête à la fenêtre ; mais j'espère que tous leurs défenseurs tireront des coups d'épée dans l'eau. Les crimes de ces brigands sont trop avérés, pour qu'on puisse les nier. Si des scélérats qui ont employé le vert et le sec pour sauver Capet, qui nous ont mis aux prises avec toute l'Europe, qui ont allumé la guerre de la Vendée, qui ont fait massacrer les patriotes à Lyon et à Marseille [4], qui ont livré Toulon aux Anglais, qui avaient vendu tous nos ports aux étrangers qui voulaient raser Paris, ne sont pas coupables, je dirai que tous les juges sont leurs complices ; mais non, foutre, les jurés sont de bons Sans-Culottes. Ça ira, foutre.

le Père Duchène, n° 294
6 octobre 1793.

La formule du Père Duchêne fit fureur. De nombreuses publications s'inspirèrent du style vigoureux d'Hébert, y compris des feuilles de droite. En voici un exemple daté de février 1791, de source manifestement monarchienne et anti-jacobine.

Nous avons ici gardé l'orthographe originale.

LA GRANDE COLÈRE DU PÈRE DUCHÈNE,

Sur l'argent arrêté hier dans la rue Saint-Martin.

Mille millions de calotes d'aristocrates renforcés ; les sacrés mille bougres ne nous fouterons jamais la paix, les jean-foutres font tout ce qu'ils peuvent pour nous faire hacher les uns et les autres comme chair à pâté : si l'on vous croyoit, MM. les b... , chacun dégaineroit son couteau, et en fouteroit tout au travers du corps de son voisin ; mille nom de poulets rôtis chantans encore à la broche, vous n'aurez pas ce plaisir.

Vous comptiez bien hier avec vos sacrés harengs nous f... le tour ; mais vous avez été bougrement trompés ; vous aviez calcul qu'aussi-tôt qu'on auroit décoiffé les caques, on alloit massacrer les voituriers, cela vous auroit beaucoup diverti ; un pied de nez s'est déjà placé sur le nez de votre foutu visage en plus d'une occasion ; au lieu d'un il y en aura deux.

Qu'allez-vous dire, mille bombardement de vaisseaux coulés bas devant Alger, prétendez-vous que ce n'est pas vous qui enleviez notre argent ; voyons, raisonnons, car par fois le père duchêne raisonne, et quant il se met à raisonner, il raisonne tout aussi bien qu'un autre.

L'aristocrate. Ah ! ça, père duchêne, votre bile doit être bien épanchée, il y a assez long-tems que je vous laisse aller, tous vos jurons à part, qui ne mènent à rien ; j'ai cru apercevoir dans vos discours que vous étiez de bonne foi. Réellement vous croyez donc que ce sont les aristocrates qui ont fait enlever ces prétendues tonnes chargées d'or et d'argent.

Père Duchêne. Comment sacré mille tuyaux de pipe lancés dans le corps d'un aristocrate, si je le crois, f..., je le crois comme article de foi.

L'aristocrate. Père Duchêne, ne vous emportez pas ; vous m'avez promis de raisonner, raisonnons : quelles sont vos preuves ?

Père Duchêne. Mes preuves, j'en ai mille.

L'aristocrate. Quelles sont-elles ? donnez m'en seulement une.

Père Duchêne. Eh bien ! puisque vous en voulez, nous allons vous-en f... tout au travers de la figure ; qui diable pourroit-il être, si ce n'étoit pas les aristocrates.

L'aristocrate. Eh ! père Duchêne, sous le nom d'aristocrate qu'entendez-vous ?

Père Duchêne. J'entends les b... de calotins, et nos ci-devant gentilshommes.

L'aristocrate. Père Duchêne, vos notions ne sont pas très-justes.

Père Duchêne. Je le sais f... bien ; mais vous allez me dire que ce sont les aristocrates qui dominent ; je le sais f... bien, ah ! oui c'est vrai.

L'aristocrate. Père Duchêne, nous voilà revenus au principe, vous avez raison ; d'après cette définition croyez-vous que ce soit les calotins et les gentilshommes qui soient aristocrates ; sont-ils actuellement dominants ; ce nom ne conviendroit-il pas mieux aux jacobins ?

Père Duchêne. Allons, f..., vous allez donc encore tomber sur le corps de ces bons patriotes, de ces grands défenseurs du peuple, de ces gens qui sacrifient tout pour notre révolution.

L'aristocrate. Père Duchêne, de bonne foi, s'il y a des gens à qui la révolution coûte des sacrifices, ce ne sont pas sûrement les jacobins, des gens qui n'avoient rien, et qui se trouvent réunir à eux seuls toutes les autorités et tous les moyens de s'enrichir, ce ne sont pas des gens qui perdent à la révolution, ce sont au contraire les seuls qui y gagnent.

Père Duchêne. Mais je crois dieu me pardonne, que vous avez raison, f... Dans le fait, je n'y avois pas pris garde ; si les jacobins ne sont pas tout-à-fait des aristocrates, ils frisent de bien près l'aristocratie !

L'Aristocrate. Actuellement, père duchêne, que nous sommes assez d'accord sur ces mots, revenons à nos moutons. Il étoit, je crois, question entre nous, des voitures chargées d'argent qu'on a arrêtées avant hier.

Père Duchêne. Oui, f..., c'est cela même : me direz-vous que ce sont les Jacobins qui ont fait enlever cet argent : oh pour celui-là, va-t-en voir s'ils viennent Jean.

L'Aristocrate. Raisonnons, père duchêne, ne commençons point par nous dire des sottises, et nous sortirons de cet embarras ; d'aignez seulement m'écouter, je vais vous donner des preuves.

Père Duchêne. Allons, f..., puisqu'il le faut, allons jusqu'au bout ; mais, dépêchez-vous sur-tout, car il est midi, et j'ai promis d'être à une heure à l'observatoire pour y vendre une belle paire de fourneaux.

De l'Imp. de Chaudriet, rue de Chartres.

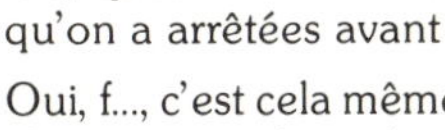

LE PÈRE DUCHÈNE.

Bougrement en colère de ce qu'on l'a fait joyeux.

J. B. Eh bien ! tu ne ris plus aujourd'hui, père Duchêne.

P. D. De quoi diable veux-tu que je ris ? me prends-tu pour un b... de fou qui ris pour rien, f....

J. B. Mais, de ce dont tu riois hier. Comment diable ! toi qui en as pour si long-temps à rire quand tu t'y mets, sacrédié ! car comme ta bouche alors va jusqu'aux oreilles, il lui faut, f...,

A

Le Père Duchène, (BN).

JACQUES ROUX, 1793

Exercice des droits de l'homme et du citoyen, (BN).

Jacques Roux, le « curé rouge», publia un journal intitulé Le Publiciste de la République française, par l'ombre de Marat, l'Ami du Peuple, Auteur de plusieurs ouvrages patriotiques, *qui diffusait, avec une rhétorique un peu plus classique que celle d'Hébert, les thèses extrémistes des Sans-Culottes.*

Peuple trop crédule ! jusqu'à quand confieras-tu tes destinées suprêmes, la défense de tes foyers et de ta liberté aux satellites du despotisme, à des individus couverts de la tête jusqu'aux pieds de la lèpre aristocratique, à des royalistes qui ont la gangrène dans l'esprit et dans le cœur ? Jusqu'à quand laisseras-tu à ceux qui conspirent, en naissant, contre tes droits, les moyens de te trahir, de t'enchaîner et de te poignarder ? O honte ! ô rage du dix-huitième siècle ! qui pourra croire que les Français qui ont secoué le joug des préjugés, aient conféré le commandement des armées à des *nobles,* et qu'ils les aient associés à la gloire d'occuper les places les plus distinguées de l'administration ! Eh quoi ! les nobles fournissent en numéraire des secours aux émigrés, et vous leur confiez la garde de la trésorerie nationale ! ils font passer des armes à vos ennemis, et vous les chargez de veiller à votre artillerie ! ils cherchent à mettre le feu à vos magasins à poudre, et vous les placez en sentinelle près des arsenaux ! Ils méditent l'enlèvement de la famille des Capets, et vous les mettez en faction près la tour du Temple ! ils trempent enfin dans les complots des conspirateurs, et vous les envoyez garder les prisons, l'hôtel des monnaies, les greffes des tribunaux, les titres et les effets précieux déposés aux archives de la nation !

Représentants du peuple, braves montagnards, vous venez de nous donner une constitution qui est l'étoile du salut public ; sans doute que vous vous occuperez du soin d'expulser de nos armées les *nobles* : jamais des hommes attachés à la ci-devant caste privilégiée ne défendront la représentation nationale, ils ne cessent de l'avilir. Jamais ils ne vengeront la liberté outragée, ils sont les valets des rois. Jamais ils ne verseront leur sang pour la patrie, ils en ont juré la ruine. Ainsi, les armes que les *nobles* ont entre les mains, sont de véritables poignards ; les *nobles* ne sont pas des citoyens, mais des janissaires ; ils ne sont pas des soldats, mais des assassins.

Sous le règne des lois fondées sur la liberté et l'égalité, c'est une erreur, c'est une folie, c'est un crime, d'élever aux fonctions publiques ceux qui portent en naissant la livrée de l'esclavage, qui sont pliés et façonnés au joug de la servitude, et qui ont jusqu'au tombeau une attitude servile... Les traîtres ne se convertissent jamais... Ceux qui ont vécu des vices et des prostitutions de la cour ; ceux qui faisaient mourir longuement dans les cachots le philosophe qui prêchait l'humanité et la tolérance ; ceux qui buvaient dans des coupes dorées le sang du peuple ; ceux qui ont versé des larmes sur la tombe du dernier roi des Français ; ceux qui ont entré dans les conciliabules des généraux qui ont passé le Rhin ; ceux qui ne vivaient que de privilèges, d'exactions et de concussions ; ceux qui achetaient le droit de faire périr l'innocent sur l'échafaud ; ceux qui, de pères en fils, ont fait la ferme du sang du peuple ; des fanatiques, enfin, avilis par le libertinage, qui vendaient aux mourants le DIEU qu'ils allaient recevoir, tous ces scélérats qui se croyaient des Dieux sur la terre, et qui n'étaient pas des hommes, ces monstres n'aimeront jamais une révolution qui élève les citoyens qui rampaient autrefois dans la poussière ; une révolution qui n'accorde pas la fortune et les dignités au hasard de la naissance et à l'intrigue, une révolution qui ne rend hommage qu'aux talents et à la vertu. [...]

Les Assignats et le pauvre hère, (Snark).

En fait de révolution, le seul moyen de la consolider, c'est d'écraser les traîtres dans la fureur de la guerre ; c'est d'imprimer le fer rouge de l'ignominie sur le front des royalistes ; c'est de faire briller le glaive de la loi sur les têtes coupables... Un peuple libre ne capitule jamais avec des rebelles. Il les dénonce, il les poursuit, la justice les frappe. C'est là la conduite que la Convention nationale doit tenir envers les administrateurs de Lyon, de Marseille, et des autres villes qui ne sont pas rentrées dans le giron de la république, envers ceux qui ont provoqué la coalition fédérative, envers ceux qui se sont réunis à l'armée des contre-révolutionnaires du Calvados et de la Vendée. Les rétractations que les lâches font, ne sont que des actes d'hypocrisie, la liberté et la république sont sur leurs lèvres ; le royalisme et l'esclavage sont dans leur cœur. Représentants du peuple, montrez un front d'airain : les traîtres ne se jettent à nos genoux que pour paralyser nos moyens de défense, que pour avoir le temps de composer leur poison, et nous étrangler avec facilité. Nous avons juré la liberté et la république ; nous serons fidèles à ce serment : mais aussi, montagnards, soyez sévères envers les tyrans du dedans, comme les sans-culottes sont terribles envers ceux du dehors. N'écoutez aucunes propositions d'accommodement : si les scélérats qui ont trahi la patrie, sont sincèrement convertis, eh bien ! en montant à l'échafaud, ils crieront : *vive la République !*

le Publiciste de la République française,
27 juillet 1793.

ALBERT SOBOUL, 1976

Les lectures de la plupart des militants ne paraissent pas être allées au-delà de quelques brochures d'actualité. Les plus instruits eux-mêmes ne semblent pas avoir eu une connaissance directe de la pensée philosophique ou politique du siècle : tout au plus une connaissance indirecte par la presse ou les discours des Jacobins ou des Cordeliers, repris le plus souvent dans les sociétés populaires de quartier. C'est ainsi vraisemblablement que la pensée de Rousseau finit par imprégner les plus actifs et les plus conscients des militants populaires en l'an II.

Plus encore en effet que la lecture personnelle des ouvrages des philosophes, des discours imprimés ou des journaux, la lecture en public a constitué un moyen efficace de diffusion et d'audience des principaux thèmes philosophiques et révolutionnaires dans les milieux populaires. De nombreux militants, et qui ne savaient ni lire, ni écrire, occupèrent des fonctions sectionnaires. Ils étaient imprégnés d'un certain nombre d'idées qui, comme par osmose, circulaient des catégories plus cultivées aux couches sociales les plus humbles. Ainsi s'explique que les théories de Rousseau en matière de souveraineté populaire aient été vaguement partagées par des hommes qui n'avaient jamais lu le *Contrat social.*

Les sociétés populaires qui, au niveau des sections, relayaient les Jacobins, jouèrent en ce domaine un rôle important ; elles contribuèrent efficacement à l'éducation idéologique de la sans-culotterie parisienne. *L'instruction* tenait toujours une place importante dans le déroulement des séances. Lecture des journaux patriotes, des discours prononcés à la Convention ou aux Jacobins, des décrets et des lois, discours civiques ou moraux par des militants, récitation par des enfants de la Déclaration des Droits : ainsi commençaient généralement les séances. Dans l'hiver et au printemps de l'an II, les grands rapports de Robespierre *Sur les principes du gouvernement révolutionnaire* (5 nivôse an II - 25 décembre 1793), *Sur les principes de morale politique qui doivent guider la Convention* (18 pluviôse an II - 5 février 1794), *Sur les rapports des idées religieuses et morales avec les principes républicains* (18 floréal an II - 7 mai 1794) furent ainsi lus et relus dans les sociétés populaires et les sections parisiennes.

L'influence de la presse populaire était elle aussi multipliée par la lecture qu'on en faisait régulièrement le soir dans les sociétés sectionnaires et les assemblées générales : elle exerçait ainsi une influence autrement considérable que ne le laisseraient supposer ses modestes tirages. Bien plus, dans la journée, sur les places publiques ou sur les chantiers, les travailleurs ou les passants se groupaient autour de lecteurs publics. Marat passe pour avoir lu le *Contrat social* au peuple de Paris dès 1788 ; et, au printemps 1789, Camille Desmoulins au Palais-Royal. Au printemps 1793, l'*enragé* Varlet menait sa propagande dans les rues de Paris, du haut d'une tribune roulante. Il n'était pas le seul. Le 15 octobre 1793, sur le pont au Change, deux orateurs montés sur des tréteaux lisaient des feuilles patriotiques, au milieu d'un groupe fort nombreux : l'une consistait en « un dialogue entre l'abbé Maury qui cherche à éviter la vengeance des lois et le Père Duchesne qui lui donne l'hospitalité », l'autre était un *Abrégé des crimes des rois.* Un certain Collignon s'intitulait *le lecteur public des sans-culottes :* depuis le début de la Révolution, il lisait sur les places et dans les spectacles un catéchisme républicain qu'il avait composé lui-même.

En octobre 1793, la section parisienne de l'Arsenal et la société populaire de l'Harmonie sociale demandèrent « vu l'insuffisance des presses pour éclairer le peuple », « l'organisation d'une publicité vocale, par le moyen d'un journal fait exprès pour le peuple et lu jusque dans les villages par les fonctionnaires publics et les lecteurs publicistes ». Si la pétition de l'Arsenal ne fut pas retenue par les autorités qui se défiaient des orateurs populaires, les lectures publiques n'en continuèrent pas moins dans les rues et sur les chantiers jusqu'en l'an III. Le 1er prairial (20 mai 1795), à dix heures du matin, le tailleur de pierre Closmesnil, juché sur un échafaudage, lisait à plus de cent ouvriers des chantiers du Panthéon une feuille jugée subversive ; il fut arrêté. Dans une pétition en sa faveur, ses camarades déclarent qu'ils l'avaient choisi « rapport à son organe et à sa complaisance, pour lire tous les jours, à l'heure du repas, le journal dit *L'Auditeur national,* que nous payons en communauté pour nous éclairer avec fraternité les uns et les autres ». Le cas des chantiers du Panthéon n'était certainement pas isolé.

Ainsi par la propagande orale ou la littérature de colportage, la pensée du siècle s'infiltrait fort avant dans les milieux populaires, et comme se diluant. De la bourgeoisie montagnarde ou jacobine aux couches inférieures illettrées, la formulation s'infléchit et déforme la pensée originelle : le fonds commun est le même, il vient de Rousseau. Un public plus large et plus averti, combien différent de l'ancienne société polie, était prêt à accueillir les genres nouveaux que suscitait le choc révolutionnaire.

Histoire littéraire de la France,
t. 6, Editions Sociales, 1976.

Le Sueur, *Club des citoyens,* (Snark).

178 Antoine RIVAROL (1753-1801)

Rivarol, (BN).

Le plus brillant des pamphlétaires monarchistes écrivit successivement dans la feuille que publiait l'abbé Sabatier de Castres, le Journal politique national, *puis dans celle de Peltier, les* Actes des Apôtres. *En 1790 il publia un* Petit Dictionnaire des grands hommes de la Révolution, *qui tournait en ridicule, avec une verve féroce, tous les meneurs révolutionnaires. En 1792, il fut obligé de s'exiler, et mourut à Berlin en 1801.*

« Projet de décret, présenté à l'Assemblée par M... »

« Messieurs,

« Ce serait en vain que vous auriez changé les mœurs de la nation et de l'univers entier, l'œuvre est incomplète et il est de votre sagesse, ainsi que de votre gloire, d'achever par un décret qui régénère le monde physique, et le rende conforme au monde moral que vous venez de créer. Il répugne que les hommes présentent le spectacle d'une égalité ravissante qui est le droit de leur nature et dont ils n'ont pas joui jusqu'à vous et qu'ils soient aussi inégalement traités par le ciel qui semble s'être plu à faire des pauvres et des riches, des heureux et des malheureux, des jours de douze heures pour les uns et de huit pour les autres, de seize heures en un lieu, en un temps de l'année, et de dix heures dans le même lieu en un autre temps : qui brûle ceux-ci par un soleil dévorant, tandis qu'il glace ceux-là, et les tue par un froid insupportable, qui se joue des pauvres humains par un despotisme que votre souffle doit détruire, tantôt en ravageant leurs possessions par des foudres et des tempêtes, en marquant même des victimes particulièrement choisies parmi les états les plus précieux de la société, tantôt en submergeant des contrées entières. Il est contradictoire qu'une même famille éprouve des vicissitudes frappantes qui mettent entre ses membres plus de différence qu'il n'y en a de l'éléphant à la fourmi. L'immortel Américain dont vous portiez le deuil il y a peu de jours, comme les représentants consternés de sa perte, Franklin, avait arraché le sceptre aux tyrans et aux cieux la foudre. Vous ne lui céderez pas, messieurs, en déployant toute l'étendue du pouvoir qui vous est réservé, vous vous assurerez la reconnaissance des races futures, jusqu'au temps qu'il vous plaira de fixer pour la consommation des siècles.

« Je propose donc de décréter les articles ci-après :

« *Article premier :* à compter du 14 juillet prochain, les jours seront égaux aux nuits pour toute la surface de la terre, le jour commençant à cinq heures.

« *Article II :* au moment où le jour finira, la lune commencera à luire et elle sera dans son plein jusqu'au lever du soleil.

« *Article III :* il régnera constamment d'une extrémité à l'autre du globe une température modérée et toujours égale.

« *Article IV :* la foudre et la grêle ne tomberont jamais que sur les forêts. L'humanité sera à jamais préservée des inondations, et la terre, dans toute son étendue ne recevra plus que de salutaires rosées qui la feront fructifier à l'avantage de tous ses habitants sans distinction.

« *Article V :* le présent décret sera envoyé à toutes les municipalités et rendu public dans les deux hémisphères. Et le Sieur Blanchard sera chargé de faire un ballon extraordinaire pour, accompagné de deux honorables membres, aller le publier dans la région éthérée, afin que nul n'en puisse prétendre cause d'ignorance. Un détachement des plus braves de la garde de Pontoise, sous le commandement de M. de Lameth, protégera le ballon contre les entreprises des aristocrates, qui pourraient se présenter sur la route, tels que Charlemagne, Louis IX.

« *Article VI :* le pouvoir exécutif veillera à l'exécution dudit décret et enjoindra aux municipalités de dresser procès-verbaux de contravention, lesquels seront envoyés à l'Assemblée, pour y être statués sans que l'on puisse ajourner ni envoyer aux comités des rapports et même passer à l'ordre du jour. »

les Actes des Apôtres, 1790.

*1 — Relevez et classez, dans le texte de Rivarol, les procédés de la parodie*du style des Discours à l'Assemblée.*

2 — Quels sont les travers que dénonce Rivarol chez les orateurs révolutionnaires ? En quoi se révèle-t-il avant tout un homme d' « ordre » ?

3 — Comparez les procédés de l'ironie chez Rivarol à ceux de Voltaire dans la Lettre d'un bénéficier au jésuite Le Tellier, *nº 139, et à ceux de Swift, dans sa* Modeste proposition, *nº 129. Quel est le fonctionnement logique essentiel commun à ces trois textes ?*

LA PROFESSION DE FOI DU VÉRITABLE PÈRE DUCHESNE.

*4 — Quels sont les traits essentiels du style d'Hébert (voir nº 177 a) que ce pastiche*a retenus ?*

5 — Sur quels points l'argument de ce texte, avec d'autres moyens stylistiques, rejoint-il celui de Rivarol ?*

Un autre Père Duchesne *monarchiste (voir nº 177 a), dont l'auteur mobilise J.J. Rousseau pour une cause que celui-ci n'avait certainement pas prévue...*

Nous avons ici respecté l'orthographe originale.

On va braillant par-tout que je suis bougrement patriote, et on me fait raisonner comme un foutu extravagant. Sacré-ventre d'aristocrate ! je souffrirois ça plus long-temps ? Non, foutre, il faut qu'on me connoisse à la fin pour ce que je suis, et foutre ici ma profession de foi tout au long, afin qu'on sache, une fois pour toutes, de quel bois se chauffe le véritable père Duchesne. [...]

On a prétendu faire du contrat social de J.J. Rousseau, la base de notre constitution ; voici ce que je crois sur tout ça. [...]

On commence la sacrée besogne par déclarer que le royaume de France est monarchique, et l'on veut larder son gouvernement de principes républicains ? Du foutre ; je croirai toujours qu'avec tout ça, on ne peut faire qu'une foutue fricassée, et qu'on a pris son cul pour ses chausses.

Je crois encore, et foutre je croirai tant que le corps me battra dans l'ame, que l'homme n'a de droits que quand le bougre a rempli ses devoirs, parce qu'on ne partage dans le bénéfice qu'après avoir fait ses fonds : c'est, foutre, clair comme le jour. Il falloit donc lui apprendre ses devoirs avant de lui apprendre ses droits. Je crois donc qu'on a foutu la charrue avant les bœufs : qu'on me réponde à ça, foutre;

Je crois que la souveraineté réside dans la volonté générale, et que cette volonté générale ne peut être suppléée par une poignée d'individus appellés représentans, et que cette poignée d'individus ne sont et ne peuvent être, que des commissaires nommés par le peuple, de simples porteurs de paroles, chargés par lui de porter au pied du trône le vœu général, exprimé dans les cahiers dont on a eu soin de les munir. Or, quand je verrai ces commissaires, ces porteurs de paroles foutre leurs cahiers de côté, s'ériger en législateurs, et me donner leurs bougres de rêveries pour ce vœu général, je dirai, du foutre, ce n'est pas ça ; on n'en recoule pas au père Duchesne ; mais quand on s'est fait foutre quarante mille bayonnettes à ses ordres, on se fout de tout et on va toujours son train. Veut-on entendre J. J. lui-même ? Eh bien ! foutre, écoutez, c'est lui qui va parler.

» Par la même raison que la souveraineté est inaliénable, elle est indivisible, car la volonté est générale, ou » elle ne l'est pas ; elle est celle du corps du peuple, *ou » seulement d'une partie :* dans le premier cas, cette » volonté déclarée, est un acte de souveraineté, *et fait la » loi ;* dans le second, ce n'est qu'une volonté particu- » lière, ou un acte de magistrature, *c'est un décret,* tout » au plus ».

Voilà foutre, du positif : qu'on ne me foute donc pas un décret pour une loi, car je ne suis pas un bougre à prendre des vessies pour des lanternes. Il n'étoit pas manchot, ce sacré J. J. ! Le chien en savoit long ! Si je l'avois connu, il auroit bien fallu qu'il bût bouteille avec le père Duchesne, ou le diable lui auroit plutôt tordu son col. Il devoit y avoir du plaisir à l'écouter. [...]

Je crois que votre sacrée gueuse de liberté est un mot dont on abuse bougrement fort, et que sitôt qu'on en passe les bornes, ce n'est plus que de la licence toute pure, et pas un foutre avec ; et voilà ce qu'il auroit fallu prévoir.

Je crois qu'il ne faut débrider un cheval qu'après l'avoir dressé à obéir au commandement ; sans quoi, il fout le camp : rattrappe-le si tu peux. [...]

Je crois ; et je crois bougrement sûr, qu'on n'aura jamais un moment de tranquillité, tant qu'on ne me foutra pas à bas tous ces sacrés gueux d'attroupemens, multipliés sous le nom de *clubs.* A quoi c'est-il bon ? A foutre le trouble et la division d'un bout du royaume à l'autre. Qui leur a permis de se donner des présidens, des comités, des commissaires, des secrétaires, que sais-je, moi ? Un diable qui les confonde ! Qui leur a foutu leur mission ? Où est leur autorité ? S'ils ne faisoient que comme les francs-maçons, jouer un moment à la chapelle et boire leur goutte fraternelle ensemble, passe. Chez ces derniers il est défendu de parler de l'état, ni de la religion ; et on sait que les autres ne s'occupent d'autre chose : et on tolère ça ! Et on le permet ! Et on le protège !... Foutre, il faut être bougrement enrhumé du cerveau pour n'en pas sentir les conséquences. Mais la liberté !... Dites donc, foutre, l'abus de la liberté : au foutre, toute liberté qui est pernicieuse : or, elle est non-seulement pernicieuse, mais elle est criminelle quand elle va contre la loi. [...]

D'ailleurs n'avons-nous pas assez de preuves que tous ces sacrés tripôts de bavards-là ont tous des maximes différentes ? Il faut donc les foutre à bas, comme n'étant propres qu'à semer la zizanie et le désordre : s'ils pensoient tous de même, il faudroit encore les foutre à bas comme inutiles.

Est-ce encore en vertu de la liberté, que depuis deux ans on ne m'a pas encore foutu dans un cul de basse-fosse, ou aux galbanons de Bicêtre à perpétuité, un tas de sacrés misérables gueux de journalistes soudoyés, qui n'ont cessé de prêcher au peuple l'insubordination, la révolte, le meurtre et le carnage, qui n'ont pas passé un seul jour sans vomir contre le roi et la famille royale, les blasphêmes les plus atroces, sans insulter avec une audace bougrement punissable, l'assemblée nationale, les princes, les ministres, les municipalités et les plus honnêtes gens du royaume ? On lit pourtant leur nom en tête de leurs sacrés torches-culs : on sait que l'un s'appelle l'Orateur du peuple, l'autre Marat, l'autre Carra, l'autre du Rosoi, l'autre Prud'homme, Camille des Moulins, Gorsas, etc... Comme le dernier n'est qu'un foutu barbouilleur d'amphigouris, où le diable ne comprendroit pas un foutre, on peut attendre qu'il s'explique en français pour savoir ce que l'on en fera : pour les autres, si l'on n'en fout pas une partie à la potence, et l'autre aux galères, il n'y a, sacré mille pipes de diables, ni police, ni justice, ni bon ordre à espérer en France.

Voilà mon avis, je n'en démordrai sacredié pas ; et tous ceux qui penseront autrement, peuvent s'aller faire foutre.

Si l'on m'écoute, tant-mieux, si l'on ne m'écoute pas, tant-pis ; nous verrons la belle bougre de figure que tout ça prendra ; au reste, je m'en fous, pour quatre sacrés gueux de jours qu'on a à passer dans ce monde, c'est bien la peine de se tant tracasser sa pauvre bougre de cervelle !

la Profession de foi du véritable Père Duchesne, 1791

Pannini, *Ruines,* (Mus. Nat.).

A la fin du XVIIIe siècle, Hubert Robert (1733-1808), conservateur du musée du Louvre (d'abord «garde des tableaux du roi» en 1784 puis attaché au Museum en 1794 à sa sortie des prisons révolutionnaires), imagina la grande galerie atteinte par l'usure des siècles. L'intérêt pour les ruines vient de plus loin mais le regain d'intérêt pour l'archéologie naissante et les vestiges de la latinité (vers le milieu du siècle) stimula fortement les imaginations. Le temps qui passe laisse des traces pour qui connaît les passions.

Hubert Robert, ***Ruine de la grande galerie du Louvre telle que Robert l'avait conçue,*** **Louvre, (Réunion des Mus. Nat.).**

Le Musée du Louvre

Le projet d'établir un «Museum» au Louvre remonte à la fin du règne de Louis XV. Dès 1750, on avait ouvert quelques salles, au Palais du Luxembourg, et l'on pouvait y admirer une infime partie des collections royales. En 1778, d'Angiviller nomme un comité qui, secondé par l'Académie d'architecture, en 1785, statue sur la grande galerie du Louvre : elle sera éclairée par un système de verrières au sommet de la voûte et aucune décoration ne viendra diviser la salle. Le projet d'aménagement de Robert ici reproduit, résume les propositions de Nicolas Cochin, Directeur général des Bâtiments (1786). Ce n'est en fait que pendant le second empire que la voûte sera percée et, en 1947, les pilastres autour des niches seront mis en place. Dix ans après sa première esquisse, Robert représente cette galerie, en ruine avant que d'être édifiée : seul, au milieu des ruines, symbole de la Beauté, l'Apollon du Belvédère *que les armées françaises prendront à Rome quelques années plus tard...*

Hubert Robert, *Ruine sous portique,* Louvre, (Bulloz).

Le Musée du Louvre, quelques dates :

1640 -	Installation de l'imprimerie royale dans le Palais.
1672 -	Les Académies royales y siègent à demeure.
XVIIIe siècle	Un salon de peinture s'y déroule tous les deux ans. L'Ecole royale y forme les jeunes peintres protégés. Quelques artistes y sont logés. Accumulation de collections prestigieuses.
1792 -	La Convention crée le Museum central des Arts.
1793 -	10 Août : ouverture du musée au public, fermeture jusqu'en novembre.
1799 -	7 avril (18 germinal, an VII), réouverture au public.
1801 -	14 juillet, réouverture de la grande galerie.

Hubert Robert, *La Grande Galerie du Louvre en cours de restauration,* Louvre, (Agraci).

179 b Hubert ROBERT (1733-1808)

Hubert Robert, *Vue imaginaire de la grande galerie du Louvre,* 1796, (Agraci).

DENIS DIDEROT, 1767

Les idées que les ruines réveillent en moi sont grandes. Tout s'anéantit, tout périt, tout passe. Il n'y a que le monde qui reste. Il n'y a que le temps qui dure. Qu'il est vieux ce monde ! Je marche entre deux éternités. De quelque part que je jette les yeux, les objets qui m'entourent m'annoncent une fin et me résignent à celle qui m'attend. Qu'est-ce que mon existence éphémère, en comparaison de celle de ce rocher qui s'affaisse, de ce vallon qui se creuse, de cette forêt qui chancelle, de ces masses suspendues au-dessus de ma tête et qui s'ébranlent ? Je vois le marbre des tombeaux tomber en poussière ; et je ne veux pas mourir ! et j'envie un faible tissu de fibres et de chair, à une loi générale qui s'exécute sur le bronze ! Un torrent entraîne les nations les unes sur les autres au fond d'un abîme commun ; moi, moi seul je prétends m'arrêter sur le bord et fendre le flot qui coule à mes côtés !

Si le lieu d'une ruine est périlleux, je frémis. Si je m'y promets le secret et la sécurité, je suis plus libre, plus seul, plus à moi, plus près de moi. C'est là que j'appelle mon ami. C'est là que je regrette mon amie. C'est là que nous jouirons de nous, sans trouble, sans témoins, sans importuns, sans jaloux. C'est là que je sonde mon cœur. C'est là que j'interroge le sien, que je m'alarme et me rassure. De ce lieu, jusqu'aux habitants des villes, jusqu'aux demeures du tumulte, au séjour de l'intérêt, des passions, des vices, des crimes, des préjugés, des erreurs, il y a loin.

Si mon âme est prévenue d'un sentiment tendre, je m'y livrerai sans gêne. Si mon cœur est calme, je goûterai toute la douceur de son repos.

Dans cet asile désert, solitaire et vaste, je n'entends rien ; j'ai rompu avec tous les embarras de la vie. Personne ne me presse et ne m'écoute. Je puis me parler tout haut, m'affliger, verser des larmes sans contrainte.

Sous ces arcades obscures, la pudeur serait moins forte dans une femme honnête ; l'entreprise d'un amant tendre et timide, plus vive et plus courageuse. Nous aimons, sans nous en douter, tout ce qui nous livre à nos penchants, nous séduit et excuse notre faiblesse.

« Je quitterai le fond de cet antre et j'y laisserai la mémoire importune du moment », dit une femme, et elle ajoute :

« Si l'on m'a trompée et que la mélancolie m'y ramène, je m'abandonnerai à toute ma douleur. La solitude retentira de ma plainte. Je déchirerai le silence et l'obscurité de mes cris, et lorsque mon âme sera rassasiée d'amertumes, j'essuierai mes larmes de mes mains, je reviendrai parmi les hommes et ils ne soupçonneront pas que j'ai pleuré. »

Ruine de la Grande Galerie du Louvre (1796) 179 b

AIME FEUTRY (1720-1789), **1767**

H. Robert, *Ruines d'un temple antique,* Cherbourg, (Bulloz).

Non loin de ma retraite, où les Arts et l'Etude,
Partageant quelquefois mon humble solitude,
Viennent calmer mon spleen (1) par leurs charmes
[secrets
Règnent de longs débris d'un antique Palais.
Là souvent entraîné par la mélancolie,
Je pleure vainement sur l'humaine folie;
J'erre autour des monceaux de ces marbres épars;
Et tristement sur eux je porte mes regards.
Et quoi! me dis-je, hélas! les voilà donc ces restes
De ces lieux comparés aux demeures célestes,
Où l'or et les rubis, les jeux et les festins
Semblaient vouloir tromper ou braver les destins.
De la destruction le Génie implacable
Renverse, brise, foule et cache sous le sable
Cet obélisque altier, ce Dôme audacieux,
Et cette vaine Tour qui croit toucher aux Cieux.
Sur le bronze abattu s'élève enfin son trône;
On voit à chaque marche, un sceptre, une couronne:
Tout cède à son pouvoir, il n'obéit qu'au sort,
Il est le fils du Temps, et frère de la Mort.

les Ruines, 1767.

(1) En grec, «la rate», affection diffuse, tristesse de l'âme, langueur venant de la maladie de la rate – (voir Baudelaire, **XIXe siècle n°** *67). Ce mot, venu de l'anglais dès 1745, a déjà été employé par Voltaire et Diderot sous diverses orthographes (splene, splin).*

Si je te perdais jamais, idole de mon âme; si une mort inopinée, un malheur imprévu te séparait de moi, c'est ici que je voudrais qu'on déposât ta cendre et que je viendrais converser avec ton ombre.

Si l'absence nous tient éloignés, j'y viendrai rechercher la même ivresse qui avait si entièrement, si délicieusement diposé de nos sens; mon cœur palpitera derechef; je rechercherai, je retrouverai l'égarement voluptueux. Tu y seras, jusqu'à ce que la douce langueur, la douce lassitude du plaisir soit passée. Alors je me relèverai; je m'en reviendrai; mais je n'en reviendrai pas sans m'arrêter, sans retourner la tête, sans fixer mes regards sur l'endroit où je fus heureux avec toi et sans toi! je me trompe; tu y étais encore; et à mon retour, les hommes verront ma joie; mais ils n'en devineront pas la cause. Que fais-tu à présent? où es-tu? n'y a-t-il aucun antre, aucune forêt, aucun lieu secret, écarté, où tu puisses porter tes pas et perdre aussi ta mélancolie?

O censeur, qui résides au fond de mon cœur, tu m'as suivi jusqu'ici! Je cherchais à me distraire de ton reproche, et c'est ici que je t'entends plus fortement. Fuyons ces lieux. Est-ce le séjour de l'innocence? est-ce celui du remords? C'est l'un et l'autre, selon l'âme qu'on y porte. Le méchant fuit la solitude; l'homme juste la cherche. Il est si bien avec lui-même!

Les productions des artistes sont regardées d'un œil bien différent, et par celui qui connaît les passions, et par celui qui les ignore. Elles ne disent rien à celui-ci. Que ne disent-elles point à moi? L'un n'entrera point dans cette caverne que je cherchais; il s'écartera de cette forêt où je me plais à m'enfoncer. Qu'y ferait-il? il s'y ennuierait.

Salon de 1767.

1 — *De Monsù Desiderio à Hubert Robert, les significations des ruines varient. A la lumière du texte de Diderot, interprétez ce changement dans la technique de représentation et dans les leçons morales ou philosophiques qu'on peut en tirer. (Vous comparerez ensuite avec les textes et tableaux du n°* 111).

2 — *Faire d'un musée naissant (peu de temps avant palais royal) un champ de ruines, est-ce le glorifier, le discréditer, le décrire? Justifiez votre réponse.*

3 — *Avec quelles «passions» Diderot perçoit-il les ruines et dans quel état d'esprit (les nos 169 sur Delille, 173 sur Legouvé et 131 sur Vernet)?*

4 — *DOSSIER: A travers les textes de Diderot sur* les Salons *(voir nos 73, 92, 131, 179), relevez un certain nombre de constantes dans les critères d'appréciation, puis définissez les types de critique employés.*

Marche des Marseillais, (BN).

Dans la nuit du 24 au 25 avril 1792, un capitaine du génie composa à Strasbourg ce qui devait devenir un hymne national. Claude-Joseph Rouget de Lisle (1760-1836) l'appela d'abord Chant de guerre pour l'armée du Rhin, *une armée lancée à l'assaut de l'Autriche dans une fuite en avant volontariste.*

Le 22 juin 1792, un étudiant en médecine, François Mireur, chanta cette œuvre aux Marseillais volontaires qui partaient défendre la patrie en danger... Du banquet à Paris, les cinq cent seize Marseillais firent de ce chant un succès repris en chœur, dit-on, par tous les citoyens des villes qu'ils traversaient. L'hymne fut consacré à Paris et on l'appela d'abord la Chanson des Marseillais *puis* la Marseillaise: *le 17 octobre 1792 il devient l'hymne de la République et chant national le 14 juillet 1795 (26 messidor an III).*

Le 14 février 1879, à la suite d'un débat, la Chambre des députés le reconnaîtra à nouveau comme hymne national.

L'organisation des fêtes nationales rendit le peuple acteur et chanteur et les auteurs féconds. C'était l'occasion pour l'un et pour les autres de faire preuve d'allégeance au nouveau régime. Chœurs, chansons, hymnes, cantates furent commandés pour le 14 juillet 1794 et le Chant du départ *qui devait devenir le chant le plus connu après la Marseillaise fut exécuté ce jour là.*

Etienne Nicolas Méhul (1763-1817) est l'un des principaux auteurs des hymnes, cantates alors à la mode : il rêvait d'immenses chœurs guerriers pour ses œuvres. Aussi mit-il en musique un poème de Marie-Joseph Chénier, composé selon la légende, pour sauver son frère de l'échafaud, ou plus ou moins découvert et titré, selon une autre légende, par Robespierre lui-même. Le texte mis en musique fut chanté le 14 juillet 1794 puis à nouveau pour le transfert au Panthéon des cendres de Marat (21 sept 1794) puis pour la scène à l'Opéra. Sous le Consulat, il devint une musique militaire officielle pour être interdit par Napoléon qui le jugea trop révolutionnaire.

*Marie-Joseph Chénier (1764-1811), moins connu que son frère André (voir n° 166) a surtout marqué par son attitude révolutionnaire et ses pièces de théâtre historiques, retraçant les hauts faits de l'histoire romaine (*Caius Gracchus, *1792) mais aussi de l'Histoire de France* (Charles IX ou l'Ecole des rois, 1788).

MARIE-JOSEPH CHENIER, 1794

UN REPRESENTANT DU PEUPLE

La victoire en chantant nous ouvre la barrière,
La liberté guide nos pas,
Et du Nord au Midi la trompette guerrière
A sonné l'heure des combats !
Tremblez ennemis de la France.
Rois ivres de sang et d'orgueil ;
Le peuple souverain s'avance,
Tyrans, descendez au cercueil !

La République nous appelle,
Sachons vaincre ou sachons périr !

Un Français doit vivre pour elle,
Pour elle un Français doit mourir !

UNE MERE DE FAMILLE

De nos yeux maternels ne craignez point les larmes,
Loin de nous de lâches douleurs ;
Nous devons triompher quand vous prenez les [armes,
C'est à nous à verser des pleurs,
Nous vous avons donné la vie,
Guerriers, elle n'est plus à vous ;
Tous vos jours sont à la patrie,
Elle est votre mère avant nous.

DEUX VIEILLARDS

Que le fer paternel arme la main des braves ;
Songez à nous au champ de Mars ;
Consacrez dans le sang des rois et des esclaves
Le fer béni par vos vieillards,
Et rapportant sous la chaumière
Des blessures et des vertus,
Venez fermer notre paupière
Quand les tyrans n'y seront plus.

UN ENFANT

De Bara, de Viala, le sort nous fait envie :
Ils sont morts, mais ils ont vaincu ;
Le lâche, accablé d'ans, n'a point connu la vie :
Qui meurt pour le peuple a vécu.
Vous êtes vaillants, nous le sommes,
Guidez-nous contre les tyrans ;
Les républicains sont des hommes,
Les esclaves sont des enfants.

UNE EPOUSE

Partez, vaillants époux, les combats sont vos fêtes,
Partez, modèle des guerriers ;
Nous cueillerons des fleurs pour en ceindre vos [têtes,
Nos mains tresseront vos lauriers.
Et si le temple de Mémoire
S'ouvrait à vos mânes vainqueurs,
Nos voix chanteront votre gloire,
Nos flancs porteront vos vengeurs.

UNE JEUNE FILLE

Et, nous, sœurs des héros, nous qui de l'hyménée
Ignorons les aimables nœuds,
Si pour s'unir un jour à notre destinée
Les citoyens forment des vœux,
Qu'ils reviennent dans nos murailles,
Beaux de gloire et de liberté,
Et que leur sang, dans les batailles,
Ait coulé pour l'égalité.

TROIS GUERRIERS

Sur le fer, devant Dieu, nous jurons à nos pères,
A nos épouses, à nos sœurs,
A nos représentants, à nos fils, à nos mères,
D'anéantir les oppresseurs !
En tous lieux, dans la nuit profonde,
Plongeant l'infâme royauté,
Les Français donneront au monde
Et la paix et la liberté (1) !

le Chant du départ, 1794 (Musique de Méhul).

(1) Après chaque strophe des chœurs de guerriers, de mères de famille, de vieillards, d'enfants, d'épouses, de jeunes filles, puis un chœur général, reprennent successivement le retrain : La République nous appelle...

1 — *Dans les deux textes, relevez les occurrences* des termes désignant la guerre, le combat, le sang, la mort. Sont-elles nombreuses ? Quel effet cela a-t-il ?*

2 — *La présentation du* Chant du départ *est plutôt celle d'une pièce de théâtre. Comment comprendre cette mise en scène ? Quel est le rôle du peuple spectateur et représenté ici ? Quelle référence y a-t-il au théâtre antique ?*

3 — *A travers les différents couplets des deux textes, faites un tableau des personnages qui représentent le peuple. De quelles classes, ou de quelles fonctions sont-ils symboliques ? Qui cherche-t-on à unifier, et contre qui ?*

4 — *Comparez cet hymne national à d'autres : sont-ils eux aussi des chants de guerre ? Quelle image donnent-ils de leur pays et quelle image* la Marseillaise *donne-t-elle de la France ?*

5 — *Connaissez-vous des parodies* de cet hymne ou d'autres hymnes ou chansons officielles célèbres ? Vous vous attacherez à déterminer, dans les procédés employés, la part de la dérision et de la provocation inhérente à ce genre de technique.*

Sade, Aline et Valcour, (BN).

Donatien-Alphonse-François marquis de Sade occupe une place extrême à tous égards dans le XVIIIe siècle. Libertin, athée, immoral, certes, tous les qualificatifs ont été décernés à cet homme qui paya de trente années de prison la hardiesse de sa conduite et de ses écrits, dont quelques uns seuls pourtant furent publiés de son vivant. Son œuvre, détruite en partie par la police de Napoléon, considérée pendant plus d'un siècle comme celle d'un fou criminel, fut redécouverte dans les années 30 par les surréalistes qui y virent l'entreprise de destruction la plus rigoureuse de toutes les hypocrisies sociales. Mais déjà la psychiatrie naissante avait forgé le terme de «sadisme» pour désigner la perversion sexuelle qui consiste à infliger une souffrance à autrui pour éprouver un plaisir érotique. Ainsi vouée à l'«enfer» des bibliothèques, et en même temps soumise au scalpel des médecins et des philosophes, l'œuvre de Sade revint elle aussi prendre place dans la littérature...

— Oh! Clairwil! tu n'imaginerais jamais jusqu'où j'ai porté l'horreur en ce genre... les voluptés que m'ont fait éprouver ces écarts! Une boîte de dragées empoisonnées dans mes poches, je parcourais à pied, déguisée, les promenades publiques, les rues, les bordels; je distribuais indifféremment ces funestes bonbons; je poussais la noirceur au point d'en donner de préférence aux enfants. Je vérifiais ensuite mes forfaits; trouvais-je une bière à la porte de l'individu auquel j'avais administré, le jour d'avant, mes cruelles attrapes, un feu divin circulait dans mes veines... je n'étais plus à moi... il fallait que je m'arrêtasse et la nature qui, pour mes besoins sans doute, m'organisa différemment que les autres couronnait d'une extase indicible ce que des sots auraient cru devoir l'outrager d'autant.

— Rien de plus facile à concevoir, me répondit Clairwil, et les principes dont Saint-Fond, Noirceuil et moi, t'avons nourrie depuis longtemps, doivent dévoiler à tes yeux, sur tout cela, les grands secrets de la nature. Il n'est pas plus extraordinaire d'en venir là, que d'aimer à donner le fouet; c'est le même plaisir raffiné, et dès qu'il est prouvé que, de la commotion de la douleur éprouvée par les autres, il résulte une vibration sur la masse de nos nerfs qui doit nécessairement disposer à la lubricité, tous les moyens possibles de faire ressentir de la douleur en deviendront pour nous de goûter des plaisirs, et, débutant par les choses légères, nous arriverons bientôt aux exécrations. Les causes sont les mêmes, il n'y a que les effets qui diffèrent. Par un accroissement insensible, suite nécessaire des lois de la nature, et, plus que tout, de la satiété, on commence par une piqûre, on finit par un coup de poignard. Il y a, d'ailleurs une sorte de perfidie dans l'emploi du poison qui en accroît singulièrement les délices. Te voilà supérieure à tes maîtres, Juliette: j'en avais peut-être conçu davantage, mais je n'en avais pas tant exécuté...

— Conçu davantage! dis-je à mon amie, et que diable, je te prie, pouvais-tu concevoir de plus?

— Je voudrais! dit Clairwil, trouver un crime dont l'effet perpétuel agît, même quand je n'agirais plus, en sorte qu'il n'y eût pas un seul instant de ma vie, ou même en dormant, où je ne fusse cause d'un désordre quelconque, et que ce désordre pût s'étendre au point qu'il entraînât une corruption générale, ou un dérangement si formel, qu'au-delà même de ma vie l'effet s'en prolongeât encore.

— Je ne vois guère, mon ange, répondis-je, pour remplir tes idées sur cela, que ce qu'on peut appeler le meurtre moral, auquel on parvient par conseil, par écrit ou par action. Belmor et moi, nous avons raisonné sur cette matière; il y a peu d'imaginations comme la sienne, et voici un petit calcul de sa main qui suffira à te faire voir la rapidité de cette contagion, et combien elle peut être voluptueuse à produire, s'il est vrai, comme ni moi, ni toi n'en doutons, que la sensation gagne en raison de l'atrocité du crime.

Et Mme de Lorsange montra à ses amis le même papier qu'elle avait autrefois reçu de Belmor. Le voici:

«Un libertin décidé à cette sorte d'action peut aisément, dans le cours d'une année, corrompre trois cents enfants; au bout de trente ans, il en aura corrompu neuf mille; et si chaque enfant corrompu par lui l'imite seulement dans le quart de ses corruptions, ce qui est plus que vraisemblable, et que chaque génération ait agi de même, au bout de ses trente ans, le libertin, qui aura vu naître sous lui deux âges de cette corruption, aura déjà près de neuf millions d'êtres corrompus, ou par lui ou par les principes qu'il aura donnés.»

— Charmant! me répondit Clairwil, mais le projet adopté, il faut le suivre.

— Il faut, dis-je, que non seulement le nombre des trois cents victimes soit régulièrement corrompu tous les ans, mais il faut même aider, autant qu'on le peut, à la corruption du reste.

— Sacredieu! dit Clairwil, si dix personnes s'entendaient pour le même plan, ce qui est extrêmement possible, le degré de la corruption, sous leurs yeux mêmes, deviendrait plus rapide que les progrès les plus violents de la peste ou de la fièvre maligne!

Histoire de Juliette ou les Prospérités du vice, 1797.

SADE, 1791

Un de ses nombreux maîtres entreprend de démontrer à Justine la conformité du meurtre aux lois de la nature.

O Justine! est-il donc un crime? Peut-on nommer ainsi ce qui sert autant la nature? L'homme a-t-il le pouvoir de commettre des crimes? et, lorsque préférant son bonheur à celui des autres, il renverse ou détruit tout ce qu'il trouve dans son paysage, a-t-il fait autre chose que servir la nature, dont les premières et plus sûres inspirations lui dictent de se rendre heureux, n'importe aux dépens de qui? Le système de l'amour du prochain est une chimère que nous devons au christianisme, et non pas à la nature. Le sectateur du Nazaréen, tourmenté, malheureux, et, par conséquent, dans un état de faiblesse qui devait faire crier à la tolérance... à l'humanité, dut nécessairement établir ce rapport fabuleux d'un être à un autre: il préservait sa vie en le faisant réussir. Mais le philosophe n'admet pas ces rapports gigantesques: ne voyant, ne considérant que lui seul dans l'univers, c'est à lui seul qu'il rapporte tout. S'il ménage ou caresse un instant les autres, ce n'est jamais que relativement au profit qu'il croit en tirer: n'a-t-il plus besoin d'eux, prédomine-t-il par sa force? il abjure alors à jamais tous ces beaux systèmes d'humanité, de bienfaisance, auxquels il ne se soumettait que par politique; il ne craint plus de ramener à lui tout ce qui l'entoure; et, quelque chose que puissent coûter ses jouissances aux autres, il les assouvit sans examen comme sans remords.

— Mais l'homme dont vous parlez est un monstre!

— L'homme que je peins est dans la nature.

— C'est une bête féroce.

— Eh bien! le tigre, le léopard, dont cet homme est, si tu veux, l'image, n'est-il pas comme lui créé par la nature, et créé pour remplir les intentions de la nature? Le loup qui dévore l'agneau accomplit les vues de cette mère commune, comme le malfaiteur qui détruit l'objet de sa vengeance ou de sa lubricité.

— Oh! vous aurez beau dire, mon père, je n'admettrai jamais cette lubricité destructive.

— Parce que tu crains d'en devenir l'objet: voilà l'égoïsme. Changeons de rôle, et tu le concevras. Interroge l'agneau: il n'entendra pas non plus que le loup puisse le dévorer; demande au loup à quoi sert l'agneau: à me nourrir, répondra-t-il. Des loups qui mangent des agneaux, des agneaux dévorés par les loups, le fort qui sacrifie le faible, le faible la victime du fort, voilà la nature, voilà ses vues, voilà ses plans: une action et une réaction perpétuelles, une foule de vices et de vertus, un parfait équilibre, en un mot, résultant de l'égalité du bien et du mal sur la terre, équilibre essentiel au maintien des astres, à la végétation, et sans lequel tout serait à l'instant détruit. O Justine! elle serait bien étonnée, cette nature, si elle pouvait un instant raisonner avec nous, et que nous lui dissions que ces crimes qui la servent, que ces forfaits qu'elle exige et qu'elle nous inspire, sont punis par des lois qu'on nous assure être l'image des siennes.

la Nouvelle Justine ou les Malheurs de la vertu, 1791.

1 — Quel est, dans le discours de Clairwil, le principe dont découle le meurtre? A quels autres principes « moraux » contrevient-elle en suivant celui qu'elle se donne?

2 — Que faut-il entendre par « meurtre moral »? A quoi s'oppose ici l'adjectif? En quoi cet accomplissement du « sadisme » donne-t-il un nouvel éclairage sur le sens de l'action des personnages sadiens?

3 — Quelle est la référence commune au discours de Clairwil et à celui de l'interlocuteur de Justine (texte ci-dessus)? Dans quelle mesure peut-on voir ici un des aboutissements possibles du courant matérialiste du XVIIIe siècle? De quelles thèses, de quels auteurs, Sade prend-il le contrepied?

Sade, La Philosophie dans le boudoir, (BN).

CHARLES DE VILLERS, 1797

Aux yeux de cet émigré français, la Nouvelle Justine *de Sade n'est rien autre que la littérature qui convient à la Révolution...*

Il était, sans doute, réservé à notre siècle de le produire, et il ne pouvait être conçu qu'au milieu des barbaries et des sanglantes convulsions qui ont déchiré la France. C'est un des fruits les plus odieux de la crise révolutionnaire; c'est un des arguments les plus forts contre la liberté illimitée de la presse. [...] Il est parmi les livres, ce que Robespierre a été parmi les hommes. On dit que lorsque ce tyran, lorsque Couthon, St-Just, Collot, ses ministres, étaient fatigués de meurtres et de condamnations, lorsque quelques remords se faisaient sentir à ces cœurs de bronze, et qu'à la vue des nombreux arrêts qu'il leur fallait encore signer, la plume échappait à leurs doigts, ils allaient lire quelques pages de *Justine*, et revenaient signer. Je ne garantis pas l'anecdote; mais on la conte, on la croit en France; et c'en est assez pour apprendre à la postérité quelle a été l'opinion des contemporains sur un ouvrage qui, sans doute, ne parviendra pas jusqu'à elle.

le Spectateur du Nord, 1797

182 a D.A.F. de SADE (1740-1814)

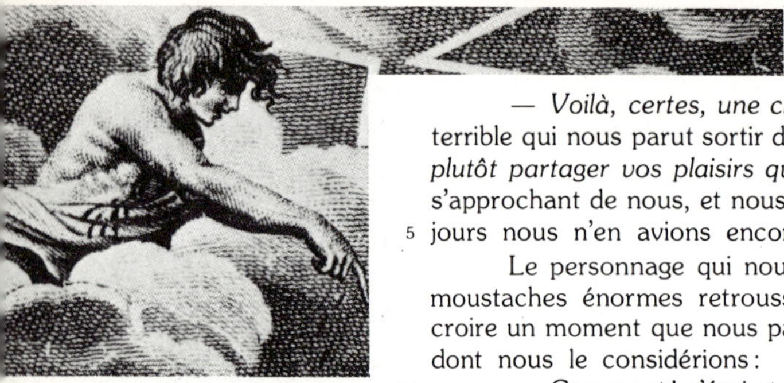

Cœlina ou l'enfant du mystère.

L'Étendard de la mort ou le Monastère des Frères Noirs.

— *Voilà, certes, une charmante occupation!* nous crie tout à coup une voix terrible qui nous parut sortir de derrière un buisson... *Ne vous dérangez pas, je veux plutôt partager vos plaisirs que les troubler,* poursuivit une espèce de centaure en s'approchant de nous, et nous faisant voir une figure gigantesque, et telle que de nos jours nous n'en avions encore vu.

Le personnage qui nous parlait, haut de sept pieds trois pouces, ayant des moustaches énormes retroussées sur un visage aussi brun qu'effrayant, nous fit croire un moment que nous parlions au Prince des ténèbres... Surpris de la manière dont nous le considérions :

— Comment! s'écrie-t-il, ne connaissez-vous donc pas l'ermite de l'Apennin?

— Assurément non, dit Sbrigani, nous n'avons jamais entendu parler d'un animal aussi effrayant que toi!

— Eh bien! nous dit l'ermite, suivez-moi tous les quatre, je vous montrerai des choses plus étonnantes encore : les occupations dans lesquelles je vous surprends me convainquent que vous êtes dignes d'observer ce que j'ai à vous faire voir, et de tout partager avec moi. [...]

— Ne vous impatientez ni ne vous fatiguez, nous dit notre guide ; nous avons du chemin à faire, mais il y a encore sept heures du jour, et nous arriverons avant que les voiles de la nuit se soient étendus sur l'univers.

On fit ensuite le plus grand silence, et j'eus le temps d'observer la route et les abords de l'habitation où elle nous conduisait.

En quittant la plaine volcanique de Pietra-Mala, nous remontâmes, pendant une heure, une haute montagne située sur la droite. Du sommet de cette montagne, nous aperçûmes des abîmes de plus de deux mille toises de profondeur, où nous dirigeait notre marche. Toute cette partie était enveloppée de bois si touffus, si prodigieusement épais, qu'à peine y voyait-on pour se conduire. Après avoir descendu à pic pendant près de trois heures, nous arrivâmes au bord d'un vaste étang. Sur une île située au milieu de cette eau, se voyait le donjon du palais qui servait de retraite à notre guide ; la hauteur des murailles qui l'entouraient était cause qu'on n'en pouvait distinguer le toit. Il y avait six heures que nous marchions sans avoir rencontré la moindre maison... pas un individu ne s'était offert à nos regards. Une barque noire comme les gondoles de Venise nous attendait au bord de l'étang. Ce fut de là que nous pûmes considérer l'affreux bassin dans lequel nous étions : il était environné de toutes parts de montagnes à perte de vue, dont les sommets et les flancs arides étaient couverts de pins, de mélèzes et de chênes-verts. Il était impossible de rien voir de plus agreste et de plus sombre ; on se croyait au bout de l'univers. Nous montâmes dans la barque ; le géant la conduisit seul. Du port au château, il y avait encore trois cents toises ; nous arrivâmes au pied d'une porte de fer, pratiquée dans le mur épais qui environne le château ; là, des fossés de dix pieds de large se présentèrent à nous, nous les traversâmes sur un pont qui s'enleva dès que nous l'eûmes passé ; un second mur s'offrit, nous passâmes encore une porte de fer, et nous nous trouvâmes dans un massif de bois si serré que nous crûmes impossible d'aller plus loin. Nous ne le pouvions effectivement plus, ce massif, formé d'une haie vive, ne présentant que des pointes et n'offrant aucun passage. Dans son sein était la dernière enceinte du château ; elle avait dix pieds d'épaisseur. Le géant lève une pierre de taille énorme et que lui seul pouvait manier ; un escalier tortueux se présente ; la pierre se referme, et c'est par les entrailles de la terre que nous arrivons (toujours dans les ténèbres) au centre des caves de cette maison, desquelles nous remontons au moyen d'une ouverture, défendue par une pierre semblable à celle dont nous venons de parler. Nous voilà enfin dans une salle basse toute tapissée de squelettes ; les sièges de ce local n'étaient formés que d'os de morts, et c'était sur des crânes que l'on s'asseyait malgré soi ; des cris affreux nous parurent sortir de dessous terre, et nous apprîmes bientôt que c'était dans les voûtes de cette salle qu'étaient situés les cachots où gémissaient les victimes de ce monstre.

Histoire de Juliette ou les Prospérités du vice, 1797.

Juliette et son compagnon de débauche Sbrigani sont surpris en pleine activité... Ainsi s'amorce un voyage initiatique vers le lieu sadien par excellence, placé sous le signe de l'isolement, de la clôture, de l'inaccessible.

Nous ne pouvons qu'esquisser ici un répertoire des thèmes du «roman noir» qui est une des productions les plus fécondes de la fin du XVIIIe siècle (1). *Sade, s'il ne connaît pas l'expression par laquelle nous désignons aujourd'hui ce type de récit, reconnaît dans un essai intitulé* Idée sur les romans, *l'existence d'un «genre sombre» qu'il entend avoir mené à son «degré (le) plus effrayant et (le) plus pathétique». L'explication historique qu'il donne de son apparition est la suivante:* «ce genre... devenait le fruit indispensable des secousses révolutionnaires dont l'Europe entière se ressentait. Pour qui connaissait les malheurs dont les méchants peuvent accabler les hommes, le roman devenait aussi difficile à faire que monotone à lire; il n'y avait point d'individu qui n'eût plus éprouvé d'infortunes en quatre ou cinq ans que n'en pouvait peindre en un siècle le plus fameux romancier de la littérature; il fallait donc appeler l'enfer à son secours, pour se composer des titres à l'intérêt, et trouver dans le pays des chimères ce qu'on savait couramment en ne fouillant que l'histoire de l'homme dans cet âge de fer».

Il faut donc redonner sa juste place à cet attrait pour les ténèbres et l'horreur qui révèle une face méconnue du «siècle des Lumières». A la revendication de la raison, fondée sur la loi naturelle, s'opposent ainsi les puissances obscures du désir qui dépasse toute rationalité.

Cette veine, nous pouvons la suivre jusqu'à aujourd'hui: du «roman gothique» anglais à Robbe-Grillet, en passant par le romantisme et le surréalisme, se déploient les thèmes d'un «musée noir» qui, lié ou non à la revendication de l'irrationnel ou aux thèses révolutionnaires, apparaît comme l'envers, parfois sarcastique, de la foi dans la perfectibilité humaine...

(1) Pour une chronologie du roman noir *voir* **XIXe siècle**, *n° 21.*

MICHEL FOUCAULT, 1972

Pour ce philosophe, le siècle de la raison classique est celui où l'homme, en enfermant le fou, tente d'évacuer magiquement la part de folie qui est en lui-même. Mais le surgissement, à la fin du XVIIIe siècle, de l'imaginaire sadien (dont certains thèmes sont communs avec le «roman noir»), vient rappeler que cette maîtrise de la part ténébreuse de l'homme n'était qu'illusion.

[...] Les images qui se libèrent à la fin du XVIIIe siècle ne sont pas en tous points identiques à celles qu'avait essayé d'effacer le XVIIe. Un travail s'est accompli, dans l'obscurité, qui les a détachées de cet arrière-monde où la Renaissance, après le Moyen-Age, avait été les puiser; elles ont pris place dans le cœur, dans le désir, dans l'imagination des hommes; et au lieu de manifester au regard l'abrupte présence de l'insensé, elles laissent sourdre l'étrange contradiction des appétits humains; la complicité du désir et du meurtre, de la cruauté et de la soif de souffrir, de la souveraineté et de l'esclavage, de l'insulte et de l'humiliation. Le grand conflit cosmique dont l'Insensé, au XVe et au XVIe siècles, a dévoilé les péripéties, s'est déplacé jusqu'à devenir, à l'extrême fin du classicisme, la dialectique sans médiation du cœur. Le sadisme n'est pas un nom enfin donné à une pratique aussi vieille que l'Eros; c'est un fait culturel massif qui est apparu précisément à la fin du XVIIIe siècle, et qui constitue une des plus grandes conversions de l'imagination occidentale: la déraison devenue délire du cœur, folie du désir, dialogue insensé de l'amour et de la mort dans la présomption sans limite de l'appétit. L'apparition du sadisme se situe au moment où la déraison, enfermée depuis plus d'un siècle et réduite au silence, réapparaît, non plus comme figure du monde, non plus comme image, mais comme discours et désir. Et ce n'est pas un hasard si le sadisme, comme phénomène individuel portant le nom d'un homme, est né de l'internement, et dans l'internement, si toute l'œuvre de Sade est commandée par les images de la Forteresse, de la Cellule, du Souterrain, du Couvent, de l'Ile inaccessible qui forment ainsi comme le lieu naturel de la déraison. Ce n'est pas un hasard non plus si toute la littérature fantastique de folie et d'horreur, qui est contemporaine de l'œuvre de Sade, se situe, de manière privilégiée, dans les hauts lieux de l'internement. Toute cette brusque conversion de la mémoire occidentale, à la fin du XVIIIe siècle, avec la possibilité qui lui a été donnée de retrouver, déformées et douées d'un sens nouveau, les figures familières à la fin du Moyen-Age, n'a-t-elle pas été autorisée par le maintien et la veille du fantastique dans les lieux mêmes où la déraison avait été réduite au silence? *Histoire de la folie,* Gallimard, 1972.

SADE, 1797

— Il n'est pas une seule passion, répondit la Durand, pas une seule fantaisie, pas un être vivant sur la terre, pas un égarement, quelque bizarre qu'il puisse être, dont vous ne puissiez vous procurer ici la jouissance. [...] Cette maison est tout entière à moi; la facilité avec laquelle on arrive de quatre côtés sans être vu, sa position isolée, la sévérité de sa clôture, le mystérieux, en un mot, dont elle est, assure, ce me semble, à la fois et la discrétion et le plaisir. Ordonnez donc et vous serez servies: tous les individus, toutes les nations, tous les sexes, tous les âges, toutes les passions, toutes les débauches, tous les crimes, tout... tout est à vos ordres ici. Vous payez bien, je le sais, et avec de l'argent l'on fait tout chez moi.

Histoire de Juliette, 1797

1 — Les ressorts de la terreur: quels sont-ils ici:
a) dans la rencontre (cadre, situation, description des personnages et de leurs actions)
b) dans le récit du voyage?

2 — Relevez les éléments qui donnent à ce voyage une dimension symbolique. A quelle(s) mythologie(s) le lecteur se trouve-t-il implicitement renvoyé?

3 — Dans la série de textes cités dans les pages suivantes, peut-on repérer des thèmes et des situations privilégiés de la veine romanesque «noire»? Comment sont-ils liés à la dimension proprement «sadique», et le sont-ils toujours?

4 — DOSSIER: «roman noir», «série noire». Existe-t-il un lien entre ces deux genres? Peut-on dire que le second a pris la relève du premier?

182 b D.A.F. de SADE (1740-1814)

La Caverne de la mort.

ANDRÉ BRETON, 1932

«Ces livres étaient tels qu'on pouvait les prendre au hasard, il continuerait à s'en dégager on ne sait quel parfum de forêt sombre et de hautes voûtes. Leurs héroïnes, mal dessinées, étaient impeccablement belles. Il fallait les voir sur les vignettes, en proie aux apparitions glaçantes, toutes blanches dans les caveaux. Rien de plus excitant que cette littérature ultra-romanesque, archi-sophistiquée. Tous

M.G. Lewis, *Le Moine.*

L.F. BERTIN (trad.), 1799

Sir Albert rassemble toutes les forces de son âme, et descend par ce sentier. Jusqu'alors la terre qu'il avait foulée, avait été dure et rocailleuse ; mais alors à chaque pas son pied s'enfonçait dans des monceaux de sable. Guidé par la flamme, qui paraissait plus large et plus brillante à mesure qu'il s'approchait, il arrive sous une petite voûte presque circulaire, entièrement éclairée de ses rayons, et au-delà de laquelle il n'aperçoit plus aucun sentier. C'est dans ce lieu, qu'une puissance surnaturelle lui avait ainsi désigné, que Sir Albert se flattait de trouver la fin de cette aventure. Il s'agenouille et implore la protection des saints anges. Fixant ensuite les yeux sur cette flamme suspendue en l'air au-dessus de sa tête, il observe qu'elle dardait des rayons qui tombaient en serpentant sur une petite éminence formée par le sable, et il entendit autour de lui un son faible, semblable au bruit que produit à quelque distance le battement des ailes d'un oiseau. Il regarde cette éminence, et aperçoit sous sa surface quelque chose de brillant. Il se baisse, écarte un peu le sable, et découvre la lame d'une épée ; mais quelle fut son émotion quand il s'aperçut que la main froide et desséchée d'un squelette en tenait la garde !

Les paroles qu'avait prononcées le fantôme qu'il avait vu en songe se présentent alors à sa mémoire. Il tombe à genoux et s'écrie :

«O ! qui que tu sois qui as reçu un outrage, esprit inconnu, dont j'ignore même le nom, mais qui sans doute m'as conduit ici, et qui, dans ce moment, quoiqu'invisible, es présent à mon invocation, je reçois cette épée, et je jure de ne point m'accorder de repos que je n'aie accompli la vengeance dont je dois être l'instrument, et à laquelle, si j'en crois tes oracles, mes propres destins sont attachés par un rapport mystérieux que je ne puis encore pénétrer.»

A peine eut-il prononcé ces paroles avec un trouble qui étouffait presque sa voix, qu'il étendit la main pour prendre l'épée ! aussitôt les doigts décharnés qui la tenaient s'ouvrirent d'eux-mêmes, et la laissèrent dans sa main. En ce moment la flamme disparaît avec la rapidité de l'éclair. Un vent impétueux se lève, éteint le flambeau, et enveloppe Sir Albert dans un tourbillon de sable.

Son âme, déjà parvenue au plus haut degré de l'horreur, ne put résister à ce dernier coup ; il tomba sur la terre, évanoui, et presque aussi inanimé que l'affreux squelette étendu près de lui ; il resta quelque temps sans mouvement et sans connaissance, et quand il eut repris ses sens, et qu'au milieu de cette obscurité profonde ses yeux commencèrent à se rouvrir, il sentit que sa main était dans celle du squelette ; il la retira avec un vif sentiment de terreur ; et faisant encore un effort pour ranimer son courage, il se lève, il entend le bruit du torrent, et se flatte qu'en marchant du côté d'où part le son, il trouvera le passage entre les rochers, par lequel il est entré dans cette enceinte.

la Caverne de la Mort, traduit de l'anglais sur la troisième édition, par L.F. Bertin, Paris (Nicolle), 1799.

ces châteaux d'Otrante, d'Udolphe, des Pyrénées, de Lovel, d'Athlin et de Dunbayne, parcourus par les grandes lézardes et rongés par les souterrains, dans le coin le plus enténébré de mon esprit persistaient à vivre de leur vie factice, à présenter leur curieuse phosphorescence.»

les Vases Communicants, 1932.

C. Ducray-Duminil, *Cœlina ou l'Enfant du Mystère.*

C. DUCRAY-DUMINIL, 1799

Cœlina et Michau, désespérés de ne pouvoir deviner qui avait poussé des cris à l'entrée des caveaux présumèrent que ce ne pouvait qu'être leurs persécuteurs, et reprirent tristement la route tortueuse qui conduisait à l'endroit où ils avaient laissé leur petit bagage. Ils connaissaient parfaitement les souterrains à présent; et quoiqu'ils fussent très vastes, ils ne craignaient plus de s'y égarer... Mais, ô surprise! A la place où sont encore leurs effets, ils ne trouvent plus leurs flambeaux. Et... quelle vue pour la sensible Cœlina! Ils aperçoivent de loin une espèce de fantôme qui se sauve en agitant dans chacune de ses mains les deux torches qu'il vient de leur voler. Ce fantôme se tait; mais il court précipitamment, disparaît, et nos amis n'aperçoivent plus que la réflection de la lumière des torches sur les murs des longs circuits qu'il parcourt.

Cet événement imprévu glace d'effroi Cœlina, qui reste immobile sans pouvoir marcher ni parler. Michau a bien remarqué cette espèce de revenant qui est vêtu de blanc et ressemble parfaitement à une femme grande et svelte. «Poursuivons-la», s'écrie Michau. «Voyons» lui répond Cœlina, «j'en aurai le courage».

La voilà qui court avec Michau du côté où ils ont vu disparaître le spectre, et Michau lui-même ne peut concevoir tant de courage, tant d'intrépidité dans une jeune personne. Tout en courant, nos amis s'écrient: «Oh! Qui que vous soyez, spectre, fantôme, arrêtez-vous, arrêtez-vous, et faites-vous connaître : nous ne voulons que vous secourir!»

Ces cris, mille fois répétés, produisent leur effet. Au détour d'une route souterraine, nos amis aperçoivent distinctement le fantôme, qui s'est arrêté tout droit devant eux, et qui semble les attendre; mais il est aisé de remarquer qu'il est frappé de terreur: le tremblement de ses mains agite chaque torche, et l'on voit qu'il est prêt à tomber en faiblesse: «S'il a peur», dit Cœlina, «il ne nous fera pas de mal; avançons».

Et elle s'écrie de nouveau: «Qui que vous soyez, arrêtez-vous; nous ne voulons être que vos amis»...

Ils arrivent près du fantôme, et distinguent enfin une femme vêtue d'une espèce de drap blanc, et dont le malheur a flétri les traits. L'inconnue se précipite aux pieds de Cœlina en versant un torrent de larmes. «Ange du Ciel», s'écrie-t-elle, «c'est vous que j'attends depuis dix années que dure ma cruelle captivité! Oui, j'attendais une âme bienfaisante qui vînt me tirer de ces caveaux fétides où m'a plongée vivante un monstre atroce».

Cœlina, ou l'Enfant du Mystère, 1799.

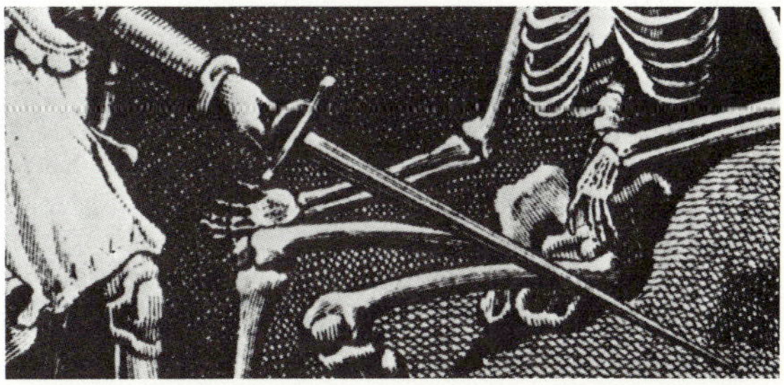

182 c D.A.F. de SADE (1740-1814)

Mary Charlton, *Phédora, ou la forêt de Minski.*

Ann Radcliffe, *Les Mystères d'Udolphe.*

ANN RADCLIFFE, 1797

Naples au XVIIIe siècle. Elena et Vivaldi se sont aimés dès le premier regard. Mais la famille de la jeune femme s'oppose à leur amour...

Comme elle se levait pour fermer les jalousies, on frappa fortement à la porte d'entrée, puis Béatrice poussa des cris perçants. Bien qu'alarmée pour elle-même, Elena eut le courage de courir au secours de la vieille femme ; mais, en entrant dans un passage qui menait à la salle d'où partaient les cris, elle aperçut trois hommes masqués et enveloppés de manteaux, qui s'élancèrent à sa rencontre. Elle s'enfuit, mais ils la poursuivirent jusque dans la chambre qu'elle venait de quitter. Sa force et son courage l'abandonnaient ; elle leur demanda cependant quel était leur projet. Sans lui répondre, ils lui jetèrent un voile sur la tête et l'entraînèrent vers le portique, malgré ses cris et ses supplications.

En passant dans la salle, elle aperçut Béatrice attachée à un pilier ; l'un des bandits masqués la surveillait et la menaçait du geste. La pauvre vieille femme, à la vue d'Elena, se mit à supplier ces hommes plus pour sa maîtresse que pour elle-même. Vains efforts ! Elena fut entraînée de la maison dans le jardin où elle perdit connaissance. Quand elle revint à elle, elle se trouvait dans un carrosse fermé, emporté au grand galop des chevaux. A ses côtés, elle revit les deux hommes masqués qui s'étaient emparés d'elle, et qui à toutes ses questions, à toutes ses prières, ne répondirent que par un silence absolu. Le carrosse roula toute la nuit, ne s'arrêtant que pour changer de chevaux. [...]

(Elena est conduite, par des chemins bordés de précipices effrayants, dans un monastère perché en haut d'une montagne...).

En avançant, on distinguait l'une après l'autre les différentes parties d'un vaste édifice : les tours et les clochers de l'église, les toits du cloître découpés à angles aigus, les murs des terrasses surplombant des précipices et l'antique portail donnant accès dans la cour principale. [...]

Une religieuse ouvrit, et la jeune fille fut remise entre ses mains. La sœur, gardant le silence, la fit passer par de longs corridors, dans lesquels ne résonnait le pas d'aucun être humain et dont les murs étaient couverts de lugubres peintures et d'inscriptions menaçantes, signes évidents de la superstition des habitants de ce triste séjour. Elena perdit l'espoir d'éveiller quelque pitié dans des âmes endurcies par la vue perpétuelle de ces sombres emblèmes. Elle considérait avec effroi cette religieuse qui la conduisait, glissant plutôt qu'elle ne marchait le long du cloître, revêtue de sa robe blanche flottante, éclairant de la bougie qu'elle tenait une figure pâle et maigre, plus semblable à un spectre sortant du tombeau qu'à une créature vivante.

l'Italien ou le Confessionnal des pénitents noirs,
1797.

M.G. Lewis, *Le Moine.*

M.G. Lewis, *Le Moine.*

M.G. LEWIS, 1796

Elvire, cependant, continuait d'appeler Flora à son aide ; mais sa voix était tellement étouffée par l'indignation, que la domestique, qui était ensevelie dans un profond sommeil, était insensible à tous ses cris. Elvire n'osait pas aller vers le cabinet où dormait Flora, de peur que le moine n'en profitât pour s'échapper : c'était effectivement son intention : il se flattait que, s'il pouvait gagner le monastère sans avoir été vu par d'autres que par Elvire, ce seul témoignage ne suffirait pas pour ruiner une réputation aussi bien établie que l'était la sienne à Madrid. Dans cette idée, il ramassa les vêtements dont il s'était déjà dépouillé et courut vers la porte ; Elvire vit son dessein, elle le suivit ; et, avant qu'il ne pût tirer le verrou, elle le saisit par le bras et l'arrêta.

— N'essayez pas de fuir ! dit-elle ; vous ne quitterez pas cette chambre sans que votre crime ait eu des témoins.

Ambrosio essaya en vain de se dégager. Elvire ne lâchait pas prise, et redoublait ses cris pour avoir du secours. Le danger du moine devenait plus pressant ; il s'attendait d'instant en instant à voir le peuple accourir à ces cris, et, poussé à la démence par l'approche de sa perte, il adopta une résolution désespérée et sauvage. Se retournant tout à coup, d'une main il serra Elvire à la gorge pour arrêter les clameurs qu'elle poussait, et, de l'autre, la terrassant avec violence, il la traîna vers le lit. Troublée de cette attaque inattendue, elle eut à peine la possibilité d'essayer de lutter contre son étreinte ; le moine, arrachant l'oreiller de dessous la tête de la fille, en couvrit la figure de la mère ; et, lui appuyant de toute sa vigueur son genou sur la poitrine, il tâcha de lui ôter la vie. Il n'y réussit que trop bien : la victime, dont la force naturelle était accrue par l'excès de son angoisse, se débattit longtemps pour lui échapper, mais en vain ; le moine, le genou toujours appuyé sur son sein, contempla sans pitié le tremblement convulsif de ses membres, et soutint avec une fermeté inhumaine le spectacle de ces déchirements du corps et de l'âme près de se séparer. Enfin, l'agonie se termina ; Elvire cessa de disputer sa vie. Le moine retira l'oreiller, et la regarda : son visage était couvert d'une noirceur effrayante ; ses membres ne remuaient plus ; le sang était gelé dans ses veines ; son cœur avait cessé de battre, et ses mains étaient raides et glacées ; cette noble et majestueuse femme n'était plus qu'un cadavre — froid, insensible et révoltant.

Cet acte horrible ne fut pas plus tôt consommé, que le prieur sentit l'énormité de son crime. Une sueur froide coula sur tout son corps ; ses yeux se fermèrent ; il chancela et s'affaissa sur une chaise, presque aussi privé de vie que l'infortunée qui gisait à ses pieds. Il fut tiré de cet état par la nécessité de fuir et par le danger d'être trouvé dans la chambre d'Antonia ; il n'avait aucun désir de recueillir le fruit de son forfait : Antonia ne lui inspirait plus que de la répugnance ; un froid mortel avait remplacé l'ardeur qui lui brûlait le sein ; il ne s'offrait plus à son esprit que les idées de mort et de crime, de honte présente et de châtiment futur. Agité par le remords et la crainte, il se prépara à fuir ; toutefois, sa terreur ne dominait point assez ses souvenirs pour l'empêcher de prendre les précautions nécessaires à sa sûreté : il remit l'oreiller sur le lit, ramassa ses vêtements, et, le funeste talisman à la main, il dirigea vers la porte ses pas mal assurés. Eperdu de frayeur, il s'imaginait qu'une légion de fantômes empêchaient sa fuite ; à chaque détour il croyait voir le corps défiguré qui lui barrait le passage, et il fut longtemps avant de parvenir jusqu'à la porte. Le myrte enchanté produisit son premier effet : la porte s'ouvrit, et il se hâta de descendre l'escalier. Il rentra sans être vu au monastère ; et, s'étant renfermé dans sa cellule, il abandonna son âme aux tortures d'un impuissant remords et aux terreurs d'un péril imminent.

le Moine, 1796.

Ann Radcliffe, *La Forêt ou l'Abbaye de St Cla*

Les Fantômes nocturnes, ou les Terreurs des coupables.

«Il s'agit d'un parc d'attractions compliquées qui vient tout à coup planter ses machines, ses fabriques et ses oripeaux bizarres dans les représentations qui ont envahi la représentation du monde naturel. De cet envahissement de la réalité par le merveilleux surgit un pays très vaste, où le témoin, assez habile pour observer sans faire fuir par trop d'attention les éléments fantasmatiques, pourra se promener avec fruit : il y verra comment naissent avec les œuvres d'art les objets singuliers, et les monstres autour de lui s'incarneront des soupirs que l'homme, aux minutes orageuses de son existence, laisse descendre comme des bulles velues vers le peuple tiède et muet des animaux», *écrit A.P. de Mandiargues dans la Préface à son* Musée Noir.

ANDRÉ PIEYRE DE MANDIARGUES, 1946

[...] Le nègre captura d'une seule main les deux poignets étroits de Marceline pour l'attirer à lui sans plus d'effort que si ç'avait été seulement cette légère chemise qui habillait à peine l'enfant ; puis, l'un contre l'autre, ils s'enfoncèrent au creux d'un sentier inégal qui allait se perdre en bas, dans des rocailles déchiquetées par l'ombre et par la lune.

Là, ils arrivèrent au chemin du port, et tout de suite après ils furent devant l'abattoir et les bergeries qui avaient trop souvent effrayé Marceline, en d'autres occasions, pour qu'elle pût se défendre d'une faiblesse rapide, si maintenant elle désirait passionnément les connaître. C'étaient trois cabanes attenantes, misérables bien qu'assez spacieuses, que Pétrus avait bâties dans la cavité d'une antique sablière hors d'exploitation, et les hautes parois rousses qui les écrasaient, le vide grand ouvert autour d'elles, tout, dans ce site béant, affreusement solennel et morose, concourait à produire une atmosphère de gêne, sinon de véritable horreur, qui faisait se hâter les passants même pendant le jour ; mais il fallait encore le silence de la nuit et cette lumière morte de pleine lune à son apogée pour mettre entièrement au point la couleur du plus glacial jaune de Naples qui peignait les cabanes du boucher nègre.

Ils s'arrêtèrent devant la plus importante des trois. Quand Pétrus eut ouvert la porte, on entendit des remuements dans le noir, avec d'indécises rumeurs qu'on eût prises pour de faibles lamentations mêlées au souffle d'une multitude de dormants, jusqu'à ce qu'un bêlement bien distinct fût venu rappeler l'existence de ces «petits agneaux», qui hantaient l'esprit de Marceline depuis le terrible repas du soir. Pétrus la poussa à l'intérieur sans lâcher la taille ronde qu'il maniait doucement entre caraco et chemise, et la gamine ne s'offusqua pas de cette caresse un peu sournoise, mais qui l'assurait au moins d'une présence familière, à ses côtés, dans la profondeur obscure où son désir l'avait hasardée. Celle-ci fit bientôt place à une clarté livide, répandue par deux grosses lanternes nourries de gaz acétylène : surgirent alors des murs de planches disjointes, mal équarries, étayées de poutres que le poids déjà faisait fléchir — une très grande baraque encore agrandie par cet éclairage trop cru, et qui évoquait un long grenier de ferme — le tout menaçant ruine en même temps qu'inachevé, comme nombre de bâtiments où les femmes n'ont pas affaire.

Au centre, un siège antique et de provenance espagnole montrait, feuilles ou flammes, ses sculptures aux trois quarts détruites, son or terni, son cuir éventré qui laissait jaillir une broussaille de crin sauvage ; seul meuble dans ce vaste espace, avec une table grossière et deux ou trois coffres bas tout encroûtés d'un sédiment de sang noir pareil à de l'argile fumée. Des peaux d'agneaux suspendues au mur, des cadavres d'agneaux, cloués sur le bois par le tendon de la patte, écorchés, la poitrine ouverte et les chairs rutilantes autour de la tache sombre du foie, complétaient l'arrangement cruel de ce théâtre où le vide, le manque de fenêtres et l'ampleur des proportions eussent bien suffi à remplir d'un insigne effroi des visiteurs ordinaires.

le Musée Noir, «Le Sang de l'agneau», 1946.

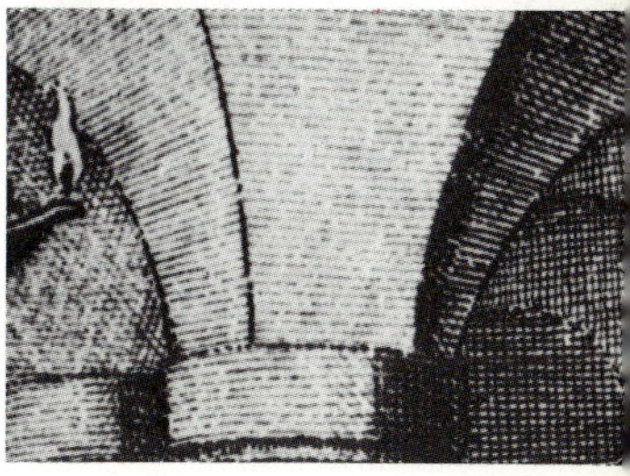

ALAIN ROBBE-GRILLET, 1970

Cependant le petit homme chauve est interrompu dans ses réflexions logiques par l'intérêt exceptionnel du spectacle qui s'offre à lui, de l'autre côté de la porte, si bien qu'il ne peut pousser plus loin son analyse de la situation et des conséquences qu'elle implique... Il y a là une jeune fille qui gît sur le sol, bâillonnée et ligotée étroitement. D'après le teint cuivré de la peau et la chevelure abondante, longue, lisse, souple et brillante, d'un noir bleuté, il doit s'agir d'une métisse possédant une bonne part de sang indien. Son visage paraît beau et ses traits réguliers, autant du moins que permet d'en juger le bâillon de soie blanche (un foulard noué par derrière) qui déforme la bouche en sciant les commissures des lèvres. Elle a les mains liées dans le dos, et à demi cachées par la posture. Ses chevilles sont attachées, réunies en croix l'une par-dessus l'autre, au moyen d'une grosse corde qui s'enroule ensuite plusieurs fois autour des longues jambes légèrement repliées, sangle plus haut le ventre et la poitrine par de multiples spires entrecroisées, très fortement serrées comme en témoignent les dépressions creusées dans les chairs par la corde aux endroits les moins résistants : les seins, la taille, les cuisses.

Il y a eu lutte, de toute évidence, ou en tout cas la fille a dû se débattre lors de sa capture, car sa robe rouge vif est dans un grand désordre, maintenant immobilisé lui aussi par les liens. La jupe, assez courte, il est vrai, remonte d'un côté jusqu'à la hauteur du sexe, découvrant ainsi une large zone de peau nue au-dessus du bas brodé, tandis que le corsage a été profondément déchiré sur une épaule, dont la chair arrondie luit sous la lumière crue qui tombe d'une haute lampe à abat-jour chinois, posée sur la table toute proche.

C'est vers cette lampe, en se tordant de côté autant que le lui permettent ses entraves, que la prisonnière lève des yeux agrandis par l'épouvante, ou peut-être seulement par la position couchée et à demi-renversée où elle se trouve. Elle essaie, dirait-on, de se soulever sur un coude, mais sans grand succès à cause des cordes qui empêchent de bouger le bras. A côté d'elle, sur le plancher, à proximité immédiate de l'épaule nue, il y a une forme noire indéfinissable qui ressemble à un gant de peau d'une petite pointure, sans poignet, les doigts chiffonnés et écartés dans tous les sens. Comme il a été dit, la jeune fille brune ne prête aucune attention à ce dernier détail, le point qui retient ses regards horrifiés et avides étant situé dans une direction presque diamétralement opposée : la préparation minutieuse à laquelle se livre le second personnage qui figure dans le champ.

C'est, assis à la table, un homme en blouse blanche au visage sévère et aux cheveux gris, qui porte des lunettes cerclées d'acier. Tout, dans ses traits comme dans sa stature, a l'air stéréotypé, sans vie réelle, sans expression humaine autre que cette dureté et cette indifférence de convention pure ; à moins que seul lui donne ce comportement fermé l'intérêt trop aigu, exclusif, qu'il accorde à son expérience. Il est en train, en effet, dans le cône de clarté vive dispensé par l'abat-jour, de doser un sérum (substance narcotique ou hallucinogène, excitant nerveux, poison à l'action progressive ou foudroyante), dans une seringue à injections hypodermiques dont il tient de la main gauche le corps cylindrique gradué, terminé par une fine aiguille creuse, la pointe dirigée vers le haut, pendant qu'il manœuvre entre le pouce et l'index de l'autre main l'extrémité en boule du piston de verre.

Projet pour une révolution à New-York, éd. de Minuit, 1970.

Elma ou la Morte vivante.

Dans ce roman de construction très complexe que constitue le Projet de révolution à New-York, *figure en bonne place la thématique sadienne, mais plutôt comme un jeu supplémentaire avec la fiction et la position de «voyeur» qui est celle de tout lecteur. Et si la description du corps offert aux fantasmes, par son réalisme exacerbé, peut constituer un analogue du texte sadien, ce n'est que pour mieux le détourner : la scène entrevue par le trou de la serrure se révèlera n'être qu'une couverture de roman policier, placée à la bonne distance de la porte.*

183 SENAC DE MEILHAN (1736-1803)

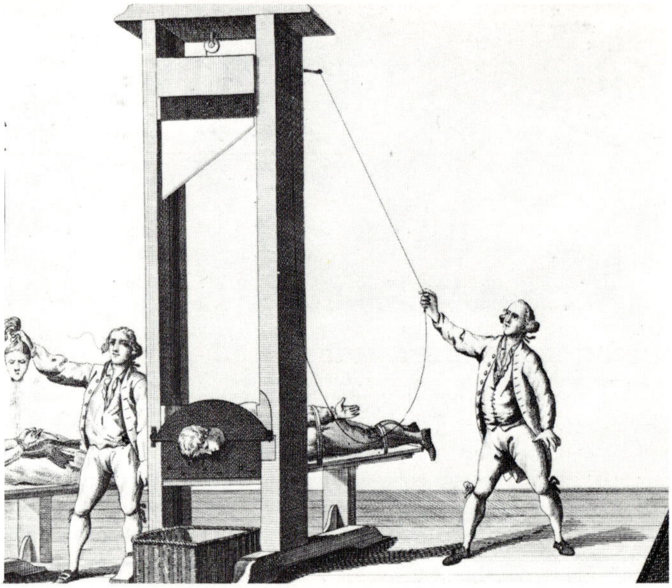

La Guillotine, (B.N.).

En 1790, Sénac de Meilhan émigre, comme une bonne partie de la noblesse. De Londres à Moscou en passant par Aix-la-Chapelle et Rome, il rencontre beaucoup de ses compatriotes revanchards ou déçus, enthousiastes ou aigris. En 1793-1794, il écrit **l'Emigré** *à Brunswick et meurt à Vienne en 1803, rassuré de voir le nouvel empereur rendre un régime monarchique à la France.*

LE MARQUIS DE SAINT ALBAN
AU
PRÉSIDENT DE LONGUEIL

Un de mes parents, mon cher Président, le comte de Verville, est arrivé hier chez moi dans le plus triste état ; il s'est sauvé de Paris, après avoir été quatre mois caché dans une soupente, chez une blanchisseuse, et de ce misérable refuge, il entendait presque tous les jours hurler un peuple furieux, à l'aspect des chars funèbres qui conduisaient au supplice les victimes de la Révolution. Il a erré depuis, déguisé en maçon, en charretier ; parvenu en Alsace chez son beau-frère, il leur a semblé un revenant ; l'erreur d'un gazetier avait répandu la nouvelle qu'il avait péri sous le fer des bourreaux, et sa sœur ainsi que son mari portaient son deuil, au moment où ils l'ont vu paraître. L'état misérable où il était, a fait songer à l'habiller promptement, et on l'a vêtu d'un habit noir qui avait été fait pour son propre deuil. Les aventures chimériques que racontent les auteurs de romans, ne peuvent surpasser celles d'une multitude d'Emigrés. Mon malheureux parent ne put rester chez sa sœur, la garde nationale faisait à chaque instant des visites chez elle, et son séjour exposait la vie de sa sœur ainsi que la sienne. Le hasard l'a conduit à Francfort où je l'ai rencontré ; et il part pour Dusseldorf, pour y joindre sa mère, et il s'est chargé de vous porter cette lettre, la description qu'il m'a faite de Paris, inspire de l'horreur pour les habitants de cette infâme Capitale. Le sang coule à grands flots, et les spectacles sont remplis. L'insensible Parisien, qui se rend à la comédie, voit son char brillant heurter la charrette qui conduit des malheureux à la guillotine, et cette rencontre ne lui fait pas plus d'effet que lorsque nous étions arrêtés pour faire place à un convoi. Le fanatisme du peuple est à son plus haut période, et cependant il voit tomber les têtes d'une multitude de gens de sa classe ; chaque jour, la liste des malheureux immolés se distribue, est affichée et est remplie de noms de marchands, d'artisans, de cultivateurs, de domestiques, de cochers de fiacre, et sur la même feuille se trouvent aussi des nobles, des princes, des ducs, des magistrats. La Convention nationale, monstre altéré de sang, dévore indistinctement, et rien ne peut lui échapper par son obscurité, ou l'éblouir par son éclat. Les Parisiens ne parlent que des Romains, dont ils surpassent par leur barbarie, les horribles proscriptions ; ils croient que la démocratie est le plus beau des gouvernements, et qu'à l'exemple des Romains, ils soumettront tous les peuples par leurs armes ; ils aspirent à plus encore, à les dominer par la pensée, en propageant leur doctrine dans tous les pays. Adieu, mon cher Président, que pensez-vous d'un tel état, peut-il être durable, et croyez-vous que la Contre-révolution soit aussi prompte que plusieurs l'imaginent?... agréez mon tendre attachement, et mon respect.

l'Emigré, Lettre LV, 1797.

Dans la lettre CXXIV, le comte de Saint-Alban, resté à Paris, écrit à son fils une sorte de testament. Dans ce texte, il retrace le parcours de sa propre vie et de ses erreurs : d'abord fasciné par l'idée de république à cause de son admiration des Anciens, il constate que la démocratie n'a jamais réellement existé et l'égalité non plus.

A la suite de cette lettre, le comte sera emprisonné, cherchera à soulever le peuple et à défendre son roi mais il finira par se donner la mort et son corps sera alors déchiré par une foule haineuse.

Revenu des erreurs qui avaient enchanté ma jeunesse, je commençai à douter des avantages que retire l'homme du progrès des lumières, j'allai même jusques à croire qu'il était fatal par delà un certain degré ; enfin je fus frappé de voir que toutes les religions s'accordaient avec mon sentiment. Toutes sont en effet fondées sur le danger d'éclairer les hommes : ouvrez la bible, qui est une histoire sacrée et véritable, dont les autres nations ont emprunté les idées pour appuyer leurs fables, vous verrez, dans ce livre, Dieu interdire à l'homme le fruit de l'Arbre de vie, qui communique la science du bien et du mal. Vous entendrez Dieu qui dit en parlant d'Adam : il se croit semblable à nous. Le peuple qui, brisant tous les liens, croit pouvoir gouverner, ne serait-il pas cet Adam qui se croit semblable à Dieu. La fable de *Pandore* est une copie de la Bible, et cet ingénieux emblème apprend également le danger de la curiosité de l'esprit. Il en est de même de celle de *Prométhée* (1) qui ravit le feu du ciel, et du Satyre qui brûle sa barbe, en s'approchant du feu ; enfin les anciens mystères n'étaient-ils pas des précautions prises pour circonscrire la propagation des lumières dont l'abus est si dangereux ? En voyant les fondateurs des religions les appuyer toutes sur cette même idée, ne serait-on pas fondé à croire que les hommes, dans des temps reculés et dont on ne peut fixer l'époque, avaient atteint le dernier degré des lumières qu'ils peuvent acquérir, et qu'une grande révolution ayant fait périr la plus grande partie de cette race d'hommes, les plus éclairés parmi ceux qui restèrent, frappés des inconvénients de la science, crurent devoir faire leurs efforts pour la proscrire, et établirent des religions d'après ces principes ? Pénétré de ces idées, je déplorai les fatales lumières du dix-huitième siècle, et prévoyant les malheurs qui devaient résulter de la fermentation de la lie de la nation, je me retirai dans ma terre. On m'a cru misanthrope dans le monde, tandis que la philanthropie était en quelque sorte chez moi une passion. [...]

Jugez d'après ces sentiments, de l'horreur que m'inspirent les temps présents, et même l'avenir qui me paraît chargé des plus sombres nuages. Si les Français sortent victorieux du grand combat où ils sont engagés, et si leur gouvernement se soutient pendant quelques années, quel état sera à l'abri de la contagion démocratique, s'il n'use pas des plus grandes précautions ? La doctrine de Luther s'est établie en moins de trente ans sur les ruines du catholicisme ; les peuples étaient alors plus superstitieux, et les idées qu'il s'agissait d'établir, pour la plupart abstraites ; enfin il fallait être à un certain point instruit pour discuter et persuader ; il n'en serait pas de même des idées de liberté (2), appuyées de l'exemple d'une grande nation, ornées de la gloire du succès.

l'Emigré, Lettre CXXIV, «le comte de Saint-Alban au marquis de Saint-Alban», 1797.

(1) Voir le n° 149 b sur ce mythe.
(2) Sur les idées de Sénac sur la Déclaration des droits de l'homme, *voir le n° 168.*

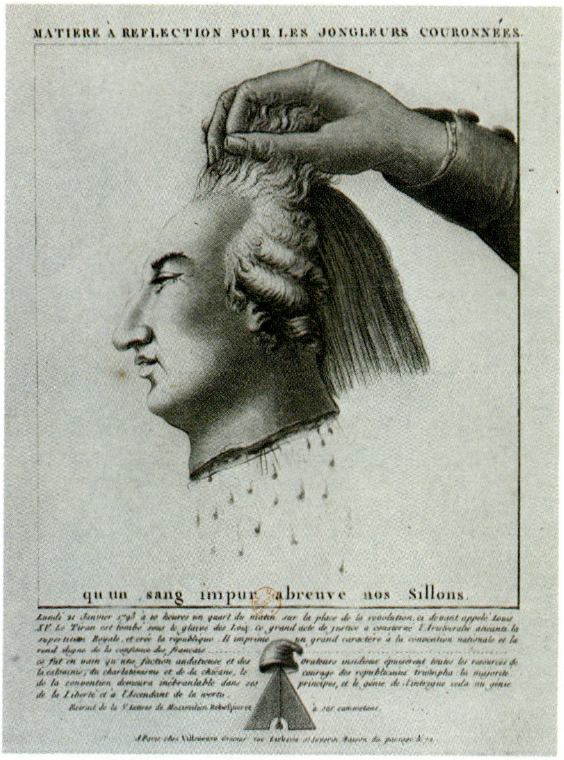

Matière à réflexion pour les têtes couronnées, (B.N).

1 — Lettre LV

a) Relevez les expressions péjoratives qui s'appliquent au peuple de Paris. Quelle est l'impression qui domine ?

*b) Comparez ensuite avec la notion de peuple telle qu'elle apparaît chez Michelet (***XIX*** ***e*** ***siècle****, n° 41).*

c) En quoi l'exemple des Romains est-il, ici, négatif ? A quelle période Sénac semble-t-il surtout se référer ?

2 — Lettre CXXIV

a) Quelle est la valeur de l'argumentation tendant à reconsidérer le progrès des Lumières ? Sur quelles croyances repose-t-elle ?

b) Que Sénac semble-t-il craindre par-dessus tout ? pourquoi ?

LE MYTHE NAPOLÉONIEN

184 a Napoléon BONAPARTE (1769-1821)

Les applaudissements et les huées concourent également à l'élaboration d'un mythe (1) (littéraire, politique et religieux). La France napoléonienne (de 1799 à 1815) n'est pas, loin de là, unanime. Bonaparte est en butte à l'hostilité des républicains véritables, anciens jacobins et thermidoriens, qui ne peuvent accepter cette conclusion dérisoire au Siècle des Lumières qu'est la dictature napoléonienne. Plus naturellement, les royalistes ne sauraient approuver ce gouvernement issu de la Révolution (première tare) et qui très vite va parodier (seconde tare) les fastes de l'Ancien Régime.

Parmi ces opposants, Chateaubriand va tenir le premier rang littéraire. Pour des motifs qui ne sont cependant pas toujours très purs, il lance en 1814 un pamphlet très violent,* De Buonaparte et des Bourbons, *où il analyse, d'un point de vue légitimiste, les aberrations de la monarchie napoléonnienne.*

(1) Le mot - est-ce un hasard ? - apparaît pour la première fois en français en 1818.

Gros, *Bataille d'Aboukir,* (Lauros Giraudon).

CHATEAUBRIAND, 1814

I - LES CAUSES

Une révolution, préparée par la corruption des mœurs et par les égarements de l'esprit, éclate parmi nous. Au nom des lois on renverse la religion et la morale ; on renonce à l'expérience et aux coutumes de nos pères ; on brise les tombeaux des aïeux, base sacrée de tout gouvernement durable, pour fonder sur une raison incertaine une société sans passé et sans avenir. Errant dans nos propres folies, ayant perdu toute idée claire du juste et de l'injuste, du bien et du mal, nous parcourûmes les diverses formes des constitutions républicaines. Nous appelâmes la populace à délibérer au milieu des rues de Paris sur les grands objets que le peuple romain venait discuter au Forum après avoir déposé ses armes et s'être baigné dans les flots du Tibre. Alors sortirent de leurs repaires tous ces rois demi-nus, salis et abrutis par l'indigence, enlaidis et mutilés par leurs travaux, n'ayant pour toute vertu que l'insolence de la misère et l'orgueil des haillons. La patrie, tombée en de pareilles mains, fut bientôt couverte de plaies. Que nous resta-t-il de nos fureurs et de nos chimères ? Des crimes et des chaînes !

II - LES EFFETS

Lorsque Buonaparte chassa le Directoire, il lui adressa ce discours .

« Qu'avez-vous fait de cette France que je vous ai laissée si brillante ? Je vous ai laissé la paix, j'ai retrouvé la guerre ; je vous ai laissé des victoires, j'ai retrouvé des revers ; je vous ai laissé les millions de l'Italie, et j'ai trouvé partout des lois spoliatrices et la misère. Qu'avez-vous fait de cent mille Français que je connaissais tous, mes compagnons de gloire ? Ils sont morts. Cet état de choses ne peut durer ; avant trois ans il nous mènerait au despotisme : mais nous voulons la république, la république assise sur les bases de l'égalité, de la morale, de la liberté civile et de la tolérance politique, etc. »

Aujourd'hui, homme de malheur, nous te prendrons par tes discours, et nous t'interrogerons par tes paroles. Dis, qu'as-tu fait de cette France si brillante ? Où sont nos trésors, les millions de l'Italie, de l'Europe entière ? Qu'as-tu fait, non pas de cent mille, mais de cinq millions de Français que nous connaissions tous, nos parents, nos amis, nos frères ? Cet état de choses ne peut durer ; il nous a plongés dans un affreux despotisme. Tu voulais la république, et tu nous as apporté l'esclavage. Nous, nous voulons la monarchie assise sur les bases de l'égalité des droits, de la morale, de la liberté civile, de la tolérance politique et religieuse. Nous l'as-tu donnée, cette monarchie ?Qu'as-tu fait pour nous ? que devons-nous à ton règne ? Qui est-ce qui a assassiné le duc d'Enghien, torturé Pichegru, banni Moreau, chargé de chaînes le souverain pontife, enlevé les princes d'Espagne, commencé une guerre impie ? C'est toi. Qui est-ce qui a perdu nos colonies, anéanti notre commerce, ouvert l'Amérique aux Anglais, corrompu nos mœurs, enlevé les enfants aux pères, désolé les familles, ravagé le monde, brûlé plus de mille lieues de pays, inspiré l'horreur du nom français à toute la terre ? C'est toi. Qui est-ce qui a exposé la France à la peste, à l'invasion, au démembrement, à la conquête ? C'est encore toi. Voilà ce que tu n'as pu demander au Directoire, et ce que nous te demandons aujourd'hui. Combien es-tu plus coupable que ces hommes que tu ne trouvais pas dignes de régner ! Un roi légitime et héréditaire qui aurait accablé son peuple de la moindre partie des maux que tu nous as faits eût mis son trône en péril ; et toi, usurpateur et

étranger, tu nous deviendrais sacré en raison des calamités que tu as répandues sur nous ! tu régnerais encore au milieu de nos tombeaux ! Nous rentrons enfin dans nos droits par le malheur ; nous ne voulons plus adorer Moloch ; tu ne dévoreras plus nos enfants : nous ne voulons plus de ta conscription, de ta police, de ta censure, de tes fusillades nocturnes, de ta tyrannie. Ce n'est pas seulement nous, c'est le genre humain qui t'accuse. Il nous demande vengeance au nom de la religion, de la morale et de la liberté. Où n'as-tu pas répandu la désolation ? dans quel coin du monde une famille obscure a-t-elle échappé à tes ravages ? L'Espagnol dans ses montagnes, l'Illyrien dans ses vallées, l'Italien sous son beau soleil, l'Allemand, le Russe, le Prussien dans ses villes en cendres, te redemandent leurs fils que tu as égorgés, la tente, la cabane, le château, le temple où tu as porté la flamme. Tu les as forcés de venir chercher parmi nous ce que tu leur as ravi, et reconnaître dans tes palais leur dépouille ensanglantée. La voix du monde te déclare le plus grand coupable qui ait jamais paru sur la terre ; car ce n'est pas sur des peuples barbares et sur des nations dégénérées que tu as versé tant de maux ; c'est au milieu de la civilisation, dans un siècle de lumières, que tu as voulu régner par le glaive d'Attila et les maximes de Néron. Quitte enfin ton sceptre de fer ; descends de ce monceau de ruines dont tu avais fait un trône ! Nous te chassons comme tu as chassé le Directoire. Va ! puisses-tu, pour seul châtiment, être témoin de la joie que ta chute cause à la France, et contempler en versant des larmes de rage le spectacle de la félicité publique !

De Buonaparte et des Bourbons, 1814.

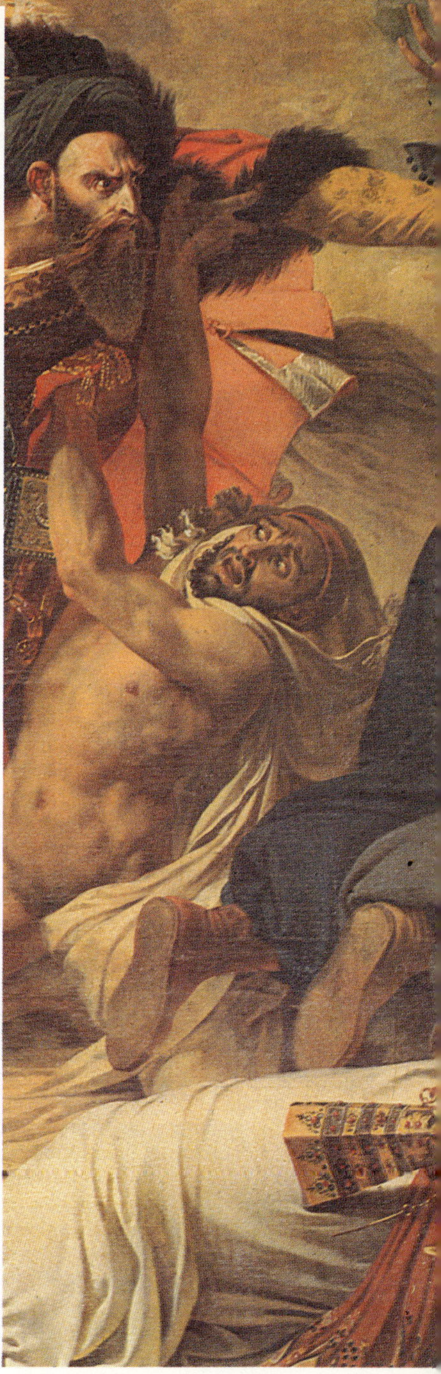

Gros, *Bonaparte,* (Agraci).

PIERRE ALBOUY, 1969

Si l'épopée romantique aboutit à une vision mythique de l'histoire humaine, le romantisme a pris naissance dans une histoire que l'on dirait exemplaire. Quand les écrivains romantiques arrivent à l'âge d'homme, la France sort de la Révolution et de l'Empire, événements si surprenants que, pour un Joseph de Maistre, un Lamennais, ils doivent être interprétés comme le signe providentiel d'une époque climatérique. Robespierre, Napoléon ont été les instruments terribles de Dieu et leur passage sur terre prépare et annonce le renouvellement des temps. Il se trouvait qu'avec Napoléon, ce rôle évidemment surnaturel avait été accompli au cours d'une destinée exemplaire, elle aussi, par ses contrastes, et par un génie, de toute évidence, surhumain, lui aussi. L'histoire, en fée avisée, avait, à sa naissance, doté le romantisme du type même du *surhomme fatal.* La figure mythique que Napoléon va prendre chez les écrivains se nourrira de la légende populaire de l'Empereur, Béranger se situant sans doute au point de contact entre le mythe littéraire et la légende, cependant que le *Mémorial de Sainte-Hélène* alimentera l'un et l'autre.

Mythes et mythologies dans la littérature française, A. Colin, 1969.

David, *Le sacre*, (Agraci)

CHATEAUBRIAND, 1850

La position de Chateaubriand va cependant évoluer - comme malgré lui. Après la mort de l'Empereur, l'écrivain note que le mythe s'est imposé : « vivant il a manqué le monde, mort il le possède ». Avec un léger recul, Napoléon, à vrai dire, paraît si grand par rapport aux mesquineries de la Restauration, puis à l'embourgeoisement de la monarchie constitutionnelle...

Vaines paroles ! mieux que personne j'en sens l'inutilité. Désormais toute observation, si modérée qu'elle soit, est réputée profanatrice : il faut du courage pour oser braver les cris du vulgaire, pour ne pas craindre de se faire traiter d'intelligence bornée, incapable de comprendre et de sentir le génie de Napoléon, par la seule raison qu'au milieu de l'admiration vive et vraie que l'on professe pour lui, on ne peut néanmoins encenser toutes ses imperfections. Le monde appartient à Bonaparte ; ce que le ravageur n'avait pu achever de conquérir, sa renommée l'usurpe ; vivant il a manqué le monde, mort il le possède. [...]

Bonaparte n'est plus le vrai Bonaparte, c'est une figure légendaire composée des lubies du poète, des devis du soldat et des contes du peuple ; c'est le Charlemagne et l'Alexandre des épopées du moyen âge que nous voyons aujourd'hui. Ce héros fantastique restera le personnage réel ; les autres personnages disparaîtront. Bonaparte appartenait si fort à la domination absolue, qu'après avoir subi le despotisme de sa personne, il nous faut subir le despotisme de sa mémoire. Ce dernier despotisme est plus dominateur que le premier, car si l'on combattit quelquefois Napoléon alors qu'il était sur le trône, il y a consentement universel à accepter les fers que mort il nous jette. [...]

Bonaparte n'est point grand par ses paroles, ses discours, ses écrits, par l'amour des libertés qu'il n'a jamais eu et n'a jamais prétendu établir ; il est grand pour avoir créé un gouvernement régulier, un code de lois adopté en divers pays, des cours de justice, des écoles, une administration forte, active, intelligente, et sur laquelle nous vivons encore ; il est grand pour avoir ressuscité, éclairé et géré supérieurement l'Italie ; il est grand pour avoir fait renaître en France l'ordre du sein du chaos, pour avoir relevé les autels, pour avoir réduit de furieux démagogues, d'orgueilleux savants, des littérateurs anarchiques, des athées voltairiens, des orateurs de carrefours, des égorgeurs de prisons et de rues, des claque-dents de tribune, de clubs et d'échafauds, pour les avoir réduits à servir sous lui ; il est grand pour avoir enchaîné une tourbe anarchique ; il est grand pour avoir fait cesser les familiarités d'une commune fortune, pour avoir forcé des soldats ses égaux, des capitaines ses chefs ou ses rivaux, à fléchir sous sa volonté ; il est grand surtout pour être né de lui seul, pour avoir su, sans autre autorité que celle de son génie, pour avoir su, lui, se faire obéir par trente-six millions de sujets à l'époque où aucune illusion n'environne les trônes ; il est grand pour avoir abattu tous les rois ses opposants, pour avoir défait toutes les armées quelle qu'ait été la différence de leur discipline et de leur valeur, pour avoir appris son nom aux peuples sauvages comme aux peuples civilisés, pour avoir surpassé tous les vainqueurs qui le précédèrent, pour avoir rempli dix années de tels prodiges qu'on a peine aujourd'hui à les comprendre.

Mémoires d'outre-tombe (pub. 1850), 3e partie, 1re époque, livre VII, 8

PETITE HAGIOGRAPHIE* NAPOLÉONIENNE – I

Dates	Evénements politiques et militaires	Echos littéraires et artistiques
1769	Naissance de Bonaparte	Abel Gance, *Napoléon* (1927-1932-1955)
1793	Siège et prise de Toulon	
1795 (5 oct.)	Répression de l'insurrection royaliste du 13 Vendémiaire	
1796-1797	Campagne d'Italie	Gros, *Napoléon au pont d'Arcole* (1798) Stendhal, *Vie de Henry Brulard* (posth. 1890) *La Chartreuse de Parme* (1839)
1798-1799	Campagne d'Egypte	Gros : *les Pestiférés de Jaffa* (1804)
1799	Coup d'Etat du 18 brumaire Bonaparte « premier Consul »	
1800	Campagne d'Autriche : Marengo Attentat (royaliste) de la rue Saint-Nicaise : Elimination des Jacobins	1800-1804 : *Code civil,* dit *Code Napoléon* David, *Bonaparte au Saint-Bernard* (1801) B. Constant, *De l'esprit de conquête...* (1814)
1802	Bonaparte consul à vie	Ingres : *Bonaparte 1er consul* (1803)
1803	Complot de Cadoudal. Elimination des royalistes (1804 : exécution du duc d'Enghien) Rétablissement de l'esclavage dans les colonies françaises.	Chateaubriand, *De Buonaparte et des Bourbons* (1814) A. Dumas père, *les Compagnons de Jéhu* (1857)
1804 (2 déc.)	Sacre de Napoléon 1er	David, *Le Sacre de Napoléon 1er* (1808) Beethoven, *Symphonie « héroïque »* (1804) (que l'artiste se refuse, au dernier moment, à dédier à Bonaparte)
1805	Guerre contre l'Autriche et l'Angleterre : Victoire d'Ulm Défaite de Trafalgar Victoire d'Austerlitz	Lord Byron, *Ode à Napoléon* (1814) Tolstoï, *la Guerre et la paix* (I) (1865)
1806-1807	Guerre contre la Prusse et la Russie : Iéna, Eylau, Friedland	Hugo, « le cimetière d'Eylau », in *la Légende des Siècles* (1859) Gros, *Eylau* (1807)
1808-1809	Guerre d'Espagne	Goya, *les Désastres de la guerre* (1810-1823)
1812-1814	Campagne de Russie Borodino Retraite de Russie Défaite de Leipzig Campagne de France Départ à l'île d'Elbe	Beethoven, *la Bataille de Vittoria* (1813) Tolstoï, *la Guerre et la paix* (II) (1869) Erckmann-Chatrian, *un Conscrit de 1813* (1864) H. Vernet, *Adieux de Napoléon à la Garde* (v. 1836)
1815	Les Cent jours Waterloo (18 juin)	Stendhal, *la Chartreuse de Parme* (1839) Hugo, « l'Expiation », in *les Châtiments* (1853) Erckmann-Chatrian, *Waterloo* (1864) Hugo, *les Misérables* (1862)
1815-1821	Exil à Sainte-Hélène	Las Cases, *Mémorial de Sainte-Hélène* (1823)
1821 (5 mai)	Mort de Napoléon Bonaparte	Manzoni, *le Cinq Mai* (1821) Lamartine, *Bonaparte* (1821?) Béranger, *le Cinq Mai* (1821)

184 c Napoléon BONAPARTE (1769-1821)

Napoléon à Eylau, d'après Gros, (Bulloz).

En 1813, Napoléon lance la « grande armée » (plus de 700 000 hommes) à l'assaut de la Russie. Après une progression rapide, il est arrêté une première fois, un peu avant Moscou, par les troupes de Koutouzov. La bataille (dite de Borodino, ou de la Moskowa) est un « match nul » effroyablement meurtrier. Plus de 80 000 hommes restent sur le terrain, l'armée russe se replie en bon ordre, livre Moscou à l'empereur... qui se retrouve deux jours plus tard dans une ville en flammes.
Tolstoï, après avoir évoqué, dans la première partie de son roman Guerre et paix, *le Napoléon d'Austerlitz, présente alors un monarque solitaire, au-delà de sa propre grandeur, irrité de la moindre résistance, ébloui de sa gloire pourtant déclinante - celui-là même qui, au matin de Waterloo, croira reconnaître dans le ciel « le soleil d'Austerlitz ».*

L. TOLSTOI (1828-1910), **1865, 1869**

L'aspect effrayant du champ de bataille couvert de cadavres et de mourants, la lourdeur qu'il ressentait à la tête, la nouvelle qu'une vingtaine de ses généraux avaient été tués ou mis hors de combat, l'aveu qu'il devait se faire de l'impuissance de son bras naguère invincible, tout cela fit un effet inattendu sur Napoléon. D'ordinaire, il aimait à voir les morts et les blessés, spectacle qui, croyait-il, retrempait sa force d'âme ; mais ce jour-là, le spectacle triompha de cette fameuse force d'âme dans laquelle il mettait son mérite et sa grandeur. Il regagna précipitamment la redoute de Chévardino. Le teint jaune, le visage bouffi, les yeux troubles, le nez rouge et la voix enrouée, il restait assis sur son pliant, tenant le regard baissé, et prêtant malgré lui l'oreille au bruit de la fusillade. Il attendait avec une fiévreuse inquiétude la fin de cette affaire à laquelle il croyait participer mais qu'il n'avait point le pouvoir d'arrêter. Pour quelques instants un sentiment humain individuel prit chez lui le dessus sur ce mirage auquel il avait si longtemps sacrifié. Il rapporta à lui-même les souffrances et les visions de mort qui lui étaient apparues sur le champ de bataille. Sa tête lourde, ses poumons oppressés lui rappelaient qu'il pouvait, comme les autres, souffrir et mourir. A cette minute, il ne désirait ni Moscou, ni la victoire ou la gloire : quel besoin avait-il de gloire ! Tout ce qu'il souhaitait maintenant, c'était le repos, le calme, la liberté. Cependant, quand il avait fait halte sur la hauteur de Sémionovskoié, le commandant de l'artillerie lui avait proposé d'y placer quelques batteries afin de renforcer le feu sur les troupes russes concentrées devant Kniazkovo. Napoléon y avait consenti et avait ordonné qu'on lui rendît compte du résultat obtenu. Un aide de camp vint donc lui annoncer que, conformément à ses ordres, deux cents canons étaient braqués contre les Russes, mais que ceux-ci tenaient toujours.

— Notre feu a beau en faucher des rangs entiers, ils résistent toujours, dit l'aide de camp.

— *Ils en veulent encore !...* (1) dit Napoléon de sa voix rauque.

— *Sire ?* demanda l'officier qui n'avait pas bien entendu.

— *Ils en veulent encore,* répéta-t-il toujours avec le même enrouement dans la voix. *Donnez-leur-en,* ordonna-t-il en fronçant le sourcil.

Sans son ordre, ce qu'il n'avait pas voulu s'accomplissait et il ne prenait des mesures que parce que, croyait-il, on attendait qu'il en prît. De nouveau, il se replongeait dans son mirage de grandeur ; et de même que le cheval qui fait mouvoir une roue motrice s'imagine accomplir une besogne utile pour lui-même, il tenait docilement le rôle cruel, douloureux, pénible, inhumain auquel il était prédestiné.

Ce n'est pas seulement à cette heure et en ce jour que furent obscurcis l'esprit et la conscience de cet homme, responsable plus qu'aucun autre des événements qui se sont accomplis à cette époque. Jamais jusqu'à la fin de sa vie, il ne parvint à comprendre le bien, ni le beau, ni le vrai ; ses actes étaient trop opposés au bien et au vrai, trop éloignés de tout sentiment humain, pour que leur véritable portée lui apparût. Il ne pouvait renier des exploits exaltés par la moitié du monde ; et par suite il lui fallait renoncer au vrai, au bien, à tout sentiment humain.

Ce n'est pas seulement ce jour-là que, parcourant le champ de bataille jonché de soldats morts ou mutilés — par sa volonté, croyait-il, — il calculait à vue d'œil le nombre des Russes par rapport aux Français et que, se leurrant lui-même, il trouvait des raisons de se réjouir en constatant qu'il y en avait cinq pour un. Ce n'est pas seulement ce jour-là qu'il dit, comme il écrivait à Paris : « *Le champ de bataille a été superbe* », parce qu'il y voyait étendus plus de cinquante mille cadavres.

(1) Les passages en italique sont ceux directement écrits en français par Tolstoï.

la Guerre et la paix, livre III, ch. 38, 1865-1869 (trad. H. Mongault, 1952).

Prisonnier exilé à Sainte-Hélène, au milieu de l'Atlantique, Bonaparte, avec la complicité de son aide de camp Las Cases, met sur pied avec le Mémorial *l'une des plus formidables machines idéologiques jamais réalisées. Après avoir ébloui, il fallait faire pleurer. L'Histoire avait influencé la littérature et les arts - la littérature, bonne fille, allait refaçonner l'Histoire.*

LAS CASES (1766-1842), 1822-1829

Dans le *Dictionnaire des sièges et batailles* que feuilletait l'Empereur, il trouvait son nom à chaque page, mais entouré d'anecdotes tout à fait fausses et défigurées, ce qui le portait à se récrier sur toute la fourmilière des petits écrivains et les indignes abus de la plume. La littérature, disait-il, devenait une nourriture du peuple, lorsqu'elle eût dû demeurer celle des gens délicats.

« On me fait, par exemple, à Arcole, durant la nuit, prendre le poste d'une sentinelle endormie. Cette idée est sans doute d'un bourgeois, d'un avocat, peut-être ; mais sûrement pas celle d'un militaire. L'auteur me veut du bien, nul doute, et n'imagine rien de plus beau dans le monde que ce qu'il me fait faire. Il a certainement écrit cela pour me faire honneur ; mais il ignorait que je n'étais guère capable d'un tel acte ; j'étais trop fatigué pour cela ; il est à croire que j'étais endormi avant le soldat dont il parle. »

On a alors compté cinquante à soixante grandes batailles données par l'Empereur. Quelqu'un ayant demandé quelle était la plus belle, il disait qu'il était difficile de répondre ; qu'il était nécessaire de s'expliquer d'abord sur ce qu'on entendait par la plus belle des batailles.

« Les miennes, continuait-il, ne pouvaient être jugées isolément. Elles n'avaient point unité de lieu, d'action, d'intention. Elles n'étaient jamais qu'une partie de très vastes combinaisons. Elles ne devaient donc être jugées que par leur résultat.

« Celle de Marengo, si longtemps indécise, avait donné toute l'Italie ; celle d'Ulm avait vu disparaître toute une armée ; celle d'Iéna avait livré toute la monarchie prussienne ; celle de Friedland avait ouvert l'empire russe ; celle d'Eckmühl avait décidé de toute une guerre, etc. Celle de la Moskowa était une de celles où l'on avait déployé le plus de mérite et obtenu le moins de résultats. Celle de Waterloo, où tout avait manqué, quand tout avait réussi, eût sauvé la France et réassis l'Europe. »

Mme de Montholon ayant demandé quelles étaient les meilleures troupes : « Celles qui gagnent les batailles, Madame, a répondu l'Empereur. Et puis, a-t-il ajouté, elles sont capricieuses et journalières comme vous, Mesdames. Les meilleures troupes ont été *les Carthaginois, sous Annibal ; les Romains, sous les Scipions ; les Macédoniens, sous Alexandre ; les Prussiens sous Frédéric.* Toutefois, il croyait bien, disait-il, pouvoir affirmer que les Français étaient ceux qu'il était le plus facile de rendre et de maintenir les meilleurs.

« Avec ma Garde complète de quarante à cinquante mille hommes, je me serais fait fort de traverser toute l'Europe. On pourra peut-être reproduire quelque chose qui vaille mon armée d'Italie et celle d'Austerlitz, mais à coup sûr, jamais rien qui les surpasse. »

L'Empereur, qui s'était arrêté longtemps sur ce sujet qui lui était cher, revenant tout à coup, a demandé quelle heure il était. — Onze heures, a-t-on dit. — « Eh bien ! a-t-il repris, en se levant, nous avons le mérite d'avoir gagné notre soirée sans le recours de la tragédie ni de la comédie. »

Mémorial de Sainte Hélène, 1822-1829.

Petite hagiographie* napoléonienne, suite
Mots prononcés, mots attribués

1 — Le boulet qui doit me tuer n'est pas encore fondu. *(attribué à Bonaparte au siège de Toulon, mais d'historicité douteuse, ce mot est à la base de la légende que rapporte Balzac dans* le Médecin de campagne *(1833), selon laquelle l'empereur aurait passé avec Dieu un pacte le mettant à l'abri des balles...).*

2 — Soldats, vous avez gagné des batailles sans canons, passé des rivières sans ponts, fait des marches forcées sans souliers, bivouaqué sans eau-de-vie et souvent sans pain [...] Et quand après une paix glorieuse vous rentrerez dans vos foyers, vos concitoyens diront en vous montrant : « Ils étaient de l'armée d'Italie ».

(Proclamation aux troupes de l'armée d'Italie au lendemain de la victoire de Rivoli, 1797).

3 — Je ne me suis jamais tant ennuyé qu'à cette vilaine guerre-ci *(Lettre à Joséphine du 11 février 1797).*

4 — Soldats, songez que du haut de ces pyramides, quarante siècles vous contemplent !
(Cette phrase aurait été prononcée le 21 juillet 1798, la veille de la bataille des Pyramides, mais n'apparaît sur aucun document avant 1803. Napoléon l'adopte toutefois, sous cette forme, dans les Mémoires *de Gourgaud, parus en ... 1823)*

5 — Cela n'est pas possible, m'écrivez-vous ; cela n'est pas français.
(Lettre au général Lemarois, 9 juillet 1813.
Plus connu sous la forme : « Impossible n'est pas français »)

6 — L'aigle avec les couleurs nationales volera de clocher en clocher jusqu'aux tours de Notre-Dame.
(Proclamation du 1er mars 1815)

7 — L'Europe sera peut-être cosaque, ou toute en république.
(Cité par Las Cases dans le Mémorial de Sainte-Hélène*)*

HISTOIRE ET LITTÉRATURE : texte de Las Cases.

1 — *Relevez tout ce qui, dans les propos de Napoléon, appartient au vocabulaire théâtral. Quelle signification symbolique pourrait-on donner à un tel vocabulaire utilisé dans un récit de guerres ? En particulier, comment comprenez-vous la dernière phrase du texte ?*

2 — *Napoléon semble se plaindre des « inventions » des littérateurs, même bien intentionnés. A la lecture de ce texte, vous tâcherez de démêler exactement les rapports entre :*
- *a) Histoire réelle et récit historique ;*
- *b) Exagération de récits hagiographiques* et « réalisme » de cet autre récit hagiographique que constitue le* Mémorial ;
- *c) Vocabulaire militaire et vocabulaire littéraire.*

JEAN TULARD, 1971

Pendant treize années, tout a concouru à la gloire de l'Empereur, de l'architecture monumentale à la frappe des monnaies, des bulletins de la Grande Armée aux parades militaires, du catéchisme impérial à la littérature officielle. Un « personnage » est créé, dont le caractère exceptionnel et inspiré se trouve constamment souligné. Napoléon entre vivant dans l'immortalité. Chateaubriand protestera — mais plus tard : « La vie de Buonaparte était une vérité incontestable que l'imposture s'était chargée d'écrire. »

Est-ce à dire que tous les éléments du mythe soient réunis à l'apogée de l'Empire ?

Dans l'adversité naît un nouveau Napoléon. L'Empereur dont Prudhon, Ingres et Isabey célébraient l'apothéose, est devenu cet obèse au chapeau de paille de retraité que croquent à Sainte-Hélène les caricaturistes anglais. En réalité, ce quadragénaire encore en pleine possession de ses moyens, comprend vite le parti à tirer de sa captivité. Il entend désormais se présenter comme le martyr de la Sainte-Alliance et établir un audacieux parallèle entre son sort et celui des peuples opprimés par les vainqueurs de 1815. C'est le coup de génie du *Mémorial de Sainte-Hélène,* qui ne paraîtra sous la signature de Las Cases qu'en 1823, deux ans après la mort de l'Empereur.

Devant un confident complaisant, cet homme d'action condamné à la solitude et à l'ennui évoque sa gloire passée : l'œuvre administrative, l'organisation de l'empire, les victoires. Le contraste s'impose de lui-même avec la situation de la France sous les Bourbons. Les éditions illustrées du *Mémorial* ont encore accru le pouvoir magique de ce rappel d'un passé si brillant.

Dressant le bilan de quinze années de pouvoir, l'empereur déchu se présente en souverain libéral vaincu par les monarchies absolues : à travers lui, c'est la Révolution française que les Coalisés ont cru définitivement abattre. Et cet adversaire des idéologues sous le Consulat de proclamer « l'ascendant irrésistible des idées libérales ». Ecoutons-le prophétiser : « Rien ne saurait désormais détruire ou effacer les grands principes de notre Révolution... Voilà le trépied d'où jaillira la lumière du monde. Elles le régiront ; elles seront la foi, la religion, la morale de tous les peuples, et cette ère mémorable se rattachera, quoi qu'on ait voulu dire, à ma personne, parce qu'après tout j'ai fait briller le flambeau, consacré les principes, et qu'aujourd'hui la persécution achève de m'en rendre le Messie. »

Libérateur des peuples, Napoléon en a été l'unificateur. Il a achevé l'union des Français et engagé l'Italie sur la voie de la fusion. Quant à l'Allemagne, si son unité réclamait davantage de temps, ne pouvait-il se vanter d'en avoir simplifié la carte ?

Ainsi Napoléon confisque-t-il à son profit les deux forces montantes du XIXe siècle : le nationalisme et le libéralisme, qu'il avait en réalité combattues. Il se transforme en porte-parole des nations opprimées et des libéraux persécutés. Faisant oublier, grâce à sa captivité, le César couronné qui tint dans sa main de fer la moitié de l'Europe, il lègue à la postérité l'image d'un Napoléon démocrate, soldat de la Révolution et libérateur des peuples.

le Mythe de Napoléon, A. Colin, 1971.

Alessandro MANZONI (1785-1873), 1821

Il n'est plus ; ainsi que sa dépouille mortelle, après son dernier soupir, resta froide, immobile, de même la terre frappée d'étonnement à l'annonce de sa mort,

Est muette : elle songe à la dernière heure de l'homme du destin ; elle ignore quand une trace pareille à la science viendra fouler sa poussière ensanglantée.

Mon génie le vit sur son trône étincelant de gloire, et se tut. Il le vit alternativement tomber, se relever, puis tomber encore, sans mêler jamais sa voix au bruit de mille autres. Vierge d'une louange servile comme d'un lâche outrage, ému à la disparition soudaine d'un si grand éclat, il se lève maintenant, et sur l'urne qui le renferme, il improvise un cantique qui peut-être ne mourra point.

Ses foudres, rivalisant avec l'éclair, s'élançaient du sommet des Alpes à celui des Pyramides, du Mazannery au Rhin ; elles éclatèrent depuis Sylla jusqu'au Tanaïs, d'une mer à l'autre.

Est-ce là de la véritable gloire ? C'est à la postérité que ce jugement difficile appartient. Nous nous inclinons devant le Très Haut qui voulut imprimer dans son ouvrage une trace majestueuse de son souffle divin.

L'espoir incertain et périlleux d'un grand dessein, l'empressement d'un cœur impatient qui bouillonne, songeant au trône, et y monte, et obtient une récompense qu'il était folie d'espérer.

Il éprouva tout ; une plus grande gloire après un grand danger, la fuite et la victoire, le trône et l'exil. Il fut deux fois dans la poussière et deux fois sur le trône.

Il se nomma. Deux siècles auparavant armés l'un contre l'autre vinrent humblement s'arrêter devant lui dans l'attente de leur destinée. Il fit silence et, en maître, s'assit au milieu d'eux.

Il disparut : une place réservée reçut ses derniers jours ; il y fut l'objet d'une jalousie sans bornes, d'une pitié profonde, d'une haine tenace et d'un amour indompté.

Ainsi que l'onde bouillonne et pèse sur la tête du naufragé, où sa vue s'élançait, haute et fixe dans le lointain, cherchant à découvrir quelques proues éloignées, mais en vain. De même tout le poids de sa gloire passée se renversera sur son âme. Cent fois sa main essaya d'écrire l'histoire de sa vie, et autant de fois elle retomba fatiguée sur les pages éternelles qu'elle avait commencées.

Combien de fois, au déclin silencieux d'un jour sans gloire, debout, les bras croisés sur sa large poitrine, il fut assailli par le souvenir du passé et il tressaillit.

Il pensa aux tentes mobiles, aux redoutes forcées, à l'éclair des drapeaux, aux rangs poudreux et mobiles de ses chevaux, à l'Empire et au dévouement de ses braves.

Hélas ! Accablé sous le poids de son infortune, ne désespéra-t-il pas ? Mais non : une main puissante envoyée du ciel vint le secourir et le transporter dans un cercle pur et serein. Elle l'envoya sur les sentiers fleuris de l'Espérance, aux champs éternels, à la récompense qui surpasse tous les désirs possibles, où la gloire passée n'est plus que silence et ténèbres.

Foi, immortelle et bienfaisante ! Foi, accoutumée aux triomphes éclatants, marque celui-ci encore et réjouis-toi ; car jamais sommité plus orgueilleuse ne s'était encore, avant lui, abaissée devant la honte du Calvaire, la folie de la croix.

Tu repousses l'outrage qui s'attache aux cendres refroidies. Le Dieu qui frappe et qui vivifie, qui punit et qui pardonne, s'est placé à côté de lui, sur sa couche solitaire.

Dernier avatar du mythe à ce jour, voilà Bonaparte (Bonape) revu et corrigé par un roman policier moderne. Ce récit, calqué sur la période 1799-1805, raconte l'ascension sociale d'un chauffeur routier spécialisé dans le transport de la « marée » entre Concarneau et Paris.*

HENRI VIARD, 1969

Léon Bonape n'avait jamais été aussi heureux.

Il savait que, désormais, le monde lui appartenait. Il sentait entre ses jambes la mécanique bien huilée de sa bagnole neuve, cavale qui galopait au doigt et à l'œil. Les phares perçaient la nuit — comme si la nuit était l'avenir — de leur intense jet jaune, et la route glissait sous lui, esclave, ainsi qu'un tapis moelleux.

La clarté bleuâtre qui montait du tableau de bord éclairait son visage par en dessous et découvrait ses traits réguliers : les cheveux courts, ramenés sur le front bombé, lisse, harmonieux, le nez petit, droit, presque grec, la bouche bien dessinée, le menton rond, mais sans lâcheté. Et surtout les yeux. Des yeux noirs, lucides, précis, habiles à scruter et à comprendre le monde ; à le marquer de ses désirs, aussi. Des yeux d'homme, des yeux de conquérant.

Il monologua silencieusement :

— Quand je gamberge d'où j'ai démarré, où j'en suis et comment que je me suis démerdé pour passer du départ à l'arrivée, quand même, chapeau ! [...]

Il se carra contre le dossier de caoutchouc du siège. Il se sentait vraiment confortable.

— ... mais à vingt berges, j'avais mon premier camion. Pas frigo, celui-là ! Un vieux cinq tonnes Ford acheté d'occase et qu'a semé pas mal de soupapes sur la Concarneau-Paris parce que l'heure de la marée, c'est l'heure de la marée. Ensuite, j'ai eu le Berliet et, côté chiffre d'affaires, ça a commencé à partir. Ça allait pas chercher loin, rapport maintenant, mais c'était déjà corrèque. L'était temps. Car papa Bonape a cassé sa pipe dans une antichambre, et la smala m'est tombée sur le blair. La smala ! Le Mont-de-Piété plutôt ! Parce que la Mama mise à part, les frères et les sœurs, tous tant qu'ils sont, ils sont pas vaillants ! (1). Joseph pas plus que Louis, et Jérôme encore moins que Lucien. Côté filles, c'est la même chose mais elles, au moins, elles ont un avantage, c'est que leurs miches font l'admiration du quartier.

Il s'attendrit :

— Faut les voir, derrière l'étal, Paulette, Caro et Lisette, à crier la lotte ou la merluche. C'est pas les Jules qui leur manquent. [...]

En cinq ans, l'ascension de Léon Bonape avait transformé ce jeune homme maigre à la peau bilieuse, aux cheveux trop longs et mal peignés, au regard brûlant, aux costumes étriqués et lustrés, en un petit homme replet, au teint blanc, aux gestes vifs, à l'élégance mesurée, à la propreté évidente...

Sans qu'il en soupçonnât la raison, il se ressouvint de la phrase que lui avait jetée sa mère, le soir où, *Chez Latuile,* il avait fêté son premier milliard et où il avait annoncé à tout le monde le lancement du *Cap-Trafalgar* :

— Je me suis jamais sentie si bien nourrie, fils ! Pourvu que ça dure.

la Bande à Bonape, Paris, Gallimard, 1969, pp. 22-24 et p. 249.

(1) Joseph, Louis et Jérôme, frères de Napoléon. De même, plus bas, Pauline, Caroline et Elisabeth.

VICTOR HUGO, 1829

Toujours lui ! Lui partout ! — Ou brûlante
[ou glacée,
Son image sans cesse ébranle ma pensée.
Il verse à mon esprit le souffle créateur.
Je tremble, et dans ma bouche abondent les paroles
Quand son nom gigantesque, entouré d'auréoles,
Se dresse dans mon vers de toute sa hauteur.

Là, je le vois, guidant l'obus aux bonds rapides,
Là, massacrant le peuple au nom des régicides,
Là, soldat, aux tribuns arrachant leurs pouvoirs,
Là, consul jeune et fier, amaigri par des veilles
Que des rêves d'empire emplissaient de merveilles,
Pâle sous ses longs cheveux noirs.

Puis, empereur puissant, dont la tête s'incline,
Gouvernant un combat du haut de la colline,
Promettant une étoile à ses soldats joyeux,
Faisant signe aux canons qui vomissent les flammes,
De son âme à la guerre armant six cent mille âmes,
Grave et serein, avec un éclair dans les yeux.

Puis, pauvre prisonnier, qu'on raille et qu'on tourmente,
Croisant ses bras oisifs sur son sein qui fermente,
En proie aux geôliers vils comme un vil criminel,
Vaincu, chauve, courbant son front noir de nuages,
Promenant sur un roc où passent les orages
Sa pensée, orage éternel.

Qu'il est grand, là surtout ! quand, puissance brisée,
Des porte-clefs anglais misérable risée,
Au sacre du malheur il retrempe ses droits,
Tient au bruit de ses pas deux mondes en haleine,
Et, mourant de l'exil, gêné dans Sainte-Hélène,
Manque d'air dans la cage où l'exposent les rois !

« Lui », in *les Orientales,* 1829

ELABORATION D'UN MYTHE

1 — *Que signifient exactement les mots de* mythe *et de* mythologie ? *Quelles y sont les parts respectives :*
a) de l'Histoire et de sa déformation ;
b) du récit ?

2 — *Dans le cas de Napoléon, vous analyserez successivement :*
- *la part de l'Histoire ;*
- *la part de la fable ;*
- *le rôle - et l'exploitation - des éléments d'opposition au mythe ;*
- *le rôle et le fonctionnement de la « propagande » napoléonienne.*

En quoi pourrait-on parler ici d' « intoxication » idéologique (se référer aussi au **XIXe siècle,** *no 50) ?*

3 — *DOSSIER : Quels autres personnages, historiques ou non, antérieurs ou postérieurs à Napoléon, ont également bénéficié d'une semblable exploitation mythologique ? Selon quel processus ? Pour quels résultats ?*

Pluviose Janvier

Ventose Février

Floréal Avril

Germinal Mars

Prairial Mai

Messidor Juin

Thermidor Juillet

Fructidor Août

Frimaire Novembre

Vendémiaire Septembre

Brumaire Octobre

Nivose Décembre

Le Calendrier Républicain an II, musée Carnavalet, (Charmet).

Calendrier Révolutionnaire, musée Carnavalet, (Charmet).

INDEX PÉDAGOGIQUE

LES ENTRÉES PRÉCÉDÉES DU SIGNE ● CORRESPONDENT A L'APPRENTISSAGE DE CERTAINES TECHNIQUES LITTÉRAIRES ET CRITIQUES.

LES CHIFFRES RENVOIENT AUX ENTRÉES numérotées en haut à gauche et à droite de chaque double page.

Ces entrées correspondent aux questions posées et aux indications pédagogiques fournies dans les pages du manuel. Nous avons cherché à faciliter la lecture de cet index en séparant nettement les éléments jugés importants et en les notant en capitales d'imprimerie.

A

B

C

D

E

F

G

H

I

L

M

INDEX DES AUTEURS

dont les œuvres sont citées

LES CHIFFRES RENVOIENT AUX ENTRÉES (numérotées en haut à gauche et à droite de chaque double-page).

Nous avons cherché à faciliter la lecture de cet index en faisant ressortir les **noms des auteurs des XVIIe-XVIIIe siècles** (ou à leur frontière).

Afin de ne pas charger inutilement l'index, les auteurs seulement cités ne figurent pas ici.

A

B

C

D

E

F

G

N

O

P

Q

R

S

T

V

W

Y

INDEX DES ŒUVRES CITÉES

LES CHIFFRES RENVOIENT AUX ENTRÉES (numérotées en haut à gauche et à droite de chaque double-page).

Nous avons cherché à différencier nettement **les œuvres des XVIIe-XVIIIe siècles** (et celles qui sont à leur frontière).

Afin de ne pas charger inutilement l'index, les œuvres seulement citées ne figurent pas ici.

A

B

C

D

E

F

G

H

I

N

O

P

Q

R

S

T

U

V

W

Z

INDEX DES THÈMES GENRES ET MOUVEMENTS

LES CHIFFRES RENVOIENT AUX ENTRÉES (numérotées en haut à gauche et à droite de chaque double-page).

Les entrées de l'index correspondent aux thèmes évoqués par les textes ou tableaux cités, aux genres des œuvres citées, aux mouvements et aux courants de pensée dont ces œuvres peuvent se réclamer. Les genres sont précédés du signe ● et les mouvements du signe □.

Nous avons cherché à faciliter la lecture de cet index en séparant nettement les éléments importants et en les notant en capitales.

A

B

C

D

E

F

G

H

I

J

L

N

O

P

Q

R

Y

Z

LEXIQUE

A

alexandrin : mètre* employé à partir du XIIe siècle et notamment dans le *Roman d'Alexandre* (XIIIe siècle) d'où il tire son nom ; c'est un vers de douze syllabes qui comporte une césure à la sixième syllabe et peut avoir des coupes secondaires. Coupé en quatre mesures à trois temps, on l'appelle **tétramètre ;** coupé en trois mesures à quatre temps, on l'appelle **trimètre.**

allégorie : 1) Personnification d'une abstraction (ex. : la Mort, l'Espoir, l'Amour...) 2) Sorte de métaphore continuée (voir **métaphore** ou **métaphore filée)** où l'on présente d'abord un premier sens pour en faire deviner un second par comparaison implicite. 3) Œuvre dans laquelle on représente un objet pour donner l'idée d'un autre (voir **XVIIe-XVIIIe siècles,** « Encyclopédie »). Adj. : **allégorique**.

allitération : ne pas confondre avec **assonance.** Répétition à des fins expressives d'un même phonème consonantique (consonne) dans une phrase ou un vers. Ex : allitération en [s] dans ce vers de Racine : *« Pour qui sont ces serpents qui sifflent sur vos têtes ? » (Andromaque,* Acte V, scène dernière).

amalgame : mélange d'éléments différents qui ne s'accordent guère. Ex : « *L'amalgame et la superposition de toutes ces extravagances* » (Hugo).

anacoluthe : rupture d'une construction syntaxique. Ex. : « *Le nez de Cléopâtre, s'il eût été plus court, toute la face de la terre aurait changé* ». (Pascal).

anagramme : mot obtenu par transposition des lettres d'un autre mot. Ex. : Marie-Aimer, Délie-L'Idée, Viole-L'Olive, etc.

anaphore : 1) répétition d'un mot au début de plusieurs vers ou phrases successives. 2) **mot-outil** renvoyant au contexte linguistique. Ex. : 1) le livre est sur la table, **ce** livre est ouvert. 2) Pierre viendra s'**il** a le temps.

anthropomorphisme : tendance à concevoir la divinité à l'image de l'homme et, par extension, à attribuer aux êtres et aux choses des réactions humaines.

antiphrase : figure de rhétorique qui consiste à exprimer une idée par son contraire. Ex. : « *C'est du joli !* » L'antiphrase est caractéristique de **l'ironie.**

antithèse : figure de rhétorique qui consiste à rapprocher dans le même **énoncé,** deux termes désignant des réalités éloignées. Ex. : « *Ver de terre amoureux d'une étoile* » (Hugo). Adj. : **antithétique.**

apologie : discours écrit visant à défendre, à justifier une personne ou une doctrine. Ex. : L'Apologie de Socrate, écrite par Platon. « *Faire l'apologie du crime* ».

assonance : ne pas confondre avec **allitération.** Répétition à des fins expressives, d'un même phonème vocalique, ou voyelle, dans une phrase ou un vers. Il y a par exemple une assonance en [e] et [ɑ̃] dans ce vers de Verlaine : « *Je fais souvent ce rêve étrange et pénétrant...* ».

asyndète : absence de liaison entre deux mots, deux groupes de mots ou deux propositions. Ex. : « *Vous n'êtes point gentilhomme, vous n'aurez pas ma fille* » ; voir **parataxe.**

athéiste : 1) Aux XVIe et XVIIe siècles : partisan de **l'athéisme,** doctrine niant l'existence d'un Dieu personnel. 2) Ensuite, a pris le sens d'athée : qui ne croit pas à l'existence de Dieu.

avatar : dans la religion hindoue, chacune des incarnations de Vichnou. De là, transformation, métamorphose, puis, par contresens : malheur, mésaventure.

B

ballade : petit poème de forme régulière, composé de trois couplets ou plus, avec un **refrain** et un **envoi** (dernière strophe de quatre vers qui dédie le poème à quelqu'un).

burlesque : genre de procédé littéraire (introduit en France par Scarron au XVIIe siècle) qui consiste, à l'origine, en « *l'explication des choses les plus sérieuses par des expressions tout à fait plaisantes et ridicules* » (Naudé). L'effet burlesque est donc provoqué par un *décalage* entre le ton adopté et le sujet traité.

C

cabale : au sens premier, tradition juive donnant une interprétation mystique et allégorique de l'Ancien Testament. Puis, par extension, manœuvres secrètes, concertées contre quelqu'un ou quelque chose ; association de ceux qui se livrent à ces manœuvres.

casuiste : partie de la théologie morale qui s'applique à résoudre les cas de conscience par les règles de la raison et du christianisme.

césure : voir **alexandrin**

champ lexical : à ne pas confondre avec **champ sémantique.** Ensemble des mots, substantifs, adjectifs, verbes, etc. désignant un même secteur de réalité. Ex. : le champ lexical du « voyage maritime » dans l'**Albatros** (hommes d'équipage, albatros, vastes mers, navires, gouffres, avirons, etc.).

champ sémantique : à ne pas confondre avec **champ lexical.** Ensemble des sens *disponibles* d'un mot, tel qu'on les trouve dans le dictionnaire. Le mot « *tête* », par exemple, reçoit des sens sensiblement différents selon le contexte : tête de pont, d'un arbre, d'un état, perdre la tête, avoir en tête, etc.

comparaison : à ne pas confondre avec **métaphore.** La comparaison identifie deux objets à partir d'un détail qui leur est commun. On peut en faire l'analyse suivante, en quatre termes :
— le comparé (objet que l'on compare)
— le comparant (objet auquel on compare)
— le terme comparatif (comme, tel, semblable, etc.)
— le point de comparaison.

Ex. : « *Et ton **corps** se penche et s'allonge*
*Comme un fin **vaisseau***
Qui roule bord sur bord, et plonge
Les vergues dans l'eau. »
(Baudelaire)

Point de comparaison : finesse et mouvement (communs au corps et au navire).

controverse : débat, discussion, contestation sur une opinion ou un point de doctrine. Voir **polémique.**

D

décasyllabe : voir mètre

déisme : position philosophique de ceux qui admettent l'existence d'une divinité, sans accepter de religion révélée ni de dogme.

dérivation : emploi, dans un même énoncé de mots dont l'origine commune est sensible. Ex. : « *Ton bras est **invaincu,** mais non pas **invincible*** » (Corneille).

dialectique : subst : démarche de la pensée qui procède par affirmation (thèse), négation (antithèse), et union des contradictions à un niveau supérieur (synthèse).
Adj. : un raisonnement **dialectique** procède par examen et dépassement des contradictions.

diérèse : s'oppose à **synérèse.** Prononciation en deux syllabes de deux voyelles successives d'un même mot «*Hier*», par exemple, peut se prononcer [J R] ou [i R]. Les poètes l'utilisent, soit par commodité (pour rajouter une syllabe dans un vers), soit à des fins expressives. Ainsi Verlaine oblige, dans ses octosyllabes, à prononcer les **i**, qui suggèrent la morsure du froid.

distanciation : terme traduit de l'allemand et utilisé en particulier pour le théâtre de Brecht, recouvrant l'attitude de l'acteur « prenant ses distances » avec son personnage, ou du spectateur avec l'action dramatique.

E

économie : en littérature, organisation des divers éléments d'un ensemble, manière dont sont distribuées les parties et même articulation des parties d'un texte. Exemple : « *Avec quelle pénétration d'esprit il jugea de l'économie de la pièce* » (Racine).

élégie : poésie lyrique exprimant une plainte douloureuse ou des sentiments mélancoliques et, par extension, toute œuvre poétique dont le thème est la plainte. Adj. : **élégiaque :** propre à l'élégie.

ellipse : figure de rhétorique qui consiste, dans une phrase, à supprimer un ou plusieurs mots, à l'absence desquels on peut aisément suppléer. Par exemple dans un télégramme : « *Arriverai mardi train midi* ».
L'ellipse peut être utilisée à des fins expressives, ainsi : « *Il fait un froid !* », ou dans cet exemple de Jean Malaquais : « *Pourquoi les frais de voyage, les d'installation, les de tout ?* ».

emphase : au sens commun, solennité excessive dans l'expression d'un sentiment, d'une idée. En rhétorique, emploi d'un terme très fort, qui dépasse la réalité. Ex. : « *enflammé de colère* ». En syntaxe, mise en valeur d'un terme par *détachement* (« ***lui,** il pense que...* », ou « *c'est **lui** qui m'a dit que...* »).
L'emphase peut être considérée comme le contraire de la **litote.** Adj. : **emphatique.**

empirisme : théorie philosophique soutenue essentiellement par les Anglais Locke, Hume et Mill, d'après laquelle toutes nos connaissances sont des acquisitions de l'expérience.

emjambement : procédé rythmique utilisé en poésie, consistant à reporter sur le vers suivant plusieurs mots nécessaires au sens du vers précédent, et créant dans le rythme un effet de continuité.

énoncé : voir **énonciation.**

énonciation : les linguistes distinguent **l'énoncé** (produit) de l'**énonciation** (acte de production de l'énoncé). Dans un énoncé, une série de termes ne prennent leur sens que de l'énonciation : ainsi certains adverbes (ici, maintenant, demain...), les pronoms personnels 1re et 2e personne (je, tu), qui renvoient à la présence du **locuteur** et aux circonstances de l'acte de parole ou d'écriture. Cette présence dans un texte peut être plus ou moins marquée, et le repérage des marques d'énonciation aide à analyser la distance que prend un locuteur ou un écrivain par rapport à son énoncé. On définira une *situation d'énonciation* en se posant les questions : qui parle ou écrit ? à qui ? On déterminera ainsi si le texte relève du dialogue, du monologue, du récit à la 1re personne, à la 3e personne, etc.

épique : adj. : qui raconte en vers une action héroïque. *L'Iliade, la Chanson de Roland* sont des poésies épiques, c'est-à-dire qui se classent dans le genre de l'**épopée.** L'épopée est un long poème ou un récit en prose de style élevé où le merveilleux se mêle au vrai, la légende à l'histoire, et dont le but est de célébrer un héros ou un grand fait.

épopée : long poème ou récit en prose de style élevé où le merveilleux se mêle au vrai, la légende à l'histoire, et dont le but est de célébrer un héros ou un grand fait.

F

fantasme : au sens commun, synonyme d'hallucination, vision. Au sens psychanalytique, scène imaginaire **récurrente,** qui figure de façon plus ou moins déformée l'accomplissement d'un désir inconscient.

fonctions (du langage) : le linguiste Jakobson distingue six **fonctions** essentielles dans le langage : 1) la fonction **émotive** ou **expressive** (présente dans des énoncés où le locuteur s'implique dans son message) ; 2) la fonction **conative** (qui implique le destinataire du message : ex. impératifs vocatifs) ; 3) la fonction **référentielle** (par laquelle l'énoncé fait **référence** à la réalité qu'il représente) ; 4) la fonction **phatique** (utilisée pour vérifier si la communication passe : ex. "Allo ?", "Comprenez-vous ?", etc...) ; 5) la fonction **poètique** (centrée sur la forme du signifiant : ex. les homophonies en poésie) ; 6) la fonction **métalinguistique** (qui prend le langage comme objet : ex. "L'intelligence, je veux dire la capacité de s'adapter aux situations nouvelles...").

G

gradation : succession de mots ou d'idées de plus en plus forts. Ex. : « ***Va, cours, vole, et nous venge !*** » (Corneille). Inversement « *Vous ne donnez qu'un **jour,** qu'une **heure,** qu'un **moment !*** » (Corneille).

H

hagiographie : rédaction de la vie des saints et, par extension, biographie excessivement élogieuse. Adj. : **hagiographique.**

harangue : discours solennel à tendance persuasive prononcé devant une assemblée ou un haut personnage. Ex. : « Haranguer les foules ».

heptasyllabe : voir **mètre**

héroïde : n.f. épître élégiaque, en vers, dans laquelle l'auteur fait parler un héros fameux (du nom d'un recueil d'Ovide, **les Héroïdes**).

hétéromètrie : voir **mètre**

hyperbole : figure de style qui consiste à mettre en relief une idée au moyen d'une expression qui la dépasse par son emphase, son exagération.

I

idéologie : ensemble des idées, des valeurs, des représentations plus ou moins conscientes, communes à un groupe social donné. On parle d'**idéologie dominante,** pour désigner les valeurs élaborées par une classe sociale qui a le pouvoir économique et politique, pour justifier et perpétuer sa domination. Par extension, on parlera de l'« *idéologie raciste* », ou de l'« *idéologie libertaire* » par exemple, d'un écrivain.

J

jansénisme : doctrine de Jansénius (1585-1638) sur la grâce et la prédestination ; mouvement religieux et intellectuel animé par les partisans de cette doctrine, morale chrétienne austère et rigoriste. Adj. : **janséniste.**

L

lecture : interprétation personnelle d'une œuvre selon une ou plusieurs « grilles » qu'on lui applique. Ex. : faire une lecture marxiste ou psychanalytique de Balzac.

libelle : court écrit de caractère **satirique** et diffamatoire. Ex. : « *Les libelles, dernière ressource des lâches.* » (Beaumarchais). Voir **pamphlet.**

litote : figure de rhétorique qui consiste à atténuer l'expression d'une idée, d'un sentiment. Ex. : « *Va, je ne te hais point !* » pour « *je t'aime passionnément* » (le Cid).
Le terme d'**euphémisme** est plutôt réservé à l'énoncé visant à atténuer le caractère abrupt ou déplaisant d'une réalité ou d'une idée.
Ex. : « *Il a vécu* » pour « *Il est mort* ».

M

mascarade : divertissement d'origine italienne, constitué par des scènes où apparaissaient des personnages mythologiques ou burlesques masqués.

métaphore : à ne pas confondre avec **comparaison.** La métaphore substitue un terme à un autre, sur la base d'une comparaison implicite. Par rapport à la **comparaison,** elle est caractérisée par l'**ellipse** du comparé, du terme comparatif et du point de comparaison.
Ex. : « *un tigre* » pour « *un homme féroce comme un tigre* », « *une vie orageuse* » pour « *une vie agitée comme un orage* », etc. On dit qu'une **métaphore** est **filée** quand elle se poursuit en un long développement. **L'allégorie** peut être considérée comme une sorte de métaphore qui peint une abstraction sous des traits concrets. Adj. : **métaphorique.**

méthode : marche, ensemble de démarches que suit l'esprit pour découvrir et démontrer la vérité.

métonymie : figure qui consiste à remplacer un mot par un autre, ces deux mots désignant des réalités liées par un rapport logique. Ex. : remplacer le contenu par le contenant « *boire un verre* », l'effet par la cause « *il vit de son travail* », l'objet par la matière « *le fer* » pour « *l'épée* », le tout par la partie « *une voile à l'horizon* ». Dans ce dernier cas, on parle plutôt de **synecdoque.**

mètre(s) : unité de discours (proposition) prosodiquement mesurée. L'unité de mesure en est le **pied** (accentuel, par exemple en allemand, quantitatif — en latin —, ou syllabique, en français). Théoriquement, le nombre de types métriques est considérable, mais peu étendu en pratique : les mètres les plus utilisés en français sont l'**alexandrin***, le **décasyllabe*** et l'**octosyllabe***, et parfois l'hepta-syllabe.
Le mètre, par ailleurs, est l'élément constitutif de la strophe, qualifiée d'**isométrique** lorsqu'elle est formée de mètres identiques, et d'**hétérométrique** lorsqu'elle est constituée de mètres différents (cf. la strophe « *malherbienne* », 12-6-12-6).

minute : en termes de droit, la minute est l'original d'un acte authentique (d'un jugement, d'un interrogatoire, d'un acte notarié) dont le dépositaire ne peut se dessaisir.

modalisation : en linguistique, emploi des éléments par lesquels un **locuteur** traduit sa plus ou moins grande adhésion à son **énoncé.** Les éléments peuvent être des verbes appelés modaux (pouvoir, devoir, vouloir), des adverbes (peut-être, sans doute, bien sûr...), des temps (futur, conditionnel : « *Monsieur X serait gravement malade* »).

monographie : étude complète et détaillée qui se propose d'épuiser un sujet précis relativement restreint.

mot-outil : mot qui sert uniquement à exprimer un rapport grammatical. Ex. : les conjonctions, les prépositions.

N

narrateur : personne qui conte l'histoire, les événements d'une œuvre littéraire, en employant la première personne du singulier mais sans correspondre forcément à l'auteur de cette œuvre. Ex. : François Seurel est le narrateur du **Grand Meaulnes,** et Alain Fournier son auteur.

néologisme : emploi d'un mot nouveau, soit créé, soit obtenu par déformation, dérivation, composition, emprunt, etc., ou emploi d'un mot dans un sens nouveau.

O

occurrence : en linguistique, synonyme d'« *apparition* ». Dans la phrase « *Un fils est un créancier donné par la nature* » (Stendhal), le mot « *un* » a deux occurrences.

octosyllabe : vers de huit syllabes, le plus ancien des vers français, qui remonte au Xe siècle ; il a surtout été employé dans les romans d'aventures, les fabliaux, les farces, les mystères. Parfois coupé à la quatrième syllabe, il est généralement prononcé d'un seul élan grâce à sa brièveté.

ouranien : voir **chtonien.**

P

pamphlet : court écrit satirique (voir **satire**), qui attaque avec violence le gouvernement, les institutions, la religion et les hauts personnages. Adj. : **pamphlétaire.**

pantomime : art de s'exprimer par les gestes, les jeux de physionomie, les attitudes corporelles sans recourir au langage.

paradoxe ou paradoxisme : figure de rhétorique qui consiste à rapprocher dans un même énoncé, des termes contradictoires. Ex. : « *Ils se traînent à peine en leur* ***vieille jeunesse*** » (Gilbert), « *Rétablir son* ***honneur*** *à force* ***d'infamie*** » (Boileau). Dans le cas où les mots sont syntaxiquement très liés (par exemple, « *leur vieille jeunesse* », « *un silence éloquent* », ou dans Corneille « *cette* ***obscure clarté*** *qui tombe des étoiles* »), on parlera d'**oxymore.**

parataxe : synonyme de juxtaposition (construction par rapprochement de deux propositions, sans notation du lien logique qui les unit). Ex. : « *Il pleut, je ne sors pas* ». La parataxe est un cas particulier d'**asyndète,** car elle ne concerne que les propositions.

parodie : imitation burlesque d'une œuvre célèbre ou sérieuse. Par exemple, le *Virgile Travesti* de Scarron est une parodie de l'*Enéide* de Virgile. Adj. : **parodique.**

paronomase : réunion, dans le même énoncé, de mots différents par le sens et proches par le son : Ex. : « *Je m'instruis mieux par* ***fuite*** *que par* ***suite*** » (Montaigne).

pastiche : œuvre littéraire ou artistique dans laquelle l'auteur a imité la manière, le style d'un maître, soit pour s'approprier des qualités empruntées, soit par exercice de style ou dans une intention parodique. Voir **plagiat** et **parodie.**

pathétique : n.m. en littérature, style ou genre propre à susciter l'émotion, la pitié, etc. : **le sublime lasse, le beau trompe, le pathétique seul est infaillible dans l'art** (Lamartine).

personnification : action d'évoquer, de représenter une chose abstraite ou inanimée (un concept, un élément naturel...) sous les traits d'une personne. Ex. : « *La maharanie en son costume national, semble une attachante personnification de l'Inde* » (Pierre Loti). Délie, héroïne du poème de Maurice Scève, peut être considérée comme une personnification **(anagrammatique*)** de l'Idée, au sens néo-platonicien.

phantasme ou fantasme : au sens commun, synonyme d'hallucination, vision. Au sens psychanalytique, scène imaginaire **récurrente,** qui figure de façon plus ou moins déformée l'accomplissement d'un désir inconscient.

phonème : unité minimale de la langue orale (l'unité minimale de la langue écrite étant le **graphème**), que la langue écrite peut transcrire de multiples façons. En français, par exemple, le phonème [o] se trouve, selon les mots, orthographié : o, oh, au, eau, ôt, os, etc. Il est important, surtout dans un texte poétique, de repérer, au-delà des graphies différentes, les **phonèmes récurrents,** qui créent des **allitérations** et des **assonances.**

plagiat : action de piller ou de démarquer les ouvrages des auteurs, vol littéraire.

poésie lyrique : aux XVIe et XVIIe siècles, genre de poésie issu de la poésie grecque, telles que l'ode (opposée à poésie épique). Plus tard, la poésie lyrique exprime des sentiments intimes au moyen de rythmes et d'images propres à communiquer au lecteur l'émotion du poète, et recouvre tout ce qui appartient à ce genre de poésie.

polémique : subst. : débat plus ou moins violent, d'ordinaire par écrit. Adj. : violent, agressif ; un ton polémique, un style polémique, un écrivain polémique.

présupposé : élément de connaissance ou d'information considéré comme déjà acquis par le lecteur ou l'observateur d'un texte ou d'une œuvre. Ex. : « *Il y a une route entre Rouen et Paris* » est un présupposé de la phrase « *Je prends la route de Rouen à Paris* ».

prosopopée : figure par laquelle on fait parler et agir une personne que l'on évoque, un absent, un mort, ou une chose personnifiée. Ex. : « *La prosoposée des lois* » de Platon.

protagoniste : terme issu de la tragédie grecque. Personne qui joue un rôle principal dans une pièce, et dans un sens plus général, dans un roman, dans une affaire quelconque.

protéiforme : qui peut prendre toutes les formes et se présenter sous les aspects les plus divers comme Protée, dieu marin, fils de Poséïdon, capable de changer de forme à volonté.

psychanalyse : analyse du psychisme humain, dont la théorie a été formulée par Freud. Par extension, application d'une méthode de déchiffrement psychanalytique à un auteur, un mythe, un secteur des sciences humaines : la psychanalyse d'une œuvre littéraire, *La Psychanalyse du Feu* (ouvrage de G. Bachelard).

R

récurrent : qui revient, qui se répète, se reproduit. On parlera d'images, de structures, de thèmes récurrents.

registre : **caractères particuliers, tonalités propres d'une œuvre, d'un discours, se référant à un domaine précis. Ex. :« *Ayant une grande admiration pour Jeanne d'Arc, elle choisissait volontiers ses métaphores dans le registre guerrier* » (Queneau).**

rejet : procédé poétique qui consiste à rejeter dans le vers suivant un ou deux mots qui font partie, par le sens et par le rythme, du vers précédent :

« *Serait-ce déjà lui ? — C'est bien à l'escalier*
Dérobé... » (Hugo).

Le **contre-rejet** consiste à commencer au vers précédent, par un ou deux mots, une proposition qui s'achève dans le second vers :

« *Elle porta chez lui ses pénates. Un jour*
Qu'il était allé faire à l'aurore sa cour » (La Fontaine).

rhétorique : discipline qui autrefois enseignait l'art oratoire et littéraire : choix des arguments, organisation de l'argumentation, utilisation des figures de style propres à frapper l'auditeur ou le lecteur, etc.
Actuellement, analyse, renouvelée par les concepts linguistiques, visant à dégager les structures formelles de tout discours, littéraire ou non. Adj. : **rhétorique**.

rimes : se définit par l'homophonie (reprise du même son), entre deux ou plusieurs mots, de leur dernière voyelle tonique ainsi que de tous les **phonèmes*** qui éventuellement la suivent. La rime est un élément constitutif de nombreux systèmes poétiques (français, anglais, arabe, chinois) alors que d'autres l'ignorent (latin, grec : se référer au **n°52, XVIe - XVIIe siècles).**
On distingue en français des rimes **oxytons** (accentuées sur la dernière syllabe) et **paroxytons** (sur l'avant-dernière). D'où la distinction, parallèle, entre rimes féminines (terminées par un e muet) et rimes masculines (toutes les autres).
Le problème réside dans le fait que ce e aujourd'hui *muet* (au point qu'Apollinaire a proposé de faire rimer **délire** et **partir**) est encore un e *sourd* au XVIe siècle. Il n'y a plus, en français moderne, qu'un type accentuel (oxyton).

L'homophonie minimale repose sur la seule voyelle accentuée (rime pauvre : vertu-nu). La rime est dite suffisante lorsqu'elle s'appuie sur un élément consonantique (raté-félicité), et riche lorsqu'elle s'appuie sur plusieurs éléments consonantiques et vocaliques (fél**icité-cité**, m**arbre-arbre**).
Cas particuliers :
rime « normande » (parce que typique de la prononciation normande) : **amer-aimer** (la finale des verbes du premier groupe se prononçant encore dans la première moitié du XVIIe siècle). Au fur et à mesure que s'impose la prononciation moderne, ces rimes seront dites « pour l'œil » (se référer au n° 153, XVI-XVIIe siècles).
Les rimes peuvent être plates (aabb), croisées (abab), embrassées (abba).
Nota : *on a longtemps pensé que* rime *et* rythme *avaient une même origine étymologique.* C'est dire toute l'importance de la rime dans le rythme du vers français.

roman picaresque : type littéraire, du XVIe au XVIIIe siècle qui met en scène des « picaros », aventuriers espagnols.

rondeau : (XIIIe siècle) court poème (de huit à trente-deux vers) ou des vers *répétés* constituent un système de refrain. En désignant par des lettres majuscules les vers qui reviennent en entier, le schéma du rondeau *simple* est ABcA de AB. Ces reprises signifiaient en fait que dans ces poèmes *chantés* certains vers étaient *bissés*. La forme la plus usitée au XVIe siècle, à la suite de Marot et des rhétoriqueurs, est le rondeau de treize vers, où le premier hémistiche du premier vers est repris trois fois, à l'initiale, au milieu et à la fin du poème, de façon décalée et «a-rimique».

rythme (également orthographié, conformément à l'étymologie, rhythme) : le sentiment du rythme dans une phrase *française* est fondé sur la perception d'une série de rapports entre les nombres syllabiques de groupes délimités par leurs accents. Le rythme peut donc être sensible en prose comme en poésie : rythme et *mesure* (du vers) sont deux façons de découper le discours en segments proportionnels ; mais les proportions du rythme sont libres et celles de la mesure fixes (voir vers*, mètres*). L'art du vers consiste donc à définir le plus petit nombre possible de types métriques ménageant le plus grand nombre possible de combinaisons rythmiques.

S

satire : genre littéraire où l'auteur attaque les vices, les ridicules de ses contemporains en s'en moquant. Adj. : **satirique.**

saynète : petite comédie bouffonne du théâtre espagnol, que l'on jouait pendant un entr'acte. Elle correspond à ce que l'on appelle aujourd'hui un « sketch ».

sonnet : importé d'Italie vers 1538, le sonnet était la forme dominante dans la poésie de Pétrarque. En France, c'est Marot qui (si le premier sonnet français lui est souvent contesté) codifie les règles du sonnet français : 14 vers répartis en deux *quatrains* plus un *sizain* séparé en deux tercets. Les deux quatrains sont faits sur le même modèle (rimes croisées — abab — ou embrassées — abba —) et sur les deux mêmes rimes. Les tercets comportent un distique (deux vers rimant entre eux), plus un quatrain à rimes croisées ou embrassées sur deux autres rimes. L'alternance masculine/féminine s'impose peu à peu au cours du XVIe siècle. Les mètres les plus utilisés sont le décasyllabe et l'alexandrin.
Le placement du distique dans le sizain détermine la construction des tercets. Soit : aa (distique) + bcbc (quatrain à rimes croisées) ou bccb (quatrain à rimes embrassées) ; soit abab ou abba (quatrain) + cc (distique à rimes plates). Les systèmes définitifs sont donc :

1) sur des quatrains à rimes embrassées : abba / abba / cc / deed ou / deed / cc.
2) sur des quatrains à rimes croisées : abab / abab / cc / dede ou / dede / cc.
Historique : très en faveur aux XVIe et XVIIe siècles, le sonnet est peu pratiqué au XVIIIe siècle, et réapparaît avec force au XIXe siècle, où il perd peu à peu la plupart de ses contraintes : ne subsiste plus que la division en quatrains et tercets.

stances : poème formé d'une série de groupes de vers, présentant chacun un sens complet et suivis d'une pause. Ex. : Les **stances** du Cid.

stylistique : adj. : relatif au style et à la **stylistique**, c'est-à-dire à l'étude scientifique du style, de ses procédés, de ses effets.

syllogisme : opération logique par laquelle, du rapport de deux termes avec un même troisième terme appelé moyen terme, on conclut à leur rapport mutuel. Les deux premiers termes sont les « **prémisses** », **majeure** et **mineure**, le moyen terme est la **conclusion** d'un syllogisme. Ex. : tous les hommes sont mortels (majeure), or je suis un homme (mineure), donc je suis mortel (conclusion).

synérèse : voir **diérèse**.

syntagme : groupe de morphèmes qui se suivent avec un sens (ex. : « re-lire ») ou de mots qui se suivent avec un sens (ex. : « crayons rouges », « c'est ») et formant une unité dans la hiérarchie de la phrase (syntagmes nominaux, syntagmes verbaux).

T

théisme : voir **déisme**.

thématique (étude) : une œuvre, un mouvement littéraires peuvent être étudiés de façon **thématique**, c'est-à-dire selon les thèmes privilégiés, qui les structurent. On parlera alors de la **thématique** de Corneille, du Baroque, etc.
L'œuvre de Bachelard par exemple, est d'inspiration thématique.

transcendant : dans le vocabulaire philosophique, signifie : extérieur et supérieur à la fois. Par exemple, chez Pascal, l'ordre de l'esprit *transcende* celui de la chair, et est lui-même *transcendé* par l'ordre de la charité ou du cœur.

trimètre : en général, vers coupé en trois mesures égales. En particulier, **trimètre romantique**, alexandrin coupé 4/4/4, alors que l'alexandrin classique est coupé 6/6, par une forte césure au milieu.
(Rem. : l'alexandrin coupé 3/3/3/3, considéré comme le plus régulier dans la prosodie classique est appelé **tétramètre**).

triolet : petite pièce de huit vers, généralement octosyllabes, composée sur deux rimes, dont le premier vers, le quatrième et le septième sont identiques, le huitième vers répétant parfois le second.

TABLE DES MATIÈRES

Nota : *Cette table des matières ne porte que sur les auteurs mentionnés dans les bandeaux-titres. Le détail exact des auteurs et des œuvres cités se trouve dans les Index.*

1715-1723 : LA RÉGENCE DU DUC D'ORLÉANS

1723-1774 : LE RÈGNE DE LOUIS XV

1774-1789 : LE RÈGNE DE LOUIS XVI JUSQU'A LA REVOLUTION

1789-1800 : LA PÉRIODE RÉVOLUTIONNAIRE

1799-1815 : LE MYTHE NAPOLÉONIEN

CRÉDITS PHOTOGRAPHIQUES

Adagp, Paris
Agraci, Paris
Baltimore, Museum of Art
Bernand, Paris
Bibliothèque Nationale, Paris
Brotherton Library, Leeds
Bulloz, Paris
Casterman SA, Tournai
CFL Giraudon, Paris
Domaine de Chantilly
Fédération Française des Ciné-Clubs, Paris
Fivre-Tarina
Françoise Foliot, Paris
Fundacas Calouste Gulbenkian, Lisboa
Giraudon, Paris
Godfrey New Photographics LTD, Kent
Hamburger Kunsthalle, Hamburg
Huntington Library, Californie
Josse (Hubert), Paris
Lauros Giraudon, Paris
Metropolitan Museum of Art, New York
Musée d'Angers : Musée Municipal
Musée d'Avignon : Musée Calvet
Musée de Caen : Musée des Beaux-Arts
Musée de Clermont-Ferrand : Musée Bargoin
Musée Mialet : Musée du Désert
Musée de Nantes : Musée des Beaux-Arts
Musée de Paris : Musée Carnavalet
National Gallery of Ireland, Dublin
National Gallery, London
National Gallery of Scotland, Edinburgh
National Museum, Stockholm
Prestations Audiovisuelles, Bussy-les-Daours
Real Academia, San Fernando
Réunion des Musées Nationaux, Paris
Ricciarini, Milano
Robert Laffont, Coll. Privée, Bâle
Roger Viollet, Paris
Scala, Firenze
Sir John Soane's Museum, London
Snark International, Paris
Telarci-Giraudon, Paris
Wallace Collection, London

De très nombreux professeurs ont manifesté l'intérêt qu'ils portaient à l'élaboration de cet ouvrage, en répondant aux questionnaires-enquêtes qui leur ont été soumis, et en adressant leurs suggestions. Nous donnons ici les noms de la majorité d'entre eux, classés par département et par ordre alphabétique.

01. Colmagne - Le Sourd - Caron - **02.** Dubreuil - Maksimovic - Rouillière - **06.** Montagnac **07.** Duvert - **08.** Boissier - Godin - Morin - **09.** Jordy - Jalbergue - **10.** Berthet **11.** Esquiron - Lamolinerie - Tarisse - **12.** Lamberty - Vidal - **13.** Delfino - Flèche - Mauger Meilhac - Roche - Slama - **14.** Fleury - Laurange - **16.** M. Pérez - Perrez - **17.** Barde **21.** Aubry - Churlet - Ruffin - Vaillon - **22.** Piriou - **23.** Desagnat - **24.** Lévrier - **25.** Girardot **26.** Duvert - **28.** Bernard - **29.** Berlivet - Chaussy - **31.** Pelisson - **34.** De la Brétèque Salle - **35.** Brière - Clotin - Henri - Morin - **36.** Leduc-Adine - Sanson - **38.** Bazin - Bouvat Clément - Eymard - Pruothen - **39.** Jobard - Klur - **40.** Dubos - Foglia - **42.** Bouchez Fournel - Peyroche - **44.** Briand - **47.** Berlot - De Broucker - Passègue - Rigouste **49.** Gramain - Henry - **51.** Gallet - Miroux - **54.** Blanpied - Chevrier - Frindel - **57.** Costa Deprez - Fortier - Goullet - Groullet - Henz - Kahn - Lebel - Lebrun - Meyer - Plichon Quiniot - Robache - **59.** Aulaus - Debliquis - Carrier - Casail - Cauchie - Deprez - Deswarte Dutrut - Fagart - Lebel - Meyer - Peyrat - Plichon - Robache - Touillet - **60.** Goutte - Fore Hedoin - **61.** Bisson - **62.** Ducrocq - **63.** Chastang - Desfougères - Desrumaux - Gaulon **66.** Py - Schrevel - **67.** Loos - Prinsaud - **69.** Belhomme - Bouvarel - Brinnel - Dufourt Faure - Finand - François - **71.** Paparel - **72.** Caniaux - Coulmeau - Lasne - **74.** Vincens **75.** Azoulay - Choisnard - Despin - Le Rat - Siac - **76.** Welier - **78.** Descourbes - Goepfert Toulemonde - **79.** Briand - Hervé - **80.** Berthiaux - **81.** Palaprat - Protet - **83.** Brizio Hamed Chazad - Maigre - Mauron-Billot - **84.** Laget - Mace - **85.** Briand - Fournier Maurille - **87.** Guÿot - Pirault - **88.** Janot - Plain - **90.** Busser - Glasson - **91.** Kennedy **92.** Bonneville - Calais - Cazes - Fayet - Pajot - Quantin - **93.** Govère - Rey - **94.** Armao Lagrange - Garson - Grandadam - **95.** Mercier.

GÉNÉRIQUE DE L'OUVRAGE

Coordination : Francis MERCIER assisté de François BOUJARD

Conception/Réalisation : Le Studio

Photogravure : Litho-Nova

Documentaliste : Françoise PRIN

Couverture et dessin : Pierre DELVINCOURT

Préparation des manuscrits : Philippe CHARRA, Armelle JOLARD, Elisabeth MARQUER

Lecteurs/Correcteurs : Isabelle MAGNARD, Chantal MOURGUES, Dominique REGNIER

Liaisons auteurs/fournisseurs/éditeur : Lionel DIA, Philippe GUILBAUD

Nous remercions tous ceux qui, par l'intérêt qu'ils ont manifesté lors de la rédaction de cet ouvrage, ont contribué à l'enrichir.

Que trouvent en outre ici l'expression de notre gratitude particulière :

Madame Béatrice Lévy et **Madame Marie-Pierre Fromental**, sans qui cette collection n'aurait pas vu le jour.

Monsieur Louis Arnaud, qui, dès 1969, sut faire entrer dans l'enseignement secondaire (premier cycle) l'interdisciplinarité, la littérature comparée et l'étude polythématique.

Jacques Guilhaumou et Annie Geoffroy, pour l'aide précieuse qu'ils nous ont apportée en ce qui concerne la période révolutionnaire.

Le personnel de la maison **Magnard**, et plus particulièrement, **François Boujard et Francis Mercier** spécialement chargés de la coordination de cet ouvrage.

Françoise Prin, pour la qualité de ses conseils et la pertinence de ses choix iconographiques.

L'équipe du **Studio**, pour son accueil chaleureux et le soin qu'elle a apporté à sa composition.

Les Auteurs.

« La mise au point de l'appareil pédagogique et le contrôle critique de l'ouvrage ont été confiés par l'éditeur à une équipe de pédagogues et d'universitaires animée par Robert SCTRICK, agrégé de Lettres.

Toutefois, pour la cohérence de l'ensemble, le règlement des points litigieux a été laissé à la responsabilité des auteurs. »

Les ouvrages proposés en lecture dans les Collections des Éditions Magnard l'ont été en raison de leur intérêt romanesque, psychologique, historique et social. Ils apportent une documentation sérieuse sur la vie quotidienne, les mœurs et les coutumes de l'époque dans laquelle se déroule l'action. Ils permettent ainsi d'accompagner le programme des études littéraires classiques en se délassant d'agréable manière et avec fruit.

XVIIe - XVIIIe Siècles

LE RÈGNE DE LOUIS XIV

	Titres	Auteurs	Collection	Remarques
(Pages 12-13)				
1664	Tonio le bouligant	A. Piguet	F. Bleue	Un sympathique garçon que l'on suit dans cette trilogie, dans sa traversée du Mont-Cenis, de Turin à Lyon, puis dans son apprentissage de tireur de cordes chez le tisseur de soie lyonnais et ses aventures à travers les pittoresques "traboules" jusqu'à son entrée dans les "Compagnons" tisserands. Aventures et mésaventures. Tout vit et bouge dans ces trois romans de mœurs ou Histoire et Aventure tiennent aussi une grande place.
	Tonio et les Traboules	A. Piguet	F. Rouge	
	Tonio la Franchise	A. Piguet	F. Vert	
1669	Traîne-les-Cœurs	A. Piguet	F. Rouge	Découverte du Québec par Jean-Baptiste, ami de Tonio la Franchise. Des aventures certes, mais plus encore l'analyse de la maturation progressive d'un jeune lyonnais parti avec les illusions de la jeunesse et confronté aux dures réalités de la vie.
1673	Le pré du Roy	J. Le Poëzat-Guigner	F. Rouge	La vie d'un galérien condamné à "faucher le pré du roy" – c'est-à-dire à ramer – par la vilenie d'un rival alors qu'il est injustement accusé.
	Les 7 J chez le Roi Soleil	P. Debresse	F. Bleue	Jeanne, Jacques, Jean, Jules, Jonas, Justin et Joseph débarquent du coche qui les amène à Versailles chez leur oncle Blaise, 4e Jardinier du Roi Louis XIV. Amusante reconstitution de la vie quotidienne, des intrigues et jalousies d'un monde qui s'agite dans ce château-ville-campagne qu'est Versailles.

LE RÈGNE DE LOUIS XV

	Titres	Auteurs	Collection	Remarques
(Page 178)				
1747	Le Colchique et l'Étoile	N. Ciravegna	T.L.	En Provence, les aventures de Maïeul Valabrès. La misère des "Mange-glands" et "Ventres Noirs". Une lutte contre sorciers, brigands, archers et juges. A ses côtés, le soutenant de son amour, Marie du Saraou aux yeux couleur de colchique. Comme un beau paradis, la radieuse cité de Moustiers et son Étoile est le but à atteindre.

LA PÉRIODE RÉVOLUTIONNAIRE

	Titres	Auteurs	Collection	Remarques
(Page 420)				
1776	Le Fils de la Liberté	J. Le Poëzat-Guigner	F. Rouge	Un roman d'aventures qui se deroule dans les Indes et dans les territoires de chasse des Peaux-Rouges d'Amérique. Lutte d'un fils pour libérer un père injustement accusé, prisonnier des Anglais aux Indes et servir la cause des colons révoltés contre l'Angleterre dans la guerre d'Indépendance des Etats-Unis,
(Page 421)				
1792	Le lys et le bleuet	J. Le Poëzat-Guigner	F. Rouge	L'amitié est-elle possible entre un jeune royaliste, le lys, et un jeune républicain, le bleuet ? La guerre civile dresse les chouans contre les bleus dans l'Ouest de la France. Dramatiques et prenantes aventures.
1794	Citoyenne Marie-Josèphe	C. Esil	F. Rouge	La vie d'une jeune parisienne sous la Terreur, mêlée aux tragiques évènements. Des personnages révolutionnaires bien connus vivent leur vie quotidienne sans être figés dans leur "pose historique" traditionnelle.

N° d'Éditeur : 6204 – Dépôt légal : Juillet 1983 Imprimé en France par Imp. du Marval